मीर आ के लौट गया-1

मीर आ के लौट गया
खण्ड : एक

मुनव्वर राना

अनुवाद

कैफ़ सिद्दीक़ी सुलतानपुरी

वाणी प्रकाशन

प्रकाशन के उत्कृष्टतम 60 वर्ष

पेपरबैक पहला संस्करण : 2016
पेपरबैक दूसरा संस्करण : 2023

vaniprakashan.com

वाणी प्रकाशन

4695, 21-ए, दरियागंज, नयी दिल्ली-110 002

फ़ोन : +91 11 23273167, 23275710

शाखाएँ

अशोक राजपथ, पटना-800 004, बिहार

कॉफ़ी हाउस कैम्पस, महात्मा गांधी मार्ग, इलाहाबाद-211 001, उत्तर प्रदेश

महात्मा गांधी अन्तरराष्ट्रीय हिन्दी विश्वविद्यालय, वर्धा-442 001, महाराष्ट्र

36/ए, शेक्सपियर सरणी, रानी बिरला गर्ल्स कॉलेज के पास, कोलकाता-700 017, प. बंगाल

sales@vaniprakashan.in
vaniprakashan@gmail.com

Meer Aa Ke Laut Gaya-1
by Munawwar Rana

Translated by Kaif Siddiqi Sultanpuri

ISBN : 978-93-5229-522-7
Autobiography

मूल्य : ₹ 595

आर. टेक ऑफ़सेट प्रिंटर्स, दिल्ली-110 032 में मुद्रित

वाणी प्रकाशन का लोगो मक़बूल फ़िदा हुसेन की कूची से

पहले ये काम बड़े प्यार से माँ करती थी
अब हवा मुझको जगाती है तो दुख होता है।

अम्माँ के नाम

मुनव्वर राना

अपनी बात

अगर ज़िन्दगी की कहानी इतनी ही मुख़्तसर होती कि रसीदी टिकट पर आ जाती तो काग़ज़ और रौशनाई के कारखानों पर ताले लग गये होते। नानियाँ और दादियाँ कहानी सुनाने की परम्परा शुरू होने से पहले ही मर जातीं।

मुहब्बत की कहानी मुख़्तसर होती तो है लेकिन
कही मुझसे नहीं जाती सुनी उनसे नहीं जाती।

चौंसठ बरस की उम्र में दुनिया से, दुनिया वालों से और दुनिया की चीज़ों से इतनी रिश्तेदारियाँ निकल आयीं कि कहानी काग़ज़ पर रौशनाई की तरह रौशन होती गयी और फैलती भी चली गयी। काँटों ने चलते हुए जब दामन को खींचा तो याद आया कि यही काँटे जब फूलों की तरह हरे भरे और नाजुक थे तो हमारे रिश्तेदार थे। इसी एहसास ने मुझे इतनी देर तक काँटों में उलझे रहने दिया कि फूलों तक पहुँचते हुए उम्र की पूँजी कम पड़ने लगी। छः बरस के पोते और पौने तीन बरस की पोती से खेलते हुए भी यह एहसास परेशान करता रहा कि ज़िन्दगी की भाग-दौड़, हार-जीत और उठा-पटक ने कभी इसका मौक़ा ही नहीं दिया कि हम अपने बेटे-बेटियों के साथ वक़्त गुज़ारते। प्यार करना तो दूर की बात है, इतना भी वक़्त नहीं मिला कि हम उन्हें जी भर के देखते। बच्चों को जब जी भर के देखने का वक़्त मिला तो आँखों की रौशनी कम हो चुकी है, बड़ी बेटी 41 बरस की हो चुकी है और उसने अपनी बेटी की रुख़्सती की तैयारियाँ शुरू कर दी हैं। कहना ये चाहता हूँ कि, एक सफ़र से घर लौटने के बाद जब मैं किसी ज़रूरत के लिए एक कमरे से दूसरे कमरे में जा रहा था तो मैंने जा नमाज़ पर अपनी बीवी को बाक़ायदा दुपट्टा ओढ़े बैठे हुए देखा। मुझे एहसास हुआ कि उन्हीं के बराबर में मेरी अम्माँ भी इबादत में मसरूफ़ हैं। कमरा पार करते हुए मैं दिल ही

दिल में ये सोचने लगा कि अम्माँ तो रायबरेली में थीं और कल ही मेरी उनसे फ़ोन पर बात भी हुई है...भला ये कब आ गयीं। दूसरे कमरे में अपना काम करने के बाद मैं पहले कमरे की तरफ़ लौटने लगा तो ग़ौर से फिर जा नमाज़ पर बैठी हुई अपनी बीवी की तरफ़ देखा। हैरत तब हुई जब मेरी आँखों ने मुझे बा ख़बर किया कि बीवी के बराबर में मेरी सबसे छोटी बेटी हिबा राना (अप्पो) बैठी हुई है। मैं दिल ही दिल में सोचने लगा कि मुझसे ये ग़लती क्यों हो रही थी। मेरी आँखों की रौशनी अभी इतनी कमज़ोर तो नहीं हुई है कि 17 बरस की लड़की 70 बरस की औरत दिखाई दे। ज़ेहन का कैमरा पीछे...और पीछे...बहुत पीछे तक जा कर जब ठहरा तो उस वक़्त ये अन्दाज़ा हुआ कि मैंने अपनी माँ को जब अपनी आँखों में क़ैद किया था तो उस वक़्त वो 17-18 बरस की उम्र में मुझे गोद में लेकर बहलाने में लगी रही होंगी।

मेरी जीवन गाथा जिसे दुनिया अलग-अलग नाम देती है, उसका ये हिस्सा मेरे पढ़ने वालों के लिए हाज़िर है। मुझे उम्मीद है कि मेरी इस कहानी में आपको मुनव्वर राना बिल्कुल वैसा ही नज़र आयेगा जैसा वो 62 बरस पहले अपनी माँ के पास खेलता हुआ दिखाई देता था।

मेरा ख़याल है कि ये कहानी उस वक़्त तक अधूरी रहेगी जब तक इस कहानी का बाक़ी हिस्सा आप सुनेंगे नहीं और हम सुनायेंगे नहीं।

ज़माना बड़े ग़ौर से सुन रहा था
हमीं सो गये दासताँ कहते कहते।

मुनव्वर राना

एक ख़त

मुनव्वर राना के वालिद साहब के नाम

मुझे नहीं मालूम कि मुझे आपको किस तरह मुखातिब करना चाहिए? मुझे तो पूरे तौर पर यह भी नहीं मालूम कि आप इस दुनिया में हैं भी या नहीं। सच पूछिये तो आज से पहले कभी मेरे ज़ेह्न में आपका ख़याल तक नहीं आया, मेरे ही क्यों हिन्दुस्तान के सैकड़ों हज़ारों लोगों के ज़ेह्न में भी आपका ख़याल नहीं आया होगा। सीधी-सी बात है कि कोई आपके बारे में क्यों सोचता, आप महज एक ट्रांसपोर्टर थे। कुछ ख़ास व्यापारी वर्ग की फ़ोन बुक में कभी आपकी जगह ज़रूर रही होगी। आपके मुहल्ले, पड़ोस, रिश्तेदारों के बीच आपका ज़िक्र होता होगा, मगर इनके अलावा कोई आपको जाने इसकी कोई वजह आपके पास नहीं रही होगी। फिर एक दौर आया होगा जब मुनव्वर राना साहब के वालिद के तौर पर आप पहचाने गये होंगे। सीधी-सी बात है कि आपके नाम में ऐसा कुछ नहीं था जिससे कि कोई आपको पहचानता या आपके बारे में जानने की कोशिश करता, लेकिन आपके बेटे की वजह से आपकी मुकम्मल तस्वीर बनती है।

क्या आपको मालूम है? अभी चन्द रोज़ पहले 22 जनवरी 2009 को इलाहाबाद, प्रयाग संगीत समिति के प्रेक्षागार में मेरी मुलाक़ात एक कवि-सम्मेलन में आपके बेटे से हुई, मुलाक़ात का क़िस्सा भी बड़ा दिलचस्प है।

उस दिन आपके बेटे को कहीं के लिए ट्रेन पकड़नी थी, इसलिए उन्होंने संचालक से जल्दी पढ़वा देने का आग्रह पहले ही कर दिया था। लेकिन संचालक सुधांशु उपाध्याय को औरों की तरह यह बात अच्छी तरह मालूम थी कि किसी भी सूरत में उन्हें पहले पढ़वाने का सीधा मतलब कवि-सम्मेलन के ख़ात्मे का ऐलान है। सुधांशु जी किसी भी तरह मुनव्वर साहब को रोक लेना चाहते थे। वो एक-एक कवि को माइक पर आमन्त्रित करते जा रहे थे। इसी बीच मैं और मेरे साथ बैठी कवयित्री मंच से उठ कर पीछे आ

गयीं। संचालक महोदय हमें उठते नहीं देख पाये थे, इसलिए उन्होंने माइक पर मेरे नाम की पुकार शुरू कर दी। किसी ने संचालक महोदय को बताया कि वो मंच पर नहीं हैं। आप ज़रा देर और भूमिका बाँधते रहें, वो आती होंगी। मगर शायद क़िस्मत में कुछ और ही लिखा था, क्योंकि मैं न तो अपने नाम की पुकार सुन पायी और न ही वक़्त के अन्दर वापस आ पायी। जिसकी वजह से मेरी भूमिका के बाद संचालक महोदय को मजबूरन आपके बेटे को माइक पर बुलाना पड़ा और फिर न चाहते हुए भी उनके पढ़ने के बाद मुझे पढ़ना पड़ा। उनके पढ़ने के बाद माहौल कैसा हो जाता है, ये आपको बताने की ज़रूरत नहीं। लेकिन हाँ, मुझे बहुत हौसला करना पड़ा। ख़ैर, जो भी हो मेरे काव्य-सफ़र के शुरुआती सालों के भीतर हुए इस हादसे की वजह से आपके बेटे की नज़रों में मेरी पहचान बनी। ये क़िस्सा इसलिए ज़रूरी था क्योंकि इस क़िस्से की शुरुआत में मैंने लिखा है कि इलाहाबाद में हमारी मुलाक़ात हुई थी। और सच्चाई तो यही है कि अगर मेरे साथ उनके बाद पढ़ने वाला हादसा न हुआ होता तो शायद मेरी टूटी-फूटी शायरी उनकी नज़र में न आती और ऐसा न हुआ होता तो वह मेरा दिल रखने के लिए मुझसे मेरा विजिटिंग कार्ड लेने और मेरा हौसला बढ़ाने के लिए बात क्यों करते और अगर वह मुझसे बात न करते तो मैं इसे मुलाक़ात कैसे कहती? मैं सीधे ये न कहती कि इलाहाबाद के मुशायरे में मैंने आपके बेटे को देखा था।

ये जानने के बाद कि मैं इस वक़्त आपके शहर रायबरेली में रह रही हूँ, उन्होंने कवि-सम्मेलन के दो दिन बाद मुझे फ़ोन किया, लेकिन इत्तेफ़ाकन मैं उनकी काल रिसीव नहीं कर पायी और जब काफ़ी देर बाद मैंने उन्हें फ़ोन किया तो बड़ी देर तक वो मुझसे बातें करते रहे। ये बाद में पता चला कि उस वक़्त वो एक किताब लिखने में लगे थे। उसी दौरान मेरा फ़ोन चला गया तो शायद किताब लिखने की रौ में उन्होंने मुझे भी एक पन्ना समझ कर लिखना शुरू कर दिया। उनकी आवाज़ कलम बन कर मेरे कोरे ज़ेह्न पर तकरीबन 12-15 मिनट तक अपनी दास्तान लिखती रही।

इससे पहले मैं उन्हें महज़ शायरी की दुनिया के एक बड़े नाम की हैसियत से जानती थी। मगर उस दिन मुझे उनकी शुरुआती ज़िन्दगी के बारे में बहुत कुछ जानने का मौक़ा मिला। पूरा पन्ना रँग जाने के बाद खुदा हाफ़िज़ के साथ फ़ोन के तार तो डिस्कनेक्ट हो गये, लेकिन मेरी सोच के तार सन् 1947 के बँटवारे से जाकर जुड़ गये।

1947 के बँटवारे का वो दौर जिसकी तस्वीर के किसी एक हिस्से तक को कोई कूची पूरा तो छोड़िये आधा-अधूरा या धुँधलाया तक पेश नहीं कर सकती, उसकी तस्वीर तो उस दौर से जुड़े लोगों के दिलोदिमाग़ के किसी कोने में महफ़ूज़ है, जिसको वह खुद भी देखना चाहते हैं तो इतनी मेहनत लगती है कि उनकी आँखों के साथ-साथ पूरे जिस्म से आँसुओं की शक्ल में पसीने की धार फूट पड़ती है।

आज आपके बेटे की बातों ने मेरे और आपके बीच यादों के वो निशान छोड़ दिये जिसका पता शायद उन्हें खुद भी नहीं होगा, उन्हीं निशानों के सहारे मैं आज आप तक पहुँची हूँ। बँटवारे का वो दौर आप पर कितना कठिन गुज़रा होगा, जब आपके सभी रिश्तेदार पाकिस्तान जाने लगे होंगे? मुल्क का बँटवारा आपके दिल और आपके सोच के बँटवारे पर भी आमादा रहा होगा। एक अजीब-सी कश्मकश, जैसे—एक-एक ज़िन्दा आदमी को आरी से चीरा जा रहा हो। और उसके बदन से खून की बूँदें टप-टप ज़मीन पर गिर रही हों—उफ़! कोई सोच भी नहीं सकता कि वो वक़्त आप पर कैसा गुज़रा होगा। एक तरफ़ अपने परिवार के मुखिया होने के नाते परिवार की सुरक्षा का ज़िम्मा और वहीं दूसरी तरफ़ पाकिस्तान जाते अपने लोगों का दबाव, और सगे-सम्बन्धियों के टूटने के ग़म के साथ-साथ और भी जाने क्या-क्या आप पर बीत गया होगा।

मैं इस वक़्त तहेदिल से अपना ही नहीं बल्कि इस पूरे मुल्क का सलाम आपको भेजती हूँ। आपको नहीं मालूम कि उस वक़्त ये मुल्क किस हद तक आपका क़र्ज़दार हो गया होगा जब आपने तरह-तरह के दबाव और उलझनों के बावजूद हिन्दुस्तान में ही रहने का फ़ैसला किया होगा, और हमें मुनव्वर राना साहब को हमारे मुनव्वर राना कहने का फख्र हासिल होने दिया। आज जितना सोचती हूँ उतनी ही आपकी क़र्ज़दार होती चली जाती हूँ।

मैं मानती हूँ कि हर बाप की ये ख़्वाहिश होती है कि उसका बेटा उससे कहीं आगे निकले, उसे उसके बेटे के नाम से जाना जाये। यक़ीनन ये खुशी आपको भी हुई होगी। पर आज इस पल जब मैं आपको ये ख़त लिख रही हूँ तब मैं सिर्फ़ आपको जानती हूँ। इस पल मैं सिर्फ़ यह सोच रही हूँ कि अगर औरों की तरह आपने भी कहीं पाकिस्तान चले जाने का फ़ैसला कर लिया होता तो क्या होता? शायद आप इस वक़्त मेरे सामने होते तो यही कहते कि तो क्या होता शायर तो ये तब भी होता पर नहीं

यूँ ही मैंने हिन्दुस्तान की अवाम को आपका क़र्ज़दार थोड़े ही कह दिया है। अगर आप पाकिस्तान चले गये होते तो हम मुनव्वर राना साहब की शायरी को तो जानते, पर उनके भीतर छिपे फ़क़ीर को, उनमें छिपे बादशाह को, उनमें छिपे कलन्दर को, उनमें छिपे पिता को और उनमें छिपे एक सच्चे हिन्दुस्तानी बेटे को कभी न पहचान पाते, कभी न महसूस कर पाते, कभी न समझ पाते। और सबसे बड़ी बात तो ये है कि मुझे कभी भी ये कहने का फख्ऱ हासिल न होता कि मैं अपनी ज़िन्दगी के कुछ बरस उस शहर में गुज़ार रही हूँ जो आज की तारीख़ में हमारे सबके बीच मुनव्वर राना साहब की वजह से पहचाना जाता है।

प्रज्ञा विकास

एमआईजी-111, सेक्टर-4
बर्रा-2, कानपुर-208027

अनुक्रम

तीन शहरों का चौथा आदमी

शायरी का मुझे बचपन से शौक़ था। मेरे घर में शायर तो ख़ैर कोई नहीं था लेकिन मौलवी बहुत से थे। मेरे दादा सय्यद सादिक़ अली, मेरे बड़े अब्बा सय्यद हकीम अब्दुल जब्बार आलमगीरी मस्जिद में इमामत करते थे। मेरे दादा बहुत खुश मिज़ाज थे और शायराना तबीअत रखते थे। मेरे अब्बू भी शायद इसी वजह से शेर नवाज़ भी थे और शायर नवाज़ भी लेकिन घर में कोई शायर भी पैदा हो जाएगा ये किसी ने ख़्वाब में भी न सोचा होगा। अगर बचपन में ही मेरी शायराना तबीअत का अन्दाज़ा हो गया होता तो शायद मैं भी मार बाँध कर मौलवी बना दिया जाता लेकिन अल्लाह जो करता है वो अच्छा ही करता होगा। जब हम भाइयों की शरारतें बहुत ज़्यादा बढ़ने लगीं तो अब्बू ने हम तीन भाइयों (मुनव्वर, इस्माइल, यहया) को अपने ख़ालाज़ाद (मौसेरे) भाई यूनुस चचा और इदरीस चचा के पास लखनऊ लाकर छोड़ दिया। वहाँ ददूदा अम्मी थीं जो मेरी दादी की छोटी बहन थीं। अब्बू उन्हें ख़ाला अम्मी कह कर पुकारते थे और उनका बड़ा एहतराम करते थे। तक़रीबन ढाई बरस तक मैं लखनऊ में रहा। मेरा और मेरे भाइयों का नाम St. John's K.G. High School में लिखा दिया गया। मेरा दाख़िला दर्जा छः में हुआ। मेरा ख़याल है कि आज़ादी के बाद उतार के बावजूद वो लखनऊ का ख़ूबसूरत दौर था। वो तमाम चीज़ें तक़रीबन ज़िन्दा और सलामत थीं जिनके बारे में अब या तो क़िस्से कहानियों में पढ़ा जाता है या बड़े बूढ़ों के हाफ़िज़े (स्मृति) की छलनी से कभी-कभी हमारे दामन में आ जाते हैं। शाह मीना के मज़ार और हनुमान मन्दिर में एक ख़ास रिश्ता था, वही रिश्ता जो फूलों और फूलों के दरम्यान होता है। अमीरी और ग़रीबी के दरम्यान एक दीवार तो होती थी लेकिन उसकी ऊँचाई खेतों के बीच चलने वाली पगडण्डी के बराबर होती थी। ग़रीबी सर उठा कर चलती थी और अमीर सर झुका कर चलने से पहचाने जाते थे।

इत्तिफ़ाक देखिए कि मेरे स्कूल के सामने ही काज़िम टी स्टाल के बराबर में जनाब नाज़िर ख़य्यामी की लाण्ड्री थी। स्कूल की प्रिंसिपल मिस अनवर और

नाएब प्रिंसिपल मिस सफ़िया थीं। मिस अनवर तो बहुत सख़्त थीं लेकिन चूँकि उनके भांजे सय्यद अमीर हसन मेरे बहुत चहेते दोस्त थे, इस निस्बत से वह मुझसे भी नर्मी से पेश आती थीं। ये वह ज़माना था जब लखनऊ की अदबी फ़ज़ाओं में तसनीम फ़ारूक़ी साहब लखनऊ के महबूब तरीन शायर थे। वो तक़रीबन रोज़ाना ही मेरे स्कूल आते थे। चाय, नाश्ता, गुफ़्तगू और शेरो शायरी का मशग़ला तक़रीबन रोज़ ही होता था। एक तहज़ीब, एक ज़बान और एक मौसीक़ी (संगीत) की धुन पर तमाम शहर जैसे रक़्स अन्दाज़ (नृत्य मुद्रा में) रहता था। शायर हज़रात फ़िल्म स्टार्स से ज़्यादा इज़्ज़त के हक़दार थे। ड्रामों और नौटंकियों के अदाकार ख़ास मेहमान खाने में नहीं बुलाये जाते थे। शुअरा हज़रात की कद्रो मंज़िलत का ये आलम था कि उनकी कही हुई किसी भी बात का एहतराम बादशाह और वज़ीर तक करते थे।

स्कूल के सामने ही काज़िम टी स्टाल पर उन दिनों भी शहर के ऐसे शुअरा तशरीफ़ रखते थे जिनके एहतराम में अकसर साहिबे इक़्तिदार (सत्ताधारी) हज़रात को भी खड़ा रहना पड़ता था। ऐसे मोहतरम शुअरा में सिराज लखनवी, सालिक लखनवी, माहिर लखनवी, फ़ज़्ल नक़वी, निहाल रिज़वी वग़ैरा हुआ करते थे।

काज़िम होटल के बराबर में ही तंज़ो मिज़ाह (हास्य रस) के मशहूर शायर जनाब नाज़िर ख़य्यामी की लाण्ड्री थी जहाँ कपड़े धुलवाने वाले तो कम दिखाई देते थे, हाँ, दिन-रात शायरों और अदीबों का जमघट लगा रहता था। कभी-कभार होने वाले मसलकी झगड़ों के बावजूद सुन्नी मोलवियों और शियों के जनाब कहलवाने वाले आलिमों को लोग एहतराम और एतबार की नज़र से देखते थे। चहार जानिब (चारों ओर) उर्दू का माहौल था, तहज़ीब का बोल-बाला था। रवादारी, रस्मे मोहब्बत और एक दूसरे के आँसुओं को अपनी पलकों पर सजा लेने का चलन आम था।

लखनऊ में इब्तिदा (शुरुआत) में हम तीनों भाई रात-रात भर रोते रहते थे। हमारे चचा यूनुस सूफ़ी साहब आर्ट्स कालेज में टीचर थे। उनकी अहलिया (पत्नी) हम लोगों का बहुत ख़याल रखती थीं। अब तो सब पुराने पेड़ आँधियों की नज़्र (भेंट) हो गये हैं लेकिन सच पूछिए तो पुराने पेड़ जब अपनी शफ़क़तें (स्नेह) हमारे लिए बिछा देते हैं तब हम किसी लायक़ होते हैं।

मुशायरों के मामले में तो लखनऊ बदनामी की हद तक मशहूर था। किसी भी रास्ते पर दस मिनट पैदल चलिये तो शायराना लिबास में दो-चार शायर नज़र आ जाते थे। अपनी दुनिया में गुम ग़ज़ल की पलकें सँवारते हुए, नये मौज़ूआत (Topics) क़लमबन्द करने की फ़िक्र में मसरूफ़ (व्यस्त) शुअरा मिल ही जाते थे। उन दिनों उर्दू नौकरी पाने या टोटल मार्क्स बढ़वाने के काम नहीं आती थी।

उर्दू लोग सिर्फ़ इसलिए पढ़ते थे कि उनके ख़ानदानी शजरे (वंशावली) में उर्दू के बग़ैर कहीं कजी (खोट) न आ जाये। उस ज़माने तक लोग उर्दू इसलिए भी पढ़ते थे कि अफ़सर बनने के बाद अफ़सर दिखाई भी दें। लखनऊ किसी ISO 9002 के सर्टीफ़िकेट के बिना भी उर्दू ज़बानो अदब और तहज़ीबी रख रखाव की यूनीवर्सिटी था। खुद साख़्ता तौर पर तो और भी बहुत से शहर इस एजाज़ (सम्मान) के तलबग़ार थे लेकिन

हर ग़ैर लखनवी ने निकाली ज़बाँ की मोच
आ आ के ज़ेरे सायए दामाने लखनऊ॥

(हज़ार लखनवी)

ताँगे वाले, रिक्शे वाले, क़लईगर, रफ़ूगर जैसे पेशों से मुंसलिक (जुड़े हुए) लोग शेर कहते थे लेकिन इस ज़बान पर भी क़िलए मुअल्ला (लाल क़िले की भाषा) का दबाव बरक़रार था। राज घरानों, महलों और जागीरदारों की बैठक में उस ज़माने की रस्म के मुताबिक़ ग़रीब गुरबा को उन आरास्ता महफ़िलों में ब हैसियत शायर या सामेअ (श्रोता) बैठने की इजाज़त नहीं थी।

हालाँकि इस हिन्दुवाने रस्मो रिवाज वाले सुलूक से उर्दू की ही नहीं, क़ौमी यकजहती और रवादरी के क़िलों की दीवारें भी अपने तौर पर बहुत शर्मिन्दा हुयीं। इस ऊँची ज़ात और नीची ज़ात के नुमाइन्दों ने मुसलमानों के चेहरों से इस्लामी रमक़ (आख़िरी साँसें) छीन लीं। वह मेरी कम उम्री का ज़माना था, हर चीज़ मुझे मेरे दिमाग़ के हिसाब से समझ में आती थी। मैंने कभी भी इल्म, तहज़ीब और मोहब्बतों की तरफ़ अजनबी नज़रों से नहीं देखा।

लखनऊ में मैंने उम्र का बहुत मुख़्तसर हिस्सा गुज़ारा। वह भी ऐन बचपन का, जब घर में दाख़िल होते ही बाहर गुज़रे हुए वक़्त का सख़्ती से हिसाब देना पड़ता था। चूँकि दद्दा अम्मी बहुत सख़्त थीं इसलिए उनसे मेरे चचा हज़रात भी डरते थे और जल्दी उनके सामने नहीं पड़ते थे, फिर हम लोगों की क्या मजाल थी कि अपनी मर्ज़ी से कुछ करते। बक़ौल बशीर बद्र—

गुज़ारे हमने कई साल इस तरह घर में
कुँवारी लड़की रहे जैसे ग़ैर के घर में॥

उन दिनों लखनऊ में आये दिन मुशायरे होते रहते थे। आल इण्डिया मुशायरों का कोई चलन नहीं था क्योंकि आल इण्डिया क़िस्म के बेशतर शुअरा सनद और दाद के लिए भी कासए गदाई (भिक्षा पात्र) लिए लखनऊ के गिर्दो नवाह (आस-पास के इलाक़े) में दिखाई देते थे। यही सबब था कि जिस मुशायरे में दो-चार असातिज़ा (उस्ताद शायर) हज़रात भी तशरीफ़ ले आते थे, वह मुशायरा अदब के मुवर्रिख़ (इतिहासकार) की डायरी में महफ़ूज़ हो जाता था। मैंने दो-ढाई

बरस की मुद्दत में तक़रीबन चार दर्जन मुशायरों में शिरक़त की। मेरी उम्र उस वक़्त महज़ तेरह बरस थी लेकिन मुशायरों के लिए दीवानगी के अलावा मेरा कोई दूसरा शौक़ नहीं था। मौसम-मौसम पतंग बाज़ी और कबूतर बाज़ी भी करता था लेकिन ये दोनों ही शौक़ बहुत ज़्यादा वक़्त और पैसा तलब करते थे जो मेरी हैसियत से कहीं ज़्यादा था। लूटी हुई पतंगों और पकड़े हुए कबूतरों से दुनिया में न कोई बड़ा पतंग बाज़ बना है और न कोई बड़ा कबूतर बाज़ ही बन सका लिहाज़ा ले दे कर ग़रीबी में शायरी ही मुझे इज़्ज़त और सहारा दे सकती थी। ये और बात है कि शायरी को भी मैंने कभी अपनी मजबूरी या नशा नहीं बनने दिया। हाँ, वक़्त गुज़ारी और ग़म ग़लत करने के लिए मैं गाहे-माहे इस सिन्फ़े सुख़न (साहित्य विधा) से खेलने लगा। लखनऊ में रहने का जो सबसे बड़ा फ़ायदा मुझे पहुँचा वो यह था कि वहीं मुझे उर्दू सीखने, समझने, पढ़ने और सुनने का भरपूर वक़्त मिला। चूँकि रायबरेली से आया था जिसे अहालियाने लखनऊ (लखनऊ वासी) नाक-भौं चढ़ाकर देहात कहते हैं। लखनऊ का मुज़ाफ़ाती (संलग्न) हिस्सा भी कहते हैं इसलिए उनके सीने पर मूँग दलने के लिए मुझे उर्दू ज़बान व अदब न सिर्फ़ सीखना था बल्कि मैंने ये अह्द कर लिया था कि अगर हिन्दुस्तान के अहले ज़बान मेरी तहरीरों को आँखों से न भी लगायें तो सारी ज़िन्दगी उन्हें एक एहसासे जुर्म (अपराध बोध) परेशान करता रहेगा। हालाँकि न कल और न आज भी हम अपनी ज़बान दानी के सिलसिले में क़तई ख़ुश गुमान नहीं हैं। चूँकि मुझे अच्छी तरह याद था और अभी तक याद है कि मैं एक ट्रक ड्राइवर के घर में पैदा हुआ था और अपने शजरे (वंशावली) को खँगाल कर सुकून हासिल करने का कभी क़ायल नहीं था बल्कि शायद ये ख़ानदानी ख़ाकसारी (विनम्रता) या तकलीफ़देह बीमारी थी। मेरे वालिद ने कभी अपने नाम के साथ सय्यद नहीं लगाया। दादा भी मौलवी सादिक़ अली के नाम से मशहूर थे। बड़े बाप शहर के बड़े हकीम अब्दुल जब्बार अल्लाह अल्लाह ख़ैर सल्ला। एकाध बार दबे लफ़्ज़ों में मैंने अब्बू से नाम के साथ सय्यद न लगाने की वजह पूछी तो उन्होंने बड़े रूखेपन से जवाब दिया कि सय्यद लगाने से कुछ नहीं होता। आदमी अपनी सिफ़ात (ख़ूबियों), शराफ़त और किरदार (चरित्र) से सय्यद हो जाता है। नतीजे के तौर पर मैं तो शायर था, सरापा गुनहगार (दुनिया वालों की नज़र में कुछ ज़्यादा ही)। मैंने कभी आले रसूल (हज़रत मुहम्मद का वंशज) होने की जसारत (दिलेरी) ही नहीं दिखाई। हालाँकि मेरे देखते ही देखते न जाने कितने लोग प्रोमोशन पाकर सय्यद हो गये। मुझे इस पर न कभी हैरत हुई और न गुस्सा ही आया क्योंकि जब आदमी सब इंसपेक्टर से इंसपेक्टर हो सकता है, सब एडिटर से एडिटर हो सकता है तो फिर सय्यद होने में क्या क़बाहत (दुश्वारी) है। पाकिस्तान में तो

ये बात आम थी। बनारस, देहली और लखनऊ के कई दर्जन ज़िना ज़ादे (अवैध जन्मे) भी वहाँ जाते ही सय्यद साहब हो गये थे।

हज़ारों लोग सरहद पार कर के हो गये सय्यद।
मगर इस क़ौम में अब कोई सर सय्यद नहीं होता॥

मेरे स्कूल में शेरो शायरी का ख़ुशगवार माहौल था। मेरी प्रिंसिपल मिस अनवर थीं। ग़ालिबन वाइस प्रिंसिपल मिस सफ़िया थीं। मिस आएशा अंग्रेज़ी पढ़ाती थीं। एक मिस गोम्ज़ थीं। मिस सफ़िया के भाई थे बसीर हसन साहब, वो भी टीचर थे। बहुत सुलझे हुए और बच्चों का हर तरह से ख़याल रखने वाले। एक साहब और रोज़ाना तशरीफ़ लाते थे, उनका नाम था सईदुल हसन। तसनीम फ़ारूक़ी साहब भी रोज़ाना आते थे। बहुत बाद में मालूम हुआ कि तसनीम भाई बहुत आशिक़ मिज़ाज थे लेकिन डरपोक होने की वजह से उनका हर रक़ीब (प्रतिद्वन्दी) उनका नसीब बन जाता था और तसनीम भाई ग़ज़ल की दूसरी ज़मीन में भटकने की तैयारी शुरू कर देते थे।

मेरे स्कूल St. John's High School में इब्तिदा से Co-education था। इसलिए लड़के-लड़कियाँ सब साथ पढ़ते थे। लखनऊ की मिट्टी में हमेशा से इश्क़ और अय्याशी का ख़मीर (मिश्रण) शामिल रहा है लिहाज़ा कम उम्र से ही बच्चे तक कहीं न कहीं अपने दिल को अटका लेने की कोशिश में मसरूफ़ रहते थे।

हमारी उम्र तो है बेल इश्क़े पेचाँ की।
ढलक पड़ेगी अगर कोई आसरा न मिला॥

चूँकि मेरा तअल्लुक़ बहुत ग़रीब घर से था और तीन भाइयों में सबसे बड़ा मैं था लिहाज़ा शौक़ के बावजूद इस कारे बे मसरफ़ (पहुँच से बाहर का काम) के लिए वक़्त ही नहीं था। वक़्त तो ख़ैर किसी न किसी तरह निकल आता है लेकिन स्कूल के बाहर बिकने वाली चाट, मिठाइयाँ और दूसरी बहुत-सी चीज़ें ख़रीदने के लिए मेरे पास ख़्वाब में भी पैसे नहीं थे। उस ज़माने में सायकिल भी हवाई जहाज़ से ज़्यादा इज़्ज़तदार होती थी। मुझे भी बहुत शौक़ था कि मेरे पास भी सायकिल हो जाये लेकिन उन दिनों छोटी सायकिल भी पचास-साठ रुपये की होती थी और इतने रुपये ग़रीब ख़ानदान की औरत को चादर से बड़े मालूम होते थे लेकिन एक बात मैं ज़रूर बताना चाहता हूँ कि मैंने ज़िन्दगी में कभी किसी की सायकिल न माँगी, न चलायी। कलकत्ता जाते-जाते सायकिल तबीअत से उतर चुकी थी क्योंकि वहाँ तो स्कूटर और मोटर सायकिल की बहार थी। दर्जा नौ तक पहुँचते-पहुँचते मैं वहाँ स्टेज प्रोग्राम में हिस्सा लेने लगा था। कुछ पैसे मैंने स्टेज प्रोग्राम के ज़रिये जमा किये और बाक़ी रुपये अब्बू ने दिये। अब्बू के ही एक दोस्त थे जिन्हें मैं शर्मा चाचा कहता था। M.P. Roadways के

नाम से उनका ट्रान्सपोर्ट था। उनके साथ जावा मोटर सायकिल के शोरूम से रु. 5,315.92 में नयी जावा मोटर सायकिल लेकर मैं मोहल्ले में दाख़िल हुआ। उस वक़्त की ख़ुशी का एहसास तो उसी वक़्त तहरीर किया जा सकता था। अब सोचो तो शर्मिन्दगी सी होने लगती है।

काम या स्कूल के वक़्त के अलावा घर से बाहर निकलने की इजाज़त ही नहीं थी। घर का काम हो या स्कूल का काम, शाम से पहले ख़त्म करना होता था। इन पाबन्दियों के सबब हमारी दोस्ती भी बहुत महदूद (सीमित) थी। कुछ तो हम आदम बेज़ार थे ही और कुछ घरेलू पाबन्दियों के सबब और भी बाहरी दुनिया से कोई दिलचस्पी नहीं रह गयी थी। मेरे क्लास में जो जिगरी दोस्त थे उनमें सय्यद अमीरुल हसन, सय्यद यमीनुल हसन, फुरक़ान अहमद, सुभाष गुप्ता और सुनील सक्सेना थे। दो लड़कियाँ भी रोज़ी और रैनी थीं जो शायद कूचए अरबाबे निशात (नगर वधुओं की गली) से तअल्लुक़ रखती थीं। अमीरुल हसन आर्ट्स कालेज में थे। यमीनुल हसन भी शायद सिंचाई विभाग में अफ़सर हो गये थे। फुरक़ान हज़रत शाह मीना के सज्जादा नशीनों में शामिल हो गये थे। सुभाष चूँकि गुप्ता थे इसलिए किसी कारोबार में ही जमे होंगे, उनसे फिर कभी मुलाक़ात नहीं हो सकी। सुनील शायद डॉक्टर हो गये थे। मैं अकसर कहा करता हूँ कि किताबें और बचपन के दोस्त एक जैसे होते हैं। एक बार अगर खो गये तो फिर सारी ज़िन्दगी ढूँढे नहीं मिलते लिहाज़ा किताबें हों या दोस्त उनको हमेशा बहुत सँभाल कर रखना चाहिए क्योंकि सबसे बड़ा मसला ये है कि जब इंसान के बदन में ख़ून बनना बन्द हो जाता है उसी के साथ ही दोस्त बनना भी बन्द हो जाते हैं। मेरे स्कूल में ही मेरी फूफी जान रईसा ख़ातून भी पढ़ती थीं। वो घर और स्कूल दोनों जगह हम लोगों का ख़याल रखती थीं। वो बयक वक़्त फूफी, बड़ी बहन और माँ तीनों का एहसास दिलाती थीं। उनको शेरो शायरी का शौक़ था लेकिन सिर्फ़ सुनने की हद तक।

हज़रत नाज़िर ख़य्यामी उन दिनों तक हिन्दुस्तान गीर शोहरत हासिल नहीं कर सके थे लेकिन यू.पी. की हद तक उनका जवाब नहीं था। लाण्ड्री की दुकान तो उनकी छतरी थी जहाँ वो मिल जाते थे। मैं भी अकसर सलाम करने के बहाने उनकी दुकान पर चला जाता था। अकसर अपने साथ मुझे भी चाय पिलाते थे। मेरी दादी बताती थीं कि नाज़िर साहब की अहलिया (पत्नी) उनकी क़रीबी रिश्तेदार हैं, इस बिना पर नाज़िर चचा हमेशा हमारा ख़याल रखते थे। बाद में भी जब कलकत्ता आते थे तो हमारे ट्रांसपोर्ट में तशरीफ़ लाते थे।

स्कूल के सालाना प्रोग्राम में तमसीली मुशायरा रखा गया। यह मुशायरा नाज़िर ख़य्यामी साहब, तसनीम फ़ारूक़ी साहब और बसीर हसन साहब की देख

रेख में मुनअक़िद (आयोजित) हुआ। मुझे साहिर लुधियानवी बनाया गया। एक लड़की थी रज़िया उसको बेकल उत्साही बनाया गया। सुभाष को नुशूर वाहिदी बनाया गया और बाक़ी बहुत से किरदारों के नाम याद नहीं रह गये। चूँकि साहिर लुधियानवी साहब की नाक ग़ैर मामूली तौर पर लम्बी थी लिहाज़ा नाज़िर साहब की अहलिया ने मेरी नाक की लम्बाई बढ़ाने की ग़रज़ से मेरे रूई की नाक लगा दी। वो रूई की बड़ी ख़ूबसूरत गुड़ियाँ बनाती थीं। इस तमसीली मुशायरे में मैंने साहिर साहब की नज़्म ताजमहल पढ़ी थी–

ताज तेरे लिए इक मज़हरे उल्फ़त ही सही
तुझको इस वादिए रंगीं से मुहब्बत ही सही
मेरे महबूब कहीं और मिला कर मुझ से
ये इमारत, ये मक़ाबिर, ये फ़सीलें, ये हिसार
मुतलकुल हुक़्म शहंशाहों की अज़मत का जुनूँ
दामने दह्र पे उस रंग की गुलकारी है
जिसमें शामिल है तेरे और मेरे अजदाद का ख़ूँ
मेरे महबूब कहीं और मिला कर मुझ से
ये चमनज़ार, ये जमुना का किनारा, ये महल
ये मुनक़्क़श दरो दीवार, ये मेहराब, ये ताक़
इक शहंशाह ने दौलत का सहारा ले कर
हम ग़रीबों की मुहब्बत का उड़ाया है मज़ाक़
मेरे महबूब कहीं और मिला कर मुझ से
अनगिनत लोगों ने दुनिया में मुहब्बत की है
कौन कहता है कि सादिक़ न थे ज़ज़्बे उनके
लेकिन उनके लिए तशहीर का सामाँ ही न था
क्योंकि वह लोग भी अपनी ही तरह मुफ़लिस थे
मेरे महबूब कहीं और मिला कर मुझ से

उस ज़माने में लखनऊ उतना ही बड़ा था ग़ालिबन जितना बड़ा उसे होना चाहिए था। मुहल्ले के लोग एक दूसरे के बच्चों को ही नहीं उनकी गाय, बकरियों और बर्तनों तक को पहचानते थे। एक दूसरे की ज़रूरत अपनी-अपनी हथेलियों पर लिखे रहते थे। मुहब्बतें इतनी थीं कि जो जिसकी माँ के पास खड़ा हो जाता था वो उसी का बेटा मालूम होता था। घर, पड़ोस की बड़ी बूढ़ियों का हुक्म सबके घरों पर चलता था। मजाल थी की कोई बड़ों के सामने दीदे फाड़ कर खड़ा हो जाये। शायद माँएँ बच्चे नहीं फ़रिश्ते जनती थीं। न सैलाब आता था न सुनामी, न दंगे, न फ़साद। यूँ भी जहाँ फ़रिश्ते रहते हों वहाँ इन तमाशों

की कोई ज़रूरत नहीं होती। बुज़ुर्गों की जूतियों की हिफ़ाज़त के लिए मुस्तक़िल (निरन्तर) जूतियों पर नज़र रखने से आँखों की रोशनी बढ़ जाती थी। सरकारी अस्पतालों में आँखों के डॉक्टरों की ज़रूरत नहीं पड़ती थी। गुलाब की पत्तियों का अरक़ आँखों को बुर्राक़ बना देता था।

उस ज़माने में साहिबे सरवत (हैसियतदार) और बड़े लोग तो थे लेकिन दरियादिली उनके पास भी बहुत थी जिनके पास दूसरे वक़्त का पेट भरने का कोई सहारा नहीं होता था। उस ज़माने तक आम तौर पर लोग अपनी तिजोरियों में रक़म भरने के बजाय ग़रीबों का पेट भरने में ज़्यादा दिलचस्पी रखते थे। गाय या भैंसें दूध बेचने के लिए नहीं पालते थे। अपने खाने से जो बच जाता था वो रिश्तेदारों और ज़रूरत मन्दों के काम आता था। आम के पेड़ फ़सलों को बेचने के लिए नहीं बल्कि गाँव को ख़ुशहाल बनाये रखने के लिए होते थे। गाँव हो या शहर घर की किसी भी चीज़ को बेचना इज़्ज़त बेचने की तरह तकलीफ़ देता था। आज जो हर गाँव से लोग भाग रहे हैं, हिजरत कर रहे हैं, इसकी सिर्फ़ एक वजह ये है कि सरकार ने देहातों से नज़र फेर रखी है जिसकी वजह से देहात का ग़रीब और अमीर सब अपनी-अपनी जान बचाने के लिए शहरों में दाख़िल हो रहे हैं। आज भी अगर शहरों जैसी सहूलियतें छोटी आबादियों को मयस्सर हो जायें तो देहातों से ये पलायन हमेशा-हमेशा के लिए बन्द हो सकता है। असेम्बली और संसद भवन की कार्रवाइयों के बाद एस.पी. और एम.एल.ए. साहिबान का अपने इलाक़ों में रहना ज़रूरी करार दे दिया जाये तो हालात सुधरना शुरू हो जायेंगे।

उन दिनों का लखनऊ आज के लखनऊ से बहुत मुख़्तलिफ़ था। बदमाश, सियासतदाँ और उलमा सबके ट्रैक अलग-अलग थे। उन दिनों तक लोग बदमाशों से डरते थे, सियासतदानों से कतराते थे और उलमा का एहतराम करते थे। शिया-सुन्नी दोनों ही हर मसलक (पन्थ) के उलमा के एहतराम में ठहर जाते थे लेकिन अब हालात काफ़ी बदल गये हैं। अब तो बदमाशों से घुलते मिलते हैं, सियासतदानों को हिक़ारत (घृणा) की नज़र से देखते हैं और उलमा को देखते ही सड़क की पटरी बदल देते हैं। यह बात मैं साफ़गोई से कह गया हूँ लेकिन इसके बावजूद अगर जुमले की तहें खोली जायें तो कई बद किरदार कहानियों के नावेल तैयार हो जायेंगे। अब तो तमाम मरकज़ी (Central) लखनऊ पर खटिकों या खटिक जैसों का क़ब्ज़ा हो चुका है। लोग बताते हैं कि अगर थाने या पुलिस चौकी में एक भी शख़्स शेरवानी पहने दाख़िल हो जाता था तो पूरा थाना मुस्तैद और मुहज़्ज़ब (सभ्य) हो जाता था लेकिन देखते ही देखते पता नहीं लखनऊ में कहाँ से पुलिस वाले लाये गये जिन्होंने लखनऊ के शोरफ़ा (शरीफ़ों) का सड़क पर चलना तो कुजा, घर से निकलना दूभर कर दिया है। कांग्रेस के

ज़माने तक तो ख़ैर मुँह देखे की मुरव्वत या नुमाइशी शराफ़त का मुज़ाहिरा करते हुए अफ़सरान सीधे और शरीफ़ लोगों का ख़याल कर लेते थे लेकिन जब से ये आदिवासी पार्टियाँ इक्तिदार (सत्ता) में आयी हैं, इन्होंने लखनऊ तो क्या तक़रीबन हर शहर के शरीफ़ और सीधे-सादे लोगों का जीना दूभर कर दिया है। काश! लखनऊ जैसे शहरों पर कुछ दिनों तक अंग्रेज़ी हुकूमत बरक़रार रह जाती तो शायद शराफ़त और रवादार की इतनी कम बोली बाज़ार में न लगती।

ख़ैर, अब तो लखनऊ जुग़राफ़ियाई (भौगोलिक) लिहाज़ से कलकत्ता और मुम्बई की बराबरी कर रहा है लेकिन इस शहर के हर सरमायादार की कार पर एक बदमाश ज़रूर होता है जो समाज को डराता है और अपनी हुकूमत चलाने की कोशिश करता है। तक़रीबन तमाम सरमायादारों के तार मंत्रियों और आला अफ़सरों से ऐसे ही मिले रहते हैं जैसे समझा जाता है कि हर मुसलमान के तार दाऊद इब्राहीम से मिले होंगे। लखनऊ कभी ग़रीब परवर शहर कहा जाता था। ये मुहावरा मशहूर था कि चाहे चूल्हा सब के घरों में न जलें लेकिन लखनऊ में कोई भूखा नहीं सोता। अब तो सूरते हाल बिल्कुल ही बदल गयी है। पचास बरस पहले जो शेर जाँ निसार अख़्तर ने मुम्बई के लिए कहा था, वो शेर अब लखनऊ पर सादिक़ आता है—

शर्म आती है हम उस शहर में रहते हैं जहाँ
न मिले भीख तो लाखों का गुज़ारा ही न हो॥

शुएब विद्यालय से पाँचवीं क्लास पास कर लेने के बाद मेरा दाख़िला दर्जा छः में गवर्नमेंट इण्टर कालेज, रायबरेली में हो गया। अंग्रेज़ों के ज़माने की बनायी हुई शहर की ख़ूबसूरत तरीन इमारत, उस इमारत के दरो दीवार ख़ुद अपनी तारीख़ बयान कर रहे थे। चूँकि उन दिनों ट्रांसफ़र और पोस्टिंग का शुमार इण्डस्ट्रीज़ में नहीं हुआ था इसलिए जो अफ़सर या सरकारी आदमी जहाँ के लायक़ होता था वहीं उसकी पोस्टिंग होती थी। आज कल तो लखनऊ जैसे तारीख़ी, तहज़ीबी और नाज़ुक मिज़ाज शहर के अहम ओहदों पर ऐसे लोग बिठा दिये जाते हैं जिनकी ज़ेहनियत और गुफ़्तगू का लहजा समाज में अनारकी (जंगल राज) या मायूसी फैलाता है।

चूँकि मैं अपनी मासूमियत, हुनरमन्दियों और ख़िदमत गुज़ारी की वजह से हर महफ़िल में हर दिल अज़ीज़ हो जाता था वही, गवर्नमेंट कालेज में भी हुआ। मुझे बहुत से शेर याद थे। मैं पेड़ों पर चढ़ने में भी बहुत माहिर था और मीठी-मीठी बातें बनाने का हुनर भी मुझे बख़ूबी आता था लिहाज़ा बड़े क्लास के लड़के मुझे अपने पास बिठाये रखते थे। उन लोगों के पास उठने-बैठने के कई फ़ायदे थे। मसलन मेरे क्लास में मेरी बड़ी धाक थी और क्लास में आने वाले टीचरों के इताब (प्रकोप) से भी मैं पूरी तरह महफ़ूज़ रहता था।

उन दिनों जिन लोगों का दबदबा कालेज से लेकर तमाम शहर में था वो सब मेरा ख़याल करते थे। उनके ख़याल करने की एक वजह ये भी थी की मेरे वालिद साहब का शुमार ज़िले के बड़े रंगबाज़ों में होता था। चूँकि मैं बुनियादी तौर पर शायर था इसलिए रंगबाज़ी और बदमाशी में मेरी दिलचस्पी कभी नहीं थी लेकिन मिज़ाज में अक्खड़पन, ख़ून में हिद्दत (गर्मी) और ना इंसाफ़ी के ख़िलाफ़ एहतिजाज (Protest) घुट्टी में शामिल हो गया था।

मेरे बचपन में क्रिकेट बे मक़सद लोगों का खेल था। यानी इसे वो लोग खेलते थे जो अमीरज़ादे होते थे या अंग्रेज़ ज़ादे खेलते थे। काले अंग्रेज़ और काली कमाई से ख़ानदान की किफ़ालत (परवरिश) करने वालों का पसन्दीदा शौक़ था। मेरे कालेज में छोटे बाबा, बड़े बाबा, इम्तियाज़ लल्लन, क़वी खान, बृजमोहन और ग़ज़नफ़र अब्बास अच्छे खिलाड़ी की हैसियत से शहर में पहचाने जाते थे। ग़ज़नफ़र अब्बास तो मुहम्मडन स्पोर्टिंग क्लब की टीम में कई बरस तक हाकी खेल चुके हैं। सायकिल उस ज़माने में कार की तरह इज़्ज़तदार समझी जाती थी। सायकिल के कैरियर से बँधी हुई हाकी मर्दाना वजाहत (प्रतिष्ठा) और दबंग खिलाड़ी की पहचान होती थी। बड़े जरायम (अपराधों) का ज़माना नहीं आया था क्योंकि गली के मोड़ पर आकर मुहल्ले का एक भी बुज़ुर्ग दिखाई दे जाता था तो इन ग़ैर फ़ौजी लड़ाकुओं की भीड़ इधर-उधर भाग खड़ी होती थी। माफ़ी तलाफ़ी का मक़सद समझौता नहीं होता था। शरीफ़ ख़ून इसे दोस्ती कहते थे। अमीर लड़के अपने ग़रीब दोस्तों की हर तरह से मदद करते थे लेकिन ये बात उन लोगों को उस वक़्त मालूम होती थी जब वह कालेज से निकल कर यूनीवर्सिटी की तरफ़ बढ़ चुके होते थे। जो टीचर ट्यूशन पढ़ाते थे उनके यहाँ कोई भी जा कर पढ़ सकता था। कमज़ोर बच्चों से फ़ीस के पैसे नहीं लिए जाते थे। मेरी आँखें गवाह हैं कि एक टीचर हुआ करते थे मिस्टर जे.बी. सिंह। वो कई ग़रीब बच्चों की स्कूल की फ़ीस अपने पास से जमा कर देते थे। क़वी भाई से मेरी रिश्तेदारी होती थी। वो हाई स्कूल में थे और मैं छठीं क्लास में था। ज़ाहिर है कि उम्र में भी बहुत फ़र्क़ था लेकिन रिश्ते की वजह से वो मुझे मामूँ कहते थे यानी मामूँ दस बरस के और भांजे अठारह बरस के। क़वी भाई की वजह से पूरा कालेज मेरा ख़याल करता था। एकाध बार अगर प्रिंसिपल के कमरे में मुझे बुला लिया जाता था तो वह किसी न किसी बहाने मुझे मार खाने से बचा लिया करते थे। प्रिंसिपल कोई सक्सेना साहब थे, बहुत गोरे चिट्टे थे। हर वक़्त गुस्से में भरे रहते थे। लगता था या तो महाज़े जंग (जंग का मोर्चा) से लौटे हैं या रवाना होने वाले हैं। मुमकिन है साबिक़ (पूर्व) फ़ौजी ही रहें हो क्योंकि उनका एक हाथ बाज़ू से कटा हुआ था। बहुत साफ़ शफ़्फ़ाफ़ कपड़े

पहनते थे। अपने एक ही हाथ से माँ काली की तरह कई हाथों का काम लेते थे। एक बार मैं उनकी गिरफ़्त (पकड़) में आ चुका था। सिर्फ़ दो सेकण्ड में अपने एक हाथ से कान पकड़ते थे और साथ ही उसी हाथ से ज़न्नाटेदार थप्पड़ भी जड़ देते थे। मैं चूँकि बचपन से ही सूखे का मरीज़ था और सूखा सहमा था भी लिहाज़ा उनके थप्पड़ की दहशत से मुझे बुख़ार आ गया था। मैं दो-तीन दिनों तक स्कूल नहीं गया था। वो मुझे ज़ाती तौर पर पहचानते थे क्योंकि कालेज के अंग्रेज़ी के लेक्चरर सय्यद यासूबुल हसन जाफ़री ने मुमकिन है प्रिंसिपल साहब को मेरा वाक़या बता दिया हो। जाफ़री साहब मेरे रिश्ते के चचा थे जिन्हें हम लोग झम्मन चचा कहते थे या शायद मेरी शेरोशायरी वाली गुफ़्तगू की वजह से प्रिंसिपल साहब मुझे पहचानते रहे हों। कई दिनों की ग़ैर हाज़िरी के बाद जब मैं कालेज आया तो अपनी ख़ानदानी शराफ़त का भरम रखने प्रिंसिपल साहब को सलाम करने पहुँच गया। मेरी इस ख़िलाफ़े उम्मीद अदा पर वो बहुत मुतास्सिर (प्रभावित) हुए और जब तक मैं उस कालेज में रहा उन्होंने मेरा हमेशा ख़याल रखा। क़वी साहब के वालिद शहर के सिविल अस्पताल में सीनियर कम्पाउण्डर थे। उनका क्वार्टर भी अस्पताल के पिछले हिस्से में था। क़वी भाई के छोटे भाई अब्दुल मुईद, वहीद और फ़रीद भी मेरे क्लास में थे। मुईद मुझसे साल छः महीने छोटे थे और वहीद जो क़वी भाई के ददिहाली रिश्ते से भाई थे, मुझसे दो-तीन बरस बड़े थे। क़वी भाई की बहनें भी अस्पताल वाले क्वार्टर में रहती थीं। उम्र में वो सब मुझसे बड़ी थीं लेकिन रिश्ते में मैं बड़ा और बुज़ुर्ग था। कालेज के पिछले हिस्से में कैथे, इमली और आम वग़ैरा के बहुत से पेड़ थे। आम की फ़स्ल पर तो हर साल खटिक क़ब्ज़ा कर लेता था लेकिन कैथे और इमली आज़ाद कश्मीर की तरह थे। जैसा कि मैं पहले बता चुका हूँ कि पेड़ की पतली से पतली शाख़ों से लिपट कर मैं पतंगें उतार लाता था लिहाज़ा कालेज में भी आये दिन भांजियाँ और उनकी सहेलियाँ मेरी ख़ुशामद कर के पेड़ पर चढ़ा देती थीं। इसका एक फ़ायदा तो यह था कि मैं एक बेहद ग़रीब घर का लड़का था लिहाज़ा नाश्ते और टिफ़न के चोंचलों से मेरे घर वाले नावाक़िफ़ थे। अपनी ज़िन्दगी तो कभी-कभी भुने हुए आलू को नाश्ते का नाम दे देती थी। चाय के साथ बासी रोटी और चाय में पिछली मिठास ख़ुद बख़ुद कहीं से आ कर शामिल हो जाती है। चाय के साथ बासी रोटी खाते देख कर मेरी बच्चियाँ और उनकी बच्चियाँ तरह-तरह के मुँह बनाती हैं लेकिन उन्हें कहाँ पता कि ग़रीबी में सिर्फ़ मिठास होती है और अमीरी वो कडुवाहट है जो कई नस्लों को बर्बाद कर देती है। मैं अकसर अपने बच्चों से हँसते हुए कहता हूँ कि फीकी चाय भी फीकी ज़िन्दगी की तरह होती है।

मैं बात करते-करते ज़रा आगे निकल आया था। मैं यह बता रहा था कि उन दिनों स्कूल और कालेज में इंटरवल के वक़्त लाई-चना मिलता था। हालाँकि पिछले बीस बरसों से दुनिया के बड़े-बड़े मुल्कों और बड़े-बड़े लोगों के दस्तरख़्वान पर बैठने का शरफ़ हासिल हुआ। सन् 1963 और 1964 के दिनों के खाये हुए लय्या चना का ज़ायक़ा अभी तक महफ़ूज़ है। मैं अर्ज़ कर रहा था कि इमली और कैथे के एवज़ मुझे वो सब लड़कियाँ अपने घर में लंच टाइम में अकसर खाना खिलाती थीं। हालाँकि मेरी दिलचस्पी खाने में उतनी नहीं थी। उन दिनों शहर में कैरम के खेल की बहार आयी हुई थी। कैरम बोर्ड तो ख़ैर माँगे जाँचे मिल जाता था लेकिन बोरिक पाउडर सबसे बड़ा मसला था क्योंकि वो मेडिकल स्टोर में बिकता था और पैसा उस ज़माने में मेरा मसला था। उस वक़्त बोरिक पाउडर का पैसा नहीं रहता था और आज हिन्दुजा अस्पताल और ब्रीच कैण्डी मेरी मेहनत और ईमानदारी से कमाई रक़म को एक ही साँस में निगल जाते हैं—

तिजोरियों में न राहे ख़ुदा में जाती है
यहाँ तो सारी कमाई दवा में जाती है॥

कैथे और इमली के एवज़ मुझे अस्पताल से अच्छी ख़ासी बोरिक पाउडर की पुड़ियाँ मिल जाती थीं। अल्लाह ग़रीक़े रहमत करे, चचा ज़फ़र ख़ाँ कम्पाउडर (जफ्फू चचा) को। थे तो मरहूम बड़े कौड़ियाले और सख़्त लेकिन चूँकि अब्बू के दोस्त थे इसलिए मेरा बड़ा ख़याल रखते थे। लड़कपन के ये दिन बड़े यादगार थे। पहले सिर्फ़ मोहल्ले के लोग पहचानते थे लेकिन कालेज में नाम लिख जाने की वजह से अब हम सारे शहर की ख़ाक छानते थे। कहारों के अड्डे के पास बड़े अब्बा हकीम सय्यद अब्दुल जब्बार का मतब था। कभी-कभार वहीं से भी ख़र्च की वसूली का इन्तिज़ाम हो जाता था। इस तरफ़ मोहल्ले के लड़कों की दोस्ती, उधर कालेज के दोस्तों के साथ मटर-गश्ती ने पढ़ाई-लिखाई में बहुत पीछे कर दिया। दिन भर कबूतरबाज़ी का नशा सवार रहता। रात में बटेर बाजों के साथ सई नदी के किनारे बटेर पकड़ने जाता। अब्बू तो बेचारे ट्रक लेकर कानपुर-कलकत्ता करते रहते। अम्मी अपनी पर्दानशीनी के सबब मुझे पकड़ नहीं सकती थीं। अगर कभी-कभार मैं हाथ आ भी जाता तो जैसे ही मुझे मारने दौड़तीं उन्हें बे साख़्ता हँसी आ जाती। इस हँसी की कहानी भी बड़ी दिलचस्प है। चूँकि मैं अपनी दादी का बहुत चहेता था इसलिए मुझे कोई न मार सकता था और न डाँट सकता था। जब दादी साहिबा पूरे ख़ानदान के साथ, सिर्फ़ मेरे अब्बू को छोड़ कर पाकिस्तान जाने लगीं तो उन्होंने मेरी अम्मी को ख़ास तौर पर ताकीद की भी कि देखो अनवर की दुल्हन! तुम्हें मेरी जान की क़सम है कि तुम मुनव्वर पर कभी हाथ मत उठाना। अगर तुमने मुनव्वर पर हाथ उठाया तो मैं समझूँगी

कि तुमने मुझे यानी अपनी सास को मारा है। बस शायद यही सबब था कि शैतानियों के बावजूद मैं पिटने से बच जाता था। हालाँकि ताकीद अगर दादी साहिबा मेरे अब्बू को कर के जातीं तो मुझे ज़्यादा फ़ायदा होता। घर और बाहर की तमाम शिकायतें सुन लेने के बाद उनके सामने मेरी पेशी होती थी। अब्बू चूँकि ट्रक चलाने की वजह से हफ़्तों बाहर रहते थे लिहाज़ा उसी ग़ैर-हाज़िरी के हिसाब से पिटाई भी होती थी। अकसर मार खाते-खाते मेरा पेशाब निकल जाता था। अम्मी तो मुझे बचाने की पोज़ीशन में नहीं होती थीं इसलिए वो कोठरी में छुप कर अपने कानों को दोनों हाथों से बन्द कर लेती थीं। फ़ौरी तौर पर या तो मेरी फूफी, क़मर अली की अम्मी जो अब्बू से बड़ी थीं, वो आ के अब्बू से छड़ी छीन लेती थीं बल्कि अगर वो ख़ुद भी उस वक़्त जलाले सय्यदी में होती थीं तो दो-चार छड़ियाँ अब्बू को जड़ भी देती थीं। मेरी मुसीबत की इन घड़ियों में दूसरी ख़ातून थीं अहमद ख़ाँ साहब की बेगम जिनको हम बड़ी अम्मा कहते थे। मेरे रोने-धोने की आवाज़ पर वो बेचारी भाग कर मेरे घर आ जाती थीं। अब्बू उन्हें भाभी कहते थे और उनकी इज़्ज़त भी करते थे। बड़ी अम्मा के आते ही मेरी पिटाई का सिलसिला बन्द हो जाता था। वो अब्बू को बुरा भला कहती हुई मुझे अपने घर ले आती थीं फिर हल्दी और फिटकरी से मेरे कटे पिटे का इलाज करती थीं।

इसका मतलब ये बिल्कुल नहीं था कि अब्बू हम लोगों को सिर्फ़ बेतहाशा पीटते थे। उनका पहला हुक़्म ये था कि घर में रोते हुए मत आओ। अगर किसी ने तुमको मारा है तो उसके घर में घुस कर उसे मार के आओ। उस वक़्त हम चार भाई थे। हमें और इस्माइल को उँगली पकड़ कर नन्हू नालबन्द के कुएँ पर नहलाने ले जाते। जब अब्बू के पास ज़्यादा पैसे होते थे तो वो लाइफ़ बॉय साबुन लेते थे लेकिन अगर पैसे कम होते थे तो सनलाइट साबुन से भी हम लोगों को नहलाते थे और उसी से हमारे कपड़े भी धोते थे। मेरी माज़ी परस्ती (अतीत पूजा) का ये आलम है कि आज तक हमारे घर में लाइफ़ बॉय साबुन इस्तेमाल किया जाता है।

नदी में नहाने और मछली पकड़ने की लत भी बचपन से ही लग चुकी थी। उन दिनों तक हमारे चचा सय्यद मुशर्रफ़ अली (जो अब पाकिस्तान में हैं और बहुत बीमार रहते हैं) हिन्दुस्तान में ही थे। हज़रत मौलाना अबुल हसन अली नदवी उनसे बहुत अपनाइयत रखते थे। चचा ने अपनी मेहनत से सिर्फ़ साढ़े पाँच बरस की उम्र में मेरा क़ुरआन शरीफ़ मुकम्मल करा दिया था। वो रोज़ मुझे अपने साथ फ़ज्र की नमाज़, वहीं से राजघाट के पुल पर ले जाते थे। नदी में वो ख़ुद भी तैरते थे और मेरी नेकर के पिछले टंगन पकड़ कर मुझे भी तैरना

सिखाते थे। वापसी में एक रुपये के तुख़्मी आम लेकर आते थे। उन दिनों आम किलो के हिसाब से नहीं, ढेरी के हिसाब से बिकते थे। एक रुपये में तक़रीबन तीन सौ आम भर कर हम बोरियों में लाते थे। शायद उन दिनों लोगों के बाग़ छोटे होते थे लेकिन दिल बड़े होते थे। अब तो बाग़ बड़े होने लगे हैं लेकिन बाग़ वालों के सीने में दिल की जगह बाय पास होता है और बाय पास के पास दिल तो दूर की बात है कोई तहज़ीब याफ़्ता गाँव भी नहीं होता।

पाकिस्तान की आँधी ने दूसरे ख़ानदानों की तरह हमें भी उजाड़ा। बहुत बर्बाद किया। मेरे वालिद यही क़लक़ (दुख) ले कर दुनिया से चले गये कि वो तमाम कोशिशों के बावजूद अपने बच्चों को अच्छी तालीम नहीं दिला सके। उनके इस क़लक़ का सबसे शदीद एहसास मुझे है, क्योंकि मैंने उनकी सरपरस्ती (संरक्षता) में कोई बड़ा वकील या प्रोफेसर बनने की तमन्ना की भी। अब्बू ने हम लोगों को पढ़ा-लिखा कर बड़ा आदमी बनाने की बहुत कोशिश की लेकिन तरबियत (प्रशिक्षण) की आँच के बग़ैर इल्म का वज़ीफ़ा (जाप) कभी पूरा नहीं होता।

मैं जिस मोहल्ले में रहता था उसका नाम शेख़वाड़ा है। उसी से मुलहिक़ (संलग्न) आलमगीरी मस्जिद है। हज़ार पन्द्रह सौ की आबादी में सिर्फ़ मेरा घर सय्यद साहब का घर कहलाता था। बाक़ी आबादी ज़्यादातर मुस्लिम ही थी। ग़ैर मुस्लिम घरानों की आबादी अच्छी ख़ासी थी। किसी के घर में कोई दीनी (मज़हबी) काम पड़ जाय मसलन नव मौलूद (नवजात) बच्चों के कान में अज़ान देना या मिठाई पर फ़ातिहा देना, इस तरह के छोटे-मोटे कामों का मैं ख़ुद साख़्ता (स्वयंभू) मौलवी हो गया। मौलवी साहब का पोता कहलाने की वजह से सभी हिन्दू-मुसलमान मेरा बहुत ख़याल करते थे। मग़रिब (सूर्यास्त) की नमाज़ पढ़कर जब मैं दादा के साथ बाहर निकलता तो सीढ़ियों पर खड़ी हुई औरतें और लड़कियाँ अपने-अपने बच्चों पर मुझसे ख़ास तौर से फूँक डालने को कहतीं। लोगों का अक़ीदा (आस्था) था कि मौलवी साहब का बड़ा वाला पोता बहुत अच्छा फूँकता है। नतीजे के तौर पर किसी के घर में कोई बच्चा बीमार हो तो मुझे पकड़ कर ले जाया जाता था। कभी-कभी मुझे अपनी पतंग या कबूतर दूसरों के हवाले कर के भी जाना पड़ता था। मेरे दादा एक बात कहते थे कि दुआ फूल की तरह है। फूलों को बाँटते चलो, परवरदिगार ख़ुश होता है। जिस दुआ में दुआ माँगने वाले की कोई ग़रज़ शामिल नहीं होती उसे अल्लाह के दरबार तक जाने से कोई नहीं रोक सकता। वो अगर जाएज़ और मुनासिब हो तो फ़ौरन सुनी जाती है। उन दिनों रायबरेली भी दूसरे क़स्बाती शहरों की तरह अपनी तारीख़ लिखने में मसरूफ़ था। रायबरेली में घूमने के नाम पर रेवती राम का तारीख़ी तालाब है। क़िले में अब वो बड़ा कुआँ हो या न हो लेकिन हिन्दुस्तान में यक़ीनन उस कुएँ

का दूसरा जवाब नहीं होगा। मुंशीगंज का तारीख़ी पुल हालाँकि खँडहर में तब्दील हो चुका है लेकिन वो अंग्रेज़ों के हाथों मरते हुए किसानों की बेबसी सुनाता है। क़िले की ढलान से उतर कर लहानीपुर होते हुए आप तकिया पहुँच जायेंगे जहाँ कई सदियों का नूर अभी भी रायबरेली को मुसीबत और परेशानी से बचाता रहता है। यहीं की मिट्टी और मिट्टी में मिलने वालों की दुआएँ अर्श तक जा कर अपने परवरदिगार से इंसानियत के लिए इमदाद और ईनाम हासिल कर लाती हैं। कलीद बरदारे काबा हज़रत सय्यद अबुल हसन अली नदवी अपने बुज़ुर्गों के पैरों के पास सलीक़े से लेटे हुए हैं। इस सलीक़े मन्दी को अपने बच्चों को लाकर दिखा दीजिए, इंशा अल्लाह सारी ज़िन्दगी बुज़ुर्गों के फ़रमाँ बरदार रहेंगे। कभी-कभी मुझे ये महसूस होता है कि रायबरेली की मिट्टी में पनपने वाले पौधे की दूसरी जगह रोपाई होना ज़रूरी है, जैसे चावल के खेत बदले जाते हैं। रायबरेली में रहकर वहाँ के किसी भी शख़्स ने शोहरत, इज़्ज़त, अज़मत और विक़ार की बुलन्दी को नहीं छुआ है। नयी नस्ल को मेरा एक मशविरा है कि अपना शहर छोड़ने में दुःख तो होता है लेकिन राजा राम चन्द्र बन कर अपनी ज़मीन छोड़िए और भगवान राम चन्द्र जी बनकर उसी सरज़मीन में लौट आइए। रायबरेली ज़िन्दाबाद, रायबरेली ज़िन्दाबाद। यूँ रायबरेली में गुज़रे हुए बचपन के दिनों जैसे दिन फिर कभी लौट कर नही आये। जिस तरह कम अफ़्तारी में ज़्यादा रोज़ेदार हों तो बहुत अच्छा लगता है, कम पानी हो और उसी में नहाना पड़े तो पानी आबे हयात (अमरत्व जल) लगता है, उसी तरह ग़रीबों की बे सरो सामानी में गुज़रे हुए दिनों का लुत्फ़ राजघरानों में पैदा होने वालों के नसीब में नहीं होता। कई तक़ाज़ों के बाद स्कूल की फ़ीस का मिलना और बड़ी शान से जमा करना एक ख़ास लुत्फ़ देता है। अब्बू तो ट्रक लेकर ज़िन्दगी की मशक़्क़तों को सर करने निकल जाते थे। बड़े अब्बा हम लोगों की ख़बर रखते थे। कोई शिकायत आ जाये तो पिटाई भी हो जाती थी लेकिन क़स्बाती लड़कों के सब शौक़ मुझ में भी समा गये थे। चूँकि मैं शहर में मशहूर मौलवी घराने का चश्मो चराग़ था और मेरे अब्बू साहब का पूरे शहर में दबदबा था लिहाज़ा बड़े छोटे सब ही मेरा ख़याल करते थे। इसके बावजूद तमाम बड़ों को इस बात की इजाज़त थी कि अगर मुनव्वर कोई बदतमीज़ी करें या इधर-उधर मारे-मारे फिरते दिखाई दें तो किसी भी तरह की मुरव्वत नहीं होनी चाहिए। लिहाज़ा एक तो मेरा शुमार बदतमीज़ लड़कों में नहीं था, दूसरा मैं अपने से बड़ों का लिहाज़ अपने बचपन से करता आया हूँ। जिसका ख़ातिर ख़्वाह फ़ायदा मुझे सारी ज़िन्दगी मिला बल्कि आज भी मेरी शोहरत और कामयाबी में मेरे इल्म से ज़्यादा मेरी शराफ़तों का दख़ल है। कबूतर बाज़ी, पतंग बाज़ी, चिड़ियों का शिकार, मछली का शिकार

और बन्दूक वालों के साथ लग कर हाँका लगाने वालों में भी मैं शामिल रहता था। किसी के बाग़ से अमरूद तोड़ लेना और किसी के खेत से खीरा, ककड़ी या मूली उखाड़ कर गालियाँ खाते हुए भागने में जो लुत्फ़ आता था वो लुत्फ़ पूरे पूरे बाग़ और खेत ख़रीद कर भी नहीं आता। मैं ख़ुशगुलू (सुरीला) तो कभी नहीं था लेकिन अकसर वीरान मस्जिदों में जा कर अज़ान कहने की रिहलसल करने का शौक़ था। ज़ाहिर है कि अज़ान के बाद नमाज़ होती है लिहाज़ा इमाम की ज़िम्मेदारी भी आठ-दस बरस के इमाम के कान्धों पर होती थी। मेरा ख़याल है कि हिन्दुस्तान में बच्चों को होस्टलों में रखने के बजाय उनकी उम्र का कुछ हिस्सा किसी क़स्बाती इलाक़े में गुज़ारने का इन्तिज़ाम करना चाहिए। हम अपनी हर कहानी में भगवान श्री कृष्ण और सुदामा की दोस्ती का बयान करते हैं लेकिन महँगे होटलों, मिशनरियों के स्कूलों में सुदामा का दाख़िला नहीं हो सकता क्योंकि इस ख़ुदग़रज़ ज़माने में सुदामा सिर्फ़ कहानियों के लिए पैदा होते हैं। अब कोई कृष्ण लगन में पानी भर के मुसाफ़िरत (यात्रा) की धूल से अटे हुए सुदामा के पैर नहीं धोता।

मुझे शायरी का चस्का दादा के ज़माने से ही लग चुका था। मैं दादा और दादी की ख़िदमत में हमेशा हाज़िर रहता था। इसके कई फ़ायदे थे। एक तो मैं घर वालों की मार पिटाई से महफ़ूज़ रहता था। दूसरे दादा या दादी कहीं जाते थे तो मैं भी उनके साथ हो लेता था। तीसरा सबसे बड़ा फ़ायदा ये था कि मुहल्ले के तक़रीबन तमाम लोग नियाज़ और फ़ातिहा के लिए मिठाई लेकर दादा के पास ही आते थे। कुछ मिठाई ईमानदारी से और कुछ बाहरी कमरे से अन्दर दाख़िल होने वाली दहलीज़ में ख़ुर्द-बुर्द के ज़रिये मुझे हासिल हो जाती थी। मिठाई के मामले में हमेशा से मैं च्यूँटी जैसा था। पकड़े जाने पर पिटाई भी होती थी लेकिन चोरी की मिठाई में शायद ज़्यादा मज़ा होता था। मेरे मोहल्ले में विश्वनाथ हलवाई थे। बड़े मज़े के आदमी थे। कई बार मैं उनके यहाँ से आधा-आधा किलो पेड़ा (मेरी पसन्दीदा मिठाई) ये कह कर ले आता था कि घर में मँगाया है। मुमकिन है कि एकाध बार उन्होंने हिसाब में लिखा ही न हो क्योंकि अब्बू से उनकी बहुत दोस्ती थी लेकिन जब मैं लागू हो गया तो बात खुल गयी। अब्बू ने घर में अम्मी से पूछा। अम्मी के फ़रिश्तों को भी ख़बर न रही होगी। ग़रज़ यह कि चोर पकड़ा गया। ख़ूब पिटाई हुई। तमाम घर और ख़ानदान वालों ने ये कह-कहकर ज़लील किया कि तुमसे अब घर में कोई बात नहीं करेगा क्योंकि तुमने ख़ानदान की बेइज़्ज़ती करायी है। बड़ी माफ़ी तलाफ़ी के बाद मुझे माफ़ किया गया लेकिन मेरी पहरेदारी बढ़ा दी गयी।

मेरे बचपन में एक रज्जन बाबू किराने वाले हुआ करते थे। चूँकि वह शहर

की नगर पालिका के चेयरमैन भी रह चुके थे इसलिए रज्जन बाबू चेयरमैन कहलाते थे। बहुत मिलनसार, ख़ुश मिज़ाज और हर दिल अज़ीज़ थे। उत्तर प्रदेश सरकार में एक आला अफ़सर हैं शैलेश कृष्ण आई.ए.एस.। हर हुकूमत में उनका बड़ा एहतराम रहता है। वो रज्जन बाबू के भांजे हैं। अकसर घर का सामान लेने के लिए मैं कैपरगंज जाता था। रज्जन बाबू के यहाँ से जब किराने का सामान लेकर पलटने लगता था तो लोगों की आँख बचा कर शक्कर के बोरे से मुट्ठी भर शक्कर निकाल लेता था। कभी-कभी उनका नौकर मेरी इस हरकत को देखते ही मुझे दौड़ा लेता था। मुट्ठी में दबी कुछ शक्कर तो दौड़ भाग में मुट्ठी से सरक जाती थी, कुछ उस नौकर के थप्पड़ों की वजह से गिर जाती थी और जो थोड़ी बहुत शक्कर गीली हथेली में लगी रह जाती थी उसे मैं अपने ज़ख़्मों की तरह चाट कर तस्कीन कर लेता था लेकिन मेरे घर पहुँचने से पहले ही वालिद के पास मेरी चोरी की ख़बर पहुँच जाती थी। नतीजे में मेरी पिटाई का इन्तिज़ाम मेरे पहुँचने से पहले तैयार रहता था।

पहले भी हथेली छोटी थी अब भी ये हथेली छोटी है।
कल इससे शकर गिर जाती थी अब इससे दवा गिर जाती है॥

मैं तो ज़ाहिर है कि छोटा था लेकिन बड़ी बूढ़ियाँ बताती हैं कि हद्दे अदब का ये आलम था कि बाप तो कभी अपने बच्चों को गोद में ही नहीं लेते थे। माएँ भी हर वक़्त बच्चे के दुलार और प्यार में मशगूल नहीं रहती थीं। तमाम नाज़ बरदारियाँ चचा या बड़े बाप उठाते थे। दूसरी तरफ़ ख़ालायें (मौसियाँ) और फूफियाँ अपने भांजों, भतीजों पर जान निछावर किये रहती थीं।

उस ज़माने में बड़े बूढ़े ख़ानदान को जोड़े रखने में शबो रोज़ लगे रहते थे। उन्हीं बुज़ुर्गों की वजह से तअल्लुक़ क़राबत दारियों में और क़राबत दारियाँ रिश्तेदारियों में तब्दील होती रहती थीं। घर की बड़ी बूढ़ियाँ मश्शाताओं (बनाव सिंगार कराने और शादी ब्याह तय कराने वाली औरतें) को घर तो दूर, दहलीज़ तक नहीं आने देती थीं। मैरिज ब्यूरो के शोरूम का तो तसव्वुर ही नहीं था। अख़बारों में इक्का दुक्का शादी के इश्तहार होते थे। ये इश्तिहारात भी अकसर ऐसे लोगों की जानिब से होते थे जिनकी वल्दियत में कुछ खोट का अन्देशा होता था। उस ज़माने में बड़े बूढ़े लड़कों पर पैनी निगाह रखते थे। हर ख़ानदान में ऐसे-ऐसे ज़ालिम बुज़ुर्ग होते थे जो जूतों की रगड़ और घिसाई से जूते वाले का चाल चलन समझ लेते थे। बड़ी बूढ़ी औरतों का क्या कहना, वो तो ख़ानदान के जुग़राफ़िया (भूगोल) और तारीख़ (इतिहास) के साथ-साथ किरदारों (चाल-चलन) तक की ख़बरें रखती थीं। जिस तरह क़साई बकरियाँ देखता चलता है वैसे ही बूढ़ियाँ राह चलते रिश्तों की उठा पटक करती चलती थीं।

मैं अपनी दादी का दुलारा था और उनका ख़िदमतगार भी, लिहाज़ा वो जहाँ भी जाती थीं मुझे भी ले जाती थीं। चूँकि उन दिनों शिया-सुन्नी झगड़े नफ़रतों तक नहीं पहुँचे थे इसलिए मामूली तक़रीबात (आयोजनों) में भी सब लोग इकट्ठा हो जाते थे। कल्लू दादा के यहाँ और झम्मन चचा के यहाँ तो मजालिस के बग़ैर भी दादी बराबर आती जाती थीं। मुसलमानों ने अपनी किफ़ायत शिआरी (मितव्ययिता) को हिकमत का नाम देकर गोश्त में सब्ज़ी मिलाकर पकाना शुरू कर दिया था। मिसाल के तौर पर आलू गोश्त, भिंडी गोश्त, करेला गोश्त, घुइया गोश्त, परवल गोश्त, लौकी गोश्त, तुरई गोश्त और मटर कीमा जैसे पकवान तो आम थे। इत्तिफ़ाक से मुझे आलू गोश्त बहुत पसन्द था। मैं जहाँ भी जाता इस कोशिश में रहता कि आलू गोश्त खाने को मिले तो मज़ा आ जाये। अल्लाह तआला ज़्यादातर मेरी दुआ सुन लेता था।

मुहर्रम के दिनों में वसी नक़वी साहब, विलायत जाफ़री साहब और चुन्नू मियाँ के घरों पर भी दादी के साथ मैं मजलिसों में जाता था। आस-पास के देहातों मसलन फतेहपुर, भाँव, मलिकाना, मलिकन पुर, मँझलेपुर, ढईं धमधमा, डलमऊ और परसदेपुर वग़ैरा में अकसर रिश्तेदारियों की वजह से मैं दादी या अम्मी के साथ आता जाता था। पुरसुकून ज़माना था। न ग़रीबी दौलत को हसरत से देखती थी न अमीरी गुर्बत को हिकारत (घृणा) की नज़रों से देखती थी। किरदार की क़ीमत ही असली क़ीमत थी लिहाज़ा हर शख़्स किसी न किसी तौर पर अपने किरदार के शगुफ़्ता (खिले हुए) फूलों की आबयारी (सिंचाई) और देख भाल में मसरूफ़ रहता था। किसी भी शरीफ़ आदमी को देख कर सबके हाथ सलाम के लिए उठ जाते थे। मुहल्ले के बड़े से बड़े समाजी फ़ैसले वो करते थे जिनके घरों में टूटी हुई चारपाई होती थी। उन दिनों अमीरी सिर्फ़ कोठों पर अपनी नाज़बरदारी (सेवा सत्कार) करवाती थी। शरीफ़ों में ये सिक्के कोढ़ के दाग़ से भी ज़्यादा बुरे समझे जाते थे। मेरे बचपन में हिन्दू-मुसलमान तो क्या सय्यद, पठान, शेख़, अंसारी, कुरैशी, सामानी, सलमानी जैसी कोई लानत समाज में नहीं थी। सब के दर्जे मैंने अपनी इन्हीं गुनहगार आँखों से एक जैसे देखे हैं। मेरे मुहल्ले में शफ़ी बड़े अब्बा क़साई थे। मुनीर चचा नाई थे, रहमत बड़े अब्बा कुंजड़े थे। राम चरन हलवाई ताया थे, सलोनी हलवाई चचा थे, गली के मोड़ पर गुप्ताइन बुआ थीं। ख़ालिक़ बड़े अब्बा बढ़ई थे। कहने का मतलब सिर्फ़ यह है कि जब रायबरेली से निकल कर मैं दूसरे शहरों में पहुँचा तो मालूम हुआ कि अब हिन्दुस्तान में मुसलमान मर खप गये हैं या पाकिस्तान चले गये हैं। अब तो मुख़्तलिफ़ बिरादरियाँ हैं। वह जो कुछ भी हो सकती हैं लेकिन मुसलमान नहीं हो सकतीं। आला से आला ज़ात के हिन्दू हज़रात भी मुसलमानों को सिर्फ़

मुसलमान समझ कर पेश आते थे। वो मुसलमान को कभी भी नीची या छोटी ज़ात समझने की ग़लती नहीं करते थे–

इमामों की तादाद बढ़ने लगी
मुसलमान कमज़ोर होने लगे॥

पिछले दिनों जब मैं कैंसर के इलाज के सिलसिले में कलकत्ता गया तो (वहाँ) राजस्थान गेस्ट हाउस में ठहरा था। वहीं हिन्दी के मशरिक़ी (पूर्वी) हिन्दुस्तान के एक बड़े अख़बार 'संमार्ग' के एडिटर डॉक्टर अभिजात मेरे इंटरव्यू के लिए आये। बहुत से सवालों के बीच अचानक उन्होंने एक अजीबो ग़रीब सवाल कर डाला। उन्होंने पूछा कि राना साहब! अगर बिलफ़र्ज़ ये आपका आख़िरी इंटरव्यू हो तो आप अपने पढ़ने वालों से क्या कहना चाहेंगे? मैंने बड़े पुर सुकून अन्दाज़ में उनसे मुस्कुराते हुए कहा कि अगर ये मेरा आख़िरी इंटरव्यू है तब भी मैं सिर्फ़ एक बात कहना चाहता हूँ कि मैं उसी हिन्दुस्तान को देख कर मरना चाहता हूँ जैसा हिन्दुस्तान मेरी आँखें खुलने और होश सँभालने पर मैंने रायबरेली में देखा था।

यह सच है कि 63 बरस की उम्र होने तक मैंने ज़िन्दगी और दुनिया को न दूरबीन से देखा न दूसरों की आँखों से। मैंने जो सोचा वो अपना सोचा। मुमकिन है सब ग़लत सोचा हो। मैंने जो लिखा सब अपना लिखा। मुमकिन है सब ग़लत लिखा हो। मैंने जो किया अपनी सोच के मुताबिक़ किया। मुमकिन है कि सब ग़लत किया हो लेकिन इस तरह ज़िन्दगी करने का एक फ़ायदा तो ये है मैं अपनी ग़लती किसी के माथे पर थोप नहीं सकता। अपने क़ुसूर की रोशनी में चलने वाला अपनी मंज़िल और अपने पड़ाव पर बहुत शान के साथ पहुँचता है। बात भी कहाँ से चलती है और बेसम्त (दिशाहीन) पहाड़ी नदी की तरह चलती चली जाती है लेकिन इस बे सम्ती में भी एक नयी सम्त (दिशा) की बुनियाद पड़ती है और यही बुनियाद आये दिन दुनिया की विचार धारा को बदल देती है।

बात हो रही थी मेरे दादा से मेरी क़ुर्बत (निकटता, सान्निध्य) की। मेरे दादा बहुत ख़ुश मिज़ाज थे। कभी-कभार शौकिया पान खा लेते थे तो वो बहुत अच्छे लगते थे। मेरी फूफी जान बताती थीं कि दादी जान बहुत जलाली (क्रोधी स्वभाव) थीं। गुस्सा हमेशा उनकी नाक पर रखा रहता था। कभी जब गुस्से में तुम्हारी दादी तुम्हारे बाप को एकाध हाथ जड़ देती थीं तो तुम्हारे बाप बिलख बिलख कर रोने लगते थे। ऐसे मौक़े पर तुम्हारे दादा हँसते हुए तुम्हारे बाप से कहते थे कि भैया हमारे पास भाग आओ, हम तुम्हारी अम्माँ हैं और वह जो तुमको मार रही थीं वो तुम्हारे अब्बा हैं। फूफी जान बताती हैं कि माशा अल्लाह भरा पुरा घर था। सब बहुएँ और हम लोग हँसने लगते तो तुम्हारी दादी का गुस्सा आसमान पर पहुँच जाता था। फिर तुम्हारे दादा जब तक माफ़ी नहीं माँग लेते

थे उनका गुस्सा कम नहीं होता था। अम्मी भी बताती हैं कि मिज़ाज की इतनी सख़्त थीं कि खाना ख़राब पकने पर दस्तपनाह और फुँकनी से बहुओं को पीट देती थीं लेकिन वैसे ही चाहती भी थीं। ग़रीबी के ज़माने में भी हमेशा चाहती थीं कि बहुएँ अच्छे से अच्छे लिबास में रहें। मजाल नहीं थी कि कोई शौहर अपनी बीवी को आँख भी दिखाये। ऐसे मौक़ों पर वो शेरनी बन जाती थीं और लड़कों से साफ़ कह देती थीं कि लड़की बना कर लाये हैं, लौण्डी (दासी) बना कर नहीं लाये हैं, होश में आ जाओ वर्ना अभी हमारी चप्पल उठ जायेगी।

दादा उमूमन (आम तौर पर) बाहरी बैठक में बैठते थे। नमाज़ का वक़्त होता तो वहीं से मस्जिद चले जाते थे। अगर मैं घर में होता था तो उन्हें मस्जिद में ही ले जाता था या वहीं मस्जिद में उनसे मुलाक़ात हो जाती थी। नमाज़ शर्त थी। सुबह मुशर्रफ़ चचा के साथ एक सिपारा (क़ुरआन का तीसवाँ हिस्सा) पढ़ना होता था। फ़ज्र की नमाज़ के बाद सई नदी के किनारे राजकुमार घाट पर नहाने का मौक़ा मिलता था। अगर आम की फ़स्ल होती थी तो क्या कहने, फिर तो आम भी वहीं से ख़रीद कर लाये जाते थे।

एक दिन मैं दादा के साथ बैठा हुआ था। अचानक वो कहने लगे कि चलो मैं तुम्हें शेर याद कराता हूँ। मेरी उम्र बमुश्किल सात बरस की रही होगी। मैंने कहा, हाँ, मुझे शेर याद करा दीजिए। दादा ने मुझसे कहा, बेटा! मुद्दई लाख बुरा चाहे तो क्या होता है। मैंने हू-ब-हू वैसे ही दुहरा दिया कि बेटा, मुद्दई लाख बुरा चाहे तो क्या होता है। बड़े ज़ोर का थप्पड़ पड़ा फिर गुस्से भरी आवाज़ में दादा ने कहा कि मुझे बेटा कहता है कमबख़्त, सिर्फ़ मुद्दई लाख बुरा चाहे तो क्या होता है, कहो। ज़ाहिर है कि एक थप्पड़ में तो बड़े-बड़े उस्तादों के मिसरे (शेर की एक लाइन) दुरुस्त हो जाते हैं। मेरे मुहल्ले में दोपहर में एक आइसक्रीम वाला आता था। उस बूढ़े का नाम था राम लाल। उसे छोटे-बड़े सभी लोग मुस्तक़िल छेड़ते थे। लुत्फ़ तो ये था कि जिस दिन उसे कोई छेड़ने वाला नहीं मिलता था तो वो गालियाँ बकते हुए कहता था कि अबे सब मर गये क्या, कोई बोल नहीं रहा है? एक दिन दोपहर को वो हस्बे मामूल मेरे मुहल्ले में 'आइसक्रीम बरफ़' की आवाज़ लगाता हुआ आया। दादा को शरारत सूझी। मुझसे कहने लगे कि जाओ उसके पीछे खड़े हो जाओ और वो जैसे ही कहे कि 'आइसक्रीम बरफ़' तुम कहना तुमरी बीवी हमरी तरफ़, और भाग लेना। जैसे ही उस आइसक्रीम वाले ने कहा 'आइसक्रीम बरफ़' मैंने भी ज़ोर से कहा कि तुमरी बीवी हमरी तरफ़। बुड्ढा राम लाल ईंट का अद्धा लेकर मेरी तरफ़ दौड़ा और मैं एक दो-तीन हो गया। दादा ने राम लाल से आइसक्रीम ली और चुपके से बुला कर मुझे दे दी। शायद ये मेरी शायरी के शौक़ की इब्तिदा थी। चूँकि उर्दू का दौर-दौरा था, हर

घर, हर दुकान पर अख़बार और रिसाले (पत्रिकाएँ) आते थे लिहाज़ा पढ़ने के लिए काफ़ी मवाद (सामान) मिल जाता था। जिस तरह ग़रीब आदमी सब खा लेता है, उसकी कोई पसन्द ना पसन्द नहीं होती उसी तरह मुझे भी जो किताबें मिल जाती थीं उनको पूरी दिलजम्ई से (ध्यान पूर्वक) पढ़ता था। इसका एक ख़ुशगवार नतीजा ये हुआ कि न तो मुझे कोई मिसमिराइज़ कर सका और न मजबूर कर सका। मैं जदीदियत, तरक़्क़ी पसन्दी या तनज़्ज़ुल पसन्दी के चक्कर में क़तई नहीं पड़ा क्योंकि इन डेढ़-डेढ़ चटाइयों वाली इबादतगाहों ने ख़ुसूसन उर्दू अदब की क़ब्र पर फ़ातिहा पढ़ने के लिए दुकानें लगायी हैं और वो इसमें पूरे तौर पर कामयाब भी हैं। भीख माँगते हुए उर्दू पढ़ने आते हैं, मिन्नत, ख़ुशामद, ख़िदमत और ज़ात बिरादरी के बल पर पीएच.डी., फिर प्रोफ़ेसर, फिर बच्चों को अंग्रेज़ी पढ़ा-लिखा कर दूसरे ममालिक (देशों) को रवाना कर देते हैं। वहाँ से डालर और रियाल के बस्ते हर माह आते हैं और जामिया जैसे उर्दू के तमाम इलाक़ों में किराये पर मकान या सूद पर रक़म का कारोबार चल निकलता है।

मुझ से अकसर जब मीडिया वाले सवाल करते हैं कि आपका पसन्दीदा शायर, नाक़िद (आलोचक) या मुसन्निफ़ (लेखक) कौन है तो मेरा सीधा-सा जवाब होता है कि मेरा कोई पसन्दीदा शायर, नाक़िद या अदीब नहीं है। मैं तो तमाम शायरों, अदीबों और नाक़िदों को अपना रिश्तेदार समझता हूँ और जिस तरह घर की बड़ी तक़रीब (आयोजन) में सारे ख़ानदान को बुलाना पड़ता है चाहे वो हाई कोर्ट का जज हो या रोडवेज की बस का ड्राइवर हो बिल्कुल उसी तरह मुझसे पहले के और मेरे साथ के जो भी शायर और अदीब हैं वो मेरे रिश्तेदार हैं। मैं उनको नहीं पढ़ूँगा तो अंग्रेज़ी अदब वाले तो उन्हें पढ़ने नहीं आयेंगे। ख़ुदा हमें तौफ़ीक़ दे कि हम अपने लिखने वालों को पढ़ें और उनसे मुहब्बत करना सीखें।

हज़रत वाली आसी से मेरी मुलाक़ात नामी प्रेस वालों के दफ़्तर में हुई थी। अपनी दादी के साथ मेरा भी वहाँ कई बार आना जाना हुआ था। शहर के कई मुशायरों में मैं उनको सुन चुका था। ये वही ज़माना था जब तसनीम फ़ारूक़ी, साहिर लखनवी और वाली आसी शहर के हर दिल अज़ीज़ शायर थे। एक दिन वाली आसी साहब के पास प्रेस पहुँच गया। उन दिनों मैं गाहे-माहे शेरवानी भी पहन लेता था और यूँ भी उन दिनों लखनऊ के हर मकतबए फ़िक्र (विचार शैली) के लोग शेरवानी ज़ेबेतन (पहनना) करते थे। उन दिनों वाली आसी साहब दुबले पतले थे और उनके बाल भी ग़ैर शायराना तरीक़े से ना हमवार हुआ करते थे। वो मुझसे बड़ी मुहब्बत से पेश आये। तफ़सीली तौर पर मुझसे मेरे बारे में पूछा। तमाम वारदाते क़ल्बी (दिली घटनाएँ) सुनने के बाद उन्होंने मुझसे बड़ी साफ़गोई से कहा कि अभी आपकी उम्र बहुत कम है। अभी आप दिल लगा कर स्कूल में

पढ़ें। जब आप तालीम मुकम्मल कर लें तब शायरी शुरू कीजियेगा। उन्होंने ये भी कहा कि मैं उस वक़्त आपकी हर तरह से मदद करूँगा। मेरा शौक़ मरा तो नहीं लेकिन उबाल खाते हुए जोश में क़दरे कमी आ गयी। उनकी उस नसीहत के मुताबिक़ शायरी करने से तो मैंने अपने को अलग कर लिया लेकिन पढ़ने पढ़ाने के शौक़ को काफ़ी जिला (रोशनी) मिली। मैं चूँकि लखनऊ के क़स्बाती इलाक़े का रहने वाला था लिहाजा मेरी ज़बान में अवधी और क़स्बाती ज़बान की कतरनें अकसर गुफ़्तगू के दौरान आ जाती थीं लेकिन एक बात बहुत तजरूबे की ये अर्ज़! करना चाहता हूँ कि अवध के क़स्बाती इलाक़े के लोग जब लखनऊ आते हैं, यहाँ की ज़बान सुनते हैं, सीखते हैं और रफ़्ता-रफ़्ता बाक़ायदा बोलने लगते हैं तो शायरी ख़ुद ब ख़ुद उनके दरवाज़े पर सलाम करने के लिए आन खड़ी होती है क्योंकि लखनऊ के रिक्शे वाले से लेकर सब्ज़ी फ़रोश तक की ज़बान दूध और मैदे में घुली हुई मालूम होती है। ये बात आपको आसानी से समझाने का एक तरीका यह है कि रायबरेली की क़स्बाती और अवधी ज़बान को जब तीन बरस तक लखनऊ में धोया माँजा गया तो कलकत्ते वालों ने मुझे अहूले ज़बान तसलीम कर लिया था। इसमें मेरी लियाक़त का इतना कमाल नहीं है जितना दबदबा अहालियाने लखनऊ (लखनऊ वासियों) की ज़बान दानी का है।

सेन्ट जॉन्स स्कूल में सिर्फ़ दो बरस की मुद्दत गुज़री थी क्योंकि फिर वालिद साहब ने कलकत्ते में घर ले लिया था। लिहाज़ा फरवरी 1968 में हम सब भाई लखनऊ से कलकत्ता के लिए रवाना हो गये लेकिन लखनऊ की उन दिनों की यादें आज तक मेरे दिलो दिमाग़ में ज़िन्दा हैं। ये लखनऊ जो अब दिखाई देता है ये लखनऊ की तहज़ीबो तमद्दुन (सभ्यता, शालीनता) का एक कार्टून है। ये जो क़ीमती कपड़ों और गाड़ियों में उम्दा क़िस्म का सेंट लगाये हुए लोग घूम रहे हैं इनमें से बेशतर लखनऊ की ख़ाकसारी (विनम्रता) और रवादारी के नाम पर माँ की गाली की तरह हैं। वो लखनऊ मर गया जो कभी वाक़ई लखनऊ था। कहीं-कहीं कुछ हड्डियाँ, कहीं-कहीं कुछ उतरनें और कहीं-कहीं वो गुनहगार मिल जाते हैं जिन्हें इस सज़ा याफ़्ता तहज़ीबी शहर को देखना पड़ रहा है। लखनऊ की सड़कों के किनारे फुटपाथों पर पड़ी हुई बेंचों पर ऐसे-ऐसे लोग बैठ कर उठ गये हैं जिनके दर्जात और बुलन्दी में आज के वज़ीर और अमीर बौने दिखाई देते। काश! एक बार वो लखनऊ फिर से ज़िन्दा हो जाये जिसके बाशिन्दे एक दूसरे के ग़म में हफ़्तों अपने घरों से नहीं निकलते थे। अब न ऐसे लोग ही रह गये और न ऐसे सिरफिरे लोगों की क़द्र करने वाले। जैसा कि मैंने ऊपर अर्ज़ किया है कि मेरी शायरी की इब्तिदा तो 'आइसक्रीम बरफ़, तुमरी अम्मा हमरी तरफ़' से हो चुकी थी लिहाज़ा अब इस नशे को आला मक़ाम तक ले जाने का

चस्का लग गया। उन दिनों रायबरेली में भी छोटे मोटे मुशायरे होते थे। शायरी के सामिईन (श्रोता) दुनिया के हर मुल्क और हर गली में मौजूद हैं। उन दिनों रायबरेली में भी वाक़िफ़ रायबरेलवी, साक़िब रायबरेलवी, वहीद रायबरेलवी और क़मर रायबरेलवी का बड़ा चर्चा था। वाक़िफ़ साहब ने तो पूरे मुल्क में अपना नामे नामी कमाया। कुछ फ़िल्मों में भी Fake नाम से गीत लिखे। इन्हीं लोगों के तवस्सुत (माध्यम) से कुर्बोजवार के और लखनऊ, कानपुर के शुअरा भी रायबरेली की बज़्म (महफ़िल) में जलवा अफ़रोज़ हो जाते थे। इसकी शायद सबसे बड़ी वजह ये है कि उस वक़्त तक मुशायरा दुकान नहीं बना था। अब तो मुशायरा चकले वाले मोलतोल से भी आगे निकल गया है।

रायबरेली से लखनऊ पहुँचते ही ये दिलकश मंज़र नज़रों के सामने था कि दूध और ज़ाफ़रान से धुली हुई ज़बान की गुफ़्तगू ने सारे लखनऊ को अपनी गिरफ़्त में ले रखा था। जिस चाय ख़ाने पर कुछ मुक़तदिर (उच्च श्रेणी के) शुअरा न बैठें वो चन्डू ख़ाना कहलाता था। हर चाय ख़ाने का मालिक शायरों और अदीबों के लिए कुछ ख़ास मेज़ कुर्सियाँ रिज़र्व कर देता था। सलाम और नमस्ते की मज़हबी शीरीनी (मिठास) से एक नया लफ़्ज़ दिलों की दीवार पर लिख दिया गया था और वो लफ़्ज़ था आदाब अर्ज़। लहजे, रख रखाव, गुफ़्तगू, ज़बान, पहनावे और हुस्ने सुलूक में इतनी यकसानियत थी कि किसी के साथ वक़्त गुज़ारने के बाद भी ये पूछने की हिम्मत नहीं पड़ती थी कि आप किस फ़िरक़े से तअल्लुक़ रखते हैं। कभी-कभार कोई जल्दबाज़ या गँवार शख़्स आकर किसी लखनवी से ये सवाल कर लेता था तो वह बड़ी मासूमियत से सर झुकाकर कहता था कि—

सुनते हैं इश्क़ नाम के गुज़रे हैं इक बुज़ुर्ग
हम सब फ़क़ीर लोग उसी सिलसिले के हैं॥

शिया-सुन्नी सियासी उठा पटक के बावजूद किसी भी मसलक (पन्थ) के आलिम का एहतराम करते थे। कोई नव उम्र शिया आलिम जो 'जनाब' कहलाते थे, उनके गुज़रते वक़्त लोग एहतराम में खड़े हो कर उन्हें आदाब करते थे। यही हुस्ने सुलूक सुन्नी उलमा के एहतराम में भी देखने को मिलता था। लखनऊ के बनियों को अमीर और सरमायादार बनाने के लिए हुकूमतों ने शिया-सुन्नी दंगों का ख़ास एहतमाम कर रखा है। लखनऊ का हर शिया-सुन्नी दंगा कई दर्जन करोड़ पतियों के संगे बुनियाद रखे जाने के बाद ही क़ाबू में आता है। ख़ैर! ये सब तमाशे तो सियासी और कारोबारी हैं लेकिन दामने लखनऊ पर लगी हुई ये कालिख़ सारी दुनिया में तहज़ीब के दारूस्सल्तनत (राजधानी) का मज़ाक उड़ाती है। लखनऊ में लुटने-लुटाने के बहुत से ठिकाने थे जिन्हें लखनऊ की रेशमी ज़बान में 'कूचए अरबाबे निशात' कहा जाता था। कूचए अरबाबे निशात की गलियों में

ऐसे कोठे भी थे जहाँ अगर कोई नव ख़ेज़ (नव यौवना) तवाएफ़ पान पेश करते हुए आदाब कर लेती थी तो नवाब साहब बनियों के क़र्ज़दार हो जाया करते थे। क्या ज़माना रहा होगा कि मशहूर ताजिरे इत्र असग़र अली मुहम्मद अली अपने किसी नये ईजाद कर्दा (आविष्कृत) इत्र की नज़ाकत, नफ़ासत और सुरूर का मेयार (श्रेणी) मुक़र्रर करने के लिए चौक की तवायफ़ों को अपने महल में बुलाते थे। अब तो ऐसी सन्दल बदन तवायफ़ें सिर्फ़ तसव्वुर में ही आ सकती हैं।

न रह गये असगर अली मुहम्मद अली और न सलामत रह गयी वो हिना बिल्डिंग जिसे देखने और जिसकी ख़ुशबू महसूस करने के लिए मुख़्तलिफ़ रियासतों के राजे और नवाबीन चौक की ख़ाक छानते थे। हिना बिल्डिंग को भी बिल्डरों की क़स्साब (वधिक) निगाहें खा गयीं। अब वहाँ एक बाज़ार है और बाज़ार सिर्फ़ बाज़ार होता है चाहे वो कोयले का बाज़ार हो या सोने का या औरतों का बाज़ार हो जिसे अरबाबे अदब बाज़ारे हुस्न के लक़ब से नवाज़ते हैं–

ख़ानदानी विरासत के नीलाम पर आप अपने को तैयार करते हुए
उस हवेली के सारे मकीं रो दिये उस हवेली को बाज़ार करते हुए॥

यूँ तो बंगाल और कलकत्ते के बारे में बहुत कुछ लिखा गया है, कई ज़बानों में लिखा गया है लेकिन मैं एक बेहद मामूली क़लमकार (लेखक) होने के बावजूद यह बात पूरे यक़ीन के साथ कह सकता हूँ कि जैसे मुश्तरका (संयुक्त) हिन्दुस्तान के दूसरे शहरों पर बहुत तफ़्सील और तवज्जो से काम किया गया, कलकत्ता उस खुसूसी लुत्फ़ो करम से महरूम (वंचित) रहा है। मैं तो ख़ैर अपने आपको किसी सफ़ में शुमार नहीं करता। मैं ही क्या कलकत्ता वाले, ख़ास तौर पर वहीं के शायर और अदीब भी मुझे किसी ख़ातिर में नहीं लाते लिहाज़ा मेरे अछूत क़लम को आला ज़ात के क़लमकारों की मौजूदगी में अपने आप को साहिबे क़लम कहना भी मुनासिब नहीं है लेकिन हाँ, अगर कलकत्ता वालों ने मुझे थोड़ा-सा मौक़ा दिया होता और मुल्क के किसी अहम शख़्स ने मुझसे फ़रमाइश की होती तो शायद मैं 'सोनार कोलकाता' पर एक किताब लिखने की यक़ीनन कोशिश करता, एक ऐसी किताब जिससे अन्दाज़ा होता कि कलकत्ता इंसानों का बसाया हुआ शहर नहीं था। इस शहर को क़ुदरत ने डिजाइन किया था। इंसानियत और रवादारी की अलम बरदारी के लिए तभी तो सैकड़ों बरस से यह जुमला बंगाल की सरदारी और अलम बरदारी की नुमाइन्दगी करता है कि आज जो बंगाल सोचता है कल वही सारा हिन्दुस्तान सोचेगा।

पाकिस्तानी सियासतदानों ने बहुत कोशिश की थी कि बंगाल के बँटवारे में कलकत्ता पाकिस्तान (पूर्वी) में होना चाहिए लेकिन हिन्दुस्तानी सियासत और आला हिकमते अमली के आगे पाकिस्तान हार गया। अगर कलकत्ता और उसका

गिर्दो नवाह पाकिस्तान में चला जाता तो हिन्दुस्तान का नक़्शा शायद नक़्शा नवीस (मानचित्र बनाने वाला) को भी बुरा लगता। दुनिया का हर नक़्शा नवीस मुल्कों का नक़्शा बनाने की आरजू रखता है। खाड़ियों और झाड़ियों के नक़्शे तो ज़िले का लेखपाल अपनी हथेली पर बना कर रख लेता है। हज़रत उमर रज़ि. ने जब ख़ालिद बिन वलीद रजि. की गिरफ़्तारी के लिए उनके जराएम (अपराधों) पर उँगली रखी थी और हज़रत बिलाल हब्शी रजि. के ज़रिये ये कहला भेजा था कि उन्होंने सल्तनते इस्लामिया के ख़जाने का हिसाब साफ़ सुथरा नहीं रखा है लिहाज़ा उन्हें माजूल (निलम्बित) किया जाता है, तो हज़रत ख़ालिद ने अपनी सफ़ाई में कुछ कहने के बजाय हज़रत उमर को ये पैग़ाम भिजवाया था कि दिरहम और दीनार के हिसाब किताब के लिए आपको किसी बनिया बक़्क़ाल को हमारे साथ भेजना चाहिए था। हम तो 38 बरस से घोड़े की पीठ पर बैठे हुए हैं। हमसे हिसाब तो फ़त्ह किये हुए क़िलों, चौकियों और मुल्कों का किया जाना चाहिए। शायद इसीलिए मस्जिदे नबवी में होने वाले इस फ़ैसले पर हज़रत अली रजि. ने ख़फ़गी (नाराज़गी) का इज़हार किया था।

मुमकिन है कि अगर ये सियासी तक़सीम न हुई होती तो आज इण्डियन पार्लियामेंट हाउस की पुर विक़ार (गौरव शाली) इमारत विक्टोरिया मेमोरियल के आस-पास हिन्दुस्तानी तिरंगों को सलाम करती दिखाई देती। तारीख़ के मुजरिमों में तो जिनाह, गाँधी, नेहरू और पटेल का नाम आता है लेकिन हक़ीक़त ये है कि 1857 के ग़दर में अंग्रेज़ों की हर हिकमते अमली की बेशर्म हार ने उन्हें नब्बे बरस तक यानी 1947 तक सिर्फ़ हिन्दुस्तान को हज़ार बरस के लिए कमज़ोर बनाये रखने के प्लान को मुकम्मल करने में गुज़ारना पड़ा। मुल्क हमारा था। इसका हिस्सा बाँट नहीं बल्कि बन्दर बाँट अंग्रेज़ों के क़लम और दिमाग़ के ज़रिये किया गया। अंग्रेज़ी सियासत का सबसे घिनावना ख़ेल तो ये है कि आज़ादी से पहले जब वो असलहा ख़रीदते थे तो सिर्फ़ हिन्दुस्तान के लिए ख़रीदते थे लेकिन 1947 के बाद अपने असलहों को तीन बार बेचते हैं यानी एक बार हिन्दुस्तान उनका ग्राहक होता है, दूसरी बार पाकिस्तान उनका कस्टमर होता है और तीसरी बार बचा खुचा और सड़ा गला असलहा बांग्लादेश को रवाना कर दिया जाता है। सिर्फ़ पच्चीस बरस की जंग बन्दी के मुआहिदे से हिन्दुस्तान, पाकिस्तान और बांग्लादेश खुद किफ़ालत (स्वावलम्बन) की उस मंज़िल पर पहुँच जायेंगे जहाँ वो अपने कारख़ानों में कासए गदाई तैयार करने के बजाय यूरोप और अमेरिका के ख़्वाब चकनाचूर करने वाले हिफ़ाज़ती असलहे तैयार करने में कामयाब हो जायेंगे–

सियासत नफ़रतों का ज़ख़्म भरने ही नहीं देती
जहाँ भरने पे आता है तो मक्खी बैठ जाती है॥

अम्मी राना

अब्बू के इन्तिक़ाल के बाद हम तमाम भाइयों ने ख़ानदान के इक़्तिदार की बाग़डोर अम्मी के बज़ाहिर कमज़ोर लेकिन मज़बूत तरीन हाथों में दे दी। अब हम लोग अम्मी को अम्मी राना कहते हैं यानी अम्मी के हर फ़ैसले में हमारे अब्बू सय्यद अनवर अली राना भी मौजूद रहते हैं। इस फ़ार्मूले का फ़ौरी फ़ायदा तो यही हुआ कि हमारे ख़ानदान से सल्तनते मुग़लिया की तरह वली अहदी का शुरू होने वाला झगड़ा वक़्त से पहले ही ख़त्म हो गया और अम्मी भी अपनी नयी-नयी ज़िम्मेदारियों में मसरूफ़ हो गयीं। हम लोग भी एहसासे यतीमी के कुएँ से बाहर निकल आये। अब हर मुक़दमे का फ़ैसला अम्मी के दरबार में होने लगा और हर फ़ैसले को बसरोचश्म (ख़ुशी-ख़ुशी) क़ुबूल करते रहने की रस्म अभी तक ख़ानदान में बाक़ी है। यूँ भी ममता के दरबार में दुनिया की हर सियासत को आँखें नीची करके गुज़रना पड़ता है।

ख़ुदा जाने औरत को अल्लाह ने किस मिट्टी से बनाया है। उसकी नर्मी और मुलायमियत हर मौसम में बरक़रार रहती है। अब्बू के आख़िरी दिनों में बात-बात पर अम्मी से उनकी लड़ाई होती रहती थी। घर में चूल्हा और बहुएँ तक़सीम नहीं हुए थे। पोतों-पोतियों का काम अम्मी और अब्बू से मेल कराने का रहता था। बच्चे स्कूल के लिए तैयार होकर दादा के पास बाहरी कमरे में पहुँच जाते और दादा बेचारे रात की लड़ाई भूल कर फ़ौरन आवाज़ देते थे, 'बेगम! गाड़ी की चाभी कहाँ है, बच्चों के स्कूल का वक़्त हो गया है।' अम्मी मुस्कुराती हुई अब्बू के लिए चाय और कार की चाभी लेकर बाहरी कमरे में फ़ौरन पहुँच जाती थीं। बहुएँ आपस में तब्सिरा (Comments) करने लगती थीं कि अम्मी और अब्बू अपनी रात की लड़ाई भूल गये हैं। अब्बू अगर नाराज़गी के आलम में थोड़ी देर के लिए भी घर से बाहर चले जाते थे तो अम्मी हम लोगों में जो भी मौजूद होता था, उससे कहती थीं कि जाकर देखो तुम्हारे बाप कहाँ हैं। अक्सर अब्बू कुछ सामान ख़रीदने बाज़ार चले जाते और उन्हें देर हो जाती तो अम्मी घर में हंगामा कर देती थीं कि तुम जवान जहान लोग घर में घुसे बैठे हो और

बूढ़े बाप बाज़ार से सामान लाने गये हैं।

अम्मी ने भी दूसरी माँओं की तरह हस्बे मामूल (पहले की तरह) अपने आपको कई हिस्सों में बाँट रखा है। एक बेटे के पास रहती हैं लेकिन दूसरे में ध्यान लगा रहता है। दूसरे के घर जाती हैं तो तीसरे के बारे में सोचने लगती हैं। बज़ाहिर तो उन्होंने पाँच भाइयों और एक बहन में अपने आपको तक़सीम कर लिया है लेकिन सबसे ज़्यादा यहिया को याद करती हैं जो एक हादसे में 1988 में इन्तिक़ाल कर गये थे। अब वह तो इस दुनिया में नहीं है लेकिन उसका बेटा यासिर जो माशा अल्लाह अब जवान हो गया है, उसके सिलसिले में फ़िक्रमन्द रहती हैं। यहिया की बेटी जोज़ी में उनका दिल अटका रहता है जो माशा अल्लाह अब अपनी सुसराल में रहती है और उसका एक पाँच बरस का बेटा भी है। बज़ाहिर अम्मी सब लोगों से बातें करती रहती हैं लेकिन वह उस जगह नहीं होतीं जहाँ दिखाई देती हैं। उनका दिल सबसे ज़्यादा जमील के पास लगता है जो हम भाइयों में सबसे छोटे हैं। अम्मी के लाड़ प्यार और बेजा तरफ़दारी ने जमील को ख़ुदसर और गुस्ताख़ भी बना दिया है लेकिन अम्मी की वजह से वह हर तरह से महफ़ूज़ रहते हैं। ख़ैर, जमील और उनसे बड़े शकील ने अब्बू और अम्मी की ख़िदमत सबसे ज़्यादा की है। मेरे साहबज़ादे तबरेज़ अम्मी को रायबरेली से लखनऊ ले आते हैं लेकिन अचानक वह बड़ी ख़ामोशी से कार पर बैठती हैं और रायबरेली चल देती हैं। वहाँ पहुँच कर कुछ दिनों तक तो ठीक रहती हैं फिर मेरी बीमारी और दूसरे भाइयों के मसाइल से परेशान होने लगती हैं। रमज़ान के महीने में हर बरस अम्मी लखनऊ में और ज़्यादातर मेरे सबसे छोटे भाई जमील के पास रहती हैं। जमील और मेरा फ़्लैट एक ही अपार्टमेंट में है। दिल रखने के लिए कभी-कभार मेरे पास भी आ जाती हैं। कल अम्मी ने मेरे मोबाइल पर फ़ोन किया। मैं उस वक़्त अपने आफ़िस में था जिसके एक हिस्से में मेरी लाइब्रेरी है। मैं फ़ौरन अम्मी के पास पहुँच गया और उनकी मसहरी पर उन्हीं के पास बैठ गया। वह काफ़ी देर तक तो अपनी बुझते दिये जैसी आँखों से मुझे टटोलती रहीं फिर बहुत देर तक मेरे चेहरे को पढ़ने की कोशिश करती रहीं। मैं अपनी हर तकलीफ़ और परेशानी पर मुस्कुराहट का एक ख़ुशरंग पर्दा डाले रहा लेकिन माँ की आँखों को बेटे-बेटियों के चेहरे कभी धोखा नहीं दे सकते—

मुनव्वर माँ के आगे यूँ कभी खुल कर नहीं रोना
जहाँ बुनियाद हो इतनी नमी अच्छी नहीं होती

मुझे मुसलसल मुस्कुराते हुए देखकर उन्होंने अपने झुर्रीज़दा हाथों से मेरे चेहरे और सिर पर हाथ फेरा। मेरी मुस्कुराहट में कोई कमी नहीं आयी क्योंकि एक बार मैंने अम्मी से परेशानी के आलम में यह कह दिया था कि अम्मी, अब

मैं थकने लगा हूँ, लगता है बुढ़ापा आ रहा है। उन्होंने फ़ौरन मेरी बात काटते हुए कहा था कि तुम अभी कैसे बूढ़े हो जाओगे, अभी मैं ज़िन्दा हूँ और याद रखो जब तक माँ ज़िन्दा रहती है बेटे-बेटियाँ कभी बूढ़े नहीं होते हैं। मैंने अम्मी से हँसते हुए पूछा कि आप रायबरेली का दौरा कर आयीं? इतना पूछना था कि अम्मी अचानक बच्चों की तरह फूट-फूट कर रोने लगीं। हालाँकि अम्मी की कूव्वते बर्दाश्त (सहनशक्ति) की ख़ानदान में मिसाल दी जाती है और यूँ भी अम्मी अपने आपको हमेशा इतना लिए दिये रहती हैं कि उनके आँसू मुख़बिरी की हिम्मत नहीं कर पाते। छोटे भाई यहिया राना की मय्यत जब घर के आँगन में लाकर रखी गयी तो बड़े बड़ों की आँखें सैलाब की ज़द से नहीं बच सकी थीं फिर भी अम्मी नहीं रोयी थीं, सिर्फ़ ख़ाली-ख़ाली नज़रों से बेटे की मय्यत और रोने वालों को देख रही थीं। फिर वह वक़्त भी आया कि घर की बड़ी बूढ़ियों ने उन्हें रुलाने की कोशिश की। घर के सब लोग यही कह रहे थे कि अगर रोयेंगी नहीं तो पागल हो जायेंगी। आख़िरकार उनको रुलाने की कोशिशें कारगर हुईं। फिर अम्मी रोयीं तो ऐसा रोयीं कि शायद क़ुदरत को भी उन पर रहम आया होगा, मुमकिन है मलकुल मौत (मौत का फ़रिश्ता) अपनी इस कारगुज़ारी पर रो पड़ा हो। मलकुल मौत भी तो अल्लाह की मख़लूक है। और जब अल्लाह क़हूहार (क़हर ढाने वाला) और जब्बार (जब्र करने वाला) के साथ रहीम और करीम भी है तो मलकुल मौत के दिल में भी रहम का जज़्बा ज़रूर होता होगा।

मेरे बहुत पूछने पर उन्होंने बताया कि रायबरेली के घरेलू हालात देखकर मुझे बहुत दुख हुआ है। वहाँ तुम्हारे भाइयों के दिलों में बहुत रंजिशें भर गयी हैं। पहली बार ऐसा हुआ कि मुझसे मिलने के लिए अपने-अपने कमरों से निकल कर न बहुएँ आयीं और न पोते-पोतियाँ। अम्मी साँस लेने को रुकीं फिर कहने लगीं कि ये सब दुआ तावीज़ का नतीजा है। मैंने उनको हँसाने की ग़रज़ से कहा कि दुआ तावीज़ का कोई असर नहीं होगा। फिर आप तो खुद ही 'माता रोलोश्वरी' हैं, कल ही मैं आठ-दस तान्त्रिकों और जटाधारियों को आपके पाँव छूने के लिए बुलाता हूँ। आप सिर्फ़ हुक़्म दीजिए कि किसको मक्खी बनाया जाए और किसे कुत्ता-बिल्ली बनाना है। मेरी बात सुनकर अम्मी बच्चों की तरह खिलखिला कर हँसने लगीं और बोलीं, कमबख़्त! इस उम्र में मुझे बेपर्दा करायेगा, कोई ज़रूरत नहीं है साधु सन्तों को घर में लाने की, अभी मैं ख़ुद काफ़ी हूँ इन सबसे निपटने को। मैं हँसते हुए अम्मी के सीने से लग गया और बहुत देर तक बच्चों की तरह उनसे चिमटा रहा। वह भी मुझे अट्ठावन बरस पहले वाला मुनव्वर समझ कर अपने सीने से लगाये रहीं, लेकिन यह साठ बरस का बच्चा उनके गले से लगा हुआ अपने आँसुओं के ख़ुश्क होने का इन्तिज़ार कर रहा था। काश, वक़्त को

ठहर जाने की आदत होती और वह हमेशा हमेशा के लिए वहीं पर रुक जाता और उस वक़्त तक ठहरा रहता जब तक कि दूसरे जनम की कहानी हक़ीक़त का रूप न धार लेती–

मेरी ख़्वाहिश है कि मैं फिर से फ़रिश्ता हो जाऊँ
माँ से इस तरह लिपट जाऊँ कि बच्चा हो जाऊँ

आँसुओं के ख़ुश्क होते ही मेरे चेहरे ने मुस्कुराहट का ग़ाज़ा मल लिया। मैंने पूछा, अम्मी खाने को जी चाह रहा है? कहने लगीं, नहीं। मैंने पूछा, गुलाब जामुन तो आपको बहुत अच्छा लगता है। कहने लगीं, बिल्कुल दिल नहीं चाह रहा है। मैंने पूछा कि कुछ तो जी चाह रहा होगा। कहने लगीं, अगर मीठे और मुलायम आम मिलें तो ले आना। मैंने पूछा, आप सहरी में क्या खायेंगी? कहने लगीं, तुम्हारे बाप कानपुर से रमज़ान के ज़माने में बिस्कुट लाते थे, दूध के साथ वही बिस्कुट खाने को जी चाह रहा है। मैंने दिल में सोचा कि अब्बू तो हम लोगों से बहुत दूर चले गये हैं, उनसे तो पूछा नहीं जा सकता...फिर मैंने अपने एक शायर दोस्त नदीम नय्यर को कानपुर फ़ोन किया। इससे पहले कि मैं उन्हें अपनी ज़रूरत बताता उन्होंने अपनी परेशानी से मेरा मुँह बन्द कर दिया और बताया कि लखनऊ के मुशायरे से वापसी में उनकी कार हादसे का शिकार हो गयी थी। उनकी शायरा बेगम शाइस्ता सना के सिर में आठ टाँके लगवाने पड़े हैं–

दिल में कहाँ लहू था कि इक तीर आ लगा
फ़ाक़े से था ग़रीब कि मेहमान आ गया

घुटनों के आपरेशन के बाद अब मैं ज़्यादा सफ़र के लायक़ नहीं रह गया हूँ। मैं इसी पसोपेश में था कि या अल्लाह मैं क्या करूँ, अम्मी ने बहुत दिनों बाद एक बहुत मामूली-सी फ़रमाइश की है और मैं वह भी पूरी नहीं कर पा रहा हूँ। थोड़ी ही देर हुई होगी कि मेरे मोबाइल की घण्टी ने गुनगुनाना शुरू कर दिया। मेरे हैलो कहने पर उधर से किसी साहब ने फ़रमाया कि मैं इण्डियन एम्बैसी जद्दा से कौन्सिल शक़ील अहमद बात कर रहा हूँ। क्या आप मुझे शाइस्ता साहिबा का नम्बर दे सकते हैं। इण्डियन एम्बैसी उन्हें सितम्बर में जद्दा के मुशायरे में मदऊ (आमन्त्रित) करना चाहती है। मेरे पास शाइस्ता का नम्बर नहीं था लिहाज़ा मैंने उन्हें नदीम नय्यर का मोबाइल नम्बर दे दिया। मैं दोबारा अपने दूसरे कामों में मशग़ूल हो गया। रात के तक़रीबन नौ बजे का अमल होगा कि नदीम नय्यर का फ़ोन आया, फ़ोन पर उन्होंने बताया कि मैं अभी रात में आपसे मिलने लखनऊ आ रहा हूँ। मैंने छूटते ही उनसे कहा कि बेकनगंज की किसी अच्छी दुकान से दूध में भिगोकर खाने वाले बिस्कुट लेते आओ। देर रात गये लेकिन सहरी से पहले वह बिस्कुट लेकर लखनऊ आ गये। मैं सोचने लगा कि माँ की फ़रमाइश

बेटे कहाँ पूरी करते हैं, माँ की फ़रमाइशें पूरी करने के लिए तो अल्लाह अपने घर से किसी शकील अहमद को मुक़र्रर करता है। बज़ाहिर तो मैं बहुत ख़ुश था कि अल्लाह पाक ने इस गुनहगार की मामूली-सी ख़्वाहिश को भी किस तरह रहमतों से नवाज़ा लेकिन जब मैंने इस वाकिये पर नये सिरे से ग़ौर करना शुरू किया तो फ़ौरन मेरी समझ में आ गया कि अम्मी से बिस्कुट लाने का वादा तो मैंने किया था लेकिन मेरी कोशिश की नाकामी को अम्मी ने महसूस कर लिया होगा और उन्होंने अपने झुर्रियों ज़दा हाथ उठा कर दुआ की होगी कि ऐ मालिके दो जहाँ, ऐ परवर दिगार! मेरे बेटे की किसी भी कोशिश को नाकाम न होने देना वर्ना वो टूट फूट जायेगा। ज़ाहिर है कि अम्मी का कहना तो ऊपर वाला मान ही लेगा। वो माँ की दुआवों को आसमान से ख़ाली हाथ वापस नहीं लौटने देता क्योंकि माँएँ तो इंसान की तख़लीक (रचना) में अल्लाह की मददगार और साझेदार होती हैं, और साझेदार की बात को साझेदार कभी ख़ाली नहीं जाने देता, उसकी दुवाएँ भी सुनता है और उसकी ख्वाहिशों का एहतराम भी करता है। औरत की कोख के बग़ैर दुनिया का तसव्वुर ही नहीं किया जा सकता था फिर इसी मिट्टी से बनाये हुए पुतले से ऊपर वाले को इंसानियत का काम भी लेना था लिहाज़ा उसने माँ की छातियों में दूध उतारा, ऐसा दूध जिसको पीने वाला बच्चा अपने को इंसानों में शुमार करता है। ऐसे ही इंसानों में पीर, पैग़म्बर, साधु-सन्त, औलिया और फ़क़ीर हुए हैं जिन्होंने दुनिया के बेहरम जंगल में इंसानियत के इतने बीज बोये हैं कि फ़रिश्तों को रश्क होता है। ऊपर वाले ने औलाद के लिए एक माँ तख़्लीक़ करके उसके दिल में इतनी मोहब्बत भर दी कि ज़माने के सर्दो गर्म के बावजूद औरत के दिल में मोहब्बत की कोंपलें आज भी पनपती रहती हैं।

अब्बू के इन्तिक़ाल के बाद एक मुशायरे में जद्दा जाना हुआ था। मेरे हमराह मेरे उस्ताद भाई रईस अंसारी के अलावा हिन्दुस्तान और पाकिस्तान के कई क़ाबिले ज़िक्र शायरों में क़ैसरुल जाफ़री के अलावा पाकिस्तान से सहर अंसारी भी थे। मुशायरे के बाद मुझे और रईस अंसारी को अरब न्यूज़ के एडीटर जनाब फ़ैसल मियाँ अपनी कार से उमरा कराने ले गये। हरम शरीफ़ से बाहर आते वक़्त टैक्सी स्टैण्ड पर बहुत से टैक्सी ड्राइवर खड़े हुए दिखाई दिये। एक टैक्सी ड्राइवर की शबाहत (शक्लो सूरत) अब्बू मरहूम से इतनी मिलती-जुलती दिखाई दी कि मैं हैरत में पड़ गया। मैं बार-बार उस शख़्स की तरफ़ देखता रहा। कार में बैठते हुए भी। कार से उतर कर उससे मिलने को जी चाह रहा था लेकिन मैं अपनी इस बेइन्तिहा हैरत को किसी से शेयर भी नहीं कर सकता था क्योंकि कुछ बरस पहले ही तो अपने आबाई (ख़ानदानी) क़ब्रिस्तान में उन्हें मैंने अपनी नम आँखों और काँपते हुए हाथों से मिट्टी के हवाले किया था।

हिन्दुस्तान वापसी पर मैंने एक दिन अम्मी को यह सारा वाक़या बताया, वह बग़ौर सुनती रहीं, कुछ देर तक ख़ामोश रहीं फिर खुदकलामी (खुद से बात करना) के अन्दाज़ में कहने लगीं, हो सकता है तुम्हारे बाप ही रहे हों क्योंकि अल्लाह जन्नत बख़्शे वो थे तो नेक आदमी...कभी किसी का बुरा नहीं चाहा... हमेशा दूसरों के दुख दर्द में काम ही आते थे...मुमकिन है अल्लाह मियाँ ने उन्हें अपने घर की दरबानी पे रख लिया हो—

मैं उसके जिस्म पे काफूर मल के आया था
मगर गुलाब की खुशबू कफ़न से आती है

उम्र भर धूप में पेड़ जलता रहा

ज़ख़्म कैसा भी हो कुरेदिये तो अच्छा लगता है। माज़ी कैसा भी रहा हो सोचिए तो मज़ा आता है। बचपन जैसा भी गुज़रा हो राजसिंहासन से अच्छा होता है। मुझे नहीं मालूम ज़मींदारी कैसी होती है, क्योंकि मैं किराये के घर में पैदा हुआ। मैं नहीं जानता ख़ुशहाली क्या होती है, क्योंकि मैंने बारहा अपनी माँ को भूखे पेट सोते देखा है। मुझे क्या पता ज़मींदार कैसे होते हैं, क्योंकि मैंने मुद्दतों अपने अब्बू के हाथों में स्टेयरिंग देखा है। मैंने बहुत से ख़्वाब देखे हैं। मुमकिन है मेरे अब्बू ने भी ख़्वाब देखे हों, क्योंकि एक थका माँदा ट्रक ड्राइवर बहुत बेख़बरी की नींद सोता है। लेकिन मुझे मालूम है मेरी माँ ने कभी ख़्वाब नहीं देखा था, क्योंकि ख़्वाब तो वह आँखें देखती हैं जो सोती हैं, लेकिन मैंने अम्मी को कभी सोते हुए नहीं देखा। उनकी आँखें हमेशा घर की दहलीज़ पर रखी देखी हैं, जिस्म जाये नमाज़ पर रखा देखा है और जवानी उस ट्रक ड्राइवर के इन्तिज़ार में क़तरा-क़तरा पिघलते देखी है जो मेरे अब्बू भी थे और अम्मी के सिर का आँचल भी।

रायबरेली से मेरा ननिहाल सिर्फ़ बीस मील के फ़ासले पर था लेकिन ग़ुर्बत फ़ासले बढ़ा देती है, लिफ़ाफ़े और पोस्ट कार्ड को छोटा कर देती है। ग़ुर्बत में रिश्तेदार भी दूर के चराग़ मालूम होते हैं। ग़ुर्बत में वह नशा है जिसमें ख़ुदा भी रिश्तेदार मालूम होता है। मुमकिन है ख़ुदा आसमान पर बहुत बड़े घर में रहता हो लेकिन ज़मीन पर वह सिर्फ़ ग़रीब आदमी के दिल में रहता है। ग़ुर्बत में करौंदे और बेर के काँटे उँगलियों से ख़ून की बूँद निकाल कर उसकी जाँच कर लेते हैं। ख़ून की बूँदों को जाँचने और परखने के लिए किसी लेबोरेट्री में भेजने की ज़रूरत नहीं पड़ती। ग़ुर्बत के वह दिन भी क्या होते हैं जब शो केस में रखी हुई गुड़िया को देखने के लिए ग़रीबी एहतियातन हाथ मुँह धो लेती है।

एक दिन मेरे अब्बू घर आये। मेरी अम्मी नानी के घर गयी हुई थीं। मेरे दो छोटे भाई, एक छोटा भाई यहिया राना (तक़रीबन बारह बरस पहले ऐन नवजवानी के आलम में जीप के हादसे में अपने मालिके हक़ीक़ी से जा मिला)

अम्मी के साथ चले गये थे। मैं घर पर अपनी दादी के पास था क्योंकि दादी मुझे बहुत चाहती थीं। पता नहीं लड़कों को दादी से और लड़कियों से नानी को इतनी मोहब्बत क्यों होती है। शायद नानी दुख़्तरज़ादी (नवासी) में अपनी बेटी तलाश कर लेती है और दादी पोते में अपना बेटा तलाश करती है। अब्बू मुझे ट्रक में अपने साथ बिठाकर ननिहाल की तरफ़ चल दिये। जहाँ तक ट्रक जा सकता था अब्बू ट्रक चलाकर ले गये। फिर एक जगह ट्रक रोक दिया और मुझे साथ लेकर पैदल ही गाँव की तरफ़ चल दिये। ग़ालिबन दो-ढाई मील का फ़ासला रहा होगा। पगडण्डियों पर चलने की आदत न होने की वजह से मुझे यूँ भी तकलीफ़ हो रही थी, फिर सफ़र भी लम्बा था। चलते-चलते मैं अब्बू से पीछे हो जाता, वो मुड़ कर देखते तो मैं फिर दौड़ कर उनके पास पहुँच जाता। बचपन में बाप भी ख़िज्र अलैहिस्सलाम मालूम होता है। क़ुदरत यह एहसास बचपन को ही अता करती है। अचानक अब्बू एक जगह उकड़ूँ बैठ गये और बोले कि तुम मेरे कन्धे पर बैठ जाओ। मैंने कहा, नहीं अब्बू जान आप थक जायेंगे। मैं आपके साथ चलूँगा लेकिन आपके कन्धे पर नहीं बैठूँगा। अब्बू ने मेरी तरफ़ मुस्कुराकर देखा और बोले, तुम बोझ नहीं हो, मेरे बेटे हो, मैं थकूँगा नहीं। यह कह कर उन्होंने ज़बरदस्ती मुझे अपने कन्धे पर बिठा लिया और कहने लगे, "ठीक है, मैं तुम्हें अपने कन्धे पर बिठा कर ले चल रहा हूँ, जब तुम बड़े होना तो मुझे कार लाकर देना"। उस वक़्त मेरी उम्र मुश्किल से सात-आठ बरस रही होगी।

ख़ुशबू बचपन की तरह होता है बहुत देर नहीं ठहरता, या बचपन को पर लग जाते हैं। दिन महीनों में और महीने बरस में तब्दील होते रहे। कुछ ही बरसों बाद सारा ख़ानदान पाकिस्तान चला गया। जैसे ताऊन में गाँव साफ़ हो जाते हैं, जैसे जंगल में आग लग जाती है, जैसे रंगत को धूप खा जाती है, जैसे किरदार को शहर खा जाते हैं, जैसे ईमान को हवस निगल लेती है, जैसे हवेलियों को अना (Ego) खा लेती है, जैसे आईने को वीरानी खा लेती है। शायद आईना चेहरा देखने के लिए होता है और ढाल मैदान में तन्हा छोड़कर जाते हुए लश्कर को देखने के लिए होती है। सियासत की बिसात पर दुनिया की सबसे ज़हीन क़ौम मोहरा बनकर रह गयी। तक़सीम के खेल में पाकिस्तान जीत गया लेकिन मुसलमान हार गया। कभी-कभी सोचता हूँ, यह कैसी शिकस्त थी जिसका एहसास बावन बरस गुज़र जाने के बाद भी बाक़ी है। यह कैसा ज़ख़्म था जिसकी कसक हर मरने वाले के चेहरे से उतर कर पैदा होने वाले के चेहरे पर चिपक जाती है। यह कैसी निदामत (शर्मिन्दगी) थी जिसे तीन नस्लों के आँसू भी नहीं धो सके। यह कैसी तक़सीम थी जिसका हिस्सा आज तक नहीं लग सका। यह कैसा फ़ैसला था जिसने ताजमहल के दो टुकड़े कर दिये, कश्मीर के दो हिस्से

हो गये, जामा मस्जिद आधी हो गयी, ग़ज़ल ने मर्सिये का रूप धारण कर लिया, उर्दू ज़बान सरहद की सूली पर लटका दी गयी और फ़रार (भागने) को हिजरत का लक़ब दे दिया गया।

एक टूटे-से घर में बारिशों में टपकते हुए छप्पर के नीचे अब्बू ने अपनी गीली मिट्टी जैसे बच्चों को उस सीधी सादी पर्देदार ख़ातून के सुपुर्द कर दिया जो मेरी माँ थी और ख़ुद अल्लाह का नाम लेकर अपने बाज़ुओं के भरोसे रोज़ी की तलाश में शबोरोज़ शेर शाह सूरी की बनवायी सड़क के पेचोख़म से खेलना शुरू कर दिया। अब्बू कभी हफ़्ते भर बाद आते, कभी दस दिनों बाद वापसी होती, कभी थोड़े दिन ठहरते, कभी थोड़ी देर ठहरते, और फिर हम लोगों के रौशन मुस्तक़बिल की तलाश में ट्रक का स्टेयरिंग थाम लेते। शायद वह सारी ज़िन्दगी विंड स्क्रीन ग्लास से सड़क के बजाए हमारे मुस्तक़बिल का ख़्वाब देखते रहते थे। मुस्तक़बिल का ख़्वाब वह नशा होता है जो सारी उम्र नहीं उतरता। वो अल्हड़ शबाब (यौवन) होता है जिससे बुढ़ापा क़तरा कर गुज़रता है। वो तूफ़ान होता है जिसे बाँधा नहीं जा सकता।

अब्बू हम लोगों के बारे में सोचते बहुत थे। उन्हें कोई भी मौसम डरा नहीं पाता था। वह लू-धूप की शिद्दत के ज़माने में अंगौछा भिगोकर सिर पर लपेट लेते थे। बारहा उन्होंने रायबरेली से कलकत्ता तक पंजाब मेल के ड्राइवर को आगे नहीं निकलने दिया। रफ़्ता-रफ़्ता गाड़ी चलाना उनका पेशा ही नहीं शौक़ बन कर रह गया। वह ज़्यादा से ज़्यादा वक़्त ट्रक चलाने में गुज़ार देते थे लेकिन हम लोगों से ग़ाफ़िल नहीं हो पाते थे। वह इस ख़याल से कभी पेट भर खाना भी नहीं खाते थे कि पता नहीं घर पर चूल्हा जला भी होगा या नहीं, और अक्सर ऐसा होता भी था कि मेरे घर में चूल्हा नहीं जलता था। अम्मी हम लोगों को रिश्ते की एक फूफी के घर भेज देती थीं और ख़ुद ख़ाली पेट सो जाती थीं या जाये नमाज़ पर खड़ी हो जाती थीं। अब्बू रास्ते में अगर कहीं आग लगी देख लेते थे तो फ़ौरन उन्हें घर का टूटा फूटा छप्पर याद आने लगता था। फिर उन्हें यह ख़याल परेशान करने लगता था कि मेरे छोटे-छोटे बच्चे हैं। अगर ख़ुदा न ख़्वासता घर में आग लग गयी तो क्या होगा। मेरी अम्मी मेरे घर की रवायती (पारम्परिक) पर्दा दारी की तरफ़दार भी थीं और निगहबान भी। हम लोगों के कपड़े ख़्वाह फटे हुए क्यों न हों लेकिन घर के दरवाज़े पर हमेशा एक मज़बूत पर्दा झूलता रहता था।

वक़्त को दबे पाँव चलने की इतनी आदत है कि महसूस हुए बग़ैर गुज़र जाता है। ग़ालिबन 1964 में अब्बू ने कलकत्ता में ट्रांसपोर्ट का छोटा-सा काम शुरू किया। 1967 में अम्मी और छोटे भाई-बहन भी कलकत्ता चले गये। हम

तीन भाई अब्बू के ख़ालाज़ाद भाई युनूस सूफ़ी (जिन्हें हम लोग चचा जान कहते थे) के घर में रहकर तालीम हासिल कर रहे थे। 1968 में अब्बू हम लोगों को भी ले कर कलकत्ता चले आये। मोहम्मद जान हायर सेकेण्ड्री स्कूल में मेरा नाम आठवीं जमात में लिखा गया। 1971 में वहाँ से हायर सेकेण्ड्री करने के बाद मेरा दाख़िला उमेश चन्द्र कालेज में बी.कॉम में हो गया। तालीम मुकम्मल करने की नौबत नहीं आयी क्योंकि एक तो मुझे शायरी, ड्रामा निगारी और स्टेज प्रोग्राम का चस्का लग गया, दूसरे अचानक अब्बू बीमार होकर इस्लामिया हॉस्पिटल में भर्ती हो गये। तक़रीबन पच्चीस दिनों तक वह अस्पताल में रहे। पढ़ाई से मेरा जी उचाट हो गया और मैं अब्बू के साथ ट्रांसपोर्ट के ऑफिस में बैठने लगा। अब्बू को शायरी बहुत पसन्द थी। सोज़ सिकन्दरपुरी, प्रोफ़ेसर एजाज़ अफ़ज़ल, राज़ इलाहाबादी और नाज़िश प्रतापगढ़ी से उनके बहुत गहरे मरासिम थे। अपने आख़िरी दिनों में प्रोफ़ेसर एज़ाज़ अफ़ज़ल का यह शेर वो मुस्तक़िल पढ़ते रहते थे–

अफ़ज़ल का मुक़द्दर है हक़गोई व बेबाकी
हक़ बात कही होगी झुटलाये गये होंगे

वह इस बात पर क़तई राज़ी नहीं थे कि मैं शायर बनूँ लेकिन तक़दीर के लिखे को कैसे टाला जा सकता है। मैं बिगड़ते-बिगड़ते एक दिन शायर बन ही गया लेकिन अब्बू के ख़ून पसीने से सींचे हुए कारोबारी पौधे पर कभी धूप छाँव का असर नहीं होने दिया। कारोबारी 'गद्दी' पर बिठाते वक़्त अब्बू ने पन्द्रह-बीस हज़ार रुपयों के साथ ईमानदारी, बेबाकी, हक़गोई और शराफ़त की जो पूँजी मेरे हवाले की थी खुदा का शुक्र है कि मैंने उसमें इज़ाफ़ा ही किया है। 1987 में अब्बू कलकत्ता से वापस रायबरेली आ गये–

मुहाजिरो! यही तारीख़ है मकानों की
बनाने वाला हमेशा बरामदों में रहा

छोटे भाई की मौत के बाद अब्बू बहुत टूट-फूट गये लेकिन वह कभी इसका इज़हार नहीं होने देते थे, बल्कि अन्दर-अन्दर धूप में रखी बर्फ़ की तरह पिघलने लगे। हम सब भाई उनको किसी भी तरह ख़ुश रखने की कोशिश में लगे रहते। हर तरह उनकी दिलजोई में मसरूफ़ रहते लेकिन अब एक तरह से वह उस बच्चे की तरह हो गये थे जो बहुत डरा हुआ होता है। हम लोगों को रात के सफ़र से मना करते थे लेकिन चूँकि ट्रांसपोर्ट के काम में कैलेंडर में लाल सियाही का इस्तेमाल नहीं किया जाता है और जब तक हेड लाइट साथ दे रात को रात नहीं कहा जाता है, लिहाज़ा इस मजबूरी की वजह से हमारा रातों का सफ़र अब्बू को भी घर में जगाये रखता था। हफ़्तों घर का मुँह न देखने वाले अब्बू अब कहीं भी जाते तो कोशिश यही करते कि रात होने से पहले-पहले वह रायबरेली

वापस आ जायें। समन्दर की लहरों पर चलने वाला मुसाफ़िर अब नदी के किनारे बैठकर वज़ू करते हुए भी थक जाता था। अब्बू अपने चेहरे से और ख़ास तौर से अपनी आवाज़ से कभी अपनी कमज़ोरी का एहसास नहीं होने देते थे। मुझे देर रात में फ़ोन करने वाले अक्सर धोखा खा जाते थे। वह टूट चुके थे लेकिन उनकी आवाज़ में लोच नहीं आयी थी।

1999 के बाद अब्बू बिल्कुल कमज़ोर हो गये थे। दोनों गुर्दों ने काम करना तक़रीबन बन्द कर दिया था। हफ़्ते में दो बार रायबरेली से लखनऊ डॉयलिसिस के लिए ले जाये जाते। इसके बावजूद उनकी ख़ुद एतमादी (आत्मविश्वास) में कमी नहीं आयी थी बल्कि कभी-कभी तो उनके चेहरे पर ज़िन्दगी की चमक देखकर मौत भी लरज़ जाती थी।

एक दिन मैंने सोचा कि अब्बू की ZEN कार पुरानी हो गयी है, नयी कार लायी जाये तो मुमकिन है कि अब्बू की ज़िन्दा रहने की उमंग बढ़ जाये। मैं कलकत्ता गया तो उनके लिए एक TATA SAFARI ख़रीदी। किसी ने अब्बू को बताया, चचा! आपके लिए भय्या ने सफ़ारी कार ख़रीदी है। अब्बू बिस्तर पर उठकर बैठ गये और बच्चों की तरह पूछा, "शहर में यह गाड़ी किसी के पास है?" उसी आदमी ने बताया कि अभी यह गाड़ी पूरे ज़िले में किसी के पास नहीं है। यह सुनकर मुस्कुराये और फिर बच्चों की तरह लेट कर सो गये। जिस दिन कलकत्ता से सफ़ारी आयी अब्बू डॉयलिसिस के लिए लखनऊ गये हुए थे।

शाम को कचहरी वालों की तरफ़ से हिन्दी दिवस के मौक़े पर फ़ीरोज़ गाँधी डिग्री कालेज के ऑडीटोरियम में एक कवि सम्मेलन था। रायबरेली के जिला जज मोहतरम पी.डी. कौशिक साहब उर्दू से मोहब्बत करते थे। इसी निस्बत से वह मेरा भी ख़याल करते थे। उन्होंने मुझे भी दावत नामा इस ताक़ीद के साथ भिजवाया कि आपको शरीक होना है। मैं शाम को कवि सम्मेलन में जाने के लिए निकला। कार अब्बू को लेकर अभी लौटी नहीं थी। ड्राइवर चुन्ने खाँ जो सफ़ारी कलकत्ता से चलाकर लाये थे मुझसे कहने लगे चलिये, मैं आपके साथ कवि सम्मेलन में चलता हूँ। मैंने इन्कार किया तो बोले, मैं आपको छोड़कर चला जाऊँगा। मैंने उन्हें समझाया कि मैं अभी सफ़ारी पर नहीं बैठ सकता क्योंकि अभी तक इस गाड़ी का असली मालिक इस गाड़ी पर नहीं बैठा है। यह सुनकर चुन्ने खाँ भी रंजीदा हो गये और मैं चुपचाप सिर झुकाये सड़क पर आ गया और एक रिक्शे पर बैठकर फ़ीरोज़ गाँधी डिग्री कालेज की तरफ़ रवाना हो गया। इत्तिफ़ाक से ऑडिटोरियम के सद्र दरवाज़े पर जिला जज साहब मिल गये। उन्होंने मुझे रिक्शे से उतरते देख लिया था। वह मेरे पास आये और शिकायती लहजे में बोले कि आपने फ़ोन कर दिया होता, कोई भी गाड़ी चली जाती और

आपको ले आती। मैंने उनका शुक्रिया अदा करते हुए उनको याद दिलाया कि आपने एक बार एक क़िस्सा सुनाया था कि एक बार किसी मन्दिर में एक राजा पहुँचा और उसने मन्दिर के पुजारी से पूछा कि पुजारी जी! क्या कभी किसी ने मन्दिर पर चढ़ावे में दो सेर सोना चढ़ाया है? पुजारी जी बोले, नहीं महाराज अभी तक ऐसा कोई दानी इधर से नहीं गुज़रा। राजा ने मुस्कुराकर कहा, तो पंडित जी! समझ लिजिए कि वह दानी पैदा हो गया है। आज मैं भगवान के चरणों में दो सेर सोना चढ़ाऊँगा। पंडित जी ने मुस्कुराते हुए हाथ जोड़ लिए और बोले, महाराज! मैं यह चढ़ावा लेने से इंकार करता हूँ। राजा ने पूछा, पंडित जी, आप यह चढ़ावा लेने से इंकार क्यों कर रहे हैं। पंडित जी ने फिर हाथ जोड़ लिए और बोले कि महाराज दो सेर सोना चढ़ाने वाले तो हर दौर में पैदा होते रहेंगे लेकिन मुमकिन है मेरे बाद कोई इंकार करने वाला पैदा न हो। जिला जज साहब ने मुझे उलझी हुई सवालिया निगाहों से देखा तो मैंने भी हाथ जोड़ लिए और अर्ज़ किया कि जनाब मैं अपने दरवाज़े पर सफ़ारी छोड़कर इसलिए आया हूँ कि हर दौर में सफ़ारी जैसी महँगी और इससे भी महँगी गाड़ियों पर बैठकर लोग कवि सम्मेलन और मुशायरों में आते रहेंगे लेकिन मुमकिन है मेरे बाद सफ़ारी छोड़कर रिक्शे पर बैठ कर आने वाला पैदा न हो।

अब्बू सिर्फ़ एक बार उस गाड़ी पर बैठ सके क्योंकि अगले हफ़्ते अम्मी अपनी कलाई की सब चूड़ियाँ तोड़ चुकी थीं। वह दिन है और आज का दिन, मैंने सफ़ारी की तरफ़ निगाह उठाकर नहीं देखा। तक़रीबन छः महीने तक गाड़ी यूँ ही खड़ी रही। मैं कोशिश करता था कि इस पर निगाह न पड़ने पाये। फिर एक दिन मेरे एक दोस्त और मोहसिन ने मुझसे वह गाड़ी कुछ दिनों के लिए माँग ली। मैंने ड्राइवर से गाड़ी उनके घर पर खड़ी करवा दी और आज तक वापस लाने की हिम्मत नहीं कर सका। मुझे मालूम नहीं रवायती (पारम्परिक) शायरी, तरक़्क़ी पसन्द अदब, जदीदियत (आधुनिकता) और माबादे जदीदियत (आधुनिकता के बाद की) किसे कहते हैं। मैं तो आप बीती को जग बीती और जग बीती को आप बीती के लिबास से आरास्ता करके ग़ज़ल बनाता हूँ। आपको अच्छी लगे तो शुक्रिया, न अच्छी लगे तो भी शुक्रिया—

दुख बुज़ुर्गों ने काफ़ी उठाये मगर मेरा बचपन बहुत ही सुहाना रहा
उम्र भर धूप में पेड़ जलते रहे अपनी शाख़ें समरदार करते हुए

मेरी हँसी तो मेरे ग़मों का लिबास है

मेरी माँ बताती है कि बचपन में मुझे सूखे की बीमारी थी, माँ को यह बताने की ज़रूरत क्या है, मुझे तो मालूम ही है कि मुझे कुछ न कुछ बीमारी ज़रूर रही है क्योंकि आज तक मैं बीमार-सा हूँ। दरअसल मेरा जिस्म बीमारी से रिश्तेदारी निभाने में हमेशा पेश-पेश रहा है। शायद इसी सूखे का असर है कि आज तक मेरी ज़िन्दगी का हर कुआँ ख़ुश्क है। आरज़ू का, दोस्ती का, मोहब्बत का, वफ़ादारी का। माँ कहती है, बचपन में मुझे हँसी बहुत आती थी। हँसता तो मैं आज भी हूँ लेकिन सिर्फ़ अपनी बेबसी पर, अपनी नाकामी पर, अपनी मजबूरियों पर और अपनी तन्हाई पर लेकिन यह शायद हँसी नहीं है। यह मेरे आँसुओं की बिगड़ी हुई तस्वीर है, मेरे एहसास की भटकती हुई आत्मा है। मेरी हँसी इंशाअल्लाह खाँ 'इंशा' की खोखली हँसी से बहुत मिलती है, 'मीर' की ख़ामोश उदासी से बहुत मिलती है, ग़ालिब के ज़िद्दी फक्कड़पन से बहुत मिलती है—

मेरी हँसी तो मेरे ग़मों का लिबास है
लेकिन ज़माना इतना कहाँ ग़म शनास है

पेवंद की तरह चमकती हुई रौशनी, रौशनी में नज़र आते हुए बुझे-बुझे चेहरे, चेहरों पर लिखी हुई दास्तानें, दास्तानों में छुपा हुआ माज़ी (अतीत) और माज़ी में छुपा हुआ मेरा बचपन, जुगनुओं को चुनता हुआ बचपन, तितलियों को पकड़ता हुआ बचपन, पेड़ की शाख़ों में झूलता हुआ बचपन, खिलौनों की दुकानों को तकता हुआ बचपन, बाप की गोद में हँसता हुआ बचपन, माँ की आग़ोश में मुस्कुराता हुआ बचपन, मस्जिदों में नमाज़ें पढ़ता हुआ बचपन, मदरसों में सिपारे (कुरान शरीफ़ के अंश) रटता हुआ बचपन, झील में तैरता हुआ बचपन, धूल मिट्टी से सँवरता हुआ बचपन, नन्ही नन्ही दुआएँ माँगता हुआ बचपन, गुलेल से निशाने लगाता हुआ बचपन, पतंग की डोर में उलझा हुआ बचपन, नींद में चौंकता हुआ बचपन खुदा जाने किस भूल भुलय्याँ में खो कर रह गया है। कौन संग दिल इन सुनहरे दिनों को मुझसे छीन कर ले गया है। नदी के किनारे बालू से घरौंदे बनाने के दिन कहीं खो गये। रेत भी मौजूद है, नदी भी नागिनों की

तरह बल खाकर गुज़रती है लेकिन मेरे यह हाथ जो ताजमहल तामीर कर सकते हैं, अब घरौंदे क्यों नहीं बना पाते? क्या पराठे रोटियों की लज़्ज़त छीन लेते हैं, क्या पस्ती को बुलन्दी अपने पास नहीं बैठने देती, क्या अमीरी गुर्बत का ज़ायक़ा नहीं पहचानती, क्या जवानी बचपन को क़त्ल कर देती है?

मई और जून की तेज़ धूप में माँ चीख़ती रहती थी और बचपन पेड़ की शाख़ों पर झूला करता था। क्या धूप चाँदनी से ज़्यादा हसीन होती है? माचिस की ख़ाली डिब्बियों से बनी हुई रेलगाड़ी की पटरियाँ चुराकर कौन ले गया, काश कोई मुझसे कारें ले ले और उसके बदले में मेरी वही छक-छक करती हुई रेलगाड़ी ला दे। क्योंकि लोहे और स्टील की बनी हुई गाड़ियाँ वहाँ नहीं रुक सकतीं जहाँ भोली भाली ख़्वाहिशें मुसाफ़िरों की तरह इन्तिज़ार करती रहती हैं, जहाँ मासूम तमन्नाएँ नन्हें-नन्हें होठों से बजने वाली सीटियों पर कान लगाये रहती हैं।

कोई मुझे मेरे घर के सामने वाला वह कुआँ वापस ला दे जो मेरी माँ की तरह ख़ामोश और पाक रहता था। मेरी ख़ाला जब मुझे अपने गाँव लेकर चली जाती तो माँ .खौफ़जदा-सी हो जाती थी क्योंकि मैं सोते में चलने का आदी था। माँ डरती थी कि मैं कहीं ख़ाला के कुएँ में न गिर पडूँ। माँ रात-रात भर रो-रो कर कुएँ के पानी से कहती रहती कि ऐ पानी, मेरे बेटे को डूबने मत देना। माँ समझती थी कि शायद पानी से पानी का रिश्ता होता है, मेरे घर का कुआँ बहुत हस्सास (भावुक) था, माँ जब उससे बातें करती थी तो कुआँ अपने पानी को मचलने भी नहीं देता था। शायद वह मेरी माँ की भोली भाली ख़्वाहिश के एहतराम में ख़ामोश रहता था। पता नहीं यह पाकीज़गी (पवित्रता) और ख़ामोशी माँ से कुएँ ने सीखी थी या कुएँ से माँ ने।

गर्मियों की धूप में जब टूटे हुए एक छप्पर के नीचे माँ लू और धूप से टाट के पर्दों के ज़रिये मुझे बचाने की कोशिश करती तो मुझे अपने आँगन में दाना चुगते हुए वह चूज़े बहुत अच्छे लगते जिन्हें उनकी माँ हर ख़तरे से बचाने के लिए अपने नाज़ुक परों में छुपा लेती थी। माँ की मोहब्बत के आँचल ने मुझे तो हमेशा महफ़ूज़ रखा लेकिन ग़रीबी के तेज़ झक्कड़ों ने माँ के ख़ूबसूरत चेहरे को झुलसा झुलसा कर सियाह कर दिया। घर के कच्चे आँगन से उड़ने वाली परेशान धूल ने मेरी माँ का रंग मटमैला कर दिया। बूढ़ी दादी भी मुझे बहुत चाहती थी। वह हर वक़्त मुझे ही तका करती। शायद वह मेरे भोले भाले चेहरे में अपने उस मज़दूर बेटे को तलाश करती रहती थी जो ट्रक ड्राइवर की सीट पर बैठा हुआ शेरशाह सूरी के बनाये हुए रास्ते पर गर्मेसफ़र था।

शेरशाह सूरी की बनवायी हुई वह तारीक (स्याह) सड़क जो गुनहगार दिलों की तरह रह-रह कर ट्रकों और कारों की हेड लाइटों से यूँ चमकने लगती है

जैसे इस बेईमान ज़माने में कहीं-कहीं ईमानदारी की किरन दिखाई पड़ जाती है। शेरशाह सूरी की यह तवील सड़क जिसके सीने पर रोज़ाना हज़ारों गाड़ियाँ गुज़रती रहती हैं लेकिन यह बेजान सड़क बिहार के किसी हरिजन क़बीले की तरह दुखों का बोझ उठाये चुपचाप मुस्कुराती रहती है। न जाने कितने ही ड्राइवर अपने फूल से बच्चों का मुस्तक़बिल सँवारने के लिए त्यौहारों को भुलाते हुए, मौसमों की परवाह न करते हुए इस पुरानी सड़क से गुज़रते रहते हैं। थकी-थकी और पुरअसरार (रहस्यमयी) सी यह सड़क आये दिन इंसानों का ख़ून पीकर अपनी प्यास बुझाती रहती है। सुर्ख़ इंसानी ख़ून जो तारकोल की काली सड़क पर ज़रा-सी देर में ख़ुश्क होकर सियाह हो जाता है, ख़ून के इस धब्बे को भी ज़रा-सी देर में गुज़रने वाली गाड़ियों के नर्म और काले टायर चाट जाते हैं। वह धब्बे जिनमें किसी सुहाग की सुर्ख़ी भी शामिल होती है, किसी माँ का इन्तिज़ार भी शामिल होता है, किसी भाई का अकेलापन भी शामिल होता है और किसी बहन के मैले-से दुपट्टे के आँसू भी शामिल होते हैं—

मैं लौटने के इरादे से जा रहा हूँ मगर
सफ़र सफ़र है मेरा इन्तिज़ार मत करना

एक सियासी लकीर ने सब कुछ तक़सीम कर दिया। मुल्क को, क़ौम को, रिश्तों को, मुहाफ़िज़ों को, मुजरिमों को, नदियों-तालाबों को। एक घोंसले के कई हिस्से हो गये, एक घर के कई टुकड़े हो गये, कस्टूडियन की चक्की में अजदाद (पूर्वजों) की इमारतें पिस गयीं, ख़ानदानों की मुट्ठियों से ज़मींदारी की बालू सरक गयी, जागीरदारी के चेहरे से विक़ार और एतमाद का रंगो रौगन उड़ गया, ख़ानदानी ज़ेवरात जिन्हें ग़ैर मर्दों ने देखा तक नहीं था, साहूकारों की तिजोरियों में क़ैद हो गये, पाकिस्तान बन गया, इक़बाल की पेशीन गोई और जिनाह (जिन्ना) का ख़्वाब ताबीर (स्वप्न फल) की जुस्तजू में भटकता हुआ पंजाब के उस पार पहुँच गया। रफ़्ता-रफ़्ता हर घर में एक पाकिस्तान तामीर होने लगा। मेरे चचा हज़रात अपना मुस्तक़बिल सँवारने के लिए पाकिस्तान रवाना हो गये। पंजाब मेल जो हर ज़माने में एक नया रोल अदा करता रहा है, मेरे घर के मर्दों और सफ़ेद काले बुर्क़ों में सहमी सिमटी हुई औरतों को लेकर उस मुहाज़िर ख़ाने की तरफ़ रवाना हो गया जिसे लोग पाकिस्तान कहते हैं। मैं चुपचाप अपनी दादी से चिमटा रहा। मेरे चचा ने दादी से पाकिस्तान चलने को कहा और वह भी मुहाजिरीन के ख़ेमे की तरफ़ जाने को तैयार हो गयीं। मैं दरवाज़े की चौखट पर बैठा हुआ यह सोचता ही रह गया कि मेरी दादी मुझे छोड़कर जायेगी या नहीं! और शायद पहली बार यह मुहावरा ग़लत हो गया कि अस्ल से ज़्यादा सूद प्यारा होता है। रेलगाड़ी के कोयले वाले इंजन से निकलते हुए धुएँ ने मेरे वालिद की

भीगी हुई आँखों को मैला कर दिया। अब वह इस मुल्क में अकेले रह गये थे, बिल्कुल उस परिन्दे की तरह जिसके सब साथी जाल में फँस गये हों। फिर जैसे ही रेलगाड़ी की सीटी ने सिसकियाँ लीं, कारवाँ अपनी अनजानी-सी मंज़िल की तरफ़ रवाना हो गया। प्लेटफ़ार्म के किनारे खड़े हुए मेरे वालिद लड़खड़ाये, मैंने लपक कर सहारा देना चाहा, उन्होंने अपना बोझल जिस्म मेरे हवाले कर दिया और मैं उसी दिन जवान हो गया। ज़रूरत की रेलगाड़ी में बैठकर मेरा बचपन जवानी के शहर में आ गया, कोयले से दीवारों पर नाम लिखने का मौसम चला गया, तख़्ती पर खड़िया मिट्टी से सबक़ लिखने के दिन चले गये, रोटी की डलिया के सहारे चिड़ियाँ पकड़ने का खेल ख़त्म हो गया। अब माँ अपने सिर में सफ़ेद नहीं, काले बाल तलाश करती है। यह तलाश और जुस्तुजू का लामुतनाही (ख़त्म न होने वाला) सिलसिला कभी ख़त्म नहीं होगा। कभी कोख औलाद को तलाश करती है और कभी औलाद माँ की मुक़द्दस आग़ोश को... !

मेरा बचपन था, मेरा घर था, खिलौने थे मेरे
सर पे माँ बाप का साया भी ग़ज़ल जैसा था

हम अपने गाँव की गलियों में सावन छोड़ आये हैं

अपने अन्दर की वीरानी पर ख़ुशरंग फूल पत्तियों की नक़ाब को हरियाली कहते हैं। मेरे घर के छोटे-से बगीचे में भी बहुत हरियाली है। पुराने ज़ख़्मों को हरा रखने के लिए माज़ी (अतीत) के मुर्दा जिस्म में बराबर सुइयाँ चुभोनी पड़ती हैं। घर के बग़ीचे भी अपने आप को तरोताज़ा रखने के लिए चिड़ियों, तेज़ हवाओं, और बच्चों को शरारतें तक करने की इजाज़त देते रहते हैं। सीमेंट के गमले और दरो दीवार, कैक्टस की क़तारें, ख़ुशबू से ख़ाली गुलाब, तहज़ीब से उगी हुई घास, तर्तीब से साँप सीढ़ी बनाती बेलें एक घर में रहते हुए लोगों के दिलों में भी फ़ासलों की फ़स्ल बो देती हैं। कभी-कभी लॉन की हरियाली में हिस्सा लेते हुए फूल भी लड़कियों के नसीब की तरह लगते हैं। शाख़ों से अलग होने के दुख-सुख और अंजाम से नावाक़िफ़ यह फूल मगर खिलते ज़रूर हैं कि यही फ़ितरत का तक़ाज़ा है, मौत ही ज़िन्दगी के एहसास का नाम है, दर्द ही दिल की मौजूदगी का गवाह है।

उत्तर प्रदेश के कई बड़े शहरों से घिरा, कई तारीख़ी क़स्बों को अपने सीने से लगाये, अपने चेहरे पर बंजर और ज़रख़ेज़ (उपजाऊ) मिट्टी मले हुए गंगा जी के कछार में सई नदी के किनारे रायबरेली आबाद है। अदबी तौर पर बेइन्तिहा मालामाल यह शहर सियासी तौर पर भी बहुत होशियार है। इस शहर में सियासत इक़तिदार (सत्ता) का नाम नहीं है बल्कि सूझबूझ का नाम है। कुछ शहर अपने जुग़राफिये (भूगोल) की हिफ़ाज़त में इतने मसरूफ़ रहते हैं कि तारीख़ उन्हें भूलने लगती है। दरअसल तारीख़ लिखने वालों को यह अन्दाज़ा ही नहीं हो पाता कि वह डायरी नहीं, दस्तावेज़ लिख रहे हैं। उनकी एक मामूली-सी ग़लती शहर को खँडहर में, इबादतगाहों को मैदाने जंग में और इंसानी जिस्मों को गोश्त की दुकान पर सजी मुर्दा भेड़ बकरियों में तब्दील कर देती है।

इसी शहर के एक क़दीम मोहल्ले में मेरा घर है। मेरा आबाई घर, जिसकी पुरानी बुनियादों पर जब नयी ईंटों ने अपना सिर रखा तो घर वालों ने मेरी एक किताब का उनवान भी इसके हवाले कर दिया जिसकी निस्बत से मेरा घर भी

'ग़ज़ल गाँव' कहलाने लगा। ग़रीब घर में पैदा होने वाले बच्चे का कोई नाम नहीं रखा जाता, क्योंकि नाम कुछ भी रख दिया जाये दुनिया उस बच्चे को उसी नाम से पुकारती और पहचानती है जो गुर्बत उसकी पेशानी पर लिख देती है—

ज़िन्दगी चाहे गदागर ही बना कर रख दे
ऐ मेरी माँ तू मेरा नाम सिकन्दर रख दे

ग़ज़ल गाँव पुराने हिन्दुस्तान के एक मोहल्ले का छोटा-सा घर है जिसका नये हिन्दुस्तान से सिर्फ़ इतना ही ताल्लुक़ है कि बिजली और टेलीफ़ोन के तारों के फैलाव ने कौवों, कबूतरों और चिड़ियों को कुछ देर क़याम करने के लिए नयी चौकियाँ अता कर दी हैं। अभी तक यह इलाक़ा नये ज़माने की ख़ुदग़र्जियों से ज़्यादा मैला नहीं हुआ है लेकिन फिर भी बिजली के तारों से चलने वाले रेफ़्रिजरेटरों ने इंसान के दिलों से सख़ावत (दानशीलता), फ़य्याज़ी, दरियादिली और ग़रीब परवरी के जज़्बे को छीन लिया है। अब रोटी की डलियाँ परिन्दों की पहुँच से बाहर होती जा रही हैं। गुलाब चेहरा सुराहियों और घड़ों से चिड़ियों और कबूतरों की इजारादारी ख़त्म होने लगी है। टेलीविज़न इंसानों को कमरों में क़ैद करने की कोशिश में लगा हुआ है। सियासत रोज़ नये-नये लिबासों में मोहल्ले की गर्दिश में मसरूफ़ रहती है लेकिन कई सदियों की मोहब्बतें, कई ख़ुशगवार रिश्तों की जंज़ीरें और एक दूसरे के ग़म में पलकें भिगोने की रस्म अभी तक बाक़ी है। शायद इसीलिए मेरे मोहल्ले में अभी तक मज़हब सियासत के लिए नहीं, बल्कि इबादत के लिए इस्तेमाल होता है। गुर्बत चोंचलों से पनाह माँगती है, वह किसी भी पत्थर में भगवान ढूँढ़ लेती है और किसी भी अंगौछे को जाये नमाज़ बना देती है।

ग़ज़ल गाँव की निस्बत से इस क़दीम मोहल्ले में हर मज़हब और मिल्लत के लोग आबाद हैं। ज़्यादा आबादी उसी बिरादरी की है जिसे अशरफुल मख़लूक़ात (जीवधारियों में श्रेष्ठ) कहा जाता है। घर के क़रीब ही औरंगज़ेब की बनवाई एक मस्जिद है जो आलमगीरी मस्जिद के नाम से मशहूर है। मेरे अजदाद (पूर्वज) इसी मस्जिद में इमामत करते थे और इसी से मुंसलिक एक मदरसे में दीनी और दुनियावी तालीम देते थे। मेरे बड़े अब्बा के बाद से इस मस्जिद में नमाज़ पढ़ाने वाले हज़रात मेरे ख़ानदान के लोग नहीं हैं। मदरसा भी दादा के इन्तिक़ाल के बाद तक़रीबन उजड़ गया क्योंकि पहले तालीम इंसान बनने के लिए हासिल की जाती थी, अब इसका हुसूल (प्राप्ति) अफ़सर बनने के लिए होता है। पहले चारागरी (कष्ट निवारण) ख़िदमते ख़ल्क के लिए सीखी जाती थी, अब नर्सिंग होम खोलने के लिए। अपनी पेशानियों पर थोड़ा-सा मज़हबी नूर बचाये रखने के

लिए हम लोग इस मस्जिद की पार्ट टाइम देखभाल करते हैं। यूँ भी फ़ी ज़माना (आजकल) ज़्यादा देखभाल आदमी को शाही इमाम बनाकर रख देती है।

एतबार की चादर ज़ातपात नहीं देखती लेकिन जब अस्सी करोड़ हिन्दुओं की निगरानी में पन्द्रह करोड़ मुसलमान (अब यह अनुपात भी बदल गया होगा) रह सकते हैं तो हमारे लॉन का दरवाज़ा अक़ीदतमन्द (श्रद्धालु) हिन्दुओं की पूजा की थाली के लिए क्यों नहीं खुल सकता? अजनबीयत सारे रिश्तों को क़त्ल कर रही है और हम खड़े देख रहे हैं। काश! हम उस पुराने हिन्दुस्तान को तलाश कर लेते जहाँ इबादतगाहें चराग़ रौशन करने वालों की ज़ात या उनका पता ठिकाना नहीं पूछती थीं। पूरे हिन्दुस्तान में मुझसे शिद्दत से मोहब्बत करने वालों की तादाद अगर पच्चीस होगी तो यक़ीनन उनमें बीस ग़ैर मुस्लिम होंगे और यह भी सच है कि मेरे बुरे वक़्तों में यह मेरे दूध शरीक भाइयों से भी ज़्यादा काम आते हैं। भला मैं इनसे नफ़रत कैसे करूँगा? इनका बुरा क्यों चाहूँगा? इनको नुक़सान क्यों पहुँचाऊँगा? आदमी अपने से मोहब्बत करने वाले बीमार ऊँट को भी रेगिस्तान में छोड़कर नहीं भागता लेकिन प्रिंट मीडिया हो या इलेक्ट्रानिक मीडिया, सियासी बाज़ीगर हों या मज़हबी जादूगर सब ने सियासी दुकानें खोल रखी हैं और नफ़रतों की तशहीर करते रहते हैं–

शायद ये क़ब्र तुझ को नये ख़द्दोख़ाल दे
अल्लाह मेरा दर्द तेरे दिल में डाल दे

राखी के बग़ैर भी मोहल्ले की तमाम लड़कियाँ बहनों जैसी दिखाई देती हैं। बीमारों के खुश्क होठों के लिए आबे ज़मज़म और दुआओं में लिपटी खजूरें भेजी जाती हैं। नमाज़ पढ़कर दम करने के लिए बुज़ुर्ग मस्जिदों से निकलकर मरीज़ों के घर जाते हैं। एक दूसरे के लिए यूँ गिड़गिड़ा कर दुआएँ माँगी जाती हैं कि अल्लाह भी अपनी इस मख़लूक (रचना) पर फ़ख़्र करता होगा, जिसे उसने ख़ुद अशरफ़ (श्रेष्ठ) का ख़िताब देकर दुनिया में भेजा है। लोग एक दूसरे के बच्चों को ही नहीं, उनके पालतू जानवरों तक को पहचानते हैं। हर फलदार दरख़्त में बच्चों की हिस्सेदारी रहती है। सावन के झूलों पर लड़कियों की इजारा दारी रहती है। मोहल्ले की तमाम लड़कियों में 'दुपट्टा बदल' बहनों का रिश्ता होता है। हर बुज़ुर्ग पूरे मोहल्ले का बुज़ुर्ग होता है, तमाम बच्चे हर बुज़ुर्ग की निगरानी में रहते हैं। मेरे बचपन के बेश्तर दिन पतंग उड़ाने और कबूतरबाज़ी में गुज़रे हैं। मोहल्ले में कोई हिन्दू-मुसलमान नहीं था, हर छत पर हमारा क़ब्ज़ा रहता था क्योंकि वह छतें या तो हमारी फूफियों और ख़ालाओं की हुआ करती थीं या बुवाओं और मौसियों की! कबूतर और पतंग उस वक़्त तक हमारे क़ब्ज़े में होते थे जब तक वह हमारे मोहल्ले में रहते थे।

दो-तीन बरस पहले मेरे वालिद का बहुत दिनों तक बीमार रहने के बाद इन्तिक़ाल हो गया। शादियों का मौसम था, मेरे मोहल्ले में भी कई बारातें आने वाली थीं। दो ग़ैर मुस्लिम घरों में भी शादी की गहमा गहमी थी। लड़कियों की शादी थी लेकिन लड़की वालों ने लड़के वालों से फ़ोन करके कह दिया कि बैण्ड बाजे की रस्म रास्ते में ही पूरी कर लीजियेगा, हमारे दरवाज़े पर यह रस्म न हो सकेगी क्योंकि हमारे मोहल्ले के एक बुज़ुर्ग अनवर चचा गुज़र गये हैं, उनका शुमार ख़ानदान के बुज़ुर्गों में होता था। लड़के वाले इसे बदशगुनी समझते हुए इस बात पर आमादा नहीं हो रहे थे तो लड़की वालों ने उन्हें तारीख़ बढ़ाने का मश्विरा दिया। उन लोगों ने पूछा कि एक मुसलमान बुज़ुर्ग आपके परिवार के बुज़ुर्ग कैसे हो सकते हैं? लड़की वालों ने कहा कि मेरे घर के तमाम बड़े बूढ़ों की इब्तिदाई तालीम (प्रारम्भिक शिक्षा) उन्हीं के घर पर हुई है, हम हिन्दू हैं तो क्या हुआ 'र' से राम कहना तो उन्होंने ही हम लोगों को सिखाया था। दो-तीन दिन बाद बारात जब मोहल्ले में दाख़िल हुई तो बारात में शामिल बुज़ुर्ग पहले हमारे घर पर पुरसा देने आये। लड़के ने मेरी वालिदा की दुआएँ लीं तब जाकर लगन मण्डप में बैठा। यूँ भी दहेज में सबसे क़ीमती सामान बुज़ुर्गों का आशीर्वाद होता है।

मेरे घर के लॉन से मोहल्ले की बहुत-सी औरतें सुबह सवेरे कुछ फूल-पत्तियाँ डलिया में रखकर मन्दिर ले जाती हैं। मेरी बीवी भी नमाज़ के लिए फ़ज्र के वक़्त उठ जाती हैं। एक दिन मोहल्ले की कई लड़कियों ने आकर अहलिया से शिकायत भरे लहजे में कहा कि "भाभी! आपके लॉन का दरवाज़ा देर में खुलने से हम लोगों को मन्दिर जाने में देर हो जाती है।" उस दिन से मेरी अहलिया फ़ज्र के वक़्त उठते ही पिछले दरवाज़े को जंजीर की क़ैद से आज़ाद कर देती हैं और मोहल्ले की औरतें अपने वक़्त के हिसाब से फूल तोड़कर मन्दिर पहुँच जाती हैं। मेरे लॉन का पिछला दरवाज़ा मुँह अँधेरे ही खोल दिया जाता है। मुमकिन है, यह बात आस-पास के मुसलमानों के इल्म में न हो लेकिन मोहब्बतों के रिश्ते ज़ात और मज़हब नहीं देखते। मेरे दादा के पढ़ाये हुए हज़ारहा लोग इस शहर में आबाद थे। इनमें से बेश्तर तो मर खप गये, दो-चार लोग खँडहर बदन की सूरत में रह गये हैं। शायद पिछले वक़्तों के किस्से कहानियाँ सुनाने के लिए, वह भी फूलती हुई साँसों, डूबती हुई नब्ज़ों और बुझती हुई आँखों की बैसाखी के सहारे, लेकिन उनकी औलादें ज़िन्दा हैं। उनकी तस्वीरों पर रोज़ नये फूल चढ़ाने के लिए, उनकी क़ब्रों पर चराग़ जलाने के लिए, अपनी नम आँखों से उन्हें नमस्कार करने के लिए, उनके अधूरे कामों को मुकम्मल करने के लिए। उनकी पेशानियाँ अपने असलाफ़ (पूर्वजों) के संस्कारों से आज तक रौशन हैं। घर में मिट्टी की दीवारें हों तो शख़्सियत भी रेशम जैसी हो जाती है। आँगन

भी हो तो दिल दरिया की तरह हो जाते हैं, आँगन में कोई फलदार दरख़्त हो तो चिड़ियों के लहजे की मिठास भी घर वालों में मौजूद रहती है। घर में मिट्टी का दिया जलता हो तो काजल आँखों को झील जैसा बनाये रखता है। कुआँ हो तो पानी की सरगोशी भी सुनायी देती है जैसे रोज़े में फ़ाक़ाकशों से मोहब्बत बढ़ जाती है। बुज़ुर्गों के कश्फ़ो करामात (चमत्कार), क़लन्दरी, दरियादिली और बेख़तर आतिशे नमरूद में कूद पड़ने की रवायतों के सबब हम लोगों को अभी तक इज़्ज़त और एहतराम की निगाह से देखा जाता है।

यूँ भी रायबरेली की तारीख़ के किसी भी वरक़ में नफ़रत और फ़िरक़ा परस्ती की सियाही का वजूद नहीं है। दिल एक हों तो छतें भी आपस में सिर जोड़ कर बैठ जाती हैं। त्यौहार गंगा जमुनी तहज़ीब की तजसीम (स्वरूप) बन जाते हैं। सिवइयों का ज़ाफ़रानी रंग होली के रंग जैसा हो जाता है। दीवाली का हर पटाख़ा निकाह के वक़्त दाग़े गये गोलों जैसा लगता है। क्रिकेट मैच होते ही घर में कई टीमें बन जाती हैं। मैं और मेरी अहलिया हिन्दुस्तानी टीम के दीवाने, मेरी छोटी बेटी और बेटा पाकिस्तानी टीम के तरफ़दार। मैच शुरू होते ही लड़ाइयाँ शुरू हो जाती हैं। सचिन के आउट होते ही मेरा बेटा हँसते हुए आवाज़ लगाता है, मम्मी का बड़ा बेटा आउट हो गया। मम्मी को आँसू पोंछने के लिए रूमाल प्रोवाइड किया जाय। उसकी मम्मी सुन लेती हैं और उसे मारने दौड़ती हैं। झगड़ा इतना बढ़ता है कि टी.वी. बन्द कर दिया जाता है। साहबज़ादे का हुक़्क़ा पानी भी बन्द हो जाता है। अब भाई-बहनों में लड़ाई शुरू होती है। एक दूसरे पर इल्ज़ाम लगाये जाते हैं (यह हुनर भी इन लोगों ने संसद भवन की सब्ज़ी मण्डी से सीखा है)। साहबज़ादे कहीं से दो-चार पटाख़े लाकर दरवाज़े पर छुड़ा देते हैं और कहते हैं कि जब आप लोगों ने मुझे घर से निकाल ही दिया है, मेरा खाना-पानी बन्द ही कर दिया है तो जो जी चाहेगा करूँगा। उनकी सज़ा और बढ़ा दी जाती है यानी अब उनकी पिटाई भी ज़रूरी है। उनकी आख़िरी सज़ा के तौर पर मुझे इस्तेमाल किया जाता है। बुज़ुर्गी की धौंस को बरक़रार रखने के लिए दोनों पार्टियों को डाँटता फटकारता हूँ, फिर मुँह का मज़ा बदलने के लिए शहर के सबसे बड़े चौराहे पर पान खाने पहुँच जाता हूँ। वहाँ और लोग भी पान खाते हुए मिल जाते हैं, वह दबी ज़बान में गुफ़्तगू कर रहे होते हैं कि पाकिस्तान की जीत पर मुसलमान पटाख़े क्यों छोड़ते हैं? मैं उन्हें कैसे बताऊँ कि यह छोटे-छोटे बहन-भाइयों के वह झगड़े हैं जिनकी बुनियादों में माँ के दूध की मोहब्बतें भी शामिल हैं, यह वह पटाख़े हैं जिनसे बारूद की नहीं, माँ के दूध की ख़ुशबू आती है। अब मैं उन्हें कैसे समझाऊँ कि इस बेएतबार ज़माने में मेरे

घर का पिछला दरवाज़ा मन्दिर में चढ़ाये जाने वाले फूलों के लिए खोल दिया जाता है। मैं उन्हें कैसे समझाऊँ कि पाकिस्तान में कई दिन मुसलसल रहने के बाद मुझे हिन्दुस्तान इतना याद आने लगता है कि इण्डियन एम्बैसी की इमारत भी मुझे मस्जिद मालूम होने लगती है। अब मैं उन्हें कैसे बताऊँ कि—

मदीने तक में हमने मुल्क की ख़ातिर दुआ माँगी
किसी से पूछ ले इसको वतन का दर्द कहते हैं

हज़रत मौलाना अबुल हसन अली नदवी
और फिर इक दिन इसी मिट्टी में मिट्टी मिल गयी

उत्तर प्रदेश का एक शहर रायबरेली सलीक़े से सई नदी का दोशाला ओढ़े, गले में इल्मो अदब की क़ीमती माला डाले, इक़तिदार और सियासत की आँख मिचौली को ख़ामोशी से देखता हुआ अपने क़स्बों और तहसीलों को गवाह बनाये गंगा नदी से थोड़े फ़ासले पर रवाँ दवाँ इक्कीसवीं सदी की अदालत में भी सिर उठाये खड़ा है।

सय्यद अहमद शहीद और राना बेनी माधव के ख़ून से हिन्दुस्तान की आज़ादी पर इब्तिदाई (शुरुआती) दस्तख़त करने वालों की क़ुर्बानी से रंगारंग इस शहर की तारीख़ का बोझ दो-चार काग़ज़ के पन्ने कभी नहीं उठा सकते, लेकिन यादों के एकाध क़िस्से की फैलती हुई रोशनाई को काग़ज़ पर महफ़ूज़ किया जा सकता है। शहर से बहुत थोड़े फ़ासले पर सई नदी के कटाव पर मोहल्ला तकिया कई सदियों से आबाद है। इसी नदी के किनारे एक छोटी-सी मस्जिद है जिसके बाहरी हिस्से से एक मामूली-सी ईंट पत्थरों से बनी सीढ़ी नदी के किनारे तक पहुँचने वालों की मदद के लिए हर घड़ी तैयार रहती है लेकिन इन सीढ़ियों पर पाँव रखते हुए फ़ौरन ही ज़ेहन में यादों की कई खिड़कियाँ खुलने लगती हैं क्योंकि इन्हीं मामूली सीढ़ियों की मदद से वज़ू करने के लिए अभी एक दहाई पहले तक एक ऐसी शख़्सियत के मुबारक क़दम उठते थे जिसे शहर "अली मियाँ" के नाम से, दुनिया अबुल हसन नदवी और आलमे इस्लाम कलीद बरदारे काबा (काबा शरीफ़ की चाभी से गौरवान्वित) के लक़ब से पुकारती थी। अपनी मिट्टी को इस मिट्टी के हवाले करने से पहले हिन्दुस्तान के गले में ताजमहल और लाल क़िला से बड़े एजाज़ (गौरव) का ज़ेवर डाल दिया, ख़ानये काबा (जिसे अल्लाह का घर भी कहते हैं) की चाभी सऊदी अरब के बादशाह को एक ऐसे शख़्स के दस्ते मुबारक (पवित्र हाथ) पर रखनी पड़ी, जिसका ख़मीर हिन्दुस्तान की मिट्टी से उठा और जिसके नाम के आगे 'अलहिन्दी' भी तहरीर किया जाता है। रायबरेली से गुज़रती हुई सई नदी को यह एज़ाज़ (गौरव) हासिल है कि

उसने आलमे इस्लाम की बेपनाह अज़ीम शख़्सियतों को ही नहीं, बल्कि सरज़मीने अरब के कई शाहों और शाहज़ादों तक को सिर्फ़ वज़ू के लिए पानी ही नहीं दिया बल्कि उन्हें नहला धुलाकर उनके सफ़र की सऊबतों (परेशानियों) को दूर करके उन्हें ताज़ा दम करने में मदद की।

हिन्दुस्तान के मुख़्तलिफ़ वज़ीरों से लेकर अरब शहज़ादे ही नहीं, सारी दुनिया के दानिश वराने क़ौम (बुद्धिजीवी) हज़रत मौलाना के पास इल्म की रौशनी हासिल करने आते थे, लेकिन इस ख़ानवादे (ख़ानदान) ने कभी किसी साहिबे इक़्तिदार (सत्ताधारी) से अपने मकान की दीवारों और ताक़ों के लिए किसी चराग़ की फ़रमाइश नहीं की। अरब मुल्कों में नदवतुलउलमा की मुहर को शाहाना दस्तख़त की हैसियत इसीलिए हासिल है कि हज़रत मौलाना ने अपना कासये आरज़ू किसी के सामने नहीं फैलाया। क़ौम और मुल्क की इज़्ज़त के लिए हज़रत मौलाना ने हमेशा एक ख़ामोश जिहाद जारी रखा। यह हज़रत मौलाना की कोशिशों, जाँफ़िशानियों और कुर्बानियों का नतीजा है कि आज दुनिया के तमाम इस्लामी मुल्कों में हिन्दुस्तान के जज़्बये जम्हूरियत और मज़हबी रवादारी (भाईचारा) का एहतराम किया जाता है। जामिया अजहर (मिस्र) यूनीवर्सिटी के अलावा भी दुनिया के बेशतर मुल्कों की यूनीवर्सिटियाँ हज़रत मौलाना के एक लेक्चर के लिए बरसों इन्तिज़ार करती थीं। जैसी मिसाली और सादा ज़िन्दगी गुज़ार कर हज़रत मौलाना ख़ामोशी से मनों मिट्टी की चादर ओढ़कर सो गये, ऐसी सादा मिज़ाजी के लिए मुल्कों को सदियों ऐसी किसी शख़्सियत का इन्तिज़ार करना पड़ता है। हज़रत मौलाना के इल्मी कारनामों का यह छोटा-सा नमूना था कि सऊदी अरब के शाहाने वक़्त (समकालीन शाह) ख़ुद उनके इस्तक़बाल के लिए एयर पोर्ट पर हाज़िरी देते थे।

मेरे ख़ानदान के मरासिम (ताल्लुक़ात) हज़रत मौलाना के घराने से बहुत क़रीबी रहे हैं। मेरा नाम तो मेरे दादा सय्यद सादिक़ अली ने रखा था जो बाद में मेरी दादी साहिबा की ज़िद में पाकिस्तान चले गये थे और उनका इन्तिक़ाल भी उसी दयारे ग़ैर में हुआ था, वहीं की अजनबी मिट्टी ने अपनी मिट्टी में उनकी ख़ाक को समेट लिया। बक़िया मेरे भाइयों के नाम हज़रत मौलाना के रखे हुए हैं। मेरी दो बेटियों का निकाह भी मौलाना ने ही पढ़ाया था। तीसरी बेटी के निकाह के वक़्त रायबरेली मौलाना के साये से महरूम हो चुका था। मौलाना मेरे दादा का बड़ा एहतराम करते थे और दादा भी हज़रत मौलाना से बहुत रग़बत (अपनत्व) रखते थे। इतिहास के पन्नों पर ऐसे इत्तिफ़ाक़ात बड़ी मुश्किल से नज़र आयेंगे कि मेरे छोटे भाई यहिया राना का नाम भी मौलाना ने रखा, निकाह भी उन्होंने पढ़ाया और उसकी नमाज़े जनाज़ा भी मौलाना ने ही पढ़ायी थी।

कई दर्जन किताबों पर अपने इल्म, इंसानियत, मज़हबी रवादारी और इस्लामी फ़लसफ़े को बिख़ेर कर पूरी अरब दुनिया के दिल में हिन्दुस्तान के लिए एहतराम और अक़ीदत के जज़्बे की फ़स्ल उगाकर, उन्हें चौदह सौ बरस की इस्लाम की तारीख़ को सलीक़े से याद दिलाते हुए रमज़ान के आख़िरी हफ़्ते में सई नदी के किनारे हज़रत मौलाना अबुल हसन अली नदवी मादरे वतन की मिट्टी ओढ़कर अपने बुज़ुर्गों के क़दमों में फ़रमाँ बरदारी के साथ हमेशा के लिए सो गये—

मैं इसी मिट्टी से उट्ठा था बगोले की तरह
और फिर इक दिन इसी मिट्टी में मिट्टी मिल गयी

मौलाना की क़यामगाह तकिया जाते हुए रास्ते में शहंशाह औरंगज़ेब की बनवायी हुई आलमगीरी मस्जिद पड़ती है। उसी से मिला हुआ एक बाज़ार है जो क़िला बाज़ार के नाम से मशहूर है। मौलाना को क़िला बाज़ार से ख़ास लगाव था। ज़ाहिर है कि उनके बचपन और उनके लड़कपन से इस बाज़ार का ख़ास ताल्लुक़ रहा होगा।

स्टेशन या बस अड्डे से तकिया जाने के लिए क़िला बाज़ार से गुज़रना पड़ता है। यूँ तो और भी कई रास्ते तकिया जाने के लिए हैं लेकिन मौलाना ज़्यादातर क़िला बाज़ार से होकर ही अपनी क़यामगाह तकिया जाते थे। हज़रत मौलाना क़िला की ढाल से पैदल आ रहे हों, रिक्शे पर बैठे हों या कार पर तशरीफ़ फ़रमा हों, क़िला बाज़ार में उनके दाख़िल होते ही सारा इलाक़ा एक अजीब तरह की तमानियत (इत्मीनान) महसूस करता था। हज़रत मौलाना के सफ़र पर रवाना होते ही यह सारा बाज़ार और उससे मिले मोहल्ले एक अजीब तरह की उदासी ओढ़ लेते थे।

इसी बाज़ार में एक साहब हुआ करते थे शुबराती पहलवान। उनका चाय और नाश्ते का छोटा सा होटल था। पहलवान का गाय-भैंसों और दूध का छोटा-सा कारोबार भी था। पहलवान चौदह सौ बरस पहले वाले मुसलमान थे। होटल उनका शौक़ भी था, कारोबार भी और वक़्त गुज़ारने का मुस्तक़िल ज़रिया भी। अल्लाह और रसूल के बाद अपने दूध पर भरोसा करते हुए ख़ालिस दूध बेचते थे, वह भी बड़े अक्खड़ तरीक़े से। कभी किसी ग्राहक को वापस नहीं करते थे। एक आने और दो आने का दूध लेने वाले भी उनके होटल पर आते थे और सेर दो सेर दूध ख़रीदने वालों के बराबर इज़्ज़त पाते थे। उनके हिसाब से दूध सिर्फ़ उनकी भैंसें देती थीं, बक़िया भैंसों की कोई गारण्टी नहीं होती थी। मौलाना की सवारी जैसे ही क़िला के ढाल से उतरने लगती, पहलवान के कारिन्दे उन्हें फ़ौरन ख़बरदार कर देते थे। शुबराती पहलवान सब काम काज छोड़कर सड़क के किनारे धुले-मँजे गिलास में चाय लेकर मौलाना के इन्तिज़ार में खड़े हो जाते

थे। गाड़ी रुक जाती थी, शुबराती पहलवान आगे बढ़ते और हज़रत मौलाना को बा अदब तरीक़े से सलाम करते हुए गरमा गर्म चाय का गिलास हज़रत की तरफ़ बढ़ा देते थे। पहलवान की मासूम ख़्वाहिश के पेशे नज़र मौलाना अक्सर चाय का एकाध घूँट पी लेते थे। यह सिलसिला उसी वक़्त ख़त्म हुआ जब मौलाना ने इस दुनिया को अलविदा कहा। मौलाना की मौत के बाद शुबराती पहलवान बहुत बुझ गये थे। बीमार तो वह पहले से रहते थे लेकिन हज़रत मौलाना के इन्तिक़ाल के बाद उन्होंने होटल अपने लड़के के हवाले कर दिया। बस थोड़ी देर के लिए कभी-कभी होटल आते थे लेकिन अब उनकी होटल से कोई ख़ास दिलचस्पी नहीं रह गयी थी।

चूँकि पहलवान का होटल देर रात तक खुला रहता था, लिहाज़ा हज़रत मौलाना के देसी और विदेसी मेहमान भी अक्सर पहलवान की दुकान पर जलवा अफ़रोज़ होते थे। अवध की क़स्बाती बैठकों में ग़ज़ब का नशा होता है। जिस क़लन्दर को अवध के क़स्बे रास आ जाते हैं, वह दुनिया का नक़्शा भूल जाता है। यूँ भी दुनिया के नक़्शे में अवध के क़स्बे कहीं और दिखाई नहीं देते। मौलाना के एक मोतक़िद (श्रद्धालु) सऊदी अरब से अक्सर रायबरेली आते थे। किसी दिन वह शुबराती पहलवान की गुफ़्तगू, अक्खड़पन और कड़क चाय से रूशनास (परिचित) हुए। अरब की निस्बत से वह पहलवान के लिए सरापा एहतराम के लायक़ थे। पहलवान बचे हुए दूध और कड़ाही की खुर्चन से रात में पेड़े बना लेते थे। उनकी नेक नीयती के सबब उन पेड़ों का ज़ायक़ा बिल्कुल अलग थलग होता था।

सऊदी अरब वाले मेहमान ने वह पेड़े खाये तो शुबराती पहलवान के खुलूस और पेड़ों की मिठास ने उन्हें अपना गरवीदा (आशिक़) बना लिया। वह जितने दिन भी रहे, शुबराती पहलवान के होटल पर पेड़े खाने ज़रूर आते थे।

एक दिन मौलाना ने पहलवान को बताया कि, शुबराती! मैं अगले हफ़्ते सऊदी अरब के दौरे पर जा रहा हूँ। शुबराती पहलवान ने हज़रत मौलाना से मिन्नतें करते हुए कहा कि हज़रत, एक किलो पेड़े बना दूँगा आप उन साहब के वास्ते लेते जाइयेगा। मौलाना ने कहा कि शुबराती मैं सफ़र में ज़्यादा सामान लेकर नहीं जाता हूँ लेकिन पहलवान की मिन्नत समाजत और दिल रखने की ग़रज़ से उन्होंने कहा कि चलो यूँ करो कि तुम एक पेड़ा बना देना मैं उनके पास तुम्हारा तोहफ़ा पहुँचा दूँगा। मौलाना के सफ़र से पहले शुबराती पहलवान पेड़ा लेकर मौलाना की ख़िदमत में पहुँच गये, पेड़ा तो उन्होंने एक ही बनाया था लेकिन वह पूरे एक किलो का था। मौलाना ने मुस्कुराते हुए उनका तोहफ़ा ले जाने के लिए रख लिया।

मौलाना की सारी ज़िन्दगी ख़ाकसारी (विनम्रता) से इबारत (लिखी हुई) है। रायबरेली से हज़रत को बेपनाह मोहब्बत थी। रायबरेली भी उनकी शख़्सियत पर बे इन्तिहा फ़ख़्र करता था। रायबरेली की आबो हवा, मौसम, मिट्टी और लोगों ने मौलाना के ख़ानवादे के एहतराम और अक़ीदत में वहाँ फ़िरक़ा परस्ती का कभी कोई चराग़ जलने नहीं दिया। मौलाना जिस तरफ़ से भी गुज़रते थे उनके एहतराम में बाअदब खड़े रहने वालों के चेहरे पयामे इंसानियत की तालीम से चमकते दिखाई देते थे। उनकी हयात (ज़िन्दगी) में सियासी एक़्तिदार की कोई खिड़की भी रायबरेली की जानिब नहीं खुल सकी।

इस ख़ानदान ने अरबाबे इक़्तिदार (सत्ताधारियों) की चौखट पर कभी सलामी नहीं दी न ही सियासतदानों को अपनी ख़ानक़ाह के इर्दगिर्द मण्डलाने की इजाज़त दी। रायबरेली की फ़क़ीराना रविश और क़लन्दराना सिफ़त की लौ इस ख़ानदान ने इतनी तेज़ कर दी कि अरब लोग भी रायबरेली का नाम एहतराम और अक़ीदत से लेते थे।

मेरा बचपन आलमगीरी मस्जिद के सहन में, इसी से मुल्हिक़ (मिले हुए) मदरसे में, बड़े अब्बा हकीम सय्यद अजुल जब्बार के आँगन में या तकिया पर मौलाना के घर के आस-पास गुज़रा। चूँकि मेरे चचा सय्यद मुशर्रफ़ अली पाकिस्तान जाना नहीं चाहते थे लेकिन दादा और दादी साहिबा उनको पाकिस्तान ले जाने पर आमादा थे, इसलिए आख़िरी फ़ैसले के तौर पर चचा मोहतरम ने अपनी परेशानी और उलझन हज़रत मौलाना के सामने रखी। हज़रत मौलाना भी चचा मोहतरम के पाकिस्तान जाने के तरफ़दार नहीं थे लेकिन मामला वालिदैन की फ़रमाँबरदारी का था लिहाज़ा मौलाना को अपना जी कड़ा करके मेरे चचा मोहतरम को कराची जाने का दुश्वार तरीन मश्विरा देना पड़ा।

रायबरेली में इन्दिरा गाँधी ने मौलाना से मिलने के लिए बहुत डोल डाले लेकिन मौलाना हमेशा सियासत और सियासतदानों से दूर रहते थे, बल्कि शायद यह चलन उनके ख़ानदान में आम है कि वह अरबाबे सियासत और अरबाबे इक़्तिदार दोनों से अलग थलग रहते हैं।

हज़रत मौलाना में बला की ज़िहानत थी। वह हमेशा सामने वाले से उसी के मिज़ाज के मुताबिक़ बातें करते थे। मौलाना बहुत ही ठण्डा पानी पीते थे। किसी ने पूछ लिया कि हज़रत आप इतना ठण्डा पानी पीते हैं, मौलाना ने हँसते हुए जवाब दिया कि इससे ज़्यादा ठण्डा पानी कहीं दस्तयाब नहीं होता, बर्फ़ ही इसका बदल दिखाई देती है।

मौलाना का दस्तरख़्वान सचमुच क़लन्दरों का दस्तरख़्वान था। कोई एहतमाम, कोई तसन्नो (बनावट) और किसी बेजा ज़हमत का उनके यहाँ कोई ख़ाना ही

नहीं था। मौलाना अक्सर मुझे सुबह सवेरे बुलाते थे, अपने साथ नाश्ते के लिए दस्तरख़्वान पर बिठाते थे, मुझसे शेर सुनते थे, कभी-कभी इस्लाह भी फ़रमाते थे और शायरी में इबहाम (उलझाव) के ऐब को कम करने का हुक्म देते थे। घर के दूध से निकली हुई बालाई (मलाई) वह बहुत पसन्द करते थे। नाश्ते में उनके सामने बालाई ज़रूर रखी जाती थी। सुबह के नाश्ते में बालाई खाने का उन्हें बहुत शौक़ था। हज़रत मौलाना मुझसे अपने ही प्याले में खाने के लिए कहते और मैं भी तकल्लुफ़ को ताक़ पर रख कर बासी रोटी और बालाई पर हाथ साफ़ करने में लग जाता था। दस्तरख़्वान पर बैठे हुए दूसरे मुअज़्ज़ीन तरह-तरह के मुँह बनाते लेकिन ऐसी बातों का मेरी सेहत पर कभी कोई असर नहीं पड़ता था। चूँकि मौलाना मेरे ख़ानदान से मोहब्बत भी करते थे और हम लोगों का बहुत ख़याल भी रखते थे लिहाज़ा मुझे कोई टोकता भी नहीं था।

मौलाना के ख़ानवादे की एक सबसे बड़ी ख़ूबी यह रही है कि मसलकी (पन्थी) छेड़छाड़ या सियासी दख़ल अन्दाज़ी से हमेशा यह ख़ानदान दूर रहा है। मौलाना के मौज़ू (Subject) का दायरा हमेशा पयामे इंसानियत ही रहा। मसलक और मज़हब को बुनियाद बनाकर बे सबब की तल्ख़ियों से अपने दामने फ़िक्र को बचाया। अपनी किताब 'पुराने चराग़' में उन्होंने शायरे रिंदे बलानोश जिगर मुरादाबादी से अपने मरासिम (सम्बन्धों) का इज़हार किया है। उन्होंने दुआ तावीज़ और झाड़ फूँक करने वालों से भी अपना दामन कभी नहीं बचाया।

शादी के फ़ौरन बाद ही मेरी अहलिया (पत्नी) पर कुछ आसेबी असर हो गया था। शहर के कई आमिल और झाड़ फूँक करने वाले आये लेकिन कुछ ख़ास फ़ायदा नहीं हो रहा था। वह अचानक मर्दाना आवाज़ में बोलने लगतीं और उनके सारे जिस्म में पित्ती उछल आती थी। अब्बू मुझे साथ लेकर तकिया गये, मैंने मौलाना से रो-रो कर अपनी विपदा सुनायी। वह मेरे वालिद से शहर के हालात के सिलसिले में गुफ़्तगू कर रहे थे। उन्होंने मेरी बात सुनते ही कहा कि मुनव्वर मियाँ! आप परेशान क़तई न हों, अल्लाह पर भरोसा रखो। मेरे पास इस बीमारी के भी 'डॉक्टर' हैं। फिर उन्होंने अपने एक बहुत ही ख़ास और क़रीबी निसार मियाँ (मरहूम) से कहा कि अनवर भाई की बहू पर कुछ आसेबी असर हो गया है, आप इन्हें देख लीजिए। क़िस्सा मुख़्तसर यह कि मैं अम्मी के साथ अपनी अहलिया को लेकर मौलाना के घर गया, अम्मी और मेरी अहलिया को मौलाना के घर की मोहतरम औरतों में अन्दर भेज दिया गया। अल्लाह मौलवी निसार मियाँ को ग़रीक़े रहमत करे, उन्होंने पानी और शकर दम कर के दिया और एक तावीज़ भी दी। अल्लाह की मेहरबानी से फिर आज तक यानी 38 बरस होने को आये हैं, कोई परेशानी नहीं हुई।

मौलाना के ख़ानदान की एक बग़िया थी जिसे हर बरस किराये पर दे दिया जाता था। उन दिनों 6 सौ रुपयों से लेकर 9 सौ रुपयों तक में यह बग़िया एक फ़स्ल के लिए किराये पर दी जाती थी। शहर के लोग इसे किराये पर ले लेते थे। एक साल मोहल्ला ख़न्दक़ तले के किसी खटिक ने इसे किराये पर लिया था। फ़स्ल ख़त्म होने के बाद वह खटिक मौलाना के पास आया और तयशुदा रक़म मौलाना की ख़िदमत में पेश कर दी। मौलाना ने मुस्कुराते हुए पूछा, इस बरस कितनी आमदनी हुई? वह शख़्स शर्मिन्दगी के साथ बोला कि हज़रत, इस बार एक तो आँधी बहुत आयी, दूसरे आस-पास के लड़के बच्चे भी काफ़ी आम तोड़ ले गये, अब हम उन्हें ज़्यादा मना भी नहीं कर सके क्योंकि वह आपका पुश्तैनी बाग़ है। मेरा पूरा घर उस बग़िया की रखवाली में लगा रहता है लिहाज़ा दूसरा कोई काम भी नहीं हो पाता इसीलिए इस बार क़िस्मत ने साथ नहीं दिया, ख़ैर हज़रत आप मेरे लिए दुआ कर दीजिए, ऊपर वाला चाहेगा तो अगली फ़स्ल में नुक़सान पूरा हो जायेगा। मौलाना ने उस खटिक की दी हुई पूरी रक़म उसे वापस कर दी और उसे आइन्दा के कारोबारी मुस्तक़बिल के लिए दुआएँ भी दीं। शायद पयामे इंसानियत की यही सच्ची तालीम है जिसकी रौशनाई से मौलाना की पूरी ज़िन्दगी तहरीर थी।

कहते थे लोग अब ये हुनर ख़त्म हो गया

बहुत कम शहरों का यह नसीब होता है कि उसके बेशतर क़स्बे और तहसीलें भी अदबी, तहज़ीबी और कल्चरल तारीख़ रखती हों। बहुत कम शहर इल्मी तौर पर इतने मालामाल होते हैं कि उनके आगे बादशाहों के ख़ज़ाने कमतर और छोटे मालूम होते हैं। जुग़राफ़ियाई तौर पर ज़मीन का बहुत कम ऐसा हिस्सा होता है जो तारीख़ का सुनहरा बाब (अध्याय) बन जाता है।

बहुत कम ऐसे शहर होते हैं जिसके किसी छोटे-से क़स्बे से कोई मलिक मोहम्मद जायसी अपने हाथों में 'पद्मावत' लेकर उठता है और अदब की तारीख़ का हिस्सा बन जाता है। बहुत कम शहर ऐसे होते हैं जहाँ के दौलतपुर से आचार्य महावीर प्रसाद द्विवेदी नाम का एक क़लमकार उठता है और पूरे हिन्दी अदब को हमेशा हमेशा के लिए दौलतमन्द कर देता है। बहुत कम शहर ऐसे होते हैं जहाँ गंगा किनारे बसे हुए डलमऊ क़स्बे से मुल्ला दाऊद अदब की शमा लेकर उठता है और सारे हिन्दुस्तान को अपना परवाना बना लेता है। बहुत कम शहर ऐसे होते हैं जिसके किसी गोशे से राना बेनी माधव जैसा जियाला और बहादुर शख़्स उठता है और गुलामी की जंज़ीरों को मोम की तरह पिघला कर उससे अपने लिए तलवार बना लेता है। बहुत कम शहर ऐसे होते हैं जिन्हें यह एजाज़ हासिल होता है कि उसकी सरज़मीन से एक ऐसा शख़्स उठता है जिसे सारा आलम सलाम करता है, जिसकी तक़रीर और तहरीर में इंसानियत का वह पैग़ाम होता है जिसे फ़िरक़ा परस्ती, तअस्सुब और तंग नज़री की आँधी कभी मिटा नहीं सकती है और रफ़्ता-रफ़्ता अपनी इल्मी बसीरत (उत्कृष्ट ज्ञान) से उस बुलन्दी तक पहुँच जाता है जहाँ इमामे हरम (काबा शरीफ़ के इमाम) के मुबारक हाथों से उसे ख़ानये काबा की चाभी सौंप दी जाती है और सारा आलमे इस्लाम उस शख़्सियत को कलीदे बरदारे काबा सय्यद अबुल हसन अली नदवी के नाम से पहचानने लगता है। बहुत कम शहर ऐसे होते हैं जहाँ फ़िरक़ा परस्ती और नफ़रत के अँधेरे को मोहब्बत और क़ौमी यक़जहती की मशाल जला कर ख़ाक कर देती है। किसी भी छोटी-सी नदी का कटाव कई शहरों का जुग़राफ़िया बदल

देता है। समन्दर की छोटी-सी अँगड़ाई भी कई मुल्कों की तहज़ीब और तक़दीर बदल देती है। बादशाहत हर सुबह किसी इंक़लाब की मुन्तज़िर रहती है। हुकूमत और अरबाबे इक़्तिदार मौसमों की तरह आते-जाते रहते हैं लेकिन तारीख़ के माथे का झूमर हमेशा जगमगाता रहता है। इब्राहीम शर्क़ी से डॉ. मनमोहन सिंह तक शाही और सियासी ऐवानों (महलों) में हज़ारहा ज़लज़ले आते रहे हैं लेकिन इल्म और तहज़ीब के महलों को ज़मींबोस नहीं कर सके। हाँ, सियासतदानों की नाक़द्री की वजह से कहीं-कहीं खँडहर में ज़रूर तब्दील हो गये हैं।

लेकिन खँडहर किसी भी शहर की रुस्वाई का सबब नहीं हुआ करते बल्कि यह किसी भी शहर के माज़ी की ख़ूबसूरत यादों के ज़िन्दा गवाह होते हैं और हमारे असलाफ़ की तहज़ीबी और अदबी सरगर्मियों के चेहरे का नूर होते हैं। मलिक मोहम्मद जायसी के मकान का वह खँडहर आज भी मौजूद है जिस पर हमारी गंगा जमुनी तहज़ीब की बुनियाद टिकी हुई है। क़िले के अन्दर का बड़ा कुआँ हो या शेख़ अब्दुल करीम की बनवायी हुई मस्जिद, शाह अली हसन का इमाम बाड़ा हो या रेवती राम का तालाब, मुल्ला बासू और मुल्ला मुबारक की शख़्सियतें हों या गुफ़राँ मआब का आलिमाना कमाल, ख़ानक़ाहे करीमिया हो या नईम अता शाह की दरगाह, आलमगीरी मस्जिद हो या मंसा देवी का मन्दिर—

हवा छिड़कती हुई कुछ अरक़ ही आती है
हर इक मुक़ाम से आवाज़े हक़ ही आती है

उर्दू अदब हिन्दुस्तान की गंगा जमुनी तहज़ीब का वह छप्पर है जिसे बामे उरूज (शीर्ष श्रेणी) तक पहुँचाने में मज़हबो मिल्लत का फ़र्क़ किये बग़ैर सबने अपना काँधा लगाया है, वह बाग़ है जिसकी आबयारी (सिंचाई) करते वक़्त न तो ख़ून का ग्रुप देखा गया, न बाग़ में खिले हुए फूलों की ज़ात बिरादरी पूछी गयी और शायद इसी एत्तहाद (एकता) का नतीजा है कि आज दुनिया के हर शहर में शम्ए उर्दू के परवाने और जाँ निसार मौजूद हैं।

शायद यह सूफ़ियों, सन्तों, साधुओं और ऋषियों की दुआ का असर है कि उर्दू सारी दुनिया में न सिर्फ़ यह कि ज़बान है बल्कि उर्दू एक तहज़ीब की तरह राएज है। हिन्दुस्तानी समाज पर मुश्तरका (मिश्रित) तहज़ीब का जितना असर उर्दू ज़बान ने छोड़ा, वह न सिर्फ़ यह कि एक कमाल है बल्कि एक मोअजिज़ा (चमत्कार) भी है। जिस ज़बान के पास अपने सिर्फ़ दो-चार सौ अल्फ़ाज़ हों और वह दूसरी ज़बानों— मसलन हिन्दी, फ़ारसी, संस्कृत, अरबी और ढेर सारी ज़बानों से अल्फ़ाज़ मुस्तआर (उधार) करके आलमी ज़बान का दर्जा हासिल कर ले, हम उसे ज़बान से ज़्यादा तहज़ीब और बुज़ुर्गों की दुआओं का इनाम समझते हैं।

रायबरेली की मुश्तरका तहज़ीब और इल्म दोस्ती ने उर्दू अदब के ख़ज़ाने

में न सिर्फ़ यह कि बेपनाह इज़ाफ़ा किया बल्कि अदब के लालो जवाहर को हमेशा एहतराम और अक़ीदत की निगाह से देखा। इस शहर के सब्ज़ाज़ारों पर अभी तक फ़िराक़ और जिगर के क़दमों के निशानात महफ़ूज़ हैं। यहाँ के दरो दीवार अभी तक मजरूह और मजाज़ के नग़मों के गवाह हैं। यहाँ की फ़ज़ा में अभी तक नूह नारवी, असर लखनवी, नज़ीर बनारसी, नाज़िश प्रतापगढ़ी और नुशूर वाहिदी के कलाम की गूँज है। अभी तक यहाँ के मयख़ाने मजाज़ और मसऊद अख़्तर जमाल को ढूँढते हैं। अभी तक नाज़िर ख़य्यामी, दिल लखनवी और वाक़िफ़ रायबरेलवी के हिस्से की शराब पैमानों से छलक जाती है। सय्यद वसी नक़वी की रंगारंग शख़्सियत को फ़रामोश नहीं किया जा सकता जो न सिर्फ़ यह कि एक सच्चे वतन परस्त थे, बल्कि उर्दू ज़बानो अदब के बहुत बड़े मोहसिन थे, जिनकी कोशिशों से नेशनल इण्टर कालेज के उफ़ुक़ (क्षितिज) पर हिन्दुस्तान भर के शायरों और अदीबों की कहकशाँ (Galaxy) बिछी रहती थी और एक रात ऐसी भी आती थी कि जब नेशनल इण्टर कालेज का मैदान छोटा-सा हिन्दुस्तान मालूम होता था जिसमें सारे हिन्दुस्तान के शायर स्टेज पर मौजूद रहते और रायबरेली के अदब के प्यासे अपने-अपने होंठों पर प्यास सजाये कहीं बैठे तो कहीं खड़े दिखाई देते थे। जायसी विचार मंच के ज़ेरे एहतमाम हर दिल अज़ीज़ लीडर अखिलेश सिंह ने भी कुल हिन्द पैमाने के मुशायरों से इस शहर को एक पहचान दी।

ज़माने की गर्दिश की हवा भी बड़ी ज़ालिम होती है। कभी निराला को इलाहाबाद उड़ा ले जाती है, कभी मानी जायसी को हैदराबाद के दरबार में पटकती है, कभी अमीन सलोनवी को लखनऊ की मिट्टी के हवाले कर देती है, कभी कौसर जायसी को कानपुर की चिमनियों का धुआँ बना देती है, कभी वाक़िफ़ रायबरेलवी से बम्बई की ख़ाक छनवाती है, कभी कमाल जायसी को देस परदेस के चक्कर लगवाती है और कभी मुनव्वर राना को बंगाल की जादू नगरी के हवाले कर देती है।

उर्दू अदब की तारीख़ में मानी जायसी, अमीन सलोनवी, कौसर जायसी, फ़ख़रुद्दीन ख़याली, हरिशचन्द्र ज़िया, साक़िब रायबरेलवी, कैफ़ी रायबरेलवी, वाक़िफ़ रायबरेलवी, सबाहुद्दीन उमर, अतिया परवीन, रईस बल्लवी, विलायत जाफ़री और नासिरा शर्मा हर ज़माने में रायबरेली की नुमाइन्दगी करते रहेंगे। इसका यह मतलब हर्गिज़ नहीं है कि उर्दू अदब का ख़ज़ाना इन चन्द नामों से पुर हो जायेगा। अदब और फ़ौज में बहुत यकसानियत होती है, मसलन फ़ौज यलग़ार (हमला) करती है और अदब भी अपने ज़माने पर छा जाता है। जिस तरह फ़ौज में हर लोहे के टुकड़े की तक़दीर में तलवार बनना नहीं लिखा होता, उसी तरह

अदब में हर शख़्स की क़िस्मत में दरोबाम की ज़ीनत बनना नहीं लिखा होता है। लेकिन बुनियाद के पत्थरों के बग़ैर कैसे दरोबाम और कैसी सजावट, यह कैसे मुमकिन है कि ज़िक्र मौसीक़ी (संगीत) का हो और नौशाद याद न आयें, और यह भी तो मुमकिन नहीं है कि नौशाद की याद आये और हमें उनके उस्ताद मास्टर मुरव्वत हुसैन रायबरेलवी का ध्यान न आये। कोई कहानियाँ सुनाये और हमको अतिया परवीन याद न आयें। कैसे मुमकिन है कि सहाफ़त (पत्रकारिता) की बात चले और अखिलेश मिश्रा, सईद नक़वी, मुश्ताक़ परदेसी और हुसैन अमीन का चेहरा काग़ज़ पर न उभरे। उर्दू नस्रनिगारों (गद्यकारों) की गुफ़्तगू हो रही हो और हम मुंशी अब्दुर्रज़्ज़ाक और मौलाना अबुल हसन अली नदवी को बेसाख़्ता याद न करें। दामने अदब के गुल बूटों में न हम शाह हुसैन अता को नज़र अन्दाज़ कर सकते हैं, न ही मज़हर रायबरेलवी, शबनम नक़वी और इक़बाल ज़फ़र को जबकि लाला नवनिधि राय, मौलाना हामिद हिन्दी और फ़ख़रुद्दीन ख़याली तो रायबरेली के उर्दू अदब की बुनियाद के पत्थर हैं और बुनियाद के पत्थर न हटाये जा सकते हैं, न निकाले जा सकते है और न ही बदले जा सकते हैं। विलायत जाफ़री और नासिरा शर्मा ने इस ज़िले के विक़ार में बेपनाह इज़ाफ़ा किया।

एक ज़माने तक रायबरेली में अदबी महफ़िलों का बड़ा ज़ोर था। आये दिन शेरी नशिस्तें हुआ करती थीं। छोटे मोटे मुशायरे भी कहीं न कहीं होते रहते थे। शहर और इससे मिले हुए क़स्बों के शायर शबोरोज़ नयी ग़ज़लें कहने में मसरूफ़ रहते थे। सुनने वाले भी रात के इन्तिज़ार में दिन गुज़ारा करते थे। पूरे हिन्दुस्तानी उर्दू अदब पर निगाह रखी जाती थी। वहीद रायबरेलवी, राग़िब रायबरेलवी, उनके छोटे भाई क़मर रायबरेलवी शागिर्दों की एक पूरी फ़ौज रखते थे। फ़ज़ाओं में वाक़िफ़ का शेर गूँजा करता था—

मैं तो बुलबुल हूँ मेरा काम है गाते रहना
भूल जाऊँ तो मुझे याद दिलाते रहना

लेकिन रफ़्ता-रफ़्ता इस अदबी गहमा गहमी को नज़र लग गयी। सियासी ख़ुदग़र्ज़ियों ने पूरे शहर को अपनी लपेट में ले लिया। हर शख़्स मफ़ादपरस्ती (स्वार्थ) की आग में जलने लगा। हर शख़्स सियासी हवालों से अपनी पहचान बनाने लगा और बक़ौल शायर—

क्या हँसता हँसाता शह्र यारो
हासिद का नसीब हो गया है

वर्ना यही शहर था, यही लोग थे, यही दरोदीवार थे, यही सई नदी का पानी था, यही खेत और खलियान थे जहाँ फ़ज़ाओं में उर्दू ग़ज़ल अपनी खुशबू बिखेरती हुई नज़र आती थी। आइए, रायबरेली के उर्दू अदब को इसके शायरों

और उनकी शायरी के हवाले से देखा जाये—

कभी-कभी सफ़रे ज़िन्दगी से रूठ के हम
तेरे ख़याल की छाँवों में बैठ जाते हैं।

(कौसर जायसी)

ज़हर के जाम में फिर श्याम के दर्शन होंगे
कोई बौराये तो इस दौर में मीरा की तरह

(राग़िब फ़ारूक़ी)

ज़ुल्फ़े हस्ती को कई बार सँवारा है मगर
इसकी फितरत है बिखरना ये बिखर जाती है

(वाक़िफ़ रायबरेलवी)

मुस्कुराहट, दर्द, लहजा, सादगी
बेच कर मैं सारे ज़ेवर खा गया

(वाक़िफ़ रायबरेलवी)

ख़ुद अपने नशेमन पे गिरा लेते हैं बिजली
गुलशन को कभी आग में जलने नहीं देते

(वहीद रायबरेलवी)

बेबसी तू भी चली आयी लहद के अन्दर
रोने वाला तो कोई क़ब्र के बाहर होता

(रिज़वान रायबरेलवी)

अभी रिन्दों के लब तक कोई पैमाना नहीं आया
अभी महफ़िल में साक़ी गर्मिये महफ़िल नहीं आयी

(बाबू जगदम्बा प्रसाद गौहर)

समझ सका न यही बात माँगने वाला
दराज़ हाथ है किसका कहाँ से मिलता है

(उसमान रायबरेलवी)

जोश में आया लहू दरिया में तुग़यानी के साथ
ख़ूने अब्बासे अली बहने लगा पानी के साथ

(छेदी लाल अख़गर)

तुम नज़र आये तो तुम ही तुम नज़र में रह गये
एक ही जलवे में इन आँखों की बीनायी गयी

(हरिश्चन्द्र ज़िया)

चमन वालो चमन की ख़ैर माँगो ख़ैर इसी में है
न होगा जब चमन तो आशियाँ अपना कहाँ होगा

(हरिश्चन्द्र ज़िया)

ख़ुलूसे दिल न छुपा रस्मे एहतराम के बाद
रुके न अश्क बहुत देर तक सलाम के बाद

(क़ासिम शब्बीर नक़वी)

मैं तो शायर हूँ मेरी बात कहाँ मानोगे
तुमने झुटला दिये दुनिया में पयम्बर कितने

(क़मर रायबरेलवी)

काटी शबे फ़िराक़ भी बे तैशए उमीद
कहते थे लोग अब ये हुनर ख़त्म हो गया

(क़मर रायबरेलवी)

जब मैं उदास था तो ज़माना था मुतमइन
अब मैं हूँ मुतमइन तो ज़माना उदास है

(क़मर रायबरेलवी)

काश ऐसा कोई काम कर जाऊँ मैं
नाम ज़िन्दा रहे और मर जाऊँ मैं

(ख़लील फ़रीदी)

सो जाते हैं फुटपाथ पे अख़बार बिछा कर
मज़दूर कभी नींद की गोली नहीं खाते

(मुनव्वर राना)

किसी को घर मिला हिस्से में या कोई दुकाँ आयी
मैं घर में सबसे छोटा था मेरे हिस्से में माँ आयी

(मुनव्वर राना)

भटकती है हवस दिन रात सोने की दुकानों में
ग़रीबी कान छिदवाती है तिनका डाल लेती है

(मुनव्वर राना)

ज़ाहिर है किसी भी शहर की अदबी तारीख़ उस शहर का आईना होती है और अगर शायरी के हवाले से किसी भी अह्द को कसौटी पर रखा जाये तो पूरा अह्द बोलती और बात करती हुई फ़िल्म की तरह मालूम होता है। आज भी यह मर्दुमख़ेज़ ख़ित्ता पूरी ताक़त और तवानायी से ज़िन्दा है। अदब आती जाती लहरों की तरह होता है, हर जाती हुई लहर अपने पीछे ताज़ा दम लहरों की क़तार छोड़ जाती है। हमारे असलाफ़ ने अदब के जो पेड़ लगाये थे उसमें फल आ रहे हैं और नयी कोंपलें भी फूट रही हैं। बक़ौल राग़िब फ़ारूक़ी—

हमको इस मिट्टी में बो देगी हमारी नस्लें
हम नहीं अपना वतन छोड़ के जाने वाले

आज भी रायबरेली के शेरो अदब का बाग़ करनैल सिंह पंछी, हसन रायबरेलवी, एजाज़ रायबरेलवी, रहबर रायबरेलवी, इक़बाल महशर, नाज़ प्रतापगढ़ी, वज़ीर हसन, ज़फ़र चिश्ती, असर सलोनवी, शम्भू दयाल सागर, बन्धू जी, ख़लील फ़रीदी, लईक़ अंसारी, डॉ. हैदर, अलमदार नक़वी, नाभी अंसारी, अफ़ज़ल जायसी, फ़ारूक जायसी, फ़ातिमा वसीया जायसी, सहबा रायबरेलवी, बाक़र जायसी और ऐसे बहुत से शायरों और अदीबों की खुशबू से महक रहा है। खुशनसीब है यह नस्ल कि इनके सिरों पर बुज़ुर्ग मोहतरम वहीद रायबरेलवी और कई बुज़ुर्ग शोअरा का साया मौजूद है–

तमाम उम्र सलामत रहें दुआ है यही
हमारे सर पे हैं जो हाथ बरकतों वाले

रायबरेली से कलकत्ते तक

रायबरेली में जब हम रहते थे तो एक ही मज़हब से वाकफ़ियत थी और वह मज़हब था इंसानियत और रवादारी। इससे आगे सोचने की न तो उम्र थी, न मिज़ाज था और न ही ज़माना था। मुहल्ले के बड़े बूढ़े सबके लिए बुज़ुर्ग थे, मोहतरम थे और अपने थे। चहार सिम्त (चारों तरफ़) रिश्तों का जाल बिछा रहता था और कोई भी इस जाल को अपनी किसी भी हरकत से कुतरना नहीं चाहता था। तक़रीबन मेरे तमाम हम उम्र लड़के बुज़ुर्गों की दहशतगर्दी (आतंकवाद) का शिकार रहते थे। सिनेमा के पोस्टर पर बनी हुई हीरोइन को देखने से पहले ही किसी तरफ़ से कोई थप्पड़ पड़ चुका होता था। घर से बाहर आकर बे सबब कहीं जाने के लिए निकलते ही बुज़ुर्गों का छापा पड़ जाता था। गर्मी के दिनों में ख़ास तौर पर लू-धूप में बराबर घर से फ़रार होते और बाहर पकड़े जाते, दो तरफ़ा कार्रवाई होती, ख़ूब पिटाई होती लेकिन मुहब्बतों का ये आलम था कि कोई बुर्क़ा पोश या कोई भी पर्देदार ख़ातून ख़्वाह, वह किसी भी मज़हब की हो, कभी पानी भरने के लिए कुएँ पर नहीं आती थी। हम लोग बाल्टियाँ लेकर कुएँ पर या जब सरकारी नल लग गये तो वहाँ जाते थे, और वहाँ मौजूद लोग हम लोगों की भरी बाल्टी हमारे दरवाज़े पर रख जाते थे। सायकिल में कैरियर सिर्फ़ इसलिए होता था कि एकाध आदमी को पीछे बिठा लेने में उसे आसानी होगी। उन दिनों ग़रीबी थी लेकिन आपसी भाईचारे की वजह से कभी इसका एहसास नहीं होता था, क्योंकि मुहल्ले के तमाम लोग एक दूसरे की ज़रूरतों और परेशानियों पर निगाह रखते थे। दामे, दिरमे, सुख़ने, क़दमे का मुहावरा उसी ज़माने तक के लिए था। छप्पर उठाने के लिए जिस तरह पूरा मुहल्ला दौड़ पड़ता था उस तरह तो लोग अब मय्यत को काँधा देने के लिए भी नहीं लपकते। मस्जिदों में अफ़्तारी घर के लोग ही पहुँचा कर आते थे। नौकरों या दूसरे लोगों से मस्जिद में अफ़्तारी भिजवाना अच्छा नहीं समझा जाता था। बेसन की रोटी और चटनी भी अगर किसी घर में बनती थी तो वह भी मस्जिद की अफ़्तारी का हिस्सा बनती थी। पास पड़ोस में अफ़्तारी भिजवाने का इतना चलन था कि कभी किसी

दस्तरख़्वान का दामन छोटा नहीं पड़ता था। शायद ये सब इसलिए था कि हमारे घरों में रेफ्रिजरेटर नहीं थे, हम एक दूसरे की ज़रूरतों का ख़याल रखते थे। ख़ुदा का डर दिलों में इतना था कि रमज़ान के दिनों में इलाक़े के गद्दी ग्वाले दूध में पानी नहीं मिलाते थे। इन गद्दियों और घोसियों के दिल दूध से ज़्यादा साफ़ और शफ़्फ़ाफ़ (निर्मल) होते थे। वे दूध बचाकर नहीं रखते थे बल्कि आसपास के घरों में भिजवा देते थे। मैं तक़रीबन दस बरस का हो चुका था लेकिन मुझे नहीं मालूम था कि विश्वनाथ चाचा (मिठाई वाले) हिन्दू हैं, रामचरन चाचा और सलोनी चाचा लोग भी मुसलमान नहीं हैं। मेरे घर के सामने जो बड़े अब्बा हैं उनसे हम लोगों की कोई रिश्तेदारी नहीं है...वह क़स्साब (क़साई) ख़ानदान से तअल्लुक़ रखते थे। हमारे बराबर वाले घर में रहमत बड़े अब्बा सब्ज़ी फ़रोश थे लेकिन वह हम लोगों के लिए सिर्फ़ बड़े अब्बा थे। शुबराती चचा दूध बेचते थे मगर वह सिर्फ़ चचा थे। मुनीर चचा का हेयर कटिंग सैलून था लेकिन वह भी मेरे और तमाम बच्चों के लिए चचा थे। रज़्ज़ाक़ चचा वैसे तो बढ़ई थे लेकिन वह भी चचा का दर्जा रखते थे। लाला पान वाले रहे हों या चुन्ने लाला वकील ...सबके सब हम लोगों को अच्छा और लायक़ बनाने में सरगर्दां (चिन्तित) रहते थे। यह जिस मुनव्वर राना को आप देख रहे हैं उसकी तर्बियत (प्रशिक्षण) किसी दून स्कूल में नहीं हुई है, इसकी तालीम और तर्बियत में उन लोगों का हाथ रहा है जो बज़ाहिर मामूली लोग थे लेकिन शख़्सियतों के छप्पर यही मामूली लोग उठाते हैं जिसके नीचे क़याम करने वाले ही आइन्दा हुकूमत और दुनिया की हर आसाइश (सुविधा) के दावेदार होते हैं। हम लोग मस्जिद भी जाते थे, मजलिसें सुनने भी जाते थे और अगर हिन्दुओं में मिठाई वग़ैरह का सिलसिला होता था तो वहाँ भी हिस्सेदार रहते थे। ईद भी मनाते थे, रामलीला भी मनाते थे, दीवाली में तो बाक़ायदा मिट्टी के छोटे-छोटे दिये जो बुझ जाते थे उन्हें हम उठा लाते थे और फिर उनको मिट्टी में दबा कर खेलते थे। मुहल्ले में किसी के यहाँ बच्चे की पैदाइश होती थी तो मुझे अज़ान देने के लिए बुलवाया जाता था। मैं पाकेट साइज़ मोलवी था। उन लोगों की इस्तताअत (क्षमता) फुल साइज़ मोलवी के नाज़ उठाने की नहीं होती थी क्योंकि बड़े साइज़ का मोलवी मुर्ग़े पर बैठ कर घर जाने का ख़्वाहिशमन्द होता था। इसके लिए नव मौलूद (नवजात) के घर वाले तैयार नहीं होते थे और कभी-कभी तो मुर्ग़ा ब जाते खुद इंकार कर देता था। हम लोग छोटे साइज़ वाले मोलवी थे...एकाध अण्डे से भी काम चला देते थे। मजलिसों में उठने-बैठने का सलीक़ा तो गँवार से गँवार आदमी भी सीख जाता है। रामलीला मैदान में जहाँ रावण फूँका जाता था, वहाँ तो बहुत मज़ा आता था लेकिन अब हालात बदल गये हैं। अब तो अगर एक मुसलमान भी राम लीला

या दीवाली के मेले में दिखाई पड़ जाये तो पूरे हिन्दुस्तान को रेड एलर्ट करना पड़ता है और एक मामूली आदमी की फ़र्ज़ी कहानी को फैला कर करोड़ों रुपया पुलिस और इंतिज़ामिया (प्रशासन) के लोग खा जाते हैं।

रायबरेली बुनियादी तौर पर मुतवस्सित तबके (मध्यम वर्ग) का शहर था। ज़्यादा तरक़्क़ी न होने की सबसे बड़ी वजह ये थी कि रायबरेली के चारों तरफ़ और बहुत कम फ़ासले पर लखनऊ, कानपुर, इलाहाबाद, सुल्तानपुर, फ़ैज़ाबाद और फतेहपुर आबाद हैं, लिहाज़ा ज़रा-सा भी खाते-पीते लोग शादी-ब्याह, त्यौहार और घूमने-फिरने के लिए लखनऊ, कानपुर चले जाते थे। चूँकि इन शहरों में सभी की रिश्तेदारियाँ थीं, लिहाज़ा एक पन्थ दो काज की तरह रिश्तेदारों से मुलाक़ात भी हो जाती थी और ख़रीदारी वग़ैरह भी मुकम्मल हो जाती थी। पुराना रायबरेली अभी तक नये रायबरेली से तक़रीबन बिल्कुल अलग ही है। हम लोग अपने बचपन में हज़रत मौलाना अली मियाँ के घर जाते थे। तकिया (अली मियाँ का मुहल्ला) का माहौल शहर के दूसरे इलाक़ों से बिल्कुल मुख़्तलिफ़ था। दीनदारी, तहज़ीब और नमाज़-रोज़ों का वहाँ हमेशा बेहतर एहतमाम रहता था। वहाँ की मस्जिद में नमाज़ पढ़ने और सामने से गुज़रती हुई सई नदी के किनारे बैठ कर वज़ू करने का मज़ा ही अलग है। हज़रत मौलाना का एहतराम रायबरेली के दूसरे मज़हबों के लोग भी बेपनाह करते थे। मेरी शादी 14 अप्रैल, 1974 को हुई थी। शादी के तीसरे या चौथे दिन अहलिया (बीवी) को साथ लेकर मैं फ़िल्म देखने लखनऊ गया था। फ़िल्म बॉबी उन्हीं दिनों आयी थी। आख़िरी शो देख कर रात में हम लोग लौट रहे थे। घर तक रिक्शा नहीं आ पाता था क्योंकि शहर में सीवर लाइन पड़ रही थी। तक़रीबन सारे शहर की सड़कों पर हाथी बराबर की खुदाई हुई थी। टाउन हाल के पास रिक्शा छोड़ कर हम लोग पैदल ही घर की तरफ़ चल दिये। रास्ते में कई पुरानी मज़ारें भी हैं और इस खुदाई में बहुत-सी क़ब्रों के निशान भी ज़ाहिर हो गये थे। सुबह हम सोकर उठे तो सारे घर में कोहराम मचा हुआ था। मालूम हुआ कि अहलिया पर कोई आसेबी असर हो गया है। उनके पूरे जिस्म पर पित्ती उछल आयी थी और वह मर्दाना आवाज़ में बातें करने लगती थीं। कभी अचानक चीख़ने लगती थीं कि हटाओ, यहाँ से गोश्त की बदबू आ रही है, फिर थोड़ी देर के लिए बेहोश हो जातीं, घर के अलावा मुहल्ले और ख़ानदान वाले सभी परेशान थे। मज़े की बात ये है कि अब्बू और हम लोग इन सब चीज़ों पर ज़्यादा यक़ीन ही नहीं करते थे। मेरी ख़ाला जान जो इस तरह के मामलों की एक्सपर्ट समझी जाती थीं, वह मेरी अहलिया की क़ैफ़ियत बदलते ही उनसे सवाल शुरू कर देती थीं, ख़ाला जान ने मेरी अहलिया से पूछा कि तुम्हारा नाम क्या है? उन्होंने मर्दाना आवाज़ में कहा कि मेरा नाम

मुहम्मद अय्यूब है। ख़ाला जान ने दूसरा सवाल किया कि तुम इस घर में कैसे चले आये? फिर मर्दाना आवाज़ आयी कि ये लड़की अँधेरे में चल रही थी...कई बार गिरने की हालत में आ गयी तो मैंने इसे सहारा दिया। मेरी ख़ाला जान ने फिर सवाल दाग़ा कि मदद की थी तो घर तक चले आये, तुमको मालूम है ये घर कैसे-कैसे बुज़ुर्गों से आबाद रहा है और तुम्हें मालूम है कि यह लड़की सय्यद अबुल क़ासिम की पड़पोती है? तुम्हारी हिम्मत कैसे हुई कि तुम इस घर के लिए मुसीबत बनो? थोड़ी-थोड़ी देर के बाद अहलिया पर ग़शी तारी हो जाती थी। दो एक झाड़ फूँक वाले बुलाये गये लेकिन शायद ये बड़ा केस था। लोकल मोलवी फेल हुए जा रहे थे। अब्बू मुझे लेकर तकिया गये। इत्तिफ़ाक से हज़रत मौलाना शहर में ही थे। अब्बू ने उन्हें तफ़्सील से परेशानी बतायी, मैं तो मुस्तक़िल रोये जा रहा था। हालाँकि मेरी अहलिया आज भी ये बात मानने को तैयार नहीं हैं कि मैं उनके लिए परेशानी के आलम में रो रहा था। मौलाना ने मेरी तरफ़ बड़ी शफ़क़त (स्नेह) से देखा, थोड़ा-सा मुस्कुराये फिर फ़रमाया कि परेशानी की कोई बात नहीं है। मुनव्वर मियाँ! मेरे यहाँ इसके भी डॉक्टर हैं, इंशा अल्लाह सब ठीक हो जायेगा। अब्बू तो वहीं बैठे रहे। मैं भाग कर घर आया और एक रिक्शे पर मेरी अम्मी मेरी अहलिया को पकड़ कर बैठीं। मैं दूसरे रिक्शे से पीछे-पीछे चल रहा था। उन दिनों रास्ते में पड़ने वाले एक मुहल्ले लोहानीपुर के पास पुलिया टूटी हुई थी इसलिए सवारियों को उतरना पड़ता था। मेरी अहलिया खड़े होने की हालत में भी नहीं थीं। अम्मी ने हुक्म दिया कि इसे गोद में उठा कर पुलिया के उस पार चलो। पुलिया पार करने के बाद मैंने अहलिया को फिर अम्मी की निगहदाश्त (निगरानी) में दे दिया। मौलाना के घर के पास पहुँचते ही मौलाना और मेरे अब्बू भी हुजरे से बाहर आ गये। अहलिया और अम्मी मौलाना के घर के अन्दर चली गयीं। अस्र की नमाज़ के बाद हज़रत मौलाना ने मोलवी निसार मियाँ को बुलाया जो उनके मुहर्रिर (मुंशी) थे और बराबर मौलाना के साथ ही रहते थे। निसार मियाँ बिहार के सीवान जिला के रहने वाले थे। मौलाना ने उन्हें कुछ बातें समझायीं फिर मुझे उनके साथ घर के अन्दरूनी हिस्से में भेज दिया। हम लोग एक कमरे में बैठ गये। मेरी अहलिया को कई औरतें उठा कर लायीं। मौलाना और औरतों के दरम्यान एक बहुत दबीज़ (मोटा) पर्दा पड़ा हुआ था। मौलाना ने कुछ पढ़ना शुरू किया और मुझे हिदायत दी की अपनी अहलिया का दाहिना हाथ आप मज़बूती से पकड़िये और किसी भी हालत में छोड़ियेगा नहीं। मैंने एक हाथ से अहलिया का दाहिना हाथ बहुत मज़बूती से पकड़ लिया और मेरे दूसरे हाथ को मौलाना ने अपने हाथ में लेकर कुछ पढ़ना शुरू किया। अहलिया गुस्से और जोश में अपना हाथ छुड़ाने के लिए पूरी ताकत लगा रही थीं लेकिन

मैं भी अजदुवाज़ी (गृहस्थ) ज़िन्दगी का जुआ हारना नहीं चाहता था। एकाध बार तो उन्होंने मुझे एक तरह से पटक ही दिया लेकिन मैंने हाथ नहीं छोड़ा। रफ़्ता-रफ़्ता वह पुरसुकून होती चली जा रही थीं फिर कुछ देर के लिए बेहोश हो गयी। निसार मियाँ ने अन्दर से एक बोतल में पानी और थोड़ी-सी शक्कर मँगायी और दोनों चीज़ें फूँक कर मुझे दे दीं। साथ में ये भी कहा कि इस शक्कर को ज़्यादा शक्कर में मिला लीजियेगा, पानी को भी ज़्यादा मिक़दार (मात्रा) पानी में मिला कर एक हफ़्ते तक रोज़ सुबह-शाम पिलाइयेगा। एक तावीज़ भी दी और कहा कि ये तावीज़ इनके गले से उतरने न पाये। मैंने निसार मियाँ से कहा कि हज़रत जो भी बला है उसे जला दीजिए। वह मुस्कुराने लगे, फिर बोले कि यह एक हवा थी जिसकी चपेट में दुल्हन आ गयी थीं। अब इंशाअल्लाह कोई परेशानी नहीं होगी। फिर उन्होंने इस बात को मुझे यूँ भी समझाया कि अगर आप सड़क से गुज़र रहे हैं और कहीं से एक कंकड़ आपको आकर लग जाये तो आप अपनी चोट देखियेगा और ज़रूरत समझियेगा तो इसका माक़ूल इलाज कीजियेगा लेकिन यही हरकत अगर बराबर आपके साथ होती है तब आप थाना पुलिस और मुक़दमे के चक्कर में पड़ते हैं। आप जाइये, इंशाअल्लाह दुल्हन बिल्कुल ठीक रहेगी। तक़रीबन 35 बरस हो गये...माशा अल्लाह फिर कभी कोई तकलीफ़ नहीं हुई। क़ाबिले ग़ौर बात ये है कि इस वाक़ए के बाद मौलवी निसार मियाँ से अब्बू की और मेरी भी अक्सर मुलाक़ातें होती रहीं लेकिन उन्होंने हम लोगों के घर में चाय तक नहीं पी...कहते थे कि इल्म का असर चला जाता है। अभी तीन बरस पहले उनका इन्तिक़ाल हो गया। सारी ज़िन्दगी एक टूटी हुई साइकिल पर चलने वाले एक मोलवी निसार मियाँ ने सैकड़ों परेशान हाल लोगों की मदद करके उनकी परेशानियाँ दूर कीं, लेकिन ख़ुद सारी ज़िन्दगी फ़क़ीरी में गुज़ार दी। उनके साहब ज़ादों में जो छोटे हैं, अल्लाह ने उनकी दुआओं में भी बहुत तासीर दी है—

हम ऐसे ऐसे फ़क़ीरों के साथ बैठे हैं
जो ख़ाक छू के उसे कीमिया बनाते हैं

जब तक दादी, दादा और मुशर्रफ़ चचा पाकिस्तान नहीं गये थे, मुझे घर पर ही पढ़ाया जाता था। दीनी (मज़हबी) किताबें मुशर्रफ़ चचा पढ़ाते थे बाक़ी उर्दू और हिन्दी दादा पढ़ाते थे लेकिन जब वह लोग पाकिस्तान चले गये तो हमारे बड़े अब्बा सय्यद हकीम अबुल जब्बार ने वहीं घर के पास शुऐब विद्यालय में मेरा नाम तीसरे दर्जे में लिखवा दिया। वहाँ तख़्ती पर मुल्तानी मिट्टी से लिखा जाता था। मुल्तानी मिट्टी जिस प्याले में रखी जाती थी वह बुद्दका कहलाता था। चौथी और पाँचवीं क्लास तक मैं इसी स्कूल में रहा। फिर जब छठी क्लास

का नम्बर आया तो अब्बू ने मेरा नाम गवर्नमेंट इण्टर कालेज में लिखवा दिया। अब्बू तो बेचारे ट्रक लेकर ज़िन्दगी की दौड़ में शामिल रहते थे। उस स्कूल में पढ़ाई तो कम होती थी, लड़कों का गिरोह शैतानी, उछल फ़ाँद और खेल कूद में लगा रहता था। मुझे पेड़ पर चढ़ने में बड़ी महारत थी लिहाज़ा बड़ी क्लास के लड़के हम लोगों से कैथा, बेल और दूसरे फल तुड़वाते थे और इसके एवज़ में वह लोग हमारे ग्रुप की देख भाल करते थे। क़वी भाई, तक़ी भाई, शक़ील भाई, बृजमोहन भाई, अर्जुन भाई वग़ैरह ये सब नवीं क्लास में पढ़ते थे और शहर में इन लोगों का बड़ा दबदबा था। उन दिनों हाकी लेकर चलना ए.के.-47 लेकर चलने से ज़्यादा शानदार समझा जाता था। प्रिंसिपल साहब का नाम तो अब याद नहीं रह गया। बहुत लम्बे-चौड़े ख़ूबसूरत-से थे लेकिन उनका एक हाथ नहीं था। इसके बावजूद उन्हें कोई परेशानी नहीं होती थी क्योंकि वह उसी हाथ से कान पकड़ते थे और फुर्ती से वही हाथ गाल पर उँगलियों के निशान भी बना देता था। एक ही बार उनके हाथों से मैं पिटा था। फिर मिस्टर जे.बी. सिंह जो अंग्रेज़ी पढ़ाते थे, उन्होंने प्रिंसिपल साहब को बताया कि मुनव्वर शेरो शायरी सुनाता है। लिहाज़ा इसके बाद जब भी मैं उनकी क्लास में पढ़ने जाता तो मुझसे शेर सुनते थे और मुझे भी उल्टे-सीधे जो शेर याद थे मैं उन्हें सुना देता था। एक बार कोई एजूकेशन इंसपेक्टर कालेज में आये थे, ग़ालिबन वह शायर भी थे। प्रिसिंपल साहब ने उनसे भी मेरी तारीफ़ कर दी। प्रिंसिपल आफ़िस में बुला कर उन्होंने मुझसे शेर कम सुने लेकिन अपने बहुत से शेर सुनाये और एक काग़ज़ पर अपनी दो ग़ज़लें उर्दू में लिख कर मुझे इनायत कीं। हालाँकि वह कोई ग़ैर मुस्लिम थे लेकिन वह उर्दू का सुनहरा दौर था। नतीजा ये हुआ कि अब मुझे न तो घर का डर था और न कालेज में मास्टरों का। मैं दिन दिन भर घूमता फिरता, कहीं से पैसे आ जाते तो कैपिटल सिनेमा में पिक्चर भी देखता। यूँ तो मिलन सिनेमा भी था जो कैपिटल से अच्छा माना जाता था लेकिन उधर कुछ रिश्तेदारों के घर थे और अब्बू के मिलने वाले भी उधर बहुत से मिल जाते थे। कैपिटल सिनेमा गवर्नमेंट कालेज से आने-जाने में रास्ते में पड़ता था इसलिए मेरे लिए यही सिनेमा हाल ठीक था।

इस बेराह रवी का जो नतीजा होना था, वही हुआ। मैं छठें दर्जे में बुरी तरह फ़ेल हो गया। वालिद साहब के सामने रिज़ल्ट रखा गया तो उनका पारा जहाँ पहुँचना चाहिए था, वहीं पहुँचा। मेरी ज़बरदस्त पिटाई हुई और मुझे नंगा करके घर से बाहर निकाल दिया गया। मैं नंग धड़ंग बाहर निकला और घर के सामने एक खँडहर में मुहल्ले की औरतों ने मुझे छुपा दिया। कहीं से कोई अंगौछा वग़ैरह लाकर बाँधा गया और पड़ोस में ही अहमद खाँ बड़े अब्बा की

अहलिया जिनको हम बड़ी अम्मी कहते थे, उन्होंने अपने यहाँ छुपा लिया। बड़ी होने के नाते वह अब्बू पर बिगड़ीं भी। दूसरा हुक़्मनामा रात होते-होते जारी हो गया कि ये पढ़े लिखेगा नहीं। इसे कल सवेरे से शफ़ी मिस्त्री के साथ राज मिस्त्री का काम सीखने जाना है। दूसरे दिन मैं शफ़ी मिस्त्री...जिनको भी हम बड़े अब्बा कहते थे... के साथ सिविल लाइन्स कालोनी गया जो उन दिनों बन रही थी। दो-चार बार तो मुझसे ईंटें उठवायी गयीं लेकिन मैं दुबला-पतला और बहुत कमज़ोर भी था लिहाज़ा ये ख़दशा (आशंका) भी था कि ऐसा न हो कि यह ईंटें लेकर गिर जाये और चोट खा जाये। मुझे एक पेड़ की छाँव में बिठा दिया गया। दोपहर में जब खाने का वक़्त हुआ तो बड़े अब्बा (शफ़ी मिस्त्री) और उनके एकाध दोस्त जो सब साथ में खाना खाते थे, मुझे भी उसी खाने में शरीक़ किया। मामूली-सा खाना रहा होगा। याद नहीं कि क्या था लेकिन हाँ, यह आज तक याद है—इसके बाद मैंने तक़रीबन आधी दुनिया में और बड़ी-बड़ी दावतों में खाना खाया है लेकिन मेहनत और ग़रीबी की आँच पर पका हुआ खाना दुनिया के हर खाने से बेहतर था। मेरी ज़बान आज तक वह ज़ायक़ा नहीं भूली। शाम तक अब्बू पर मुख़्तलिफ़ लोगों ने दबाव डाला होगा, ख़ासतौर से मेरे बड़े अब्बा सय्यद हकीम अब्दुल जब्बार ने...जिनसे अब्बू डरते भी थे और बेइन्तिहा लिहाज़ भी करते थे। नर्मी बरतते हुए अब्बू ने मुझे उस काम से तो हटा लिया लेकिन स्कूल से मेरा नाम कटवा कर अपने साथ कलकत्ते ले गये। यह 1965 की बात है। कलकत्ते का सफ़र भी अजीबो ग़रीब था। वहाँ पहुँचते ही टायफ़ाइड ने धर दबोचा। तक़रीबन 15-20 दिन बिस्तर पर पड़ा रहा और इसी दरम्यान हिन्दुस्तान, पाकिस्तान जंग का बिगुल भी बज गया। हर तरफ़ ख़ौफ़ ही ख़ौफ़ था। शाम होते ही ब्लैक आउट हो जाता। हवड़ा ब्रिज के ऊपर भी तोपें लगी होती थीं। जंग एक तरह से शुरू हो चुकी थी। चूँकि हालात ग़ैर यक़ीनी थे लिहाज़ा अब्बू ने ऐसे हालात में मुझे वहाँ रोकना मुनासिब नहीं समझा। उन्होंने मुझसे कहा कि तुम रायबरेली चले जाओ, यहाँ हालात ख़राब होते चले जा रहे हैं। मैं अब्बू को छोड़ कर आना नहीं चाह रहा था। मैंने उनसे कहा कि आप भी चलिए नहीं तो मुझे भी अपने पास ही रहने दीजिए। उन्होंने समझाया कि अभी तुम बहुत छोटे हो, हालात सुधरते ही मैं फिर तुम्हें ले आऊँगा। ग़रज़ ये कि उसी दिन उन्होंने मुझे अज़ीज़ चचा के ट्रक नम्बर 7595 पर वापसी के लिए बिठा दिया। अज़ीज़ चचा अब्बू के दोस्त भी थे और कई ट्रकों के मालिक भी थे। मिलिट्री के रिटायर्ड थे और बहुत गुस्सेवाले मशहूर थे। सुल्तानपुर के रहने वाले थे। मैं उनके साथ शेरशाह सूरी की बनवायी हुई सड़क के ज़रिये वापसी के लिए चल दिया। उन दिनों रास्ते में ढाबे वग़ैरह बहुत कम थे लेकिन खाना बहुत अच्छा मिलता था।

बर्दवान, आसनसोल, शेरघाटी, औरंगाबाद, सासाराम, मुग़लसराय, बनारस और जौनपुर होते हुए मैं तीसरे दिन सुल्तानपुर पहुँच गया। वहाँ अज़ीज़ चचा के छोटे भाई अहमद साहब ने बेहतरीन खाना खिलवाया, मुझे पचास रुपये भी दिये और रोडवेज की बस पर रायबरेली के लिए बिठा दिया। बस का ड्राइवर जो उनकी जान पहचान का था और ग़ालिबन अब्बू से भी वाक़िफ़ था, उससे कह दिया कि मुनव्वर मियाँ अब आपकी ज़िम्मेदारी पर हैं। ड्राइवर साहब भी बढ़िया आदमी थे रास्ते में जहाँ ढाबे पर बस रुकी वहाँ उन्होंने मुझे चाय पिलायी और तक़रीबन तीन घण्टे के अन्दर मैं रायबरेली पहुँच गया। अब घर जाते हुए अजीब-सा एहसास हो रहा था कि मैं अब्बू को कलकत्ते में अकेला छोड़ कर चला आया हूँ। हफ़्तों ये सोच-सोच कर मैं अन्दर-अन्दर कुढ़ता रहा। ख़ैर, हफ़्ते दस दिन के बाद ही अब्बू भी कलकत्ते से रायबरेली आ गये। मैं रायबरेली आते ही फिर अपनी पुरानी तफ़रीहों में मशगूल हो गया। गले में गुलेल टाँगे चिड़ियों के शिकार के लिए मारा-मारा फिरता। कबूतर बाज़ी के शौक़ में दिन-दिन भर हलकान रहता और पतंगबाज़ी के नशे में इस छत से उस छत के चक्कर लगाता रहता। ग़रज़ ये कि क़स्बों की हर तफ़रीह में मैं फिर से पूरी तरह मसरूफ़ हो गया। इस बार तो अब्बू दो-तीन दिनों में ही कलकत्ते वापस चले गये थे लेकिन जब दोबारा लौट कर आये तो उन्होंने अपना फ़ैसला सुना दिया कि मुनव्वर, इस्माइल और यहिया ये तीनों लखनऊ में दादी के घर पर रहेंगे और अब्बू के ख़ालाज़ाद भाई यूनुस साहब हम लोगों की देख रेख करेंगे। आर्डिनेन्स जारी होने के फ़ौरन बाद ही उस पर अमल दरामद होना शुरू हो गया। एक हफ़्ते के अन्दर ही हम तीनों भाइयों को लेकर अब्बू और अम्मी लखनऊ आये और हम दादी की तहवील (निगरानी) में दे दिये गये।

शुरू में तो हम तीनों भाई घर को याद करते थे और तक़रीबन रोज़ रात में रोते थे लेकिन रफ़्ता-रफ़्ता लखनऊ में दिल लगने लगा। पुराने लखनऊ में चौक सब्ज़ी मण्डी है...उसी के पास हमारी दादी रहती थीं। घर बहुत कुशादा (लम्बा चौड़ा) था एक हिस्से में चचा यूनुस सूफ़ी साहब रहते थे, सामने वाले हिस्से में छोटे चचा जान इदरीस चचा अपने बच्चों के साथ रहते थे। एक कमरे में दादी... जिनको सब लोग ददा अम्मी कहते थे, रहती थीं। बड़ी फुफीजान नफ़ीस ख़ातून की शादी हो चुकी थी, छोटी फुफी जान ददा अम्मी के साथ रहती थीं। यूँ तो फुफी जान उम्र में मुझसे काफ़ी बड़ी थीं लेकिन उनके मिज़ाज में बचकानापन बहुत था। हम लोगों को हर तरह के घरेलू अज़ाब से वही बचाती थीं। सामने वाले कमरे में ददा अम्मी के सबसे छोटे भाई ताहिर दादा अपने बच्चों के साथ रहते थे। उनकी बड़ी बेटी यानी हमारी फुफी का नाम इरफ़ाना था। ताहिर दादा

के दो बेटे भी थे। एक का नाम आसिफ़ था जो मुझसे कुछ छोटा था लेकिन बहुत तेज़ और बड़ा फुर्तीला था। एक छोटा भाई और था, बाद में शायद उसकी आदतें काफ़ी बिगड़ गयीं... वह पुलिस इनकाउण्टर में मार दिया गया था। घर में पढ़ाई-लिखाई का ज़बर्दस्त माहौल था। यूनुस चचा लखनऊ आर्ट कालेज में पढ़ाते थे और इदरीस चचा एल.डी.ए. में ओवरसियर थे। पूरे घर क्या, पूरे ख़ानदान पर ददा अम्मी (मुन्नी बेगम साहिबा) का ज़बरदस्त दबदबा था। वह अपनी बेतहाशा बीमारियों और बढ़ती हुई उम्र के बावजूद सारे ख़ानदान को जोड़े रखती थीं। सिर्फ़ लखनऊ ही नहीं, जहाँ-जहाँ भी रिश्तेदार थे वह बराबर आती-जाती रहती थीं। रायबरेली तो ख़ैर ददा अम्मी का मायका ही था लेकिन रिश्तेदारी को बरक़रार रखने के लिए वह दानापुर और कलकत्ता तक जाया करती थीं। दादी का ख़र्च दोनों चचा मिल कर बड़े सलीक़े से उठाते थे हालाँकि उन लोगों का कुनबा भी बड़ा था। दादी हमेशा पैसे बचा कर रखती थीं और पूरे ख़ानदान के लिए कपड़े लत्ते ख़रीदती थीं। इसके अलावा हस्बे इस्तिताअत (क्षमता के अनुसार) कमज़ोर लोगों पर शफ़क़त (स्नेह) का हाथ रखे रहती थीं।

हम तीनों भाइयों के कुछ दिन तो उदास रहने और रोने धोने में गुज़रे, फिर ज़िन्दगी अपने मामूल (ढर्रे) पर आने लगी। घर के लोग हम लोगों के क़स्बाती ज़बान से बड़ा लुत्फ़ लेते। दादी की डाँट फटकार और पिटाई के बीच में बड़ी चची जान और रईसा फुफी अब्रे बाराँ (बरसात के बादल) की तरह थीं। कुछ ही दिनों बाद हमारा नाम सेंट जॉन्स स्कूल के दर्जा छः में लिखवा दिया गया। वहाँ की यूनीफ़ार्म सिलवायी गयी। वहाँ का माहौल बहुत अच्छा था। उस स्कूल की हेड मिस्ट्रेस मिस अनवर साहिबा थीं। साफ़ सुथरा स्कूल था। हर बिरादरी के बच्चे बच्चियाँ एक साथ पढ़ते थे। उन दिनों का लखनऊ भी बहुत अच्छा था। ये शहर जहाँ एक तरफ़ नवाबों, राजाओं, जागीरदारों और ज़मींदारों का शहर था वहीं दूसरी तरफ़ क़नाअत (सन्तोष) की ज़िन्दगी गुज़ारने वालों से भी अटा पड़ा था। गुफ़्तगू तौर तरीकों और रहन सहन के एतबार से लखनऊ दुनिया के किफ़ायत शिआर (कम खर्चीला) शहरों में शुमार किया जाता है। ज़ाती परेशानियों पर मुस्कुराहट, सब्र और शुक्र का इतना दबीज़ पर्दा पड़ा रहता था कि कभी-कभी तो एक ही मकान में रहने वाले भी एक दूसरे के दुःखों से नाआशना (अपरिचित) होते थे। एक तरफ़ सेब के जिस्म से छिल्के उतार कर खाये जाते थे तो दूसरी तरफ़ सब्जियों की कई ऐसी किस्में थीं जिनके छिल्कों से बहुत ही लाजवाब कवाब बनाकर चने को मुनक्के के तौर पर इस्तेमाल करने की आदत बरक़रार रखी जाती थी।

जब तक रायबरेली में रहे, सिर्फ़ इंसान जैसे लगते थे। एक तो कम उम्री

का ज़माना था, दूसरी वजह ये थी कि इल्म के ज़रिये जो मुनाफ़िक़ों (कपटियों) की तालीम दी जाती थी उससे रायबरेली ग़ालिबन कोरा था लेकिन लखनऊ में आते ही तमाम तहज़ीबी अलामतों (निशानियों) के साथ ये भी ज़ाहिर हुआ कि मुसलमानों में दो मसलक (पन्थ) होते हैं। एक शिया कहलाता है और दूसरा सुन्नी होता है। आम दिनों में तो शिया-सुन्नी वाला फ़र्क़ महसूस नहीं होता था लेकिन मुहर्रम आते ही बेज़ारी (खिन्नता) की एक लकीर हर मुहल्ले में खिंच जाती थी। मेरे जैसे क़स्बाती नवजवान के लिए यह मंज़र बड़ा अजीब-सा था क्योंकि रायबरेली में भी ये सब था लेकिन इसमें नफ़रत, लड़ाई या कत्ल और ग़ारतगरी का कोई ख़तरा नहीं होता था। जब कि लखनऊ में तो मुहर्रम आते ही गलियाँ, रास्ते और आने-जाने का वक़्त तक बदल जाता था। दिलचस्प बात तो ये है कि इतनी उम्र में भी ऐसी तमाम फ़िज़ूलियात से हमें कभी कोई दिलचस्पी पैदा नहीं हो सकी लेकिन अगर आप लखनऊ में रहते हैं तो इस काम में आपको किसी न किसी तौर पर शामिल रहना पड़ेगा।

मुझे मअज़िरत (क्षमा याचना) के साथ ये अर्ज़ करने दीजिए कि लखनऊ मुझे पहली नज़र में अच्छा नहीं लगा क्योंकि लड़ाई यहाँ की तफ़रीह का हिस्सा है। कहीं तीतर लड़ रहे हैं, कहीं बटेरों की पाली जमा है, कहीं मुर्ग़ लहू लुहान दिखाई दे रहे हैं, कहीं कनकव्वे लड़ रहे है, कहीं लंगड़ पेच हो रहा है, कहीं गाय के लिए साण्ड लड़ रहे हैं, कहीं साण्ड के लिए भाण्ड लड़ रहे हैं...बिल्कुल ऐसा लगता था कि जैसे इल्मो अदब की इस बस्ती में सिर्फ़ लड़ाई सिखाने वाले स्कूल हैं। मौक़ा मिलते ही शायर लड़ लेते थे, मौक़ा बे मौक़ा मोलवी भी भिड़ जाते थे। कूचए अरबाबे निशात (नगर वधुओं की गली) की तरफ़ चले जाइये तो आँखें लड़ रही हैं, एक दूसरे से कन्धे लड़ रहे हैं, कमीशन के लिए तवायफ़ों के मुसाहिबीन (दलाल) लड़ रहे हैं। ग़रज़ ये कि हर तरह की लड़ाइयों ने दिल पर एक तरह की हैबत तारी कर दी। मुहर्रम में इधर से मत निकलना, बारह वफ़ात में उधर से मत निकलना, जिस घर में चले जाइये जिस बैठक के पास खड़े हो जाइये जिस शख़्स से थोड़ी देर गुफ़्तगू कर लीजिए किसी न किसी लड़ाई का ज़िक्र निकल आता। इस शहर की अजीबो ग़रीब ख़ूबी ये भी है कि हर हुकूमत मन्दिर, मस्जिद, इमामबाड़े, गुरुद्वारे, गिरज़ाघर, पार्क यहाँ तक कि मौजूदा मायावती की हुकूमत हर चीज़ को पत्थर का बनाये दे रही है लेकिन कोई फैक्ट्री, कोई कारख़ाना, कोई इण्डस्ट्री बनाने की कभी गुफ़्तगू नहीं होती। नवाबों के ज़माने में उनके मुसाहिबीन (जी हुज़ूरी करने वाले) करोड़पति होते थे। अंग्रेज़ों के ज़माने में मुख़बिरों के दिन फिरते चले गये। जम्हूरियत के आते ही चोर उचक्कों, लीडरों और ठेकेदारों की क़िस्मतें बदलती चली गयीं। लखनऊ दरअस्ल अमीरी और

ग़रीबी की चक्की में पिसता हुआ वह नसीब है जो मुहल्लों में बरसों से जूते गाँठते हुए मोची का होता है। यहाँ ज़रदोज़ी और चिकन का काम इज़्ज़तदार घरानों की आबरू पर पर्दा पड़ा रहने के लिए होता है—

पर्दे की तरह मुझको पड़ा रहने दीजिए
उठ जाऊँगा तो साफ़ नज़र आइयेगा आप

लखनऊ एक कमज़ोर माँ की बद दुआ है जिसे एक अवबाश (चरित्रहीन) नवाब की अय्याशी के लिए शिकारगाह के तौर पर बसाया गया था। लखनऊ में सब कुछ मौजूद होते हुए भी 'बहू बेगम' के मक़बरे जैसा तक़द्दुस (पवित्रता) तक नहीं है। अमीरन (उमराव जान) के पल-पल मरते ख़ानदान की सिसकियों को ग़ज़ल की गायकी में शुमार करने वालों ने ज़बरदस्त धोखा खाया। नतीजा ये हुआ कि लखनऊ की हर रंगीनी के पीछे से किसी सिसकी की मद्धम-मद्धम-सी आवाज़ आती रहती है। इंशा की हँसी को आज तक वह लोग ढूँढ़ते मिल जाते हैं जिनके आँसुओं का रंग बदलने लगता है। यगाना के चेहरे पर मली हुई कालिख आज तक कोई न कोई नया चेहरा तलाश करती रहती है। इस कालिख को बराबर नये-नये चेहरे मिलते रहते हैं लेकिन हम अपने चेहरों की चमक और आबोताब (आभा) में सियाही माएल चेहरों को देख ही नहीं पाते हैं। लखनऊ मीर की खस्ताहाली की वह नुमाइशगाह है, जहाँ आज भी हुनरमन्द लोग घर से निकलते हुए शर्माते हैं। लखनऊ सियासत के बाज़ीगरों का वह जुआख़ाना है, जहाँ मज़हब और मसलक के ठेकेदार दिन भर हार-जीत का जोड़-घटाव करते रहते हैं। लखनऊ वह बालाख़ाना (कोठा) है, जिसकी पेशानी पर तालीमगाह का बोर्ड लगा रहता है, कूचए अरबाबे निशात में अदब सिखाया जाता है और मसलकी चौपालों पर एक दूसरे से नफ़रत करने का सलीक़ा। लखनऊ अदब के साथ खिलवाड़ नहीं करता बल्कि खिलवाड़ करने वालों को अदीब और शायर का दर्जा दे देता है। पता नहीं लखनऊ की तारीफ़ कर रहा हूँ या लखनऊ के ख़िलाफ़ मेरी क़लम चल रही है लेकिन इस एहसास को तहरीर की शक्ल देना भी ज़रूरी था वर्ना आने वाला मुवर्रिख़ (इतिहासकार) मुझसे क़लम की रौशनाई का हिसाब माँग सकता था।

गुज़रे गवाह

ट्रांसपोर्ट का काम सचमुच बहुत मुश्किल और बड़ा ख़तरनाक़ होता है। शुरू-शुरू में जब वालिद साहब मरहूम मुझे डाँट डपट कर ट्रांसपोर्ट के दफ़्तर में बिठाते थे तो मैं घर से निकाले जाने के ख़ौफ़ से ये जब्र मुसलसल बर्दाश्त करता रहता था। कई बार अम्मी से, जो मेरे और वालिद के दरम्यान मसालिहत (समझौता) की कड़ी थीं, मैं एहतजाज करता और घर से भाग जाने की धमकी भी देता लेकिन वह हमेशा मुझे एक ही बात समझाती थीं कि देखो बेटा, जंजाल अच्छा होता है, कंगाल अच्छा नहीं होता। पता नहीं उनके इस सीधे सादे सबक़ में कितना घुमाव था कि मैं आज तक इस जंजाल से निकल नहीं पाया। उम्र ज़माने में तो ख़ैर दिल में यह डर बैठा हुआ था कि एक बार मैं घर से तीन-चार महीने के लिए निकाला जा चुका हूँ।

हुआ यूँ था कि उन दिनों कलकत्ता नक्सलियों का हेड क्वार्टर बना हुआ था। कुछ लोग तो तबीअतन नक्सल थे और कुछ लोग शौक़ में इस तहरीक (आन्दोलन) के साथ हो लिए थे। मेरे जैसे लोग दोस्ती और रवादारी के चक्कर में नक्सलियों में शामिल हो गये थे। फिर बग़ावत और एहतिजाज तो बंगाल की आबोहवा में शामिल है। ईमानदारी की बात तो यही है कि अगर ख़ून में इतनी भी हिद्दत (गर्मी) न हो कि ज़ुल्म के ख़िलाफ़ आवाज़ उठाना भी दुश्वार हो तो बंगाल छोड़ देना चाहिए, लेकिन बक़ौल नवाब सिराजुद्दौला...बंगाल में आने के कई रास्ते हैं लेकिन जाने के लिए सिर्फ़ एक ही रास्ता बचता है और वह रास्ता है मौत का। लिहाज़ा इन्हीं उलझनों ने मुझे भी नक्सल मूवमेंट से जोड़ दिया। चूँकि अब्बू शहर की मुख़्तलिफ़ तंज़ीमों (संगठनों) से जुड़े हुए थे और ज़मींदाराना बू बास भी उनके मिज़ाज में मौजूद थी लिहाज़ा शहर के अक्सर सफ़ेदपोशों से उनके तअल्लुक़ात अच्छे नहीं रहते थे। नतीजा ये हुआ कि जैसे ही मेरा नाम नक्सलियों के साथ जुड़ा सफ़ेद पोश मुख़बिरों ने मेरा नाम पुलिस हेड क्वार्टर में नक्सल पार्टी के बड़े लीडर की हैसियत से पहुँचा दिया। चूँकि अब्बू के मरासिम तक़रीबन सभी महकमों में बहुत अच्छे थे लिहाज़ा ये बात उनके कानों तक भी

पहुँच गयी और उन्हें ये भी पता चल गया कि जिन दस-पन्द्रह लड़कों को देखते ही गोली मारने का हुक्म दिया गया है, उनमें उनका यह नालायक़ बेटा भी शामिल है। दूसरे ही दिन वह मुझे कार में बिठा कर कलकत्ता के लाल बाज़ार पुलिस हेड क्वार्टर ले गये। उन दिनों मिस्टर भभूति चक्रवर्ती डी.डी. डिपार्टमेंट के डिप्टी कमिश्नर हुआ करते थे। मेरे वालिद साहब ने बाहर बैठे हुए सिपाही के ज़रिये उन्हें अपनी पर्ची भिजवायी। फ़ौरन ही सिपाही ने मेरे वालिद साहब से अन्दर जाने के लिए कहा। वह मुझे साथ लिए हुए डिप्टी कमिश्नर साहब के कमरे में दाख़िल हुए। उन दिनों मेरी उम्र तक़रीबन 17 बरस रही होगी। मैं मुहम्मद जान हायर सेकण्ड्री स्कूल की दसवीं क्लास का तालिब इल्म था। वालिद साहब ने डिप्टी कमिश्नर साहब के कमरे में दाख़िल होते ही सलाम दुआ के बाद उनसे कहा कि भभूति साहब! मुझे कल ही ये बात मालूम हुई है कि आपके डिपार्टमेंट के लोग इसको ढूँढ रहे हैं। लिहाज़ा मेरी ज़िम्मेदारी थी कि मैं इसे आपके महकमे के हवाले कर दूँ ताकि कल कोई ये न कहे कि अनवर राना ने अपने बेटे के जुर्मों की सरपरस्ती की है। मिस्टर भभूति चक्रवर्ती का क़द छः फुट से भी कुछ निकलता हुआ था। बड़ी वजीह (आकर्षक) शख़्सियत थी लेकिन मेरे जैसे नवजवान के लिए ख़ौफ़नाक़ अफ़सर थे। उन्होंने मुझे अपने पास बुलाया, मुझसे मेरा नाम पूछा और फ़ौरन ही मेरे वालिद का नाम पूछा। अभी मैं वालिद का नाम ठीक से ले भी नहीं पाया था कि उनका एक ज़न्नाटेदार थप्पड़ मेरे होशो हवास उड़ा चुका था। मेरी आँखों के सामने चिंगारियों के ढेर लग गये थे। मैं तकलीफ़ की शिद्दत से वहीं ज़मीन पर बैठ गया। उन्होंने मुझे सीधे खड़े हो जाने का हुक्म दिया। फिर मुझसे बहुत खुरदरे लहजे में बँगला ज़बान में कहा कि तुम अपनी हरकतें और अपने करतूत जानते हुए भी जब अपने वालिद का नाम ले रहे थे तो तुम्हें शर्म नहीं आयी कि जिस आदमी ने कलकत्ता जैसी अजनबी जगह में अपनी इज़्ज़त और तुम लोगों की परवरिश के लिए अपना सब कुछ दाँव पर लगा दिया हो, तुम इतनी आसानी से अपने आपको उनका बेटा कह रहे हो। इसके फ़ौरन ही बाद उन्होंने मुझसे कहा कि तुम आज कैलेण्डर की तारीख़ बदलने से पहले कलकत्ता छोड़ दोगे और तीन महीने तक यहाँ दिखाई नहीं दोगे, वर्ना अपनी मौत के ज़िम्मेदार तुम ख़ुद होगे।

वालिद साहब ने भी घर वापस आते ही अपनी पिछली हसरतें निकाल लीं और मुझे एक ट्रक पर बिठा कर कलकत्ता से उत्तर प्रदेश यानी रायबरेली भेज दिया गया और इस तरह मैं कलकत्ते से तक़रीबन एक बरस तक शहर बदर रहा।

ऐसी सूरत में मेरे लिए अब्बू को दूसरा मौक़ा देना जानलेवा भी हो सकता था क्योंकि इस बार वह मुझे पुलिस हेड क्वार्टर ले जाने के बजाय ख़ुद ही

हिसाब किताब बराबर कर लेते। उनकी दहशत हम तमाम भाइयों में ख़ासतौर से मेरे दिल में तो इतनी बैठी थी कि मैं उनकी तरफ़ करवट लेकर कभी सोया ही नहीं हूँ। सख़्त गीरी का ये आलम था कि मैं तीन बच्चियों का बाप हो चुका था, तब तक उन्होंने मुझे बाक़ायदा मारा था। हुआ यूँ था कि बनारस से हम लोग सुल्तानपुर होते हुए रायबरेली आ रहे थे। कार मैं चला रहा था, वह बराबर में बैठे हुए थे। अचानक गाय-भैंसों के एक गोल के बीच से कार निकालते हुए किसी जानवर की सींग कार की बॉडी में छू गयी थी। फ़ौरन ही उनका उल्टा हाथ मेरे गाल पर पड़ा, कहने लगे...ड्राइवर बन गये हैं...इतनी भी तमीज़ नहीं है कि गाड़ी हमेशा जानवर के पीछे से और आदमी के आगे से निकाली जाती है क्योंकि आदमी ख़तरे में पीछे हटता है और जानवर अपनी चाल में मस्त रहता है। इस फ़ौजी ट्रेनिंग का नतीजा इस लिहाज़ से बहुत अच्छा रहा कि 30-35 बरस की ड्राइविंग में मुझसे कभी कोई अहमक़ाना (मूर्खतापूर्ण) ग़ल्ती नहीं हुई और अक्सर जब लोग मेरी ड्राइविंग की तारीफ़ करते हैं तो मैं उन्हें बताता हूँ कि जनाब, मैंने गोद में बैठ कर कार चलाना नहीं सीखा है।

इस क़िस्से को तहरीर करने का मक़सद ये है कि मुझे ज़िन्दगी में जो काम भी सीखने का मौक़ा मिला है, उसे मैंने एक मामूली मज़दूर बन के सीखा है। शायरी भी मैंने प्रोफ़ेसर एजाज़ अफ़ज़ल और हज़रते वाली आसी की जूतियों में बैठ कर सीखी है। बहुत कम लोगों को ये मालूम होगा कि मैंने वाली भाई के दोस्तों और दूसरे बुज़ुर्गों की जूतियों पर बैठ कर अपना ज़ानुए अदब तह किया है।

मैं हायर सेकण्ड्री के बाद बी.ए. में दाख़िला लेना चाहता था लेकिन पता नहीं किसने वालिद साहब के कान भर दिये कि लड़के का दाख़िला कॉमर्स में होना चाहिए। लिहाज़ा मुहम्मद जान हायर सेकण्ड्री स्कूल से हायर सेकण्ड्री पास करते ही मेरा दाख़िला उमेश चन्द्र कालेज में बी.कॉम में हो गया। कॉमर्स पढ़ना मेरे मिज़ाज और शौक़ दोनों से अलग था लिहाज़ा मारे बाँधे दो बरस तक मैंने बी.कॉम की तालीम हासिल की। हालाँकि उन दिनों बी.कॉम का कोर्स तीन साल का होता था लेकिन उन्हीं दिनों अब्बू सख़्त बीमार हुए और तक़रीबन एक महीना इस्लामिया हास्पिटल में दाख़िल रहे। हास्पिटल से छुट्टी मिलने के बाद भी वह काफ़ी दिनों तक सिर्फ़ ज़रा-सी देर को आफ़िस जाते थे। एक दिन हास्पिटल में अम्मी भी बैठी थीं, ग़ालिबन इस्माइल, यहिया मरहूम और राफ़ेअ भी वहाँ मौजूद थे...जब अब्बू ने ज़रा मायूसी के आलम में मुझे क़रीब बुला कर कहा कि बेटा ज़िन्दगी और मौत तो अल्लाह के हाथ में है लेकिन मुझे ख़ुदा की ज़ात से यक़ीन है कि अगर मुझे कुछ हो जाता है तो बड़े होने के नाते तुम अपने भाइयों, बहिन और माँ का मुझसे ज़्यादा ख़याल रखोगे। पता नहीं उन्होंने किस आलम में ये

बात कही थी... मैं दिल खोल कर ये बता देना चाहता हूँ कि न तो मुझे भभूति चक्रवर्ती के महकमे का ख़ौफ़ डरा सका और न वालिद की मार ही मेरे इरादों में कभी हायल हुई लेकिन अस्पताल के बिस्तर पर लेटे हुए अब्बू की साँस फूलती हुई आवाज़ ने मुझे हमेशा के लिए मोअतदिल (सन्तुलित) मिज़ाज बना दिया। ये वही ज़माना था जब मशहूर फ़िल्म डायरेक्टर बी.आर. इशारा (चेतना, दोराहा, ज़रूरत फ़िल्मों के डायरेक्टर) मुझे बम्बई ले जाने पर आमादा ही नहीं, बज़िद भी थे। ये वही ज़माना था जब कलकत्ता नेशनल होम्योपैथिक कालेज में मेरा लिखा हुआ ड्रामा 'जय बंगला देश' कई ज़बानों के ड्रामों के मुक़ाबले में दूसरे नम्बर पर आया था। इसकी हिदायतकारी (निर्देशन) भी मेरे सुपुर्द थी। मेरी कम उम्री के बावजूद मेरी सलाहियत की तारीफ़ और मेरी तस्वीर स्टेट्समैन अख़बार ने बड़े सलीक़े से छापी थी। उन दिनों मैं बहुत से ड्रामों में काम भी करता था। स्टेज प्रोग्राम की निज़ामत (संचालन) के लिए मैं बंगाल ही नहीं—उड़ीसा, बिहार और यू.पी. तक बुलाया जाता था। फ़िल्मी गुलूकार मुहम्मद अज़ीज़; अलका याग्निक, पुष्पराय चौधरी और अमरीक सिंह अरोरा के साथ मेरे प्रोग्राम होते थे। जब मुहम्मद रफी, तिलअत महमूद और अमजद खाँ कलकत्ता आते थे तो उनके प्रोग्रामों की निज़ामत भी मेरे ज़िम्मे रहती थी। मज़े की बात तो ये है कि माशाअल्लाह आज मुशायरों में मुझे जो हैसियत हासिल है उन दिनों स्टेज प्रोग्राम में भी मेरा नाम ख़ासा नुमायाँ रहता था। अक्सर मैं स्टेज पर शत्रुघ्न सिन्हा की आवाज़ में उनके डायलॉग की अदायगी करता था लिहाज़ा अभी तक पुराने लोग मुझे शत्रुघ्न सिन्हा ऑफ कैलकटा कहते हैं। उन दिनों भी मैं शायरी करता था लेकिन सिर्फ़ तबीअत की तफ़रीह के लिए। मैंने कहानियाँ और अफ़साने भी काफ़ी लिखे। उन दिनों मेरा तख़ल्लुस मुनव्वर अली शादाँ और मुनव्वर अली आतिश हुआ करता था। उन दिनों कलकत्ता से एक उर्दू अख़बार 'फ़िल्म वीकली' निकलता था जिसके मालिक और मुदीर (सम्पादक) मुहम्मद वसीमुल हक़ साहब हुआ करते थे। आज कल 'अख़बारे मशरिक़' के नाम से उनका उर्दू रोज़नामा कलकत्ता, देहली और राँची से बयक वक़्त शाया होता है। यूँ कहिए कि 'अख़बारे मशरिक़' इन दिनों मशरिक़ी हिन्दुस्तान का एक बड़ा अख़बार है। उन दिनों उनका दफ़्तर मेरे घर के बहुत क़रीब रत्तू सरकार लेन में हुआ करता था। वह हमेशा नये लिखने वालों और नवजवानों की बहुत हौसला अफ़ज़ाई करते थे। उन्होंने हमेशा मेरी हौसला अफ़ज़ाई की। मेरे क़तआत (मुक्तक), ग़ज़लों और कहानियों को हमेशा उनके अख़बार में जगह मिला करती थी। कम उम्री के बावजूद मुझे मुहब्बत करने वालों का एक बड़ा हल्का मिल गया था।

लेकिन अचानक वालिद की बीमारी, उनका बिस्तरे अलालत पर मुझे पास

बुलाकर समझाना और घर में सबसे बड़ा होने के एहसास ने मुझे कई तरफ़ से काट पीट कर छोटा कर दिया। कुछ क़ैंचियाँ ऐसी भी होती हैं जो लिबास के छोटे होने का एहसास भी नहीं होने देतीं लेकिन आरज़ुओं के लिबास छोटे होते चले जाते हैं। आरज़ू एक ऐसा लिबास है कि अगर एक बार छोटा हो जाये तो फिर किसी काम का नहीं रह जाता। इस लिबास में कोई जोड़ भी नहीं लगाया जा सकता...सिर्फ़ यादगार के तौर पर इन्हें यादों के एलबम में महफ़ूज़ कर लिया जाता है। गुज़रे हुए दिनों के साथ ये सारी आरज़ुएँ उम्र की चक्की में पिस कर हमेशा-हमेशा के लिए कहानी बन कर रह जाती हैं।

उम्र में एक मोड़ ऐसा भी आता है जहाँ से सारी दुनिया अपनी मिल्कियत मालूम होती है लेकिन थोड़े ही दिनों के बाद एक मोड़ ऐसा भी मिलता है जहाँ से सिर्फ़ अपना घर ही अपनी दस्तरस (पहुँच) में दिखाई देता है...लेकिन अभी सफ़र ख़त्म कहाँ होता है, थोड़ा और आगे बढ़ते ही उम्र एक ऐसे मुक़ाम पर ले आती है जहाँ से सिर्फ़ 20 x 10 का कमरा ही अपनी दुनिया मालूम होता है। इसका अगला मोड़ दुनिया के हर अमीर और ग़रीब को एक चारपाई में समेट देता है और यही चारपाई चार-छः लोगों की मदद से हर आदमी को उसके सही पते तक पहुँचा देती है।

एक दिन वालिद साहब आफ़िस में बैठे हुए थे। मेरे दाख़िल होते हुए उन्होंने बहुत प्यार से मुझे अपने पास बुलाया, सामने की कुर्सी पर बैठने को कहा, फिर कम्पनी के कैशियर मुंशी जी को भी आवाज़ दी। मुंशी जी का नाम नसरुद्दीन खाँ था, बिहार के रहने वाले थे और कम्पनी के वफ़ादारों में थे। मेरे वालिद के सुख दुख में भी हमेशा साथ रहते थे। उनके आते ही वालिद साहब ने तिजोरी की चाभी उनसे लेकर मेरे हाथों में दे दी। उस वक़्त तिजोरी में 14700/- रुपये थे। तक़रीबन इतनी ही रक़म इधर-उधर और बाक़ी रही होगी जो पूरी कम्पनी की पूँजी थी। चाभी मेरे सुपुर्द करके वालिद साहब ने कहा कि बेटा मुझे उम्मीद है कि मेरी दी हुई ये रक़म इंशा अल्लाह कभी डूबेगी नहीं, अब तुम जानो और तुम्हारा काम और आख़िर कार मैं उस जंजाल में फँस गया जो अम्मी के मुताबिक 'तुम्हें कंगाल नहीं होने देगा'।

ज़िम्मेदारी का बोझ दुनिया का सबसे ज़्यादा मुश्किल बोझ है। फलों का बोझ उठाते हुए बहुत-सी शाख़ें पेड़ से टूट कर अपने वजूद को ख़त्म कर देती हैं। आँधी के ज़माने में तनावर से तनावर दरख़्त इस ख़ौफ़ से काँपने लगते हैं कि अगर वह आँधी से हार गये तो चिड़ियों के घोंसलों और मुसाफ़िरों के साये का क्या होगा। यही कमज़ोर एहसास पेड़ की जड़ों तक को कमज़ोर कर देता है। वो मासूम बच्चे जिनके काँधों पर अपने कुन्बे का बोझ होता है, वे जवानी की हदों

में दाख़िल हुए बग़ैर बूढ़े हो जाते हैं। वो मुट्ठियाँ जिनकी सुपुर्दगी में बालू दे दी जाती है उनकी उँगलियाँ हमेशा के लिए लर्ज़े (कम्पन) का शिकार हो जाती हैं। रेल की पटरियाँ बज़ाहिर फ़ौलाद की दिखाई देती हैं लेकिन जब आरज़ुओं का बोझ लिए हुए मुसाफ़िर गाड़ियाँ और सामान का बोझ उठाये हुए माल गाड़ियाँ इन पर से गुज़रती हैं तो यही पटरियाँ अपने आपको कच्चे मोम जैसा बना देती हैं। बोझ उठाने वाले का एहतराम इंसान करे या न करे लेकिन सारी कायनात करती है। क़ुदरत की तख़लीक़ (रचना) का बोझ उठाये हुए हामिला (गर्भवती) औरत को देख कर ख़तरनाक से ख़तरनाक साँप अपना रास्ता बदल देता है। क़ुदरत का क्या अजीब करिश्मा है कि साँप को मामूँ कर कर पुकार लीजिए तो वह भी नहीं काटता है। शायद ज़िम्मेदारी का बोझ एक रिश्ते की तरह होता है जिसका सब एहतराम करते हैं।

कभी चक्की के पास खड़े होकर देखिए कि चक्की वाला चक्की के दहाने की तरफ़ बढ़ते हुए अनाज से कुछ निकालना चाहता है लेकिन अनाज के बहाव में कुछ भी रोके नहीं रुकता है। पिसे हुए अनाज के झोले में इतनी गर्मी होती है कि हाथ जल जाता है। यह अनाज के एहतजाज की हिद्दत होती है जो थोड़ी ही देर में सर्द पड़ जाती है। वक़्त की चक्की में भी जब नयी उमंगों, आरज़ुओं और ख़्वाहिशों को निचोड़ा जाता है तो वह भी कुछ ही दिनों में हालात के मुताबिक़ ढल जाती हैं। मुझे भी अपनी दूधिया ख्वाहिशों को बेदर्दी से ट्रक और ट्रांसपोर्ट की धूल भरी ज़िन्दगी के हवाले कर देना पड़ा। शुरू-शुरू में सब कुछ अजीब-सा लगता था। कहीं प्रोफ़ेसर बनने का ख़्वाब, अदालत में एक बड़े वकील की हैसियत से खड़े होकर बहस करने का शौक़, अदब पढ़ने और अदब पढ़ाने की ललक और कहाँ ज़िन्दगी '1020' और '0920' के टायरों से रगड़ खाने लगी लेकिन जैसे-जैसे वक़्त गुज़रता जा रहा था मैं अपने आपको इस मुश्किल तरीन कारोबार का आदी बनाता चला गया। ज़िन्दगी रफ़्ता-रफ़्ता चेरापूँजी के मौसम की तरह होती जा रही थी और मेरी तमाम ख़्वाहिशें चेरापूँजी के रहने वालों की तरह अपने-अपने दायरे में सिमट कर मुतहर्रिक (सक्रिय) रहने की आदी होती जा रही थीं। मैंने ज़िन्दगी को नीम का पेड़ समझ कर उसे बहुत ईमानदारी से और मुख़्तलिफ़ ज़ावियों (कोणों) से देखना शुरू किया। कभी मैं किसी हकीम की निगाह से देखता तो यह कई बीमारियों का इलाज दिखाई देती, कभी मैं गाँव की कच्ची उम्र की लड़कियों की तरह देखता तो इसकी शाख़ पर सावन का झूला पेंगें मारता दिखाई देता, कभी मैं शायर की तरह देखता तो ज़िन्दगी एक मुसलसल ग़ज़ल की तरह लगती, अफ़साना निगार (लघु कथा रचयिता) की तरह देखता तो ये मुंशी प्रेम चन्द्र की समाजी चौपाल दिखाई देती, मुसव्विर

(चित्रकार) की तरह देखता तो ये किसी ख़ूबसूरत तस्वीर में ठहरे हुए रंग की तरह दिखाई देती, हिन्दू की तरह देखता तो ज़िन्दगी नीम के हरे रंग के पेड़ की सूरत में मुसलमान नज़र आती और मुसलमान की तरह देखने की कोशिश करता तो इसमें 'गुम्बदे ख़ज़रा' (हज़रत मुहम्मद सल. के रौज़े का गुम्बद) का 1400 बरस पुराना रंग दिखाई देती थी।

ख़ुद सँवरने और सँवारे जाने में वही फ़र्क़ होता है जो क्लोपैटरा और ऐश्वर्या राय में हो सकता है। चाँदी के चम्मचों के साथ पैदा होना, ब्यूटी पार्लरों के सहारे जवान रहने की कोशिश करना है लेकिन बेसरो सामानी में ज़िन्दा रहना, ज़िन्दा रहने की जद्दो जेहद करना और ज़िन्दगी को द्रोपदी के कपड़े उतरवाये बग़ैर जीत कर लाना ही द्रोणाचार्य के मकतब (पाठशाला) से अर्जुन को तीरन्दाज़ी की सनद दिलवाना है। मेरे पास इल्म की बेपनाह दौलत नहीं थी, काग़ज़ी सर्टिफ़िकेट भी नहीं थे। ट्रांसपोर्ट के कारोबार की कोई डिग्री भी नहीं थी। तजरुबे की दौलत हासिल करने के लिए पूँजी भी नहीं थी। सिर्फ़ एक उम्र की पूँजी थी जिसकी कोई गारण्टी नहीं होती क्योंकि इसका पूरा सिस्टम क़ुदरत के कारखाने में मौजूद रहता है और हमें लिख दिये गये भाग्य को पढ़ने की तौफ़ीक़ (सामर्थ्य) भी नहीं बख़्शी गयी है। ख़ानदानी शराफ़त और नजाबत (भलमनसाहत) से मैं बेइन्तिहा मालामाल था लेकिन दुनिया के बाज़ार में इसकी हैसियत एक माँगने वाले के कासे से ज़्यादा नहीं होती। लिहाज़ा निस्बतों के इस कासे को मेरे अब्बू ने सबसे पहले हुगली पर बने हवड़ा पुल पर खड़े होकर दरिया में डुबो दिया था। यूँ भी जहाँ निस्बतों के कासे दौलत से ख़रीदे और बेचे जाते हों, वहाँ अपने आपको सादात या आले रसूल (रसूल के वंशज) कह कर अपनी कम मायगी (हीनता) का मज़ाक उड़ाने का कोई मक़सद नहीं होता। राय बरेली में हमारा ख़ानदान सादात के पहले क़ाफ़िले की सूरत में उतरा था। हिन्दुस्तान में आने वाले हमारे जद्दे आला (पूर्वज) इब्राहीम शर्क़ी की फ़ौज में थे। रायबरेली उन दिनों राजा भर के नाम के लिहाज़ से भरौली नाम की एक रियासत थी। उसके पास की दूसरी रियासत राजा डल की थी जो डलमऊ के नाम से मशहूर है। तारीख़ के पन्ने बताते हैं कि राजा डल को इब्राहीम शिर्क़ी की फ़ौजों ने ऐन होली के दिन शिकस्त दी थी और राजा डल मारा गया था। ज़िन्दा क़ौम की तारीख़ का यह दिलचस्प, सच्चा और क़ाबिले फ़ख़्र कारनामा है कि आज तक डलमऊ में होली ऐन होली के दिन नहीं मनायी जाती है बल्कि कुछ दिनों के बाद इस बड़े त्यौहार की एक रस्म अदा की जाती है। बुज़ुर्गों के ज़माने से हमारे दादा और परदादा शहर के बच्चों को मज़हब और मिल्लत का फ़र्क़ किये बग़ैर मदरसे में पढ़ाते थे। रायबरेली की मिट्टी में भी बड़ी करामतें थीं। मेरे वालिद मुद्दतों अनवर अली के

नाम से कलकत्ता में जाने पहचाने जाते थे। फिर ट्रांसपोर्ट की निस्बत से अनवर राना कहलाये जाने लगे। लफ़्ज़ राना की कहानी भी इत्तिफ़ाकी और दिलचस्प है। इब्तिदा (शुरू) में मेरे वालिद के ट्रांसपोर्ट का नाम राजा ट्रांसपोर्ट कम्पनी था, जिसमें वालिद साहब के दोस्त शेख़ हुमायूँ हसन भी पार्टनर थे। हुमायूँ साहब लाहौर के पंजाबी थे और कलकत्ते के दबंगों में उनका शुमार होता था। हम लोग उनको हुमायूँ चचा कहते थे। पार्टनरशिप ख़त्म हुए तक़रीबन 40 बरस गुज़र गये हैं लेकिन तअल्लुक़ और एख़लाक़ी रिश्तेदारी आज भी क़ायम है। उनके बच्चों में और हम लोगों में हमेशा एक दूसरे के लिए मर मिटने का जज़्बा क़ायम रहा। पार्टनरशिप ख़त्म होने के बाद राजा ट्रांसपोर्ट कम्पनी का नाम और पिछला लेनदेन सब मेरे वालिद की ज़िम्मेदारी में आ गया लेकिन कुछ ही दिनों बाद हुमायूँ चचा ने कुछ मुसाहिबों (खुशामदियों) के कहने पर यह झगड़ा खड़ा कर दिया कि राजा ट्रांसपोर्ट कम्पनी का नाम दोनों पार्टियों में से कोई इस्तेमाल नहीं करेगा। ये आग लगाने में एक सरदार जागीर सिंह पेश पेश हुआ करते थे। तमाम फ़ैसलों के बाद ये बेवजह की 'पख़' ग़ैर ज़रूरी थी। उन दिनों जोड़ा साँखू पुलिस स्टेशन के सी.ओ. अजीत कुमार चटर्जी साहब हुआ करते थे जिन्होंने सारी ज़िन्दगी मेरे वालिद को अपना भाई समझा, इसी रिश्ते को निभाया और हर अच्छे-बुरे में ख़ानदान के एक ज़िम्मेदार फ़र्द बन कर सामने खड़े हुए। अब ट्रांसपोर्ट के नाम को लेकर फिर हंगामा शुरू हुआ, पंचायत बैठी और पंचायत ने ये फ़ैसला किया कि मज़ीद (और ज़्यादा) झगड़े से बचने के लिए अनवर साहब को ट्रांसपोर्ट का नाम बदल देना चाहिए। पुलिस ऑफिसर चटर्जी साहब ने भी अब्बू को समझाया कि थोड़ी-सी परेशानी उठा लीजिए। मेरे वालिद के पास ज़्यादा पैसे थे नहीं फिर अगर सय्यदों के पास पैसों की बोहतात हो तो शजरा (वंशावली) कसमसाने लगता है। साढ़े ग्यारह हज़ार रुपये में ज़करिया स्ट्रीट में ऑफिस के लिए एक जगह एक हेयर कटिंग सैलून वाले से ख़रीदी गयी जो सुल्तानपुर के रहने वाले थे और अब्बू के अच्छे दोस्त थे। श्री नारायण और दुर्गा बाबू जैसे अब्बू के दोस्त कलकत्ता से इलाहाबाद के लिए हमारे ट्रांसपोर्ट से अपना माल भिजवाते थे। उन दिनों माचिस भी बिहार और यू.पी. के लिए कलकत्ता से ही जाती थी। उन लोगों ने ग़ालिबन साढ़े पाँच हज़ार रुपये अब्बू को ऑफ़िस ख़रीदने के लिए दिये थे। कानपुर के एक ट्रक मालिक सरदार कुलदीप सिंह और उनके भाई सरदार मोहन सिंह थे जिनकी गाड़ियाँ भी कलकत्ता में हमारे ट्रांसपोर्ट की निगरानी में चलती थीं। सरदार कुलदीप सिंह ने भी आफ़िस की जगह ख़रीदने में अब्बू की ख़ासी मदद की थी। अब ऐसी ग़रीबी के ज़माने में तमाम स्टेशनरी और साइन बोर्ड बदलवाना एक लड़की को दोबारा रुख़्सत करने जैसा था। अब्बू हमेशा महाराणा

प्रताप की बहादुरी के क़द्रदान थे। इसलिए Egoist भी बहुत थे लिहाज़ा ट्रांसपोर्ट कम्पनी का Logo भी शेर की सूरत में ट्रांसपोर्ट के काग़ज़ात और साइन बोर्ड पर नज़र आता था। इन हालात में अजीत बाबू ने मशविरा दिया कि अंग्रेज़ी हर्फ़ J को बदल कर N कर दिया जाये। नतीजे के तौर पर एक मामूली-सी सीढ़ी और पेंटर के ब्रुश की मदद से राजा को राना ट्रांसपोर्ट कर दिया गया। ये नाम मेरे वालिद की शख़्सियत, पसन्द और कारोबार से इतना जुड़ गया कि शहर के लोग भी अब्बू को अनवर अली राना के नाम से पुकारने लगे। उन दिनों अब्बू शहर की बेशतर तंज़ीमों (कमेटियों) से जुड़े हुए थे। मोहम्मडन स्पोर्टिंग क्लब, इस्लामिया अस्पताल और कलकत्ता यतीमख़ाना जैसे बहुत से इदारों के साथ अब्बू की वाबस्तगी (सम्बद्धता) थी। कई इदारों में अब्बू के हमनाम हज़रात भी थे। मसलन अनवर महमूद साहब TROT SHOE वाले, शेख़ अनवर अली M.L.A. और अनवर अली टी-गार्डेन वाले लिहाज़ा आसान शिनाख़्त (पहचान) के तौर पर अब्बू के नाम के साथ राना जुड़ता चला गया। उन्हीं दिनों में एक बार मौलाना अली मियाँ (अबुल हसन अली नदवी) किसी जल्से में कलकत्ता तशरीफ़ लाये। उनका क़याम हमारे इलाक़े के चमड़े के एक बहुत बड़े ताजिर और बेपनाह दीनदार शख़्सियत जनाम गुलाम रसूल साहब के घर पर था। उनके घर पर सुबह चाय की दावत में शहर के बहुत से बड़े लोगों को बुलाया गया था। चूँकि मेरे वालिद साहब के गुलाम रसूल साहब से काफ़ी मरासिम थे और हज़रत मौलाना ने भी गुलाम रसूल साहब को ताकीद की थी कि अनवर भाई को ज़रूर आने के लिए कह दिया जाये लिहाज़ा इस दावत में अब्बू भी शामिल थे। उनके लक़ोदक़ (शानदार) ड्राइंग रूम में मौलाना ने अब्बू को देखते ही अपने पास बुला लिया और लोगों से उनका तआरुफ़ कराते हुए मौलाना ने तमाम हाज़िरीन को बताया कि अनवर भाई मेरे क़राबतदार हैं। रायबरेली में दो ही सादात (सय्यद) ख़ानदान हैं। एक हमारा ख़ानदान और दूसरा अनवर भाई का है। मैंने इनके बुज़ुर्गों की ख़िदमत की है। मौलाना ने अब्बू के तआरुफ़ में ये भी फ़रमाया कि ये ख़ानदान बहुत निडर और जाँनिसारों का है। इस तरह अचानक हमारे ख़ानदान के सादात होने की गवाही उस वक़्त के हिन्दुस्तान के सबसे बड़े आलिमे दीन ने दी थी। दूसरे दिन से ही शहर वालों की निगाह में हमारे ख़ानदान की क़द्रो क़ीमत बढ़ गयी। इसके बाद अब्बू के बहुत ही बेतकल्लुफ़ दोस्त उन्हें सय्यद साहब कह कर मुख़ातिब करने लगे लेकिन वालिद साहब ने इस नये लक़ब से गुरेज़ किया। उनका कहना था कि इस शहर में यह लक़ब बहुत नापसन्दीदा (अप्रिय) होता जा रहा है। क़िस्सा यूँ था कि हमारे इलाक़े में चितपुर रोड पर मदरसा अज़मतिया के नीचे एक बहुत बड़ा सैलून था। वह सैलून क्या था...वह तो एक कारोबारी

पर्दा था वर्ना उसके मालिक जो शहर में सय्यद साहब के लक़ब से अब्बू से कहीं ज़्यादा मशहूर थे उनका चरस और अफ़ीम का बहुत बड़ा काम था और खुले आम एक सय्यद साहब इस ग़लीज़ कारोबार से जुड़े हुए थे जबकि अब्बू ने हमेशा किसी सुल्तान के बिगड़े हुए तेवर जैसी ज़िन्दगी गुज़ारी थी।

उसी ज़माने का ज़िक्र है कि रात के तक़रीबन दो-तीन बजे एक पुलिस गाड़ी मेरी बिल्डिंग के नीचे आकर खड़ी हुई, एक इंस्पेक्टर दूसरी मंज़िल पर आकर अब्बू को आवाज़ें लगा रहा था। वालिद साहब से मुलाक़ात होते ही उसने बताया कि मैंने आज एक ट्रक से चरस और अफ़ीम बराबद की है। दुर्गा पूजा का त्यौहार है, मुझे सिर्फ़ चालीस हज़ार रुपये दिलवा दीजिए और ये माल आप रख लीजिए। अब्बू को गुस्सा तो बहुत आया। उनका बस चलता तो उसी वक़्त खुफ़िया पुलिस को बुलाकर उसे गिरफ़्तार करा देते लेकिन यह उनके उसूल के ख़िलाफ़ था कि किसी को भरोसे में लेकर कोई वार किया जाये। लिहाज़ा उन्होंने नाइट दरबान मरहूम शमीम के ज़रिये उस इंस्पेक्टर को सय्यद साहब के ठिकाने पर भिजवा दिया। मज़े की बात तो ये हुई कि सुबह के वक़्त सय्यद साहब मेरे आफ़िस आये, वालिद साहब से दुआ सलाम हुई, फिर उन्होंने जेब से दो हज़ार रुपये निकाल कर मेरे वालिद के सामने रख दिये और ये कहते हुए उठ खड़े हुए कि आपकी रात वाली करम फ़रमाई का शुक्रिया। अब्बू ने सय्यद साहब को बिठाया, चाय मँगायी और मुंशी जी को बुला कर कहा कि मुंशी जी! सय्यद साहब ने इस फ़क़ीर की मेज़ पर चरस की कमाई के दो हज़ार रुपये बतौर कमीशन रख दिये हैं। अब इसका कफ़्फ़ारा (प्रायश्चित्) यूँ अदा किया जाये कि तुम अपनी तिजोरी से दो हज़ार रुपये निकाल कर लाओ। उन्हें भी इन्हीं रुपयों में मिला कर इस्लामिया अस्पताल में किसी अजनबी के नाम से चार हज़ार रुपये का चन्दा जमा करवा कर रसीद ले आओ। मुमकिन है कि सय्यद साहब पर इसका कुछ असर न हुआ हो लेकिन अब्बू ने बहादुरी और बेबाकी का जो इंजेक्शन मेरी रूह में तहलील (संचारित) किया था, आज तक उसके असर से हराम निवाला मुँह में डालते ही क़ै (उल्टी) हो जाती है।

ग़रज़ कि इतने पक्के रंग छोटी-सी ज़िन्दगी में देख लिए हैं कि अब आँखों को दूसरा कोई भी रंग जँचता ही नहीं है।

कितना पाकीज़ा हूँ ये सिर्फ़ ख़ुदा जानता है

पृथ्वीराज चौहान से बुरी तरह शिकस्त खाने के बाद मुहम्मद ग़ौरी का लश्कर ख़ैबर के दर्रे में दाख़िल हुआ तो शिकस्त ख़ुर्दा (पराजित) बादशाह को एक दीनदार नवजवान हिन्दुस्तान की तरफ़ आता दिखाई दिया। बादशाह ने उस नवजवान को हाथ के इशारे से रोक कर पूछा कि तू हिन्दुस्तान किसलिए जा रहा है। नवजवान ने अज़्म (दृढ़ संकल्प) का सहारा लेते हुए कहा कि मैं वहाँ इस्लाम फैलाने जा रहा हूँ। बादशाह ने कहा कि पहले हम लोगों की हालत पर निगाह डाल और ये बात भी समझ ले कि हम लोग भी वहाँ इस्लाम की तब्लीग़ (प्रचार) के लिए गये थे लेकिन उन लोगों ने हिन्दुस्तान से भागने पर मजबूर कर दिया। नवजवान ने क़लन्दराना (फ़क़ीराना) मुस्कुराहट होंठों पर बिखेरते हुए कहा कि आप लोग वहाँ तलवार लेकर इस्लाम फैलाने गये थे इसलिए नाकाम और नामुराद लौटना पड़ रहा है लेकिन मेरे पास तलवार नहीं है। मेरे हाथों में सिर्फ़ कलामे इलाही है और दिल में इंसानियत का जज़्बा है। ये नवजवान कोई मामूली शख़्स नहीं था। यह तो हज़रत ख़्वाजा मुईनुद्दीन चिश्ती थे जिन्होंने कलामे इलाही (ईश वाणी यानी क़ुरआन) और अहकामे इलाही (ईश्वरीय आदेश) के साथ हिन्दुस्तान की सर ज़मीन पर क़दम रखा था। उनके लहजे में वह ख़ाकसारी (विनम्रता) थी जिसके आगे दुनिया की हर तलवार कुन्द हो जाती थी। उनके दिल और दिमाग़ पर रसूल सल. की ज़िन्दगी और सुन्नते रसूल (रसूल सल. के तौर तरीकों) की हुकूमत थी। उनके होंठों पर कलमये तय्यिबा (पाक कलमा) का विर्द (जाप) था। उनकी आँखों में अज़्म और हिम्मत का वह नूर था जो किसी चाँद और सूरज का एहसानमन्द नहीं हुआ था। उनके अज़्म (दृढ़ निश्चय), हौसले और रवादारी में इतनी चमक थी कि आज तक इस्लाम के दुश्मनों की आँखें दुखने लगती हैं।

दुनिया के हर ग़ैर मुस्लिम तारीख़दाँ (इतिहासकार) ने लिखा तो यही है कि इस्लाम तलवार के ज़ोर से फैलाया गया मज़हब है, लेकिन दुनिया के तमाम तारीख़दाँ मिल कर भी इस बात को साबित नहीं कर सके कि दुनिया के किसी भी हिस्से में मुसलमान बे सबब हमलावर हुए या क़त्ल और ग़ारतगरी का बाज़ार

गर्म किया। इस्लाम के सदाबहार दुश्मन यहूदियों और ईसाइयों ने बड़े ही मुनज़्ज़म (सुनियोजित) तरीक़े से इस्लाम के ख़िलाफ़ प्रोपैगण्डे की जो मुहिम (Mission) शुरू की थी वह आज भी सूरतें बदल-बदल कर दुनिया के हर गोशे में मौजूद है। अगर मदीना को मरकज़ मान लिया जाये तो बहुत आसानी से ये बात समझ में आ जाती है कि अपनी ज़मीन और अपने लोगों को बचाने के लिए मुसलमानों ने ज़्यादातर जंगें की। अपनी मुदाफ़िअत (सुरक्षा) में जंग करना दुनिया के हर मज़हब में जायज़ है। मदीने के इर्द-गिर्द हुई लड़ाइयाँ इस बात का पक्का सुबूत हैं कि मुसलमान हमलावर नहीं हुए थे। वह हमेशा अपनी सुरक्षा के लिए जंग करते चले आये हैं। आज की So Called मुहज़्ज़ब दुनिया में वज़ीरे दिफ़ाअ (रक्षा मन्त्री) तो होता है लेकिन दुनिया के किसी भी मुल्क ने अभी तक वज़ारते जंग का पोर्टफ़ोलियो किसी को नहीं सौंपा है। इसका मतलब तो यही हुआ कि आज हम जितनी भी जंगें लड़ते हैं वह वज़ीरे जंग के एलान के बग़ैर लड़ते हैं और अपने दिफ़ाअ के लिए लड़ते हैं। दो तरफ़ा लड़ाइयों में शुरुआत तो बहरहाल किसी एक तरफ़ की फ़ौज करती है...तो क्या ये मान लिया जाये कि आज की मुहज़्ज़ब दुनिया में जिसे वज़ीरे दिफ़ाअ कहा जाता है, वह हक़ीक़त में वज़ीरे जंग होता है। चारों तरफ़ से होने वाले बेतहाशा प्रोपैगण्डों ने हमारे दिलों में भी यह एहसासे जुर्म पैदा कर दिया कि मुसलमान एक झगड़ालू क़ौम है, इसका काम ही क़त्लो ग़ारतगरी और लूटमार करना होता है लेकिन इस हक़ीक़त को कैसे झुठलाया जा सकेगा कि अगर इस्लाम बज़ोरे शमशीर फैला होता तो दो बातें यक़ीनन सामने आतीं। एक तो इस्लाम का नाम लेवा सारी दुनिया में एक भी आदमी न रह जाता (क्योंकि इस्लाम का ज़ोर टूटते ही सारे लोग जो जबरन मुसलमान हुए थे अपना मज़हब बदल देते) या फिर यूँ होता कि दुनिया में दूसरे मज़हबों के लोग, उनकी इबादत गाहें, उनके महल और मुहल्ले क़िस्सये पारीना (पुराने क़िस्से) बन चुके होते। इस्लाम ने चौदह सौ बरस बाद भी अख़लाक़ और रवादारी की क़न्दीलों को बुझने नहीं दिया है। ज़िनाकारी (व्यभिचार) से बचने के लिए चार निकाहों तक की गुंजाइश भी ग़ैर इंसानी ज़ुल्म और ज़्यादती से औरतों को बचाने के लिए निकाली गयी है।

तक़रीबन 25-30 बरस पहले की बात है...मैं देर रात को लखनऊ से रायबरेली के सफ़र पर निकला। मेरे साथ मेरे पुराने दोस्त और मशहूर शायर हबीब हाशिमी भी थे। सुनसान रास्तों से रात के अँधेरे में गुज़रते हुए किसी ने मुझे हाथ दिखा कर गाड़ी रुकवाने की कोशिश की। पुरानी आदत के मुताबिक़ मैंने कार रोक दी और हाथ देने वाले साहब को अपनी ओर बुलाया। वह साहब आये और मुझसे रायबरेली तक चलने के लिए लिफ़्ट माँगी। मैंने अपनी आदत के मुताबिक़

उन्हें कार में बैठने के लिए कहा। गाड़ी मैं ख़ुद चला रहा था और मेरे बराबर वाली सीट पर हबीब हाशिमी बैठे हुए थे। मदद की गुज़ारिश करने वाले साहब ने कहा कि मेरे साथ मेरी बेटी भी है। मैंने कहा कोई हर्ज नहीं है, आप .लोग पीछे वाली सीटों पर आराम से बैठ जाइए। उन लोगों के बैठते ही मैंने पहले तो Looking Glass का रुख़ ऊपर की सिम्त कर दिया ताकि उन लोगों को यह तकल्लुफ़ (संकोच) न होने पाये कि मुमकिन है कोई उन्हें शीशे में देख रहा हो। फिर मैंने फ़ौरन ही टेप रिकार्डर भी बन्द कर दिया क्योंकि उसमें से रोमांटिक ग़ज़लों की आवाज़ आ रही थी। गुफ़्तगू की गुंजाइश भी कम थी क्योंकि हम लोगों के मुँह पान से भरे हुए थे। वह साहब जल निगम में बड़े अधिकारी थे। उन्होंने बताया कि लखनऊ में बेटी का पी.एम.टी. का इम्तिहान था, लौटते हुए उसकी मौसी ने खाने की ज़िद की जिसके सबब लखनऊ से निकलने में देर हो गयी और फिर रास्ते में गाड़ी भी ख़राब हो गयी। वह तो भगवान आप लोगों का भला करे कि आप लोग मिल गये वर्ना हम बाप-बेटी तो बहुत ख़ौफ़ज़दा हो चुके थे। रास्ते भर तक़रीबन ख़ामोशी रही। हमारे और हबीब हाशिमी साहब के दरम्यान शायद एकाध जुम्ले का तबादला हुआ होगा। शहर क़रीब आते ही उन्होंने मुझसे स्टेशन के पास छोड़ देने की गुज़ारिश की। मैंने उनसे कहा कि आप अपने घर का पता बतायें मैं आपको वहीं पहुँचाये देता हूँ क्योंकि एक तो सर्दी बहुत है और दूसरे रात भी बहुत ज़्यादा हो चुकी है। मुमकिन है आपको रिक्शा मिलने में दुश्वारी हो। वह बड़े तकल्लुफ़ के बाद अपना पता बताने पर आमादा हुए और कहा कि सिविल लाइंस कालोनी में रहते हैं। उनके छोटे-से बंगले के पास पहुँचते ही कार की आवाज़ सुन कर उनके घर के तमाम अफ़राद बेचैनी के आलम में बाहर निकल आये। मैं उन लोगों को उनके दरवाज़े पर उतार कर कार बैक गेयर में डाल कर उसे बैक कर ही रहा था कि वही साहब दौड़ते हुए आये और हम लोगों से चाय पीने की गुज़ारिश करने लगे। मैं तकल्लुफ़ कर रहा था। तब तक उनकी अहलिया (पत्नी) भी चलती हुई मेरी कार के पास आ गयीं और उन्होंने भी बड़ी आजिज़ी से कहा कि भाई साहब! चाय पीकर जाएँ। हम और हबीब हाशिमी उनके छोटे-से लेकिन सलीक़े से सजे हुए ड्राइंग रूम में जाकर बैठ गये। अचानक मेरी निगाह उनकी बेटी और उनकी तरफ़ उठ गयी। दोनों में सरगोशियों के आलम में कोई बहस हो रही थी। मैंने पूछ लिया कि क्या कोई परेशानी है या कुछ सामान कार में छूट गया है। वह साहब कहने लगे कि नहीं नहीं, ऐसी कोई बात नहीं है। दरअस्ल मेरी बेटी मुझसे कह रही है कि ये लोग खत्री मालूम होते हैं लेकिन मैंने इसे बताया है या ये लोग खत्री बिल्कुल नहीं हैं...ये लोग सिर्फ़ और सिर्फ़ मुसलमान हैं क्योंकि इतनी शराफ़त और तमीज़

इस मुल्क में अब सिर्फ़ मुस्लिम घरानों में ही बची है। जिस तरह आपने हमारे लिए इतनी रात में जंगल बियाबान में कार रोक दी, फिर Looking Glass का रुख़ बदल दिया, टेप रिकार्डर का स्विच ऑफ कर दिया और अपना रास्ता बदल कर हमें घर तक लाकर पहुँचाया है, वह मामूली लोगों का तरीका हो ही नहीं सकता। उनकी इस अदा पर मैं सिर्फ़ शुक्रिया अदा करने के लायक़ बचा था। ख़ुदा करे वह ख़ानदान जहाँ कहीं भी हो ख़ुशो ख़ुर्रम और आबाद हो वर्ना इतनी मामूली-सी ख़िदमत के एवज़ इतना बड़ा ईनाम इस ज़माने में कौन देता है। ऐसे तजरुबों और हादसों से मेरी ज़िन्दगी की तक़रीबन पूरी किताब भरी पड़ी है। जिस तरह मैं बहुत से लोगों के काम आया हूँ, उसी तरह मेरी कामयाब ज़िन्दगी ऐसे ही मददगारों से भरी पड़ी है। अगर मुझे ऐसे बेशतर वाक़ियात याद आ जायें या मैं ऐसे तमाम वाक़ियात को क़लमबन्द करना शुरू कर दूँ तो रोशनाई और काग़ज़ मेरी मदद करते-करते थक जायेंगे। शायद हालात और ज़िन्दगी ने मुझे पढ़ाया बहुत या मैंने पढ़ने-लिखने का कोई मौक़ा अपने हाथों से जाने नहीं दिया है। मुझसे मुहब्बत करने वाले लोग कहते हैं कि मैंने अपने क़लम और इस मिट्टी का क़र्ज़ ईमानदारी से अदा किया है लेकिन मेरा ज़मीर कहता है कि क़र्ज़ की क़िस्तें जो मैंने जमा की हैं, वह भी वक़्त पर ही जमा हुआ करती हैं और मिट्टी का क़र्ज़ तो कई पुश्तों (नस्लों) की मेहनत और कोशिशों से अदा होता है। मैं ख़ुदा से ये भी दुआ करता हूँ कि मैं हमेशा इस मुल्क की मिट्टी का क़र्ज़दार रहूँ और यह मिट्टी किसी सख़्तगीर साहूकार की तरह मेरी आइन्दा नस्लों से भी अपने क़र्ज़ की वसूलयाबी करती रहे ताकि मैदाने हश्र में मुझे इसके क़र्ज़दार की हैसियत से इंसाफ़ के कटघरे में न खड़ा होना पड़े।

एक दिलचस्प वाक़िया और भी याद आ रहा है, इसको भी क़लमबन्द करना चाहता हूँ वर्ना मुमकिन है कि ज़ेहन के पर्दे से यादों के बादल छट जायें। कलकत्ता की रंगारंग ज़िन्दगी में मेरी फ़क़ीर मिज़ाजी हमेशा मुस्तनद (प्रमाणित) रही है। ये मेरी नवजवानी का एक दिलचस्प और अजीब वाक़िया है। उन दिनों कलकत्ता में मेरा हल्क़ये अहबाब (दोस्तों का दायरा) बहुत बड़ा था। दिन भर तो मैं ट्रांसपोर्ट के मसाइल में उलझा रहता था। शाम होते ही एकाध कम्पनी के अफ़सर के घर पर रॉयल इण्डियन होटल की बिरयानी, चाय और कबाब चपाती पहुँचाना रोज़ का मामूल (दस्तूर) था। यह तमाम तरक़्क़ियों के रास्ते पर दौड़ने की कोशिशें थीं जिन्हें दस बजे रात तक निपटा कर वहीं आफ़िस के क़रीब नासिर आबिदी की जनरल मर्चेन्ट की दुकान के पटरे पर बैठ कर रात के एक-डेढ़ बजे तक कोट पीस का दौर चलता था। ये सिलसिला मुद्दतों चला। तक़रीबन 15-16 बरस तक मुस्तक़िल ताश खेलने वालों में मैं, नासिर आबिदी (नासिर बाबा), सरवर

अब्बास, अमीन रंग वाले, नज़र अब्बास और दो एक लोग और भी होते थे जिनका शुमार बारहवें खिलाड़ी में होता था। शुरू-शुरू में तो रात की गश्त पर निकले पुलिस वालों से थोड़ी परेशानी होती थी। फिर रफ़्ता-रफ़्ता पुलिस वाले भी हम लोगों से अच्छी तरह वाक़िफ़ हो गये थे बल्कि रात की गश्त में हमारी तरफ़ आना ही छोड़ दिया था क्योंकि हम लोगों की वजह से हमारे आस-पास का माहौल यूँ भी बहुत पुरसुकून रहता था। बड़ा नशा न करने वालों को छोटे-छोटे बहुत से नशों का सहारा लेना पड़ता है... यह देर रात गये तक ज़करिया स्ट्रीट चौराहे पर कोटपीस खेलना यह भी नशे का एक हिस्सा है।

सिगरेटें, चाय, धुवाँ रात गये तक बहसें
और कोई फूल-सा आँचल कहीं नम होता है

हम लोगों की टीम में एक बच्चा पार्टी भी थी जिसकी हम लोग हर तरह से सरपरस्ती करते थे। मेरे दोस्त मिर्ज़ा साहब इस बच्चा पार्टी को च्यूँटी फ़ौज कहते थे। एक बार की बात है कि मैं अपने काम से रात के दस बजे के आस-पास जैसे ही लौट कर आया तो देखता हूँ कि नासिर बाबा के पटरे पर बिल्कुल सन्नाटा है। मैं मोटर साइकिल स्टैण्ड कर ही रहा था कि च्यूँटी फ़ौज का एक नुमाइन्दा भागता हुआ मेरे पास आया और उसने बताया कि नासिर बाबा वग़ैरह रॉयल इण्डिन होटल के कैबिन में बैठे हुए हैं। सब लोग बहुत देर से आपके आने का इन्तिज़ार कर रहे हैं। मैंने पूछा कि चक्कर क्या है? उसने हँसते हुए बताया कि कोई लड़की घर से भाग कर आयी है और होटल के कैबिन में वह भी सब लोगों के साथ बैठी हुई है। मैंने मोटर साइकिल आफ़िस के सामने खड़ी कर दी ताकि आफ़िस वालों को ये मालूम हो जाये कि हम कहीं आस-पास ही होंगे। मैं लम्बे-लम्बे डग भरता हुआ होटल की पहली मंज़िल पर बने हुए उस कैबिन में दाख़िल हो गया जिसमें मेरा बेसब्री से इन्तिज़ार हो रहा था। मेरे कैबिन में दाख़िल होते ही खाने का आर्डर दिया गया और साथ ही साथ फ़ास्ट ट्रैक मुक़दमे की सुनवाई शुरू हो गयी। सारे बयानात सुनने के बाद ये समझ में आया कि लड़की दिल्ली से कलकत्ता भाग कर आयी है। कोई नवउम्र मुहब्बत की चोट का मामला है। हालाँकि हम ही कौन-से बुज़ुर्गों की सफ़ के लोग थे लेकिन बहरहाल जब आधा मुक़दमा सुन लिया है तो फिर पूरा मुक़दमा सुनने में क्या बुराई है? मैंने लड़की से जिरह करनी शुरू की। वह पूरे तौर पर खुलने के लिए तो तैयार नहीं थी लेकिन ये समझ में आ गया कि यह दिल्ली से अपने किसी नवउम्र दोस्त के इश्क़ में भागी है। अपनी गुफ़्तगू, शक्ल सूरत, पहनावे और रख रखाव से ही वह किसी अच्छे घराने की दिखाई दे रही थी। कॉन्वेन्ट की पढ़ी-लिखी थी। बहुत तेज़ तर्रार होने के साथ-साथ फ़ौरन फ़ैसला लेने की सलाहियत भी रखती थी।

मैंने उससे पूछा कि तुम चाहती क्या हो? उसने कहा मैं कुछ भी नहीं चाहती हूँ...आप लोग मेरे साथ जो भी सुलूक करना चाहे करें और फिर उसके बाद हमें किसी कोठे पर पहुँचा दें। उसकी बात सुन कर मैं बिल्कुल सन्नाटे में आ गया। मैंने उसको समझाया कि देखो, तुम मेरी छोटी बहिन की तरह हो और ये बात भी ध्यान में रख लो कि इस शहर में बहिनें तो मुझे दस-बीस दर्जन मिल जायेंगी लेकिन तुम्हें भाई कहने वाला मेरे अलावा कोई और नहीं मिलेगा। लेकिन वह अपनी बात पर ही अड़ी रही कि मुझे किसी कोठे तक पहुँचा दीजिए...आप लोगों को कुछ पैसे भी मिल जायेंगे। मैंने नासिर बाबा से इशारे में बात की और लड़की को ये तसल्ली दे दी कि ठीक है, चलिये, आप जैसा चाह रही हैं वैसा ही हो जायेगा। हम लोग उस लड़की को होटल से निकाल कर अपने आफ़िस के पास लाये, जहाँ मेरी कार खड़ी थी। दरबान से चाभी माँगी, लड़की को ड्राइविंग सीट के पास अपने बराबर बिठाया और खिड़की के पास नासिर बाबा दीवार बन कर बैठ गये। मैंने गाड़ी स्टार्ट की और तेज़ रफ़्तारी से ड्राइव करता हुआ जोड़ा साँखू पुलिस स्टेशन के गेट पर पहुँच गया। हमारे इलाक़े का यही थाना है, चूँकि रात के तक़रीबन साढ़े ग्यारह बज रहे थे इसलिए थाने में भी कुछ सन्नाटा हो चला था। स्टेशन इंचार्ज मिस्टर बर्मन भी अपने क्वार्टर जा चुके थे जो कि थाने की इमारत के ऊपरी हिस्से पर था। उनको फ़ोन पर सूरते हाल बतायी तो वह बेचारे फ़ौरन ही नीचे दफ़्तर में आ गये। बर्मन बाबू ने उस लड़की को अपने सामने पड़ी हुई कुर्सियों में से एक पर बैठने के लिए कहा। उसके बैठते ही उससे सख़्त लहजे में पूछताछ शुरू हुई लेकिन उस लड़की ने, जो हम लोगों से हिन्दी में बात कर रही थी जब बर्मन बाबू से शानदार इंग्लिश में बहस करनी शुरू की तो उनके हाथों के तोते उड़ने लगे। उन्होंने ड्यूटी अफ़सर को बुला कर लड़की को उसके हवाले किया और कहा कि इसको किसी बेंच पर आराम करने को कह दीजिए और डायरी लिख लीजिए...सुबह इसे शिक्षा निकेतन भिजवा दिया जायेगा। मैंने चलते वक़्त बर्मन साहब से कहा कि सर...इस लड़की को मैंने अपनी बहन कहा है लिहाज़ा इसके साथ कोई ज़ोर ज़्यादती न होने पाये बल्कि अगर आप कहें तो मैं प्रकाश भट्टाचार्य जी (डिप्टी कमिश्नर सेन्ट्रल) साहब को भी फ़ोन करके मामले की नज़ाकत उन्हें भी बता दूँ। प्रकाश बाबू से अब्बू की बहुत दोस्ती थी। उनकी अहलिया बड़ी ख़ूबसूरत उर्दू बोलती थीं। उनका एक बेटा बनारस हिन्दू यूनिवर्सिटी के मेडिकल कालेज में बहुत बड़ा डॉक्टर है। बर्मन साहब ने कहा कि नहीं-नहीं, इसकी कोई ज़रूरत नहीं है। आप घर जाइए और हमारी ज़िम्मेदारी पर भरोसा कीजिए।

सिपाही मोर्चे से उम्र भर पीछे नहीं हटता
सियासतदाँ ज़बा देकर ब आसानी पलटता है

घर वापस होते-होते तक़रीबन 2.00 बज चुके थे। मैं चोरी छुपे अपने कमरे में दाख़िल होकर सोने की तैयारी में लग गया। अचानक किसी ने दरवाज़े पर दस्तक दी। मैं तो जाग ही रहा था। दरवाज़ा खोलते ही अम्मी निहायत परेशानी के आलम में बोलीं की बेटा, तुम्हारे बाप को दिल का ज़बर्दस्त दौरा पड़ा है... बस अल्लाह रहम करे। तुम लोग उनको लेकर फ़ौरन अस्पताल जाओ। मैंने फ़ौरन इस्माइल को नींद से जगाया और आनन फ़ानन अब्बू के पास पहुँचा। जो बिस्तर पर बेसुध पड़े हुए थे और चलने के क़ाबिल भी नहीं थे। हम दोनों भाई किसी तरह से उन्हें लाद कर दूसरी मंज़िल से नीचे लाये और किसी तरह से रिक्शे पर बिठा कर इस्लामिया अस्पताल की तरफ़ चल दिये। उन दिनों डॉक्टर कलीमुल्लाह साहब इस्लामिया अस्पताल के हाउस डॉक्टर हुआ करते थे। जल्दी-जल्दी कुछ चेकअप हुए और फिर फ़ौरन डॉक्टर कलीमुल्लाह ई.सी.जी. रिपोर्ट के साथ दूसरी रिपोर्टें लेकर डॉक्टर ख़ालिद सिद्दीक़ी के फ़्लैट की तरफ़ भागे जो सहरवर्दी एवेन्यू की किसी बिल्डिंग के दूसरे फ़्लोर पर रहते थे। उन्होंने सरसरी तौर पर रिपोर्टें देखीं, अस्पताल वालों को टेलीफ़ोन पर कुछ मशविरे दिये और अपने आने का वक़्त बता दिया। दिन होते-होते अब्बू को देखने वालों की एक बहुत बड़ी तादाद इस्लामिया अस्पताल में इकट्ठा हो गयी। चूँकि अब्बू के मरासिम बहुत से पुलिस अफ़सरों से भी थे इसलिए अस्पताल वालों ने भी अपनी कारकर्दगी (कार्यवाही) से हम लोगों की तसल्लियों का ख़ासा इन्तिज़ाम कर दिया। प्रकाश बाबू (डिप्टी कमिश्नर सेंट्रल) भी शाम के वक़्त अब्बू की अयादत के लिए अस्पताल आये, हम लोगों को बहुत प्यार से अपने पास बुलाया। सर पर हाथ फेरा और भर्रायी हुई आवाज़ में बोले कि मुनव्वर सुनो! मैं अपने भाई को अभी इस दुनिया से जाने नहीं दूँगा। चाहे मुझे अपना ही दिल क्यों न डोनेट करना पड़े। तुम सबसे बड़े हो, घर के सब लोगों को सँभालना तुम्हारी ज़िम्मेदारी है। यह मेरा आर्डर है कि तुम घर के सब मामलात सँभालो और अस्पताल की तरफ़ से फ़िक्र छोड़ दो। वह हम लोग देख लेंगे। उन दिनों बिड़ला अस्पताल में डॉक्टर पहाड़ी हुआ करते थे। वह कलकत्ता में हार्ट के सबसे बड़े डॉक्टर माने जाते थे। हालाँकि वह किसी दूसरी जगह मरीज़ को देखने नहीं जाते थे लेकिन प्रकाश भट्टाचार्य जी की गुज़ारिश पर उन्होंने अब्बू को इस्लामिया अस्पताल आकर देखा, दवाएँ लिखीं और डॉक्टर ख़ालिद सिद्दीक़ी को भी कुछ ख़ास तरकीबें बतायीं। इंसानी तरकीबें और दवाएँ ये सब ख़ूबसूरत बहाने हैं मरीज़ को मायूस न होने देने के लिए... लेकिन सारा काम तो परवरदिगार की मर्ज़ी से होता है। उसकी मर्ज़ी के बग़ैर न कोई जी सकता है और न कोई मर सकता है। तक़रीबन तीन हफ़्तों से ज़्यादा वक़्त अस्पताल में लगा होगा लेकिन ऊपर वाले की मेहरबानी से अब्बू

बिल्कुल सेहतमन्द होकर अस्पताल से घर वापस आ गये। कमज़ोरी ज़्यादा थी। डॉक्टरों ने भी उन्हें कुछ दिनों तक ख़ासतौर से ज़्यादा से ज़्यादा आराम करने की हिदायत की थी। माशा अल्लाह अब्बू में क़ूव्वते बर्दाश्त बेइन्तिहा थी लिहाज़ा थोड़े ही दिनों में वह रिक्शे पर बैठ कर आफ़िस भी आने-जाने लगे। इस कर्बे मुसलसल (निरन्तर पीड़ा) से गुज़रते हुए पढ़ायी से मेरा जी बिल्कुल ही उचाट हो चुका था। तक़रीबन एक महीने तक अब्बू की बीमारी के दौरान मुझे रोज़ थोड़ी देर के लिए ट्रांसपोर्ट के आफ़िस में भी जाकर बैठना पड़ता था। कुछ तो ज़िम्मेदारी का एहसास, कुछ आँखें मलती हुई ज़रूरतें और कुछ अपनी बीमारी के दौरान अब्बू का मुझे अपने पास बुला कर ये वसीयत करना कि बेटा अगर मुझे कुछ हो गया तो इंशा अल्लाह तुम घर के मसाइल और भाई-बहनों की देखभाल कर लोगे। इतने पत्थर एक साथ मेरी नवजवानी की उमंगों पर तले ऊपर सवार हो गये कि अब मेरा किसी भी तरह का एहतिजाज करना बेवक़ूफ़ी के अलावा और कुछ नहीं था। अब्बू को जब हम और इस्माइल उठा कर इस्लामिया अस्पताल ले जा रहे थे तो न जाने क्यों एक अजीब-सा इत्मीनान दिल की धड़कनों को कंट्रोल करने में मेरी मदद कर रहा था। मैं रह-रह कर ये ज़रूर सोच रहा था कि मैं उस अजनबी लड़की की मदद करते हुए ज़रा भी नहीं झिझका। मुमकिन है ये मेरा इम्तहान रहा हो और अगर ये मेरा इम्तहान था तो पर्चा भी अच्छा ही नहीं, बहुत अच्छा हुआ है। इसलिए माशा अल्लाह मेरे अब्बू अस्पताल से अपने पैरों पर चल कर आयेंगे। इतनी कमसिनी में परवरदिगार हम लोगों से सायए पिदरी (पिता की छाया) नहीं छीनेगा क्योंकि मुल्क की सियासत ने तो तक़सीम के ज़रिये हमारा सब कुछ पहले ही छीन लिया है।

तक़रीबन एक महीने तक तो इतनी उलझनों के बीच जीना पड़ा कि निंगाहों ने किसी दूसरी तरफ़ देखना भी गवारा नहीं किया। शायद अब्बू की बीमारी ने मुझमें संजीदगी और ज़िम्मेदारी की चिंगारियाँ भर दी थीं।

गर्मियों की ढलती हुई दोपहर थी। अब्बू आफ़िस में बैठे हुए थे। अचानक घर के फ़ोन पर अम्मी से उन्होंने कहा कि मुनव्वर को जगा कर फ़ौरन आफ़िस भेजो और कह दो सिर्फ़ दस मिनट के अन्दर वह पहुँच जाये। मैं इस हुक्म की तामील में थोड़ी ही देर में आफ़िस में दाख़िल हो गया। बाहर पुलिस की दो-तीन गाड़ियों के अलावा दो-तीन ग़ैर सरकारी लक्ज़री गाड़ियाँ भी खड़ी थीं। अब्बू के कैबिन में कई लोग तशरीफ़ फ़रमाँ थे। मुझे देखते ही प्रकाश बाबू फूलों की तरह खिल उठे और दूसरे बैठे हुए साहिबान को मुख़ातिब करके कहा कि ये है मुनव्वर, ये अनवर भाई का बेटा है और मेरा भतीजा। उनमें से दो साहिबान चैम्बर से बाहर आये, मुझे बुला कर गले लगाया और बेसाख़्ता बोले कि साहब, हम तो

मुसलमानों की शराफ़तों के क़िस्से किताबों में पढ़ते थे। आज आपकी शक़्ल में अपने सामने देख रहे हैं। मैंने हँसते हुए अर्ज़ किया कि जनाब मैं अपनी बिरादरी का बहुत मामूली और गुहनगार आदमी हूँ अगर आप तलाश करेंगे तो आपको ऐसे ऐसे मुसलमान मिल जायेंगे जिनसे मिलकर आप हमेशा उनको याद करेंगे।

प्रकाश बाबू ने ही बताया कि उनमें से एक साहब उसी लड़की के वालिद थे जिसे मैं थाने में छोड़ कर आया था और जिसे दूसरे दिन शिक्षा निकेतन भिजवा दिया गया था। दूसरे साहब उसी लड़की के मामूँ थे जो हाई कोर्ट में किसी बड़े ओहदे पर थे और दिल्ली में उनका बड़ा रुसूख़ और रुत्बा था। थोड़ी देर तक बुज़ुर्गों की इस भीड़ में मुझे भी क़ैद रखा गया। उन लोगों की रात की ट्रेन थी। घर की ख़वातीन (औरतें) किसी होटल में क़याम पज़ीर थीं लिहाज़ा महफ़िल बर्ख़ास्त होने लगी। दोनों साहिबान ने फिर मुझे बड़ी मोहब्बत से गले लगाया और हाथ मिला कर रुख़्सत होते वक़्त उन लोगों ने अपने विजिटिंग काड्र्स मुझे देते हुए ताकीद भी की कि इसमें हमारे घर और आफ़िस दोनों के पते हैं। जब भी आप दिल्ली आयेंगे तो हमारे यहाँ ठहरेंगे और अगर किसी भी तरह का कोई भी काम हो तो आप हमसे ज़रूर कहेंगे। हम लोग भी आपके चाचा समान हैं। मैं दिल्ली में ट्रांसपोर्ट का काम शुरू करना चाहता था लिहाज़ा क़िस्मत ने एक अच्छा मौक़ा फ़राहम कर दिया था। सभी लोग अपनी-अपनी गाड़ियों में बैठ कर रवाना हो गये। प्रकाश बाबू ने अब्बू से कहा कि हम मुनव्वर को पुलिस डिपार्टमेंट की तरफ़ से ईनाम दिलवायेंगे। लेकिन अब्बू ने फ़ौरन मदाख़िलत (हस्तक्षेप) करते हुए प्रकाश बाबू से कहा कि इसे ईनाम नहीं चाहिए... इसे सिर्फ़ आप दुआएँ दे कि ज़िन्दगी में हमेशा अच्छे कामों की तौफ़ीक़ ख़ुदा देता रहे। मैं आफ़िस के बाहर बेंच पर चुपचाप बैठा हुआ था। मेरे स्टाफ के किसी आदमी ने कुल्हड़ में मुझे चाय लाकर दी। मैं कुछ सोच रहा था और चाय भी पीता जा रहा था। अचानक मैंने उन लोगों के दिये हुए विजिटिंग काड्र्स जेब से निकाले और सामने तेज़ रफ़्तारी से बहती हुई नाली में उछाल दिये। एक कार्ड पर किसी मिस्टर नन्दा का नाम जगमगा रहा था। इससे ज़्यादा देखने की मुझमें हिम्मत ही नहीं थी। शायद वह क़ीमती काड्र्स तरक़्क़ी की दौड़ में शामिल नवजवान ने नहीं फेंके थे। वह काड्र्स तो उस नवजवान ने फेंके थे जिसका नाम माँ-बाप ने सय्यद मुनव्वर अली रखा था और वक़्त उसे मुनव्वर राना बनाने पर तुला हुआ था। ये काड्र्स तो उसके अन्दर छुपे हुए एक बहुत ही हस्सास (भावुक) शायर ने नाली में फेंके थे जिसका एहसास हमेशा उससे मीलों आगे चलता आया है। उस हस्सास शायर ने सोचा कि किसी ज़रूरत, लालच या किसी मजबूरी के दबाव में मुमकिन है मुझे इन लोगों के घर जाना ही पड़ जाये तो उन लोगों की इस रुस्वाई

के ज़ख़्म की कच्ची पपड़ियाँ उखड़ने लगेंगी। आदमी तो अपनी मामूली से मामूली कमज़ोरी को छुपाना चाहता है जबकि यह तो इतना ख़ौफ़नाक और तकलीफ़ देह मामला है कि इसका ख़याल आते ही आदमी अपने को बरहना (नंगा) महसूस कर सकता है। मुझे नहीं मालूम कि मेरा कार्ड फेंकने का जज़्बा मुनासिब था या ग़ैर मुनासिब लेकिन हाँ, मुझे ये ख़ुशी ज़रूर है कि ज़िन्दगी के इस तवील सफ़र में लड़कियों के अलावा उम्र दराज़ औरतें भी जिस तरह मेरा एहतराम करती हैं, उससे लगता है कि वह विज़िटिंग कार्ड्स जिन्हें मैंने नाली में फेंका था, वह मेरी पेशानी पर अभी तक चिपके हैं और सारी दुनिया मेरी पेशानी को पढ़ते ही मेरी गरवीदा (आशिक़) हो जाती है और मुझे इज़्ज़त व एहतराम का दर्जा देती है।

इसका ये मतलब क़तई न समझा जाये कि मैं मुत्तक़ी (अवगुण विहीन, सत्कर्मी) परहेज़गार और सरापा इंसानियत हूँ। जब मैं कभी भी अपनी ज़िन्दगी का एहतिसाब (हिसाब-किताब) करने बैठता हूँ तो मुझे रोना आता है क्योंकि मेरे किरदार (चरित्र) की इस मिट्टी में गुनाह के कंकड़ों की तादाद ज़्यादा है लेकिन सिर्फ़ यह सोच कर कुछ ताक़त-सी मिलती है कि मैदाने हश्र में मेरा आमाल नामा फ़रिश्तों के हाथों में जाते वक़्त थरथरायेगा नहीं और शायद जन्नत भी इसी अक़ीदे (आस्था), इसी जज़्बे और इसी तसव्वुर का नाम है।

इस तरह के वाक़ियात या इत्तिफ़ाक़ात से मेरी ज़िन्दगी यूँ लबरेज़ है जैसे तेज़ बरसात के दिनों में गाँव की तमाम कच्ची सड़कें पानी में डूब जाती हैं। चूँकि बचपन के दिनों से ही घर के तमाम अफ़राद से लेकर मुहल्ले और पड़ोस के लोगों के पास गुफ़्तगू के निचोड़ के तौर पर यह जुम्ला इस्तेमाल होता रहता था कि, 'अपना पेट तो कुत्ते भी पाल लेते हैं, इंसान तो वह है जो दूसरों के काम भी आता रहे।' किसी न किसी तरह यह जुम्ला मेरी समाअतों से बराबर ही टकराता रहता था। जिसका नतीजा ये हुआ कि हर कहानी, चाहे वह मज़हबी हो, रूमानी हो, समाजी हो या किसी भी तरह की हो...का वही किरदार मुझे याद रहने लगा जो दूसरों के लिए ज़िन्दा रहने की कोशिश करता है। ज़ाहिर है कि दूसरों के लिए ज़िन्दा रहना कोई आसान काम नहीं है। इसमें भी घर, मुहल्ले, ख़ानदान, औलाद और दामादों तक से नाराज़गी मोल लेनी पड़ती है लेकिन इस ख़िदमते ख़ल्क़ या समाज सेवा का उतार बहुत बुरा होता है। कोई भी शख़्स चाहे वह क़रीबी रिश्ते में हो या सेटलाइट रिश्तेदारी वाला हो...किसी के चेहरे पर भी एहसानमन्दी के जज़्बे का नमक तक दिखाई नहीं देता लेकिन हज़रत अली का क़ौल अपने इस खुलासे के साथ-साथ तआक़ुब (पीछा) करता रहता है कि जिसके ऊपर एहसान करो उसके शर (फ़साद) से बचो। एहसानमन्दी के जिस्म पर एहसान फ़रामोशी के कीड़ों को रेंगते हुए देखने के बाद भी दुनिया का ख़राब

से ख़राब शख़्स अपनी फ़ितरत के ख़िलाफ़ नहीं जाता है। हमारी सादा लौही (सादगी) को ज़माने ने चालाकी सिखाने की बहुत कोशिश की लेकिन हमारी सादा लौही दो-चार दिन के बाद ही गँवार औरत के जूड़े की तरह खुल जाती थी। उम्र के इकसठवें (61वें) ज़ीने पर खड़े होकर मैं ये कहने का हक़ रखता हूँ कि सादा लौही कभी नुक़सान का सबब नहीं बनती है। मैंने बड़ी बेतरतीब ज़िन्दगी गुज़ारी। सारी ज़िन्दगी भलमनसाहत की बैलगाड़ी पर सवार होकर जहाज़ों, ट्रेनों और क़ीमती से क़ीमती कारों में सफ़र किया और हमेशा लोगों की मुहब्बतें बटोरीं...ज़मीर के बाग़ को हरा रखा, नयी रवायतों की बुनियादें डालीं, रवादारी के ज़रिये इतने मुश्किल रास्तों को हमवार (समतल) किया है कि अब इंशा अल्लाह मेरे बेटे की बैलगाड़ी को भी इस तेज़ रफ़्तार ज़माने की कोई कार शिकस्त नहीं दे सकेगी। काश, हमने रवादारी की खेती बड़े पैमाने पर की होती तो आज हिन्दुस्तान की दौलत दहशत गर्दों, नक्सलियों और दूसरे शिद्दत पसन्द लोगों पर ख़र्च नहीं करनी पड़ती।

मुझे अच्छी तरह याद है कि बचपन की उस उठान के वक़्त जिसे आम ज़बान में जवानी कहा जाता है, शानदार ज़िन्दगी गुज़ारने का बहुत शौक़ था और शायद ये शौक़ हर नवजवान को होता होगा लेकिन मुझे अपने हँसते खेलते शौक़ और आरज़ू को क़त्ल करने में हमेशा बहुत मज़ा आता रहा है। बिसात उलटने के इस शौक़ ने अभी तक मेरा पीछा नहीं छोड़ा। छोटे लोग शाम होते-होते दुकान का हिसाब किताब मिलाना शुरू कर देते हैं। कुछ लोग तो कारोबार की यह रस्म तिमाही करते हैं, कुछ छमाही तो बड़े कारोबारी सालाना हिसाब किताब के तराज़ू पर अपना फ़ायदा और नुक़सान तोलते हैं लेकिन मेरे जैसे दीवाने भी होते हैं जो करोड़ों का कारोबार करते हैं लेकिन कभी हिसाब किताब नहीं करते। उनका तरीका ज़रा मुख़्तलिफ़ होता है। वह हिसाब किताब का काम अपनी आने वाली नस्लों पर छोड़ देते हैं और खुद सारी ज़िन्दगी अपने काम से काम रखते हैं। बज़ाहिर वह लापरवाह क़िस्म के कारोबारी कहलाते हैं लेकिन उनके हिसाब किताब का खाता उनके आमाल नामे के खाते में भी आसानी से जुड़ जाता है और वह अपने फ़ायदे का एक बड़ा हिस्सा अपने आमालनामे के ज़रिये मैदाने हश्र के उन बैंकों में ट्रांसफ़र करने में कामयाब हो जाते हैं, जहाँ सिर्फ़ नेकियाँ ही जमा की जा सकती हैं। वहाँ ज़ात पात, अक़ीदे और अमीरी ग़रीबी के पाउच वापस कर दिये जाते हैं।

उन दिनों मेरी उम्र यही कोई 18 बरस के आस-पास रही होगी। मुझे ड्रामों में काम करने और ड्रामे लिखने का बेहद शौक़ था। रोज़ रात में ड्रामों के रिहल्सल के सिलसिले में मुझे दो ट्रामें बदल कर पार्क सर्कस के एक मुहल्ले में चित्रकार

नामी ड्रामे की रिहल्सल में जाना पड़ता था। जहाँ से लौटने में रात के तक़रीबन 11 बज जाते थे। घर से अब्बू की तरफ़ से अम्मी की सिफ़ारिश पर खुसूसी इजाज़त मिली हुई थी... वह भी कुछ दिनों के लिए। सर्दियों के दिन थे, बला की सर्दी पड़ रही थी, मेरे पास पुराना सा एक स्वेटर था जो अपनी रंगत भी बदलने पर आमादा था। बल्कि कहीं-कहीं से उसने भी सियासी लोगों की तरह अपनी रंगत बदल भी ली थी। मैंने अम्मी से नये स्वेटर ख़रीदने के लिए पैसे माँगे। उन्होंने अब्बू से हमें पचास रुपये दिलवा दिये। हालाँकि उन दिनों पचास रुपये बड़ी क़ीमती रक़म होती थी और उसमें अच्छे और ख़ूबसूरत स्वेटर मिल भी जाते थे लेकिन अब इसका क्या इलाज था कि धर्मतल्ला में वाशिम मुला के डिपार्टमेंटल स्टोर में एक बहुत ख़ूबसूरत गोल गले का स्वेटर मैंने पसन्द कर रखा था। ज़ाहिर है कि पचास रुपये में तो सिर्फ़ तसव्वुर में उस स्वेटर का मज़ा लिया जा सकता था लेकिन मेरी आरज़ूओं के जिस्म पर वह स्वेटर इतना फ़िट आ चुका था कि दूसरे स्वेटर का तसव्वुर भी दुश्वार था। मैंने अपने ट्रांसपोर्ट आफ़िस का रुख़ किया जहाँ हर वक़्त बहुत से ड्राइवर विराजमान रहते थे। उनमें बहुत से ऐसे थे जो मेरे वालिद के हमउम्र भी थे और दोस्त भी। उनमें से कुछ ड्राइवर तो ऐसे भी थे कि जब वह कलकत्ता आते थे तो अब्बू घर से अपने अलावा उनके लिए भी खाना मँगवाते थे। उनमें से अक्सर ड्राइवरों को जब कुछ घरेलू सामान ख़रीदना होता था तो वह मुझे लेकर बाज़ार जाते थे या मुझे भेज कर बाज़ार से मँगवा लेते थे। मैंने खुफ़िया तौर पर उन लोगों को अपनी परेशानी बतायी और ये भी कह दिया कि इस बात का पता अब्बू को न चले वर्ना मैं घर से निकाल दिया जाऊँगा। ग़रज़ ये कि सब लोगों ने दस दस रुपये मिला कर मेरी रक़म को उस स्वेटर की क़ीमत से ज़्यादा कर दिया। अब तो मैं इम्दादे बाहमी (आपसी सहयोग) से एक रात का बादशाह बनने जा रहा था। बादशाहत चाहे एक घण्टे की हो, एक रात की हो, या कई नस्लों तक चलने वाली हो... नशा सबका एक जैसा होता है। पैर ज़मीन पर रखने के बावजूद ज़मीन तक नहीं पहुँचते। मैं शाम होते ही ज़करिया स्ट्रीट से धर्मतल्ला स्ट्रीट पहुँचा। वाशिम मिला डिपार्टमेंटल स्टोर में इस शान से दाख़िल हुआ जैसे मेरी जेब में 115 रुपये नहीं, बल्कि कोई रियासत मौजूद है। मैंने गोल गले का मैरून कलर का स्वेटर लिया और दुकान में ही पहन कर आईने के सामने देर तक खड़े होकर सोचता रहा कि कपड़े आदमी की शख़्सियत ही नहीं, उसकी हैसियत भी बदल देते हैं। दोस्तों पर रोब डालने के लिए मैंने उसका प्राइस टैग भी स्वेटर में लगा रहने दिया और उसे सिर्फ़ अन्दर की जानिब छुपा दिया। ड्रामे के रिहल्सल वाले कमरे में यूँ दाख़िल हुआ जैसे मुम्बई का कोई बड़ा फ़िल्म स्टार दाख़िल होता है। उन दिनों अकबर

अली साहब ड्रामे की हिदायतकारी कर रहे थे। शुजा भाई जो अब अमेरिका में हैं, उन्होंने ड्रामा तहरीर किया था। सलाहुद्दीन भाई ड्रामे के हीरो हुआ करते थे और अब वह कलकत्ता पुलिस के बड़े अफ़सर हैं। इमाम रज़ा भाई उन दिनों पृथ्वीराज ऑफ कलकत्ता कहलाते थे और ग्राण्ड होटल के इंजीनियरिंग डिपार्टमेंट में मुलाज़िम थे। रफ़ीक़ अंजुम साहब हर ड्रामे का सबसे मुश्किल किरदार अदा करते थे। ड्रामे में एक्टिंग करना और ड्रामा लिखना मुझे उन्होंने ही सिखाया था। मैं आज भी अपने उस्ताद जैसा उनका एहतराम करता हूँ। आज कल वह बंगाल सेल्स टैक्स के बहुत बड़े अफ़सर हैं। ये तमाम लोग उम्र में मुझसे अच्छे ख़ासे बड़े थे लेकिन मेरा बहुत ख़याल करते थे। एकाध छुटभय्ये अदाकार ने मज़ाक के तौर पर पूछा कि भूटानी मार्केट का स्वेटर है... कम से कम पैंतीस रुपये का होगा? लेकिन जब मैंने प्राइज़ टैग निकाल कर उन लोगों को दिखाया तो फ़ौरन रोब खा गये। यह ब्राण्डेड क्वालिटी लोगों पर सिर्फ़ रोब डालने के लिए होती है हालाँकि इस क्वालिटी को अगर इस्तेमाल की खरी कसौटी पर रखा जाये तो वह भी भूटानी औरतों के बनाये हुए स्वेटरों से ज़्यादा कमज़ोर और बेकार साबित होंगे। मैं अक्सर ब्राण्डेड जूते लाता हूँ। मेरे साहबज़ादे और दामाद भी अक्सर मेरे लिए ब्राण्डेड कम्पनियों के जूते ले आते हैं। मैं अक्सर अपने स्टाफ़ के लोगों में जूते तक़सीम कर देता हूँ। मेरे जूते तो सही सलामत रहते हैं बल्कि तक़रीबन नये दिखाई देते हैं लेकिन मेरे मुलाज़िमीन के जूतों की शक्ल सूरत इतनी बिगड़ जाती है कि उनमें से बिगड़े हुए पैरों की शक्ल सूरत दिखाई देने लगती है। अस्ल में ब्राण्डेड जूते बेचे ही उनको जाते हैं जिनके पैर तो दो ही होते हैं लेकिन उनके घरों में बनी जूतों की अलमारी में ख़ाने चालीस-पचास होते हैं। ज़ात पात की ज़ंज़ीरों में जकड़ी हुई क़ौमों की दौलत निकलवाने के लिए हिन्दुस्तान में रोज़ाना दर्जनों बिग बाज़ार और मॉल खुल रहे हैं।

ख़ैर, रिहल्सल से घर लौटते ही रोज़ का मामूल था कि मैं नाख़ुदा मस्जिद के सामने अहमद रसूल भाई के होटल पर एक चाय पीता, वहीं बराबर में सिगरेट की दुकान थी, जहाँ से एक सिगरेट लेकर जूट की सुलगती हुई रस्सी से सिगरेट का मुँह जलाता फिर सिगरेट मेरा मुँह जलाना शुरू करती। रोज़ की तरह आज भी उस वक़्त रात के ग्यारह बजा ही चाहते थे और सर्दी भी बहुत ज़्यादा थी। मैं सिगरेट के कश लगाता हुआ अपने घर की तरफ़ जल्दी-जल्दी क़दम बढ़ाने लगा। नाख़ुदा मस्जिद के सामने ही एक फ़क़ीर शायद बहुत देर से मुझे घूर रहा था। मैं उसके पास पहुँचकर एक लम्हे के लिए रुका, जेब में हाथ डाला और एक चवन्नी निकाल कर उसके हाथ पर रख कर आगे की तरफ़ क़दम बढ़ाया लेकिन शायद मुझे आगे क़दम बढ़ाने में तकल्लुफ़ हो रहा था। मैंने पलट कर

उसी फ़क़ीर की जानिब देखा। वह एक टक मुस्तक़िल मेरी जानिब ही देख रहा था। एक लम्हे के लिए मेरी और उसकी नज़रें मिलीं। मुझे लगा कि जैसे उसे मेरा स्वेटर बहुत पसन्द आया है और वह मेरे स्वेटर के चक्कर में मुझे घूरे जा रहा है। मैंने एक झटके से अपना क़दम आगे बढ़ाया और सोचा कि वाह! कितनी दिक्कतों, कोशिशों और मेहनतों से तो यह स्वेटर मुझे नसीब हुआ है, मैं इसे कैसे उसे दे सकता हूँ... ये फ़क़ीर शायद मुझे बिल्कुल ही बेवकूफ़ समझ रहा है। त्याग और हवस की ज़बरदस्त जंग से मेरा ज़मीर जूझ रहा था। मैं घर की तरफ़ बढ़ने की कोशिश तो कर रहा था लेकिन मेरे एक-एक पैर मन मन भर के हुए जा रहे थे। फिर अचानक ऐसा लगा कि हवस की गिरफ़्त कमज़ोर पड़ती जा रही है और बलिदान, क़ुर्बानी, दूसरों के लिए ज़िन्दा रहने के सबक़ ने चारों तरफ़ से मुझे घेर रखा है। अब नजात का सिर्फ़ एक रास्ता था और मैंने उसी रास्ते को अख़्तियार करते हुए सर्दी में ठिठुरते हुए फ़क़ीर की तरफ़ बढ़ना शुरू किया। उसके क़रीब आते-आते मैं अपना स्वेटर उतार चुका था। क़रीब पहुँच कर मैंने स्वेटर उसकी तरफ़ उछाल दिया और बहुत शाने बेनियाज़ी से कहा कि लो बाबा इसे तुम ही पहन डालो। ये कहते हुए मैं चुपचाप लेकिन तेज़ रफ़्तारी के साथ अपने घर की जानिब चल दिया।

वह दिन है और आज का दिन... मुझे सर्दी लगती ही नहीं है। शुरुआती बरसों में जब मैं लाल क़िला के मुशायरे में कुर्ता पाजामा और एक मामूली से फैशन वाली शॉल ओढ़ कर माइक पर आता था तो बेशतर सामिईन (श्रोता) यही समझते थे कि राना साहब इतने ज़्यादा नशे में रहते हैं कि उन्हें ये पता ही नहीं चल पाता कि मौसम बदल गया है। हालाँकि बक़ौल अनवर नदीम–

ज़िन्दगी प्यार भरी मैंने यक़ीनन जी है
लोग पीते हैं तो लगता है कि मैंने पी है

सो गुफ़्तगू भी बड़ी शायराना करते हैं

लखनऊ तहज़ीब की वह जन्नत है जहाँ से निकलकर भी आदमी सारी ज़िन्दगी अपने सीने से यादे लखनऊ को लगाये रखता है। लखनऊवासी दुनिया के किसी भी कोने में रहे, अपने दिल में एक लखनऊ बसाये रखता है। कितना ही अंग्रेज़ वाजिद अली शाह को लखनऊ बदर करें लेकिन वह किसी लखनवी से सुनहरी यादों का दोशाला नहीं छीन सकते। लखनऊ दिल में, आँखों में और ज़ेहन में ज़िन्दा रहता है। मरता है तो दुनिया की उतनी मिट्टी लखनवी हो जाती है जहाँ वह आदमी सुकून के दिन गुज़ारता है क्योंकि बज़ाहिर तो वह एक क़ब्र होती है लेकिन उस कब्र में इंसान नहीं होता, हसरतें सो रही होती हैं। वह तहज़ीब और शराफ़त आँखें बन्द किये लेटी होती है जिसकी परवरिश में लखनऊ की आबो हवा शामिल होती है। लखनऊ वाले कहीं भी रहें, अपने लखनऊ पर आँच नहीं आने देते। वह अपनी गुर्बत के चनों को बादाम से बदल देते हैं, वह अपनी मुफ़लिसी के ज़ख़्मों को ख़ुश लिबासी से छुपाये रखते हैं, सब्ज़ी के छिलकों के कबाब अहले लखनऊ के सब्रो शुक्र और क़नाअत (सन्तोष) की यादगार हैं। शेरवानी उनकी परेशानियों का हिजाब (पर्दा) है। 'पहले आप पहले आप' कह कर बिछ जाना शराफ़त और रवादारी की वह दौलत है जिससे दुनिया के हर तहज़ीबी शहर का ख़ज़ाना ख़ाली है। लफ़्ज़ों की तरतीब (क्रम) और तहज़ीब से मुख़ालिफ़ के दिल में भी अपनी शराफ़त के ताजमहल की बुनियाद रख देना लखनवी होने का सबसे बड़ा सुबूत है। ज़िन्दगी की शदीद कड़वाहटें भी लखनवी लहजे की मिठास का कुछ नहीं बिगाड़ पातीं। अपने आप को पैदाइशी मेहमान नवाज़ समझने का ग़ुरूर लखनऊ वालों की पेशानी से झलकता है। ज़िन्दा दिली और बाँकपन लखनऊ वालों का पुश्तैनी असासा (पैतृक सम्पत्ति) है, जिसे न हुकूमत छीन सकी और न सियासत। फ़िरक़ा परस्ती और तअस्सुब का आज भी लखनऊ में दम घुटता है। नफ़रतों के बड़े-बड़े होर्डिंग और आदमकद इश्तहारात भी 'आदाब अर्ज़' के सीने से क़ौमी यकजहती का दिल नहीं निकाल सके। शहर अपने रक़बे (क्षेत्रफल) में कितना ही इज़ाफ़ा कर लें, तहज़ीबी मरकज़ीयत (केन्द्रीयता) कभी नहीं बदलती।

'क्या दुश्मनों की तबीयत नासाज़ है?' कह कर हाल पूछना ख़ुद ही ऐसी चारागरी है जिसका जवाब साइंस रहती दुनिया तक पैदा नहीं कर सकती। अच्छा हुआ कि अमेरिका वाले उर्दू तहज़ीब और ज़बान से नावाक़िफ़ हैं वर्ना हम हिन्दुस्तानियों से यह तहज़ीबी चारागरी (इलाज) भी छीन लेते। म्युनिसिपल कार्पोरेशन के हज़ारों हैण्डपम्पों के जाल के बावजूद कुएँ के मीठे पानी की चाह कभी कम नहीं होती। मिनिरल वाटर पीने वाली क़ौम क्या जाने कि जब कुएँ में रस्सी के सहारे उतरता हुआ मिट्टी का घड़ा पानी के सीने पर अपना सिर रख देता है तो कुआँ उसमें पानी नहीं, आबे हयात (जीवन जल) भर देता है। कुएँ हर ज़माने में इलेक्शन जीतने के लिए नहीं, बल्कि दिल जीतने के लिए खोदे जाते थे और लखनऊ तो हमेशा ही कुओं का सरचश्मा (स्रोत) रहा है। जिस तरह किताबे इश्क़ का पहला सबक़ कभी भुलाया नहीं जा सकता, दिल के दरवाज़े से चाहत की पहली दस्तक का निशान कभी नहीं मिट पाता, जिस तरह कतरनों से बने गुड़िया के कपड़े दुनिया के किसी भी आलीशान Boutique को शर्मिन्दा करते रहते हैं, उसी तरह अहले लखनऊ के लहजे की सरसराहट हर वक़्त कानों में घुंघरू की तरह बजती रहती है। अहालियाने लखनऊ (लखनऊ वालों) की गुफ़्तगू में आज भी इतनी मिठास है कि कभी कोई शकर कम होने की शिकायत नहीं करता। लखनऊ में शुगर के मरीज़ों की तादाद हमेशा कम रही है क्योंकि यहाँ लोग शकर खाते नहीं हैं, शकर बोलते हैं। मग़रिबी (पश्चिमी) उत्तर प्रदेश अपने गन्ने की खेती पर फ़ख्र करता रहे लेकिन शकर तो लखनऊ वालों की तक़दीर है।

लखनऊ हिन्दुस्तान की तहज़ीबी और कल्चरल राजधानी है। यह आज भी तहज़ीब और सिक़ाफ़त (कल्चर) का इतना ऊँचा मीनार है जिसे नफ़रत और सियासत का ज़लज़ला कभी हिला भी नहीं सका। गोमती का शफ़्फ़ाफ़ पानी जब तक लखनऊ की बुनियादों में मौजूद रहेगा, इसके तहज़ीबी दरो दीवार में दरारें नहीं पड़ सकतीं। जब तक शाहमीना की दरगाह से उठने वाली अगरबत्तियों की ख़ुशबू फ़ज़ा में अक़ीदतों की चादर ताने रहेगी उस पर न्यूक्लियर बम का असर भी नहीं हो सकता। जब तक मिली जुली तहज़ीब की गोद में परवरिश पाये हुए अवाम अपने-अपने दरवाज़ों पर सबील (प्याऊ) का एहतमाम करते रहेंगे, लखनऊ में कोई प्यासा नहीं रह सकता, चाहे जुग़राफ़िया उसे रेगिस्तान में ही क्यों न तब्दील कर दे। जब तक दहकते अंगारों से हँसते हुए बरहना पा (नंगे पैर) गुज़रने वाले ज़िन्दा रहेंगे, शहीदाने क़र्बला की क़सम लखनऊ का एहतराम बाक़ी रहेगा। लखनऊ के इमाम बाड़े ग़मे हुसैन में छलकते हुए उन आँसुओं की तरह हैं जिनसे अभी तक शोहदाये क़र्बला के पैरहन (लिबास) की ख़ुशबू आती है। आँसुओं का सैलाब पत्थर को बहा कर नहीं ले जाता है लेकिन हाँ, ऐसे

नुक़ूश ज़रूर छोड़ देता है कि सारी दुनिया क़र्बला वालों के एहतराम में आँखों को झील बना लेती है—

आ गया है जब कभी दरिया को प्यासों का ख़याल
एतहरामन रुक गया है क़र्बला के सामने

लखनऊ जब किसी को हिजरत पर रवाना करता है तो उसके गले में तहज़ीब का तावीज़ डाल देता है, शराफ़त उसके सिर पर शफ़क़त से हाथ रख देती है, नर्मगुफ़्तारी उसके होंठों पर फूल रख कर कोई वादा लेती है, इंसानियत वफ़ादारी की क़सम लेती है, ग़ज़ल दिल के निहाँख़ाने में चुपके से एक चुटकी ख़ाक रख देती है, ज़िन्दा दिली हाथ उठाकर दुआएँ करती है, गोमती नदी अपने सिर को किनारों से पटक-पटक कर आते रहने का वादा लेती है, खुशरंग पतंगें उसको दूर तक छोड़ने जाती हैं, डोर उसके पैरों से लिपटकर अपने जंज़ीर होने का एलान करती है, रास्ते की ख़ाक उसके पैरों से लिपट-लिपट जाती है, दरख़्तों की शाख़ें अपने हाथ हिला कर उसे रुख़्सत करती हैं, कबूतरों का एक क़बीला क़ुदरत के हवाई जहाज़ों की तरह दूर तक उसकी रखवाली करता है, मस्जिद, मन्दिर और इमामबाड़े सब उसकी ताउम्र (आजीवन) सलामती की दुआ माँगते हैं और जाने वाला हसरत की तजसीम (प्रतिमूर्ति) बन जाता है—

दरो दीवार पे हसरत से नज़र करते हैं
ख़ुश रहो अह्ले वतन हम तो सफ़र करते हैं

लखनऊ एक तरफ़ अपनी हाज़िर जवाबी, ख़ुशमिज़ाजी, शोख़ी, शादाब चेहरगी (चेहरे की प्रफुल्लता), दोस्तनवाज़ी और क़लन्दराना तौर तरीकों के लिए मशहूर है तो दूसरी तरफ़ अदबी तंग नज़री, खुदपरस्ती, अदीबों की घटिया मोर्चे बाज़ियों, बेजा ठिठोलबाज़ी और दूसरों की शख़्सियत में कीड़े निकालने के लिए भी बदनाम है। दरअस्ल देखा यही गया है कि, अदब जब भी इक़्तिदार के ज़्यादा क़रीब पहुँच गया है तो उसने बड़े-बड़े मर्दे क़लन्दर को भी मुसाहिब (दरबारी) बना कर रख दिया है और शायर व अदीब पर एक ऐसा बुरा वक़्त भी आता है जब वह मुसाहिबी और जी हुज़ूरी को भी 'आग लेने को जायें पयम्बरी मिल जाये' समझने लगता है और यही वह बुरा वक़्त होता है जब अना (Ego) यतीम बच्चों की तरह फूट-फूट कर रोती है, ख़ुद्दारी अपनी मैली-सी चादर के फटे कोने से अपना मुँह छुपाती है और शायर व अदीब भाँडों, नक़्क़ालों और ख़्वाजा सराओं (हिजड़ों) की सफ़ में भी जगह हासिल करके अपने आप को सुर्ख़रू समझते हैं। दरअस्ल शायर और अदीब को लहरों के साथ नहीं बहना चाहिए बल्कि लहरों की मुख़ालिफ़ सिम्त (दिशा) में तैरना चाहिए, चाहे वह डूब ही क्यों न जायें क्योंकि लहरों के साथ तो मुर्दे बहते हैं, ज़िन्दा लोग लहरों का रुख़ मोड़ते हैं और यही उनकी ज़िन्दगी की सबसे बड़ी शिनाख़्त है।

कबूतर जब डार (झुण्ड) से बिछड़ता है तो उक़ाब के मुँह का निवाला बनता है या शिकारी के तीर का निशाना बन जाता है। डार से कटने की यह सज़ा शायद क़ुदरत की तरफ़ से मुक़र्रर है। यह और बात है कि कुछ अपने शहपरों (परों) का ज़ोर दिखाने के लिए कटते हैं और कुछ अपनी कमनसीबी का शिकार हो जाते हैं और फिर बुलन्दी उड़ान भरने के लिए ही होती है। सोचने समझने का अमल तो ज़मीन छूटते ही ख़त्म हो जाता है। इंशा अल्लाह खाँ 'इंशा' अपनी मुर्शिदाबादी डार से कटे तो नवाब सआदतअली खाँ की उक़ाबी अना और इन्तिक़ाम का शिकार हो गये। 'यगाना' भी डार से कट कर लखनऊ गये और सारी ज़िन्दगी अजनबीयत की तलवार से क़त्ल होते रहे। लखनवी तहज़ीब के अलमबरदार शायर और अदीब हमेशा उनके ज़ख़्मों पर नमकपाशी में मसरूफ़ रहे।

हिन्दुस्तान से कटी एक पूरी नस्ल के साथ जोश मलिहाबादी भी फ़रारनुमा हिजरत के एवज़ निशाने पाकिस्तान (पाकिस्तानी सरकार द्वारा दिया जाने वाला बड़ा सम्मान) जैसा कुछ हासिल करने पाकिस्तान जा पहुँचे लेकिन उन्हें यह नहीं मालूम था कि अपना शिकार कोई किसी को नहीं देता। दोनों तरफ़ के पंजाबी तक़सीम का सियासी जुआ खेल रहे थे और मुहाज़िरीन (शरणार्थियों) का सदियों पुराना भरम द्रोपदी के लिबास की तरह तार तार हो रहा था। काश! जोश पाकिस्तान न गये होते, यगाना ने अज़ीमाबाद न छोड़ा होता और इंशा ज़ुल्फ़े बंगाल की क़ैद से न निकले होते लेकिन यह तमाम ख़ुश ख़यालियाँ उमर अंसारी के इस शेर का तर्जुमा हैं बस और कुछ नहीं—

वही हिकायते हस्ती वही शिकायते ग़म
सिनेमा देख के पलटे हुवों की-सी बातें

लखनऊ ने अपने तहज़ीबी रख रखाव के बावजूद यगाना से अच्छा सुलूक नहीं किया। हम अस्रों (समकालीनों) की मुस्तक़िल छेड़ छाड़, मुक़ामी शायरों की तंग नज़री, मुसलसल अदबी गिरोह बन्दी और न किये हुए गुनाहों के शबोरोज़ के तानों ने यगाना को उस नुक़तये अज़ीयत (यातना के बिन्दु) तक पहुँचा दिया था कि वह दीवानों और सिरफिरों की तरह औल फ़ौल बकने लगे। ग़ालिब के तो वह मुख़ालिफ़ थे ही लेकिन उन्हें ख़ुदा से भी मुंकिर (इंकार करने वाला) बता कर उन पर हर तरह के ज़ुल्म ढाये गये। अजब मिज़ाज था लखनऊ वालों का। एक तरफ़ तो 'मस्जिद के ज़ेरे साया ख़राबात' वाले ग़ालिब को सिर आँखों पर बिठाते थे और दूसरी तरफ़ यगाना को ख़ुदा का मुंकिर कह कर संगसार करते थे। एक तरफ़ तो 'जिसे दे नहीं मौला, उसे दे आसिफ़ुद्दौला' कहने वालों के हाथों पर इस्लाम का हिमायती होने की मोहर लगाते थे, दूसरी तरफ़ यगाना को मुरतद (मुकर जाने वाला) कह कर उसकी गर्दन पर ज़िल्लत की तलवार चलाते

थे। शायद दुनिया का हमेशा यही दस्तूर रहा है कि पागलों को छेड़ते-सताते हैं, पत्थर मार कर लहू लुहान कर देते हैं लेकिन अगर जवाब में दीवाना एक कंकरी भी फेंक देता है तो उसे जंज़ीरों में बाँधकर बाग़ मोलवी अनवार के खम्भों में लपेट आते हैं। भला बताइये, आज़ाद हिन्दुस्तान में नेहरू के दौरे हुकूमत में मुहज़्ज़ब तरीन लखनऊ में नाम निहाद ख़ुदाये सुख़न और पैग़म्बराने अदब (तथाकथित साहित्यिक अवतारों) की मौजूदगी में यगाना के चेहरे पर ग़िलाज़त (गन्दगी) मल कर सारे शहर में गधे पर बिठा कर घुमाया जाता है। कोठों और दरबारों में तबले की थाप और घुँघरुओं की लय पर नाचने वाली उर्दू ग़ज़ल को नये लफ़्ज़, नये मज़ामीन (Subjects) और नयी अलामतें बख़्शने वाले पहले जदीद शायर को, लखनवी तहज़ीब के इश्क़ में मुब्तिला एक मेहमान को, अपने शहर के अज़ीमाबादी दामाद को जितना रुसवा किया गया, उसकी मिसाल दुनिया की तारीख़ में ढूँढे से भी नहीं मिलती, मगर वाह रे लखनऊ की मिट्टी के इश्क़ में गिरफ़्तार यगाना चंगेज़ी! इतनी रुसवाइयों के बावजूद हैदराबाद से यह कहते हुए फिर लखनऊ लौट आये कि–

कशिशे लखनऊ अरे तौबा
फिर वही हम वही अमीनाबाद

मैदान चाहे अदब का हो या जंग का, अदबी चश्मकें (छेड़ छाड़) हों या इक़्तिदार की हवस के लिए ख़ून ख़राबा हो रहा हो, सिपाही मैदान नहीं छोड़ते क्योंकि मैदान तो सिपाहियों की चहल क़दमी के लिए ही होते हैं। मैदान से वापसी में ज़िल्लत तो मुमकिन है लेकिन दुश्वारी कुछ नहीं होती क्योंकि मैदान में दरवाज़े तो होते ही नहीं हैं। अज़ीमाबाद मुद्दतों से अपनी बाँहें खोले यगाना का मुन्तज़िर था और ज़ुल्फ़ों की आड़ से मुर्शिदाबाद का साँवला सलोना चेहरा 'इंशा' को बराबर इशारे से बुलाता रहता था। मिर्ज़ा रुसवा की आशिक़ाना नज़र और शायराना डींगें अपनी जगह लेकिन फ़ैजाबाद के एक मध्यम लेकिन शरीफ़ घर की लड़की लखनऊ आयी तो बाज़ारे हुस्न के एक कोठे की ज़ीनत बन कर रह गयी। नवाब सआदत अली खाँ के शजरे (वंशावली) की कजी (टेढ़ापन) ने इंशा के होंठों से हँसी छीन कर उन्हें तनहाई के क़ब्रिस्तान में दफ़न कर दिया। बक़ौल इरफ़ान सिद्दीक़ी–

अब मैं चकरा के गिरा हूँ तो हवा पूछती है
आप इस दश्त में क्यों आये थे वहशत के बग़ैर

लखनऊ अपने मिज़ाज की शोख़ी और हाज़िर जवाबी की दौलत से हमेशा मालामाल रहा। कुछ वाक़ियात को काग़ज़ ने क़लम से गोद ले लिया और बेशतर वाक़ियात गोरे ग़रीबाँ (क़ब्रिस्तान) के सफ़र पर रास्ते में गुम हो गये। दौलत की

ज़्यादती भी आदमी को हिसाब किताब में कमज़ोर कर देती है, फिर मुल्क की तक़सीम ने अंग्रेज़ों से ज़्यादा मुल्क को ख़ास तौर से उत्तर प्रदेश को नुक़सान पहुँचाया वर्ना लखनऊ की मिली जुली तहज़ीब उत्तर प्रदेश के सियासी भेड़ियों को गोमती के पानी से नहला-धुलाकर बकरियों का चौकीदार बना देती लेकिन तक़सीम की आँधी ने हफ़्तों तहज़ीब और शराफ़त को महसूर (क़ैद) रखा। ग़मे हुसैन के बाद हिन्दुस्तानी मुसलमानों के लिए तक़सीम का सानिहा (दुखपूर्ण घटना) ऐसा ग़म था जिसके निशानात हिन्दुस्तान की सबसे बड़ी अक़लियत (अल्पसंख्यक वर्ग) के चेहरे पर दूर से नज़र आते हैं। ऐसे हालात में लखनवी तहज़ीब लालटेनों के चिटके हुए शीशों पर काग़ज़ चिपकाती रह गयी और उत्तर प्रदेश फ़िर्क़ापरस्त सियासत का सबसे बड़ा अखाड़ा बन गया। वह कबूतर उड़ कर फिर जंगलों की तरफ़ चले गये जो मन्दिर व मस्जिद की तहज़ीबी यकसानियत देख कर गुम्बद मीनार और शिवालों पर आबाद हो गये थे। उड़ते हुए कबूतर यह भी सोच रहे होंगे कि हम सिर्फ़ अम्न की झूठी नुमाइश में उड़ाये जाने के लिए पैदा हुए हैं। कबूतरों को सिर्फ़ घर छूटने का ग़म सता रहा होगा लेकिन कबूतरियाँ तो मायका और घर दोनों से बिछड़ने का ग़म लिए हुए उड़ रही होंगी। काश, मन्दिर और मस्जिद की सियासत करने वाले कभी वीरान गुम्बद और शिवालों पर भी निगाह डाल लेते—

कबूतर शौक़ से इक दूसरे के घर पहुँचते हैं
शिवालों से उड़ा दीजे तो गुम्बद पर पहुँचते हैं

लखनऊ ने करख़्त (सख़्त) लहजे, फूहड़ गुफ़्तगू और ऊँची आवाज़ को अपने मिज़ाज का हिस्सा कभी नहीं बनने दिया। आप, जनाब, हुज़ूर, बन्दापरवर, ख़ाकसार, इंशाअल्लाह, माशाअल्लाह, ख़ुदा हाफ़िज़, आदाब अर्ज़, तशरीफ़ लाइए, तशरीफ़ रखिये, तशरीफ़ आवरी का शुक्रिया, अमां, भई, प्यारे, ख़ुदा न ख़्वास्ता जैसे सैकड़ों अल्फ़ाज़ हिन्दुस्तानी मिट्टी से अवध की गंगा जमुनी तहज़ीब की तख़्ती पर इस तरह लिख दिये जाते हैं कि उनका अक्स हर लखनऊ वाले की पेशानी पर चन्दन के टीके और सजदे के निशान की तरह चमकता है। लखनऊ के लिबास, गुफ़्तगू और अन्दाज़े तख़ातुब (वार्ताशैली) से फ़िर्क़ापरस्तों को हमेशा परेशानी होती है। तहज़ीब और नज़ाकत लखनऊ के लोगों का ही हिस्सा हैं, नागवार गुफ़्तगू से यहाँ के फूलों तक की रंगत बदल जाती है।

एक नवउम्र तवायफ़ अपने तमाशबीनों के दरम्यान रक़्स करने के लिए हाज़िर हुई। महफ़िल में नवाबज़ादे भी मौजूद थे और शोरफ़ाये लखनऊ भी, जागीरदार भी तशरीफ़ फ़रमा थे और सेठ साहूकार भी। सोने का चमचा लेकर पैदा हुए दौलतमन्द भी मौजूद थे और कुछ नवदौलतिये भी। नवउम्र तवायफ़ ने पेशावराना तमीज़ के साथ तमाम हाज़िरीने महफ़िल को आदाब किया। रक़्स अन्दाज़ होने

से पहले पहनी हुई पश्वाज़ (नर्तकी का लिबास) में अपना रूमाल अड़स लिया। रक़्स की सरमस्ती और साँसों के उतार चढ़ाव के सबब अचानक रूमाल फ़र्श पर गिर गया। एक नवदौलतिये ने हँसते हुए कहा, 'मोहतरमा, देखिए गिर गया'। नवउम्र तवायफ़ एक लम्हे को रुकी फिर फ़ौरन ही चोट खायी हुई नागिन की तरह पलटकर उसने नौजवान को देखा और मुस्कुराते हुए जवाब दिया, 'ख़ुदा की शान, बोलने भी लगा'। उस दिन के बाद से उस नवदौलतिये को किसी महफ़िल में नहीं देखा गया। वह लखनऊ की तवायफ़ज़ादी जिसने आँखें खोलते ही यह रेशमी लहजा और शबनमी गुफ़्तगू सुनी हो कि–

आपके पाँव के नीचे दिल है
इक ज़रा आपको ज़हमत होगी

(सिराज लखनवी)

वह कोठे पर बैठकर भी बाज़ारी लहजे को कैसे बर्दाश्त कर सकती थी। यूँ भी तहज़ीब तो वह बहती हुई नदी है, जिससे जो जितना चाहे, अपने को सैराब (तृप्त) कर ले–

हम उसका ज़िक्र जो रोज़ो शबाना करते हैं
सो गुफ़्तगू भी बड़ी शायराना करते हैं

ऐसा था लखनऊ

लखनऊ में गुज़ारे दिन हालाँकि बहुत खुशहाली के नहीं थे लेकिन खुशहाली का बचपन से कोई तअल्लुक़ नहीं होता। बचपन तो काग़ज़ की बनायी हुई कश्ती को भी हज़रत नूह की कश्ती समझता है। बचपन तो हिजरत के मानी भी नहीं जानता। बचपन तो स्कूल की फ़ीस के बारे में जानता है और अपने बस्ते को पहचानता है। दरअस्ल बचपन सुनहरे ख़्वाबों और हसीन तसव्वुर में डूबे रहने का नाम है। बचपन में आँखें आँसुओं की भरी पूरी दुकान होती हैं। ग़म के भेस में खुशी भी आ जाये तो पूरी दुकान उसका इस्तक़बाल करती है। तालाब के किनारे पानी में पाँव डाले बैठे रहने का नाम है--बचपन। बचपन तो आम, इमली और बेर के पेड़ों पर निशाना लगाती हुई ख़्वाहिश का इज़हार है। बचपन तो रेल की पटरियों पर बेख़तर चलता हुआ बकरी का बच्चा है जिसे रेलगाड़ी भी अनाज का ढेर मालूम होती है।

मेरे स्कूल के सामने ही काज़िम होटल था जहाँ हर वक़्त शहर के नव मश्क़ शायरों और अदीबों की भीड़ लगी रहती थी। उस वक़्त तक शायरों की सलाहियतों (गुणों) का फ़ैसला खुद शायर किया करते थे या सुनने वालों की राय से फ़ैसला होता था। उस वक़्त तक सियासत अदब का मेयार (स्तर) तय नहीं करती थी। उस वक़्त तक उर्दू एकेडमी की म्यूज़िकल चेयर का कोई वजूद नहीं था। उस वक़्त तक मुशायरे में किसी का भी अच्छा शेर सुन कर अपनी ग़ज़ल के काग़ज़ को फाड़ कर फेंक देने का चलन आम था। उस वक़्त अदब को सियासत के सामने सर झुका कर गुफ़्तगू नहीं करनी पड़ती थी। उस वक़्त तक अदब में माफ़िया राज का सिलसिला नहीं शुरू हुआ था। उस वक़्त तक शायर अपने कलाम से पहचाना जाता था और उसका अच्छा शेर शहरे अदब की आबरू समझा जाता था। अच्छा हुआ ग़ालिब और मीर बहुत पहले मर खप गये वर्ना अपने-अपने मुसव्विदे (अप्रकाशित रचनाएँ) लेकर उर्दू एकेडमियों के चक्कर लगाते रहते और सेक्रेटरी व चेयरमैन के इन्तिज़ार में पान, बीड़ी की दुकान पर खड़े दिखाई देते। हज़ार दो हज़ार के ईनाम के लिए सिफ़ारिशों के जूठे बर्तन साफ़

करते फिरते। उस वक़्त शायर अपने कलाम की रोशनी में बड़ा शायर कहलाता था। अपनी कुर्सी, रिश्तवख़ोरी की नौकरी और खींचातानी वाली प्रोफ़ेसरी के बल पर उस वक़्त कोई इज़्ज़त हासिल नहीं करता था। ये वही काज़िम होटल है जहाँ बैठ कर सिराज लखनवी शाम को एक मतला पढ़ते थे और सुबह तक ग़ज़ल के इस मतले की बाज़गश्त (प्रतिध्वनि) पूरे लखनऊ में सुनी जाती थी—

किसी सूरत भी हो लेकिन तेरा दीदार हो जाये
फिर इसके बाद चाहे ये नज़र बेकार हो जाये

हालाँकि उन दिनों मीडिया की सरपरस्ती भी हासिल नहीं थी लेकिन दिल से निकले हुए शेर का रास्ता दूसरों के दिलों तक जाता था। यही वह काज़िम होटल था जहाँ बैठ कर सालिक लखनवी ने शेर पढ़ा और उर्दू ग़ज़ल का ख़ज़ाना मालामाल हो गया—

खनक उठते हैं जब साग़र तो पहरों कान बजते हैं
अरे तौबा बड़ी तौबा शिकन आवाज़ होती है

क़दीर लखनवी, मंजूर लखनवी जैसे अह्द साज़ (युग निर्माता) शायरों के अलावा भी वहाँ हर वक़्त शायरों की भीड़ लगी रहती थी। पता नहीं लोग उसे होटल या टी स्टॉल क्यों कहते थे... वह तो अदबी टकसाल थी, जहाँ सरमस्ती के आलम में जब सिराज लखनवी ने एक शाम ये शेर पढ़ा तो दूसरे दिन यह शेर लखनऊ के हर इश्क़ करने वाले के दिल की ज़बान बन गया—

कुछ और माँगना मेरे मशरब में कुफ़्र है
ला अपना हाथ दे मेरे दस्ते सवाल में

चाँद कैफ़े, बारी होटल, विक्टोरिया स्ट्रीट, अब्दुल्ला होटल, रॉयल कैफे, काफ़ी हाउस। आगरा से गुज़रते हुए आप ताजमहल के हुस्न से इतना लुत्फ़ अन्दोज़ हो सकते हैं जितना कैलेण्डर में ताजमहल को देख कर होते हैं क्योंकि आगरे का मतलब ताजमहल हर्गिज़ नहीं है, फिर ताजमहल एक शहंशाह की मुहब्बत का शाहकार (सर्वोत्तम कृति) है, जिसकी तामीर में 22 बरस लगे थे लेकिन लखनऊ की तामीर में सदियाँ लग गयीं तब कहीं जाकर तहज़ीब का क़िला तामीर हुआ। ताजमहल ग़ज़ल का एक शेर है और लखनऊ एक मुकम्मल ग़ज़ल है। कोई भी ट्रेन जो लखनऊ पहुँचने वाली हो उसके मुसाफ़िरों की आँखों की चमक मुलाहिज़ा फ़रमाइये... बल्कि यादों से अपना सीना मुनव्वर रखने वालों की आँखों में तो लखनऊ की तस्वीर दिखाई देने लगती है। कभी आम की मिठास, कभी ख़रबूज़े की तरो ताज़ा ख़ुशबू, कभी ख़स के इत्र की सोंधी-सोंधी महक, कभी लखनवी लहजे की मिठास, कभी मलमल के कुर्ते, कभी चिकन की साड़ियाँ और कुर्ते, कभी रिक्शे-ताँगे वालों की आप और जनाब वाली गुफ़्तगू और कभी उर्दू ग़ज़ल

का जादू ट्रेन के डिब्बे में बैठे हुए मुसाफ़िरों को ऐसे परेशान कर देता है जैसे हिरन अपने ही जिस्म से आती हुई मुश्क की ख़ुशबू से बेक़ाबू हो जाता है। लखनऊ की एक बड़ी शख़्सियत डॉ. राजकुमार के बक़ौल अगर लखनऊ स्टेशन के प्लेटफ़ार्म पर गाड़ी खड़ी है तो हर वह मुसाफ़िर जो ज़िन्दा दिल है, जाग रहा है और ज़ीहोश है तो वह प्लेटफ़ार्म पर उतर कर लखनऊ को ऐसी हसरत भरी निगाह से देखता है जैसे गुनहगार जन्नत को देख रहे हों–

हर ग़ैर लखनवी ने निकाली ज़बाँ की मोच
आ आ के ज़ेरे सायए दामाने लखनऊ

अब तो सियासत की चेचक के निशानात लखनऊ के चेहरे पर भी पड़ने लगे हैं लेकिन सियासत और तवायफ़ में एक अच्छाई है कि उसका शबाब ज़्यादा देर तक नहीं रहता है। इमर्जेंसी का ज़माना था, हुकूमत ने तेवर बदल लिए थे लिहाज़ा हर चीज़ दस्तयाब (उपलब्ध) होने लगी थी। बच्चे दूध के डिब्बों के बग़ैर नहीं मर रहे थे। हर शख़्स अपनी-अपनी बेहतर कारकर्दगी की नुमाइश में सरगर्दां था। पुलिस मुजरिमों को पकड़ रही थी। ये वही पुलिस थी जो इमर्जेंसी से पहले मुजरिमों के कन्धे पर हाथ रख कर घूम रही थी। ट्रेनें वक़्त पर आने लगी थीं। सरकारी मुलाज़िमीन हर अजनबी को खुफ़िया महकमे का आदमी समझते थे। रेलवे प्लेटफ़ार्मों पर May I help you का एक इमर्जेंसी काउण्टर खुल गया था जो ट्रेनों की पोज़ीशन देख कर रिज़र्वेशन हासिल करने वालों की मदद करता था। मुझे लखनऊ से हवड़ा जाना था। मैं भी आम टिकट लेकर इस काउण्टर तक पहुँचा। मुझे देखते ही काउण्टर पर मौजूद मुलाज़िम ने कोलगेट की इश्तिहारी मुस्कुराहट के साथ मेरा इस्तक़बाल किया। मैंने उसे टिकट देते हुए बताया कि मुझे कलकत्ते के लिए एक बर्थ चाहिए। उसने टिकट मेरे हाथ से ले लिया और रिज़र्वेशन स्लिप बनाने में मसरूफ़ हो गया। मैंने रिज़र्वेशन की असली फ़ीस जो उस ज़माने में थी यानी साढ़े पाँच रुपये काउण्टर पर रख दिये, जिसमें एक नोट पाँच रुपये का था और एक नोट एक रुपये का। उस बाबू ने एक बार कनखियों से रुपये देखे फिर मेरी तरफ़ निगाह किये बग़ैर बोला कि जनाब इस पर कुछ रख दीजिए वर्ना नोट उड़ जायेंगे। मैंने दस रुपये का एक नोट और रख दिया। उसने मेरा शुक्रिया अदा किया और टिकट मेरे हवाले कर दिया। दुनिया का कौन-सा Anti Corruption का महकमा इस बाबू को रिश्वत के इल्ज़ाम में गिरफ़्तार कर सकता है। ये है लखनवी ज़बान की मिठास कि दुश्मन भी वाह-वाह कर उठे। ये वही लखनऊ स्टेशन है जहाँ कभी पण्डित जवाहर लाल नेहरू ने रेलवे के मुलाज़िमीन को हिन्दी के साइन बोर्ड देख कर फटकारा था कि पता ही नहीं चलता कि खाने का कमरा कौन-सा है और पाख़ाने का

कमरा कौन-सा है। ये वही पण्डित जवाहल लाल नेहरू थे जिनकी शादी का दावत नामा उर्दू में छपा था। स्टेशन के बाहर एक मक़ाम पर एक पत्थर गड़ा हुआ है जिस पर लिखा है कि महात्मा गाँधी और पण्डित नेहरू पहली बार इसी जगह एक दूसरे से मिले थे। लेकिन अभी पिछले महीने मैं देहली से लखनऊ आ रहा था। मेरा गुज़र इसी पत्थर के पास से हुआ तो एक इबरतनाक (शिक्षाप्रद) मंज़र देखा कि एक कुत्ता उसी पत्थर पर पेशाब कर रहा था। मुझे फ़ौरन मिर्ज़ा ग़ालिब का वह जवाब याद आ गया जो उन्होंने किसी के सवाल पर दिया था कि आज कल देहली में गधे हैं। ग़ालिब ने कमाल होशियारी से जवाब दिया था कि देहली में गधे नहीं हैं... बाहर से आ जाते हैं। मुझे भी यक़ीन हो गया कि कुत्ता हस्सास (भावुक) जानवर होता है। कुछ भी हो जाये, पण्डित जवाहर लाल नेहरू और महात्मा गाँधी की मुलाक़ात की तौहीन नहीं कर सकता। हो न हो ये कुत्ता किसी सियासी पार्टी की तरफ़ से ख़ासतौर पर ये सिखा कर भेजा गया होगा कि जाओ और उस यादगारी पत्थर पर इस तरह पेशाब करो कि उसकी छींटें उड़ कर लखनऊ की तहज़ीब के दामन पर भी पड़ें—

पसपाई की ख़िफ़्फ़त का असर काट रहा है
दुश्मन मेरी तस्वीर का सर काट रहा है

लखनऊ ने उर्दू ग़ज़ल के सोलह सिंगार में कोई कमी नहीं छोड़ी। ज़ाहिर है कि जब आक़ा से लेकर गुलाम तक साहिबे ज़ौक हों, इल्म के शैदाई हों और गेसुए ग़ज़ल के असीर हों तो कोई कमी होनी भी नहीं चाहिए थी। जोश की नपी तुली मयकशी का मज़ाक़ उड़ाते हुए अपने शबाब को इश्क़ और शराब के ज़हर से लम्हे-लम्हे कत्ल करने वाला, इंसानी भीड़ से बचता बचाता, लखनऊ की रौशन और तारीक राहों पर रातों में आवारा फिरता हुआ दीवाना कौन है? कभी ग़ालिब की ग़ज़ल की तरह हमअस्रों (समकालीनों) से छेड़खानी करता हुआ, कभी ख़य्याम की रुबाई की तरह नशे के आलम में लड़खड़ाता हुआ, कभी डार से बिछड़े हुए कबूतर की तरह फड़फड़ाता हुआ यह खोये हुए लहजे में गुफ़्तगू करने वाला कौन है। यह कौन है जिसकी आवाज़ में बोझल पन है, लहजे में सब कुछ हार जाने वाले जुआरी की थकन है और चेहरे पर कई सदियों की उदासी है। होंठों पर ग़ज़ल की शहज़ादी के बोसों के निशान हैं। जिसे तन का होश है तो इतना कि प्यासा है और मन का होश है तो इतना कि उदास है। धन का होश है तो इतना है कि सब उसके पास है। ये किसके साग़र से छलकी शराब ने लखनऊ के अँधेरों में चाँदनी बिखेर दी। ये कौन है जिसके लिए सबके दिलों में हमदर्दी है। ये कौन है जिसको अलीगढ़ चाहता है और सर सय्यद की यूनिवर्सिटी चाहती है। ये कौन है जिसे यूनिवर्सिटी के सब तश्नगाने अदब (साहित्य के

प्यासे) चाहते हैं। ये कौन है जिसके शबाब पर जवानियाँ फ़रीफ़्ता (दीवानी) हैं। ये कौन है जिसकी ग़ज़लों में बहुत-सी हसीनाएँ अपना चेहरा तलाश करती हैं। ये कौन है जो मजाज़ की तरह झूमता चला जा रहा है। ये कौन है जो नशे में डूबी हुई आवाज़ में बड़बड़ाता हुआ चला जा रहा है—

हम पर है ख़त्म शामे ग़रीबाने लखनऊ

मुश्तरिका (संयुक्त) हिन्दुस्तान ख़ालिस हिन्दुस्तानी बादशाह जिसके तामीरी कारनामों को देखते हुए टोपियाँ और दस्तारें (पगड़ियाँ) गिरने का डर नहीं होता था... जिसकी तामीरों से जलाल नहीं टपकता था, जिसने मक़बरे को ताजमहल का आली लक़ब भी नहीं दिया था, जिसने अपनी मुहब्बत की नुमाइश के लिए दस बच्चों की माँ के लिए ऐसी कोई इमारत नहीं बनवायी थी जिसके लिए नूरजहाँ के जस्दे ख़ाकी (मिट्टी का शरीर) को ख़ानदेश के दारुस्सुरूर कहलाने वाले बुरहानपुर से अकबराबाद उर्फ़ आगरा न लाना पड़ता। ताजमहल के हुस्न में खो जाने वाले बिल क्लिंटन के बक़ौल दुनिया की आधी आबादी को शायद ये नहीं मालूम कि हिन्दुस्तानी मुग़लिया सल्तनत का सबसे बड़ा इमारतसाज़ बादशाह राजस्थान के नागौर जिला की तहसील मकराना के संगमरमर फ़रोशों और कारीगरों का क़र्ज़दार मरा था लेकिन तारीख़ का सबसे अफ़सोसनाक पहलू ये है कि यह उजालों में लिखी जाती है और उजाले ही में पढ़ी जाती है, साथ ही इसके बेशतर किरदारों को नाइंसाफ़ी निगल जाती है। ये बात रहती दुनिया तक तहक़ीक़ तलब (जाँच के लायक़) रहेगी कि मकराना वालों के साथ कारोबारी लेनदेन में शाहजहाँ के वज़ीरे ख़ज़ाना की बदनीयती शामिल थी या औरंगज़ेब ने तख़्त पर बैठते ही मुग़लों की रवायती (पारम्परिक) फ़य्याज़ी के गोशवारे को दरिया में फिंकवा दिया था। जहाँगीरी इंसाफ़ के सामने मकराना हश्र के मैदान में एक सवाल बन कर खड़ा रहेगा और हिन्दुस्तान के पुरजलाल बादशाह जलालुद्दीन मुहम्मद अकबर सारी दुनिया के ज़र्रे-ज़र्रे के सामने अपनी बीवी जोधा बाई के राजस्थानी रिश्तेदारों के सामने हाथ बाँधे शर्मिन्दा खड़े होंगे। किसी ने सच ही कहा है कि तारीख़ में नाम और मक़ाम के अलावा सब झूठ होता है। अगर तारीख़ को सच बोलने का चस्का लग जाता तो शायद आज दुनिया का नक़्शा कुछ और ही तरह का होता या फिर ये होता कि सल्तनतों और तहज़ीबों की तारीख़ें कुछ अलग ही रंग लिए होतीं। पिछले दिनों मेरे एक दोस्त ने क़िस्सा सुनाया कि एक पण्डित जी को पड़ोसी ठाकुर साहब ने श्राद्ध (चालीसवें) का खाना खाने के लिए बुलाया। पण्डित जी ज़रा खुद्दार क़िस्म के आदमी थे... उन्होंने खाने से इंकार कर दिया। ठाकुर साहब भी ठाकुर साहब थे। ज़िद पर अड़ गये और पण्डित जी से बोले कि पण्डित जी! फिर तो मुझे बाहर से पण्डित बुलाना पड़ेगा। लिहाज़ा मैंने सोचा

है कि आप का श्राद्ध भी लगे हाथों कर दिया जाये। पण्डित जी डर गये और सोचा कि ठाकुर आदमी है, इसके यहाँ पशेमानी (पश्चात्ताप) का सिलसिला मरने वाले की लाश देखने के बाद शुरू होता है। लिहाज़ा फ़ौरन तैयार हो गये लेकिन पण्डित जी ने भी दिल में सोच लिया था कि इसको ऐसी सज़ा दी जाये कि या तो आइन्दा मुझे बुलाना छोड़ देगा या फिर अपने घर में किसी को मरने नहीं देगा। यह सोचते हुए पण्डित जी राम का नाम लेकर डकार लिए बग़ैर सौ से ऊपर पूरियाँ निगल गये। ठाकुर साहब को अपनी ज़मींदारी का रक़्बा (क्षेत्रफल) छोटा होता हुआ महसूस हुआ तो उन्होंने पण्डित जी को मुख़ातिब करके कहा, पण्डित जी बीच में पानी भी पी लीजिए। पण्डित जी पूरियों की गिनती को डेढ़ सौ तक लाने वाले थे। पलट कर जवाब दिया कि बीच तक पहुँचने दीजिए तो पानी भी पियूँगा। ठाकुर साहब दिल ही दिल में कोस कर रह गये।

कोई भी अदब उस वक़्त तक मुकम्मल अदब नहीं कहलाता जब तक उसके मैदान में हर नस्ल और हर क़ौम के लोगों ने फ़िक्र के घोड़े न दौड़ाये हों। फ़िराक़ गोरख़पुरी जो अपने अह्द में कायस्थों के ही नहीं, बल्कि उर्दू अदब के भी मुखिया थे। उन्होंने हमेशा उर्दू अदब की वक़ालत की। हालाँकि इस वक़ालत में कभी-कभी वह अपनी सतह से नीचे भी आ जाते थे लेकिन ज़बान से इश्क़ तवायफ़ से इश्क़ की तरह होता है, इसमें सतह देखने वाले तमाशबीन होते हैं और डूबने वाले सच्चे आशिक़ कहलाते हैं। फ़िराक़ साहब ने एक बार किसी अहम मुशायरे में सामिईन को ख़िताब करते हुए कह दिया था कि उर्दू इसलिए पढ़ लो कि अफ़सर बनने के बाद अफ़सर दिखाई भी दो। फ़िराक़ साहब अकसर ये भी कहा करते थे कि उर्दू आशिक़ की ज़बान है... मीठी, नर्म और मिन्नतें करती हुई और हिन्दी माशूक की ज़बान है... सख़्त, अक्खड़ और डाँटती हुई। लखनऊ के ही मुशायरे में फ़िराक़ साहब ने सामिईन की तरफ़ ग़ौर से देखा और बोले, "पढ़ो मैथिलीशरण गुप्त को... इससे भी ज़्यादा बदतमीज़ हो जाओगे।" शायरी भूल कर अब वह गुफ़्तगू पर आमादा हो गये। बताया कि दिल्ली में मैथिलीशरण गुप्त से मुलाक़ात हो गयी। कहने लगे, रघुपति जी., आपको आश्चर्य होगा कि समस्त भारतवर्ष में 99 प्रतिशत मनुष्य हिन्दी का प्रयोग कर रहे हैं। मैंने पूछा भय्या मैथिलीशरण गुप्त, उनमें समझते कितने प्रतिशत हैं। आदमी ईमानदार था, कहने लगा एक प्रतिशत भी नहीं। उन्हीं दिनों की बात है कि जनाब कृष्ण बिहारी नूर जो फ़ज़्ल लखनवी के शागिर्द हैं, मुशायरों में बेहद मक़बूल हो रहे थे। इसी मुशायरे में फ़िराक़ साहब भी मौजूद थे और सदारत कर रहे थे। नूर साहब ग़ज़ल पढ़ने के लिए माइक पर आये और सद्रे मुशायरा से कलाम पढ़ने की इजाज़त तलब की। फ़िराक़ साहब ने हस्बे आदत फब्ती कसते हुए कहा कि,

'गाओ, गाओ'। नूर साहब ने निहायत अदब के साथ फ़िराक़ साहब से अर्ज़ किया कि आइन्दा आप मुझे कभी गाते हुए नहीं सुनेंगे। वह दिन है और आज का दिन, नूर साहब तहत में अपना कलाम सुनाते हैं और उनके कलाम सुना चुकने के बाद अच्छे से अच्छा तरन्नुम का शायर कामयाब होने के लिए ख़ून थूक देता है। नूर साहब लखनवी शायरी की उसी नस्ल से तअल्लुक़ रखते हैं जो सरापा शायर कहलाती है। लहजे में शाइस्तगी, तबीयत में इन्क़िसारी, मिज़ाज में शराफ़त और होंठों पर हमेशा कुर्बान हो जाने वाली मुस्कुराहट। कुर्ते पाजामे और सदरी से पहचान लिए जाते हैं। मुशायरे के स्टेज पर बैठे हों तो महसूस होता है कि लखनऊ बैठा हुआ है। उठें तो महसूस होता है कि लखनऊ उठ रहा है। चलें तो यूँ लगता है कि तहज़ीब चहल क़दमी कर रही है। आहिस्ता से गुफ़्तगू करना वह भी नपी तुली, ज़बान पर गाली नाम का कोई लफ़्ज़ नहीं ...शायद गाली कभी सीखी ही नहीं। छोटों के आदाब पर हमेशा खिल कर ऐसे दुआएँ देते हैं जैसे शहद वाला मिट्टी की कच्ची हँडिया में शहद उँडेलता है। शायरी में चुने लफ़्ज़ों को चुन-चुन कर ऐसा एहतमाम करते हैं जैसे अरब के लोग मेहमान नवाज़ी में अपने खुलूस की आबरू के लिए अपना सब कुछ झोंक देते हैं। उनकी तहज़ीब, उनकी गुफ़्तगू उनकी शायरी और उनके रख रखाव का सबसे बड़ा ईनाम ये है कि बेशतर मुसलमान उनको अपना हम मज़हब समझते हैं और क्यों न समझें, जब नूर साहब अपनी ज़बान को पाकीज़ा लफ़्ज़ों से वज़ू कराते हुए शेर पढ़ते हैं कि—

वो मलक हों कि बशर हों कि ख़ुदा हों लेकिन
आपकी सबको ज़रूरत है रसूले अरबी
ख़िज़्रो ईसा की बुलन्दी की है दुनिया क़ाएल
हाँ मगर तेरी बदौलत है रसूले अरबी

तो उनका ऐसा भरम ठीक ही लगता है।

लखनऊ की धुली धुलाई उर्दू ज़बान के सहारे जब वह औसाफ़े रसूल (रसूल का गुणगान) बयान करते हैं तो फ़रिश्ते उनके दिल में लगे हुए पेसमेकर की हिफ़ाज़त के लिए बारगाहे ख़ुदावन्दी में दुआएँ करते होंगे। नूर साहब क़ुदरत की तरफ़ से फ़िरक़ा परस्तों के गाल पर उर्दू तहज़ीब का तमाँचा हैं। उन्हें देर तक ज़िन्दा रहना चाहिए क्योंकि लखनऊ से ऐसे लोग जब उठ जाते हैं तो गोमती की आँखों का पानी खुश्क होने लगता है। नूर साहब अपनी हाज़िर जवाबी और तबीयत की शोख़ी की बिना पर भी बहुत पसन्द किये जाते हैं। लाल क़िले का मुशायरा था। दहशत गर्दी के ख़ौफ़ से पुलिस वाले सिगरेट और माचिस वग़ैरह मुशायरा गाह में नहीं ले जाने दे रहे थे। मैं जब वी.आई.पी. गेट पर पहुँचा तो

वहाँ तक़रीबन डेढ़ दो सौ सिगरेट के पैकेट और माचिस की डिबियाँ पड़ी हुई थीं। पुलिस वालों ने मेरी तलाशी ली, फिर सिगरेट और माचिस निकाल कर वहीं छोड़ देने का हुक्म दिया। मैं काहे का हुक्म मानने वाला... में उन लोगों से उलझ गया और सिगरेटों का पैकेट वहाँ फेंकने से इंकार कर दिया। चूँकि मैं बीचो बीच खड़ा था लिहाज़ा भीड़ बढ़ती जा रही थी। पुलिस वाले बहुत पसोपेश में पड़े हुए थे। उन्होंने मुझे फिर समझाने की कोशिश की तो मैंने उनको समझाया कि ये बुरी आदतें जब मेरे वालिदैन नहीं छुड़वा सके तो आप क्या छुड़ायेंगे। मैंने उनसे ये भी कहा कि आप जाइए और देख कर आइए कि स्टेज पर एश्ट्रे भी रखे हुए हैं। मैं सिगरेट के पैकेट उसी सूरत में यहाँ रख सकता हूँ कि आप मेरा कुर्ता भी रख लें... मैं नंगे बदन मुशायरा गाह में जाऊँगा। यह कह कर मैंने अपना कुर्ता तक़रीबन उतार लिया। पुलिस वाले फ़ौरन पहचान गये कि मैं उन लोगों से ज़्यादा नंगा हूँ। लिहाज़ा दिल न चाहते हुए भी उन्होंने मुझे जाने दिया और मैं जंग जीतने वाले सिपाही की तरह अकड़ कर स्टेज पर पहुँचा। मुशायरे में उस वक़्त दिल्ली के वज़ीरेआला मदन लाल खुराना, सिकन्दर बख़्त, नजमा हैपतुल्ला और उस वक़्त के मरकज़ी सिविल एविएशन वज़ीर गुलाम नबी आज़ाद मौजूद थे। मैंने हस्बे आदत सिगरेट का पैकेट नूर साहब की तरफ़ बढ़ाया तो नूर साहब ने कहा, भई! जीते रहिए। मैं जानता था कि मुनव्वर मियाँ सिगरेट लेकर आयेंगे। उन्होंने तकल्लुफ़ करते हुए एक सिगरेट निकाली और ढेर सारी दुआएँ दीं। फिर कहने लगे, इस वक़्त मुझे सिगरेट पिला कर आपको वही सवाब मिला है जो किसी प्यासे को पानी पिला कर मिलता है।

फिर कई बरसों बाद नूर साहब का और मेरा साथ जद्दा में हुआ। इण्डियन एम्बैसी का मुशायरा था। गुलज़ार जुत्शी देहलवी शराब की फ़रमाइश कर रहे थे और चरन सिंह बशर उनकी वकालत कर रहे थे। हालाँकि मुन्तज़िमीन ने साफ़ साफ़ इंकार कर दिया कि सऊदी अरब में शराब नहीं मिलती है लेकिन गुलज़ार साहब बदतमीज़ी की हद तक मेज़बानों को परेशान कर रहे थे। चरन सिंह बशर जब वकालत से दलाली की मंज़िल पर आ गये तो मैंने उनसे कहा कि तुम हमें गुरुद्वारे के पास सिगरेट तक नहीं पीने देते हो और दारुल हराम (अरब) में शराब माँग रहे हो? नया-नया शायर सहम गया। मुशायरे के स्टेज पर सभी शायर तरतीब से बैठे हुए थे। ये पहले ही पता चल गया था कि स्टेज पर सिगरेट नहीं पी जा सकती। सिगरेट पीने वाले शायर परेशानी का शिकार नज़र आ रहे थे। अचानक नूर साहब, जो सदारत भी फ़रमा रहे थे, मेरे पास आये, मुझे ग़ैर मुल्की सिगरेट का एक पैकेट दिया, साथ में एक माचिस और एश्ट्रे भी इनायत फ़रमायी। मैंने उनका शुक्रिया अदा किया तो कहने लगे कि यह लाल क़िला वाले मुशायरे की

ख़िदमत का ईनाम है। चरन सिंह बशर जो मेरे बराबर बैठे हुए थे, मेरी तरफ़ देख कर तंज़ के साथ मुस्कुराये और फ़रमाया कि ऐसी ही बेक़रारी हम लोगों को भी शराब के सिलसिले में होती है। मैंने उनको समझाया कि ज़र्फ़ का इम्तिहान ऐसी ही जगहों पर होता है। आप और गुलज़ार देहलवी कमज़र्फ इसलिए साबित हो रहे हैं कि सिगरेट माचिस मौजूद होने के बावजूद अगर मैं स्टेज पर सिगरेट को हाथ भी लगाऊँ तो काफ़िर... और आपको इत्तिफ़ाक से दूर से भी शराब दिखाई पड़ जाती तो आप दोनों पीने के लिए दौड़ पड़ते। मैंने ये भी कहा कि अगर आप लोग मुसलमान होते तो सब्र और क़नाअत की दौलत भी आपके पास होती। नूर साहब भी हालाँकि शौक़ करते थे लेकिन उन्होंने शराब नोशी के सिलसिले में कोई गुफ़्तगू तो दूर की बात... इस गुफ़्तगू पर ध्यान तक नहीं दिया। ज़ाहिर है कि यह लखनऊ की तालीम और तर्बियत थी जिसने उन्हें सब्र और क़नाअत की दौलत बख़्शी थी

वर्ना ये हाथ गरेबान से कुछ दूर न था

उत्तर प्रदेश के हर शहर में होली मनाने का एक तरीका है लेकिन लखनऊ का अपना अलग ही रिवाज है। होली के ज़माने में ग़ैर मुस्लिम भी कानपुर नहीं जाते हैं क्योंकि वहाँ जो तूफ़ाने बदतमीज़ी होती है बाहर के लोग उसको झेल नहीं पाते हैं। होली के दस दिनों बाद तक कानपुर में इतना रंग खेला जाता है कि कभी-कभी रंग खेले हुए आदमी को उसकी वालिदा भी पहचान नहीं पाती हैं। ऐसा रंग खेलने से क्या फ़ायदा कि जन्म देने वाली कोख भी अपने बेटों को पहचानने में परेशान हो जाये।

लखनऊ में बारह-एक बजे तक रंग चलता है, दूसरे वहाँ के क़ानून के मुताबिक़ होली खेलने वाले ऐसे किसी भी शख़्स पर रंग नहीं डालते हैं जिसके कपड़ों या चेहरे पर पहले से रंग न लगा हुआ हो। ख़ास तौर से अगर रंग खेलने वाले ये महसूस भी कर लेते हैं कि गुज़रने वाला शख़्स मुसलमान है तो अपनी पिचकारी का मुँह घुमा देते हैं। हालाँकि लखनवी रवादारी होली के त्यौहार को हिन्दुस्तान का त्यौहार समझती है। लखनऊ में मेरे एक दोस्त को उनकी मुँह बोली बहन हर साल राखी भेजती है और वह उस राखी को बाँधते ज़रूर हैं। अक्सर अहबाब उनसे मज़ाक में कहते हैं कि इतना हाथ काट कर दोज़ख़ में भेजा जायेगा। मेरे दोस्त हँसते हुए कहते हैं कि मैं एक हाथ के बग़ैर जन्नत में जाने को तैयार हूँ लेकिन एक ग़ैर मुस्लिम औरत का दिल नहीं तोड़ सकता जो सरापा अक़ीदत बन कर अपने भाई को राखी भेजती है।

डॉ. मलिकज़ादा मंजूर अहमद ने लखनऊ के अदबी विक़ार, हाज़िर जवाबी, अपनी तहरीरों और तक़रीरों से सारी दुनिया में उर्दू ज़बान की क़द्रदानी में इज़ाफ़ा

किया। तक़रीबन पचास बरसों की मुद्दत में उन्होंने बेशुमार तनक़ीदी और इल्मी किताबें लिखी। मुल्क में और मुल्क के बाहर भी उर्दू ज़बान की बक़ा के लिए ज़िम्मेदाराना वक़ालत की। मुशायरे जो एक ज़माने तक उर्दू अदब के शो रूम की हैसियत रखते थे, डॉ. साहब अपनी हुनरमन्दी से उनकी देखभाल में दिलो जान से मसरूफ़ रहे। हालाँकि मुशायरे बाज़ी का ज़हर दूसरे अदबी कारनामों तक पहुँचने में बहुत दिक्कत पैदा करता है लेकिन उर्दू मुशायरे उनकी मौजूदगी में आज भी उर्दू अदब का सुनहरा वरक़ बन जाते हैं। डॉ. साहब की मुदल्लल (दलील पूर्ण) तक़रीरें उर्दू के आम क़ारी (पाठक) के दिमाग़ में भी उर्दू के लिए कुछ कर गुज़रने का जोश भर देती हैं। डॉ. साहब के कुछ दिलचस्प वाक़ियात और उनकी तबीयत की शोख़ी के कुछ नमूने हाज़िरे ख़िदमत हैं–

डॉक्टर साहब कानपुर में एक मुशायरे की निज़ामत फ़रमा रहे थे। तारिक़ बदायूनी की शोहरत का ज़माना था। वह अपने तरन्नुम और शक्ल सूरत के एतबार से भी ख़ूबसूरत थे। डॉक्टर साहब ने पहले राहत इन्दौरी को आवाज़ दी। राहत के पढ़ने के फ़ौरन बाद उन्होंने तारिक़ बदायूनी से गुज़ारिश की। तारिक़ अपनी थोड़ी निस्वानी (नारीवत्) अदा के साथ माइक पर आये और आते ही बोले कि डॉक्टर साहब ने मेरे साथ ज़्यादती की है। पहले राहत इन्दौरी को बुलाया और उनके बाद मुझे ग़ज़ल पढ़ने का हुक्म फ़रमा रहे हैं। डॉक्टर साहब ने बरजस्ता (तड़ाक से) कहा कि तारिक़ साहब! यह कानपुर है, लिहाज़ा मैंने राहत इन्दौरी को पहले बुलाया है। अगर रामपुर होता तो पहले आपको ही ग़ज़ल सुनाने की दावत देता। ऐसे ही एक मुशायरा में बेकल उत्साही साहब का तआरुफ़ पेश करते हुए मलिक ज़ादा साहब ने फ़रमाया कि मैं बेकल उत्साही साहब के सिलसिले में ये अर्ज़ करना चाहता हूँ कि मैंने इनको न तो कभी शराब पीते देखा है और न ही नमाज़ पढ़ते हुए। आप सोचिए कि इस जुम्ले के भरपूर मज़े से कैसे इंकार किया जा सकता है।

दिल्ली पुलिस का पहला मुशायरा हो रहा था। चाँदनी चौक में सजावट, सलीक़े और तौर तरीक़े से ये महसूस हो रहा था कि शायद मुग़लिया दौर में मुशायरा पढ़ रहे हैं। डॉक्टर बशीर बद्र आये। बिल्कुल डॉक्टरों के जवाब दिये हुए मरीज़ दिखाई दे रहे थे। मलिकज़ादा साहब से गुज़ारिश की (उनकी यह गुज़ारिश मुस्तक़िल चलती रहती है) कि उनकी तबीअत बेहद ख़राब है लिहाज़ा उन्हें पढ़ा दिया जाये। डॉक्टर साहब ने बशीर बद्र को माइक पर बुलाने से पहले सिर्फ़ इतना कहा कि मैं बशीर बद्र साहब से गुज़ारिश कर रहा हूँ कि वह माइक पर तशरीफ़ लायें, फिर सामिईन को मुख़ातिब करते हुए यह राज़ की बात भी बता दी कि बशीर बद्र साहब अजीबो ग़रीब बीमारी में मुब्तिला हो गये हैं।

औरत देखकर बीमार हो जाते हैं और माइक देखते ही ठीक हो जाते हैं। हालाँकि मलिकज़ादा साहब ख़ुद इतने हुस्न पसन्द हैं कि उनसे मिलने के बाद अन्दाज़ा हो जाता है कि असली आदम की औलाद हैं। हज़रत आदम हव्वा की वजह से जन्नत से निकाले गये और बेचारे डॉक्टर साहब बिन्ते हव्वा (हव्वा की बेटी) के चक्कर में बराबर घर से निकाले जाते हैं। उनके अहबाब, उनके किरदार के नंगे खुले को ढाँपे रहते हैं और ये कह देते हैं कि वह ज़्यादातर घर से बाहर रहते हैं। डॉक्टर मलिकज़ादा मंजूर अहमद हक़ीक़त में बर्रे सग़ीर (उप महाद्वीप) की मुमताज़ शख़्सियत हैं। उनकी आवाज़ में जो जादू है, वह ख़ुदादाद (पैदाइशी) है। मुशायरे की जिस महफ़िल में दिल लगा देते हैं वह मुशायरा कामयाबी के अगले पिछले सारे रिकार्ड तोड़ देता है। दिल्ली का मिज़ाज भी बदलता रहता है और पसन्द भी बदलती रहती है लेकिन मलिकज़ादा के सिलसिले में ये सब अन्दाज़े ग़लत हो जाते हैं। दिल्ली में किसी हुकूमत का क़ब्ज़ा हो लेकिन दिलों पर मलिकज़ादा साहब की हुक्मरानी है, जिस तरह मस्क़त के सुल्तान क़ाबूस की यह आख़िरी मंज़िल है क्योंकि उनका कोई बेटा नहीं है जो तख़्त-ओ-ताज का वारिस बन सके। उनका फ़न उनके साथ ही लोगों को तरसता और आँखों को बरसता छोड़ जायेगा। हिन्दुस्तान के बाहर कई मुशायरों में डॉक्टर साहब का साथ रहा। उनके रहने से हम लोगों के दिल ऐसे बड़े रहते हैं जैसे नमाज़ों में इमाम की मौजूदगी से नमाज़ी हज़रात अपने आप को हरा भरा महसूस करते हैं। डॉक्टर साहब अपनी बेइन्तहा शरीफ़ाना शख़्सियत के बावजूद अपनी इल्मी लियाक़त (योग्यता) और ख़ुदादाद सलाहियत की वजह से कहीं कमज़ोर समझौता नहीं करते हैं। अपनी राय का बेख़ौफ़ी से इस्तेमाल करते हैं वर्ना आमतौर पर हिन्दुस्तान से बाहर निकलते ही लोग हिन्दुस्तानी अदब, हिन्दुस्तानी सियासत और हिन्दुओं के कुछ झूठे मज़ालिम की दास्तानें सुनाकर चन्दा वसूल करने की फ़िक्र में लग जाते हैं। डॉक्टर साहब न सिर्फ़ लखनऊ की आबरू हैं, बल्कि उर्दू अदब का भी विक़ार (गौरव) हैं।

इन दिनों हिन्दुस्तान में शायरात की बहार आयी हुई है। हर तरफ़ शायरात का दौर दौरा है। हिन्दुस्तान में कुछ इलाक़े ऐसे हैं जहाँ शायरात को वही दर्जा हासिल है जो फ़िल्म की हीरोइनों को हासिल रहता है। कुछ इलाक़ों में तो शायरात के बग़ैर मुशायरा ही नहीं होता है। इन सबके बरख़िलाफ़ लखनऊ की बानो दाराब वफ़ा लखनवी जब अपने ख़ानदान की शराफ़त और विक़ार का नूर चेहरे पर लिए स्टेज पर तशरीफ़ लाती हैं तो स्टेज के तक़द्दुस (पवित्रता) में इज़ाफ़ा हो जाता है। जब गुफ़्तगू करती हैं तो महसूस होता है कि लखनऊ बोल रहा है और जब शेर सुनाती हैं तो नयी उर्दू ग़ज़ल अपने ख़जाने में इज़ाफ़ा करने लगती है—

हम ऐसे सूरमा हैं लड़ के जब हालात से पलटे
तो बढ़ के ज़िन्दगी ने पेश कीं बैसाखियाँ हमको

ज़र्द चेहरों की किताबें भी हैं कितनी मक़बूल
तर्जुमे जिनके जहाँ भर की ज़बानों में मिले

कुरेदता है बहुत राख मेरे माज़ी की
मैं चौंक जाऊँ तो वह उँगलियाँ जला लेगा

काग़ज़ की कश्तियों को समन्दर में डालकर
बच्चों की तरह चीख़ रहे हैं ख़ुशी से हम

बानो बाजी मुद्दतों तालीम गाहे निस्वाँ में लड़कियों को ऊँची तालीम से सरफ़राज़ करने में मशगूल रहीं। अपने तालीमी ज़माने में वह ऐनी आपा (कुर्रतुलऐन हैदर) की हम सबक़ (सहपाठी) रह चुकी हैं। उर्दू और अंग्रेज़ी दोनों में ख़ूब लियाक़त हासिल है। ऐनी आपा के मिज़ाज में थोड़ा-सा ख़ानदानी गुरूर भी शामिल है लेकिन बानो बाजी के मिज़ाज में शायराना क़लन्दरी मौजूद है। दोनों ने शादी नहीं की। एक इंटरव्यू में मशहूर शायर ऐन रशीद ने इंटरव्यू के दौरान ऐनी आपा से पूछा कि आपने शादी क्यों नहीं की? उन्होंने हँसते हुए कहा कि कोई ऐन नहीं मिला वर्ना शादी कर लेती। मैं बानो बाजी से मज़ाक करता था। वह मुझे शेर बच्चा कहती थीं। मैंने उनसे पूछा था कि बाजी, आपने शादी क्यों नहीं की? उन्होंने कहा कि मैं अपने दो शेर सुनाती हूँ—

वह इक थका-सा मुसाफ़िर मैं एक बन्द सराय
पहुँच भी जायेगा मुझ तक तो मुझसे क्या लेगा

मैंने यह सोच के बोया नहीं ख़्वाबों का दरख़्त
कौन जंगल में लगे पेड़ को पानी देगा

मैं उनसे जब कहता कि बाजी मेरा तजरुबा यह है कि मर्द शादी कर ले तो पागल हो जाता है, औरत शादी नहीं करती है तो पागल हो जाती है। लखनऊ की दाराब बानो वफ़ा की पज़ीराई (मान सम्मान) पाकिस्तान में देखने के क़ाबिल है। हिन्दुस्तान के दो ही शायर वहाँ अदब और एहतराम से देखे और सुने जाते हैं। उनमें एक तो हमारी बाजी बानो दाराब वफ़ा हैं और दूसरे अख़्तरुल ईमान थे। बानो बाजी पुराने लखनऊ के चौक के महल्ले में टुण्डे कवाब की दुकान से तक़रीबन एक फ़र्लांग आगे उत्तर की जानिब एक पुरानी-सी हवेली में रहती

हैं। उस घर के दरो दीवार से अगली शराफ़तों, तहज़ीब और तर्बियत की झलक दिखाई देती है। बक़ौल बशीर बद्र–

हवेलियों में पुरानी दुलाइयाँ ओढ़े
भटक रही है मेरे ख़ानदान की ख़ुशबू

लखनऊ तहज़ीब की वो जन्नत है जहाँ से निकल कर आदमी सारी ज़िन्दगी अपने सीने से यादे लखनऊ को चिमटाये रहता है। लखनऊ वासी दुनिया में चाहे जहाँ रहे, अपने दिल में एक लखनऊ बसाये रखता है। अंग्रेज़ कितने ही वाजिद अली शाहों को लखनऊ से मुल्क बदर करें लेकिन वह किसी वाजिद अली शाह से लखनऊ की सुनहरी यादों का दुशाला नहीं छीन सकते। लखनऊ दिल में, आँखों में और ज़ेहन में ज़िन्दा रहता है। मरता है तो भी लखनऊ की यादें उसे अपनी आग़ोश में लिए होती हैं क्योंकि बज़ाहिर तो वह एक क़ब्र होती है लेकिन उस क़ब्र में इंसान नहीं होता...हसरतें सो रही होती हैं। वो तहज़ीब और शराफ़त आँखें बन्द किये लेटी होती है जिसकी परवरिश में लखनऊ की आबोहवा शामिल होती है। लखनऊ वाले कहीं भी रहें, अपने लखनऊ पर आँच नहीं आने देते हैं। वह अपनी इज़्ज़त के चनों को बादाम में बदल देते हैं और अपनी मुफ़लिसी के ज़ख़्मों को ख़ुशलिबासी से छुपाये रखते हैं। सब्ज़ियों के छिलकों के कवाब लखनऊ वालों के सब्रो शुक्र की यादगार हैं। शेरवानी उनकी पेशानियों का हिजाब (पर्दा) है। पहले आप...पहले आप...कहकर बिछ जाना शराफ़त और रवादारी की वह दौलत है जिससे दुनिया के हर तहज़ीबी शहर का ख़ज़ाना ख़ाली है। लफ़्ज़ों की तर्तीब और तहज़ीब से मुख़ालिफ़ के दिल में भी अपनी शराफ़त की ताजमहल की बुनियाद रख देना लखनवी होने का सबसे बड़ा सुबूत है। ज़िन्दगी की शदीद कड़वाहटें भी लखनवी लहजे की मिठास का कुछ नहीं बिगाड़ पातीं। अपने आप को पैदाइशी मेहमान नवाज़ समझने का ग़ुरूर लखनऊ वालों की पेशानी से झलकता है।

अगर मेरा भी एक भाई लड़कपन में नहीं मरता

बचपन में एक अंग्रेज़ी नज़्म पढ़ी थी जो मफ़हूम (Subject) के एतबार से कुछ इस तरह थी कि एक साहब किसी मेज़बान के ड्राइंगरूम में बैठे हुए घरवालों से गुफ़्तगू में महूव (व्यस्त) थे कि एक पाँच बरस की बच्ची आकर उनकी गोद में बैठ गयी। उन्होंने बच्ची को प्यार किया, उसका नाम पूछा और यह भी पूछा कि तुम कितने भाई-बहन हो? बच्ची ने बताया कि हम लोग चार भाई और एक बहन हैं। यह कह कर उस बच्ची ने उन साहब की उँगली पकड़ी और उन्हें एक कमरे में ले गयी जहाँ दो बच्चे स्कूल की किताबें और यूनिफार्म ठीक कर रहे थे, फिर उन्हें एक दूसरे कमरे में ले गयी जहाँ एक बच्चा अकेले कैरम खेल रहा था। बच्ची कुछ देर खड़ी कुछ सोचती रही फिर उन साहब का हाथ पकड़ कर लॉन के एक वीरान हिस्से में ले गयी जहाँ एक छोटी-सी क़ब्र बनी हुई थी। बच्ची ने क़ब्र की तरफ़ इशारा करके कहा, मेरा एक भाई यहाँ सो रहा है।

रायबरेली में घर से ईदगाह जाते हुए हमारा आबाई (पैतृक) क़ब्रिस्तान पड़ता है। कभी-कभी सोचता हूँ कि शायद बुज़ुर्गों ने ईदगाह के रास्ते पर क़ब्रिस्तान इसलिए आबाद किया होगा कि ज़िन्दगी हमेशा अपने अंजाम से वाक़िफ़ रहे या फिर ईदगाह के रास्ते में क़ब्रिस्तान की आबादकारी की वजह यह रही होगी कि कम से कम साल में दो मर्तबा हमें अपने पुरखों की क़ब्र के पास खड़े होकर फ़ातिहा पढ़ने का वक़्त दस्तयाब (प्राप्त) रहे। मुझे दूसरी बात ज़्यादा मुनासिब और माक़ूल लगती है क्योंकि हम लोग ईद की नमाज़ पढ़कर घर लौटते हुए अपने आबाई क़ब्रिस्तान में थोड़ी देर के लिए रुकते हैं, फ़ातिहा पढ़ते हैं, थोड़ी देर उदास खड़े रहते हैं फिर अपने घर की तरफ़ चल देते हैं। इस आबाई क़ब्रिस्तान में सबसे जवान शख़्स की जो क़ब्र है वह मेरे छोटे भाई यहिया राना की है, जो सिर्फ़ तीस बरस की उम्र में एक जीप हादसे में मालिके हक़ीक़ी से जा मिला। मेरे वालिद जब तक ज़िन्दा थे, मेरी छोटी बेटी हिबा राना (अप्पो) जो तक़रीबन पाँच बरस की रही होगी, वह भी दादा के साथ ईदगाह जाती थी। वापसी में वह भी क़ब्रिस्तान में हम लोगों की तरह हाथ उठा कर दुआ माँगती रहती। एक

बार कोई लड़का ज़ोर-ज़ोर से क़ब्रिस्तान में बातें करने लगा तो अप्पो ने उसको डाँटा 'दुआ माँगो, बात मत करो, यहिया चच्चा का गुस्सा बहुत ख़राब है'। इस बात को तक़रीबन तीन बरस हो गये, उसी वक़्त से उस अंग्रेज़ी नज़्म की बच्ची मेरे पास आ गयी।

यहिया हमारे भाइयों में तीसरे नम्बर पर थे लेकिन अपनी ज़िहानत (बुद्धिमानी), सख़ावत (दानी प्रकृति), हिम्मत और हुस्ने एख़लाक में हमेशा एक नम्बर पर रहे। ग़रीबों की मदद, दुख दर्द बाँटने का शौक़, सबसे ख़ुश मिज़ाजी से मिलना, अम्मी के चेहरे से उनकी घरेलू ज़रूरतों को महसूस कर लेना उन्हीं का हिस्सा था। शेरफ़हमी (शेर समझना), ख़ुशमिज़ाजी और हाज़िर जवाबी का सलीक़ा उनका अपना हुनर था जो उनके साथ ही हमारे घर से ख़त्म हो गया। जब यहिया से कोई पूछता कि आप भी शायर हैं तो हँसते हुए कहता, नहीं! बिल्कुल नहीं! शायरी तो दिल के मरीज़ों की दवा है क्योंकि पतंग से जहाज़ नहीं गिराया जा सकता, शायरी बम को आटे का गोला बना देती है।

एक दिन वह अपनी भाभी (मेरी अहलिया) से कहने लगे कि भाभी मेरी तरफ़ से मुबारकबाद क़ुबूल कीजिए और मिठाई मँगाइए। मेरी अहलिया जो डेढ़ लतीफ़ों की क़ातिला मशहूर हैं, (यानी एक लतीफ़े को सुन कर हँसने का पहलू तलाश करती हैं लेकिन तब तक इतनी देर हो चुकी होती है कि लतीफ़ा सुनाने वाला दूसरे लतीफ़े के क्लाइमेक्स पर पहुँच चुका होता है तब तक वह अचानक पहले लतीफ़े पर हँसती हैं, नतीजे के तौर पर दोनों लतीफ़े क़त्ल हो जाते हैं) उन्होंने पूछा, किस बात की मुबारक बाद और कैसी मिठाई। यहिया बोले भाई ने नौ सौ ग्राम लोहा ख़रीदा है। वह कुछ सोचती रहीं फिर पूछा कि नौ सौ ग्राम लोहा ख़रीदा है!... फिर ख़ुद ही बोलीं उन्होंने लोहा नहीं ख़रीदा है, रिवाल्वर ख़रीदा है। यहिया ने बड़े इत्मीनान के साथ अपनी भाभी को समझाया कि शायर के हाथ में रिवाल्वर की हैसियत नौ सौ ग्राम लोहे के बराबर होती है और हम लोगों के हाथ में नौ सौ ग्राम लोहा भी रिवाल्वर हो जाता है। यहिया धुन के बहुत पक्के थे, जिस काम में लग जाते उस काम में जी जान लगा देते थे। ट्रांसपोर्ट के काम से जी उचाट हो गया तो ठेकेदारी करने लगे। किसी दोस्त ने पूछा, आज कल क्या हो रहा है, कहने लगे शेरशाह सूरी के अधूरे काम पूरे कर रहा हूँ यानी सड़कें बनवा रहा हूँ। किसी ने पूछा कि आम कौन-सा पसन्द है, हँसते हुए बोले, जिसे तोड़ते हुए चौकीदार की गाली न खाना पड़े।

आख़िरी दिनों में वह पानी की टंकियाँ बनवाने का ठेका लेने लगे, मैं जब कलकत्ता से रायबरेली जाता तो मुझे अपनी कारकर्दगी (कारगुज़ारी) दिखाने साइट पर ले जाते और अपनी ज़िहानत और हाज़िर जवाबी के दिलचस्प क़िस्से सुनाते।

पानी की टंकी की तामीर से पहले मिट्टी का सैम्पिल इलाहाबाद में टेस्टिंग के लिए ले जाना पड़ता था जहाँ एक्सपर्ट उस मिट्टी के अच्छे या ख़राब होने की तस्दीक़ (पुष्टि) करते थे। इस रिपोर्ट को जल निगम में जमा करना पड़ता था। एक बार किसी टंकी की बुनियाद के सिलसिले में उन्हें इलाहाबाद जाना था, रमज़ान के दिन थे, यहिया इंजीनियर के पास गये और उससे बोले कि मिट्टी बिल्कुल ठीक है लेकिन रिपोर्ट लाने में दो दिन लग जायेंगे और मेरे मज़दूर बैठे रहेंगे लिहाज़ा अगर आप इजाज़त दें तो मैं ख़ुदाई का काम शुरू करवा के इलाहाबाद निकल जाऊँ लेकिन इंजीनियर ने अपनी दफ़्तरी मजबूरी बतायी और कहा कि पहले रिपोर्ट लाना ज़रूरी है। यहिया मिट्टी का नमूना लेकर इलाहाबाद चले गये, वहाँ से लौट कर सर्टिफ़िकेट इंजीनियर के सामने रख दिया। इंजीनियर ख़िफ़्फ़त (शर्मिन्दगी) की ख़लीज (खाड़ी) को पाटने की ग़रज़ से कहने लगा, राना साहब आपको मिट्टी की बहुत पहचान है। यहिया बोले, साहब इस कारोबार में बिल्कुल नया हूँ, मुझे मिट्टी की कोई पहचान नहीं है। हाँ, पानी हमें ज़रूर पहचानता है क्योंकि हम आले रसूल (रसूल के वंशज) हैं और रोज़ादार भी!

यहिया मरहूम की ज़िहानत का एक दिलचस्प वाक़िया यह भी है कि एक बार मुझे लखनऊ से अवध एक्सप्रेस के ज़रिये कोटा (राजस्थान) जाना था, गर्मियों के दिन थे, स्लीपर में मेरी किनारे की ऊपर वाली बर्थ थी, मैं तो गर्मी के ख़ौफ़ से लरज़ गया। मेरे चेहरे की परेशानी पढ़ते हुए यहिया ने इत्मीनान से कहा कि आपको नीचे वाली बर्थ चाहिए? मैंने कहा, अगर ऐसा हो जाये तो बहुत अच्छा होगा। यहिया बोले, आप परेशान न हों, यह बर्थ अब सिर्फ़ आपकी है। मैंने सोचा शायद एख़लाक़न मुझे तसल्ली दे रहे हैं। इतने में ट्रेन रेंगने लगी। यहिया भी खुदा हाफ़िज़ कह कर चले गये। मैं ख़ामोशी से अपनी सीट पर बैठ गया। थोड़ी देर बाद ऊपर वाली बर्थ पर बिस्तर लगाने लगा। अचानक वह साहब जिनकी बर्थ नीचे थी खड़े हो गये और मुझसे बोले, आप नीचे की बर्थ ले लिजिए मैं ऊपर सो जाऊँगा। मैंने उनकी ख़ुश एख़लाक़ी का शुक्रिया अदा किया और अपने काम में मसरूफ़ रहा। वह साहब जब बहुत ज़िद करने लगे तो मैंने वजह पूछी। उन्होंने इधर-उधर देखकर मुझसे राज़दाराना तरीक़े से पूछा, यह जो साहब आपको पहुँचाने आये थे, आपके बड़े भाई थे? मैं चुप रहा, वही साहब फिर बोले कि आपके बड़े भाई साहब ने मुझे बताया है कि आपको सोते में पेशाब निकल जाता है, ज़ाहिर है अब ऐसे में कौन शरीफ़ आदमी नीचे की बर्थ पर लेटने का ख़तरा मोल ले सकता था।

यूँ तो यहिया के इन्तिक़ाल को बाइस बरस हो रहे हैं लेकिन ईद और बक़रीद आते ही पुराने ज़ख़्मों की पपड़ी उखड़ने लगती है। कोई किसी से कुछ नहीं कहता

लेकिन अन्दर-अन्दर हर फ़र्द (व्यक्ति) टूटने-बिखरने लगता है। घर के सब लोग अन्दर-अन्दर रोते हैं। आँसुओं की इमदाद कोई नहीं लेता। हर शख़्स उधड़े हुए ज़ख़्मों पर नये सिले हुए कपड़े पहन लेता है कि सुन्नते रसूल भी अदा करना फ़र्ज़ है। अब्बू जब तक ज़िन्दा थे, ईद के दिन उनसे मैं आँखें नहीं मिलाता था। अब छोटे भाइयों से आँखें मिलाते हुए डर लगता है। कच्ची मिट्टी धोखे से भी आग में चली जाये तो पत्थर बन जाती है। अब्बू के इन्तिक़ाल के बाद मुझे जिस ख़ामोश कर्ब (पीड़ा) से गुज़रना पड़ता है, मैं उसको बता भी सकता हूँ और तहरीर भी कर सकता हूँ लेकिन यहिया का बेटा जो उस वक़्त तक़रीबन पाँच बरस का रहा होगा उसने अपना बचपन, वह भी ईद या बक़रीद के दिन नमाज़ से वापसी के बाद कैसे गुज़ारा होगा? इसका अन्दाज़ा भी नहीं लगाया जा सकता कि मेरी भतीजी ने कैसे पाकीज़ा और बेक़ुसूर आँसू बाप की क़ब्र पर उँडेल दिये होंगे। यहिया की बेवा जो मेरी अहलिया की ख़ालाज़ाद बहन भी है, बेवा होने से कुछ महीने पहले माँ की आग़ोश (गोद) से भी महरूम (वंचित) हो गयी थी, जब वह बिलख-बिलख कर यह कहती है कि मेरा तो मायक़ा भी छूट गया और ससुराल भी... तो शायद मौत का फ़रिश्ता भी लरज़ जाता होगा–

हमने इसी दुनिया में हैं दुख इतने उठाये
अब तो हमें अन्देशए महशर भी नहीं है

मेरे अब्बू और अम्मी ने बहुत कोशिश की कि उसकी दूसरी शादी हो जाये, रिश्ते भी तलाश किये गये लेकिन उसने हमेशा यह कह कर इंकार कर दिया कि नसीब अच्छा होता तो यही छोड़ कर क्यों जाते? शौहर का दुख शौहर का दुख होता है, उसका कोई बदल नहीं हो सकता लेकिन अब्बू और अम्मी ने यहिया की मौत के बाद शायद उसे बेटी ही मान लिया था, यूँ भी मेरी सिर्फ़ एक बहन है और वह ब्याह कर पाकिस्तान चली गयी तो अम्मी और अब्बू का सारा प्यार यहिया की बेवा और उसके बच्चों से लिपट गया। अब्बू की बीमारी के दिनों में नाहीद ने जितनी अकेले ख़िदमत की है, हम सब भाई मिल कर नहीं कर सके होंगे। अगर ख़िदमत और तीमारदारी के एवज़ में जन्नत मिल सकती है तो उसके पास जन्नत में बंगला होना चाहिए।

यहिया का सबसे बड़ा शौक़ मुशायरे कराना था। जब तक ज़िन्दा रहे रायबरेली में हर बरस मुशायरे का एहतमाम करते थे, दस-पन्द्रह हज़ार रुपये उनकी जेब से भी चले जाते थे लेकिन किसी से भी इस बात का ज़िक्र नहीं करते थे कि कितनी रक़म घर से लगानी पड़ी है। मशहूर शायरा अंजुम रहबर ने यहिया की शाइस्तगी का एक वाक़िया उनके इन्तिक़ाल के बाद सुनाया। हुआ यूँ था कि मुशायरे की फ़ेहरिस्त बनाते वक़्त जो नज़राना अंजुम रहबर को लिखा गया था, मुशायरा ख़त्म

होते ही उतनी रक़म का लिफ़ाफ़ा अंजुम रहबर के हवाले कर दिया गया, अंजुम ने यहिया को एक मख़सूस रक़म के इज़ाफे का ख़त लिखा था जो मुशायरे की फ़ेहरिस्त में दर्ज नहीं था। रक़म गिनने के बाद अंजुम ने दबे लफ़्ज़ों में यहिया से इसका तज़किरा किया। यहिया वहाँ से ग़ायब हो गये और दस मिनट बाद मुस्कुराते हुए आये और अंजुम रहबर से कहने लगे कि आज तो अंजुम बाजी आपने कमाल कर दिया, पूरा मुशायरा लूट लिया। यह कहकर उन्होंने अंजुम रहबर से हाथ मिलाया और पिण्डाल के बाहर चले गये, अंजुम रहबर की मुट्ठी में वह रक़म दबी हुई थी जिसका तज़किरा उन्होंने यहिया मरहूम से किया था।

जिस रात उनकी जीप हादसे का शिकार हुई, वह वाली भाई और रईस अंसारी से मुशायरे की फेहरिस्त बनवा कर लौट रहे थे। लखनऊ शहर से बाहर निकलते ही उनकी जीप एक ट्रक से टकराकर तक़रीबन दो सौ ग़ज तक गयी और फिर तवाज़ुन (Balance) खोकर बायीं तरफ़ उतर कर इस तरह एक पेड़ से लिपट गयी जैसे पेड़ ने जीप को पहन लिया हो। पप्पू (ड्राइवर) वहीं ख़त्म हो गया, यहिया और उनका दोस्त ख़ुर्शीद बेहद ज़ख़्मी हालत में बलरामपुर अस्पताल लाये गये। हिम्मत का यह आलम था कि इस हालत में भी उन्होंने डॉक्टर से ख़ुर्शीद और पप्पू का हाल पूछा, फिर ज़ख़्मी हाथों से पर्स निकाला और डॉक्टर से बोले कि इन लोगों के इलाज में कोई कमी मत कीजिएगा, इस पर्स में रुपये और मेरा विज़िटिंग कार्ड है जितने भी रुपये ख़र्च हों मँगवा लीजिए और मेरे ऑफ़िस में ख़बर करवा दीजिए। डॉक्टर ने उन्हें तसल्ली दी और उनके इलाज में मसरूफ़ हो गया।

कोशिश के बावजूद जब घर का फ़ोन नहीं मिल सका तो मेरे लखनऊ ऑफ़िस के नवजवान मैनेजर विजय ने ज़िहानत से काम लेते हुए रायबरेली का कोई अजनबी फ़ोन नम्बर डायल किया और उठाने वाले को पूरी ख़बर बताते हुए मेरे वालिद तक यह बुरी ख़बर पहुँचाने की गुज़ारिश की। उस अल्लाह के बन्दे ने फ़ौरन स्कूटर निकाली और मेरे घर पहुँचकर काल बेल पर उँगली रख दी। अब्बू जो रात में यूँ भी बहुत खटके की नींद सोते थे, फिर यहिया अभी तक वापस नहीं आये थे, इसलिए बजाय जीप की आवाज़ के काल बेल की आवाज़ सुनकर लरज़ गये। उठने से पहले ही उन्होंने अम्मी को आवाज़ दी, वह भी शायद जाग रही थीं—

वह तो लिखा के लायी है क़िस्मत में जागना
माँ कैसे सो सकेगी कि बेटा सफर में है

अब्बू ने फ़ौरन ही अम्मी को तैयार होने के लिए कहा, छोटे भाई राफ़े राना

को जगाया, ख़ुद स्टेयरिंग पर बैठे और आँधी तूफ़ान की तरह लखनऊ की सम्त चल दिये। हादसे की जगह पर गाड़ी रोकी, शेरशाह सूरी की बनवायी हुई सड़क पर चौंसठ साला तजरुबेकार, बुज़ुर्ग ड्राइवर ने गाड़ी से उतर कर एक्सीडेंटेड जीप को हर ज़ाविये (कोण) से देखा और राफ़े से बोले कि बेटा गाड़ी तुम चलाओ, अब यह हमसे नहीं चल सकेगी। बलरामपुर अस्पताल में यहिया ज़ख़्मी हालत में एक बिस्तर पर लेटे थे। अब्बू को देखते ही मुस्कुराये और बोले, अब्बू आप परेशान न हो, हम बिल्कुल ठीक हैं। मुझे देहली में यह ख़बर मिली, मैं वहाँ से भाग कर लखनऊ पहुँचा। यहिया की हालत देख कर मुझे रोना आने लगा तो यहिया ने किसी से कहा कि भाई को यहाँ से बाहर ले जाओ, यह शायर हैं, इन लोगों का दिल बहुत कमज़ोर होता है। यह लोग तो आम हालत में भी ज़ख़्मी होते हैं। डॉक्टर अपनी पूरी कोशिश में लगे हुए थे लेकिन यहिया को अन्दरूनी चोट ज़्यादा थी। उनकी Kidney काम नहीं कर रही थी, डॉक्टर इस कोशिश में लगे हुए थे कि अगर पेशाब हो जाये तो जान बच जायेगी। पेशाब की थैली लगी हुई थी, सुबह डॉक्टरों की टीम उन्हें देखने आयी, एक डॉक्टर ने झुक कर पेशाब की थैली चेक की फिर यहिया से बोले, मिस्टर राना! हिम्मत से काम लीजिए, आप अच्छे हो जायेंगे, आज तो आपको पेशाब भी हुआ है, थैली में काफ़ी पेशाब मौजूद है। यहिया जो शायद शेर का दिल रखते थे, हँस कर बोले, “डॉक्टर साहब, मैंने तो पेशाब किया नहीं है। कहीं कोई और तो थैली में पेशाब नहीं कर जाता है?” यह जुमला सुनते ही मेरी आँखों के सामने यहिया का बचपन आकर खड़ा हो गया। बचपन में वह रोज़ इसलिए पिटते थे कि सोते में पेशाब निकल जाता था। आज उनकी ज़िन्दगी का मोहरा सिर्फ़ इसलिए पिट रहा था कि उनको पेशाब नहीं हो रहा था। हादसे के चौथे दिन यानी 28 अक्टूबर को सुबह तक़रीबन साढ़े नौ बजे अब्बू और राफ़े उनके पास खड़े थे, अचानक यहिया बोले, अब्बू जी! मैं चाय पियूँगा। अब्बू की नज़रें ज़रा-सी देर के लिए यहिया की तरफ़ से हटी थीं कि यहिया ने राफ़े को अपने क़रीब बुलाया और बहुत आराम से बोले, ‘आज जुमा है, रायबरेली चलो।” राफ़े बोले, डॉक्टर अभी आपको नहीं जाने देंगे। यहिया खफ़ीफ (थोड़ा) सा मुस्कुराये और बोले, अब यहाँ से निकल लो, मेरा खेल ख़त्म हो चुका है। अब्बू किसी को चाय के लिए कह कर पलटे तब तक सब कुछ उलट पुलट हो चुका था। कहानी अधूरी थी मगर ख़त्म हो चुकी थी। छोटे भाई की बीवी बेवा हो चुकी थी और कबूतरों के बच्चों जैसे दो छोटे-छोटे बच्चे यतीम हो चुके थे।

यहिया के आख़िरी मुशायरे में मैं कुछ कारोबारी परेशानियों की वजह से

नहीं पहुँच सका था। वह सारी रात मुशायरे में मेरा इन्तिज़ार करते रहे, जब भी कोई पूछता कि मुनव्वर अभी नहीं पहुँचे तो वह चुप हो जाते और इधर-उधर देखने लगते। मुशायरा ख़त्म हुआ तो शायरों के दरम्यान बैठे हुए बातें कर रहे थे। अचानक कहने लगे कि भाई ने इस बार मुझे गोली दे दी, ख़ैर कोई बात नहीं, मैं उन्हें ऐसी गोली दूँगा कि सारी ज़िन्दगी याद रखेंगे।

लेकिन प्यारे तुमने गोली कहाँ दी, तुमने तो मुझे धोखा दे दिया। मेरी सज़ा तुमने अब्बू के कमज़ोर काँधों को दे दी। वह सारी ज़िन्दगी तुम्हारी आमद के मुन्तज़िर रहे। ख़ुदा किसी को भी इन्तिज़ार के इस कर्ब (पीड़ा) से आशना न करे। वह ख़ुशी के मौक़े पर तुम्हारे बच्चों को देख कर घुटी-घुटी आवाज़ में रोने लगते थे। वह तुम्हारी बेवा की सूनी कलाइयाँ देख कर काँपने लगते थे लेकिन मेरे भाई मैं अभी सज़ा के मराहिल (पड़ावों) से गुज़र रहा हूँ। तुम्हें तो मुझे भी काँधा देना था। मैं तो यह सोच कर लरज़ जाता हूँ कि मुझे काँधा देते हुए जब तुम्हारे चारों भाई थक जायेंगे तो उन्हें कौन सहारा देगा, उनकी मदद कौन करेगा? काश! तुम मुझे माफ़ कर देते, गोली न देते। तुमको अम्मी पर भी तरस न आया। तुम जिनके चेहरे पर उदासी और फ़िक्र की लकीर तक नहीं देख सकते थे, तुमको इकलौती बहन का भी ख़याल नहीं आया जो हफ़्तों इस उम्मीद पर नहीं रोयी कि मेरा भाई ज़िन्दा है और किसी तरफ़ से अचानक हँसता हुआ लौट आयेगा और मेरी डोली को काँधा देकर रुख़्सत करेगा और फिर देर तक फूट कर रोयेगा। काश...!

रायबरेली के नेशनल इण्टर कालेज का सब्ज़ाज़ार (हरी भरी जगह) जहाँ कुछ दिनों पहले ही राफ़े के वलीमे के इन्तिज़ाम में यहिया इधर-उधर दौड़ रहे थे, जहाँ चन्द बरसों पहले वह ख़ुद दूल्हा बने हुए मुबारकबाद क़ुबूल कर रहे थे, जहाँ हर बरस वह एक ऐसे कुल हिन्द मुशायरे का एहतमाम (आयोजन) करते थे जिसमें हिन्दुस्तान के तक़रीबन सभी सफ़े अव्वल के शोअरा शरीक होते थे, आज उसी सब्ज़ाज़ार पर उनकी मय्यत रखी हुई थी और हज़ारहा लोग मज़हब और मसलक (पन्थ) की जंज़ीरों को तोड़कर यहिया के आख़िरी दीदार के लिए बेक़रार थे। अचानक हज़ारहा लोगों की मौजूदगी के बावजूद इतनी ख़ामोशी दर आयी (दाख़िल हो गयी) कि दिल टूटने तक की आवाज़ सुनी जा सकती थी। हर शख़्स बाअदब खड़ा है, साँसें भी तहज़ीब के साथ आने-जाने का अमल जारी रख रही हैं। लफ़्ज़ एहतराम अपनी मानवीयता (इंसानियत) की सदाक़त का सुबूत दे रहा है। नमाज़े जनाज़ा पढ़ाने के लिए 'कलीद बरदारे काबा' (काबा शरीफ़ की चाभी से गौरवान्वित) हज़रत मौलाना सय्यद अबुल हसन अली नदवी तशरीफ़

ला रहे हैं और वक़्त के मुअर्रिख़ (इतिहासकार) ने इत्तिफ़ाक़ात की तारीख़ के वरक़ पर इस अजीबो ग़रीब वाक़ये को क़लम बन्द करना (लिखना) शुरू कर दिया कि जिस यहिया राना का नाम तीस बरस पहले मोहतरम मौलाना ने रखा, जिस यहिया का निकाह छः बरस पहले हज़रत मौलाना ने पढ़ाया, आज उसी यहिया की नमाज़े जनाज़ा की इमामत भी हज़रत मौलाना सय्यद अबुल हसन अली नदवी फ़रमा रहे हैं—

बहुत दिन रह लिए दुनिया के सर्कस में तुम ऐ राना
चलो अब उठ लिया जाये तमाशा ख़त्म होता है

मर गये हम तो ज़माने ने बहुत याद किया

यह ग़ालिबन 1975 ई. के आसपास का ज़माना था जब मुझे रशीद साहब से शरफ़े मुलाक़ात हासिल हुआ। मौसूफ़ मेरे वालिदे मोहतरम के नवजवान दोस्तों में थे। ज़ाहिर है कि वह मौसूफ़ की नवजवानी का ज़माना था। अच्छे से अच्छे ख़ूबरू नवजवान भी उनको रश्क (ईर्ष्या) की निगाह से देखते थे। मुमकिन है कि कई ख़वातीन भी अपने फ़ैसले बदलने पर ग़ौर करती रही हों। उन्हें नज़र भर के देखने की हिम्मत नहीं हो रही थी और यह भी धड़का लगा हुआ था कि कहीं बग़ौर देखने से नज़र न लग जाये, दूध और मैदे जैसी रंगत वाले ऐन रशीद मैले न हो जायें—

ख़ुदा ने ख़ूब किया 'दाग़' ख़ूबरू न किया
नहीं तो सौ में पछत्तर की आबरू जाती

वालिदे मोहतरम के दोस्त होने की वजह से मौसूफ़ से कभी मेरी बेतकल्लुफ़ी नहीं हो सकी। मैंने कभी इसकी ज़रूरत भी नहीं महसूस की क्योंकि एक बार क़िब्ला वालिद साहब ही से बेतकल्लुफ़ होने की कोशिश की थी, नतीजे के तौर पर आज भी जब पुरवाई चलती है तो बदन के कई जोड़ दुखते हैं। फिर ऐन रशीद साहब तो माशाअल्लाह उस नर्म नाज़ुक महकमे से ताल्लुक़ रखते हैं जिसके बारे में एक शायर ने पहले ही कह रखा है—

कुचल चुका है कई फूल अपने बूटों से
जो बाज़ुओं पे सितारे सजाये फिरता है

हालाँकि मौसूफ़ निहायत पुरमज़ाक़, ख़ुश तबीयत और अदब शनास हैं। अच्छे जुमलों पर ख़ुश होते हैं, दाद देते हैं लेकिन बक़ौल हकीम साहब पुलिस की निगाह और तवाएफ़ से निकाह का कोई भरोसा नहीं होता। इस मक़ौले पर अमल करते हुए मैं उनसे बेतकल्लुफ़ होने से गुरेज़ करता हूँ क्योंकि उनसे बेतकल्लुफ़ होने का मतलब यह भी हो सकता है कि मेरा दर्द तो जाता रहे लेकिन ममता की छाती सारी ज़िन्दगी के लिए शक़ हो जाये—

हाल ज़ालिम सिपाही की सूरत मुझे वक़्त की ज़ीन से बाँध करलेचला
मेरा माज़ी मेरे साथ चलता रहा दूर तक एक मजबूर माँ की तरह

इसी पहली मुलाक़ात के दौरान किसी शनासा ने रशीद साहब को समझाया कि नक्सलियों के इलाक़े में जो इस तरह बेधड़क दाख़िल हो जाते हैं, यह ख़तरनाक भी हो सकता है। रशीद साहब पहले तो मुस्कुराये फिर उन साहब से बोले कि जनाब जब मैं पैदा हुआ था तो दाई ने वालिद साहब से यह कहकर नज़राना लिया था कि बेटा हुआ है। इस जुमले की अदायगी के वक़्त उनके होंठों पर वही मुस्कुराहट थी जो पठानों का ख़ास हिस्सा है। हिन्दुओं में इस मुस्कुराहट का कुछ हिस्सा राजपूतों के यहाँ भी नज़र आता है। अंग्रेज़ों के बारे में मेरी मालूमात अक़लियती कमीशन की तरह महदूद हैं। इसकी कई वजूहात हैं। अव्वल तो मुझे ठीक से अंग्रेज़ी नहीं आती, फिर अंग्रेज़ों के बारे में जो शख़्स ज़्यादा मालूमात हासिल कर लेता है, अंग्रेज़ उसे दामाद के तौर पर हासिल कर लेते हैं। (हालाँकि अपने इस फ़लसफ़े से मैं इमरान खाँ को भी आगाह कर चुका था लेकिन ग़रीब झड़कड़ी खा गया)–

राज़ अपना वो बता देता है जिन लोगों को
फिर उन्हें बोलने वाला नहीं रहने देता

अज़ीम हिन्दुस्तान के नक़्शे पर नज़र दौड़ाइए फिर आप ख़ुद सोचिए इस कुर्सी पर या इस कुर्सी के आसपास की किसी कुर्सी पर क्या कहीं भी इतना ज़हीन शख़्स विराज़मान है जो दुनिया की कई ज़बाने अहले ज़बान की तरह बोल सकता हो। यानी अंग्रेज़ी ज़बान में मुख़ातिब हो तो 'शेक्सपियर' और 'शेली' का बाँकपन आँखों के सामने रक़्स करने लगे। बंगला ज़बान की मिठास तक़सीम करे तो टैगोर की नज़्में याद आने लगें। फ़ारसी ज़बान में गुफ़्तगू करे तो ख़य्याम की रुबाइयों का नशा दोबाला हो जाये। हिन्दी ज़बान का सहारा ले तो कबीर और तुलसी के दोहों का रस उसके होंठों से छलकने लगे। लेकिन अपने आप को उर्दू ज़बान का तालिब इल्म कहकर यूँ ख़ुश होता हो जैसे बादशाहत हाथ लग गयी हो। किसी भी मौज़ू पर लफ़्ज़ों के ख़जाने लुटा सकता हो। नयी नस्लों के लिए नयी फ़िक्रों के दरीचे खोल सकता हो, लेकिन जिस तरह हमारे मुआशरे (समाज) में किसी भी शादी शुदा ख़ातून को सफ़ेद लिबास ज़ेबेतन करने के लिए पहले बेवा होना पड़ता है, उसी तरह हमारे क़स्रे अदब (साहित्य सदन) में दाख़िले के लिए कई मुसाहिबाना (खुशामदाना) और सियासी हर्बे इस्तेमाल करने पड़ते हैं। ज़ाहिर है कि इन तमाशों की क़लन्दरों को कभी ज़रूरत नहीं पड़ती। अगर रशीद साहब पेशावराना तौर पर लिखने-पढ़ने पर ध्यान देते तो अपनी ही तहरीरों से एक लाइब्रेरी भर सकते थे। अगर दौलत कमाने का शौक़ होता तो जिस शहर

में सिपाहियों तक की कोठियाँ और कारें हों उसी शहर में उनका रेफ़्रीजरेटर सिर्फ़ डेढ़ हज़ार रुपयों के लिए दो बरस तक क्यों ख़राब पड़ा रहता—

अगर चे काम यह दुश्वार है बहुत लेकिन
हलाल रिज़्क़ इसी नौकरी से लेना है

महकमये पुलिस से वाबस्तगी के बावजूद रशीद साहब अपनी मासूम मिज़ाजी, बेतकल्लुफ़ाना लहजे और पुरख़ुलूस मुस्कराहट से भी वर्दी पहनकर भी पुलिस वाले नहीं दिखाई देते।

मुग़लसराय में जीलानी का मुशायरा था। रशीद साहब बंगला शायर भास्कर चौधरी के साथ स्टेज पर तशरीफ़ फ़रमा थे। निज़ामत की ज़िम्मेदारी मेरे काँधों पर थी। मुशायरा अपनी मंज़िल की तरफ़ कामयाबी के साथ रवाँ दवाँ था। रशीद साहब बज़िद कि अब उन्हें पढ़वा दो। मैं उन्हें उनके रुतबे और मक़ाम के लिहाज़ से पढ़वाना चाहता था। मेरी मुस्तक़िल नाफ़रमानी से आजिज़ आ गये तो फ़रमाया कि मैं तुम्हें चचा की हैसियत से हुक्म देता हूँ कि मुझे फ़ौरन पढ़वा दो। लिहाज़ा मैंने उन्हें फ़ौरन ज़हमते कलाम दी और साथ-साथ सद्रे मुशायरा हज़रत ख़ुमार बाराबंकवी को भी अपने इरादे से आगाह कर दिया। सद्रे मुशायरा मुस्कुराते हुए कहने लगे "मियाँ! इरादे का इज़हार फ़ैसले से पहले किया जाता है।" मैंने दस्तबस्ता अर्ज़ किया कि हुज़ूर इस मुल्क में तो हुकूमत भी बाबरी मस्जिद की शहादत के बाद सद्रे ममलिकत (राष्ट्राध्यक्ष) को आगाह करती है, आप तो एक छोटे-से मुशायरे के सद्र हैं। आबरूये ग़ज़ल (ख़ुमार साहब) ने मसनदे सदारत मुझे सौंपने की कोशिश की तो मैंने यह कहकर इंकार कर दिया कि मोहतरम जिसको हिन्दुस्तान की सदारत करना हो वह मुशायरों की सदारत नहीं करता।

ग़रज़ कि ऐन रशीद साहब माइक पर आये और मुशायरे को कामयाबी की उस बुलन्दी पर ले गये कि कई शायर उनके बाद पढ़वाये जाने के ख़ौफ़ से स्टेज से पस्ती की तरफ़ निकल लिए। कुछ पेशावर क़िस्म के मुशायरा बाज़ शोअरा ने कोई दूसरा कारोबार शुरू करने का इरादा कर लिया। मैं निज़ामत के दौरान जब किसी ज़रूरत से नीचे उतरता तो लोग मुझसे पूछते, ये ऐन रशीद साहब क्या करते हैं। मैंने कहा, कुछ नहीं करते और अगर कुछ करते ही होते तो मुग़लसराय क्यों आते। कई कन्विनरों ने मुझसे पूछा कि उनका रेट क्या है? मैंने अर्ज़ किया कि रेट तो तवायफ़ों का होता है, शायर को सिर्फ़ एज़ाज़िया (सम्मान धन) पेश किया जाता है। एक साहब ने पूछा, यह आपके कौन हैं? मैंने कहा, वालिद के रिश्ते से मेरे चचा होते हैं। इन साहब ने कहा, माफ़ कीजियेगा राना साहब, आपसे ज़्यादा मस्त चीज़ तो आपके चचा हैं। याद रहे कि आनन्द बख़्शी ने इसके बाद ही 'तू चीज़ बड़ी है मस्त मस्त' तहरीर किया था। एक कन्विनर

साहब जो रशीद साहब को अपने मुशायरे में बुलाने के लिए काफ़ी उतावले हो रहे थे उन्होंने मेरी PRO SHIP को नज़रअन्दाज़ करते हुए ज़ाती तौर पर रशीद साहब से उनका आटोग्राफ़ और तफ़्सीली पता हासिल कर लिया। मुशायरा ख़त्म हुआ तो वही साहब जिन्होंने रशीद साहब से आटोग्राफ़ और तफ़्सीली पता हासिल किया था, मेरे पास आये और शिकायती लहजे में कहने लगे, "मैंने तो सोचा था कि इनको इस बरस अपने मुशायरे में भदोही बुलवाऊँगा लेकिन यह बहुत पीते हैं।" मैंने कहा, तुम्हें इस पर क्यों एतराज़ है, बहुत से शायर पीते हैं। वह साहब झुंझलाकर बोले, "जी हाँ, पीते तो बहुत से शायर हैं लेकिन वो लोग अपने को आई.जी. पुलिस नहीं बताते।" अगर इस बेरब्त अवामी राय का जायज़ा लिया जाये तो यह बात साबित हो जाती है कि अच्छा पुलिस अफ़सर वही होता है जिसे शरीफ़ लोग किसी भी हाल में पुलिस अफ़सर न तस्लीम करें।

लेकिन हमें निहायत फ़राख़ दिली से यह तस्लीम कर लेना चाहिए कि हम एक मुर्दा परस्त शहर के बाशिन्दे हैं। यहाँ 'ज़फ़र' औगानवी के सब मुख़ालिफ़ थे लेकिन मरहूम ज़फ़र औगानवी के सब शैदायी हैं।

मेरे आँसू भी शायद इस्तिख़ारा* देख लेते हैं

रात के तक़रीबन डेढ़ बजे तमाम शहर सन्नाटे की दबीज़ चादर ओढ़े सो रहा था। ख़ामोशी ने शहर के गिर्द अपना हिसार क़ायम कर रखा था। कभी-कभी इक्का दुक्का ट्रक या कार की रौशनी जंगल में जलायी गयी टार्च की मानिन्द दिखाई देती और फिर वही उदास-सी ख़ामोशी फ़ज़ा में रक़्स करने लगती।

कलकत्ता! फ्रांसीसियों का ख़रीदा हुआ कलकत्ता! नवाबों का बसाया हुआ कलकत्ता! अंग्रेज़ों का छीन कर हासिल किया हुआ कलकत्ता! वहशत और टैगोर के नग़मात से जगमगाता कलकत्ता! कभी इंकलाब ज़िन्दाबाद की लय पर थिरकता हुआ कलकत्ता, नालायक़ औलादों के बीमार बाप की तरह सो रहा था।

मैं अपनी बेख़्वाबी को सज़ा देने के लिए 'जज़्ब' आँवलवी के हमराह कलकत्ता मेडिकल कालेज के सामने फुटपाथ पर आबाद एक चाय खाने के पास खड़ा हूँ। अचानक एक स्कूटर मेरे क़रीब आकर रुकता है। स्कूटर सवार 'भूखा बंगाल रे बाबू भूखा है बंगाल' के बाद की नस्लों वाले अधेड़ उम्र के असग़र भाई हैं जो कि बंगाल में बासमती चावल बेचते हैं और गेसुये बंगाल के असीर हैं। मुझसे पूछा, क्या सक़ुलैन साहब को देखने आये हैं? मैंने फ़ौरन पूछा, क्या सक़ुलैन भाई बीमार हैं? असग़र भाई ने जवाब दिया हाँ, सक़ुलैन भाई बीमार हैं क्योंकि अभी-अभी मेरे पास शाकिर भाई का फ़ोन आया था, उन्होंने मुझसे पहुँचने को कहा है और ख़ुद भी आ रहे हैं।

कलकत्ता मेडिकल कालेज की पुरशिकोह (भव्य) लेकिन हैबतनाक इमारत जो फ़ीरोज़ाबाद में बनने वाली चूड़ियों से ज़्यादा चूड़ियों को टूटते देख चुकी है, यह इमारत एक ऐसे अजीबो ग़रीब शहर की तरह है जिसके कमरों में दुख-सुख, धूप-छाँव, अमीरी ग़रीबी, फ़िरक़ा परस्ती और क़ौमी यक़जहती साथ-साथ रहते हैं। सुहाग की मिटती हुई लाली और बेवगी (वैधव्य) की सियाही ने इस इमारत के लाल रंग को कत्थई कर दिया है। कभी यह इमारत इब्ने मरियम (ईसा) की कुटिया जैसी हुआ करती थी, डॉक्टरों की इबादत गाह हुआ करती थी। कभी यहाँ

---

* काम के शुभ या अशुभ होने के बारे में पहले ही ज्ञान पाना।

की हर नर्स 'मजाज़' की 'नूरा' मालूम होती थी। लेकिन ख़ुदग़रज़ सियासत दानों, लालची चारागरों और अवाम की बेहिसी ने इसे बीमारों का मक़तल (वधशाला) बना कर रख दिया है।

अभी हम सक़ुलैन भाई के वार्ड की तलाश में भटक ही रहे थे कि शाकिर भाई आ गये। मैंने उनसे पूछा, सक़ुलैन भाई कहाँ हैं? उन्होंने एक बिल्डिंग की तरफ़ इशारा किया और कहा इसकी पाँचवीं मंज़िल पर। मैंने फिर सवाल किया, हम लोग वहाँ जा सकते हैं? शाकिर भाई बोले, जाने में कोई क़बाहत नहीं है। मैंने पूछा कब DISCHARGE करेंगे? वह बोले, सुबह 6 बजे क्योंकि इससे पहले लाश लवाहिक़ीन (सम्बन्धियों) के हवाले नहीं की जा सकती। यह आख़िरी जुमला सुनते ही ऐसा लगा जैसे दिल उछल कर हलक़ के रास्ते बाहर आ जायेगा। एक लम्हे के लिए आँखों के सामने अँधेरा छा गया। मैं ख़ुद बहुत कमज़ोर दिल का आदमी हूँ बल्कि दिल की कमज़ोरी को छुपाने के लिए मुख़्तलिफ़ दवाओं का पर्दा डाले रहता हूँ। कहाँ ज़िन्दा सक़ुलैन हैदर की बात हो रही थी, कहाँ एक लाश का तज़किरा होने लगा। फिर भी यक़ीन करने को जी नहीं चाह रहा था। हम लोग पाँचवीं मंज़िल पर पहुँचे। मैं डॉक्टर से सक़ुलैन हैदर के बारे में पूछ रहा था लेकिन वह बेड नं.-42 के मरीज़ के जिस्मो जाँ की क़ैद से आज़ाद होने की ख़बर दे रहा था। कितने अफ़सोस और इबरत का मुक़ाम था कि जिस शख़्स के हवाले से कलकत्ता को पहचाना जाता था, आज उस बदनसीब शख़्स को बेड नम्बर से शिनाख़्त किया जा रहा है। कलकत्ता सक़ुलैन भाई के नाम से इस तरह जुड़ गया था कि नाम का एक हिस्सा मालूम होता था।

अगर सच बोलने की इजाज़त दी जाये तो मैं अर्ज़ करूँ कि सारे हिन्दुस्तान में उर्दू को अवाम से जोड़ने का जितना काम अकेले सक़ुलैन भाई ने किया है, चार-पाँच उर्दू एकेडमियाँ मिलकर उतना काम नहीं कर सकतीं। जो शख़्स उर्दू के हवाले से किसी भी बड़े से बड़े ईनाम का हक़दार था, जो शख़्स लिसानी (भाषायी) यक़जहती के ताल्लुक़ से किसी भी बड़े ओहदे का दावेदार था, जो शख़्स क़ौमी यक़जहती की ज़िन्दा तस्वीर था, उसे कलकत्ता मेडिकल कालेज के अरबाबे इक़्तिदार (प्रबन्धकों) ने मरीज़ों की बची हुई दवा से बचाना चाहा। उस शख़्स की शिनाख़्त बेड नम्बर से की जा रही थी। उसने कलकत्ता की शिनाख़्त एक ग़रीब परवर, मुहज़्ज़ब और इल्म दोस्त शहर की हैसियत से करायी थी। उसके साथ पूरे हिन्दुस्तान के अदबी माफ़ियाओं ने बददियानती की। अक़लियत नवाज़ी और क़ौमी यक़जहती का तराना गाने वाले चाहे ज़ाफ़र शरीफ़ हों या उर्दू दोस्ती का दम भरने वाली ममता बनर्जी हों, सब ने तवायफ़ों, साज़िंदों और गाने वालों को रेलवे टिकट में किफ़ायत दिलवायी, ऐरों ग़ैरों को रेलवे पास से

नवाज़ा, लेकिन हैरत है कि एक ऐसे सूफ़ी पर उनकी निगाहे इल्तिफ़ात (कृपा दृष्टि) नहीं ठहरी जो अपने अन्दर कई ख़ानक़ाहों का तक़द्दुस छुपाये बस्ती-बस्ती क़रिया क़रिया मारा-मारा फिरता था। अपने अह्द का क़लन्दर फ़साद ज़दा शहर में पहुँच जाता था तो एक शब में वहाँ की फ़ज़ा मुहब्बतों के नग़मों से मुअत्तर (सुगन्धित) हो जाती थी। शर्म आती है कि मैं ऐसी बेहिस और बेज़बान क़ौम का नुमाइन्दा हूँ जहाँ गूँगों को शोला बयानी और बहरों को हुस्ने समाअत के ईनामात से सरफ़राज़ किया जाता है। शर्मिन्दा हूँ यह भी कहते हुए कि हमारे सियासी और अदबी रहनुमा मुर्दों और मुसव्विदों (अप्रकाशित रचना) पर खड़े होकर अपना क़द बुलन्द करते हैं।

तक़रीबन 3 बजे शब में रईस अंसारी को लखनऊ फ़ोन करके यह बुरी ख़बर सुनायी। थोड़ी ही देर में रईस अंसारी का फ़ोन आया कि भाभी (बेगम सक़ुलैन हैदर) आज कलकत्ता जाने वाली थीं लेकिन भारत बन्द की वजह से तमाम ट्रेनें रद्द कर दी गयी हैं। रईस ने मुझसे कहा कि तुम लखनऊ फ़ोन करके भाभी से बात कर लो, उन्हें इस हादसे का क़तई इल्म नहीं है। और मुझे पहली बार एहसास हुआ कि अगर दुनिया का सबसे आसान काम भाभी से बात करना है तो दुनिया का सबसे मुश्किल काम भी भाभी से बात करना है। एक औरत जो बयक़ वक़्त भाभी, माँ और बड़ी बहन का रूप धारे हो उससे यह कहना कि आप सुहाग की चूड़ियाँ तोड़ दीजिए और इद्दत की जज़ीरों में क़ैद हो जाइए, ऐसी दिल दहला देने वाली ख़बर देते वक़्त आदमी सोचता है कि वह गूँगा क्यों नहीं पैदा हुआ। इस ख़बर ने लखनऊ के एक ख़ुशहाल घराने को मातम कदे में तब्दील कर दिया।

अब मसला सक़ुलैन भाई की आख़िरी आरामगाह के तय करने का था। मैं दिल ही दिल में दुआ कर रहा था कि सक़ुलैन भाई की मिट्टी यहाँ की मिट्टी में न मिलने पाये क्योंकि जिस शहर में उनकी शिनाख़्त बेड नम्बर से की जा रही हो, उस शहर से क्या रिश्तेदारी और कैसा रिश्ता...।

वो कलकत्ता तो अब सिर्फ़ क़िस्से और कहानियों में बाक़ी रह गया है जहाँ टीपू सुल्तान के बच्चों को पनाह मिल जाती थी। अब तो टीपू सुल्तान का ख़ानदान वहाँ रिक्शे खींचता है। वह कलकत्ता अब ख़्वाब हो गया है जहाँ नवाब वाजिद अली शाह ने एक नया वतन तलाश करके उसे अक्से लखनऊ बना दिया था। अब तो कलकत्ता शतरंज की वह बिसात होकर रह गया है जहाँ पैदल से सवार और वज़ीर से अवाम पिटवाये जाते हैं। कभी कलकत्ता वहशत और टैगोर की अदबी इबादतगाह रहा होगा। आज का कलकत्ता तो अदबी मुसाहिबीन का मुर्दा घर बनकर रह गया है। कभी कलकत्ता मदर टेरेसा की इबादतगाह रहा होगा। आज

का कलकत्ता तो बीमार शहूद आलम आफ़ाक़ी का बिस्तर बन कर रह गया है–

दुकानदार तो मेले में लुट गये यारो
तमाशबीन दुकानें लगा के बैठ गये

मैंने, शाकिर भाई, रईस अंसारी, ख़ान निसार और सक़ुलैन भाई के बिरादरे निस्बती (साले) क़मर रिज़वी ने यह फ़ैसला कर लिया कि सक़ुलैन भाई की मिट्टी को कलकत्ता के हवाले करने के बजाय लखनऊ रवाना कर दिया जाये। फ़ोन पर मुसलसल गुफ़्तगू करने में वक़्त का अन्दाज़ा नहीं हो रहा था। रात ने भी अपने माथे से चाँद का झूमर और सितारों की अफशाँ उतार कर अपनी बेवगी का एलान कर दिया। फ़ज्र की अज़ान ने इस्लाम की चौदह सौ बरस की सदाक़त (सच्चाई) की गवाही दी। सुबह होते-होते यह फ़ैसला हो चुका था कि सक़ुलैन भाई की मय्यत किसी तेज़ रफ़्तार ट्रक से लखनऊ रवाना कर दी जाये।

11 मई, 2000 ई. को लगभग 2 बजे दिन में सक़ुलैन भाई लखनऊ के लिए बज़रियये ट्रक रवाना हो गये। लेकिन यह क्या? सक़ुलैन भाई तो हर सफ़र से पहले इस्तिख़ारा देखते थे। यह कैसा सफ़र है कि सक़ुलैन भाई इस्तिख़ारा नहीं देख रहे हैं, बल्कि किसी को नहीं देख रहे हैं, किसी को भी नहीं! यह सक़ुलैन भाई नहीं हैं, यह तो उनका मुर्दा जिस्म है जो लखनऊ जा रहा है–

परदेस से वतन का सफ़र भी अजीब है
मैं घर पहुँच गया हूँ बदन रहगुज़र में हैं

ज़ंजीर खींच कर वो मुसाफ़िर उतर गया

रेल की खिड़कियाँ कितनी ही ख़ूबसूरत क्यों न हों घर के दरीचों का बदल नहीं हो सकतीं। स्टेशन कितना ही ख़ूबसूरत क्यों न हो, घर का आँगन नहीं बन सकता। पटरियाँ कितनी ही चमकदार हों, चराग़ नहीं बन सकतीं। डिब्बे कितने ही आरामदेह हों, कमरे नहीं बन सकते लेकिन वहीद अर्शी बरसों इन्हीं खिड़कियों से झाँकते रहे, डिब्बों में सफ़र करते रहे और पटरियों की चमक से रौशनी हासिल करते रहे। उन्होंने सारी ज़िन्दगी रेल की पटरियाँ पार करने का अमल जारी रखा। सुबह सवेरे जब नींद माँओं की तरह सुलाना चाहती है, वहीद अर्शी जूट मिल के मज़दूरों की तरह स्टेशन के प्लेटफ़ार्म पर रेल का इन्तिज़ार करते हुए दिखाई देते थे। फिर ज़रा ही देर में रेल गाड़ी वहीद अर्शी को अपने सीने से लगाकर कलकत्ता ले आती थी और उधर बच्चे जब जागते और बाप को न देखते तो उदास हो जाते लेकिन माँ उम्मीद के खिलौने बच्चों के सामने रख देती थी। (अब तो सबसे अच्छा खिलौना भी टूट गया)। रेल से उतर कर बस और बस के सफ़र के बाद काफ़ी दूर तक पैदल चल कर वहीद अर्शी कालेज की किताबों में डूब जाते थे। शाम को जब वो घर वापस पहुँचते तो ट्रेन की भीड़, सफ़र की थकान और ज़ेहनी परेशानियों के दुख को चाय की प्याली में घोलकर पी जाते थे, मुस्कुराते हुए अपने बच्चों की तरफ़ देखते और फिर घर के बराबर वाली पान की दुकान की तरफ़ रवाना हो जाते थे जहाँ 'वफ़ा' सिकन्दरपुरी उनके मुन्तज़िर होते। वक़्त गुज़ारी के लिए यह लोग घंटों अपने दुखों की किताब एक दूसरे को दे देते थे। हालाँकि वहीद अर्शी की किताबे ज़िन्दगी बहुत कम सफ़हों की थी लेकिन उसको पढ़ने के लिए सभी बेक़रार रहते थे। उन्होंने अपनी ज़िन्दगी की किताब पर लफ़्ज़ 'मुस्कुराहट' आँसुओं से तहरीर किया था। अंगारों पर शबनम की बूँदों को सजाया था, वह क़लम को तलवार नहीं बनाते थे, बाँसुरी बना लेते थे। वह मुजीबुलहक़ के बच्चों को भतीजा नहीं, बेटा समझते थे।

प्रतापगढ़ के वासी थे लेकिन उन्होंने जलील मानिकपुरी की तरह दरबारों के चक्कर नहीं लगाये। भीख तो बड़ी चीज़ है, उस शख़्स ने तो कभी अपना हक़

भी नहीं माँगा। अगर उसने हक़ माँग लिया होता तो एक टूटे-से घर के मैले बिस्तर पर उसकी मौत कभी नहीं होती। ऑक्सीजन सिलिण्डर के लिए उसके घर वाले मारे-मारे नहीं फिरते, डॉ. अब्दुर्रऊफ़ को किसी से बच्चों का ख़याल रखने को न कहना पड़ता। उसकी भतीजियों के कानों में सोने की बालियों की जगह बरसों पुरानी नीम के तिनके न डालने पड़ते। उसके घर में ईंटों का बेतरतीब फ़र्श न होता, क़ालीन होते। घर की दालानों में फटी हुई चादरें न पड़ी होतीं, रेशमी पर्दे लहरा रहे होते। लेकिन वहीद अर्शी तो एक पेड़ था, साया दार पेड़, मीठे पानी का चश्मा था वो, एक ख़ूबसूरत झील था जिसमें परिन्दे नहाते थे, नमाज़ी वज़ू करते थे और बच्चे अपनी लिखी हुई तख़्ती धोते थे। भला झील किसी से अपना हक़ माँगती है! वह तो लोगों को उनका अक्स (छवि) अपने आईने में दिखाती रहती है।

वहीद अर्शी की मुस्कुराहट में घने पेड़ की छवि का सुकून, चाँदनी का रसीलापन, ग़ज़ल की शगुफ़्तगी (ताज़गी) और ख़ुश इल्हान (सुरीले) परिन्दों का भोलापन शामिल था लेकिन उनका जिस्म मुख़्तलिफ़ क़िस्म की बीमारियों का शोरूम था। उनके खोखले जिस्म में कई बीमारियाँ साँपों की तरह पनप रही थीं। इन बीमारियों में एक ख़तरनाक बीमारी ख़ुद्दारी और अना (EGO) की थी जो उनके जिस्म के क़ीमती ख़ून का क़तरा-क़तरा चाट रही थी। एक रोते हुए आदमी का खिलखिला कर हँसना कितना दुश्वार काम है, यह उनकी मौत के बाद अन्दाज़ा हुआ।

3 फ़रवरी, 1986 से ही इस ख़ुद्दार शायर ने मुस्तक़िल तौर पर चारपाई पकड़ ली थी। ज़िन्दगी उससे मुँह मोड़ लेना चाहती थी। साँसों की रेत जिस्म की मुट्ठी से निकल जाना चाहती थी (और यूँ भी अगर बाँध कमज़ोर हो जायें तो नाले दरिया बन जाते हैं)। अपने साथ ज़िन्दगी की दानिस्ता बेवफ़ाई से वह दिल बर्दाश्ता थे लेकिन नाराज़ क़तई नहीं थे, नाराज़ होना तो वह जानते ही नहीं थे और ज़िन्दगी से नाराज़ होना चाहते भी नहीं थे क्योंकि अभी तो उन्हें माँ जैसी भाभी की ख़िदमत करनी थी, फूल जैसे भतीजे-भतीजियों की परवरिश करनी थी, किसी की माँग के सिंदूर का क़र्ज़ अदा करना था, रूई के गालों जैसे बच्चों की हिफ़ाज़त करनी थी–

अपने लिए तो हार है अपनी न जीत है
हम सब हैं दूसरों की लड़ाई लड़े हुए

बीमारियाँ तो ग़रीब घरों को बर्बाद करने की क़सम खाकर निकलती हैं। मुख़्तसर-सी मज़दूरी, वह भी रोज़ाना की थका देने वाली मसाफ़त (दूरी) तय करने के बाद... भवानीपुर कालेज का फ़ासला चालीस किलोमीटर...वहीद अर्शी

की उम्र भी तक़रीबन इतनी ही, यानी एक किलोमीटर सालाना के हिसाब से इस शख़्स ने ज़िन्दगी ख़र्च की थी। रेल की खिड़कियों की फ़ौलादी सलाख़ों पर सिर रखे-रखे सो जाने वाले इस शायर ने कभी ख़्वाब नहीं देखे थे। वह तो सारी ज़िन्दगी जागता रहा और क्यों न जागता, घर में दुपट्टा सँभाल कर ओढ़ती हुई भतीजियाँ, सफ़ेद चादर से बिखरे हुए बाल और सूनी कलाइयाँ ढाँपती हुई भाभी, कमरे में बड़े भाई की तस्वीर, आँगन में वक़्त की तुन्द (तेज़) हवाओं से खेलता हुआ प्रो. मुजीब का छोड़ा हुआ बाग़! वह तो उन बच्चों के भी बाप जैसे थे। आँगन में लहलहाता हुआ नीम का पेड़ तो मौसम-मौसम फलता फूलता था लेकिन उनके मासूम होंठों पर मुस्कुराहट हर फ़स्ल में खिली रहती थी, कितनी कड़वी मुस्कुराहट रही होगी वहीद अर्शी की। शायद इसीलिए वह मुँह का मज़ा बदलने के लिए हर वक़्त पान खाते रहते थे।

जिस दिन सयानी होती हुई भतीजियों ने शौक़ में नीम के तिनके अपने कान में डाले, उसी दिन से वह और ज़्यादा परेशान रहने लगे। फिर भला वह नर्सिंग होम कैसे जाते, जिसे बेटियों के हाथ पीले करने हों वह अपने पीले होते हुए चेहरे को कभी नहीं देखता बल्कि वह तो आईना ही नहीं देखता... आईना तो हुस्न देखने के लिए होता है, आईने में बीमारी नहीं देखी जाती—

आलामे रोज़गार से फ़ुर्सत नहीं मिली
आईने से भी हम को मोहब्बत नहीं मिली

वह बेज़बानी की ज़बान से कहते रहे 'मुझे बेमौत मरने से बचा लो' लेकिन मज़दूरों की बस्ती में अस्पताल कहाँ, अस्पताल हों तो दवाएँ कहाँ, दवाएँ हों तो डॉक्टर कहाँ, एम्ब्यूलेंस हो तो ड्राइवर कहाँ। एक ख़ुद्दार शायर की साँसें ऑक्सीजन की मोहताज हो गयीं लेकिन इस शख़्स ने मोहताज बनकर तो जीना सीखा ही नहीं था। वह तो प्लास्टिक के बेमसरफ़ टुकड़ों से बटन बना लेता था, पाँव में चुभने वाले काँटों से ख़िलाल का काम लेता था, लकड़ी के फ़िज़ूल टुकड़ों से ग़ालिब की तस्वीर बना डालता था, रौंदी हुई मुलायम मिट्टी से मीर और इक़बाल के मुजस्सिमे ढाल लेता था, तल्ख़ियों और हादसों को तराश कर ग़ज़ल तख़्लीक़ करता था, शीशों के टूटे हुए टुकड़ों से दिल बना लेता था—

जिधर मिट्टी उड़ा दूँ आफ़ताबे ताज़ा पैदा हो
अभी बच्चों में हूँ साबुन के गुब्बारे बनाता हूँ

आख़िरी सफ़र पर रवाना होने से कुछ दिनों पहले एक शाम वह एलबम से अपनी तस्वीरें नोच रहे थे। ज़ाहिर है कि एलबम से तस्वीरों को अलग करने में गोश्त से नाख़ुन जुदा करने वाली तकलीफ़ हो रही होगी लेकिन वह तो दुख-दर्द की बन्दिशों से बहुत पहले ही रिहा हो चुके थे। 'मासूम' शर्क़ी का ख़याल था

कि शायद वह अपनी निशानियाँ मिटा रहे थे लेकिन निशानियाँ कहाँ मिटती हैं, ज़ख़्म अगर भर भी जाये तो उसका निशान बाक़ी रहता है। वहीद अर्शी की निशानी पानी पर लिखी हुई तहरीर नहीं है। उनकी क़ीमती तस्वीरें हमेशा महफ़ूज़ रहेंगी। फूल-से बच्चों की शक़्ल में, ख़ूबसूरत ग़ज़लों की शक्ल में और न भूलने वाली यादों की शक्ल में। वहीद अर्शी मरे नहीं हैं, वह उस वक़्त तक नहीं मर सकते जब तक इस दुनिया में मुस्कुराहट मौजूद है। तमाम मुस्कुराते हुए होंठ वहीद अर्शी की याद दिलायेंगे।

हर बरस कानकी नारा से मुशायरे वाले या मिलने वाले वहीद अर्शी का पैग़ाम लेकर आते थे लेकिन इस बार कोई साहब उनकी मौत की ख़बर लेकर आये थे। वही साहब यह भी बता गये कि मिट्टी अस्र की नमाज़ के बाद होगी। लिहाज़ा रईस आँवलवी और हबीब हाशिमी के हमराह मैं भी कानकी नारा के लिए रवाना हो गया। यक़ीनन यह लोकल ट्रेन भी वहीद अर्शी को पहचानती होगी क्योंकि इसकी रफ़्तार से भी थकावट और बेज़ारी का एहसास हो रहा था। स्टेशन पर हर चेहरा वहीद अर्शी का मालूम होता था। हम लोगों ने रेलवे लाइन पार की और उनके घर की तरफ़ चलने लगे।

मैं कानकी नारा कई बार जा चुका हूँ लेकिन शब के अँधेरे में। दिन की रौशनी में वहीद अर्शी का घर, वहीद अर्शी के बच्चे और वहीद अर्शी का चेहरा देखा तो मैं पछताने लगा कि काश मैं इधर कभी दिन की रौशनी में भी आया होता।

घर के आँगन में नीम का पुराना पेड़, मकान की कमज़ोर दीवारों पर बेतरतीब बेलें, दरवाज़े पर एक मैला-सा पर्दा और उस पर्दे से झाँकती हुई एक तस्वीर जिस पर 'अल्लाह' लिखा हुआ था। तस्वीर के नीचे वहीद अर्शी और मरहूम मुजीब साहब के बिलखते हुए यतीम बच्चे, अन्दर से उभरती हुई दो मुतवातिर चीख़ें, एक भाभी की चीख़ जिसमें माँ का दर्द भी शामिल था, एक और निस्वानी चीख़ जिसमें प्रोफ़ेसर अब्दुर्रऊफ़ की बूढ़ी सिसकियाँ भी लरज़ रही थीं लेकिन प्रोफ़ेसर अब्दुर्रऊफ़ के चेहरे पर एक सुकूत (ख़ामोशी) था जो समन्दरों में हुआ करता है।

घर के सामने एक स्कूल और स्कूल से बिल्कुल मिली हुई एक ख़ूबसूरत मस्जिद जिसके ऊँचे-ऊँचे मीनार चौदह सौ बरस की कहानियाँ सुनाते हुए। सद्र दरवाज़े के पास रखा हुआ एक जनाज़ा, इमामे मस्जिद नमाज़े जनाज़ा पढ़ाते हुए लेकिन आज तो इमाम साहब वहीद अर्शी के पीछे खड़े हैं।

घर के दरवाज़े से झाँकते हुए वहीद अर्शी के नन्हें-नन्हें बच्चे, जैसे मासूम फ़रिश्तों की टोली, जैसे थाली में रखे हुए फूल, जैसे पर जोड़ कर बैठे हुए कबूतर, जैसे रेहल में रखी हुई मुकद्दस किताबें, जैसे ताक़ पर रखे हुए नाज़ुक खिलौने, जैसे मुसव्विर की नामुकम्मल तस्वीरें, जैसे अधखिली बेले की कलियाँ, जैसे हँसी

के लिए खिलते हुए होंठ, जैसे आधी लिखी हुई कहानी, जैसे नामुकम्मल ग़ज़ल—

हवा का रुख़ बदलना सारे वादों का बिखर जाना
किसी का दर से तकना और किसी का दार पर जाना

बिलखते हुए चेहरों और चीख़ती हुई आँखों को उम्र भर का ज़ख़्म बख़्श कर वहीद अर्शी का जनाज़ा अपनी आख़िरी मंज़िल की तरफ़ रवाना होने लगा लेकिन यह क्या! वहीद अर्शी तो हमेशा अपना सफ़र सुबह सवेरे करते थे, आज सरेशाम ही घरवालों को अपनी बुझी हुई आँखों से ख़ुदा हाफ़िज़ कहते हुए चल पड़े। आज उन्होंने मुड़कर देखा भी नहीं, हज़ारहा सोगवारों का एक तवील क़ाफ़िला जिसमें अदीब व शायर भी, डॉक्टर व मरीज़ भी, प्रोफ़ेसर और तलबा भी... एक मरीज़ पीसमेकर के सहारे अपनी धड़कनों को गिनता हुआ, जिसे कुछ दिनों पहले वहीद अर्शी ने तसल्लियाँ दी थीं, हौसला दिया था और मुस्कुराते हुए ज़िन्दा रहने का दर्स दिया था—

वक़्त ख़ुश ख़ुश काटने का मश्विरा देते हुए
रो पड़ा वो आप मुझको हौसला देते हुए

रेल की पटरियों से वहीद अर्शी का बहुत पुराना रिश्ता था लेकिन रेल की पटरियाँ हमेशा उन्होंने अकेले पार की थीं। आज रेल की पटरियां पार करते हुए एक पुल भी पड़ा लेकिन वह चार आदमियों के काँधे पर सवार थे। क़ब्रिस्तान में मातमी ख़ामोशी, नारियल के पेड़ और एक घनेरे दरख़्त के बीच क़ब्र में लेटे हुए वहीद अर्शी के वालिदे मोहतरम! बाप की क़ब्र के पास आराम करते हुए प्रोफ़ेसर मुजीब। फ़रमाँ बरदार भाई भी ख़ामोशी से बड़े भाई के बाज़ू में लेटकर सो गया—

ज़मीं खा गयी आसमाँ कैसे कैसे

क़ब्रिस्तान से वापसी में वहीद अर्शी के बचपन के दोस्त मुनव्वर हुसैन मिले। मैंने उनसे मालूमात की ग़रज़ से पूछा कि इस क़ब्रिस्तान में क़ब्रें बहुत कम हैं। वह मुस्कुराते हुए बोले कि राना साहब, यहाँ के लोग मरना नहीं चाहते लेकिन दवाओं और तिब्बी (मेडिकल) सहूलियतों के न होने की वजह से मर जाते हैं। मैंने दिल में सोचा कि वहीद अर्शी तो आम आदमी नहीं थे, वह तो उर्दू के ख़ामोश मुजाहिद थे, उर्दू उनका ओढ़ना बिछौना थी। यह उर्दू की मोहब्बत ही तो थी कि वह हिमायतुलगुरबा हाई स्कूल की पन्द्रह सौ रुपये की नौकरी करने के बजाय भवानीपुर कालेज में छः सौ रुपये की ग़ुलामी कर रहे थे। दरअसल वह इस ग़ैर मुस्लिम इलाक़े में जलती हुई शम्ए उर्दू को बुझते नहीं देखना चाहते थे, वह चालीस किलोमीटर का फ़ासला तय करके पढ़ाने या पैसा कमाने नहीं आते थे। यह मसाफ़त (दूरी) तो वह उर्दू को बचाने के लिए तय करते थे। वह उर्दू के सच्चे ख़ादिम थे। उन्होंने कभी कोई नुमाइशी दोशाला नहीं ओढ़ा, कोई

अदबी दुकान नहीं सजायी, किसी एकेडमी के आगे दस्ते तलब नहीं फैलाये। उनकी तहरीरों ने किताबत या तबाअत (प्रकाशन) की भीख नहीं माँगी, उन्होंने कभी कोई ख़ुशामदी डुगडुगी नहीं बजायी। वह तो बाँसुरी की एक धुन थे। उस दिलचस्प किताब का एक हिस्सा थे जिसको अन्दर-अन्दर दीमक लग रही थी और जिसकी दफ़्ती से जिल्द उखड़ने लगी थी—

घुटी-घुटी हुई चीख़ें गलों में छोड़ गया
वो उम्र भर की रिफ़ाक़त पलों में छोड़ गया

वकील अख़्तर और मुज़्तर हैदरी के बाद वहीद अर्शी की मौत तीसरी दर्दनाक मौत है। हज़ार पाँच सौ रुपयों की इनामी भीख देकर टरख़ाने वाली एकेडमियों को चाहिए कि इन शहीदों के बच्चों के मुस्तक़बिल को बर्बाद होने से बचा लें। इन चराग़ों की हिफ़ाज़त बहुत ज़रूरी है वर्ना अदब की आँखें बेनूर हो जायेंगी। बाहर के लोगों को ईनाम की रिश्वत देकर ख़ुश करने के बजाय वही रक़म ऐसे फ़नकारों के वारिसों को मिलती रहे तो उन लोगों की रूहें क़ब्रों में बेचैन नहीं रहेंगी। फ़ैज़ और फ़िराक़ के मजमुए (संग्रह) तो बराबर ही छपते रहते हैं, ज़रूरत इस बात की है कि वकील अख़्तर की आँखों से टपके हुए आँसुओं को किताबी शक़्ल में लाया जाये, मुज़्तर हैदरी के बँधे हुए हाथ पैरों की बेबसी को काग़ज़ी पैरहन (लिबास) अता किया जाये, इलाज की सहूलियत के बग़ैर मर जाने वाले वहीद अर्शी को इम्दादी और तहरीरी खिराज़े अक़ीदत पेश किया जाये। इब्राहीम होश और नवाब देहलवी के कमज़ोर बुढ़ापे को हमदर्दी की बैसाखियाँ दी जायें—

ऐ ख़ुदा, फूल-से बच्चों की हिफ़ाज़त करना
मुफ़लिसी चाह रही है मेरे घर में रहना

नवाब मतीन लतीफ़ी

कई लोग कहानियाँ लिखते हैं और कई लोग ब ज़ाते ख़ुद एक दिलचस्प कहानी होते हैं। ऐसी कहानी जो सबकी समझ में आ जाये मगर सबको नयी-नयी-सी लगे, सबकी सुनी हुई फिर भी लोग उसे बार-बार सुनना चाहें। यह कहानी सुनहरी रोशनाइयों से तहरीर नहीं होती बल्कि यह कहानी आँसुओं और तबस्सुम के मुरक्कब (मिश्रण) से दिलों पर लिखी जाती है फिर क़िस्सये पारीना (पुराना क़िस्सा) बनकर पलकों-पलकों अपना सफ़र मुकम्मल करती रहती है। सदियाँ बीत जाने के बाद भी ऐसी कहानियों की कोई जिल्द, कोई वरक़ या कोई हर्फ़ मैला नहीं होता। यह कहानियाँ देहातों में जुगनू बनकर और शहरों में दास्तानें बनकर ज़िन्दा रहती हैं।

नवाब मतीन लतीफ़ी ऐसी ही एक ख़ूबसूरत कहानी थे। तक़रीबन दस बरस पहले हबीब हाशिमी ने इस कहानी से मेरा तआरुफ़ (परिचय) कराया था। फूलती हुई साँसें, कँपकँपाता हुआ जिस्म, टपकते हुए ज़ख़्मों जैसा चेहरा, चराग़े आख़िरे शब की तरह झिलमिलाती आँखें, लेकिन मुस्कुराहट...ख़ुदा की क़सम...जलते हुए तवे की मुस्कुराहट, जैसे काँटों की बाढ़ में उलझा हुआ गुलाब का फूल, जैसे बबूल के पेड़ पर बैठा हुआ ख़ुशरंग परिन्दा, जैसे कैक्टस पर मंडलाती हुई तितली, जैसे शाख़े बरहना (नंगी शाख़ा) से उलझी हुई पतंग, जैसे फ़साद ज़दा शहर में इबादतगाह, जैसे पत्थर के नीचे दबा हुआ नन्हा-सा पौधा, जैसे गैसज़दा भोपाल में बच्चे की किलकारी।

नवाब साहब बहुत फ़िज़ूल ख़र्च थे। पैसों के मामले में ही नहीं, सेहत के मामले में भी और ज़िन्दगी के सिलसिले में भी। दामे, दिरमे, सुख़ने, क़दमे वाला मुहावरा उनकी शख़्सियत की ग़म्माज़ी करता था या उनकी शख़्सियत उनके अल्फ़ाज़ के मानी बताती रहती थी।

नवाब साहब की तालीमी डिग्रियों और तमग़ों को तो मैंने कभी नहीं देखा लेकिन इतना जानता हूँ कि वह बहुत पढ़े-लिखे आदमी थे। उन्होंने चेहरों की बेशुमार किताबें पढ़ी थीं लिहाज़ा उन्हें अपनी दुख की तफ़्सील बताने की

ज़रूरत किसी को नहीं पड़ती थी। वह तो ख़ुद ही वरक़-वरक़ आईना थे। उनके फ़क़ीरकदे में तक़दीम व ताख़ीर (वरीयता और विलम्ब) या बड़े छोटे की कोई तक़्सीम नहीं थी—

जब से दरे इंसाफ़ से उठ आये हम, उनको
तक़सीम का पैमाना बदलना नहीं पड़ता

दिन हो या रात, सुबह हो या दोपहर, दिसम्बर हो या जून, नवाब साहब के मिज़ाज का मौसम हमेशा एक-सा रहता था। दरवाज़े की घंटी के पहले सुरीले शोर पर ही जवाबी आवाज़ आती थी, 'कौन साहब हैं! तशरीफ़ लाइये' और इसके साथ ही वह मुसाफ़ा करना भी नहीं भूलते थे ख़्वाह डॉक्टर ने उन्हें हाथ हिलाने से भी मना कर रखा हो। इस पुराने लेकिन गर्मजोशी से भरे इस्तक़बाल (स्वागत) के फ़ौरन बाद ही नवाब साहब बेगम साहिबा को आवाज़ देते, 'रज़िया साहिबा! फ़लाँ साहब तशरीफ़ लाये हैं'।

नवाब साहब की सबसे बड़ी ख़ूबी उनकी एख़लाक़ी याददाश्त थी। मसलन, वह हमेशा याद रखते थे कि उनके किस मेहमान के किस सिगरेट के ब्रांड से दैरीना ताल्लुक़ात हैं। फिर एक जुम्बिशे निगाह होती और उनकी मुलाज़िम फ़रीदा उसी ब्राण्ड की सिगरेट लाकर मेहमान के सामने रख देती। मुझे तो उनकी सिगरेटों में शराबे दो आतिशा (कॉकटेल) का-सा मज़ा मिलता था। उन्होंने किसी मेहमान का इस्तक़बाल सिर्फ़ चाय से कभी नहीं किया। कहते थे, राना साहब! चाय सस्ती ख़ुश एख़लाक़ी का सर्टीफ़िकेट है और जल्द रवाना कर देने का बर्क़िया (टेलीग्राम)। वह यह भी कहते थे कि नाश्ते का एहतमाम ख़ुलूस या अमारत (रईसी) जताने की चीज़ नहीं है बल्कि यह एक बहाना है साहिबेखाना का अपने मुलाकातियों को देर तक क़रीब रखने का। शकर नवाब साहब के लिए मना थी, इसके बावजूद उनकी नाश्ते की ट्रे में मिठाई का होना उतना ही ज़रूरी था जितना हिन्दुस्तान में फ़साद होना ज़रूरी है। वह हमेशा शुस्ता (शुद्ध) उर्दू में गुफ़्तगू करते थे। उन्हें करेला खाते और हिन्दी बोलते कभी नहीं देखा गया। दरअसल उनका वजूद गर्मियों में पेड़ के साये की तरह था, ऐसे पेड़ के साये की तरह जहाँ बैठने वाले को फल भी खाने को मिलते थे।

नवाब साहब की फ़िज़ूल ख़र्ची का यह आलम था कि वह ज़िन्दगी को भी पड़ी पायी हुई दौलत की तरह ख़र्च करते थे। लफ़्ज़ 'परहेज़' के मानी उनकी यहाँ वह नहीं थे जो डॉक्टर बताते हैं। उनका क़ौल था कि आदमी को बुराई से परहेज़ करना चाहिए, खाने पीने में क्या परहेज़। वैसे इस ज़ेहनी ख़ुदख़ुशी की वजह उनकी सेहत की ख़राबी थी क्योंकि जिस तरह आबरू अगर बच्ची हो तो उसकी हिफ़ाज़त की जाती है उसी तरह सेहत अगर अच्छी हो तो आदमी उसका

ख़याल करता है और परहेज़ करता है—

जिस कबूतर पे शाहीं झपटते रहें
वो ग़रीब एहतरामे ख़ुदी क्या करे

सिगरेट नवाब साहब के लिए ज़हर का दर्जा रखती थी लेकिन नवाब साहब ने तमाम ज़िन्दगी या तो अपनी बेगम से मोहब्बत की या फिर सिगरेट से। कहते थे मैं वफ़ादार आदमी हूँ। जिसका हाथ पकड़ता हूँ सारी ज़िन्दगी नहीं छोड़ता। बेगम रज़िया लतीफ़ी उनकी सिगरेट नोशी से बहुत नाराज़ रहती थीं लेकिन मोहब्बत करने वाली बीवियाँ अपनी शौहरों की बुराइयों से भी मोहब्बत करने लगती हैं—

तेरी बरहना पाई का दुख बाँटते हुए
मैंने ख़ुद अपने पाँव में काँटे चुभो लिए

एक दिन की बात है, मैं नवाब साहब के कमरे में बैठा हुआ सिगरेटें फूँक रहा था। नवाब साहब भी मेरे इस कारे बद में शरीक थे। अचानक बेगम साहिबा तशरीफ़ ले आयीं और नवाब साहब को सिगरेट पीते देखकर नाराज़ हो गयीं। कहने लगीं कि अब मुझे दरवाज़े पर लिखवाना पड़ेगा कि 'यहाँ सिगरेट पीना मना है'। नवाब साहब खाँसते हुए बोले, "बेगम साहिबा, मज़मून की तवालत से गुरेज़ कीजिए और सिर्फ़ गुरुद्वारा लिखवा दीजिए'।

नवाब साहब की शख़्सियत का सबसे दिलचस्प पहलू उनकी बज़लासंजी (तबीयत की शोख़ी) थी। हालाँकि उन्हें अपनी मुस्कुराहट की बहुत क़ीमत अदा करनी पड़ती थी। ग़ालिबन मुस्कुराहट के पर्दे में वह अपने ग़मों को छुपाये रखते थे। जिस तरह सलीक़ेमन्द औरतें दीवार के उखड़े हुए प्लास्टर का ज़ख़्म छुपाने के लिए कैलेण्डरों का इस्तेमाल करती हैं। काफ़ी पहले की बात है, उनके घर पर एक नशिस्त (गोष्ठी) हुई थी, जब शमा घायल आज़मी के चेहरे के क़रीब पहुँचकर मुस्कुराने लगी और घायल साहब ग़ज़ल सुनाने का इरादा कर ही रहे थे कि नवाब साहब ने कहा कि जनाब ऐसी ग़ज़ल सुनाइए जिसमें 'शीन' और 'क़ाफ़' का इस्तेमाल न हो। चूँकि इन हुरूफ़ की अदायगी में आपको जितनी दुश्वारी होती है उतनी दुश्वारी तो लेबर रूम में किसी औरत को भी नहीं होती।

इसी तरह का एक और दिलचस्प वाक़िया है, नवाब साहब के घर पर एक नशिस्त बरपा थी, बज़्मे अरबाबे अदब के काफ़ी शोअरा मौजूद थे। बैरूनी शोअरा में ग़ालिबन रईस आँवलवी, हबीब हाशिमी और मैं शामिल थे। बशीर अहमद बशीर साहब कोई मक़ाला (निबन्ध) पढ़ना चाहते थे, उनके शागिर्द अपने साथ टेप रिकार्डर और कैसेट लेकर आये थे (जिस तरह मौलाना हक़्क़ानी बहुत से जलसों में अपना माइक लेकर जाते थे)। टेप रिकार्डर से जुड़ा हुआ तार बहुत छोटा था लिहाज़ा तार का प्लग तक पहुँचना बहुत दुश्वार हो रहा था। नतीजतन मुशायरे

में ताख़ीर (देरी) हो रही थी। हम लोगों को एक शादी की तक़रीब में भी शरीक होना था लेकिन हल्क़ये अरबाबे अदब कैसेट के ज़रिये मक़ाला (निबन्ध) सुनवाने पर आमादा था। नवाब साहब ने हम लोगों के चेहरे पर बेज़ारी की गर्द देखी तो मुस्कुराकर कहने लगे, "मक़ाला ज़रूर पढ़ा जायेगा क्योंकि शेर सुनने वाले तो हर जगह मिल जायेंगे लेकिन यह मक़ाला सुनना सब के बस की बात नहीं है।"

मालूम नहीं यह मेरी ख़ुशफ़हमी है या हक़ीक़त कि मैं समझता था कि नवाब साहब मुझसे बहुत मोहब्बत करते थे, भाभी भी मुझे बेपनाह चाहती थीं, रूही और शादाँ भी मुझसे हक़ीक़ी चचा जैसा बर्ताव करती थीं (हालाँकि मेरी शख़्सियत में ऐसी कोई जाज़बियत नहीं है लेकिन मोहब्बत तो नसीब से मिलती है, शख़्सियत, जाज़बियत और काबलियत तो लुग़त की चीज़ें हैं) चूँकि इन लोगों को मालूम था कि मुझे मीठी चीज़ें बहुत पसन्द हैं लिहाज़ा ईद के मौक़े पर मेरे लिए भाभी ख़ासतौर से सिवइयों का एहतमाम करती थीं। एक बार ईद के मौक़े पर मैं उनके यहाँ नहीं जा सका क्योंकि एक ट्रक के हादसे के सिलसिले में शहर से बाहर चला गया था। तक़रीबन एक माह के वक़्फ़े के बाद नवाब साहब के घर पर हाज़िरी देने गया। पहले तो देखते ही नाराज़ हो गये लेकिन मेरी परेशानियाँ सुनकर मुझसे ज़्यादा परेशान दिखाई देने लगे। मैंने माहौल की संजीदगी ख़त्म करने के लिए भाभी से अपनी सिवइयों के बारे में दरयाफ़्त किया और भाभी ने फ़ौरन मेरे सामने रख दीं और मुस्कुराते हुए बोलीं कि मुनव्वर भाई, यह ईद की सिवइयाँ हैं, आपका हिस्सा रेफ़्रिजरेटर में रखवा दिया गया था (वैसे यह बात अब शहर के तमाम शायरों और अदीबों को मालूम हो गयी है कि मैं मिठाई का बहुत शौक़ीन हूँ चुनांचे अब तो मुझे गालियाँ भी क़िवामी दी जाती हैं।)

नवाब साहब कितने ही बीमार क्यों न हों उर्दू के अक्सर प्रोग्रामों में शामिल होते थे। कई बार तो यह भी देखा गया कि लोग उनको सहारा देकर लाते थे। उर्दू आर्ट्स के मुशायरे में उनकी मौजूदगी ज़रूरी थी। जब मैं पहली बार अपने मुशायरे का दावती कार्ड नवाब साहब को देने गया तो नवाब साहब ने मुझे मुबारकबाद दी। मैं रुख़सत होने लगा तो मुझ से लिपट गये। घर आने पर मुझे अपनी जेब में कुछ गर्मी महसूस हुई। मैंने जेब में हाथ डाला तो मालूम हुआ कि पाँच सौ रुपये का एक चेक मेरी जेब में रखा है (यूँ भी रुपया अगर कोल्डस्टोरेज में भी रखा जाये तब भी गर्म ही रहता है)।

सर्दियों का ज़माना था और दुर्गा पूजा का मौसम। मेरी बेगम मायके गयी हुई थीं और मैं हर तरह के शर से महफ़ूज़ था। एक शब प्रोग्राम बना कि तमन्ना परवीन की क़व्वाली सुनी जाये। लिहाज़ा उर्दू आर्ट्स का तिकोन (हबीब, रईस, राना) इस ग़ैर शायराना महाज़ (मोर्चा) पर रवाना हुआ। हम लोग महफ़िल में

पहुँचे तो मालूम हुआ कि अब्बास भाई भी मौजूद हैं। बेचारे शरीफ़ आदमी हैं, कम बोलने वाले लेकिन कारामद हैं, शायरों से बेपनाह मोहब्बत करते हैं। ख़िज्रपुर के इलाक़े के रईस हैं। मिज़ाज क़लन्दरों वाला पाया है। उन्होंने हम लोगों को उस जगह बिठा दिया जहाँ से हम लोग कव्वालों और कव्वाल हम लोगों की औक़ात को देख सकते थे। हमें अपनी फटी पुरानी जेबों को छुपाना भी दुश्वार था। रात के तक़रीबन बारह बजने वाले थे। हम लोग पैसा लेने भी कहीं नहीं जा सकते थे लिहाज़ा ऐसे मौक़े पर नवाब साहब ही याद आये। फ़ौरन उनके घर पर नाज़िल हो गये। नवाब साहब ने हम लोगों का इस्तक़बाल इस तरह किया जैसे वह हमारे ही इन्तिज़ार में हों। हम लोगों ने आमद की वजह बतायी और पाँच सौ रुपये उधार माँगे, नवाब साहब ने रुपये फ़ौरन हम लोगों के हवाले किये और दरवाज़े पर आकर राज़दाराना तरीक़े से पूछा, "कव्वाला कैसी है?" मैंने अर्ज़ किया बहुत ख़ूबसूरत है। कहने लगे फिर पैसे वापस करने की ज़रूरत नहीं।

एक मुशायरे में नवाब साहब से मुलाक़ात हो गयी। बेगम भी मेरे हमराह थीं। मैंने नवाब साहब से बेगम का तआरुफ़ कराया कि जनाब यह मेरी ग़ज़ल हैं। नवाब साहब मुस्कुराते हुए बोले, "यक़ीनन इस ग़ज़ल में वालिदैन की इस्लाह शामिल है वर्ना आप बहुत घटिया ग़ज़ल कहते हैं।"

गुलशने अदब का यह चहचहाता हुआ परिन्दा अपने आबायी (पैतृक) वतन से सैकड़ों मील के फ़ासले पर अस्पताल के एक शिकन आलूद बिस्तर पर महीनों मौत से मुक़ाबला करता रहा और फिर एक वीरान-सी सुबह को बादे नसीम (सुबह की हवा का झोंका) ने रज़िया लतीफ़ी की माँग के सिन्दूर को काली धूल में तब्दील कर दिया और नवाब साहब की ज़िन्दगी ने अपने बँधे हुए हाथों से उनका जिस्म मलकुलमौत के हवाले कर दिया। अस्पताल वालों की बदसुलूकी और पुलिस वालों की दैरीना काहिली ने उनकी लाश को काफ़ी ताख़ीर से वारिसों के हवाले किया क्योंकि वह लोग नवाब साहब के मुर्दा जिस्म की छानबीन करना चाहते थे। वह तो ख़ुदा का शुक्र है कि कलीमुद्दीन 'शम्स' इस शहरे बेमसरफ़ में मौजूद हैं जिनकी कोशिशों से पोर्ट के इलाक़े के डिप्टी कमिश्नर ने अस्पताल वालों का इरादा बदलवा दिया वर्ना लाश की बेहुरमती (अनादर) भी होती और पता नहीं कब उसकी तजहीज़ और तदफ़ीन होती। शहर के सियासी दुकानदार कुछ भी कहें लेकिन यह हक़ीक़त है कि कलीमुद्दीन 'शम्स' इस अँधेरी शब में चराग़ेराह की मानिन्द हैं। कभी-कभार चराग़ से घर भी जल जाते हैं लेकिन चराग़ जलाना तो छोड़ना नहीं चाहिए। इंसान तो नेकी और बदी का मुजस्सिमा होता है। अगर कलीमुद्दीन 'शम्स' में कुछ ख़ामियाँ हैं भी तो उन्हें नज़रअन्दाज़ करके उनकी अच्छाइयों से सबक़ लेना चाहिए क्योंकि हमारी क़ौम उस प्यासे की

तरह है जिसके पास एक ही गिलास पानी है, बिलफ़र्ज़ पानी में मक्खी पड़ गयी है तब भी पानी फेंकने से ज़्यादा अच्छा तो मक्खी को निकालना है। मेरे ख़याल से कलीमुद्दीन 'शम्स' का वजूद गाँव के दोराहे पर लगे हुए उस लैम्प पोस्ट की तरह है जिससे मुसाफ़िर फ़ैज़याब होते रहते हैं। ग़ालिबन यही एक सियासी दरबार है जहाँ हर शख़्स की रसाई (पहुँच) मुमकिन है वर्ना इस शहर के हालात तो बहुत ख़राब होते जा रहे हैं–

कूफ़े से क़रीब हो गया है
कलकत्ता अजीब हो गया है

क्या हँसता हँसाता शहर यारो
हासिद का नसीब हो गया है

यूँ भी अगर नवाब साहब के जिस्म की छानबीन होती तो डॉक्टरों को न तो दिल मिलता, न फेफड़े, न जिगर, न दिमाग़, सिर्फ़ और सिर्फ़ मुहब्बत मिलती। कहीं दिल की शक़्ल में, कहीं दिमाग़ की शक़्ल में। उस दिन उनके घर पर सोगवारों की पूरी की पूरी सफ़ मौजूद थी। टूटे-फूटे-से रज़ी नातिक़ी, बुझे-बुझे मुबीन मुनावी, ख़ामोश-ख़ामोश-से आशिक़ फ़ैज़ाबादी, बिखरे-बिखरे-से परवेज़ अन्जुम, उजड़े-उजड़े-से जज़्ब आँवलवी और खोये-खोये-से अय्यूब नासिर ने अपनी ख़ामोश आँखों से नवाब साहब के फ़िराक़ की कहानी बयान की। इलियास इस्लाही ने भाग दौड़ कर के ग्यारह बजे शब में लाश हासिल की और वारिसों के हवाले कर दी। ज़हीर भाई रोते हुए लहजे में बताने लगे कि लाश को उनके आबाई वतन बनारस ले जाना है लिहाज़ा एक ट्रक पर नवाब साहब के मुर्दा जिस्म को बनारस के लिए रवाना कर दिया गया–

भटकती रूह बदन को तलाश करती रही
हमारी मिट्टी वतन को तलाश करती रही

वक़्त ऐसा मरहम है जो हर ज़ख़्म को मुंदमिल कर देता है लेकिन ज़ख़्मों के निशानात बाक़ी रह जाते हैं। नवाब साहब की जुदाई भी ऐसा ही एक ज़ख़्म है जो अदब और सख़ावत की पेशानी पर एक ख़ुशनुमा दाग़ छोड़ गया है। मुझे यक़ीन है कि जब भी कोई अच्छा शेर तख़लीक होगा तो नवाब साहब को तलाश करेगा। मुनासिब दाद और वाह-वाह के मख़्सूस अन्दाज़ के लिए यूँ तो इस शहरे बेपनाह में रईसों और नवाबों की कमी नहीं हैं लेकिन मतीन लतीफ़ी जिन्हें लोग मोहब्बत से नवाब साहब कहते थे, उनका बदल इस शहर को मिलना दुश्वार है–

मौत उसकी है करे जिसका ज़माना अफ़सोस
यूँ तो दुनिया में सभी आते हैं मरने के लिए

हज़ारहा दिलचस्प वाक़ियात नवाब साहब ने अमानत के तौर पर मुझे सौंपे हैं लेकिन भाभी की उजड़ी हुई माँग ने इतना अँधेरा कर दिया है कि कुछ सुझायी नहीं देता। उनकी टूटी चूड़ियों की किर्चें मेरी आँखों को इस तरह ज़ख़्मी कर गयी हैं, उनकी सिसकियों के शोर ने कानों को इतना मफ़लूज (लकवाग्रस्त) कर दिया है कि दिल की आहट भी सुनाई नहीं देती। उनकी चीख़ती हुई आँखों ने दिल के सब तारों को झँझोड़ कर रख दिया है। रूही और शादाँ के चेहरे मुझे अपनी बेटियों के चेहरों की तरह दिखाई दे रहे हैं, ख़ासतौर से भाभी का यह कहना कि तुम कहाँ थे मुनव्वर, नवाब साहब आख़िर वक़्त में तुम को बहुत याद कर रहे थे। इस जुमले ने मुझे बोझल और उदास कर दिया है कि मैं शायद बहुत दिनों तक अपने आप को कोसता रहूँगा–

ज़िन्दगी में ये बदन शोलए जव्वालाँ था
मौजए सर्द मेरी लाश ठिकाने से उठा

जलते तवे की मुस्कुराहट

पिछले दिनों रिज़वान अहमद कलकत्ता आये थे। उन्होंने ख़बर भिजवायी थी कि बेगम के हमराह आ रहे हैं लेकिन तन्हा ही वारिद हुए। हालाँकि मैंने दो बिस्तरों वाला कमरा बुक करवा दिया था यानी बेगम रिज़वान और रिज़वान अहमद के लिए लेकिन उनके अकेले आने से होटल वाले ने कमरा देने से इंकार कर दिया। कहने लगा, यह तो सरासर झूठ बोल कर कमरा हासिल करना हुआ। मैंने सोचा कि लगता है अब इनके लिए बीवी का इन्तिज़ाम भी करना पड़ेगा। वैसे भी कलकत्ता में बस यही एक सप्लाई है जो टेलीफ़ोन या इलेक्ट्रिक सप्लाई की तरह नाकारा नहीं है। आप सूरज डूबने के बाद शहर के किसी बड़े रास्ते पर खड़े हो जायें, टैक्सी आये या न आये, मिनी क्वीन फ़ौरन आपके पास आकर खड़ी हो जायेगी। यह मिनी टैक्सी आरामदेह भी होती है और मीटर भी कम उठता है। आप इस पर कितना ही सामान क्यों न लाद दें पुलिस वाले नहीं पकड़ते, पहले से Manage होते हैं। आप अगर तजरुबेकार परदेसी हैं तो ठगे भी नहीं जायेंगे, कभी-कभी ज़बान (भाषा) का मसला दर पेश आता है लेकिन भूख कोई ज़बान नहीं जानती, फिर भी हर ज़बान समझ लेती है। भूखी लड़की को चाँद रोटी जैसा लगता है और बुलहवस (अय्याश) आदमी को रोटी चाँद मालूम होती है। हवस की कोई ज़बान न होते हुए भी बहुत ज़बान दराज़ होती है।

कलकत्ता में कई होटल ऐसे भी हैं जहाँ लड़कियाँ वेटर का काम करती हैं। मुझे आज तक यह समझ में नहीं आया कि लोग वहाँ क्या खाने जाते हैं। कलकत्ता के कुछ इलाक़ों में रिक्शे वाले जब घंटी बजाकर आपको मुख़ातिब करें तो समझ लिजिए कि आपकी मंज़िल वहीं है। रात जब शहर पर अपने गेसुओं (केशों) को बिखे़र देती है तो बहुत से लोग गेसुए जानाँ की तलाश में निकल खड़े होते हैं। चौराहों पर, सिनेमा हालों के आस-पास, पार्कों में और इसी तरह की मुख़्तलिफ़ जगहों पर यह सजी हुई दुकानें रात गये तक गाहकों के इन्तिज़ार में खुली रहती हैं–

मैंने कहा कि देख ये मैं, ये हवा, ये रात
उसने कहा कि मेरी कमाई का वक़्त है

लैम्प पोस्टों की रौशनी में मेकअप के सहारे अपनी झुर्रियों को छुपाती हुई औरतें, बीमार शौहरों की दवा का इन्तिज़ाम करने के लिए कोमल जिस्म का सौदा करती हुई बहनें, बच्चों के दूध की क़ीमत हासिल करने के लिए बिकती हुई माँएँ। इस लैम्प पोस्ट ने कितने शरीफ़ों के चेहरों की तस्वीरें देखी होंगी, कितने रहनुमाओं को रहज़नी (लूट) करते हुए देखा होगा लेकिन लैम्प पोस्ट तो सिर्फ़ सही रास्ता बता सकता है सही रास्ते पर चलने की हिदायत नहीं दे सकता।

कई नर्म आँखों में सुर्ख़-सुर्ख़ डोरे लेकिन यह डोरे नशे के नहीं, गुस्से और निदामत (शर्मिन्दगी) के होते हैं, बेचारगी और झुँझलाहट के होते हैं, ग़रीबी और मुफ़लिसी के होते हैं।

बहरहाल जब मैंने होटल के मैनेजर को यह बताया कि मौसूफ़ अख़बार के एडीटर हैं तो वह फ़ौरन मरऊब (रोब में आना) हो गया और रजिस्टर पर उनका नाम तहरीर करते हुए कहने लगा, जब आप अख़बार के एडीटर हैं तो मुझे आपसे हमदर्दी है क्योंकि आपका कारोबार ही ऐसा है, लीडरों का भी यही ज़रियये मुआश (रोज़ी का ज़रिया) है, लेकिन उन लोगों की दुकान ज़रा बड़ी होती है। फिर उसने रिज़वान अहमद से पूछा कि आपका अख़बार किस ज़बान में निकलता है? रिज़वान भाई ने राज़दाराना तौर पर बताया कि उर्दू में। मैंने अन्दाज़ा लगाया कि अगर उनको अंग्रेज़ी आती तो यह उर्दू में अख़बार कभी न निकालते, जिस तरह एम.जे. अकबर सिर्फ़ अंग्रेज़ी में लिखते हैं, अंग्रेज़ी बोलते हैं। होटल वाला अफ़सोस का इज़हार करते हुए बोला कि मुझे उर्दू अख़बारों से हमदर्दी है क्योंकि एक उर्दू अख़बार की इशाअत (प्रकाशन) की तादाद उतनी भी नहीं होती जितनी तादाद दूसरी ज़बानों के बच जाने वाले अख़बारों की होती है। मैं काउंटर के किनारे खड़ा होकर सोचने लगा कि उर्दू मुसलमानों की ज़बान कहाँ है? उर्दू तो ग़रीब मुसलमानों की ज़बान है क्योंकि खाते पीते घराने तो अपने बच्चों को अंग्रेज़ी धुनों में तालीम दिलवाते हैं। उर्दू की ज़रूरत तो सिर्फ़ निकाहनामे पर दस्तख़त के वक़्त पड़ती है।

मैं होटल मैनेजर से इस मसले पर गुफ़्तगू करना चाहता था लेकिन मैंने महसूस किया कि वह भी हम लोगों से एक दिन का मज़ीद (अधिक) किराया वसूल करने की फ़िक्र में है। लिहाज़ा हम लोगों ने कमरे की तरफ़ चल देना ही मुनासिब समझा। थोड़ी देर के आराम के बाद रिज़वान भाई ने आने का मक़सद बताया। उन्हें एक मकान की रजिस्ट्री करानी थी जो उन्होंने पटना में किसी मारवाड़ी से ख़रीदा था। वह मारवाड़ियों से बहुत ख़ौफ़ज़दा थे और जब मैंने उनको यह बताया कि मारवाड़ी की कोठी किसी न किसी बैंक मैनेजर के दोश (काँधा) पर तामीर होती है तो वह मज़ीद परेशान दिखाई देने लगे। मैंने उनको

तसल्ली दी कि आप बैंक मैनेजर नहीं हैं, अख़बार वाले हैं और यूँ भी कौआ कौवे का गोश्त नहीं खाता। वह खिलखिलाकर हँस दिये। उनकी हँसी रुकते ही बाहर की दीवार पर कोई कौआ काँव-काँव करने लगा। मैं डर गया कि शायद मज़ीद कोई मेहमान आने वाला है–

घर की दीवार पे कौवे नहीं अच्छे लगते
मुफ़लिसी में ये तमाशे नहीं अच्छे लगते

रिज़वान भाई ने मुझसे रजिस्ट्री के सिलसिले में किसी मुनासिब वकील का पता दरयाफ़्त किया। मैंने उन्हें अपने एक आदमी के ज़रिये वकील के पास रवाना कर दिया। शाम को वह लौटे तो कुछ उखड़े-उखड़े दिखाई दिये। मेरे पूछने पर उन्होंने बताया कि आपने मुझे जिस वकील के पास भेजा है वह तो क्राइम का वकील है, क्या आपने कभी किसी मकान की रजिस्ट्री नहीं करायी है? मैंने कहा भाई! मकान क़ारी (पाठक) कहीं ख़रीदता है, मकान तो मुक़र्रिर (वक़्ता) ख़रीदता है या एडीटरों के मुक़द्दर में होता है। मुस्लिम पर्सनल लॉ के मसले की वजह से कई मुक़र्रिरों की कोठियाँ खड़ी हो गयीं। आठ हज़ार और दस हज़ार की फ़ीस लेकर इस्लाम का प्रचार कर रहे हैं–

दाम के दाम मिले काम भी इस्लामी है

और यूँ भी शोहरत किसे नहीं अच्छी लगती, वह लोग भी मुस्कुराते हुए तस्वीरें खिंचवाते हैं जो कहते हैं कि तस्वीर खिंचवाना गुनाह है। मैं तो रिज़वान भाई क़ायदे का किराये का मकान भी हासिल नहीं कर सका–

लोगों ने रेत खोद के पानी भी पी लिया
मैं ख़ुश्क होंठ सबको दिखाने में रह गया

रिज़वान भाई कहने लगे कि आपने मकान के सिलसिले में कोशिश नहीं की होगी। मैंने उन्हें बताया कि बहुत कोशिश की, कई बार घर से सत्तू बाँधकर भी निकला लेकिन कामयाबी नहीं हुई। एक मालिक मकान क़ायदे के नसीब भी हुए (उनके घर 'कुत्तों से होशियार' की तख़्ती नहीं थी) लेकिन उन्होंने जो पगड़ी बतायी उसे सुनकर मेरी पगड़ी फिसल कर मेरी मुफ़लिसी के पैरों पर गिर पड़ी। साथ में उनकी यह शर्त भी थी कि किरायादार मुसलमान होना चाहिए। मैंने उनको समझाया कि हज़रत अगर आप इतनी ही रक़म चाहते हैं तो मुसलमान न ढूँढिये और अगर मुसलमान चाहते हैं तो इतनी रक़म की आरज़ू (कामना) न कीजिए। वह नाराज़ नहीं हुए लेकिन उन्होंने अपने लड़के को जिस नाम से आवाज़ दी वह अंग्रेज़ों के यहाँ कुत्तों के रखे जाते हैं। लिहाज़ा मैंने वहाँ से चला आना मुनासिब समझा क्योंकि असली कुत्ता अगर काट ले तो चौदह सुइयों से आराम हो जाता है लेकिन इंसाननुमा कुत्ते का काटा कभी नहीं बचता।

रिज़वान भाई कहने लगे कि आप को दरअसल तजरुबा नहीं है। मैंने उनको समझाया! कि असल में मैं किराया तक नहीं दे पाता हूँ, नतीजे के तौर पर मकान मालिक हर वक़्त तक़ाज़ा करता रहता है। कभी-कभी मुझे गुस्सा आ जाता है और मालिक मकान से मारपीट की नौबत आ जाती है लिहाज़ा आख़िर में उसी वकील की ज़रूरत पड़ती है जो क्राइम का होता है। वह बताने लगे कि मैंने कलीमुद्दीन शम्स से गुफ़्तगू कर ली है, उन्होंने वादा किया है कि मेरे पास आदमी हैं, यह काम मैं करवा दूँगा। मैंने फ़ौरन हाँ करते हुए सर हिला दिया कि वह यक़ीनन आपका का काम करवा देंगे क्योंकि माशाअल्लाह वह ऐसे ही दश्त (मैदान) के शहसवार हैं।

मेरे दोस्तों ने मुझे मशिवरा दिया कि रिज़वान साहब के एज़ाज़ (सम्मान) में नशिस्त करवा दो। मैंने कहा कि खाना भी खिलाना पड़ेगा और मैं अभी ज़्यादा पैसे ख़र्च करने की पोजीशन में नहीं हूँ। वह लोग कहने लगे, परहेज़ी पकवान मत पकवाइयेगा (परहेज़ी का मतलब ख़स्सी का गोश्त) मैंने कहा कि मसला सिर्फ़ गोश्त का नहीं है, जगह का भी है, मदऊ (आमन्त्रित) हज़रात को कहाँ बिठाया जायेगा, कलकत्ता में कमरे कंजूस आदमियों के दिल के बराबर होते हैं। घरों में भी कारख़ानों की तरह शिफ़्ट के हिसाब से सोते हैं, बल्कि कई लोग जिनकी नींद पूरी नहीं हो पाती वह पाख़ाने में सोते रहते हैं और बाहर अपने नम्बर के इन्तिज़ार में बैठा हुआ शख़्स यह कहता रहता है—

तू अगर अब भी न लौटा तो बिछड़ने वाले
बात रह जायेगी और वक़्त गुज़र जायेगा

बल्कि बक़ौल हकीम साहब, कई लोग तो गुस्लख़ाने में साबुनदानी पर बैठकर सोने की कोशिश करते हैं। अब हकीम साहब को कौन बताये कि नींद तो साबुनदानी पर भी आ जाती है। फिर पिछले दिनों कमाल जाफ़री की आमद पर नसीम अख़्तर ने इतना अच्छा खाना खिलवाया है कि अपनी बेगम से खाना पकवाकर उनकी बेआबरूई नहीं करवा सकता। खाना मेरी बेगम भी अच्छा पकाती हैं, बल्कि हर बेगम अच्छा खाना पका लेती है लेकिन सिर्फ़ मायके वालों के लिए, बक़िया ससुराल वालों के लिए वैसा ही खाना पकाती हैं जैसी अफ़्तारी बड़े लोग मस्जिदों में भिजवाते हैं। नसीम अख़्तर के दावतनामे के मुताबिक़ मैं अहमद रईस और हबीब हाशिमी के हमराह उनके दौलतकदे पर पहुँचा। सीढ़ी पर लिखा हुआ था 'कुत्ते से होशियार'। बहुत ही डरते-डरते सीढ़ी पर पहुँचा और पहुँचते ही अनीस रफ़ी से मुलाक़ात हुई जो अकेले खाना खाने में मुनहमिक (व्यस्त) थे। वीडियो और टेलीविज़न के इश्तहार का सबसे बड़ा फ़ायदा यह है कि बेमसरफ़ चीज़ें भी बिक जाती हैं। मैंने सोचा कि शायद खाना ख़त्म होने वाला है लिहाज़ा

मैं उन्हीं के साथ खाने पर बैठ गया। अनीस रफ़ी बच्चों की तरह चिल्लाये कि यह मेरे हिस्से का खाना है। मैंने कहा प्यारे भाई! जब आप मेरे हिस्से के प्रोग्राम दूसरों को दे देते हैं तो मुझे भी जिसके हिस्से का भी मिलेगा खाऊँगा—

बेकसी जब फ़रोग़ पायेगी
ज़ुल्म की बोटियाँ चबायेगी

फेफड़ों को कारख़ाने का धुआँ खाने लगा
ये समन्दर अब बराबर कश्तियाँ खाने लगा

भूख से बेहाल बच्चे तो नहीं रोये मगर
घर का चूल्हा मुफ़लिसी की चुग़लियाँ खाने लगा

मेरे बच्चे मुझे बूढ़ा नहीं होने देते

मग़रिबी (पश्चिमी) बंगाल में उर्दू ज़बानो अदब की बेलौस (निःस्वार्थ) ख़िदमत करने वालों की हमेशा एक फ़ौज रही है। मिर्ज़ा ग़ालिब ने शायद कलकत्ता के सफ़र के दौरान ही यह मिसरा तख़्लीक़ (रचित) किया होगा—

न सताइश की तमन्ना न सिले की परवाह

यह मिसरा हर्फ़ ब हर्फ़ बंगाल के उर्दू शायरों, अदीबों, सहाफ़ियों और दानिशवरों (बुद्धिजीवियों) पर सादिक़ आता है। मग़रिबी बंगाल के मिज़ाज में पज़ीराई (आवभगत) और मिट्टी में इतनी कशिश है कि दुनिया उसे जादूगरों की ज़मीन कहती है। मैं पूरे वसूक़ (विश्वास) के साथ कह सकता हूँ कि उर्दू ज़बान की शीरीनी और बंगला ज़बान की मिठास में कोई रिश्ता ज़रूर है।

इंक़लाब ज़िन्दाबाद का नारा उर्दू का ख़्वाब है और मग़रिबी बंगाल इसकी ज़िन्दा ताबीर (स्वप्न फल) है। अदब में सहाफ़त (पत्रकारिता) हलफ़िया बयान का दर्जा रखती है और मग़रिबी बंगाल को यह फ़ख़्र हासिल है कि उसने उर्दू का पहला अख़बार हिन्दुस्तान की आज़ादी के मतवालों के सिरहाने सुब्हे सादिक़ के नमूदार होते ही (पौ फटते ही) रख दिया था। पज़ीराई की आदत से मजबूर बंगाल ने अपनी बन्दरगाह पर अंग्रेज़ों के क़ाफ़िले को सबसे पहले ख़ुशआमदीद कहा था। लिहाज़ा कफ़्फ़ारे (प्रायश्चित्) के तौर पर अंग्रेज़ों के ख़िलाफ़ बग़ावत का अलम भी सबसे पहले बुलन्द किया। मुजाहिदीने उर्दू (उर्दू के संघर्षकर्ताओं) ने भी सबसे पहले क़लम को तलवार बनाने का तजरुबा भी इसी सरज़मीन पर किया। मौलाना मोहम्मद अली जौहर की सहाफ़ती बेबाकी (निडरता) ने यहीं अपने उक़ाबी परों को फैलाया। मौलाना आज़ाद ने यहीं की हुगली नदी के पानी से बनायी गयी रोशनाई के ज़रिये उर्दू अदब और सहाफ़त के मुस्तक़बिल को रौशन किया लेकिन इसके बावजूद कलकत्ता की उर्दू दुनिया न जाने क्यों हमेशा एक अजीब अदबी घुटन का शिकार रही है। ये हैरतअंगेज़ बात है कि मरकज़ी हुकूमतों से कभी सीधे मुँह बात न करने वाले बंगाल के उर्दू वाले हमेशा देहली और लखनऊ की तरफ़ रुख़ करके नमाज़े अदब अदा करने में फ़ख़्र महसूस करते

रहे हैं। हालाँकि लखनऊ और देहली वाले पहले तो बादशाहों और नवाबों को ख़ुश करने में मसरूफ़ रहते थे, अब अपने-अपने सियासी आक़ाओं के दरबार में सजदा रेज़ रहते हैं। इसके बरअक्स (विपरीत) बंगाल का अदना से अदना सहाफ़ी भी अपनी क़लन्दराना रविश, अना पसन्दी, फ़क़ीराना तर्ज़े ज़िन्दगी और क़िरदार की पुख़्तगी के सहारे बड़े से बड़े दरबार में सिर उठाये हुए दाख़िल होता है और किसी भी बरसरे इक़्तिदार शख़्सियत से नज़रें मिलाते हुए ख़िफ़्फ़त (कमज़ोरी) महसूस नहीं करता है।

यह भी ग़ौर तलब है कि फ़ोर्ट विलियम कॉलेज से 'जामे जहाँ नुमा' के दफ़्तर तक, 2-सूत्रसेन स्ट्रीट से आज़ाद हिन्द के लेथू प्रेस तक, मौलाना मलीहाबादी से सालिक लखनवी और इब्राहिम होश तक ने मुतअद्दिद (कई) बार सियाही की कमी के वक़्त अपनी उँगलियाँ ख़ूने दिल में डुबो लीं लेकिन अरबाबे इक़्तिदार की निगाहे इल्तिफ़ात (कृपा दृष्टि) से महरूम (वंचित) रहे। पता नहीं उर्दू वालों की तरफ़ देखते वक़्त अरबाबे सियासत की आँखें क्यों दुखने आ जाती हैं।

अगर ईमानदारी से जायज़ा लिया जाये तो हिन्दुस्तानी उर्दू सहाफ़त में अहसन मिफ़्ताही का नाम मौजूदा सहाफ़ियों में सरे फ़ेहरिस्त तहरीर किया जाना चाहिए। दस बरस पहले भी उनका शुमार मुल्क के दस बड़े सहाफ़ियों में होना चाहिए था लेकिन यह अजीब इत्तिफ़ाक (संयोग) है कि उर्दू ज़बानो अदब के ख़िदमतगारों की अगर फ़ेहरिस्त बनायी जाये तो उसमें दो तरह के लोग नज़र आयेंगे। एक तो वह लोग मिलेंगे जिन्होंने अपने एक-एक लफ़्ज़ की क़ीमत सरकारी या ग़ैर सरकारी तौर पर वसूल कर ली। दूसरे वह लोग हैं जिन्होंने अपनी उम्र का बेशतर हिस्सा उर्दू की बेलौस ख़िदमत करते हुए गुज़ार दी बल्कि बेशतर सहाफ़ियों ने तो इन्तिक़ाल के बाद तरके (छोड़ा हुआ, विरासत) में सिर्फ़ आधा लिखा हुआ कॉलम ही छोड़ा है। पीरी-मुरीदी का एक फ़ायदा तो बहरहाल है कि अगर ज़िन्दगी में क़द्र नहीं होती है तो कम से कम मरने के बाद तो क़ब्र पर मेला लगता है लेकिन उर्दू शायरों, अदीबों और सहाफ़ियों की कच्ची क़ब्रें तो एक बरसात भी नहीं झेल पातीं।

हज़रत अहसन मिफ़्ताही को मैंने सारी ज़िन्दगी कम से कम बोलते और ज़्यादा से ज़्यादा लिखते देखा है। नवजवान शायरों और अदीबों की हौसला अफ़ज़ाई (उत्साहवर्धन) में तो उनकी मिसाल नहीं मिलती है। मग़रिबी बंगाल का कोई भी नवजवान शायर और अदीब ऐसा नहीं होगा जिसकी उन्होंने किसी न किसी तरह की मदद न की हो। उमूमन एक सहाफ़ी सारी ज़िन्दगी एक पेशेवर सियासतदाँ की तरह सियासी ख़बरों तक महदूद रहता है लेकिन इसके बरअक्स (विपरीत)

मिफ़्ताही साहब का दायरये फ़िक्र (चिन्तन का दायरा), शौक़े मुतालिआ (अध्ययन का शौक़) और अदबी फ़राख़दिली का फैलाव बहुत ज़्यादा है।

मैंने एक बार अज़राहे मज़ाक (मज़ाक के तौर पर) किसी जगह यह कहा था कि दुनिया के सबसे अच्छे हवाई पायलट हिन्दुस्तान के होते हैं। किसी साहब ने मेरे इस दावे पर दलील की सनद तलब की तो मैंने अर्ज़ किया कि दुनिया के सबसे ज़्यादा पुराने और ख़राब जहाज़ लेकर जो पायलट परवाज़ करते हों उनको किसी सनद की ज़रूरत नहीं हो सकती। बिल्कुल इसी तरह मैं यह भी अर्ज़ करना चाहता हूँ कि उर्दू अख़बारात से जुड़े हुए लोग जूता पालिश से 'चन्दी पाठ" तक का सारा काम तन्हा कर लेते हैं। उर्दू अख़बारात में एडीटोरियल बोर्ड नहीं होता, मुख़्तलिफ़ मौज़ूआत पर लिखने के लिए मुख़्तलिफ़ लोग नहीं होते, चन्द लोग ही होते हैं जो इदारिये (सम्पादकीय) से लेकर इश्तिहार (विज्ञापन) तक का काम बख़ूबी अंजाम देते हैं। लिहाज़ा उनकी फ़न्नी महारत, इल्मी लियाक़त, तजरुबात, तहरीरों और उनकी जाँ फ़िशानी (सरगर्मी) की बदौलत दुनिया की किसी भी ज़बान की सहाफ़त उर्दू सहाफ़ियों को अदब और एहतराम की नज़र से देखती है। उर्दू सहाफ़त में अहसन मिफ़्ताही साहब का नाम हमेशा अदब और एहतराम से लिया जायेगा। उर्दू सहाफ़त के आसमान पर उनकी तहरीरों के चाँद-सितारे हमेशा जगमगाते रहेंगे।

उनकी तहरीरों में बेबाकी का ख़मीर बहुत ज़्यादा होता है। उनकी फ़िक्र में मिल्लत (क़ौम) के दर्द का एहसास मौजूद रहता है। उनके बयान में बंगाल का बाग़ी लहजा सिर उठाता है। उन्होंने 'अख़बारे मशरिक़' की बुनियादों में अपनी उम्र का वह हिस्सा दफ़्न कर दिया जो अगर देहली में सर्फ़ किया होता तो अबुल फ़ज़्ल इनक्लेव में 200 गज़ की कोठी मौजूद होती और कई एज़ाज़ भी ड्राइंग रूम की अलमारियों में सजे होते लेकिन बंगाल की मिट्टी भी बंगाल की ज़ुल्फ़ की तरह होती है। जिसे जकड़ लेती है ज़िन्दा नहीं जाने देती।

उनके क़लम ने तलवार से काट सीखी है, उनके हुस्ने अख़लाक़ में बंगाल जैसी अपनाइयत है, उनकी सहाफ़त में क़लन्दराना चमक है, उनके तब्सिरों (Comments) में फ़क़ीर की सच्चाई है, उनके मज़ामीन में उनकी बेपनाह लियाक़त मौजूद है।

उम्र भी जिस्म से कैसे-कैसे खिलवाड़ करती है। अपने ज़माने के तेज़ तर्रार, बेपनाह मेहनतकश, बेख़ौफ़ गुफ़्तगू करने वाले, बेबाक तब्सिरा करने वाले मिफ़्ताही साहब अब एक मफ़लूज (फ़ालिज ग्रस्त) इंसान की तरह ज़िन्दगी गुज़ार रहे हैं लेकिन आज भी उनका क़लम मैदाने अदब और रज़्मगाहे सहाफ़त (पत्रकारिता की रणभूमि) में पूरी जवाँमर्दी के साथ नबुर्द आज़मा (युद्धरत) है।

काश! मग़रिबी बंगाल हुकूमत और मग़रिबी बंगाल उर्दू एकेडमी उनकी बेलौस अदबी और सहाफ़ती ख़िदमात के एहतराम में उनको किसी बाइज़्ज़त तमग़ये इफ़्तिख़ार (सम्मान का तमग़ा) से नवाज़ कर अपनी साबिका (पूर्व की) कोताहियों की पर्दापोशी कर लेतीं–

अह्दे दारोगीर में हर जुर्म मेरे नाम था
अह्दे ईनामो करम में मैं ही छुट कर रह गया

फूल पर बाग़ की मिट्टी का असर होता है

अगर मजमुई तौर पर देखा जाये तो डॉक्टर मुज़फ़्फ़र हनफ़ी निहायत शरीफ़ आदमी हैं। तबीयत में इंकिसार (विनम्रता) इतना कि फ़क़ीरों और दुर्वेशों के यहाँ भी कम दिखाई देता है। सादा लौह (भोले भाले) इतने कि दिलदार नगर के एक गाँव के मैदान में उतरने से भी नहीं शर्माते। दोस्त नवाज़ इतने कि राशन की दुकानवाला भी उनसे हमदर्दी का इज़हार करता है बल्कि कभी-कभी तो इज़हारे अफ़सोफ़ भी करता है।

डॉक्टर साहब से मेरे मरासिम (ताल्लुक़ात) तक़रीबन पच्चीस बरस पुराने हैं। यूँ देखिए तो हिन्दुस्तान की बड़ी से बड़ी सीमेंट फैक्ट्री भी पच्चीस बरस से ज़्यादा की गारण्टी नहीं लेती है और अगर बिलफ़र्ज़ (इत्तिफ़ाक से) कोई फैक्ट्री गारण्टी ले भी लेती है तो नतीजे के तौर पर उसकी मदद से बनाये हुए पुल टूट जाते हैं, मकानात बैठ जाते हैं और पानी की टंकियाँ शहर के तमाम गिद्धों और चीलों की चौपाल में तब्दील हो चुकी होती हैं लेकिन डॉक्टर साहब के कलाम की पकड़ इतनी मज़बूत है कि मुझ जैसे पहलवान क़िस्म के शायर को आज तक हिलने भी नहीं दिया। डॉक्टर साहब से मेरे मरासिम मुमकिन है गहरे न हों लेकिन मीठे ज़रूर हैं। इसकी पहली वजह तो ये है कि हम दोनों में कोई भी शुगर का मरीज़ नहीं है, दूसरे न हम उनकी तनक़ीदी निगाह से कतराते हैं और न वो मेरी बेबाकी और साफ़गोई से। मुमकिन है पिछले जन्म में हम लोग सिकन्दर और अरस्तू रहे हों। ज़ाहिर है कि सिकन्दर तो हम ही रहे होंगे क्योंकि अव्वल तो डॉक्टर साहब को लड़ाई झगड़े से नफ़रत है, दूसरे पोरस के शिकस्त ख़ुर्दा (पराजित) हाथियों के लिए महावत ढूँढना उनके मिज़ाज के ख़िलाफ़ होता। अरस्तू की कुर्सी मैं उनको यूँ भी पेश कर देता कि मुझे दुनिया के एक बड़े हिस्से पर हुकूमत करनी थी और वह उनके मशविरे और सलाहियत के बग़ैर मुमकिन ही नहीं थी और अगर मैं ऐसा नहीं करता तो हिन्दुस्तानी हुकूमत का बँधुवा वज़ीरे आज़म होकर रह जाता।

डॉक्टर साहब इतने पढ़े-लिखे शख़्स हैं कि उनसे किसी भी मौज़ू (विषय) पर

गुफ़्तगू करने से पहले राहे फ़रार (भागने का रास्ता) ज़रूर देख लेता हूँ। डॉक्टर साहब मौलाना अबुल कलाम आज़ाद से लेकर माधुरी दीक्षित तक के बारे में आसानी से गुफ़्तगू कर लेते हैं। बल्कि माधुरी दीक्षित पर आशिक़ होने से पहले मक़बूल फिदा हुसैन ने मुमकिन है डॉक्टर साहब से तफ़्सीली गुफ़्तगू भी की हो—

ऐसा लगा सिमट-सी गयी सारी कायनात
उसने कमर के गिर्द जो साड़ी को बल दिया

इस शेर को अगर आप अपनी उम्र से तीस बरस कम करके महसूस करें (बशर्ते कि आपकी उम्र पचास से कम न हो) तो आप फ़ौरन मक़बूल फिदा हुसैन की तमाम पेंटिंग्स की लज़्ज़त को महसूस कर सकेंगे।

डॉक्टर साहब को किताबें पढ़ने का उतना ही शौक़ है जितना शौक़ बशीर बद्र को मुशायरे में पढ़ने का है। सफ़र में डॉक्टर साहब मुस्तक़िल किताबें पढ़ा करते हैं। किताबों से थक जाते हैं तो स्टेशनों के नाम और मुसाफ़िरों के चेहरे पढ़ा करते हैं। होटल पहुँचते ही फिर किताबों की वरक़ गर्दानी (पन्ने पलटने) में मशगूल हो जाते हैं। किताबें ख़त्म हो जाती हैं तो टेलीफ़ोन डायरेक्ट्री पर निगाहे करम डालते हैं। टेलीफ़ोन डायरेक्ट्री से ऊब जाते हैं तो होटल में रखी बाइबिल पढ़ना शुरू कर देते हैं। आप पढ़ने और पढ़ते रहने की तकरार से ऊब गये होंगे। लिहाज़ा अपने ऊब जाने को दस से ज़रब देकर (गुणा करके) मेरी क़ैफ़ियत का अन्दाज़ा लगा सकते हैं। मैं डॉक्टर साहब से अक्सर जल कर कह देता हूँ कि, “आपने निकाह नामे पर आसानी से दस्तख़त नहीं किये होंगे”। सुना है कि जवानी में शबे हिज्र (विरह की रात) हाथों की लकीरें पढ़ कर गुज़ार देते थे। नमाज़ शायद इस ज़िद में नहीं पढ़ते हैं कि भाभी सारा दिन नमाज़ ही पढ़ती रहती हैं।

डॉक्टर साहब की शख़्सियत एक तो मिक़्नातीसी (चुम्बकीय) बहुत है और कलकत्ता वालों को चिपकने का शौक़... लेकिन होम मिनिस्ट्री में मेरी पकड़ मज़बूत होने की वजह से डॉक्टर साहब मेरा बहुत ख़याल रखते हैं। क्योंकि खुफ़िया रिपोर्ट के मुताबिक़ डॉक्टर साहब भाभी से इतना डरते हैं कि अगर ताश के पत्ते में भी बेगम आ जाये तो एहतरामन खड़े हो जाते हैं। लिहाज़ा मनो सल्वा (वह ग़िज़ा जो हज़रत मूसा की क़ौम बनी इसराईल के लिए अल्लाह की तरफ़ से आसमान से आती थी) हो या गाजर का हल्वा, मेरे हिस्से में ज़रूर आता है। भाभी साहिबा पाये बहुत अच्छा पकाती हैं और बक़ौल हकीम साहब बग़ैर पाये खाये हुए कोई भी शख़्स पाये का शायर नहीं हो सकता। लिहाज़ा मैं बराबर कोशिश में लगा रहता हूँ कि किसी तरह पाये का शायर हो जाऊँ। हालाँकि अब डॉक्टर साहब के घर जाते हुए डर लगता है क्योंकि कलकत्ता के बहुत से शायर उनके पायदान पर पैर जमाये खड़े रहते हैं—

नन्हा-सा एक नीम का पौधा करे भी क्या
हर बेल चाहती है उसे आसरा मिले

जिस तरह आम भाजपाइयों के मुक़ाबले में अपने अटल बिहारी जी मोअतदिल (सन्तुलित) माने जाते हैं, उसी तरह कट्टर और खूँख़्वार क़िस्म के नक़्क़ादों की बनिस्बत डॉक्टर साहब किसी हद तक शरीफ़ दिखाई देते हैं। चूँकि आमतौर पर नक़्क़ाद हज़रात के सिलसिले में ये तसव्वुर पाया जाता है कि वह बहुत ख़ौफ़नाक, जलाली और सींग मारू क़िस्म के होते हैं। यानी लाल कपड़ा देखते ही भड़क उठने वाले जैसा (कुछ होते भी ऐसे ही हैं) लेकिन अपने डॉक्टर साहब बिल्कुल मुख़्तलिफ़ (भिन्न) हैं। उसकी पहली और आख़िरी वजह ये है कि डॉक्टर साहब बुनियादी तौर पर शायर हैं। जब ख़राब हुए तो नक़्क़ाद हो गये बल्कि कभी-कभी उनसे गुफ़्तगू करने के बाद ये एहसास होता है कि शायद किसी मजबूरी ने उन्हें नक़्क़ाद बना दिया है जैसे कि पिछले ज़माने में ज़मींदारों के सताये हुए किसान और मज़दूर डाकू बन जाते थे (हालाँकि इस मिसाल से मैं सहमत नहीं हूँ क्योंकि डाकुओं के दिल में एक नर्म गोशा भी होता था जबकि नक़्क़ाद के पास तो दिल ही नहीं होता है)। हक़ीक़त है कि समाजी मजबूरियाँ ही उमराव जान, डाकू पुतली बाई और फूलन देवी बनाती हैं जबकि मुआशी (आर्थिक) मजबूरियाँ नक़्क़ाद पैदा करती हैं।

डॉक्टर साहब की पहली किताब 'पानी की ज़बान' मैंने पढ़ी तो मुझे काफ़ी मज़ा आया। एक तो मेरी नवजवानी का ज़माना, फिर ग़ज़ल का वह खुरदरा लहजा, रेशमी एहसास के दरीचे (खिड़की) से झाँकता हुआ नयी ग़ज़ल का वह चेहरा जिस पर शायर अपनी आँखों की कहानी और दिल की धड़कनें तहरीर करके मुस्कुराता हुआ कोई दूसरी तस्वीर बनाने चल देता है। उनके लहजे की काट और सफ़्फ़ाकी (क्रूरता) उनकी ग़ज़ल में पूरे आबोताब के साथ मौजूद रहती है। ग़ज़ल के लिए ज़मीनें इतनी सख़्त चुनते हैं कि फ़रहाद भी तैशा (पत्थर काटने का बसुला) फेंक कर रोटी की दुकान में नौकरी पर लग जाता है। क़ाफ़िये ऐसे चुस्त और दुरुस्त तलाश करते हैं कि विल्स फिल्टर सिगरेट के इश्तिहार Made for each other की याद आने लगती है। रदीफ़ इतनी टेढ़ी मेढ़ी चुनते हैं कि छोटा मोटा ग़ज़ल का कारीगर ख़ून थूक दे, बड़ा कारीगर उस्तादी से तौबा कर ले और मस्जिद या ख़ानक़ाह में बैठकर अल्लाहु-अल्लाहु करना शुरू कर दे।

उनकी हर ग़ज़ल उनकी नादिराकारी (अजूबेपन) और हुनरमन्दी का सुबूत देती है। उनकी ग़ज़ल का ख़ुशगवार लहज़ा मायूसी से मुनकिर (इंकार करने वाला) नज़र आता है। उनका हर शेर एतमाद (विश्वास) और ज़िन्दगी की अलामत (प्रतीक) बन जाता है। उर्दू को जोश के घर की लौंडी भी कहा जाता रहा है, यही लौंडी जब डॉक्टर मुज़फ़्फ़र हनफ़ी के ऐवाने ग़ज़ल में आयी तो ऐवाने ग़ज़ल

तक आने वाले हर रास्ते पर इल्म और फ़िक्र के चराग़ रौशन कर दिये। डॉक्टर साहब ने उर्दू की नज़ाकत को ऐसा बाँकपन बख़्शा कि वह मुन्नी बाई हिजाब और गौहर जान के चंगुल से निकल कर रज़िया सुल्ताना और रानी लक्ष्मीबाई की तलवार बन गयी। सुरीले तरन्नुम के सहारे अय्याश राजाओं और नवाबों की रग रग में पेवस्त होने के बजाय डॉक्टर साहब की ग़ज़ल ऐसा तीर बन गयी जिसने समाज और हालात की घुटन के सीनों को छलनी कर दिया। डॉक्टर साहब के ज़मींदाराना लहजे की छुरी शाद आरिफ़ी की रखी हुई ख़ुशामद की धार और चापलूसी के रूमाल तक को काट कर फेंक देती है। कभी-कभी तो ये महसूस होता है कि ये डॉक्टर साहब की ग़ज़ल नहीं बल्कि कैक्टस की बाढ़ है जिसे डॉक्टर साहब ने बोलने का हुनर सिखा दिया है। मेरी राय में सीधी सादी ज़बान में डॉक्टर साहब की शायरी में जंगल जलेबी जैसा फुसफुसापन नहीं है, बल्कि फलेंदे (जामुन) जैसा मज़ा है जिससे ज़मीर का मैलापन दूर किया जा सकता है।

मुझे ये फ़ख़्र हासिल है कि डॉक्टर साहब के जितने अच्छे शेर मुझे याद हैं उतने शेर शायद ख़ुद डॉक्टर साहब को नहीं याद होंगे। अब डॉक्टर साहब बुरा मानेंगे कि मैंने ख़राब शेर कब कहे हैं। मेरा जवाब ये होगा कि जो शेर मुझे अच्छे लगे वह अच्छे होंगे और जो मुझे अच्छे नहीं लगे वो...। ईमानदारी से अर्ज़ कर रहा हूँ कि मैं शायर वायर तो हूँ नहीं और चूँकि दुनिया में पढ़े-लिखे लोगों की तादाद 'ज़्यादा' हो गयी है लिहाज़ा वह उसे शायरी समझने लगे। अब अगर कोई फ़ाख़्ता को हरियल समझ कर ख़रीद ले तो इसमें बेचारे शिकारी का क्या क़ुसूर है? हाँ, अच्छे शेर की परख पर मुझे यक़ीनन फ़ख़्र है। ख़राब से ख़राब शेर तो मुझे सैकड़े के हिसाब से याद होंगे। चूँकि मेरे बचपन में आम सैकड़े के हिसाब से बिकते थे लिहाज़ा मुझे अच्छे शायरों के शेर भी सैकड़े के हिसाब से याद हो जाते हैं। अब आम भी बहुत महँगे हो गये हैं और अच्छे शेर भी कम दस्तयाब होते हैं। मैं अपने आपको आमों के सिलसिले में ग़ालिब का हमपल्ला (बराबर) समझता हूँ लेकिन अब तो न कोई बहादुर शाह ज़फ़र है जो अपने बाग़ात के कुछ दरख़्तों के आम मेरे नाम कर दे और न मेरे शौक़ की इन्तिहा को बयान करने के लिए कोई ख़्वाजा अल्लाफ़ हुसैन हाली ही मौजूद हैं। अब तो हर तरफ़ ख़्वाजासरा (हिजड़े) ही ख़्वाजासरा हैं जिनकी ख़िदमात हासिल करने के लिए पहले तो मुझे कोई हरम सरा (बेगमों के रहने का भवन) तामीर करवानी होगी। उस पर भी यह उम्मीद कम ही है कि ख़्वाजासराओं की करम फ़रमाइयों से मैं फ़ैज़याब हो सकूँगा क्योंकि फिलवक़्त (ज़माने में) जितने भी अदबी ख़्वाजासरा हैं वो किसी न किसी सरकारी या नीम सरकारी (अर्द्ध सरकारी) ओहदों की देखभाल में मसरूफ़ हैं और बेचारी उर्दू ग़ज़ल हरम सरा की आबरू भी है और चौकीदार भी।

महबूब राही ने डॉक्टर साहब पर पी.एच.डी. की, डॉक्टर भी हो गये और मुझे पता तक नहीं चल सका। हालाँकि उनकी डॉक्टरी उस वक़्त तक ना मोअतबर (अविश्वसनीय) समझी जानी चाहिए जब तक उसमें मेरे हवाले से कुछ सच्ची बातें भी शामिल न की जायें। इस हादिसे में मुझे डॉक्टर साहब और महबूब राही दोनों की साज़िश मालूम होती है। डॉक्टर साहब ने सोचा होगा कि मैं कहीं वाक़ई सच न बोल दूँ और रहे महबूब राही, तो वह ऐसे इलाक़े के रहने वाले हैं जहाँ हर तरफ़ केले ही केले होते हैं और कहावत मशहूर है कि 'भुसावल के अन्धे को केले ही केले नज़र आते हैं' इसके सिवा कुछ नज़र नहीं आता है।

डॉक्टर साहब ने शाद आरिफ़ी पर बेमिसाल वर्क किया है। इस ख़ुदग़रज़ ज़माने में भी इतने लायक़ और मोहब्बत करने वाले शागिर्द दस्तयाब हो सकते हैं, हैरत होती है। उन्होंने अपने मरहूम उस्ताद और अपने क़लम दोनों का हक़ अदा कर दिया है। मैंने भी एकाध बार शागिर्द बनाने की कोशिश की लेकिन शागिर्दों ने दूसरे दिन ही मेरे घर में दाख़िल होने से पहले आवाज़ देना कस्रे शान (शान के ख़िलाफ़) समझा। मैंने उनको समझाया तो सबने यूनियन बनाकर मुझे हल्क़ये उस्तादी से निकाल बाहर कर दिया। अब सुना है शागिर्दों की यूनियन ने एक ऐसा उस्ताद ढूँढ निकाला है जो उनके जूते भी पलँग के नीचे से निकाल कर देता है–

कीं जिसने ख़िदमतें वही मख़दूम हो गया

डॉक्टर साहब इस लिहाज़ से भी खुश नसीब हैं कि लायक़ शागिर्दों का एक पूरा जत्था उनके साथ मौजूद रहता है। कई शागिर्द तो डॉक्टर साहब से इतने बड़े हैं कि हज़रत आदम के रिश्तेदार मालूम होते हैं। डॉक्टर साहब की सलाहियत की सोनोग्राफ़ी के बाद भी यह पता लगाना दुश्वार है कि उन्होंने पढ़ा ज़्यादा है या लिखा ज़्यादा है। बक़ौल हकीम साहब जो ज़्यादा पढ़ ले वह लिख नहीं सकता और जो ज़्यादा लिखता हो उसे पढ़ा-लिखा नहीं समझना चाहिए। वैसे भी अगर ज़्यादा लिखने के लिए पढ़ना ज़रूरी होता तो दुनिया में क़लम से ज़्यादा किताबें फ़रोख़्त हुआ करतीं।

डॉक्टर साहब मुख़लिस होने के बावजूद तंक़ीदी मामलात में बहुत मोहतात (संकोची) रहते हैं। क़लम की सियासी ब्लड बैंक वालों की तरह बहुत सोच समझ कर ख़र्च करते हैं। खाते पीते घर के आदमी हैं, अपनी शायरी की बदौलत मुल्क और बैरूने मुल्क (विदेश) के दावत नामों से पान की गिलोरियों के लिए भी काग़ज़ तलाश नहीं करना पड़ता है। लिहाज़ा उनसे मज़मून लिखवाने का सिर्फ़ एक ही हथियार है और वह है उनकी तारीफ़! ...यूँ भी तारीफ़ ऐसा मोहलक (घातक) हथियार है कि पत्थर पर इस्तेमाल कर दिया जाता है तो वह भी भगवान बन

कर बैठ जाता है। उनके मोहतात होने की वजह से मैं अक्सर अपने उन तमाम अच्छे दोस्तों से शर्मिन्दा रहता हूँ जो ख़राब शायर हैं। डॉक्टर साहब के घर के पास ही बंगाल का सबसे बड़ा क़ब्रिस्तान है। सुनते हैं कि डॉक्टर साहब मौसूफ़ ने वहाँ एक क़ब्र किराये पर ले रखी है जिसमें ग़ैर मेयारी (निम्न स्तरीय) और ग़ैर ज़रूरी मुसव्विदों (अप्रकाशित आलेख) को दफ़न करते हैं। बक़ौल हकीम साहब उन मुसव्विदों की तादाद इतनी है कि अगर सब मंज़रे आम पर आ जायें तो मुल्क में काग़ज़ के दाम बढ़ सकते हैं और दीमक के ख़ानदान वालों को भी पुदीन हरा या पचनोल की ज़रूरत पड़ सकती है। हालाँकि अगर डॉक्टर साहब की जगह मैं होता तो हमदर्द दवाख़ाने और डाबर कम्पनी से एक बड़ा कमीशन लेकर इन मुसव्विदों पर अपनी राय दे सकता था। क्योंकि डॉक्टर साहब भले ही अना और शराफ़त की मसकती हुई शाल ओढ़े रहें, मैं तो मौजूदा उर्दू अदब के अरबाबे इक़्तिदार की तरह क़लम बेचकर रेशमी दुशाला ख़रीदने के लिए हर वक़्त तैयार रहता हूँ—

आज अपनी क़ीमती चीज़ें जुदा करता हूँ मैं
है कोई ऐसा जिसे मेरी शराफ़त चाहिए

डॉक्टर साहब के पास हर महीने डाक से जितनी किताबें आती हैं उतनी शायद छोटी मोटी किताबों की दुकान पर भी मौजूद नहीं होती हैं। डॉक्टर साहब ने मुझे भी बहुत-सी किताबें तोहफ़े में दी हैं लेकिन झूठ नहीं बोलूँगा, उन्होंने हमेशा ऐसी किताबें मुझे नज़्र की हैं जिन्हें खाने से दीमक की सेहत और मेरी अज़दुवाजी (गृहस्थ) ज़िन्दगी ख़तरे में पड़ सकती है। मेरा मसला ये है कि मैं ऐसे उर्दू वालों के बीच उठता बैठता हूँ जो मुँह में तीन रुपये का पान दबाये डेढ़ रुपये के फटीचर अख़बार को होटलों में एक दूसरे से छीन लेने में मसरूफ़ रहते हैं। ज़ाहिर है ऐसे लोगों की शिकम सेरी (पेट भरना) के लिए डॉक्टर साहब की बख़्शी हुई रद्दी भी ईनाम मालूम होती है। अपने मसरूफ़ क़लम से डॉक्टर साहब ने उर्दू अदब को हर तरह मालामाल किया है, मालामाल हुए नहीं हैं। ज़ाहिर है ऐसे बेलौस (स्वार्थ रहित) ख़िदमतगार उर्दू ज़बानो अदब का सरमाया हैं। हुकूमत को चाहिए कि बेईमान क़िस्म के लीडरों से सिक्योरिटी हटाकर डॉक्टर साहब जैसे लोगों की हिफ़ाज़त में दे दे, क्योंकि शायर और अदीब ख़्वाह किसी ज़बान का हो, अगर वह अपनी ज़बान की ख़िदमत (सचमुच) कर रहा है तो वह यक़ीनन मुल्क की ख़िदमत कर रहा है। लिहाज़ा उसका ज़िन्दा रहना और देर तक ज़िन्दा रहना मुल्क की ज़िन्दगी और सेहत के लिए अज़हद (बेहद) ज़रूरी है।

हम जो कुछ हैं, हम जैसे हैं, वैसे ही दिखाई देते हैं

अमीन साहब की शख़्सियत कुटी हुई चाँदी के उन अवराक़ की तरह है जिन पर उम्र, तजरुबे, मुशाहदे, मुतालिए और कूव्वते बर्दाश्त ने अलग-अलग कई कहानियाँ लिख रखी हैं।

वह साफ़ सुथरी सियासत के ज़िन्दा अमीन (अमानतदार) हैं। उम्र की 72 सीढ़ियाँ चढ़ने के बाद भी न उनके इरादों में लचक दिखाई देती है, न चेहरे पर थकन के आसार। वज़ारत या इक़्तिदार की मसलहत पसन्दियाँ न उनके ख़मीर (रचना तत्त्व) में शामिल हैं, न ज़मीर (आत्मा) में। अपने बच्चों को उन्होंने कभी ये महसूस ही नहीं होने दिया कि वह सूबाई हुकूमत के एक ताक़तवर वज़ीर हैं, बल्कि हमेशा बच्चों को यही एहसास कराया कि वह आज भी एक मज़दूर मिज़ाज शख़्स हैं। हालाँकि वह चाहते तो मौजूदा आबो हवा के मुताबिक़ अपने बेटों के वास्ते भी ऐवाने सियासत में आने-जाने के लिए एक शानदार गलियारा बना सकते थे लेकिन उनकी ख़ुद्दारी और ग़ैरत ने कभी ऐसा काम नहीं किया जिससे उनकी अना (Ego) के आबगीने (नाज़ुक शीशा) को ठेस पहुँचती। अमीन साहब की सादा लौही (भोलापन) और सादा मिज़ाजी का पता इस बात से भी लगता है कि दस बरस तक मसनदे वज़ारत पर विराजमान रहने के बावजूद उनके जिस्म पर हमेशा बन्द गले के दो कोट ही नज़र आये जिनमें एक का रंग कत्थई और दूसरे का रंग गेहुवाँ था। शायद उन्हें मालूम है कि बेइन्तिहा लिबास की तब्दीलियाँ किरदार को कहीं न कहीं से मैला ज़रूर कर देती हैं।

शुरू-शुरू में अमीन साहब के सपाट चेहरे, फीकी चाय जैसी मुस्कुराहट और हर वक़्त हाई ब्लड प्रेशर की अलामत (लक्षण) बताता हुआ चेहरे का तनाव देख कर अच्छे-अच्छे डॉक्टर तक उन्हें किसी भी नर्सिंग होम में दाख़िल होने का मशविरा देने लगते थे। आँसुओं में मुस्कुराहट से ज़्यादा रमक़ (जान) और आबोताब (चमक दमक) रहती है, लेकिन इसका मतलब ये हर्गिज़ नहीं हो सकता कि हम अपने कपड़ों पर इत्र की जगह काफ़ूर लगा कर घर से निकलें। अब इसको क्या किया जाये कि क़ुदरत की तरफ़ से ही कुछ आँखों को उदास रहने

के लिए, कुछ दिलों को दर्दमन्दी के लिए और कुछ ज़ेहनों को सिर्फ़ सोचने के लिए बनाया गया है। जिस तरह डाक टिकट का दामन अगर सरकारी मुहर की सियाही के दाग़ से बच जाता है तो बहुत से लोग उसे सलीक़े से निकाल कर आइन्दा इस्तेमाल के लिए रख लेते हैं, बिल्कुल उसी तरह इस मातमी अहद में मुस्कुराहट को भी बचा कर रख लेना चाहिए क्योंकि मुस्कुराहट ख़ून की तरह कहीं से क़र्ज़ नहीं ली जा सकती। यूँ भी दुनिया में वह लोग ज़्यादा एहतराम के क़ाबिल होते हैं जो अपनी आँखों में दूसरों का ग़म सँभाल कर रखते हैं। दुनिया में वही लोग बड़े कहलाते हैं जो अपनी ख़ुशी का जश्न नहीं मनाते बल्कि मद्दे मुक़ाबिल (प्रतिद्वन्दी) की शिकस्त का कर्ब (पीड़ा) महसूस करते हैं।

अमीन साहब पाँच बरस तक बहैसियत मेम्बर आफ पार्लियामेंट राज्यसभा में बंगाल की नुमाइन्दगी करते रहे लेकिन दिल्ली की ख़ुदनुमाई (दिखावा) में मसरूफ़ फ़िज़ा में भी उन्होंने कभी अपनी बेजा ख़्वाहिशों के पर नहीं निकलने दिये। आज़ादी के बाद मोहम्मद अमीन और हाशिम अब्दुल हलीम दो ऐसे क़ौमी रहनुमा पैदा हुए जिनकी सादगी और ईमानदारी का एहतराम उनके कट्टर दुश्मन भी करते रहे हैं। इन लोगों ने पंजवक़्ता नमाज़ें नहीं पढ़ीं लेकिन किसी मस्जिद को नुक़सान भी नहीं पहुँचने दिया। बाबरी मस्जिद एक्शन कमेटी में नहीं थे लेकिन कमेटी के नामनिहाद मज़हबी लीडरों से ज़्यादा काम किया।

अमीन साहब पन्द्रह बरस तक मग़रिबी बंगाल हुकूमत में आला वज़ारत की कुर्सी पर जलवा अफ़रोज़ रहे लेकिन बिल्कुल शतरंज के वज़ीर की तरह अपने ख़ाने में रहे। वहीं तक बढ़े जहाँ तक पार्टी ने बढ़ाना चाहा। खेल ही खेल में वज़ीरे आला की कुर्सी तक भी पहुँचे लेकिन उतनी ही देर के लिए जितनी देर तक वज़ीरे आला और भी बड़ी कुर्सी की तलाश में निकले। हक़ीक़त में सियासत भी शतरंज के खेल की तरह होती है। शातिराना चाल के बग़ैर शतरंज और सियासत दोनों के खेल में बड़े-बड़े लोग नाकाम हो जाते हैं।

अमीन साहब ने कम्युनिस्ट होते हुए भी ज़िन्दगी मुसलमानों की तरह गुज़ारी। हमेशा सोने चाँदी के सिक्कों से दूर-दूर रहे और क़नाअत (सन्तोष) की दौलत से मालामाल रहे। मशक़्क़त (कठोर परिश्रम) की रोटी में सबसे ज़्यादा नशा होता है क्योंकि मशक़्क़त की रोटी के ख़मीर से ख़ुदा की ख़ुशबू आती है। अमीन साहब ने सारी ज़िन्दगी मशक़्क़त की रोटी खायी। उनके पास से अभी तक जूट मिल के एक क़नाअत पसन्द (सन्तोष प्रिय) मज़दूर और एक उर्दू अख़बार के ईमानदार मुतर्जिम (अनुवादक) की सुगन्ध आती है। ये भी ज़िन्दा हक़ीक़त है कि सच्चाई, ईमानदारी और इल्म की ख़ुशबू दुनिया के हर मुतर्जिम की उँगलियों से फूटने लगती है। उम्र का एक बड़ा हिस्सा सहाफ़त (पत्रकारिता) के मुख़्तलिफ़

शोबों (विभिन्न क्षेत्रों) में गुज़ारने के बाद अमीन साहब के लहजे से साफ़गोई की इतनी तेज़ शुआएँ (किरणें) फूटने लगीं कि ख़ुशामद पसन्द और ख़ुदग़रज़ लोगों की आँखों की बीनाई को ख़तरा महसूस होने लगा। सूरज से नज़रें मिलाने का दावा करने वाले लोग छोटी-सी वेल्डिंग मशीन के पास से गुज़रते हुए भी अपनी आँखों पर हाथ रख लेते हैं लेकिन इसी वेल्डिंग मशीन से निकलने वाली ज़हरीली रौशनी से दिन भर एक ज़रूरत मन्द मज़दूर खेलता रहता है। कभी किसी वेल्डिंग मशीन की किरनों से जूझते हुए उस बारह बरस के बच्चे की आँखों में झाँक कर देखिए तो हज़ारों सूरज उसकी आँखों से उबलते हुए दिखाई देते हैं।

अमीन साहब के अन्दर छुपा हुआ मज़दूर उस बच्चे का कर्ब (पीड़ा) जानता है। ज़ाहिर है कि इस कर्ब को महसूस कर लेने वाला आदमी सारी ज़िन्दगी अन्दर-अन्दर सुलगता रहता है, अपने अन्दर छुपे हुए शोलों पर शेरो अदब का पानी डालकर इस आँच को कम करता रहता है। आग अन्दर की हो या बाहर की हो, शिकम (पेट) की हो या बस्ती की, आग बुझाने वाला शख़्स कभी हँसता हुआ दिखाई नहीं देता। काश! अमीन साहब के हँसी को तरसते हुए होंठों पर तनक़ीद करने वाले कभी किसी फ़ायर ब्रिगेड स्टेशन के पास से गुज़रते, उन आग बुझाने वाले लोगों पर एक निगाह डाल लेते, जो सारी उम्र माचिस की तीलियों की रगड़ पर भी चौकन्ना हो जाते हैं।

अमीन साहब ने उम्र का बेशतर हिस्सा कामरेड निज़ामुद्दीन साहब की बिल्डिंग के एक छोटे-से फ़्लैट में गुज़ार दिया। दो कमरों में ज़िन्दगी गुज़ारने वाले इस मज़दूर लीडर ने अगर अपनी अना (स्वाभिमान) की मुट्ठी थोड़ी-सी भी ढीली कर ली होती तो ताँती बगान के इस छोटे-से फ़्लैट में दौलतमन्दों का ताँता लग जाता। इमरजेंसी के फ़ौरन बाद मग़रिबी बंगाल में बायें बाज़ू की तशकील करदा (बनायी हुई) हुकूमत में ट्रांसपोर्ट मिनिस्टर की हैसियत से पाँच बरस गुज़ारने के बावजूद उनकी अना पसन्द तबीयत ने सरकारी मुराआत (सुविधाओं) का इस्तेमाल भी सरकारी ज़रूरत के मुताबिक़ ही किया। कुछ तो बंगाल की मिट्टी की फ़क़ीराना रविश, कुछ कम्युनिस्टों की तुनक मिज़ाजी और फिर उसमें अमीन साहब की शायराना अना पसन्दी ने मिलजुल कर अमीन साहब की शख़्सियत को खरे सोने से कुन्दन बना दिया।

अमीन साहब के एज़ाज़ (सम्मान) में टीटागढ़ में मुशायरा था। कलकत्ता से भी शोअरा की एक बड़ी तादाद इस मुशायरे में शिरक़त कर रही थी। इब्राहीम होश साहब, हज़रत सालिक लखनवी और प्रोफ़ेसर एज़ाज़ अफ़ज़ल भी एक कार के ज़रिये रवाना हो रहे थे। तीनों बरगज़ीदा (बुज़ुर्ग) शख़्सियतें कार की पिछली सीटों पर तशरीफ़ फ़रमा थीं। मैं ड्राइवर के बराबर अगली सीट पर बैठा था।

तीनों हज़रात अदब की हर सिन्फ़ (विधा) पर मुसलसल गुफ़्तगू किये जा रहे थे। मेरे लिए ये सफ़र रमज़ान के पहले रोज़े की तरह महसूस हो रहा था क्योंकि चाय पानी का कोई ज़िक्र ही नहीं कर रहा था। इन बुज़ुर्गाने अदब की मौजूदगी में सिगरेट पानी भी हराम क़रार दिये जा चुके थे। इन लोगों के दरम्यान होने वाली गुफ़्तगू मुख़्तलिफ़ मौज़ूआत के स्टेशनों से गुज़रती हुई नयी नस्ल की उर्दू ज़बान से नावाक़िफ़ियत पर आकर ठहर गयी। गर्मा गर्म बहस इस बात पर हो रही थी कि वहशत और परवेज़ के बाद सेहतमन्द उर्दू लिखने वाले लोग इक्का दुक्का ही रह गये हैं। इब्राहीम होश साहब ने फ़रमाया कि, "पूरे हिन्दुस्तान में ही अच्छी ज़बान लिखने और बोलने वालों का अकाल पड़ता जा रहा है।" मेरी ज़बान में बहुत देर से खुजली हो रही थी लिहाज़ा सआदतमन्दियों (आज्ञाकारिता) की सीढ़ियों से नीचे उतरते हुए मैंने कहा, "चचा! अब हमारे बीच ग़ालिब भी नहीं रह गये हैं, मीर भी नहीं हैं, दाग़ भी मुल्केअदम (परलोक) को सिधार गये और चचा, अब मेरी भी तबीयत ठीक नहीं रहती।" पहले तो पिछली सीटों से बेसाख़्ता क़हक़हों की आवाज़ें आयीं। फिर दूसरे ही लम्हे पिछली सीट पर बैठे बुज़ुर्गों में से किसी का मोहब्बत भरा थप्पड़ मेरी गुद्दी पर पड़ा। अफ़ज़ल साहब मेरे मिज़ाज के बहुत नब्बाज़ (नब्ज़ जानने वाला) थे, उन्होंने फ़ौरन सालिक लखनवी साहब से कहा कि कहीं रुक कर चाय तो पी ही ली जाये। मैं ऐसे ख़ुश हुआ जैसे अफ़तार के वक़्त का इन्तिज़ार करता हुआ बच्चा मस्जिद के माइक की सुगबुगाहट पर ख़ुश हो जाता है।

मग़रिबी बंगाल सरकार के इश्तराक (हिस्सेदारी) से एफ़्रोएशियन वालों ने दुनिया की मुख़्तलिफ़ ज़बानों का एक तारीख़ी मुशायरा राबिन्दर सदन में मुनअक़िद (आयोजित) किया। इस मुशायरे में वज़ीरे आला ज्योति बसु ने उर्दू के पुरजोश सामिईन के दरम्यान कलकत्ता यूनिवर्सिटी में इक़बाल चेयर क़ायम करने का एलान भी किया था और बर्रे सग़ीर (उप महाद्वीप) के सबसे मुमताज़ और मोहतरम शायर हज़रत फ़ैज़ अहमद फ़ैज़ से यह एज़ाज़े ग़राँबार (वज़नदार सम्मान) सँभालने की गुज़ारिश भी की थी।

ग़ालिबन अमीन साहब मुशायरा कमेटी के चेयरमैन थे। इस मुशायरे में उर्दू, हिन्दी और बंगला के अलावा मिस्री, फ़िलिस्तीनी, अरबी, वियतनामी, कोरियन और चायनीज़ समेत तक़रीबन पन्द्रह ज़बानों के शोअरा ने शिरक़त की थी। उर्दू वालों में फ़ैज़ साहब, सरदार जाफ़री, मजरूह सुल्तानपुरी, कैफ़ी आज़मी, अज़ीज़ क़ैसी, हसन कमाल और शहाब जाफ़री भी शरीक़े मुशायरा थे। हिन्दुस्तानी और बैरूनी शोअरा की तादाद तक़रीबन तीन दर्जन थी। निज़ामत (संचालन) की ज़िम्मेदारी मुझे सौंपी गयी। तमाम शहर और मजाफ़ात (आसपास) में पोस्टर

चस्पाँ थे। हफ़्तों से अख़बारात में इस मुशायरे की ख़बरें और इश्तहार आ रहे थे। इश्तहार में इस बात का एलान भी किया गया था कि मुशायरा साढ़े चार बजे सुबह तक रवाँ दवाँ रहेगा। सुबह पाँच बजे हुकूमते मग़रिबी बंगाल की तरफ़ से शेरो अदब के आशिक़ों की वापसी के लिए बसों का इन्तिज़ाम किया गया है। ये बसें मुख़्तलिफ़ रेलवे स्टेशनों के अलावा शहर के ख़ास-ख़ास इलाक़ों तक शायरों और सामिईन की मदद करेंगी।

मुशायरा इब्तिदाई (शुरुआती) रस्मो रिवाज की वजह से काफ़ी ताख़ीर (देर) से शुरू हुआ। हार फूल की तक़सीम के बाद माइक मेरे हवाले कर दिया गया। किसी मुशायरे में इतना उतार-चढ़ाव इसके बाद मैंने फिर तीस बरस में कभी नहीं देखा। मुझे भी अपनी निज़ामत की नयी-नयी दुकान की साख बचाने के लिए बहुत मेहनत करनी पड़ रही थी। हर हिन्दुस्तानी शायर को ज़हमत देने में मुझे अपनी सारी शेड्यूल कॉस्ट इल्मी ज़िहानत को झोंकना पड़ रहा था लेकिन उसके बाद ही जब कोई ग़ैर मुल्की शायर खड़ा होता और ज़बाने ग़ैर में अपना कलाम सुनाता तो सामिईन उसे हूट करते हुए तालियाँ बजाने लगते। लेकिन तालियों की आवाज़ को दाद समझ कर ग़ैर मुल्की शायर माइक के सामने कुछ और शान से खड़ा हो जाता। बड़ी मिन्नत समाजत (अनुनय विनय) के बाद उसको बिठाना पड़ता था। चूँकि मेरी अंग्रेज़ी की लियाक़त ट्रांसपोर्ट की बिल्टी और चालान की रहीने मिन्नत (शुक्रगुज़ार) थी कि जिसकी मदद से चेक पोस्ट से ट्रक तो निकाला जा सकता था लेकिन कोई ग़ैर मुल्की शायर नहीं सँभाला जा सकता था। लिहाज़ा ऐसे मौक़े पर हज़रत सालिक लखनवी मेरी मदद के लिए माइक पर आ जाते थे लेकिन सालिक साहब का रोल भी दो आदमियों के बीच झगड़ा ख़त्म कराने वाले उस आदमी की तरह था जो ख़ुद ही मारपीट में शामिल हो जाता है। सालिक साहब उस ग़ैर मुल्की शायर की नज़्म का तर्जुमा करते-करते अचानक घबड़ा कर अपनी ही कोई नज़्म सुनाना शुरू कर देते थे और ग़ैर मुल्की शायर हक्का बक्का खड़ा रह जाता कि उसकी नज़्म में फ़िक्र के इतने गोशे कैसे निकल आये। उन दिनों उर्दू एकेडमी के सेक्रेटरी फ़ख़रुद्दीन साहब हुआ करते थे, पढ़े-लिखे आदमी थे लेकिन जल्दबाज़ बहुत थे। जल्दबाज़ी में 'दस्ते मुबारक के हाथों को' कह दिया और सामिईन ने उनको आड़े हाथों ले लिया। घबराहट में फ़ैज़ साहब से कुछ पूछने के लिए वह सामिईन की तरफ़ पुश्त (पीठ) करके बैठ गये और फ़ैज़ साहब से बातें करने लगे। मैंने उनसे फ़ौरन कहा कि, 'सर' सामिईन की तरफ़ पुश्त नहीं की जाती है। मेरे इस जुमले पर फ़ैज़ साहब मोहरे तस्दीक़ भी लगा रहे थे लेकिन उन्होंने हमारे मशविरे को भी पसे पुश्त डाल दिया। अंग्रेज़ी और उर्दू की मिली जुली निज़ामत में अदब सैंडविच हुआ जा रहा था।

नतीजा ये हुआ कि पूरा मुशायरा 'तू चल मैं आता हूँ' की वीडियो फ़िल्म बन कर रह गया। मैंने घड़ी की तरफ़ देखा, रात के सिर्फ़ डेढ़ बजे थे। तीन दर्जन मुल्की और ग़ैर मुल्की शायरों में कुछ माइक पर आते ही, कुछ आते-आते और बक़िया पैवेलियन में बैठे-बैठे ही आउट हो चुके थे। अमीन साहब स्टेज के पिछले हिस्से की तरफ़ उठ कर जाने लगे और आँखों ही आँखों में मुझे भी आने को कहा। मैं फ़ौरन उठ कर उनके पास पहुँचा। उन्होंने मुझसे पूछा कि मुनव्वर, क्या होना चाहिए? मैंने अर्ज़ किया कि चचा! अब कुछ भी नहीं हो सकता, सिर्फ़ बसों का इन्तिज़ाम हो जाना चाहिए। उन्होंने बड़ी बेचारगी से फ़रमाया कि सरकारी बसें तो साढ़े चार बजे आयेंगी। मैंने अर्ज़ किया कि चचा, फिर मुनासिब यही है कि आप घर तशरीफ़ ले जाइए क्योंकि आप कई दिनों से थके हुए हैं और आपको सामिईन से बेसबब उलझना पड़ेगा। अमीन साहब ने परेशान होते हुए पूछा कि लोगों को परेशानी तो नहीं होगी। मैं मुग़ले आज़म के दुर्जन सिंह की तरह सीना ठोंक कर बोला, "जब तक मैं ज़िन्दा रहूँगा सब ठीक रहेगा।"

अमीन साहब के तशरीफ़ ले जाने के आधे घण्टे के अन्दर ही मुशायरे की छत पूरे तौर पर ज़मींबोस (धराशाई) हो चुकी थी। शरीफ़ सामिईन तो राबिन्दर सदन से बाहर निकल कर टैक्सियाँ तलाश कर रहे थे, जिनमें शराफ़त के फल फूल ज़्यादा नहीं आये थे वह लोग स्टेज पर और ग्रीन रूम में मुशायरे के मुन्तज़िमीन को तलाश कर रहे थे। हर शख़्स की निगाह में हम ही चढ़ रहे थे। उस दिन यह बात समझ में आयी कि बादशाह पर हमले में सबसे पहले चोबदार क्यों मरता है। कुछ सामिईन ने हाल के बाहर हबीब हाशिमी, अहमद रईस और मुझे पकड़ कर ग़ज़लें सुनीं। दोनों तरफ़ ग़रज़मन्दी के दिये जल रहे थे। हम लोग माफ़ी माँग रहे थे। सामिईन में से कुछ मनचले मुझसे मेरी सिगरेट की डिब्बी माँग रहे थे। किसी तरह अवाम से पीछा छुड़ा कर और घर वापसी का कोई ज़रिया न देखकर हम कुछ लोग पैदल ही मुशायरागाह से वापस चल दिये। धरमतल्ले में Statesman की इमारत के पास पुलिसवालों ने हम लोगों को चोर उचक्का समझ कर पूछ ताछ शुरू कर दी। मेरे ये बताने पर कि 'हम लोग बहुत छोटे मोटे चोर हैं, शेर का एकाध मिसरा इधर-उधर कर लेते हैं' पुलिसवालों ने हम लोगों के चेहरे पर बरसती हुई अदबी यतीमी पर रहम खाते हुए हम लोगों को छोड़ दिया। राबिन्दर सदन से ज़करिया स्ट्रीट तक तक़रीबन चार किलोमीटर पैदल मसाफ़त (दूरी) तय करते हुए हम लोग लुटे पिटे अपने घर पहुँचे। कई हफ़्ते तक इधर-उधर जाने की हिम्मत नहीं पड़ी कि न जाने कौन-सा टूटा फूटा सामे (श्रोता) कहाँ मिल जाये और मुझ पर मश्क़े सितम करने लगे।

वह दिन भी क्या थे, वह ज़माना भी क्या था, वह लोग भी क्या थे। उनमें

न जाने कितने ही चेहरे मिट्टी की चादर ओढ़ कर सो गये होंगे। अच्छे दिनों में भी पुराने दिनों को याद रखना चराग़ों की हिफ़ाज़त करने की तरह होता है। मोहज़्ज़ब (सभ्य) क़ौमें उन खण्डरात की हिफ़ाज़त में भी जी जान से लगी रहती हैं जो उनके असलाफ़ (पूर्वजों) की निशानदही करते हैं–

बिछड़ कर भी मोहब्बत के ज़माने याद रहते हैं
उजड़ जाती है महफ़िल और चेहरे याद रहते हैं

तीन-चार बरस पहले पार्क सर्कस मैदान में मिलन मेले का मुशायरा था। पच्चीस बरस बाद जाने पहचाने चेहरों का एक हुजूम स्टेज पर मौजूद था। ग़ालिबन अलक़मा शिबली मसनदे सदारत (अध्यक्षता) पर जलवा अफ़रोज़ थे। हज़रत सालिक लखनवी अपनी अलालत (बीमारी) के बावजूद स्टेज पर तशरीफ़ फ़रमा थे। प्रोफ़ेसर एजाज़ अफ़ज़ल, क़ैसर शमीम, शहूद आलम आफ़ाक़ी और प्रोफ़ेसर नस्र ग़िज़ाली के अलावा शहर के नवजवान और बुज़ुर्ग शोअरा की कसीर (ज़्यादा) तादाद स्टेज पर मौजूद थी। अमीन साहब अपनी बेपनाह मसरूफ़ियत और अलालत के बावजूद मुशायरे के इफ़्तताह (उद्‌घाटन) के लिए तशरीफ़ लाये थे। उम्र को भी जिस्म से खिलवाड़ करने में कितना मज़ा आता है। आँखों को यक़ीन नहीं आ रहा था लेकिन यक़ीन करने पर मजबूर भी थीं कि ये वही अमीन साहब हैं जिन्होंने सारी ज़िन्दगी एक मुजाहिद की तरह गुज़ार दी, एक बहादुर सिपाही की तरह मोर्चे पर डटे रहे।

नाज़िमे मुशायरा की हैसियत से मैंने अमीन साहब से माइक पर तशरीफ़ लाने और इफ़्तताही क़लमात से सामिईन को नवाज़ने की गुज़ारिश की। अमीन साहब की थकन उनकी आँखों से झाँक रही थी। वह किसी का हल्का-सा सहारा लेकर माइक पर आये और अपने ख़ास अन्दाज़ में बहुत ख़ूबसूरत तक़रीर की। अमीन साहब तक़रीर ख़त्म करना ही चाह रहे थे कि मैंने खड़े होकर दस्तबस्ता (करबद्ध) कुछ अश्आर सुनाने की गुज़ारिश की। अमीन साहब ने कहा, "ठीक है, मैं शेर सुनाऊँगा मगर बैठ कर सुनाऊँगा।" मैंने अर्ज़ किया कि चचा, ये इबादत नहीं है कि आप बैठ कर भी कर लें... ये मुशायरा है। यहाँ आपको खड़े होकर ही सुनाना पड़ेगा। अमीन साहब बच्चों की तरह खिलखिला कर हँसे और कहने लगे कि "अभी तक यह बदतमीज़ जैसा था वैसा ही है।"

हम जो कुछ हैं, हम जैसे हैं, वैसे ही दिखाई देते हैं
चेहरे पे भभूत नहीं मलते, कभी काले बाल नहीं करते

पुरानी यादों के मंज़र सुहाने लगते हैं

ऐन. रशीद मुझे उस वक़्त से अच्छे लगते थे जब मैं मोहम्मद जान हायर सेकेण्ड्री स्कूल की आठवीं जमाअत में पढ़ता था। ऐन. रशीद, शम्सुज़्ज़माँ, कलीमुद्दीन शम्स, मन्नान रशीद, मुनीर नियाज़ी और वसीमुल हक़ वग़ैरा अब्बू के नवजवान दोस्तों में थे। अब्बू को शायर और अदीब हज़रात से बहुत लगाव था। वह ख़ुद शायर या अदीब नहीं थे लेकिन शायद अपनी इस महरूमी को शायरों, अदीबों, सहाफ़ियों (पत्रकारों), दानिश्वरों और क़लन्दर सिफ़त लोगों में उठ-बैठ कर पूरा करते थे। प्रोफ़ेसर एज़ाज़ अफ़ज़ल, सालिक लखनवी, रईस अहमद जाफ़री, शहाब लखनवी, सोज़ सिकन्दरपुरी और महमूद अय्यूबी से तो अब्बू की बहुत बेतकल्लुफ़ी थी। ज़ाहिर है कि इन हालात में ख़रबूज़े का ख़रबूज़े को देख कर रंग बदलना यक़ीनी था।

अपनी ट्रेनिंग के सिलसिले में ऐन. रशीद को कुछ दिनों के लिए इलाहाबाद में क़याम करना था। शम्सुज़्ज़माँ साहब की याद दिहानी (याद दिलाने) पर उनके रहने और ठहरने का इन्तिज़ाम इलाहाबाद में नेअमतउल्ला साहब के घर पर किया गया। ये ऐन. रशीद साहब का रख रखाव था कि वह मुझसे हमेशा नेअमतउल्ला साहब और उनके घर वालों के बारे में पूछते और बरसरे महफ़िल अपनी मुसीबतों के दिन में मदद करने वालों को याद करते थे। अब्बू जब तक ज़िन्दा रहे, अपने अहबाब के बारे में मुझसे बराबर पूछते रहते थे। माज़ी की मुँडेर पर बैठे हुए यादों के कबूतर कभी पत्थर मारने से भी नहीं उड़ते हैं। पुराने दोस्त, पुरानी चीज़ें, पुराने वाक़ियात और पुराने ख़तों के बराबर दुनिया की कोई चीज़ क़ीमती नहीं हो सकती। जिस दिन वकील अख़्तर का इन्तिकाल हुआ था उस दिन कलकत्ता में गाड़ियों की हड़ताल थी। वकील अख़्तर की बेजान मिट्टी को उनके गाँव की मिट्टी बुला रही थी। शम्सुज़्ज़माँ साहब ने अब्बू को सूरते हाल बतायी। हड़तालियों के मारपीट करने की वजह से कोई भी ड्राइवर ट्रक ले जाने के लिए राज़ी नहीं था। अब्बू खुद ट्रक की स्टेयरिंग पर बैठे और गाड़ी वेलेसली स्ट्रीट तक चला कर ले गये। काश! मैं उनके इस ख़िदमते ख़ल्क़ (जनसेवा) के

जज़्बे से पूरी तरह आरास्ता हो सकता।

ऐन. रशीद की सबसे बड़ी ख़ूबी यह थी कि वह छोटे-बड़ों का बहुत लिहाज़ रखते थे और सबको अच्छे लगते थे। सबके पसन्दीदा थे, सबके चहेते थे, मैं पूरी ईमानदारी से यह अर्ज़ कर सकता हूँ कि मैंने पूरे हिन्दुस्तान में इतना ईमानदार पुलिस आफ़िसर नहीं देखा बल्कि ऐसी हमः जेहत (बहुमुखी) शख़्सियतें तो उमूमन क़िस्से कहानियों में नज़र आती हैं—

जो डूबना है तो इतने सुकून से डूबो
कि आस-पास की लहरों को भी पता न चले

उर्दू वालों में ऐसे ज़हीन (बुद्धिमान), फ़राख़ दिल (विशाल हृदय), ईमानदार और निडर लोगों की हमेशा कमी रही है जो क़लन्दरी को गले लगायें, ज़िहानत की दिल खोल कर क़द्र करें और ख़ुश मज़ाक़ी का एहतराम करें कि यह फूल बहुत देर तक तरोताज़ा नहीं रहते लेकिन शायद ये उर्दू ज़बान की बदनसीबी है कि शाद आरिफ़ी ने रामपुर के एक फ़ोटो स्टूडियो के बाहर लकड़ी के एक स्टूल पर बैठकर ज़िन्दगी गुज़ार दी। यगाना चंगेज़ी सारी ज़िन्दगी तहज़ीब के शहर लखनऊ के तमाम हमअस्र (समकालीन) शायरों और अदीबों के ज़रिये ज़लील होते रहे। मस्त कलकतवी को कव्वाली का शायर कह कर वहशत और टैगोर की अदबी चटाई से बाहर कर दिया गया। मुज़तर हैदरी को बँधे हाथ पैरों समेत गोल तालाब के गहरे पानी में डूब जाने दिया गया। इब्राहीम होश को घर का एक कोना पकड़ कर मर जाने दिया। शहूद आलम आफ़ाक़ी सारी ज़िन्दगी उर्दू की जंग ज़रूरी असलहे के बग़ैर लड़ते रहे और सालिक लखनवी की बूढ़ी आँखें किसी अच्छे अस्पताल का शफ़्फ़ाफ़ (साफ सुथरा) बिस्तर ढूँढने में क़तरा क़तरा बुझ रही हैं।

अपने ओहदे, अपनी इल्मी लियाक़त और क़दावर शख़्सियत के बावजूद स्टेज पर जहाँ जगह मिली वहाँ बैठ जाने की अदा सिर्फ़ ऐन. रशीद के पास थी जो उनके साथ ही हज़ारों मन मिट्टी के नीचे दब कर सो गयी—

लोग ढूँढेंगे हमें भी हाँ मगर सदियों के बाद
जब ज़मीनों से कभी पत्थर निकाले जायेंगे

उनकी सबसे अच्छी आदत ये थी कि उन्हें जिस महफ़िल में बुलाया जाता था वह अपनी तमाम मसरूफ़ियतों के बावजूद वहाँ जाते थे लेकिन उनकी शख़्सियत के आगे अपने आपको शम्ए महफ़िल समझने वाले साहिबान आँधी के चराग़ की तरह लरज़ने लगते थे। शहर के तमाम साहिबाने दस्तार (महान कहे जाने वाले लोग) अपनी-अपनी दस्तारों पर मसलहत के पत्थर रख लेते थे। उनकी क़लन्दरी की कोई क़द्र नहीं करता था बल्कि दिल ही दिल में कुछ हज़रात

नापसन्दीदगी का इज़हार भी करते थे। उनकी शबोरोज़ की मयख़्वारी (मदिरा सेवन) के पर्दे में अपनी-अपनी खबासतें (दुष्कर्म) छुपाते थे। अपनी अदबी कम मायगी (अधूरेपन) की चोट पर उनकी ग़ीबत की शराब मलते थे कि इससे दर्द में काफ़ी कमी हो जाती है।

ऐन. रशीद ने जिस शान से ज़िन्दगी गुज़ारी, उसी शाने बेनियाज़ी से रौनक पर आयी हुई दुनिया की महफ़िल से उठ कर चले भी गये। न बीमारी का एलान किया, न किसी को तकलीफ़ दी, न बिस्तर पकड़ा, न एड़ियाँ रगड़ीं, न रोये गिड़गिड़ाये। सच है कि अल्लाह अपने नेक बन्दों पर मौत आसान कर देता है–

ज़िन्दगी जिसका बड़ा नाम सुना जाता है
एक कमज़ोर सी हिचकी के सिवा कुछ भी नहीं

वह सारी ज़िन्दगी फ़क़ीराना अदा के साथ ज़िन्दा रहे। न दौलत की हवस, न शोहरत का ग़र्रा (गुरूर), न अज़मतों की ख़्वाहिश...नौकरी की तो बादशाहों की तरह, शायरी भी की तो अपने मिज़ाज और तबीयत के मुताबिक़, शराब भी पी तो अपनी पसन्द और मूड के हिसाब से, गुफ़्तगू की तो अपने स्टाइल में...सारे हिन्दुस्तान में (कलकत्ता को छोड़ कर) उनके चाहने वाले, उनको पसन्द करने वाले और उनसे मोहब्बत करने वाले आसानी से शुमार नहीं किये जा सकते। यह ख़ुशनसीबी कलकत्ता के किसी और शायर को मुश्किल से नसीब हो सकेगी। अस्ल में ऐन. रशीद मग़रिबी बंगाल की अदबी पेशानी पर दमकते हुए उस झूमर की तरह थे जिसमें क़लन्दरी और बेनियाज़ी के हज़ारहा (हज़ारों) मोती जड़े हुए थे। यूँ भी झूमर कैसा भी हो पेशानी (मस्तक) के बग़ैर आबिद (आराधक) की इबादतगाह लगता है।

उनका शेरी मजमुआ (काव्य संग्रह) उनकी ज़िन्दगी में मंज़रे आम पर नहीं आ सका, इससे उनकी फ़क़ीर मिज़ाजी और जेब की हालत का अन्दाज़ा लग जाता है लेकिन वह अपना मुसव्विदा (अप्रकाशित रचनाओं का संग्रह) कमोबेश रोज़ ही उलट पुलट कर देखते थे। उन्हें यह तो मालूम था कि मुसव्विदे के कासे (भिक्षापात्र) में भीख उसी वक़्त मिलती है जब आप ये तहरीर कर दें कि आप फ़क़ीर हैं। लेकिन जो शख़्स ख़ुद ज़िहानत और लियाक़त का बादशाह हो वह भीख कैसे माँग सकता है।

चार-पाँच बरस पहले धनबाद में एक हिन्दो पाक मुशायरे का इनअक़ाद (आयोजन) हुआ था। सरदार मनमोहन सिंह धनबाद के एस.एस.पी. थे और अभय कुमार बेबाक जो ख़ुद भी बहुत ताज़ाकार शायर हैं, धनबाद में एस.पी. सिटी थे। पुलिस वालों की अदबी दिलचस्पी की वजह से यह मशरिक़ी हिन्दुस्तान का बड़ा मुशायरा था। डॉक्टर मुज़फ़्फ़र हनफ़ी और ऐन. रशीद को भी इस तारीख़ी

मुशायरे में शरीक होना था। तयशुदा प्रोग्राम के मुताबिक़ ऐन. रशीद डॉक्टर साहब के फ़्लैट पर पहुँच गये। डॉक्टर साहब भी सामाने सफ़र बाँधे हुए थे। वहीं शहूद आलम आफ़ाक़ी भी तशरीफ़ फ़रमा थे। डॉक्टर साहब शहूद भाई की बहुत क़द्र करते थे। एक तरफ़ पुलिस महकमे के आला ओहदे पर विराजमान ऐन. रशीद, दूसरी तरफ़ कलकत्ता यूनिवर्सिटी के इक़बाल चेयर के प्रोफ़ेसर मुज़फ़्फ़र हनफ़ी और कहाँ एक ग़रीब ट्राम कण्डक्टर शहूद आलम आफ़ाक़ी। लेकिन जब डॉक्टर साहब ने ऐन. रशीद को बताया कि शहूद साहब भी हम लोगों के साथ धनबाद चलेंगे तो ऐन. रशीद ऐसे ख़ुश हो गये जैसे क़स्बों में बच्चे ईदगाह देख कर ख़ुश हो जाते हैं। तीन शायरों का यह क़ाफ़िला हवड़ा स्टेशन पहुँचा। पुलिस के कई आला अफ़सर ऐन. रशीद की ख़िदमत पर मामूर (तैनात) थे। एक पुलिस अफ़सर ने ऐन. रशीद साहब को उनके तयशुदा प्रोग्राम के मुताबिक़ राजधानी एक्सप्रेस के ए.सी. कोच के दो टिकट ला कर दिये। पुलिस और मिलिट्री के आला हुक्काम (हाकिमों) के नाम चार्ट में कुछ एहतियात की बिना पर दर्ज नहीं किये जाते लेकिन ज़ाहिर है कि ये दोनों टिकट ऐन. रशीद और मुज़फ़्फ़र हनफ़ी साहब के लिए थे। ज़हीन और शरीफ़ ऐन. रशीद ने फ़ौरन महसूस कर लिया कि शहूद भाई अपनी ग़रीबी और तंगहाली की बिना पर टूट फूट जायेंगे और मुमकिन है कि तकल्लुफ़ (संकोच) में धनबाद जाने से भी इंकार कर दें, इसलिए उन्होंने फ़ौरन पास खड़े पुलिस अफ़सर से कहा कि भई, ये दोनों टिकट तो शहूद साहब और डॉक्टर मुज़फ़्फ़र हनफ़ी साहब के हैं, शायद आप लोग मेरा ही टिकट लेना भूल गये हैं। सामने खड़ा पुलिस अफ़सर भी शायद सूरते हाल जान चुका था। उसने ऐन. रशीद से कहा कि सर! आप कोच में तशरीफ़ रखें मैं दस मिनट में आपका टिकट हाज़िर कर रहा हूँ। ये कह कर वह पुलिस अफ़सर एक और टिकट लेने के लिए काउण्टर की तरफ़ भागा।

रास्ते भर ऐन. रशीद शहूद भाई की शायरी के गुलबूटों पर इज़हारे ख़याल करते रहे। उनकी क़लन्दराना शख़्सियत और अदबी ख़िदमात पर गुफ़्तगू करते रहे। एक पुलिस का आला अफ़सर अगर इतना हस्सास (भावुक) और दरिया दिल हो तो उसे फ़रिश्ता ही समझना चाहिए क्योंकि पुलिस का महकमा तो इतना बदनाम है कि बक़ौल हकीम साहब वज़ू की हालत में पुलिस स्टेशन का नाम लेने से ही वज़ू टूट जाता है।

धनबाद स्टेशन पर ऐन. रशीद के इस्तक़बाल के लिए पुलिस के कई आला अफ़सर मौजूद थे उनके साथ उनके मातहत (अधीन) भी बाअदब बा मुलाहिज़ा की तस्वीर बने हुए थे। ट्रेन रुकते ही डॉक्टर साहब और ऐन. रशीद का सामान पुलिस वालों ने अपने हाथों में ले लिया लेकिन शहूद भाई का ख़स्ताहाल सूट

केस ऐन. रशीद के हाथ में था और वह उसे इस तरह उठाये हुए थे जैसे नोबुल ईनाम याफ़्ता अपना प्राइज़ उठाये रहते हैं। कई मातहत अफ़सरों ने उनके हाथ से सूट केस लेना चाहा लेकिन उन्होंने यह कह कर सूट केस किसी दूसरे को सौंपने से इंकार कर दिया कि मैं इस एज़ाज़ (सम्मान) में किसी और को साझीदार नहीं बनाऊँगा।

मुशायरे के बाद क़तील शिफ़ाई, निदा फ़ाज़िली और मख़मूर सईदी में बहुत देर तक ख़ुमार आलूद (नशा ग्रस्त) गुफ़्तगू होती रही। मख़ुमूर साहब इस बात पर नाराज़ हो रहे थे कि ऐन. रशीद ने कई बार मेरे हिस्से की शराब भी पी डाली जो क़तई ग़ैर एख़लाक़ी हरकत है। ऐन. रशीद अपनी सफ़ाई इस मज़बूत दलील के साथ दे रहे थे कि, "मैं हमेशा अपने ज़र्फ़ (आत्म सामर्थ्य) के मुताबिक़ पीता हूँ। आपकी शराब तो अकसर महफ़िलों में इसलिए पी जाता हूँ कि आप ज़्यादा शराब पीते ही गिलास की निचली सतह से भी नीचे आ जाते हैं और ये ख़राब सूरते हाल मैं क़तई बरदाश्त नहीं कर सकता कि एक ऐसे बड़े शायर को लोग तीसरे दर्जे के शराबियों में शुमार करते फिरें जो बेइन्तिहा मोहज़्ज़ब (सभ्य) और ख़ुश एख़लाक भी हो।"

मुशायरे की हाव हू ख़त्म होने के बाद भी ऐन. रशीद के दिल में एक फ़ाँस खटक रही थी क्योंकि जब ऐन. रशीद अपने आबाई (पैतृक) शहर तोपचाची पहुँचे जहाँ उनकी वालिदा अपने छोटे बेटे शाहनवाज़ खाँ के साथ रहती थीं तो घर में दाख़िल होते ही ऐन. रशीद बच्चों की तरह माँ से लिपट कर कहने लगे, "इधर देखो अम्मा, मैं ऐसे शायर को लाया हूँ जो तुम्हारे बेटे से भी बड़ा शायर है।" शायद उनका इशारा इस हक़ीर (मुनव्वर) की तरफ़ था

नामुरादाने मोहब्बत को हिक़ारत से न देख
ये बड़े लोग हैं जीने का हुनर जानते हैं

कुर्रतुलऐन हैदर कलकत्ता तशरीफ़ लायीं तो कलकत्ता दूरदर्शन वालों ने उनका इंटरव्यू करने के लिए ऐन. रशीद साहब का इन्तिख़ाब किया। ऐनी आपा से इंटरव्यू लेना आसान काम नहीं था लेकिन ऐन. रशीद ने उनका यादगार इंटरव्यू लिया। बातचीत के दौरान ऐन. रशीद ने एक शरारती-सा सवाल किया कि ऐनी आपा! आपने आज तक शादी क्यों नहीं की? ऐनी आपा ने हँसते हुए जवाब दिया कि मेरी शादी इसलिए नहीं हो सकी कि तलाश के बावजूद ऐनी को कोई ऐन नहीं मिल सका—

देर तक क़ायम रहे दाता तेरी ऊँची सराय
सब मुसाफ़िर हैं यहाँ कोई नहीं रह जायेगा

इलाहाबाद आना हम तुम्हें संगम दिखायेंगे

इलाहाबाद की मिट्टी ज़रख़ेज़ (उपजाऊ) हो या न हो लेकिन इस शहर के मिज़ाज में मुरव्वत और मिट्टी में इल्म व अदब का ख़मीर शामिल है। सियासी बाज़ीगर शाह को पिटवाते रहें लेकिन इल्म की देवी सरस्वती अपने मन्दिर में सियासी मुजरे की इजाज़त कभी नहीं दे सकती। आती जाती सरकारें नये सिरे से इस शहर की हदबन्दी करती रहें, इस शहर के जुग़राफ़िये की कितनी ही काँट-छाँट की जाये लेकिन जब तक़सीमे मुल्क के बाद भी अदब की तारीख़ में इब्ने सफ़ी इलाहाबाद के ही रहे तो फिर दुनिया की कोई ताक़त 'नूह' नारवी को इस शहर से अलग नहीं कर सकती। शहरों का जुग़राफ़िया तो सैलाब का पानी भी बदल देता है लेकिन तारीख़ तो किताबों के समन्दर और दिलों के निहाख़ानों (छुपे हुए हिस्सों) में हमेशा महफ़ूज़ रहती है। इस गंगा जमनी तहज़ीब वाले शहर से अगर अकबर इलाहाबादी, निराला, फ़िराक़ गोरख़पुरी, महादेवी वर्मा, सुमित्रा नन्दन पन्त और राज़ इलाहाबादी को अलग कर दें तो अदब बेवा की सूनी कलाइयों जैसा होकर रह जायेगा। अदब से हिन्दी, उर्दू या किसी भी ज़बान को अलग करना बिल्कुल ऐसा ही है जैसे किसी घने और सायादार पेड़ पर सिर्फ़ एक तरह की चिड़ियों को बसेरे की इजाज़त दी जाये। अदब रखैल की तरह नहीं होता कि जिसके जिस्म और साँसों पर शहर के किसी एक रईस का क़ब्ज़ा बरक़रार रहता है बल्कि अदब तो उस मुकद्दस माँ की तरह होता है जिसकी छाती से उबलता हुआ दूध मसलक और मज़हब की क़ैद से आज़ाद हर नन्हें बच्चे के प्यासे होंठों तक पहुँचने के लिए बेताब रहता है। अज़ीम होती हैं वो माँएँ जो अपनी छातियाँ किसी भी फ़िरक़े, किसी मज़हब के नवज़ाईदा (नवजात) बच्चे के हलक़ में उँडेल देती हैं। अदब को ज़बान की बुनियाद पर तक़सीम करने वाले दहशतगर्द तो हो सकते हैं लेकिन शायर और अदीब हर्गिज़ नहीं हो सकते। क्योंकि दुनिया की किसी भी ज़बान में शायर को शायर और दहशतगर्द को दहशतगर्द ही कहा जाता है। मोहतात सियासतदाँ पंडित नेहरू से लेकर बेनियाज़ी की तस्वीर माहिर इलाहाबादी तक इस शहर के ऐसे रौशन सितारे हैं जिन्होंने इस शहर का सर

बुलन्द रखने के लिए साँसों की सारी पूँजी दयारे ग़ैर (ग़ैरों की बस्ती) में ख़र्च कर दी, इस शहरे तबस्सुम से मुस्कुराते हुए रुख़्सत हुए और वापस हुए तो अर्थी, मय्यत और कलश की शक़्ल में आये–

लाश तक घर को न पहुँची ऐसा मक़तल भा गया
हमने सोचा था कि कुछ साँसें बचा ले जायेंगे

इस शहर में आईने हमेशा कम फरोख़्त होते हैं क्योंकि यहाँ हर चेहरा आईना सिफ़त रहा है। जहाँ आँखें बोलती और बात करती हैं। हालाँकि इसी शहर में त्रिवेणी ग्लास जैसी कम्पनी मौजूद है जो सारे एशिया को आईना साज़ी का हुनर और चेहरे को ख़ूबसूरत दिखने के आदाब सिखाती है। हिमालय की आग़ोश से निकली हुई गंगा और जमुना एक दूसरे से बेनियाज़ होकर हज़ारों मील तक बहती रहीं लेकिन इलाहाबाद पहुँचते ही दोनों एक दूसरे में इस तरह मुदग़म (मिश्रित) हो गयीं जैसे मुद्दतों की बिछड़ी हुई बहनें एक दूसरे से लिपट जाती हैं। गंगा और जमुना की इस हम आग़ोशी का एहतराम बंगाल की खाड़ी में बहती हुई वह हुगली नदी भी करती है जिसे दुर्गा और काली के शहर कलकत्ता का आँचल भी कहा जाता है। गंगा जमुना की इस ख़ुदसुपुर्दगी और हम आग़ोशी का ही करिश्मा है कि हिन्दुस्तान की हर बड़ी ग्लास कम्पनी इलाहाबाद की शीशा सिफ़त बालू के बग़ैर वीरान रहती है। चन्दौसी से कलकत्ता और कलकत्ता से इलाहाबाद तक का सफ़र जे.के. अग्रवाल और उनके बुज़ुर्गों ने सिर्फ़ इस चमकती हुई बालू को शीशे में बदल देने के लिए ही तय किया था–

हमें महबूब को अपना बनाना तक नहीं आया
बनाने वाले आईना बना लेते हैं पत्थर से

मैं पूरे एतमाद से यह बात अर्ज़ कर रहा हूँ कि जब तक इस शहर में गिरीश वर्मा, डी.एन. आर्या जैसे लोग मौजूद हैं, इस शहर को रज्जू भय्या और मुरली मनोहर जोशी से कोई ख़तरा नहीं है क्योंकि आज तक इस शहर के दरो दीवार से नेहरू के क़लन्दराना रविश, लाल बहादुर शास्त्री की ईमानदारी, राजा विश्वनाथ प्रताप सिंह की फ़क़ीराना तबीयत, हेमवती नन्दन बहुगुणा की हर दिल अज़ीज़ी और मुस्तफ़ा रशीद शेरवानी की इंसान दोस्ती का नूर उबल रहा है। शायद यही वजह है कि इलेक्ट्रिक सप्लाई वालों की मुस्तक़िल नाफ़रमानी के बावजूद इस शहर में हर वक़्त उजाला रहता है। उस अदबी चौपाल की रौनक कभी कम नहीं हो सकती जिसके इर्द गिर्द डॉ. राम कुमार वर्मा, मुस्तफ़ा ज़ैदी, डॉ. जगदीश गुप्ता, मुजाविर हुसैन रिज़वी, डॉ. हरिदेव बहरी, पंडित उदय नारायण तिवारी, हरिवंश राय बच्चन और शफ़ीक़ इलाहाबादी जैसे लोगों ने कहानियाँ बुनी हों और ग़ज़लों के फूल चुने हों। अभी इस शहर की फ़ज़ाओं में मौलाना तुफ़ैल मदनी

की बाज़गश्त (प्रतिध्वनि) महसूस होती है। अभी दायरये शाह अज़मल के बुज़ुर्गों के कश्फ़ो करामात (चमत्कार) से दुनिया नावाक़िफ़ नहीं हुई है। अभी इलाहाबाद स्टेशन पर आराम फ़रमाते हुए लाइन शाह बाबा के मज़ार पर हाज़िरी देने से पहले लोग अपनी-अपनी सियासी पगड़ियों को उतार देते हैं। अभी जमुना के मुकद्दस पानी से बुज़ुर्गों के सजदों की ख़ुशबू आती है। अभी मुकद्दस गंगा की सुनहरी लहरों से चन्दन टीके की महक महसूस होती है। ऐसे इल्मी और अदबी दर्सगाह की बेअदबी इंसान तो इंसान आबो हवा भी बर्दाश्त नहीं कर सकती। कंक्रीट से बनायी हुई इमारतें उस वक़्त शर्मिन्दा हो जाती हैं जब गोश्त पोस्त का इंसान अपनी ज़ात को मिट्टी में मिलाकर उसे और भी गुलज़ार बना देता है—

हम को इस मिट्टी में बो देंगी हमारी नस्लें
हम कहीं भी नहीं इस शहर से जाने वाले

यह अदबी चौपाल अगर कोयले को राख़ बनते देख चुकी है तो हरी शाख़ों को कोयला होते हुए देखना भी इसका मुक़द्दर है। इल्म की गर्मी और अदबी सरगर्मी को ज़िन्दा रखने के लिए शमसुर्रहमान फ़ारूक़ी, प्रो. अक़ील रिज़वी, प्रो. फ़ज़्ले इमाम, बाबू लाल शर्मा, शबनम नक़वी, रवीन्द्र कालिया, इक़बाल माहिर, सुहेल ज़ैदी, ममता कालिया, नस्र कुरैशी, सैयद अब्दुल करीम (धुन्नी भय्या) हमीद क़ैसर, क़ाएद हुसैन कौसर, यश मालवीय, जुल्फ़िक़ार सिद्दीक़ी और हमदून उस्मानी जैसे बड़े चराग़ बरसों रौशनी लुटाते रहे। हर चन्द कि वक़्त की आँधी ने उनमें से कई चराग़ों को मुज़महिल (कमज़ोर) किया और कई चराग़ों को निगल भी गयी। आँधी कितनी ही ताक़तवर क्यों न हो उसका ज़ोर ज़्यादा देर तक नहीं रहता लेकिन पुराने चराग़ बुझते-बुझते भी नये चराग़ों को अपना हुनर सौंप देते हैं। आँधी और चराग़ की जंग जब तक दुनिया है जारी रहेगी—

मिलेंगे आपको हम लोग हर ज़माने में
हमारे पैरों में ज़ंज़ीरे माहो साल नहीं

आज भी शहरे इलाहाबाद के अदबी जज़्बात सर्द नहीं हुए। आज भी गंगा और जमुना की लहरों का सुरीलापन बाक़ी है। आज भी मुस्लिम हॉस्टल की गहमा गहमी का वही आलम है। आज भी बरकत टी स्टॉल शायरों और अदीबों का मयख़ाना है। आज भी सियासत इस शहर में आँखें नीची कर के चलती है। आज भी अमरूद की महक सारे शहर को दीवाना कर देती है। आज भी ग़ज़ल के शैदायी अपना मज़हब नहीं जानते हैं। आज भी सुलाकी हलवाई की पूड़ी-सब्ज़ी और क़ादिर हलवाई के गाजर के हलवे के दीवानों की गिनती नहीं की जा सकती। आज भी इमाम बख़्श (जल्लाद) की चाय अपने आप में कई बोतलों का नशा रखती है। हाई कोर्ट की पुरशिकोह (भव्य) इमारत जो इंसाफ़ और ना इंसाफ़ी

के हज़ारों वाक़ियात की चश्मदीद गवाह है, सियासी इक़तिदार और हवसे नग़मये तर ने इस इमारत के विक़ार को भी कुछ मैला कर दिया है। आनन्द भवन एक तारीख़ साज़ इमारत है। एक ज़माने तक यह मुजाहिदीने आज़ादी की सबसे बड़ी छावनी थी। इस इमारत में दाख़िल होते ही हिन्दुस्तान के शरीफ़ सियासतदानों के चेहरे निगाहों के सामने घूमने लगते हैं। खुसरो बाग़ और जमुना किनारे का क़िला आज भी हिन्दुस्तानी मुग़लिया सल्तनत की सलीक़ेमन्दी की दाद तलब करते महसूस होते हैं। सफ़ाई के एतबार से यह शहर उत्तर प्रदेश के और दूसरे तमाम शहरों के मुक़ाबिले में ग़नीमत है। मुमकिन है क़लम कुछ और फ़राख़ दिली का सुबूत देता लेकिन पेशे नज़र 'ग़ीबत कदा' अदब का वह हेड क्वार्टर है जिसे उर्फ़े आम में सिर्फ़ 'ओरियन्ट' कहा जाता है। इसे बहुत से लोग ग़ज़ल कदा भी कहते हैं लेकिन मेरी निगाह में यह शहर का सबसे बड़ा अदबी पड़ाव है। जिस तरह किसी ज़माने में शहर के उमरा (बड़े लोग) अपने-अपने साहबज़ादगान को तहज़ीब और आदाबे महफ़िल सीखने के लिए 'कूचये अरबाबे निशात' (हसीनाओं की गली) का तवाफ़ (परिक्रमा) करवाते थे, उसी तरह तश्नगाने अदब (साहित्य के प्यासे) अपनी इल्मी और अदबी प्यास और दिल जले शायर व अदीब अपने दिल की भड़ास निकालने के लिए उसी तरफ़ रुख़ करते हैं। देखने में तो ये दवा की दुकान है लेकिन वक़्त ज़रूरत यहाँ से हर महफ़िल में सुर्ख़रू रहने के लिए बेहतरीन कलाम की सप्लाई भी होती है। यह 'ग़ज़लकदा' उबैद ख़ान और आसिफ़ उस्मानी जैसे ज़हीन और ख़तरनाक लोगों का हेलीपैड है, अशरफ़ खाँ की कछार है। इनको इतने लोग पापा कहते हैं कि इनकी जवानी के प्रिंट आउट मश्कूक (सन्दिग्ध) लगते हैं। ख़्वाजा जावेद और हादी का ट्रेनिंग सेंटर है, जद्दन भाई की नयी ख़ानक़ाह है, जहाँ वह अपने आधा दर्जन पीरों के ज़रिये ज़ेहनी तौर पर बालिग़ किये जाते हैं। यहीं से बैठकर यह भी अन्दाज़ा हो जाता है कि अतीक़ विधायक इस शहर पर कैसे हुकूमत करते हैं। दरअस्ल रंग बाज़ी भी मुट्ठी की रेत की तरह होती है। अगर एक ज़र्रा भी सरक जाये तो पूरी मुट्ठी ख़ाली हो जाती है। यहीं बैठकर विधायक की अदब दोस्ती और फ़य्याज़ी के क़िस्से-कहानियाँ सुनने में आती हैं। ग़रज़ कि नय्यर आक़िल और अहमद अबरार का यह दवाख़ाना वह अदबी मीनार है, जहाँ से पूरे शहर का नज़्ज़ारा किया जा सकता है। राज़ साहब जब भी इस दवाख़ाने में आते थे हमेशा दुकान भरी-भरी लगती थी। जब तक ज़िन्दा रहे इलाहाबाद भरा-भरा लगता था। उनकी कमी मुद्दतों अदब वालों को महसूस होती रहेगी—

इस भीड़ में कुछ मेरी हक़ीक़त नहीं लेकिन
दब जाऊँगा मिट्टी में तो सब याद करेंगे

इलाहाबाद का मौजूदा अदबी मंज़रनामा दिलचस्प भी है और तवील भी। मेरी मालूमात महदूद (सीमित) हैं फिर भी इस शहर से इतना तवील रिश्ता है कि दूसरे बाहर के लोगों के मुक़ाबले में मेरी तलाश और जुस्तजू की बुनियादें ज़्यादा मज़बूत होंगी। नये मंज़र नामे में जो नाम बहुत तेज़ी से उभर कर सामने आये उनमें सरे फेहरिस्त अली अहमद फ़ातिमी का नाम है। फ़ातिमी ने नस्र को अपने इज़हार का ज़रिया बनाया। नय्यर आक़िल, असलम इलाहाबादी, सालेह नदीम, इक़बाल दानिश, अहमद अबरार, अख़्तर अज़ीज़, सैयद मोहम्मद अली काज़िमी, इनआम हनफ़ी, एहतराम इस्लाम, निज़ाम हसनपुरी, बुद्धसेन शर्मा, अफ़ज़ल जायसी, अज़ीज़ इलाहाबादी, इसरार गाँधी और अतीक़ इलाहाबादी नये उर्दू अदब के अहम नाम हैं।

इस शहर में मेरी सच्ची, पुरानी और मज़बूत दोस्ती अतीक़ इलाहाबादी से है या यूँ कहिए कि इस शहर से मेरी वाकफ़ियत का ज़रिया भी अतीक़ इलाहाबादी ही हैं। शरीफ़ आदमी की सबसे बड़ी मजबूरी यह होती है कि वह अपने क़लम को क़रीबी दोस्त पर उठाता है तो क़लम तलवार की तरह भारी लगता है। यही मसला मेरे सामने भी है कि अतीक़ मेरे बेतकल्लुफ़ दोस्त, बीस बरस पुराने दोस्त, लिहाज़ा क़लम बार-बार हिम्मत हार रहा है, लेकिन—

मैं आज तुझे क़िस्सये ग़म क्यों न सुना लूँ
अब तो तेरे माथे पे शिकन आ ही गयी है

अतीक़ इलाहाबाद के सबसे ग़ैर मुतनाज़िआ (अविवादित) और दिलचस्प शायर हैं। अदब उनका शौक़ है, ओढ़ना-बिछौना नहीं है। इसीलिए फ़ायदे में हैं क्योंकि ओढ़ने और बिछाने वाली चीज़ों को बराबर धूप दिखानी पड़ती है और अतीक़ धूप से इतना डरते हैं कि बाल सफ़ेद होने से पहले ही एहतियातन ख़िज़ाब का इस्तेमाल शुरू कर दिया। दोस्ती में उनकी पसन्द बदलती रहती है लेकिन नाराज़ किसी को नहीं करते। निज़ाम खाँ उनके सबसे क़रीबी दोस्त हैं। उनसे कुर्बत का सबब इज़ार बन्दी रिश्ता भी है। बेगम अतीक़ की तरफ़ से मुक़र्रर किये हुए सिक्योरिटी गार्ड के कमाण्डर हैं। इस ड्यूटी के फ़रायज़ अंजाम देने की तनख़्वाह बेग़म अतीक़ से लेते हैं लेकिन सारी वफ़ादारियाँ अतीक़ के साथ हैं। अतीक़ से मुलाक़ात करने वालों पर उक़ाबी निगाह रखते हैं। जिन्स (उर्दू वाली हो या अंग्रेज़ी वाली) तब्दील होते ही मुँह फेर लेते हैं और अपना वज़ू बरक़रार रखने में कामयाब हो जाते हैं। अतीक़ के ग़ैरक़ानूनी मुशीरकारों में सरे फेहरिस्त मौलाना नासिर फ़ाखिरी हैं जो उन्हें मज़हब में सियासत और सियासत में मज़हब के इस्तेमाल का तरीका, उसके मुज़िर (नुक़सानदेह) असरात और उनसे बचने के तरीक़े बताते हैं। अगर अतीक़ थोड़ी-सी सियासी सूझ बूझ और दिलचस्पी रखते

तो श्यामा चरण गुप्ता के बराबर के लीडर तो बन ही सकते थे लेकिन अतीक़ को सियासत से उतनी दिलचस्पी है जितनी महात्मा गाँधी को ख़राब औरतों से थी और फिर मौजूदा हिन्दुस्तानी सियासत इतनी घिनावनी है कि कोई भी सचमुच का शायर या शायर मिज़ाज इंसान इस तरफ़ का रुख़ नहीं कर सकता।

अतीक़ सचमुच के शायर हैं। यह बात मैं इसलिए दोहरा रहा हूँ कि शायरी न तो उनका पेशा है और न ज़रूरत और न ही बक़ौले ग़ालिब ज़रीयये इज़्ज़त'। शायरी तो सिर्फ़ अतीक़ का शौक़ है। पेशे, ज़रूरत और इज़्ज़त के लिए तो आदमी आजकल हराम को हलाल और जायज़ को नाजायज़ भी कर लेता है लेकिन शौक़ के लिए आदमी यह सब काम नहीं करता है। अतीक़ ने भी अपने शौक़ के लिए अपने उसूलों की क़ुर्बानी नहीं दी है, वर्ना उनके जैसे तेज़ और हुनरमन्द आदमी को सलाहुद्दीन परवेज़ जैसी शोहरत हासिल करने में देर नहीं लगती। अतीक़ तो बुनियादी तौर पर ऐसे आदमी हैं जो अपने दोस्तों को भी फलते फूलते और अदबी उफ़ुक़ (क्षितिज) पर जगमगाते देखकर ख़ुश होता है। यह तहज़ीबी सरमाया यक़ीनन उन्हें अपने वालिद मरहूम की तरफ़ से हासिल हुआ है। मेरा यह दावा उस वक़्त और दलील से आँखें मिलाता है जब मरहूम शफ़ीक़ साहब के बारे में लोग बताते हैं कि उनकी अदब नवाज़ी और सख़ावत से हज़ारहा शायर और अदीब फ़ैज़याब हुए। लेकिन उनकी क़लन्दरी और बेनियाज़ी ने अपने वक़्त के किसी भी साहिबे तर्ज़ अदीब व शायर को अपना क़सीदा लिखने नहीं दिया वर्ना वह मसऊद अख़्तर जमाल से तो हर हाल में बड़े शायर थे। अतीक़ भी सरापा दोस्त हैं। अगर दोस्ती की कहीं कोई तस्वीर होगी तो अतीक़ इलाहाबादी से ज़रूर मिलती जुलती होगी। दिन हो या रात का कोई भी हिस्सा हो अगर किसी दोस्त का कोई काम है तो अतीक़ कपड़े पहने तैयार मिलेंगे। ख़ातून दोस्त हो तो उसकी भी ज़रूरत नहीं पड़ेगी।

अतीक़ को अपने वालिद की शफ़क़त ज़्यादा दिनों तक नसीब नहीं हो सकी लेकिन उन्होंने वालिदा की जी जान से ख़िदमत की। बल्कि वालिद के हिस्से की ख़िदमतें भी उन्होंने अपनी मादरे मोहतरम के क़दमों में लाकर रख दीं। यही वजह है कि आज अतीक़ ने दीन और दुनिया दोनों में अपने लिए एक ख़ास जगह बना ली है। अतीक़ की नेकियों और शराफ़त का ही समरा है कि उनके छोटे भाई ख़लीक़, लईक़ और अक़ीक़ जिस तरह अतीक़ का एहतराम करते हैं, वह शायद उन्नीसवीं सदी में भी किसी को नसीब न रहा होगा फिर यह तो बीसवीं सदी है जो इक्कीसवीं सदी की दहलीज़ पर खड़ी होकर कटी फटी तहज़ीब का मर्सिया पढ़ रही है। बुज़ुर्गों के साथ होने वाली नाफ़रमानियों पर शर्मिन्दा हो रही है। एख़लाक़ी (नैतिक) गिरावटों को देखकर आँखों ही आँखों में आँसू पीने की कोशिश कर रही है।

अतीक़ को अदबी एक़्तिदार से भी ख़ास दिलचस्पी नहीं है, वर्ना अली अहमद फ़ातिमी जैसे मामला फ़हम, ज़ीरक और मोहतात दोस्त की सोहबत में किसी भी सरकारी या नीम सरकारी अदारे के नायब इमाम की कुर्सी तो हथिया ही लेते। ज़ाहिर है कि इमाम की कुर्सी पर तो ख़ुद अली अहमद फ़ातिमी बुरी नज़र रखते होंगे। पूरे इलाहाबाद में उनके अलावा यह हुनर किसी को भी नहीं आता। वह बयक़ वक़्त कांग्रेसियों से याराना, भाजपाइयों से दोस्ताना और कम्युनिस्टों में आना जाना करते रहते हैं और अपनी तहरीरों के एक-एक लफ़्ज़ की क़ीमत वसूल कर लेते हैं। इतने बड़े ज़माना शनास हैं कि अपनी टाई के मचलने पर हवा का रुख़ पहचान लेते हैं। अतीक़ ने उनसे सिर्फ़ जवान रहने का हुनर सीखा है क्योंकि फ़ातिमी ने जवानी को ऐसे सँभाल कर रखा है जैसे अंगिया जोबन को सँभाले रहती है।

हुस्ने एख़्लाक़ के एतबार से अतीक़ इलाहाबाद के सबसे अमीर आदमी हैं। उनका ड्राइंग रूम सहरा (रेगिस्तान) का सायबान है। उनकी कार अदीबों की एम्ब्यूलेंस है और उनका दस्तरख़्वान गुरुद्वारे का लंगर है। पहले मैं इलाहाबाद में अपने वालिद के दोस्त और करमफ़रमा नेअमत उल्लाह साहब के घर पर ठहरता था। फिर जब अतीक़ से दोस्ती हुई तो मैंने अपनी बेश्तर दोपहरें और अक्सर रातें इसी सहरा के सायबान के नीचे गुज़ार दी। उनकी अदबी एम्ब्यूलेंस (जो उस ज़माने में वाकई एम्ब्यूलेंस जैसी थी) पर बहुत सफ़र किया। उनके लंगरख़ाने का आज तक मेम्बर हूँ। इधर फुर्सतों ने मुझसे नज़रें फेर ली हैं तो मैं लंगरख़ाने का बराबर तवाफ़ तो नहीं कर पाता हूँ, लेकिन इस ख़ौफ़ से कि मेम्बरशिप बरक़रार रहे, बराबर नमक हलाल करता रहता हूँ। लंगरख़ाने का दरवाज़ा कभी बन्द नहीं होता, ख्वाह अतीक़ शहर में हों या न हों। बल्कि अक्सर अतीक़ के डफ़रिन (अस्पताल) के गेट पर बैठने की वजह से हुक़्क़ा पानी बन्द भी हो गया है लेकिन लंगरख़ाने के किसी भी मेम्बर से कटोरा नहीं छीना जाता। अब अतीक़ हालाँकि बहू वाले हो गये हैं लेकिन आदतें हू-ब-हू वही हैं। इस घर में मेरी सबसे बड़ी मद्दाह (प्रशंसक) ज़ेबा थी। ग़ालिबन उस वक़्त वह चार-पाँच बरस की रही होगी। वही मेरी असली मेज़बान थी। अब तो माशाअल्लाह वह बड़ी हो गयी है और अब अपने घर में वो भी मेहमान की तरह रहती है। इंशाअल्लाह कुछ ही दिनों में कोई शहज़ादा कहीं से आयेगा और हम लोगों के सामने हमारी शहज़ादी को लेकर चला जायेगा—

रो रहे थे सब तो मैं भी फूट कर रोने लगा
वर्ना मुझको बेटियों की रुख़सती अच्छी लगी

अतीक़ सूट पहनकर बीड़ी पीते हैं तो बिल्कुल जींस पहने हुई लड़की के

मुँह से निकली हुई 'हाय दय्या' मालूम होते हैं। इसमें एक तो उनकी कारोबारी चौकसी का दख़ल है दूसरे यह उनकी अन्दुरूनी सादा मिज़ाजी और ख़ाकसारी है जो उनके सीने पर झूलती हुई पाँच तोले की सोने की जंज़ीर को तोड़कर बाहर निकल आती है। मोबाइल उनकी कारोबारी ज़रूरत भी है और कुछ लोगों की मोबिल आइल में तरबतर गुफ़्तगू सुनने का शौक़ भी। मिज़ाज में मुरव्वत हद से ज़्यादा है लेकिन सबके सामने इतना भी नहीं खुलते जितनी ग़ैरतमन्द की मुट्ठियाँ खुलती हैं या जितने ज़रूरत मन्द के होंठ खुलते हैं। ज़िन्दगी में उन्होंने इतने उतार चढ़ाव देखे हैं कि अब उन्हें न बुलन्दी से ख़ौफ़ आता है और न पस्ती ही उन्हें डरा पाती है। दुख-सुख, धूप-छाँव और अपने-पराये की इतनी तस्वीरें उनकी नज़रों से गुज़री हैं कि आज तक वह अपनी शायरी से, अपनी गुफ़्तगू से और अपने तौर तरीक़े से इन गुज़रे मनाज़िर को जुदा नहीं कर सके। उनकी शायरी ख़ानक़ाहों का सुकून नहीं, मक़तल की आहो फुग़ाँ है लेकिन वह आहो फुग़ाँ जिसकी लय उन्होंने कभी ऊँची नहीं होने दी। अतीक़ का शुमार इलाहाबाद के ज़हीन लोगों में होता है। फ़िराक़ का जिन्सी ज़िद्दीपन, फ़ारूक़ी का अदबी बचपना जिसके तहत वह फ़िराक़ के नाम की डाक अहमद मुश्ताक़ को भिजवा देते हैं। इस्लाम बेग चंगेजी की ज़हीन बरहना शायरी, उबैद ख़ाँ की अदबी तीरन्दाज़ी और आसिफ़ उस्मानी के लहजे की सफ़्फ़ाकी के साथ अगर अतीक़ की ज़िहानत और हाज़िर जवाबी को भी रख दिया जाये तो इलाहाबाद की ज़िहानत का क़द कुछ और निकलता हुआ मालूम होता है।

अतीक़ शहर के किसी मुशायरे में मौजूद थे। नाज़िमे मुशायरा ने उन्हें ज़हमते ग़ज़ल सरायी दी, वह जैसे ही माइक पर आये किसी तरफ़ से एक जुमला आया 'अंकल, आपकी उम्र क्या है?' अतीक़ ने फ़ौरन जवाब दिया 'बेटा घर जाकर मम्मी से पूछ लेना।' ज़ाहिर है कि इस जवाब से इस मज़मून के हर जुमले की ताईद होती है। यह उन दिनों की बात है जब अतीक़ अपने बिखरे हुए कारोबार के पेचो ख़म निकालने में मसरूफ़ थे। हालात ने उनकी साबिक़ा महबूबा (नम्बर मुझे याद नहीं है) की शादी उनसे नहीं होने दी। वह ख़ातून ब्याह कर कहीं और चली गयीं। मौसूफ़ा ने अपने कारोबारी शौहर के लेटर हेड पर अपना आख़िरी इक़रार नामा लिखकर भेजा। लेटर हेड के एक किनारे पर शेर की तस्वीर थी और दूसरे किनारे पर मौसूफ़ा के शौहर की तस्वीर थी। ख़त के आख़िर में यह भी लिखा गया था कि ऊपर वाली तस्वीर मेरे शौहर की है। अतीक़ ने मौसूफ़ा को ख़त लिखकर दरयाफ़्त किया कि शौहर की तस्वीर कौन-सी है। ज़ाहिर है कि ज़िन्दगी के इस अहम मोड़ पर जब अच्छे-अच्छे सहरानवर्द (जंगलों की ख़ाक छानने वाले) दिमाग़ी अस्पताल का केस होकर रह जाते हैं, उस वक़्त भी अतीक़

का इस क़दर होशमन्द रहना उनके सेहतमन्द होने का सुबूत है। अतीक़ मुहब्बत के कारोबार और शायरी के सिलसिले में कभी संजीदा नहीं रहे। कारोबार भाइयों की वजह से चल रहा है, मोहब्बत कारोबार की वजह से चल रही है और शायरी मुहब्बत की वजह से चल रही है।

उनकी अदबी एम्ब्यूलेंस शबोरोज़ अदबी मरीज़ों का बोझ ढोती रही है। इस बेलौस ख़िदमत के हिसाब से वह अदब के फ़ादर टेरेसा हैं। जिन्हें हर वक़्त ख़िदमते अदब और ख़याले अदब रहता है। इसका एक ख़राब नतीजा यह हुआ कि कुछ ख़राब शायरों और अदीबों के ख़राब जरासीम अतीक़ की मासूम शख़्सियत से लिपट गये लेकिन इस सिलसिले में कुछ भी तो नहीं किया जा सकता। क्योंकि सोनोग्राफ़ी और अस्ट्रासाउंड के ज़रिये हमल की जिन्स का पता तो लगाया जा सकता है लेकिन जिन्स तब्दील नहीं की जा सकती। यहाँ अन्दाज़ा होता है कि साइंस हर दौर में क़ुदरत की मोहताज रहेगी।

तरुण विजय

अब मिले हम तो कई लोग बिछड़ जायेंगे

संगम हिन्दी का एक आम सा लफ़्ज़ है लेकिन इसकी गहराई में उतरने के लिए प्रयाग से गुज़रती हुई दो ऐसी नदियों की हम आग़ोशी को देखना पड़ता है जिसके दीदार के लिए सरस्वती भी बार-बार दो धाराओं के बीच से सिर उठाती रहती है। कुम्भ मेला दुनिया के क़दीम तरीन मेलों में से एक है। मेला दुनिया के किसी भी मुल्क में लगाया जा सकता है लेकिन दुनिया का हर मुल्क अपने आपको उस वक़्त बहुत ग़रीब महसूस करता है जब उसको यह एहसास होता है कि प्राचीन काल से भारत के पास दो ऐसी नदियाँ हैं जो हिमालय से बल खाती हुई उतरती हैं और इलाहाबाद में दाख़िल होते ही एक दूसरे के गले लग जाती हैं। यह नदियाँ हैं गंगा और जमुना जो सदियों से अपने चाहने वालों के लिए स्नान और वज़ू का एहतमाम करती चली आ रही हैं।

इसी गंगा के तट पर धूप की मीठी मीठी हिद्दत (गर्मी) में तक़द्दुस (पवित्रता) और फ़रमाँबरदारी से चमकते हुए एक ऐसे शख़्स से मुलाक़ात होती है जो अपनी माँ के हमराह देहरादून से चलकर माँ गंगा के चरणों में फ़रमाँबरदारी के साथ यूँ आकर बैठ गया है जैसे माँ और मौसी की मोहब्बतों के साये में कोई बच्चा दुबक कर बैठ जाता है। दो मुख़्तलिफ़ मज़हबी विचारधाराओं के लोग जब गंगा मैया के किनारे मिले तो दोनों की विचारधाराएँ और धार्मिक उसूलों की सोच ऐसे बैठ गयी जैसे ओस की बूँदों से धूल बैठ जाती है।

यह तरुण विजय से मेरी पहली मुलाक़ात थी जिसके सूत्रधार और गवाह बने प्रताप सोमवंशी जो मेरे छोटे भाई जैसे हैं। आजकल वह हिन्दुस्तान अख़बार के दिल्ली एडीशन के एडीटर हैं, उन दिनों वह अमर उजाला इलाहाबाद में हुआ करते थे। जिस तरह छोटी-छोटी नदियाँ समन्दर तक पहुँचते-पहुँचते आपस में मिल जाती हैं, उसी तरह हमारी और तरुण विजय जी की सोच की उल्टी-सीधी धाराएँ भी माँ के क़दमों तक आते-आते एक हो जाती हैं। ज़ाहिर है कि जन्नत जब माँ के पैर के नीचे है तो फिर ऐसा होना भी चाहिए।

इसके बाद उनसे अक्सर मुलाक़ातों का सिलसिला चल निकला। ज़्यादातर फ़ोन पर हाय हैलो होती, हालचाल पूछे जाते, माँ और ममता के हवाले से कहे गये नये-पुराने शेर सुने-सुनाये जाते, कभी-कभार मेरा दिल्ली जाना होता और इत्तिफ़ाक़ से तरुण विजय अगर दिल्ली में मौजूद होते तो उनके दफ़्तर में भी यादों की छतरी के नीचे बैठक होती। यह बैठकें ज़्यादातर झण्डेवालान में स्थापित आर.एस.एस. के हेड क्वार्टर केशव कुंज में होतीं। शुरू-शुरू में वहाँ के लोग मुझे हैरत से देखते थे फिर रफ़्ता-रफ़्ता यही सारे लोग तरुण विजय को हैरत से देखने लगे—

जो मुझको देखते थे तुझे देखने लगे
बस इतनी बात है कि तेरा हो गया हूँ मैं

शहर के बंगलों में रखे हुए मुरादाबादी गमलों में खिलने वाले गुलाब क्या जानें कि तालाब के कीचड़ में खिले हुए कँवल की ताज़गी और तक़द्दुस (पवित्रता) पर क़ुदरत भी हैरान रह जाती है लेकिन इश्क़ और दोस्ती के मज़हब में किताबें नहीं, चेहरे पढ़े जाते हैं। यहाँ रौशनाई को दख़ल अन्दाज़ी की बिल्कुल इजाज़त नहीं होती। यहाँ रौशनाई के नाम पर हमेशा आँसुओं की हुक़्मरानी रही है, वही आँसू जो जन्नत से रूये ज़मीन पर आते हुए आदम की आँखों में थे, वही आँसू जो हाबील (आदम के पुत्र) की आँखों में क़ाबील (आदम के दूसरे पुत्र) को क़त्ल करने के फ़ौरन बाद नज़र आये थे।

दोस्ती गाँव की पगडण्डी की तरह होती है। जब तक जी चाहे चलते रहिए कभी ख़त्म नहीं होती, यहाँ कोई भी संगे मील याददाश्त से छेड़छाड़ नहीं करता, कोई सरकारी बैरियर रुकावट नहीं बनता, धूल और कच्ची मिट्टी का सुलूक सबके साथ यकसाँ होता है। जूतों के निशानात को नंगे पाँव चलने वाले रौंदते हुए गुज़र जाते हैं। कभी पगडण्डी से मिले हुए खेत गुज़रने वालों को अपनी तरफ़ खींचते हैं, कभी पास-पड़ोस की झाड़ियाँ उनका दामन पकड़ती हुई महसूस होती हैं। शायद इसीलिए कच्ची क़ब्रें हमेशा नयी मालूम होती हैं। मेरी और तरुण विजय की दोस्ती भी किसी हिन्दुस्तानी गाँव की पगडण्डी की तरह है जो हमेशा नयी और मज़बूत मालूम होती है।

तक़रीबन दस बरस पहले मैं किसी काम से दिल्ली गया। आदत के मुताबिक़ मैंने तरुण जी को फ़ोन किया, मेरी आवाज़ सुनते ही खिल उठे, ख़ैरियत पूछने के साथ ही साथ यह भी पूछा कि कब मुलाक़ात होगी। मैंने कहा आप जब फुर्सत में हों। बच्चों की तरह चहक कर बोले कि साढ़े तीन बजे प्रमोद महाजन के साथ एक मीटिंग है, लिहाज़ा आप साढ़े पाँच बजे तक मेरे आफ़िस आ जाइए, थोड़ी देर बैठेंगे, बातें होंगी और आपके नये शेर भी सुनने को मिल जायेंगे। मैंने

शाम को साढ़े पाँच बजे पहुँचने का वादा कर लिया। मैं तरुण जी से तयशुदा वक़्त के मुताबिक़ उनके आफ़िस पहुँच गया। उनकी सेक्रेटरी ने मुझे देखते ही नमस्ते किया और तरुण जी के ख़ूबसूरत चेम्बर में जाकर उन्हें ख़बर की। मेरा ख़याल है कि मिनट के दसवें हिस्से में वह अपने चेम्बर से बाहर निकल आये और सरापा शर्मिन्दगी बने हुए हाथ जोड़े मेरे सामने खड़े थे। मैं कुछ कहता कि इससे पहले तरुण जी ने बहुत अफ़सुरदा (मुर्झाये हुए) लहजे में कहना शुरू किया कि मुनव्वर भाई! में आपसे बेहद शर्मिन्दा हूँ, मैंने आप से पाँच बजे आने के लिए कह दिया था लेकिन फ़ोन रखते ही याद आया कि रमज़ान का महीना है और आपके रोज़ा खोलने का वक़्त भी यही होगा। चूँकि मुझे आपका लोकल फ़ोन नम्बर नहीं मालूम था और यह भी पता नहीं था कि आप किस होटल में ठहरे हुए हैं, लिहाज़ा मैं उस वक़्त से दिल ही दिल में परेशान भी हूँ और आपसे शर्मिन्दा भी। मैं प्रमोद महाजन जी से थोड़ा पहले ही इजाज़त लेकर उनके आफ़िस से निकल पड़ा। वहाँ से मैं सीधे ख़ान मार्केट आया, वहाँ एक टेलरिंग शॉप है जहाँ मैं कपड़े सिलवाता हूँ। मैं उनके पास पहुँचा और उनसे पूछकर आपके लिए अफ़्तारी का सामान ख़रीदा। इतना कहकर वह मुझे अपने आफ़िस के कमरे में ले गये, आफ़िस की सेंटर टेबिल पर अफ़तार का सामान क़रीने से सज़ा हुआ था। मुझे वह सेंटर टेबिल किसी क़लन्दर का दस्तरख़्वान लग रही थी। इराक़ी खजूर का एक बहुत महँगा डिब्बा भी मौजूद था। मेरे साथ मेरे फुफीज़ाद भाई ज़ुबैर भी थे। तरुण जी ने हम लोगों को वज़ू का पानी फ़राहम करवाया और विनम्रता व आजिज़ी की तस्वीर बने हम लोगों के पास ही खड़े रहे। अफ़तारी के दौरान उन्होंने निहायत ख़लीक़ लहजे में कहा कि मुनव्वर भाई, ख़ान मार्केट से मैंने एक जाये नमाज़ भी आपके लिए ख़रीद ली थी, अगर आप अच्छा समझें तो यहीं नमाज़ पढ़ लें और मुझे भी अपनी दुआवों में शामिल कर लें, तब तक मैं आपके लिए चाय का इन्तिज़ाम करवाता हूँ। उन्होंने हम लोगों के साथ अफ़तार किया और बार-बार माफ़ी माँगने वाली नज़रों से मुझे देखते रहे। वह मुनव्वर राना जो अपने आपको बहुत बेबाक और निडर समझता था, वह गुनहगार और बुज़दिल मुनव्वर राना तरुण विजय के सामने इतना-सा सच भी नहीं बोल सका कि मैं आज रोज़े से नहीं हूँ। हाँ, मैंने इतना ज़रूर किया कि उनके आफ़िस में मग़रिब की नमाज़ पढ़ने के बाद यह दुआ ज़रूर माँगी कि या अल्लाह, मैं दूसरे जनम का क़ायल नहीं हूँ लेकिन तेरी कारसाज़िये क़ुदरत को सिर्फ़ तू ही जानता है, लिहाज़ा अगर पुनर्जन्म की कहानी में थोड़ी सी भी सच्चाई हो तो मेरे मौला! मुझे हर जनम में हिन्दुस्तान में ही पैदा करना।

तरुण जी बुनियादी तौर पर देहरादून के रहने वाले हैं। उन दिनों प्रताप

सोमवंशी अमर उजाला देहरादून के एडिटर थे। एक दिन प्रताप भाई का फ़ोन आया कि तरुण विजय जी ने यहाँ Information & Techonology से मुताल्लिक़ एक कालेज बनाया है जिसका नाम वनवासी आश्रम है। उसके इफ़्तताह (उद्‌घाटन) के लिए वज़ीरे आज़म अटल बिहारी वाजपेयी तशरीफ़ ला रहे हैं, तरुण विजय जी की ख़्वाहिश है कि आप भी इस इफ़्तताही तक़रीब में तशरीफ़ लायें तो इस फंक्शन की ख़ूबसूरती में शायराना इज़ाफ़ा भी हो जायेगा। मैंने प्रताप जी से वादा कर लिया कि मैं मुक़र्रर तारीख़ पर देहरादून हाज़िर हो जाऊँगा।

लिहाज़ा मैं प्रोग्राम वाले दिन सवेरे की ट्रेन से देहरादून पहुँच गया। वहाँ मेरे ठहरने का इन्तिज़ाम दून क्लब में था जो अपनी नफ़ासत, सादगी और पुर तकल्लुफ़ मेहमान नवाज़ी के डेढ़ सौ बरस पूरे कर चुका है। दोपहर में वज़ीरे आज़म अटल बिहारी वाजपेयी के साथ शहर की अहम शख़्सियतों के लंच का प्रोग्राम था। प्रताप भाई बज़िद थे कि आप दावत में शरीक़ हो जाइये लेकिन मैं दोस्तों को छोड़कर लंच पर जाने के हक़ में नहीं था। मेरा जवाज़ (दलील) ग़ालिबन ज़्यादा मज़बूत और मुस्तनद था। मेरा कहना था कि अगर मोहतरम वज़ीरे आज़म मेरे दस्तरख़्वान पर आयें तो यह एक ख़बर बनती है वर्ना वहाँ अगर पचास ज़ी विक़ार (गौरवशाली) मेहमान मौजूद होंगे तो सिर्फ़ इतना होगा कि मेहमानों की तादाद पचास की जगह इक्यावन हो जायेगी। इसलिए बेहतर यही होगा कि हम लोग यहीं अपने कमरे में खाना मँगा कर खाते हैं।

शाम को नये तामीर शुदा वनवासी कालेज में मुझे टीचरों और बच्चों के सामने तक़रीबन एक घण्टे तक अपने शेर सुनाने थे और गुफ़्तगू करनी थी। कालेज की इमारत वैसी ही थी जैसी आमतौर पर कालेजों की होती है। लेकिन दिलचस्प बात यह थी कि पढ़ने वाले बच्चों में तक़रीबन सभी बच्चे हिन्दुस्तान के मुख़्तलिफ़ पहाड़ी इलाक़ों से ताल्लुक़ रखते थे। कालेज की तामीर में यह Concept भी शामिल था कि जब पहाड़ों का एक जाना अनजाना रिश्ता होता है तो पहाड़ पर बसने वालों को भी आपस में रिश्तेदार होना चाहिए। तरुण जी ने तमाम मेहमानों और बच्चों से मेरा तआरुफ़ कराते हुए कहा कि आज सुबह के प्रोग्राम में आप हिन्दुस्तान के प्रधान मन्त्री अटल बिहारी वाजपेयी से मिले थे, इस वक़्त आप शायरी और कविता के महाराजा मुनव्वर राना से रू-ब-रू होंगे। ज़ाहिर है कि इस जुमले से मैं बड़ा शायर तो हर्गिज़ नहीं हो सकता था लेकिन तरुण विजय ने अपनी दोस्ती के ज़रिये मुझे सुदामा नसीब तो बना ही दिया था।

बरस-डेढ़ बरस पहले की बात है, एक दिन रईना (मेरी पत्नी) क़ुरआन शरीफ़ हाथों में लिए इधर-उधर परेशानी के आलम में टहल रही थीं, मेरे पूछने पर वह झुँझलाते हुए बोलीं कि कोई साफ़ सुथरा तकिया ढूँढ़ रही हूँ क़ुरआन रखकर

पढ़ने के लिए, सब तकिये ग़लीज़ लगते हैं। आप इधर-उधर डगर-डगर फिरते रहते हैं, कभी आपको इतनी तौफ़ीक़ भी नहीं होती कि एक रेहूल ही मेरे लिए ले आते। मैंने निहायत ख़ादिमाना लहजे में कहा कि आप हुक्म तो फ़रमाएँ, कई दर्जन रेहूल आपकी ख़िदमत में हाज़िर कर दूँगा। मजाज़ी ख़ुदा (पति) को इतना मेहरबान देखकर मुस्कुराते हुए वह हक़ीक़ी ख़ुदा की इबादत में मशग़ूल हो गयीं। मैंने अपने नवजवान दोस्त और सहारनपुर के एक्सपोर्टर अनवार अहमद को फ़ोन करके उनसे कहा कि मियाँ! आप जैसे मुहब्बत करने वाले छोटे भाइयों की मौजूदगी में मुझे आपकी भाभी के सामने ज़लील होना पड़ रहा है, वह एक अदद रेहूल के लिए परेशान हैं और आप लोग जंगल का जंगल काटे डाल रहे हैं। अनवार मियाँ ने हँसते हुए उधर से कहा कि भाभी साहिबा ने कभी हुक्म नहीं किया वर्ना मैं ख़ुद रेहूल लेकर लखनऊ हाज़िर हो जाता।

रात की ट्रेन से मैं किसी काम के पेशेनज़र देहली रवाना हो गया। देहली पहुँचते ही आदतन मैंने तरुण जी को फ़ोन किया, मेरी आवाज़ सुनते ही हस्बे आदत वह खिल उठे, फिर फ़ौरन ही यह भी पूछा कि मुलाक़ात कब होगी। मेरे यह कहने पर कि आप अपनी मसरूफ़ियात बताइये, वह बोले तीन बजे तक आइए क्योंकि शाम को मैं अम्मा से मिलने देहरादून जा रहा हूँ लिहाज़ा मैं मुक़र्रर वक़्त पर उनके दफ़्तर पहुँच गया। सेक्रेटरी ने उन्हें फ़ोन करके जैसे ही मेरे बारे में बताया, वह ख़ुद बाहर निकलकर आये और मुझे अपने साथ अपने चेम्बर में ले गये। उनके चेम्बर के ही एक गोशे में एक छोटा-सा ड्राइंगरूम नुमा हिस्सा है। वह मेरे साथ आकर वहीं बैठ गये। इधर उनकी बातें होती रहीं। चाय और हल्के फुल्के नाश्ते से भी हम लोग लुत्फ़ लेते रहे फिर वह उठकर अपनी मेज़ तक गये, वहाँ से वापस आये तो उनके हाथ में एक बहुत ख़ूबसूरत-सा पैकेट था। मेरी तरफ़ पैकेट बढ़ाते हुए वह बहुत ही शर्मीले लहजे में कहने लगे कि मुनव्वर भाई! मैं पिछले दिनों पाकिस्तान के दौरे पर गया था। एक दिन मैं महमूद शाम साहब, चीफ़ एडीटर 'जंग' के साथ वहाँ के एक बाज़ार में घूम रहा था, किसी दुकान पर बहुत ख़ूबसूरत रेहूलें सजी हुई थीं। मैंने वहाँ से न जाने क्यों एक रेहूल ख़रीद ली। इधर काफ़ी दिनों से लखनऊ का प्रोग्राम बना रहा था लेकिन काम की ज़्यादती की वजह से कहीं निकल नहीं पाया। यह रेहूल इतनी नाज़ुक है और शीशे की बनी हुई है कि इसे कोरियर से भेजा भी नहीं जा सकता, अगर आप इसे अपने साथ लखनऊ ले जायें और भाभी साहिबा तक पहुँचा दें तो आपकी बहुत मेहरबानी होगी। मैंने गुफ़्तगू के दौरान ही अहलिया का मोबाइल नम्बर मिलाया और यह कहते हुए मोबाइल तरुण विजय को दे दिया कि तरुण विजय जी तुमसे बात करेंगे। तरुण विजय जी लक्ष्मण स्वभाव के साथ मेरी बेगम से कहने लगे

कि भाभी मैं कराची से एक बहुत मामूली सा तोहफ़ा, जो रेह्‌ल की शक़्ल में है, आपके लिए ख़रीद कर लाया हूँ। तरुण जी के मुँह से यह बात सुनते ही मेरी अहलिया ने उधर से कहा कि भाई साहब लगता है आप लोग पिछले जनम में सगे भाई रहे होंगे, कल ही तो आपके भाई से रेह्‌ल के लिए मेरी लड़ाई हो रही थी। तरुण विजय जी ने निहायत अफ़सुर्दा (बुझे हुए) लहजे में मेरी अहलिया से कहा, भाभी! पिछले ही जनम का हिसाब किताब रखियेगा क्योंकि इस जनम में इस रिश्ते को हमारा और मुनव्वर भाई का समाज कुबूलियत का दर्जा नहीं दे पायेगा, हम दोनों ही को हमारे मज़हब के लोग शक की निगाह से देखेंगे। यह कह कर वह अपनी आँखों में आये हुए आँसुओं को छलकने से बचाने के लिए इधर-उधर देखने लगे और मैं भी कमरे में लगे हुए मुत्तहिदा (अविभाजित) हिन्दुस्तान के नक़्शे को एक सच्चे हिन्दुस्तानी की तरह देखने लगा–

अब मिले हम तो कई लोग बिछड़ जायेंगे
इन्तिज़ार और करो अगले जनम तक मेरा

मैं तेरा नाम न लूँ फिर भी लोग पहचानें

गंगा सिर्फ़ नदी हर्गिज़ नहीं है। इस का शफ़्फ़ाफ़ (निर्मल) पानी इंसान को किरदार की आईना साज़ी (चरित्र सँवारना) का हुनर सिखाता है। गंगा तो वह माँ है जो बच्चे को गले लगाते वक़्त उसका मज़हब, उसकी ज़ात, उसकी तालीम, मंसब (ओहदा) और तनख़्वाह नहीं पूछती है। उसके फैले हुए आँचल के एक किनारे पर लोग वज़ू करते हैं तो दूसरे किनारे पर लोग स्नान करते हैं। उसकी बल खाती लहरों में परिन्दे अपने परों को धोते हैं। इलाहाबाद पहुँचते-पहुँचते वह आवाज़ देकर जमुना को भी बुला लेती है। फिर गंगा और जमुना के मिलने और बिछड़ने की कहानी लिखने के लिए सरस्वती भी अपनी तख़्ती सँभाल कर बैठ जाती है। अपने दामन में सबको पनाह देने का हुनर गंगा ने इलाहाबाद को सिखाया है। जिसने भी गंगा को प्यार से आवाज़ दी, गंगा ने उसका नाम और ज़ात पूछे बग़ैर दुआ दी कि 'अल्लाह आबाद रखे'। अंग्रजों ने लखनऊ को उत्तर प्रदेश की राजधानी बना दिया लेकिन हाईकोर्ट इलाहाबाद ही में रहने दिया कि गंगा से ज़्यादा इंसाफ़ का एहसास गोमती नहीं दिला सकती। एजूकेशन बोर्ड भी यहीं रहने दिया कि सरस्वती गंगा और जमुना के बीच में रहकर सारी दुनिया को इल्मो अदब की रौशनी बाँटती रहे। सदियों पुराने इस शहर के चेहरे पर कहीं थकान नहीं दिखाई देती। यह शहर मुनाफ़िक़त (मक्कारी) और रस्मी तकल्लुफ़ात से बहुत दूर है। हर इलाहाबादी का चेहरा तसन्नो (बनावट) और बेज़ारी से पाक रहता है। मुक़दमे की फ़ाइलों में धूल खाते हुए रिश्ते, काग़ज़ों को यकजहती (एकता) का सबक़ सिखाने वाली लोहे की ज़ंग खायी हुई पिन और मज़हब की आड़ लेकर मुल्क की सालमियत (अखण्डता) पर निशाना साधने वाले इस शहर में सिर झुका कर चलते हैं। जिस तरह पुल के लिए सुतून (खम्भा), इश्क़ के लिए जुनून और क़ुर्बानी के लिए ख़ून की ज़रूरत पड़ती है, उसी तरह शहरों की तारीख़ लिखने के लिए क़लन्दरों की ज़रूरत पड़ती है। क़लन्दर मिज़ाजों से ख़ाली शहर बाँझ औरत की तरह होता है। कैलेण्डर पर बने शहर को भी क़लन्दरों की ज़रूरत महसूस होती है। शहर अगर सिर्फ़ ईंटों के ढेर से तामीर हो सकता तो

हर ईंट का भट्ठा किसी बड़े आदमी का महल होता। शहर की तामीर के लिए अगर सिर्फ़ लोहा काफ़ी होता तो हर फ़ौलाद का कारख़ाना एक मोहल्ला होता, शहर अगर सिर्फ़ सीमेंट और मौरंग का नाम होता तो ग़ालिब को सैलाब की वजह से तीन दिनों तक नदी के उस पार न रुकना पड़ता। नवाब बांदा उनके लिए रातों रात शहर की तामीर करवा सकते थे। लेकिन शहर तो वह होता है जहाँ कहानियाँ बुनने वाले होते हैं, जहाँ दुखों की किताब सुनने वाले होते हैं, जहाँ पलकों से ख़ाक चुनने वाले होते हैं। शहर तो वह होता है जहाँ मुख़्तलिफ़ मज़हब एक दूसरे के गले में हाथ डाले हुए घूमते हैं। शहर तो वह होता है जहाँ लोग गेसुये ग़ज़ल को चूमते हैं। शहर तो वह होता है जहाँ लोग पिये बग़ैर भी झूमते हैं। शहर तो वह होता है जहाँ हर वक़्त सवेरा रहे, जहाँ आँगन के पेड़ पर चिड़ियों का बसेरा रहे, जहाँ हर वक़्त क़लन्दरों का डेरा रहे।

साधु-सन्तों, फ़क़ीरों, शायरों, अदीबों, कवियों, लेखकों, सियासतदानों, वज़ीरे आज़मों, वकीलों और जजों के इस शहर में अवध के मर्दुमख़ेज़ ख़ित्ते (होनहार पैदा करने वाला क्षेत्र) ख़ैराबाद से हिजरत करके कायस्थों का एक ख़ानदान गंगा के किनारे आकर आबाद हुआ। अपने दामन में अवध की ख़ाक, आँखों में ख़ैराबाद के तहज़ीबी आँसू, होंठों पर सच्चाई का ज़हर सजाये बाबू जमुना प्रसाद जब इलाहाबाद पहुँचे तो गंगा ने उनके एज़ाज़ में उन्हें अपने फैले हुए आँचल के बहुत क़रीब जगह दी। अवध की खुद्दारी की ख़ाक को जब गंगा जी ने नहला धुला कर तरो ताज़ा किया तो इलाहाबाद में एक ऐसी शख़्सियत का इज़ाफ़ा हो गया जो अपने ईमान की रौशनी में अपने दुखों की किताब पढ़ता था। अना (स्वाभिमान) की बोसीदा (फटी पुरानी) चादर से अपनी सिर उठाती ज़रूरतों को ढाँपता रहता था। अपनी नेक नीयती के असलहे से अपने किरदार की रखवाली करता था। अपने उसूलों को अपनी दौलत, अपनी इंसानियत दोस्ती को अपना सरमाया और अपने घर को इबादत गाह समझता था। घर में दवा के बग़ैर कराहती हुई बीवी को अपना ख़ूने जिगर तक पिला दिया लेकिन बख़्शिश में मिली हुई दौलत और रिश्वत से ख़रीदी हुई दवा से बचाने की कभी कोशिश नहीं की। लगभग बीस बरस बीवी के ग़म में उन्हें हर दिन जीना और हर रात मरना क़ुबूल था, तन्हाई के ज़हर से अपने जिस्म के ज़ख़्मों को नासूर बनाना क़ुबूल था, मगर मसूरी के Hotel Sevoy के मालिक कैप्टन कृपा राम से रिश्वत की बड़ी भीख लेकर अपने आप को छोटा कर लेना मंजूर नहीं था। बीवी भी ऐसी सीता साध्वी जैसी कि न कभी फ़रमाइश की न कोई शिकायत, न दवा की कमी पर उदास हुई, न सेहत की दुआ माँगी न ज़िन्दगी की। उन्हें तो अपने मजाज़ी ख़ुदा (पति) को परेशान देखना भी मंजूर नहीं था। लेकिन मर्द की बायीं पसली

से बनायी गयी औरत को क्या मालूम कि औरत की एक पसली के दर्द को मर्द पूरे जिस्म में महसूस करता है। इस इम्तिहान से गुज़रते वक़्त बाबू जमुना प्रसाद कैसे-कैसे दुख के पुलों से गुज़र गये। इसमें वह दुख भी शामिल हो गया जब एक मजबूर और ग़रीब शौहर अपनी बीवी की अर्थी को चिता की ओर लेकर चलता है, सारे रास्ते अर्थी फूल बनती जाती है और काँधा देने वाला शौहर पत्थर हो कर रह जाता है। फिर तो चिता से उठने वाले शोलों ने बाबू जमुना प्रसाद और उनके ख़ानदान को कुन्दन बनाने की क़सम खा ली।

गिरीश वर्मा के बुज़ुर्ग अवध के मर्दुमख़ेज़ खित्ते ख़ैराबाद से हिजरत करके इलाहाबाद आये थे। ख़ैराबाद उत्तर प्रदेश का एक ऐसा हिस्सा है जो मुद्दतों अह्ले इल्मो अदब और साहिबाने कश्फ़ो करामात से आबाद था। आज भी इस क़स्बे के दरो दीवार से मोहब्बत, दोस्ती, भाईचारे और इल्म दोस्ती की ख़ुशबू आती है। लखौरी की ईंटों से बने हुए सदियों पुराने मकानात आज भी भजन गाते, ग़ज़ल गुनगुनाते और शेर सुनाते महसूस होते हैं। बाबू जमुना प्रसाद ने ज़िन्दगी के शबोरोज़ ऐसे गुज़ारे जैसे पुजारी मन्दिर में और सूफ़ी ख़ानक़ाहों में अपनी उम्र गुज़ारते हैं। जिस ईमानदारी, सादगी और मासूमियत से उन्होंने हाई कोर्ट में पेशकार और सीनियर स्टाम्प रिपोर्टर के अपने फ़रायज की अदायगी की, वह अपनी मिसाल आप है। 1968 में वह हाईकोर्ट की मुलाज़िमत से बाइज़्ज़त तौर पर सुबुकदोश (सेवानिवृत्त) हुए।

गिरीश भाई उस वक़्त एक लाउबाली नवजवान थे। अपने बाबू जमुना प्रसाद से उन्होंने सिर्फ़ तहज़ीब, ईमानदारी और इल्म दोस्ती सीखी। बाक़ी बातें उन्हें हालात और ज़माने ने खुद सिखा दीं—

कुछ तो तेरे मौसम भी मुझे रास न आये
और कुछ मेरी मिट्‌टी में बग़ावत भी बहुत थी

गिरीश भाई की सीमाब मिज़ाजी और बिफरे हुए दरिया जैसी क़ैफ़ियत ने उनसे बहुत दरबदरी करवायी। कभी वह 7, जन्तर मन्तर में कांग्रेस के ऑफिस में रहे, कभी लाल बहादुर शास्त्री की ख़िदमत करते हुए कांग्रेस के उड़ीसा के जलसों में पहुँच गये। देहली से जी उकता गया तो 1966 से 1969 तक बिरला जी की हिंडालको में रहे लेकिन मिज़ाज ने हिंडालको के एक मैनेजर की नाइंसाफियों से समझौता नहीं करने दिया। हरचन्द कि पैरों में मीरा भाभी की चाहत की जंजीर पड़ चुकी थी लेकिन—

हँसता हूँ अपने पाँव की जंज़ीर देख कर
जो साथ चल रही है वो रोकेगी क्या मुझे

मीरा भाभी की दुआओं और घर में आये नये-नये संजू की किलकारियों ने

गिरीश भाई को पत्थर से मोम बना दिया। उनके दरबदरी के शौक़ पर भाभी ने अपनी आरज़ूओं का दुपट्टा डाल दिया। गिरीश भाई मोम की तरह पिघलने लगे। घर में दूसरे बेटे पंकज की आमद ने गिरीश भाई को दो नन्हें-नन्हें फूल जैसे बच्चों का बाप बना दिया। बाबू जमुना प्रसाद जो गिरीश भाई की वालिदा के बग़ैर बुढ़ापे में तन्हाई के क़र्ब से गुज़र रहे थे, उनके लिए संजू और पंकज ऐसे दिलचस्प खिलौने बन गये जिसके लिए हर आदमी बुढ़ापे का इन्तिज़ार करता है लेकिन बुढ़ापा बहुत देर तक बचपन का साथ नहीं दे पाता। पोतों का हर लम्हे दादा को तलाश करना भी मौत के फ़रिश्तों को अच्छा नहीं लगता। आख़िर 24 दिसम्बर, 1979 की एक शाम को बाबू जमुना प्रसाद का मिट्टी बदन इलाहाबाद की मिट्टी का हिस्सा बन गया। गंगा नदी के किनारे जलती हुई बाबू जी की चिता पर जब गंगा के मुकद्दस पानी का छिड़काव हुआ तो ख़फ़ीफ़ (थोड़ा) सा धुआँ उठा और फ़ज़ा में तहलील (घुल) हो गया—

ज़िन्दगी में ये बदन शोलए जव्वालाँ था
मौजये सर्द मेरी राख ठिकाने से उठा

बाबू जमुना प्रसाद अपने पीछे तहज़ीब, इल्मदोस्ती और इंसानियत का जो ख़ज़ाना छोड़ गये थे उसकी रखवाली बहुत दुश्वार थी लेकिन रुख़्सत होने से पहले बाबू जी ने गिरीश भाई की पेशानी पर अपने बूढ़े होंठ नहीं रखे थे बल्कि ख़ानदानी फ़क़ीराना मिज़ाजी की वह मुहर लगायी थी जिससे बादशाहे वक़्त तक नज़रें चुराने लगते हैं।

ज़िन्दगी की लम्बी शाहराह पर दौड़ते-दौड़ते गिरीश भाई भी कुछ थकन महसूस करने लगे थे। चन्द दोस्तों के इसरार (आग्रह) पर स्वरूप रानी मेडिकल कालेज में चाय का कैंटीन खोला। एक तो चाय अच्छी, फिर उसमें मोहब्बत की मिठास और फिर चाय के हर घूँट के साथ गिरीश भाई की दिलचस्प गुफ़्तगू ने इस कैंटीन को पढ़े-लिखे लोगों का चौपाल बना दिया। एक दिन इलाहाबाद हाईकोर्ट के जस्टिस Mr. S.K. Verma गिरीश भाई के वालिद बाबू जमुना प्रसाद के साथ अस्पताल में अपनी आँखों में हुई 'जय बंगला' बीमारी दिखाने आये। जब किसी ने इज़्ज़त मआब (महामहिम) चीफ जस्टिस को बताया कि गिरीश वर्मा बाबू जमुना प्रसाद के बेटे हैं तो उन्होंने फ़ौरन ही गिरीश भाई से चाय ख़ाना बन्द करके हाईकोर्ट में मुतरजिम (अनुवादक) की नौकरी शुरू करने का हुक्म दिया। 400/- के पे स्केल पर 13 जुलाई, 1971 में गिरीश भाई इलाहाबाद हाईकोर्ट में नौकर हो गये। कुछ दिनों बाद इज़्ज़त मआब जस्टिस K.B. Asthana ने उस वक़्त के वज़ीरे आला नारायण दत्त तिवारी से कह कर पी.आर.ओ. की पोस्ट क्रिएट करायी। 1985 में गिरीश भाई हाईकोर्ट में रजिस्ट्रार हो गये। सदी के आख़िरी

साल के ख़त्म होते-होते वह इलाहाबाद हाईकोर्ट के रजिस्ट्रार प्रोटोकाल बना दिये गये। अपनी आलाजर्फ़ी, दोस्तनवाज़ी, ग़रीब परवरी, बेपनाह मेहनत और ईमानदारी के बलबूते पर आज वह हाईकोर्ट के ही नहीं, बल्कि सारे इलाहाबाद के चहेते हैं। दोस्त हैं, जाने महफ़िल हैं और शायरों और अदीबों के मुस्तक़िल मेज़बान हैं। इलाहाबाद ख़ुशनसीब है कि गिरीश भाई इलाहाबाद से इश्क़ करते हैं। गिरीश भाई भी ख़ुशनसीब हैं कि सारा इलाहाबाद उनसे बेपनाह मोहब्बत करता है।

ज़िन्दगी में गिरीश भाई की तरह एक दोस्त मिल जाये तो दुश्मनों की तादाद से परेशानी नहीं हो सकती। कुँवर महिन्दर सिंह बेदी 'सहर' ने अपनी किताब 'यादों का जश्न' में एक मजिस्ट्रेट साहब का तज़किरा करते हुए लिखा था कि मौसूफ़ अपने सौ दोस्त छोड़ सकते थे लेकिन अपना एक उसूल नहीं तोड़ सकते थे। हालाँकि बेदी साहब ने उनको यह बता दिया था कि मैं अपने एक दोस्त के लिए अपने सौ उसूल तोड़ देता हूँ। दोस्ती में उसूल की बात करने वाले या तो बुज़दिल होते हैं या ज़ेहनी तौर पर छोटे होते हैं। प्रोफ़ेसर एजाज़ अफ़ज़ल का क़ौल है कि बा उसूल आदमी की इज़्ज़त करो लेकिन उस पर भरोसा मत करो क्योंकि वह बुरे वक़्त में साथ छोड़ देगा—

अब कह दिया तो साथ निभायेंगे उम्र भर
हालाँकि दोस्ती का ज़माना तो है नहीं

हाईकोर्ट में गिरीश भाई का दफ़्तर किसी फ़क़ीर की ख़ानक़ाह लगता है या किसी हकीम का मतब मालूम होता है वर्ना कचहरी, अदालत, पुलिस स्टेशन, सरकारी दफ़्तर, अस्पताल और दौलतमन्द ससुराल में कोई किसी का पुरसाने हाल (हाल पूछने वाला) नहीं होता है। गुज़रा गवाह, रिटायर्ड जज, कम बोलने वाला वकील, स्टेज से उतरा हुआ शायर, लौटता बाराती, जुयेख़ाने का उधार, पतुरिया का प्यार, पार्टी से निकाला हुआ नेता, बग़ैर वर्दी का पुलिस अफ़सर यह सब उरूज और ज़वाल (उत्थान और पतन) की ज़िन्दा तस्वीर होते हैं। लेकिन बक़ौल हकीम साहब ज़िन्दा तस्वीर की तरकीब ही ग़लत है क्योंकि ज़िन्दा आदमी तस्वीर नहीं हो सकता और तस्वीर ज़िन्दा नहीं हो सकती।

गिरीश भाई के आफ़िस में शायर, नाशायर, मुतशायर, क़व्वाल, साज़िन्दे, गुलूकार, अदाकार, मोलवी, पंडित, अंगूर की बेटी के आशिक़, ग़ालिब के साथ जुआ खेलने वाले, तलाक़ के ख़्वाहिश मन्द, मुतलक़ा (तलाक़ पाई हुई औरत) से निकाह के मुतमन्नी (इच्छुक), सचमुच के कुँवारे, झूठमूठ के शादी शुदा, कुर्सी से उतरे वज़ीर, बोरिया नशीन फ़क़ीर, शहर के बड़े-बड़े अमीर, इस अह्द के ख़ुदसाख़्ता (स्वयंभू) ग़ालिब और मीर, खद्दर धारी नेता, गेरुवाधारी साधु, हरी पगड़ी के मौलाना, सफ़ेद पगड़ियों वाले सरदार, हर तरह के प्रोफ़ेसर, रंगबिरंगे

डॉक्टर, तरह-तरह के ठेकेदार, मुस्कुराते हुए थानेदार, लैला के क़राबतदार, मजनूँ के रकाबतदार (ईर्ष्यालु), कुतुब फ़रोश, अदब फ़रोश, इत्र फ़रोश, मिल्लत फ़रोश, दवा फ़रोश, दुआ फ़रोश, फ़िल्म फ़रोश, इल्म फ़रोश, ज़मीर फ़रोश, ग़रीब रिक्शेवाला, मुस्तक़बिल से जंग करता हुआ मज़दूर ग़रज़ यह कि हर मसलको मज़हब और हर मकतबये फ़िक्र (विचारधारा) से ताल्लुक़ रखने वालों की इतनी भीड़ किसी दूसरी जगह देखने को नहीं मिल सकती–

लोग प्यास अपनी बुझाते हैं, चले जाते हैं
और दरिया है कि चुपचाप रवाँ रहता है

अदालत वह दुनियावी मैदाने हश्र है जहाँ कोई किसी को नहीं पहचानता। बग़ैर फ़ीस के वकील मुवक्किल को नहीं पहचानते, जज मुजरिम को नहीं पहचानते, गवाह क़ातिल को नहीं पहचानता, अदालत मजबूरियों को नहीं पहचानती, मुंसिफ़ रिश्तों को नहीं पहचानता, जहाँ शनासायी (जान पहचान) यूँ धक्के खा रही हो वहाँ तितली के परों पर लिखी तहरीर को कौन पढ़ता है। वहाँ चेहरों की खुली किताब पर कौन निगाह डालता है। अदालत में औरत की मज़लूम अना (स्वाभिमान) मुंसिफ़ के सामने बेक़ुसूर हाथ जोड़े खड़ी रहती है। एक ख़ातून क़त्ल के इल्ज़ाम में अदालत में लायी गयीं। बहस के दौरान जज ने उस औरत से उसकी उम्र दरयाफ़्त की, औरत ने अपनी उम्र बीस साल कुछ महीने बतायी। जज ने जब औरत से डाँट कर पूछा कि बीस साल कितने महीने? तो औरत ने जल्दी से बताया कि बीस साल एक सौ बीस महीने। अब बेचारे जज साहब औरत के जिस्म का जुग़राफ़िया क्या जानें। उन्हें क्या पता कि औरत की असली उम्र वही सच्ची है जितनी उम्र की वह दिखाई देती हो। हकीम साहब ने अपनी पुश्तैनी रवायतों के ज़ेरे असर बहुत-सी अदालतों के चक्कर लगाये हैं। उनका कहना है कि बाज़ (कुछ) अदालतों में कुछ ऐसी ख़वातीन वकील भी होती हैं जिन्हें देख कर हर उम्र का आदमी ज़िना (व्यभिचार) के जुर्म में गिरफ़्तार होना चाहता है। बल्कि हकीम साहब ने यह भी बताया कि उनके एक दूर के चचा को सत्तर बरस की उम्र में जब इस्मतदरी (बलात्कार) के केस में सज़ा सुनायी गयी तो उन्होंने जज साहब के फ़ैसले की कई दर्जन कापियाँ अपने दोस्तनुमा दुश्मन और दुश्मन नुमा दोस्तों को भिजवायीं–

अभी तक फड़फड़ाती है किसी के लम्स की लज़्ज़त
मैं बूढ़ा हो गया हूँ फिर भी गर्माहट नहीं जाती

गिरीश भाई के आफ़िस में ख़वातीन भी आती रहती हैं लेकिन सिर्फ़ उतनी ही देर तक के लिए जितनी देर तक बुलबुल मुँडेर पर बैठती है क्योंकि औरत सब कुछ बर्दाश्त कर सकती है लेकिन खुदनुमायी की तौहीन बर्दाश्त नहीं कर

सकती और गिरीश भाई के दरबारनुमा आफ़िस में किसको फुर्सत कि वह ग़ज़ल की लखनवी शायरी करे। वहाँ तो ज़्यादातर जर को गँवाये, ज़न (औरत) के सताये और ज़मीन से उठाये हुए लोगों की भीड़ रहती है। इस भीड़ में गिरीश भाई की शख़्सियत नूरानी तेल जैसी हो जाती है। वहाँ तो गिरीश भाई फ़ायलों में ग़ल्तियाँ पकड़ते हैं। हैदर ज़ैदी दूसरों की शायरी में ऐब तलाश करते हैं। बशारत भाई वाक़ियाते क़र्बला बयान करके यह साबित कर देते हैं कि हिन्दुस्तान का डाक तार का निज़ाम बहुत बोगस है। बहुत-सी ख़बरें यहाँ चौदह सौ बरस बाद पहुँचती हैं। करामत भाई भुने हुए गोश्त की प्लेट देखते हैं। उमेश नारायण शर्मा अपनी खुमारआलूद (नशे में बोझल) आँखों से सब कुछ देखते रहते हैं और चुप रहते हैं। काज़िमी साहब अपने लिबास को शायर की नयी ग़ज़ल की तरह दाद के लिए इस्तेमाल करते हैं। मुक़दमा जीत कर आते हैं तो अपनी कामयाबी पर हँसते हैं और अगर हार कर आते हैं तो मुवक्किल पर और आसिफ़ उस्मानी उनकी क़िस्मत पर मुस्कुराते हैं–

बदन चुरा के न चल ऐ क़यामते गुज़राँ
किसी-किसी को तो हम आँख उठा के देखते हैं

अतीक़ इलाहाबादी के मुशायरे में पाकिस्तानी शायरा ज़किया ग़ज़ल तशरीफ़ लायी थीं। मुशायरे के दूसरे दिन उनकी वापसी थी लेकिन गिरीश भाई इस बात पर अड़ गये कि यह मुमकिन ही नहीं है कि बहन हिन्दुस्तान आये और भाई के घर न आये। यह इलाहाबाद है, यहाँ तो गंगा भी जमुना में आ कर मिल गयी है। फिर बहन अपने भाई से मिले बग़ैर जा ही नहीं सकती। मैं इजाज़त भी दे दूँ तो गंगा नहीं जाने देगी। वो सामने गंगा का किनारा है जहाँ मेले में बरसों के खोये हुए मिल जाते हैं। ग़रज़ कि हिन्दुस्तान की पज़ीरायी (आवभगत) के सामने पाकिस्तान शर्मिन्दा हो गया। दूसरे दिन शाम को ज़किया ग़ज़ल अपने शौहर के साथ गिरीश भाई के घर तशरीफ़ ले गयीं। घर में भाभी ने उन लोगों का इस्तक़बाल इस तरह किया जैसे कि बेटियों का मायके में होता है। घंटे भर की मुलाक़ात में तमाम मोहब्बतों की रस्में पूरी की गयीं। चलते वक़्त तोहफ़ों का एक भारी बैग भी मीरा भाभी ने यह कह कर साथ कर दिया कि लड़कियाँ अपने भाई के घर से ख़ाली हाथ नहीं जातीं। सारा घर उन लोगों को स्टेशन पहुँचाने गया और रेल की सीटी के दर्द की तफ़सीर (खुलासा होने) से पहले ही ज़किया गिरीश भाई और भाभी से इस तरह लिपट कर रोयीं जैसे लड़कियाँ पहली बार घर छोड़ते हुए रोती हैं। नफ़रत की लगायी हुई कटीले तारों की बाढ़ भाई-बहन के आसुओं की हिद्दत से यूँ पिघल गयी जैसे मोम पिघल कर अंगारे को काला कर देता है।

सय्यद मोहम्मद अली काज़िमी जो गिरीश भाई के बुढ़ापे का इश्क़ भी हैं और जवानी का इन्तिज़ार भी, काज़िमी साहब का सारा ख़ानदान पाकिस्तान चला गया। हिजरत की आँधी में काज़िमी का बाग़ ही उजड़ गया। काज़िमी साहब कानपुर से हिजरत करके इलाहाबाद आ गये। पता नहीं लोग सिर्फ़ पाकिस्तान जाने को हिजरत क्यों कहते हैं? हिजरत की इससे बड़ी तौहीन और क्या हो सकती है कि उसे सियासी तक़सीम के साथ जोड़ दिया जाये। हज़ारहा हिन्दुस्तानी मुसलमान हिन्दुस्तान छोड़कर इधर-उधर चले गये लेकिन न तो उन्होंने अपने को मुहाजिर लिखा और न हिजरत का मातम किया। एक हिन्दुस्तानी कहावत है कि 'फिसल गये तो हर गंगा'। अपनी तरक़्क़ी के लिए, अपनी ख़ुशहाली के लिए वतन छोड़ने वाले कभी मुहाजिर नहीं हो सकते। हिजरत का लफ़्ज़ तो उस ज़ाते गरामी (महानतम व्यक्ति यानी हज़रत मोहम्मद) से मंसूब (जुड़ा) है जिसने उम्मत (क़ौम) की ख़ुशहाली और इस्लाम को ज़िन्दा करने के लिए हिजरत की थी। किसी सियासी रहनुमा को क़ाएदे आज़म के लक़ब से नवाज़ना इस्लाम के फ़लसफ़े का मज़ाक़ उड़ाना है। लेकिन ख़ुदसाख़्ता क़ायदे आज़म, ख़ुदगर्ज़ी के नतीजे में जनम लेने वाला मुल्क और अपने क़लम से ख़ुद मुहाजिर हो जाने वाले हज़रात क्या इतना भी नहीं जानते कि—

हर आदमी को याद है हिजरत रसूल की

मुझे इस ख़ानक़ाह में हाज़िरी देते पाँच बरस का अर्सा हो गया है लेकिन आज तक मैंने किसी ऐसे आदमी को नहीं देखा है जिसके वक़्त पर गिरीश भाई काम न आये हों, अब यह अलग बात है कि किसी का काम न हुआ हो। गिरीश भाई तो ख़ुद कहते हैं कि यार मेरी कोशिश से अगर किसी की मदद हो जाये तो क्या बुराई है, लेकिन मैं सिर्फ़ कह सकता हूँ, गुज़ारिश कर सकता हूँ, यहाँ तक कि दस्तबस्ता इल्तिजा कर सकता हूँ लेकिन हाथ पकड़ कर तो किसी से लिखवा नहीं सकता। गिरीश भाई जिससे भी इश्क़ करते हैं, टूट कर करते हैं। नफ़रत का उनके यहाँ कोई मुस्तक़िल ख़ाना नहीं है। मूड में होते हैं तो मुस्कुराते हैं। मूड ख़राब हो तो गुनगुनाना शुरू कर देते हैं। अगर इस तरह भी क़ाबू नहीं पाते हैं तो फ़ौरन पान खाते हैं और पान की लाली होंठों पर आती हुई गाली को रोक लेती है। दुख के मौसम में उनके चेहरे की मुस्कुराहट और भी गहरी हो जाती है—

हर दौर से गुज़रा हूँ मसर्रत हो कि ग़म हो
हर राह में इक नक़्शे क़दम छोड़ दिया है

गिरीश भाई अपनी ख़ुशी, खाने, लतीफ़े और चाय के दौर में सबको शरीक कर लेते हैं। वह दिलचस्प वाक़ियात, नये पुराने लतीफ़े और चटपटी गुफ़्तगू के लिए हर वक़्त तैयार रहते हैं।

एक दिन उन्होंने एक दिलचस्प क़िस्सा सुनाया। बताने लगे कि उन दिनों हाईकोर्ट में एक सीनियर जज साहब हुआ करते थे। मैं उनके पास पहुँचा और अपनी ज़रूरत बयान करते हुए अर्ज़ किया कि "सर! आज मैं ज़रा जल्दी हाईकोर्ट से जाना चाहता हूँ क्योंकि मेरे साढू जा रहे हैं। उन्हें स्टेशन छोड़ने जाना पड़ेगा।" जज साहब ने बर्जस्ता पूछा कि, "भई गिरीश! यह साढू क्या होता है?" गिरीश भाई समझे कि जज साहब जाट आदमी हैं, मुमकिन है साढू के माने से नावाक़िफ़ हों लिहाज़ा फ़ौरन बोले "सर! साली के शौहर को साढू कहते हैं।" जज साहब ने फ़ौरन बात काटते हुए कहा, "भई! साढू के माने अच्छी तरह जानता हूँ। उर्दू में उसे हमज़ुल्फ कहा जाता है।" गिरीश भाई ने फ़ौरन हाँ में गर्दन हिलायी, जज साहब पहले तो मुस्कुराये फिर गिरीश भाई से कहने लगे कि एक बात समझ लीजिए जनाब! साढू का रिश्ता कोई रिश्ता नहीं होता और हो भी कैसे सकता है। मैं आपको समझाता हूँ, आपने हिन्दुस्तान मोटर्स के शोरूम से एक एम्बैस्डर कार ख़रीदी, उसी शोरूम से एक किसी दूसरे शख़्स ने भी एम्बैस्टर कार ख़रीदी, जो आपके पास अपनी कार रोक कर आता है और आपसे कहता है कि आप मेरे रिश्तेदार हैं, तो क्या आप उसे अपना रिश्तेदार तस्लीम कर लेंगे। बिल्कुल इसी तरह किसी साहब की दो बेटियाँ हैं, एक की शादी आपके साथ हो गयी और दूसरी लड़की की शादी किसी और शख़्स से हो गयी तो वह आपका रिश्तेदार कैसे हो जायेगा। ख़ैर, आप अपनी साली और उसके शौहर को स्टेशन पहुँचाने जा रहे हैं तो अच्छी बात है लेकिन साली के शौहर को रिश्तेदार समझना सरासर बेवक़ूफ़ी है।

ज़िन्दगी से भरपूर क़हक़हे, कबूतरों की तरह साफ़ शफ़्फ़ाफ़ रहना और टूट के मिलना, दोस्तों के लिए आँखों के जलते दिये दहलीज़ पर रखे रहना, दोस्तों को फ़ोन करके हाल अहवाल पूछना, बुज़ुर्गों को एहतराम से नवाज़ना, दोस्तों की क़द्र करना, शायरों और अदीबों से झुक कर मिलना, यह सब उनका पुश्तैनी सरमाया है–

झुक के मिलते हैं बुज़ुर्गों से हमारे बच्चे
फूल पर बाग़ की मिट्टी का असर आता है

उनके घर का माहौल ठहरे हुए दरिया जैसा है। उनका घर ख़ानक़ाहों का दस्तरख़्वान है, गाँव की चौपाल है, चौपाल की चारपाई है, जामा मस्जिद की सीढ़ी है, मोहब्बतों का चबूतरा है, फूलों की वह बेल है जो मस्जिद और मन्दिर से एक साथ लिपटती है। उनकी शख़्सियत उस बादशाह जैसी है जो दिन में दरबार लगाता था और रात में दुखी दिलों से अहवाल पूछता था। उनका घर वह हिन्दुस्तान है जहाँ बाबरी मस्जिद और राम जन्म भूमि आपस में गले मिलते

दिखाई पड़ती हैं। वह अपनी गुफ़्तगू, अपने तौर तरीक़े, अपने पुरखुलूस लहजे, अपनी शराफ़त और अपनी सख़ावत से उस हिन्दुस्तान का नक़्शा हैं जिसमें घरों पर नाम और नम्बर नहीं लिखे जाते थे, सिर्फ़ 'खुशआमदीद' (सुस्वागतम) लिखा रहता था। उनके घर में रेफ़्रिजरेटर सिर्फ़ ठंडे पानी के लिए इस्तेमाल होता है। खाना बचाकर दूसरे दिन के लिए नहीं रखा जाता–

ठंडे मौसम में भी सड़ जाता है बासी खाना
बच गया है तो ग़रीबों के हवाले कर दे

ज़रूरत के वक़्त किसी की भी इमदाद करना उनकी आदत है। शायरी उनका ओढ़ना-बिछौना, मेहमान नवाज़ी उनका शौक़, हौसला अफ़जायी उनकी शराफ़त, ईमानदारी उनका पुश्तैनी असासा, यारबाशी उनका नशा, नौकरी उनकी ज़रूरत, दफ़्तर उनका ड्राइंग रूम, दोस्तों को याद रखना उनकी आला ज़र्फ़ी, ख़ूबसूरत जुमले बोलना उनका हक़, बेधड़क कुछ भी कह जाना उनकी सादा मिज़ाजी, गालियाँ बकना उनका स्टाइल, और इंसानियत उनका मज़हब है। उनकी तमाम ख़ूबियों से उनके दोस्त और दुश्मन सब वाक़िफ़ हैं। लतीफ़े गढ़ना और शेर में तरमीम (संशोधन) करके उसे हस्बे हाल कर लेना उनका कमाल है। गुस्से में मुस्कुराना और फ़ुर्सत में गुनगुनाना उनकी ज़िन्दगी का हिस्सा है। हर शख़्स को गिरीश भाई से कुछ न कुछ फ़रमाइश करते देखा गया है लेकिन गिरीश भाई को आज तक किसी से कोई फ़रमाइश करते नहीं देखा गया। भाभी से भी इश्क़ करते हैं, फ़रमाइश नहीं करते लेकिन भाभी भी उनके सीमाब सिफ़त मिज़ाज से इतना वाक़िफ़ हो गयी हैं कि पसन्द और ना पसन्द समझती हैं–

कोई दुख हो, कभी कहना नहीं पड़ता उससे
वह ज़रूरत को तलबगार से पहचानता है

संजू और पंकज उनके दो बेटे हैं। दोनों गिरीश भाई की पुश्तैनी तहज़ीब के वारिस भी हैं और अलमबरदार (ध्वजा वाहक) भी। गिरीश भाई घर पर मौजूद न भी हों तो बच्चे इस तरह पेश आते हैं कि जैसे घर में दो गिरीश भाई मौजूद हों। भाभी अल्ला मियाँ की गाय हैं। अपनी सेहत की ख़राबी और बुज़ुर्गी के बावजूद मेहमान नवाज़ी में कितनी बार प्लास्टर बँधवा चुकी हैं। गिरीश भाई को आज भी उतना ही चाहती हैं जितना जवानी में चाहती थीं। जब तक गिरीश भाई रहते हैं उनको देखा करती हैं। इंजेक्शन लगवाते वक़्त भी, दवा खाते हुए भी, प्लास्टर बँधवाते हुए भी और जब गिरीश भाई नहीं होते तो उनके बिस्तर को या तो साफ़ करती रहती हैं या उनके साथ अपनी शादी की तस्वीरें देखा करती हैं। अच्छे-अच्छे लोग भाभी की गिरीश भाई से इस बेपनाह मोहब्बत को देखकर रश्क करते हैं–

बिछड़ेंगे तो मर जायेंगे हम दोनों बिछड़ कर
इक डोर में हमको यही डर बाँधे हुए है

हाईकोर्ट के माहौल और वकीलों की सोहबत में रहते-रहते उनको भी लड़ाई देखने का बहुत शौक़ है। हर तरह से बहू को सास के ख़िलाफ़ उकसाया मगर उनकी बहू शिवानी भी एक मिट्टी की बनी हुई है। उसने कभी सास से लड़ कर नहीं दिया। गिरीश भाई ने बहुत मिन्नत समाजत की, उसे यह भी बताया कि मैंने अपने घर में कभी सास-बहू की लड़ाई नहीं देखी है, कम से कम यह हसरत तो पूरी कर दो, लेकिन वह भी गिरीश भाई की बहू है उसने कह दिया कि बाबू जी हसरत जयपुरी तो हो सकती है लेकिन हसरत पूरी नहीं हो सकती क्योंकि ससुराल में वही लड़कियाँ आकर लड़ाई-झगड़े करती हैं जो अपनी रुख़्सती से पहले अपने वालिदैन को दहेज के इन्तिज़ाम के लिए परेशान इधर-उधर हाथ फैलाते हुए देखती हैं लेकिन बाबू जी आप तो हमें हमारे घर से इस तरह लाये हैं जैसे दूसरे के घर से अपनी सोयी हुई बेटी को उठा कर बाप लाता है और माता जी ने तो मुझे घर में इस तरह रखा है जैसे लक्ष्मी और सरस्वती की मूर्ति रखी जाती है। लड़ाई तो दूर की बात है बाबू जी! अगर कभी मेरी आवाज़ भी ऊँची हो गयी तो भगवान हमसे स्वर्ग छीन लेगा जैसे गुनहगारों से हुकूमत छीन लेता है।

गिरीश भाई ने बहू से ज़िन्दगी का सच्चा फ़लसफ़ा सुनने के बाद अब उसे बेटी बना लिया है, पता नहीं गिरीश भाई हार गये या शिवानी जीत गयी!

या तो दीवाना हँसे या वह जिसे तौफ़ीक़ दे

अकबर इलाहाबादी, अमरूद और आसिफ़ उस्मानी में एक चीज़ मुश्तरक (संयुक्त) है कि तीनों का तज़किरा आते ही ज़बान लज़्ज़तों से, होंठ मुस्कुराहट से और ज़ेहन कृष्ण बिहारी नूर के इस मिस्रे से मेलजोल बढ़ाने लगता है–

आँख अपना मज़ा चाहे दिल अपना मज़ा चाहे

हालाँकि अकबर इलाहाबाद में रहे नहीं, अमरूद बहुत महँगे हो गये और आसिफ़ उस्मानी आसानी से दस्तयाब नहीं होते लेकिन उनके चाहने वाले आख़िरकार उन्हें ढूँढ निकालते हैं। हर शहर में कुछ ऐसे लोग होते हैं जो बज़ाहिर तो ज़र्रे होते हैं लेकिन उनकी गुफ़्तगू में सूरज की तमाज़त (चमक) और चाँदनी का इत्र शामिल होता है। ऐसे लोग अपने अन्दर एक खुश मिज़ाजी की दुनिया आबाद किये रहते हैं और दुनिया को मुस्कुराहट के लम्स (स्पर्श) से वाक़िफ़ कराते हैं। उनकी गुफ़्तगू में न फ़लसफ़ा होता है न साइंस, उनकी गुफ़्तगू में मासूम बच्चों की तरह सच बोलने की ललक होती है। ऐसे लोगों की गुफ़्तगू में कई साज़ों की खनक और तरन्नुम मुदग़म (विलीन) हो जाते हैं। ऐसे लोगों की गुफ़्तगू में वह मिठास होती है जो शुगर के मरीज़ों के लिए आबे हयात बन जाती है, उनकी गुफ़्तगू तबीयतों को बाग़ो बहार कर देती है। ऐसे लोगों के होंठ खुलते ही शहर की बारूदी फ़ज़ा हार मान लेती है। साइंस की तरक़्क़ी के इस दौर में ऐसे लोग ग़ायब होते जा रहे हैं जो दूसरे की रगों में बिखरते हुए साँप के ज़हर को अपने होंठों से खींचकर बाहर निकाल लेते है। ऐसे लोग अब ख़ाक का पेवन्द हो गये जो डूबते को बचाने में ख़ुद कुएँ की तह में बैठ जाते थे।

हँसना एक क़ुदरती अमल है जिसके लिए आदमी रोने को भी तैयार हो जाता है। दरअसल दुनिया को हँसाने वाले हमेशा यह भूल जाते हैं कि हँसना उनके लिए भी ज़रूरी है। जैसे-जैसे इंसान के क़दम चाँद और सूरज तक पहुँच रहे हैं वैसे-वैसे आम इंसानों के ख़ुश होने के इमकानात भी ख़त्म होते जा रहे हैं क्योंकि ज़िन्दगी की चक्की में उम्र का गेहूँ पिसता रहता है। हालात, ज़रूरतें, मसायल, घरेलू उलझनें, बुलन्दी से पस्ती पर आने का ख़ौफ़ और उम्र की कमज़ोर होती

डोर आदमी को इतना मोहतात, फ़िक्रमन्द और चिड़चिड़ा बना देती है कि आदमी अपने होंठों पर मचलने वाली मुस्कुराहट को भी अंगारा समझता है।

आसिफ़ उस्मानी चेहरे मोहरे से सेठ, चाल ढाल से माफ़िया, गुफ़्तगू से बहुत बड़े चौपालिये और ख़ामोश रहें तो दानिशवर (बुद्धिजीवी) मालूम होते हैं। उनकी शख़्सियत के इतने निराले और हसीन शेड्स हैं कि महफ़िल में चार चाँद लग जाते हैं। हालाँकि वह ख़ुश्क साली (दुर्भिक्ष) को हमेशा साली ख़ुश्क कह कर नज़र अन्दाज़ कर देते हैं, इसके बावजूद वह ख़्वातीन में भी ख़ासे मक़बूल हैं। हरचन्द कि यह जुमला उनकी अज़दवाजी (वैवाहिक) ज़िन्दगी पर बुरा असर डाल सकता है और यह भी मुमकिन है कि मानीख़ेज़ और भारी भरकम जुमला भी ताख़ीर (विलम्ब) से हासिल होने वाली ख़बर की तरह होता हो। अपनी आक़िबत (अंजाम) के पेशे नज़र कोई भी शख़्स उनके सिलसिले में नाआक़िबत अन्देशी (अंजाम से लापरवाही) नहीं करता है लेकिन कुछ मुख़बिर नाआक़िबत अंदेश होते हैं। यह और बात है कि क़िस्मत के ज़ोर पर वह अख़बार के मालिक हो जाते हैं। हाज़िर जवाबी और तबियत की शोख़ी क़ुदरत का वह क़ीमती तोहफ़ा हैं जो सबका मुक़द्दर नहीं होते। हर अह्द में यह क़ुदरती तोहफ़े क़द्रो मंज़िलत (क़द्र और इज़्ज़त) की निगाह से देखे जाते हैं।

ज़बान की शमशीर को हर वक़्त मुहावरों की सान पर रखना, गुफ़्तगू के दरम्यान हमेशा सादगी की चिलमन डाले रखना, अल्फ़ाज़ को उनके सही मक़ाम पर इस्तेमाल करना, तज़हीक (मज़ाक उड़ाना) की टूटी हुई किर्चों के ऊपर से सलामती के साथ गुज़र जाना, लहजे में कच्ची मिट्टी के सोंधेपन को बरक़रार रखना, मुस्कुराहट की फूल-पत्तियों पर आँसुओं का छिड़काव करते रहना, दिलों की उदासी पर मुस्कुराहट के फूल खिला देना, चेहरों को किताब की तरह पढ़ना और अल्फ़ाज़ की बन्दिश को तहज़ीब की लक्ष्मण रेखा पार न करने देना, कच्चे और कमज़ोर जुमलों को मश्शाक़ (निपुण) शहसवार की तरह होंठों पर आने से रोक लेना, हर हाल में मिज़ाज को शायराना रखना, मौक़ा और मुनासिबत की नब्ज़ पर मुस्तक़िल उँगली रखे रहना और आँखों में हमेशा मासूमियत को सजाये रखना बहुत दुश्वार है। इल्म और अदब के इस सख़्त पुल से गुज़रने के बाद ही शख़्सियत की शाख़ों में हाज़िर जवाबी और तबीयत की शोख़ी के फल-फूल आते हैं।

आसिफ़ भाई के कम्प्यूटर में शायरी ज़्यादा Feed नहीं हो पाती क्योंकि उन्हें कुछ तो शायरों से एलर्जी है, कुछ की हरकतों से और बक़िया के कलाम से। मौसूफ़ मुशायरों में ऐसी जगह बैठते हैं जहाँ से शायर के कलाम, चेहरे और किरदार पर नज़र रख सकें। मुशायरे में बहुत देर तक और बड़ी मेहनत से कलाम

सुनाने वाले को 'मुशायरे का मज़दूर' कहते हैं। जिस शायर पर जुमला लगा देते हैं, वह मज़े में अमरूद हो जाता है। जो उनके लफ़्ज़ों की मिज़ाइल से बच निकलता है, नमरूद हो जाता है। आसिफ़ भाई को शहर के तमाम ख़ुशमिज़ाज पहचानते हैं। बदमिज़ाज भी अपना Mental System ठीक करने में मसरूफ़ हो जाते हैं। क्रिकेट खेलते हैं तो विकेट के बजाय बल्लेबाज़ की खोपड़ी का निशाना लेते हैं, नतीजे के तौर पर बल्लेबाज़ या तो अस्पताल में होता है या ग़लत तरीक़े से आउट होने के जुर्म में टीम से निकाला जाता है। आसिफ़ भाई का क्या होता, उन्होंने कभी इस सिलसिले में कुछ ग़ौर भी नहीं किया।

उनकी निगाह ज़मीनी सेटलाइट है जिससे वह शहर के तमाम गरेबानों में झाँकते रहते हैं। मज़े की बात तो यह है कि हर शख़्स उनके निशाने की ज़द पर रहना चाहता है। अर्जुन की निगाह हमेशा चिड़िया की आँख पर रहती थी। आसिफ़ भाई चिड्डे के कैरेक्टर पर भी निगाह रखते हैं। मैंने अपनी ज़िन्दगी में इतने चाक़ोचौबन्द (चुस्त दुरुस्त) कम ही लोग देखे हैं जो पुलिस के महकमे में न होते हुए भी मुजरिमों पर निगाह रखते हैं, नक़्क़ाद (आलोचक) न होते हुए भी शायरों के कलाम और उसके मुज़िर (नुक़सानदेह) असरात पर निगाह रखते हैं और उसके तदारुक (इलाज) के लिए उमेश नारायण शर्मा और मोहम्मद अली काज़िमी से बग़ैर फ़ीस का मश्विरा करते हैं। कहा जाता है कि आसिफ़ भाई से कोई फ़ीस नहीं माँगता। बचपन में सिर्फ़ स्कूल वाले नहीं माँगते थे, अब कोई नहीं माँगता। डॉक्टर भी उनका इलाज डूबी हुई रक़म के तौर पर करते हैं। यह और बात है कि उनके ऊपर किसी की फ़ीस न देने का कोई इल्ज़ाम नहीं है। हाँ, मोहब्बत में देर सवेर तो होती ही रहती है। कहने वाले तो यहाँ तक कहते हैं कि कूचये अरबाबे निशात (हसीनाओं की गली) में भी उनके लिए पच्चीस फ़ीसदी की डिस्काउण्ट स्कीम रहती है, अब इस डिस्काउण्ट से वह फ़ायदा उठाते हैं या नहीं, इसका पता लगाना पुलिस वालों का काम है और अगर पुलिस वाले इसी लायक़ होते तो हर शहर के बीचो बीच कूचये अरबाबे निशात और ज़िन्दा गोश्त की दुकानें ही क्यों होतीं।

उनके चाहने वालों में नगर नरेश अतीक़ भाई का भी शुमार होता है। मौसूफ़ आसिफ़ भाई को दिन में कई बार याद करते हैं लेकिन आसिफ़ भाई यह सुनकर ख़ुश नहीं होते। उनका कहना है कि मैं कोई सबक़ तो हूँ नहीं कि लोग मुझे याद करें। अतीक़ भाई विधायक बनने के बाद पहली बार पीस कमेटी की मीटिंग में शिरकत करने की ग़रज़ से कोतवाली गये, आसिफ़ भाई उनके साथ थे। कोतवाली में दाख़िल होते ही उन्होंने आसिफ़ भाई से कहा कि डेमोक्रेसी पर तक़रीर करने के लिए कुछ ख़ास प्वाइंट बताओ। आसिफ़ भाई ने एक निगाह

कोतवाली के बोर्ड पर डालते हुए कहा, विधायक जी आप कोतवाली में खड़े हैं और कोई कुछ नहीं कह रहा है, यही सबसे बड़ी डेमोक्रेसी है।

मशहूर नाक़िद सय्यद मोहम्मद अक़ील इलाहाबाद हाईकोर्ट में प्रोफ़ेसर थे। नये आने वाले तालिब इल्मों से तआरुफ़ (परिचय) की रस्म पूरी की जा रही थी। अब यह इत्तिफ़ाक था कि आसिफ़ भाई से पहले जितने तालिब इल्मों से उन्होंने नाम पूछा, उनमें से बेश्तर शिया मसलक से ताल्लुक़ रखते थे। लिहाज़ा प्रोफ़ेसर अक़ील ने जब आसिफ़ भाई से नाम पूछा तो मौसूफ़ ने मिस्कीनों जैसी सूरत बनाते हुए सर झुका कर कहा, हुज़ूर मैं सुन्नी हूँ। अक़ील साहब जैसे संजीदा शख़्स भी बेसाख़्ता मुस्कुराने लगे। आसिफ़ भाई हर जगह अपनी मौजूदगी का गोशा निकाल लेते हैं। उनके एक बहुत बेतकल्लुफ़ दोस्त किसी हादसे में ज़ख़्मी हो गये। आसिफ़ भाई को मालूम हुआ तो फ़ौरन उनकी अयादत के लिए अस्पताल पहुँचे। उनकी बेगम से मिज़ाजपुर्सी की और उनकी क़ैफ़ियत मालूम की। उनकी बेगम ने बहुत ही बुझे हुए लहजे में बताया कि आसिफ़ भाई दुआ कीजिए, लगता है वह अपनी याददाश्त खो बैठे हैं। आसिफ़ भाई फ़ौरन अपने मरीज़ दोस्त के कमरे की तरफ़ गये और दाख़िल होते ही पूछा कि पहले ख़लीफ़ा कौन थे? वह साहब शदीद तकलीफ़ के बावजूद हँसते हुए उठ कर बैठ गये। आसिफ़ भाई ने कहा कि भाभी बे सबब बरामदे में परेशान खड़ी हैं। उनका ख़याल था कि हादसे में तुम याददाश्त खो बैठे हो।

आसिफ़ भाई के वालिद शेरवानी कालेज में प्रिंसिपल थे। उन्होंने इमदाद हुसैन अलवी साहब से आसिफ़ भाई को जीप फ़्लैश लाइट कम्पनी में कहीं एडजस्ट करने की गुज़ारिश की। अलवी साहब ने आसिफ़ भाई को बुलवाया और उनसे कुछ मामूली क़िस्म के सवालात करना शुरू किये। पहले सवाल के तौर पर अलवी साहब ने आसिफ़ भाई की तरफ़ देखते हुए कहा कि मैं आपसे क्या पूछूँ, आसिफ़ भाई ने जवाब दिया कि जो न आता हो पूछ लीजिए। अलवी साहब ने नाराज़ हो कर आसिफ़ भाई से तालीम पूछी, फिर सवाल किया कि बताइए पानीपत कितनी बार जंग के मैदान में तब्दील हुआ? आठवीं क्लास का सवाल सुनकर आसिफ़ भाई बोर हो चुके थे लिहाज़ा कहने लगे कि सर! वैसे तो दो बार पानीपत में लड़ाई हुई थी लेकिन अब अगर उसके बाद भी लड़ गये हों तो मुझे पता नहीं। अलवी साहब अपनी संजीदा मिज़ाजी के बावजूद उनके जवाबात में दिलचस्पी ले रहे थे। उन्होंने एक और सवाल किया कि U.N.O. में कितनी ज़बानें इस्तेमाल की जाती हैं। जवाब देने के बजाय आसिफ़ भाई ने अपनी तनख़्वाह पूछी। जवाब में उन्हें बताया गया कि आपकी तनख़्वाह छः सौ रुपये मुक़र्रर की जायेगी। आसिफ़ भाई ने दस्तबस्ता अर्ज़ किया कि सर! इतनी

तनख़्वाह में आप सिर्फ़ क़ौमी (राष्ट्रीय) मालूमात का इम्तिहान ले सकते हैं बैनुल अक़्वामी (अन्तर्राष्ट्रीय) सवाल के जवाब मैं हर्गिज़ नहीं दे सकता।

आसिफ़ भाई हर वक़्त अपने ज़ेहन को योगा कराते हैं और जिस्म को आराम करने के लिए छोड़ देते हैं। किसी शादी का खाना पक रहा था, डेग से लगे एक मोटे से साहब तशरीफ़ फ़रमा थे। आसिफ़ भाई ने उनसे कहा कि जनाब आप यहाँ से हट जाइए वर्ना अगर आप किसी डेग में गिर गये तो लोग कहेंगे कि चिकन के नाम पर बड़े का खिला दिया। आसिफ़ भाई की ख़ुशमिज़ाजी की फुहार घर से निकलते ही शुरू हो जाती है। घर से निकल कर थोड़ी ही दूर आये होंगे कि किसी साहब ने पूछ लिया, जनाब यह गली रानी मण्डी जाती है? आसिफ़ भाई मुस्कुराते हुए उसे बताते हैं कि भाई मैं सुबह देर से सो कर उठता हूँ तैयार होकर आफ़िस चला जाता हूँ और रात गये वापस लौटता हूँ। मुझे नहीं मालूम कि रानी मण्डी जाती है या कहीं और निकल जाती है।

सूरज की किरणों के साथ-साथ आसिफ़ भाई की ख़ुश गुफ़्तारी शुरू हो जाती और दिन चढ़ते सारे शहर को अपनी लपेट में ले लेती है। दफ़्तर जाते हुए मुख़्तलिफ़ चौकियों को सर करते हैं। रास्ते में पहलवान की पान-सिगरेट की दुकान पड़ती है। आसिफ़ भाई हमेशा वहाँ रुक कर सिगरेट ख़रीदते हैं। एक दिन पहलवान से सिगरेट तलब करते हुए उन्होंने महसूस किया कि पहलवान को सिगरेट का पैकेट हाथ बढ़ा कर उठाने में कुछ तकलीफ़ हो रही है। आसिफ़ भाई ने हमदर्दी से पूछा कि क्या बात है पहलवान! तबीयत ठीक नहीं है क्या? पहलवान ने बड़ी बेचारगी से कहा, आसिफ़ मियाँ! पहलवान और रण्डी का बुढ़ापा बड़ी तकलीफ़ में गुज़रता है। आसिफ़ भाई ने फ़ौरन पूछा कि आप जवानी में पहलवान थे या... ज़ाहिर है पहलवान की तकलीफ़ फ़ौरन दूर हो गयी। एक साहब गवर्नमेंट से क़र्ज़ लेने और कभी न वापस करने के लिए बहुत मशहूर हैं। एक दावत में दस्तरख़्वान पर आसिफ़ भाई मद्दे मुक़ाबिल (आमने सामने) आ गये। वह साहब खाने में तकल्लुफ़ से काम ले रहे थे। साहिबे ख़ाना ने जब उनसे खाने में बेतकल्लुफ़ी का मज़ाहिरा करने के लिए कहा तो उन्होंने यह कह कर माज़िरत (माफ़ी) चाही कि इन दिनों हाज़मा साथ नहीं दे रहा है। आसिफ़ भाई ने उनको समझाया कि हुज़ूर सरकारी क़र्ज़ समझ कर खाइए, इंशाअल्लाह हज़्म हो जायेगा।

ग़रज़ कि आसिफ़ भाई की चौमुखी से बहुत कम लोग महफ़ूज़ रह पाते हैं। मौलाना नासिर फ़ाख़िरी हज के सफ़र के लिए रवाना हो रहे थे। स्टेशन पर उनके मुरीदों, मोहब्बत करने वालों और अक़ीदत मन्दों की भीड़ जमा थी। लोग इज़हारे अक़ीदत के तौर पर उनसे हाथ मिला रहे थे और उनके मुरीद उनके हाथ का

बोसा ले रहे थे। अपनी बारी आने पर आसिफ़ भाई ने भी लपक कर मौलाना का हाथ पकड़ लिया और बड़ी देर तक उनके हाथों को देखते और चूमते रहे और साथ में यह भी कहते जा रहे थे कि मुमकिन है हज से वापसी पर यह हाथ वहीं रह जायें लिहाज़ा इन्हें जी भर कर देख लेने दो। मौलाना ने उनका इशारा समझते ही हाथ खींच लिया—

हम बहुत ख़ुश हैं उसे दे के इबादत का फ़रेब
वो मगर ख़ूब समझता है ख़ुदा है वह भी

एक नवजवान अपने हाईस्कूल में फ़ेल हो जाने के सिलसिले में मुख़्तलिफ़ तावीलें पेश कर रहा था। बातों-बातों में कहने लगा कि पूरी एजुकेशन बोर्ड की इमारत की रंगाई मैंने की लेकिन मुझ पर किसी ने रहम नहीं खाया। आसिफ़ भाई उसे समझाने लगे— बेटा, अगर इमारत की चूनाकारी के ज़रिये ही पास होना चाहते थे तो मेडिकल कालेज की रंगाई करके डॉक्टर बनना चाहिए था, दसवीं क्लास के इम्तिहान में क्यों इतनी उम्मीद और आस लगाये हुए थे।

बशारत भाई इलाहाबाद हाईकोर्ट में वक़ालत करते हैं, हर वक़्त इस इन्तिज़ार में रहते हैं कि कोई उन्हें छेड़े। मज़हबी बहस का दरिया रवाँ दवाँ था। दौराने गुफ़्तगू आसिफ़ भाई ने हज़रत अमीर मुआविया का कोई वाक़िया बयान करना चाहा लेकिन फ़ौरन ही बशारत भाई ने एतराज़ कर दिया कि आप अमीर मुआविया के नाम के साथ हज़रत नहीं लगा सकते। आसिफ़ भाई ने कहा, चलिए जनाब से काम चला लेता हूँ। बशारत भाई ने कहा—हर्गिज़ नहीं, आप उनके नाम के साथ जनाब भी नहीं लगा सकते। आसिफ़ भाई ने कहा, ठीक है जनाब का इस्तेमाल भी नहीं करूँगा लेकिन श्री से कम पर मैं भी नहीं मानूँगा और बशारत भाई मान गये।

आसिफ़ भाई इतनी बरजस्ता गुफ़्तगू करते हैं कि लगता है घर से रट कर आये हों। किसी साहब ने आसिफ़ भाई से पूछा कि आदमी में सियासी शऊर (समझ) किस उम्र में आता है? आसिफ़ भाई ने फ़ौरन जवाब दिया कि जब उसका इज़ारबन्द दूसरे लोग बाँधने लगें। वह अपनी दिलचस्प गुफ़्तगू, ख़ूबसूरत जुमलों और मुस्तक़िल हाज़िर जवाबी की वजह से हर जगह मौजूद रहते हैं। अगर वह ग़ैर हाज़िर भी रहें तो उनकी दिलचस्प बज़ला संजी मुस्कुराहट की चाँदी के वरक़ में लपेट कर पेश कर दी जाती है। लोग इस तोहफ़े को बासरोचश्म क़ुबूल करते हैं और ख़ुश होते हैं। गिरीश वर्मा उनके आशिक़, अतीक़ भाई उनके दीवाने, काज़िमी साहब उनके मद्दाह, उमेश नारायण शर्मा उनके क़द्रदान, अतीक़ इलाहाबादी उनके तर्जुमान (प्रवक्ता), असलम इलाहाबादी उनके क़िस्सागो, ओरियंट उनका ब्राडकॉस्टिंग सेंटर, अहमद अबरार और नय्यर अक़ील उनके जुमलों की ज़द में

आकर ज़ख़्मी होने वालों की मरहम पट्टी के ठेकेदार, बशारत भाई चोंच बाज़ी के लिए उनके मुस्तक़िल मुतलाशी, हर महफ़िल उनके बग़ैर सूनी, हर मुशायरा उनके बग़ैर अधूरा, हर शायर फ़ास्ट बॉलिंग से अपने को बचाने में मसरूफ़।

आसिफ़ भाई को इलाहाबाद की सड़कें पहचानती हैं। गलियाँ उनकी शनासा हैं, उनको पैदल भी पहचानते हैं और शहसवार भी, उनको याद करने वालों में सरदार भी हैं और असरदार भी, वह हर उस महफ़िल में मौजूद रहते हैं जहाँ ज़ोर से हँसना बेअदबी में शुमार किया जाता है। लिबास के सिलसिले में बहुत लापरवाह दिखाई देते हैं बल्कि जो भी लिबास पहने हों लगता है घरवालों ने ज़बरदस्ती पहना दिया है। न वो अपना लिबास देखते हैं, न लोग उनके लिबास पर निगाह डालते हैं। हर शख़्स सिर्फ़ उनके जुम्बिशे लब का मुन्तज़िर रहता है। एक मुख़बिर के इस बयान की अभी तक तस्दीक़ नहीं हो सकी कि वह तनख़्वाह लेने खुद जाते हैं या डिपार्टमेंट उनकी तनख़्वाह घर पर भिजवा कर अपने आपको महफ़ूज़ महसूस करता है—

पड़े हैं तो पड़े रहने दो मेरे ख़ून के धब्बे
तुम्हें देखेंगे सब महशर में दामाँ कौन देखेगा

फ़य्याज़ फ़ारूक़ी

या इतने नर्म दिल कि रगे गुल से कट गये

उर्दू तनक़ीद के बेहंगम शोर शराबे के बावजूद निहायत सुबुक रफ़्तारी (तेज़ रफ़्तारी) और तहज़ीबी विक़ार के साथ उर्दू ग़ज़ल ने कई सदियों का तवील सफ़र तय कर लिया है। कुछ हासिदीने ग़ज़ल (ग़ज़ल से ईर्ष्या रखने वाले) के नज़दीक अपनी ग़िनाइयत (सुरीलापन) के बलबूते पर ग़ज़ल ने ये मुश्किल सफ़र तय किया है, कुछ नाक़िदीने अदब के मुताबिक़ तुकबन्दी और आसान सिन्फ़े सुख़न (साहित्यिक विधा) होने की वजह से ग़ज़ल को मक़बूलियत का ये दर्जा हासिल हुआ है। ग़रज़ कि अदब के हर मसलक (पन्थ) के इमाम (पेशवा) ने अपने-अपने तौर पर ग़ज़ल की मक़बूलियत और हरदिल अज़ीज़ी के ख़िलाफ़ फ़तवे दिये लेकिन इन तमाम तब्सिरों से गुरेज़ करते हुए अगर ईमानदाराना जायज़ा लिया जाये तो ये हैरत अंगेज़ हक़ीक़त सामने आती है कि लफ़्ज़ों की फ़िज़ूल खर्ची से गुरेज़ और क़नाअत पसन्दी (सन्तोष प्रियता) ने ग़ज़ल को कारिईन (पाठकों) और सामिईन (श्रोताओं) दोनों की पहली पसन्द बना दिया। दुनिया की किसी भी ज़बान में किसी भी मौज़ू (विषय) को लफ़्ज़ी जामा पहनाने की कोशिश में अल्फ़ाज, रोशनाई और काग़ज़ का जितना असराफ़े बेजा (बेजा इस्तेमाल) होता है, उसी मज़मून को ग़ज़ल बड़ी सादगी और आसानी के साथ कैप्सूल बनाकर सवाअतों के रास्ते दिलों और ज़ेहनों तक पहुँचा देती है। ये हुनर मुश्किल ज़रूर है लेकिन ग़ज़ल इसी हुनर को आसान बनाने का नाम है।

बेपनाह मसरूफ़ियत, एहतियात की धूप-छाँव और ज़बरदस्त आपा-धापी के इस रवाँ दवाँ अह्द में लोग यूँ भी अदबी दर्दे सरी से बचना चाहते हैं। लिहाज़ा अपने अन्दर की टूट-फूट, अपने इर्द गिर्द जाल बुनते हुए मसाएल, समाज की सफ़्फ़ाकियों, नाहमवारियों, रिश्तों की बेतरतीब बेलों और खिलखिलाते हुए गुलाब चेहरों की कहानी सुनते वक़्त भारी भरकम लफ़्ज़ों की दीवार तले दबने को तैयार नहीं होते हैं। शायद इसीलिए आज भी इज़हार (अभिव्यक्ति) के पुले

सिरात (कठिनतम राह) से गुज़रने के लिए ग़ज़ल से ज़्यादा भरोसे मन्द कोई दूसरी सिन्फ़ नहीं है।

हमारे तक़रीबन तमाम असातिज़ये किराम (उस्तादों, ज्ञानदाताओं) ने भी शायद ग़ज़ल को अपने जज़्बे के इज़हार का ज़रिया बनाना इसीलिए पसन्द किया होगा कि आने वाली नस्लें अपनी अदीमुल फुर्सती (अवकाश विहीनता) और शबोरोज़ के मसाइल के सबब पोथियाँ याद करने के लायक़ नहीं रह जायेंगी, भागते हुए तेज़ तरीन अह्द में अपने क़रीब तरीन लोगों के फ़ोन और मोबाइल नम्बर ज़ेहन नशीन करने के बजाय मोबाइल के मेमोरी कार्ड पर महफ़ूज़ करने वाली नस्ल से लम्बी-लम्बी नज़्में याद करने या ज़ेरे समाअत लाने (सुनने) की फ़रमाइश भी नहीं की जा सकती। अदब और इबादत में मुश्किल पसन्दी से बचना चाहिए। इंसानियत और रवादारी का सबक़ अगर मुश्किल होता तो दुनिया हज़ारों बरस पहले ही तबाह हो गयी होती। क़दीम (प्राचीन) ज़मानों में इल्म कम था लेकिन लोग जानवरों और परिन्दों की बोली से उनके दुख-दर्द को पहचान लेते थे। नंगे पाँव चलने वालों के तलुवे आज भी ज़मीन का दुख-सुख समझ लेते हैं लेकिन बज़ाहिर बेपनाह तरक़्क़ीयाफ़्ता और मुहज़्ज़ब दुनिया रिश्तों में पड़ती हुई दरारों तक को नहीं देख पाती है। एक ही घर में रहते हुए लोग एक दूसरे के मिज़ाजों से नाआशना (अपरिचित) होते हैं, एक दूसरे से बेख़बर और ला ताल्लुक़ होते हैं। शायरी में ये जादू तो बहरहाल मौजूद है कि ज़रा-सी देर को ही सही लेकिन अशरफ़ुल मख़लूक (जीवधारियों में सर्वश्रेष्ठ) मशीनी इंसान को आदमी बना देती है। काश! दुनिया के हर आदमी को थोड़ी देर शायरी पढ़ने और उसे महसूस करने की फ़ुर्सत मिल जाती। एक निजी महफ़िल में पुलिस महकमे के एक आला अफ़सर ने मुझसे मुख़ातिब होते हुए अज़राहे तफ़न्नुन (मज़ाक के तौर पर) फ़रमाया कि फ़लाँ-फ़लाँ माफ़िया के आपसे बहुत मरासिम हैं फिर मुस्कुराते हुए ये भी फ़रमाया कि वह तो शायद आपके घर भी अकसर आता-जाता रहता है। मैंने उस आला लेकिन मशीनी अफ़सर को बताया कि जनाब! वह मेरे पास कारतूस या असलहा लेने तो आता नहीं होगा, न मेरे जैसे कमज़ोर आदमी से उसे कोई ताज़ा कुमक की तवक़्क़ो होगी। हाँ, ये बात ज़रूर हो सकती है कि अगर कोई माफ़िया किसी शायर या अदीब की सोहबत में बैठना चाहता है तो इसका मतलब ये है कि उसके दिल में इंसानियत की धुँधली-सी कोई शमा अभी तक झिलमिला रही होगी, उसके ज़मीर की मिट्टी में मुलायमियत और नमी अभी तक मौजूद होगी। उस मिट्टी से अगर हम कोशिश करें तो चराग़ और देवताओं की मूरत भी बनायी जा सकती है। आइए अब इसी दिलचस्प तस्वीर को उलट कर देखते हैं। इन्तिज़ामिया (प्रशासन) या पुलिस महकमे का अदना सा

आदमी हो या आलातरीन अफ़सर... अगर उसके दिल में इंसानियत, ईमानदारी और रवादारी की मद्धम-सी ज्योति भी रौशन है तो वह शायरी से मोहब्बत ज़रूर करता होगा। शेक्सपियर ने शायद इसीलिए कहा था कि जिसे शायरी नापसन्द हो उसे मेरी महफ़िल से उठा दीजिए। ये ख़ाकसार भी शायरी से मोहब्बत करने वाले को उम्र और तजरुबे की निशानदही के बग़ैर सेल्यूट करता है और उसके सम्मान में सिर झुकाता है।

ग़ज़ल हज़ारों बरस का तवील सफ़र तय करती हुई फ़िराक़ और फ़राज़ को सरफ़राज़ करती हुई नवजवान, ख़ूबरू (ख़ूबसूरत) और ताज़ाकार शायर फ़य्याज़ फ़ारूक़ी तक पहुँची है। ग़ज़ल दूरअन्देश (दूरदर्शी) तवायफ़ की तरह अपने सच्चे आशिक़ का इन्तिख़ाब (चयन) बहुत छान फटक और ठोंक बजा कर करती है। इसकी कसौटी पर खरा उतरने के लिए कई इम्तिहानात की सीढ़ियों से गुज़रना पड़ता है, कई मुश्किल मंज़िलों का सामना करना पड़ता है, कई बरसों की रियाज़त (तपस्या) की ज़रूरत पड़ती है और सोच के तलवों को मसाइल के ख़ारों (काँटों) के हवाले करना पड़ता है। फ़य्याज़ फ़ारूक़ी ने शख़्सियत को पाक व शफ़्फ़ाफ़ (निर्मल) रखने का हुनर गंगा से, लहजे को नर्म और खुनक (ठंडा) रखने का सलीक़ा जमुना से सीखा और सरस्वती से अपने क़लम को वज़ू कराया है। ख़ाकसारी और क़लन्दरी का वस्फ़ (ख़ूबी) इलाहाबाद से हालिस किया है और बुज़ुर्गों की इज़्ज़त करना, अपने अकाबिरीन (बड़ों) का एहतराम करना अपने वालिदे मरहूम मुबारक हुसैन शाद से सीखा है। मिज़ाज में शगुफ़्तगी (प्रफुल्लता), शाइस्तगी और सरलता वालिदा से घुट्टी में मिला कर पी है और मुश्किलात में बाहिम्मत और साबित क़दम रहना हालात ने सिखाया है।

इलाहाबाद की शाहराहों पर मुद्दतों भटकता हुआ ये शायर हमेशा शायरों, कवियों और अदीबों की ख़िदमत गुज़ारी में पेश पेश रहा है। यूँ भी इलाहाबाद की मिट्टी में ज़रख़ेजी बहुत है और कशिश भी बेपनाह है। अंग्रेज़ों ने इलाहाबाद को मुद्दतों उत्तर प्रदेश का दारुल ख़िलाफ़ा (राजधानी) यूँ ही नहीं बनाये रखा। निराला से नूह नारवी तक, महादेवी वर्मा से फ़िराक़ गोरखपुरी तक, अकबर इलाहाबादी से हरिवंश राय बच्चन तक और कमलेश्वर से शम्सुर्रहमान फ़ारूक़ी तक की नस्लों का पसन्दीदा शहर इलाहाबाद रहा है। तालीमी मैदान में आज भी ये शहर हिन्दुस्तान के ऑक्सफ़ोर्ड जैसा है। यहाँ की अदालत के फ़ैसलों का आज तक सारी दुनिया में एहतराम किया जाता है। मैं अर्ज़ ये करना चाहता हूँ कि पुश्त पर माज़ी का इल्मी, तहज़ीबी और दानिश्वरी का बोझ यूँ भी किसी को सीना तान कर चलने की इजाज़त नहीं देता है। अच्छा और ख़ुशगवार माहौल शायरी के लिए भी ताज़ा हवा और ऑक्सीजन की तरह होता है। इलाहाबाद के

एक बज़ाहिर खाते पीते घराने के नवजवान को I.P.S. के इम्तहान से गुज़रने के बाद पंजाब कैडर सौंपा जाता है और यह दुश्वार फ़ैसला भी उस वक़्त होता है जब पंजाब के सियासी हालात बिगड़ने की वजह से वहाँ के बड़े अफ़सरान पंजाब से निकलना चाहते थे लेकिन जिस तरह मिट्टी को मिट्टी पहचानती है उसी तरह पानी को भी पानी पहचानता है। राबी और सतलज के साहिलों ने गंगा किनारे खेलने वाले एक नवजवान को पंजाब की ताक़तवर रेत पर अपने ज़िन्दा ख़्वाबों के महल की बुनियाद रखने की इजाज़त दे दी। बहादुरी और क़लन्दरी के तानेबाने से बुनी हुई वह शाल भी उसके शाने पर डाल दी जिसके लिए पंजाब सारी दुनिया में शहीदों, सूफ़ियों और सन्तों का दारुस्सल्तनत (राजधानी) माना जाता है। थोड़े दिनों के बाद दोशीज़ये ग़ज़ल ने इस नवजवान से बाक़ायदा छेड़छाड़ शुरू कर दी। मसरूफ़ियत की दबीज़ शाल ओढ़ने के बावजूद उसे सोते-जागते ग़ज़ल का सरापा परेशान करने लगा। बेपनाह मसरूफ़ियतों के बीच फ़ुर्सत का एकाध झोंका नसीब होते ही उसने भी ग़ज़ल के दामने आरज़ू पर लफ़्ज़ों के चाँद-सूरज टाँकने की कोशिश शुरू कर दी। हिन्दी शायरी, ख़ासतौर से जदीद हिन्दी शायरी ने इलाहाबाद को ही अपना दारुलख़िलाफ़ा बनाये रखा। पेशावराना ज़ेहनियत से इलाहाबाद के शायर और अदीब हमेशा दूर-दूर रहे। नूह नारवी से लेकर अकबर इलाहाबादी तक और फिर फ़िराक़ गोरखपुरी से लेकर नस्र कुरैशी तक की नस्ल ने शेरो अदब के ख़जाने को मालामाल तो किया लेकिन उससे अँधेरे उजाले कोई माली और सियासी फ़ायदा नहीं उठाया। मरहूम अतीक़ इलाहाबादी ने सारी ज़िन्दगी शेर कहे, अकाबिरीने अदब की ख़िदमत की और शायरों और अदीबों के दुख-सुख में साथ-साथ खड़े रहे।

चमन में जा के मैं हैरान हो गया अकसर
ये फूल पा गये कैसे तेरे जमाल का रंग

लज़्ज़ते आवारगी ने दे दिये हैं ज़ख़्म वो
प्यार आ जाता है पैरों से उलझते ख़ार पर

न पिघला वो जिसे हम मोम का पैकर समझते थे
पिघल जाता अगर इतना किसी पत्थर को समझाते

फ़य्याज़ इंकिसार की क़ीमत उरूज है
सूरज ज़मीं से हो के गया आसमान पर

ये ख़ुश्क पत्ते ये साये, उदास चाँद, ये शब
यही तो हैं जो मेरे साथ चलने वाले हैं

ये चन्द अश्आर जिन्हें मैंने नमूने के तौर पर पेश करने की कोशिश की है, ये मेरी अदना-सी पसन्द हैं जो यक़ीनन तजरुबेकार क़ारिईन (पाठकों) की पसन्द के मुक़ाबले में बहुत मामूली इन्तिख़ाब साबित होंगे क्योंकि फ़य्याज़ फ़ारूक़ी को नज़्म और ग़ज़ल दोनों के हवाले से पढ़ते हुए कहीं-कहीं मुझे अपनी कम इल्मी का एहसास भी हुआ है। ज़ाहिर है कि ताज़ाकार शायर और ताज़ा दम कबूतर की मंज़िल तक कमज़ोर आसाब (शरीर के पट्ठे) वालों की निगाह तक नहीं जाती है।

सच तो यही है कि जब से तख़लीक (रचना) के सीने पर पेशावर क़लमकारों की तहरीर के पत्थर रखे जाने लगे उसी वक़्त से उर्दू पढ़ने वालों की आँखें पथराने लगीं, फिर जैसे-जैसे ये चलन बढ़ता गया अच्छी तख़लीकात ग़रीब की बेटियों की तरह घर में ही बैठी रह गयीं। यक़ीनन तनक़ीद के बग़ैर तख़लीक बेतरतीब मेंहदी की बाढ़ की तरह होती है लेकिन इसकी तराश खराश एक बाग़बान की तरह ही होनी चाहिए।

अपने मुस्तक़बिल से ज़्यादा ज़बानो अदब के मुस्तक़बिल का ध्यान रखना ही एक शायर या अदीब की ज़िम्मेदारी होती है। मुझे ख़ुशी है कि फ़य्याज़ फ़ारूक़ी अपने असलाफ़ (पूर्वजों) की रविश (शैली) पर चलते हुए ज़बानो अदब की ख़िदमत को इबादत का दर्जा देते हैं। मेरी दुआ है कि आइन्दा आने वाले दिनों में वह उर्दू ज़बान की बराबर ख़िदमत करते रहें ताकि हमारे शेरो अदब के ख़जाने को अपने मुख़्तसर होने का ग़म न उठाना पड़े। मुझे उम्मीद ही नहीं, यक़ीन है कि वक़्त के साथ उनके कलाम में नुदरते ख़याल (विचारों की नवीनता) का इज़ाफ़ा होता जायेगा। मैं उनको रौशन इम्कानात (सम्भावनाओं) और ख़ुशआयन्द (ख़ूबसूरत) मुस्तक़बिल की दुआएँ देता हूँ।

अहमद फ़राज़ और मैं
कहाँ की मिट्टी है हमको कहाँ बुलाती है

हिन्दोपाक के ताल्लुक़ात हमेशा सियासी धूप-छाँव के असर में रहे हैं। दोनों तरफ़ के सियासी शिकारी अपनी-अपनी गर्दन में बेज़ारी की गुलेलें लटकाये ऐवाने सियासत (सत्ताकेन्द्र) में घूमते रहते हैं। लेकिन उनकी बेपनाह शतरंजी चालों के बावजूद उर्दू ग़ज़ल के मुलायम, रेशमी और बेपनाह ख़ूबसूरत हाथों की मख़रूती (तराशी हुई) उँगलियों की सरसराहट दोनों मुल्कों के अवाम और ख़वास अपने-अपने शानों (कन्धों) पर महसूस करते हैं। बीसवीं सदी के चौवन बरसों और इक्कीसवीं सदी के गुज़रे हुए बरसों में सियासी उठापटक की बदौलत दोनों तरफ़ की बहुत-सी आँखें ख़ूने कबूतर की तरह लाल हुईं। कई बार नौबत जंगों तक भी पहुँची। दोनों तरफ़ के सिफ़ारती (राजनयिक) ताल्लुक़ात मुन्तशिर भी हुए, इम्बैसीज़ के दरवाज़ों पर ताले पड़ गये। दोनों तरफ़ एक दूसरे की सूरतें देखकर मुँह फेर लेने की आदत सी पड़ गयी। बज़ाहिर सिफ़ारती अमला ख़ूबसूरत जहाज़ों में बैठकर अपने-अपने मुल्कों के लिए रवाना भी हो गया लेकिन सरहदों पर ख़ारदार तारों को लपेट देने से मुल्क तो तक़सीम हो सकते हैं लेकिन ज़मीन और माँ की दूध उबलती हुई छातियों को दुनिया की कोई भी साइंस तक़सीम नहीं कर सकती। यह तो मुमकिन है कि माँ अपने जुड़वाँ बच्चों को अलग-अलग छातियों से दूध पिला कर तनावर (मज़बूत) दरख़्त बना दे लेकिन माँ की मौजूदगी में तक़सीम जैसे घिनौने लफ़्ज़ को कभी अहमियत हासिल नहीं हो पाती।

अहमद फ़राज़ बज़ाहिर ख़ुशनसीब, वह बदनसीब इंसान थे जिन्हें कभी मंमलिकते पाकिस्तान ने किसी मुल्क का सिफ़ारती (राजनयिक) ओहदा नहीं पेश किया लेकिन अहमद फ़राज़ को दुनिया की अज़ीम तरीन ज़बान उर्दू से मोहब्बत करने वालों ने हमेशा मर्यादा पुरुषोत्तम भगवान राम की सरज़मीने हिन्द पर पाकिस्तान का सबसे लायक़ तरीन सफ़ीर (दूत) समझा।

शायरी के हवाले से अल्लामा इक़बाल के अलावा किसी भी ख़ुशनसीब शायर को यह एज़ाज़ (गौरव) नसीब नहीं हुआ। अहमद फ़राज़ के पास ग्रीन

वीज़ा था लेकिन यह बहुत मामूली चीज़ है। ऐवाने इक़्तिदार (सत्ता का महल) के चोबदारों तक को इस एज़ाज़ से सरफ़राज़ कर दिया जाता है। अहमद फ़राज़ को यह एज़ाज़ हासिल था कि फ़राख़ दिल हिन्दुस्तान में उनको जिस्म तलाशियों की मंज़िल से नहीं गुज़रना पड़ता था। इलेक्ट्रानिक डिटेक्टरों का उस वक़्त गला बैठ जाता था जब वह अहमद फ़राज़ के नज़दीक पहुँचते थे। यह ख़ुदादाद (ख़ुदा का बख़्शा हुआ) एज़ाज़ (गौरव) उन्हें किसी सियासी पार्टी के झण्डे की बदौलत नसीब नहीं हुआ था बल्कि यह एज़ाज़ इस बात का एलान करता रहता था कि अगर हिन्दुस्तान और पाकिस्तान के शायरों और अदीबों को एम्बैसी की भूल भुलय्या से गुज़रने का दुख न उठाना पड़े तो इन दो सगे भाइयों जैसे मुल्कों को सिफ़ारती दफ़्तर खोलने की ज़रूरत ही नहीं पड़ सकती है। मैंने कुँवर महिन्दर सिंह बेदी 'सहर' को भी पाकिस्तान एम्बैसी में ऐसे चलते देखा है जैसे लोग अपने ड्राइंग रूम में चलते हैं, शेर अपनी कछार में चलता है, हवा अपनी वादी (घाटी) में चलती है, करेंसी अपने मुल्क में चलती है और दोस्त अपने दोस्त के घर में चलते हैं।

मेरी नवजवानी में अहमद फ़राज़ मेरे सबसे पसन्दीदा शायर थे। जवानी के दिनों में वह मेरे आइडियल हो चुके थे और पचास बरस की उम्र का हिस्सा पार करते-करते वह मेरे लिए इम्तियाज़ (गौरव) का निशान हो चुके थे। उनकी शायरी उनके रख रखाव से मुतास्सिर (प्रभावित) थी। उनकी ग़ज़ल में उनकी ख़ुदादाद ख़ुद एतमादी (आत्मविश्वास) शामिल थी। उनके क़लम को अल्लाह ने वह नूर बख़्शा था कि अगर वह काग़ज़ के किसी कोने में सिर्फ़ लफ़्ज़ 'ग़ज़ल' लिखकर अपना नाम लिख दें तो उनके मुआसिरीन (समकालीन) के चेहरे उतर जाते थे। उनके फ़न को तोलने के लिए किसी नाम निहाद (तथाकथित) नाक़िद (आलोचक) की नहीं बल्कि दुनिया के बड़े से बड़े जौहरी की ज़रूरत पड़ सकती है। अपनी तरंग में ज़िन्दा रहने का हुनर अहमद फ़राज़ से ज़्यादा किसी का नसीब नहीं बन सका। मौजूदा अह्द में 'बैनुलअक़्वामी (अन्तर्राष्ट्रीय) शोरहत याफ़्ता' जैसे बदक़लई लफ़्ज़ की आबरू का नाम अहमद फ़राज़ था। ग़ज़ल को सचमुच की आबरू बख़्शने वाले इस शायर की बदनसीबी थी कि वह उस ज़माने में पैदा हुआ जब मामूली से मामूली शायर के सीने पर 'बैनुलअक़्वामी शोहरत' का बाज़ारी बैच लगा होता है। उसने ग़ज़ल की नोक पलक को दुरुस्त करने में जिस महारत से काम लिया था वह सिर्फ़ और सिर्फ़ उसी का हिस्सा थी। ग़ज़ल को नीम वहशी (अर्द्ध जंगली) सिन्फ़ेसुख़न (साहित्यिक विधा) कहने वाले कलीमुद्दीन अहमद अगर ज़िन्दा होते और अपनी बेबाकी के बराबर ईमानदार भी होते तो यक़ीनन वह अहमद फ़राज़ की कुल्लियात (काव्य संग्रह) को यूँ सैल्यूट

करते जैसे एक बहादुर फ़ौज का सबसे बड़ा अफ़सर शहीद होने वाले फ़ौजी की लाश को सलामी देता है।

जनरल ज़ियाउलहक़ के ज़माने में उन्होंने अपनी ज़िन्दगी के काफ़ी दिन जिला वतनी की आग में जलकर गुज़ारे। बज़ाहिर जिला वतनी एक मुर्दा सा लफ़्ज़ है लेकिन उसे ज़िन्दा करने के लिए अपने घर के उस रौशनदान को बन्द कर दीजिए जहाँ कबूतर का घोंसला होता है। फिर आप कुछ दिनों तक कबूतरों के जोड़े की छटपटाहट देखिए, उनकी बेबसी मुलाहिजा फ़रमाइए, उनकी उदास आँखों में तैरते हुए कर्ब (बेकरारी) को महसूस कीजिए, उनके बार-बार बाज़ू तोलने का अमल देखिए तब आपको थोड़ा बहुत जिला वतनी के दुख का अन्दाज़ा हो सकता है। अहमद फ़राज़ की जिला वतनी के ज़माने में यह ख़ाकसार, यह बेसरोसामाँ शख़्स मुनव्वर राना तक़रीबन एक महीने तक उनका मेज़बान रहा है। शायद जिला वतनी की सज़ा का कलकत्ता से हमेशा एक ख़ास ताल्लुक़ रहा है। नवाब वाजिद अली शाह ने लखनऊ के बाद कलकत्ता में रहना क़ुबूल किया, टीपू सुल्तान के बच्चों ने अपनी वफ़ादार मिट्टी से बंगाल की सरज़मीन को सुर्ख़रू किया तो फिर अहमद फ़राज़ कलकत्ता क्यों नहीं आते। कलकत्ता तो वह आफ़ियत (सलामती) है जिसने बांग्लादेश के लाखों मुहाजिरीन को अपने सीने से लगा लिया था—

कलकत्ता जिसने शाहे अवध को पनाह दी
अपना बना के वज़ए मुरव्वत निबाह दी

एक जिला वतन के साथ दिन गुज़ारना ही दुनिया का तकलीफ़ देह अमल है क्योंकि वह हर आते-जाते परिन्दे में अपने वतन की ख़ुशबू तलाश करता है, बादे सबा (ठण्डी हवा) हो या नसीमे सहर (सुबह की हवा), उसे अपने मुल्क से आती हुई महसूस होती हैं। रात तारीकी (अँधेरा) का वह ख़ेमा है जिसके आते ही जिला वतन इंसान ऐसे बेचैन हो जाता है जैसे नाफ़े (ख़ुशबू की थैली) से फूटने वाली ख़ुशबू हिरन को पागल कर देती है। कभी ग़रीबुल वतनी (वतन से दूरी) के मौसम में रात के वक़्त ग़ौर से चाँद-तारों की तरफ़ देखिए तो महसूस होता है कि जैसेयह अपने घर की छत पर खिले हुए वह फूल हैं जिन्हें हम रोज़ोशब देखते आये हैं।

फ़राज़ भाई से मेरे मरासिम दोस्ताना बिल्कुल नहीं थे क्योंकि न तो मैं उनका हम उम्र था न हम मशरब और न ही मैंने कभी अपने आपको इतना बड़ा शायर समझने की ग़लती की जो उमूमन (आमतौर पर) रिसालों में 'शाया शुदा' और मुशायरों में ज़ाया शुदा शोअरा कर बैठते हैं। लिहाज़ा मेरे और उनके दरम्यान हमेशा ईमानदाराना रिश्तेदारी रही जिसमें न ख़ौफ़ शामिल था न कमतरी का एहसास, न लालच शामिल था न ख़ुदसरी, हम दोनों के ताल्लुक़ात में एक दूसरे

के लिए बेपनाह मोहब्बतें शामिल रहीं। उन पर हमेशा एक बेज़ारी की कैफ़ियत तारी रहती थी। इसे उनके तमाम हमअस्र (समकालीन) उनका बेजा गुरूर समझते थे लेकिन उनकी इस कैफ़ियत को मैंने हमेशा उनकी सीमाब मिज़ाजी (पारे जैसी तबीयत) के दर्जे में रखा। 1990 में 'शहूरे क़ाएद' के एक मुशायरे में फ़राज़ साहब स्टेज पर आये और जूतों समेत सिन्ध के गवर्नर के बगल में बैठ गये। ज़ाहिर है कि दुनिया के किसी भी मुल्क का शायर यह जुरअते रिंदाना नहीं कर सकता कि वह इज़्ज़त मआब (महामहिम) गवर्नर के बराबर जूतों समेत आकर बैठ जाये लेकिन अहमद फ़राज़ मासूमियत, मक़बूलियत और महबूबियत की उस मंज़िल पर थे कि वह दुनिया के किसी भी मुल्क के गवर्नर के बराबर में जूतों समेत बैठ सकते थे। आप इसे मेरी बेजा ज़िद समझेंगे लेकिन मैं इसे किसी भी शायर की फ़क़ीराना बेनियाज़ी (लापरवाही) की मामूली सी अदा समझता हूँ। आप ख़ुद ग़ौर फ़रमायें कि सिन्ध के उस गवर्नर का नाम किसी को भी याद नहीं होगा लेकिन फ़राज़ की मौत की ख़बर सुनकर दुनिया में उनके हज़ारों चाहने वालों ने अपने सामने से खाने की प्लेटें हटा दी थीं। सुल्तान मसऊद सलजूक़ी के अहूदे हुकूमत के एक मशहूर क़ाज़ी कमालुद्दीन शहूरज़ोरी ने दरबार में मौजूद एक दूसरे क़ाज़ी से मुख़ातिब होते हुए कहा था कि क़ाज़ी तीन क़िस्म के होतें हैं, जिनमें से दो जहन्नम में जायेंगे और एक जन्नत में। जहन्नम में जाने वाले क़ाज़ी हम दोनों हैं जो बादशाहों के आस्तानों पर ठोकरें खाते फिरते हैं और जन्नती क़ाज़ी वह है जिसकी शक्ल न इन बादशाहों ने कभी देखी है और न उसने इन बादशाहों की सूरत देखी है।

शायरी के लिए 'ग़ालिब' का फक्कड़पन ही नहीं, 'मीर' जैसा तलव्विन मिज़ाज (ग़ैर मुस्तक़िल मिज़ाज) होना भी ज़रूरी है, मोमिन की तरह हुस्न परस्त होने के साथ-साथ 'यगाना' जैसी ख़ुदसरी (मनमाना पन) की भी ज़रूरत पड़ती है। इन तमाम क़लन्दराना ख़ूबियों या ख़राबियों के साथ दुनिया को, ख़ासतौर से अपने हम अस्रों को ख़ुश रखने का सवाल ही पैदा नहीं होता। अच्छे ताले हर चाभी से नहीं खुला करते, उसी तरह ग़ज़ल के गेसुए परेशाँ में खोया हुआ एक दीवाना अपने पैरहन (लिबास) की सिलवटों की तरफ़ कब देखता है। कूज़ागर (कसगर) सिर्फ़ चाक से खेलती मिट्टी की नाज़ बरदारी करना जानता है, उसे खिलौनों की नुमाइश से कोई दिलचस्पी नहीं होती। संगतराश छेनी और हथौड़ी से सूरतें उभारना चाहता है, उसे फ़क़ीर की दुआ और बादशाह का ईनाम एक जैसे लगते हैं। ज़ाहिर है कि ख़ाकसार की इन दलीलों की रौशनी में अगर आप अहमद फ़राज़ की शख़्सियत का जायज़ा लेंगे तो वह अपने अहूद का, संगे ग़ज़ल का सबसे बड़ा बुत तराश दिखाई देगा।

फ़राज़ भाई बज़ाहिर चिड़चिड़े दिखाई देते थे, बहुत संजीदा भी नज़र आते थे, हर वक़्त किसी फ़िक्र में खोये हुए रहते थे लेकिन उनके अन्दर एक बेहद हँसमुख बच्चा मौजूद था। उनकी गुफ़्तगू के खिले हुए फूलों से बहुत कम लोग वाक़िफ़ थे। उनके बेसाख़्ता क़हक़हों में आबशारों (झरनों) जैसी गुनगुनाहट शामिल थी। वह जब भी मुझे मिलते सूरज मुखी की तरह खिल जाते थे, फिर दिलचस्प वाक़ियात की झड़ी लगा देते थे। उनके सुनाये हुए कुछ वाक़ियात यहाँ पेश करना ज़रूरी समझता हूँ ताकि क़ारिईन (पाठकों) को अहमद फ़राज़ की बेइन्तहा ख़ुश तबीअती का अन्दाज़ा भी हो जाये।

एक दिन एक वाक़िया सुनाया कि तक़सीम (बटवारा) के बाद एक साहब पाकिस्तान से हिन्दुस्तान आये। शाम को यादगार बनाने और अपने बोसीदा (फटे पुराने) ग़मों की तुरपाई के लिए एक शराबख़ाने में दाख़िल हुए। एक मेज़ पर बैठकर उन्होंने ग़म ग़लत करना शुरू कर दिया। थोड़ी देर के बाद उनकी निगाह एक सरदार जी की तरफ़ गयी जो पास वाली मेज़ पर बैठे हुए मयनोशी कर रहे थे। दिलचस्प बात यह थी कि सरदार जी मेज़ पर अकेले थे लेकिन उनकी मेज़ पर दो गिलास रखे थे, एक गिलास मुस्तक़िल उनके इस्तेमाल में था और दूसरा गिलास मेज़ के दूसरे कोने पर भरा रखा हुआ था। जाम ख़ाली होते ही वह फिर नया जाम मँगवाते और अपनी तश्नगी दूर करने में मसरूफ़ हो जाते। पाकिस्तान से आये हुए शख़्स ने सरदार जी की मेज़ पर पहुँचकर बैठने की इजाज़त तलब की और पूछा कि जनाब अकेले हैं लेकिन आपकी मेज़ पर वेटर हमेशा दो गिलास लाकर रखता है। सरदार जी ने बोझल पलकों को उठाया और रुँधी हुई आवाज़ में कहने लगे कि यह सामने वाला गिलास मेरे बेवफ़ा दोस्त चौधरी अनवर का है जो मुझे छोड़कर पाकिस्तान चला गया है। मैं उसके बग़ैर शराबख़ाने में आता हूँ तो मेरा ग़म और भी जवान हो जाता है लेकिन दोस्ती के दर्द को सरहदों पर लगायी गयी ख़ारदार तारों की बाढ़ नहीं समझ सकती लिहाज़ा मैंने अपना यह मामूल (तरीक़ा) बना रखा है कि मैं अपने यार चौधरी अनवर के लिए भी एक गिलास बनाता हूँ। इस तरह मेरे टूटे हुए दिल के कुछ टुकड़े आपस में अपने आप जुड़ने लगते हैं। कई बरस बाद वही पाकिस्तानी साहब दोबारा हिन्दुस्तान तशरीफ़ लाये और उसी दरे मयख़ाना तक पहुँच गये जहाँ पिछली दफ़ा भी उन्होंने कई शामें गुज़ारी थीं। हस्बे मामूल सरदार जी मेज़ पर बैठे हुए मयनोशी के शुग्ल में मसरूफ़ थे लेकिन इस बार मेज़ पर सिर्फ़ एक ही गिलास मौजूद था। उन साहब ने सरदार जी से इस अकेलेपन का सबब पूछा तो सरदार जी ने बहुत उदास लहजे में बताना शुरू किया कि जनाब डॉक्टर ने मुझे शराब छूने से सख़्ती के

साथ मना कर दिया है लिहाज़ा मैंने तो शराब छोड़ दी है सिर्फ़ चौधरी अनवर के हिस्से की शराब पीकर बची खुची ज़िन्दगी गुज़ार रहा हूँ।

उनका सुनाया हुआ एक ऐसा ही दिलचस्प क़िस्सा और है जिसे तहरीरी शक़्ल में लाना दुश्वार है लेकिन मैं तहरीर करना चाहता हूँ ताकि अपने चाहने वालों को रोता बिलखता छोड़कर जाने वाले शहंशाहे ग़ज़ल अहमद फ़राज़ की खुश मिज़ाजी को मुस्तनद साबित किया जा सके। एक हकीम साहब के मतब में एक ख़ान साहब तशरीफ़ लाये, काफ़ी देर तक अपना नम्बर आने और थोड़ी-सी तनहाई हो जाने का इन्तिज़ार करते रहे। ग़रज़ कि अपना नम्बर आने पर उन्होंने अपनी बीमारी का हाल बताना शुरू किया। तफ़्सील से ख़ान साहब की बीमारी के बारे में सुनने के बाद हकीम साहब ने ख़ान साहब से कहा कि आपको आतिशक (सूज़ाक) नाम की एक जिंसी बीमारी हो गयी है। इस बीमारी के होने की तीन वजहें हैं। एक तो यह कि आपने किसी बाज़ारी औरत के साथ मुबाशिरत (सम्भोग) की होगी। दूसरे यह कि आप इग़लामबाज़ी (अप्राकृतिक क्रिया) जैसे बेहूदा अमल से गुज़रे होंगे। तीसरे यह कि आपने दोपहर के वक़्त सूरज की तरफ़ रुख़ करके रेत पर पेशाब किया होगा। यह तीनों वजहें हैं जिसके सबब इस ग़लीज़ बीमारी ने आपके सेहतमन्द जिस्म में अपना घर बना लिया है। लिहाज़ा खान साहब! अब आप सोचकर बताइए कि आपसे कौन सी ग़लती सरज़द हुई है जिसके सबब आप इस बीमारी की चपेट में आ गये हैं। ख़ान साहब एक लम्हे के लिए ठिठके, इधर-उधर देखा फिर कहने लगे कि हकीम साहब जहाँ तक मुझे याद पड़ता है मैंने सूरज की तेज़ रौशनी में जलती हुई रेत पर खड़े होकर पेशाब किया था फिर भी एहतियातन आप दवा इग़लामबाज़ी की दीजिएगा। ऐसे बहुत से दिलचस्प वाक़ियात से उनकी गुफ़्तगू आरास्ता (सजी हुई) रहती थी।

ग़ालिबन रामपुर के मुशायरे में फ़राज़ भाई आये हुए थे, मैं कुछ घरेलू उलझनों की वजह से रामपुर के मुशायरे में शरीक नहीं हो सका। लखनऊ आये तो मुझे फ़ोन करके हालात पूछे और मेरी परेशानियों के दूर होने की दुआएँ देते रहे। मैं उनसे मिलने मेज़बान होटल गया। मुझे देखते ही वह खिल गये और मैं भी थोड़ी देर के लिए अपने घरेलू दुखों को भूल गया। मेरे याद दिलाने पर उन्होंने एक दिलचस्प वाक़िया सुनाया जो उनकी बेपनाह मक़बूलियत और महबूबियत की अक्कासी करता है। उन्होंने बताया कि मैं अमेरिका के किसी शहर में मुशायरा पढ़ रहा था। मुशायरे के एख़्तताम (समापन) पर एक नौजवान लड़की आटोग्राफ़ बुक पर एक शेर और दस्तख़त की फ़रमाइश करने लगी। मैंने उस बच्ची से उसका नाम पूछा। उसने अपना नाम फ़राज़ा बताया। मैंने उस बच्ची से कहा

कि बेटे! फ़राज़ा तो कोई मुस्तनद (प्रमाणित) लफ़्ज़ नहीं है। उस बच्ची ने बड़ी मासूमियत से बताया कि सर! इत्तिफ़ाक़ से आप मेरे पापा और मेरी मम्मी दोनों के ही पसन्दीदा शायर हैं। शादी के बाद मम्मी और पापा का आपसी अह्द था कि वह अपने बेटे का नाम फ़राज़ रखेंगे लेकिन क़िस्मत का खेल देखिए कि मैं पैदा हो गयी लिहाज़ा मेरे मम्मी-पापा ने मेरा नाम फ़राज़ा रख दिया—

और फ़राज़ चाहिए कितनी मोहब्बतें तुझे
माँओं ने तेरे नाम पे बच्चों का नाम रख दिया

मैं तो बुलबुल हूँ मेरा काम है गाते रहना

शराफ़त की कोई जागीर नहीं है जिसपर किसी ख़ास घराने की इजारादारी मुसल्लत रहे, न ऐसी दस्तार (पगड़ी) है जो हमेशा किसी एक ही क़बीले के सिर पर चढ़ के बोले, न ऐसी कहानी है जो चन्द मख़्सूस (ख़ास) किरदारों के नाम से मंसूब होकर रह जाये, न ऐसा कोई फल है जो किसी ख़ास क़िस्म की मिट्टी का रहीने मिन्नत (मोहताज) रहे। शराफ़त उस उफनती हुई पहाड़ी नदी की तरह है जो अपना रास्ता बदलती रहती है। कभी पत्थरों को स्नान कराती है, कभी जंगली पेड़ों को सैराब करती है, कभी रेगिस्तान का मुँह धुलाती है, कभी दुरवेशों और सन्तों की कुटिया के पास आ कर सो जाती है, कभी ख़ुशरंग परिन्दों के मैले परों को धोती है, कभी नीचे उतर कर फ़स्लों की आरज़ूओं का दामन भर देती है, कभी सूफ़ियों को वज़ू कराती है, कभी पुजारियों को देवता समान बनाती है, कभी पनघट बनकर गाँवों की गोरियों के लिए चौपाल बन जाती है, कभी ख़ुद गुनगुनाती है और कभी पनघट वालियों को गुनगुनाने पर मजबूर करती है।

यादों के अवराक़ (पन्ने) उलटते-उलटते आज अचानक अज़ीज़ नाज़ाँ का चेहरा आँखों के सामने आकर थोड़ी देर के लिए रुक गया। पन्द्रह बरस पहले तक यह जीता जागता चेहरा अपने पुरख़ुलूस लहजे, अपनी सीमाबी क़ैफ़ियत, अपने जुनूनी अन्दाज़ और अपने तोला-माशा होते हुए ब्लड प्रेशर की वजह से लोगों का मंज़ूरे नज़र (प्यारा) भी था। बहुत-सी नज़रों को खटकता भी था और बहुत से लोगों के लिए सलामती का साया भी था। अपनी बेइन्तहा उजलतपसन्दी (जल्दबाज़ी) के सबब ज़िन्दगी का सफ़र भी तेज़ रफ़्तारी से तय करते हुए जिस ख़ाक से उठा था उसी ख़ाक को ओढ़-बिछाकर सो भी गया। बीमारियों की सुरंग से मुस्तक़िल बद परहेज़ी की क़न्दीलें जलाये गुज़रते हुए उनकी ज़िद्दी तबीअत किसी का कहना मानने पर कभी आमादा नहीं होती थी। फिर जिसे अपने तौर पर मरना क़ुबूल हो उसे अपने तौर पर जीने देना चाहिए क्योंकि परहेज़ करने वाले भी तो एक रोज़ दुनिया से उठ जाते हैं।

अज़ीज़ भाई बज़ाहिर तो एक मशहूर क़व्वाल थे, जिसे हमारे समाज का

एक ख़ास हल्क़ा (वर्ग) चाहता और पसन्द करता है लेकिन उनकी ग़रीब परवरी, अहबाब नवाज़ी, बेइन्तहा रहमदिली और मिट्टी ही की तरह रंग बदलती हुई उनकी ख़ाकसारी (विनम्रता) अच्छे-अच्छे क़लन्दरों के हिस्से में नहीं आती है। शायरों, अदीबों यहाँ तक कि सभी पढ़े-लिखे लोगों के एहतराम से उनका दिल हमेशा लबरेज़ रहता था। हर इंसान के गले से निकलने वाले सुरों में एक सुर शराफ़त का भी होता है लेकिन शराफ़त का यह सुर अल्लाह अपने ख़ास बन्दों को ही अता करता है। इस लिहाज़ से अज़ीज़ भाई पर क़ुदरत इतनी मेहरबान थी कि उनके गले से निकलने वाले सुरों में शराफ़त का सुर पेश पेश रहता था। उनके झुँझलाये हुए चेहरे पर एक मासूम बच्चे जैसी मासूमियत हमेशा मौजूद रहती थी। दौलत को उस शख़्स ने बदन के मैल से ज़्यादा कभी अहमियत नहीं दी। हमेशा अपनी तरंग और अपने अन्दाज़ में ज़िन्दगी गुज़ारी। मेहमान नवाज़ी में वह बिल्कुल अरब मुल्क के बाशिन्दे थे। उनका दस्तरख़्वान हमेशा अरब शहज़ादे के दस्तरख़्वान की तरह दराज़ (फैला) रहा। मुम्बई शहर में उनकी हैसियत फ़िल्मी हीरो जैसी थी। जहाँ खड़े हो जाते लोगों की भीड़ इकट्ठा हो जाती। हमेशा खोये-खोये रहने के बावजूद एक-एक से तफ़्सीली मुलाक़ात करते। किसी ज़रूरतमन्द की मदद के वक़्त जेब में हाथ डालकर नोटों का Measurement नहीं करते थे, अचानक अपनी जेब में हाथ डालते और फिर पास खड़े हुए ज़रूरत मन्द की जेब को मालामाल कर देते थे। अपनी जेबों में भरे हुए रुपयों से ऐसे परेशान रहते थे, ऐसे वहशत ज़दा रहते थे, जैसे नाफ़े से फूटने वाली मुश्क की ख़ुशबू से हिरन परेशान रहता है। उनकी बहुत-सी ग़ैर ज़िम्मेदाराना हरकतों के बावजूद उनसे मिलने को बार-बार जी चाहता था।

दुर्गा पूजा का ज़माना था, जब उनसे मेरी पहली मुलाक़ात कलकत्ता में अपने आफ़िस में हुई थी। वह किसी प्रोग्राम के सिलसिले में कलकत्ता आये थे। इस्लामिया हास्पिटल के सामने सेंट्रल होटल में अपनी टीम के साथ ठहरे थे। मुझसे मेरी एक ग़ज़ल गाने की इजाज़त लेना चाहते थे। रात में हम लोगों ने रॉयल इण्डियन होटल में खाने का प्रोग्राम बनाया। रॉयल की चाय और बिरयानी शौक़ीन मिज़ाजों में बहुत मशहूर है। कहा जाता है कि पंडित जवाहर लाल नेहरू और दिलीप कुमार तक वहाँ की बिरयानी ज़रूर नोश फ़रमाते थे। मेरे ज़िद करने के बावजूद मेज़बानी के फ़राएज़ अज़ीज़ भाई ने अदा किये। लफ़्ज़ परहेज़ से दामन बचाते हुए तीन प्लेट बिरयानी और चाँप रोटी खायी, तीन या चार प्लेट खीर से भी मुँह का ज़ायक़ा बदला। हम लोगों ने जितने रुपयों का खाना खाया था उससे कहीं ज़्यादा रक़म उन्होंने तमाम बैरों के हवाले की। होटल से बाहर निकल कर अपनी जेब में पड़े हुए तक़रीबन तमाम रुपये बाहर

बैठे हुए माँगने वालों में तक़सीम कर दिये। बज़ाहिर यह सिर्फ़ सख़ावत मिज़ाजी का एक मामूली-सा वाक़िया है लेकिन इस वाक़िये में एक ऐसा आदमी भी छुपा हुआ है जिसके दिल में ख़ुदा का ख़ौफ़ भी है और जिसका दिमाग़ ग़रीब परवरी और इंसानियत से भी लबरेज़ है। इस एक मुख़्तसर-सी मुलाक़ात में ही मुझे अज़ीज़ भाई एक ऐसे दिलचस्प किताब की तरह लगे थे जिसका सिर्फ़ सरेवरक़ ही पढ़ने का मुझे मौक़ा मिल सका था। लिहाज़ा मैं जब भी मुम्बई जाता तो अपना थोड़ा वक़्त निकालकर अज़ीज़ भाई से मिलने ज़रूर जाता। अज़ीज़ भाई तक़रीबन सभी से बहुत तपाक (जोश) से मिलते थे। ख़िदमत और ख़ातिरदारी में तो उनका कोई सानी ही नहीं था। मैं मुम्बई में ट्रांस्पोर्ट का दफ़्तर खोलने के लिए जगह तलाश कर रहा था। जगह मुनासिब मिलती तो पगड़ी मेरी हैसियत से ज़्यादा होती, जो जगह बजट के दायरे में आती वह ट्रांस्पोर्ट के दफ़्तर के हिसाब से ना मुनासिब लगती। एक दिन मैंने अज़ीज़ भाई से अपनी परेशानी का ज़िक्र किया। बमुश्किल तमाम एक मिनट में उठ खड़े हुए, उनके घर (भिवण्डी बाज़ार) के पास ही उनकी एक दो दर की दुकान थी। उन्होंने वह दुकान मुझे दिखाई और कहने लगे कि अगर इससे काम चलता है तो आप यहाँ से काम शुरू कर लीजिए। साल दो साल में काम जम जाये तब ज़्यादा रक़म लगाने के बारे में सोचियेगा। जगह मुनासिब ही नहीं, अच्छी थी। मैंने किराये की बाबत पूछा तो बहुत ज़ोर से हँसे, हालाँकि उनको हँसी बहुत कम आती थी। हमेशा गुस्से में भरे रहते थे। फिर कहने लगे कि यह जगह बन्द पड़ी है, मैं किसी को किराये पर देने के हक़ में नहीं हूँ। आपको जब तक यहाँ आफ़िस बनाये रखना है आप बनाये रखिये। किराया भाड़ा ग़ैरों से लिया जाता है। आप मेरे छोटे भाई हैं। शायर और सय्यद ज़ादे भी हैं। शायद आपके आ जाने से हमारे घर में भी बरकत के दरवाज़े खुल जायें। मुम्बई जैसे मसरूफ़, कारोबारी, बेमुरव्वत और भागते हुए शहर में यह अल्फ़ाज़ मेरे लिए जंगल में जुगनुओं के सहारे की तरह थे। दुकान के सामने ही अज़ीज़ भाई के लिए कुर्सियाँ डाल दी गयीं। हम लोग वहीं दुकान के सामने बैठकर बातें करने लगे। अज़ीज़ भाई के चाहने वालों की ज़रा-सी देर में ही भीड़ सी लग गयी। भीड़ छटने के बाद वह मुझसे बताने लगे कि इस दुकान पर मेरे वालिदे मरहूम बैठते थे। यह इस इलाक़े की बीड़ी और सिगरेटों की मशहूर दुकान थी। अन्दर की जानिब दस-बारह कारीगर बीड़ियाँ बनाते थे। यहीं बीड़ियों की सिंकाई होती थी। मुझे मार-मार कर वालिद साहब काउंटर पर बिठाते थे। दिन भर मैं दुकान पर बैठता था। गाने-बजाने का मुझे बचपन से बेहद शौक़ था। हर वक़्त मैं मौसीक़ी (संगीत) के समन्दर में ग़ोते खाता रहता था। गाहक को बचे हुए पैसे देते वक़्त भी मैं चन्द लम्हों तक उन

पैसों को काउंटर पर बजाने की कोशिश करता था। इस कोशिश में कई बार मैं वालिद साहब से पिटा भी लेकिन यह सख़्तियाँ मेरे शौक़ को ज़ंजीर पहनाने में नाकाम साबित हो रही थीं। मुझे गाना-बजाना तो बाक़ायदा आता नहीं था लेकिन मैं सुरीला बहुत था। मेरा तरन्नुम और पेश करने का अन्दाज़ लोगों को बहुत पसन्द आता था। मुझे उस वक़्त के तमाम मशहूर गुलूकारों (गायकों) ख़ास तौर से क़व्वालों का कलाम अज़बर (याद) था लेकिन फिर भी चूँकि मेरा ताल्लुक़ अरबाबे निशात (संगीतज्ञ) घराने से नहीं था लिहाज़ा मुझे शुरू-शुरू में काफ़ी दिक्कतें भी आयी थीं।

मेरे लड़कपन का ज़माना था और हाजी मस्तान भाई का शुमार सिर उठाते हुए दबंग नवजवानों में होने लगा था। अक्सर सनीचर और इतवार की रातों में मस्तान भाई और उनके चार-पाँच दोस्त किराये की सायकिलों पर शहरगर्दी (शहर घूमने) के लिए निकलते थे। मुझे भी अपने साथ सायकिल पर बिठा लेते थे। उन दिनों क़व्वाली का बहुत ज़ोर था, जहाँ कहीं भी क़व्वाली का प्रोग्राम हो रहा होता था वहाँ मस्तान भाई और उनके साथी ज़ोर ज़बर्दस्ती करके मुझे भी गाने का मौक़ा दिलाते थे, मैं भी ख़ूब लहक-लहक कर गाता था, मेरी हौसला अफ़ज़ायी और रस्मे महफ़िल के तौर पर मुझे अवाम की तरफ़ से अच्छे ख़ासे पैसे मिलते थे। कुछ पैसे मुझे देने के बाद सारे पैसे मस्तान भाई और उनके दोस्त रख लेते थे। मुझे यूँ भी पैसों से ज़्यादा गाने की महफ़िलों में शमूलियत (शामिल होने) का शौक़ था। मरहूम मस्तान भाई हमेशा मेरा बहुत ख़याल रखते थे। सारी ज़िन्दगी वह मेरी हर परेशानी में मेरे साथ खड़े रहते थे। कोई अगर माज़ी के ज़ख़्मों की रूदाद (कहानी) सच्चे दिल से सुनना चाहे तो ज़ख़्म ख़ुद बोलने लगते हैं, सुनने वाले से बेतकल्लुफ़ हो जाते हैं और अपनी हर कहानी हर्फ़ ब हर्फ़ बयान कर देते हैं। अज़ीज़ भाई से बातें करने में मुझे यूँ भी मज़ा आता था कि अव्वल तो वह बहुत साफ़गोई से गुफ़्तगू करते थे, दूसरे उर्दू-मुम्बइया और मलाबारी ज़बानें आपस में मिलकर सेह आतिशा हो जाती थीं।

दूसरी, तीसरी मुलाक़ात की तारीख़ या बरस तो याद नहीं लेकिन इतना याद है कि हिन्दो-पाक क्रिकेट मैच में उस शाम जावेद मियाँदाद ने आख़िरी गेंद पर छक्का मारकर क्रिकेट की दुनिया में रिकार्ड और हौसलामन्दी की नयी तारीख़ लिखी थी। मैं सुबह के जहाज़ से मुम्बई पहुँचा था। एयरपोर्ट से सीधे अज़ीज़ नाज़ाँ के घर सामान लेकर पहुँच गया था। दरअसल मुझे भिवण्डी के मुशायरे में शरीक होना था लेकिन अज़ीज़ भाई ने फ़ोन पर कहा था कि आप सीधे मेरे घर आ जाइयेगा, हम लोग भिवण्डी कार से चलेंगे। घर की ऊपरी मंज़िल पर मेरा ठहरने का इन्तिज़ाम था। दोपहर में खाने के वक़्त नहा धोकर मैं भी नीचे

वाले फ़्लोर पर आ गया। अज़ीज़ भाई के कई दोस्त जिनमें ज़्यादातर गाने-बजाने वाले थे, कमरे में मौजूद थे। शालीमार होटल से उस ज़माने में दो हज़ार रुपयों का खाना मँगाया गया। खाने में शरीक सभी लोगों ने सेर होकर (पेट भर के) दावत का लुत्फ़ उठाया। खाने के साथ-साथ हम लोग उस टेलीविज़न सेट पर जो बहुत ही ख़ूबसूरत और बहुत बड़े स्क्रीन वाला था, जिसे अज़ीज़ भाई कुछ दिनों पहले ही कनाडा से वापसी में वहीं से लेकर आये थे, क्रिकेट मैच देख रहे थे। यूँ तो मुम्बई में घर छोटे-छोटे ही होते हैं लेकिन अज़ीज़ भाई का फ़्लैट काफ़ी बड़ा था बल्कि उनके तो तले ऊपर दो फ़्लैट थे। जो कमरा ड्राइंग रूम के तौर पर इस्तेमाल होता था वह यक़ीनन बहुत बड़ा था लेकिन अज़ीज़ भाई की मेहमान नवाज़ी, चौपाल मिज़ाजी और अहबाब नवाज़ी के मुक़ाबिले में हमेशा छोटा पड़ जाता था। मेरा ख़याल है कि मुम्बई में एक से एक बड़े ड्राइंग रूम होंगे लेकिन यह सब Measurement के पुलेसरात से गुज़रते ही अज़ीज़ भाई के दिल की वुस्अत (फैलाव) का मुक़ाबला नहीं कर सकते थे। अव्वल तो दस्तरख़्वान पर ही काफ़ी भीड़ थी फिर हिन्दो-पाक मैच देखने के लिए काफ़ी लोग कमरे में और भी आ गये थे। मैच बेहद दिलचस्प मोड़ से गुज़र रहा था। अज़ीज़ भाई ने अहलिया के इन्तिक़ाल के बाद एक ग़ैर मुस्लिम कानपुरी ख़ातून से निकाह कर लिया था। अज़ीज़ भाई के मुक़ाबिले में वह कम उम्र भी थीं और कमगो (कम बोलने वाली) भी। अज़ीज़ भाई की मोहब्बत में उन्होंने अपना मज़हब भी बदल लिया था। नमाज़ रोज़े की पाबन्द भी हो चुकी थीं। पर्दे वग़ैरा का भी लिहाज़ रखती थीं। मैच देखने वालों की भीड़ बढ़ते ही वह और उनके साथ की दूसरी ख़वातीन ड्राइंग रूम से मुल्हिक एक ऐसे हिस्से में जाकर बैठ गयी जहाँ बेपर्दगी नहीं होती थी। सब की निगाहें टी.वी. स्क्रीन पर जमी हुई थीं। अज़ीज़ भाई हस्बे आदत हर तरफ़ नज़रें भी दौड़ाये जाते थे और स्क्रीन पर भी मुस्तक़िल निगाह रखे हुए थे। वन डे मैच पल-पल सियासी गिरगिटों की तरह अपना रंग बदल रहा था। कभी हिन्दुस्तानी बॉलर मैदान पर हावी हो जाते, कभी पाकिस्तानी बल्लेबाज़ जीत की मंज़िल तक पहुँचने के लिए छलाँग लगा देते थे। अज़ीज़ भाई स्क्रीन से ज़्यादा बेगम के चेहरे के उतार-चढ़ाव पर निगाह रखे हुए थे। हिन्दुस्तानी टीम के हालात ख़राब होते ही जहाँ अज़ीज़ भाई गुलाब चेहरा हो जाते वहीं भाभी का चेहरा कपासी हो जाता। हर नयी गेंद चेहरों को उतार-चढ़ाव के इम्तिहानात से गुज़ार रही थी। आख़िर में जब हिन्दुस्तानी टीम की हालत काफ़ी मुस्तहकम (मज़बूत) हो गयी तो भाभी साहिबा के चेहरे पर सुकून और इत्मीनान की लहर दौड़ गयी। अज़ीज़ भाई ने कनखियों से भाभी के चेहरे के समन्दरी सुकूत (ख़ामोशी) को देखा तो ज्वाला मुखी की तरह फुनकने लगे लेकिन पूरी तरह बेबस थे क्योंकि

मैदान में होते तो फ़ॉउल मारने की गुंजाइश भी रहती। थोड़ी देर के बाद ही खेल का मंज़र नामा बदला और पाकिस्तानी बैट्समैन फिर हिन्दुस्तानी गेंदबाजों पर हावी हो गये। अज़ीज़ भाई के चेहरे पर उतना ही इत्मीनान वापस आ गया जितना वह हल्कान हो गये थे। उन्होंने तहक़ीर आमेज़ नज़रों से अपनी बेगम की तरफ़ देखा और कुछ बड़बड़ाये भी, लेकिन खेल देखने में मुनहमिक (व्यस्त) लोगों ने कुछ भी महसूस नहीं किया। अब मैच आख़िरी ओवर की अदालत में आ चुका था। हिन्दुस्तान की तरफ़ से चेतन शर्मा गेंदबाज़ी कर रहे थे, दिल की धड़कनें बढ़ा देने वाला यह ओवर अपने एक-एक बाल पर दोनों मुल्कों के बीच देखने वालों की Heart Beating चेक करने में मशगूल था। हिन्दुस्तान जीत की आख़िरी सीढ़ी तक पहुँच चुका था। भाभी सिर उठाये हुए अपने हिन्दुस्तानी होने का सुबूत दे रही थीं। अज़ीज़ भाई गर्दन डाल चुके थे। शर्मिन्दगी से वह भाभी की तरफ़ देख भी नहीं रहे थे। पाकिस्तान को चार रनों की ज़रूरत थी। जावेद मियाँदाद विकेट पर खड़े हुए चेतन शर्मा की आख़िरी बॉल को खेलने के लिए तैयार थे। चेतन शर्मा आख़िरी बाल लेकर बहुत दूर से दौड़ते हुए जावेद मियाँदाद को गेंद फेंकने चले। जैसे-जैसे वह दौड़ते हुए अम्पायर के पास वाले विकेट की तरफ़ बढ़ रहे थे, पाकिस्तान नवाज़ों के दिल बैठे जा रहे थे और हिन्दुस्तानियों के शोरोगुल की आवाज़ से परिन्दे और ऊँचाई की तरफ़ भाग रहे थे। जावेद मियाँदाद के बल्ले से गेंद लगी और एक लम्हे तक तो किसी की समझ में कुछ भी नहीं आया लेकिन अम्पायर के दोनों हाथ उठते ही यह मालूम हो गया कि जावेद मियाँदाद की खेली हुई गेंद सख़्तजान चिड़िया की तरह उड़ती हुई स्टेडियम में बैठे हुए लोगों के पास दाद हासिल करने पहुँच चुकी है। पलक झपकते में खेल का क़िस्मत नामा तब्दील हो चुका था। अचानक अज़ीज़ भाई जोश और ख़ुशी से बढ़ते हुए ब्लड प्रेशर के साथ उठे और किसी अच्छे फुटबाल स्ट्राइकर की तरह टेलीविज़न स्क्रीन पर एक ऐसी ज़बर्दस्त लात मारी कि टेलीविज़न के चीथड़े उड़ गये। टी.वी. के कलर ट्यूब शोलों की लपेट में आकर एक लम्हे के लिए कुछ ज़्यादा ही रंगीन हो गये और फिर फ़ौरन ही ख़ामोश भी हो गये। उनकी बेगम रोती हुई अन्दर के कमरे में भाग कर चली गयीं और अज़ीज़ भाई भाभी की हिन्दुस्तानी मुस्कुराहट से बदला लेने में कामयाब हो गये। फ़ज़ा और मुँह का मज़ा तब्दील करने के लिए हम तमाम ही लोग फ़्लैट से उतरकर नीचे बाज़ार में आ गये। हिन्दुस्तान और पाकिस्तान ने अपने-अपने मुल्कों के अवाम में कितनी नफ़रत बो दी है कि जहाँ एक तरफ़ जावेद मियाँदाद पाकिस्तान के क़ौमी हीरो बन गये, वहीं हिन्दुस्तानी अवाम की निगाह में चेतन शर्मा की हैसियत एक विलेन की सी हो गयी। बज़ाहिर तो यह एक मग़लूब (पराजित) खिलाड़ी

की सज़ा थी लेकिन इसके पीछे नफ़रतों के तेज़ अलाव रौशन थे, जिनमें खेल के सारे उसूलों को राम राम सत्य कहकर जला दिया गया।

बहरहाल अज़ीज़ भाई अपनी तमाम ख़राब हरकतों और जुनूनी कैफ़ियतों के बावजूद मुझे हमेशा बहुत अच्छे लगते थे। एक तो उनके अन्दर एक बहुत मासूम बच्चा छुपा हुआ था, दूसरे उनके अन्दर रहम दिली का जज़्बा ठाठें मारते समन्दर की तरह हर वक़्त उछल कूद करता रहता था, तीसरे उनके यहाँ बनावट, गुरूर या पेशावराना बदकिरदारी बिल्कुल नहीं थी। नमाज़ नहीं पढ़ते थे लेकिन मग़रिब की अज़ान एक मुअज़्ज़िन बाक़ायदा उनकी सीढ़ियों पर खड़े होकर देता था। गुस्से में हमेशा अपना नुक़सान करते थे। किसी दूसरे को नुक़सान पहुँचाने का उन्होंने कभी इरादा भी नहीं किया था।

मुख़्तलिफ़ तरह की बीमारियों में जकड़े रहने के बावजूद उन्होंने लफ़्ज़ परहेज़ को कभी मुँह नहीं लगाया। शराब वह पीते नहीं थे। सिगरेट से उनका कोई वास्ता नहीं था। पान की पुड़िया उनके रास्ते में आती नहीं थी लेकिन बेहतरीन खाना उनकी कमज़ोरी थी बल्कि अपनी इस कमज़ोरी को छुपाने के लिए वह ज़्यादा से ज़्यादा खाते थे। शुगर उनकी हमेशा काफ़ी बढ़ी रहती थी। दवाएँ भी बराबर खाते रहते थे लेकिन कोई भी मीठी डिश उनसे निगाहें बचा कर नहीं गुज़र सकती थी। चौपाटी पर किसी फ़ाइव स्टार होटल के नीचे एक बहुत मशहूर आइसक्रीम पार्लर हुआ करता था। एक बार रात के तक़रीबन बारह बजे कहने लगे कि चलिए आइसक्रीम खाने चलते हैं। हालाँकि मुझे आइसक्रीम से कोई ख़ास दिलचस्पी नहीं है लेकिन शबगुज़ारी और तफ़रीह की ख़ातिर यह मशग़ला भी बुरा नहीं था। लिहाज़ा सारंग रोड से एक टैक्सी की गयी और हम लोग आइसक्रीम पार्लर पहुँच गये। एक आइसक्रीम मेरे लिए, एक अपने लिए और एक टैक्सी ड्राइवर के लिए लेकर वहीं खाने लगे। टैक्सी वाले से और खाने के लिए कहा, उसने तो मना कर दिया और बच गया लेकिन उनकी ज़ोर ज़बर्दस्ती से मुझे एक आइसक्रीम और खानी पड़ी। बक़िया तीन अदद आइसक्रीमें उन्होंने अपने लिए पैक करवा लीं कि रात में काम आयेंगी। एक हज़ार रुपयों में सिर्फ़ एक सौ साठ रुपये वापस हुए, वह भी उन्होंने वेटर को रख लेने के लिए कहा। एक तजरुबे की बात अज़ीज़ भाई ने यह भी बतायी कि शुगर के मरीज़ की आसान तरीन पहचान यह है कि वह दस्तरख़्वान पर मीठी चीज़ पर निगाह डालता है बल्कि मुस्तक़िल निगाह रखता है। क़व्वालों में अख़्तर आज़ाद की बहुत इज़्ज़त करते थे। यूँ भी अख़्तर आज़ाद बहुत रख रखाव वाले आदमी हैं। अख़्तर भाई उनसे तक़रीबन हर मामले में मशविरा करते थे और अपने बड़े भाई मोहम्मद कोया का बहुत एहतराम करते थे। कोया भाई बड़े सुख़न फ़हम

(बात की बारीकी समझने वाले) और शायर नवाज़ थे। मेरे उस्ताद वाली भाई से उनकी बहुत ज़्यादा बेतकल्लुफ़ी थी बल्कि उस्ताद और कोया दोनों ही अज़ीज़ भाई की मुतलव्विन मिज़ाजी और बेतरतीब ज़िन्दगी से फ़िक्रमन्द रहते थे लेकिन अज़ीज़ भाई वह मलंग थे जिन्हें समझाया नहीं जा सकता था।

कभी-कभी जब मैं ईमानदारी से अपना एहतिसाब (Self Assessment) करता हूँ तो पता चलता है कि मैं खुद एक सिरफिरा मलंग हूँ। एक ऐसा मलंग जो अपनी रौ में रहना और बहना चाहता है। पाबन्दियाँ मुझे उम्र क़ैद जैसी मालूम होती हैं, मैं अपनी सोच के दायरे से अपने आप को निकाल नहीं पाता हूँ। पता नहीं अपनी सोच के दायरे से निकलते ही दुनिया बड़ी ख़ुदग़रज़, बड़ी लोभी और बे मक़सद क्यों दिखाई देने लगती है। मुझे दुनिया का कोई भी शहर कुछ ख़ास लोगों की निस्बत से अच्छा लगता है। अगर ऐसे लोग उस शहर में न रह जायें तो मुझे कोई भी शहर काला पानी जैसा दिखाई देता है। मेरे सामने जब कोई भी किसी शहर की तारीफ़ करता है तो मुझे उस शख़्स की आँखें ज़्यादा अच्छी लगती हैं। यूँ भी नज़्ज़ारगी का सारा दारोमदार आँखों पर टिका हुआ है। हम और हमारी उम्र की बहुत से लोग, बल्कि सभी लोग यही कहते दिखाई देते हैं कि अब उनके शहर में वह पहली जैसी बात कहाँ है, वह रौनक़ें अब कहाँ हैं जो हमारी जवानी के ज़माने में हुआ करती थीं, लेकिन हमारे नवउम्र लड़के-लड़कियों से पूछिए तो उनको यही उनके शहर हीरे मोतियों के बने दिखाई देते हैं। सारा खेल आँखों का है। उनकी जवान आँखें हैं तो उन्हें दुनिया जवान दिखाई देती है। अपना शहर भी उन्हें पेरिस और लन्दन जैसा नज़र आता है। हमारी बेख़्वाब आँखें मंज़रों का बोझ तक नहीं सँभाल सकतीं। हमारी आँखों से हमारी नींदें रूठ चुकी हैं। ख़्वाब इधर का रास्ता भूल चुके हैं। हम अपनी तबीअत की नासाज़ी का इल्ज़ाम मौसम पर रख देते हैं। डॉक्टर भी हमारी हाँ में हाँ मिलाते हुए अपने पुराने नुस्ख़े में एकाध नयी गोली का इज़ाफ़ा कर देता है।

फिर मुम्बई के बारे में तो मेरा अमीक़ (गहरा) तजरुबा है कि मुम्बई भी जवान औरत की तरह है। उसे जवान ही आदमी क़ाबू में कर सकता है। भागती-दौड़ती ज़िन्दगी में ढलती हुई उम्र सैंडविच होकर रह जाती है। यूँ भी मुम्बई शहर नहीं आदत की तरह है, एक तेज़ क़िस्म का नशा है, एक पागल कर देने वाली ख़ुशबू है, एक सदाबहार मौसम है, एक मुस्तक़िल रंगीन ख़्वाब है, आरज़ूओं और तमन्नाओं का ताजमहल है, ख़्वाहिशात का सिर उठाता हुआ दरिया है, जराएम की अन्धी सुरंग है, सख़ावत और दरिया दिली का समन्दर है, शेयर बाज़ार का ज्वार भाटा है, फ़िल्मी चकाचौंध का मेला है, बियर बारों का हेड क्वार्टर है, जिस्म फ़रोशी का बिग बाज़ार है, दाऊद इब्राहीम का शहर है, अरुण

गवली और छोटा राजन का नगर है, मराठा शेर बाल ठाकरे की कछार है, हर ठाकरे का लाउड स्पीकर है, अब्दुल करीम तेलगी और हर्षद मेहता का शहर है, मुस्तक़बिल की तलाश में भटकने वालों का पसन्दीदा पड़ाव है, काबुकनुमा फ़्लैटों में क़ैद रहने वालों का सबसे बड़ा ठिकाना है, झुग्गियों से आबाद एक बेख़्वाब दुनिया है, एक ऐसी दुनिया जहाँ हर तरह के गुनाह और गुनाहों से तौबा करते हुए लोग आबाद हैं। जहाँ की तकलीफ़ें उठाने वाले अपने-अपने गाँवों में ख़ुशहाली लाने के ख़्वाब देखा करते हैं। मुम्बई दिन-रात चलती है मगर थकती नहीं है। दौड़ती है मगर गिरती नहीं, हादसों से गुज़रती है मगर डरती नहीं, बीमार होती हैं मगर मरती नहीं है। कभी मुम्बई उस शोख़ बच्चे की तरह थी जो बात-बात पर खिलखिला कर हँस देता है, कभी मुम्बई देहाती औरतों की तरह ख़ूब ठट्ठे लगाती थी लेकिन सियासी भेड़ियों ने इस शहर को अब इतना ख़ौफ़ज़दा कर दिया है कि यह शहर क़ुर्बानी के बकरे की तरह फटे-फटे दीदों से अपनी जानिब बढ़ती हुई मौत को देखा करता है। मौत के वार्डरोब में नित नये लिबासों का इज़ाफ़ा होता रहता है। कभी यह हादिसों का चोला पहन लेती है तो कभी उम्र को बहाना बना लेती है। कभी गैंगवार का जामा ज़ेबेतन कर लेती है, कभी हार्ट अटैक और कैंसर के कैक्टस से बुनी हुई शाल पहन कर निकलती है और कभी बाज़ारे हुस्न में एड्स का ग़ैर मुल्की लिबास पहनकर खड़ी दिखाई देती है। पता नहीं मुझे मुम्बई कभी अच्छी क्यों नहीं लगी। न जाने मुम्बई में मेरा जी क्यों नहीं लगता। मालूम नहीं मेरे मिज़ाज के चेहरे पर मुम्बई का गाज़ा देर तक क्यों नहीं रुकता। शायद इसकी वजह यही है कि मुझे शहर के कुछ लोग अच्छे लगते हैं, शहर कोई अच्छा नहीं लगता। मुम्बई में जो दस पाँच लोग मुझे अच्छे लगते थे उन्हीं में भाई अज़ीज़ नाज़ाँ भी थे।

मैंने अज़ीज़ नाज़ाँ मरहूम की बेश्तर ख़ामियों का दबे लफ़्ज़ों में तज़किरा कर दिया है। मुझसे ज़्यादा ख़ामियाँ उनके बहुत से क़रीबी अहबाब जानते होंगे लेकिन यहाँ मैं एक ख़ास वाक़ये का ज़िक्र करना चाहता हूँ क्योंकि अगर इस वाक़ये के ज़िक्र से मैंने दामन बचाने की कोशिश की तो शायद मेरा गुनाह हमेशा मुझे कचोके लगाता रहेगा।

मैं मुम्बई में हमेशा मराठा मन्दिर के पास YMCA गेस्ट हाउस में रुकता रहा हूँ। तक़रीबन पच्चीस बरस से मेरा मामूल रहा है कि मैं इसी गेस्ट हाउस में क़याम करूँ बल्कि एक लतीफ़ा भी इस गेस्ट हाउस से मंसूब हो गया है। वह भी आपको सुनाता चलूँ। YMCA में मुस्तक़िल क़याम की वजह से वहाँ के तमाम लोग मेरा बहुत ख़याल करते हैं। वहाँ एक साहब हुआ करते थे जिनका नाम था Mr. Josh। हिन्दुस्तानी क्रिश्चियन थे। एक दिन मुझसे कहने लगे कि जब आप

बराबर यहीं ठहरते हैं तो फिर आप कोशिश करके यहाँ के मेम्बर क्यों नहीं हो जाते हैं, इससे आपको और भी कई फ़ायदे हासिल रहेंगे। मसलन मिशनरी के स्कूलों में आपके बच्चों का मुनासिब फ़ीस पर दाख़िला हो जायेगा। मिशनरी के तमाम अस्पतालों में आपको मुफ़्त की सहूलियतें हासिल रहेंगी और सारी दुनिया में आप YMCA के ऑनरेरी मेहमान रहेंगे। मैंने पूछा कि जोश साहब मेम्बरी के लिए शर्तें क्या हैं। उन्होंने कहा, सालाना दो हज़ार रुपये फ़ीस के तौर पर जमा करने होंगे। मैंने कहा, तब आसान है आप मुझे मेम्बर बनवा दीजिए। उन्होंने कहा कि पहली शर्त यह है कि आप किसी जी विक़ार (इज़्ज़तदार) क्रिश्चियन से एक सिफ़ारिश नामा ले आयें या फ़ोन करा दें। क्या कोई ऐसा क्रिश्चियन आपके शनासाओं (जानने वालों) में है? मैं थोड़ी देर तक सोचता रहा लेकिन ज़ेहन के स्क्रीन पर ऐसा कोई भी नाम नहीं उभरा। जोश साहब ने मुझे लुक़्मा दिया कि पहली शर्त ही सबसे मुश्किल है। मैंने बरजस्ता कहा कि नहीं-नहीं, ऐसा बिल्कुल नहीं है। मैं सिफ़ारिश तो हज़रत ईसा से भी करवा सकता हूँ क्योंकि हमारे रसूले अकरम हज़रत मुहम्मद सल्लल्लाहु अलैहि वसल्लम के मरासिम (ताल्लुक़ात) उनसे भी अच्छे हैं। मेरे इस जुमले से उनके चेहरे पर एक रंग आकर गुज़र गया और मैं अपनी शगुफ़्ता मिज़ाजी की दाद माँगता ही रह गया।

कई दिनों से कारोबारी मामलात के सबब मैं मुम्बई में मुक़ीम था। YMCA में मेरा क़याम था। एक दिन अज़ीज़ भाई से मिलने उनके घर भी गया। अज़ीज़ भाई ने शिकायती लहजे में कहा कि आप कई दिनों से मुम्बई में मुक़ीम हैं। आपको फ़लाँ-फ़लाँ जगह पर देखा गया। वज़ीर होटल में आप तक़रीबन रोज़ रात में आकर बैठते थे। मैंने, CBI अफ़सर की तरह गुनाह गिनवाते हुए, अज़ीज़ भाई की तमाम शिकायतें सुनीं, उनके ख़ामोश होते ही मैंने कहा कि अज़ीज़ भाई मुम्बई में तमाम लोग मसरूफ़ दिखाई देते हैं। ज़ाहिर है कि आप भी अपने कामों में उलझे रहते हैं। लिहाज़ा रोज़-रोज़ आकर आपको परेशान करना मुनासिब नहीं था। उनकी नाराज़गी, शिकायत और ख़फ़गी पर मैं अपने लफ़्ज़ों के ओलों का सर्द पानी रखता रहा। थोड़ी ही देर में वह बच्चों की तरह ख़ुश दिखाई देने लगे। काफ़ी देर तक उनके पास रहने के बाद मैंने इजाज़त चाही तो उन्होंने मेरा प्रोग्राम पूछा। मैंने उन्हें बताया कि कल सवेरे छः बजे के जहाज़ से देहली जा रहा हूँ। वहाँ दो एक दिन क़याम के बाद कलकत्ता चला जाऊँगा। चलते वक़्त उन्होंने मुझे ग़ैर मुल्क के सेंट की कई शीशियाँ दीं, उनमें एक सेंट का नाम Poison था। बीस बरस गुज़रने के बाद भी मेरे जिस्म से उस क़ीमती सेंट की महक आती रही क्योंकि उस महक में जो ख़ुलूस और अपनाइयत थी वह आज तक मेरे लहजे में मौजूद है।

रात के तक़रीबन डेढ़ बजे अज़ीज़ भाई अचानक YMCA में मुझसे मिलने आ गये। उनको देखते ही होटल का सारा अमला (Staff) निहाल हो गया। वह मेरे पास थोड़ी देर तक ख़ामोश बैठे रहे फिर उन्होंने मुझे एक ख़ाकी रंग का मैग्ज़ीन साइज वाला भारी लिफ़ाफ़ा दिया और बोले कि जामा मस्जिद के पास होटल De Romana के काउंटर पर फ़लाँ शख़्स आपको मिलेंगे, यह लिफ़ाफ़ा आप उनके हाथों में दे दीजियेगा। इधर-उधर की गुफ़्तगू के बाद वह कहने लगे कि आप कहें तो मैं सवेरे आपको एयरपोर्ट अपनी गाड़ी से छोड़ आऊँगा। मैंने शुक्रिया अदा किया और उन्हें बताया कि मैंने टैक्सी वाले से कह दिया है। वह सुबह मुझे एयरपोर्ट पहुँचायेगा। अज़ीज़ भाई के जाने के बाद मैं सोचने लगा कि पता नहीं इस भारी लिफ़ाफ़े में क्या है? फिर यह लिफ़ाफ़ा अज़ीज़ भाई ने चलते वक़्त ही मेरे हवाले क्यों नहीं किया था? इतनी रात गये YMCA में यह लिफ़ाफ़ा पहुँचाने क्यों आये? मेरे दिमाग़ में तरह-तरह के सवालात उभरने लगे। उन दिनों फ़िल्मी हीरोइनों की तरह नशे वाली हीरोइन का भी बहुत शोहरा था। मेरे दिल में तरह-तरह के बुरे ख़यालात आने लगे। मैंने अपने आपको इन ढेर सारे सवालात के हिसार (क़ैद) से निकालने के लिए मैग्ज़ीन साइज़ के लिफ़ाफ़े को सलीक़े से चाक किया। लिफ़ाफ़ा चाक करते ही मेरी परेशानी में मज़ीद (और) इज़ाफ़ा हो गया क्योंकि उस बड़े लिफ़ाफ़े के अन्दर तक़रीबन डेढ़ दर्जन छोटे लिफ़ाफ़े मौजूद थे। मैंने यके बाद दीगरे तमाम लिफ़ाफ़ों को चाक करना शुरू कर दिया। हर लिफ़ाफ़े में एक हज़ार, पन्द्रह सौ या दो हज़ार की रक़म मौजूद थी। किसी एक लिफ़ाफ़े में रक़म के साथ एक ख़त भी रखा था। एक तो उन्हीं साहब के नाम जिनको होटल De Romana में मुझे यह लिफ़ाफ़े सौंपने थे। ख़त में मग़रिबी (पश्चिमी) उत्तर प्रदेश के कई शहरों के मुख़्तलिफ़ लोगों के नाम दर्ज थे, जिनकी अज़ीज़ भाई गाहे गाहे (कभी-कभी) मदद करते रहते थे। क्योंकि ख़त में अज़ीज़ भाई ने यह भी लिखा था कि मैं काफ़ी दिनों से हिन्दुस्तान से बाहर था और फिर इधर मेरा देहली की तरफ़ आना भी नहीं हुआ लिहाज़ा मैं मुनव्वर राना साहब के ज़रिये यह रक़म भिजवा रहा हूँ आप इन लोगों को भिजवा दीजियेगा। मैं अपनी शैतानी सोच पर आज तक ख़ुद पर लानत मलामत करता रहता हूँ और अज़ीज़ भाई जब भी याद आते हैं तो महसूस होता है कि वह मैदाने हश्र में फूलों से लदे हुए हैं और मैं एक गुनहगार की तरह उनके पास खड़ा हुआ हूँ। आज इस मज़मून के ज़रिये तहरीरी (लिखित) तौर पर अपने जुर्म का इक़रार करने के बाद यूँ महसूस हो रहा है कि मेरे काँधों से बहुत बड़ा बोझ उतर गया है या मैं एहसासे जुर्म की जंज़ीर से आज़ाद हो गया हूँ।

मेरे अन्दर का मुसलमान नहीं मरता है

तक़रीबन पन्द्रह बरस पहले की बात है। मैं लाल क़िले के मुशायरे में शिरकत के लिए देहली से कलकत्ता बज़रिये हवाई जहाज़ सफ़र कर रहा था। उन्हीं दिनों मेरी ग़ज़लों की नयी किताब छप कर आयी थी। हिन्दी में थी, उसका नाम था 'मोर पाँव'। मैं दौराने सफ़र इस किताब से लाल क़िला में पढ़ने के लिए ग़ज़लें मुन्तख़ब कर रहा था। वरक़ गरदानी करते हुए जब थक गया तो किताब अपनी कुर्सी के सामने बनी पाकेट में डाल दी। मेरे बराबर एक बहुत ही ख़ूबसूरत नौजवान बैठा हुआ था। उसके चेहरे से उसकी शराफ़त और मासूमियत टपक रही थी। उस नवजवान ने मुझसे इजाज़त लेकर वह किताब निकाल ली, थोड़ी देर तक पढ़ता रहा फिर किताब की पुश्त पर छपी तस्वीर से मेरे चेहरे का मुवाज़ना करता रहा। हर तरह से मुत्मइन होने के बाद उसने बहुत ही मुहज़्ज़ब और रेशमी लहजे में मुझसे पूछा कि "यह आपकी लिखी हुई किताब है?" मेरे "जी हाँ" कहने पर उसने पूछा कि यह किस बुक स्टाल पर मिल जायेगी। मैंने बहुत फ़राख़ दिली से अर्ज़ किया कि आप दुकान पर जाने की ज़हमत क्यों फ़रमायेंगे, मेरी तरफ़ से आप इसे तोहफ़ा समझकर क़ुबूल कर लें। उसके तकल्लुफ़ात को नज़रअन्दाज़ करते हुए मैंने जेब से क़लम निकाला और उसका नाम पूछा। उसने बताया कि मेरा नाम कृष्ण वल्लभ शर्मा है लेकिन आम तौर से लोग मुझे बड़े ठाकुर के नाम से पुकारते हैं। रास्ते भर उस शरीफ़ नवजवान से गुफ़्तगू होती रही। जहाज़ से उतरते वक़्त बड़े ठाकुर ने मुझसे बहुत इनकिसारी (विनम्रता) से पूछा कि आपको गाड़ी एयरपोर्ट पर रिसीव करने आयेगी? अब मैं उसे क्या बताता कि उर्दू ज़बान के शायर को चार काँधे नसीब हो जाते हैं यही बहुत बड़ा एज़ाज़ है, वर्ना अगर उर्दू शायर और अदीब के आख़िरी सफ़र का काम भी उर्दू एकेडमियों को सौंप दिया जाये तो दो काँधों में भी कटौती करें बल्कि मुमकिन है कि किसी हाथ गाड़ी या रिक्शे पर लादकर क़ब्रिस्तान रवाना कर दिया करें कि इसमें वक़्त और कन्धों की बचत का पहलू पोशीदा है। अब मैं उसे कैसे बताता कि लाल क़िले के मुशायरे में शिरकत की सज़ा के तौर पर कई बार तो भूखा

भी सोना पड़ा है क्योंकि उनकी तरफ़ से तो खाने का कोई इन्तिज़ाम होता नहीं है और मुशायरे के बाद अक्सर होटल बन्द हो चुके होते हैं। दो-चार ग़ज़लें, एक आध कहानी और दस-बीस मुरासलात एडीटर की ख़ुशामद करके छपवा लेने के बाद अदब के नुमाइन्दा कहलाने वाले क्या जानें कि जश्ने जम्हूरिया (गणतन्त्र दिवस) और जश्ने आज़ादी (स्वतन्त्रता दिवस) के मुशायरे कमोबेश सोलह बरस से मुस्तक़िल पढ़ने के लिए हमेशा मुझे ट्रेन के फ़र्स्ट क्लास का किराया मिला है और मैंने तक़रीबन हर मुशायरा हवाई जहाज़ से सफ़र करके पढ़ा है। हिसाब का मामूली तालिब इल्म भी अगर रेलवे के किराये और हवाई जहाज़ के किराये के फ़र्क़ का हिसाब करे तो मालूम हो जायेगा कि मैंने सिर्फ़ देहली उर्दू एकेडमी के ज़ेरे एहतमाम मुनअक़िद (आयोजित) होने वाले मुशायरों में अपनी जेब से कितनी रक़म लगा दी है। कमोबेश यही सूरतेहाल हर मुशायरे में रहती है। मैं सिर्फ़ यह कहना चाहता हूँ कि मुशायरा मेरा शौक़ है। कारोबारी हंगामों, ज़िन्दगी के मुख़्तलिफ़ मसाइल और घरेलू उलझनों से निकलने के लिए मैंने किसी क़िस्म के नशे का सहारा नहीं लिया। अपने इर्द गिर्द बिखरे हुए मसाइल से फ़रार होकर छुपने की सबसे आसान और अच्छी जगह मुशायरा है। शायरी ने मुझे इज़्ज़त और शोहरत दी और इज़्ज़त व शोहरत ने मेरे कारोबार को तक़वियत (मज़बूती) बख़्शी। मुशायरा यूँ भी मेरे लिए इबादत की तरह है कि मैं उससे हासिल होने वाली इज़्ज़त व शोहरत को उस कारोबार में सर्फ़ (उपयोग) करता हूँ जिससे जुड़े हुए सौ डेढ़ सौ लोगों के बाल बच्चों की परवरिश उसी कारोबार से होती है—

पेट की ख़ातिर फुटपाथों पर बेच रहा हूँ तस्वीरें
मैं क्या जानूँ रोज़ा है या मेरा रोज़ा टूट गया

बहरहाल एयरपोर्ट से बाहर निकलते ही बड़े ठाकुर ने अपने ड्राइवर से मेरा सामान भी अपनी कार में रखवा लिया। पहले तो बज़िद हुए कि उनके घर पर ठहरूँ लेकिन जब मैंने उन्हें बताया कि मुझे दिन भर ट्रांसपोर्ट के सिलसिले में दौड़ना है और मेरे स्टाफ़ वाले भी सुबह होटल आयेंगे तो उन्होंने अपने ड्राइवर से कहा कि मुझे घर पर उतार कर राना साहब को जामा मस्जिद पहुँचाओ। फिर एक जगह कार रोककर मेरे लिए सिगरेटों के पैकेट, पान पराग के दो डिब्बे और बाबा ज़र्दा का एक डिब्बा ख़रीदकर गाड़ी में रखवा दिया। जब ड्राइवर ने मुझे जामा मस्जिद के इलाक़े में उतारा तो यह सामान भी मेरे हवाले कर दिया। इस एक मुलाक़ात के बाद बड़े ठाकुर मेरी शायरी के और मैं उनकी शख़्सियत का आशिक़ हो गया। जब भी वह कलकत्ता आते तो मुझे ज़रूर याद करते और मैं भी जब देहली जाता तो उन्हें फ़ोन ज़रूर कर लेता हूँ। अगर वह शहर में मौजूद हुए तो मैं उनसे मिलने भी ज़रूर जाता हूँ। बड़े ठाकुर बुनियादी तौर पर कृष्ण

की धरती वृन्दावन, मथुरा के रहने वाले हैं। उनका ख़ानदान सत्रह पीढ़ियों से कृष्ण का अवतार कहलाता है। वह लोग पूरे मुल्क में और बैरूने मुल्क (विदेशों) में अपनी मण्डली के साथ कृष्ण लीला दिखाने के लिए जाते हैं।

हिन्दुओं में ख़ासतौर से मारवाड़ियों में वह लोग बहुत एहतराम और अक़ीदत (श्रद्धा) की निगाह से देखे जाते हैं। हिन्दुस्तान के अक्सर सरमायादार (दौलतमन्द) और सियासी लीडर उनके चरण छूते हैं और वह सिर पर हाथ फेरकर 'राधे राधे' कहते हैं। बक़ौल परवीन शाकिर—

वो मेरे पैरों को छूने झुका था जिस लम्हे
जो माँगता उसे देती, अमीर ऐसी थी

वृन्दावन में उनके भाई की शादी थी। उन्होंने मुझसे शिरकत की दरख़्वास्त की और हवाई जहाज़ का टिकट भी मुझे भिजवा दिया। मथुरा से देहली एयरपोर्ट मेरे लिए कार भेजी। शादी की तक़रीब में उन्होंने एक छोटा-सा कवि सम्मेलन भी रख दिया जिसमें दो-एक वहीं के कवि थे और कलकत्ता से मैं शामिल था। कई घंटे यह कवि सम्मेलन चलता रहा। दूसरे दिन उन्होंने मुझे पूरा वृन्दावन दिखाया। रात में वृन्दावन से मुझे मथुरा स्टेशन तक पहुँचाने आये। ज़बरदस्ती एक लिफ़ाफ़ा जिसमें पाँच हज़ार रुपये थे, मुझे दिया फिर रास्ते में बताने लगे कि कल आपको जिस स्टेज पर बिठाकर हम लोगों ने आपका कलाम सुना वह स्टेज मज़हबी एतबार से बहुत अहमियत रखता है। उस स्टेज से देश के बड़े-बड़े साधु और सन्त अपना उपदेश देते हैं। सुबह कुछ लोगों ने उस स्टेज पर आपके विराजमान होने पर उँगली उठायी तो मेरे पिता जी पंडित राम स्वरूप शर्मा ने उन लोगों से कहा कि जब स्टेज पर बैठकर जायसी, रसखान और रहीम की कविताएँ सुनायी जा सकती हैं तो एक मुसलमान यहाँ बैठकर अपना कलाम क्यों नहीं सुना सकता।

अपने जिन ग़ैर मुस्लिम दोस्तों पर मैं फ़ख़्र महसूस करता हूँ उनमें बड़े ठाकुर का नाम भी है। उनकी शरीफ़ाना गुफ़्तगू, बच्चों जैसी मुस्कुराहट और हिन्दुस्तानी रवादारी की एक झलक हमेशा मुझे उनका एहतराम करने पर मजबूर करती है। वह जब भी मिले, जहाँ भी मिले मेरी सेहत, मेरे कारोबार और मेरे घर वालों के बारे में तफ़्सील से पूछा। हमेशा इस बात पर फ़िक्रमन्द रहे कि कोई परेशानी तो नहीं है? एकाध बार मैंने उनसे किसी बड़ी कम्पनी के ट्रांसपोर्ट के काम के बारे में ज़िक्र किया तो उन्होंने मुख़्तलिफ़ सरमायादार घरानों में मेरे लिए सिफ़ारिश की। मैंने बहुत चाहा कि उनकी तहज़ीबी सिफ़त और सलीक़ा मेरी शायरी में दर आये तो मेरी तहरीर और गुफ़्तगू के दिन फिर जायें—

हम उसका ज़िक्र जो रोज़ो शबाना करते हैं
सो गुफ़्तगू भी बड़ी शायराना करते हैं

अप्रैल 1992 में दोहा (क़तर) में एक मुशायरा था। उस मुशायरे के कन्विनर मोहम्मद सुलेमान थे। उस मुशायरे में शिरकत के लिए मैं देहली गया। मैंने हस्बे आदत बड़े ठाकुर को फ़ोन किया। मेरी आवाज़ सुनते ही खुश हो गये। कहने लगे कब गाड़ी भेजूँ। मैंने कहा कि तकल्लुफ़ की ज़रूरत नहीं है। मैं आज दोपहर में किसी वक़्त आपके दफ़्तर आऊँगा। इस बीच एकाध काम है, वह भी कर लूँगा। इत्तिफ़ाक से राज़ इलाहाबादी साहब मरहूम भी उसी होटल में ठहरे हुए थे। राज़ साहब मेरे वालिद के गहरे दोस्त थे लिहाज़ा मैं उनको चचा कहता था। अल्लाह उन्हें ग़रीक़े रहमत करे, बड़े ही बज़ला संज (शोख़ तबीयत), हँसमुख और लड़कों में लड़कों की तरह घुल मिल जाने वाले आदमी थे। इलाहाबाद में जब अतीक़ इलाहाबादी से दोस्ती हुई तो राज़ साहब से मैं भी बेतकल्लुफ़ हो गया क्योंकि अतीक़ और असलम इलाहाबादी की मौजूदगी में कोई भी आदमी ज़्यादा देर तक न मोहज़्ज़ब रह सकता है और न संज़ीदा।

राज़ साहब ने मुझसे पूछा, क्या प्रोग्राम है? मैंने कहा, चचा! मेरे एक दोस्त हैं उनसे मिलने जा रहा हूँ। बड़े ठाकुर की अदब दोस्ती के बारे में सुनकर वह भी मेरे साथ उनके दफ़्तर जाने पर आमादा हो गये। देहली के पॉश इलाक़े ईस्ट ऑफ़ कैलाश में उनका दफ़्तर एक इमारत के पूरे फ़्लोर पर था। हर क़िस्म की आसाइश और आराम वहाँ मयस्सर था। हम लोगों के वहाँ पहुँचते ही उन्होंने पूछा, खाना यहाँ मँगवायें या लोधी होटल चला जाये। मैंने कहा कि हम लोग तो खाना खाकर आ रहे हैं लेकिन वह बज़िद हो गये कि ऐसा तो हो ही नहीं सकता। फिर कहने लगे, ऐसा करते हैं कि आपको थोड़ी-सी दाल खिलवाते हैं। कृष्ण नगरी का घी अगर दाल में पड़ जाये तो दाल भी राधा मालूम होती है। यह कह कर उन्होंने फ़ौरन अपने मुलाज़िम को आवाज़ दी कि दो प्यालों में दाल निकाल कर लाओ और आज ही जो घी वृन्दावन से आया है, वह भी दाल में क़ायदे से होना चाहिए। दस मिनट में दाल के प्याले मेरे और राज़ साहब के सामने रख दिये गये। हम लोगों ने उनकी मोहब्बत के एहतराम में भूख न होने के बावजूद चमचे से दाल पीना शुरू कर दिया। लेकिन उन्होंने फ़ौरन रोक दिया और कई सदियों की तहज़ीब अपने होंठों पर सजा कर बोले कि एक फुल्का भी खा लीजिए, दाल की इससे बड़ी नाक़द्री क्या हो सकती है कि उसको दूध की तरह पिया जाये। हम लोगों ने एख़लाक़न उनकी यह बात भी क़ुबूल कर ली और एक फुल्का खा लिया लेकिन तब तक वह दूसरा फुल्का अपने हाथों से हमारी प्लेट में रखते हुए कहने लगे कि मुझे अपमानित न कीजिए। दुनिया क्या कहेगी कि मेरा दस्तरख़्वान दो कवियों का बोझ नहीं उठा सका। ग़रज़ कि उनकी ख़लीक़ (प्रेमपूर्ण) गुफ़्तगू के आगे हम लोगों ने हाथ-पाँव डाल दिये। खाना ख़त्म होते

ही कहने लगे, फ़ालसे का शरबत गर्मियों में बहुत मुफ़ीद रहता है, घर से आपके लिए आया है। खाने के दौरान ही नित्यानन्द भाई आ गये। वह बड़े ठाकुर के बहनोई भी थे और उनके बिज़नेस पार्टनर भी, उम्र में हालाँकि वह मुझसे छोटे ही थे लेकिन बड़े ठाकुर के रिश्ते से मैं भी उनको जीजा जी कहता था और उनसे मज़ाक़ भी करता था। उनके हमराह तक़रीबन दस बारह साधु-सन्त क़िस्म के लोग भी आ गये और वह लोग भी बड़े ठाकुर को नमस्कार करके क़रीब की कुर्सियों पर विराजमान हो गये। राज़ साहब माशाअल्लाह सरापा (सिर से पैर तक) मुसलमान दिखाई दे रहे थे, वह भी मोलवी क़िस्म के मुसलमान! वह साधुओं को थोड़ी-थोड़ी देर के बाद पलट कर देखते और साधु लोग भी बराबर राज़ साहब पर निगाह रखे हुए बग़ौर मेरी और बड़े ठाकुर की गुफ़्तगू सुन रहे थे। गुफ़्तगू के दौरान अचानक बड़े ठाकुर मुझसे कहने लगे कि मुनव्वर भाई! एक बार आपने ट्रांसपोर्ट के काम के सिलसिले में मुझसे कहा था। मेरे हाँ कहने पर वह कहने लगे कि आज कल चार रियासतों में मेरे भक्तों की हुकूमत है (उन दिनों मध्य प्रदेश, राजस्थान, देहली और उत्तर प्रदेश में बी.जे.पी. की नयी-नयी सरकारें बनी थीं।) कोई भी काम हो तो करवा लीजिए, बहुत अच्छा मौक़ा है। मैंने हँसते हुए पूछा, आपके कहने से यह लोग मेरा काम कर देंगे। बड़े ठाकुर ने पूरे एतमाद से कहा कि यक़ीनन, जो मैं कहूँगा वह करेंगे। भई, यह उत्तर प्रदेश के वज़ीरे आला कल्याण सिंह मेरे परिवार के लोगों के पाँव की धूल को चन्दन समझ कर अपनी पेशानी पर मलते हैं। मैंने कहा, बड़े ठाकुर! अगर यह लोग आपका इतना ही कहना मानते हैं तो इन लोगों से आप मेरी बाबरी मस्जिद वापस दिलवा दीजिए। एक लम्हे के लिए पूरे माहौल पर ऐसी ख़ामोशी छा गयी जो वीरान से वीरान क़ब्रिस्तानों में भी नहीं होती है। साधु-सन्त सब मुझे कीनातोज़ (कपटपूर्ण) नज़रों से देखने लगे, राज़ साहब मरहूम शहादत से पहले क़लमा पढ़ने में मसरूफ़ हो गये लेकिन बड़े ठाकुर ने मेरे इस जुमले को बहुत Sportingly लिया। ख़ूब ज़ोर से हँसे लेकिन उनकी हँसी में न गुस्सा था न कोई शिकायत। उनके होंठ तो सिर्फ़ नये-नये फूल की तरह खिल गये थे। वह चन्द लम्हों के लिए ख़ामोश हो गये फिर अपनी शख़्सियत की सदाक़त (सच्चाई) का नूर बिख़ेरते हुए बोले, बाबरी मस्जिद वह कैसे दे सकते हैं, उसकी बदौलत तो इन बेचारों को हुकूमत मिली है। वापसी में राज़ साहब कहने लगे बेटा! क़त्ल ही करवाना था तो इलाहाबाद ही काफ़ी था। बाल बच्चों से इतनी दूर लाकर क़त्ल करवाने से तुम्हें क्या फ़ायदा होगा—

क़र्ज़ वैसे तो निकलता है ज़ियादा तुम पर
मेरी मस्जिद ही मगर तुम मुझे वापस कर दो

गोपी चन्द नारंग

गोपी चन्द नारंग के बारे में सुना बहुत, बल्कि बहुत कुछ, उनके बारे में पढ़ा भी बहुत, उनका लिखा हुआ भी और उनके बारे में लिखा हुआ भी, वह भी जो सनाख़्वाने नारंग (नारंग के गुणगान कर्ता) लिखते रहे और वह भी जो बुग़्ज़े लिल्लाही (अकारण बैर) में लिखा जाता है। जितना पढ़ा वह बहुत ईमानदारी से पढ़ा क्योंकि बेशतर किताबें और रसाएल (पत्रिकाएँ) ख़रीद कर पढ़े। ख़रीदने की नौबत यूँ आयी कि मेरे पास प्रोफ़ेसर या डॉक्टर की कोई सिफ़ारिशी डिग्री या सनद नहीं थी और माँगने की आदत बुज़ुर्गों और क़िस्मत ने पड़ने ही नहीं दी। यह चन्द वज़ाहती (व्याख्यात्मक) जुमले यूँ लिखने पड़ रहे हैं कि क़ारिईन (पाठकों) को ये पता चल जाये कि सफ़े सामिईन (श्रोताओं की पंक्ति) में बैठे हुए हज़रात को डिग्री होल्डर और सनदयाफ़्ता हज़रात अक्सर अपने से कम पढ़ा-लिखा समझने की ग़लती कर बैठते हैं—

पड़ा रहने दो अपने बोरिये पर हम फ़क़ीरों को
फटी रह जायेंगी आँखें जो मुट्ठी खोल दी हमने

तहरीर और शख़्सियत में मुशाबिहत (समरूपता) ज़रूर होती होगी लेकिन जिस तरह ब्लड शुगर की घरेलू जाँच मशीनों पर मुकम्मल भरोसा करने से मना किया जाता है वैसे ही अदब में भी इन दिनों बहुत मोहतात (सतर्क) रहने की ज़रूरत है क्योंकि शुगर मशीन की ग़लती सिर्फ़ एक शख़्स की मौत का सबब बनती है लेकिन अदबी शुगर मशीन की ग़लत रिपोर्ट से पूरी एक नस्ल के मुतास्सिर (प्रभावित) होने का ख़तरा रहता है।

यूँ तो अन्धे की रेवड़ी बाँटने वाली कहावत बहुत आम है। ख़ासतौर से उर्दू अदब में बददियानती की उम्र भी उतनी ही है जितनी उम्र बेचारी उर्दू ज़बान की है, क्योंकि इसके साथ ज़ात-पात, छुआ-छूत, अपर कास्ट, लोवर कास्ट और शेड्यूल कास्ट की बिदअत (अशोभनीय परम्परा) भी इसकी पैदाइश के साथ ही शुरू हो गयी थी। कभी ये सिर्फ़ ख़वास (ख़ास लोगों) की ज़बान थी। यानी तवायफ़ के मख़सूस मुजरे की तरह सिर्फ़ नवाबों, जागीरदारों और हद से हद

ज़मींदारों के लिए... और इस ज़बान के साथ इसके चाहने वालों का सुलूक भी जागीरदाराना था। फिर ये ज़बान इक़्तिदार पसन्द (सत्ता लोलुप) हिन्दुस्तानियों की नज़र से उतर गयी या इस बेचारी तवायफ़ज़ादी (वेश्यापुत्री) के कोठे से उमरा (अमीर लोग) एक-एक करके उतर कर चले गये। तवायफ़ज़ादी कह कर मैं उर्दू ज़बान के ख़ानदानी पसमंज़र (पार्श्वभाग) को नज़रअन्दाज़ नहीं कर रहा हूँ बल्कि याद दहानी (याद दिलाने) के तौर पर यह अर्ज़ करना चाहता हूँ कि जम्हूरियत, रवादारी और यकजहती का लिहाज़ करते हुए और तहज़ीबी फ़राख़दिली का सबूत देते हुए इस ज़बान ने हर ज़बान के ख़ूबसूरत अल्फ़ाज़ को अपनी कोख में पनाह देना शुरू कर दिया। जिसके नतीजे में यह ज़बान बहुत ही कम मुद्दत में जम्हूरियत की महूर मान ली गयी लेकिन रफ़्ता-रफ़्ता जम्हूरियत की पैदाइशी ख़राबियों का असर इस ज़बान पर भी पड़ने लगा। इब्तिदा से मुश्तरिका तहज़ीब (संयुक्त सभ्यता) गंगा जमुनी कल्चर और शैख़ो बरहमन की नुमाइन्दा कही जाने वाली यह ज़बान इलाक़ाई असबीयत (पक्षपात) का शिकार होती गयी। यहाँ तक कि मिर्ज़ा ग़ालिब जैसे दूर अन्देश शायर ने भी मिर्ज़ा क़तील की अदबी हैसियत से इंकार करते हुए मदरसये आलिया के एक जल्से में कह दिया था कि वह खत्री बच्चा क्या जाने कि फ़ारसी क्या चीज़ है। मिर्ज़ा ग़ालिब के इस ग़ैर शायराना बयान पर मिर्ज़ा क़तील के हामियों ने उन्हें घेर लिया था, काफ़ी ले दे हुई, आख़िरकार मिर्ज़ा ग़ालिब ने अपने एक शागिर्द हरपाल तुफ़्ता को ख़त में यह लिख कर अपनी जान छुड़ाई कि कलकत्ता वाले गालियाँ बकने का शऊर (Sense) तो रखते नहीं हैं फिर उनसे अच्छी शायरी की तवक़्क़ो कैसे की जा सकती है।

इब्तिदा से आज तक हर नवमौलूदे अदब (अदब का नवजात) को यही बताया जाता है कि उर्दू और हिन्दी दो सगी बहने हैं, उर्दू और हिन्दी इबादतगाह के दो मीनार हैं, उर्दू और हिन्दी हिन्दुस्तान के चेहरे पर दो आँखों की तरह हैं लेकिन फ़ारसी और अरबी से इसका रिश्ता यूँ जोड़ा गया कि दोनों में तरक़ीबे इज़ाफ़ी की बुनियाद पर निकाह भी हो सकता है लेकिन हिन्दी के साथ ज़्यादा कुर्बत (निकटता) और मेल मिलाप को हमेशा ज़िनाकारी (व्यभिचार) के दर्जे में रखा गया। शायद इसी अहमक़ाना तफ़रीक़ (मूर्खतापूर्ण पक्षपात) की सज़ा है जो उर्दू की हर आती-जाती हुई नस्ल को काटनी पड़ रही है।

देहली उर्दू एकेडमी में मेरे एक देरीना करम फ़रमा हैं, बिरादरे अज़ीज़ हैं, बेतकल्लुफ़ दोस्त भी हैं, पठान भी हैं इसलिए यह तहरीर करने की क़तई ज़रूरत नहीं है कि साफ़गो और कौड़ियाले भी हैं। मौसूफ़ एक बेतकल्लुफ़ मुलाक़ात में हँसते हुए कहने लगे कि मुनव्वर भाई! नारंग साहब में भी तमाम बशरी (मानवीय) कमज़ोरियाँ होंगी, हर तरह की खराबियाँ होंगी, मुमकिन है वह थोड़ी

बहुत फ़िरक़ापरस्ती के भी शिकार हों लेकिन आप अगर तस्वीर के दूसरे रुख़ पर नज़र डालिये तो उर्दू के पूरे मंज़रनामे (पटल) पर दूर-दूर तक कोई भी ऐसी शख़्सियत नहीं दिखाई देती जो सद्र जम्हूरिया (राष्ट्रपति) और वज़ीरेआज़म जैसी शख़्सियतों के सामने भी अपने किसी मामूली मिलने वाले से भी बढ़ कर मुसाफ़ा करे, अपनाइयत से पेश आये और आली मर्तबत (उच्च पदस्थ) शख़्सियतों से उसका तआरुफ़ भी कराये। एख़लाक की इस ख़ास दौलत के मामले में पूरी उर्दू दुनिया नारंग साहब के सामने तक़रीबन दीवालिया नज़र आती है।

नारंग साहब से मेरी पहली बिलमुशाफ़ा मुलाक़ात (आमने सामने की मुलाक़ात) लाल क़िला के उस मुशायरे में हुई थी जो इन्दिरा गाँधी के क़त्ल और 1984 के दंगों के बाद एहतियातन इन्द्रप्रस्थ स्टेडियम में हुआ था। नारंग साहब स्टेज पर ग़ालिबन मख़मूर सईदी, मोहम्मद अल्वी, शहरयार और ऐसे ही कई भारी भरकम शायरों के साथ सारी रात मुशायरा सुनते रहे और दरम्यान में दिलचस्प गुफ़्तगू भी करते रहे। उसी मुशायरे में अज़हर इनायती ने अपनी वह मशहूर ग़ज़ल पढ़ी थी। जिसका यह शेर उर्दू दुनिया में बेपनाह मक़बूल है—

यूँ भी रहा है कूचने जानाँ में अपना रंग
आहट हुई कि चाँद दरीचे में आ गया

इसी ग़ज़ल में अज़हर भाई ने एक शेर पढ़ा जिसमें क़ाफ़िये के तौर पर ख़ेमे का इस्तेमाल किया गया था। शेर का मफ़हूम (सार) कुछ इस तरह था कि मेरे दुश्मन ने भी अम्न का परचम लहराने की कोशिश की और मैं भी अपनी तलवार लिए अपने ख़ेमे में आ गया। अगली सफ़ में बैठे हुए लोगों में से किसी ने माहौल में ये जुमला उछाला कि तलवार लेकर ख़ेमे में क्यों आ गया...नारंग साहब ने सरगोशियों वाले अन्दाज़ में फ़ौरन ही कहा कि क़ाफ़िया तलाश करने। लाल क़िले के मुशायरे में यह मेरी पहली हाज़िरी थी। यौमे जम्हूरिया (गणतन्त्र दिवस) के इस मुशायरे की निज़ामत (संचालन) प्रोफ़ेसर सलाहुद्दीन साहब फ़रमा रहे थे। लेकिन सामिईन के एक हल्क़े की तूफ़ाने बदतमीज़ी की वजह से मुशायरे का नाज़िम बदलना पड़ा। उन दिनों भी बशीर बद्र को मंज़र में बने रहने का बेहद शौक़ था। जैसे-जैसे प्रोफ़ेसर सलाहुद्दीन की निज़ामत फ़ेल हो रही थी, बशीर भाई इफ़्तिख़ार आरिफ़ के बारहवें खिलाड़ी की तरह Warm-up में मसरूफ़ थे लेकिन लाल क़िले का मुशायरा लाल क़िले का मुशायरा होता है। वहाँ ओबामा और ओसामा सब एक भाव में तौल दिये जाते हैं। लिहाज़ा बशीर बद्र की निज़ामत के दौरान हूट करने वालों की तादाद कुछ और बढ़ गयी थी, कुछ तो ट्रेडीशनल हूटर्स भी थे, बक़िया देहली वाले थे जो प्रोफ़ेसर सलाहुद्दीन से

निज़ामत की ज़िम्मेदारी छीने जाने पर नाराज़ थे। नारंग साहब शुरू से आख़िरी शायर तक मुशायरे में रहे और मुशायरे का भरपूर लुत्फ़ भी लेते रहे। यह मेरी पहली मुलाक़ात या दीदार का क़िस्सा है जिसमें कुछ अनोखा हो या न हो लेकिन आँखों से उर्दू ज़बानो अदब के इतने सारे चाँद-तारे मैंने एक साथ देखे थे। अदीबों और दानिशवरों से मेरा लगाव इससे ज़्यादा कभी बढ़ नहीं सका। दूसरी बार नारंग साहब से मेरी मुलाक़ात दूरदर्शन के इफ़्तिताही मुशायरे में देहली दूरदर्शन के ख़ूबसूरत आडोटोरियम में हुई। ज़ाहिर है कि मुल्क के बेशतर नावमर शोअरा उस मुशायरे में मौजूद थे, वह भी जो मुशायरे को बड़ी हक़ीर (तुच्छ) नज़रों से देखते हैं बल्कि ज़्यादा तादाद ऐसे मुशायरों में उन्हीं ख़ुदसाख़्ता (स्वयं भू) आली मुक़ाम शायरों की होती है। बचपन में पतंगबाज़ी के शौक़ में हम और हमारे ही जैसे कई कम उम्र लड़के पतंग के पीछे लपकते थे और कटी हुई पतंग तक पहुँचने में कामयाब भी हो जाते थे लेकिन अचानक बड़ी उम्र के लग्गेबाज़ हम लोगों को धक्का देकर पतंग ख़ुद लूट लेते थे। हम लोगों के हिस्से में सिर्फ़ दो-चार हाथ माँझा आता था और हम लोग इसी पर इक्तिफ़ा (सन्तोष) कर लेते थे। बल्कि अगर कभी हममें से कोई कम उम्र लड़का अपने नसीब और फुर्तीलेपन की वजह से पतंग हासिल करके भाग जाता था तो यह बड़े पतंग लूटने वाले हफ़्तों हम लोगों को लूट मार में शामिल ही नहीं होने देते थे। कमोबेश यही सूरते हाल हमारे उर्दू अदब में भी है। जैसे ही कोई नवजवान शायर कामयाबी की पतंग लूट लेता है तो यह ख़ुदसाख़्ता पैग़म्बराने अदब (स्वयं भू साहित्यिक अवतार) उसे अपने मसलक (पन्थ) से ऐसे अलग कर देते हैं जैसे उर्दू शायरी के अज़ीम शायर हज़रते मीर तक़ी मीर ने इनामउल्लाह ख़ाँ यक़ीं का हुक़्क़ा पानी बन्द कर दिया था।

बहरहाल मुशायरे की सदारत के लिए दूरदर्शन के सी.ई.ओ. जनाब बलविन्दर सिंह बाली ने हज़रत गोपी चन्द नारंग का नाम पेश किया जो जम्हूरी तर्ज़ पर अकसरीयत की बिना पर मंजूर कर लिया गया लिहाज़ा ज़ुबैर रिज़वी को एहतिजाजन (विरोध स्वरूप) स्टेज से उठ कर चला जाना पड़ा।

ख़ैर! यह अलग क़िस्सा है, यह कहानी फिर सही। नारंग साहब माइक पर सदारती तक़रीर के लिए आये। बक़ौल ग़ालिब 'यह खत्री बच्चा फ़ारसी क्या जाने' की तरह मुमकिन है उनकी तहरीरें कहीं-कहीं जानिबदारी की खपरैलें फ़ाँद जाती हों लेकिन तक़रीर में तो गोपीचन्द नारंग से बेहतर तक़रीर करने वाला उर्दू में दूर-दूर तक नज़र नहीं आता। अब यह तो क़ुदरत की देन है, लिहाज़ा इम्तिहान के इस पर्चे में किसी का बस नहीं चलता। उमूमन जब कोई दानिशवर तक़रीर

की लज़्ज़त के ज़रिये किसी के दिल में पहुँचना चाहता है तो वह मुश्किल तरीन अल्फ़ाज़ की भूल भुलैया में इतना खो जाता है कि उसे अपने आप तक वापस लौटने में भी सख़्त दुश्वारी महसूस होती है। लेकिन नारंग साहब पहले अपने को जिन्नाती ज़बान से अलग करते हैं फिर अपने साहिराना (जादुई) लहजे का कमाल दिखाते हुए उर्दू ज़बान के मामूली अल्फ़ाज़ का सहारा लेकर झाड़फूँक शुरू करते हैं और थोड़ी ही देर में अपने इस ख़ुदादाद हुनर से सबको हैरतज़दा कर देते हैं।

तक़रीर के दौरान ज़बानो बयान पर अपनी गिरफ़्त किसी मश्शाक़ (अभ्यस्त) पतंग बाज़ की तरह मज़बूत रखते हुए उन्होंने फ़रमाया कि हज़रात! पासे अदब के बजाय मैं हद्दे अदब से गुज़र रहा हूँ क्योंकि मेरी पुश्त (पीठ) उन अकाबिरीने अदब (साहित्य के बड़े लोगों) की तरफ़ है जिनके सामने शेरो अदब भी दो ज़ानू (घुटने मोड़ कर) होकर बैठते हैं लेकिन फिर इस ख़ाकसार और कम इल्म शख़्स को इस बात पर भी ख़ुशी होती है कि इसे आज इन तमाम बुज़ुर्गाने अदब की पुश्त पनाही हासिल है। ईमानदारी की बात तो यही है कि जब क़ाफ़िये, रदीफ़, बह्र और वज़्न की चादर छोटी पड़ने लगती है तो बेचारे मज़मून को नस्र (गद्य) का बोरिया ओढ़ना पड़ता है लेकिन यही वह बोरिया है जिस पर हमारी अदबी तारीख़ का बेशतर क़ीमती हिस्सा जल्वा अफ़रोज़ (सुशोभित) है।

नारंग साहब की मुख़्तसर तक़रीर ने नज़्म के हिस्से का क़र्ज़ अदा किया और सदारत की आबरू (लाज) बचाने का फ़र्ज़ भी। नारंग साहब ने शोअरा से माज़िरत आमेज़ (क्षमा पूर्ण) लहजे में इस बात की इजाज़त भी चाही कि वह सफ़े सामिईन में बैठ कर उर्दू ज़बानो अदब की इस दोशीज़ए ग़ज़ल का दीदार करना चाहते हैं। उनका इजाज़त तलब करना ही उनकी आला ज़र्फ़ी और उर्दू का तहज़ीबी सरमाया है वर्ना सद्र तो सद्र होता है...मुशायरे का हो या किसी मुल्क का हो।

हस्बे तहज़ीब (सभ्यता के अनुरूप) नारंग साहब आख़िर आख़िर तक मुशायरे में सामने बैठ कर मुशायरे से लुत्फ़ अन्दोज (आनन्दित) होते रहे और मेरे जैसे कमज़ोर नम्बरों वाले शायरों की हौसला अफ़ज़ाई भी फ़रमाते रहे। शीन. काफ़. निज़ाम को दादो तहसीन से नवाज़ते वक़्त उन्होंने थोड़ी लफ़्ज़ी फ़िज़ूल ख़र्ची से काम लिया लेकिन दूसरे शायरों पर भी दादो तहसीन की लागत लगाते रहे। ख़ैर, सद्र होने का मतलब ख़ुदा होना तो है नहीं कि इंसाफ़ के काँटे की सुई पत्थर के नीचे दबे हुए कीड़े मकोड़ों तक की निशानदही करती रहे।

नारंग साहब से ताज़ातरीन मुलाक़ात मस्क़त (सल्तनते अम्मान) के एक मुशायरे में हुई थी। मुशायरे की इब्तिदाई कार्रवाई में सदारत का इन्तिख़ाब (चुनाव)

होना था। ज़ाहिर है कि मसनदे सदारत को ललचाई हुई नज़रों से देखने की सबको इजाज़त होती है लेकिन शहबाज़ (गरुड़) की मौजूदगी में शिकरों का बस कभी नहीं चलता। रवायत (परम्परा) के मुताबिक़ अपनी तक़रीर के बाद नारंग साहब तराज़ू के भारी पल्ड़े की तरफ़ चले गये। सफ़े सामिईन स्टेज से ज़्यादा भारी भरकम हो गयी। आख़िर तक वह मुशायरागाह में एक ताज़ा सामे (श्रोता) की तरह मौजूद रहे। सल्तनते अम्मान के दारुलख़िलाफ़ा (राजधानी) मस्क़त के आँचल पर गंगा जमुनी तहज़ीब जम्हूरियत के गुल बूँटे टाँकने में मसरूफ़ थी और उर्दू अपने पाँच सौ साला जाहो जलाल (शानो शौक़त की पराकाष्ठा) के साथ अनारकली की तरह बादशाहत की आँखों में आँखें डाले गुफ़्तगू कर रही थी–

याराने ख़ुशमज़ाक़ ने अल्लाह की पनाह
उर्दू को बेक़ुसूर मुसलमान कर दिया

दूसरे दिन शाम की फ़्लैट से जिन लोगों की वापसी थी उनमें भी सरे फ़ेहरिस्त नारंग साहब थे यानी यहाँ भी अव्वलीयत (प्राथमिकता) का दर्जा उन्हीं को हासिल था। एयरपोर्ट में दाख़िल होते ही हमारा एत्तहाद कई क़तारों में बँट चुका था। आटोमेटिक सीढ़ियों के ज़रिये मैं जब ड्यूटी फ्री शॉप में दाख़िल हुआ तो नारंग साहब ड्यूटी फ्री फ़्लोर के एक अंगूरी काउण्टर पर खड़े हुए दुख़्तरे अंगूर (शराब) से सरगोशी फ़रमा रहे थे। मुझे देखते ही उन्होंने मुझे भी दावते मयनोशी दी। लेकिन यह सुनकर उन्हें बड़ी हैरत हुई कि इस ख़ुमार आशना सिलसिलये बोसो कनार (मद भर देने वाले इस चुम्बन व आलिंगन) से मेरी कोई शनासाई (जान पहचान) नहीं है। मैं उनके मुख़लिसाना सुलूक से ही मख़मूर (नशा ग्रस्त) हुआ जा रहा था। ज़ाहिर है कि ऐसी महफ़िलों में सूफ़ी बिल्कुल गँवार लगता है लिहाज़ा वह भी यही चाहते रहे होंगे कि मैं आयी बला की तरह टल जाऊँ और मैं भी अपने रंगे तसव्वुफ़ को मटमैला नहीं करना चाहता था इसलिए उनसे इजाज़त लेकर मैं उस शक्की औरत की तरफ़ चल दिया जिसे लोग सिक्योरिटी कहते हैं। वक़्त गुज़ारने के लिए मैं भी तम्बाकू और रजनीगन्धा पान मसाला निकाल कर उन्हें एक दूसरे में मुदग़म (विलीन) करने लगा। थोड़ी ही देर के बाद नारंग साहब एक बहुत ख़ूबसूरत से Slim सूटकेस के साथ आते हुए दिखाई दिये। वाक़ई वह सूटकेस किसी जिम से निकली खाद्य की तरह तरोताज़ा और चुस्त दुरुस्त था। मैंने उन्हें बैठने की जगह पेश की। उनके बैठते ही मैंने अर्ज़ किया कि सर! ये सूटकेस बहुत ख़ूबसूरत है। वह मुस्कुराते हुए बोले कि भई, दो ब्लैक लेबिल बोतलों के साथ उसी काउन्टर पर यह सूटकेस तोहफ़े के तौर पर मिल रहा है जहाँ आपसे अभी मुलाक़ात हुई थी। मेरे बराबर में एक बहुत सीनियर

और मशहूर शायर तशरीफ़ फ़रमा थे। बहुत देर से वह ललचायी हुई नज़रों से नारंग साहब का सूटकेस तक रहे थे। मुझसे सरगोशी वाले लहजे में कहने लगे कि आइए मुनव्वर मियाँ, इस स्कीम से हम लोग भी फ़ैज़याब हुए जाते हैं। शराब की बोतलें देहली में चल कर बेच देंगे, इस तरह यह सूटकेस हम लोगों को भी स्कीम में मुफ्त मिल जायेगा। मुझे मौसूफ़ की इस बात से बड़ा धक्का लगा। मैंने दिल ही दिल में सोचा कि शराब की बोतलों के साथ तो यह फ़क़ीर जन्नत भी इस स्कीम में लेने को तैयार नहीं हो सकता।

ये दीवाना ज़माने भर की दौलत छोड़ सकता है
मदीने की गली दे दो तो जन्नत छोड़ सकता है

उतरा है रामराज विधायक निवास में
(अदम गोण्डवी)

अपने किनारों से खिलवाड़ करती हुई घाघरा नदी के दूसरे छोर पर गोण्डा शहर अपने देहातों और क़स्बात (क़स्बों) को सीने से लगाये आज भी शान से ज़िन्दा है। सागौन के जंगलों और कई रियासतों से घिरा यह शहर इतिहास के कई पन्नों पर बिखरा हुआ है। इन्हीं रियासतों में एक रियासत मनकापुर भी है जो साहित्यिक गतिविधियों और सांस्कृतिक महकार के कारण देश भर के कवियों और शायरों में पहचाना जाता है। जिगर मुरादाबादी, असग़र गोण्डवी, कृष्ण चन्द्र हैरत, सरदार जाफ़री और बेकल उत्साही ने शायरी और कविता के फूलों से इस तराई किनारे बसे हुए शहर को सारी दुनिया में इज़्ज़त दिलवायी है और साहित्य के नक़्शे पर अपना नाम दर्ज करवाया है।

मनकापुर रियासत के मंगलभवन ने अपने यहाँ आयोजित कवि सम्मेलनों की बदौलत एक अहम (ख़ास) लेकिन बहुत सरल, सच्चे और शर्मीले कवि को सारी दुनिया में पहचान दिलवाने में अहम रोल अदा किया है और यह कवि थे– श्री रामनाथ सिंह 'अदम' गोण्डवी जिन्हें लोग प्यार से सिर्फ़ अदम जी कहते थे। कुँवर अतुल कुमार सिंह साहित्य के उन ख़ामोश ख़िदमतगारों में हैं जिन्होंने कवि भारत भूषण, गोपालदास नीरज, सोहन लाल द्विवेदी, रूप नारायण त्रिपाठी, रमई काका, सोम ठाकुर, किशन सरोज, अशोक चक्रधर, बशीर बद्र, शिव ओम अम्बर, कृष्ण बिहारी नूर, वाली आसी और उदय प्रताप सिंह सरीखे कवियों और शायरों से जब एक सीधे, सरल और शर्मीले कवि की मुलाक़ात करायी तो हर शायर व कवि ने मंगल भवन के कवि सम्मेलन में आने को अपना सौभाग्य समझा। अदम जी ख़ालिस (शुद्ध) ग़ज़ल के शायर थे। हज़ारों-लाखों ग़ज़ल कहने वालों में अपने लहजे और अपने मौज़ूआत (विषयों) से ग़ज़ल को मालामाल करने वाले शायर अदम जी बहुत जल्दी और बहुत आसानी से हिन्दुस्तान के बड़े ग़ज़ल गो मान लिए गये।

परसपुर आटा गाँव के गजराज पुरवा में जन्मे अदम जी ने आज़ादी के ठीक एक बरस बाद 1948 ई. में आँखें खोलीं लेकिन शायद वह आँखें खोल कर ज़्यादा ख़ुश नहीं हुए, क्योंकि गुलामी और आज़ादी के बीच में जो एक ग़रीबी की लकीर होती है वह अब भी क़ायम थी। अंग्रेज़ों ने अपने इंसाफ़ के लिए अलग-अलग चौकियाँ क़ायम की थीं और उन चौकियों का नाम कचेहरी रख दिया था।

लेकिन उनके जाने के बाद बरगद का पेड़ और ज़मींदारों का चबूतरा ग़रीबों और मज़लूमों (प्रताड़ितों) के साथ नाइंसाफियों के खेल का गवाह रहता था। आज़ादी के शौक़ में आँखें खोलने वाले अदम जी ने रूप बदली हुई अंग्रेज़ी हुकूमत को बरगद के पेड़ के नीचे और ज़ोरआवर (ज़बर्दस्त) ज़मींदारों के चबूतरे पर विराजमान देखा। बज़ाहिर वहाँ इंसाफ़ का एक तराज़ू भी टंगा रहता था लेकिन उस तराज़ू का भारी पलड़ा हमेशा ज़मींदारों, दबंगों और ताक़तवर परिवारों की ओर झुका रहता था।

अदम जी ने ऐसी न्यायपालिकाओं में जाने से इंकार कर दिया। लोगों के पूछने पर पहले तो वह ख़ामोश हो जाते थे लेकिन ये ख़ामोशी किसी बड़े तूफ़ान को आवाज़ दे रही थी। एक मुद्दत तक उन्होंने अपने अन्दर के नवजवान बाग़ी को समझा बुझा कर ज़बान बन्द रखने पर मजबूर रखा लेकिन वह ख़ामोश कभी नहीं बैठे थे। वह ख़ामोशी के साथ सोच के तीर और शब्दों के नुकीले पत्थर जमा करने में लगे रहे। चबूतरे और चौपालें अपनी नाइंसाफ़ियों में मशगूल (व्यस्त) थीं और अदम जी कविता की कमान पर सोच के तीर चढ़ाने में मसरूफ़ थे। उन्होंने नुकेले शब्दों के पत्थरों की नोक को एहतिजाज (विरोध) और बग़ावत के ज़हर में डुबो लिया था। अब उनके अन्दर का ज़मींदार एक मामूली किसान की तरह देहाती कपड़े पहने और गले में अँगौछा डाले गाँवों की पगडंडियों पर बराबर घूमता-फिरता, गाता और गुनगुनाता मिल जाता था—

बूढ़ा बरगद साक्षी है किस तरह से मिट गयी
रमसुधी की झोंपड़ी सरपंच की चौपाल में

ठण्डे चूल्हे पर रखी ख़ाली पतीली है
कैसे कह दूँ धूप फ़ागुन की रसीली है

जो उलझ कर रह गयी है फ़ाइलों के जाल में
गाँव तक वह रौशनी आयेगी कितने साल में

हमारे गाँव का 'गोबर' तुम्हारे लखनऊ में है
जवाबी ख़त में लिखना किस मुहल्ले का निवासी है

तुम्हारी फ़ाइलों में गाँव का मौसम गुलाबी है
मगर ये आँकड़े झूठे हैं ये दावा किताबी है

सब्र की इक हद भी होती है तवज्जो दीजिए
गर्म रक्खें कब तलक नारों से दस्तरख़्वान को

यह अजीब इत्तिफ़ाक है कि दुष्यन्त और अदम दोनों ने अपने इज़हार का वसीला (माध्यम) ग़ज़ल को बनाया। दोनों की ग़ज़लों में राजनीति, सत्ता और समाज की नाहमवारियों (असमतलताओं) के ख़िलाफ़ ज़बर्दस्त एहतिजाज था। ये और बात है कि दुष्यन्त को अपनी बात दूर तक पहुँचाने के लिए धर्मयुग के पन्ने और कमलेश्वर की दोस्ती और चाहत हासिल थी, ताज भोपाली जैसे क़लन्दर शायर का साथ ही नहीं, इमरजेंसी के ख़िलाफ़ जनआक्रोश का खुला समर्थन भी हासिल था लेकिन अदम गोण्डवी के पास साहित्य की इस जंग पर निकलने के वक़्त कुछ भी नहीं था। वह एक तरह से बिल्कुल ही निहत्थे थे लेकिन लहजे में काट और शब्दों में दहकती हुई आग अदम जी के यहाँ इतनी थी कि उनके शेर पढ़ते समय ज़बान पर छाले महसूस होने लगते थे। अदम जी के लिए ज़मीन तंग थी क्योंकि उन्हें गजराज पुरवा की चौपाल, चबूतरे और बरगद के पेड़ के आस-पास ही रहना था। अगर वह गोण्डा के बजाय दिल्ली या मुम्बई बल्कि इलाहाबाद और लखनऊ में भी होते तो उनकी शोहरत और उम्र दोनों में ख़ासा इज़ाफ़ा हो जाता। उनकी पहली किताब 'धरती की सतह' और दूसरी किताब 'समय से मुठभेड़' अभी तक अच्छी शायरी पढ़ने वालों के हाथों तक नहीं पहुँची हैं। अभी हिन्दी और उर्दू जगत नये युग के इस कवि से अच्छी तरह परिचित नहीं हो सका है। पता नहीं इसमें अदम जी की गँवई तरंग की भूल है या अच्छे साहित्य की तलाश में भटकते हुए सच्चे पाठकों तक उनकी किताबों का न पहुँचना है—

कभी तो कोई पढ़ेगा लिखा हुआ मेरा
कभी तो काम ये शौक़े फ़िज़ूल भी देगा।

अदम जी ठाकुर थे, राजपूत ठाकुर। ज़मींदार भी थे, छोटे-मोटे ही सही लेकिन ज़ुल्म और नाइंसाफियों के ख़िलाफ़ बग़ावत का अलम और काग़ज़ क़लम उठाने के लिए किसी जाति विशेष का होना ज़रूरी नहीं होता। यह फूल तो किसी भी बाग़ में, किसी भी गमले में और कभी-कभी तो कीचड़ में भी खिल जाता है। समाजी नाइंसाफियों और नाहमवारियों के ख़िलाफ़ उठी आवाज़ को ग़ज़ल बना देना सबके बस की बात नहीं होती, इसके लिए शताब्दियाँ किसी अच्छे और सच्चे कवि का इन्तिज़ार करती हैं।

अदम जी में जितनी छटपटाहट थी, जितनी आग थी, जितना जोश था...

उसे अगर साहित्य पनाह न देता तो चम्बल को अपने दामन में उसे पनाह देनी पड़ती। ये चम्बल जो डाकुओं के नाम से मंसूब (जुड़ा) है, मशहूर है और बदनाम है, हक़ीक़त में यह पनाहगाह थी समाज के उन बाग़ियों की जिनकी आँखें ज़ुल्म और नाइंसाफ़ी की आग में झुलस गयी थीं।

हमारी आलोचना नदी के किनारे डगन डाले मासूम मछलियों का शिकार खेलती रह जाती है और ज़ालिम मगरमच्छ कमल गट्टे का फूल तोड़ती हुई किसी लड़की को निगल जाता है। वह तो कहिये कमल गट्टे, लड़की और मगरमच्छ के बीच में खड़े एक शायर का आक्रोश इस नाइंसाफ़ी की निशानदही कर देता है वर्ना तेज़ रफ़्तार मीडिया के ज़माने में भी दुनिया इस अन्याय, इस घोर पाप और इस घिनौने वाक़िये से अंजान ही रह जाती।

जिस तरह जंगी जहाज़ कंट्रोल रूम के इशारों पर नहीं उड़ते, आग की लपटें तरतीब (क्रम) और तहज़ीब से नावाक़िफ़ होती हैं, सच्ची शायरी मीटर और बैरोमीटर की क़ैद से आज़ाद होती है। सोच की हिद्दत (गर्मी) थर्मामीटर को भूसा कर देती है, लहजे से नग़्मगी (सुरीलापन) को छीन लेती है, रेशमी लहजा ख़ून थूकने लगता है, जिस्म की चोट पर सिर्फ़ जिस्म चीख़ता है लेकिन आत्मा की चोट पर पूरी क़ायनात (सृष्टि) चीख़ पड़ती है। इस चीख़ को, इस अन्दरूनी शोर को सिर्फ़ और सिर्फ़ शायर का क़लम सुन सकता है, महसूस कर सकता है और देख सकता है। ऐसा ही एक क़लम था रामनाथ सिंह अदम गोण्डवी के पास। घाघरा के किनारे तराई के इलाक़े में बसा हुआ, अपनी मिट्टी में ज़रखेज़ी (उर्वरा) की बेपनाह सलाहियत (ख़ूबी) छुपाये हुए सदियों से आबाद गोण्डा शहर का नाम इतिहासकार आज भी बड़े एहतराम (सम्मान) से लेते हैं। ख़ैर! शहरों के नाम तो हुकूमतों के इशारों पर बदलते रहते हैं लेकिन मिज़ाज, मौसम और मिट्टी वैसी ही रहती है। अवध के दारुस्सल्तनत (राजधानी) में शामिल रहा यह शहर अपनी मासूमियत और भोलेपन के लिए आज भी मशहूर है। यहाँ की चौपालों में अभी तक सच्चाई का बोल बाला है। यहाँ के पनघट अभी तक अपने लोकगीतों से आबाद हैं। यहाँ मज़हबी रवादारी को अभी तक किसी की बुरी नज़र नहीं लगी है।

अदम जी ने एक बार शोहरत और बुलन्दियों की सीढ़ियों पर पाँव रखा तो फिर पीछे की तरफ़ मुड़ कर ही नहीं देखा। उनसे मोहब्बत करने वाले, उनको सुनने वाले और उनको पसन्द करने वालों की गिनती के लिए छोटे मोटे Calculator सचमुच छोटे पड़ गये। हिन्दुस्तान के हर अच्छे कवि सम्मेलन में उनकी मौजूदगी ज़रूरी हो गयी। उनके शेर सड़क से संसद तक गूँजने लगे।

लेकिन एक बड़ा नुक़सान भी होने लगा...मंगलभवन के लॉन में ख़ालिस दूध की चाय पीने वाले अदम जी इलाहाबाद कुम्भ मेले के कवि सम्मेलन में भी

शराब पी कर मिलने लगे। यक़ीनन उनके अन्दर का शायर इतने दुःख देख चुका था जिससे फ़रार (भागने) का सिर्फ़ यही एक रास्ता बचता था लेकिन इस रास्ते ने अदम जी से ज़्यादा हिन्दी साहित्य को नुक़सान पहुँचाया। एक अलबेला कवि, अपनी ज़मीन से सचमुच का जुड़ा हुआ एक क़ीमती कवि कच्ची-पक्की शराब के सैलाब में बहता चला गया। शराब की कश्ती पर सवार उसके तमाम साथी तो समतल ज़मीन देख कर कहीं न कहीं उतर गये लेकिन न तो अदम जी ने भँवर की तरफ़ जाती हुई इस कश्ती से उतरना चाहा और न वक़्त ने उन्हें कश्ती से उतरने का मौक़ा ही दिया।

फिर आख़िरकार वही हुआ कि उत्तर प्रदेश की राजधानी लखनऊ सत्ता और सुख की चादर ताने सोती रही और उधर इंकलाबी कविता की एक मशाल पी.जी.आई. अस्पताल में देख रेख और दवा के बग़ैर बुझ गयी। सारे देश में जनकवि कहे जाने वाले अदम जी मुल्के अदम (परलोक) जाने की तैयारी में मसरूफ़ थे। लोकतन्त्र और सत्ता सुख की ज़मीन पर जन लोकपाल बिल वाले अपनी बारूदी सुरंगें बिछाने में मसरूफ़ थे। दिल्ली हमेशा की तरह दिलासा देने के लिए 'हमें खेद है' का बुके लिए खड़ी थी, उत्तर प्रदेश सरकार पुराने मुर्दे उखाड़ कर उनके बुत बनवाने में इतनी मसरूफ़ थी कि उसे ज़िन्दा लोग दिखाई ही नहीं दे रहे थे। एक तो कँपकपाती सर्दियों के दिन, दूसरे कोहरे की गहरी चादर ओढ़े हुई रातें और उस पर हुकूमत की कमज़ोर आँखें...इतनी कमज़ोर कि उन्हें कालिदास मार्ग तो दिखाई देता है लेकिन कालिदास और कबीरदास के परिवार का कोई परेशान और ज़रूरतमन्द आदमी दिखाई नहीं देता।

साहित्य एकदिनी क्रिकेट मैच तो होता नहीं है। इसका फ़ैसला तो सदियों के बाद होता है। मुमकिन है साहित्य का ज्वालामुखी पहाड़ सदियों के बाद जब राम सिंह अदम को उगले तो वह भी हिन्दी-उर्दू साहित्य के लिए मीर, कबीर या कालिदास साबित हों। वह तो कहिये कि अदम जी जैसे लोगों के पास सत्ता सुख हो चाहे न हो लेकिन उनके आसपास किसी ए.पी. मिश्रा, किसी कुँवर अतुल कुमार सिंह का होना बहुत ज़रूरी है, जैसे हवा से बचने के लिए चराग़ पर एक चिमनी ज़रूरी होती है। खोटे सिक्कों जैसा नसीब होता है कवियों और रचनाकारों का, कोई पूछगछ नहीं होती है उनकी तिजारत के बाज़ार में... लेकिन ये खोटे सिक्के बच्चों को असली दिखाई देते हैं क्योंकि बच्चे इनको पहचानते हैं और इनकी क़द्र करते हैं तभी तो मकतब और पाठशालाओं से लेकर कॉलेज और यूनिवर्सिटियों में ऐसे ही कवियों, शायरों और रचनाकारों का हर ज़माने में बोल बाला रहता है—

लोग ढूँढ़ेंगे हमें भी हाँ मगर सदियों के बाद

शायर जमाली

हलाल रिज़्क़ भी घर देख कर उतरता है

तन्हाई का रूप इतना भयानक होता है कि उससे बचने के लिए इंसान तोता और मैना पाल लेता है। घरों में बकरियाँ और मुर्गियाँ पालने का सबब कहीं न कहीं तन्हाइयों के आसेब (प्रेत) से छुटकारा पाने के लिए होता है। दरो दीवार से बातें करने का शौक़ ही दरो दीवार पर बारिश के बनाये हुए धब्बों को चेहरा मान लेता है लेकिन तन्हाई वह बीमारी है जो इंसान को क़ब्र में पहुँचा कर ही दम लेती है।

शायर जमाली जो मुझे पूरी अपनाइयत और अख़्तियार के साथ सिर्फ़ मुनव्वर कहते थे, और मैं हमेशा बड़े एहतराम से उन्हें शायर भाई कहता था। वह उम्र में मुझसे तक़रीबन ग्यारह बरस बड़े थे, तजरुबे में एक सौ ग्यारह बरस और इल्म में कितने बड़े थे, यह मैं बयान भी नहीं कर सकता। वह मेरे उस्ताद वाली भाई के क़रीबी दोस्त थे ...ऐसे दोस्त जिनके रूठने और मनाने का अमल मुस्तक़िल जारी रहता था—

तमाम उम्र हम इक दूसरे से लड़ते रहे
मगर मरे तो बराबर में जा के लेट गये

ज़रूरतों ने मेरी जवानी और लड़कपन को आपस में इतना गडमड कर दिया था कि याद ही नहीं आता है कि शायर भाई को सबसे पहले किस रिसाले (पत्रिका) में पढ़ा था और किस मुशायरे में बराहेरास्त (सीधे) उनको सुना था... फिर भी शायद 1970 के आस-पास की बात होगी जब उनकी एक ग़ज़ल महमूद अहमद हुनर के रिसाले शाहकार में पढ़ी थी जिसके कई शेर मुझे अभी तक याद हैं। उसी के आस-पास शायर भाई कलकत्ता के किसी मुशायरे में आये थे। उनसे मिल कर, उनको सुन कर और उनसे ढेर सारी गुफ़्तगू करके मैं तो वाक़ई मालामाल हो गया था। इसकी सबसे बड़ी वजह तो यही थी कि शायर भाई की शख़्सियत और शायरी में ज़बर्दस्त मुमासिलत (समरूपता) थी—

तुम आसमाँ की बुलन्दी से जल्द लौट आना
हमें ज़मीं के मसायल पे बात करनी है

किसी किसी को ख़ुदा यूँ ज़वाल देता है
उरूज दे के दिलों से निकाल देता है

इक नये शेर की तख़लीक़ कोई खेल नहीं
यानी बेजान-सी मिट्टी को बशर करना है

ऐ पड़ोसी तेरे नेजे पे जो ये बच्चा है
तेरा बेटा इसे कल ढूँढ के रोयेगा बहुत

ज़माना जिसको सिरों पर उठाये फिरता है
क़सम ख़ुदा की उसे संगसार होना था

ये और ऐसे ही दर्जनों ख़ूबसूरत, अलबेले और अछूते मज़ामीन (विषयों) को अपने दायरे में लाने वाले अश्आर (शेरों) के ख़ालिक़ (रचयिता) थे मेरे शायर भाई। खुशबू से ग़ज़ल, आँसुओं से नौहे और मर्सिये (शोकगीत) पसीने से ज़िन्दगी और अपने दुःखों की रौशनाई से ज़माने का दर्द तहरीर करने का हुनर अपने हमअस्रों (समकालीनों) में शायर भाई से बेहतर किसी को नहीं आता था। मयख़ानये शेरो अदब में उन्होंने ख़ूब पी, उससे ज़्यादा छलकायी और उससे भी ज़्यादा दोस्तों और साथियों में बाँट दी। यह ज़रूरी भी था क्योंकि दरियादिली और सख़ावत (परोपकार) ही आले रसूल (हज़रत मुहम्मद की सन्तान) होने की गवाही है।

हज़रत नूह की उम्मत (क़ौम) के लिए ज़मीन तलाश करते हुए कबूतर को किसी ने अज़राहे अक़ीदत (श्रद्धा के तौर पर) सय्यद कह दिया था। नतीजा यह है कि कबूतरों ने आज तक इंसानों का साथ नहीं छोड़ा। इंसानी जिस्म के बीमार हिस्से पर अपना गर्म ख़ून कुर्बान करने के लिए कबूतर हर घड़ी तैयार मिलता है। शायर भाई ने न कभी कोई ईनाम माँगा, न किसी से इमदाद... क्योंकि आदमी एक ही काम बेहतर तरीक़े से कर सकता है वह या तो माँगता चला जाए या फिर वह बाँटता हुआ दुनिया से रुख़्सत हो जाये। अच्छे लोगों को याद करने में बड़ी दुश्वारी होती है। धड़कनों के सुरताल पर ध्यान रखना होता है, आँसुओं की तेज़ाबियत को कम करना पड़ता है... बिल्कुल ही कम, वर्ना आँसुओं के एक ही रैले में आँखें तक बह जायें।

साहिबे सरवत (दौलतमन्द) न होते हुए भी उन्होंने अपने दस्तरख़्वान का कोई कोना भी मुड़ने नहीं दिया। उनके छोटे-से घर में आये दिन शायरों की एक बारात ठहरी रहती थी। क़लन्दरी उनका इम्तिहान लेती रही और वह मुस्कुराते हुए हर इम्तिहान देते रहे। वह, उनकी मरहूमा बेगम, उनकी बच्चियाँ और बेटा

सबके सब मेहमानों के लिए फर्शेराह बने रहते थे। उनकी क़लन्दरी इशारों-इशारों में लोगों को यह बता देती थी कि इस फ़क़ीराना लिबास के पीछे शीराज़े हिन्द (जौनपुर, जो उस समय इल्मो अदब का महान केन्द्र होने के कारण ईरान के शहर शीराज़ की याद दिलाता था) का एक हिन्दुस्तानी शहज़ादा छुपा हुआ है।

इधर दो-तीन बरसों से मेरे और शायर भाई के दरम्यान कुर्बत (निकटता) बहुत बढ़ गयी थी। अकसर रात गये उनका फ़ोन आ जाता या मैं उन्हें फ़ोन कर लेता था। मुख़्तलिफ़ मौज़ूआत (विभिन्न विषयों) पर देर रात गये तक उनसे बातें होती थीं। अकसर यह गुफ़्तगू उसी वक़्त ख़त्म होती थी जब हम दोनों में से किसी एक के मोबाइल की बैट्री साथ देने से इंकार कर देती थी—

वही हिकायते हस्ती वही शिकायते ग़म
सिनेमा देख के लौटे हुओं की-सी बातें

शायर भाई ने एक दिन गुफ़्तगू के दौरान बड़ी हसरत और खोखली हँसी के साथ बताया कि वह कभी लाल क़िला के मुशायरे में शरीक नहीं हुए। बज़ाहिर तो इस दौरे मुनाफ़िक़ाँ (कपटाचारियों का युग) में यह कोई बड़ी बात नहीं थी लेकिन अगर ग़ौर कीजिए तो अन्दाज़ा होता है कि मुशायरों के नाम पर हम अदब की दुकानों में नक़ली शायरी का कोढ़ बेच रहे हैं लेकिन मुझे इस बात की ख़ुशी है कि राग़िबुद्दीन (डिप्टी सेक्रेटरी, उर्दू एकेडमी, दिल्ली) की अदब नवाज़ी के तुफ़ैल में शायर भाई दुनिया छोड़ने से छः महीने पहले लाल क़िला के मुशायरे में मौजूद थे।

ग़ज़ल को मर्सिया न बनाते हुए नयी अलामतों, इस्तआरों और तल्मीहात (प्रतीकों और संकेतों) की मदद से इरफ़ान सिद्दीक़ी और इफ़्तिख़ार आरिफ़ शमसुर्रहमान फ़ारूक़ी और गोपीचन्द नारंग से मुहरे तौसीफ़ (प्रशंसा की मुहर) हासिल करके बड़े शायरों में शुमार होने लगे। हालाँकि इन्हीं तमाम मौजूआत को सय्यद नज़रुल हसनैन (शायर जमाली) ने याराने मयकदा के लिए बहुत पहले ही सलायेआम (दावते आम) बना दिया था। हाँ... उनसे यह चूक ज़रूर हो गयी थी कि उन्होंने तौसीफ़ी सनद के लिए कोई ख़ुशामदी फ़ार्म नहीं भरा था। यूँ भी अच्छी तख़लीक़ और सच्चा आलिम दरबारों में सजदा गुज़ारने कभी नहीं जाता बल्कि दरबार खुद उनके पास चल कर आते हैं। लुत्फ़ की बात तो यह है कि कर्बला के मौज़ूआत को अलामत बना कर शायर जमाली शायरे अह्ले बैत (हज़रत मुहम्मद के घराने के गुणगान कर्ता) शायर कहलाने लगे। अकसर लोग उनके शिया होने और न होने की तस्दीक़ (पुष्टि) करते लेकिन हमेशा की तरह जब एज़ाज़ो इकराम (सम्मान एवं महिमा मण्डन) का मौसम आया तो उर्दू तनक़ीद को छः फुट दो इंच के शायर जमाली कभी दिखाई नहीं दिये। तक़दीर

अच्छी न हो तो दराज़िये क़द (क़द की लम्बाई) भी गुनाह बन कर रह जाती है और शायद हमारे शायर भाई के साथ यही हुआ।

अकसर मैं ज़िहानत या बेबाकी (निडरता) की बेजा नुमाइश में बड़ी कड़वी कसीली बात कह जाता हूँ। ज़ाहिर है कि ऐसी तमाम बातों का मुझे नुक़सान भी उठाना पड़ता है लेकिन अब इसको क्या किया जाये कि फ़ायदे नुक़सान का जोड़ घटाव बनिये और बक़्क़ाल करते हैं... शायर को तो निरा शायर होना चाहिए... ख़्वाह अंजाम कुछ भी हो। मिर्ज़ा ग़ालिब के घर का तवाफ़ (परिक्रमा) करते हुए हमेशा उनके क़र्ज़ख़्वाह अपनी रक़म की वसूलयाबी के लिए चक्कर लगाते हुए मिल जाते थे लेकिन अब ज़माना बदल चुका है। अब तो शायर अपनी जायज़ और नाजायज़ पूँजी पर बैंक से लाखों रुपये सूद में वसूल करते हैं और इसी सूद की रक़म से अपने ज़ियाँ (नुक़सान) की भरपाई करते हैं। साइंसदाँ चाँद पर और शायर अमेरिका और लन्दन जाने के लिए हमावक़्त (हमेशा) तैयार रहते हैं। अव्वल तो नमाज़ से शायरों का वास्ता ही नहीं रह गया है लेकिन अगर मारे-बाँधे कुछ शायर नमाज़ पढ़ने चले भी जाते हैं तो उनका मोबाइल खुला रहता है। क़ब्रिस्तान में मिट्टी देते हुए भी कुछ ऐसे हज़रत मिल जायेंगे जो एक हाथ से मरने वाले को मिट्टी दे कर रुख़्सत करते हैं और दूसरे हाथ से मोबाइल कान में लगाये मुशायरे के शेयर बाज़ार की पोज़ीशन पर निगाह रखते हैं।

कई बरस पहले मैंने शायर दोस्तों के दरम्यान बैठ कर अज़राहे तफ़न्नुन (मज़ाक़ के तौर पर) यह बात कही थी कि शायर भाई की प्रॉब्लम यह है कि वह अपनी सतह से इतना ऊपर उठ जाते हैं कि वहाँ ऑक्सीजन दस्तयाब नहीं होती है और मेराज भाई (मेराज फ़ैज़ाबादी) अपनी सतह से इतना नीचे आ जाते हैं कि वहाँ भी आक्सीजन नापेद (ग़ायब) होती है। यार लोगों ने इस जुमले का ख़ूब-ख़ूब मज़ा लिया लेकिन कर्ब (पीड़ा) के कुएँ में उतरने की ज़हमत किसी ने नहीं की। अपनी सतह से कटने का मतलब अपनी डार (झुंड) से कटना है, अपने ग़ोल से कटना है और अपनी मिट्टी से कटना है। अबुल फ़ज़्ल दमे का मरीज़ था। अकबर ने एक बहुत अहम मशविरे के सिलसिले में उसे अकबराबाद (आगरा) तलब किया और अबुल फ़ज़्ल जलालत मआब जलालुद्दीन मुहम्मद अकबर का हुक्म मिलते ही खानदेश से तीर की तरह निकला लेकिन उसे धूल और गर्द से अपने आपको बचाने के लिए फ़ौज से एक ख़ास फ़ासला रख कर चलना पड़ रहा था। दरबारी सियासत ने दतिया के राजा को तफ़्सील और ईनाम दोनों से फ़ौरी तौर पर मुत्तेला (सूचित) कर दिया। नतीजे के तौर पर दतिया के राजा ने उन लोगों के रास्ते में पड़ने वाले जंगल में आग लगवा दी। धूल और धुएँ से अपने आपको बचाने के लिए अबुल फ़ज़्ल ने रास्ता बदल दिया... और

यही छोटी-सी चूक दतिया के जंगल में अबुल फ़ज़्ल की मौत का सबब बनी। तारीख़दाँ (इतिहासकार) जानते हैं कि अबुल फ़ज़्ल के रास्ता बदलते ही मुग़लिया सल्तनत का चाँद हमेशा हमेशा के लिए गहन (ग्रहण) में आ गया।

अपने हमअस्रों और हमउम्रों में सबसे ज़्यादा जूदगो, बेपनाह तजरुबों की अग्नि परीक्षा से गुज़रने वाले, शेर कहने और शेर की परख में सच्चे जौहरी जैसी महारत रखने वाले शायर जमाली के सतह से ऊपर उठते ही अदब में शतरंजी चाल के माहिर खिलाड़ियों ने मुनाफ़िक़त (कपट) का धुआँ फैला कर उन्हें मार लिया। ज़ाहिर है कि एक अच्छे शायर की मौत कहीं न कहीं से बेचारी उर्दू ज़बान से उसका एकाध लायक़ सपूत छीन लेती है। शायर भाई को भी अदब से बाज़ार में तब्दील होता हुआ मुशायरा कैसे छोड़ता क्योंकि इसी बेबाकी और साफ़गोई की बिना पर तो नजीबे अदब (साहित्य के भले मानुस) इंशा को अनजब (दासीपुत्र) बना कर उसे सारी ज़िन्दगी रोने और आँसू बहाने पर मजबूर कर दिया गया था। तक़रीबन तमाम बड़े शोअरा जो शीराज़े हिन्द जौनपुर में शायर भाई की कुटिया पर दावते शीराज़ खाते थे, वहीं क़याम करते थे... लेकिन अब इसको क्या किया जाये कि नुक़सान सहना और फ़ायदा पहुँचाते रहना आले रसूल के सब्र और सख़ावत की किताब का एक मामूली-सा वरक़ है और इस वरक़ को रहती दुनिया तक सलामत भी रहना है।

अपनी सतह से ज़्यादा ऊपर उठ जाने में जो नुक़सानात होते हैं वो तमाम नुक़सानात शायर भाई के हिस्से में भी आये। ऐसे बहुत से शोअरा जो शायर भाई से दोस्ताना मशविरा करने से नहीं चूकते थे, वही तमाम हज़रात उनके दुश्मनों को मशविरा और मदद देने लगे। जिन दर्जनों मुशायरों की फेहरिस्त शायर भाई बनाते थे अब उसी फेहरिस्त के आँचल को शायर भाई का नाम टाँके बिना छोड़ दिया जाता था। उम्र और शोहरत का उतार बड़ा जानलेवा होता है। उम्र तो ख़ैर साइकिल के टायर की तरह आहिस्ता-आहिस्ता घिसती है लेकिन शोहरत तो हाथ पकड़ कर बुलन्दी के मीनार तक ले जाती है और अचानक हाथ छोड़ देती है। शायर भाई की उम्र तो रफ़्ता-रफ़्ता पुरानी ज़ंग खुर्दा (ज़ंग खायी हुई) साइकिल के टायर की तरह घिस ही रही थी लेकिन शोहरत के उतार ने उनको बिल्कुल तोड़ फोड़ कर रख दिया था। अब वह गुफ़्तगू के दौरान बहकने लगे थे, बहकी हुई गुफ़्तगू के बीच में ही वह कहीं-कहीं से एक कमज़ोर पुल की तरह टूट भी जाते थे। अहबाब (दोस्तों) के बेजा सुलूक को याद करके कभी-कभी छलक भी पड़ते थे। उम्र और शोहरत के बीच में घरेलू मसायल (समस्याओं) की एक ख़ारदार (काँटेदार) पगडण्डी भी आ जाती है जहाँ कुछ ऐसे काँटे भी होते हैं जो पाँवों के तलवों के रास्ते दिल और आँखों तक पहुँच जाते हैं। शायर जो इस

पगडण्डी से हमेशा गुरेज़ करता है, उसे उस अमली रहगुज़र पर घसीट-घसीट कर चलाया जाता है। फिर घरेलू मसायल से जूझने के लिए आख़िरी उम्र में हमसफ़र की बहुत ज़रूरत होती है, ये बारे ग़राँ (भारी बोझ) अकेले उठाया ही नहीं जा सकता। उम्र की भागती हुई तेज़ रफ़्तार रेलगाड़ी में एक ऐसा डिब्बा भी होता है जहाँ पहुँच कर मियाँ-बीवी भी भाइयों की तरह एक दूसरे के लिए परेशान दिखाई देते हैं। मर्द की बायीं पसली से बनायी गयी औरत हमेशा उसके सीने से लगी रहना चाहती है लेकिन जब अचानक एक दिन सीने से लगी रहने वाली यह पसली कहीं गुम हो जाती है तो वह सोते-जागते, उठते-बैठते, यहाँ तक कि तसव्वुर और ख़्वाब में भी अपनी खोई हुई पसली की तलाश में मारा-मारा फिरता है। बच्चों की नाफ़रमानी को माँ तो कलवट की तरह धो-पोंछ कर साफ़ कर लेती है लेकिन बाप इस दुःख की गहराई से तक़रीबन नाआशना (अपरिचित) होता है...और फिर एक ऐसा वक़्त भी आता है जब वह ज़िन्दगी को किसी स्टेशन के प्लेटफ़ार्म पर छोड़ कर अपनी खोयी हुई पसली को तलाश करने के लिए कहीं दूर निकल जाता है...दूर, बहुत दूर जहाँ से उसकी वापसी की ख़बर भी अख़बार और टेलीफ़ोन के ज़रिये आती है।

इरफ़ान सिद्दीक़ी

ग़ालिबन इमरजेंसी का ज़माना था। वाली भाई की दुकान में किताबें भी ज़्यादा नहीं थीं, न उनको कुतुब फरोशी से कभी ज़्यादा दिलचस्पी ही पैदा हो सकी। उनकी दुकान मुद्दतों शायरों और अदीबों का मीटिंग प्वाइंट थी। ख़ास तौर से शाम के वक़्त दुकान शायरों, अदीबों, दानिशवरों (ज्ञानियों) और शागिर्दों से भरी रहती थी। इरफ़ान सिद्दीक़ी साहब से मेरी मुलाक़ात वहीं हुई थी। चूँकि लखनऊ वाले आसानी से किसी को तसलीम नहीं करते हैं, लिहाज़ा उन दिनों इरफ़ान भाई मुस्तक़िल तौर से मक़तबये दीनो अदब (वाली आसी साहब की किताबों की दुकान) आते-जाते रहते थे...दफ़्तर जाते वक़्त भी पाँच-दस मिनट के लिए इरफ़ान भाई आते थे और शाम को तो मुस्तक़िल वहाँ बैठते थे। हफ़ीज़ नोमानी, अंजुम मलिहाबादी, शम्स फ़र्रूख़ाबादी और कृष्ण बिहारी नूर वग़ैरह से इरफ़ान भाई के तआरुफ़ (परिचय) का सबब वाली भाई बने थे। वाली भाई और इरफ़ान सिद्दीक़ी एक दूसरे की बहुत इज़्ज़त करते थे लेकिन ग़ालिबन यह इज़्ज़त अफ़ज़ाई मोहब्बतों में कभी तब्दील नहीं हो सकी। इसमें क़ुसूर ज़्यादा वाली भाई का था। वाली भाई इतनी आसानी से खुल जाते थे कि उन्हें ख़ुद भी पता नहीं चल पाता था। इसके अलावा वह किसी की भी कोई बात कहीं और किसी से भी कह देते थे लेकिन मैंने इस बेबाकी (निडरता) को कभी ग़ीबत (पीठ पीछे बुराई) के ख़ाने में नहीं रखा। दुनिया में अच्छे बने रहने के तौर तरीक़े बदल गये हैं, उन्हें इसकी ख़बर ही नहीं थी। कभी-कभार मैं शागिर्दी की बाढ़ फलाँग कर उन्हें टोकता तो वह बड़े पुरसुकून अन्दाज़ में कहते कि मियाँ! चालीस-पैंतालिस बरस की मुद्दत ने मेरे मिज़ाज और तबीयत में जो खाँचे बना दिये हैं वह दूर नहीं हो सकते। इरफ़ान भाई का वह जितना एहतराम करते थे उसका तो छोटा मोटा मुहक़्क़िक़ (शोध कर्ता) अन्दाज़ा भी नहीं लगा सकता। वाली भाई की दूर अन्देशी और क़लन्दरी का तो यह आलम था कि उन्होंने एक बार अपने देरीना (पुराने) दोस्त प्रोफ़ेसर अबुल हसनात से गुफ़्तगू के दौरान यह कह दिया था कि हसनात भाई! मुनव्वर मुझसे अच्छा शायर है। दरअस्ल अबुल हसनात साहब ने

किसी मुशायरे के दौरान वाली भाई से हँसते हुए यह कह दिया था कि आपने मुनव्वर को बहुत अच्छी ग़ज़लें कह कर दे दी हैं। वाली भाई ने उनको समझाया कि आप मियाँ आदमी हैं, ऐसी गुफ़्तगू आप पर अच्छी नहीं लगती। मैं अर्ज़ यह करना चाहता हूँ कि जब वह मेरे जैसे तुकबन्दी वाले शायर और अपने मामूली शागिर्द को इस तरह दिल खोल कर नवाज़ते थे तो इरफ़ान भाई को मुतआरिफ़ (परिचित) कराने में उन्होंने कितनी फ़य्याज़ी और दरिया दिली से काम लिया होगा इसका तो शायद कोई अन्दाज़ा भी नहीं लगा सकता।

जब इफ़्तिख़ार आरिफ़ पहली बार हिन्दुस्तान आये थे, ख़ास तौर से अपने पहले वतन लखनऊ में, तो उनसे पहले उनकी शोहरत, उनकी कई ग़ज़लों और उनके पहले मजमूए (काव्य संग्रह) को अदबी और नीम अदबी (अर्द्ध साहित्यिक) हल्क़ों ने सीने से लगा रखा था। इरफ़ान भाई के शेरी लबो लहजे का प्याला भी इन्हीं अलामतों, तल्मीहात (प्रतीकों, इशारों) और वाक़ियात से लबालब था जिसके सबब इफ़्तिख़ार आरिफ़ की तमाम उर्दू हल्क़ों में ज़बरदस्त पज़ीराई (इज़्ज़त अफ़ज़ाई) हुई थी। उस वक़्त तक इरफ़ान भाई अदब की दुनिया में अपना मुस्तक़िल हिस्सा तलाश कर रहे थे। देहली में ख़ासा वक़्त गुज़ारने और कॉफ़ी हाउस जैसी इन्टेलेक्चुअल अदबी पनाहगाहों में रहने के बावजूद उन्हें अपनी शख़्सियत की ग़ज़ल में शिकस्ते ना रवा (नामुनासिब पराजय) का बराबर एहसास रहता था। लखनऊ की अदबी आबो हवा उन्हें रास आने लगी थी। दुनिया का भी अजीब चलन है। इफ़्तिख़ार आरिफ़ को अपनी अदबी शख़्सियत को मुस्तनद (प्रमाणित) करने के लिए कई हिजरतों के कर्ब से गुज़रना पड़ा। जिस शहरे सुख़न (साहित्य का शहर) से इफ़्तिख़ार आरिफ़ को जुदा होना पड़ा, उसी दयारे लखनऊ ने इरफ़ान सिद्दीक़ी को उनके उसलूब (शैली), लबोलहजे की नुदरत (अनोखापन) और लफ़्ज़ों की ख़ूबसूरत तज़ईनकारी (बनाव सिंगार) के एवज़ में बड़ा शायर बना दिया।

वाली भाई बज़ाहिर एक मामूली कुतुब फरोश, मीडियम क्लास शायर और खुले ढले इंसान थे, लेकिन इस हक़ीक़त से उनके मुख़ालिफ़ीन (विरोधी) भी इंकार नहीं कर सकते कि वह उस पारस पत्थर की तरह थे जो पीतल को तो सोने में तब्दील कर सकता था लेकिन अपना नसीब नहीं बदल सकता था। इरफ़ान भाई जो तकल्लुफ़ात (संकोचों) की दीवार तोड़ते हुए हिचकिचाते थे, उन्हें वाली भाई ने यह दीवार तोड़ने पर मजबूर किया। लखनऊ की अदबी महफ़िलों में, हिन्दुस्तान के बहुत से मुशायरों में और ऐसे तमाम रसाइल (पत्रिकाओं) में जिनके मुदीरान (सम्पादकों) से वाली भाई के मरासिम थे, इरफ़ान भाई को मुतआरिफ़ कराने में उन्होंने बड़ी ख़ामोशी से लेकिन अहम रोल अदा किया, यहाँ तक कि दुबई के

जिस मुशायरे से इरफ़ान भाई की शख़्सियत पाकिस्तानियों पर मुनकशिफ (ज़ाहिर) हुई उस मुशायरे में भी वाली भाई और मलिक मुसीबुर्रहमान की कोशिशों का बड़ा हाथ था। उन्हीं दिनों वाली भाई ने अहमद फ़राज, रियाज़ मज़ीद, ज़फ़र इक़बाल और शकेब जलाली की किताबें अपने मकतबे से शाया (प्रकाशित) कीं। शकेब जलाली की शायरी और शख़्सियत पर इरफ़ान भाई से ज़बर्दस्ती एक पुरमग्ज़ (बुद्धिमत्तापूर्ण) मज़मून लिखवाया और शकेब जलाली के शेरी मजमूए 'रौशनी'! ऐ रौशनी'में ख़ास तौर से शामिल किया। वह अपनी दुकान पर आने वाले हर साहिबे इल्म को पहले इरफ़ान भाई का मज़मून दिखाते, फिर बानगी के तौर पर इरफ़ान भाई के दस बारह शेर भी सुनाते और साथ में यह भी बताते कि मैं बहुत जल्द इरफ़ान सिद्दीक़ी का शेरी मजमूआ छाप रहा हूँ। उन दिनों पाकिस्तानी शेरी मजमूए बहुत बिकते थे। हिन्दुस्तानी शायरों में बशीर बद्र की किताब वाली भाई ने छापी थी लेकिन उस किताब को ख़त्म होने में भी छः बरस लग गये थे। यहाँ किताब फ़रोख़्त होने में ज़्यादा वक़्त लगने से मुराद यह बिल्कुल नहीं है कि बशीर बद्र या किसी भी हिन्दुस्तानी शायर की किताबें निकलती नहीं थीं, बल्कि यहाँ यह अर्ज़ करना चाहता हूँ कि वाली भाई शायर तो सरापा (सिर से पैर तक) थे लेकिन कुतुबफ़रोशी उनके बस की बात नहीं थी। यूँ भी मकतबये दीनो अदब दुकान कम थी... बैठक ख़ाना ज़्यादा थी। मुझे याद है कि कर्फ़्यू के ज़माने में जब थोड़ी देर की छूट मिलती थी तो वाली भाई घर से दुकान पर आ जाते थे। फिर उनका सारा दिन पुलिस वालों से लड़ाई में गुज़रता था। वह लोग दुकान बन्द करने को कहते थे और वाली भाई बज़िद रहते कि यहाँ आप लोगों ने क्या कोई ग्राहक देखा... यह दुकान हर्गिज़ नहीं है... यह तो मेरी बैठक है... आप किसी को उसके घर से नहीं निकाल सकते।

वाली भाई के मिज़ाज में बचकाना ज़िद और क़दरे (थोड़ा-सा) रूखापन था। किसी बात पर मुझसे या मेरे उस्ताद भाई रईस अंसारी से नाराज़ हो जाते थे तो अकसर इरफ़ान भाई ही मुक़दमे का फ़ैसला करते थे बल्कि उस्ताद होने के नाते जब वह किसी लफ़्ज़ या मिसरे को बदलने के लिए कहते और मैं राज़ी न होता तो मेरी नाफ़रमानी पर शाम को मुक़दमा इरफ़ान भाई के कोर्ट में पहुँचता। इरफ़ान भाई उस पर जो फ़ैसला करते उस्ताद बग़ैर किसी चूँ चरा के उसे मान लेते थे। इरफ़ान भाई मेरा बहुत ख़याल करते थे। मैं जब भी कलकत्ता से लखनऊ आता तो वाली भाई की दुकान पर कमोबेश रोज़ाना उनसे मुलाक़ात होती थी। बड़ी मोहब्बत से मुझे शेर सुनाने के लिए कहते थे, जिस शेर में कोई बात पसन्द न आती थी, फ़ौरन टोकते थे। उनका शेरी मजमूआ (कैनवस) शाया होने से पहले

ही उसका बेश्तर हिस्सा मुझे और वाली भाई को ज़बानी याद हो गया था। कुछ ग़ज़लें तो पढ़ कर याद की थीं, बक़िया वाली भाई सुनाते थे और हम अज़बर (कंठस्थ) कर लेते थे। इरफ़ान भाई के कई दर्जन ऐसे शेर अभी तक मुझे याद हैं जो ग़ालिबन किसी शेरी मजमूए में शामिल नहीं हैं।

हाल ज़ालिम शिकारी की सूरत मुझे वक़्त की ज़ीन से बाँध कर ले चला
मेरा माज़ी मेरे साथ चलता रहा दूर तक एक मजबूर माँ की तरह॥

ग़ालिबन यह शेर भी उनके किसी शेरी मजमूए में शामिल नहीं है। लिबास, गुफ़्तगू, मरासिम और शेर के मामले में वह बहुत मोहतात (सतर्क) रहते थे, मुँह देखे की तारीफ़ से हमेशा गुरेज़ करते थे। वाली भाई सब से घुल मिल जाते थे बल्कि पूरे तौर पर खुल जाते थे, जबकि इरफ़ान भाई के सीने का बटन भी मैंने कभी खुला हुआ नहीं देखा था। उर्दू शायरी में इस ज़माने में तो हर शायर अज़ीम, बैनुलअक़्वामी (अन्तर्राष्ट्रीय) और मुनफ़रिद (अनोखा) पैदा होता है लेकिन इरफ़ान भाई की शख़्सियत और शायरी को इन काफ़ूरी अल्क़ाब (उपाधियों) की क़तई ज़रूरत नहीं थी।

लखनऊ में बहुत-सी खराबियाँ भी होंगी लेकिन एक ख़ूबी से हर्गिज़ इंकार नहीं किया जा सकता कि मुर्शिदाबाद से इंशा को बुलाया तो उर्दू अदब का ताजदार बना दिया, यास यगाना को अज़ीमाबाद से बुलाकर ग़ज़ल के आँचल पर नये गुल बूटे बनवाये, अब्दुल बारी आसी को उल्दन से बुलाकर तहक़ीक़ (शोध) के बहुत से नये बाब (अध्याय) खुलवा दिये, मीर अनीस को बुलाया तो ग़मे हुसैन को रहती दुनिया तक के लिए ताज़ा कर दिया और इरफ़ान सिद्दीकी को बदायूँ से बुलाकर ग़ज़ल के चेहरे पर दानिशवराना (बौद्धिक) सोच की लकीरें उभार दीं, नयी अलामतों, तल्मीहात, इस्तआरों और मौज़ूआत के ढेर लगवा दिये। मोआसिरीन (समकालीनों) की अदबी चश्मकों (छेड़-छाड़) और रेशा दवानियों (साजिशों) ने जिसके साथ चाहे जो भी सुलूक किया हो लेकिन लखनऊ की मिट्‌टी ने मीर से लेकर इरफ़ान सिद्दीक़ी तक को अपनी आग़ोश में थपक-थपक कर सुला दिया।

इरफ़ान भाई बज़ाहिर इतने तन्दुरुस्त और चाक़ो चौबन्द (फुर्तीले) थे कि यह अन्दाज़ा भी नहीं लगाया जा सकता था कि वह अपने अन्दर इतनी बड़ी बीमारी को भी पाले हुए हैं। इंफ़ार्मेशन डिपार्टमेंट से सुबुक दोश (सेवा निवृत्त) होने के बाद भी वह मुस्तक़िल अपने आप को मसरूफ़ रखते थे। हफ़ीज नोमानी की सोहबत में उन्हें अख़बार के आफ़िस का ऐसा चस्का लगा था कि वह आख़िर तक क़ायम रहा। मुआशी (आर्थिक) तौर पर वह बहुत बेफ़िक्र थे लेकिन अपने आपको मसरूफ़ रखने के लिए रोज़नामा 'सहाफ़त' में बैठने लगे थे। सहाफ़त के

दफ़्तर में एकाध बार उनसे मिलने मैं भी गया था। कहा जाता है कि किसी के क़दमों की बरकत होती है। सहाफ़त उन दिनों उसी हालत में था जिस हालत में उमूमन उर्दू अख़बारात रहते हैं। लेकिन आज सहाफ़त अख़बार को देहली या मुम्बई में उर्दू के बड़े अख़बारात के मुक़ाबले में खड़ा देखता हूँ तो लगता है इरफ़ान भाई का लगाया हुआ पेड़ फल फूल रहा है।

शमसुर्रहमान फ़ारूक़ी जिन दिनों लखनऊ में पोस्टमास्टर जनरल बनकर आये थे उन दिनों भी उनका हल्क़ये अहबाब (दोस्तों का दायरा) बड़ा नहीं था, हाँ, कुछ लोगों से कुर्बतें (नज़दीकियाँ) बढ़ गयी थीं और ज़ाहिर है कि नयी रिश्तेदारियों की इतनी देखभाल करनी पड़ती है कि पुराने रिश्तों की दीवारें दरकने लगती हैं। शायद इसका एक ख़ास सबब और भी रहा होगा। दरअस्ल इफ़्तिख़ार आरिफ़ गोपीचन्द नारंग की दरयाफ़्त (खोज) थे लिहाज़ा शमसुर्रहमान फ़ारूक़ी से उनकी क़ुर्बत फ़ितरी (स्वाभाविक) थी लेकिन अदब में ये जो तंक़ीदी बरगद के पेड़ हैं इनमें कोई फल तो होता नहीं है, और एक छोटा-सा जो फल होता भी है तो वह हरियल के लिए भी नाकाफ़ी होता है।

मुआसिरीन शोअरा (समकालीन शायरों) में सफ़बन्दियाँ, रेशा दवानियाँ और निचली सतह तक की सियासत के बारे में तो मैंने बहुत कुछ पढ़ा भी है और हज़ारहा क़िस्से सुने भी हैं लेकिन अपने अह्द के दो बड़े नाक़िदीने अदब में जो जूतमपैज़ार इस अह्द के लोगों ने देखी है, वह बाइसे इबरत (शिक्षाप्रद) है। वह तो अच्छा हुआ कि मसलके अदब (साहित्य के पन्थ) में मस्जिदें नहीं हैं, वर्ना रोज़ाना ग़ुस्ले मस्जिदे अदब (साहित्य की मस्जिद का शुद्धिकरण) की रिपोर्टें भी अख़बारात में आतीं। उर्दू के बहुत से ऐसे एज़ाज़ात (सम्मानों) से इरफ़ान भाई इसी अदबी सफ़बन्दी की वजह से महरूम (वंचित) रह गये जिसका क़लक़ (टीस) उन्हें भी था। कई बार इस सिलसिले में उन्होंने शरीफ़ाना इज़हार भी किया था। एक बेइन्तिहा पढ़े-लिखे, बेपनाह अच्छे शायर और एक शरीफ़ आदमी के लिए यह अदबी नाइंसाफ़ियाँ नाक़ाबिले बर्दाश्त होती हैं और कभी-कभी तो ये तर्जे अज़ीयत (पीड़ा की शैली) हस्सास (भावुक) आदमी की जान भी ले लेती है। इरफ़ान भाई की नावक़्त मौत का सबब नाइंसाफ़ी और बददियानती के ये चरके भी रहे हों, मुमकिन है कि उनके साथ बेहतर अदबी सुलूक होता तो वह अभी कुछ दिन और जी जाते।

सभी लाशों का तन्हा नौहागर होना क़यामत था
अगर वह शख़्स बच जाता तो पागल हो गया होता

पाकिस्तान में नज़्म के हवाले से अख़्तरुलईमान को और ग़ज़ल के वसीले से

इरफ़ान सिद्दीक़ी को जितनी महबूबियत (लोकप्रियता) हासिल है वह उनके किसी भी मुआसिर का नसीब नहीं बन सकी बल्कि इरफ़ान भाई को तो पाकिस्तान में बहुत दिनों तक वहीं का शायर समझा गया। इफ़्तिख़ार आरिफ़ जब लखनऊ आये तो वाली भाई उन्हें लखनऊ एयरपोर्ट पर ख़ुशआमदीद कहने गये थे। उन दिनों मैं गुलमर्ग होटल में ठहरता था। सुबह-सुबह वाली भाई गुलमर्ग आये, उस वक़्त मैं अपनी गाड़ी धो रहा था। उस्ताद ने मुझसे एयरपोर्ट चलने के लिए कहा। मैंने कहा, इसी हुलिये में चल सकता हूँ। मैं ट्रक वालों की तरह सिर्फ़ लुंगी बाँधे हुए था। उस्ताद तो मेरे बाल हठ से हमेशा ही डरते रहते थे, कहने लगे लुंगी भी न होती तो भी मुझे क्या एतराज़ हो सकता था। एयरपोर्ट पर उस्ताद के साथ मैं भी इफ़्तिख़ार आरिफ़ को ख़ुशआमदीद कहने के लिए खड़ा था। वह एयरपोर्ट से बाहर निकले और लपक कर वाली भाई से गले मिले, फिर एक तनक़ीदी निगाह मुझ पर डालते हुए हँसते हुए बोले कि तुम मुनव्वर राना के अलावा दूसरे कोई हो ही नहीं सकते। क्योंकि वाली भाई ने अक्सर ख़ुतूत में तुम्हारा जैसा ज़िक्र किया है, तुम वैसे ही हो। मुमकिन है कि तुम अगर लदे फँदे आते तो मुझे तुमको पहचानने में दिक़्क़त होती। इफ़्तिख़ार आरिफ़ काफ़ी दिनों तक लखनऊ में रहे। लखनऊ वालों ने भी उनकी पज़ीराई (सत्कार) में कोई कंजूसी नहीं की। तक़रीबन रोज़ाना ही वह वाली भाई की दुकान की तरफ़ आ जाते, शायरी सुनी जाती, ग़ीबतों के जाल बुने जाते, कौन बड़ा शायर, कौन छोटा शायर की बहसें होतीं... ज़ाहिर है कि इरफ़ान सिद्दीक़ी और इफ़्तिख़ार आरिफ़ दोनों ने ही वाक़ियाते क़र्बला को ग़ज़ल का मौज़ू (विषय) बना कर ग़ज़ल के दामन को वसीअ (विस्तृत) करने की कोशिश की थी। उस वक़्त तक इफ़्तिख़ार आरिफ़ को नाक़िदीने अदब अपने कन्धे पर उठा चुके थे, उन्हें बड़े शायर की सनद दे चुके थे।

वाली भाई एक तो ग़ालिब के तरफ़दार थे, दूसरे वह झटके का गोश्त खाने वाले नक़्क़ादों से ज़्यादा तजज़िये और तन्क़ीद (विश्लेषण और विवेचना) की सलाहियत रखते थे। हमेशा बैठक इख़्तलाफ़ात (असहमतियों) पर ख़त्म होती। एक शाम गुफ़्तगू ज़्यादा तल्ख़ (कड़वी) हो गयी थी। वाली भाई की दुकान से जब महफ़िल बर्ख़ास्त होती तो मैं इफ़्तिख़ार आरिफ़ को छोड़ने के लिए मक़बूल लारी साहब की कोठी के आगे छत्ते वाले पुल के पास उनके किसी अज़ीज़ (रिश्तेदार) के यहाँ छोड़ने जाता, एक दिन इफ़्तिख़ार भाई ने रास्ते में मुझसे पूछा कि मुनव्वर मियाँ आपकी अदबी सूझबूझ और मुतालिए (अध्ययन) के सभी क़ायल हैं...आप बताइए कि इरफ़ान सिद्दीक़ी अच्छे शायर हैं या मैं! उन्होंने ये सवाल

करके बज़ाहिर मुझे तज़बज़ुब (शको शुब्हा) में डाल दिया था लेकिन मैंने अपनी इल्मी हैसियत के मुताबिक़ कह दिया कि देखिए इफ़्तिख़ार भाई, आपकी ग़ज़लों का दायरा महदूद (सीमित) है लेकिन इरफ़ान भाई ने ग़ज़ल में नये मौज़ूआत के ढेर लगा दिये हैं। मुझे नहीं मालूम कि ये बात उन्हें अच्छी लगी या बुरी लगी लेकिन उन्होंने फ़ौरन कहा कि इस लिहाज़ से तुम्हारा तजज़िया ग़ैर जानिब दाराना (पक्षपात रहित) है। और मेरी ये बात शायद इस लिहाज़ से भी दुरुस्त है कि पाकिस्तान में इरफ़ान सिद्दीक़ी इफ़्तिख़ार आरिफ़ से बड़े शायर माने जाते हैं–

तमाम उम्र हम इक दूसरे से लड़ते रहे
मगर मरे तो बराबर में जाके लेट गये

साग़र ख़य्यामी की याद में
हँसना न भूल जाये ये दुनिया इसीलिए

नागफनी के खुश्क काँटों से हथेली पर मेंहदी रचना, तेज़ाब को रौशनाई बनाकर सच्चाई तहरीर करना और ज़िन्दगी की रेत पर हँसते हुए चलना बच्चों का खेल नहीं है लेकिन इन तमाम सऊबतों (सख़्तियों) से गुज़रने के बाद भी हमारे अदबी समाज की नज़र में शायर की हैसियत रेशम के उस कीड़े की तरह होती है जो आदमी को साहिबे दस्तार (पगड़ी से प्रतिष्ठित) और अमीरे शहूर बनाने में हमेशा पेश पेश रहता है, यहाँ तक कि अपनी इसी तख़्लीक़ी कूव्वत (रचना शक्ति) के बेजा इस्तेमाल की बदौलत रेशम के कीड़े को अपनी जान से हाथ भी धोना पड़ता है।

ख़ासतौर पर हमारी उर्दू तन्क़ीद की कमज़ोर निगाहें अभी तक तंज़ो मिज़ाह (व्यंग और हास्य) के ताक़तवर कैनवस तक नहीं पहुँच सकी हैं। हालाँकि इस अदबी बददियानती और चश्मपोशी (आँखें चुराना) से फ़ुनूने लतीफ़ा (साहित्यिक विधाओं) की किसी सिल्फ (विधा) को हर्गिज़ कोई नुक़सान नहीं पहुँचता है लेकिन अदबी इंसाफ़ की ये बेजा देरी लफ़्ज़ों और उनके मानी पर बर्फ़ की इतनी सिलें जड़ देती है कि दोबारा इस हरियाली तक पहुँचने में हमारे अदब की कई सदियाँ सर्फ़ (ख़र्च) हो जाती हैं।

हमारे उर्दू अदब के तक़रीबन सभी क़लम के सूरमाओं का ये कारनामा है कि वह ख़लवतों (तन्हाइयों) में कलामे सीना ब सीना की लज़्ज़तों का इक़रार तो कर लेते हैं लेकिन महफ़िलों में वह उर्दू के मिज़ाहिया अदब को ख़ातिर में भी नहीं लाते हैं। हालाँकि शायर का मिज़ाहिया शायरी की तरफ़ रुख़ करना उसी कर्ब (पीड़ा) से गुज़रना है जो एक घरेलू ख़ानादार और शरीफ़ औरत कूचये अरबाबे निशात (कोठे वालियों की गली) की सजावट बनते हुए महसूस करती है।

हमारे मुहज़्ज़ब (सभ्य) समाज में दूसरों पर हँसना एक अदबी फ़रीजा है लेकिन अपने मसाइल (समस्याओं) पर, अपनी शख़्सियत के कमज़ोर पहलू पर और अपनी बेबसी पर खुद हँसने वाले को मिज़ाहिया शायर या अदीब कहा जाता

है। अपनी सायक़िल से गिर जाने वाले किसी शख़्स का चोट खाने के बावजूद हँसते हुए उठ खड़े होने का नाम मिज़ाहिया अदब तख़लीक़ करना होता है। यानी अपनी चोट को एक तमाशा बना कर दूसरों को हँसने का मौक़ा फ़राहम (उपलब्ध) करने का नाम उर्दू का मिज़ाहिया अदब है। एक मामूली से मामूली सियासी लीडर के इन्तिक़ाल पर स्कूल, बाज़ार, मोहल्ले, शहर और मुल्क के चेहरे को सोग की चादर से ढाँप दिया जाता है लेकिन आज तक किसी शायर या अदीब की मौत पर इज़हारे ताज़ियत (शौक़ व्यक्त करना) के तौर पर कभी किसी मोहल्ले का बाज़ार तक बन्द नहीं हुआ।

साग़र ख़य्यामी भी हमारे मिज़ाहिया अदब का एक ऐसा मोहतरम नाम है जो रहती दुनिया तक एक ऐसे चराग़ की तरह रौशन रहेगा जिसकी रौशनी से ज़माना हमेशा फ़ैज़ उठाता रहेगा लेकिन उनकी अदबी अज़मत को क़ुबूल कर लेने के तौर पर उन्हें वह एज़ाज़ (सम्मान) कभी हासिल नहीं हो सकेगा जो मामूली से मामूली सियासतदानों को भी हासिल हो जाता है। साग़र भाई का तअल्लुक़ तहज़ीब के शहर लखनऊ के एक जय्यद (शुद्ध) आलिमे दीन घराने से था। अपनी तहरीरों और तक़रीरों में लफ़्ज़ों की इल्मी काट और लहजे की सफ़्फ़ाकी (क्रूरता) के सहारे इस ख़ानवादे (घराने) ने हमेशा इंसानी दिलों को रहमदिली की दौलत से मालामाल करने की कोशिश की है। सदियों से ये ख़ानवादा अपने आँसुओं के चराग़ से शाहराहे अदब को मुनव्वर करता चला आ रहा है लेकिन हालात हमेशा एक जैसे नहीं रहते हैं। कभी उर्दू शायरी के सबसे बड़े शायर मीर तक़ी मीर ने देहली की मुआशी (आर्थिक) बदहाली और सियासी उथल पुथल के सबब देहली से लखनऊ के लिए हिजरत की थी, गुज़शता (गुज़री हुई) सदी की सातवीं दहाई में अपने घरेलू मसाइल, माली दुश्वारियों और बच्चों के मासूम मुस्तक़बिल को सँभाला देने के लिए साग़र ख़य्यामी ने भी मीर की तरह बेसरो सामानी के आलम में अपने आपको हिजरत का तमाशा बना लिया। लेकिन इस बार जमुना नदी को उल्टे रुख़ पर बहना था यानी देहली से लखनऊ की जानिब नहीं बल्कि लखनऊ से देहली की जानिब बहना था। साग़र भाई की उम्र का ख़ूबसूरत तरीन हिस्सा मीर और ग़ालिब की देहली में मसाइल और मशक़्क़त (कठोर परिश्रम) की चक्की में पिसता रहा। साग़र भाई ने ज़बान अपने ख़ानवादे से सीखी, गुफ़्तगू फूलों से, शायरी रंगों की आमेज़िश (मिश्रण) से और चुभन गुलाब के हरे काँटों से। नर्म नाज़ुक हरे काँटे चुभन का एहसास तो दिलाते हैं लेकिन चुभते हर्गिज़ नहीं हैं। उड़ती हुई ग़रीबुल वतनी की रेत पलकों को सहराओं (रेगिस्तानों) से गुज़रने के आदाब सिखा देती है। जय्यद आलिमे दीन घराने का एक भटका हुआ ग़रीबुल वतन देहली और उसके हंगामों में मुद्दतों कहीं खोया

रहा, अपनी उम्र के एक बड़े हिस्से को उसने मसाइल की अन्धी गलियों में गुम कर दिया। एक मुद्दत तक साग़र ख़य्यामी अदबी उफ़ुक़ (क्षितिज) से इस तरह ग़ायब रहे जैसे बरसात के मौसम में चाँद कभी-कभी रात भर निगाहों से ओझल रहता है। एक कमज़ोर शख़्स अपने बेटों के ताक़तवर होने का इन्तिज़ार करता रहा। एक किसान कच्ची फ़स्लों की देखभाल में मसरूफ़ रहा। यह वही ज़माना था जब उनके बिरादरे मोहतरम हज़रत नाज़िर ख़य्यामी की शोहरत का डंका चारों तरफ़ बज रहा था लेकिन साग़र भाई अपने घरेलू मसाइल की गुत्थी को सुलझाने में दिलो जान से मसरूफ़ रहे। जे.एन.यू. की एक मामूली नौकरी की चादर से उन्होंने अपनी ज़रूरतों के मसाएल ढाँप रखे थे। शायद इसीलिए उन्होंने कभी अपने बिरादरे मोहतरम की शोहरत को अपना सहारा नहीं बनाया।

फिर अचानक उनकी इल्मी लियाक़त (योग्यता) ने अदब के मंज़रनामे (स्क्रीन) में अपने पर फैलाने शुरू किये। ज़बानो बयान के माहिर, मुहावराबन्दी के असलहों से लैस, अदबी सलाहियतों से मालामाल, शेर की नादिराकारी (बनाव सिंगार) से पूरी तरह वाक़िफ़, अपनी बात को सलीक़े से बयान करने का हुनर जानने वाले साग़र ख़य्यामी ने अपनी सलाहियतों के परों की मदद से सारी दुनिया का चक्कर लगाना शुरू कर दिया। सिर्फ़ दस-पन्द्रह बरस की मुद्दत में तक़रीबन आधी से ज़्यादा दुनिया में अपने कलाम का लोहा मनवा लेना और वह भी एक ग़रीब तरीन ज़बान में शायरी करने के बावजूद! ...यक़ीनन अकबर इलाहाबादी के बाद साग़र भाई तन्हा ऐसे शायर थे जिनका मिज़ाह (हास्य) हमेशा संजीदगी का एक क़ीमती दुशाला ओढ़े रहता था। वह हिन्दुस्तानी थे, हिन्दुस्तान के शहरी (नागरिक) थे लेकिन उन्हें दुनिया के कई मुमालिक (मुल्कों) की अदबी शहरियत (नागरिकता) हासिल थी। अगर थोड़ी-सी तिजारती सूझ-बूझ होती तो दुनिया के कई मुल्कों में उनके ख़ूबसूरत फ़्लैट होते, नौकर चाकर होते, चमकीली कारें होतीं। अगर देहली के क़याम के दौरान वज़ीरों के सामने झुकने का हुनर सीख लेते तो देहली के उन इलाक़ों में उनके पास काश्तकारी (खेती) के लिए ज़मीनें मौजूद होतीं जहाँ आज फ़्लैट तक बहुत महँगे फरोख़्त होते हैं, लेकिन दुनिया को खुश देखने वाले लोग अपने उतरे हुए चेहरे की तरफ़ कभी नहीं देखते। साग़र भाई दुनिया को हँसाने में इतने मसरूफ़ रहे कि उन्हें अपने फेफड़ों में पलने वाली ख़तरनाक बीमारी का अन्दाज़ा तक नहीं हो सका। सारी दुनिया को लफ़्ज़ों से गुदगुदाने और शेरों से हँसाने वाले साग़र भाई ने आख़िरी दिनों में अपने तमाम चाहने वालों से इतनी किनाराकशी अख़्तियार कर ली कि रोना तो दूर की बात है, उन्होंने बहुत-सी आँखों को नम होने का मौक़ा भी नहीं दिया। लखनऊ से ख़ामोशी के साथ देहली चले गये और देहली को आबाद कर लिया। देहली से

ऐसे जुड़े कि लोग उन्हें देहली का वासी समझने लगे। फिर जैसे ही उनके जिस्म के ख़मीर की मिट्टी ने आवाज़ देना शुरू कर दिया तो वह अपना सामाने सफ़र देहली से बाँधने लगे। फिर अचानक एक दिन उन्होंने भी मीर तक़ी मीर की तरह देहली को ख़ैरबाद (अल्विदा) कहा और लखनऊ के लिए रवाना हो गये लेकिन अब लखनऊ अवध के नवाबों का मक़बरा बन चुका था। रवादारियाँ फ़िरक़ापरस्तों (साम्प्रदायिकों) की बाँदियाँ (सेविकाएँ) हो चुकी थीं। मोहब्बतों के क़िस्से सुनाने वाले तक लखनऊ में नहीं रह गये थे। हर तरफ़ सियासत की धूल उड़ रही थी। ख़ानक़ाहों पर सियासी तख़्तियाँ लग चुकी थीं। आदाब अर्ज़ को जय श्रीराम के नारों ने मुँह चिढ़ाना शुरू कर दिया था। एक तरह से लखनऊ अब मुकम्मल तौर पर मुलायम सिंह और मायावती की सियासी खींचातानी और भारतीय जनता पार्टी की निगरानी में आ चुका था। नतीजे के तौर पर साग़र भाई लखनऊ में ऐसे गुम हो गये जैसे गन्ने के खेत में लाठी गुमनाम हो जाती है।

एक दिन अचानक मेरे फ़्लैट पर आये और मुझे अपने साथ चलने के लिए कहा। बालागंज चुंगी के पास एक नवतामीर (नवनिर्मित) बल्कि ज़ेरे तामीर (निर्माणाधीन) कालोनी के चक्कर लगाते रहे। मैंने पूछा क्या मक़बरा ढूँढ़ रहे हैं? कहने लगे, वाकई मैं एक मक़बरा ही ढूँढ़ रहा हूँ सिर्फ़ उसे ताजमहल का Look देने के लिए तुम्हें अपने साथ लाया हूँ। थोड़ी ही देर में वह एक ज़ेरे तामीर मकान के पास रुके और मुझे साथ लेकर उसके अन्दर दाख़िल हुए। पूरा मकान मुझे दिखाने के बाद फ़रमाया कि इसे संगेमरमर से आरास्ता (सजाना) करना है, अन्दाज़न कितना पैसा लगेगा? मैंने पूरा मकान देखने के बाद उनसे कहा कि बेईमानी की हद तक अगर कारोबार में मुरव्वत की जाये तब भी तक़रीबन 45,000/- रुपये के मार्बल की ज़रूरत पड़ेगी। फ़िक्सिंग के अलग से 20,000/- रुपये जोड़ लें। उन्होंने फ़ौरन जेब में हाथ डाले और मुझे 40,000/- रुपये निकाल कर दिये, साथ ही यह भी फ़रमाया कि इस महीने के आख़िर में यानी तक़रीबन 20 दिनों बाद आप संगतराश और मार्बल भिजवा दीजियेगा। मैंने मज़ाक के तौर पर साग़र भाई को मशविरा दिया कि आप मिसरों की तरह संगेमरमर के टुकड़ों को भी जड़ने का काम कर लें तो 20,000/- रुपये आपके बच भी सकते हैं। साग़र भाई हँसते हुए कहने लगे कि अब मुशायरों में पैसे तो उसी को ज़्यादा मिलते हैं जो मिसरे तक बिठाना नहीं जानता।

10-15 दिनों के बाद किसी मुशायरे में मुलाक़ात हुई तो मैंने उनसे कहा कि अगले हफ़्ते तक वहाँ का काम शुरू हो जायेगा, सिर्फ़ पानी का बेहतर इन्तिज़ाम करा दीजियेगा। एक अजीब-सी काफ़ूरी मुस्कुराहट उनके होठों पर नमूदार (ज़ाहिर) हुई, उसी मुस्कुराहट के साथ फ़रमाया कि पानी का इन्तिज़ाम तो हम आले रसूल

अपने बच्चों के लिए भी नहीं कर सके थे। इस बलीग़ (भरपूर) जुमले के बाद दोनों तरफ़ ख़ामोशी रही। दो-चार दिनों के बाद उनका फ़ोन आया, वह कह रहे थे कि मुनव्वर मियाँ, मैंने अपना फ़ैसला बदल दिया है। क़ब्र कच्ची ही अच्छी होती है क्योंकि कच्ची कब्र आँसुओं की पर्दादारी रखती है, लिहाज़ा मैंने फ़ैसला बदल दिया है। दो-तीन दिनों के बाद एक दिन सुबह-सुबह वह मेरे फ़्लैट पर तशरीफ़ लाये और अपने 40,000/- रुपये वापस ले गये।

उनसे आख़िरी मुलाक़ात 07 दिसम्बर, 2007 को मेरे इकलौते बेटे तबरेज़ राना की शादी के मौक़े पर होटल क्लार्क अवध में हुई। तमाम मेहमानों के रुख़सत हो जाने तक वह सचमुच एक सच्चे मेज़बान और बुज़ुर्ग का रोल अदा करते रहे। दावते वलीमा की हर कमी को अपनी खुशगुफ़्तारी (ख़ूबसूरत गुफ़्तगू) की नक़ाब से ढाँपने के बाद मेरे पास उठ कर आये और कहने लगे कि मुनव्वर मियाँ मैंने बड़े भाई और बुज़ुर्ग का रोल अपने जानते भरपूर ईमानदारी से निभाया, तमाम मेहमान रुख्सत हो चुके हैं, लिहाज़ा अब मुझे भी इजाज़त दीजिए...और यह कह कर वह ऐसे रुख़्सत हुए कि फिर दुनिया से उनके रुख़्सत हो जाने की ख़बर ही आयी—

हँसना न भूल जाये ये दुनिया इसीलिए
मैं बादशाह हो के भी जोकर बना रहा

शायद क़लम ने साथ हमारा नहीं दिया

महबूब राही पर ज़बान खोलने और क़लम उठाने से पहले यहाँ दो वाक़ियात तहरीर करना ज़रूरी समझता हूँ। मशहूर शायर मेराज फ़ैज़ाबादी ने एक दिन मुझसे पूछा कि तुम्हारी लाइब्रेरी में 'लम्हे लम्हे' का वसीम बरेलवी नम्बर मिल जायेगा? मैंने कहा, तलाश कर लें या कल तक का मौक़ा दें तो मैं तलाश करके हाज़िर कर दूँगा। लेकिन अजीब इत्तिफ़ाक था कि काफ़ी तलाश के बावजूद वसीम बरेलवी नम्बर नहीं मिल सका। मेराज साहब को चूँकि उन पर कोई राइट अप लिखना था लिहाज़ा उनकी उलझन और बेचैनी फितरी (स्वाभाविक) थी। मैंने भी तक़रीबन पूरी लाइब्रेरी खँगाल डाली, फिर मायूसी के आलम में कुर्सी पर बैठ कर अपनी साँसें दुरुस्त करने के बाद मैंने मेराज भाई से कहा कि एक बात समझ लीजिए! अगर वसीम बरेलवी मेरी लाइब्रेरी में मौजूद नहीं हैं तो फिर अदब में भी मौजूद नहीं रहेंगे। बज़ाहिर तो इस जुमले में मिज़ाह का Flavour मौजूद है लेकिन लहजे की सफ़्फ़ाकी (क्रूरता) का तेज़ाब भी पेवस्त (चुभा) है।

दूसरा वाक़िया भी दिलचस्पी से भरपूर है। हल्के फुलके शायर और अदीब तब्सिरे (कमेन्ट्स) या मेरी राय जानने के लिए मुझे अकसर किताबों से नवाज़ देते हैं। मेरा मसला है कि मेरे शार्गिर्दों की भीड़, न घुमावदार कुर्सियों पर बैठी हुई परीनुमा सेक्रेटरीज़, न ऐसे नवजवानों का जमावड़ा जो प्रोफ़ेसर हज़रात की इल्मी शोहरत और साहिबे इक़्तिदार बने रहने में मददगार साबित होते हैं।

मेरे पास तो अदबी और इल्मी लियाक़त की कममायगी (बेहद कमी), अपने छोटे-से ज़ाती (निजी) कारोबार को बचाने की बेमक़सद कोशिश और बक़िया ज़िन्दगी की बेहूदा क़िस्म की बेतरतीबियों के अलावा कुछ भी नहीं है जिन्होंने कभी मेरी शख़्सियत के सीरियल को मुकम्मल नहीं होने दिया। नतीजे के तौर पर मैं अपने आपसे नामुतमईन, अहबाब मेरी ग़ैर ज़िम्मेदारियों से मायूस, रिश्तेदार मेरे रवैये पर शाकी (शिकायत करने वाला) और शहर के बक़िया ज़िम्मेदार मुझे ग़ैर ज़िम्मेदारियों का दाराशिकोह कहते हैं। यहाँ मैं दाराशिकोह की तफ़्सीलात से ख़ुद को बचा रहा हूँ वर्ना मराठवाड़े का सारे का सारा इलाक़ा मेरे ख़िलाफ़ बशीर

बद्र से साठगाँठ कर सकता है। अकसर आयी हुई किताबें मेरे तब्सिरे और रायों की मुन्तज़िर रहती हैं। एक दिन मेरे सरहाने कुछ किताबें देख कर बेगम ने पूछा कि लाइब्रेरी यहाँ शिफ्ट करने का इरादा है क्या? मैंने उनके तंज़ेलतीफ़ (सुखद व्यंग) को 'बिहारशरीफ़' की तरह देखा। उन्होंने किताबें उठा कर वरक़ गरदानी (पन्ने पलटना) शुरू कर दी। इस वरक़ गरदानी का तअल्लुक़ उर्दू शेरो अदब से बिल्कुल नहीं था बल्कि किताबी उलट पलट का बराहे रास्त रिश्ता मेरे किरदार (चरित्र) की मशकूकियत (सन्दिग्धता) से था।

बेगम अज़राहे एख़लाक कहने लगीं कि "आख़िर इन बेचारों की किताबों पर आप अच्छा बुरा कुछ क्यों नहीं लिख देते?" मैंने कहा, "बुरा तो हम अपने दुश्मन शायरों और अदीबों पर लिखते हैं और एक दुकानदार की हैसियत से कोई भी अपने Regular Customers के बारे में हमेशा अच्छा ही लिखता है। यूँ भी तन्क़ीद वह असलहा है जिस पर सारी दुनिया में कहीं लाइसेंस नहीं है क्योंकि यह हुकूमतों को नहीं बल्कि अदब, तहज़ीब और नवजवान नस्लों को बर्बाद करती है और हुकूमतों का हर दौर में यह पहला प्लान रहता है कि शायर और अदीब आपस में गुत्थम गुत्था रहें और नवजवान नस्ल को तहज़ीब और अदब के फ़ायदों से महरूम (वंचित) रखा जाए। बेगम साहिबा बहस के बिच्छू को मज़ीद (और ज़्यादा) ज़चगी से बचाते हुए बोलीं कि "इस वक़्त आप बिल्कुल बेकार बैठे हुए हैं बिल्कुल अपोज़ीशन के थके हुए लीडरों की तरह, लिहाज़ा यह मौक़ा मुनासिब है कि आप कुछ इंसानियत, शराफ़त और पढ़े-लिखे होने का सुबूत दे दीजिए।" मैंने तीन-चार किताबें उन्हें सौंप कर कहा, "आप बताइए, किस पर लिख दिया जाए।" उन्होंने एक किताब का इन्तिख़ाब (चयन) करके किताब मेरी तरफ़ बढ़ा दी। मैंने पूछा, शायरी की किताब है या नस्र की? 'पता नहीं' कह कर उन्होंने आदतन मुस्कुराहट की फ़िज़ूल खर्ची करनी चाही। मैंने पूछा, जब किताब तुमने खोल कर देखी ही नहीं तो इस किताब की वक़ालत क्यों कर रही हो? उन्होंने मुस्कुराहट की करेंसी को मेरे तीस बरस पुराने जज़्बात की आँच पर रखते हुए फ़रमाया कि साहिबे किताब (लेखक) की शिमला में किराये की कई दर्जन टैक्सियाँ चलती हैं। कभी अगर बच्चों के साथ शिमला जाना पड़ गया तो आपकी जेब पर बोझ नहीं पड़ेगा और मैं आपकी चश्मे करम (दया दृष्टि) की मोहताजी से भी बच जाऊँगी।

मैं ब बाँगे दुहल (एलानिया तौर पर) यह एलान करना चाहता हूँ कि पिछले 25 बरसों से उर्दू अदब में तन्क़ीद के नाम पर जो कुछ भी लिखा जा रहा है, उसी टैक्सी मालिक के लिए लिखा जा रहा है। सिर्फ़ पेशा और ठिकाना बदलता रहता है। हर नाक़िद के पास शायर और अदीब हैं बल्कि अब तो शायरों और

अदीबों के पास उनके अपने नाक़िद, मुबस्सिर और तजज़ियाकार (विश्लेषक) होते हैं... जैसे हर तवायफ़ के पास शौहर से मिलता जुलता एक रईस होता है। ज़ाहिर है कि ऐसे घिनौने अदबी मुआशिरे (समाज) में अच्छे और Genuine अदब का जो हाल होना चाहिए था, वही हो रहा है यानी–

ज़रूरत आख़िरी मंज़िल पे घुँघरू बाँध लेती है

हर छोटा-बड़ा तन्क़ीद निगार अपनी पेशावराना तहरीर और तक़रीर में वही जारिहाना (आक्रामक), घटिया और मग़रूर रवैया इस्तेमाल करता है जैसा प्रोफ़ेसर वसीम बरेलवी जैसे सीधे सच्चे और शरीफ़ शायर के बारे में मैंने अज़राहे तफ़न्नुन (मज़ाक के तौर पर) इस्तेमाल किया है। मौजूदा अहद में उर्दू तन्क़ीद दो-चार सजदों के मोलवियों के फ़तवे की तरह बेवक़अत (महत्त्वहीन) होकर रह गयी है। यानी बहुत ईमानदारी के साथ यह तस्लीम कर लेने में कोई बुराई नहीं है कि उर्दू तन्क़ीद बारह बरस का वह आदिवासी बच्चा है जो ज़मीन पर खड़े-खड़े अपनी माँ (उर्दू तख़लीक़) का दूध पी रहा है। ज़ाहिर-सी बात है कि अदब उस वक़्त अच्छा लगता है जब लोग आपको अदीब और शायर कहें, वर्ना अदब लिखने से अच्छी तो बस कंडक्टरी और चुंगी नाके की नौकरी है, जहाँ मेहनताने के अलावा नज़राने के तौर पर देहाती मुसाफ़िर अपनी गठरी से फ़स्ल की दो-चार चीज़ें निकाल कर दे देते हैं। मैं कहना चाहता हूँ कि हर ज़माने में किसी वहशत को 'ख़ान बहादुर' बनाकर अरबाबे इक़्तिदार कई दर्जन मस्त कलकतवी को क़त्ल कर देते थे। मेरे ख़याल से यह मुहावरा उर्दू तन्क़ीद के लिए ही Create किया गया है। 'अन्धा बाँटे रेवड़ी और अपने-अपने को देवे' क्योंकि पूरे अदब में कहीं न कहीं किसी न किसी तौर पर Genuine शायर और अदीब का क़त्ल हो रहा है और हम सब तमाशबीन की हैसियत से खड़े देख रहे हैं।

सियासी लीडरों की बेहूदगियों और मोलवियों की मसलकी (वैचारिक) लड़ाई में मुमकिन है कुछ कमी आ गयी हो लेकिन अदब में मुनाफ़िक़ों (कपटचारियों) की भीड़ बढ़ती जा रही है। एक तरफ़ वह लोग हैं जो अपने साथ इल्म का दरिया बहाते हुए चलते हैं, अपनी कोशिश से हज़ारों उर्दू सीखने वालों की मदद करते हैं और उर्दू की आबयारी (सिंचाई) के लिए उसकी जड़ों में अपनी मेहनत का पसीना रख देते हैं।

दूसरी तरफ़ हमारा वह बेहिस (निर्भाव) अदबी गिरोह है जो हर क़दम पर सियासी शोबदे बाज़ी (चालाकी) की बदौलत वह सब कुछ हासिल कर लेता है जिसका वह हक़दार नहीं होता है। मुझे जिन्सी कारोबार (देह व्यापार) के दलालों से ज़्यादा बुरे शेरो अदब के दलाल लगते हैं। उस कारोबार के दलाल अपनी

दलाली के लिए कम से कम पूरे बाज़ार का सौदा तो नहीं करते। लेकिन ये हमारे नामनिहाद (तथा कथित) उर्दू फ़रोश उर्फ़ मुजाहिदीने उर्दू हर वक़्त इसी मौक़े की तलाश में रहते हैं कि उर्दू ज़बान की दुकान ही बिक जाये। शायद यही सबसे बड़ी वजह है कि इन दिनों अस्ली अदब हक़ीक़त में उन इलाक़ों में तहरीर किया जा रहा है जो उर्दू की बस्तियाँ नहीं हैं या अदबी माफ़ियाओं की पहुँच वहाँ तक नहीं है लेकिन चूँकि उर्दू बाज़ारों में बैठे हुए लोग System को बदलने की इजाज़त नहीं देते हैं इसलिए तन्क़ीद और तख़्लीक़ दोनों ही एक ही ख़ुशामदाना ढर्रे पर चल रही हैं।

महबूब राही यूँ भी ख़ुशनसीब शख़्स हैं कि उन्होंने डॉक्टर मुजफ़्फ़र हनफ़ी जैसी शख़्सियत की क़दमबोसी के बाद शेरो अदब के मैदान में क़दम रखा, वर्ना ये नामनिहाद अदीब और शायर वह घड़ियाल हैं जो एक भी मछली को तालाब में उतरने की इजाज़त नहीं देते। महबूब राही हर रिश्ते और हर एतबार से मेरे बड़े भाई हैं। पता नहीं अल्लाह ने इतने नेक लोगों को शायर क्यों बना दिया। शायरी तो हर ज़माने में ज़ेहनी तौर पर अय्याश लोगों का ख़ासा रही है लेकिन अय्याशी भी ऐसी कि अमीर मीनाई को दाग़ देहलवी जैसा हम अस्र अता किया। वह दाग़ जो आज भी सारी दुनिया में उर्दू की Dictionary कहे जाते हैं, जिन्होंने उर्दू मुहावरों को बरत कर उन्हें 24 कैरेट का सोना बना दिया और सोने की तो ख़ूबी यही है कि वह हर ज़माने में सोना ही रहता है, बदज़ौक़ों के अह्द में भी पीतल नहीं कहलाता।

महबूब राही ने सारी ज़िन्दगी उर्दू ज़बानो अदब की आबियारी की। शेर कहे, नस्र लिखी यानी गेसुए अदब (साहित्य के केश) को सँवारने में इतना वक़्त लगा दिया कि जब इस काम से थोड़ी-सी फ़ुर्सत और फ़राग़त (मुक्ति) मिली तो जवानी कहीं जा चुकी थी और उम्र कहीं। लेकिन अगर आशिक़ अपनी उम्र देखता तो दुनिया में माशूका का वजूद (अस्तित्व) ही नहीं होता। अपने आपको ख़ाक कर लेना ही तो आशिक़ी की मेराज (बुलन्द मर्तबा) है। शमा कितनी ही बढ़ चढ़ कर बातें क्यों न करे लेकिन परवाने की ख़ाक को सुआरत करने (ठिकाने लगाने) के लिए उसे भी तो मोम की मदद के सहारे ख़ाक होना पड़ता है।

उर्दू ज़बानो अदब की आबयारी में इश्तहारों (विज्ञापनों) की शक़्ल में आये दिन अख़बारों की ज़ीनत बनने वाले लोग हर्गिज़ नहीं हैं। वह तो वो लोग हैं जिनके पैदा होने या न होने का दुनिया की कोई भी ज़िन्दा ज़बान इन्तिज़ार नहीं करती। महबूब राही वो संगेमील (मील का पत्थर) हैं, जिन्होंने शेरो सुख़न को सिर्फ़ बहाना बनाया। उर्दू ज़बानो अदब के ख़ज़ाने को मालामाल करने के लिए

भुसावल से जलगाँव और अकोला से अमरावती तक मौसूफ़ और उनके हमनवा और हम अस्रों ने उर्दू ज़बानो अदब और हिन्दुस्तानी तहज़ीब की ऐसी खेप तैयार कर दी है जो आइन्दा आने वाले दिनों में अपने पथरीले इलाक़े को उर्दू का गहवारा बना कर दम लेगी। संगलाख़ (पथरीली) ज़मीनों में अदब की काश्तकारी बहुत मुश्किल काम है। बाग़बानी तो किसी भी ज़मीन में की जा सकती है। हरदिल अज़ीज़ होना आदमी के शगुफ़्ता मिज़ाज, शरीफ़ और साहिबे इल्म होने की पहचान है। जो काम देहली और उत्तर प्रदेश में ख़्वाबे परेशाँ (बेचैन सपना) होकर रह गया है उसकी ताबीरों (स्वप्न फलों) के फूल विदर्भ और ख़ानदेश इलाक़ों में खिला रहे हैं।

महबूब राही ने हज़रत मुजफ़्फ़र हनफ़ी को उस्ताद नहीं बनाया बल्कि सचमुच उनके शागिर्द बन गये। उन्होंने शायरी और नस्र की हर सिन्फ़ में तबा आज़माई (तबीयत की आज़माइश) की है बल्कि बहुत तेज़ शेर कहने के मामले में किसी हद तक बदनाम भी हैं। यूँ भी बहुत तेज़ शेर कहने की आदत उस कार की तरह होती है जिसका स्टेयरिंग फ़ेल हो चुका हो। महबूब राही ने डॉक्टर साहब से अदबी शजरकारी (पौधारोपण) भी सीखी, ज़बान और फ़न के वह रमूज़ो नुकात (भेद और बारीक बातें) सीखे जो साहिबे तर्ज़ शायर और उर्दू ज़बान के सचमुच के डॉक्टर शाद आरिफ़ी ने उनको सौंप दिये थे।

डॉक्टर हनफ़ी की सोहबतों के वसीले से महबूब राही से मैं ग़ायबाना तौर पर इतना क़रीब हो चुका था, या उनकी हर एक सादगी भरी अदा का आशिक़ हो गया था, उनसे इतनी अपनाइयत महसूस होने लगी थी कि उनसे पहली मुलाक़ात भी ऐसे हुई जैसे एक ही कुन्बे के दो लोग किसी पेड़ के नीचे खड़े होकर बात कर रहे हों।

यूँ तो महबूब राही ने नज़्म और नस्र दोनों में अपने क़लम को आज़माया और बहुत तेज़ शेर कहने के मामले में किसी हद तक बदनाम भी हैं लेकिन यह जूदगोई कभी कोई अज़ीम शायर पैदा नहीं कर सकती। कई ख़ूबसूरत लफ़्ज़ तन्क़ीद की झूठी कसौटी की वजह से अपनी अहमियत खो बैठते हैं। मिसाल के तौर पर अज़ीम, मुस्तनद, मुनफ़रिद लबो लहजा, नया मंज़रनामा जैसे और भी कई बेचारे लफ़्ज़ हैं जिनको हमारी अदबी तन्क़ीद ने 'चना जोर गरम' की तरह इस्तेमाल करके बहुत बेवक़अत और मज़हकाख़ेज (हास्यास्पद) बना दिया है। मुमकिन है, महबूब राही बड़े शायर न हों लेकिन अव्वल तो शायरी का फ़ैसला इलेक्शन के नतीजों की तरह फ़ौरन नहीं आ सकता है, दूसरी बात यह है कि नमाज़ में सलाम फेरते ही वही (ईशवाणी) का इन्तिज़ार करने वाले अब मज़हब से ज़्यादा अदब में शामिल हो चुके हैं। इसीलिए किताब मंज़रे आम पर

आने से पहले ही तन्क़ीद और तब्सिरे का मरज़ आम हो चुका है। जिस तरह सियासत में वज़ीर हज़रात Public का कोई काम करें या न करें लेकिन Party वालों का हर काम बख़ूबी और फ़ौरन कर देते हैं। उसी तरह अदब में तख़्लीक़ की पज़ीराई हो चाहे न हो लेकिन तन्क़ीद को फ़ौरन पहली सफ़ में जगह मिल जाती है। मोटे-मोटे अल्फ़ाज़, कई सौ तन्क़ीदी मज़ामीन के उगले और थूके हुए जुमले, कई दर्जन झूठे-सच्चे अंग्रेज़ी अदब के हवाले से एक अच्छे ख़ासे शायर को गुमराह और बहुत से शायरों को एहसासे बरतरी (Superiority Complex) में मुब्तिला कर देते हैं।

मलिक मुसीबुर्रहमान अहक़र
दुनिया यही दुनिया है तो क्या याद रहेगी

महबूब ग़ौरी का मुहम्मद बिन ग़ौरी से कोई रिश्ता है या नहीं, मुझे इसका क़तई इल्म नहीं है लेकिन उनसे मेरे बयक वक़्त (एक ही वक़्त में) कई रिश्ते हैं। पहला रिश्ता तो यह है कि हिन्दुस्तान उनका मादरे वतन है, दूसरा रिश्ता यह है कि उनकी अम्मी मुझे बेटों की तरह अज़ीज़ रखती हैं, तीसरा रिश्ता यह है कि वह शायरी के रसिया हैं और चौथा रिश्ता यह है कि वह सचमुच मेरे महबूब जैसे हैं। यूँ तो कराची में मेरा पूरा ख़ानदान मौजूद है लेकिन वह मुझे सबसे उधार माँग लेते हैं और फिर अपने हिसाब से ख़र्च करते हैं। असली दौलत तो वही है जो फ़राख़ दिली से ख़र्च की जाती है, तिजोरियों और ग़ैर मुल्की खातों में महफ़ूज़ दौलत तो उस अनाज की तरह होती है जो कहूतज़दा (दुर्भिक्षग्रस्त) मुल्कों के गोदामों में सड़ जाती है।

2008 के मुशायरों में शिरक़त की ग़रज़ से उन दिनों मैं कराची में था। ग़ालिबन शुमाली (उत्तरी) नाज़िमाबाद के पास से हम लोग गुज़र रहे थे। अचानक महबूब ग़ौरी के मोबाइल ने गुनगुनाना शुरू कर दिया। उन्होंने मोबाइल ऑन करके कुछ बात की, फिर मोबाइल फ़ौरन ही मेरी तरफ़ बढ़ा दिया। दूसरी तरफ़ से कोई साहब पूछ रहे थे कि मुनव्वर भाई, क्या आपने मुझे पहचाना? मैं एक लम्हे के लिए ख़ामोश रहा और फिर फ़ौरन ही पूछा कि क्या हाल हैं कैप्टन क़मर? उधर से बात करने वाला ग़ालिबन हैरत के समन्दर में डूब चुका था। काफ़ी मुशक़्क़त के बाद जब वह किनारे पर आया होगा तो उसने हैरत भरे लहजे में कहा कि आपको मेरी आवाज़ से मुसीब भाई की ख़ुशबू आ रही थी। क़मर मलिक ने पूछा कि आप कराची क्लब के मुशायरे में किस वक़्त पहुँचेंगे। मैंने उसे बताया कि मुझे कराची क्लब पहुँचने में तक़रीबन आधा घण्टा लग जायेगा। कैप्टन ने कहा कि यूँ तो रास्ते में मेरा घर पड़ता है लेकिन चूँकि मुशायरे का वक़्त हो रहा है लिहाज़ा मैं वहीं कराची क्लब में आपसे मिलने के लिए हाज़िर हो रहा हूँ, साथ ही यह भी पूछा कि आपके लिए कुछ लाना हो तो बता दीजिए। मैंने कहा कि मियाँ बस आप आ जायें।

कराची क्लब मैं उस वक़्त पहुँचा जब मुशायरा शुरू हो चुका था। मेरे देरीना (पुराने) करम फ़रमा अफ़ज़ाल सिद्दीक़ी ने मुझे सीधे स्टेज पर पहुँचा दिया। मैंने रोज़नामा 'जंग' के सहाफ़ी (पत्रकार) अख़्तर सईदी के पास ही बैठकर लॉन में बैठे हुए मुअज़्ज़िज़ सामिईन (प्रतिष्ठित श्रोतागण) पर नज़र दौड़ायी लेकिन किसी भी फ़सीले रुख़ (चेहरे की दीवार) पर ख़ानदाने मुसीब का रौशन दिया रखा दिखाई नहीं दिया। मैं दिल ही दिल में सोचने लगा कि सोलह-सत्तरह बरस बहुत होते हैं, मुमकिन है कि मेरी याददाश्त भी बूढ़ी हो चुकी हो लेकिन दिल ने आगे बढ़ कर फ़ौरन तसल्ली दी कि नहीं, नहीं! तुम्हारी आँखें अभी तुम्हारी ही आँखों की तरह हैं। इतनी आसानी से कोई चेहरा या किसी आवाज़ का चेहरा तुम्हारे ज़ेहन से नहीं निकल सकता। अभी दिलो निगाह की तरफ़ से कोई यक़ीनी आहट होती कि दाख़िले वाले गेट पर मुझसे उम्र में बहुत कम लेकिन तक़रीबन मेरे ही तनोतोश (डील डौल) वाले एक शख़्स पर निगाह गयी। एक शनासा (जानी पहचानी) चमक शायद दोनों तरफ़ से एक दूसरे से गले मिलने की कोशिश कर रही थी। मैं बड़ी ख़ामोशी से स्टेज से उतर कर सामिईन की नज़रों से बचता-बचाता मैदान के आख़िरी हिस्से में पड़ी कुर्सियों के पास आ गया। कैप्टन क़मर मेरे गले लगना चाह रहे थे और शायद मैं भी यही चाह रहा था। गले मिलने के बाद हम लोग वहीं ख़ाली कुर्सियों पर बैठ गये। उन्होंने गोल्ड लीफ़ सिगरेट का एक छोटा कार्टन मेरी गोद में रख दिया। वह पाकिस्तान के क़ौमी लिबास यानी पठानी सूट में थे लेकिन अब वह कैप्टन से तरक़्क़ी करके कर्नल हो चुके थे। हालाँकि सीने पर सजे सितारों की ज़्यादती ने चाँद का चेहरा अब थोड़ा-सा धुँधला कर दिया था। वह शोख़ और शरारती कैप्टन क़मर कहीं लाहौर और कराची के रास्ते में गुम हो चुका था। मुसीब भाई से जुड़ी यादों की गठरियाँ खुल गयीं, तक़रीबन डेढ़ घण्टे तक मैं कैप्टन क़मर के पास बैठा बातें करता रहा। मुशायरा नयी कहानी लिखने में मशग़ूल था और हम लोग पुरानी तारीख़ के पन्ने उलट रहे थे। कैप्टन क़मर ने मुसीब भाई के सिलसिले में पाकिस्तानी शायरों और अदीबों के सर्द रवैये और ख़ुदग़र्ज़ियों का क़िस्सा छेड़ दिया। उन्हें ख़ास तौर से लाहौर के शायरों और अदीबों से बेइन्तिहा शिकायतें थीं। मैं उनकी गुफ़्तगू के आईने में हिन्दुस्तान के शायरों और अदीबों के ख़ुदग़रज़ चेहरे तलाश कर रहा था। मुशायरा कमेटी वालों की तरफ़ से बार-बार मेरा बुलावा आ रहा था। मैंने कैप्टन क़मर से उनका प्रोग्राम पूछा, वह हँसते हुए बोले कि मैं तो सिर्फ़ आपसे मिलने के लिए आया हूँ। मुसीब भाई के इन्तिक़ाल के बाद पहली बार मैं शायरों की सूरत देख रहा हूँ और इस वक़्त मैं कितने कर्ब (पीड़ा) से गुज़र रहा हूँ आप अन्दाज़ा भी नहीं लगा सकते, यूँ भी कल सवेरे मुझे इस्लामाबाद जाना है।

नतीजा यह हुआ कि उनके सारे ख़ानदान को शायरों के नाम से नफ़रत हो गयी। अब तो न वो शेर पढ़ना चाहते हैं और न सुनना, बल्कि वह लोग तो अब किसी भी शायर की सूरत तक देखना नहीं चाहते। हालाँकि शायरी उनके ख़ानवादे (घराने) के लिए इबादत की तरह थी और शायर फ़रिश्तों जैसे... वह भी दस-बीस बरस से नहीं, तक़रीबन डेढ़ सदी से यह ख़ानवादा लाहौर के उन उर्दू बोलने वालों में था जिनके घरों में पंजाबी बोलने की इजाज़त सिर्फ़ इसलिए नहीं थी कि इस ज़बान में इतनी करख़्तगी (सख़्ती) है कि यह माँ-बहनों के सामने नहीं बोली जा सकती। अल्लाह अल्लाह! उर्दू से यह इश्क़ तो अल्लामा इक़बाल और फ़ैज़ अहमद फ़ैज़ का नसीब भी नहीं बन सका।

यह वही ख़ानवादये आशिक़ाने शेरो अदब है जिसके एक रौशन चराग़ का नाम मलिक मुहम्मद मुसीबुर्रहमान था। वह अपने अन्दर की उथल पुथल और ज़िन्दगी की बेकैफ़ी (फीकेपन) से तंग आकर कभी-कभी शेर भी कहते थे लेकिन बस यूँ ही! जैसे बहुत से लोग बेचैनी के आलम में ख़ून की उल्टी कर देते हैं और फिर रफ़्ता-रफ़्ता उनको सुकून होता चला जाता है। शायद इसी कर्ब और तकलीफ़ से गुज़रते हुए शकेब जलाली ने यह शेर कहा होगा—

जो दिल का ज़हर था काग़ज़ पे सब उँडेल दिया
फिर उसके बाद तबीअत मेरी सँभलने लगी

तक़रीबन सत्तरह बरस पहले दोहा, क़तर में सुलेमान देहलवी का मुशायरा था। इस मुशायरे में वाली भाई के साथ मैं भी था। राज़ इलाहाबादी मरहूम की कामयाबी ने इस मुशायरे में हर ऊँचाई की पेशानी को चूम लिया था। सुलेमान भाई के सरपरस्तों में मुसीब भाई भी हुआ करते थे बल्कि शायरों के खाने और ठहरने का इन्तिज़ाम जिस होटल में रहता था उसके मालिकान लाहौर के रहने वाले थे। वह लोग मुसीब भाई के बहुत बेतकल्लुफ़ और देरीना दोस्त भी थे। दोहा, क़तर हम और वाली भाई पहली बार आये थे। मुशायरे के दूसरे दिन मुसीब भाई से होटल शीज़ान में बड़ी तफ़्सीली मुलाक़ात हुई। मुसीब भाई यारबाश क़िस्म के आदमी थे और वाली भाई तो हमेशा के यारों के यार थे। वाली भाई की याददाश्त का यह आलम था कि वह कुछ भूलते ही नहीं थे और मुसीब भाई का यह मामला था कि—

आपने याद दिलाया तो मुझे याद आया

मुलाक़ात जब तफ़्सील की गहराई तक पहुँची तो यादों के बहुत से लाल और जवाहर भी हाथ लग गये। मसलन मुसीब भाई के वालिद से वाली भाई के वालिद मौलाना अब्दुल बारी आसी के इतने गहरे मरासिम (ताल्लुक़ात) थे कि मौलाना लाहौर में उन्हीं के घर पर क़याम करते थे। उनके ख़ानवादे ने मीर

तक़ी मीर को मुसीब भाई के घर में बज़रिये शर्ह (व्याख्या के माध्यम से) नहीं, बल्कि ब ज़बाने मौलाना सुना और समझा था। मुसीब भाई के घर में किसी ने भी लखनऊ देखा नहीं है लेकिन उनके घर का बच्चा-बच्चा लखनऊ को टटोल कर पहचान सकता था। लखनऊ उन लोगों को मौलाना की ज़बानी अज़बर (कंठस्थ) हुआ था। मौलाना की दर्जनों किताबें मुसीब भाई के वालिद की छोटी सी ज़ाती (निजी) लाइब्रेरी में मौजूद थीं।

यह था दूसरी नस्ल के इश्क़ का पहला कामयाब तरीन दिन, यह थे दो ख़ूबसूरत लम्हात जब माज़ी की किताबें खोले हुए दो मोहब्बत करने वाले एक नयी कहानी लिखने की तैयारी कर रहे थे।

वाली भाई को शेर सुनाने का शौक़ और मुसीब भाई को शेर की रूह में उतरने का नशा, लेकिन उन दिनों तक मुसीब भाई शेर की रूह में उतरने के लिए किसी नशे का सहारा नहीं लेते थे क्योंकि शेर की रूह में उतरना ही ऐसा नशा है जिसे कशीद (निचोड़) करके दुनिया का हर नशा बनाया जा सकता है।

वाली भाई और मुसीब भाई की इस मुलाक़ात का सिलसिला तीन दिनों तक चला। रात तो दिन के साथ अल्लाह ने इंसान को स्कीम में दी है लिहाज़ा इसका शुमार करना ज़रूरी नहीं होता, हाँ! इसका इस्तेमाल करने वाले ही क़लन्दर और सूफ़ी कहलाते हैं। मेरी हैसियत भी उन लोगों के दरम्यान मुस्तहकम (मज़बूत) थी लेकिन पुरानी फ़िल्मों के हीरो के भाई जैसी... हालाँकि मुसीब भाई भी बहुत जल्द मेरी ज़िहानत के क़ायल हो गये थे लेकिन मेरी फ़रमाँबरदार ख़ामोशी से दोनों हज़रात बहुत बोर होते थे लिहाज़ा उनकी गुफ़्तगू में मेरी दख़्लअन्दाज़ी वैसे ही ज़रूरी थी जैसे अदब में झूठी तारीफ़ ज़रूरी होती है। मैं अपनी इस नौकरी से थक जाता तो मुझे ताज़ा दम करने के लिए एकाध बेचारे मुर्ग़े को बेदम कर दिया जाता था। अब पता नहीं मुर्ग़ों की क़ुर्बानी के गुनाह का मुरतकिब (मुजरिम) कौन हुआ होगा।

सदी की कई दहाइयों (दशकों) की कहानी को मुख़्तसर करके इसे सिर्फ़ तीन दिनों में मुकम्मल करने की भरपूर कोशिश की गयी। लेकिन इश्क़, कैंसर और माज़ी से छेड़छाड़ मुनासिब नहीं होती। यह तीनों ही मरज जान लिए बग़ैर पीछा नहीं छोड़ते और हुआ भी आख़िर वही। लखनऊ की मिट्टी ने अपने बेटे को बहला फुसला कर अपनी आग़ोश में सुला दिया, उधर लाहौर की मिट्टी ने अपने मुद्दत से बिछड़े हुए बेटे को क़तर से बुला कर अपने सीने से लग कर सो जाने का हुक्म दे दिया...फ़रमाँबरदार बेटा मादरे वतन की ख़ाक से लिपट कर यूँ सो गया कि—

जगा रहा है ज़माना मगर नहीं खुलतीं
कहाँ की नींद इन आँखों में आ के बैठ गयी

कहाँ वह रतजगों का शोर कि लखनऊ, लाहौर और दोहा के जलते हुए चराग़ असराफ़े बेजा (फ़िज़ूल खर्ची) मालूम होते थे और कहाँ इतना अँधेरा कि खुद शबोरोज़ भीख का प्याला लिए चराग़ों की दुकानों पर खड़े रहते हैं। किसी ने सच कहा है कि यादों के तीर बहुत ज़हरीले होते हैं। ज़ख़्म तो भर जाते हैं लेकिन ज़हर का असर कभी नहीं जाता। वाली भाई और मुसीब भाई तो ज़िन्दगी की डोर बेदर्दी से ख़र्च करके पतंगबाज़ी के मैदान से बाहर निकल गये लेकिन हम जैसे बीमार चराग़ों को यादों की मुँडेर पर जलते रहने के लिए छोड़ गये हैं जिनसे हवाएँ और उमस दोनों ही छेड़खानी और अठखेलियाँ करती रहती हैं। यादों की इसी अँगनाई में मजलिसे फ़रोग़े उर्दू अदब, दोहा की बुनियादी ईंट रखी गयी थी—

तामीर की हर ईंट पे लिक्खा है मेरा नाम
दीवार मगर आपसे मंसूब हुई है

यूँ तो अब मेरी याददाश्त ने मुझसे भी थोड़ी बहुत बेवफ़ाई शुरू कर दी है लेकिन इतनी बेवफ़ाई तो इंसानी जिबिल्लत (जन्मजात स्वभाव) में शामिल है। यादों का नज़रें चुराना और आपका परेशान हो जाना... दरअस्ल ये बुढ़ापे की छेड़छाड़ है और इसका मज़ा भी बुढ़ापा ही ले सकता है। बहरहाल मजलिसे फ़रोग़े अदब की तश्कील (रचना) में जो लोग उन दिनों पेश पेश थे उनमें सबसे ज़्यादा ज़िम्मेदार शख़्सियत मोहम्मद अतीक़ साहब की थी, बल्कि मजलिसे फ़रोग़े उर्दू अदब का तसव्वुर भी अतीक़ साहब के बग़ैर नहीं किया जा सकता, जिसका सबसे बड़ा सुबूत तो यही है कि रिटायरमेंट की ज़िन्दगी गुज़ारने के बावजूद अतीक़ भाई मजलिस के बारे अदब को अमानत की तरह उठाये हुए हैं। मजलिस के नक़्शे को बुनियादी ईंट तक लाने वालों में ख़ालिद दाद ख़ाँ और जलील निज़ामी भी शामिल थे। ज़ाहिर है कि सर्वेसर्वा तो मुसीब भाई थे। मजलिसे फ़रोग़े अदब की बुनियाद पड़ते ही मुख़ालिफ़त की आँच भी हर तरफ़ से तेज़ होने लगी। मक़ामी तंज़ीमों (स्थानीय कमेटियों) ने अपने एहतिजाज की लय बढ़ा दी। फ़ितरी (स्वाभाविक) तौर पर सुलेमान देहलवी को सबसे ज़्यादा तकलीफ़ हुई थी लेकिन उन्होंने कभी खुल कर इसका इज़हार नहीं किया। इन्हीं मुलाक़ातों में मजलिस के पहले मुशायरे की तारीख़ भी तय हो गयी और उसका बाक़ायदा एलान भी कर दिया गया।

कई दिनों के क़याम के बाद वाली भाई कामयाबी और कामरानी के नये संगेमील बनाते हुए लखनऊ वापस आये। उनकी दुकान मकतबये दीनो अदब बाज़ाब्ता तौर पर मजलिसे फ़रोग़े उर्दू अदब, दोहा का हिन्दुस्तानी दफ़्तर बन

गया जहाँ ख़याली पुलाव की डेग हर वक़्त चढ़ी रहती थी। मकतबये दीनो अदब के बराबर में ही सरदार जी का पी.सी.ओ. था। वाली भाई के तमाम फ़ोन उन्हीं के यहाँ आते थे। उस वक़्त तक वाली भाई के घर पर फ़ोन नहीं लगा था। मोबाइल की बिदअत (नया रिवाज) भी शुरू नहीं हुई थी। बेचारे सरदार जी एक पाँव से लँगड़ाते भी थे, इसके बावजूद वह दिन भर दौड़-दौड़ कर वाली भाई को उनके फ़ोन की ख़बर देते थे। वह लोग बेचारे लखनवी सरदार थे शायद इसीलिए ख़ँदापेशानी (खुशमिज़ाजी) के साथ यह तकलीफ़ उठाते थे। अगर कहीं पंजाब वाले सरदार होते तो वाली भाई की दुकान खुलते ही अपनी दुकान बन्द करके चले जाते। दिन भर ही मुसीब भाई के फ़ोन आते रहते। मजलिसे फ़रोग़े उर्दू अदब का पहला मुशायरा ही संगेमील साबित हुआ। उस पहले मुशायरे की निज़ामत इस ख़ाकसार के हिस्से में आयी थी। खुमार बाराबंकवी, मंज़ूर भोपाली, सईद अख़्तर निज़ामी, मोहतरमा तस्नीम सिद्दीक़ी, अंजुम रहबर, रईस अंसारी, वाली आसी और दो-तीन पाकिस्तानी शायर भी इस मुशायरे में शरीक थे। कुछ मक़ामी शायरों को भी क़तर की अदबी सियासत के पेशे नज़र मुशायरे की फेहरिस्त में शामिल किया गया। उस मुशायरे की इन्तिज़ामिया (प्रबन्ध कमेटी) को चुस्त दुरुस्त रखने में सबसे बड़ा रोल मोहम्मद अतीक़ देहलवी का था जो उन दिनों क़तर बैंक में जनरल मैनेजर हुआ करते थे। पहले ही मुशायरे से मजलिसे फ़रोग़े उर्दू अदब के इस मुशायरे को माहौल और मीडिया ने रेगिस्तान का सबसे बड़ा अदबी फूल क़रार दिया था। यूँ तो दुबई में सलीम जाफ़री ने ऐसे मुशायरों का संगे बुनियाद रखा था। मजलिसे फ़रोग़े उर्दू अदब के मुशायरे को फ़य्याज़ी, दरिया दिली, सख़ावत और बेइन्तिहा मेहनत के बल पर दुनिया का सबसे बड़ा अदबी मेला मान लिया गया था। मुसीब भाई ने शादी ब्याह किया नहीं था, अपनी सालाना आमदनी का बड़ा हिस्सा जो तक़रीबन पन्द्रह लाख होता था, इस मुशायरे के तमाशे में फूँकने लगे। रफ़्ता-रफ़्ता पूरी उर्दू दुनिया ख़ास तौर से हिन्दुस्तान और पाकिस्तान के शिकारी क़िस्म के शायरों और अदीबों के इस अदबी पतंग पर लंगड़बाज़ी शुरू कर दी। इधर खुशामदी और कासा बदस्त शायरों और अदीबों की भीड़, उधर मुसीब भाई जैसा लँगोटी में फाग खेलने वाला क़लन्दर... लिहाज़ा मुशायरा और सेमिनार तो साल में एक बार होता था लेकिन शायरों और अदीबों की टोलियाँ साल भर मुसीब भाई को क़तर में घेरे रहती थीं। इस ख़तरनाक बिरादरी ने तो जब ख़ालिद बिन वलीद की तारीफ़ें करके उन्हें हज़रत उमर के ज़रिये माजूल (निलम्बित) करा के ही दम लिया था तो बेचारे मुसीब भाई की क्या बिसात थी। न तो वह फ़ौजी थे और न इतने दीनदार, वह तो बेचारे खुले ढले लाहौर के पंजाबी थे। अपनी दुनिया और अपने

ख़यालों में हमेशा मगन रहने वाले, बहुत जल्द ग़मगीन हो जाने वाले, बहुत जल्द जज़्बाती, बहुत जल्द रूठ जाने वाले और उससे भी जल्दी मना लेने पर मान जाने वाले। उनका शौक़ किताबें पढ़ना था, टेपरिकार्डर और रेडियो पर मशहूर गुलूकारों (गायकों) की ग़ज़लें सुनना था और क़तर की एक बड़ी कम्पनी में अफ़सरी की ज़िम्मेदारी निभाना था। न उन्हें खाने का कोई ख़ास शौक़ था, न कपड़ों और गाड़ियों का। उन्हें तो शौक़ था नये शायरों की मदद करने का, उनको अदबी मशविरे देने का और अपने ड्राइवर मजीद के बाल बच्चों का ख़याल रखने का। कहाँ क़तर, कहाँ हैदराबाद दकन। कहाँ हिन्दुस्तान, कहाँ पाकिस्तान, कहाँ दोस्त मुल्क, कहाँ दुश्मन मुल्क लेकिन इंसानियत और रवादारी के अपने मुल्क होते हैं, अपनी रियासतें होती हैं, अपने क़ानून होते हैं और मुसीब भाई भी इसी तरह के एक मुल्क के एक बाविक़ार शहरी थे।

उमूमन यही देखा गया है कि ऐसे सीधे सादे लोग ख़ुशामदियों, मुसाहिबों और इसी क़िमाश (क़िस्म) के दूसरे लोगों के जाल में इतने जकड़ जाते हैं कि फिर उनकी वापसी मरने के बाद ही होती है। मुसीब भाई के साथ भी बिल्कुल यही सब कुछ हुआ। बीमार तो वह पहले से रहते थे लेकिन शुरू-शुरू में आम मरीज़ों की तरह एहतियातन दवाएँ खाते थे। फिर रफ़्ता-रफ़्ता दवाओं की ख़ूराक बढ़ने लगी और खाना कम होने लगा। फिर वह वक़्त भी आया जब उनकी हथेली की गहराई दवाओं के लिए छोटी पड़ने लगी। बीमारियाँ रिश्तेदार न होते हुए भी एक मुद्दत तक मरीज़ से हमदर्दी रखती हैं लेकिन बीमारियों के पास दवा की दुकानें तो होती नहीं हैं लिहाज़ा बीमारी और दवा की दुकान का फ़ासला बढ़ता जाता है और फिर एक ऐसा वक़्त भी आता है जब दवा की दुकान इबादतगाह की तरह महसूस होने लगती है लेकिन इबादतगाह होती नहीं है। उस वक़्त तक बहुत देर हो चुकी होती है। मुसीब भाई से पहली मुलाक़ात सुलेमान देहलवी के मुशायरे में उस होटल में हुई थी जिसका नाम शीज़ान होटल था। यह मुलाक़ात एक घण्टे या दो घण्टे की नहीं थी। यह मुलाक़ात तक़रीबन तीन दिनों की थी। दूसरी मुलाक़ात क़तर में उन्हीं के उस मुशायरे में हुई जिसमें कालीदास गुप्ता रज़ा को एवार्ड से नवाज़ा गया था। उस मुशायरे में मेरी अहलिया (पत्नी) भी मेरे साथ मेरे हमराह थीं। फिर उसके बाद उनसे मुद्दतों मुलाक़ात नहीं हुई। एकाध बार हस्बे आदत मैं मजलिसे फ़रोग़े उर्दू अदब, दोहा के मुशायरे में नहीं गया, फिर नयी कमेटी वालों ने भी मुझे बुलाना छोड़ दिया क्योंकि अब उस पर मुसीब भाई का अख़्तियार बरायेनाम (नाम मात्र को) रह गया था। कुछ बरसों बाद कमेटी वालों को मेरी याद आयी होगी लेकिन तब तक क़तर, मजलिसे फ़रोग़े उर्दू अदब का मुशायरा और उसकी यादें सब की सब दिल के निहाख़ाने (गहरे हिस्से) में अपने आप जल कर राख हो चुकी थी।

चूँकि मजलिसे फ़रोग़े उर्दू अदब की बुनियाद टूटे-बिखरे चन्द लोगों ने रखी थी, उसकी बुनियाद के पेशे नज़र न दौलत कमाने की हवस थी, न शोहरत के उड़नखटोले पर बैठने का शौक़ था। उसे तो एक ऐसी चौपाल की सूरत बनाया गया था जहाँ बिछड़े हुए हिन्दो-पाक के शायर और अदीब एक दूसरे से गले लग कर रोयें अपने टूटे हुए दिलों के क़िस्से सुनायें, एक दूसरे के आँसू पोंछें, एक दूसरे के दुख-दर्द में एक साथ खड़े दिखाई दें, अपना ग़म सुनायें और सुनने वालों को अपनी फ़क़ीराना रविश पर चलने की नसीहत करें... और इस तरह शायद हम एक ऐसी तंज़ीम बना सकें जो कभी हिन्दो-पाक एत्तिहाद में अहम रोल अदा करने के लिए बाक़ायदा और बइज़्ज़त तरीक़े से मदऊ (आमन्त्रित) की जाये। लेकिन अगर सब ख़्वाब सच्चे होते तो काहे को मकान कच्चे होते। ख़्वाब ख़्वाब ही होते हैं, उन्हें देखने की इजाज़त नींद में डूबी सभी आँखों को है लेकिन ताबीर (स्वप्न फल) के ज़रिये सबका नसीब यूसुफ़ और जुलेख़ा जैसा हो जाये ऐसा कभी नहीं होता और ऐसा कभी हो भी नहीं सकता। मजलिसे फ़रोग़े अदब और मुसीब भाई की सख़ावत और दरिया दिली का चर्चा इतना आम हुआ कि हर शायर और अदीब के ख़्वाब में क़तर की चमक दमक, मुसीब भाई की अदब दोस्ती, मुसीब भाई की करम फ़रमाइयाँ, मुसीब भाई की सख़ावत हर शब आने लगी। मुसीब भाई की बन्द मुट्ठी किसी भी शायर और अदीब की जेब भरने के लिए हमा वक़्त (हमेशा) तैयार रहती थी। पैसों में आग लगाने का मुहावरा मैंने बहुत सुना था लेकिन मुसीब भाई ने तो अपनी सेहत, अपनी नौकरी और अपनी कुल जमा पूँजी में भी आग लगा दी थी।

मुसीब भाई का घराना बहुत दीनदार तो नहीं था लेकिन परहेज़गार (बुराइयों से बचने वाला) बहुत था। ख़ुदा और उसके रसूल के इश्क़ में सारा घराना हर लम्हे गिरफ़्तार रहता था। अब मजलिसे फ़रोग़े उर्दू अदब सिने बुलूग़ियत (वयस्कता की उम्र) की तरफ़ तेज़ रफ़्तारी से बढ़ने लगी थी। उसके चेहरे की मलाहत (सलोना पन) आने-जाने वालों का रास्ता रोकने लगी थी। उसकी आवाज़ में जाते हुए को वापस बुला लेने का जादू सिमट आया था। अब मजलिसे फ़रोग़ उर्दू अदब के मकान में अदब के तजरुबेकार ऐश पसन्दों के ढेले आने लगे थे। रफ़्ता-रफ़्ता यही अदबी ढेले फेंकने वाले मजलिस की कमेटी में और फिर रफ़्ता-रफ़्ता मुसीब भाई की ज़ाती ज़िन्दगी में दाख़िल होते चले गये। बैरम ख़ाँ हज पे भेज दिया गया, अबुल फ़ज़्ल को दतिया के राजा ने जंगल में घेर कर क़त्ल करवा दिया, जहाँगीर अपनी नूरजहाँ के हाथों में कबूतर देकर जंज़ीरे अद्ल (इंसाफ़ की जंज़ीर) के पास जाकर चुप चाप बैठ गये। नूरजहाँ महर के तौर पर हिन्दुस्तान आने वाले हर ईरानी के लिए जागीरों का इन्तिज़ाम करने में मसरूफ़

हो गयी, जिसका नतीजा यह हुआ कि हिन्दुस्तान में इस्लाम भी ईरान की वादियों से गुज़र कर आने लगा। सदियों से अहसासे बरतरी (Superiority Complex) के शिकार ईरानियों ने अपनी छलनी से छान फटक कर इस्लाम को हिन्दुस्तानियों के हवाले किया। अरबी हिन्दुस्तान में इसलिए कभी मक़बूल (लोकप्रिय) नहीं हो सकी कि ईरानियों ने अरबी को भी फ़ारसी के जुज़दान (बस्ते) में रख कर हिन्दुस्तान रवाना किया था।

कमोबेश यही सूरतेहाल मजलिसे फ़रोग़े उर्दू अदब की भी हुई। मैंने ऊपर कुछ अलामती या मुबहम (प्रतीकात्मक या गोलमोल) गुफ़्तगू यूँ कर डाली कि क़ारिईन को मुझे तवालत (विस्तार) से बचाना भी मक़सूद है और पर्दा नशीनों की चिलमन को हाथ लगाये बग़ैर गुज़रना भी है। हालाँकि यह एहतियात मेरे मिज़ाज के ऐन ख़िलाफ़ है लेकिन उम्र की 59वीं सीढ़ी पर खड़े होकर नया महाज़ (मोर्चा) खोलने की सकत (ताक़त) नहीं रह जाती है।

दर्जनों शायरों और अदीबों ने क़तर में मुसीब भाई के घर और होटल शीज़ान को ट्रांज़िट एरिया बना लिया था। इन दानिशवराने अदब को कहीं भी जाना होता तो क़तर होकर जाते, कहीं से भी हिन्दुस्तान या पाकिस्तान वापस आना होता तो भी क़तर में मुसीब भाई की छतरी पर ज़रूर बैठते, दो-चार दिन क़याम करते, अपनी ज़रूरतें बताते, अपनी फ़रमाइशें गिनाते और ग़ीबत के शेयर बाज़ार में ज़बर्दस्त उछाल लाते हुए अपने घर को रवाना हो जाते।

इस अचानक भीड़ में मुसीब भाई और ज़्यादा तन्हा होते चले गये... इतने तन्हा कि हफ़्तों कमरे में क़ैद रह कर दरो दीवार से गुफ़्तगू करते, फ़ोन और मोबाइल बन्द कर देते। किसी को भी उनके ज़ाती बेडरूम में जाने की इजाज़त नहीं थी क्योंकि वहाँ अब सिर्फ़ शराब और सोडे की बोतलें बिखरी होतीं, सिगरेट की ख़ाली डिब्बियाँ चेचक की तरह फ़र्श के चेहरे पर दिखाई देतीं। शराब, सिगरेट और मुट्ठी भर दवाओं के सहारे वह आदमी जीने पर मजबूर कर दिया गया था जो महफ़िल में ही जीना और मरना चाहता था। वह अपने घर, ख़ानदान और रिश्तेदारों से भी दूर होते चले गये। यह बात शायद घर के अलावा बाहर के किसी भी शख़्स को न मालूम हो कि मजलिसे फ़रोग़े उर्दू अदब मुसीब भाई और वाली भाई की दोस्ती की बुनियाद पर क़ायम हुई थी। इसका दूसरा कोई भी मक़सद नहीं था। वाली भाई को मुसीब भाई हमेशा अपने बड़े भाई की तरह समझते थे। वाली भाई पर उनके एतबार का यह आलम था कि मुशायरे से एक दिन पहले ही हज़ारों रियाल वाली भाई की तहवील में दे देते थे। एक मोबाइल वाली भाई के पास मुशायरे के दौरान हमेशा रहता था ताकि किसी शायर को परेशानी या तकलीफ़ न होने पाये। मुशायरा ख़त्म होने के बाद शायरों को उनका नज़राना

उनकी तवक़्क़ोआत (उम्मीदों) से ज़्यादा दिया जाता था। मैंने क़तर के किसी भी मुशायरे में शायरों को नाशुक्री करते नहीं देखा। हिसाब किताब मुकम्मल होने के बाद वाली भाई जब बकाया वापस करना चाहते तो मुसीब भाई हँस कर उनकी बात टाल जाते थे। मैंने कभी भी मुसीब भाई को वाली भाई से बची हुई रक़म वापस लेते नहीं देखा। कभी-कभी यह रक़म पचास साठ हज़ार हिन्दुस्तानी रुपयों के बराबर भी होती थी। ज़ाहिर है कि जब मुसीब भाई वाली भाई के चेहरे में मौलाना अब्दुल बारी आसी को देख रहे थे तो उन्हें मौलाना अब्दुल बारी आसी के चेहरे में अपने वालिद की शबीह (मिलती जुलती आकृति) भी नज़र आती रही होगी और कोई भी लायक़ और ख़ानदानी भाई अपने भाई से रुपये-पैसे का हिसाब कभी नहीं करता।

सुलेमान देहलवी के अड़ियल रवैये की वजह से वाली भाई की सरपरस्ती में इस तंज़ीम की बुनियाद रखी गयी थी कि इसके लिए दौलत तो यक़ीनन मुसीब भाई की ख़र्च होती थी लेकिन वाली भाई क़तर के इस मुशायरे के लिए पूरे साल मेहनत करते थे। हिन्दुस्तान में इस तंज़ीम को एक अच्छी और साफ़ सुथरी तंज़ीम का दर्जा दिलाने में वाली भाई की अनथक कोशिशें शामिल थीं लेकिन जैसा उमूमन होता है, वही हुआ भी यानी दोहा, क़तर के इस मुशायरे को लाहौर और देहली के शायरों और अदीबों ने जी भर के लूटा—

मुहाजिरीन को अंसारियों ने लूट लिया
जो बच गये उन्हें पंजाबियों ने लूट लिया

ये अजीबो ग़रीब बात है कि दुनिया की कमोबेश हर ज़बान के बोलने वाले अपनी ज़बान के सिलसिले में बड़े क़दामत पसन्द (परम्परावादी) और मुतास्सिब (साम्प्रदायिक) होते हैं लेकिन उर्दू ज़बान की यह पैदाइशी बदनसीबी है कि उसके बोलने वाले हमेशा एक दूसरे को नीचा दिखाने और अपनी ज़बान को नुक़सान पहुँचाने में लगे रहते हैं। यहाँ भी बिल्कुल ऐसा ही हुआ। लाहौर के पंजाबी, देहली के मुहाजिर नुमा पंजाबी और बक़िया रंगे हुए पंजाबियों ने मुसीब भाई को आँधी के बेर समझ कर अपने-अपने दामन में भरना शुरू कर दिया।

एक ज़माने तक मुसीब भाई से फ़ोन पर मेरी भी हफ़्ते में कई बार घण्टों बातें होती थी लेकिन रफ़्ता-रफ़्ता मुसीब भाई को उर्दू के आलमी कहलाने वाले दानिशवरों और शायरों ने पूरी तरह से अपनी गिरफ़्त में ले लिया था। मुसीब भाई को लुटने में जितनी ख़ुशी महसूस होती थी और मज़ा आता था, उतना मज़ा लूटने वाले को भी न आता रहा होगा। एक बैनुल अक़वामी (अन्तर्राष्ट्रीय) सतह के शायर और दानिशवर से उन्होंने कई शायरों की मौजूदगी में पूछा कि आपकी सवानेह (जीवनी) का तीसरा हिस्सा कब तक आ रहा है। वह साहब इधर-उधर

देखने लगे और ग़ैर ज़रूरी बातें करने लगे। मेरी हैसियत चूँकि मुसीब भाई के दरबार में इंशा जैसी थी लिहाज़ा मैंने इशारे ही इशारे में तीसरे हिस्से का क़िस्सा जानना चाहा। उन्होंने मुस्कुराते हुए बताया कि मौसूफ़ ने अपनी एक ही किताब के लिए तीसरी बार एक लाख रुपये मुझसे वसूल किये हैं। तक़रीबन सवा सौ शायरों के मजमुए (काव्य संग्रह), कई दर्जन की सवानेह हयात (जीवनी), कई दर्जन रसाएल (पत्रिकाओं) की भारी भरकम इम्दाद, कई दर्जन शायरों का माहाना वजीफ़ा, पचासों शायरों का ईद-बक़रीद का ख़र्च मुसीब भाई ने अपनी जेबे ख़ास से उठाया था। कितने ही शायरों और अदीबों के उमरा और हज्जे बैतुल्लाह में इम्दाद के ज़रिये सवाब में शरीक रहे। दर्जनों शायरों ने अपनी साहबज़ादियों (बेटियों) और हमशीराओं (बहिनों) के निकाह में मुसीब भाई से भारी भरकम मदद वसूल की। हवाई जहाज़ के टिकटों पर तो शायरों, अदीबों और दानिशवरों के लिए तक़रीबन 25 लाख रुपये मुसीब भाई ने अपनी जेब से ख़र्च किये। क़तर और दुबई के Mall से उस वक़्त शायरों और अदीबों ने ब्राण्डेड सामान ख़रीदा था जब हिन्दुस्तान में Mall होते ही नहीं थे। कई शायरों को स्कूटर ख़रीदने के लिए रक़म देते हुए देखने का गवाह यह गुनहगार भी है। दुनिया के हर मुल्क से वापसी के वक़्त दानिशवरों का एक ख़ास हल्क़ा क़तर होते हुए लौटता था। ये मामूली-सी बातें लिखने की क़तई कोई ज़रूरत नहीं थी। मेरे हिसाब से भी मैं बड़ी छिछोरी बातें तहरीर कर रहा हूँ, इसका एहसास जितना मुझे होगा उससे ज़्यादा पढ़ने वालों को होगा लेकिन क़लम का क़र्ज़ दुनिया के हर क़र्ज़ से बड़ा होता है। उसे चुका देना चाहिए सो मेरी यह तहरीर मेरे क़लम का क़र्ज़ है जिसे मैं चुकाने की जसारत (हौसला) कर रहा हूँ।

लाहौर के शायरों और अदीबों ने तो क़तर को पाकिस्तान में शुमार कर लिया था। रात के तीन बजे फ़ोन पर मुसीब भाई से गुफ़्तगू करने वाला लाहौर या देहली का शायर सुबह दस बजे क़तर एयरपोर्ट पर मौजूद होता। शीज़ान होटल में कमरा बुक रहता था। कई दिन नशिस्तें (बैठकें) होतीं, दावतें चलतीं, ख़रीदारियाँ होतीं, ग़ीबतें होतीं और शिकवे शिकायतों के रजिस्टर खोले जाते। मुसीब भाई रातों में बहुत कम सोते थे। कभी-कभी तो रात-रात भर फ़ोन पर शायरों और दोस्तों से बातें करते रहते। अगर शीज़ान होटल के रजिस्टरों से मुसीब भाई के इख़राजात निकाल लिए जायें तो एकाउण्टेंट हैरत में पड़ जायेंगे क्योंकि इतनी रक़म में तो कराची के किसी महँगे से महँगे इलाक़े में एक थ्री स्टार होटल तामीर कराया जा सकता था। मुसीब भाई की दरियादिली, फ़य्याजी, उनकी शाहखर्ची और खुले हाथ होने की बेशतर कहानियाँ उनके हैदराबादी ड्राइवर मजीद को मामूल थीं। वह बयक वक़्त मुसीब भाई का ड्राइवर भी था,

राज़दार भी और ग़मगुसार (हमदर्द) भी, जबकि मुसीब भाई के मुताबिक़ ड्राइवर तो मैंने कभी रखा ही नहीं, हाँ! मजीद नाम का एक हैदराबादी नवजवान है जो मेरा दोस्त है, जिसका मैं बड़ा भाई हूँ, जिसके बच्चे मुझे बड़े अब्बू कहते हैं और जिसकी बीवी मुझे देख कर वैसे ही घूँघट काढ़ती है जैसे समी और क़मर की बीवियाँ बाहिजाब (बापर्दा) हो जाती हैं। मुझे उसकी मोहब्बत में हिन्दुस्तान से मोहब्बत की आदत पड़ गयी। मुझे उसकी फ़रमाँबरदारी से वह भगवान राम भी अच्छे लगने लगे जो अपने वालिदैन के इतने फ़रमाँबरदार थे कि शायरे मशरिक़ अल्लामा इक़बाल ने उन्हें इमामुल हिन्द के ख़िताबे आली से नवाज़ा था। मेरे लिए दवा और दुआ दोनों के इन्तिज़ामात वही देखता है। वह मेरा डॉक्टर भी है और मेरा निगहबान भी। लाहौर वालों में ज़रूर इक़बाल और असलम कोलसरी से उनको इश्क़ की हद तक मोहब्बत थी। हिन्दुस्तान देखने का उन्हें बेपनाह शौक़ था लेकिन पहली ही मुलाक़ात में यह सौदा तय हो गया था कि हिन्दुस्तान देखूँगा तो बिरादरम वाली भाई और बदतमीज़ मुनव्वर राना के साथ देखूँगा। पंजाबी और पठान बच्चे थे लिहाज़ा हर तरह की आसाइशों (आसानियों) के बावजूद हिन्दुस्तान नहीं आये। कुछ तो मुसाहिबीने अदब की करम फ़रमाइयाँ, कुछ उनके जल्द ग़मगीन हो जाने की आदत और कुछ उनका कानों का कच्चा होना भी शामिल था। इस तरफ़ वाली भाई का सबके सामने खुल जाना और मुसीब भाई से अपनी कुर्बत का हद से ज़्यादा प्रचार करना था। हालाँकि मैं उस्ताद से कहा करता था कि उस्ताद रिश्तों को भी छुपाके रखा जाता है वर्ना हासिदों (ईर्ष्यालुओं) और दुनिया वालों की नज़र लग जाती है और जहाँ तक मेरा मामला है तो मैं इस अह्द का वह कालीदास हूँ जो अपने रिश्तों की जड़ें ख़ुद ही काटता रहता है और मुसीबत उठाता है। वैसे मुसीब भाई रईस अंसारी को भी बहुत चाहते थे लेकिन उस्ताद से रईस की बदसुलूकियों की वजह से वह रईस से नाराज़ रहते थे। इसके बावजूद दामे दिरमे वह रईस के साथ बिरादराना (भाइयों जैसा) सुलूक करते थे। रईस अंसारी ने अपनी नयी किताब का इन्तिसाब (समर्पण) मुसीब भाई के नाम किया था लेकिन वाली भाई से इस सिलसिले में कोई मशविरा नहीं किया था। वह किताबें रईस अंसारी ने मेरे ज़रिये मुसीब भाई को क़तर भिजवायी थीं और मुसीब भाई ने एक अच्छी ख़ासी रक़म रईस को मेरे ज़रिये भिजवा दी थी लेकिन रईस या रईस की किताब के सिलसिले में एक लफ़्ज़ भी ज़बान पर नहीं लाये थे। दरहक़ीक़त लफ़्ज़ शायर में जितनी कशिश है, जितना फैलाव है, जितनी अपनाइयत है, जितना रोमान है, जैसा किरदार उभर कर सामने आता है, जैसी साफ़ सुथरी तस्वीर आँखों के सामने नाचने लगती है, जैसी ख़ुद्दारी और अना (Ego) की चिंगारियाँ फूटने लगती हैं, जितनी बेबाकी

(निडरता), साफ़ गोई और इंसाफ़ पसन्दी की ख़ुशबू आती है ऐसी कोई भी बात, कोई भी ख़ूबी और दुर्वेशी से मिलती जुलती कोई भी सिफ़त शायरों में नहीं होती है। क़ौलो फ़ेल (कथनी और करनी) के तज़ाद (टकराव) और हासिदाना मिज़ाज की बुनियाद पर ज़्यादातर शायरों की शख़्सियत टिकी होती है। जिस तरह शो केस के कपड़े जिस्म के लिए नहीं होते हैं, उसी तरह शायर को भी मोहब्बत के इम्तिहान में क़ुर्बानी की सख़्त राह से नहीं गुज़ारा जा सकता, जिस तरह तजरुबेकार लोग कहते हैं कि बाउसूल (नियमबद्ध) शख़्स की इज़्ज़त करो लेकिन सुअर के बच्चे पर भरोसा कभी मत करना क्योंकि ये उसूलों की दुहाई देकर धोखा दे देता है। उसी तरह शायर से दूर रह कर शायरी का लुत्फ़ लिया जा सकता है क्योंकि क़रीब पहुँचते ही उसकी शायरी भी घिनौनी दिखाई देती है और ऐसी सूरत में क़य (उल्टी) के साथ-साथ आँतें भी उलटने का ख़तरा पैदा हो जाता है। यूँ भी तवायफ़ का जिस्म कोठे पर ही अच्छा लगता है, घर के बिस्तर की मैली चादर भी उसे क़ुबूल करने से इंकार कर देती है। ज़ाहिर है कि इस तंज़े करीह (घिनौना व्यंग्य) की ज़द में सबसे पहले तो मैं ख़ुद आता हूँ लेकिन सिर्फ़ अपने को बचाने के लिए कोढ़ के दाग़ की वक़ालत करना और बड़ा गुनाह है।

मुसीब भाई लाहौर के अपने घर से नमाज़ें पढ़ते हुए और काबुली चने खाते हुए दोहा, क़तर पहुँचे थे लेकिन वापसी में वह दवा खाते हुए लाहौर एयरपोर्ट पर उतरने लगे थे। आख़िरी बरसों में तो दवाएँ भी इतनी बढ़ चुकी थी कि उन्हें दवाएँ खाते वक़्त हथेली छोटी महसूस होती थी। उनकी एक वक़्त की दवाएँ उनकी मुट्ठी में नहीं आती थीं लेकिन खाना खाते वक़्त उनकी कुल खूराक उनकी हथेली पर आने लगी थी।

हालाँकि शेख़ सादी ने तो यही फ़रमाया है कि, 'कुत्ता बनाना मगर छोटा भाई बना कर मत पैदा करना' लेकिन फ़ी ज़माना (ज़माने में) किसी बड़े भाई से उसका दुख पूछ लीजिए तो वह कुत्ते का बड़ा भाई भी बनने को तैयार नहीं होगा। सच्चाई तो यह है कि मुसीब भाई जैसे लोग अपने लिए पैदा ही नहीं होते। ऐसे लोग तो चने के खेत का नसीब लेकर पैदा होते हैं और मुख़्तलिफ़ तरीक़ों से लोगों के काम आते हुए मर जाते हैं। आप जब कभी चने के खेत के पास से गुज़रें तो सिर्फ़ ज़रा देर के लिए वहाँ रुक जायें और सिर्फ़ एक लम्हे के लिए अपनी आँखें बन्द करके देखें तो वहाँ हज़ारों मुसीब बेफ़िक्री से मुस्कुराते हुए दिखाई पड़ेंगे—

ये सोच कर मुझे ले जाओ दार की जानिब
तुम्हीं बनाओगे इक दिन मुजस्समा मेरा

औरंगज़ेब बादशाह ने अपने बर्दवान के गवर्नर से इशारतन (इशारों में)

कहा था कि अपनी बीवी को अपने साथ रखा कर क्योंकि बीवी अपने शौहर के किरदार का क़िला होती है। मुसीब भाई की बेवक़्त मौत का सबसे बड़ा सबब तो यही था कि बादशाह होने के बावजूद उनके पास किरदार का कोई क़िला नहीं था और बग़ैर क़िले का बादशाह कैसा, बग़ैर क़िले की बादशाहत कैसी? घर में वह सबसे बड़े होने के सबब ज़िम्मेदारियों की चहारदीवारी में इतना घिर गये कि उन्हें अपने लिए क़िला तामीर करने की फुर्सत ही नहीं मिली। वह दोस्तों की शादियाँ कराते रहे, दोस्तों की बच्चियों को बड़े भाई और बाप की तरह विदा कराते रहे, छोटे भाई समी मलिक और कैप्टन क़मर के लिए दुल्हनें तलाश करते रहे, उनके मुस्तक़बिल को मकान और जायदाद के लॉकर में महफ़ूज़ करते रहे लेकिन अपने लिए कोई हिफ़ाज़ती हिसार (चार दीवारी) नहीं खींचा। मरहूम वाली भाई और मैं उनको घर बसाने पर किसी हद तक आमादा कर लाये थे लेकिन अदबी सियासत किसी का घर बसता कहाँ देख सकती है। वाली भाई दरबार में पीछे बिठाये जाने लगे, मैं इंशा की तरह घर में क़ैद कर दिया गया। मुसीब भाई की ज़िन्दगी की कहानी फिर से एक ढर्रे पर चलने लगी। ख़ेमों में रहने वाले बादशाह तो शबखून (रात में किया गया अचानक हमला) में ही मार लिए जाते हैं। दीवारों के सिर्फ़ कान होते हैं, ख़ेमे तो सरापा आलये समाअत (सुनने की मशीन) होते हैं। अब उनके देरीना अहबाब और उनसे मोहब्बत करने वाले उनको क़तर में भी तलाश करने में दुश्वारी महसूस करने लगे थे क्योंकि अब वह अपने आपको तन्हाई की सज़ा के ज़रिये आहिस्ता-आहिस्ता क़त्ल करने पर आमादा हो चुके थे।

खुदग़र्ज़ियों भरे सुलूक, गिरती हुई सेहत और नाकरदा (न किये हुए) गुनाहों की सज़ा आदमी को चिड़चिड़ा बना देती है। आदमी हर मसले से बचने के लिए फ़रार और तन्हाई का सहारा लेने लगता है। लाहौर के पुश्तैनी (पैतृक) मकान की तामीर नये सिरे से कराई, एक लाइब्रेरी और एक कमरा अपने इस्तेमाल के लिए रखा। बाक़ी घर से उन्हें कोई मतलब भी नहीं था। किसी ख़ास ज़रूरत या मजबूरी के तहत मारे बाँधे क़तर से लाहौर आते थे। ज़्यादातर किसी बुज़ुर्ग या दोस्त के इन्तिक़ाल पर उसकी मिट्टी में शरीक़ होने के लिए ही लाहौर आते थे। शायद ज़िन्दगी के आख़िरी दिन लाहौर में गुज़ारने की उन्हें तमन्ना रही होगी। यूँ भी जहाँ की मिट्टी होती है वहीं मिलना भी चाहती है। किसी बात पर जल्द ग़मगीन तो हो ही जाते थे, छोटे भाई कैप्टन क़मर की अहलिया ने कोई ऐसी बात कह दी होगी जो मुसीब भाई जैसे हस्सास (भावुक) इंसान के लिए ताज़ियाना (कोड़ा) थी। हालाँकि इस बच्ची को ब्याह के भी मुसीब भाई ही लाये थे। कैप्टन क़मर ने मुसीब भाई को हमेशा भाई के साथ-साथ वालिद का भी दर्जा दिया और

वैसा ही एहतराम भी करते थे लेकिन मुसीब भाई ने गमों से चूर होकर पुश्तैनी घर छोड़ कर एक मामूली से घर के दरो दीवार में अपने को क़ैद कर लिया—

तर्के ताल्लुक़ात को इक लम्हा चाहिए
लेकिन तमाम उम्र मुझे सोचना पड़ा

मुसीब भाई के दरबारे सुख़न में वाली भाई का मर्तबा मीर तक़ी मीर जैसा था। यहाँ तक़ाबुल (तुलना) का मक़सद वह हर्गिज़ नहीं है जो अदब के तक़ाज़ों का होता है। वाली भाई बेइन्तिहा तुनक मिज़ाज, बेइन्तिहा साफ़ गो, ज़बान दराज़ी की हद तक मुँह फट, अपनी मर्ज़ी के ख़िलाफ़ चलने वाली हवा से भी कबीदा ख़ातिर (ग़मज़दा) रहते थे। अमीरों की महफ़िल में उनका दम घुटता था, बड़े लोगों में घुटन महसूस करते थे। गालियाँ तो मीर से भी अच्छी बक लेते थे। मीर तो तुनक मिज़ाजी के बावजूद लखनऊ छोड़ कर नहीं गये लेकिन वाली भाई देहली में बहुत दिनों तक नौकरी भी नहीं कर सके। वहाँ से लखनऊ वापस आ गये। वह भी नाराज़ होकर जामा मस्जिद की सीढ़ियों पर जाकर लेट सकते थे, फिर वहाँ कोई तहसीन की मस्जिद भी नहीं थी जिसके आस-पास गुनहगार आत्माएँ भटकती फिरती हैं। मुसीब भाई ने उनकी मर्ज़ी और मिज़ाज के ख़िलाफ़ कभी कोई काम नहीं किया था। वह भी वाली भाई की आदमबेज़ारी (आदमियों से उकताना) और उकताहट से बख़ूबी वाक़िफ़ हो चुके थे। मेरा ज़ाती ख़याल तो यह है कि मुसीब भाई के बराबर वाली भाई का ख़याल उनके सगे सम्बन्धियों ने भी नहीं रखा होगा। रईस अंसारी दरबारे मुसीब में मुसहफ़ी की तरह थे। उन पर ज़्यादा भरोसा नहीं किया जा सकता था क्योंकि वह भी मुसहफ़ी की तरह दूसरे दरबारों में भी वफ़ादारी का हलफ़ उठाये रहते थे। ज़ाहिर है कि मै उस दरबारे ख़ास में इंशा बन कर ही जी सकता था क्योंकि लखनऊ से मुर्शिदाबाद वापसी का सफ़र बहुत दुशवार था लिहाज़ा मुझे तो घूम फिर के हज़रते मीर के क़दमों में और दरबारे मुसीब की नज़रों में बराबर रहना था। वाली भाई मशालची तो हर्गिज़ नहीं थे लेकिन तेली का तेल बिला वजह नहीं जलने देते थे, लिहाज़ा हर पतिंगा उनकी किफ़ायत शेआरी (नाप तोल कर ख़र्च करने की आदत) को कंजूसी का नाम देकर आये दिन अलमे बग़ावत (विद्रोह का झंडा) बुलन्द करता रहता था—

मैं दुनिया के तार मिलाता रहता हूँ
दुनिया मेरा फ़्यूज़ उड़ाती रहती है

वाली भाई क़तर से कलर टी.वी. लाये, मुसीब भाई ने वाली भाई को वी.सी.आर. तोहफ़े में दिया, मुसीब भाई ने वाली भाई को क़तर से उमरे के लिए जद्दा रवाना किया। वाली भाई के नज़राने का लिफ़ाफ़ा इतना भारी था कि उसको उठाने में उनकी साँस फूलती थी। मुसीब भाई ने वाली भाई के बेटों

ग़िज़ाली और जमाली की आला तालीम के लिए बहुत मोटी रक़म वाली भाई के हवाले की। इनमें से बेशतर बातें तो वाली भाई ने ख़ुद ही दुकान पर बैठकर तक़रीबन तमाम मिलने जुलने वालों को बतायीं लेकिन ऐसी भी बहुत-सी बातें मुसीब भाई तक वाली भाई के ख़िलाफ़ पहुँचायी गयीं जिनसे वाली भाई का दूर-दूर तक वास्ता ही नहीं था। वाली भाई की घरेलू परेशानियों को शेयर करते हुए मुसीब भाई ने ग़िज़ाली को क़तर बुला लिया। फिर तो हिन्दुस्तान के हासिद शायरों और अदीबों ने बाक़ायदा तौर पर वाली भाई के ख़िलाफ़ मुख़्तलिफ़ तरह के महाज़ खोल दिये, उनकी अनकही बातों को उनसे जोड़ा जाने लगा। वाली भाई के ख़िलाफ़ मुख़्तलिफ़ तरह के भद्दे और बेसिर पैर के लतीफ़े गढ़े गये... और आख़िर में वही सब कुछ हो के रहा जो दुश्मनाने मोहब्बत चाहते थे। मुसीब भाई और वाली भाई की बातचीत तक़रीबन बन्द हो गयी। मुसीब भाई के फ़ोन आना बन्द हो गये। अब अगर वाली भाई मुसीब भाई को फ़ोन करते तो उस तरफ़ से फ़ोन की घण्टी को नज़र अन्दाज़ कर दिया जाता था। वाली भाई ख़त लिखते तो उसका जवाब तो दरकिनार, उसकी कोई रसीद तक मुसीब भाई की तरफ़ से नहीं आती थी।

आख़िरी दिनों में वाली भाई और मुसीब भाई के दरम्यान न चाहते हुए भी बेपनाह फ़ासला हो गया था। उन्हें पता नहीं वाली भाई की कौन-सी बात इतनी बुरी लग गयी थी कि वह उनका फ़ोन तक रिसीव नहीं करते थे। यह सिलसिला महीनों तक चला। वाली भाई दिल के आरज़े (रोग) में मुब्तिला थे ही, मुसीब भाई की इस नाराज़गी से कहीं न कहीं से उनकी उम्र और कम होती चली गयी। इन्तिक़ाल से तीन-चार दिनों क़ब्ल मुझसे वाली भाई ने कहा था कि मुनव्वर! मुसीब मेरा फ़ोन तो उठाते ही नहीं हैं, मेरे ख़तों का भी कोई जवाब नहीं देते हैं। मुझे यह जानने का हक़ तो है कि मेरी तरफ़ से ऐसी कौन-सी ग़लती हो गयी है जिसकी वजह से उन्होंने मुझे यूँ अकेले मरने के लिए छोड़ दिया है। मैंने वाली भाई से वादा भी किया था कि मैं एक तफ़्सीली ख़त मुसीब भाई को लिख कर दरयाफ़्त करूँगा क्योंकि आप दोनों में पैदा हुई ग़लतफ़हमियों का फ़ायदा मुख़ालिफ़ीन ख़ूब-ख़ूब उठा रहे हैं और रुसवा भी कर रहे हैं। लेकिन तीसरे ही दिन वाली भाई मोहतरमा ज्योति सिन्हा के घर पर एक नशिस्त (काव्य गोष्ठी) में दुनिया छोड़ कर जा चुके थे। वाली भाई के अचानक बीमार हो जाने की ख़बर मुझे रईस अंसारी ने दी थी और एक घण्टा भी नहीं गुज़रा था कि जमाली आसी ने मेरे मोबाइल पर उनके इन्तिक़ाल की ख़बर दे दी थी। ग़िज़ाली उन दिनों क़तर में नौकरी कर रहा था। इस नौकरी का इन्तिज़ाम भी मुसीब भाई ने ही किया था। हालाँकि ग़िज़ाली की नादानियों की वजह से ही वाली भाई और

मुसीब भाई की दोस्ती में दरार पड़ी थी। ख़ैर, वह अलग क़िस्सा है जिसे बीच के लोगों ने इतना तूल दे दिया था कि दोनों एक दूसरे से माज़िरत (माफ़ी तलाफ़ी) किये बग़ैर इस दुनिया से रुख़्सत हो गये।

मुसीब भाई को फ़ोन करके मैंने तमाम सूरतेहाल से आगाह किया। उन्होंने रातों रात ग़िज़ाली को उनके आला अफ़सरों से कह कर छुट्टी दिलायी, ग़िज़ाली का एयर टिकट ख़रीद कर उसके हवाले किया, एयरपोर्ट तक पहुँचाने आये और ग़िज़ाली के हाथों में एक अच्छी ख़ासी रक़म भी चचा और बड़े बाप की हैसियत से रखी। वाली भाई के इन्तिक़ाल के बाद कुछ दिनों तक तो मुसीब भाई से मेरी बातचीत होती रही लेकिन रफ़्ता-रफ़्ता यह सिलसिला मुनकता (टूटना) हो गया। शायद रिश्तों के हाथ-पाँव थक चुके थे लिहाज़ा गर्मजोशी की तवक़्क़ो भी बेकार थी। मैं भी ज़िन्दगी, कारोबार, घरेलू उलझनों और बीमारियों में उलझ कर रह गया। शायद यही क़ैफ़ियत उस तरफ़ भी रही होगी लेकिन आने-जाने वालों से हम लोग एक दूसरे के अहवाल जानने में कभी कोई कोताही नहीं करते थे।

दिन और रात माहोसाल के गर्दिश करने में मददगार साबित होते रहे। ज़िन्दगी ने बेफ़िक्री की पक्की सड़क से उतर कर मसाएल की पथरीली सड़क की ओर बढ़ना शुरू कर दिया। उम्र ने ढलते हुए जिस्म के साथ अठखेलियाँ शुरू कर दीं, हालात के स्टेयरिंग से मेरा कंट्रोल भी ख़त्म होने लगा था। पहले सिर्फ़ घर की ज़रूरतें सरगोशियाँ करती थीं। कभी-कभार उनके एहतिजाज की लय भी तेज़ हो जाती थी लेकिन अब तो गोश्त के वह लोथड़े जो बाद में औलाद कहलाने लगते हैं, वह भी मुँहज़ोरी पर उतर आये थे। अब मेरे अख़्तियार में कुछ भी नहीं रह गया था। मैं एक थके-हारे मुसाफ़िर की तरह अब अपना स्टेशन आने पर ख़ुश नहीं होता था, अब तो मेरे पपड़ी ज़दा होठों पर ख़ुशी की एकाध लहर सिर्फ़ यह सुनकर आने लगती थी कि ट्रेन एक नम्बर प्लेटफ़ार्म पर आ रही है। नवजवानी में मुझे भी दूसरे नवजवानों की तरह प्लेटफ़ार्मों को मिलाने वाला रेलवे पुल कभी नज़र ही नहीं आया था। जवानी और बुढ़ापे की थकन में बहुत फ़र्क़ होता है। जवानी में लाठियों की दुकान गन्ने के खेत जैसी लगती है लेकिन बुढ़ापे को गन्ने का खेत नज़र ही नहीं आता। उसे तो सिर्फ़ लाठी दिखाई देती है। जवानी में हाथ से छूटे हुए गैस के गुब्बारे को हसरत से देखने में यह आरज़ू भी छुपी होती थी कि काश मैं भी इस गुब्बारे की तरह ऊँचा और ऊँचा और भी ऊँचा होता चला जाऊँ लेकिन उम्र एक सख़्त मिज़ाज नर्स की तरह चबूतरे की सीढ़ियाँ भी चढ़ने से मना कर देती है। इंसान दिन-रात उरूज़ और इक़्तिदार (उत्थान और सत्ता) के शौक़ में मेले की दुकान की तरह खुला रहता है। दुकान का सामान तो हवस की तरह कभी ख़त्म नहीं होता लेकिन दुकानें ख़त्म हो जाती हैं। अपने

आस-पास सन्नाटा और ख़ामोशी देखते ही मेले की दुकान ख़ुद टूट-बिखर जाती है। शायद मैं भी इसी एहसास के गलियारे से सिर झुकाये हुए आहिस्ता-आहिस्ता गुज़र रहा हूँ। उम्र के तवील सफ़र में यह गलियारा सबकी ज़िन्दगी में आता है बल्कि उम्र इंसान को बहला फुसला कर इस गलियारे में ज़रूर लाती है और हर शख़्स को यहाँ तक चल कर आना पड़ता है। अब यह उसकी पसन्द पर है कि वह अपने पैरों से चल कर आये या बैसाखियाँ उसकी सखी-सहेली की तरह उसे लायें। एक बार इस गलियारे में दाख़िल होने वाला फिर सारी उम्र इसी जीवन की भूल भुलैया में घूमता रह जाता है। अब्बू का इन्तिक़ाल होते ही मैं अचानक बड़ा हो गया था, घर में सबसे बड़ा लेकिन वाली भाई के इन्तिक़ाल ने मुझे बिल्कुल बूढ़ा कर दिया। बुढ़ापे के इस एहसास ने रात में नींद की गोलियों की फ़रमाइश शुरू कर दी। अब तबीअत में वह जूलानी (रवानी, उमंग) भी नहीं रह गयी थी। डॉक्टरों ने अचानक ग़रीबी की तरह घी और मक्खन छीन लिया। खाने के नाम पर दाल-दलिया से काम चलाने की हिदायत कर दी गयी। घर में परहेज़-परहेज़ के इतने नारे लगने लगे कि बाहर भी बद परहेज़ी की हिम्मत नहीं रह गयी। कहीं तो यह मशहूर था कि जहाँ मिले खाना वहाँ मुनव्वर राना, कहीं आम के मौसमों में आम भी अचार के बराबर मुझे खाते वक़्त दिया जाने लगा—

जाने अब कितना सफ़र बाक़ी बचा है उम्र का
ज़िन्दगी उबले हुए खाने तलक तो आ गयी

कई बरस तो मैं बाहर के मुशायरों में जाने से भी क़तराता रहा। हालाँकि इस क़ैफ़ियत से मैं अभी तक बाहर नहीं आ सका हूँ लेकिन शायद लफ़्ज़ मुशायरे बाज़ी में हर बाज़ी का थोड़ा नशा घुला रहता है। कई बरस बाद अचानक सलाहुद्दीन के मुशायरे में दुबई जाना हुआ। एक मुद्दत से उनके मुशायरे में हस्बे आदत ग़ैर हाज़िर हो रहा था। मुशायरे से दो-तीन दिन पहले सलाहुद्दीन ने बताया कि सिर्फ़ आपकी वजह से मुसीब भाई सेहत की ख़राबी के बावजूद इस मुशायरे में आ रहे हैं। ज़ाहिर है कि यह सुनकर ख़ुशी तो बेइन्तिहा हुई होगी लेकिन यह ख़बर भी चोट खाये हुए शख़्स के लिए पुरवाई जैसी थी। माज़ी (अतीत) के आईना ख़ाने से नये-पुराने रंगों की तस्वीरें निकल-निकल कर मुँह चिढ़ाने लगीं। मैं अपने आपको इस अज़ाबे जाँ से निकालना चाहता था लेकिल सिफ़ारिश के तौर पर सलाहुद्दीन ने मेरे सीने पर वह बड़ा-सा पत्थर रख दिया था जिस पर मुसीबुर्रहमान लिखा हुआ था, बक़ौल वाली भाई—

मेरे लिए किसी जंज़ीर की ज़रूरत क्या
मैं चाहता ही कहाँ हूँ कि तू रिहाई दे

इसी दौरान एक दिन मुसीब भाई का फ़ोन आ गया, उनकी आवाज़ में खनक

की जगह खोखलापन आ गया था। उनकी आवाज़ की भर्राहट में कपकपाहट भी शामिल हो गयी थी। उनके क़हक़हों को शायद ज़माने की उम्र लग चुकी थी। गुफ़्तगू बहुत मुख़्तसर हुई थी शायद दोनों तरफ़ से जज़्बात पर क़ाबू रखने की कोशिश जारी थी। फ़ोन रखने से पहले मुसीब भाई के अन्दर से पुराने वाले मुसीब भाई ने सिर उठाया और उन्होंने इतना कह कर फ़ोन रख दिया कि यार मुनव्वर, आ ज़रूर जाना क्योंकि अब मैं ज़्यादा इन्तिज़ार करने के लायक़ भी नहीं रह गया हूँ। उनके इस जुमले की तर्ज़े अदायगी के बारे में मैं आज भी सोचता हूँ तो रीढ़ की हड्डी में अजीब सनसनी-सी होने लगती है—

मैं अपने बारे में कहना ही उससे भूल गया
अजीब दर्द था उस फ़ाख़्ता के लहजे में

पता नहीं मुसीब भाई की आवाज़ में कैसा खिंचाव था कि मैंने ज़ेह्नी तौर पर दुबई के मुशायरे में शरीक होने का फ़ैसला कर लिया। सलाहुद्दीन के इस मुशायरे के मक़ामी (लखनऊ में) सलाहकार डॉक्टर कलीम क़ैसर हुआ करते हैं। मेरी अहलिया भी बलरामपुर की हैं इसलिए वह बलरामपुरी होने के नाते मेरे सिलसिले में ज़रा ज़्यादा ही फ़रमाँबरदार रहते हैं। मुझे और कलीम क़ैसर को यहीं लखनऊ एयरपोर्ट से दुबई का जहाज़ पकड़ना था। उन्होंने फ़ोन करके मुझसे कहा था कि वह मुशायरे से एक दिन पहले ही शाम तक लखनऊ आ जायेंगे और मेरे साथ ही क़याम करेंगे। शाम से रात होने को आ गयी लेकिन कलीम क़ैसर लखनऊ नहीं आये। मैंने उन्हें फ़ोन किया तो उन्होंने माज़िरत करते हुए बताया कि वह हामिद बहराइची के यहाँ रुक गये हैं, सुबह सवेरे लखनऊ मेरे फ़्लैट पर पहुँच जायेंगे।

वह दूसरे दिन सुबह-सुबह मेरे फ़्लैट पर आ गये। मेरी डाँट फटकार ख़ामोशी से सिर झुकाये सुनते रहे। हालात थोड़े उनके मुआफ़िक़ (पक्ष में) हुए तो उन्होंने मुझसे पासपोर्ट तलब किया। अब तो मेरी जान ही निकल गयी क्योंकि मेरा पासपोर्ट तो किफ़ायत देहलवी के पास देहली में था। मैंने कलीम क़ैसर से कहा कि सब तुम्हारी ग़लती है, अगर तुम रात में ही आ जाते तो कोई न कोई रास्ता निकल आता... मेरा प्रोग्राम सिर्फ़ तुम्हारी वजह से छूट रहा है। हालाँकि इसमें बेचारे कलीम क़ैसर की क्या ग़लती थी, वह मुफ़्त में मक़ामी कन्विनर होने की सज़ा काट रहा था। सलाहुद्दीन को मैंने फ़ोन करके सारी सूरते हाल बतायी, बेचारे सलाहुद्दीन भी यह मसला सुन कर सन्नाटे में आ गये लेकिन उन्होंने फ़ौरन ही उधर से मुझे फ़ोन किया और बोले कि आप देहली की फ्लाइट ले लीजिए वहाँ हमारा एजेन्ट कल सवेरे के लिए आपका दुबई के जहाज़ का टिकट करा रहा है। आप थोड़ी-सी ज़हमत कर लीजिए वर्ना मैं मुसीब भाई को मुँह दिखाने

के लायक़ नहीं रह जाऊँगा...वह बीमारी की हालत में भी सिर्फ़ आपसे मिलने के लिए दुबई आ रहे हैं...अगर आप नहीं आये तो बड़ा ग़ज़ब हो जायेगा।

बक़ौल वाली भाई अब मेरा शैतानी दिमाग़ अपने काम में मसरूफ़ हो गया। लखनऊ में मेरे एक दोस्त हैं दीपक खरे...वह सहारा एयरलाइन्स लखनऊ के Base Manager हुआ करते थे। मैंने उन्हें सारी रूदाद सुनायी, उन्होंने पूरी कहानी सुनने के बाद फ़रमाया कि आप परेशान न हों। आपको सिर्फ़ यह करना है कि एयरपोर्ट पर मेरे स्टेशन ऑफिसर के पास अपना पासपोर्ट एक लिफ़ाफ़े में रखवा कर पहुँचवा दीजिए, पासपोर्ट पर मेरा नाम लिखवा दीजिएगा और Urgent भी ज़रूर तहरीर करवा दीजिएगा। मैंने किफ़ायत देहलवी को फ़ोन किया और उन्होंने फ़रमाँबरदार भतीजे की तरह देहली एयरपोर्ट पहुँच कर लिफ़ाफ़ा सहारा एयरलाइन्स के ड्यूटी आफ़िसर के हवाले कर दिया। उस दिन के बाद से मैं किफ़ायत देहलवी का क़र्ज़दार हो गया हूँ। क़िस्सा मुख़्तसर यह है कि सिर्फ़ चार घण्टे के अन्दर मेरा पासपोर्ट लखनऊ एयरपोर्ट पर सहारा एयरलाइन्स का स्टॉफ़ लिए हुए मेरा इन्तिज़ार कर रहा था। कहाँ देहली एयरपोर्ट...कहाँ जामा मस्जिद और कहाँ लखनऊ एयरपोर्ट, लेकिन दिल से इंसान जो भी चाह ले क़ुदरत उस काम की तकमील के लिए फ़रिश्तों की फ़ौज उतार देती है। मैं कलीम क़ैसर के साथ लखनऊ एयरपोर्ट पहुँचा, अपना पासपोर्ट हासिल किया और इण्डियन एयरलाइन्स के जहाज़ से शारजाह के लिए रवाना हो गया। हिन्दुस्तानी वक़्त के मुताबिक़ हमारा जहाज़ तक़रीबन दस बजे शारजाह एयरपोर्ट पर लैण्ड कर चुका था। एयरपोर्ट पर ही देहली और मुम्बई से आने वाले कई शायर भी साथ हो गये। वहाँ हम लोगों को एक हैदराबादी रेस्टोरेंट में खाने के लिए लाया गया। हम और मेराज फ़ैज़ाबादी एक ही मेज़ पर बैठ कर खाना खा रहे थे। उसी वक़्त सलाहुद्दीन आये और मुझसे बोले कि एक कार आपको ले जाने के लिए तैयार खड़ी है, आप वक़्त ज़ाया (बर्बाद) मत कीजिए, मुसीब भाई आ चुके हैं और वह होटल के कमरे में शिद्दत से आपका इन्तिज़ार कर रहे हैं। मैं फ़ौरन रेस्टोरेंट से बाहर आया और गाड़ी में बैठकर मुसीब भाई से मिलने होटल चल दिया। होटल के कमरे की कॉल बेल बजने के साथ ही अन्दर से मुसीब भाई की ज़िन्दगी से भरपूर आवाज़ आयी...आ जा भाई मुनव्वर आ जा, मैं तेरे ही इन्तिज़ार में इतनी देर से बैठा हुआ हूँ। कमरे में मेरे दाख़िल होते ही वह ग़ालिब का यह शेर पढ़ते हुए दीवानों की तरह मुझसे लिपट गये—

ग़ालिब नदीमे दोस्त से आती है बूए दोस्त
मशगूले हक़ हूँ बन्दगिये बू तुराब में

कुछ देर ख़ामोशी रही, क़ब्रिस्तान जैसी ख़ामोशी...फिर एक दूसरे के चेहरे

की तरफ़ चोर नज़रों से देखने की कोशिश की गयी लेकिन जज़्बात और आँसुओं का सैलाब इन बालू के पुश्तों (बाँधों) से नहीं रोका जा सकता। मुसीब भाई और हम दोनों ही ख़ूब खुल कर रोए, दीवानों की तरह रोए, पागलों की तरह एक दूसरे से हम लोग देर तक लिपटे रहे। तूफ़ान थोड़ा कम हुआ। मुसीब भाई ने ख़ुद चाय बनायी, चाय के नशे में दर्द पर फ़ौरन कंट्रोल करने की कोशिश की, चाय की मदद के लिए सिगरेटें भी हम दोनों के हाथों में सुलगने लगीं। गुफ़्तगू के आग़ाज़ की कोशिश में सिरे तलाश किये जाते रहे। मैंने बड़े बेढंगेपन से गुफ़्तगू शुरू की और मुसीब भाई से कहा कि आपके तजाहुले आरिफ़ाना (जानबूझ कर अंजान बनने की अदा) ने वाली भाई की उम्र बहुत कम कर दी वर्ना वह अभी मरने वाले नहीं थे, आपने मेरे उस्ताद के साथ अच्छा सुलूक नहीं किया। आपकी वजह से मेरे उस्ताद का दम कई किस्तों में निकला था। मुसीब भाई रोए तो फिर रोते ही चले गये। थोड़ा सँभले तो सबसे पहले ग़िज़ाली मियाँ की नाफ़रमानियों का क़िस्सा सुनाया। इसी के साथ-साथ हिन्दुस्तान ख़ासतौर से लखनऊ और आसपास के शायरों की ग़ीबतों और इल्ज़ाम तराशियों की कहानी के ढेर लगा दिये। मैं ख़ामोशी से बैठा सुनता रहा। मुसीब भाई ख़ामोश हुए तो कुछ देर तक ख़ामोश ही बैठे रहे। थोड़ी देर के बाद उन्होंने मेरा कमरा नम्बर पूछा, मुझे दरवाज़े तक रुख़सत करने आये और कहा कि मैं अभी पन्द्रह मिनट में वहीं आ रहा हूँ। एक कमरे में डॉक्टर मलिकज़ादा और मेराज फ़ैज़ाबादी ठहरे हुए थे। दूसरे कमरे में हज़रते बेकल उत्साही के साथ मेरा ठिकाना था। मुसीब भाई सेहत का जुआ हार चुके थे। मुख़्तलिफ़ बीमारियों ने उन्हें जाल में जकड़ लिया था। उनके आते ही कमरे में महफ़िल दोबारा आबाद हो गयी। मेराज साहब हम लोगों के कमरे में आये और पता नहीं क्यों मुसीब भाई को देखते ही उल्टे क़दमों अपने कमरे में वापस चले गये। हालाँकि इस बेज़ारी (नाख़ुशी) की वजह आज तक मेरी समझ में नहीं आ सकी लेकिन क़यास (अन्दाज़ा) यही कहता है कि लँगड़े घोड़े पर दाँव कौन लगाता है! मुसीब भाई मुझे कमरे से बाहर लेकर आये और तमाम मौजूद शायरों को क़तरी पाँच सौ रुपयों वाला एक-एक नोट बाक़ायदा लिफ़ाफ़े में रख कर सबके हवाले किये। ये एक नोट इण्डियन करेंसी के मुताबिक़ तक़रीबन छः हज़ार रुपये होते थे। देर रात गये तक बेकल साहब, मलिकज़ादा साहब, मेराज साहब और यह ख़ाकसार अच्छी-बुरी यादों के एल्बम से खेलते रहे। फ़ज्र के वक़्त सब लोग अपने-अपने कमरों में सोने चले गये। मुसीब भाई ने मुझे भी अपने साथ चलने को कहा लिहाज़ा मैं मुसीब भाई के साथ उनके कमरे में दाख़िल हो गया। वहाँ बिरादरम अज़ीज़ नबील मौजूद थे। नवजवान शायर हैं, हिन्दुस्तान के रहने वाले हैं, भिवण्डी उनका वतन है, मऊअयमा

(प्रतापगढ़) में उनकी सुसराल है। पहले भी अच्छे शेर कहते थे और मुसीब भाई की सरपरस्ती में आये तो उनकी शायरी कुछ ज़्यादा निखर गयी। हम लोग फिर मुख़्तलिफ़ मौज़ूआत (विषयों) पर गुफ़्तगू करने लगे। अज़ीज़ नबील ने बताया कि मुसीब भाई काफ़ी बीमार थे लेकिन आपको देख कर माशा अल्लाह बिल्कुल अच्छे हो गये हैं वर्ना क़तर से दुबई के रास्ते में सिर्फ़ दवा और इंजेक्शन की मदद से सफ़र करते हुए आये हैं। अचानक किसी ने कॉल बेल बजायी, अज़ीज़ नबील ने उठकर दरवाज़ा खोला। सामने ही हसन काज़िमी खड़े थे। मुसीब भाई उन्हें पहचानते नहीं थे लिहाज़ा उनके चेहरे पर नागवारी (नाख़ुशी) की कुछ लकीरें बनने-बिगड़ने लगीं। मैंने हँसते हुए हसन काज़िमी का तआरुफ़ कराया और साथ में यह भी कहा कि मुसीब भाई! अपनी पार्टी का बन्दा है, भूखा होगा इसीलिए मुझे तलाश कर रहा है। मुसीब भाई ने दुबई ब्रांच के अपने किसी स्टॉफ़ के ज़रिये खाने के सामान मँगाकर अपने कमरे में रख लिया था। वह सलाहुद्दीन पर कोई ग़ैर ज़रूरी बोझ डालने के क़ायल नहीं थे। सब लोगों ने मिल कर दुबई के किसी बहुत अच्छे रेस्टोरेंट का खाना खाया। हसन काज़िमी का तआरुफ़ कराते हुए मैंने मुसीब भाई को यह भी बता दिया था कि हसन काज़मी भी वाली भाई का शागिर्द नुमा बेटा है। उन्होंने मेरे तवस्सुत (माध्यम) से उसको भी पाँच सौ क़तरी रियाल दिये। हालाँकि हसन काज़िमी तकल्लुफ़ और शराफ़त में इंकार कर रहे थे लेकिन मेरे कहने पर और मुसीब भाई के हाकिमाना लहजे के आगे वह ख़ामोश हो गये और रियाल ले लिया।

शाम को मुशायरा था। तमाम शोअरा मुशायरा गाह की तरफ़ चल दिये। मुसीब भाई ने मुझे अपने साथ ही गाड़ी पर बिठा लिया। उसी गाड़ी पर रॉयल प्रिंस होटल के मालिक फ़रीद साहब भी तशरीफ़ रखते थे। वह भी पाकिस्तानी थे। मेरा ख़याल है कि शायरों के होटल में क़याम करने का सारा ख़र्च मुसीब भाई ने ही उठाया था। मुसीब भाई ने फ़रीद साहब को मेरे कई शेर अज़बर करा दिये थे।

मुशायरा गाह के ग्रीन रूम में काफ़ी देर तक मुसीब भाई से मजलिसे फ़रोगे उर्दू अदब दोहा के बारे में गुफ़्तगू और बहस होती रही। मैं ग़लतियों की निशानदेही करता रहा और वह ईमानदारी से उसकी कोताहियों को क़ुबूल करते रहे। मैंने मुसीब भाई से यह भी कह दिया कि जिस इमारत की बुनियाद का पत्थर रखने में मैं शामिल रहा हूँ, अब वहाँ किरायेदार की हैसियत से क्या आता। मुशायरा ही पढ़ना है तो अल्लाह की बनायी हुई यह दुनिया बहुत बड़ी है। पेट ही पालना है तो सड़क पर पत्थर हर ज़माने में कूटे जायेंगे।

बहरहाल मुशायरा शुरू हुआ। चूँकि सलाहुद्दीन का मुशायरा अब ख़ालिस कारोबारी हो चुका है लिहाज़ा तरतीबो तहज़ीब (क्रम और सभ्यता) का तसव्वुर

भी ग़ैर ज़रूरी है। स्टेज पर मुसीब भाई को एज़ाज़ (सम्मान) दे कर मेहमान की हैसियत से बिठाना था। लेकिन मुशायरे का स्टेज भी माडर्न अह्द की लंका है जहाँ हर रावण बावन ग़ज का होता है। ख़ैर, जैसे तैसे मुशायरा शुरू हुआ। अज़ीज़ नबील के पढ़ने तक तो मुसीब भाई किसी तरह महफ़िल में बैठे रहे फिर उसके बाद रात भर वह महफ़िल में नज़र ही नहीं आये। मैंने सोचा कि मुमकिन है कि सफ़े सामिईन में बैठ कर लुत्फ अन्दोज़ हो रहे हों। मुशायरा ख़त्म होने के बाद अज़ीज़ नबील भी दिखाई नहीं दिये। सलाहुद्दीन ने बताया कि मुसीब भाई की तबीयत ख़राब हो रही थी और वह अपनी दवाएँ भी साथ नहीं लाये थे लिहाज़ा थोड़ी देर बैठने के बाद वह होटल वापस चले गये हैं और उनके साथ ही अज़ीज़ नबील भी चले गये हैं।

हम लोग भी मुशायरा ख़त्म होते ही होटल की तरफ़ रवाना हो गये। मैं सीधे मुसीब भाई के कमरे में पहुँचा। वह साँस की तकलीफ़ से ख़ुद को बचाने के लिए Inhaler की मदद ले रहे थे। थोड़ी ही देर में वह दवाओं के असर में आ चुके थे, उनकी तकलीफ़ कम हो चुकी थी और वह नींद की आग़ोश में जा चुके थे।

सुबह नौ बजे के क़रीब मुसीब भाई ने होटल मैनेजर के ज़रिये मुझे बुलवा भेजा। मैं उनके कमरे में पहुँचा तो वह बन्द था। क़रीब ही खड़े वेटर ने बताया कि साहब ख़ाली करके चले गये हैं। मैं फ़ौरन रिसेप्शन पर आया। वहाँ मुसीब भाई होटल मालिक के साथ ख़ुशगुप्पियों में मसरूफ़ थे। मुझे देखते ही हँसते हुए बोले, यार तूने अपनी किताब 'माँ' भाई को दे दी, यह रात भर किताब पढ़ते रहे और अपनी वालिदा को याद कर-कर के रोते रहे। हालाँकि तमाम शायरों को बारह बजे होटल ख़ाली करके सलाहुद्दीन के फ़्लैट पर पड़ाव डालना था और रात के जहाज़ से सबकी वापसी थी लेकिन फ़रीद साहब ने मुझे गाहक के ख़ाने से निकाल कर बड़े भाई के ख़ाने में जोड़ लिया था। मेरी मजबूरी यह कि रायबरेली के मेरे मरहूम दोस्त इस्माइल हनफ़ी की बेटी और दामाद वहीं रहते हैं, रात में मुशायरा गाह में भी वह लोग मौजूद थे लिहाज़ा मुझे उन लोगों के साथ उनके घर जाना था।

मुसीब भाई मुझे लेकर होटल रॉयल प्रिंस के बाहर निकल आये, कुछ देर तक खड़े-खड़े कुछ सोचते रहे, फिर मुझसे बड़े अफ़सुर्दा (मुरझाये हुए) लहजे में कहने लगे कि मैंने वापसी का टिकट तो रात की फ़्लाइट से ही कराया था कि तुमसे बात करने और तुम्हारे साथ रहने का कुछ और मौक़ा मिल जायेगा लेकिन ऑफिस के एक ज़रूरी काम की वजह से मुझे अभी फ़ौरन क़तर लौटना पड़ रहा है। यह कह कर बीच सड़क पर वह मुझसे लिपट गये और दहाड़ें मार-मार कर रोने लगे, आप सोच सकते हैं कि मेरी भी बिल्कुल यही क़ैफ़ियत रही होगी।

वह रोते जा रहे थे और यह भी कहते जा रहे थे कि मुनव्वर! दुनिया में अब मेरा कोई नहीं रह गया है। वाली भाई मुझसे अनजाने में नाराज़ हो कर चले गये। कैप्टन क़मर और समी मलिक भी कबीदा ख़ातिर (नाराज़, कटे-कटे से) हैं, हालाँकि मैंने इस्लामाबाद के सबसे क़ीमती इलाक़े में जो प्लाट लिया था वह भी उन्हीं दोनों के नाम ट्रांसफ़र करा दिया है। तू भी मेरे बुलाने के बावजूद नहीं आता है। ऐसे तो रेगिस्तान में बीमार ऊँट भी नहीं छोड़े जाते हैं जैसे तुम लोग एक-एक करके मुझसे बरगुश्ता (नाराज़) हुए जा रहे हो। अब तो सारी दुनिया मुझे अपने कमरे के बराबर लगने लगी है। अब मैं कहीं आने-जाने के लायक़ भी नहीं रह गया हूँ। बीमारियों ने मुझे बहुत बुरी तरह जकड़ लिया है, अब मेरा इलाज सिर्फ़ मौत है, मैं शबोरोज़ जिसका इन्तिज़ार करता रहता हूँ। मैंने उनको बहुत समझाने की कोशिश की लेकिन वह किसी पुराने फोड़े की तरह फूटते चले जा रहे थे। मैंने मुसीब भाई से कहा कि चलिए, आप जी छोटा न कीजिए, मैं आपके अगले मुशायरे में हर हालत में क़तर आऊँगा... आप बुलायें या न बुलायें। वह बड़े कर्बनाक (दर्दनाक) तरीक़े से हँसे फिर कहने लगे। तुम तो आ जाओगे लेकिन मैं अब तुम्हें नहीं मिलूँगा। यह कह कर अचानक उन्होंने अपनी जेब में हाथ डाला और पाँच या छः पाँच सौ वाले क़तरी नोट मेरी तरफ़ बढ़ाते हुए बोले कि एयरपोर्ट से मेरी बहिन रईना के लिए कोई ज़ेवर लिए जाना। मैंने कहा, नहीं मुसीब भाई! इस वक़्त मुझे माफ़ कर दीजिए, अगली बार मैं रईना के साथ क़तर आऊँगा... आपको उन्हें जो भी देना हो अपने हाथों से ख़रीद कर दीजियेगा। वह बहुत झुँझलाये हुए लहजे में बोले कि आप मेरी बात न मान कर अच्छा नहीं कर रहे हैं, कभी तो छोटे भाइयों की तरह मेरी बात मान लिया करो। यह कहते हुए उन्होंने वह रक़म मेरी वास्केट की जेब में डाल दी और एयरपोर्ट के लिए तैयार खड़ी गाड़ी में जाकर बैठ गये। अचानक दोबारा गाड़ी से उतर कर वह मेरे पास आये और मुझसे बोले कि वाली भाई के मज़ार पर जाकर मेरी तरफ़ से फ़ातिहा ज़रूर पढ़ लेना। वह तो गाड़ी में बैठ कर एयरपोर्ट के लिए रवाना हो गये लेकिन मेरे पैर पत्थर के हो चुके थे।

जिस बात का डर था वह बात होकर रही। बीमारियों के हाथ में ताश के तीन इक्के आ गये थे और बेचारे मुसीब भाई के आसपास वह गुनहगार शायर और अदीब कहीं दिखाई नहीं दिये जिनकी हैसियत जोकरों की तरह होती है। आज तक जोकरों ने किसी को ज़िन्दगी के खेल में मैदान से जीत कर जाने नहीं दिया। वह तो दूसरे सर्कस के लिए दौड़ भाग में मसरूफ़ हो जाते हैं। ख़याल तो बहुत से लोगों का यही था कि ऐवाने अदब के चराग़ मुसीब भाई के एहतराम में मुद्दतों ख़ामोश रहेंगे, रौशनाई के सफ़ीर (दूत) मुद्दतों अपने जिस्म से काले

लिबास नहीं उतारेंगे, आँसुओं की बोहतात (बहुलता) से सैलाब का ख़तरा पैदा हो ज़ायेगा लेकिन यह तमाम बातें इफ़्तिख़ार आरिफ़ के बारहवें खिलाड़ी का ख़्वाब साबित हुई। कुछ भी तो नहीं हुआ, किसी ने भी तो मातम नहीं किया, किसी भी आँख ने सोग नहीं मनाया, किसी ने भी तो जोगिया लिबास नहीं पहना। सुन्नी होने की कहानियाँ भी झूठी साबित हो रही थीं लेकिन मुझे अकाबिरीने अदब की सर्द मोहरी (ख़ामोशी) पर ज़रा भी हैरत नहीं थी। क्योंकि सलीम जाफ़री ने अपने आख़िरी दिनों में एक तवील और दर्दनाक ख़त लिखा था...उसी ख़त से मिलता जुलता एक ख़त मेरे पास भी आज तक महफ़ूज़ है। इस ख़त में भी उन्होंने दानिशवराने क़ौमो अदब के यहूदी रवैये की शिकायत की थी, कैंसर से जंग में हारते ही सारी दुनिया के शायरों, अदीबों ने उनसे आँखें फेर ली थीं। उन लोगों से सलीम जाफ़री को ज़्यादा शिकायतें थीं जिनके लिए उन्होंने स्कूटर की ख़रीदारी के इन्तिजामात किये थे, जिनकी बीमारियों में सलीम जाफ़री ने अपने बैंक एकाउण्ट का मुँह खोल दिया था, जिनके घरों की शादियों और निकाह में वह दामे दिरमे शरीक रहते थे। यह वह तमाम लोग थे जिनकी तहरीर भी सलीम जाफ़री की उम्र में अगर इज़ाफ़ा न करती तो कम से कम उनकी मायूसियों में कमी तो कर ही सकती थी। ऐसे तमाम लोगों के नामे नामी ज़्यादातर हज़रात तो जानते हैं लेकिन अगर अवामी (सार्वजनिक) तौर पर इन तमाम लोगों के नामों की तशहीर (शोहरत) हो जाये तो दुनिया में शायरों और अदीबों से नफ़रत करने वालों की एक बहुत बड़ी तादाद पैदा हो जायेगी—

हर शाम हुई जाती है इक सुब्हे फ़रामोश
दुनिया यही दुनिया है तो क्या याद रहेगी

(मजाज़ लखनवी)

कुछ न समझे ख़ुदा करे कोई

बिहार की मिट्टी में सोना नहीं है बल्कि वहाँ की मिट्टी ही सोना है। ज़ेरे ज़मीन जो दौलत बिहार के पास है वह अमेरिका के नसीब में भी नहीं है लेकिन अमेरिका को इससे कोई फ़र्क़ नहीं पड़ता है, क्योंकि वह सारी दुनिया को डरा धमका कर अपना काम निकाल लेता है। बिहार की रूये ज़मीन पर जैसी-जैसी इल्मी, अदबी, सियासी और समाजी शख़्सियतों ने जन्म लिया है, अगर उनका सरसरी जायज़ा भी लिया जाये तो कई किताबें वजूद (अस्तित्व) में आ जायेंगी। जिस तरह सूफ़ियों, सन्तों, साधुओं, महात्माओं और फ़क़ीरों ने बिहार की सरज़मीन को पसन्द फ़रमाया और आबाद भी किया उस तारीख़ से सिर्फ़ हिन्दुस्तान ही नहीं, सारी दुनिया वाक़िफ़ है।

लेकिन दुनिया की तारीख़ में यह तल्ख़ (कड़वी) हक़ीक़त भी तहरीर है कि आज सारी दुनिया में आधा दर्जन से ज़्यादा मुल्कों में हुकूमत उन बौद्ध विचारधारा के लोगों की है जिस विचारधारा के सबसे बड़े महात्मा और उसके मानने वालों को सारे हिन्दुस्तान में सताने, परेशान करने और कत्ल करने के लिए इसी हिन्दुस्तान में कट्टर पन्थी नागाओं की एक फ़ौज तैयार की गयी थी।

अब अगर अदबी एतबार से हिन्दुस्तान के उर्दू अदब का जायज़ा लिया जाये तो यह हक़ीक़त भी अयाँ (ज़ाहिर) हो जायेगी कि उर्दू ज़बानो अदब की परवरिश और नाज़ बरदारी करने वालों की कितनी हक़ तल्फ़ी (हक़ मारना) की गयी है। उर्दू ज़बानो अदब की हर सिन्फ़ (विधा) में अपने-अपने फ़न की बेपनाह सलाहियतों का मुज़ाहिरा करके अहालियाने बिहार (बिहार के लोगों) ने उर्दू के ख़जाने में ग़ैर मामूली इज़ाफ़ा किया है लेकिन अदब पर आज तक इजारादारी (ठेकेदारी) लखनऊ और देहली की है।

बिहार उर्दू ज़बानो अदब की ख़ामोश ख़िदमतगारी के लिए हमेशा मशहूर रहा है। सरकारी ओहदे, इक़्तिदार की आसाइशें, ईनामो इकराम की बारिशें इस ख़ित्तये बेआब (निर्जल क्षेत्र) को बहुत ज़्यादा फ़ैज़याब (लाभान्वित) नहीं कर सकीं क्योंकि यहाँ के लोग क़लम को नमाज़ी और काग़ज़ को जाय नमाज़ समझते

रहे हैं, इसीलिए इनकी पेशानियाँ तख़्लीक़ (रचना) के नूर से चमकती रहती हैं।

सागौन की लकड़ी इसलिए महँगी बिकती है क्योंकि लकड़हारों और फ़र्नीचर वालों ने इसकी बेजा क़सीदा ख़्वानी (गुणगान) में वरक़ दर वरक़ सियाह कर डाले वर्ना जंगलों में आज भी सागौन से ज़्यादा इज़्ज़तदार लकड़ियाँ मारी-मारी फिरती हैं। बिल्कुल यही सूरते हाल हमारे उर्दू अदब की भी है।

डॉक्टर अब्दुल मन्नान तर्ज़ी उर्दू ज़बानो अदब के वह सिक्कये रायजुल वक़्त (ज़माने में प्रचलित सिक्का) हैं जिसको बहुत पहले ही बाक़ायदा तौर पर रायज हो जाना चाहिए था। इसीलिए मैं अक्सर यह कहा करता हूँ कि ईनाम और इबादत जवानी की चीज़ें हैं। लफ़्ज़ 'हमा जेहत' (बहुमुखी) तर्ज़ी साहब की शख़्सियत और उनकी शायरी का मुकम्मल आईना है। हमारे यहाँ जो लोग बारगाहे अदब में दाख़िल होते हैं, उनमें बेशतर बारगाहे ख़ुदावन्दी (ईश्वर के दरबार) के मुनकिर (न मानने वाला) हो जाते हैं। ऐसे लोग अदब में बहुत मुश्किल से मिलेंगे जो ख़ुदा के हुज़ूर सजदा रेज़ होने को अव्वलीयत (प्राथमिकता) का दर्जा दें, उसके बनाये हुए बन्दों के हुकूक़ की हिफ़ाज़त करें, समाजी ज़िम्मेदारी का बोझ उठायें और अदब भी तहरीर करते रहें।

रफ़्तगाँ व क़ायमाँ बज़ाहिर तो दरभंगा की मंज़ूम (काव्य रूप में) अदबी तारीख़ है लेकिन इस तारीख़ के पसे पर्दा (पर्दे के पीछे) तहक़ीक़ (शोध) का वह समन्दर मौजज़न (ठाठें मारता हुआ) है जिसके असरारो रमूज (भेदों) से दुनिया देर से वाक़िफ़ होगी। इस मंज़ूम तारीख़ से हमें यह अन्दाज़ा लगाने में दुश्वारी नहीं हो सकती कि दरभंगा इल्मी लियाक़त और अदबी ख़िदमात में अगर अज़ीमाबाद (पटना) से ज़्यादा नहीं है तो कम भी नहीं है। तर्ज़ी साहब की इस मंज़ूम तारीख़ ने तहक़ीक़ की नयी राहें खोल दी हैं। मेरी हक़ीर (तुच्छ) राय में तो प्रोफ़ेसर वहाब अशरफ़ी को लगे हाथों इन मोतियों को भी एक लड़ी में पिरो कर उर्दू अदब की सुराहीदार गर्दन में नादिर (दुर्लभ) जवाहिरात का एक क़ीमती हार मज़ीद पहना देना चाहिए। कम से कम बिहार की हर यूनिवर्सिटी से एक ऐसा स्कॉलर पैदा होना चाहिए जो सिर्फ़ दरभंगा के अदबी सरमाये (सम्पत्ति) को किताबों के अवराक़ पर उतार कर महफ़ूज़ कर दे।

ईमानदारी की बात तो यही है कि तर्ज़ी साहब वह ज़िन्दा आईना हैं जिसमें हम गुज़श्ता (गुज़रे हुए) दरभंगा और मधुबनी की ख़ूबसूरत और तारीख़ी तस्वीर देख सकते हैं। तज़किरा निगारी (स्मृति लेखन) बहुत बड़ा फ़न सही लेकिन ये उस वज़ारती दौरे की तरह होता है जो सैलाब ज़दा शहर को देखने के लिए हवाई जहाज़ों से किया जाता है। अब ज़रूरत इस बात की है कि हमारे अदबी ठेकेदार जाग जायें और अपनी छापामार फ़ौज उस घने और पुरअसरार (रहस्यमय) अदबी

जंगल में उतार कर तहक़ीक़ के ज़रिये उर्दू की हर सिन्फ़े अदब को मालामाल करें।

मनाज़िर आशिक़ हरगाँवी में ख़्वाह कितनी भी ख़राबियाँ हों लेकिन उनकी यह सिफ़त उनके हर ऐब की पर्दा पोशी करती है कि कभी-कभी वह जाने अनजाने में किसी Genuine शख़्सियत को उसका हक़ दिलाने के लिए सीना सिपर (डट जाना) हो जाते हैं। मुमकिन है कि उनकी यह अदा उनकी बख़्शिश (ईश्वरीय क्षमा दान) का सबब भी बन जाये। यह तशवीश तलब (चिन्ता जनक) बात है कि तर्ज़ी साहब की इल्मी और अदबी हैसियत उस वक़्त मौअतबर (विश्वस्त) हो सकी जब उन्होंने अदब के बड़े लोगों की हयात (ज़िन्दगी) और कारनामों को मंज़ूम पैराये (पद्य शैली) में पेश किया। ईमानदारी से देखा जाये तो तर्ज़ी साहब के इल्म और लियाक़त की ज़मीन तक सबसे पहले बाक़ायदा जो कोलम्बस पहुँचा उसका नाम इमाम आज़म है। वह अपने रिसाले (पत्रिका) तमसीले नव के ज़रिये उनकी तख़्लीक़ात को बराबर मंज़रे आम पर लाते रहे बल्कि उनके तज़किरे में भी हमेशा तर्ज़ी साहब मौजूद रहे हैं।

एक नामवर तंक़ीद निगार ने गुफ़्तगू के दौरान किसी शायर की अदबी सलाहियतों पर सवालिया निशान बनाते हुए यह नुक्ता पेश किया कि मौसूफ़ की ग़ज़लों का मजमुआ चार-पाँच मख़सूस बहूरों (उर्दू शायरी के मीटरों) पर मुशतमिल (आधारित) है लेकिन मुसद्दसे हाली पर मुक़दमा तहरीर फ़रमाते वक़्त उन्होंने ज़मीनो आसमान के कुलाबे (कड़ियाँ) एक कर दिये। अर्ज़ यह करना चाहता हूँ कि अगर बीस बरस पहले उनके इस फ़न को जिला (रौशनी) मिली होती तो मुमकिन है उर्दू अदब को दूसरा ख़्वाजा अल्ताफ़ हुसैन हाली भी मयस्सर हो जाता लेकिन उनकी ज़्यादा उम्र तो अदब के बरज़ख़ (इस्लामी आस्था के अनुसार मरने के बाद क़यामत तक का ज़माना) में गुज़र गयी, अब देखिए सैरे जन्नत के लिए कितना वक़्त हासिल हो पाता है। बुढ़ापे की सबसे बड़ी ख़राबी तो यही होती है कि इस उम्र में दोस्त और ख़ून बनना बिल्कुल बन्द हो जाता है।

गोपीचन्द नारंग, वहाब अशरफ़ी, मज़हर इमाम, मनाज़िर आशिक़ हरगाँवी और हामिदी कश्मीरी जैसे लोगों पर लिखने के बाद उनकी अदबी हैसियत को तस्लीम करना उर्दू अदब की बेसम्ती (दिशा हीनता) की तरफ़ इशारा करता है। मेरी बातें एक तबक़े को बुरी भी लग सकती हैं लेकिन कुछ तहरीरों को इंसाफ़ की आँखों और ज़मीर की समाअत (सुनना) के हवाले से देखा जाना चाहिए। यहाँ मैं सचमुच तन्क़ीदी ज़िम्मेदारी को निभाते हुए यह अर्ज़ करना चाहता हूँ कि उर्दू के बेलौस (निःस्वार्थ) ख़ादिमों का एहतराम उनकी जवानी में ही करना चाहिए। उर्दू अदब के अरबाबे इक़्तिदार को उनकी उम्र का झुटपुटा होने से पहले ही उनसे कोई बड़ा काम ले लेना चाहिए। इस तरह उनको उनका हक़ भी मिल

जायेगा और उर्दू के ख़जाने में कुछ क़ीमती इज़ाफ़ा भी हो सकता है।

पिछले दिनों मेरी सेहत की ख़राबी की ख़बर सुन कर प्रोफ़ेसर वारिस अलवी ने फ़रमाया, "आप अपने को सेहतमन्द रखिए अदब को आपकी ज़रूरत है क्योंकि आप नाक़िदों के नाक़िद हैं।" मेरे अक्सर दोस्त भी मुझे समझाते हैं कि आप तन्क़ीद निगारों से ज़बर्दस्ती का झगड़ा मोल लेते रहते हैं। इससे आपको बहुत नुक़सान हो रहा है। मैं जवाब में मुस्कुराता हूँ और प्रोफ़ेसर एज़ाज़ अफ़ज़ल का यह शेर पढ़ता हूँ—

दे रहे हो किसे मौत की धमकियाँ
हम कहाँ जी रहे हैं कि मर जायेंगे

अनीस अंसारी

(पूर्व आई.ए.एस.)

हम ऐसे फूल हैं जो फ़ाइलों में सूख गये

उमूमन तो यही होता आया है कि इक़्तिदार (सत्ता) और ओहदे की चकाचौंध कर देने वाली रौशनी में अक्सर हज़रात अपनी अदबी और समाजी ज़िम्मेदारियाँ भूल जाते हैं। वह सैल्यूट, लालबत्ती और जी हुज़ूरी के इतने आदी हो जाते हैं कि नमाज़ भी इमाम के पीछे पढ़ने के बजाय अपना मुसल्ला अलग बिछा कर अदा करते हैं लेकिन अगर मिज़ाज में क़लन्दरी की थोड़ी-सी भी बू बास होती है तो आदमी अपने आपको इन तमाम लानतों से बचा लेता है। अफ़सरी को क़लन्दरी के दबीज़ (मोटे) पर्दों में छुपा लेने के हुनर को ही तो तारीख़ अपने सफ़हात (पन्नों) पर महफ़ूज़ कर लेती है। अनीस अंसारी ने आला सरकारी ओहदे की बेपनाह ज़िम्मेदारियों और मसरूफ़ियतों के बावजूद अदब की ख़िदमत के लिए कुछ न कुछ वक़्त निकाल कर अपने अदब दोस्त होने का सुबूत भी पेश किया और अपने शौक़ को जिला (रौशनी) भी बख़्शी। उर्दू अदब की निस्फ़ दर्जन मेयारी (स्तरीय) किताबें लिख कर उन्होंने अदब में अपने लिए मख़सूस मक़ाम बना लिया है।

कुछ शख़्सियत ऐसी होती हैं जो हर हाल में और हर वक़्त अच्छी लगती हैं। उनकी तहरीर (लेखन), तक़रीर, अन्दाज़े गुफ़्तगू, रख रखाव, नर्म गुफ़्तारी, विक़ार और संजीदगी, लोगों के साथ हुस्ने सुलूक और बच्चों जैसी भोली भाली मुस्कुराहट उनके दिल का आईना होती है। अनीस अंसारी ने अफ़सराना शानो शौक़त से बचते बचाते क़लन्दरों जैसी ज़िन्दगी गुज़ारने के शौक़ में ज़्यादातर पथरीले रास्तों का ही इन्तिख़ाब (चयन) किया। आलीशान दफ़्तरों में बैठने के बाद भी लोगों के दुख-दर्द में शामिल रहना, हर अदबी तक़रीब (आयोजन) में बाक़ायदा शामिल होना और पूरे तौर पर लुत्फ़अन्दोज होना सरकारी अफ़सरों को कम नसीब होता है। अपने बबूल जैसे माज़ी (अतीत) को याद रखने वालों का मुस्तक़बिल (भविष्य) गुलाब हो जाता है। माज़ी के अच्छे-बुरे दिनों को अपने नाम

की तरह हमेशा याद रखना गुलाब की खेती की आबयारी (सिंचाई) करने जैसा है। ख़ुदा किसी-किसी को ऐसी क़िस्मत से नवाज़ता है कि उसकी शख़्सियत के जिस्म पर हर ओहदे का लिबास छोटा दिखाई देता हो वर्ना अक्सरो बेशतर लोग अपनी शख़्सियत के प्याज़ी छिल्के उतारने में ही अपनी सारी उम्र ख़त्म कर लेते हैं।

होंठों पर हमेशा एक शोख़-सी मुस्कुराहट जो नींबू चाटने से भी न जाये, चेहरे पर एक पुरविक़ार और निडर संजीदगी जो गवर्नर और वज़ीरे आला की आँखों में आँखें डाल कर बात करने के लिए आमादा दिखाई दे, तबादिले और तक़र्रुरी (नियुक्ति) के ख़ौफ़ से बेनियाज़ (निश्चिन्त), जिसका सब एहतराम करें, जेब में उतनी ही रक़्म जितनी एक ईमानदार अफ़सर का नसीब होती है, बैंक में उतना ही ख़ज़ाना जितना पोरस के पास सिकन्दर से शिकस्त खाने के बाद बचा था, कभी के ज़मींदार नहीं, अभी भी ज़मींदार नहीं, ज़मीन का बेपनाह शौक़ लेकिन सिर्फ़ दो ग़ज़ ज़मीन का एक टुकड़ा जो साफ़ सुथरा भी हो और वक़्फ़ कमेटियों की सियासी गन्दगी से महफ़ूज़ भी रह जाये, किताबे इश्क़ का हर सबक़ याद कर लेने की आरज़ू, कभी-कभी कोई सबक़ ज़्यादा याद हो जाने का शर्मिन्दगी भरा एहसास, कभी कोई ख़ास सबक़ अधूरा रह जाने की ख़लिश (चुभन)। हँसी की नक़ाब भी कितनी दबीज़ और कितनी वफ़ादार होती है... पैर में चुभे काँटे की तरह, कैसे भी हालात हों... दुख के, सुख के, धूप के, छाँव के, हँसी के, आँसुओं के... यह दीवानी हँसी की नक़ाब साथ नहीं छोड़ती। दुनिया की किसी मशीन को भी अनीस अंसारी के अन्दर बैठे हुए उस इंसान के दुखों का अन्दाज़ा नहीं हो सकता जो एक-एक बूँद हँसी के लिए हर वक़्त दुखों के समन्दर से इत्र कशीद (निचोड़ना) करता है।

आई.ए.एस. होना बड़ी बात नहीं है और न शायर होना ही बाइसे कमाल है लेकिन सामने वाले से तआरुफ़ के बाद भी अपने ओहदे को मुनकशिफ़ (ज़ाहिर) न होने देना ही बाइसे कमाल है। अनीस अंसारी की यह अदा उन्हें अपने तमाम हमअस्र (समकालीन) शायरों और अफ़सरों में मुनफ़रिद (अलग) रखती है कि उन्हें कोई अपनी पहुँच से दूर नहीं समझता। ख़ुदा की दी हुई यह दौलत बड़े रियाज़ (अभ्यास), बड़ी मशक़्क़त (परिश्रम) और बड़े नसीब से हासिल होती है। हम उर्दू नगर नामी सराय के रहने वालों की एक ख़राबी यह भी है कि अफ़सर की ख़ुशामद तो कर सकते हैं लेकिन उसके अन्दर छुपे फ़क़ीर के हमेशा ज़िन्दा और सलामत रहने के लिए कभी दुआएँ नहीं करते। जब तक हम किसी को ईमानदारी और तवज्जो (ध्यान) के साथ सुनेंगे नहीं, उसका लिखा संजीदगी से पढ़ेंगे नहीं तो हम उसकी फ़िक्र के कुएँ में उतरेंगे कैसे। मुझे तो हमेशा अनीस अंसारी से मिलते ही कड़ा मानिकपुर के रहने वाले उत्तर प्रदेश सरकार के बहुत ही

मुनकसिरुल मिज़ाज (विनम्र स्वभाव) आई.सी.एस. अफ़सर, बहुत ही दियानतदार (ईमानदार) और सूफ़ी मिज़ाज शायर सय्यद सिद्दीक हसन की याद आने लगती है। उनकी शराफ़तों, मुरव्वतों और सादा मिज़ाजी के क़िस्से आज भी किसी न किसी से सुनने को मिल जाते हैं—

जवाज़े बरहमिये नेको बद नहीं मालूम
ख़ुलूस में भी मुझे अपनी हद नहीं मालूम

(सिद्दीक़ हसन)

ज़िन्दगी की अहम ज़रूरतें, रुत्बे का रख रखाव और सियासी उथल पुथल में साबित क़दम रहना दुश्वार होता है। चेहरे पर हर मौसम में उजली मुस्कुराहट के फूल खिलाये रखना, गुफ़्तगू में बीर बहूटी जैसी मुलायमियत बरक़रार रखना, लिबास और किरदार को उजला रखना, छोटे-बड़ों का लिहाज़ और मोहब्बत करना, अपने आपको ग़ज़ल की तरह बना-सँवार कर रखना अनीस अंसारी की शख़्सियत का हिस्सा है और इस हिस्से में वह किसी को भी हिस्सेदार बनाने के लिए कभी तैयार नहीं होते हैं।

दफ़्तर की फ़ाइलों से उड़ती हुई मसाइल (समस्याओं) की गर्द, अफ़सरी शान रखते हुए सियासी लीडरों की ख़तरनाक शतरंजी चालों से अपने आपको बाइज़्ज़त निकाल लेना, दौलत, शोहरत और इक़्तिदार की चमक दमक से अपने आपको अलग थलग रखना उन्हीं का हुनर है। अफ़सरी जब बे नियाज़ी की रिदा (चादर) ओढ़ लेती है तो क़लन्दरी उसे अपने पलकों पर बिठा लेती है। ओहदा जब ख़ाकसारी (विनम्रता) के बोरिये पर बैठ जाता है तो बादशाहत भी उसका एहतराम करने लगती है। दौलत की ख़्वाहिश जब अपने आपको ईमानदारी की आग में जला लेती है तो शख़्सियत कुन्दन बन जाती है। अनीस अंसारी की आँखों की चमक में उनकी खुद एतमादी (आत्मविश्वास), उनके लहजे की खनक में उनकी बेबाकी (निडरता) और उनके चेहरे के नूर (प्रकाश) में उनके गाँव की मासूमियत भी दिखाई देती है। वह जब किसी वज़ीर से बात करते हैं तो ख़ुद भी शहज़ादे लगते हैं लेकिन जब वह किसी ग़रीब से मह्वे गुफ़्तगू (बात में व्यस्त) होते हैं तो उनके चेहरे पर वह गुर्बत भी दिखाई देती है जिसे मुफ़क्किरीने अदब (साहित्य के चिन्तक) क़नाअत (सन्तोष) के नाम से पुकारते हैं।

कोशिश के बावजूद गुज़रती हुई उम्र कभी उनके चेहरे पर अपनी कोई निशानी नहीं छोड़ पायी। इस उम्र में भी उनके अन्दर से एक नटखट बच्चा झाँकता हुआ महसूस होता है। हुकूमतें जिस मोहकमे को तमीज़, तहज़ीब और सलीक़े का एज़ाज़ बख़्शना चाहती हैं वहाँ उन्हें भेज देती हैं। उनके हमरुत्बा (समकक्ष) अफ़सर उन्हें इज़्ज़त की निगाह से देखते हैं और कम रुत्बा अफ़सर

भी अपनी शख़्सियत में उनकी जैसी सादगी और मासूमियत तलाश करने लगते हैं। लफ़्ज़ों के मोती पिरो कर गेसुये ग़ज़ल के लिए गुल बूटे तैयार करना, अपने ग़म के इज़हार के लिए ग़ज़ल को वसीला बना लेना, नज़्मों को दिली जज़्बात का तर्जुमान (प्रवक्ता) बनाना, नज़्म या ग़ज़ल सुनाते वक़्त अपने तरन्नुम में पुरानी हवेली की मुँडेर पर बैठी हुई फ़ाख़्ता की कूक का दर्द भी शामिल कर लेना हर शायर के बस की बात नहीं है।

उर्दू अदब का ख़ज़ाना भी उस बहती नदी की तरह है जिसकी गहराई में छुपे हुए क़ुदरती हीरों और मोतियों की कोई कमी नहीं है लेकिन तन्क़ीद के शनावर (तैराक) वहाँ तक पहुँच ही नहीं पाते। वह तो किनारे पर पड़े हुए बेमसरफ़ पत्थरों पर अपनी वह मोहरे करम (दया की मोहर) लगा कर उसे आलमी अदब के मद्दे मुक़ाबिल रख देते हैं। किसी ज़बान की उम्र से उसके अदब का फ़ैसला करना सरासर नादानी है। बहुत-सी ज़बानें तो अपनी तवील उम्र की वजह से ज़बानों की भीड़ में दब कर ख़त्म हो गयीं। ज़िन्दा ज़बान को ज़िन्दा लोग दरकार होते हैं, ज़िन्दा क़ौमों की ज़रूरत होती है। उर्दू ज़बान की बदनसीबी तो यही है कि आज़ादी के बाद से यह एक मुर्दा क़ौम की ज़बान बन कर रह गयी है।

हालाँकि बेतहाशा भाग दौड़ की इस ज़िन्दगी में कुछ पल के लिए कहीं रुक कर किसी का इन्तिज़ार करने के ज़माने ख़त्म हो गये हैं लेकिन दुनिया तो हमेशा दीवानों से आबाद और मोहब्बतों से ताबनाक (रौशन) रही है। मोहब्बत एक ऐसा मुजस्समा है जिसे लोग अपनी-अपनी पसन्द के लिबास और फूलों से सजाना चाहते हैं। अनीस अंसारी के लिए भी सिर्फ़ इतना लिख देना ही काफ़ी है कि यह मोहब्बतों और रवादारियों के शायर हैं। वह फूलों से लफ़्ज़ बनाने में अपनी मेहनत सर्फ़ नहीं करते हैं क्योंकि उन्हें लफ़्ज़ों से फूल-माला बनाना आता है।

मोहब्बत के इज़हार का सबसे मोवस्सर (प्रभावी) ज़रिया शायरी है। हम जिस बात को समझ लेते हैं, उसे शायरी और आर्ट कहते हैं और वह मंज़रनामा जिसे हमारी आँखें लफ़्ज़ों की तरह टटोल नहीं सकती हैं, हम उसे क़ुदरती कह कर अपनी कम इल्मी को पसे पर्दा डाल देते हैं। हम चिड़ियों की शायरी को चहकार कह देते हैं। हम झूमते गाते फूल पौधों को महकार का नाम दे देते हैं। हम हवा के इशारे पर चराग़ों के आँखें मूँद लेने को 'दिये का बुझना' कह देते हैं। दरअस्ल मोहब्बत तो सिर्फ़ महसूस की जा सकती है जिसके लिए हस्सास (भावुक) होना ज़रूरी होता है लेकिन हम महबूब के गेसुओं (केशों) की छाँव में ज़िन्दगी बसर करने को इश्क़ का नाम दे देते हैं और पल भर की जिस्मानी (शारीरिक) लज़्ज़त को वस्ल (मिलाप) के नाम से जोड़ देते हैं।

लेकिन वस्ल तो उस क़ैफ़ियत का नाम है जिसकी तलाश ने सिद्धार्थ को

गौतम बना दिया। वस्ल तो उस इन्तिज़ार को कहते हैं जिसके सहारे एक बुढ़िया रोज़ अपनी दहलीज़ पर एक दिया शहर से लौट कर आने वाले अपने बेटे के लिए रौशन करती है। वस्ल तो उस तख़्लीक़ (रचना) को कहते हैं जिसके लिए ख़ुदा एक कमज़ोर-सी औरत के ज़रिये ज़मीन की छाती पर इंसानों के रंग बिरंगे फूल खिलाता है। वस्ल तो दूध से उबलती उन छातियों को कहते हैं जो गोश्त के एक लोथड़े को इंसानी पैकर (आकार) में ढालती है। सुख-दुख को चाँदनी और धूप समझ कर ज़िन्दगी का सफ़र तय करने का हुनर सबको कहाँ आता है। अपनी अना और ख़ुददारी को अपनी शख़्सियत का लिबास बना लेना, अपने लहजे में सच्चाई और बेबाकी के फूल-काँटे पिरोये रखना कितना दुश्वार होता है इसका अन्दाज़ा अनीस अंसारी की उस किताब को पढ़ कर होता है जो ना अभी तक लिखी गयी है और न इसके इम्कानात हैं लेकिन दुनिया में ऐसी बहुत-सी किताबें हैं जो किसी बाज़ार में नहीं मिलती हैं लेकिन उनको हज़ारों लोग पढ़ चुके होते हैं।

दरअस्ल शायरी भी फुल टाइम जॉब है, मुस्तक़िल इबादत है, ज़िन्दगी भर अदबी एतकाफ़ (एकान्त वास) में बैठना पड़ता है, नमाज़े अदब पढ़ते रहना होता है, तिलावते ग़म (ग़म का जाप) करते रहना पड़ता है। दुनिया की तरफ़ ग़ौर से देखना भी गुनाह जैसा होता है, लेकिन इस एतबार और त्याग की कसौटी पर हर ज़माने में बहुत कम लोग खरे उतरते हैं। कुछ तो शोहरत की भूल भुलैया में गुम होकर रह जाते हैं, कुछ हज़रात गुरूर और अना के चक्रव्यूह में उलझ कर ख़त्म हो जाते हैं लेकिन ज़्यादातर लोग इस इम्तिहान गाह से ज़िन्दगी का पर्चा छोड़कर इसलिए उठ आते हैं कि उन्हें घर और घरेलू मसाइल चीख़-चीख़ कर बुलाते रहते हैं।

अनीस अंसारी ने शायरी को पार्ट टाइम जॉब की तरह किया लिहाज़ा वह शोहरत उनके हिस्से में नहीं आयी जिसके वह हक़दार थे। उतना वह अदब को दे भी नहीं पाये जितना अदब उनसे तवक़्क़ो करता था! काश! अनीस अंसारी ने थोड़ा-सा ज़्यादा वक़्त गेसुए अदब सँवारने में गुज़ारा होता तो उर्दू अदब का ख़्वाबीदा (स्वप्निल) और मद्धम-मद्धम-सा रूमानी लहजा और ज़्यादा मालामाल हो जाता।

हम ख़ुद उधड़ने लगते हैं तुरपाई की तरह

अप्रैल 2008 में पाकिस्तान का सफ़र बड़ा दिलचस्प था। वहाँ शहरे क़ाएद का एक आलमी (अन्तर्राष्ट्रीय) मुशायरा होता है, जिसमें तक़रीबन सारी दुनिया से शोअरा बुलाये जाते हैं। दो-तीन बरस से हिन्दी शायरी की नुमाइन्दगी (प्रतिनिधित्व) के लिए हिन्दी ज़बान के कवि भी सफ़र में शामिल रहते हैं। इस बार हिन्दी ग़ज़ल के मुस्तनद दस्तख़त (प्रमाणित हस्ताक्षर) समझे जाने वाले डॉ. कुँवर बेचैन भी शामिल थे। गुज़श्ता (गुज़रे) बरस शहरे क़ाएद के आलमी और कराची के दूसरे मुशायरों में भी हिन्दी शायरी की नुमाइन्दगी के लिए डॉ. अशोक चक्रधर और हिन्दी ग़ज़ल के बा सलाहियत (सुयोग्य) शायर दीक्षित दनकौरी शामिल थे। ये ख़ुशगवार अदबी इज़ाफ़ा हिन्दो-पाक दोस्ती की तरफ़ बढ़ता हुआ एक क़दम तसव्वुर किया जा सकता है। हिन्दी कवियों को वहाँ जितना एहतराम और इज़्ज़तें मिलीं उसको देख कर डॉ. अशोक चक्रधर तो इतने जज़्बाती (भावुक) हो गये कि एक दिन बाक़ायदा आँसुओं से रोने लगे थे। पाकिस्तान में मुशायरा अभी तक पेशा नहीं बन सका है। इसका शुमार फुनूने लतीफ़ा (ललित कलाओं) में ही होता है। शहरे क़ाएद के मुशायरे की तारीख़ से मिला कर वहाँ के मुख़्तलिफ़ अदारे (विभिन्न संस्थाएँ) कुछ छोटे मुशायरे भी मुनअक़िद (आयोजित) करते हैं। बज़्मे सादाते अमरोहा भी एक आलीशान मुशायरा मुनअक़िद करती है। मेरे हिसाब से शेर की रूह तक पहुँचने में सादाते अमरोहा के सामिईन जितना कामयाब होते हैं उतनी रसाई (पहुँच) अब दुनिया के किसी भी मुशायरे के सामिईन का नसीब नहीं है। आलमी मुशायरे के तीसरे-चौथे दिन यह मुशायरा धूमधाम के साथ मुनअक़िद होता है। इस बरस भी यह मुशायरा अपनी कामयाबी की मंज़िल की तरफ़ निहायत बाविक़ार तरीक़े से रवाँ-दवाँ था। मुशायरा अपनी इख़्तितामी (समापन) मंज़िल की तरफ़ बढ़ रहा था। प्रोफ़ेसर वसीम बरेलवी और मुझे पढ़ना था। मैं स्टेज से वाशरूम की तरफ़ सिगरेट पीने की ग़रज़ से उठ कर चला आया और एक गोशए आफ़ियत (सुकून का कोना) में सिगरेट के धुएँ से अपने फेंफड़ों को दाग़दार बनाने में मसरूफ़ था कि एक साहब ने आकर अपना

तआरुफ़ कराते हुए फ़रमाया कि मुझे साजिद रिज़वी कहते हैं। थोड़े से वक्फ़े के बाद उन्होंने फ़रमाया कि राना साहब! परसों हैदराबाद सिन्ध में आलमी मुशायरा है। आपको इसमें तशरीफ़ लाना है। मैंने उनसे अपनी सेहत की ख़राबी का उज़्र (वजह) पेश करके माज़िरत (माफ़ी) तलब की लेकिन वह अपनी बात पर बज़िद रहे। मेरे बार-बार इंकार करने पर उन्होंने शायद यह महसूस किया कि मुशायरे बाज़ शायरों की तरह मैं भी अपनी क़ीमत के शेयर बाज़ार में उछाल लाने की कोशिश कर रहा हूँ। मेरे मुस्तक़िल इंकार करने पर उन्होंने अचानक एक ऐसी बात कही जो उन्हें हर्गिज़ नहीं कहनी चाहिए थी लेकिन ज़रूरत मन्द की अपनी मजबूरियाँ होती हैं। उन्होंने मुझसे फ़रमाया कि राना साहब आज सादाते अमरोहा के मुशायरे में आपको जितना नज़राना मिल रहा है, हैदराबाद सिन्ध में आपको उसका दोगुना नज़राना पेश किया जायेगा। मुझे उनकी यह कारोबारी गुफ़्तगू अच्छी नहीं लगी लिहाज़ा मैंने निहायत ख़ुश्क लहजे में उनसे कहा कि जनाब, आपने बहुत कमज़ोर बात कह दी। वह साहब भी शायद अपनी फेंकी हुई गेंद की कमज़ोरी भाँप गये थे। उन्होंने सरापा माज़िरत बन कर शर्मिन्दगी का इज़हार किया। तब तक मैं अपना नाम पुकारे जाने के ख़ौफ़ से स्टेज की जानिब चला आया और 1947 ई. से आज तक की एक नुमायाँ तस्वीर मेरे सामने खड़ी होकर मुझे मुँह चिढ़ाने लगी। मैंने स्टेज पर बैठे-बैठे एक ग़ज़ल के चन्द शेर कहे और चुपचाप बैठा रहा। नकीबे मुशायरा (मुशायरा संचालक) के हुक्म पर मैं उस माइक के पास आकर बैठ गया जिसकी मदद से मुझे अपने शेर मुन्तज़िर सामिईन तक पहुँचाने थे। मैंने अभी कुछ देर पहले गुज़रे हुए वाक़िये को सामिईन की ख़िदमत में अर्ज़ किया फिर अपनी बात जारी रखते हुए यह भी अर्ज़ किया कि इस ग़ैर शायराना हादिसे के पेशे नज़र मैंने अभी स्टेज पर बैठे-बैठे कुछ शेर कहे हैं अगर आप हज़रात इजाज़त दें तो मैं इन नये अश्आर से अपने कलाम की इब्तिदा (शुरुआत) करूँ। सामिईन की भरपूर ताईदो हिमायत (समर्थन) के बाद मैंने यह कह कर मतला पढ़ा कि मेरी तरफ़ से यह मतला मोहतरम साजिद रिज़वी की ख़िदमत में अर्ज़ है और मुहाज़िरीने पाकिस्तान की तरफ़ से यही मतला हुकूमते पाकिस्तान की नज़्र है–

मुहाजिर हैं मगर हम एक दुनिया छोड़ आये हैं
तुम्हारे पास जितना है हम उतना छोड़ आये हैं

मुहाजिर कह के दुनिया इसलिए हमको सताती है
कि हम आते हुए क़ब्रों में शजरा छोड़ आये हैं

अभी तक बारिशों में भीगते ही याद आता है
जो हम छप्पर के नीचे अपना छाता छोड़ आये हैं

ये हिजरत तो नहीं थी बुज़दिली शायद हमारी थी
कि हम बिस्तर पे इक हड्डी का ढाँचा छोड़ आये हैं

किसी की आरज़ू के पाँव में जंज़ीर डाली थी
किसी की ऊन की थैली में फन्दा छोड़ आये हैं

भतीजी अब सलीक़े से दुपट्टा ओढ़ती होगी
वही, झूले में हम जिसको हुमकता छोड़ आये हैं

कई ज़ख़्मों की पपड़ी में नमी मौजूद है अब तक
कई यादों की तुरपाई को उधड़ा छोड़ आये हैं

तू इतनी बेरुख़ी से चाँद हमसे बात करता है
हम अपनी झील में इक चाँद उतरा छोड़ आये हैं

वो इंजन के धुएँ से पेड़ का उतरा हुआ चेहरा
वो डिब्बे से लिपट कर सबको रोता छोड़ आये हैं

मुहाजिर इसलिए हम हैं कि इक मिसरे की सूरत हैं
यहाँ आते हुए हम एक मिसरा छोड़ आये हैं

हमें मरने से पहले सबको यह ताकीद करनी है
किसी को मत बता देना कि क्या-क्या छोड़ आये हैं

दादो तहसीन के बेपनाह शोर में मेरी आवाज़ कहीं खो गयी और मैं भी दूर कहीं माज़ी (अतीत) की हिजरत नसीब यादों में गुम हो गया। ज़ैतून की शाख़ से अम्न तहरीर करने वाले, रेगिस्तान की भूलभुलैयों में भी सिराते मुस्तक़ीम (नेकी की सीधी राह) पर चलने वाले, गले में अल्लाह के कलाम को तावीज़ की तरह पहनने वाले, खजूर और ऊँटनी का दूध पीकर परवरदिगार का शुक्र अदा करने वाले, धूप ओढ़ कर रेत पर सो जाने वाले, अपने हौसलों से सारी दुनिया को फ़त्ह करने वाले, ईमान की दौलत से मालामाल और शहादत के जज़्बे से

सरशार (मस्त) लोग हिजरत की रेलगाड़ी में बैठकर दूर कहीं गुम होने के लिए रवाना हो रहे थे। कस्टूडियन की चक्की में पिसती हुई ज़मींदारी, बेमुरव्वती से नीलाम होते हुए खेत और बाग़, ज़ेवरों की सूरत में बेशर्मी से सुनार की दुकानों में क़ैद होती हुई पर्दानशीन औरतों की आबरू, सर्दमोहरी से फ़रार (भागना) पर हिजरत की मुहर लगाते हुए ख़ानदानी और ख़ून के रिश्ते, अपने आपको अकेला महसूस करते हवेलियों और घरों में क़ैद होते हुए टूटे-फूटे ज़मींदार, तन्हाई की क़ैद की सज़ा काटते हुए अपनी-अपनी हवेलियों में बीमार ऊँटों की तरह मर जाने वाले वह ग़यूर (स्वाभिमानी) लोग जो कभी अपनी ज़मीनें इस ख़ौफ़ से देखने नहीं गये कि उनकी ज़मीनों में भी सरहद पर खींची जाने वाली काली लकीरों के सिर उग आये हैं, रिश्तों की दरकती हुई दीवारों के मल्बे में दबे हुए कितने ही ख़ानदान दुनिया को कभी-कभी अपनी हवेलियों के रौशनदान से देख लेते थे लेकिन औरत और ज़मीन की देखरेख रौज़नों (रौशनदानों) के पास बैठ कर नहीं की जा सकती। इन चीज़ों के लिए कभी तलवार को हल बनना पड़ता है और कभी-कभी हल को तलवार की तरह भी उठाना पड़ता है लेकिन हिजरत के धमाके से ज़ख़्मी लोग अपनी चारपाई से भी उठने में तकलीफ़ महसूस करते हैं। फिर उनसे यह तवक़्क़ो कैसे की जा सकती थी कि उखड़ी हुई पतंग की डोर की तरह हाथ से जाती हुई ज़मींदारी को वह फिर सँभाल सकेंगे। रफ़्ता-रफ़्ता मुत्तहिदा हिन्दुस्तान (United India) की सियासी बोली लगाने वाले जिनाह और नेहरू हिन्दुस्तान को एक कटी हुई पतंग समझ कर लूटने के लिए बड़े-बड़े मज़हबी लग्गे लेकर निकल पड़े। अंग्रेज़ों के हाथों पहले ही लुट चुका हिन्दुस्तान एक नुची हुई पतंग की तरह दोनों के हाथ इस तरह लगा कि इससे दोनों क़ौमें अपनी-अपनी ग़ुर्बत (ग़रीबी) का कफ़न तक तैयार नहीं कर सकीं। मुसलमानों के साथ तारीख़ का यह बदतरीन मज़ाक़ था कि जिन लोगों ने सैकड़ों कुर्बानियों, मशक़्क़तों, तकलीफ़ों और दुश्वारियों से गुज़रते हुए पाकिस्तान के ख़्वाब को ताबीर (स्वप्न फल) की मिट्टी और अपने ख़ून पसीने से गूँधा, वह बासठ बरस बाद भी मुहाजिर के मुहाजिर ही रहे।

तलाक़ लफ़्ज़ बड़ा कठोर, करख़्त और बहुत तकलीफ़ देह होता है। इसकी सफ़्फ़ाकी (क्रूरता) का आसानी से अन्दाज़ा भी नहीं लगाया जा सकता। यक़ीनन इसकी मानवियत (अर्थ) आरी के उभरे हुए दाँतों की तरह ख़तरनाक होती होगी लेकिन इसका सिर्फ़ कयास (अन्दाज़ा) ही लगाया जा सकता है क्योंकि डूबते हुए इंसान की चीख़ें तो उम्र भर के लिए समाअतों (श्रवण) को गूँगा कर देती हैं... मैंने अपनी कम उम्री के ज़माने में तलाक़ होने का एक ख़ौफ़नाक मंज़र अपनी इन बदनसीब आँखों से देखा था। आज तक मेरी आँखें उस दिलदोज़ (हृदय

विदारक) मंज़र से पीछा नहीं छुड़ा सकी हैं। घर-आँगन और दालान के बीच एक दबीज़ घरेलू चादर को हिजाब (पर्दा) बनाया गया था लेकिन यह पर्दा कब था! यह तो मुकद्दस रिश्तों की एक दरकती हुई दीवार थी।

आँगन में ख़ानदान के बुज़ुर्ग और मोहल्ले के कुछ दूसरे शोरफ़ा (शरीफ़ लोग) बैठे हुए थे और पर्दे के पीछे दालान में एक तख़्त पर कुछ औरतें उस ख़ातून (महिला) को घेरे बैठी थीं जो तलाक़ की सूली पर लटकायी जाने वाली थी। मर्दाने हिस्से में बुज़ुर्गों के बीच एक शख़्स गर्दन झुकाये बैठा था। थोड़ी-सी मैली कुचैली गुफ़्तगू के बाद वह शख़्स अचानक खड़ा हुआ और तीन बार तलाक़... तलाक़... तलाक़... कहा, किसी रजिस्टरनुमा चीज़ पर दस्तख़त किये और बहुत आराम से कुछ लोगों के साथ घर से बाहर निकल कर ज़िन्दगी की शाहराह पर कहीं गुम हो गया। उसे तो यह पता ही नहीं चला कि अन्दर के हिस्से में निस्वानी तमकनत (नारीत्व के शानोशौक़त) की एक दीवार बैठ गयी है। अन्दर बैठी हुई तलाक़ के ख़ंजर से ज़ख़्मी औरत की सिसकियाँ अचानक चीख़ों में तब्दील हो गयीं। उस ख़ातून ने बैन करते हुए अपनी कलाई की चूड़ियों को तख़्त पर इतनी ज़ोर से पटका कि चूड़ियों के टुकड़ों ने उसकी दोनों कलाइयों पर मुतल्लक़ा (तलाक़ शुदा) की कभी न मिटने वाली ख़ूनी मुहर लगा दी थी। बज़ाहिर तो इस दिलदोज़ मंज़र ने मिलने और बिछड़ने की हज़ारों दास्तानों में एक नये क़िस्से का इज़ाफ़ा कर दिया था लेकिन अन्दरूनी चोट और टूट-फूट का अन्दाज़ा भी नहीं लगाया जा सकता था। यूँ भी पोस्ट मार्टम के लिए मरना ज़रूरी होता है। अभी तक साइंस और जदीद (आधुनिक) टेक्नोलॉजी ज़िन्दा और चलती फिरती लाशों के पोस्ट मार्टम से बिल्कुल नाआशना (अपरिचित) है।

कमोबेश कुछ इसी से मिलती जुलती कहानी पाकिस्तान के लिए हिजरत करने और न करने वालों के दरम्यान मुस्तक़िल घूमती रहती थी। हिजरत करने वालों ने अपने दुख-दर्द की काफ़ूरी शम्ओं को शेरी और अफ़सानवी अदब की मदद से बचाये रखा क्योंकि उस पार वालों को हिजरत का ग़म मनाने की इजाज़त थी लिहाज़ा वह अपने पछतावे, ग़लत फ़ैसले या क़िस्मत की ख़राबी पर रो भी सकते थे और मातम भी कर सकते थे। अपनी तहरीरों और तक़रीरों के ज़रिये दुनिया से अपनी बात कहने की उन्हें पूरी छूट थी। अपने दुखों के पोस्टर कहीं भी चिपकाने के लिए उन्हें सरकारी इजाज़त नामे की ज़रूरत नहीं थी बल्कि पाकिस्तान में तो नैपकिन के काग़ज़ी फ़ैशन की तरह हिजरत के कर्ब (पीड़ा) को भी आज तक बराबर इस्तेमाल किया जाता है, लेकिन इसके बरअक्स (विपरीत) हिन्दुस्तानी मुसलमान तक़सीम (विभाजन) की शर्मिन्दगी से इतना टूट चुके थे कि हज़ारों ग़मज़दा लेकिन ग़यूर लोग अपने ख़ानदान के ज़्यादातर लोगों के

पाकिस्तान चले जाने के बाद अपने पुराने घरों में ऐसे क़ैद हुए कि फिर वहाँ से चार काँधों पर सवार हो कर ही निकले—

वो क्या करें जो तेरी बदौलत न हँस सके
और जिन पे इत्तिफ़ाक से आँसू हराम हैं

अजीब सी जज़्बाती कशमकश का दौर था। रोने की इजाज़त भी सिर्फ़ उन्हें थी जो अन्दर ही अन्दर रो लेने के हुनर से बख़ूबी वाक़िफ़ थे। हर तरफ़ चक्कर लगाती हुई हवस और खुदग़र्जियों ने दूसरों की दौलत और ज़मीनें हड़पने वालों की मदद के लिए जगह-जगह अपनी चौकियाँ क़ायम कर ली थीं। बटाई पर दी गयी ज़मीनें हाथों से नूरजहाँ के कबूतरों की तरह निकलने लगी थीं। अपनी ही ज़मीनों की ख़ाक का बोसा लेने के लिए लठबन्दों और बन्दूकधारी क़ब्ज़ेदारों से आजिज़ाना (खुशामदाना) गुज़ारिश करनी पड़ती थी। नुजूल और कस्टूडियन के नाम पर हुकूमतों ने भी पुश्तैनी ज़मींदारी की क़िस्मत के फ़ैसले को पटवारियों और लेखपालों के रहमोकरम पर छोड़ दिया था। किसी भी शरीफ़ घराने को परेशान करने के लिए उसे झूठमूठ भी पाकिस्तान का हमदर्द साबित कर देना काफ़ी था। खुल कर हँसने का मौसम तो ख़ैर जा ही चुका था, खुल कर रोने का अख़्तियार भी हाथों से जाता रहा क्योंकि हर आँसू पर फ़िरक़ा परस्ती अपनी मुहर लगाने को तैयार रहती थी। बाग़ो बहार शख़्सियतें बोनज़ाई (गमले में लगे हुए पौधे) होकर रह गयी थीं। सैरे गुलशन गमलों के दरम्यान घूमने तक महदूद (सीमित) होकर रह गयी थी।

तक़सीम के बाद एक मुद्दत तक रोने पर ख़ौफ़ इतना ग़ालिब (हावी) था कि लोग मय्यत पर भी इस ख़ौफ़ से खुल कर नहीं रोते थे कि कहीं उन्हें पाकिस्तान जाने वालों का रिश्तेदार न समझ लिया जाये। हर तरफ़ हिजरत के इतने इश्तिहारात चिपका दिये गये थे कि हमदर्दी का हर जज़्बा मुहाजिरीन के साथ हो गया था और बेचारे अंसार अकेले के अकेले रह गये थे। न उनके साथ रोने वाले रहे, न उनके लिए ही रोने वाले रह गये थे।

बेबसी का यह आलम था कि बचे खुचे लोग अपने-अपने इलाक़ों में सिर्फ़ कोरे काग़ज़ों पर अँगूठा लगाने की मशीन बन कर रह गये थे। लफ़्ज़ पाकिस्तानी कई ख़राब गालियों की अलामत (प्रतीक) बन कर रह गया था। आपसी रकाबतें (ईर्ष्या), बेजा रंजिशें, मुआशी (आर्थिक) खींचतान और अपनी-अपनी जान बचाने की फ़िक्र ने हिन्दुस्तानी मुसलमानों को हरिजनों से ज़्यादा मज़लूम (प्रताड़ित) बना कर रख दिया। जिन पैरों का ज़ेवर बनने के लिए चाँदी की जूतियाँ बेताब रहती थीं, रफ़्ता-रफ़्ता वही ख़ूबसूरत पाँव हवाई चप्पलों के इश्तिहार बन कर रह गये। जिन घरों में कभी दूध के लिए बर्तन कम पड़ते थे उन घरों में माँओं की छातियाँ

तक रेगिस्तान के कुओं की तरह सूख गयी थीं। डोलियों और पालकियों में बैठ कर सफ़र करने वाली ख़वातीन (महिलाएँ) फटे पुराने बुर्कों से अपनी आबरू (लाज) छुपाने में नाकाम हो गयीं। वतन से मोहब्बत की इतनी बड़ी सज़ा शायद दुनिया की किसी बदनसीब कौम को नहीं मिली। बक़ौल डॉक्टर नसीमुज़्ज़फ़र–

तुमने घर छोड़ा चलो तुम तो मुहाजिर हो गये
हम यहाँ हाज़िर रहे और ग़ैर हाज़िर हो गये

हिजरत की कहानी कभी वजाहत (तफ़सीली बयान) की कसौटी से नहीं गुज़री इसीलिए शायद दुनिया के हर मुल्क में हिजरत के अलग-अलग मतलब निकाल लिए गये। हिजरत दुनिया की किसी भी ज़बान में बटवारे, तक़सीम या अलगाव को नहीं कहा जा सकता। अगर पाकिस्तान आबाद करने का नाम हिजरत था तो वहाँ से बेसरोसामानी के आलम में भागने वाले पंजाबी और सिन्धी मुहाजिर क्यों नहीं कहलाये? नवतामीर (नवनिर्मित) मशरिक़ी (पूर्वी) पाकिस्तान से मग़रिबी (पश्चिमी) बंगाल और असम की तरफ़ जान बचा कर आने वाले बंगालियों को हम मुहाजिर क्यों नहीं कहते? अगर मज़हब के नाम पर तक़सीम की बुनियाद रखी गयी थी तो पाकिस्तान में बलूची, सिन्धी और पंजाबी मुहाजिरीन क्यों एक दूसरे के दुश्मन हैं? शिया और सुन्नी फ़सादात में हिस्सा लेने वाले दरिन्दा सिफ़त लोग आख़िर कौन हैं?

1971 के मशरिक़ी पाकिस्तान में अल्लाह की किताब अपने साथ ले जाने वालों से किताबे इलाही (क़ुरआन) छीन कर उर्दू तर्जुमे वाले क़ुरआन को जलाने वाले और पढ़ने वालों को बेदर्दी से क़त्ल करने वाले लोग आख़िर कौन थे? मेरे वालिद अपनी ख़ानदानी साख और बच्चों को भूख से बचाने के लिए उत्तर प्रदेश से कलकत्ता मुनतक़िल (स्थानान्तरित) हुए, आख़िर उन्हें हिजरत के लक़ब से क्यों नहीं नवाज़ा जाता? हिन्दुस्तान से लाखों लोग अपने मुस्तक़बिल को सँवारने के लिए सारी दुनिया में फैले हुए हैं... उनको मुहाजिर क्यों नहीं कहा जाता। अगर कश्तियाँ जला देने का नाम हिजरत है तो तारिक़ बिन ज़ियाद और उनके साथियों को तारीख़े इस्लाम में मुहाजिरीन का दर्जा क्यों नहीं दिया गया। अदबी, इल्मी और मज़हबी मुफ़क्किरीन (चिन्तकों) को एक बार संजीदगी के साथ सिर जोड़ कर बैठना होगा। फ़तवे को मज़ाक बना देने वाले ये ख़ुदसाख़्ता मोलवी हिजरत के सिलसिले में किसी फ़तवे का एलान क्यों नहीं करते... लेकिन शायद मेरी इस तहरीर को दीवाने की बड़ से ज़्यादा अहमियत नहीं दी जायेगी क्योंकि शायद दुनिया बनाने वाले और दुनिया चलाने वालों की सोच में कभी यक़ानियत (एकरूपता) नहीं रही। इनमें कभी आपस में इत्तिफ़ाक (सहमति) नहीं हो सका।

मैं हिन्दुस्तान की तक़सीम को ज़मीन का बटवारा बिल्कुल नहीं समझता।

मैं उसे दुनिया का एक ज़हीन क़ौम और अज़ीम हिन्दुस्तान से यहूदियों और ईसाइयों का ख़ौफ़नाक इन्तिक़ाम समझता हूँ। अगर हिन्दुस्तान की तक़सीम न हुई होती तो इसराईल फ़िलिस्तीन की ज़मीनों पर क़ब्ज़ा नहीं कर सकता था। अगर हिन्दुस्तान की तक़सीम न हुई होती तो रूस और अमेरिका अफ़ग़ानिस्तान को तबाह नहीं कर सकते थे। अगर हिन्दुस्तान की तक़सीम न हुई होती तो अरब के तेल के कुओं पर अमेरिका की इजारादारी नहीं हुई होती। अगर हिन्दुस्तान की तक़सीम नहीं हुई होती तो फ़ौजी साजो सामान और लगातार कई जंगों में बर्बाद होने वाली दौलत का सही इस्तेमाल करके हम रूस और अमेरिका से पहले चाँद पर पहुँच चुके होते।

जिस तरह चकबन्दी का मोहकमा अंग्रेज़ी हुकूमत की पुश्त पनाही करने वाले ज़मींदारों को ज़्यादा से ज़्यादा फ़ायदा पहुँचाने के लिए बनाया गया था, उसी तरह हिन्दुस्तान की सियासी चकबन्दी नामनिहाद सियासतदानों की चौधराहट को क़ायम रखने की ग़रज़ से की गयी थी। कभी-कभी मैं सोचता हूँ कि अगर मोहम्मद अली जिनाह का तअल्लुक़ उत्तर प्रदेश से होता और पण्डित नेहरू सिन्ध के रहने वाले होते तो शायद हिन्दुस्तान सियासी चकबन्दी के इस खेल से निकल जाता जिसे तक़सीम और पार्टीशन का भारी भरकम नाम देकर दोनों क़ौमों को मुग़ालते (ग़लतफ़हमी) में रखा गया और हम लफ़्ज़े हिजरत के बेजा इस्तेमाल के गुनाह से बच जाते। यूँ भी चकबन्दी का फ़ायदा सिर्फ़ ज़मींदारों को होता है... किसानों की पीठ तो सिर्फ़ कोड़ों के निशानात के लिए होती है। ज़मीन तो किसी मज़लूम औरत की तरह फटे-फटे दीदों से दुनिया वालों के करतूत देखती रह जाती है। हाँ, जब कभी-कभी उसकी कूव्वते बर्दाश्त जवाब देने लगती है तो वह निहायत ख़ामोशी से इस तरह करवट बदलती है कि सैकड़ों गुनहगार बस्तियाँ उसमें दफ़्न हो जाती हैं।

अंग्रेज़ अगर हिन्दुस्तान की आज़ादी का सच्चे दिल से तरफ़दार होता तो वह हमें हमारा पूरा-पूरा हिन्दुस्तान वापस करके जाता। हमने भी नहीं सोचा था कि हमारी आज़ादी के ख़्वाब का कट्टर मुख़ालिफ़ अंग्रेज़ अचानक तक़सीम का तरफ़दार क्यों बन गया। आज़ादी के ख़ूबसूरत ख़्वाब की ताबीर बदसूरत तक़सीम कैसे हो सकती है। अच्छे ख़्वाब की ताबीर भी अच्छी होनी चाहिए थी लेकिन शायद हमने कच्ची नींद के आलम में ख़्वाब देखा था और कच्ची नींद के ख़्वाबों की ताबीरें न तो सच्ची होती हैं न ही अच्छी। अल्लाह जाने यह कैसा ख़्वाब था जिसने मुल्क के आज़ाद होते ही पचास करोड़ से ज़्यादा हिन्दुस्तानियों की आँखों से हमेशा के लिए सुकून की नींदें छीन लीं। अब हम ख़्वाब की आरज़ू नहीं करते क्योंकि हमारी उम्रें तो नींद की दुआएँ माँगने में गुज़रती चली जा रही हैं।

हिन्दुस्तान की तक़सीम ने जहाँ एक तरफ़ मुसलमानों के एत्तहाद के दामन को तार तार कर दिया तो दूसरी तरफ़ उन्हें मसाएब (मुसीबतों) में ज़िन्दा रहने, अपने आपको फिर से आबाद करने और अपने घरों की टूटी लखौरियों से नये मकान की तामीर का शौक़ भी पैदा कर दिया। हालाँकि तक़सीम के ग़म से सँभाला लेने में ही बहुत वक़्त गुज़र गया क्योंकि रिश्तों की टूट फूट, ख़ानदानों का बिखराव, आँगन की तक़सीम, सियासत की धूप छाँव, रहबरों की रेशा दवानियाँ (साजिशें) तरक़्क़ी के शौक़ की तह से झाँकता हुआ बिछड़ जाने का ख़ौफ़, सियासत की खींची हुई सरहदी लकीर, पैरों से ज़मीन की जंज़ीर का उलझना, छोटी-छोटी आँखों में बड़े-बड़े ख़्वाबों का दर आना, उम्मीदों और आरज़ूओं की कश्ती में बैठ कर नयी ज़मीन की तलाश में लहरों-लहरों चलना, एक दूसरे को रोते हुए ख़ुदा हाफ़िज़ कहना...ग़रज़ ये कि अवध की मिट्टी में सने हुए पाँव जब पंजाब और सिन्ध की जानिब उठे तो रास्ते में ज़ख़्मों के ऐसे नक़्शे क़दम बनाते गये जिनको बासठ बरस की मुद्दत और गुज़रते हुए वक़्त का मरहम भी मुन्दमिल (भरना) नहीं कर सका। बेशतर घरों में ऐसी ख़ामोशी थी जैसे मय्यत उठ जाने के बाद होती है, जैसे अपने चहेते को क़ब्र के सुपुर्द करके लौटते हुए रिश्तेदारों के चेहरों पर होती है, जैसे लड़की की रुख़्सती के बाद घर के दरो दीवार की वीरानी... आँखों में सोगवारी के ढेर सारे आँसू...चेहरे आँसुओं से तर जैसे भीगे हुए सफ़ेद कबूतर, जैसे ओस में रखी हुई माँ की सफ़ेद ओढ़नी, जैसे हरे-हरे पत्तों पर ओस की सजी हुई बारात, जैसे बुझते हुए चराग़ की लौ, जैसे बारिश में भीगी पतंग, जैसे आँसुओं से भीगा दुपट्टा, जैसे छत काट कर आता हुआ बरसात का पानी, जैसे शिकरे की आवाज़ सुनकर सहमी हुई चिड़िया, जैसे साँप के ख़ौफ़ से ख़ाली बया का घोंसला, जैसे पगडण्डियों से उलझता हुआ थका-थका-सा मुसाफ़िर।

मुझसे यूँ भी तक़सीम शुदा (विभाजित) घर हो या मुल्क देखा नहीं जाता है क्योंकि परिन्दों का घोंसला एक होता है लेकिन वह पूरे बाग़ को अपने मुल्क में शामिल रखते हैं, लेकिन हम इंसान तालीम याफ़्ता होते हैं...बेपनाह मोहज़्ज़ब (सभ्य) होते हैं...ख़ुदा और भगवान पर मुकम्मल यक़ीन रखते हैं लेकिन उसकी बनायी हुई ज़मीन को तक़सीम करके ख़ुश होते हैं। ज़मीनों को बाँटना शायद ख़ुदा की सबसे बड़ी नाफ़रमानी है। ख़ुद को दीनदार कहलाने वाला कोई भी मोहज़्ज़ब इंसान इस तक़सीम पर भरपूर ग़ैर सियासी (अराजनैतिक) एहतिजाज नहीं करता है। अगर ग़ौर किया जाये तो दुनिया का पहला दहशतगर्द (आतंकवादी) वही रहा होगा जिसने खेत, ज़मीन या इंसानियत के बीच में लकीर खींची होगी।

इंसान अपनी मुख़्तसर-सी ज़िन्दगी में नफ़रतों के कैसे-कैसे बीज बो कर दुनिया से रुख़सत हो जाता है, मुल्कों के बीच दीवारें खड़ी करता है...हद तो यह

है कि एक घर में कई दीवारें उठा देता है। इंसान ग़लतियों का पुतला है लेकिन तक़सीम का खेल करने वाले इंसान कभी नहीं हो सकते क्योंकि दिलों, जज़्बों और रिश्तों की तक़सीम इंसान नहीं कर सकते। इस काम के लिए तो शैतानों को पैदा किया गया है। हज़रत मूसा के पास एक औरत अपने दो नवउम्र बच्चों के साथ आयी और हज़रत मूसा से कहने लगी कि ऐ मूसा! मैं चाहती हूँ कि तू मेरे इन बच्चों को लम्बी उम्र की दुआओं से सरफ़राज़ कर दे। हज़रत मूसा ने मुस्कुराते हुए कहा, माई! दो ढाई सौ बरस की उम्र कोई कम तो होती नहीं है...अब और कितनी तवील उम्र की ख़्वाहिश रखती है? औरत को ख़ामोश देख कर हज़रत मूसा ने कहा कि माई! तुझे मालूम है... एक ऐसी उम्मत भी आयेगी जिसमें लोगों की उम्र सिर्फ़ पचास-साठ बरस की होगी। उस औरत ने हसरत भरे लहजे में कहा कि अरे मूसा! काश मैं उसी ज़माने में पैदा होती तो इतनी मुख़्तसर उम्र तो किसी पेड़ के नीचे खड़े हो कर गुज़ार देती। पाकिस्तान के क़याम के बाद मोहम्मद अली जिनाह दो बरस भी ठीक से नहीं जी सके। महात्मा गाँधी तो पूरी तरह आज़ाद हिन्दुस्तान देख भी नहीं पाये। नेहरू और सरदार पटेल भी हजरत ख़िज्र अलैहिस्सलाम की उम्र लिखा कर नहीं लाये थे। ज़्यादा से ज़्यादा दस-पन्द्रह बरस के इक़्तिदार की हवस ने कितनी गोदें उजाड़ीं, कितनी माँगों को सूना किया, कितने घरों को वीरान किया... इसका हिसाब तो देना ही पड़ेगा। तारीख़ वह सूदख़ोर साहूकार है जो सूद-ब्याज के साथ अपना क़र्ज़ वसूल कर लेती है।

बचपन ख़ुशबू की तरह होता है...बहुत देर नहीं ठहरता...या बचपन को पर लग जाते हैं। दिन महीनों में और महीने बरसों में तब्दील होते रहे। कुछ ही बरसों बाद तक़रीबन सारा ख़ानदान पाकिस्तान के लिए यूँ रवाना हो गया जैसे ताऊन में गाँव साफ़ हो जाते थे, जैसे जंगल में आग लग जाती है, जैसे रंगत को धूप खा जाती है, जैसे किरदार (चरित्र) को शहर खा जाते हैं, जैसे ईमान को हवस निगल लेती है, जैसे हवेलियों को अना खा जाती है, जैसे आईने को वीरानी खा लेती है...शायद आईना चेहरा देखने के लिए होता है और ढाल...मैदान में तन्हा छोड़ कर जाते हुए लश्कर को देखने के लिए होती है। सियासत की बिसात पर दुनिया की सबसे ज़हीन क़ौम मोहरा बन कर रह गयी। तक़सीम के खेल में पाकिस्तान जीत गया मगर मुसलमान हार गये। कभी-कभी सोचता हूँ कि यह कैसी शिकस्त थी जिसका एहसास बासठ बरस गुज़र जाने के बाद भी बाक़ी है...यह कैसा ज़ख़्म था जिसकी कसक हर मरने वाले के चेहरे से उतर कर पैदा होने वाले के चेहरे पर चिपक जाती है। यह कैसी निदामत (शर्मिन्दगी) थी जिसे तीन नस्लों के आँसू भी नहीं धो सके। ये कैसी तक़सीम थी जिसका हिस्सा आज

तक नहीं लग सका। यह कैसा फ़ैसला था जिसने ताजमहल के दो अनदेखे टुकड़े कर दिये, कश्मीर के दो हिस्से हो गये, जामा मस्जिद आधी हो गयी, ग़ज़ल ने मर्सिया (शौक़ गीत) का रूप धार लिया। हिन्दुस्तान की कोख से जन्म लेने वाली बेचारी और मज़लूम उर्दू ज़बान सरहद की सूली पर लटका दी गयी।

उर्दू दुनिया की वह ज़बान है जिसकी हिमायत और सरपस्ती के लिए हिन्दुस्तान की हर क़ौम के क़लम बरदार मैदाने अदब में सीना सिपर हो गये। मुख़्तलिफ़ ज़बानों का फलना-फूलना किसी भी जम्हूरी मुल्क के लिए तौसीफ़ी सनद की हैसियत रखता है। अज़ीम हिन्दुस्तान वह आईनाखाना है जिसमें दुनिया की मोहज़्ज़ब क़ौमें अपना सरापा देख सकती हैं। उर्दू हिन्दुस्तानी नस्ल की वह लड़की है जो आज अपने सलोने हुस्न और मिठास भरे लहजे की बदौलत सारी दुनिया में मक़बूल और महबूब है। तक़रीबन चार सौ बरस पुरानो ये दोशीज़ा आज भी जब ग़ज़ल का लिबास ज़ेबे तन कर लेती है तो दुनिया की बड़ी से बड़ी ज़बान की दूधिया रंगत मैली हो जाती है। आज भी जब यह भिखारन चेहरे पर लाहौरी नमक, जिस्म पर हिन्दी शब्दावली का पैरहन, बंगला ज़बान की बिन्दी, पंजाबी ज़बान का अल्हड़पन, संस्कृत की संजीदगी, अवधी का शर्मीलापन, कश्मीर की ताज़गी, मैथिली की मासूमियत, गुजरात की सादा मिज़ाजी, राजस्थान का बाँकपन रुहेलों की जवाँमर्दी, बुन्देलों का विक़ार और मराठों की बहादुरी के साथ तेलुगु, कन्नड़, तमिल और मलयालम के फूलों का गजरा बाँधे हुए क़ौमी यकजहती के रथ पर सवार होकर निकलती है तो हर साहिबे नज़र (आँख वाला) तस्वीर बन कर रह जाता है। हालाँकि उर्दू ज़बान के नशेमन (घोंसला) पर सिर्फ़ पचास बरसों में दो बार सियासत की बिजली गिरी। पहली बार तो मुल्क की तक़सीम ने क़ौमी एत्तहाद के आईने को चकनाचूर करते हुए उर्दू को एक ख़ास फ़िरक़े की ज़बान बना दिया। अभी इस ग़म से उर्दू बेचारी सँभाला भी नहीं ले पायी थी कि उसके ज़ख़्मी जिस्म पर बाबरी मस्जिद का मल्बा भी गिर पड़ा। एक दबी-कुचली ज़बान को सँभाला लेने में कितना वक़्त लगता है, इसका अन्दाज़ा भी नहीं लगाया जा सकता।

एक नये और अजनबी मुल्क की तरफ़ बढ़ते हुए क़दम मन-मन भर के हो रहे थे लेकिन इसके बावजूद आगे की तरफ़ ही सरक रहे थे। पैरों में पड़ी हुई बेड़ियों के कटने की एक उम्र और एक तारीख़ मुक़र्रर होती है लेकिन यह कैसी सज़ा के मुजरिम थे जिनका हर एहसास माज़ी और मुस्तक़बिल से बेनियाज़ (चिन्ताविहीन) था, जिनकी आँखों में इतनी अजनबीयत थी कि शायद मैदाने हश्र में भी इस दर्जा अकेलेपन का एहसास न होने पाये। माज़ी के निगार खाने (पिक्चर गैलरी) से अपने को निकालते वक़्त कितनी अज़ीयतों (तकलीफ़ों) से

गुज़रना पड़ता होगा इसका एहसास सिर्फ़ हिजरत की तरफ़ क़दम बढ़ाते हुए इंसान को ही हो सकता हे। बक़ौल इफ़्तिख़ार आरिफ़—

तमाम ख़ानाबदोशों में मुश्तरक है ये बात
सब अपने-अपने घरों को पलट के देखते हैं

खेत, खलिहान, धान और गेहूँ की बालियाँ, लालटेन की रौशनी में ख़ामोशी की चादर ओढ़ कर सोता हुआ गाँव, झील के किनारे उतरती हुई कपासी रंग चादर ओढ़े शाम, वीरान से रेलवे स्टेशन पर 'जागते रहो' की आवाज़ लगाता हुआ बूढ़ा चौकीदार, उजड़ती हुई चौपालों के मनाज़िर (दृश्य), शहनाइयों की धुन पर रोता हुआ पनघट, किसानों की छोटी-छोटी सिर उठाती आरज़ूएँ, नींद के दरख़्तों पर पड़े हुए वीरान झूले, कच्ची सड़कें, पुले सिरात जैसी पगडण्डियाँ, आम की कैरियों और इमली के लिए लड़ती-झगड़ती लड़कियाँ, तालाब में कमलगट्टे और मुर्ग़ाबियाँ, झाड़ियों में छुपी हुई करौंदे और बेर की डालियाँ, मेले में घूमते हुए भोले भाले लोग, लहँगे और चुनरी की दुकानों पर सुहागिनों की क़तारें, बैलगाड़ियों पर बैठकर गाँव से दूर जाते हुए उतरे-उतरे चेहरों वाले लोग, महुवे की खुश्बू, जामुन का खट्टा-मीठा ज़ायक़ा, रंग बिरंगी चिड़ियों से पटे हुए पेड़ और तालाब, मस्जिद और मन्दिर से टेक लगाये हुए गंगा जमुनी तहज़ीब, होली की गुझिया में सिवइयों जैसी मिठास और लज़्ज़त, कुएँ की जगत पर बैठा हुआ हिन्दुस्तानी समाज, ज़ात-पात पूछे बग़ैर पानी पिलाता हुआ मज़हब, सिर्फ़ इंसानियत का सबक़ पढ़ाते हुए मकतब, एक ही पेड़ पर बसेरे के लिए लड़ती-झगड़ती चिड़ियाँ, माँ की गोद में बैठने के लिए झगड़ता हुआ बचपन, पतली लकीरों जैसी पगडण्डियों पर एक दूसरे को सहारा देते हुए लोग...यह आख़िर सुफ़ियों, सन्तों, साधुओं, क़लन्दरों और दुर्वेशों वाले हिन्दुस्तान को किस तंग नज़र की नज़र लग गयी।

पिछले बरस एक मुशायरे में शिरकत की ग़रज़ से मैं फ़ीरोज़पुर गया था, इस सफ़र में ईनाम के तौर पर विजयेन्द्र शर्मा मेरी दोस्ती का नसीब बने। बी.एस.एफ. के आला ओहदेदार हैं, उर्दू शायरी के दिलदादह (आशिक़) हैं, गेसुए ग़ज़ल के गिरफ़्तार हैं और तहज़ीबी एतबार से इतने बड़े सरमायादार हैं कि उनसे मिलकर ज़िन्दा रहने का शौक़ बढ़ जाता है। मेरे साथ मलिकज़ादा जावेद भी थे। इस यादगार सफ़र ने कई पुराने ज़ख़्मों के टाँके तोड़ दिये। कई बोसीदा (जीर्ण-शीर्ण) यादों के वरक़ उलट दिये, कई बार आँखें उठने को आयीं, कई बार पपोटे ज़ख़्मी होठों की तरह सूजे-सूजे दिखाई दिये। कई बार आँसुओं ने रंगत बदलने की कोशिश की। कई बार ख़ानये दिल से कुछ टूटने की आवाज़ आयी। कई बार चेहरे ने फ़सील (दीवार) पर रखे हुए चराग़ की तरह बुझना चाहा। कई बार एहसास की थरथरी ने सर्दी का एहसास दिलाया...काश! यादों के दरवाज़े पर ताला डालने की गुंजाइश होती।

होटल से सरहद का फ़ासला तक़रीबन बारह किलोमीटर...हुसैनीवाला से सरहद का फ़ासला सिर्फ़ साढ़े चार किलोमीटर...शहीद भगत सिंह की मज़ार से सरहद का फ़ासला सिर्फ़ एक किलोमीटर...इस सरहद से उस सरहद का फ़ासला सिर्फ़ चार इंच की एक बहुत पतली-सी लेकिन नुमायाँ लकीर, लेकिन दिलों के फ़ासले की उम्र साठ बरस, नफ़रतों के फ़ासले की उम्र कई सौ बरस। मैं सोचने लगा कि आख़िर ऐसा क्यों है? दोनों तरफ़ की ज़मीनें एक जैसी, दोनों तरफ़ की हरियाली हू-ब-हू एक सी, दोनों तरफ़ की फस्लें भी एक ही जैसी, दोनों तरफ़ का पानी भी एक जैसा, दोनों तरफ़ का ख़ून भी एक जैसा, दोनों तरफ़ के लिबास भी एक जैसे, दोनों तरफ़ की जसामतें (डील डौल) भी एक जैसी, दोनों तरफ़ के क़हक़हे भी एक जैसे, दोनों तरफ़ के आँसू भी एक जैसे, दोनों तरफ़ की आहें भी एक जैसी...फिर यह बरतानवी (ब्रिटिश) कम्पनी के तैयार किये हुए रंगों की लकीरें हम मिटा क्यों नहीं पाते? यह लक्ष्मण रेखा तो हो नहीं सकती जिसको भोली भाली सीता मैया ने एक भिखारी की झोली भरने के लिए पार किया था तो क्या इस सरहदी लकीर को हम रावण रेखा समझ लें जिसको पार करते हुए लोग डरते हैं। तो क्या कोई राम इस सरहदी धनुष को तोड़ेगा? लेकिन कब तोड़ेगा, कैसे तोड़ेगा? इतने सारे सवालात की बिजलियाँ ज़ेहन में चमकने लगीं कि ब्लड प्रेशर ने अपनी सरहद से आगे बढ़ना शुरू कर दिया। मैंने बैग से दवा की एक गोली निकाल कर उसका सहारा लिया जैसे बचपन में दादी और दादा के पाकिस्तान जाते वक़्त मेरे वालिद ने मेरे कमज़ोर काँधों का सहारा लिया था। अब हम लोग सरहदी तमाशे के इतने क़रीब पहुँच चुके थे कि नारये तकबीर...अल्लाहु अकबर और वन्दे मातरम् की सदायें एक साथ मिल कर किसी नये नग़मे की शक़्ल में ढलती महसूस हो रही थीं। विजयेन्द्र शर्मा शायर दोस्त भी हैं और शायर मिज़ाज भी। वह ख़ास तौर से जालन्धर से मुशायरा सुनने आये थे। उन्हीं की क़यादत (नेतृत्व) में हम लोग यहाँ तक पहुँचे थे। बी.एस.एफ. के सरहदी गेस्ट हाउस में हम लोगों ने मुँह हाथ धोया, लॉन में बैठ कर चाय पी और बिस्कुट भी खाये और फिर हमारा क़ाफ़िला उस सिम्त बढ़ने लगा जिसे सरहदी लकीर कहते हैं। लेकिन यह सरहदी लकीर तिरछी थी जैसे बच्चे आँगन में लकड़ी या मिट्टी के टुकड़े से खींच देते हैं। ग़ौर से देखने पर मालूम हुआ कि एक तरफ़ पाकिस्तानी सिपाही मौजूद हैं और दूसरी तरफ़ हिन्दुस्तानी सिपाही सीना सिपर खड़े हुए हैं। दोनों तरफ़ हज़ारों की तादाद में सरहद देखने वालों की भीड़ थी, जिनमें जवान भी थे और बच्चे भी, बहिनें भी थीं और माँएँ भी। अब यह लकीर मुझे उस ख़तरनाक साँप की तरह लगने लगी जो घर की दहलीज़ पर आकर लम्बा-लम्बा लेट जाये। इधर के लोग उधर जाने से ख़ौफ़ खा रहे हैं और उधर के लोग इस

तरफ़ आते हुए। ख़ुद ब ख़ुद अन्दाज़ा हो गया कि यह लकीर नहीं है...यह एक साँप है...नफ़रत का साँप जिसे साठ बरस पहले अंग्रेज़ इस रास्ते पर इन्तिक़ामन (बदले की भावना से) डाल गये थे। हालाँकि यह साँप एक मुद्दत हुई मर चुका है लेकिन हमारी गुलामाना ज़ेहनियत अभी ज़िन्दा है। लिहाज़ा हम अपने अंग्रेज़ आक़ाओं के एहतराम में इस साँप नुमा लकीर को मिटा नहीं पा रहे हैं। दोनों तरफ़ के तमाशाई परेड का तमाशा देखने के मुन्तज़िर हैं। मुझे तमाशा देख कर बेसाख़्ता हँसी आने लगी क्योंकि सरहद के दोनों तरफ़ पेड़ों पर बैठी हज़ारों चिड़ियाँ भी इस तमाशे को देखने के लिए कभी हिन्दुस्तानी दरख़्तों पर उड़ कर चली जाती हैं, कभी पाकिस्तानी पेड़ों को अपनी छतरी बना लेती हैं। चिडियाँ इधर से उधर उड़ कर दोनों तरफ़ की फ़ौजी सलाहियतों का मज़ाक उड़ा रही हैं क्योंकि अख़बारों में तो रोज़ यह छपता है कि सरहद पर चौकसी इतनी बढ़ा दी गयी है कि परिन्दा पर नहीं मार सकता। अशरफुल मख़्लुक़ात (जीवों में श्रेष्ठ) कहलाने वाले इंसान के झूठ पर बेज़बान चिड़ियाँ शर्मिन्दा हो रही हैं। शायद उन्हें भी इंसान के नक़लीपन का पूरा-पूरा एहसास हो गया है। दिन ने चमकती हुई धूप वाला लिबास तक़रीबन उतार दिया है। अब रात फ़क़ीरों वाला लिबास पहनने की तैयारी में मसरूफ़ है। अब अँधेरा अपने पैर पसारने की कोशिश कर रहा है। चिड़ियों ने उछल कूद बन्द करके तिलावत (पाठ) करना शुरू कर दिया है। इस तिलावत में क़ुरआन भी है और गुरुबानी भी। रामायण के श्लोक भी हैं और गीता की शब्दावली भी। इबादत का रिश्ता मज़हब से नहीं, रूह से होता है। इसीलिए तो चिड़ियाँ लाउडस्पीकर का इस्तेमाल नहीं करतीं। सबकी आवाज़ें एक लय और एक सुर में ढल जाती हैं। वह दरख़्तों को अपना मुल्क समझती हैं और मुल्क को इबादतगाह, इसीलिए उनमें फ़िरक़ा परस्ती नहीं होती...उनमें मज़हबी दीवानगी भी नहीं होती। अपने-अपने घोंसलों में बैठे हुए इन चिड़ियों के नासमझ बच्चे अपने समझदार होने का इन्तिज़ार कर रहे हैं लेकिन हम सरहदों के दोनों किनारों पर बैठे हुए इंसान हिन्दुस्तानी और पाकिस्तानी का लेबिल लगा कर अपने-अपने समझदार बच्चों को नासमझ बनाने के लिए यहाँ आते हैं। शायद हम उन्हें बटवारे का मतलब समझाने के लिए सरहदों के पास आते हैं और अपने पिछले गुनाहों पर पर्दा डाल कर सरहद पार के गुनहगारों की कहानियाँ सुनाते हैं।

अब परेड का तमाशा शुरू होता है। कभी कोई पाकिस्तानी फ़ौजी नथुने फुला कर सीने को चौड़ा किये हुए अपने फ़ौजी जूतों को इतना पटकता है कि ज़मीन उसे गुनहगार समझने लगती है, फिर यही काम हिन्दुस्तानी सिपाही शुरू करता है। दोनों तरफ़ बैठे हुए इंसान पल में पाकिस्तानी और हिन्दुस्तानी बन कर अपने-अपने सिपाहियों की हौसला अफ़ज़ाई (उत्साह वर्धन) में तालियाँ बजाते

हैं और नारे लगाते हैं। यह सिलसिला काफ़ी देर तक चलता रहता है। फिर दोनों मुल्कों के झण्डों के उतरने की रस्म शुरू होती है। पूरी तरह अँधेरा होने से पहले इस नूरा कुश्ती का सिलसिला ख़त्म हो जाता है। दोनों तरफ़ के लोगों का जोश चार ग़ज कपड़े की अहमियत का भरपूर एहसास दिलाता है। लोग बताते हैं कि शुरू से यानी आज़ादी के फ़ौरन बाद से ही यह सिलसिला एक बे सम्त (दिशाहीन) मंज़िल की तरफ़ रवाँ दवाँ है। दुनिया के दो ग़रीब मुल्क दुनिया के अमीर मुल्कों को और अमीर बनाने के लिए, किसी तरह एक दूसरे को नीचा दिखाने के लिए जंगी साज़ो सामान से अपने आपको लैस किये रहते हैं। शायद दुनिया के तमाम ताक़तवर मुल्कों ने यह जान लिया है कि एशिया और अरब ममालिक (मुल्कों) में नफ़रत की लकीरें मिटते ही उनके कारोबार का वजूद ख़तरे में पड़ जायेगा। हम अपना दुख अपने भाई से कहने में शर्माते है लेकिन ग़ैर के सामने बरहना (नंगे) होने के लिए तैयार रहते हैं।

वहाँ से हम लोग शहीद भगत सिंह की समाधि पर आये। शहीदों की मज़ारों पर अल्लाह का ख़ास नूर रहता है और क्यों न हो, जब उस पाक परवरदिगार ने क़ुरआन करीम में फ़रमा दिया है कि मैं सारे आलम का रब हूँ। लोग बताते हैं कि तक़सीम के वक़्त शहीद भगत सिंह का मज़ार पाकिस्तान के हिस्से में आया था लेकिन पण्डित नेहरू की गुज़ारिश पर हुसैनी वाला का इलाक़ा पाकिस्तान ने हिन्दुस्तान को वापस कर दिया और इसके एवज़ में काफ़ी ज़मीन हिन्दुस्तान ने उसे लौटा दी थी। होना तो यह चाहिए था कि भगत सिंह दोनों मुल्कों के हीरो रहते क्योंकि वह मुत्तहिदा हिन्दुस्तान के मुजाहिदे आज़ादी थे, जिस तरह अल्लामा इक़बाल के तरानों को दोनों मुल्कों में एहतराम और अक़ीदत (श्रद्धा) से सुना जाता है...लेकिन सियासी फ़ैसले हमेशा इंसानियत के लिए मुज़िर (नुक़सानदेह) साबित होते हैं। अगर मैं एक दिन के लिए भी इस मुल्क का सबसे बड़ा ओहदेदार हो जाऊँ तो शहीद भगत सिंह की समाधि को सलाम करने के लिए आने वालों से वीज़े की बन्दिश ख़त्म कर दूँ और पाकिस्तान के सद्र से भी यही गुज़ारिश करूँ कि अल्लामा इक़बाल के मज़ारे अक़दस (पवित्र मज़ार) तक जाने वालों से वीज़ा हर्गिज़ न तलब किया जाये। मुमकिन है कि मेरी ख़्वाहिश को मेरा पागलपन समझा जाये और मेरी इस बात को दीवाने की बड़ समझा जाये लेकिन–

ठहर जाती हैं पल भर के लिए सहने गुलिस्ताँ में
बहारें अब भी दीवानों का कहना मान लेती हैं

सरहद के पास बने हुए घरों की उदासी कभी ख़त्म नहीं होती। दिन का उजाला भी वहाँ लालटेनों की रौशनी के बराबर होता है और फिर बात चाहे घरों की तक़सीम की हो या सियासत के ज़ेरे असर (प्रभाव में) होने वाले मुल्कों का

बटवारा हो... दोनों ही हादसे इंसानियत, दोस्ती, रवादारी और रिश्तों की बुनियादों को हिला कर रख देते हैं। सरकारों ने फ़ैसले किये और मुल्क तक़सीम हो गया, प्यासी ज़मीनों को सैराब (तृप्त) करने वाले दरियाओं पर मशीनी पहरे बिठा दिये गये। नदियों और दरियाओं को ज़मीन की सैराबी से रोकने के नतीजे में ही सैलाब और सूखे का जन्म होता है। सतलज नदी के पास से गुज़रते वक़्त पानी से उठता हुआ बदबू का भपका देर तक किसी को वहाँ रुकने नहीं देता है। पानी पर पहरा क़ुदरत के ख़ूबसूरत निज़ाम (प्रबन्ध) से छेड़छाड़ करने जैसा होता है। जिस ज़मीन पर खड़े होकर पंजाब के किसान एक दूसरे से हल, बैल और बीज तक माँग लेते थे, जिस ज़मीन पर चलने वाले एक दूसरे के दुख में आँसू बहाने के लिए दौड़ पड़ते थे... अब वहाँ ज़मीन पर बिछे हुए बिजली के नंगे तारों में करंट दौड़ा करता है। काश, जानवरों और परिन्दों के लिए भी कोई ऐसा स्कूल होता जो उन्हें बता सकता कि जिन तारों को तुम अपनी छतरी समझते हो उनमें तुम्हारी मौत के लिए बुना हुआ जाल भी मौजूद है। दरियाओं और नदियों का पानी बहने के लिए होता है। ठहरा हुआ पानी सड़ाँद (दुर्गन्ध) का शिकार हो जाता है क्योंकि जब इंसानी जिस्म में गर्दिश करने वाला पानी किसी एक जगह पर रुकते ही गुर्दे के चीथड़े कर डालता है तो मशीनों के ज़ोर से क़ुदरत की बनायी हुई नदियों के पानी पर पहरा बिठाने से खेतों में पैदा होने वाली चीज़ों में लज़्ज़त कैसे आ सकती है। एक चेहरे की दोनों आँखों में इतनी अजनबीयत भी हो सकती है, इसका अन्दाज़ा हुसैनी वाला सरहद की लकीर देखने से पहले मुझे बिल्कुल नहीं था। दोनों मुल्कों की सरहद पर बसी हुई एक नस्ल तो अपने और पराये के फ़र्क़ को महसूस करने में ही ख़ाक में मिल गयी होगी। मैं नुजूमी (ज्योतिषी) न होते हुए भी यह पेशीनगोई तो कर सकता हूँ कि हिन्दुस्तान की तारीख़ अपना हज़ारों बरस का सफ़र तय कर चुकी है लेकिन बेमक़सद खींची गयी हिन्दो-पाक की सरहदी लकीरें एक सदी भी पूरा नहीं कर सकतीं। हमारी जम्हूरियत से वह गुलामी हज़ार दर्जा अच्छी है जिसके रास्ते में कोई सियासी रुकावट नहीं होती है।

लखनऊ जब किसी को हिजरत पर रवाना करता तो उसके गले में तहज़ीब का तावीज़ डाल देता था, शराफ़त उसके सिर पर शफ़क़त से (स्नेह से) हाथ रखती, नर्म गुफ़्तारी उसके होंठों पर फूल रखती, शौक़े फ़ुनूने लतीफ़ा (ललित कलाओं का शौक़) कोई वादा लेता, इंसानियत पैमाने वफ़ा (वफ़ादारी की क़सम) लेती, ग़ज़ल दिल के निहाँख़ाने में चुपके से एक मुट्ठी ख़ाक रख देती, ज़िन्दादिली हाथ उठा कर दुवाएँ करती, गोमती नदी किनारों से अपना सिर पटक-पटक पर आते रहने का वादा लेती, ख़ुशरंग पतंगें दूर तक उसको छोड़ने जाती, डोर उसके

पैरों से लिपट कर अपने जंज़ीर होने का एलान करती, रास्ते की ख़ाक उसके पैरों से लिपट-लिपट जाती, दरख़्तों की शाख़ें अपने हाथ हिला कर उसे रुख़्सत करतीं, कबूतरों का एक क़बीला क़ुदरत के हवाई जहाज़ों की तरह दूर तक उसकी रखवाली करता, मन्दिर, मस्जिद और इमामबाड़े उसकी लम्बी उम्र और सलामती की दुआएँ माँगते और जाने वाला हसरत की तजसीम (प्रतिमूर्ति) बन जाता था।

उत्तर प्रदेश के कई बड़े शहरों से घिरा, कई तारीख़ी क़स्बों को अपने सीने से लगाये, अपने चेहरे पर बंजर और ज़रख़ेज़ मिट्टी मले हुए गंगा जी के कछार में सई नदी के किनारे रायबरेली आबाद है। अदबी तौर पर बेइन्तिहा मालामाल यह शहर सियासी तौर पर भी बहुत होशियार है। इस शहर में सियासत इक़्तिदार का नाम नहीं है, बल्कि सूझबूझ का नाम है। कुछ शहर अपने जुग़राफ़िया (भूगोल) की हिफ़ाज़त में इतने मसरूफ़ रहते हैं कि तारीख़ उन्हें भूलने लगती है। उनकी एक मामूली-सी ग़लती शहर को खण्डर में, इबादतगाहों को मैदाने जंग में और इंसानी जिस्मों को गोश्त की दुकान पर सजी मुर्दा भेड़-बकरियों में तब्दील कर देती है।

इसी शहर के एक क़दीम मोहल्ले में मेरा घर है। मेरा आबाई घर... जिसकी पुरानी बुनियादों पर जब नयी ईंटों ने अपना सिर रखा तो घर वालों ने मेरी एक किताब का उनवान (शीर्षक) भी उसके हवाले कर दिया जिसकी निस्बत से मेरा घर भी गज़ल गाँव कहलाया जाने लगा। ग़रीब घर में पैदा होने वाले बच्चे का कोई नाम नहीं रखा जाता क्योंकि नाम कुछ भी रख दिया जाये, दुनिया उस बच्चे को उसी नाम से पुकारती और पहचानती है जो ग़रीबी उसकी पेशानी पर लिख देती है—

ज़िन्दगी चाहे गदागर ही बना कर रख दे
ऐ मेरी माँ तू मेरा नाम सिकन्दर रख दे

ग़ज़ल गाँव पुराने हिन्दुस्तान के एक मोहल्ले का छोटा-सा घर है जिसका नये हिन्दुस्तान से सिर्फ़ इतना ही तअल्लुक़ है कि बिजली और टेलीफ़ोन के तारों के फैलाव ने कौओं, कबूतरों और चिड़ियों को कुछ देर क़याम करने के लिए नयी चौकियाँ अता कर दी हैं। अभी तक यह इलाक़ा नये ज़माने की खुदग़र्जियों से ज़्यादा मैला नहीं हुआ है लेकिन बिजली के तारों से चलने वाले रेफ़्रिजरेटरों ने इंसान के दिलों से सख़ावत, फ़य्याज़ी, दरियादिली और ग़रीब परवरी (निर्धन की सहायता) के जज़्बों को छीन लिया है। अब रोटी की डलिया परिन्दों की पहुँच से बाहर होती जा रही है। गुलाब चेहरा सुराहियों और घड़ों से चिड़ियों और कबूतरों की इजारादारी (क़ब्ज़ा) ख़त्म होने लगी है। टेलीविज़न इंसानों को कमरों में क़ैद करने की कोशिश में लगा हुआ है। सियासत रोज़ नये-नये लिबास ज़ेबेतन किये मोहल्ले की गर्दिश में मसरूफ़ रहती है लेकिन कई सदियों की

मोहब्बतें, कई ख़ुशगवार रिश्तों की जंज़ीरें और एक दूसरे के ग़म में पलकें भिगोने की रस्म अभी तक बाक़ी है। शायद इसीलिए मेरे मोहल्ले में अभी तक मज़हब सियासत के लिए नहीं, सिर्फ़ इबादत के लिए इस्तेमाल होता है। गुर्बत चोंचलों से पनाह माँगती है। वह किसी भी पत्थर में भगवान ढूँढ लेती है, किसी भी अँगौछे को जाए नमाज़ बना लेती है।

मुल्क के दूसरे शहरों की तरह रायबरेली में भी हिजरत की लाल आँधी हफ़्ते दस दिन में ज़रूर आती थी और कुछ घरों को वीरान करती, कुछ घरों का बैनामा अगली वीरानी के नाम मुन्तक़िल (हस्तान्तरित) करके चली जाती। हिजरत के हवाले होने वाले घरों पर रिश्तेदारों के क़ाफ़िले आसपास के क़स्बात से पर्दापोश ताँगों और रिश्तों की मदद से जमा होने लगते। पाकिस्तान जाने वालों के चेहरे इस तरह मुसलसल और बग़ौर देखे जाते जैसे याद किये जा रहे हों। उस ज़माने में फ़ोटोग्राफ़ी का चलन आम नहीं था। महँगा शौक़ होने की वजह से मुतवस्सित तबक़े (मध्यम वर्ग) की पहुँच से दूर था और यूँ भी शोरफ़ा (शरीफ़ों) के घरानों में कैमरे को फ़ोटोग्राफ़ी की इजाज़त हर्गिज़ नहीं मिलती थी। सिर्फ़ आँखों को इतनी छूट थी कि वह हिजरत के ग़मों को अपने पास महफ़ूज़ कर लें ताकि माज़ी (अतीत) से लिपट कर रोते वक़्त किसी एक को तो दुखों के यह बीते हुए मंज़र ज़बानी याद हों–

कल उसकी आँखों ने क्या ज़िन्दा गुफ़्तगू की थी
गुमान तक न हुआ वह बिछड़ने वाला है

दो-तीन दिनों तक हिजरत नसीब घर में बला की चहल पहल और गहमा गहमी रहती थी, घर में शादी का समाँ लगता था लेकिन आये दिन की ख़ुदफ़रेबी के किस्सों ने मुझे भी बहुत होशियार और हस्सास(Sincere) बना दिया था। हमारे शहर से खेतों और पेड़-पौधों का मुँह धुलाती हुई सई नदी गुज़रती है। बरसात में दूसरी नदियों के वरग़लाने पर ये नदी कभी-कभी सैलाब की धमकियाँ भी देने लगती है। लिहाज़ा तमाम सरकारी मोहकमे शहर के ख़ुदाई ख़िदमतगारों (जन सेवकों) की मदद से सैलाब के पानी से बचने के लिए नये-नये बन्धों और सैलाब के पानी के मद्दे मुक़ाबिल पत्थरों की चट्टानें खड़ी कर देते हैं लेकिन यह सब तरक़ीबें माचिस की तीलियों से बनाये गये सुतूनों (ख़म्भों) की तरह कमज़ोर और कमबख़्त (अभागी) साबित होती हैं क्योंकि सई नदी की उफनती हुई मौजों के रैले में सरकारी इरादे तक बह जाते हैं।

अपनी मिट्टी और अपने लोगों से कटने वाले हिजरत नसीबों के घरों का भी यही मामला हुआ करता था। रिश्तेदारों से घर का भर जाना, मोहल्ले और शहर के लोगों का ख़ुशदिली के साथ मिलना, घर के अन्दर और बाहर बैठकर

हँसने और क़हक़हों की मुतवातिर (लगातार) आवाज़ें आना, खनकते हुए लहजे में गुफ़्तगू करना, ख़ुशमिज़ाजी और ख़ुशमज़ाकी का आपस में बार-बार गले मिलना... यह सब भी सई नदी में आने वाले सैलाब से बचाव के रास्ते निकालने जैसा होता था। पाकिस्तान के लिए रवानगी से तक़रीबन आधा दिन पहले तक घर में मौजूद तमाम लोग जिस मुस्तैदी और कमाले ज़ब्त (सहन सीमा) का मुज़ाहिरा करते थे उसे सोच कर मुझे आज तक हैरत होती है। फिर अचानक मौसम बदलने का एहसास होना शुरू होता था। आँखों का मौसम भी अब्रआलूद (बादलों से घिरा) होने लगता था। हर फ़र्द की साँसें हवा की तरह रुक-रुक कर चलने में मसरूफ़ हो जाती थीं और फिर अचानक सारा घर मातमकदे (शोकगृह) में तब्दील हो जाता था। बहुत दिनों तक तो मेरी और मेरे हमउम्र साथियों की तो समझ में ही नहीं आता था कि अचानक सारा घर मातम कदे में क्यों तब्दील हो जाता है क्योंकि सफ़र पर तो लोग बराबर ही आते-जाते रहते हैं लेकिन यह रोना-पीटना, यह पछाड़ें खाना, यह रोते-रोते बेहोश हो जाना, यह दीवारों से सिर टकरा कर अपने आपको लहूलुहान कर लेना, यह हफ़्तों गुमसुम रहना, यह दीवानों की तरह मुस्तक़िल दहलीज़ पर नज़रें जमाये रखना, रेलगाड़ी की सीटी पर अचानक चौंक जाना और फिर देर तक आँगन की अल्गनी के ख़ालीपन को घूरते रहना... आखिर ये सफ़र की कौन-सी भयानक शक्ल है जिसके ख़ौफ़ से बहुत से घर आज़ाद नहीं रह पाते। ये आख़िर कैसी जुदाई है कि आँखें ख़ूने कबूतर की तरह सुर्ख़ और चेहरे काफ़ूरी हो जाते हैं। यह दिल दहला देने वाली चींख़ें, रूह में कुदाल की तरह सूराख़ करती हुई सिसकियाँ और आँखों में क़र्बला जैसी वीरानी क्यों दर आती है। उन दिनों आँसुओं की क़ीमत बिल्कुल ही गिर चुकी थी क्योंकि हर आँख मुसलसल आसुओं की बारिश से छोटी-सी नमकीन झील बनी रहती थी। काश! हमने वह आँसू बेसबब ज़ाया (नष्ट) होने से बचा लिए होते तो शायद इस पूरे ख़ित्ते में कहीं भी ज़मीन मज़दूर की एड़ियों की तरह फटी-फटी न दिखाई देती।

चार-पाँच घण्टों की मुसलसल आहोज़ारी व गिरया (आहें भरना और रोना) के बाद मुसाफ़िरों का क़ाफ़िला स्टेशन के लिए इस तरह रवाना होता कि ताँगों, रिक्शों और साइकिलों पर रिश्तेदार, पड़ोसी, बेमक़सद उम्मीदें और हसरतें साथ-साथ चलतीं, कुछ मजबूर और मुँहबन्द सिसकियाँ सिर्फ़ चिलमनों से झाँकती रह जातीं। कुछ दूर तक तक़रीबन सारा मोहल्ला सिर झुकाये हुए साथ-साथ चलता। हर शख़्स एक दूसरे से नज़रें बचाने की कोशिश में मसरूफ़ रहता और आँखें बरसात की झड़ी का मंज़र पेश करती थीं। मेरी समझ में बिल्कुल नहीं आता था कि आहोज़ारी का इतना एहतमाम तो किसी के इन्तिक़ाल पर भी नहीं होता फिर

आख़िर पाकिस्तान जाने वालों के साथ इस तरह मिल कर रोने का क्या मतलब हो सकता है लेकिन रफ़्ता-रफ़्ता यह बात मेरी समझ में आने लगी कि इन्तिक़ाल एक शख़्स का होता है और हिजरत तो पूरा खानदार कर रहा होता है। फिर कोई शख़्स मर चुका हो और कोई शख़्स मरने जा रहा हो...दोनों के पुर्से (शोक संवेदना) में यक़ीनन फ़र्क़ होना चाहिए, वही फ़र्क़ शायद पाकिस्तान जाने वालों के लिए चेहरों से नुमायाँ होता था।

आधी सदी से ज़्यादा बीत जाने के बाद भी हम यह तय नहीं कर सके हैं कि बीमारों को देखने और क़ब्र के सिरहाने खड़े होकर दुआये मग़फ़िरत (आत्मा की शान्ति की दुआ) करने वालों से वीज़ा तलब करना इंसानियत और रवादारी की सरासर तौहीन है। काश! इमीग्रेशन की मोहरें हुकूमतों के बजाय इंसानियत के हाथों में हुआ करतीं, काश! ज़मीन पर लकीरें खींचने और मिटाने की बाग़डोर उन नन्हें-नन्हें बच्चों के हाथों में होती जो सर्दियों में ऊन के गोलों की तरह कपकपाते हुए स्कूल जाते हैं, काश! तक़सीम का हर फ़ैसला सियासत के बजाय गोद में बच्चे खिलाती माँओं और दादियों के अख़्तियार में होता...काश! ...काश! ...काश! ...बक़ौल प्रोफ़ेसर एज़ाज़ अफ़ज़ल–

हज़ारों सरहदों की बेड़ियाँ लिपटी हैं क़दमों से
हमारे पाँव को भी पर बना देता तो अच्छा था
परिन्दों ने कभी रोका नहीं रस्ता परिन्दों का
ख़ुदा दुनिया को चिड़िया घर बना देता तो अच्छा था

इक इमारत शहर में काफ़ी पुरानी और है

फ़ैज़ाबाद में 'सहमत' वालों का मुशायरा था। शबनम हाशिमी जो मरहूम सफ़दर हाशिमी की बेवा और सहमत की कर्ताधर्ता भी हैं, उनका हुक्म था कि आप मुशायरे में ज़रूर शिरकत करें। हालाँकि वह दिन मुशायरों में शिरक़त करने के नहीं थे और फिर फ़ैज़ाबाद में मुशायरा... वह भी दंगों के ज़माने में, लेकिन–

हम इसलिए मक़ामे फ़ना से गुज़र गये
वो ये कहीं न कह दें कि मरने से डर गये

लिहाज़ा मैं कलकत्ता से शाम का जहाज़ पकड़ कर लखनऊ पहुँचा और वहाँ से एक टैक्सी किराये पर लेकर फ़ैज़ाबाद के लिए रवाना हो गया। बाराबंकी से निकलते ही अचानक एक बिल्ली ने हमारी टैक्सी का रास्ता काट दिया। ड्राइवर ने गाड़ी फ़ौरन ही उसी जगह खड़ी कर दी और उतर कर एक किनारे जाकर खड़ा हो गया। मैंने पूछा क्या हुआ? कहने लगा बिल्ली ने रास्ता काटा है। मैंने पूछा इसकी काट क्या है? उसने कहा, जब तक कोई गाड़ी सामने से नहीं आ जायेगी मैं एक इंच भी आगे नहीं बढ़ सकता। मैंने सोचा कितने मासूम लोग हैं हिन्दुस्तान के। बिल्ली के रास्ता काट देने से यह ड्राइवर आगे नहीं बढ़ रहा है और कैसे शातिर हैं यहाँ के मज़हबी और सियासी लीडर जिन्होंने बाबरी मस्जिद उन्हीं भोले भाले लोगों के ज़रिये गिरवा दी जो किसी मज़ार के पास से भी गुज़रते हैं तो एहतरामन हाथ जोड़ कर खड़े हो जाते हैं। मैंने पूछा महाराज! अगर सामने से रात भर कोई गाड़ी नहीं गुज़री तो क्या आप रात भर यहीं खड़े रहेंगे। वह बोले, "साहब! भगवान की जो मर्ज़ी हो उसके आगे किसी का बस नहीं चलता।" फ़ैज़ाबाद के हालात मख़्दूश (आशंका ग्रस्त) रहने की वजह से इस सड़क पर ट्राफ़िक भी कम चल रहा था। बड़ी मुश्किल से तक़रीबन आधे घण्टे के बाद सामने से एक गाड़ी आयी तो हम लोगों का सफ़र दोबारा शुरू हुआ। अभी हम लोग मजाज़ के शहर रुदौली के आसपास के इलाक़े से ही गुज़र रहे थे कि बदक़िस्मती से फिर एक बिल्ली ने रास्ता काट दिया। ड्राइवर साहब दोबारा उसी तरह गाड़ी रोक कर किनारे खड़े हो गये। अब मुझे उलझन होने

लगी क्योंकि तक़रीबन नौ बज रहे थे। मैंने पहले तो उनको समझाया कि आपके कमज़ोर अक़ीदे (विश्वास) के चक्कर में मेरा मुशायरा छूट जायेगा लेकिन जब वह किसी तरह नहीं माने तो मैंने ड्राइविंग सीट पर बैठ कर कार स्टार्ट कर दी। ड्राइवर साहब मजबूरी में या मेरे गुस्से को देखते हुए चुपचाप मेरे बराबर वाली सीट पर बैठ गये और पता नहीं कौन-कौन-से मंत्र पढ़ कर सलामती की दुआ माँगने लगे। ख़ुदा-ख़ुदा करके फ़ैज़ाबाद आ गया। ड्राइवर साहब ने मेरी हिम्मत और ड्राइविंग की तारीफ़ की। मैंने उनको समझाया कि ड्राइवर तो मैं ख़ानदानी हूँ और जहाँ तक हिम्मत की बात है तो बिल्ली के रास्ता काटने से अगर मैं रुकने लगता तो ज़िन्दगी की बेशतर रातें कलकत्ता की सड़कों पर सो कर गुज़ारनी पड़तीं क्योंकि मैं जिस मोहल्ले में रहता हूँ वहाँ तक़रीबन एक दर्जन गोश्त की दुकानें हैं लिहाज़ा अक्सर रात में घर पहुँचते पहुँचते दर्जनों बिल्लियाँ मेरा रास्ता काट चुकी होती हैं। मैंने उनको यह फ़लसफ़ा भी बताया कि माँगने वाले चाहे इंसानी शक्ल में हो या बिल्ली और कुत्ते की शक्ल में, ग़रीब मोहल्लों में ही दिखाई देते हैं। कालोनियों और सरमायादारों के इलाक़े में न भूखे प्यासे जानवर मिलते हैं और न ही आदमी क्योंकि ग़रीबी इंसान को हमेशा रहम दिल बनाये रखती है। ग़रीब से ग़रीब आदमी भी हड्डी में लगा कुछ गोश्त इसलिए छोड़ देता है कि वह जानवरों में भी रिश्तेदारों की ख़ुशबू सूँघ लेता है लेकिन अमीरी का कोई रिश्तेदार नहीं होता। हाँ! यह बात ज़रा देर से समझ में आती है।

मैंने फ़ैज़ाबाद शहर में दाख़िल होते ही एक जगह रुक कर मुशायरागाह का पता पूछा। लोगों ने बताया कि आज का मुशायरा रोडवेज स्टैण्ड के अहाते में है। बस स्टैण्ड पर पहुँचते ही एहसास हुआ कि यह मुशायरा नहीं होगा बल्कि यह तो पुलिस और पी.एस.सी. वालों का ट्रेनिंग कैम्प हो सकता है क्योंकि तक़रीबन दस बारह पुलिस और पी.ए.सी. वालों की गाड़ियाँ बस अड्डे पर घेरा तंग किये खड़ी थीं और तक़रीबन दो हज़ार पुलिस वाले मुशायरागाह के इर्द गिर्द बल्कि चहार गिर्द (चारों ओर) मौजूद थे। जबकि सामिईन की तादाद बमुश्किल चार-पाँच सौ रही होगी। मुशायरे में एक अंजाने-से ख़ौफ़ का एहसास हो रहा था। न शायर दिल लगा कर शेर पढ़ रहा था और न सुनने वालों में गर्मजोशी दिखाई पड़ रही थी। मुशायरा क्या था, मुशायरे की अदाकारी हो रही थी बल्कि मुशायरे की रस्म अदा हो रही थी। मैं गाड़ी से उतर कर मुशायरे के स्टेज के पास पहुँचा। स्टेज पर जाने से पहले अचानक अपनी नयी चप्पलों का ख़याल आया जिन्हें मैंने आज ही ख़रीदा था। एक बार तो जी चाहा कि हस्बे आदत चप्पलें बगल में दाब कर स्टेज पर चला जाऊँ लेकिन चूँकि चप्पलें बिल्कुल नयी थीं लिहाज़ा हमेशा की तरह इस पुरानी आदत पर अमल नहीं कर सका कि लोग मेरी इस हरकत को मेरा

छिछोरापन समझेंगे। थोड़ी देर तक तो मैं इसी पसोपेश में स्टेज की सीढ़ियों के पास खड़ा सोचता रहा। अचानक मैंने स्टेज के क़रीब ही एक पुलिस इंस्पेक्टर को बड़ी मुस्तैदी के साथ खड़ा देखा तो मैंने उससे आँखों ही आँखों में अपनी चप्पलों पर निगाह रखने के लिए मोवद्दिबाना (सभ्यतापूर्ण) गुज़ारिश की लेकिन वह मेरी आँखों के कहने का भी बुरा मान गया और कहने लगा मुझसे क्या मतलब, और यह कह कर मुँह फेर कर खड़ा हो गया। मैंने तमाम तहज़ीबो तकल्लुफ़ बरतरफ़ करते हुए चप्पलें उठायीं और स्टेज पर अपने साथ लिए चला गया। वहाँ एक मुनासिब और महफ़ूज़ कोना देखकर चप्पलें रख दीं। इस ग़ैर अदबी हरकत पर शर्मिन्दगी के एहसास को कम करते हुए मैंने सोचा कि यह मुशायरे का स्टेज है, यहाँ तो लोग शराब की बोतलें तक लेकर आ जाते हैं बल्कि कई शायर तो आराम से यहीं बैठ कर पीते भी हैं। दिल को और ज़्यादा तसल्ली देते हुए मैंने यह भी सोचा कि लोग तो मस्जिदों में भी अपनी चप्पलों को हिफ़ाज़त की ग़रज़ से उठा कर ऐसी जगह रख देते हैं कि मुमकिन है उनकी नमाज़ ही क़ुबूल न होती हो, उल्टे इस बेअदबी और बेहुरमती पर गुनाह भी होता है।

मुशायरा अपनी मंज़िल की तरफ़ धीरे-धीरे बढ़ रहा था। मैं एक मुनासिब जगह पर बैठ गया। तमाम शायरों से इशारे-इशारे में सलाम दुआ होती रही। अनवर जलालपुरी निज़ामत कर रहे थे लेकिन बहुत मोहतात (सतर्क) होकर बोल रहे थे। हर शायर माइक तक शायद इसलिए जा रहा था कि माइक तक आये बग़ैर कहीं भी नज़राना नहीं मिलता। डॉक्टर उर्फ़ी फ़ैज़ाबादी और जनमोर्चा के एडिटर शारदा प्रसाद सिंह मुशायरे के मक़ामी मुन्तज़िम (प्रबन्धकर्ता) थे। डॉक्टर उर्फ़ी अपनी जगह से उठ कर मेरे पास आये और मुझसे कहने लगे कि मुनव्वर भाई! कलाम पढ़ते हुए ज़रा एहतियात से काम लीजियेगा क्योंकि बजरंग दल वालों ने बाक़ायदा एलान कर रखा है कि बाबरी मस्जिद के सिलसिले में शेर पढ़ने वाले शायर को स्टेज पर ही गोली मार दी जायेगी। उन्होंने यह भी बताया कि लखनऊ से उनका एक दस्ता फ़ैज़ाबाद आया हुआ है। मैंने डॉक्टर उर्फ़ी से कहा कि प्यारे भाई! मजबूरी यह है कि मैं क़व्वाल नहीं हूँ, शायर हूँ। मैं तो जो लिखता हूँ, वही पढ़ता हूँ। अब अगर मरना ही है तो सच बोलते हुए मरना चाहिए कि शायद यही जन्नत में जाने का वसीला (ज़रिया) बन जाये। चूँकि मुशायरा बहुत ही फीका हो रहा था इसलिए अनवर जलालपुरी ने मेरा नाम पुकार लिया। मैं माइक पर आया, गिर्दोपेश (आसपास) का जायज़ा लिया और ग़ज़ल पढ़ने से पहले मैंने सामिईन को मुख़ातिब करते हुए बताया कि मैं सफ़र की किन परेशानियों से गुज़रता हुआ यहाँ तक पहुँचा हूँ। फिर उन्हें यह भी बताया कि नयी चप्पलें कलकत्ता से इस वादे पर उधार ख़रीद कर लाया हूँ कि मुशायरे से वापसी

पर उसकी क़ीमत अदा करूँगा। चूँकि मुझे स्टेज पर चप्पलें लाना बुरा लग रहा था लिहाज़ा मैंने उधर बायीं जानिब बैठे हुए इंस्पेक्टर साहब से गुज़ारिश की थी कि सर! ज़रा ध्यान रखियेगा, लेकिन वह बुरा मान गये और फ़ौरन मुझे डाँटते हुए बोले कि मुझसे क्या मतलब। मैं अपनी ग़लती पर बहुत नादिम (शर्मिन्दा) हुआ और दिल ही दिल में सोचा कि यह बिल्कुल ठीक फ़रमा रहे हैं। जब इन लोगों की मौजूदगी में बाबरी मस्जिद गिरा दी गयी और यह उसकी हिफ़ाज़त नहीं कर सके तो ये मेरी चप्पलों की क्या हिफ़ाज़त करेंगे। ख़ौफ़ और दहशत में डूबे हुए मुशायरे में मेरे इस मज़ेदार और सच्चे जुमले ने नयी ज़िन्दगी फूँक दी। पुलिस वाले भी मेरी इस साफ़ गोई की दाद दिये बग़ैर नहीं रह सके। फिर तो मुशायरा जितनी देर तक हुआ मुशायरे की फ़ज़ा में हुआ। ख़ौफ़ो हिरास की धुन्ध बिल्कुल ग़ायब हो चुकी थी।

ये बड़े लोग हैं जीने का हुनर जानते हैं
(ए.पी. मिश्रा)

सियासत, सत्ता, मज़हबी और मसलकी झगड़ों ने लखनऊ के हुस्न को काफ़ी मैला कर दिया है। गोमती नदी जो कभी लखनवी तहज़ीब और रवादारी का आँचल समझी जाती थी, उसे भी फ़िरक़ा परस्ती और नफ़रत ने गन्दा कर दिया है। गोमती के किनारे खड़े होकर मिनरल वाटर पीने वाली क़ौम ने इस महबूब और मुक़द्दस नदी को एक बरसाती नाले में तब्दील कर दिया है। अभी कल तक यहाँ की तहज़ीबी ज़बान बोलने वालों को शुगर हो जाने का ख़तरा महसूस होता था लेकिन सियासत ने इस शहर के लहजे से मिठास छीन कर इसकी ज़बान पर नफ़रत अंगेज़ नारों के अंगारे रख दिये हैं। इसके बरअक़्स (विपरीत) उत्तर प्रदेश की पुरानी राजधानी इलाहाबाद को गंगा और जमुना ने अभी तक धो-माँज कर पाक साफ़ रखा है। यूँ भी लखनऊ की बनावटी ज़िन्दगी और इलाहाबाद की अक्खड़ ज़िन्दगी में ज़मीन आसमान का फ़र्क़ है। लखनऊ से इठलाती और बल खाकर गुज़रती हुई नाज़ुक हसीना जैसी गोमती नदी के पाट को ज़ात पात की सियासत और नीले पीले परचमों (झण्डों) ने कम कर दिया। इसके जिस्म से तहज़ीब की चादर उतार ली, इसके चेहरे पर फ़िरक़ापरस्ती का मटमैला रंग पोतने की कोशिश की। शोर मचाते हुए लाउण्डस्पीकरों और सियासी नारों ने इसके कानों के पर्दे फाड़ दिये जबकि इलाहाबाद में गंगा अभी तक गुनहगारों को नहलाने और जमुना नमाज़ियों को वज़ू कराने में मसरूफ़ रहती है। पिछले दिनों जब मैंने नयी कार ख़रीदी तो चार-पाँच महीने यह फ़ैसला करने में ही गुज़र गये कि कार की नम्बर प्लेट किस शहर की लगायी जाए। सोच और फ़िक्र की धूप-छाँव से गुज़रते हुए मैंने यह फ़ैसला किया कि नम्बर प्लेट इलाहाबाद की होनी चाहिए। मेरे एक दोस्त ने मुझसे यह जानना चाहा कि जब आप रहते लखनऊ में हैं तो कार का नम्बर इलाहाबाद से क्यों ले रहे हैं? मैंने उन्हें समझाया कि अभी तक इलाहाबाद की नम्बर प्लेट देखकर पुलिस वालों या आम आदमियों को ये एहसास होता है कि इस गाड़ी में कुछ पढ़े-लिखे लोग बैठे होंगे या हाईकोर्ट के

वकील तशरीफ़ फ़रमा होंगे, नहीं तो कम से कम यह तो सोचेंगे ही कि इसमें जो लोग भी बैठे होंगे उन्हें पाक गंगा नदी अपने पास बुलाती होगी और उनके हाथ-मुँह धुलाती होगी मगर लखनऊ का नम्बर देख कर लोग यही सोचेंगे कि गाड़ी में किसी सियासी पार्टी का बदनाम लीडर होगा, कोई ठेकेदार होगा या कोई पाकेट साइज़ माफ़िया होगा। इसे मेरी ज़ाती (व्यक्तिगत) सोच भी तसव्वुर किया जा सकता है लेकिन शायर की कोई ज़ात ही नहीं होती, कोई धर्म ही नहीं होता, बल्कि सच पूछें तो उसके पास कुछ भी ज़ाती नहीं होता। मिट्टी का जिस्म होता है और किराये की साँसें होती हैं जिनकी मदद से वह ज़िन्दगी का कारोबार चलाता है। मेरे एक छोटे भाई जैसे दोस्त श्री अयोध्या प्रसाद मिश्रा हैं, जो बिजली महकमे के आला अफ़सर भी हैं। उनसे मेरी पहली मुलाक़ात चार-पाँच साल क़ब्ल इलाहाबाद के महाकुम्भ मेले में हुई थी। शायरी के हवाले से वह मुझे पसन्द करते थे, मैं उनसे बिल्कुल ही नावाक़िफ़ था। मेरे एक बड़े भाई और दोस्त बहुत नेक और शरीफ़ इंसान पण्डित बुद्धिसेन शर्मा हैं। उनके इलाहाबाद के किसी कॉलेज में अंग्रेज़ी का दर्स (शिक्षा) देने वाले लेक्चरर, शायरी के दीवाने और दोस्ती के कद्रदान श्री शशिकान्त मिश्रा के तवस्सुत (माध्यम) से आयोजित शेरी नशिस्त (काव्य गोष्ठी) में शरीक होने का मौक़ा मिला। नशिस्त ख़त्म हुई, खाना शुरू हुआ, शहर की रौनक़ें रात को अपनी तरफ़ बढ़ते देख कर कम होने लगीं, चलते वक़्त मुझे रुपयों से भरा एक लिफ़ाफ़ा दिये जाने की कोशिश की गयी तो मैंने दस्तबस्ता अर्ज़ किया कि घर में शायरी सुना कर पैसे लेना घर को बाज़ार समझना महसूस होता है। मैंने लोगों से हाथ मिलाया और ये अर्ज़ किया कि इत्तिफ़ाक से मैं भी अपनी बिरादरी का पण्डित हूँ। मेरी इस फ़क़ीरी की क़द्र कोई क़लन्दर ही कर सकता है। ये कह कर मैं अपनी कार में आकर बैठा और होटल आ पहुँचा।

अगले बरस फिर शेरी नशिस्त का प्रोग्राम था। उन दिनों मैं रायबरेली में था। मुझसे फ़ोन पर मिश्रा जी ने इलाहाबाद आने की गुज़ारिश की। हालाँकि उसी तारीख़ में मुझे बिजनौर के एक मुशायरे में शरीक होना था मगर शायरी की सबसे बड़ी ख़ूबी यह है कि वह दिल से लालच और हवस का सारा गन्दा ख़ून निकाल देती है। मैं इलाहाबाद गया, मिश्रा जी के मख़सूस मुशायरे में शामिल हुआ, खाना खाया और होटल में वापस आ गया। अपने कारोबार के सिलसिले में मुझे तीन-चार दिनों तक रुकना था। जब मैं होटल से लखनऊ के लिए रवाना हुआ और रिसेप्शन पर होटल का बिल अदा करना चाहा तो होटल के मैनेजर ने मुझे देखते ही फ़रमाया कि आपके ठहरने और खाने के इख़राजात अदा किये जा चुके हैं। आपके दोस्त ने शेरी नशिस्त के दूसरे दिन अपने एक आदमी को

भेज कर आपका बिल अदा कर दिया था। जब उस शख़्स से मैंने आपके अगले दिन भी ठहरने के बारे में बताया तो उसने कहा कि हमारे साहब ने हुक्म दिया है कि वह जब तक इलाहाबाद में रहेंगे हमारे मेहमान रहेंगे—

जब उससे गुफ़्तगू कर ली तो फिर शजरा नहीं पूछा
हुनर बख़ियागरी का एक तुरपाई में खुलता है।

अयोध्या प्रसाद मिश्रा से उस मुलाक़ात के बाद कई बरस तक मिलना नसीब नहीं हुआ। दो-तीन बरस बाद अचानक एक दिन उनका फ़ोन आया। आदत के मुताबिक़ ख़ुशरंग चिड़ियों की तरह चहकती हुई एक आवाज़ आयी, "मैं ए.पी. मिश्रा बोल रहा हूँ। मैं लखनऊ में हूँ और मुझे यह भी मालूम हो चुका है कि आप भी लखनऊ में हैं। कल शाम को आप मेरे घर तशरीफ़ लाने की ज़हमत करें, मेरे साथ खाना खायें। हम और हमारे कुछ दोस्त आपसे मिलना और बातें करना चाहते हैं।"

मैं वादे के मुताबिक़ वक़्त पर उनके घर पहुँच गया। वहाँ उनके कई दोस्त मौजूद थे। कड़ाके की सर्दी के दिन थे लेकिन जब दिलों में मोहब्बत की आग भरी हो' तो कड़ाके की सर्दी भी मौसमे बहार लगती है। वहीं मेरी मुलाक़ात उनके दोस्त दैनिक जागरण के मशहूर सहाफ़ी शिव शंकर गोस्वामी और महक़मये इत्तिलाआत (सूचना विभाग) के आला अफ़सर डॉ. अशोक शर्मा और मशहूर शायर देवकी नन्दन 'शान्त' से भी हुई। इलाहाबाद से बुद्धिसेन शर्मा, कैलाश गौतम, यश मालवीय और रागिनी चतुर्वेदी जैसे शायर व अदीब भी मुलाक़ात को आये थे।

अँधेरी रात के आँचल पर मोहब्बत और शायरी ने सुनहरे फूल और बूटे टाँक दिये। महफ़िल में मौजूद उनके डिपार्टमेंट के कई और अदबी ज़ौक़ो शौक़ रखने वाले अफ़सरान भी मौजूद थे। जब रात ने फ़क़ीरों का लिबास पूरी तरह ओढ़ लिया तो हम एक दूसरे से जुदा होने के लिए तैयार हो गये। मिश्रा साहब मुझे गाड़ी तक पहुँचाने आये। मेरे ड्राइवर से पूछा, "तुमने खाना खा लिया है या नहीं?" ड्राइवर के इंकार करने पर वह घर के अन्दर गये और ड्राइवर के लिए थाली में खाना ख़ुद ही लेकर आये। हम लोग गेट पर खड़े होकर पुरानी यादों के ज़ख़्मों की पपड़ियाँ खुरच रहे थे। ड्राइवर ने खाना खाने के बाद चुपके से मेरे कान में कुछ कहना चाहा तो मिश्रा साहब ने फ़ौरन उससे पूछा, "क्या बात है?" उसने बहुत झेंपते हुए कहा, "सर! आप इतने बड़े अफ़सर हैं। बिजली के महकमे से मेरा बिल बहुत ज़्यादा बनकर आ गया है। अगर आप मेरी मदद फ़रमा दें तो आपका बेहद एहसान होगा।" दूसरे दिन मिश्रा साहब ने मुझे फ़ोन करके ड्राइवर को बिल लेकर अपने दफ़्तर बुलवाया। तीन-चार दिन बाद उन्होंने फ़ोन करके बताया कि ड्राइवर का बिल तक़रीबन चौदह हज़ार का था जिसे कम

करने के बाद भी आठ हज़ार तक किया जा सकता था। वह बिल मैंने अपने पास से जमा करा दिया है। उससे कहियेगा कि जब वह किसी वक़्त इधर आये तो मेरे आदमी से अपनी रसीद ले ले। ड्राइवर साहब उसी दिन जाकर अपनी रसीद वहाँ से ले आये। उसके बाद मैंने उनको कई मर्तबा मोबाइल पर फ़ोन किया मगर वह हर मर्तबा शायद मेरा नम्बर देख कर मोबाइल काट देते थे। जब मैं उनकी बेनियाज़ी से बहुत परेशान हो गया तो एक दिन मैंने अपने इलाहाबाद वाले दोस्त श्री शशिकान्त मिश्रा को फ़ोन करके अपनी उलझन और उनकी बेवफ़ाई के बारे में बताया तो उन्हें भी बड़ी हैरत हुई मगर पन्द्रह मिनट बाद ही उन्होंने मुझे फ़ोन करके बताया कि मैं राना साहब का नम्बर अपने मोबाइल पर देख कर मोबाइल इसलिए नहीं उठाता था कि वह फ़ौरन उन रुपयों को लौटाने की बात कहेंगे, जो मुझे अच्छी नहीं लगेगी। ड्राइवर के बिजली का बिल राना साहब अदा करें या मैं अदा करूँ, बात तो एक ही है। इस वाक़िये के कुछ दिनों बाद एक दिन मैं अचानक उनके घर पहुँच गया। उनसे बहुत देर तक गुफ़्तगू करता रहा। बातों-बातों में उन्होंने यह राज़ खोला कि मैं उत्तर प्रदेश के गोण्डा ज़िले के एक ग़रीब घर का बेटा हूँ। इण्टर पास करने के बाद आगे तालीम हासिल करने के लिए मेरे वालिद के पास पैसे नहीं थे। मैं दोस्तों के मशविरे के मुताबिक़ गोरख़पुर में आई.टी.आई. में दाख़िला लेने का ख़्वाहिशमन्द था। मैंने अपने वालिद से इसकी फ़ीस के लिए आठ सौ रुपये तलब किये। मेरे वालिद ने अपनी मजबूरी और ग़रीबी का पत्थर मेरे हौसले के सीने पर रख दिया। मैं दुःखे दिल, थके क़दमों और आँसुओं का साथ छोड़ती हुई आँखों के साथ कुछ खाये पिये बग़ैर बिस्तर में मुँह छुपा कर सो गया। सवेरे-सवेरे मेरे पिता जी बिस्तर के क़रीब आये, मुझे जगाया, मेरे सिर पर हाथ फेरा और मेरी जेब में बारह सौ रुपये की रक़म यह कह कर रख दी कि तुम तो सो रहे थे। रात में ज़बरदस्त आँधी आयी और हमारे बाग़ के चार आम के पेड़ जड़ से उखड़ कर ज़मीन पर आ गिरे थे। मैंने सुबह होते ही गाँव के एक ताजिर (व्यापारी) के हाथ इन पेड़ों का बारह सौ रुपयों में सौदा कर दिया। तुम भगवान का नाम लेकर उठो और गोरख़पुर जाकर अपनी तालीम मुकम्मल करो। अगर लड़का उठ जाये तो पेड़ों के गिरने का किसी बाप को कोई ग़म नहीं होता।

आज भगवान का दिया हुआ मेरे पास सब कुछ मौजूद है। मैं अपनी दानिस्त में किसी भी ग़रीब आदमी की मदद से मुँह नहीं मोड़ता क्योंकि मैं ये जान चुका हूँ कि भगवान तेज़ आँधियों से पेड़ों को बचा कर किसान को बचाता भी है और कभी-कभी आँधी के ज़रिये पेड़ों को गिरा कर आँजहानी (परलोकवासी) शिव नारायन मिश्रा जैसे किसान के बेटे को इंजीनियर भी बना देता है। सचमुच यह

एक बड़े आदमी की जीवन गाथा है, ये हिन्दुस्तानी संस्कारों के वह फ़िंगरप्रिन्ट हैं जिनकी मौजूदगी में हिन्दुस्तानी शराफ़त, इंसानियत और रवादारी को रहती दुनिया तक किसी दूसरे गवाह की ज़रूरत नहीं पड़ेगी। मुझे दीवानगी की हद तक पढ़ने-पढ़ाने के शौक़ के सबब बड़े-बड़े महान और जलीलुल क़द्र हज़रात की जीवनी और संजीवनी तक पहुँचने का इत्तिफ़ाक हुआ लेकिन अब इसको क्या कहियेगा कि किताब के पन्नों ने अपने सीने पर लिखे हुए शब्दों की गवाही देने से साफ़ इंकार कर दिया।

ये भी हक़ीक़त है कि माँओं की कोख अब ऐसी फस्लें उगाने से महरूम होती जा रही हैं लेकिन न जाने क्यों ये यक़ीन करने को जी चाहता है कि जब तक दुनिया के नक़्शे में हिन्दुस्तान रहेगा, ए.पी. मिश्रा जैसे लोग हर ज़माने में भेस बदल बदल कर हिन्दुस्तान को सुर्ख़रू (मर्यादित) करने के लिए पैदा होते रहेंगे–

मिलेंगे आपको हम लोग हर ज़माने में
हमारे पैरों में जंज़ीरे माहोसाल नहीं

कहानियों के भी छोटे-छोटे पंख होते हैं। अपने इन्हीं छोटे-छोटे पंखों के सहारे जो अच्छी कहानियाँ होती हैं वह हज़ारों बरस तक फ़िज़ाओं में खुशबू बिख़ेरती रहती हैं। ये कहानियाँ दिन भर तो आसमानों में अपने नन्हे-नन्हे परों को चप्पुओं की तरह चलाती रहती हैं लेकिन शाम होते-होते ये ज़मीन पर लौट आती हैं। इनमें से जिन कहानियों को माँओं के होंठ नसीब हो जाते हैं, वह लोरी बन जाती हैं। जिन्हें बच्चों की तोतली ज़बान बुला लेती है, वह सबक़ बन जाती हैं। जिन्हें नानी दादी का प्यार मिल जाता है, वह कहानियाँ हमेशा के लिए अमर हो जाती हैं। ये जो अँधेरी रात में जुगनू दिखाई देते हैं ये भी वो कहानी होते हैं जिन्हें खुशनसीब होंठ हासिल नहीं हो पाते हैं, तभी तो जुगनू और कहानी के बीच हमेशा एक अनदेखा रिश्ता चला आ रहा है। जब माँएँ अपने छोटे-छोटे बच्चों को कहानियाँ सुनाती हैं तो आसपास जुगनू भी नर्सरी के बच्चों की तरह मँडलाते दिखाई देते हैं।

भोली भाली कहानियाँ और नन्हे-नन्हे जुगनू दिन की रौशनी में किसी के पास नहीं जाते हैं। ये जो आसमान में नन्हे-नन्हे सितारे दिखाई देते हैं ये भी कहानी और जुगनू जैसे ही होते हैं। इन्हीं सितारों की रौशनी के सहारे कहानियाँ और जुगनू अपना सफ़र तय करते हैं। आसमान पर चमकते हुए तारों की गिनती हमेशा घटती-बढ़ती रहती है। दुनिया में जितनी माँएँ हैं उतनी ही लोरियाँ और कहानियाँ भी हैं, इसीलिए तो सितारों की रौशनी कभी पुरानी नहीं होती। जब तक माँओं के होंठों पर लोरियाँ और कहानियाँ रहेंगी तभी तक ये दुनिया भी रहेगी क्योंकि ऊपर वाले ने ये तारे, ये जुगनू, ये लोरियाँ और कहानियाँ सिर्फ़

माँओं के सम्मान में बनायी हैं। ख़ुदा करे कि दुनिया के तमाम घर माँओं की लोरियों और दादियों की कहानियों से आबाद रहें।

बचपन में मेरी अम्मी अक्सर मुझे ऐसी ही एक कहानी सुनाती थीं। ये कहानी सुनाते वक़्त या तो वो भूल जाती थीं कि ये कहानी वो मुझे पहले भी सुना चुकी हैं या वह इस कहानी को मुझे अज़बर (कंठस्थ) कराना चाहती थीं। बाल जीवन घुट्टी पीने की मेरी उम्र निकल चुकी थी वर्ना मुमकिन है वह मुझे घुट्टी में मिला कर ये कहानी पिला देतीं।

वह कहानी कुछ इस तरह थी कि कुछ दोस्तों की एक टोली थी जो आपस में ऐसी घुल मिल गयी थी कि शहर के लोग इन दीवानों की दोस्ती की मिसालें दिया करते थे। शाम को सब दोस्त सिर जोड़ कर बैठते, ख़ूब हँसते हँसाते, हालात, समाज और सियासत पर दिल खोल कर बहसें करते और जैसे ही रात भीगने के लिए अँगड़ाई लेती तमाम दोस्त अगले दिन मिलने का वादा करके एक दूसरे से बिछड़ जाते।

एक दिन अचानक रात गये एक दोस्त ने अपने दूसरे दोस्त के दरवाज़े की ज़ंजीर बजायी। ज़ंजीर की आवाज़ सुनते ही दोस्त फ़ौरन घर के अन्दर से निकल कर बाहर आया। अपने दरवाज़े पर अपने दोस्त को परेशानी के आलम में खड़ा देख कर उसने फ़ौरन उससे परेशानी का सबब पूछा। दोस्त ने बताया कि चार महीने से आफ़िस में तनख़्वाह नहीं मिली है, घर का ख़र्च इधर-उधर से चल रहा था लेकिन लड़कियों के स्कूल की फ़ीस जमा करने का कल आख़िरी दिन है वर्ना उनका नाम कट जायेगा। मुझे दो हज़ार रुपयों की ज़रूरत है। ये सुनते ही दोस्त उल्टे क़दमों घर के अन्दर लौट गया। थोड़ी ही देर बाद वह बाहर आया तो उसके हाथ में चाय की दो प्यालियाँ थीं। दोनों दोस्त घर के बाहर बने चबूतरे पर चाय पीते रहे। दोस्त ने अपनी जेब से पाँच हज़ार रुपये निकाले और दोस्त की जेब में इस एहतियात से रखा कि शायद नेकी के फ़रिश्ते भी दस्तेसख़ी (दाता के हाथ) और जेबे ज़रूरत की गुत्थी में उलझ कर रह गये होंगे।

रात के पिछले पहर अचानक किसी सबब से दोस्त की बीवी की आँख खुल गयी। उसने देखा कि बिस्तर का बेशतर हिस्सा गीला हो रहा है। बीवी ने शौहर का शाना (काँधा) हिला कर पूछा कि क्या बात है, बिस्तर क्यों भीगा हुआ है और ये तुम्हारी आँखें ख़ूने कबूतर की तरह सुर्ख़ क्यों हो रहीं हैं, क्या तुम रात भर रोते रहे हो, आख़िर क्यों? दोस्त ने बीवी के बार-बार पूछने पर उसे बताया कि रात गये मेरे दोस्त सलीम आये थे। उनकी बेटियों की फ़ीस जमा नहीं हो सकी थी, उनका नाम कटने वाला था। बीवी ने बात को बीच में ही काटते हुए पूछा कि तुमने सलीम भाई को ख़ाली हाथ तो नहीं लौटाया? दोस्त ने कहा नहीं,

मैंने उनकी जेब में पाँच हज़ार रुपये रख दिये थे। बीवी ने कहा कि ये बहुत ही अच्छा किया तुमने लेकिन फिर तुम ये मुसलसल रोये क्यों चले जा रहे हो? दोस्त ने कहा कि बेगम, मैं भी कितना बदनसीब आदमी हूँ कि मैं अपने दोस्त के चेहरे से उसकी परेशानी पढ़ नहीं सका, उसको मजबूर होकर मेरे घर मदद माँगने के लिए आना पड़ा।

बज़ाहिर तो यह एक कहानी थी, सिर्फ़ एक आम (सामान्य) सी कहानी। ऐसी कहानी दुनिया में रोज़ हज़ारों क़लम लिखते हैं और लाखों आँखें पढ़ती हैं लेकिन हक़ीक़ी (वास्तविक) ज़िन्दगी में इस कहानी की मिट्टी से एक कुम्हार मिट्टी का एक सचमुच का आबख़ोरा (कुल्हड़) भी अपने चाक से सही सलामत नहीं उतार सकता है, काग़ज़ पर लिखी इस कहानी को जला कर भूख से बिलखते एक नन्हे बच्चे का दूध भी गर्म नहीं किया जा सकता, बनिये की दुकान पर ये कहानी एक टूटे हुए बिस्कुट के टुकड़े से हार जाती है, सूदख़ोर बनिये के घर पर इस कहानी के काग़ज़ से पान की गिलोरियाँ बना कर फेंक दी जाती हैं लेकिन यही काग़ज़ के टुकड़े जब किसी चाँदी कूटने वाले का मुक़द्दर बन जाते हैं तो चाँदी के नन्हे-नन्हे टुकड़ों को चाँदी के ऐसे वरक़ में तब्दील कर देते हैं जिन पर कृष्ण और सुदामा की दोस्ती का क़िस्सा महफ़ूज़ कर लिया जाता है। सदियाँ गुज़र जाने के बाद भी आज तक चावल के कच्चे दानों से सुदामा की मोहब्बत और कृष्ण की दोस्ती की खुशबू आती है। शायद दुनिया के बेशतर इलाक़ों में ज़्यादातर चावल इसीलिए खाया जाता है कि कृष्ण और सुदामा की दोस्ती की महक से फ़िज़ा कभी ख़ाली न होने पाये—

सल्तनत भी नहीं अच्छी है अगर दोस्त न हों
कुछ दिनों आ के मेरे घर में सुदामा रह जाये

गोण्डा शहर के थामसन इण्टर कालेज ने इल्मो अदब की रौशनी लुटाने में एक सदी से ज़्यादा का वक़्त गुज़ार दिया है। इसी कॉलेज ने ए.पी. मिश्रा साहब को इल्मो तहज़ीब के ज़ेवर से आरास्ता (सुसज्जित) किया है। मिश्रा जी ने मुझसे इस कॉलेज में एक मख़्सूस मुशायरा करने की ख़्वाहिश ज़ाहिर की, लिहाज़ा हिन्दी और उर्दू के कुछ चुनिन्दा (चुने हुए) और अहम शोअरा और शायरात इस मुशायरे के स्टेज पर तशरीफ़ फ़रमा थे। ज़ाहिर है कि नेक नीयती के साथ होने वाले प्रोग्राम खुद बखुद कामयाब होते हैं। इस मुशायरे की ख़ूबी यह थी कि मुसलसल कई घण्टों तक चलने वाले इस मुशायरे में उज्जैन महाकाल मन्दिर के पुजारी श्री अंगद महाराज भी रात भर बनफ़्से नफ़ीस विराजमान रहे। मुशायरा ख़त्म होने के बाद तमाम शायरों को नज़राना पेश किया जाना था। तमाम कवि

और शायरों की ख़िदमत के लिए मिश्रा साहब के छोटे भाई श्री जी.पी. मिश्रा (गया प्रसाद मिश्रा) खुद नज़राने की रक़्म के लिफ़ाफ़े लिए खड़े थे। मैंने एक-एक करके तमाम शायरों को नज़राने का लिफ़ाफ़ा हवाले किया। तब तक खाना तैयार हो चुका था। गर्म गर्म पूड़ियाँ, कई तरह की सब्जियाँ, रस मलाई और जलेबी ने इस महफ़िल को ज़मींदार की बारात बना दिया था।

वापसी में मेरी गाड़ी में डॉक्टर नसीम नकहत, हसन काज़िमी, तारिक़ क़मर और मलिकज़ादा जावेद मौजूद थे। मैं हस्बे मामूल अगली सीट पर बैठा हुआ था। पिछली सीट पर क़यास आराइयों (आकलन) की शतरंज जमी हुई थी। हसन काज़िमी और मलिकज़ादा जावेद में इस बात पर बहस हो रही थी कि बाबा (मुनव्वर राना) का लिफ़ाफ़ा सबसे भारी भरकम होगा। लेकिन डॉक्टर नसीम नकहत जो मेरी मुँह बोली बहन और किसी हद तक हम मिज़ाज भी हैं, उन्होंने सरगोशी के अन्दाज़ में इन लोगों को बताया कि "हैरत है कि बाबा के साथ रहते हो और उनके मिज़ाज से भी वाक़िफ़ियत नहीं है। ए.पी. मिश्रा साहब और बाबा की दोस्ती इन मराहिल (मोड़ों, पड़ावों) से काफ़ी आगे निकल चुकी है।" लखनऊ पहुँचते ही सब लोग अपनी-अपनी मंज़िल की तरफ़ रवाना हो गये। दूसरे दिन दोपहर में मिश्रा साहब ने फ़ोन पर मुझसे पूछा कि क्या आप घर पर हैं? मेरे 'हाँ' कहते ही उन्होंने कहा कि मैं आ रहा हूँ। थोड़ी ही देर में मिश्रा साहब मेरे फ़्लैट पर तशरीफ़ लाये। उनके साथ उनका ड्राइवर भी था जो चावल की एक बोरी उठाये हुए था। मिश्रा साहब ने हँसते हुए कहा कि अपने खेत का बेहतरीन चावल जो मैं साल भर इस्तेमाल करता हूँ, उसकी दो बोरियाँ नोएडा ले जा रहा था, सोचा कि आप काला नमक चावल के बहुत शौक़ीन हैं लिहाज़ा एक बोरी आपकी ख़िदमत में हाज़िर करता चलूँ। ग़ालिब ने बहादुर शाह ज़फ़र के साथ आम के बाग़ में घूमते हुए बादशाह के बाग़ों की ला हासिल तारीफ़ की क्योंकि उन्हें कुछ हासिल नहीं हुआ लेकिन मैं अपने सन्त मिज़ाज दोस्त के साथ सिर्फ़ उसके खेत की पगडण्डी के पास से गुज़रा और मेरे बावर्ची खाने से महीनों काला नमक चावल की खुशबू आती रही–

देने वाले तेरे अन्दाज़े मुरव्वत के निसार
ये तो मुमकिन ही नहीं जाम न हम तक पहुँचे

ना तजरुबेकारी के सबब लखनऊ में पत्थर का काम शुरू करने के शौक़ में मेरा हाथ ही पत्थर के नीचे दब गया। नतीजे के तौर पर जिस्म के साथ-साथ मेरा हौसला भी बुरी तरह ज़ख़्मी हुआ। कुछ बेचने वालों ने लूटा, बक़िया पत्थर के शजरा बदस्त (तथाकथित पैदाइशी सज्जन) ख़रीदारों ने। मैं अपनी शायराना तहज़ीब के पत्थरों से अपने आपको तोड़ने फोड़ने लगा। इस ख़सारे से निकलने

के लिए मैं इलाहाबाद और कलकत्ता तक इस कारोबार को फैलाता चला गया। यह अठावन बरस की तजरुबे कार ज़िन्दगी का सबसे ना तजरुबेकार फ़ैसला था। नतीजे के तौर पर नुक़सान की ईंट से मेरे हौसले का प्याला भी चकनाचूर हुआ। ख़ानदानी ईमानदारी की चादर उस शहरे नाक़द्राँ में मसली जहाँ रफूगरी के हुनर से कोई आशना नहीं था। कुछ तो कारोबारी नाकामियों, कुछ ख़ौफ़नाक घरेलू परेशानियाँ और कुछ अहबाब की मीठी मुनाफ़िक़त (कपटचारिता)... सबने मिल कर मुझ जैसे इंसान को पत्थर का बना दिया। मैंने अपने आपको अपने कमरे में क़ैद करना शुरू किया। अपनी सेहत से खिलवाड़ करने का या ज़िन्दगी के सफ़र को तेज़ी से तय करने का आसान रास्ता यही है कि आदमी अपने आपको घर के कमरे में क़ैद कर ले। कुछ परेशानियाँ अपने आप दूर हुईं, कुछ नुक़सानात की क़ब्र पर सब्र के फूल चढ़ाये और कुछ तन्हाई से साज़बाज़ (साँठ गाँठ) करके आँखों को इतना निचोड़ा कि वह भी तक़रीबन पत्थर की हो गयीं। मैंने अभी पूरी तरह शिकस्त तस्लीम भी नहीं की थी क्योंकि अभी माँ ज़िन्दा थीं। उनकी दुआओं की चादर धूप, सर्दी और बारिश के मौसम से ही नहीं... मेरी मुसीबतों और परेशानियों के सामने दीवारे चीन से ज़्यादा मज़बूती के साथ खड़ी हो गयी। मैंने फिर से अपने आपको जमा करने की कोशिश शुरू कर दी।

मेरी अहलिया ने मौजूदा फ़्लैट तब्दील करके एक बड़ा फ़्लैट लेने का ख़्वाब देखा था और उसकी ताबीर की तलाश में मुझे भटकना पड़ा लेकिन ये भटकाव मामूली साबित हुआ। एक दिन बेगम ने मुझसे कहा कि आपके इतने तो दोस्त हैं, एकाध से वक़्ती तौर पर कुछ रक़्म उधार ले लीजिए। मशविरा बुरा नहीं था लेकिन ज़माना तो बुरा है। दोस्त ढूँढने कहाँ जाते, दोस्त कहाँ होते हैं, कभी-कभी तो इसी भूल भुलैया में भटक कर आदमी रेगिस्तान में पानी की तमन्ना में भटकते हुए मुसाफ़िर की तरह हमेशा-हमेशा के लिए आँख से ओझल हो जाता है। फिर ये हाथ बनाते वक़्त शायद क़ुदरत ने इन्हें कासा (प्याला) न बनने देने की कसम दे दी थी—

इस हवस में कि मेरे हाथ न ख़ाली रह जायें
कितना नुक़सान हुआ है मेरी पेशानी का

बीवी के कई बार टोकने के बाद मैंने अचानक एक दिन जाने अंजाने में ए.पी. मिश्रा साहब को फ़ोन किया। दुआ सलाम के बाद मैंने उनसे उनकी लोकेशन पूछी। उन्होंने हँसते हुए कहा कि आज मैं लखनऊ में हूँ, एक मीटिंग के सिलसिले में आया हुआ हूँ, शाम को शताब्दी से मेरी वापसी नोएडा के लिए है। मैंने एक ही साँस में अपनी रूदाद बयान कर दी कि मुझे आपसे मिलना है

...मैं एक सिलसिले में काफ़ी परेशान हूँ। मिश्रा साहब ने कहा कि आप परेशान न हों, मीटिंग से निकल कर स्टेशन जाते समय मैं आपसे मिलता हुआ जाऊँगा।

अपने वादे के मुताबिक़ वह तक़रीबन दो बजे मेरे ग़रीब खाने पर तशरीफ़ ले आये और आते ही उन्होंने मेरी परेशानी पूछी। मैं अभी अपनी परेशानी की चादर पूरी तरह फैला भी नहीं सका था कि उन्होंने पूछा कि आप तो ये बताइए कितनी रक़्म कम पड़ रही है। मैंने उन्हें अपनी ज़रूरत से आगाह किया...काफ़ी बड़ी रक़्म थी लेकिन फ़ौरन ही उन्होंने पूछा कि ये बताइए इतनी रक़्म में काम चल जायेगा या और बन्दोबस्त किया जाये। मैंने पेशानी से निदामत (शर्मिन्दगी) का पसीना पोंछते हुए कहा कि नहीं नहीं, बस इतनी ही रक़्म में मेरा काम चल जायेगा। उन्होंने फ़रमाया कि कल आप किसी को मेरे पास भेज दीजियेगा मैं रक़्म उसके हवाले कर दूँगा। तब तक मेरी अहलिया चाय लेकर आ गयीं। मिश्रा जी उठ खड़े हुए और मेरी अहलिया से बोले कि नहीं भाभी! आज मैं चाय हर्गिज़ नहीं पी सकता, मुमकिन है भगवान के यहाँ ये चाय मेरे आमालनामे में सूद की रक़्म में जोड़ दी जाये। मैं उन्हें बाहर तक छोड़ने आया तो उन्होंने मेरे कन्धे पर हाथ रखते हुए कहा कि मुनव्वर भाई! रक़्म लौटाने की जल्दी मत कीजियेगा बल्कि यूँ कर लीजिए कि जब आप अपनी परेशानियों से आज़ाद हो जाइयेगा तब मुझे वापस कर दीजियेगा या जब कभी मुझे ज़रूरत होगी तो मैं आपसे माँग लूँगा। कभी-कभी मैं सोचता हूँ कि मेरे पूरे ख़ानदान के पाकिस्तान चले जाने के बावजूद मेरे वालिद का हिन्दुस्तान में रहने का फ़ैसला कितना क़ीमती था। मुमकिन है मुझे पाकिस्तान में बहुत कुछ हासिल हो जाता लेकिन क्या इतना बड़ा पाकिस्तान मुझे एक ए.पी. मिश्रा लाकर दे सकता था। शायद नहीं, कभी नहीं, बिल्कुल नहीं!

तक़रीबन तीस बरस पहले कलकत्ता दूरदर्शन की हिन्दी प्रोड्यूसर सुशील गुप्ता साहिबा के घर पर बनारस के एक धानपान बुज़ुर्ग नुजूमी (भविष्य वक़्ता) से मेरी मुलाक़ात हुई थी। सुशील बहन की बेइन्तिहा गुज़ारिश पर उन्होंने मेरी हथेली पर लिखे मेरे ज़िन्दगीनामे को बग़ौर पढ़ा, कुछ देर तक ख़ामोश बैठे रहे फिर लबकुशा होते हुए फ़रमाया कि जिस दिन तुम पचास बरस के होना उस दिन कोई सफ़र मत करना बल्कि अपने घर में ही रहना, दान दक्षिणा करवाना, अपने मज़हब के मुताबिक़ पूजा पाठ करना क्योंकि यह दिन तुम्हारी मौत के बहुत क़रीब से गुज़रेगा। उन्होंने कहा कि इस तारीख़ को सिर्फ़ अपनी माँ के गोशगुज़ार कर देना (बता देना) क्योंकि माँ के अलावा दुनिया का कोई भी रिश्ता इस बात को याद नहीं रख पायेगा। उन्होंने ये भी बताया था अगर उम्र के पचासवें बरस

का आख़िरी दिन ठीक-ठाक गुज़र गया तो उसके बाद दौलत, इज़्ज़त, शोहरत ये सब तुम्हारे आगे-पीछे चाहने वालों की तरह चलेंगे। आख़िरी बात उन नब्बे साला बुज़ुर्गवार ने यह कही थी कि रिश्तेदारों से तुम हमेशा परेशान रहोगे लेकिन दोस्तों के मामले में तुम्हारा नसीब इतना उज्ज्वल है कि तुम्हारे बड़े से बड़े जुर्म को तुम्हारे दोस्त मफ़लर की तरह अपने गर्दन में लपेट लेंगे, तुम्हारे दुखों की नाव को बहाकर दूर ले जाने के लिए आँसुओं के दरिया बहा देंगे। मैं अपने अक़ीदे के मामले में ज़रा कट्टर हूँ लिहाज़ा इस तरह की बातों पर कभी मेरा कोई ख़ास विश्वास नहीं था लेकिन दिन, महीने और बरस गुज़रने के साथ-साथ उन बुज़ुर्ग पण्डित जी के इल्मे नुजूम का मुझ जैसे अड़ियल को भी क़ायल होना पड़ा। मुझसे मोहब्बत करने वालों की फ़ेहरिस्त यक़ीनन बहुत तवील होगी लेकिन दोस्तों की तादाद बहुत महदूद (सीमित) है। यूँ भी ज़िन्दगी में दो-चार ही दोस्त होते हैं, बाक़ी तो दोस्ती के नाम पर एक भीड़ होती है।

गिरीश वर्मा, ए.पी. मिश्रा, तरुण विजय, प्रताप सोमवंशी, अरविन्द मण्डलोई, अरुना किन्दनानी, सुभाष मिश्रा, कृष्ण वल्लभ शर्मा ये सब मेरे वह ग़ैर मुस्लिम दोस्त हैं जिनके कुफ़्र को कभी-कभी मेरा जी चाहता है कि मेरा ईमान सलाम करे। मैं सोचता हूँ कि काश, ऐसे दस-बीस लोग अगर 1947 ई. के बटवारे के वक़्त सरहद पर खड़े हो जाते तो अपने आपको मुहाजिर कहलाने के लिए कोई भी हिन्दुस्तानी अपनी शहरियत (नागरिकता) के तक़द्दुस (पवित्रता) को पामाल न करता। शहद की मक्खियों का छत्ता अँधेरी रात में जलाया और मिस्मार किया जाता है लेकिन इन्हीं छत्तों से निकला हुआ मोम इंसान के लिए रौशनी के काम आता है। अच्छे लोग एक मधुमक्खी की मौत को रौशनी की मौत से ताबीर करते हैं...इतने ख़िराजे अक़ीदत (श्रद्धांजलि) की हक़दार तो यक़ीनन हर शहद की मक्खी होती है।

मैं अपने कृष्ण स्वभाव मित्र श्री ए.पी. मिश्रा को इसीलिए इंसानियत की रौशनी का अलमबरदार और सफ़ीर (दूत) कहता हूँ। ये बिल्कुल ही अजीब इत्तिफ़ाक है कि उनका ताल्लुक़ उत्तर प्रदेश के बिजली विभाग से है लेकिन बिजली विभाग में तो हज़ारों लोग होते हैं बल्कि हिन्दुस्तान में लाखों लोग बिजली विभाग से जुड़े हुए होंगे...लेकिन अपने दिल में ग़रीबों की मोहब्बत, उनसे हमदर्दी का जज़्बा रखने, उनके बारे में सोचने और उनकी हर तरह से मदद करने वाला ही रौशनी के मीनार तक पहुँचता है। शायरों, कवियों, लेखकों, पत्रकारों और साधुसन्तों के सामने बाअदब खड़े रहने के लिए जिन संस्कारों की ज़रूरत होती है, वह संस्कार बहुत कम लोगों के हिस्से में आते हैं। वह तो कहिए कि पत्थरों के पास दर्दमन्द

दिल नहीं होता वर्ना इंसान से ज़्यादा इज़्ज़तदार पत्थर हो गये होते। मेरा एक अजीबो ग़रीब मुशाहदा (आँखों देखा अनुभव) है कि उनसे मिलने के बाद ये फ़ैसला करना दुश्वार हो जाता है कि उनसे बेपनाह मोहब्बत की जाए या उनकी बेइन्तिहा इज़्ज़त की जाये। ये ऐसे लोग हैं जो गंगा जमुना की चादर ओढ़े हुए पैदा होते हैं और फिर एक दिन अचानक चुपचाप इस चादर को वापस करने के लिए गंगा जी की गोद में सो जाते हैं–

ये उसका अपना तरीक़ा है दान करने का
वह जिससे शर्त लगाता है हार जाता है

धूल उतरी नहीं सिर से अभी पिछले सफ़र की

कलकत्ता मेरी निगाह में उस नालायक़ औलाद की तरह है जिसको न छोड़ा ही जा सकता है और न जहाँ आराम से रहा ही जा सकता है। शोर शराबा, भाग दौड़, भीड़ भाड़, जलसे जुलूस, लाकआउट और हड़तालें, दोस्त और मुनाफ़िक़ीन, चमक दमक और लोड शेडिंग... लेकिन जिस तरह बहुत दिन जेल में रहने वाले को जेल की सलाख़ों से मोहब्बत-सी हो जाती है, वैसे ही ज़िन्दगी इन सऊबतों (परेशानियों) से भी प्यार करने लगती है।

बहुत दिनों से पटना जाने का इरादा कर रहा था लेकिन ख़ौफ़े सफ़र रास्ता रोके था। अचानक एक दिन सय्यद अहमद क़ादिरी से मुलाक़ात हो गयी! बेचारे बहुत मेहनती आदमी हैं... सीधे सादे से, जैसे घर दामाद हुआ करते हैं। कहने लगे, पटना चलिए। ज़ाहिर है मुझे क्या एतराज़ हो सकता था। जब दाग़ अज़ीमाबाद (पटना) में कलकत्ता जाने के लिए सावन का इन्तिज़ार कर सकते थे तो मुझे सय्यद अहमद क़ादिरी के साथ इस शहर में आने से क्या गुरेज़ हो सकता था। लिहाज़ा इतवार की शब में पंजाब मेल से पटना के लिए रवाना होना पड़ा। कार स्टेशन के बाहर ही हम लोगों को छोड़ कर वापस चली गयी क्योंकि हवड़ा स्टेशन का इलाक़ा गाड़ियों से इस तरह भरा हुआ था जैसे सरकारी अफ़सरों की जेबें रिश्वत की रक़म से भरी रहती हैं। एक बूढ़ा-सा कमज़ोर कुली हम लोगों का सामान रेल के डिब्बे तक ले कर आया। उसकी कमज़ोर जसामत (डीलडौल) रहबराने वतन से इल्तिजा कर रही थी कि—

तूने सारी बाज़ियाँ जीती हैं मुझ पर बैठ कर
अब मैं बूढ़ा हो चुका हूँ अस्तबल भी चाहिए

ठीक आठ बजे पंजाब मेल किसी नाज़नीन (नवयौवना) की तरह बल खाती हुई मुसाफ़िरों की मंज़िल की तरफ़ खिसकने लगी। मुस्कुराहट और उदासी का एक लामुतनाही (ख़त्म न होने वाला) सिलसिला रेलवे स्टेशनों पर सैकड़ों बरस से फैला हुआ है। हज़ारहा उतरे हुए चेहरे अपनी आँखों में आँसुओं का उबलता हुआ समन्दर छुपाये अपने-अपने अज़ीज़ों को खुदा हाफ़िज़ कहने के लिए स्टेशनों पर

मौजूद रहते हैं। बेबसी, मजबूरी, जुदाई और अकेलेपन की कितनी ही कहानियाँ रेलगाड़ियाँ जानती हैं।

एक लकीर को मिटा कर डिब्बे को सेकण्ड क्लास कर दिया गया था लेकिन डिब्बे के अन्दर वही ख़ानाजंगी, वही बेतरतीबी, वही टूट-फूट और वही बेतवज्जुही मौजूद थी जो उमूमन सेकण्ड क्लास में मौजूद रहती है। सिर्फ़ एक लकीर के मिटाने ही से तो सेकण्ड क्लास बना है वर्ना यही डिब्बा पहले थर्ड क्लास था। लेवेटरी में मुँह देखने का शीशा ग़ायब था, सिर्फ़ फ्रेम बचा था। फ्रेम के ऊपर लिखा हुआ था, 'रेलवे आपकी सम्पत्ति है' और इसके बग़ल में लिखा था कि 'मैंने इस सम्पत्ति में से अपना हिस्सा ले लिया है' नीचे किसी साहब का नाम लिखा हुआ था।

डिब्बे में हम लोगों के अलावा एक बंगाली जोड़ा था। उनके साथ उनका सात आठ बरस का एक बच्चा भी था... ख़ूबसूरत-सा भोला भाला। बंगाली बाबू बहुत शरीफ़ क़िस्म के आदमी थे। पटना में हवाई अड्डे के पास उनकी सुसराल है ये उन्हीं की ज़बानी मालूम हुआ। मैंने उनको मुबारकबाद दी और पूछा कि आपको हवाई जहाज़ का शोर सुनाई देता होगा? वह मुस्कुराने लगे लेकिन उनकी बेगम का मूड कुछ ख़राब हो गया। लिहाज़ा उन्होंने फ़ौरन सो जाने में आफ़ियत (भलाई) समझी। मौसूफ़ बत्ती बुझाने की कोशिश कर रहे थे लेकिन रेलवे के स्विच कलकत्ता के टेलीफ़ोन साबित हुए यानी सिर्फ़ नुमाइश के लिए थे। उनसे कोई काम नहीं लिया जा सका। आख़िर मैंने उनकी मोहब्बत में प्लग से लगे हुए बल्ब अलग कर दिये। वह लोग तो सो गये लेकिन भाई अहमद क़ादिरी अभी शब ख़्वाबी का लिबास पहनने की तैयारी में मसरूफ़ थे। ख़ैर, ख़ुदा-ख़ुदा करके उन्होंने कपड़े तब्दील किये। हालाँकि जितना वक़्त उनको कपड़े तब्दील करने में लगा उतने में एक दर्ज़ी कई जोड़े कुर्ते और पाजामे तैयार कर लेता है। क़ादिरी साहब ने मेरी तंक़ीदी निगाह का एहसास होते ही मौज़ू (विषय) तब्दील करने की ग़रज़ से पूछा कि राना साहब! आपकी कामयाबी की वजह क्या है? मैंने कहा, भई! ग़ालिब की कामयाबी की वजह ख़्वाजा अल्ताफ़ हुसैन हाली थे और मेरी शोहरत की वजह अलीमुल्ला हाली हैं। फिर उन्होंने मुझे मज़ीद (और ज़्यादा) छेड़ने की ग़रज़ से पूछा कि मीर एवार्ड आपको भी मिलना चाहिए। मैंने खिसियाये हुए लहजे में कहा कि प्यारे भाई, मीर एवार्ड मुझे उसी वक़्त मिलेगा जब मैं उम्र में मीर के बराबर हो जाऊँगा।

हस्बे मामूल ट्रेन एक घण्टे की ताख़ीर से पटना पहुँची। मालूम हुआ कि ज़बरदस्त कोहरा था जिसकी वजह से देर हुई। मुमकिन है किसी स्टेशन पर ड्राइवर किसी ज़रूरत के तहत नीचे उतरा हो और फिर जब वह वापस हुआ हो

तो उसे इंजन ढूँढ़ने में परेशानी हुई हो। यूँ भी इस मुल्क में हर मौसम में हर तरह का कोहरा छाया रहता है। मसलन, ड्राइवर को पटरियाँ नहीं दिखाई देतीं, लीडरों को ग़रीबी नहीं दिखाई देती, अमीरों को ग़रीब नहीं दिखाई देते, भाजपाइयों को उर्दू नहीं दिखाई देती और हुकूमत को मुलसमान नहीं दिखाई देते। वैसे जब अँधेरा सामने हो तो कोहरा कहलाता है और जब आँखों में हो तो मोतियाबिन्द।

पटना में ज़बरदस्त सर्दी थी। जज़्बात तक सर्द हो जाने का ख़तरा था। हर आदमी हस्बे हैसियत पहने ओढ़े हुए था। वैसे सर्दी के मौसम की एक ख़ुसूसियत यह है कि आप कोई भी जुर्म कर डालिये लोग बुरा नहीं मानते। पुलिस वाले भी सिर्फ़ मुँह बनाने की हद तक बुरा मानते हैं, उछल कूद से गुरेज़ करते हैं क्योंकि मुजरिम अगर ज़रा भी आगे निकल गया तो पहचानना दुश्वार हो जाता है। ऐसे में आदमी अपने आपको इतना ढाँपे और छुपाये रहता है कि बड़ी नस्ल का कछुआ मालूम होता है। बांग्लादेश बनने के फ़ायदे और नुक़सान का तो मुझे अन्दाज़ा नहीं लेकिन इतना इल्म ज़रूर है कि हिन्दुस्तान में तक़रीबन हर जिस्म गर्म कोट की लज़्ज़त से आशना (परिचित) हो गया। कहीं एक कोट की क़ीमत सात सौ रुपये और कहाँ सिर्फ़ पचास रुपये। ग़ालिबन ये ग़रीब लोगों की दुवाओं का असर है जो बांग्लादेश आज तक न सिर्फ़ ज़िन्दा है बल्कि मुस्कुरा रहा है। बांग्लादेश को देखकर ख़ुदा पर बहुत से कम्युनिस्टों को भी यक़ीन आ गया है क्योंकि उन्होंने महसूस कर लिया कि कोई तो है जो इस मुल्क को चला रहा है। दरअस्ल आदमी हर चीज़ को अपने फ़ायदे के मुताबिक़ देखता है, ख़्वाह दूसरे फ़रीक़ (पक्ष) को कितना ही बड़ा नुक़सान क्यों न हो जाये। मसलन, न्यू मार्केट के जल जाने से शौहरों को बहुत ख़ुशी हुई जबकि दुकानदारों से ज़्यादा उन लोगों को दुख हुआ जिनको पहले सिर्फ़ रिश्वत की रक़्म देनी पड़ती थी और अब फ़ेहरिस्त लेकर सामान तलाश करना होगा और देना होगा।

मेरे एक दोस्त मुझसे कहने लगे कि 'कनिष्क' जहाज़ गिरने से मुझे एक फ़ायदा हुआ, वो यह कि मेरी बेगम सिंगापुर और बैंकाक की सैर को निकलने वाली थीं लेकिन इस ख़बर को सुन कर इरादा मुल्तवी कर दिया फिर मुस्कुराती हुई मेरे पास आयीं और बोलीं, "आपके लिए एक बुरी ख़बर है यानी मैं अब सिंगापुर नहीं जा रही हूँ। मरूँगी तो साथ ज़िन्दा रहूँगी तो साथ, अकेले आपको ऐश करने के लिए नहीं छोडूँगी।"

स्टेशन से हम लोग सब्ज़ीबाग़ रवाना हुए। डाकख़ाने पर रिक्शा छोड़ दिया गया। चाय और सिगरेट से लुत्फ़ अन्दोज़ होने के बाद अहमद क़ादिरी ने मुझे एक होटल में पहुँचा दिया जिसका नाम तुलसी होटल था। क़ादिरी साहब कहने लगे, भला बताइए! तुलसी होटल, तुलसी ज़र्दा हालाँकि तुलसीदास बेचारे न तो

कभी होटल में ठहरे और न ही ज़र्दा खाते थे। मैंने कहा, भाई! बहुत से लोगों का नाम सत्य प्रकाश होता है लेकिन वह झूठ बोलते हैं तो इसमें नाम रखने वाले का क्या क़ुसूर है, क़ुसूर तो नाम का ग़लत फ़ायदा उठाने वाले का है।

क़ादिरी हाज़िरी लगाने सुसराल चले गये और नौ बजे सुबह आने के बजाय ग्यारह बजे वापस आये... बेहतरीन क़िस्म का सूट पहने और ख़ूबसूरत टाई लगाये हुए। ग़ालिबन दर्ज़ी की दुकान देर से खुली होगी जिसकी वजह से उन्हें आने में ताख़ीर हुई होगी।

हम लोग फ़ौरन होटल से अपने काम के सिलसिले में रवाना हो गये। पहली मंज़िल अज़ीमाबाद एक्सप्रेस का दफ़्तर था। ख़ूबसूरत-से गेट पर निहायत बेमुरव्वत सा ताला पड़ा हुआ था। गेट के अन्दरूनी हिस्से में एक सुराही रखी हुई थी जिसकी वीरानी और ख़ाली पन उर्दू अख़बारों की ज़ुबूँ हाली (बेचारगी) का नमूना थी। मालूम हुआ कि रिज़वान अहमद 'इम्तियाज़े मीर' हासिल करने की ग़रज़ से लखनऊ गये हुए थे। ग़ालिबन इसी वजह से ताला मुँह चिढ़ा रहा था। हैरत है कि यगाना चंगेज़ी के भयानक अंजाम के बाद अज़ीमाबाद वाले एवार्ड लेने के लिए लखनऊ जाते हैं।

अज़ीमाबाद एक्सप्रेस से मायूस होकर हम लोग फ़रज़न्द भाई से मिलने की कोशिश में मसरूफ़ हो गये। मालूम हुआ कि वह भी नहीं हैं, शायद उड़ीसा गये हुए हैं। उनके खुश अख़लाक फ़रज़न्द (सुपुत्र) ने फ़ौरन ड्राइंग रूम खोल दिया। अहमद क़ादिरी ने अपने नक़्क़ाद होने के सुबूत में फ़रज़न्द अहमद के टेलीफ़ोन बिल में मज़ीद रक़्म का इज़ाफ़ा कर दिया।

वहाँ से हम लोग मरकज़ी वज़ीर जनाब अब्दूल गुफ़ूर के बंगले पर गये जहाँ मन्नान साहब से मुलाक़ात हो गयी। एक-एक कप गर्म चाय और डॉक्टर आलम साहब के चन्द मुफ़ीद मशविरों के साथ हम लोग वापस लौटे। रास्ते में रेडियो स्टेशन भी पड़ता था। ये तय हुआ कि जमालुद्दीन साहिल से भी मुलाक़ात ज़रूरी है। खुशक़िस्मती से वह मिल गये लेकिन बीमार-बीमार-से, बुझे-बुझे-से जमालुद्दीन साहिल को देख कर मुझे वहशत (घबराहट) होने लगी–

सीने पे पाँव रख के गुज़र जाओ बे ख़तर
सूखी हुई नदी में कोई डूबता नहीं

ख़ामोशी के इस माहौल ने हम दोनों को उदास कर दिया था। लिहाज़ा हमने हस्बे रवायत साहिल भाई से छेड़छाड़ शुरू की। बस ज़रा-सी देर में वही पुराने जमालुद्दीन साहिल मौजूद थे। कई घण्टों की ये मुलाक़ात कितने ही पुराने ज़ख़्मों की पपड़ियाँ उधेड़ कर चली गयी। वहाँ से हम लोग शफ़ी मशहदी साहब से मिलने उनके आफ़िस गये। अच्छी ख़ासी शक़्लो सूरत के मालिक हैं। बिला वजह

जमील मंज़र ने शफ़ी मशहदी नम्बर में उनका तस्वीरी कार्टून शाया (प्रकाशित) किया। उन्हें देख कर अन्दाज़ा हुआ कि अब भी बहुत से लोग उन्हें देख कर अपना फ़ैसला बदल सकते हैं। माहनामा 'सुहेल' में पढ़ा था कि उनकी सुसराल भी लखनऊ में है। शायद पटना वालों को लखनऊ बहुत अच्छा लगता है बल्कि मेरा तो अन्दाज़ा है कि लखनऊ स्टेशन पर अगर पटना के सौ मुसाफ़िर उतरते होंगे तो निन्यानवे लोगों को सुसराल ही जाना होता होगा। बेचारे मुख़लिस आदमी हैं लेकिन हर वक़्त चौकन्ना रहते हैं कि ना जाने कब कौन तारीफ़ करके उनसे कोई (बेजा) काम करवा ले। इस एहतियात में कभी-कभी वह अच्छे लोगों से भी मिलने से महरूम (वंचित) रह जाते होंगे।

वहाँ से लौटते-लौटते शाम हो गयी लेकिन रहमानिया होटल तो बहरहाल जाना था क्योंकि वहाँ की चाय में एक ख़ास लज़्ज़त और क़ैफ़ियत है। मालिक की बेकैफ़ (स्वादविहीन) गुफ़्तगू की तल्ख़ियाँ चाय को एक ख़ास क़िस्म की लज़्ज़त बख़्शती हैं। नवजवान अफ़साना निगार फ़ख़रुद्दीन आरिफ़ी से मुलाक़ात हुई तो उन्होंने अपनी कहानियों का मजमुआ (संग्रह) 'सुलगते ख़ेमों का शहर' मुझे दिया। किताब पर मेरा नाम लिखने से पहले उन्होंने मुझसे पूछा, "क्या आप उर्दू पढ़ लेते हैं?"

मैं चुप रहा। किताब उलट पलट कर देखी तो किसी साहब की राय छपी हुई थी जो कई सफ़हों पर मुश्तमिल (आधारित) थी लेकिन पहला ही जुमला ज़बान और बयान की ग़लती से ज़ख़्मी था—

ये दहन ज़ख़्म की सूरत है मेरे चेहरे पर
या मेरे ज़ख़्म को भर या मुझे गोयाई दे

नारंग साक़ी

बहुत रोते हैं वो जिनको लतीफ़े याद रहते हैं

सरहद के पास बने हुए घर और झीलों के किनारे आबाद गाँव के लोग बड़ी खुटके की नींद सोते हैं, बड़ी मोहतात ज़िन्दगी गुज़ारते हैं, बहुत ही गुदाज़दिल (नर्म दिल) के मालिक होते हैं। उन्हें गिनती और हिसाब जोड़ने के लिए अपनी उँगली के पोरों का सहारा नहीं लेना पड़ता है। उनकी तजरुबेकार आँखों में अपने और आसपास के गाँव ग्राम की तस्वीरें उभर आती हैं। एक-एक इंच ज़मीन का नक़्शा, उस नक़्शे में बसी आबादी, पेड़-पौधे यहाँ तक कि हिजरत नसीब परिन्दों का हिसाब किताब तहरीर रहता है। वह अक्टूबर के महीने से ही अपनी झीलों पर उतरने वाले परिन्दों का इस्तक़बाल करने लगते हैं लेकिन फ़रवरी का महीना आते ही उनकी उँगलियों की चमक में मुहाजिर (प्रवासी) परिन्दों की वापसी का ख़ौफ़ दिखाई देने लगता है। पुराने लोग झील में उतरने वाले बहुत से परिन्दों के पंजों में चाँदी का छल्ला डाल देते थे। यह ख़ैर सगाली (शुभकामना) का जज़्बा पुराने लोगों में कूट-कूट कर भरा हुआ था लेकिन यह उन दिनों की बात है जब सरहदों पर काँटेदार तारों की बाढ़ नहीं होती थी। यह उन दिनों का क़िस्सा है जब पासपोर्ट जैसी गाली ने समाज में अपने लिए इज़्ज़तदार जगह नहीं बनायी थी। पास का मतलब पड़ोस और पड़ोस का मतलब सारी दुनिया हुआ करता था। एक दूसरे पर एतबार करने का मौसम साल भर रहता था। जैसे-जैसे दुनिया तालीम याफ़्ता (शिक्षित) होती गयी, दुनिया में वहशीपन (जंगलीपन) और दरिन्दगी बढ़ने लगी, वैसे-वैसे इंसानों का मिज़ाज भी बदलता चला गया। अब तो ये आलम हो गया है कि जंगल के जानवर सब्ज़ीख़ोर होते जा रहे हैं और शहरों में आबाद इंसानी जंगल में बसे लोग आदमख़ोरों में तब्दील होने लगे हैं। हमने अगर हिजरतों से अपना मुकद्दर बनाने की कोशिश न की होती तो शायद दुनिया आज भी वैसी ही होती जैसी दुनिया ऊपर वाला बनाना चाहता था। लेकिन अब कुछ भी नहीं हो सकता क्योंकि दुनिया के ख़ुदाओं ने आसमानी ख़ुदा से हज़ारों बरस

के लिए लीज़ पर दुनिया का पट्टा अपने नाम करा लिया है। शायद इसीलिए कैसी ही तक़सीम (बटवारा) हो जाये ऊपर वाला अपनी आँख की पट्टी नहीं खोलता। यह जो हिजरत (प्रवास) का ज़ख़्म होता है यह बड़ा जानलेवा होता है, किसी दवा से नहीं भरता, किसी भी चारागर (चिकित्सक) की समझ में नहीं आता। इसे कोई मौसम, कोई भी आबोहवा रास नहीं आती। ये अपनी दहलीज़ से बिछड़ती हुई लड़कियाँ बुढ़ापे तक बार-बार अपने छूटे हुए बाबुल के आँगन में क्यों लौट कर आती हैं? कभी हँसते हुए, कभी रोते हुए ये आबोदाने के लिए भटकते हुए परिन्दे हज़ारों मील की दूरी तय करने के बावजूद बार-बार वापस लौट कर क्यों आते हैं? इसी आने-जाने के चक्कर में ये हालात और मौत के शिकार भी हो जाते हैं। ये परिन्दे अपने उजले परों में हिजरत (प्रवास) की धुँधली तहरीरें छुपाये रहते हैं। हिजरत की धूप आँसुओं को चाट जाती है, तभी तो हर मुहाजिर (प्रवासी) बग़ैर आँसुओं के रोता हुआ दिखाई देता है। जाने अंजाने में अपनी ज़मीन को ढूँढते हुए इंसानों और परिन्दों के बीच एक जाना अंजाना-सा रिश्ता भी होता है। इन रिश्तों को दोनों पहचानते हैं लेकिन कभी इसका ज़िक्र करके एक दूसरे को उदास करने की भूल नहीं करते।

ऐसे ही हिजरत के तमाशे और कर्ब (पीड़ा) से आशना (परिचित) शख़्स का नाम है— कृष्ण लाल नारंग जो हिजरतों का चश्मदीद (आँखों देखा) गवाह भी है और जो दूसरों की प्यास बुझाने और ख़ुश्क होठों की पपड़ियों को नम करने की वजह से साक़ी के नाम से मशहूर हो गया। उसने ख़ुद कभी अपने साक़ी होने का दावा नहीं किया, दावेदारी की कोई सनद भी नहीं दिखाई... न क़ानूनी, न पुश्तैनी... लेकिन दुनिया उसे साक़ी कहती है... साक़ी पुकारती है और साक़ी समझती है। दरिया कभी साक़ी नहीं हो सकता, कुआँ भी साक़ी नहीं होता क्योंकि दरिया हो या कुआँ ये प्यास बुझाने के लिए कहीं जाते नहीं हैं। पानी के ज़मींदारों की तरह कुएँ और दरिया अपनी लक्ष्मण रेखा में क़ैद रहते हैं लेकिन कृष्ण लाल नारंग साक़ी इसलिए कहलाते हैं कि यह प्यासों को ख़ुद ढूँढते रहते हैं और ढूँढ भी लेते हैं, तभी तो साक़ी होना इनका ईनाम भी है और नसीब भी—

जो दूसरों की प्यास भी महसूस कर सके
साक़ीगरी का काम करे तश्ना लब वही

अगर मुझसे कोई पूछता है कि कुँवर महिन्दर सिंह बेदी 'सहर' साहब अपने बाद क्या छोड़ गये हैं, तो मैं कहता हूँ कि एक भरा पुरा ख़ानदान... जब सवाल करने वाला मुझसे दूसरा सवाल करता है कि तरके (मरने वाले की सम्पत्ति) में क्या छोड़ा है? तो मैं फ़ौरन पूरी ईमानदारी से कहता हूँ कि कृष्ण लाल नारंग साक़ी को छोड़ कर गये हैं। यह जवाब देते हुए किसी फ़लसफ़ी (फिलॉस्फ़र) का यह

मुशाहदा मेरे पेशे नज़र रहता है कि हर नवमौलूद (नवजात) की आमद इस बात का सुबूत है कि ख़ुदा अपने बन्दों से अभी मायूस नहीं हुआ है। दुनिया वालों की निगाह में नारंग साक़ी बेदी साहब के बेतकल्लुफ़ नवजवान दोस्त थे लेकिन बेदी साहब की मुश्फ़िक़ाना (स्नेहपूर्ण) निगाह में नारंग साक़ी उनकी औलाद की तरह थे। बेदी साहब ने उनकी ज़ेह्नी और अदबी परवरिश की थी। अदबी तौर पर तो बेदी साहब की तमाम पिदरी शफ़क़त (पितृवत स्नेह) नारंग साक़ी के साथ थी।

तक़रीबन चार दहाइयों (दशकों) से नारंग साक़ी उर्दू और उर्दू वालों से साँसों की तरह जुड़े हुए हैं। शायरों और अदीबों की दोस्ती में इतनी बेलौसी निःस्वार्थता के साथ दूसरा कोई भी शख़्स उनका मद्दे मुक़ाबिल नहीं है। दरअस्ल ख़ामोश ख़िदमतों का नूर भी इंसान को चाँद-सूरज बना देता है। नारंग साक़ी से मेरे मरासिम (सम्बन्धों) का सबब शान भारती और मयकश अमरोहवी हैं। शान भारती धनबाद से 'रंग' नाम का एक अदबी रिसाला निकालते हैं और मयकश अमरोहवी अपनी अदबी तंज़ीम (साहित्यिक संस्था) 'इण्डियन कल्चरल सोसाइटी' के नाम पर हर बरस देहली में एक दर्जन के आसपास मुशायरे कराते हैं। इन दोनों अदबी इदारों (संस्थाओं) को नारंग साक़ी की तरफ़ से हर तरह की मुआविनत (सहायता) और सरपरस्ती हासिल रहती है। ऐसे ही दर्जनों इदारे हैं जिनको नारंग साक़ी की क़लन्दरी और सख़ावत (दानशीलता) से फ़ैज़ पहुँचता रहता है। जिस तरह आमतौर से लोग देहली में लाल क़िला और कुतुबमीनार देखने जाते हैं, उसी तरह उर्दू के शायर और अदीब देहली में कृष्ण लाल नारंग साक़ी का शर्बते दीदार पीने ज़रूर जाते हैं। यहाँ पर शर्बते दीदार की तरकीब इस्तलाहन (परिभाषा के तौर पर) इस्तेमाल की गयी है वर्ना देहली में शाम के बाद ज़्यादातर पढ़े-लिखे लोग पानी का इस्तेमाल बन्द कर देते हैं। मुझ जैसे आदाबे महफ़िल से नावाक़िफ़ लोग भी पेप्सी और कोका कोला से अपनी प्यास बुझाते हैं। ख़ैर, प्यास तो पानी से ही बुझ जाती है लेकिन जिस तरह शराब के ममनूअ (निषिद्ध) करार दिये जाते ही अरब में सिरके का इस्तेमाल ज़रूरी हो गया था, उसी तरह ज़िन्दगी से भरपूर महफ़िलों में ज़िन्दगी और मसाएल से छुटकारा हासिल करने वालों का साथ देने के लिए ही कोका कोला और पेप्सी की ईजाद हुई है। ऐसी महफ़िलों में साहिबाने महफ़िल का साथ न देना बदतमीज़ी में शुमार होता है, लेकिन मेरी तावील (तर्क) हमेशा यही रहती है कि जब बाप से दोस्ती हो, उसकी बेटी से दोस्ती नहीं हो सकती। हज़रते अंगूर से मेरी दोस्ती है तो दुख़्तरे अंगूर (शराब) से दोस्ती करना क़तअन (क़तई) मुनासिब नहीं है और फ़िर बक़ौल अनवर नदीम—

ज़िन्दगी प्यार भरी मैंने यक़ीनन जी है
लोग पीते हैं तो लगता है कि मैंने पी है

ग़ैर ममालिक (विदेशों) ख़ासतौर पर पाकिस्तान के शायर और अदीब देहली पहुँचते ही नारंग साक़ी को यूँ तलाश करने लगते हैं जैसे रेगिस्तान में सफ़र करने वाले कुआँ तलाश करते हैं। चूँकि पाकिस्तान में इस्लामी क़वानीन हैं लिहाज़ा वहाँ अंगूरज़ादी (शराब) को खुले आम चलने फिरने की इजाज़त नहीं है लेकिन ढके छुपे में खुल खेलने की पूरी आज़ादी है। लिहाज़ा हिन्दुस्तान पहुँचते ही पाकिस्तानी शायरों और अदीबों की पचासों बरस पुरानी प्यास की कश्ती हिचकोले खाने लगती है। ऐसे में पूरी नेक नीयती से नारंग साक़ी सँभलने और लड़खड़ाने के दरम्यान बिजली के खम्भे की तरह काम आते हैं। बेशतर पाकिस्तानी शायरों अदीबों को हिन्दुस्तान में अपनी एम्बैसी का पता नहीं होता लेकिन नारंग साक़ी का घर और पता ज़रूर जानते हैं। अब ये तो दुनिया का अजीबो ग़रीब दस्तूर है कि मेहमान को हमेशा बालादस्ती (प्राथमिकता) और ख़ुसूसी अहमियत हासिल होती है लेकिन मेज़बान की बातों का तज़किरा बहुत कम होता है, अगर बिलफ़र्ज़ कहीं होता भी है तो दूर के रिश्तेदारों जैसा, जबकि ख़ुदग़र्ज़ी के इस अह्द में मेहमान तो मारे-मारे फिरते हैं लेकिन मेज़बान बहुत मुश्किलों से मिलता है।

नारंग साक़ी और क़तील शिफ़ाई का इश्क़ तो जग ज़ाहिर था। दोनों की दोस्ताना कुर्बतों (नज़दीकियों) का यह आलम था कि कभी-कभी ख़्वाब देखने के लिए दोनों एक दूसरे से अपनी आँखें बदल लेते थे। अब तो दुनिया की कोई भी मेडिकल साइंस ये नहीं बता सकती है कि नारंग साक़ी के चेहरे पर उनकी अपनी आँखें हैं या मरहूम क़तील शिफ़ाई की। दोनों के दरम्यान दीवानावार इश्क़ की यह इन्तिहा थी कि क़तील शिफ़ाई की तअज़ियत (शोक व्यक्त करना) के लिए नारंग साक़ी क़तील शिफ़ाई के वतन लाहौर पहुँच गये, दोस्त की मिट्टी तो नसीब नहीं हुई लेकिन जिस मिट्टी को ओढ़ कर दोस्त सो गया था उस मिट्टी को पलकों से लगाना नहीं भूले। मुमकिन है वह अपने दोस्त से अपनी आँखें माँगने गये हों या उनकी आँखें वापस करने। दरअस्ल दोनों के ख़्वाबों में बड़ी मुमासिलत (समरूपता) थी। दोनों के ज़ेहन में मुत्तहिदा (अविभाजित) हिन्दुस्तान की पुरानी तस्वीर जड़ी हुई थी। दोनों ही ग़म को भुला कर एक दूसरे से मिलते थे कि अब वह लोग दो मुख़्तलिफ़ ममालिक के बाशिन्दे हैं। हिन्दुस्तान से इतनी कुर्बत के सबब पाकिस्तान में एक हल्क़ा (वर्ग) क़तील शिफ़ाई को नापसन्द करता था। मुमकिन है क़तील शिफ़ाई से नारंग साक़ी के इस वालिहाना (पुरजोश) इश्क़ से नारंग साक़ी के कुछ हिन्दुस्तानी दोस्त भी नाराज़ रहते हों लेकिन वह इश्क़ क्या जिसके लिए दुनिया की आँखों में आँखें डाल कर जीने से डरना पड़े।

ये भी दिलचस्प हक़ीक़त है कि दो मुल्कों के दरम्यान हज़ार नफ़रतों के बाद भी बेदी साहब को पाकिस्तान में किसी आलिमे दीन (धार्मिक विद्वान) जैसी

इज़्ज़त हासिल थी। देहली को फ़िरक़ा परस्ती और यक तरफ़ा नफ़रत की आग से बचाने में कुँवर महिन्दर सिंह बेदी का रोल पण्डित जवाहर लाल नेहरू से किसी तरह भी कम नहीं था लेकिन ये अफ़सोस नाक सच है कि हम तारीख़ के पन्ने भी नफ़रतें ढूँढने के लिए पलटते हैं। हमने तारीख़ के किर्म खुर्दा (घुन खाये हुए) पन्नों पर कभी मोहब्बतें और क़ुर्बानियाँ तलाश करने की कोशिश नहीं की। तारीख़ की इस सच्चाई तक पहुँचते ही आपको भी एहसास होने लगेगा कि एक ही जैसी कुर्बानियों के एवज़ में एक शख़्स वज़ीरे आज़म की कुर्सी तक पहुँचता है लेकिन दूसरा शख़्स वैसी ही कुर्बानियों के बावजूद पद्म श्री और पद्म भूषण के ईनाम तक नहीं पहुँच सका। ये क़िस्सा कोई हज़ार बरस पहले का नहीं है और किसी दूसरे मुल्क का भी नहीं है। यह शर्मनाक क़िस्सा बीसवीं सदी का है और इसी हिन्दुस्तान की तारीख़ के पन्नों पर बदनुमा दाग़ की तरह मौजूद है–

एक आवाज़ मुक़द्दर की यही है तक़सीम
सुब्हे नव तुझको मिले मुझको सियह रात मिले
गर ख़ुदा है तो उसे भी न गवारा होगा
एक सोने में तुले एक को ख़ैरात मिले

(क़तील शिफ़ाई)

ग़ालिब की तरह नारंग साक़ी के लिए भी शेरो अदब ही इज़्ज़त का ज़रिया नहीं है और न ही उनका पेशये आबा (पूर्वजों का पेशा) सिपहगरी था। वह तो कारोबारी ख़ानदान से तअल्लुक़ रखते हैं लेकिन कारोबारी लोग अपनी ज़बान और अपने अदब को कभी कारोबार का हिस्सा नहीं बनाते हैं। नारंग साक़ी का पेशए आबा सिपहगरी तो नहीं था लेकिन उन्हें उर्दू से वालिहाना इश्क़ सिर्फ़ इसलिए है कि यह उनके बुज़ुर्गों की गोद में पली-बढ़ी ज़बान है। उनके घर के दरो दीवार ने इस ज़बान की नाज़बरदारी (सेवा) की थी। उनकी तहरीरें उनकी ज़िहानत (बुद्धिमत्ता) की सच्ची गवाह हैं। उनकी अदबी सलाहियतें किसी भी डिग्री होल्डर प्रोफ़ेसर और So Called Doctor से ज़्यादा हैं। उनकी तख़्लीक़ी (रचनात्मक) उड़ान के आगे आसमाने अदब के बहुत से शहबाज़ (Eagle) चील-कौवे दिखाई देते हैं लेकिन मैदाने जंग में मरहम पट्टी करने वाले और पानी पिलाने का काम करने वालों की अहमियत भी किसी भी महाज़े जंग पर लड़ते सिपाही से कम आँकना सच्चाई के चेहरे पर कीचड़ मलने के मुतरादिफ़ (समान) है। नारंग साक़ी का अदब में वही मक़ाम है जो रमज़ान के महीने में सहरी जगाने वाले का होता है या सड़क पर ज़ख़्मी हालत में पड़े हुए मरीज़ को अस्पताल पहुँचाने वाले का होता है। उनकी दरिया दिली और सख़ावत की वजह से कितने ही ज़रूरत मन्दों की पिंदारे अना (स्वाभिमान का गर्व) ठेस लगने से बच जाती है। उन्होंने अपने

घर पर किसी एम्बैसी का नुमाइशी झण्डा तो नहीं लहराया लेकिन उनके दिल के साथ-साथ उनके घर के दरो दीवार भी जज़्बये ख़ैर सगाली (शुभकामना की भावना) से अंगारये इश्क़ की तरह दहकते रहते हैं।

न जाने क्यों एक कडुवा सच तहरीर करने को जी चाह रहा है। ख़ुदा करे कि मेरा क़लम रौशनाई की कमी का बहाना बना कर इस सच्चाई को काग़ज़ पर बिखेरने और सँवारने से इंकार न करने लगे। वाक़िया ये है कि जब किसी पढ़ाने वाले प्रोफ़ेसर या डॉक्टर की तारीफ़ में ये ख़ुशामदाना फुँदना टाँका जाता है कि मौसूफ़ दो दहाइयों या चार दहाइयों से उर्दू की ख़िदमत कर रहे हैं तो मुझे वैसे ही हँसी आती है जब मेरे या मेरे जैसे और भी बहुत से मुशायरे पढ़ने वालों को इस एज़ाज़ से सरफ़राज़ किया जाता है कि ये शोअरा हज़रात उर्दू की सच्चे दिल से ख़िदमत कर रहे हैं। अब भला बताइए, एक मुद्दत से ये झूठ कमोबेश रोज़ाना बोला जा रहा है लेकिन कोई भी एहतिजाज नहीं करता कि हज़ारों बल्कि लाखों रुपये कालेज और यूनिवर्सिटी से तनख़्वाह उठाने वाले और अदब के नाम पर मुशायरों में सड़ा-गला माल बेच कर कोठियाँ खड़ी करने वालों का उर्दू की ख़िदमत से क्या तअल्लुक़ है? अगर ये लोग उर्दू के ख़ादिम हैं, जाँ निसारे अदब हैं तो कुँवर महिन्दर सिंह बेदी सहर और नारंग साक़ी को किस ख़ानये एज़ाज़ (सम्मान का स्तर) में रखा जाना चाहिए। उन क़ारिईन हज़रात को कौन-सी दस्तारे एज़ाज़ (सम्मान की पगड़ी) से नवाज़ा जाये जो अपने बहुत से ज़रूरी इख़राजात की गर्दन पर छुरी रख कर उर्दू के रसाएल (पत्रिकाएँ), किताबें और अख़बारात ख़रीदते हैं। मैं उर्दू के कई ऐसे क़ारिईन से वाक़िफ़ हूँ जो अपनी छोटी मोटी बीमारी का इलाज दवा के बजाय उर्दू का रिसाला ख़रीद कर करते हैं। अदबी तौर पर नारंग साक़ी की अगर बहुत ज़्यादा ख़िदमात नहीं हैं तो इतना कम भी नहीं है कि हर ऐरे ग़ैरे नक़्क़ाद के तराज़ू पर आसानी से तोला जा सके। दरअस्ल हुआ यूँ कि हमारी उर्दू तंक़ीद को उसकी पैदाइश के वक़्त से ही 'सूखे' का मरज़ लाहक़ हो गया था। दवा दारू की कोशिश तो बहुत की गयी लेकिन इस बीमारी से छुटकारा हासिल करना कोई आसान काम नहीं था। चार साढ़े सार सौ बरस के सफ़र में उर्दू ज़बानो अदब के साहिबाने इक़्तिदार (सत्ताधारी लोग) तेज़ रफ़्तार जहाज़ों पर तो उड़ने लगे लेकिन उनकी ज़ेहनियत ख़च्चर सवारों वाली ही रही। सारी दुनिया को उर्दू का गाँव बताने वाले ये उर्दू ख़ोर हज़रात सिर्फ़ अपने लिए नयी-नयी चरागाहें तलाश करने में लगे रहे। सारी दुनिया को उर्दू का एक गाँव बताने वाले ख़ुद्दामे अदब (साहित्य सेवक) बेचारी उर्दू ज़बान की हिफ़ाज़त के लिए मिट्टी का क़िला भी तामीर नहीं कर सके। काश, यह काम नारंग साक़ी जैसे लोगों को सौंप दिया गया होता तो उर्दू ज़बान

की तरवीज (प्रचलन) और तरक़्क़ी के लिए बालिश्त भर ज़मीनों पर एकेडमियाँ बनाने की ज़रूरत नहीं पड़ती।

नारंग साक़ी से मोहब्बत करने वालों की फ़ेहरिस्त तवील है। उनके नमक ख़्वारों की फ़ेहरिस्त के लिए भी दस-बीस वरक़ कम पड़ेंगे। उनसे फ़ायदा उठाने वालों की गिनती ही नहीं की जा सकती। ऐसे में सिर्फ़ कुँवर महिन्दर सिंह बेदी सहर पर किये गये उनके काम पर हिन्दुस्तान की कोई भी यूनिवर्सिटी उन्हें पी.एच.डी. की डिग्री से सरफ़राज़ कर सकती थी, अपने तख़्लीक़ी कामों की बदौलत वह बहुत से अहम सरकारी और ग़ैर सरकारी एज़ाज़ से अपने दरो दीवार सजा सकते थे लेकिन—

लोग प्यास अपनी बुझाते हैं चले जाते हैं
और दरिया है कि चुप चाप रवाँ रहता है

डॉक्टर मलिकज़ादा
(मंजूर अहमद)

खरे सोने जैसी इस सच्चाई को तस्लीम करने में कोई मुज़ायक़ा (हर्ज) नहीं है कि मैंने डॉक्टर मलिकज़ादा के अह्द में आँखें खोली, उनकी जूतियाँ बग़ल में दबाकर चलना सीखा, उनकी गुफ़्तगू की कतरनों से अपने लिए जुमले गढ़े और मिसरे तराशे, उनके ख़ाकसाराना (विनम्रतापूर्ण) रवैये से अपने लहजे में मिठास पैदा की, उनकी दो टूक बातों से लबो लहजे को तराशना सीखा, उनके अमीक़ (गहरे) मुताले से अपने लिए मुशाहिदे (देखने) की राहें हमवार कीं, उनकी शाने बेनियाज़ी और शौकते अल्फ़ाज़ (शब्दों के गरिमामयी प्रयोग की शैली) से अपनी शख़्सियत की तराश-ख़राश की। यानी डॉक्टर साहब ने अपनी इल्मी सरपरस्ती के ज़रिये मुझे कभी किसी अदबी यतीम ख़ाने में दाख़िल होने नहीं दिया।

यूँ भी डॉक्टर साहब ने अपनी उम्र और इल्मी लियाक़त को अपने निजी मामलों में छेड़-छाड़ की कभी इजाज़त नहीं दी। एक क़द्दावर दरख़्त की अस्ल ख़ूबी भी उसी वक़्त नुमाया होती है जब वह अपने क़द की लम्बाई को दूसरे दरख़्तों के सामने नुमायाँ होने से बचाता है। डॉक्टर साहब की सबसे बड़ी ख़ूबी यही है और मुमकिन है इसे ख़राबी में ही शुमार किया जाता हो कि वह हर उम्र के अदीबों और शायरों में ऐसे घुल-मिल जाते हैं जैसे काजल की लकीर अँधेरे में डूब जाती है।

ज़ाहिर है कि दुनियावी रख रखाव और मोलभाव के एतबार से इस दीवानगी के ज़्यादा दाम नहीं लगाये जा सकते लेकिन ऐसी बादशाहत से भी क्या फ़ायदा कि क़लन्दरी उसे नापाक समझ कर उससे किनारा कशी अख़्तियार करना चाहे।

एक महफ़िल में गुफ़्तगू के चिलचस्प मोड़ पर किसी उर्दू वाले ने मोहतरम अटल बिहारी वाजपेयी से उर्दू और हिन्दी का मुक़ाबला करते हुए कहा था कि हिन्दी तो आधी-अधूरी ज़बान है, उसके पास लफ़्ज़ों के सरमाये की बहुत कमी है, आपकी हिन्दी के पास तो लफ़्ज़ ईमान भी नहीं है। अटल बिहारी वाजपेयी जो अपनी तबीअत की शोख़ी, साफ़गोयी और बेबाकी के लिए बहुत मशहूर

हैं, उन्होंने हँसते हुए उन साहब से कहा कि हिन्दी में अगर ईमान नहीं है तो बेईमान भी तो नहीं है। बज़ाहिर तो यह ज़बान की चाशनी और मुहावरा बन्दी का मुज़ाहिरा था, अदबी छेड़-छाड़ थी, शायराना हाज़िर जवाबी थी लेकिन इसके पसे पर्दा (पीछे) अगर ग़ौर किया जाये तो दिल के किसी कोने में इस जुमले की सच्चाई पर ईमान लाने को जी चाहता है। इस तल्ख़ हक़ीक़त से इंकार करना भी कुफ़्र के बराबर होगा।

पिछले दिनों ज्ञानपीठ एवार्ड के सिलसिले में इण्डिया टुडे वालों ने मुझसे मेरी राय जानना चाही थी तो मैंने बड़ी साफ़गोई से अर्ज़ किया था कि इस बार ज्ञानपीठ एवार्ड का फ़ैसला करने वाले ज्ञान की तरफ़ पीठ करके बैठे हुए थे। ज़ाहिर है कि क़ाज़ी अबुल सत्तार और डॉक्टर मलिकज़ादा मंज़ूर अहमद की मौजूदगी में किसी तीसरे शख़्स को इस सम्मान की पगड़ी पहनाना ही अदबी बददियानती में शुमार किया जायेगा लेकिन यह बन्दर बाँट शायद हमेशा से ही उर्दू और उर्दू वालों का मुक़द्दर रही है।

डॉक्टर साहब अदबी मामलात में जितने बाख़बर रहते हैं, सियासी तौर पर उतने ही बेख़बर भी। वह हमेशा 'चलता हूँ थोड़ी दूर हर इक राह रव के साथ' के रोड मैप पर भरोसा करते हैं लेकिन सियासत के पुर ख़तर रास्ते पर चलने से ज़्यादा दूसरों को सलीक़े से लँगड़ी मारने के हुनर से वाक़िफ़ होना बहुत ज़रूरी है। अब उनकी इस सादा लौही (भोलापन) को क्या कहा जाये कि डॉक्टर साहब बच्चों की तरह एक ज़ोरदार क़हक़हा लगाते हैं, चेहरे के दाग़ को भी महबूब के गालों के तिल का दर्जा देते हुए नज़र अन्दाज़ कर देते हैं। उम्र और तजरुबात के इस मक़ाम पर पहुँच कर भी डॉक्टर साहब आज तक समझ नहीं पाये कि सय्यद फ़क़ीरी में बहुत नाम पैदा कर सकता है लेकिन बादशाहत उसके मिज़ाज से मेल नहीं खाती। अदब के वही मुफ़क्किर (चिन्तक) क़लम को तलवार बनाने की बात कहते हैं जिन्होंने कभी तलवार की सफ़्फ़ाकी (क्रूरता) और रवानी नहीं देखी है।

ग़ौर कीजिए तो मुशायरा भी अदबी सियासत के सतवाँसे बच्चे की तरह है। पैदायशी कमज़ोरी के बावजूद उसे ख़ुशफ़हमी और ख़ुद की तारीफ़ करने की बाल जीवन घुट्टी इतनी ज़्यादा मिक़दार में पिला दी जाती है कि इस अदबी खेल में शरीक हज़रात की एहसासे बरतरी और कमतरी का बुख़ार कभी नहीं उतरता। यूँ भी बड़ी बूढ़ियों से यही सुनता आया हूँ कि सतवाँसे का बच्चा बड़ा शातिर, साज़िशी और ज़िद्दी होता है। मसलन वह अपने से बड़े को दाँत काट लेता है, मुँह चिढ़ाता है, गालियाँ बकता है। बेचारे मलिकज़ादा साहब को भी चौदह सुइयाँ तो नहीं लगीं लेकिन उनकी भी सारी उम्र इस ख़ौफ़नाक तसव्वुर से पीछा छुड़ाने में सर्फ़ हो गयी।

डॉक्टर साहब ने अपनी ज़िन्दगी उस करतब बाज़ नट की तरह गुज़ारी है जिसने अपने शागिर्दों को रस्सी पर चलने, आग के गोले से छलाँग लगाकर निकलने और शीशे के टुकड़ों को चबाकर खाने का हुनर सिखाने में उम्र गुज़ार दी लेकिन थोड़ी-सी हुनरमन्दी हासिल होते ही नटनियाँ तो किसी न किसी तमाशबीन के साथ फ़रार हो गयीं और उनके हमसबक़ (सहपाठी) खुद मदारी बनकर राजगद्दी पर विराज़मान हो गये बल्कि कई तो शाह मदार की हमसरी (बराबरी) का दावा भी करने लगे।

निज़ामत (मुशायरा संचालन) के दौरान लफ़्ज़ों को ठोंक बजाकर बरतने वाले मलिकज़ादा साहब अपनी तवील उम्री की सज़ा यूँ काट रहे हैं कि उन्हें अदब की सब्ज़ी मण्डी में हीरे की नीलामी का मैनेजर मुक़र्रर कर दिया गया है और यह सज़ा नहीं तो और क्या है कि बैंगन की चोटी को 'कलग़ी' कहना पड़े, गोभी के फूल को आबरूये चमन कहना पड़े और भिंडी को लेडी फिंगर का मर्तबा देना पड़े... लेकिन अदब की सब्ज़ी मण्डी में इस सतह से और भी ज़्यादा नीचे उतरना पड़ता है।

डॉक्टर साहब ने उम्र का ख़ूबसूरत हिस्सा कूचए दिलबराँ और नाज़ बरदारिये गुलरुख़ाँ में गुज़ारा, उम्र ढलान की तरफ़ बढ़ी तो सियासत वालों के क़ौल फ़ेल का इम्तिहान लेने में वक़्त गुज़ार दिया, सियासत जब चकले ख़ाने की तरफ़ मुन्तक़िल (स्थानान्तरित) हो रही थी तो उन्हें अदबी इदारों (संस्थाओं) की सरदारी का शौक़ पैदा हुआ लेकिन तब तक देर हो चुकी थी, ख़च्चर बरदारों की फ़ौज तब तक शहसवारों को पैदल बनाने की सुपारी दे चुकी थी।

डॉक्टर साहब की इल्मी लियाक़त और अदबी कारनामों की फेहरिस्त काफ़ी तवील है। यहाँ यह भी अर्ज़ करता चलूँ कि अदबी कारनामों का ताल्लुक़ किताबों की तादाद से हर्गिज़ नहीं होता क्योंकि तादाद के एतबार से देखा जाये तो छोटे मोटे रूमानी और जासूसी मुसन्निफ़ीन (लेखकों) ने भी किताबों की इशाअत (प्रकाशन) में सेंचुरी पार कर ली है। क़ुदरत उल्लाह शहाब की Autobiography के बाद ईमानदारी से तहरीर की जाने वाली सवानेह (जीवन की घटनाओं) में डॉक्टर साहब की किताब 'रक़्से शरर' उर्दू की अहम तरीन किताब है। डॉक्टर साहब ने अपनी शायरी के सिलसिले में कभी किसी दावेदारी का एलान नहीं किया बल्कि वह तो बक़ौल सलीम अहमद ख़ुद ही कहते रहते हैं कि शायरी मेरा कमज़ोर बच्चा है। हालाँकि यह हाथी का बच्चा है, चूहे के बच्चों को इस पर ख़ुश होने की इजाज़त नहीं दी जा सकती।

मलिकज़ादा साहब के नामेनामी के साथ डॉक्टर ऐसे चिपक गया है जैसे मिर्ज़ा ग़ालिब के बदन पर लहू से पैराहन (लिबास) चिपक गया था, इसलिए उनकी अज़मत और शोहरत की जेब को रफ़ू कराने की ज़रूरत क़तई नहीं है। हालाँकि

ज़माने में मेडिकल से ज़्यादा अदब में झोला छाप डॉक्टर हो चुके हैं और अगर ऐसे डॉक्टरों की अदबी जामा तलाशी हो जाये तो मुख़तलिफ़ उर्दू के महकमों में सौ-डेढ़ सौ नयी मुलाज़िमतों की गुंजाइश निकल सकती है।

लखनऊ यूनिवर्सिटी के आला तरीन ओहदे पर जलवा अफ़रोज़ होने और इल्मो अदब के बड़े लोगों में एहतराम की नज़र से देखे जाने वाले डॉक्टर साहब मुशायरे बाज़ी को अपने कमज़ोर बच्चे की तरह हमेशा सीने से लगाये रहे, माली फ़ायदे के पेशेनज़र बिल्कुल नहीं क्योंकि उन्हें सारी ज़िन्दगी नुक़सान का सौदा करने में मज़ा आता रहा है। मिसाल के तौर पर माहनामा 'इमकान' को ले लीजिए। हर महीने वह अपने इस रिसाले की नाज़ बरदारी में दस-पन्द्रह हज़ार रुपये ख़र्च करते रहे हैं। ग़रज़ यह कि बुढ़ापे की शादी और उर्दू रिसाला निकालना एक जैसा है और अपने डॉक्टर साहब दोनों ही मुसीबतों से जूझते रहते हैं।

मुग़लिया सल्तनत के ज़वाल (पतन) के साथ-साथ लाल क़िला भी अपने शानो शौक़त से महरूम हो गया था लेकिन आज़ादी के फ़ौरन बाद मरकज़ी हुकूमत ने लाल क़िला में एक मुशायरे की बुनियाद रख कर एक शब के लिए ही सही लेकिन उर्दू शेरोअदब को मुख़्तलिफ़ असनाफे सुख़न (विभिन्न साहित्यिक विधाओं) का लिबास ज़ेबेतन करने की इजाज़त दे दी। इस मुशायरे की सरबराही के लिए डॉक्टर मलिकज़ादा को चुना गया क्योंकि उनकी शख़्सियत, रखरखाव, सलीक़े और अन्दाज़े बयान की चिलमन (पर्दा) से मुग़लिया सल्तनत और अज़ीम हिन्दुस्तान की साफ़ तस्वीर नज़र आती है। दिल्ली वालों की आला ज़र्फ़ी, इल्म दोस्ती और पारखी नज़रों ने डॉक्टर मलिकज़ादा के सिर पर निज़ामत की पगड़ी ऐसे मढ़ दी कि उसके बोझ से मलिकज़ादा साहब का सिर हमेशा ख़म रहा लेकिन उर्दू का परचम सारे हिन्दुस्तान में लहराता रहा।

मुल्क के वज़ीरे आज़म बदलते रहे। उनके लिबास तब्दील होते रहे लेकिन लाल क़िला की निस्बत से उर्दू के आख़िरी ताजदार मलिकज़ादा मंजूर अहमद की उर्दू नवाज़ी, अदब दोस्ती और बेबाकी ने कभी उर्दू ज़बान और अदब के दामन को मैला नहीं होने दिया। दिल्ली में हुकूमत चाहे जिसकी रही हो लेकिन लाल क़िले में सिक्का मलिकज़ादा मंजूर अहमद के नाम का ही चलता रहा है।

डॉक्टर साहब ने अपनी भारी भरकम शख़्सियत, इल्मी लियाक़त और निज़ामत के हुनर से मुशायरे के शाने (काँधे) से कभी तहज़ीब का आँचल ढलकने नहीं दिया। उनकी देवमालायी अदबी शख़्सियत का दबदबा मुशायरे की फ़ज़ा पर छाया रहता था। हूटिंग, जिसे मुशायरे का ख़ास हिस्सा माना जाता है और जिसके बग़ैर मुशायरा मीलाद शरीफ़ होकर रह जाता है, अपने अहद के बड़े-बड़े फ़िक़रेबाज़ डॉक्टर साहब के सामने लूज़ बाल नहीं फेंकते थे। अपने तजरुबए फ़न की महारत से मुशायरों को हमेशा संजीदगी की तरफ़ रवाँ रखने का हुनर

डॉक्टर साहब के अलावा किसी दूसरे नाज़िमे मुशायरा का नसीब नहीं बन सका।

कानपुर के आलीशान मुशायरे में किसी ख़ुशगुलू (सुरीली) शायरा के कलाम, तरन्नुम और अदाओं ने आने वाले शायर के लिए बड़ी मुश्किलें खड़ी कर दी थीं लेकिन डॉक्टर साहब ने मँझे हुए कोच की तरह ख़ूबसूरत और मुतरन्निम शायर तारिक़ बदायूनी को ग़ज़ल सुनाने की ज़हमत दी। तारिक़ बदायूनी जिनकी अदाओं से थोड़ी-सी निस्वानियत (नारी सौन्दर्य) भी झलकती थी, माइक पर आये और उन्होंने माइक पर आते ही शिकायत भरे लहजे में फ़रमाया कि डॉक्टर साहब ने मुझे इतनी ख़ूबसूरत शायरा के बाद आवाज़ देकर मेरी इज़्ज़त और आबरू को ख़तरे में डाल दिया है। बेहतर तो यह होता कि वह पहले मुझे बुलाते और मेरे बाद मोहतरमा को ग़ज़ल सुनाने के लिए दावत देते। डॉक्टर साहब ने फ़ौरन अपने माइक से कहा कि तारिक़ साहब यह कानपुर है, इसलिए मैंने पहले शायरा को ज़हमत दी, अगर रामपुर होता तो यक़ीनन मैं पहले आप ही को पढ़ाता। सामेईन (श्रोताओं) ने इस भरपूर जुमले का ख़ूब मज़ा लिया।

किसी मुशायरे में शाहजहाँ बानो याद साहिबा जो उन दिनों मुशायरों के स्टेज पर तक़रीबन इकलौती शायरा हुआ करती थीं, बैठकर अपना कलाम सुनाना चाह रही थीं लेकिन मनचले नवजवान बज़िद थे कि वह खड़े होकर अपना कलाम सुनायें। दोनों तरफ़ से बहस और तकरार जारी थी। सामेईन फ़रमाइश करते हुए आवाज़ें लगा रहे थे कि डॉक्टर साहब उन्हें खड़ा कीजिए। डॉक्टर साहब ने निहायत संजीदगी के साथ फ़रमाया कि आप थोड़ी तसल्ली रखें, आप लोगों को ऐसे ही मज़ा आयेगा। यह साफ़ सुथरा मज़ाक और शायराना गुफ़्तगू डॉक्टर साहब का ही हिस्सा है।

लेकिन अब ज़माना बदल गया है, शायद बिल्कुल ही बदल गया है। शायरात और नाज़िम के साथ जो मुकालिमात (संवाद) होते हैं, उन्हें सुनकर शहर के शरीफ़ लोग ख़ामोशी से सर झुकाये हुए महफ़िले मुशायरा से उठकर चले जाते हैं और फिर सारी ज़िन्दगी वह मुशायरागाह की जानिब रुख़ नहीं करते हैं।

पढ़ना-लिखना डॉक्टर साहब का ओढ़ना-बिछौना है। डॉक्टर साहब ने निज़ामत के दौरान अँधेरे में कभी कोई तारीफ़ी तीर नहीं चलाया बल्कि कभी-कभी तो निज़ामत के दौरान किसी शायर के बारे में मासूमियत से कह देते हैं कि मैं इन्हें पहली बार सुनूँगा। हालाँकि मुशायरों में तो अब यह आम बात हो गयी है कि नाज़िमे मुशायरा एक म्यूज़िक कैसेट की तरह बजने लगता है। जो तारीफ़ी जुमले वह फ़ैज़ के लिए कहता है, वही बेफ़ैज़ के लिए भी। अक्सर तो पता ही नहीं चल पाता कि नाज़िमे मुशायरा फ़िराक़ के बारे में फ़रमा रहे हैं या शबे फ़िराक़ की तवालत पर गुफ़्तगू कर रहे हैं।

मेरा ज़मीर मेरा एतबार बोलता है

फ़क़ीरी का सबसे बड़ा फ़ायदा यह होता है कि हमेशा बादशाह मिज़ाज लोगों से मुलाक़ात होती है। यह ग़ालिबन अठारह बरस पहले की बात होगी जब मैं रियासत मनकापुर के महल मंगल भवन में मुशायरा पढ़ने की सआदत (खुशनसीबी) हासिल कर रहा था। गोण्डा तक सफ़र बज़रिये ट्रेन रहा। वहाँ से ज़फ़रुलबारी साहब ने एक जीप के ज़रिये मुझे मनकापुर भिजवा दिया। मंगल भवन के फ़लकनुमा (गगनचुम्बी) फाटक पर टैक्सी से उतरते ही एक साहब ने मेरे हाथ से मेरी अटैची ले ली। मेरे इन्कार के बाजबूद उस वजीह (सुन्दर) और पुरकशिश शख़्सियत ने अटैची मेरे हाथ से तक़रीबन छीन ली। इर्द-गिर्द खड़े कई लोगों ने उस पुर विक़ार (प्रतिष्ठित) शख़्स से अटैची अपने हाथों में लेना चाहा लेकिन उस शख़्सियत ने यह कहकर इन्कार कर दिया कि मैं इस सम्मान में किसी को भागीदार नहीं बना सकता। मेहमान ख़ाने तक पहुँचते-पहुँचते मुझे यह मालूम हो गया कि यह शख़्सियत और कोई नहीं बल्कि कुँवर देवेन्द्र प्रताप सिंह के लायक़ फ़रज़न्द और एयरफ़ोर्स के साबिक़ (पूर्व) पायलट, ग़ज़ल और कविता में पूरी दिलचस्पी और महारत रखने वाले मुस्तक़बिल (भविष्य) के राजा अतुल कुमार सिंह हैं। मैं दिल ही दिल में उनकी इस ख़ाकसारी (विनम्रता) को सलाम कर रहा था जो बुलन्दियों को शर्मिन्दा कर रही थी। एक बहुत ही ख़ूबसूरत कमरे में मुझे पहुँचा दिया गया जहाँ हज़रत कृष्ण बिहारी नूर प्रोफ़ेसर उदय प्रताप सिंह (जो उन दिनों मेम्बर ऑफ़ पार्लियामेंट हो चुके थे) के साथ किसी अदबी गुफ़्तगू में मशगूल थे। इसी कमरे में हिन्दी ग़ज़ल के शर्मीले मुजाहिद हज़रत अदम गोण्डवी भी मौजूद थे। फ़ौरन ही चाय और नाश्ते से मेजों ने अपने आप को सजा लिया। अतुल भाई दस्तबस्ता और सरापा इल्तमास (गुज़ारिश) बने हुए हम लोगों के तकल्लुफ़ की दीवार को अपने ख़ुलूस और धुली-धुलाई मुस्कुराहट से तोड़ रहे थे। थोड़ी ही देर में बुज़ुर्ग स्टेट मैनेजर ने आकर ख़बर दी कि कुँवर साहब शायरों और कवियों से मिलने के लिए तशरीफ़ ला रहे हैं। चूँकि मुशायरे का वक़्त हो चला था इसलिए हम लोग कुँवर साहब की सोहबत से ज़्यादा फ़ैज़याब (लाभान्वित) नहीं हो सके।

मुशायरे के दौरान ही मुझे और कृष्ण बिहारी नूर साहब को किछौछा शरीफ़ के मुशायरे में भी जाना था, लिहाज़ा राजा साहब से तफ़्सीली मुलाक़ात की आरज़ू लिए हुए हम लोग वहाँ से फ़ैज़ाबाद रवाना हो गये–

इस हवस में कि मेरे हाथ न ख़ाली रह जायें
कितना नुक़सान हुआ है मेरी पेशानी का

इस अर्से में अतुल भाई से तो कई मुलाक़ाते रहीं। एक बार तो वह कलकत्ता भी तशरीफ़ लाये थे। ग़ालिबन उनकी सुसराल कलकत्ता है। तब भी राजा साहब का दो दिनों तक साथ रहा लेकिन जब भी मैं अतुल भाई से मिलता तो कुँवर साहब से मिलने का शौक़ कुछ और भी बढ़ जाता था। कुँवर साहब को सलाम करने, तफ़्सीली गुफ़्तगू से सैराब होने और देर तक सरपरस्ती हासिल करने का मौक़ा मुझे अप्रैल 1993 में मयस्सर हुआ। रायबरेली में घर बनवाते हुए मुझे सागवान लकड़ी की ज़रूरत थी। मुझे लोगों ने बताया कि सागवान की अच्छी क़िस्म मनकापुर के इलाक़े में दस्तयाब है। मैंने अतुल भाई से बात की तो उन्होंने फ़ोन पर ही कह दिया कि आप नाप वग़ैरह भिजवा दें, लकड़ी आपके घर पहुँच जायेगी। मैंने हफ़्ता पन्द्रह दिन बाद ख़ुद हाज़िर होने की इजाज़त चाही लेकिन अतुल भाई ने फ़रमाया कि आप आते रहियेगा, नाप मुझे आज ही लौटती डाक से रवाना कर दें। मैं उनकी गुफ़्तगू में उनकी सख़ावत का पुरनूर (रौशन) चेहरा देख रहा था लेकिन वह एक शायर के तिनका-तिनका जोड़कर घर बनाने के शौक़ को नहीं समझ रहे थे। बहरहाल मैंने कुछ पैसों का इन्तिज़ाम किया तो अपने लकड़ी मिस्त्री शर्मा जी को लेकर मनकापुर रवाना हो गया। मनकापुर में मुझे मंगल भवन के मेहमानख़ाने में दो-तीन रोज़ तक ठहरना पड़ा और यह सफ़र मेरे लिए इसलिए यादगार बन गया कि कुँवर साहब से इस बहाने मुझे तफ़्सीली गुफ़्तगू करने का मौक़ा मिल गया। मुझे यूँ भी बुज़ुर्गों के पास उठना-बैठना अच्छा लगता है। राजा साहब से इन दो-तीन दिनों में मुख़्तलिफ़ मौज़ूआत (विषयों) पर बातचीत करने का सुनहरा मौक़ा मिल गया। उन दिनों राम जन्म भूमि और बाबरी मस्जिद का मामला हर शख़्स की ज़बान पर था। कुँवर साहब से जब मैंने इस मौज़ू पर गुफ़्तगू की तो वह थोड़ी देर के लिए तो ख़ामोश हो गये। कमरे के सुकूत (ख़ामोशी) को भी उन्हीं की आवाज़ ने तोड़ा और कहने लगे कि मुनव्वर मियाँ! सियासत से विधानसभा और संसद तो आबाद हो सकते हैं लेकिन कुनबे, क़बीले, रियासत और मुल्क को चलाने के लिए सियासत से नहीं, दूर अन्देशी से काम लिया जाता है। वह थोड़ी देर के लिए रुके फिर फ़रमाया कि मेरे एक महल में मरकज़ी हुकूमत की तेज़ तर्रार नीम फ़ौजी (अर्धसैनिक) टुकड़ी पड़ी हुई थी जिसकी तादाद तक़रीबन पन्द्रह हज़ार थी, जो जदीद असलहों और मज़बूत

इरादों से लैस थी लेकिन मरकज़ी हुकूमत के साहिबाने इक़्तिदार (सत्तासीन लोग) अपने-अपने बंगलों के महँगे सोफ़ों पर देहली में बैठे हुए दूरदर्शन और बाहरी चैनलों की मदद से हिन्दुस्तानी संस्कृति, तहज़ीब, रवादारी (भाईचारा) और इमारत को टूटते हुए देख रहे थे और मरकज़ी सरकार की भेजी हुई फ़ौजी टुकड़ी मेरे महल में मरकज़ की तरफ़ से आने वाले हुक्म के मौसम का इन्तिज़ार कर रही थी—

इस इन्तिज़ार में कब फ़ायरिंग का हुक्म मिले
सिपाहियों के बदन मोर्चों में सूख गये

गुफ़्तगू के दौरान उनके अन्दर का इंसाफ़ पसन्द राजा बेदार हुआ तो उन्होंने बहुत ही पुरजोश अन्दाज़ में कहा कि अगर मरकज़ी हुकूमत इस नीमअस्करी (अर्धसैनिक) फ़ौज की कमानदारी सिर्फ़ मुझे सौंप देती तो शायद हिन्दुस्तान को वह बुरा दिन न देखना पड़ता जिसके लिए मौजूदा वज़ीरे आज़म ने कहा था कि "यह हिन्दुस्तानी तहज़ीब का सियाह दिन है।" अयोध्या नगरी से सिर्फ़ तीस मील के फ़ासले पर बैठा एक राजा बोल रहा था और मैं उनकी आवाज़ में भगवान राम की कुर्बानियाँ, ईसार (त्याग), इंसानदोस्ती और ज़ुल्म के ख़िलाफ़ आवाज़ उठाने की तस्वीर देख रहा था क्योंकि उस अफ़सोसनाक वाक़ये पर तब्सिरा (टिप्पणी) करते हुए उनके चेहरे पर जो दुख और तकलीफ़ नुमायाँ थी वह राजा दशरथ के बेटे के चेहरे पर भी होती, अगर हिन्दुस्तानी बादशाहत की कुर्सी पर नरसिम्हा राव की जगह भगवान राम विराजमान होते—

मेरा ज़मीर मेरा एतबार बोलता है
मेरी ज़बान से परवरदिगार बोलता है

राजा साहब सूरत, सीरत, सख़ावत, दुनियादारी और तालीमी दौलत का ख़ज़ाना भी रखते थे। उनसे मिलने के बाद लोग उनके दीवाने हो जाते थे। उनसे गुफ़्तगू करके लोग अपने आप को सरफ़राज़ करते थे और यह मुहावरा भी समझ में आ जाता था कि राजा का बेटा राजा क्यों होता है। शायद संस्कार ही पत्थरों को देवता और आदमी को राजा बना देते हैं।

क़याम के दौरान एक दिन राजा साहब ने लखनवी अन्दाज़ में फ़रमाया कि मुनव्वर मियाँ! आज रात का खाना मैं आपके साथ खाऊँगा। एक परदेसी से यह कह देना कि खाना मैं आप के साथ खाऊँगा, उसे जागीर अता करने के बराबर है। रात के खाने का वक़्त हुआ तो अतुल भाई ने बताया कि पिता जी खाने की मेज़ पर आपका इन्तिज़ार कर रहे हैं। मेरे साथ मेरी अहलिया (पत्नी) के छोटे भाई सय्यद मोहम्मद तौहीद भी थे। हम लोग मुँह-हाथ धोकर खाने के कमरे में दाख़िल हुए। एक बड़े-से कमरे में कमरे के बराबर डायनिंग टेबल पर मुख़्तलिफ़ क़िस्म के खाने सजे हुए थे। मैंने पहली बार बीस-बाइस क़िस्म के अचार और

चटनियों के छोटे-छोटे मर्तबान वहीं देखे थे। मेज़ के चारों तरफ़ तक़रीबन पच्चीस कुर्सियाँ लगी हुई थीं। हम लोगों के सामने राजा साहब और उनके सलीक़ेमन्द बेटे अतुल कुमार सिंह बैठे हुए थे। खाने की ज़्यादा क़ाबें और काबों में बहुत ज़्यादा खाना देखकर मैंने सोचा कि शायद दस-पन्द्रह लोग अभी और तशरीफ़ लायेंगे लेकिन ऐसा कुछ भी नहीं हुआ और राजा साहब ने खाना शुरू करने का हुक्म दे दिया। मेरे यह पूछने पर कि इतना खाना तो एक छोटी मोटी बारात के लिए होता है, वह बच्चों की तरह खिलखिला कर हँस दिये। उनकी मासूमियत और पुरविक़ार हँसी मुझे आज तक याद है।

खाने के दौरान ही उन्होंने दो दिलचस्प वाक़ियात सुनाये। एक वाक़िया तो यह बताया कि जब वायसराय नवाब रामपुर से मिलने के लिए उनकी रियासत रामपुर उनकी महल में तशरीफ़ ले गये और उनसे मुलाक़ात होते ही उनके रवायती (पारम्परिक) लिबास को देखा तो उन्हें बेसाख़्ता हँसी आ गयी। उन्हें क्या मालूम था कि नवाब और राजा लिबास से नहीं, लियाक़त (योग्यता) से पहचाने जाते हैं। पहनावे तो दुनियादारी के चोंचले के लिए होते हैं। वायसराय की मुस्कुराहट का मतलब नवाब रामपुर ने भी समझ लिया था। रात के खाने में जिस मेज़ पर मुख़्तलिफ़ क़िस्म के खाने चुने हुए थे उसमें मेज़ की लम्बाई कमोबेश पचास फीट रही होगी। खाने वालों में सिर्फ़ नवाब रामपुर, उनके एक वज़ीर, वायसराय और उनकी बेगम तशरीफ़ फ़रमा थीं। अंग्रेज़ वायसराय ने हैरत के समन्दरों में ग़ोते लगाते हुए नवाब साहब से पूछा कि नवाब साहब! यह सब क्या है? नवाब साहब के वज़ीर ने बरजस्ता जवाब दिया कि जनाब इसी दरियादिली को नवाब रामपुर कहते हैं।

एक दिलचस्प वाक़िया उन्होंने और सुनाया कि हमारे बचपन में दूसरी रियासतों से बावर्चियों की अदला बदली होती थी ताकि मुख़्तलिफ़ क़िस्म के खानों की लज़्ज़त से आश्ना हुआ जा सके। उस वक़्त मेरी उम्र तक़रीबन 6-7 बरस रही होगी। रियासत महमूदाबाद या रियासत जहाँगीराबाद से कोई अहमद बावर्ची हमारे महल में अपना हुनर दिखाने आये थे। महल के एक कोने में वह पूरियाँ तल रहे थे। हम सब बच्चे वहाँ बैठकर उनकी फुर्ती और तेज़ रफ़्तारी देख रहे थे। अचानक उन्होंने एक गौरय्या को पकड़ कर आटे की दो बेली हुई पतली पूरियों के बीच में रख कर उसे खौलते तेल की कड़ाही में डाल दिया फिर छन्ने की मदद से पूरी को कड़ाही में उलट दिया। थोड़े ही देर में छन्ने की मदद से पूरी को बाहर निकाल लिया। छन्ने पर रखी हुई पूरी को उन्होंने एक छोटे-से चमचे की मदद से ऐसे तोड़ना शुरू किया जैसे अण्डा तोड़ा जाता है। पूरी की परत टूटते ही उसमें सहमी-सिकुड़ी गौरय्या बैठी नज़र आयी। कुछ देर तक तो

वह उसी तरह बैठी रही, फिर अचानक अपने थके हुए परों की मदद से फुर्र से उड़ गयी। राजा साहब थोड़ी देर के लिए रुके फिर फ़रमाया कि बावर्ची ने हँसते हुए बताया कि पूरी तेल में डुबो देने को पूरी तलना नहीं कहते, खाना तो आँच का खेल होता है। घर में रोज़ खाना खाइए, बहुत अच्छा खाना होता है, कभी खाना बदमज़ा भी हो जाता है जबकि मसाले सब वही होते हैं और पकाने वाले हाथ भी वही होते हैं सिर्फ़ आँच ज़्यादा या कम हो जाने से हाण्डी ख़राब हो जाती है। राजा साहब की ज़बान से दो ख़ूबसूरत और तारीख़ी वाक़ियात सुनकर दिल बाग़ बाग़ हो गया। चन्द महीने पहले अचानक राजा देवेन्द्र प्रताप सिंह रियासत मनकापुर के इन्तिक़ाल की ख़बर सुनकर दिल को बेहद सदमा हुआ। उनकी जाज़िब (आकर्षक) शख़्सियत, उनका दोस्ताना लहजा, उनका पुरख़ुलूस अन्दाज़ और उनकी फ़य्याज़ी ने कई दिनों तक रुलाया। राजा अतुल कुमार सिंह पर तो दुखों का पहाड़ टूट गया लेकिन अल्लाह जिसको जितना बड़ा ज़ख़्म देता है, उससे बड़ा सब्र का फाहा भी उसके दिल पर रख देता है। दुनिया के सराय के रजिस्टर में सब लोग अपना नाम लिखकर क़याम करते हैं लेकिन उनमें कम ही लोग ऐसे होते हैं जिनकी चले जाने पर दरो दीवार भी उनको तलाश करते हुए महसूस होते हैं–

लोग अच्छे हैं बहुत दिल में उतर जाते हैं
बस यही एक ख़राबी है कि मर जाते हैं

इक गीत जा रहा है किसी और गाँव में

ग़ज़ल भी कितनी सितम रसीदा सिन्फ़ है। ईरान में थी तो नवख़ेज़ 'सिन्फ़े मुआफ़िक़' के इर्द-गिर्द रक़्स अन्दाज़ रहती थी, जब हिन्दुस्तान आयी तो पहले दरबार की चुहलबाज़ियों की नज़्र हो गयी, फिर मुद्दतों कोठों और कोठेवालियों के ठुमके और दादरे के आसपास रही। मुद्दतों शफ़्फ़ाफ़ चाँदनी पर गाव तक़िये के सहारे पानदान की आड़ में सब कुछ खोले बैठी हुई नायिका के इशारे पर रक़्क़ासा (नर्तकी) बनी रही। ग़रज़, अपनी कमसिनी से ही ग़ज़ल को अपने दुःख के बावजूद अमीरज़ादों के सुख में शामिल रहना पड़ा जिसके नतीजे में बदनामी के साथ-साथ उसके हिस्से में सदियों की थकन शामिल हो गयी।

जिस तरह हिन्दुस्तान की सियासी जम्हूरियत में हर वह शख़्स इलेक्शन जीत कर मुल्क के आला से आला मंसब (ओहदा) तक पहुँच सकता है जिसे उसके हल्क़ये इन्तिख़ाब (निर्वाचन क्षेत्र) के कम से कम पच्चीस फ़ीसदी लोगों ने अपना नुमाइन्दा (प्रतिनिधि) चुना हो, यानी सत्तर-पचहत्तर फ़ीसदी वोटरों की हैसियत को दरगुज़र करते हुए सिर्फ़ पच्चीस फ़ीसदी लोगों के चुने हुए शख़्स को मुल्क की बागडोर सौंप दी जाती है। शायद जम्हूरियत की आड़ में नाइंसाफ़ी का सबसे बड़ा क़हबाख़ाना (वेश्यालय) हिन्दुस्तान में चलता है।

यही सूरतेहाल हिन्दुस्तान के उर्दू अदब में भी मौजूद है, जहाँ अदब और कल्चर के हर शोबे (विभाग) से निकाले गये कुछ मख़सूस लोगों को मसनदे इंसाफ़ पर बिठा कर नाइंसाफ़ी करने की छूट दे दी जाती है। ज़बान हम मोहब्बत करने वाले संजीदा शख़्स को इस बात का बेहद दुःख है कि वह उर्दू ज़बान जो कभी तहज़ीबी तरक़्क़ी और आलिमाना लबो लहजे की ज़ामिन (ज़मानतदार) थी, अब सिर्फ़ रोज़ी-रोटी कमाने का ज़रिया बन कर रह गयी है। शायद इसकी सबसे बड़ी वहज यही है कि ज़बान जिससे माँ की तरह मोहब्बत करना चाहिए था, वह सिर्फ़ रोज़ी-रोटी का ज़रिया और बाज़ारी महबूबा बन कर रह गयी है।

हमारे अदबी अरबाबे इक़्तिदार (साहित्यिक सत्ताधारियों) ने Nature के सबसे बड़े शायर नज़ीर अक़बराबादी को हिन्दुई शायर कह कर अपनी कमइल्मी को छुपा

लिया। शाद और यगाना जो हमारी उर्दू शायरी का Turning Point कहलाते हैं, उन्हें भी तरह-तरह की ज़ेहनी और जिस्मानी सऊबतों के भयानक पुल से गुज़रना पड़ा। यह चन्द नाम तो वह हैं जो पौधे से मुकम्मल पेड़ बन जाने के बावजूद हमेशा अदबी लकड़हारों के ज़द (निशाने) पर रहे। ऐसे हज़ारहा शायर व अदीब होंगे जिन्होंने अपनी अदबी गोद को हरा होते हुए नहीं देखा। ऐसी सूरतेहाल में किसी एक शख़्स के साथ हुई नाइंसाफ़ी को कैसे याद रखा जा सकता है। हमारे अहृद के नाक़िदीन (आलोचकों) ने हज़रत बेकल उत्साही के साथ कमोबेश वही सुलूक किया जो गुज़श्ता (गुज़रे हुए) अहृद में नज़ीर अकबराबादी के साथ हुआ था। नज़ीर अक़बराबादी Nature का इकलौता शायर था लेकिन उस अहृद में शायर के लिए मुसव्विरे फ़ितरत (प्रकृति का कल्पनाकार) नहीं, मुसव्विरे जज़्बात और दरबारदार होना ज़रूरी था। होली और दीवाली पर आसान ज़बान में शेर कहना शायर की इल्मी कमज़ोरी में शुमार होता था। अदक़ (मुश्किल) अल्फ़ाज़ के बग़ैर अवामी मौज़ूआत (जन सामान्य के विषय) को छूते ही शायर को अछूत समझ कर उसका अदबी हुक़्क़ा-पानी बन्द कर दिया जाता था। अगर मुझे सच कहने की इजाज़त दी जाए तो दस्तबस्ता (करबद्ध) अर्ज़ करना चाहूँगा कि किसी भी ज़बान को मुश्किल बनाना उस ज़बान को क़त्ल करने के मुतरादिफ़ (समान) है।

हज़रत बेकल उत्साही का पहला गुनाह यह है कि वह उत्तर प्रदेश के एक बहुत ही छोटे-से क़स्बे बलरामपुर के रहने वाले हैं। दूसरा गुनाह यह कि वह किसी अदबी गिरोह या तहरीक (अभियान) में शामिल नहीं है। तीसरा गुनाह यह कि वह एक ऐसी आम ज़बान में शेर कहते हैं, जिसे अदब के कुछ मग़रूर हज़रात 'देहाती बोली' के लक़ब से नवाज़ते हैं। चौथा गुनाह यह कि वह अल्फ़ाज, मौज़ूआत और लहजे में दुर्वेशों और सन्तों के नक़्शे क़दम पर चलना चाहते हैं।

ज़ाहिर है कि इतने बड़े गुनहगार को तंक़ीद की बेहिसी की सलीब पर तो चढ़ना ही था, सो हुआ भी ऐसा ही, लेकिन अगर ईमानदारी से जायज़ा लिया जाये तो हिन्दुस्तान की तक़सीम और आज़ादी के बाद से आज तक बेकल उत्साही इकलौते शायर हैं जो हिन्दी और उर्दू के बीच एक मज़बूत पुल की हैसियत रखते हैं। ज़ाहिर है पुल सिर्फ़ गुज़रने के लिए होते हैं, याद रखने के लिए हर्गिज़ नहीं होते। खेत, खलियान, धान और गेहूँ की बालियों, लालटेन की रौशनी में ख़ामोशी की चादर ओढ़ कर सोता हुआ गाँव, झील के किनारे उतरती हुई कपासी रंग की चादर ओढ़े शाम, वीरान-से रेलवे स्टेशन पर 'जागते रहो' कि आवाज़ लगाता हुआ बूढ़ा चौकीदार, उजड़ती हुई चौपालों के मंज़र, शहनाइयों की धुन पर रोता हुआ पनघट, किसानों की छोटी-छोटी सिर उठाती आरज़ूएँ, नीम के दरख़्तों पर

पड़े हुए वीरान झूले, कच्ची सड़कें, पुले सिरात जैसी पगडण्डियाँ, आम की कैरियों और इमली के लिए लड़ती झगड़ती लड़कियाँ, तालाब में कमलगट्टे और मुर्ग़ाबियाँ, झाड़ियों में छुपी हुई करौंदे और बेर की डालियाँ, मेले में घूमते हुए भोले-भाले लोग, लहँगे और चुनरी की दुकानों पर सुहागिनों की क़तारें, बैलगाड़ियों पर बैठ कर गाँव से दूर जाते हुए उतरे-उतरे चेहरों वाले लोग, महुवे की ख़ुशबू, जामुन का खट्टा-मीठा ज़ायक़ा, रंग बिरंगी चिड़ियों से पटे हुए पेड़ और तालाब, मस्जिद और मन्दिर से टेक लगाये हुई गंगा जमुनी तहज़ीब, होली की गुझिया में सिवइयों जैसी मिठास और लज़्ज़त, कुएँ की जगत पर बैठा हुआ हिन्दुस्तानी समाज, ज़ात-पात पूछे बग़ैर पानी पिलाता हुआ मज़हब, सिर्फ़ इंसानियत का सबक़ पढ़ाते हुए मक़तब (मदरसे और स्कूल) और ऐसे ही हज़ारहा मज़ामीन, मौज़ूआत और मुशाहिदात को बरतने के लिए पहली शर्त यह भी है कि आपके दिल, आँखों और तसव्वुर में आपका गाँव मौजूद हो। दूसरी शर्त यह है कि आप किसी अदबी गिरोह के मेम्बर न हों। तीसरी शर्त यह है कि आप जिन्नाती ज़बान के इस्तेमाल के बग़ैर अपनी बात कह सकते हों। चौथी शर्त यह है कि आप सूफ़ियों, सन्तों, फ़क़ीरों और दुर्वेशों से मोहब्बत रखते हों और पाँचवी सबसे बड़ी शर्त यह है कि आप भोले-भाले अवाम के दरम्यान बैठने-उठने, उनके दुःख दर्द सुनने और उनके आँसुओं से ग़ज़ल और गीत लिखने का हुनर जानते हों।

ज़ाहिर है कि इतनी सख़्त शरायत (शर्तों) की रस्सी पर चलने से पहले आपको सचमुच का बेकल उत्साही होना पड़ेगा वर्ना जहाँ इस मुल्क में नक़ली दवाएँ, डुप्लीकेट शायर, झूठमूठ के हिन्दू, मुसलमान, बरसाती मेढकों की तरह टरटराते मेंढक, लाल-पीले कपड़े, नीली-पीली बत्तियाँ, लाल-पीले चेहरों की एक भीड़ है... उस भीड़ में आपको कई बेकल उत्साही मिल जायेंगे। मोबाइल उठाइए, कम्प्यूटर ऑन कीजिए, ई-मेल रवाना कीजिए और कई बेकल उत्साही इकट्ठा कर लीजिए।

शत्रुघ्न सिन्हा ने किसी महफ़िल में अपनी छोटी-सी शोहरत और उससे भी छोटे शराब के पैग के नशे में कहा था कि प्राण (फ़िल्म एक्टर) ने जो मक़ाम तीस बरस में हासिल किया है, वह मक़ाम मैंने सिर्फ़ तीन बरस में हासिल कर लिया है। जब किसी महफ़िल में प्राण साहब से किसी फ़िल्मी सहाफ़ी (पत्रकार) ने उनका रद्देअमल (प्रतिक्रिया) जानना चाहा तो उन्होंने बरजस्ता कहा था कि उनसे आपको यह भी पूछना चाहिए था कि क्या वह मेरी तरह तीस बरसों तक उस मक़ाम पर ठहर सकेंगे।

हज़रत बेकल उत्साही पिछले पैंतालिस बरसों से जिस बुलन्दी पर ठहरे हुए हैं, यही उनके मुनफ़रिद (पृथक) और मुमताज़ (श्रेष्ठ) होने की दलील है। उनका

पूरबी लहजा, तरन्नुम का सलोनापन, अवाम की ज़बान में गुफ़्तगू करते हुए अवाम तक पहुँचने का हुनर, उनकी सादा मिज़ाजी, उनका शरीफ़ाना लिबास, शहद और शबनम से धुली ज़बान, लफ़्ज़ों से फूल खिलाने का शौक़ ही उन्हें अपने तमाम हमअस्रों (समकालीनों) से अलग करता है।

हालाँकि मुशायरों में गीत की बिदअत (नया रिवाज) को फ़रोग़ देने में हज़रत बेकल उत्साही बहुत पेश-पेश रहे हैं, जिसका नतीजा यह है कि अब मुशायरे में अगर गीत शामिल न हों तो मुशायरा बग़ैर सिन्दूर की सुहागिन मालूम होता है। यह और बात है कि अब गीत के साथ दाढ़ी नहीं बल्कि साड़ी का चलन आम हो चुका है। शायरा या शायर की कमर का लचकना उसकी Body Language से ही ज़ाहिर होने लगा है। बेकल साहब अपने गीतों से शहर में बसे हुए क़स्बों और देहातों के रहने वालों को उनका गाँव, घर, आँगन, खेत और पगडण्डियाँ याद दिलाते हैं लेकिन अब गीत तरन्नुम की स्क्रीन पर रसीले लफ़्ज़ों की ब्लू फ़िल्म की तरह चलता है... फिर ज़िन्दा नाच किसे बुरा लगता है। मोर का नाच तो अब सिर्फ़ क़िस्से कहानियों में रह गया है। उसके सुनहरे पर सिर्फ़ किताबों की निशानी और जादू टोने के लिए इस्तेमाल किये जाते हैं।

सच्चाई तो शायद यही है कि शायरी करना कुएँ में नेकियाँ फेंकने जैसा अमल है। शायरी तो वह सब्र है जिसका बाँध कभी-कभी तो सदियों बाद टूटता है। शायरी तो वह इम्तिहान है, जिसका नतीजा आते-आते कई नस्लें मर-खप चुकी होती हैं लेकिन यह सब्र इस लिहाज़ से क़ाबिले मुबारकबाद है कि आज तुलसी, कबीर, जायसी और ग़ालिब को तक़रीबन सभी जानते हैं लेकिन उस अह्द के राजा, महाराजा, नवाब और बादशाहों के बारे में वह मोअर्रिख़ (इतिहासकार) भी यक़ीन के साथ नहीं बता सकते, जिनकी उँगलियाँ तारीख़ लिखते-लिखते शल हो गयीं, हाथ काँपने लगे और चेहरा झुर्रियों से मकड़ी के जाले जैसा हो चुका है।

बेकल साहब ने गीत भी लिखे और ग़ज़लें भी, नज़्में भी कहीं और दोहे भी, सॉनेट भी लिखे और माहिये भी, क़तआत (मुक्तक) भी लिखे और रुबाइयों के अलावा छन्द भी लेकिन उनकी शोहरत और अज़मत की इमारत सिर्फ़ गीतों की बुनियाद पर खड़ी है। बक़िया दूसरी असनाफ़ (विधाओं) मौरंग, बालू और बजरी की तरह उनकी अदबी शख़्सियत की बुनियाद को मज़बूत व मुस्तहकम करती हैं।

बेकल साहब अभी तक लिख रहे हैं और ख़ूब लिख रहे हैं। उन्होंने ख़ूबसूरत ज़िन्दगी गुज़ारी। हिन्दुस्तान से बाहर जहाँ-जहाँ भी वह गये वहाँ-वहाँ उन्होंने हिन्दुस्तान और उर्दू ज़बान की बाविक़ार (गरिमापूर्ण) नुमाइन्दगी की। उर्दू के बहुत से शोअरा जब ग़ैर मुल्कों की हिज्जे लिखने की कोशिश कर रहे थे, उस

वक़्त तक बेकल उत्साही आधी दुनिया घूम चुके थे। आज गंगा-जमुनी तहज़ीब और उर्दू-हिन्दी दोस्ती के वह सबसे बड़े अलमबरदार हैं। हरचन्द कि वह एक मुर्दा क़ौम के ज़िन्दा शायर हैं लेकिन उन्हें हर ज़माने में अदब, एहतराम और पसन्दीदगी की नज़रों से देखा जायेगा। यूँ भी फ़क़ीरों और दुर्वेशों की अज़मत का अन्दाज़ा दस-बीस बरस में नहीं लगाया जा सकता। बक़ौल इरफ़ान सिद्दीक़ी–

कभी तो कोई पढ़ेगा लिखा हुआ मेरा
कभी तो काम ये शौक़े फ़िज़ूल भी देगा

हमारे बाद हमेशा ग़ज़ल उदास रही

बाराबंकी उत्तर प्रदेश का वह मरदुमख़ेज़ खित्ता है जो अदबी, मज़हबी और सियासी हैसियत से हमेशा लोगों की अक़ीदत (श्रद्धा) और एहतराम का मरकज़ बना रहा है। लखनऊ को फ़ैज़ाबाद से मिलाने वाली सड़क हमेशा लोगों की पसन्दीदगी और दिलचस्पी का मरकज़ बनी रही। हज़रत वारिस अली शाह की ख़ानक़ाह से उठती हुई ईमान, इंसानियत और अगरबत्ती की ख़ुशबू को महसूस करने वाले लोग सारी दुनिया में इस तरह बिखरे हुए हैं जैसे आसमान पर सितारे। फ़िरक़ा परस्ती की ज़िद का धनुष हज़रत वारिस अली शाह की क़दम बोसी करते ही ऐसे टूट जाता है जैसे अमीर आदमी का गुरूर टूटता है। फ़क़ीरी अपने अन्दर कई बादशाहतों का जलाल (रोद्र) रखती है लेकिन जिस तरह मिट्टी का एक नन्हा सा दीया आग के एक मुस्तक़िल शोले को रात भर में उस काजल में तबदील कर देता है जो माँएँ अपने बच्चों की आँखों में लगाती भी हैं और बच्चे को नज़रेबद (बुरी नज़र) से बचाने के लिए टीके के तौर भी इस्तेमाल करती हैं, हज़रत वारिस अली शाह के आस्ताने का एहतराम और भी बढ़ जाता है, जब हिन्दुस्तान के मुख़्तलिफ़ मज़हबों को मानने वाले एक साथ खड़े होकर दुआएँ माँगते हैं।

हिन्दुस्तानी सियासत की तारीख़ को जब कभी अपने अवराक़ (पन्नों) के लिए किसी ऐसे शख़्स की ज़रूरत पड़ेगी जिसने सियासत की कीचड़ में कमल के फूल की तरह पाक साफ़ ज़िन्दगी गुज़ारी हो तो रफ़ी अहमद किदवई के तज़किरे के बग़ैर सियासी तारीख़ की किताब बिना मंगलसूत्र की दुल्हन जैसी दिखाई देगी। हर अह्द में वही लोग बड़े और अज़ीम कहलाये हैं जिनके महफ़िल से उठते ही हर आँख आँसू छलकाने पर मजबूर हो जाती है। हिन्दुस्तानी सियासत के लिए इससे बड़ा एज़ाज़ और क्या हो सकता है कि उसका मरकज़ी वज़ीरे ख़ूराक (केन्द्रीय खाद्य मन्त्री) ने मुख़्तलिफ़ सवारियों से भरे ताँगे पर दो आने में लखनऊ स्टेशन से क़ैसरबाग़ बस अड्डे का सफ़र किया हो। उसकी ईमानदारी का इससे बड़ा सुबूत क्या हो सकता है कि उसका बेजान बदन अपने गाँव के एक टूटे-से छप्पर के नीचे रखा गया हो। उसकी हरदिल अज़ीज़ी (जनप्रियता) का

इससे बड़ा क्या सुबूत होगा कि ज़िन्दगी भर मुख़ालिफ़ सफ़ (विरोधी ख़ेमा) में रहने के बावजूद उनकी मौत पर ज़िला बस्ती के जनसंघ के लीडर श्री पं. माधव प्रसाद त्रिपाठी ने रफ़ी साहब के बारे में जो कहा, उसका इज़हार यहाँ ज़रूरी है। उन्होंने कहा, ऐ भारत माता के सपूत! तेरी मैं बिन देखे पूजा करता हूँ कि तूने मुश्किल हालात में अनाज का मसला हल किया, तेरी मैं बिन देखे पूजा करता हूँ कि तूने सबसे पहले भारत की एकता के लिए पटना में गावकशी (गोवध) बन्द करने का एलान किया, मैं बिन देखे तेरी पूजा करता हूँ क्योंकि हमारी पार्टी के महान नेता श्री श्यामा प्रसाद मुखर्जी ने अपनी ज़िन्दगी के आख़िरी लम्हों में हम सबको बुला कर कहा था कि मैं अब संसार से जा रहा हूँ लेकिन तुमको एक ऐसे आदमी के हवाले करके जाता हूँ जो तुम्हारी हर मुश्किल में मदद करेगा। नाम सुनकर घबराना मत। उसका नाम है—रफ़ी अहमद क़िदवई। इसके बावजूद मज़हब रवादारियों के फ़ासलों को कभी कम नहीं कर पाता। अपने दुश्मनों के दिल में सम्मान के चराग़ रौशन करके भी सियासत मुख़ालिफ़ीन (विरोधियों) की तादाद कम नहीं कर पाती।

लेकिन शायरी तो गुलाब की उस पत्ती की तरह होती है, जो चाहे होंठों को चूमे, पलकों पर जगह बना ले या पेशानी पर फूल की तरह खिल जाए, अपनी नाज़ुकी का एहसास दिलाती रहती है। जिस तरह ज़्यादा मिठास के बावजूद शहद में कीड़े नहीं पड़ सकते, उसी तरह शायरी कभी नफ़रत की नर्सरी को पनपने नहीं देती क्योंकि शायरी तो वह औरत है जो हर रोते हुए बच्चे की ज़ात पूछे बग़ैर उसे अपनी गोद में उठा लेती है। शायरी तो वह माँ है जो अपने बेटे को तलाश करती हुई पहाड़ों, रेगिस्तानों और हज़ार दरियाओं को पार करती हुई चंगेज़ ख़ान के दरबार में भी पहुँच जाती है और भरे दरबार में दुनिया के ज़ालिम तरीन बादशाह से अपना बेटा माँगती है। चंगेज़ ख़ान ने जब उससे पूछा कि तू यहाँ पहुँची कैसे? क्या तुझे पहाड़ों ने रोका नहीं, दरियाओं के शोर ने तुझे डराया नहीं, रेगिस्तानों ने तुझे निगला नहीं तो उसी औरत ने चंगेज़ ख़ान के दरबार में चंगेज से ज़्यादा तमकनत के साथ जवाब दिया कि पहाड़ों ने मुझे रास्ता दिया, दरिया की मुँहज़ोर लहरों ने मेरी उँगली थाम कर मुझे साहिल पर पहुँचाया, रेगिस्तानों ने मेरे एहतराम में अपनी धूल भरी साँसों को उस वक़्त तक रोके रखा, जब तक मैं उनके दस्तरस (पहुँच) में थी क्योंकि मैं कोई मुसाफ़िर नहीं थी। मैं माँ हूँ और दुनिया की कोई भी ताक़त माँ के रास्ते की दीवार नहीं बन सकती। काश, तूने कभी यह सोचा होता कि माँ की छाती से उबलता हुआ दूध मीठा क्यों होता है? माँ के दूध की इसी मिठास को शायरी कहते हैं। शायद यही वजह है कि दुनिया में शायरी से मोहब्बत करने वालों की गिनती की ही नहीं जा सकती।

क़यास (आकलन) और गुमान की सीढ़ियों पर चढ़ कर सिर्फ़ अन्दाज़ा लगाया जा सकता है। साइंस कितनी ही तरक़्क़ी की मंज़िलें तय करके कम्प्यूटर और दुनियावी मोअजिज़ों (चमत्कारों) की नुमाइश करती रहे, लेकिन किसी माँ की आँखों से टपके हुए आँसू के एक क़तरे में भरी आग का अन्दाज़ा भी नहीं लगा सकती। शायरी माँ की लोरी है, बहन का आँचल है। दुनिया की हर ज़बान का अदब शायरी को अपनी ज़बान की आबरू समझता है। दुनिया की हर तनक़ीद शायरी का क़सीदा पढ़ कर अपने लहजे को मोअतबर (विश्वसनीय) करती है। दुनिया की हर क़ौम शायरी को अपने हुस्न का सिंगार समझती है। ज़बान कभी शायरी की राह में दीवार नहीं बनती है। दुनिया में जब लफ़्ज़ों के चेहरों से पर्दा भी नहीं हटा था, तब भी लोग चिड़ियों की चहचहाहट में शायरी के गुल-बूटे ढूँढ लेते थे। दुखे दिल फ़ाख़्ताओं की कूक सुनते थे और ख़ुशी से झूमने वाले बुलबुल के तरानों में गुम रहते थे और उर्दू शायरी के उरूज की तारीख़ का पता लगाना तो बहुत दुशवार है लेकन उर्दू शायरी के ज़वाल (पतन) का सबसे बड़ा सबब मुल्क की तक़सीम था। तक़सीम की उठा पटक और हिजरत के तमाशों ने उर्दू अदब को पहले तरक़्क़ी पसन्दी के भेड़ियों के हवाले किया और फिर मौक़ा देखकर जदीदियत भी इस अदबी अखाड़े में टूट पड़ी।

ग़ज़ल की शाख़े आरज़ू जो आज तक हरी है, जिसकी खेती हर अहूद में लहलहाती रही है, जिसके क़द्रदानों की तादाद में रोज़ बरोज़ इज़ाफ़ा होता रहा है...इसकी सबसे बड़ी वजह इसकी बुनियादों में बुज़ुर्गों की रखी हुई लफ़्ज़ों की वह ख़ूबसूरत तरतीब (क्रम) है जिसे आम ज़बान में बुनियाद की ईंटें कहा जाता है। हालाँकि हमारे नाम निहाद (तथाकथित) नक़्क़दों ने हमेशा उन्हीं ईंटों का तज़किरा किया जो अदब में उँगलियों पर शुमार किये जाने वाले शायरों ने रखी थीं लेकिन बुनियाद सिर्फ़ ईंटों को तरतीब से रख दिये जाने का नाम नहीं है बल्कि वह ज़र्रा भी अहम (ख़ास) होता है—जिसके वजूद को शुमार भी नहीं किया जा सकता। वह हाथ भी ताज़ीम (सम्मान) और सताइश (प्रशंसा) के क़ाबिल होते हैं, जो ईंटों को छू कर इन्हें इमारत का बोझ उठाने के क़ाबिल बना देते हैं। उर्दू की क्लासिकी शायरी की दीवारों पर तरक़्क़ी पसन्दीयत और जदीदियत के तुग़रे टाँग दिये। हर नया अहूद अपने साथ कुछ ऐसे नक़्क़दों की टोली लेकर चलता है जो अपने आप को मोहतरम और मुस्तनद बनादे के लिए रौशनाई को काग़ज़ पर उँडेलने के बजाय क़लम के ज़रिये काग़ज़ पर मुन्तक़िल (हस्तान्तरित) करने में मसरूफ़ रहता है। जिस तरह रूए ज़मीन पर हज़रते आदम के अलावा हर इंसान की वल्दियत के ख़ाने में एक नाम होता है, उसी तरह हर अहूद में लिखी गयी ग़ज़लों के ख़दोख़ाल (चेहरे की बनावट) क्लासिकी ग़ज़ल के चेहरे से मिलते-जुलते हैं।

क्लासिकी ग़ज़ल कहने वालों की तवील फ़ेहरिस्त में यक़ीनन सबसे आख़िरी नाम हज़रत ख़ुमार बाराबंकवी का था जिनकी ग़ज़ल के जिस्म से बयक वक़्त (एक ही समय में) क्लासिकी ग़ज़ल की तहज़ीब, ग़िनाइयत (सुर लहरी) सादगी और धड़कन की ख़ुशबू आती थी। जिस तरह अच्छी तलवार म्यान के बग़ैर पन्नी की बनी तलवार मालूम होती है, बिल्कुल उसी तरह ख़ूबसूरत ग़ज़ल पुरसोज़ तरन्नुम के बग़ैर बिना छाती की औरत मालूम होती है। हज़रत ख़ुमार का सबसे बड़ा कारनामा तो यही था कि उन्होंने क्लासिकी ग़ज़ल की शम्एँ उन महफ़िलों में भी रौशन की थीं जो दुनिया के दूसरे बर्रे आज़मो (महाद्वीपों) में आबाद थीं। जिगर के बाद जिस एतमाद (विश्वास) और यक़ीन के साथ उन्होंने पुरानी ग़ज़ल को पुरानी शराब की तरह बचाये रखा, यही उनका सबसे बड़ा कमाल था। दुनिया में बिखरे हुए गेसुए ग़ज़ल के गिरफ़्तारों में जिस तरह उन्होंने क्लासिकी ग़ज़ल के नशे को बरक़रार रखा, यह उनका अपना हुनर था जो उनके साथ ही ख़त्म हो गया। मुशायरों में तक़रीरी लीपा पोती और नाज़ोअन्दाज़ के नकली हीरे-मोती लुटाये बग़ैर ग़ज़ल को बाविक़ार रखना कोई आसान काम नहीं था लेकिन ख़ुमार साहब अपनी महारत और नेकियों के तुफ़ैल हर अदबी पुल से इस तरह हँसते हुए गुज़र गये जैसे बहादुर लोग दारो रसन (फ़ाँसी और फन्दा) से गुज़र जाते हैं।

ग़ालिब ने ऐसे कहारों को देखा था जिन्हें उनका महबूब काँधे बदलने की मोहलत भी नहीं देता था और मुझे ये फ़ख़्र हासिल है कि मैंने किसी भी मसनदे एज़ाज़ (सम्मान की मसनद) पर ख़ुमार साहब को पहलू बदलते नहीं देखा। अल्लाह-अल्लाह! क्या सच्चे भोले भाले लोग थे। दोस्तों का लिहाज़ करना, छोटों से मोहब्बत और उनका ख़याल करने का जो सबक़ हज़रत ख़ुमार बाराबंकवी को याद था, अब शायद उर्दू स्टेज को कभी नसीब न हो।

उनकी गुफ़्तगू में इतनी मासूमियत और शाइस्तगी थी कि जैसे बातें न कर रहे हों बल्कि दूध में मैदा घोल रहे हों। शेरवानी हमेशा ऐसे पहनी जैसे सिपाही ज़िरह बक्तर पहने रहता है। किसी भी अहले इल्म के सामने बच्चों की तरह बैठ जाते, उसकी बातें सुनते और सिर धुनते थे। अच्छे शेर पर माहिये बेआब (जल बिन मछली) की तरह तड़पते, फिर होंठों पर फूल भरी मुस्कान बिखेर कर जब यह कहते थे कि "जीते रहो" तो लगता था यह स्टेज नहीं किसी मस्जिद की सीढ़ी है, जहाँ खड़े होकर हज़रते ख़ुमार बच्चों पर फूँक डाल रहे हों।

तुम ख़ुद ही समझ जाओ मैं नाम नहीं लूँगा

ग़ालिबन हिन्दुस्तान के नक़्शे में कानपुर ही एक ऐसा तिजारती शहर है जो अपनी तमाम तर मसरूफ़ियात के बावजूद फ़क़ीरों, दुर्वेशों, सन्तों और शायरों को मुहब्बतों से नवाज़ता है। उनकी ख़िदमतें करके ख़ुश होता है वर्ना इसके भागते-दौड़ते अहद में ख़ास तौर पर शायरों और अदीबों का हाल बुरा है। सियासत पर माफ़िया और बेहरम सियासतदाँ क़ाबिज़ हैं। उनके आगे-पीछे बेज़मीर (आत्मा विहीन) अफ़सरों की वह टोली है जो घड़ी और कैलेण्डर देखे बग़ैर वफ़ादारी नहीं करती। अहालियाने इक़्तिदार (सत्तासीन लोग) तान्त्रिक, बाक़ी सियासतदाँ जनतान्त्रिक और मुशायरों का कारोबार ख़ुशामदी दुआ-तावीज़ के सहारे चल रहा है। इन तमाम खराबियों के बावजूद मैं सर ज़मीने कानपुर की मिट्टी को सलाम करता हूँ कि उसने कभी अपने शायरों, अदीबों और फ़नकारों को मायूस नहीं होने दिया। मुज़ाहिदे आज़ादी (स्वतन्त्रता संग्राम सेनानी) मौलाना हसरत मोहानी और नुशूर वाहिदी से लेकर अल्लामा कौसर जायसी तक ने कानपुर के अदबी और सियासी शऊर (समझबूझ) में इज़ाफ़ा किया। कानपुर जो अंग्रेज़ी हुकूमत का सबसे ज़्यादा निशाना बना, उसने जेल की रोटी और चक्की की मशक़्क़त के लिए तैयार रहने में कभी अपने लहजे और रख रखाव से थकन का इज़हार नहीं होने दिया। उसकी पीठ अभी तक आज़ादी के ज़ख़्मों के निशानात हैं। उसकी आँखों में फ़िरक़ा परस्ती की आग में जलते हुए इस शहर का हर मंज़र क़ैद है।

यूँ तो कानपुर सारी दुनिया में एक तिजारती शहर के नाम से जाना जाता है लेकिन कानपुर की पहचान जिस तरह होनी चाहिए थी शायद उस पर अह्ले इल्म की निगाहें नहीं पड़ी हैं। कानपुर की एक अहम ख़ूबी वहाँ की ख़ामोश अदबी ख़िदमत भी है। ज़ाहिर है कि तिजारती शहर को अपने कारोबारी हंगामों से ही फ़ुर्सत नहीं मिलती है तो फिर यह उम्मीद बेकार ही है कि वहाँ की अदबी तारीख़ को भी सलीक़े से और सँभाल कर रखा जा सकता। हज़रते फ़ना निज़ामी बीसवीं सदी की छठी और सातवीं दहाई के एक ऐसे अहम शायर थे जिनके उस्लूबे बयान (बयान करने की शैली) में बेसाख़्तगी का ख़ास दख़ल था। यही

बात उनकी गुफ़्तगू और ज़िन्दगी गुज़ारने में भी थी। एक ज़माने तक हिन्दुस्तान के मुशायरों में वह गॉड फ़ादर की हैसियत रखते थे। उनकी शख़्सियत में वह तमाम ख़ूबियाँ थीं जो उस ज़माने के अहालियाने सुख़न (साहित्यकारों) में होती थीं। मिज़ाज की शोख़ी, लहजे की मीठी सफ़्फ़ाकी (क्रूरता) और लफ़्ज़ों की नादिराकारी उनके कलाम में पूरे तौर पर मौजूद थी। उनका कलाम कभी भी मुशायरों की हावहू और हंगामों की नज़्र (भेंट) नहीं हुआ। वह हमेशा अहले अदब में मुमताज़ हैसियत रखते थे। बीसवीं सदी की सातवीं दहाई (दशक) के इब्तिदाई (शुरुआती) बरसों में पहली बार दन्हें रायबरेली में नेशनल इण्टर कालेज के एक मुशायरे में सुना था। उस वक़्त मेरी उम्र बमुश्किल पन्द्रह बरस रही होगी। जब नाज़िमे मुशायरा ने उनका नाम पुकारा तो उन्होंने अपनी मुतरन्निम (सुरीली) लेकिन पाटदार आवाज़ में जो ग़ज़ल पढ़ी थी उसका मतला ग़ालिबन यही था—

अह्ले दैरो हरम रह गये
उनके दीवाने कम रह गये।

ज़ाहिर है कि उस ज़माने के सामिईन (श्रोतागण) मुशायरे को कल्चर शो की तरह नहीं बल्कि गंगा जमुनी उर्दू तहज़ीब के ताजमहल की तरह देखते थे। जिस तरह बहार का मौसम जाते-जाते अपने साथ फूल-पत्तियाँ लेकर जाता है, उसी तरह हर अच्छा शायर अपने साथ सुनने वालों की भी एक बड़ी तादाद लेकर चला जाता है। तरक़्क़ी पसन्दों में एक ख़ूबी तो बहरहाल थी कि वह अपनी पार्टी के लोगों की तारीफ़ में कंजूसी से काम नहीं लेते थे।

फ़ना साहब अपनी खुशमिज़ाजी और तबीयत की शोख़ी के लिए बहुत मशहूर थे। एक बार मैं वाली भाई के साथ फ़ना साहब के घर गया। वाली भाई को पानी का गिलास देते हुए कहने लगे कि पंजाब में गिलास में चाय पेश की जाती है, मैंने पूछा, "और पानी?" हँसते हुए बोले, "वहाँ इसकी ज़रूरत नहीं पड़ती, शाम के बाद तो बिल्कुल नहीं।" फ़ना साहब ने उर्दू शायरों के अच्छे दिन देखे थे। ये वह ज़माना था जब इलेक्ट्रानिक मीडिया की बिदअत शुरू नहीं हुई थी। शोहरत को किसी मीडिया या ब्यूटी पार्लर में जाने की ज़रूरत नहीं पड़ती थी। शायर का कलाम ही सीना ब सीना हज़ारों मील और सैकड़ों बरस का सफ़र तय कर लेता था। एक अच्छे शायर को हर जगह इज़्ज़त और एहतराम की नज़र से देखा जाता था। फिर फ़ना साहब का शुमार तो अपने अह्द के उन चहेते शायरों में होता था जिन्हें एक आम रिक्शेवाले से लेकर मरकज़ी वज़ीर तक अपने नज़दीक बिठा कर अपनी इज़्ज़त में इज़ाफ़ा करना चाहता था।

दरअस्ल उर्दू शायरी के नशेमन पर सिर्फ़ पचास बरसों में दो बार सियासत की बिजली गिरी। पहली बार तो मुल्क की तक़सीम ने क़ौमी एत्तहाद के आईने

को चकनाचूर करते हुए उर्दू को एक ख़ास फ़िरक़े (सम्प्रदाय) की ज़बान बना दिया। अभी इस ग़म से उर्दू बेचारी सँभाला भी नहीं ले पायी थी कि उसके ज़ख़्मी जिस्म पर बाबरी मस्जिद का मल्बा भी गिर पड़ा। एक दबी-कुचली ज़बान को सँभाला लेने में कितना वक़्त लगता है, इसका तो अन्दाज़ा नहीं लगाया जा सकता लेकिन ये बात तय है कि मल्बे के नीचे से निकली हुई ज़बान या अदब नौनिहालों के लिए अजनबी ही नहीं, बोझ जैसे मालूम होते हैं। नफ़रतों के ज़ेरे असर गिरायी गयी इमारतें पूरे मुल्क का लबो लहजा ही नहीं, लफ़्ज़ों की मानवीयत (अर्थ) भी बदल देती हैं।

फ़ना साहब के मिज़ाज में क़लन्दरी, शायरी वाली तुनक मिज़ाजी, पठानों वाला गुस्सा और कानपुरी अक्खड़पन अपने तौर पर मौजूद था, जिससे उनको हमेशा नुक़सान पहुँचा जो बहरहाल पहुँचना चाहिए था। चूँकि हमारे नाक़ीदीने अदब की निगाहे इन्तिख़ाब (चयन दृष्टि) ऐसे लोगों की तलाश में रहती है जहाँ लिखने लिखाने से कुछ फ़ौरी फ़ायदे का इमकान होता है। बल्कि अब तो ये सूरत हो गयी है कि मुशायरों में अक्सर शायर एक अदद लँगड़ी-लूली शायरा के साथ शरीक होते हैं। जो इस दौलत से महरूम (वंचित) हैं, वो कम से कम अपना एक एनाउंसर ज़रूर किराये पर लिए रहते हैं। बक़िया बचे कुछ शायर अपने-अपने इलाक़े के एकाध मुशायरों की इन्तिज़ामिया कमेटी (प्रबन्ध समिति) में खुद को शामिल कर लेते हैं। कुछ ख़ास शायर हज़रात मोबाइल और S.T.D. के काँटे की मदद से मुशायरों की मछली फँसाने में मसरूफ़ रहते हैं।

अल्लामा कौसर जायसी, अल्लामा रशीद क़मर लखनवी, हज़रत शारिक़ ऐरायानी, हज़रत हक़ बनारसी, हज़रत नामी अंसारी और जनाब क़य्यूम नाशाद ने कानपुर की अदबी फ़ज़ा को मुअत्तर (सुगन्धित) करने के लिए उर्दू अदब के बाग़ में तरह-तरह के फूल खिलाये, उर्दू से मोहब्बत करने वालों की एक पूरी फ़ौज तैयार कर दी। ग़ज़ल जब अपना क्लासिकल लिबास तब्दील करना चाहती थी तो कानपुर की मिट्टी ने जेब ग़ौरी जैसा जदीद और बाँका शायर पैदा किया जिसकी सदाबहार खुशबू से आज भी पिछली सदी की कई दहाइयाँ महक रही हैं। इशरत ज़फ़र आज भी उस लहजे की हिफ़ाज़त ईमानदारी से कर रहे हैं। बुज़ुर्गों ने नौजवान शायरों की एक ऐसी सफ़ तैयार कर दी है, जो किसी भी अदबी फ़ौज की अगली सफ़ तक पहुँचने का हौसला और लियाक़त (योग्यता) रखते हैं। अदब के यह गिरोहबाज़ कबूतर आज सारे आसमाने अदब पर तारे बने हुए हैं।

हमारे नामनिहाद तरक़्क़ी पसन्द अदीब व शायर मजाज़ के हादिसाती क़त्ल में कहीं न कहीं शरीक़ भी रहे और मजाज़ को अदबी तौर पर मोअतबर (विश्वसनीय) और मुस्तनद (प्रमाणित) भी बनाया है। मजाज़ के लतीफ़ों तक

को अदब में महफ़ूज़ कर दिया। फ़िराक़ के हमअस्रों (समकालीनों) ने भी उनके एक-एक लतीफ़े को काग़ज़ के जहाज़ पर सवार करा दिया लेकिन फ़ना साहब जिनकी गुफ़्तगू में, जिनके अन्दाज़ में, सैकड़ों लतीफ़े साँस लेते रहते थे, उन पर कभी किसी ने भरपूर अन्दाज़ से क़लम नहीं उठाया। फ़ना साहब के लतीफ़े और दिलचस्प वाक़ियात अगर मेहनत और ईमानदारी से यकजा किये जायें तो एक मुकम्मल किताब वजूद (अस्तित्व) में आ सकती है।

एक मुशायरे में फ़ना साहब माइक पर ग़ज़लसरा थे। निज़ामत की मसनद पर कुँवर महिन्दर सिंह बेदी जलवा अफ़रोज़ थे। किसी शेर पर बेदी साहब कह उठे, "वाह! फ़ना साहब, पठान होकर भी क्या अच्छा शेर कहा है" फ़ना साहब ने फ़ौरन पलट कर कहा, "वाह! बेदी साहब, सरदार होकर भी कितनी सही दाद दी है।" फ़ना साहब के इस बेसाख़्ता जवाब पर महफ़िल शगुफ़्ताज़ार हो गयी। बेदी साहब और फ़ना साहब में बराबर शोखिये गुफ़्तार (गुफ़्तगू की शोख़ी) की खींचा तानी होती रहती थी। किसी मुशायरे में बेदी साहब सामिईन से फ़ना साहब के तआरुफ़ (परिचय) के दौरान बोले कि हज़रात अब मैं उर्दू के चोटी के शायर हज़रते फ़ना निज़ामी को ज़हमते ग़ज़ल सराई दे रहा हूँ। फ़ना साहब ने माइक पर आते ही बेदी साहब की तरफ़ इशारा करते हुए फ़रमाया, "हज़रत! चोटी के शायर तो आप हैं, मैं तो दाढ़ी का शायर हूँ।"

एक दिन फ़ना साहब कहीं से गुज़र रहे थे। किसी ठेले पर शरीफ़े फ़रोख़्त हो रहे थे। पके हुए हरे भरे शरीफ़े देखकर फ़ना साहब रुक गये और ठेले वाले से पूछा कि मियाँ, शरीफ़े क्या हिसाब हैं। ठेले वाले ने चहक कर जवाब दिया कि हुज़ूर, पाँच रुपये दर्जन, कितने निकाल दूँ? अचानक फ़ना साहब की निगाह ठेले पर दूसरी तरफ़ रखे कुछ मुरझाये हुए छोटे-छोटे शरीफ़ों पर जम गयी। उन्होंने इन शरीफ़ों की तरफ़ इशारा करके पूछा कि मियाँ ये कमीने क्या हिसाब दोगे।

फ़ना साहब ने ज़िन्दगी वैसी ही गुज़ारा जैसी एक शायर को गुज़ारना चाहिए थी। यानी बेतरतीब, बेनियाज़ और बेग़रज़। किसी रिटायर्ड जस्टिस ने पिछले दिनों Judiciary को मशविरा देते हुए कहा था कि इंसाफ़ करने के लिए जज हज़रात को गोशानशीन और तन्हाई पसन्द होना चाहिए बल्कि जब तक वह इंसाफ़ की कुर्सी पर रहता है उसे हिन्दू बेवा जैसी ज़िन्दगी गुज़ारनी चाहिए। यह बात हमारे शायरों और अदीबों पर सबसे ज़्यादा लागू होती है।

सरकार ने एकेडमियों और एज़ाज़ात (सम्मानों) की शक्ल में हर तरफ़ ज़हरीले गुड़ का शीरा बिछा दिया है। हमारे शायर और अदीब भी अदब तख़लीक़ करने के बजाय किसी न किसी की क़सीदाख़्वानी (गुणगान) में मसरूफ़ रहते हैं। उर्दू अदब में बहुत बड़ा माफ़िया सिस्टम पनप रहा है। ठेकेदारों की बनायी हुई शाहराहों

और पुलों की तरह, हमारे यहाँ जो अदब तख़्लीक़ हो रहा है वह भी बग़ैर सीमेंट की दीवार और बग़ैर लोहे के पुल जैसा है। ज़ाहिर है कि ये सूरतेहाल हमारे लिए पहले अफ़सोसनाक थी लेकिन अब बहुत ख़तरनाक हो गयी है।

फ़ना साहब से सारा कानपुर मोहब्बत करता था और कानपुर भी फ़ना साहब की कमज़ोरी था। मुशायरे के स्टेज पर उस ज़माने में भी अच्छे-बुरे शायरों की एक फ़ौज इकट्ठा रहती थी लेकिन फ़ना साहब के बग़ैर हिन्दुस्तान के हर बड़े मुशायरे का स्टेज ख़ाली-ख़ाली लगता था। तरक़्क़ी पसन्दों ने ग़ालिब के बाद हाज़िर जवाबी और तबीयत की शोख़ी के तमाम किस्से कहानियाँ मजाज़ से जोड़ दिये। हालाँकि फ़ना निज़ामी की शख़्सियत में शोखियों के जितने गुलबूटे थे उनको समेट कर एक किताब लिखी जा सकती है, लेकिन हमारा तनक़ीदी निज़ाम एक दूसरे की पीठ थपथपा कर खुश हो जाता है—

अब भी मेरी फ़ितरत में पहली-सी ही शोख़ी है
जब कोई हसीं देखा आवाज़ लगा दी है।

सिर्फ़ तिनकों का नाम आशियाना नहीं

शाख़े ज़ैतून से अम्न तहरीर करने वाले, रेगिस्तान के भूल भुलय्यों में भी सिराते मुस्तक़ीम (नेकियों की राह) पर चलने वाले, गले में अल्लाह के कलाम को तावीज़ की तरह पहनने वाले, खजूर और ऊँटनी का दूध पीकर परवरदिगार का शुक्र अदा करने वाले, धूप ओढ़ कर रेत पर सो जाने वाले, अपने हौसलों से सारी दुनिया को फ़तह करने वाले, अपने इरादों से दूध की नहर निकालने वाले, अपने किरदार से दुश्मन को ज़ेर करने वाले, ईमान की दौलत से मालामाल और शहादत के जज़्बे से सरशार लोग बादशाहत को क़लन्दर की अँगड़ाई से ज़्यादा अहमियत नहीं देते हैं। अगर बादशाहत में फ़क़ीरी का इत्र शामिल न हो तो वह बेरूह मालूम होती है। मेरी मालूमात के मुताबिक़ सुल्तान क़ाबूस ने अपने इब्तिदाई दिनों में उम्र का सुनहरा हिस्सा महाराष्ट्र के शहर पूना में गुज़ारा था। घाटियों और समन्दर से घिरा शहर बम्बई उनकी पहली मोहब्बत की तरह था। शायद इसीलिए सुल्तान क़ाबूस के दिल में हिन्दुस्तान और हिन्दुस्तानियों के लिए हमेशा नर्म गोशा रहा है।

अम्मान और केरला में तो बेपनाह मुशाबिहत (समरूपता) है। शायद दुनिया पहले एक मुल्क रही होगी। ज़मीन क़ुदरत की बुनी हुई एक क़ालीन की तरह रही होगी। गुलबूटे भी एक जैसे रहे होंगे। सबसे पहले ज़मीन को जंगली जानवरों से बचाने वाली मुहज़्ज़ब (सभ्य) क़ौमें सरहदों पर काँटेदार बाढ़ क्यों लगाती हैं।

जुग़राफ़िया की करवटें तो आये दिन दुनिया के नक़्शे को बदलती रही हैं। शायद इसीलिए दुनिया के किसी मुल्क में हुकूमत किसी भी मज़हब की हो लेकिन नमाज़ के वक़्त न तो वज़ू के पानी से उसका मज़हब पूछा जाता है और न तयम्मुम करते हुए मिट्टी की ज़ात पूछी जाती है और जब सीने पर अल्लाह का ये फ़रमान भी नक़्श हो कि 'मैं सारे आलम का रब हूँ' तो अयोध्या के राम मन्दिर की तामीर के लिए सल्तनते अम्मान से सोने की ईंटें भेजने वालों को भी हुकूमतें बाग़ी या दहशतगर्द नहीं कहतीं। अल्लाह के फ़रमान की पैरवी बादशाहत का ईमान होती है क्योंकि वही तो सारे आलम का मालिक है, जिसकी

मर्ज़ी के बग़ैर न पत्ते हिलते हैं और न खोये हुए मिलते हैं। बादशाहत ने जहाँ भी इंसाफ़ की मिसाल क़ायम की है, वहाँ से कम्युनिज़्म ने अपने पैर समेट लिए क्योंकि कम्युनिज़्म हुकूमत की क़ुर्बत पाते ही आँखें मूँद लेता है। शायद इसीलिए जम्हूरियत का नारा लगाता हुआ कम्युनिज़्म आज तक केरल की गुर्बत को दूर नहीं कर सका लेकिन कल तक पेट की आग बुझाने के लिए बन्दरगाहों के ग़ैर मुल्की जहाज़ों के इन्तिज़ार में खड़े हुए अम्मानी आज सारी दुनिया के इंसानों को अपने मुल्क में बाइज़्ज़त ज़िन्दगी गुज़ारने की दावत देते नज़र आते हैं।

1990 ई. के ठिठुरते हुए दिसम्बर की बारह तारीख़ को मस्क़त में मुशायरा था। मोहतरम हुमायूँ ज़ैदी ने मुशायरे की फ़ेहरिस्त के आँचल में इस ख़ाकसार का नाम भी टाँक दिया था। मैं और मंज़र भोपाली मुम्बई एयरपोर्ट से मस्क़त के लिए रवाना हुए। मस्क़त एयरपोर्ट से बाहर निकलते ही रात होने के बावजूद शदीद गर्मी का एहसास हुआ। दस बजे रात में भी वहाँ इतनी गर्मी थी कि जिस्म के कपड़े मई जून की दोपहर मालूम हो रहे थे। हम लोग काफ़ी देर तक अपने मेज़बान के इन्तिज़ार में एयरपोर्ट के बाहर बेयारो मददगार खड़े थे। मैंने मंज़र से कहा कि अपने मेज़बान डॉक्टर आबिदीन को फ़ोन करो। मंज़र ने कहा, नम्बर तो मौजूद है लेकिन अम्मानी सिक्का मौजूद नहीं है। मैंने टेलीफ़ोन बूथ प्र खड़े हुए अम्मानियों की तरफ़ इशारा करते हुए कहा कि इनसे अपनी परेशानी बताकर एकाध सिक्का माँग लो। मंज़र ने मुस्कुराते हुए एक बोर्ड की तरफ़ इशारा किया जिस पर अरबी और अंग्रेज़ी में तहरीर था कि भिखारियों को जेल में बन्द कर दिया जायेगा। मैं दिल ही दिल में सोच कर हँसने लगा कि अगर हम लोग इस जुर्म में बन्द हो जायें तो कल हिन्दुस्तानी अख़बारात में ख़बर छपेगी कि हिन्दुस्तान के दो मशहूर शायर मस्क़त एयरपोर्ट पर भीख माँगते हुए गिरफ़्तार हो गये।

अभी हम लोग अपनी ग़रीबुल वतनी (वतन से दूर होने का ग़म) पर आँसू बहाने की कोशिश कर रहे थे कि मेज़बानों की कई गाड़ियाँ हमारे पास आकर रुकीं। हम लोग अपने चेहरों की परेशानियों से पहचान लिए गये। यूँ भी दुनिया के हर ग़रीबुल वतन का चेहरा एक जैसा होता है। मेज़बान में से एक साहब ख़िफ़्फ़त (शर्मिन्दगी) की ख़लीज (खाड़ी) पाटते हुए कहने लगे कि "अव्वल तो जहाज़ पन्द्रह मिनट पहले आ गया है, दूसरे देहली से सरदार जाफ़री साहब भी तशरीफ़ ला रहे हैं। उनका जहाज़ भी रन वे पर उतर चुका है।" हमें कोल्ड ड्रिंक से बहला कर हमारे कुछ मेज़बान एयरपोर्ट के अन्दर जाफ़री साहब को खुशआमदीद कहने के लिए आगे बढ़ गये। काफ़ी वक़्त गुफ़्तगू के बावजूद जाफ़री साहब एयरपोर्ट से बाहर नहीं आये। हालाँकि जहाज़ को आये तक़रीबन एक घण्टा गुज़र चुका था। एक मेज़बान अन्दर से तशरीफ़ लाये और हम लोगों को

एक गाड़ी के ज़रिये क़यामगाह की तरफ़ रवाना कर दिया गया क्योंकि जाफ़री साहब को एयरपोर्ट पर सिक्यूरिटी वालों ने रोक लिया था। इसकी वजह ये थी कि उनके सामान में एक वीडियो कैसेट था जिसमें उनके सीरियल 'कहकशाँ' का वह एपीसोड मौजूद था जिसमें मख़दूम महियुद्दीन की हयात (जीवन) और कारनामे क़ैद थे और उसमें कम्युनिस्ट पार्टी की यूनियन और लाल झण्डे लिए मज़दूर भी दिखाये गये थे। डॉक्टर आबिदीन की कोशिशों के बाद सिक्यूरिटी वालों ने थोड़ी-सी मुरव्वत करते हुए कैसेट को अपने पास रख कर जाफ़री साहब को मस्क़त में दाख़िल होने की इजाज़त दे दी। मैंने पहली बार हिन्दुस्तान से बाहर किसी मुल्क का सफ़र किया था, लिहाज़ा मेरे सामने तजरुबे और उससे सबक़ लेने की एक नयी दुनिया सिर उठाये खड़ी थी। मैं एक जम्हूरी मुल्क का बाशिन्दा, इतने सख़्त क़ानून देखकर मेरी आँखों के सामने क़ैदे ज़िन्दाँ (जेलख़ाने की क़ैद) की तस्वीर नाच रही थी। जाफ़री साहब कैसेट लेकर दाख़िल नहीं हो सके, हम लोग फ़ोन के लिए किसी से दो-चार सिक्के नहीं ले सकते थे लेकिन हर मुल्क के अपने क़ायदे और क़ानून होते हैं और यूँ भी अगर क़ानून और इंसाफ़ मुल्क और अवाम की जानोमाल और आबरू की हिफ़ाज़त करे तो उसका सच्चे दिल से एहतराम करना चाहिए।

दूसरे दिन कलकत्ते के एक दोस्त जावेद ने मुझे शहर की रौनक दिखाने की ठानी। उनके साथ सारा दिन मस्क़त में घूमता रहा। छोटा-सा मुल्क जो बेहतरीन तरीक़े से तैयार किया गया था, जिसकी जिद्दत पसन्दी (आधुनिकता पसन्दी) और ख़ुशहाली के ख़्वाब सुल्तान क़ाबूस की आँखों ने देखे थे। बादशाहत सियासी सूझबूझ का वह चश्मा (झरना) है जिससे क़ौमें सैराब (तृप्त) होती हैं। सल्तनते अम्मान की तरक़्क़ी वहाँ के अम्न का दूधिया उजाला, वहाँ का अद्लो इंसाफ़, वहाँ की समाजी बराबरी इस बात का सूबूत फ़राहम कर रही थी कि यक़ीनन बादशाह के सिर पर अल्लाह का साया होता है।

मस्क़त की शहरगर्दी (शहर घूमना) करते हुए जदीद तरीन इमारतें, फ़ैशनेबिल बाज़ार, बर्क़ रफ़्तार कारें, हँसते-मुस्कुराते लोग, साफ़ शफ़्फ़ाफ़ सड़कें, ख़ूबसूरत तरीन मस्जिदें और चेहरों पर अल्लाह का नूर सजाए नमाज़ी हर तरफ़ नज़र आ रहे थे। शहर के ऐन कल्ब में (बिल्कुल बीच में) बाविक़ार तरीक़े से सिर उठाये हुए एक मन्दिर भी मौजूद था जो बुनियाद से बुलन्दी तक सुनहरा था, जैसे सोने के पहाड़ पर किसी हुनरमन्द संग तराश ने अपना फ़न उँडेल दिया हो। मैंने हिन्दुस्तान के बिरला मन्दिर, जे.के. मन्दिर के अलावा भी हज़ारहा मन्दिर देखे हैं लेकिन उस मन्दिर के छनते हुए नूर से मुसलमानों के इंसाफ़, भाईचारे और रवादारी की ख़ुशबू आ रही थी। मैंने बातों-बातों में जावेद से पूछा कि, "शहर में

पुलिस वाले नहीं दिखाई दे रहे हैं?" उसने हँसते हुए जवाब दिया कि, "इसीलिए तो यहाँ दंगा फ़साद नहीं होता।" फिर उसने हँसते हुए बताया कि मुझे यहाँ रहते हुए पन्द्रह बरस हो गये हैं। इन पन्द्रह बरसों में सिर्फ़ एक बार मैंने दो टैक्सी वालों को लड़ते और गालियाँ बकते देखा था। वह भी ख़ुदा के फ़ज़्ल से हिन्दुस्तानी नहीं, पाकिस्तानी थे।

अगर ताजमहल के लासानी (अद्वितीय) हुस्न में सल्तनते मुग़लिया के ख़ज़ाने के साथ-साथ शाहजहाँ के इश्क़ और इन्तिज़ार का जज़्बा भी शामिल था तो मुल्के अम्मान की तामीर में जलालत मआब सुल्तान क़ाबूस की वह इंसाफ़ परवर बादशाहत भी मौजूद है जिसके आगे दुनिया की कोई भी जम्हूरियत रंगीन काग़ज़ का गुलदस्ता मालूम होती है। सुल्ताने अम्मान के सिलसिले में सेरगी प्लेख़ानोफ़ की तालीफ़ करदा (संकलित की हुई) किताब बज़ाहिर एक मुकम्मल और दीदाज़ेब किताब है जिसका दामन तारीख़, जुग़राफ़िया और अदबी सरगोशियों से लबरेज़ है। रूसी मुसन्निफ़ (लेखक) सेरगी प्लेख़ानोफ़ ने जिस मौज़ू (विषय) को छू लिया है उसे बेमिसाल बना दिया है। काबिल मुसन्निफ़ ने इस किताब में जगह-जगह अपनी आँखों से कैमरे का काम भी लिया है। मुसन्निफ़ अपनी लियाक़त और पेशेवराना सलाहियत के साथ-साथ सुल्तान क़ाबूस और सरज़मीने अम्मान से अपनी बेग़रज़ मोहब्बत को छुपाने में नाकाम रहे हैं और होना भी यही चाहिए क्योंकि जज़्बे की सदाक़त के बग़ैर तहरीरें काग़ज़ का फूल होकर रह जाती हैं। डॉक्टर सैय्यद बशीर अहमद ने इस किताब का तर्जुमा (अनुवाद) भी यक़ीनन अच्छा किया होगा। हालाँकि ये मुहावरा (कहावत) आम है कि तर्जुमा कितना ही अच्छा क्यों न हो, कश्मीरी शाल के उल्टे हिस्से की तरह होता है लेकिन चूँकि मोहतरम बशीर साहब कश्मीरी हैं लिहाज़ा उन्होंने तर्जुमे के वक़्त इस मुहावरे को ज़ईफ (बूढ़ा) करने की भरपूर कोशिश की होगी। तर्जुमे का सबसे तारीक (अँधेरा) पहलू ये भी होता है कि मुतरजिम (अनुवादक) चाहे मुअर्रिख़ क्यों न हो, उसके हाथ बँधे रहते हैं। मैं ये अर्ज़ करना चाहता हूँ कि हिन्दुस्तान का अरब ममालिक (मुल्कों) से ख़ास तौर पर सल्तनते अम्मान से इतना मज़बूत, क़दीम और बेतकल्लुफ़ रिश्ता रहा है कि जुनूबी हिन्द (दक्षिणी भारत) में ये कहावत आम हो गयी थी कि अम्मान के बावर्चीख़ानों से हिन्दुस्तान के मसालों की ख़ुशबू आती है। कुर्बत, अपनाइयत और पड़ोस की इससे अच्छी मिसाल नहीं दी जा सकती है। एक दूसरे का एतबार इस मंज़िल पर था जहाँ एक दूसरे के सिक्के तक क़ाबिले क़ुबूल हुआ करते थे। हज़रत मोहम्मद सल. की इस हदीस का सबसे ज़्यादा एहतराम अम्मान के सुल्तानों ने ही किया कि मुझे हिन्दुस्तान की जानिब

से ठण्डी हवाएँ आती हुई महसूस होती हैं। आज भी अम्मान और हिन्दुस्तान के मज़बूत रिश्तों के बीच समन्दर एक गलियारे की हैसियत रखता है।

अदबी और तहज़ीबी तौर पर सल्तनते अम्मान में लखनऊ, हैदराबाद, अलीगढ़, मुम्बई, गुजरात, मद्रास और केरल के तक़रीबन सभी शहरों का तसव्वुर आबाद है। अगर हमारे अरबाबे इक़्तिदार खुली आँखों से ज़िन्दगी के कुछ दिन सल्तनते अम्मान में गुज़ार लेते तो उन्हें हुकूमत करने का हुनर मालूम हो जाता। काश! सुल्तान क़ाबूस साहिबे औलाद भी होते तो दुनिया अंग्रेज़ी के इस क़ौल को गलत होते भी देख लेती कि दुनिया में सात बादशाह हमेशा मौजूद रहेंगे...चार ताश के, दो शतरंज के और एक सल्तनते बरतानिया के–

मेरी हिम्मत भी शामिल है तामीर में
सिर्फ़ तिनकों का नाम आशियाना नहीं

दिल वो भीगा हुआ काग़ज़ है कि जलता ही नहीं

अपनी बेइन्तिहा हरदिल अज़ीज़ी के बावजूद ग़ज़ल हमेशा तनक़ीद के निशाने पर रही है। ज़्यादातर नाक़िदीने अदब (साहित्य के आलोचकों) ने इसकी बेपनाह महबूबियत और मक़बूलियत के बावजूद इसे मुँह नहीं लगाया, हमेशा इसकी कमतरी और सहल पसन्दी का रोना रोते रहे। ये हक़ीक़त है कि ग़ज़ल मुद्दतों कुछ बँधे-टँके मौज़ूआत (विषयों) की अमर बेल में जकड़ी रही। हालाँकि इसकी सबसे बड़ी वजह ये थी कि उस अह्द के मुताबित ग़ज़ल दरबारी आदाब के पेशेनज़र लिखी जाती थी। इसलिए शायर हमें मयख़ाने से निकलता हुआ और कोठों से उतरता हुआ दिखाई देता था। इस हक़ीक़त से भी इंकार नहीं किया जा सकता कि उस वक़्त के नवाबीन और राजे-महाराजे ग़ज़ल की परवरिश ही नहीं, नाज़ बरदारी भी करते रहते थे। तारीख़ से आँख मिचौली करती हुई ग़ज़ल जैसे ही गली के मोड़ पर, शहरों के चौराहों पर, क़स्बों के चबूतरों पर, गाँव की पगडण्डियों और खेत खलियानों में मौज़ूआत की तलाश में भटकने लगी तो इसने नये मंज़रनामे तलाश कर लिए। ख़ासतौर से आज़ादी के बाद तक़सीम की तलवार से कटे-पिटे रिश्तों की बनती-बिगड़ती तस्वीरों, भरे घर में तनहा होने के एहसास, बेसम्ती (दिशाहीनता) की तरफ़ जाती हुई तेज़ रफ़्तार ज़िन्दगी, घर-आँगन में उभरते हुए लातअल्लुक़ी के सहराओं ने ग़ज़ल के नाम पर नये मौज़ूआत के ढेर लगा दिये। ग़ज़ल ने जब अपनी शब ख़्वाबी का लिबास तब्दील किया तो उसके लहजे में तलवार की सफ़्फ़ाकी (क्रूरता) भी आ गयी, उसके चेहरे पर गाँव, मोहल्ले और समाज के वह घाव भी दिखा दिये जो सियासतदानों की मेहरबानियों का नतीजा थे। उसकी चाल में उस सिपाही की शान आ गयी जो मक़तल (क़त्लगाह) की जानिब भी नाचता गाता हुआ जाता है।

उर्दू तनक़ीद का सबसे बड़ा मसला यही रहा है कि जिस पर लिखा जाना चाहिए था उस पर नहीं लिखा जा रहा है और जिस पर लिखा जा रहा है वह लिखे जाने के लायक़ नहीं है। यक़ीनन यही सबब है कि पिछली कई दहाइयों (दशकों) से कोई बड़ा नाम उभर कर सामने नहीं आया। जो नाम आते हैं, वो

एल्युमिनियम के कमज़ोर बर्तनों की तरह कुछ दिनों में ही सड़-गल के बराबर हो जाते हैं। फिर कुछ ऐसे लोग भी होते हैं जो अपने तख़्लीक़ी सफ़र में इतने मुनहमिक (लीन) रहते हैं कि मंज़िलें उनके लिए संगे मील साबित होने लगती हैं। हरचन्द कि हम उस Calculated दौर से गुज़र रहे हैं, जहाँ तख़्लीकी अमल (रचनात्मक क्रिया) से गुज़रने वाले की तनक़ीदी रिपोर्ट पहले ही मंज़रे आम पर आ जाती है लेकिन खरे और सच्चे फ़नकार बाँस-बल्ली के सहारे अपनी तख़्लीक़ को क़स्रे तनक़ीद (विवेचना के महल) तक पहुँचाने की कोशिश नहीं करते।

अगर सच पूछिए तो ख़ाकसारी, क़लन्दरी, बेनियाज़ी और ज़िन्दगी की बेतरतीबियों के बग़ैर शायरी उस मंगलसूत्र की तरह है जो कोठेवालियाँ अपने गले में Nokia के मोबाइल की तरह डाले रहती हैं। लेकिन ये भी मजबूरी है कि इस अहद की सफ़्फ़ाकियों (क्रूरताओं) ने इस अदबी छिछोरेपन को क़ुबूल कर लिया है। यूँ भी ज़माने में उर्दू वह मज़लूम ज़बान है जिसे इसके चाहने वाले अपनी ज़रूरत के मुताबिक़ इस्तेमाल करते हैं और तमाम सरकारी इदारे (संस्थाएँ) उर्दू के नाम पर अपनी झोलियाँ भरने में मसरूफ़ हैं।

मुमताज़ राशिद उर्दू ग़ज़ल के ऐसे शायर हैं जिन्होंने यही नहीं किया कि ग़ज़ल के गेसू सँवारे हैं बल्कि वह ग़ज़ल को हिन्दी वालों से क़रीब लाने में पेश पेश रहे हैं और आलमगीर सतह (अन्तर्राष्ट्रीय स्तर) पर उर्दू से मोहब्बत करने वालों की तादाद में ख़ासा इज़ाफ़ा किया है। मैंने जब अदबी तौर पर आँख खोली तो मुमताज राशिद सिर्फ़ रसाएल (पत्रिकाओं) के सफ़हात पर मिल जाते थे। ऐसा कोई रिसाला नहीं होगा जिसमें उनकी ग़ज़लें शामिल न रहती हों लेकिन राजे महाराजे तो रहे नहीं, जो इल्म और हुनर के दीवानों को जागीरें अता कर दिया करते थे। लिहाज़ा ज़रूरतों के पाँव पसारते हुए शायर अदीब भी दूसरे हुनरमन्दों की तरह अपने घरेलू मसाएल की गुत्थियों को सुलझाने में इतने मसरूफ़ हो जाते हैं कि उन्हें नाक़िदीने फ़न (साहित्यिक विवेचकों) की दरबारदारी का मौक़ा नसीब नहीं होता। शहंशाहों का दरबार हो या नाक़िदीन का दरबार, हर जगह एक ही तरह की सियासत होती है। मुमताज़ राशिद नयी ग़ज़ल लिखने वालों में अहम मुकाम रखते हैं। उन्होंने ग़ज़ल के बदलते हुए ख़दोख़ाल (रंगरूप) पर क्लासिकियत की चिलमन को पड़ा रहने दिया। नये लफ़्ज़ों और नयी तलमीहात (इशारों) से ग़ज़ल के लहजे को काटदार बनाया। भीगे हुए काग़ज़ पर इस अहद का ज़िन्दगीनामा लिखा। आँसुओं में ख़ूने जिगर की आमेज़िश (मिश्रण) से नये-नये रंग ईजाद किये और नये अहद की सच्ची मुसव्विरी (चित्रकारी) कर डाली। ज़माने के एहसासात को ग़ज़ल में उतारने के लिए अदक़ (मुश्किल) लफ़्ज़ों की सीढ़ियाँ नहीं लगायीं।

फूल को फूल और बबूल को बबूल ही लिखा। ग़ज़ल को इशारियत की उस मंज़िल पर नहीं ले गये जहाँ तक पहुँचते-पहुँचते कारी (पाठक) का दिमाग़ थक जाये। उनके मिज़ाज की सादगी और शायराना रवैये की निशानदही उनकी ग़ज़लों में भी मौजूद है। अपनी शिनाख़्त को बरक़रार रखना, अपने उसलूब (शैली) को ज़िन्दा रखना और अपने लफ़्ज़ों को सुरों के इत्रदान से मस (स्पर्श) करते रहना बहुत मेहनत और ज़िम्मेदारी का काम है। उनकी ज़िन्दगी उनकी शायरी का आईना है और उनकी शायरी में उनकी हमाजेहृत (बहुमुखी) शख़्सियत पूरे तौर पर मौजूद है। ज़िन्दगी के आईनाख़ाने को ऐवाने ग़ज़ल में जोड़ना आसान काम नहीं है लेकिन हर अच्छा फ़नकार इसी हुनर की बदौलत ही अच्छा फ़नकार कहलाता है। मुमताज राशिद ने ग़ज़ल से न कासे का काम लिया है, न तलवार का, उन्होंने ग़ज़ल से उन महकते हुए बेले के फूलों का काम लिया है जो हर उम्र के लोग शौक़ से हासिल करना चाहते हैं।

लेकिन हुकूमत और नाक़िदीने अदब शायरों और अदीबों को मफ़लूकुलहाली (निर्धनता) की दलदल से निकलने नहीं देना चाहते हैं। मुमताज़ राशिद ने ग़ज़ल सिंगर्स की गुज़ारिश पर कुछ जवान ग़ज़लें कहीं और हमारी तनक़ीद ने उनसे आँखें चुरायीं। कैफ़ी आज़मी और मजरूह सुल्तानपुरी फ़िल्मों की वजह से इसी बेईमानी का शिकार बने रहे। उनसे पहले और बाद के बहुत से अहम शोअरा तनक़ीद का रोना होते हुए अल्लाह को प्यारे भी हो गये। लफ़्ज़े मुशायरा तो ऐसी गाली बन चुका है जो कहीं भी बकी जाए, ज़द (निशाने) पर ग़ज़ल ही आती है। मुमताज़ राशिद की ग़ज़लों में ख़ानक़ाहों जैसा सुकून महसूस होता है। वह अपनी शायरी से ज़्यादा अपने दोस्तों और मिलने वालों का एहतराम करते हैं। उनकी ग़ज़लों में घुँघरुओं की खनक नहीं, पपीहे की आवाज़ का दर्द नुमायाँ है। वह ज़िन्दगी को दूरबीन से नहीं बल्कि हाथों से छू कर देखते हैं। मैं बड़े-बूढ़ों की इस राय से पूरी तरह इत्तिफ़ाक करता हूँ कि अच्छा इंसान ही अच्छे शेर कह सकता है।

मुम्बई की भागती-दौड़ती तेज़ रफ़्तार ज़िन्दगी में एक शायर या अदीब के लिए जीना बहुत दुश्वार काम है क्योंकि पत्थरों के बीच में आईनासाज़ी (आईना बनाना) ख़तरनाक खेल है। मुम्बई जहाँ एक दूसरे से मुलाक़ात तो दूर की बात, अपनों से मिले हुए कभी-कभी महीनों गुज़र जाते हैं। हिन्दुस्तान में मुम्बई एकलौता शहर है जहाँ अख़बार ख़बर के लिए नहीं बल्कि वक़्त गुज़ारी के लिए ख़रीदा जाता है। रेल की पटरियों की तरह बदलते हुए लोग और मौसम, अपनी धुन में खोया हुआ हर आदमी मुम्बई की हर गली, कूचे, चौराहे और प्लेटफ़ार्म पर मिल जायेगा। मुम्बई में शराब की बेइन्तिहा खपत है लेकिन मुस्कुराहट दूर देश

की कहानी मालूम होती है। ज़िन्दगी का बेशतर हिस्सा रेल के डिब्बों, बसों की खिड़कियों, टैक्सी और आटो रिक्शा के इन्तिज़ार में गुज़र जाता है। इन हालात में भी अगर कोई शख़्स अपनी पेशानी पर ग़ज़ल का नूर सजाये रहे, अपनी आँखों में नये मौज़ूआत की तमन्नाओं को समेटे रहे, अपने क़लम से लफ़्ज़ों की कहकशाँ बनाने के लिए बेताब रहे तो यक़ीकन वह शख़्स अच्छा आदमी, बड़ा शायर और बेपनाह दिलचस्प दोस्त होगा। इस लिहाज़ से मुमताज़ राशिद हमारे अदब का सरमाया ही नहीं बल्कि नौजवानों को ज़िन्दगी का हुनर बताने वाले फ़लसफ़ी भी हैं।

आज लगता है कि सच बोल दिया है मैंने

कहीं पढ़ा था कि कुछ लोग दूसरों को हँसाने में इतना मसरूफ़ रहते हैं कि उनके अपने होंठ मुस्कुराना भूल जाते हैं। कुछ ऐसी ही सूरते हाल अनवर जलालपुरी के साथ भी रही है। भाई अनवर भी सारी ज़िन्दगी सादगी, शराफ़त और दोस्त नवाज़ी की तलवार से दूसरों की हिफ़ाज़त करते रहे और खुद क़त्ल होते रहे। मुशायरों के स्टेज से लेकर निजी महफ़िलों तक अनवर जलालपुरी ने अपने दोस्तों ही नहीं दुश्मनों की भी इतनी तारीफ़ की है कि उन्हें अपनी शख़्सियत और शायरी को सँवारने का बाक़ायदा वक़्त ही नहीं मिल सका। उन्होंने किसी को भी सलाम करने और तारीफ़ करने का मौक़ा नहीं दिया। यही वह रवादारी और बेनियाज़ी है कि उनका नाक नक़्शा फ़क़ीरों और दुर्वेशों से मिलता जुलता है। यही वह ख़ाक़सारी है जो बन्दे को ख़ुदा से क़रीब कर देती है और यही वह सिफ़त है जो इंसान को अशरफुल मख़्लूक़ात साबित कर देती है।

सलाहियत, इल्म और तजरुबे के लिहाज़ से अनवर जलालपुरी को इस दौर का बड़ा शायर या दौलमन्द सियासतदाँ होना चाहिए था लेकिन हुआ ऐसा कुछ भी नहीं। भाई अनवर की सियासी गुफ़्तगू की कतरनों से फ़ैज़याब होकर कई मौजूदा सियासतदाँ ऐवाने हुकूमत के राज सिंहासन पर विराजमान हो गये। उनकी समझबूझ भरी तारीफ़ों की बदौलत कई पत्थरदिल शायरों ने देवताओं का रूप धार लिया और अनवर जलालपुरी उस संगतराश की तरह अपने ज़ख़्मी हाथों को देखते ही रह गये जिसकी छेनी और हथौड़े की मुसलसल ज़र्बों (प्रहार) ने पत्थर के जिगर को चीर कर देवताओं के वजूद (अस्तित्व) को यक़ीन की दौलत बख़्शी। आज भाई अनवर उस कूज़ागर (कुल्हड़ बनाने वाले) की तरह अपने हाथों में लगी मिट्टी को चूम रहे हैं, जिसने कूज़ागरी के हुनर को नूर बख़्शते हुए अपने दोनों हाथ मैले कर दिये।

भाई अनवर ने जिस पढ़े-लिखे शायर की तारीफ़ की, उसी ने उन्हें मुशायरे का संचालक और मुशायरे का शायर कह कर उनके क़द को घटाने की कोशिश की। जिन शायर साहिबान को ज़र्रे से आफ़ताब बनाने में भाई अनवर लहूलुहान

हो गये उन्होंने भी उनको एक सराय या ज़्यादा से ज़्यादा मुग़लसराय समझ कर छोड़ दिया। हालाँकि भाई अनवर की शख़्सियत सराय नहीं बल्कि हवेली जैसी है, एक ऐसी पुरसूकून हवेली जहाँ मीठे पानी का कुआँ भी है और ठण्डे दालानों वाले कमरे भी, कमरे में रौशन चराग़ भी हैं जिनकी रौशनी में उर्दू कभी अपने गेसू (केश) सँवारती है और कभी अपने उदास चेहरे पर मुस्कुराहट की नक़ाब डालती है। ये हवेली जैसी पुरसूकून शख़्सियत अपने असलाफ़ (पूर्वजों) के तहज़ीबी सरमाये की हिफ़ाज़त भी करती है और आने वाली नस्लों के लिए ग़ज़ल की एक ऐसी दर्सगाह (पाठशाला) भी तैयार करती है जहाँ बैठकर नयी नस्ल इल्मो अदब की दौलत से मालामाल भी हो और अपने बुज़ुर्गों के अदबी कारनामों को याद करके मातम न करे बल्कि जश्न मनाये।

चौबीस बरस पहले देवा शरीफ़ के एक मुशायरे में अनवर जलालपुरी से पहली मुलाक़ात सौ मीटर के फ़ासले से हुई थी। पता नहीं भाई अनवर ने भाभी जलालपुरी को अपनी क्या उम्र बतायी है लेकिन वह मुझसे उम्र में कुछ बड़े हैं। ये और बात है कि उन्होंने अपनी सेहत को ठीक और उम्र को छुपा कर रखा है और मैंने अपनी सेहत को पड़ी पायी हुई दौलत की तरह बर्बाद किया... नतीजे के तौर पर उनके साहबज़ादगान (बेटे) मुझे बड़े अब्बा ही समझते होंगे।

अनवर भाई ने शोहरत उसी उम्र में पायी जिसमें शोहरत मिलनी चाहिए वर्ना हज़रत ख़ुमार बाराबंकवी की तरह अमेरिका जाकर यही कहना पड़ता है, "मैं ग़लत उम्र में सही जगह पर आया हूँ।" दरअस्ल ज़्यादा देर से मिली शोहरत बुढ़ापे में मिली औलाद की तरह होती है। अपनी शोहरत से उन्होंने फ़ायदा चाहे न उठाया हो लेकिन उनके खेलते और मचलते हुए शबाब को काफ़ी सहूलियतें मयस्सर (हासिल) रहीं।

गोल चेहरा, उतरती हुई शाम जैसा रंग जिसे श्यामरंग भी कहा जाता है, सुतवाँ नाक, नशीली मगर सोचती हुई आँखें, आँखों की ख़्वाहिशात पर पड़ा हुआ काले फ्रेम का एक मोटा-सा चश्मे का पर्दा, कभी सिल्क और कभी खादी का कुर्ता पाजामा, कभी नेहरू कट खादी की वास्केट, कभी डुगामा कट रेशमी गाउन, कभी-कभार हाथ का बुना हुआ ढीला ढाला कत्थई या फिर मेंहदी की पत्तियों जैसे रंग का स्वेटर....

स्वेटर बुनना क्यों छोड़ा
जानम को मालूम नहीं है
कितनों ने फर्माइश भी की
ऊन के गोले दौड़ के आते
तीली कानों में कुछ कहती

तारीफ़ों की रिश्वत पाकर
थोड़ी-सी भी चाहत पाकर
अकसर कोशिश करने बैठी
लेकिन जब भी ऊन के गोले
छू लेते हैं तीली को
मुझको तुम्हारे सारे फन्दे
रह-रह कर याद आते हैं

लेकिन जज़्बात और मौसम सर्द होने से पहले अनवर भाई ने अदबी शाल ओढ़ना शुरू कर दिया। अनवर भाई की शोहरत छोटे-से क़स्बे जलालपुर की बैनुलअक़वामी (अन्तर्राष्ट्रीय) शोहरत का सबब बन गयी। अब तो ऐसा मुमकिन ही नहीं कि जलालपुर का नाम आये और अनवर भाई याद न आयें या भाई अनवर याद आयें और जलालपुर की यादों के चराग़ न झिलमिलाने लगें। जलालपुर के एक नन्हे-से रेंज ने हिफ़ाज़त और नाज़बर्दारी करने वाली मिट्टी से सोने का ज़ेवर बनाकर उर्दू के गले में डाल दिया। अनवर भाई से मेरी कुर्बत हुई तो सौ मीटर का फ़ासला कम होकर एक मेज़ पर रखे दो गिलासों जितना रह गया। अनवर भाई बिन्तेअनब (मदिरा) के शैदाई, मैं अपने ही ज़ख़्मों का लहू चाटने का आदी, फिर यूँ भी मेरे फ़लसफ़े के लिहाज़ से जो चीज़ दोस्तों को अच्छी लग गयी उसे मैंने अपने ऊपर हराम कर लिया। मेज़ पर रखे गिलासों का फ़ासला आज तक कम नहीं हो सका। दोस्तों को अंगूर की बेटी अच्छी लगी और मेरे लिए हराम हो गयी। यूँ भी जिसके बाप से दोस्ती हो उसकी बेटी से क्या दोस्ती करना। मैं तो हमेशा अंगूर को दोस्त रखता हूँ, उसूल भी आख़िर कोई चीज़ है।

तक़रीबन बीस बरस से स्टेज और निजी ज़िन्दगी में भाई अनवर मेरे दोस्त और बड़े भाई रहे बल्कि बड़े भाई का हक़ भी अदा किया यानी इस रिश्ते को पूरी तहज़ीबी मानवियत (अर्थों) से भी सरफ़राज़ किया। पिछले चार-पाँच बरसों ने ग़ालिबन हम दोनों को बहुत थका डाला। कुछ घरेलू उलझनें, कुछ रोज़गारे ज़माना और सबसे बढ़ कर मुख़्तलिफ़ बीमारियों के साँपों ने हम दोनों को ख़ूब डसा। हम दोनों थक भी गये और कुछ टूट भी गये। यह ऐसी टूट-फूट है, जिसे साइंस के जदीदतरीन (अत्याधुनिक) मशीनें भी महसूस नहीं कर सकतीं। मुशायरों में गुज़ारी हुई रातों ने जिस्म को थकन देकर आँखों से नींदें छीन लीं और भाई ने भी शब-बेदारी के कफ़्फ़ारे के तौर पर मुशायरों में जाना कम कर दिया। उन्होंने कुछ दिनों तक ग़म ग़लत करने के लिए टी.वी. सीरियल के स्क्रीन प्ले और डायलॉग लिखे लेकिन माज़ी (अतीत) की थकन हाल की चुस्ती को खा जाती है। इस शौक़ ने उन्हें घर से फिर दूर कर दिया। जलालपुर की सदायें,

मालीपुर रेलवे स्टेशन के प्लेटफ़ार्म का इन्तिज़ार, बच्चों की खोयी हुई मुस्कुराहटें और भाभी साहिबा के उलझे हुए गेसू सबके सब अनवर जलालपुरी को ढूँढ रहे थे। कहाँ कनारे अवध (अवध का दामन) की शामें और जुगनुओं की रौशनी और कहाँ राजस्थान की जलती हुई रेत पर उँगलियों से मुग़लिया सल्तनत की बोसीदा (गली हुई) तारीख़ लिखना? अनवर भाई जयपुर का राज घराना छोड़ कर अपनी खपरैलों के साये में लौट आये–

चाँदनी में रात भर सारा जहाँ अच्छा लगा
धूप जब फैली तो अपना ही मकाँ अच्छा लगा

अनवर भाई की शख़्सियत का सबसे रौशन पहलू उनकी साफ़ गोई है, उनके बारे में मेरा जाती तजरुबा कुछ इस तरह है। मुशायरे से पहले कोई नवउम्र मोलवी और वह भी ऐसे मोलवी जिनको हर मसलक (पन्थ) के लोग पसन्दीदगी की निगाह से देखते हैं। मुशायरे में इब्तिदाई तक़रीर के वक़्त लफ़्ज़ों को चबा-चबा कर बोलने वाला ऐसा होशियार लीडर जो इलेक्शन के बाद अवाम को कच्चा चबाने की फ़िक्र में रहता है। मुशायरा ख़त्म होते ही अनवर जलालपुरी झारखण्ड मुक्ति मोर्चा के थके हुए शिबू सोरेन जैसे लगे।

सफ़र में बहुत कम गुफ़्तगू, किसी तेज़ी से बूढ़े हुए फिलॉस्फ़र की तरह आँखें बन्द करके कुछ सोचते हुए, ट्रेन की पटरियाँ बदलते वक़्त एकाध बार दुनिया से बेज़ार (खिन्न) किसी दुर्वेश की तरह आँखें खोल कर खिड़की के बाहर भागते हुए मंज़रों को देखना और फिर यूँ मुतमइन हो जाना जैसे समन्दर में जहाज़ का कप्तान किनारा देखकर ज़ेरे लब मुस्कुराता है। खाने-पीने में कोई ख़ास शौक़ नहीं, पास में अच्छी किताबें हुईं तो पढ़ लीं, आसपास कोई अच्छा चेहरा हुआ तो देख लिया, देखते वक़्त आँखों में वही हसरत जो जन्नत देखते हुए गुनहगार के दिल में होती है। जिसे नापसन्द करते हैं उसे भी देखकर न मुर्झाते हैं और न ही मुँह फेर के बैठ जाते हैं। चाय से बड़ी दोस्ती, सिगरेट से बेपनाह लगाव, पान का इन्तिज़ार हमेशा महबूब की तरह करते हैं। कोई अच्छा शेर सुना दे तो उठकर बैठ जाते हैं। फिर नयी ग़ज़ल कहने के लिए ज़मीन (ग्राउण्ड) माँगते हैं, लेकिन ज़मीन के लिए सिर्फ़ उन लोगों से कहते हैं, जिन्हें ज़मींदार समझते हैं। ऐरे ग़ैरे की तो सिगरेट भी पीने में सरापा लखनवी तकल्लुफ़ बन जाते हैं। शेर कहने और इश्क़ में ताख़ीर (विलम्ब) करने वालों को किसी हकीम से रुजूअ (सम्पर्क) करने का मशविरा देते हैं। प्लेटफ़ार्म पर इस तरह उतरते हैं जैसे घर आँगन में चहलक़दमी कर रहे हों।

नवजवानी में नाज़िमे मुशायरा (मुशायरा एनाउंसर) होने से सलाहियतों (योग्यताओं) पर दाग़-बट्टा लग जाता है जिस तरह हिन्दुस्तानी पार्लियामेंट में

स्पीकर की सलाहियत से कोई इंकार नहीं करता लेकिन किसी के दिल में भूले से भी यह ख़याल नहीं आता कि जो शख़्स पार्लियामेंट हाउस में विराजमान लगभग पाँच सौ बयालिस भाँति-भाँति और प्रान्त-प्रान्त के शेरों (जिनमें अक्सर आदमख़ोर हो चुके हैं) को क़ाबू में रख सकता हो, वह शख़्स हिन्दुस्तान की वज़ारते अज़मा (प्रधानमन्त्री पद) के क़लमदान का बेहतरीन मुहाफ़िज हो सकता है। लेकिन अरबाबे सियासत ने स्पीकर और साहिबाने अदब ने नाज़िमे मुशायरा को रिंग मास्टर समझ कर नज़रअन्दाज़ कर रखा है।

अनवर भाई की खुदादाद (खुदा की बख़्शी हुई) सलाहियत, सलीक़े और हुनर ने निज़ामत जैसी ग़ैरज़रूरी चीज़ को भी फ़न बना दिया है और यही वह हुनर है जिसे हासिल करने वाला शख़्स दिलचस्प और बाविक़ार बन जाता है। मुशायरों में बाक़ायदा निज़ामत करने वालों में अनवर भाई अकेले ऐसे शख़्स हैं जो हर शायर को पूरी तवज्जो के साथ सुनते हैं। क्लासिकी शायरी के अलावा आज के अदब के उतार-चढ़ाव पर भी उनकी निगाह मरकूज़ (केन्द्रित) रहती है। उनका मसलक (विचारधारा) कोई भी हो लेकिन वह शेर के मामले में बरेलवियत, देवबन्दियत या सफ़बन्दी के क़ायल नहीं हैं। मुशायरों को उन्होंने कभी नौटंकी या म्यूज़िकल पार्टी नहीं बनने दिया। आख़िर तक वह मुशायरा के अदबी विक़ार को बुलन्द रखने में कोशाँ (प्रयत्नशील) रहते हैं। वह अकेले नाज़िमे मुशायरा हैं जो इस बात का पूरा लिहाज़ रखते हैं कि मुशायरे में मौजूद ग़ैर मुस्लिमों में उर्दू ज़बान और अदब की रुसवाई न होने पाये। शायद यही वजह है कि देवा शरीफ़ से दुबई तक अनवर भाई की शख़्सियत का तिलिस्म बरक़रार है। निज़ामत से उनकी दिलचस्पी कम होने से मुशायरा अपने मेयार (स्तर) से बहुत नीचे आता जा रहा है या फिर मुशायरों के गिरते मेयार से उन्होंने मुशायरों से कतराना शुरू कर दिया है। तनक़ीद के इजारादारों के हिसाब से उन्होंने शायरी चाहे बहुत अच्छी न की हो लेकिन इसके बावजूद उनकी कमज़ोर शायरी भी अदबी रसाएल (साहित्यिक पत्रिकाओं) में अकसर छपने वाली ग़ज़लों से बदरजहा बेहतर है।

लेकिन जब यार लोग ग़ज़ल से ज़्यादा तरन्नुम की और शायरी से ज़्यादा निज़ामत की तारीफ़ करने लगते हैं तो फ़नकार भी काम चलाऊ सरकार का तरफ़दार बन जाता है और यही वह वक़्त है जब सच्चा अदब कोठे से उतरते हुए आदमी के पैरों की थकन बन जाता है। ज़ाहिर है शराब की दुकान में शहद रखना शहद की मक्खियों की शबोरोज़ की मेहनत से सरासर मज़ाक करना है। अनवर भाई को भी अदब के ठेकेदारों ने शराब की दुकान खोलने का लाइसेंस तो दे दिया लेकिन नीम के शहद से समाज और सियासत के जिस्म के फोड़े-फुंसियों का इलाज करने की इजाज़त नहीं दी। यक़ीनन यही सबब है कि हम आज एक

बीमार समाज और सियासी छूतछात के दरम्यान ज़िन्दा हैं। अनवर भाई जैसे शरीफ़ और भोले भाले लोग अदब और सियासत दोनों के लिए मुफ़ीद और कारआमद साबित हो सकते थे लेकिन कुछ तो अनवर भाई का पूरबी शर्मीलापन और कुछ अरबाबे अदब की बददियानती, दोनों ने मिल कर एक अच्छे शायर को मुशायरे का मदारी बना कर रख दिया।

उस्ताद बिस्मिल्लाह ख़ाँ किसी तक़रीब में वक़्त गुज़ारी के लिए ताश के पत्ते लेकर बैठ गये और दोस्तों को बादशाह, बेगम और जोकर के करतब दिखाने लगे। तक़रीब में शरीक़ एक मारवाड़ी सेठ भी उनके पास आकर बैठ गये। थोड़ी देर तक वह ताश के पत्तों का करतब देखते रहे, फिर वह निहायत ख़ुशामदाना लहजे में उस्ताद बिस्मिल्लाह ख़ाँ से अपनी साहबज़ादी की शादी में तशरीफ़ लाने के लिए गुज़ारिश करने लगे। उस्ताद बिस्मिल्लाह ख़ाँ तस्वीरे ख़ुलूस (प्रेम की प्रतिमूर्ति) बन गये और सेठ साहब से यह कहते हुए तक़रीब में हाज़िर होने का वादा कर लिया कि, "आपकी बेटी मेरी भी बेटी है, आप बेफ़िक्र रहें मैं शादी की तक़रीब में ज़रूर शिरक़त करूँगा।" मुक़र्ररह (निर्धारित) तारीख़ पर उस्ताद बिस्मिल्लाह ख़ाँ सेठ साहब के घर पर तशरीफ़ ले गये। सेठ साहब सरापा इन्तिज़ार बने हुए थे, बढ़ कर उस्ताद को नमस्ते किया फिर उनकी शहनाई की तरफ़ इशारा करते हुए कहा, "अच्छा! तो आप शहनाई भी बजा लेते हैं।" इस दिलचस्प मगर अफ़सोस नाक वाक़िये को मद्देनज़र (दृष्टिगत) रखते हुए ग़ौर कीजिए तो इस नाक़द्र शनास ज़माने में अनवर भाई की शायरी उस्ताद बिस्मिल्लाह ख़ाँ की वह शहनाई है जिसकी गूँज सुनते ही गंगा का मुक़द्दस पानी अपनी लहरों के इशारे से मुँह अँधेरे हिन्दुओं को स्नान करने और मुसलमानों को बावज़ू हो जाने के लिए आवाज़ देने लगता है और उनकी निज़ामत ताश के उन पत्तों की तरह है, जो हमारे अरबाबे अदब की उस सुख़न फ़हमी को नुमायाँ कर देते हैं, जिसे हिकमत की ज़बान में कोढ़ कहा जाता है।

मेरे आदाब पे कहते हैं कि जीते रहिए

बड़े-बूढ़ों से यही सुनता आया हूँ कि फूल ख़ुशबू से, हीरे-मोती अपनी चमक से, परिन्दे अपनी बोलियों से, जानवर अपने चारे से और इंसान अपने भाईचारे से पहचाना जाता है। यह गुफ़्तगू का सलीक़ा, यह तहज़ीबी रख रखाव, ये बड़े-छोटों का लिहाज, ये इंसानियत से लबरेज़ दिलों के जाम, ये सब भाईचारे की ही शाख़ें हैं बल्कि फल-फूल हैं। ये फल-फूल जिन दामनों को ज़्यादा मयस्सर हो जाते हैं वह वली, सूफ़ी, सन्त, साधु और दुर्वेश हो जाते हैं और जिनके दामन में इतनी गुंजाइश नहीं होती, वह शायर और कवि हो जाते हैं।

मोहतरम उदय प्रताप सिंह की जादुई शख़्सियत भी इंसानियत, उसके दुख-दर्द और तहज़ीबो अदब की दौलत से मालामाल है। वह हमेशा शर्बते एख़लाक़ से सरशार रहते हैं, रवादारी और इंसानियत की शम्अ की तरह रौशन रहते हैं, शराफ़त और तहज़ीबी रख रखाव की फ़स्ल बोया करते हैं। उनकी चाहतों से एक ज़माना फ़ैज़याब होता रहता है। इसीलिए वह कभी अपने चाहने वालों का शुमार ही नहीं करते हैं। उन्होंने शायरी की नहीं है, शायरी जी है। उनकी आँखें दुख-दर्द की वह कहानियाँ भी पढ़ लेती हैं जो चेहरों पर लिखी होती हैं। उनकी शायरी वह सब बयान कर देती है जो उनकी आँखों ने देखा होता है। यह हुनर फ़क़ीराना और दुर्वेशाना ज़िन्दगी गुज़ारने वालों को क़ुदरत की तरफ़ से वरदान के तौर पर मिलता है। उदय प्रताप जी से मिलते ही एक ऐसी हवेली का एहसास होता है, जिसमें नये ज़माने की आसाइशों का साज़ो सामान तो मौजूद होता है लेकिन उसके दरो दीवार से संस्कारों की ख़ुशबू भी आती रहती है। उनसे मिलते ही गंगा जमुनी तहज़ीब का मतलब फ़ौरन समझ में आ जाता है। उनसे मिल कर हिन्दुस्तान की जम्हूरियत और यकजहती (एकता) की शबाहतें (आकृतियाँ) उभरने लगती हैं। वह जब भी मिलते हैं, जहाँ भी मिलते हैं और जिससे भी मिलते हैं उनसे रिश्तेदारी का एहसास होने लगता है।

यादों की डोर खुलती है तो फिर खुलती ही चली जाती है। कुछ ख़ास चेहरे पतंग की तरह ज़ेहन के आसमान पर डोलने लगते हैं। पतंग और तसव्वुर में

उभरते चेहरों में बड़ी यकसानियत (समानता) होती है। जिस तरह कभी-कभी कोई पतंग किसी क़दावर दरख़्त की ख़ुशनुमा शाख़ से लिपट जाती है और अपने ख़ुशनुमा रंगों को शाख़ की सरसब्ज़ और शादाब (तरोताज़ा) कहानी का नसीब बना लेती है, उसी तरह अच्छे लोगों के चेहरे भी तावीज़ बन कर यादों की गर्दन से लिपट जाते हैं।

ऐसी ही समन्दराना पुरसुकूत (समन्दरों जैसी ख़ामोश) शख़्सियत का नाम उदय प्रताप सिंह है। बुज़ुर्गाना शफ़क़तों (स्नेहों) से लबरेज़ सोचती हुई आँखें, फ़लसफ़े की किताब जैसी भारी भरकम गुफ़्तगू, होंठों पर हमेशा एक दिलकश लेकिन संजीदा और मासूम-सी मुस्कुराहट, ख़ानये दिल के हर गोशे में इंसानियत और मोहब्बत को सलीक़े से बसाये हुए और हर ज़ुल्मो जब्र के ख़िलाफ़ एहतिजाज (विरोध) की आवाज़ उठाने वाली शख़्सियत को सिर्फ़ और सिर्फ़ उदय प्रताप सिंह ही कहा जा सकता है। सियासत से बहुत दूर, आवाज़ में बला का सोज़ (ताप) लहजे में बेपनाह अपनाइयत, छोटों से ख़ुलूस का जज़्बा... जैसे झील को छूती हुई किसी पेड़ की ऊँची शाख़, खद्दर का कुर्ता-पायजामा, आँखों पर प्रोफ़ेसरों वाले मोटे फ्रेम का चश्मा, कुर्ते पर एक मटमैली-सी वास्केट जो उनकी ख़ाकसारी (विनम्रता) और क़लन्दरी की गवाही देती रहती है।

तक़रीबन पच्चीस बरस पहले अल्लामा अब्र अहसनी गुन्नौरी के लायक़ तरीन शार्गिद योगेन्द्र पाल साबिर के दौलतख़ाने पर मरहूम शहूद आलम आफ़ाक़ी के तवस्सुत (माध्यम) से मुझे उदय प्रताप सिंह साहब को सलाम करने का शरफ़ (गौरव) हासिल हुआ था। इस खुसूसी नशिस्त (मुलाक़ात) में उदय प्रताप सिंह जी से कई ग़ज़लें सुनने की सआदत (ख़ुशनसीबी) भी नसीब हुई थी। मुझे हमेशा से शेर सुनने का ज़्यादा शौक़ रहा है और ये शौक़ अभी तक बरक़रार है। इस नशिस्त (गोष्ठी) में सबसे कम उम्र शायर ग़ालिबन मैं ही था लिहाज़ा मेरे लिए यह महफ़िल इसलिए भी एक स्कूल की हैसियत रखती थी कि मैं अपने बड़ों को सुनने की सआदत हासिल कर रहा हूँ। योगेन्द्र पाल साबिर साहब कालेज में अपनी ज़रूरतों की भरपाई करने के लिए अंग्रेज़ी पढ़ाते थे। जैसे फ़िराक़ गोरखपुरी इलाहाबाद यूनिवर्सिटी में अंग्रेज़ी पढ़ाते थे और उर्दू में ज़िन्दगी के दुख सुख और तजरुबे बयान करते थे। योगेन्द्र पाल साबिर भी कालेज में अंग्रेज़ी पढ़ाते थे। शागिर्दों की क़तार में उनके चहेते शागिर्द उदय प्रताप सिंह जी भी बैठे रहते थे लेकिन साबिर साहब भी फ़िराक़ साहब की तरह ज़िन्दगी के दुख-सुख की कहानी सुनाने के लिए उर्दू ज़बान और उदय प्रताप सिंह जी को तलाश करते थे।

बसने और फिर उजड़ जाने का दरम्यानी फ़ासला कितना कम हो सकता है इसका अन्दाज़ा इस शहरे कम नसीब को देखने के बाद ही होता है और शायद

मुग़लिया सल्तनत के ज़वाल (पतन) का पहला ज़ीना भी इसी शहर शिकोहाबाद से शुरू होता है। मुग़लिया सल्तनत के सबसे बड़े ताजदार जलालुद्दीन मोहम्मद अकबर जैसी मज़हबी फ़राख़दिली रखने वाला उनकी चौथी नस्ल का शाहज़ादा दाराशिकोह, जिसकी हर दिलअज़ीज़ी पर आज भी तारीख़ फ़ख्र करती है, शिकोहाबाद शहर उसी दाराशिकोह की ख़ूबसूरत आँखों का ज़िन्दा ख़्वाब था। कुछ ही बरसों के लिए सही लेकिन शिकोहाबाद दानिश्वरों (बुद्धिजीवियों), मुफ़क्क़िरों (चिन्तकों) सूफ़ियों और सन्तों की करामतों के सबब सारे हिन्दुस्तान में शोहरत का बाएस (कारण) था लेकिन शायद क़ुदरत को कुछ और ही मंजूर था लिहाज़ा शाहजहाँ के चहेते शाहज़ादे दाराशिकोह की बसायी हुई दुनिया की पहली एकता कालोनी को ख़ुद दाराशिकोह के सगे भाई शाहज़ादा औरंगज़ेब आलमगीर ने इस तरह नेस्तोनाबूद किया कि उसकी तबाही में इल्मी और अदबी दर्सगाहें (पाठशालाएँ), दानिशकदे (ज्ञानपीठ) और तारीख़ी लाइब्रेरियाँ तक जल कर राख हो गयीं। शायद हिन्दुस्तानी जम्हूरियत की बुनियाद में दाराशिकोह का ख़ून इतनी ज़्यादा मिक़दार में है कि आज तक नफ़रत के हज़ारहा (हज़ारों) ज़लज़ले भी उसका कुछ नहीं बिगाड़ पाते। मुनीर शिकोहाबादी से लेकर उदय प्रताप सिंह तक क़ौमी यकजहती के इतने बहुत से चराग़ रौशन हैं कि शिकोहाबाद हिन्दुस्तानी शहरों में उस चाँद की हैसियत रखता है जिसकी रौशनी से उर्दू, फ़ारसी, हिन्दी के अलावा संस्कृत अदब के बोसीदा (जीर्ण शीर्ण) अवराक़ भी इतने जगमगाते रहते हैं कि नफ़रत के अँधेरे मुँह छुपा लेते हैं–

फूल पर बाग़ की मिट्टी का असर आता है

उस एक मुख़्तसर लेकिन यादगार मुलाक़ात के बाद अक्सर मुशायरों और कवि सम्मेलनों में मुझे उनको आदाब करने का मौक़ा नसीब होता रहा। दर्जनों मुलाक़ातों और हमसफ़री के नसीब की वजह से जहाँ आज तक हिन्दी वाले उन्हें अपने परिवार का कवि समझते हैं लेकिन मैं हमेशा उन्हें अपने ख़ानदान का एक ज़िम्मेदार बुज़ुर्ग समझता हूँ। इस अपनाइयत या अपनेपन की वजह से कभी-कभी उनकी शख़्सियत पर कबीरदास होने का धोखा भी होता है। शायद किसी भी शख़्सियत की ख़ुशनसीबी का इससे बड़ा दूसरा सबूत नहीं हो सकता कि हर क़बीले का आदमी उसे अपना मोहतरम बुज़ुर्ग और क़ाएद (लीडर) समझता हो।

हिन्दुस्तानी क़यादत (नेतृत्व) के सबसे दबंग, दियानतदार और सेकुलर रहनुमा को भी ये फ़ख्र हासिल रहा है कि वह कालेज में उनके शागिर्द रहे हैं और ज़िन्दगी को मज़बूत इरादों के बल पर गुज़ारने का हुनर भी उन्हीं से सीखा है। उदय प्रताप जी को एहतराम और अक़ीदत का ये रुत्बा भी हासिल रहा है कि इलेक्शन में उनके पर्चे की नामज़दगी (नामांकन) के बाद कांग्रेस के तेज़

तर्रार लीडर और भूतपूर्व मरक़ज़ी वज़ीर श्री बलराम सिंह यादव ने अपना नाम इलेक्शन की उम्मीदवारी से वापस ले लिया था। अपनी सख़्त मिज़ाजी और दो टूक फ़ैसला लेने वाले श्री मुलायम सिंह यादव उनके सामने इस तरह खड़े रहते हैं जैसे एक मासूम तालिब इल्म क्लास रूम में टीचर के आते ही फ़रमा बरदारी के साथ खड़ा हो जाता है। यही एहतराम श्री राम गोपाल यादव (सांसद) की आँखों से भी उस घड़ी झलकने लगता है जब उनके सामने उदय प्रताप जी आ जाते हैं। यह उरूज (ऊँचाई), ये इज़्ज़त और ये अज़मतें इंसान को इल्म और ख़ाकसारी की बदौलत ही हासिल होती हैं।

उदय प्रताप जी रायबरेली के किसी कवि सम्मेलन में तशरीफ़ लाये तो मेरे जैसे मामूली शायर का तज़किरा इतनी अपनायत और खुलूस से किया कि मैं अपने वतन में भी उनकी बदौलत मोहतरम हो गया। इत्तिफ़ाक से मैं उन दिनों रायबरेली से बाहर था। मेरे छोटे भाई राफ़े राना की गुज़ारिश पर मौसूफ़ मेरे ग़रीब ख़ाने पर तशरीफ़ ले गये और मुझे देर तक याद करते रहे।

मैं हमेशा ये गुज़ारिश करता रहा हूँ कि उर्दू एकेडमी और हिन्दी एकेडमी में इतनी कुर्बत और ऐसा खुशगवार राब्ता (सम्पर्क) बरक़रार रहना चाहिए कि हम लोग एक दूसरे के अच्छे अदब से फ़ैज़याब होते रहें बल्कि दोनों ज़बानें तर्जुमे के ज़रिये ही सही, हिन्दुस्तानी अवाम के दीदओ दिल तक पहुँचें। सिर्फ़ 'हिन्दू उर्दू सगी बहिनें हैं' के नारे से काम नहीं चलेगा, अमली तौर पर भी हमें कुछ न कुछ करना होगा। दुष्यन्त कुमार हों या गोपाल दास नीरज, उदय प्रताप सिंह हों या बाल स्वरूप राही, अशोक रावत हों या कुँवर बेचैन, अशोक चक्रधर हों या सुरेन्द्र शर्मा इन तमाम हज़रात की किताबें उर्दू और हिन्दी दोनों ज़बानों में शाया (प्रकाशित) होनी चाहिए। पहल उर्दू एकेडमी भी कर सकती है और हिन्दी एकेडमी भी। उर्दू और हिन्दी के मौजूदा अदब में सुतून (खम्भा) की हैसियत रखने वाले शायरों, कवियों, अदीबों और गद्यकारों की किताबें दोनों तरफ़ से मंज़रे आम पर आनी चाहिए।

मुमकिन है ये सिर्फ़ मेरा ख़्वाब हो लेकिन हर ख़्वाब एक न एक दिन ताबीर की मंज़िल तक पहुँच जाता है और एक दिन मेरा ये ख़्वाब भी सुनहरी ताबीरों के महल में उदय प्रताप सिंह की तहरीरों का अक़्स (छवि) हाथों में लिए हिन्दी और उर्दू ज़बान के दरम्यान मौजूद होगा।

कहाँ जाऊँ ठिकाना मेरा चम्बल लिख दिया जाये

पिछले बरस इटावा में मुशायरा था। मैं इस मुशायरे में तीसरी बार शरीक हो रहा था। पहली बार तक़रीबन अट्ठाइस बरस पहले वहाँ जाना हुआ था। उन दिनों सियासत के उफ़ुक़ (क्षितिज) पर बलराम सिंह यादव का सूरज चमक रहा था क्योंकि अट्ठाइस बरस पहले, हिन्दुस्तान के क़ौमी लीडर की हैसियत से उभरने वाले मुलायम सिंह यादव नुमाइश के इस मुशायरे में सफ़े सामिईन (श्रोताओं की पंक्ति) में एक एम.एल.ए. की हैसियत से तशरीफ़ फ़रमा थे। वह सचमुच के ज़मीनी लीडर थे, उनके साथ न तो अमर सिंह जैसी कोई चीज़ थी और न ज़ेड प्लस सिक्यूरिटी का तामझाम था। वह एक सीधे-सच्चे और सरल लीडर थे। इक़बाल अहमद साहब इस मुशायरे के कन्विनर थे। उनका वहाँ एक औसत दर्जे का ठहरने वाला होटल हुआ करता था, जिसका नाम ही आशियाना था। इक़बाल साहब की जवानी और उनके कारोबार के नवजवानी के दिन थे। उनका मछलियों का बहुत बड़ा कारोबार था। पूरे ज़िले के दर्जनों तालाबों में पली हुई मछलियाँ उनके कारोबार को मज़बूत करने के लिए वक़्त से पहले जवान हो कर बाज़ारों में आ जाती थीं। नुमाइश के मुशायरों में सरकारी ग्राण्ट बहुत कम होती है लेकिन अपने सियासी, समाजी और कारोबारी वजूद (अस्तित्व) को बरक़रार रखने के लिए शहर के लोग मुशायरों के कन्विनर बनने के लिए हर तहर से कोशिश करते हैं। मेरठ में नौचन्दी का मुशायरा इस लिहाज़ से सबसे ज़्यादा लाग डाँट का मुशायरा होता है। हाजी याक़ूब क़ुरैशी, मेराजुद्दीन और शाहिद एडवोकेट ये सब लोग मुख़्तलिफ़ हुकूमतों में वज़ीर रह चुके हैं लेकिन इन्होंने शहर में अपनी पकड़ बनाने के लिए मुशायरों की कन्विनरशिप से अपनी समाजी और सियासी ज़िन्दगी का आग़ाज़ (शुरुआत) किया लेकिन ये उस ज़माने की बात थी जब ज़िलों के डी.एम. और एस.पी. पुलिस की हैसियत ज़िले के बादशाह की तरह होती थी। ग़ालिबन कांग्रेस के गुरूर के साथ इस बादशाहत का सिलसिला भी ख़त्म हो गया। अब तो लेटर हेड पार्टियों, छोटे-मोटे दलालनुमा पत्रकार और फ़र्ज़ी मुठभेड़ में मारे जाने लायक़ मज़हबी पेशवाओं (लीडरों) ने

अपनी सियासत, साजिशों और पहुँच से डी.एम. और एस.पी. को कमज़ोर, चालाक और रिश्वतख़ोर बना दिया है।

मरकज़ी (केन्द्रीय) और सूबाई हुकूमतों को इसका पता भी नहीं होगा कि लोकल एडमिनिस्ट्रेशन का सारा खर्चा लकड़ी माफ़िया और आरा मशीन वाले उठाते हैं। कानवाय के नाम पर रात-दिन ट्रक वालों से वसूल किया गया पैसा सलामी देने के नाम पर एस.पी. के बँगले तक जाता है। इस ज़माने में वही डी.एम. या एस.पी. कामयाब माना जाता है जो अपनी पहली पोस्टिंग पर ही एक करोड़ रुपये का बँगला और ज़मीन लखनऊ के गोमती नगर में ख़रीद ले। रिश्वत की तहज़ीब ने लखनवी क़द्रों (नैतिकताओं) को कितना पामाल (दुर्दशाग्रस्त) कर दिया है इसका अन्दाज़ा इसी बात से लग जाता है कि लखनऊ अब चौक, नक्ख़ास, अकबरी गेट, सआदतगंज और अमीनाबाद जैसे इलाक़ों में नहीं है क्योंकि दौलतमन्दी ने गोमती नगर जैसे महँगे इलाक़ों का नाम लखनऊ रख दिया है। वह लखनऊ जो अपनी तमीज़, तहज़ीब और शाइस्ता (शिष्ट) लबो लहजे के लिए आज भी दुनिया में मशहूर है, उस लखनऊ को मरे हुए कई दहाइयाँ (दशक) गुज़र चुकी हैं।

बात इटावा के नुमाइश की हो रही थी, इक़बाल भाई के कारोबार की हो रही थी, शाह बेदिल वारसी के कलाम की हो रही थी, निसार इटावी की ग़ज़ल की हो रही थी लेकिन अब क़लम का हाथ तो पकड़ा नहीं जा सकता है, हाथ तो लिखने वाले के क़लम होते हैं या ईनाम से भर दिये जाते है। अट्ठाईस बरस पहले कांग्रेस पार्टी पूरे जाहो जलाल (शानो शौकत) के साथ हुक्मरानी कर रही थी। फ़िरक़ा परस्ती (साम्प्रदायिकता) तो उस ज़माने में भी थी लेकिन सेक्युलरिज़्म की चादर इतनी मैली नहीं हुई थी या इन्दिरा गाँधी की सख़्त मिज़ाजी से फ़िरक़ा परस्त और उनके इरादे लरज़ते रहते थे। हालाँकि फ़िरक़ा परस्ती की सबसे बड़ी अलमबरदार (ध्वजावाहक) खुद इन्दिरा गाँधी थी। उन्होंने इलेक्शन के ज़रिये ज़ात-पात और मज़हब की चालाक सियासत की बुनियाद रखी थी। इन्दिरा गाँधी सियासत के मैदान में अपने उस साये को भी सियासी तौर पर क़त्ल कर देती थीं जो उनके क़द से आगे निकलना चाहता था। यूँ भी बड़े-बूढ़ों ने यही बताया है कि बादशाह का कोई रिश्तेदार नहीं होता। सिर्फ़ रियाया होती है और इन्दिरा गाँधी बड़े-बूढ़ों के इस क़ौल पर सख़्ती से कारबन्द थीं। हिन्दुस्तान की तक़सीम (बटवारे) के रूहेरवाँ (प्राण वायु) अगर सचमुच पण्डित नेहरू थे तो पाकिस्तान की तक़सीम की सबसे बड़ी ग़लती इन्दिरा गाँधी से सरज़द हुई थी। अगर ईमानदारी से सियासी जायज़ा लिया जाये तो यह बात समझ में आ जाती है कि हिन्दुस्तान में आतंकवाद की बुनियाद 1971 ई. में इन्दिरा गाँधी के हाथों रखी

गयी थी। पाकिस्तान से जंग और गोद लिए हुए बेराह रव (दिशाहीन) बांग्लादेश की मुद्दतों परवरिश करने का नतीजा ये हुआ कि हिन्दुस्तान दुनिया की नज़र में एक ताक़तवर मुल्क बनकर तो उभरा लेकिन यह एक ऐसा ताक़तवर मुल्क था जो दुनिया के कई कमज़ोर मुल्कों का भी क़र्ज़दार होकर रह गया।

हमसायगी के जोश में शोले लिपट न जायें
मत तापिये ये आग पड़ोसी के घर की है

पाकिस्तान से होने वाली हर जंग में हिन्दुस्तानी मुसलमानों की हैसियत रावण के भाई विभीषण जैसी होकर रह जाती है। जिस तरह रावण के भाई विभीषण ने हर क़दम पर राम चन्द्र जी का साथ दिया लेकिन उसका किरदार (चरित्र) हमेशा इसलिए मशकूक (सन्दिग्ध) रहा कि वह रावण का भाई था, उसी तरह पाकिस्तान से जंग शुरू होते ही सबसे ज़्यादा नफ़रत की निगाहों से कश्मीरी मुसलमान देखे जाते हैं और शक के दायरे में तो सारे हिन्दुस्तान के मुसलमान होते हैं। यह अजीबो ग़रीब बात है कि दो दुश्मन मुल्कों में रहने वाले दोनों मुल्कों की सलामती की दुआएँ माँगते रहते हैं क्योंकि तक़सीमशुदा (विभाजित) हिन्दुस्तान के हिस्से ने हज़ारों ख़ानदानों को भी बेदर्दी के साथ तक़सीम करके रख दिया था। दुनिया की सबसे ज़ालिम तक़सीम का नाम शायद हिन्दुस्तान की तक़सीम थी। इस गुनाह में सब लोग शरीक थे लेकिन इसकी सज़ा सिर्फ़ मुहाज़िरीन (शरणार्थियों) के हिस्से में आयी, चाहे वह हिन्दू मुहाजिर रहे हों या मुस्लिम मुहाजिरीन का ख़ानदान रहा हो। सोचने की बात है कि साइंस की इस तेज़ रफ़्तार तरक़्क़ी के ज़माने में फ़ोटो खींचता हुआ मुसलमान पाकिस्तान का जासूस कैसे हो सकता है और इधर-उधर बेमक़सद घूमता हुआ हिन्दू या पंजाबी हिन्दुस्तान का जासूस होकर भी क्या कर लेगा। सेटेलाइट के ज़माने में जब दुनिया के सबसे बड़े रेगिस्तान में गिरे हुए यासिर अराफ़ात के जहाज़ को एक घण्टे में अमेरिकन Trace Out कर सकते हैं तो काग़ज़-क़लम लिए या मुल्क का नक़्शा जेब में रखने वाले हिन्दू या मुसलमान या मामूली कैमरों से ऐतिहासिक इमारतों के फ़ोटो खींचने वाले लोग कितने बड़े जासूस हो सकते हैं, लेकिन नफ़रतों को Symbolize करने के लिए ज़रूरी है कि पाकिस्तान में पकड़ा जाने वाला शख़्स हिन्दू हो या पंजाबी हो और हिन्दुस्तान में पकड़े जाने वाला शख़्स ख़तना शुदा हो और नाम मुसलमानों जैसा हो, जब तक अंग्रेज़ी हुकूमत के बनाये हुए क़ानून की किताब को होली की आग में जलाया नहीं जायेगा, हिन्दू और मुसलमान के बीच में मुहब्बत हमवार नहीं हो सकती। जब तक रूस और अमरीका से अपना दामन नहीं छुड़ाया जायेगा तब तक पाकिस्तान और हिन्दुस्तान में भी ताल्लुक़ात अच्छे नहीं हो सकते हैं।

उन दिनों इटावा में बलराम सिंह यादव का चराग़ जलता था। वह मरकज़ी वज़ीर तो थे ही, उस इलाक़े के मुसलमान और यादव उनके साथ थे। मुलायम सिंह यादव छोटे-मोटे लीडर थे। एक स्कूल टीचर से वज़ीरे आला की कुर्सी तक पहुँचने के लिए उन्होंने कड़ी मेहनत ही नहीं की बल्कि इल्ज़ामात और अदालतों के न जाने कितने तिराहों और चौराहों से होकर उन्हें गुज़रना पड़ा। इससे ज़ाहिर है कि सियासत और इक़्तिदार (सत्ता) की डगर दुनिया के हर अच्छे-बुरे रास्ते से होकर गुज़रती है। अट्ठाईस बरस पहले इटावा नुमाइश के मुशायरे में बलराम सिंह यादव ने मुशायरे की शम्अ रौशन की थी। अल्ला! अल्ला! क्या मुशायरा रहा होगा! उस वक़्त के तक़रीबन तमाम अहम शोअरा स्टेज पर जल्वा अफ़रोज़ थे। सामिईन भी ऐसे कि अच्छा शेर सुनते ही दीवानों की तरह दाद देने लगते थे। मुशायरे में हिन्दू मुस्लिम अगर बराबर की तादाद में नहीं रहे होंगे तो भी इटावा शहर और आसपास के तक़रीबन सभी पढ़े-लिखे घरानों के लोग मुशायरागाह में मौजूद थे। बशीर बद्र उसी वक़्त से अपनी ख़ुदनुमाई (आत्म प्रदर्शन) की वजह से मज़ाक़ का मौज़ू (विषय) बनते जा रहे थे। वह नये-नये अमरीका के मुशायरों से लौटे थे और सुबूत के तौर पर एक बहुत नफ़ीस ओवरकोट पहने हुए थे जो ग़ालिबन किसी मद्दाह (प्रशंसक) ने उनको अमेरिका के किसी मॉल से दिलवाया होगा। अपना कलाम सुनाने के दौरान भी वह बार-बार क़सम खाकर अमेरिका और अमेरिकन्स की तारीफ़ कर रहे थे। नाज़िमे मुशायरा (मुशायरा संचालक) की हैसियत से जब मैंने उनके बाद राहत इन्दौरी को कलाम सुनाने की ज़हमत दी, जो उस वक़्त तक डॉक्टर भी नहीं हुए थे और मग़रूर (घमण्डी) भी नहीं, तो उन्होंने आते ही कहा कि हज़रात! मुझे अमेरिका जाने में इसलिए कोई दिलचस्पी नहीं है कि मेरा कारोबार हिन्दुस्तान में ही बहुत अच्छा चल रहा है। सामिईन ने जुमले की साख़्त (शैली) और उसमें छुपे हुए तंज़े लतीफ़ (मज़ेदार व्यंग्य) का पूरा-पूरा लुत्फ़ लिया। उस मुशायरे में इलाहाबाद के शायरों की तादाद काफ़ी थी। राज़ इलाहाबादी, अतीक़ इलाहाबादी, असलम इलाहाबादी और इक़बाल दानिश के अलावा भी तक़रीबन चार-पाँच इलाहाबादी शायर स्टेज पर मौजूद थे। मैंने अज़राहे तफ़न्नुन (मज़ाक़ के तौर पर) निज़ामत के दौरान कहा कि ये पता नहीं चल रहा है कि इलाहाबाद में अमरूद ज़्यादा हैं या शायर! सामिईन ने मेरे इस जुमले का मज़ा लिया लेकिन सुबह इक़बाल भाई कुछ कबीदा ख़ातिर (नाख़ुश) दिखाई दिये। मेरे पूछने पर उन्होंने बताया कि मेरी अहलिया (पत्नी) इलाहाबादी हैं, उन्हें यह बात पसन्द नहीं आयी। मैंने उन्हें समझाया कि ये बात मैंने आपकी अहलिया के लिए हर्गिज़ नहीं कही थी, ये बात मैंने सिर्फ़ आपको ये बताने के लिए कही थी कि घर में सुसरालियों की तादाद ज़्यादा होने से आबरू ख़तरे में

पड़ जाती है। वह मेरी बात पर इधर-उधर देख कर मुस्कुराये और मुझसे हाथ भी मिलाया। मैं सोचने लगा कि पानी की मछलियों पर बे ख़ौफ़ोख़तर हाथ डाल देने वाला घर के आँगन की तितली से कितना डरता है। मुशायरा सुबह की अज़ान तक चलता रहा। उस ख़ुबसूरत, तारीख़ी और यादगार मुशायरे का एक-एक पल मुझे इतने दिनों बाद भी याद है।

फिर कई बरस तक इटावा के मुशायरे में जाने का इत्तिफ़ाक (संयोग) नहीं हुआ। दरअस्ल कारोबारी मसरूफ़ियत ख़ूबसूरत ज़िन्दगी जीने से महरूम (वंचित) कर देती है लेकिन अचानक उसी ज़माने में मेरे ट्रांसपोर्ट के काम ने मुझे इटावा जाने पर मजबूर कर दिया। हुआ यूँ था कि मेरा एक ट्रक लिपटन की चाय लेकर दिल्ली जा रहा था। ड्राइवर ने बकेवर थाने के दरोग़ा से मिलकर ट्रक का एक्सीडेंट दिखा दिया, लूट के माल में कुछ चाय की पेटियाँ और नक़दी दरोग़ा जी के हाथ लगी, बक़िया चाय ट्रक ड्राइवर ने अपने गाँव में ले जाकर बेच दी थी। इस सिलसिले में मुझे इटावा जाना पड़ा। मैं इक़बाल भाई और उनके एक साथी वकील को लेकर एस.पी. पुलिस के आफ़िस पहुँचा। मैंने अपने नाम की स्लिप अन्दर भिजवायी। एस.पी. साहब ने मेरा नाम पढ़ते ही मुझे फ़ौरन अन्दर बुलवा लिया, मेरी ख़ैरियत पूछी, मुशायरों का हालचाल पूछा और ये भी बताया कि मैं आपकी शायरी का बहुत फ़ैन हूँ। चाय-नाश्ते का हुक्म दिया फिर मुझसे पूछा क्या इधर आसपास कोई मुशायरा है? मैंने अपनी दुःख भरी विपदा सुनायी तो वह सन्नाटे में आ गये। उसी वक़्त बकेवर थाने के दरोग़ा को वायरलेस पर हुक्म दिया कि फ़ौरन यहाँ पहुँचो। आधे घण्टे के अन्दर वह दरोग़ा एस.पी. साहब के सामने हाज़िर था। एस.पी. साहब का नाम श्री अतुल था। वह अपने नाम के आगे ज़ात का फुन्दा लगाने के ख़िलाफ़ थे। उन्होंने बक़िया लोगों को बाहर जाने का हुक्म दिया फ़िर दरोग़ा से सख़्त लहजे में बोले कि मुझे पूरी कहानी मालूम हो चुकी है लिहाज़ा तुम्हारी और तुम्हारी नौकरी की ख़ैरियत इसी में है कि लूटा हुआ सारा माल राना साहब को वापस करो, चाहे वह चाय की पत्तियों की शक़्ल में हो या रुपयों की शक़्ल में और इस फ़र्ज़ी एफ.आई.आर. को ख़ारिज करो ताकि यह अपना वकील करके अदालत से ड्राइवर और दूसरे मुल्ज़िम तक आसानी से पहुँच सकें। दरोग़ा इतना सहम चुका था कि अगर वह मालदार होता तो शायद मुझे पूरी गाड़ी चाय के पैसे वापस कर देता।

दूसरे दिन मैं इक़बाल भाई के साथ इटावा कोर्ट गया। बहुत से वकील और मुल्ज़िम मुझे अदालत में भी शायर की हैसियत से पहचानते थे लिहाज़ा सभी की हमदर्दियाँ मेरे साथ थीं और ईमानदारी की बात है कि अदालत जैसे बेमुरव्वत क़स्बे में मेरा एक पैसा भी ख़र्च नहीं हुआ। मेरा मुक़दमा वहाँ के नामी वकील

महेन्द्र सिंह ने लड़ा। वह इलेक्शन में मुलायम सिंह के मुक़ाबले में खड़े हो चुके थे और बहुत कम वोटों से हारे थे लेकिन अवाम की बड़ी तादाद की हमदर्दियाँ उनके हिस्से में आ चुकी थीं। उन्होंने मुझसे कहा कि लंच के बाद हम आज ही आपको चार्जशीट दिलवा देंगे। लंच से पहले मेरी एक बड़ी मसरूफ़ियत (व्यस्तता) है। डाकू मलखान सिंह का मुक़दमा मैं ही लड़ रहा हूँ। वह आज भिंड जेल से इटावा कचेहरी लाये गये हैं लिहाज़ा इस मुक़दमे को लंच से पहले निपटाना ज़रूरी है। डाकू मलखान सिंह का नाम सुनते ही मैं ख़ुश हो गया क्योंकि उस ज़माने में डाकू सिर्फ़ फ़िल्म में दिखाई देते थे या चम्बल के बीहड़ों में होते थे। लिहाज़ा मैंने महेन्द्र सिंह एडवोकेट से मलखान सिंह से मिलने की अपनी ख़्वाहिश का इज़हार किया। उन्होंने मुस्कुराते हुए कहा कि आप चाय पी लें, अभी आपको ले चल कर मिलवाता हूँ। मलखान सिंह से मिलने का शौक़ इस मंज़िल पर था कि चाय मीठी होते हुए भी फीकी मालूम पड़ रही थी। चाय के बाद महेन्द्र सिंह साहब मुझे कचेहरी में बनी एक अलग-थलग कोठरी में ले गये। एक बड़ी-बड़ी मूँछों वाला गोरा-चिट्टा और वजीह (ख़ूबसूरत) शख़्सियत का मालिक निहायत साफ़ शफ़्फ़ाफ़ खादी के कपड़े पहने बैठा हुआ था। उसकी बिना शिकन की चौड़ी चकली पेशानी (माथा) पर उसके किसी सच्चे अक़ीदतमन्द (श्रद्धालु) ने टीके का एक फूल सजा दिया था। गले में एक बहुत बड़ी माला पड़ी हुई थी जैसी साधुओं के गले में पड़ी होती है। मलखान सिंह की मौजूदगी में क़ैदी की कोठरी भी किसी जिला वतन (निष्कासित) राजा का दरबार दिखाई दे रही थी। पत्रकारों, फ़ोटोग्राफ़रों या अनजाने लोगों को वहाँ तक जाने की इजाज़त नहीं थी। वह किसी बिगड़े हुए सुल्तान की तरह दूर से सबकी परेशानियाँ सुन रहा था। एक बार उसने निगाह उठा कर मेरी तरफ़ देखा। वकील साहब ने मेरा तआरुफ़ एक बहुत अच्छे शायर और लेखक की हैसियत से कराया। एक लम्हे के लिए अचानक वह कहीं खो गया फिर हँसते हुए कहने लगा, मुझे कविता और शायरी से बहुत प्रेम है। अगर मैं डाकू न बना दिया जाता तो मैं भी तुम्हारी तरह शायर या कवि होता और सारे देश में घूम रहा होता लेकिन समाज, सियासत और पुलिस वालों की फ़र्ज़ी कहानियाँ भगवान को भी किसी दिन रावण बना सकती हैं तो मलखान जैसे गुनहगार और पापी की हैसियत ही क्या है।" मेरे लिए फ़ौरन चाय मँगवायी गयी फिर मलखान सिंह कहने लगे कि राना साहब! समाज, सियासत और पुलिस डिपार्टमेंट ने मिल कर भी सौ-पचास लड़कियों की शादियाँ नहीं करायी होंगी लेकिन इस डाकू मलखान सिंह को यह गर्व है कि यह अब तक 700 लड़कियों की शादियों में किसी न किसी तरह शामिल रहा है। हम लोग तो सियासत और समाज के गोद लिए लड़के हैं, ये पुलिस वाले हमारी

मुख़बिरी करते हैं और रखवाली भी करते हैं, फिर समाज और सियासतदानों के इशारे पर धोखे से हमें मार देते हैं। हम पुलिस वालों को मारने से हिचकिचाते हैं क्योंकि हम इनसे नफ़रत करने के बाद भी इनके बीवी बच्चों और माँ-बाप से प्रेम करते हैं लेकिन ये हमें मारते वक़्त हमारे सारे परिवार को गुनहगार और पापी समझते हैं। ये हमारी औरत को वेश्या और डकैत कहते हैं, पूरे ख़ानदान को मुख़बिर साबित करने में लगे रहते हैं। इटावा कचेहरी की एक काल कोठरी में डाकू मलखान सिंह बोल रहा था। सियासत और समाज तो कहीं सत्ता और ठेकेदारी में मसरूफ़ थी लेकिन आसपास खड़े हुए पुलिस वाले शर्म से निगाहें नीचे किये हुए खड़े थे। मैंने मौक़ा देखकर मलखान सिंह से पूछा कि जनाब अख़बारों में आपकी और फूलन देवी की दोस्ती के बहुत से किस्से मशहूर हैं। उसने बहुत ज़ोर का क़हक़हा लगाया फिर कहने लगा, "हम डाकू हैं, हम अपने साथ मर्द रखते हैं, औरतें पाकिटमारों की टोलियों में रखी जाती हैं। हमारा काम अमीरों को लूटना और ग़रीबों को बाँट देना है। हम लोग लूट कर अपना घर नहीं बसाते हैं। डाकू का घर सारा जंगल होता है। डाकू का परिवार हर दुःखी परिवार होता है। एक डाकू की मौत सैकड़ों परिवारों की मौत होती है। हमारे मरने के बाद भी हमें बुरा कहने वाला एक भी आदमी नहीं मिलता है। हम लोगों के ख़ौफ़ से ज़मींदार थोड़ा बहुत इंसाफ़ करते हैं। हमारी मौत ही इंसाफ़ के लिए लड़ते हुए होती है। हम डाकू अपनी माँ के पिलाये हुए दूध के एक-एक क़तरे की क़ीमत अपने ख़ून से चुकाते हैं।" मैंने अचानक मलखान सिंह से एक टेढ़ा-सा सवाल पूछ लिया। मैंने कहा कि फूलन देवी ने कई लोगों को ये बताया है कि आप उससे शादी करना चाहते हैं, इसमें कितनी सच्चाई है? मलखान सिंह ने जवाब दिया कि शायर साहब, ये बिल्कुल झूठ है। ब्याह आदमी अपने परिवार को बढ़ाने के लिए करता है लेकिन उसके तो बच्चेदानी ही नहीं है। गुफ़्तगू भी तल्ख़ (कड़वे) रास्तों की तरफ़ बढ़ने लगी थी और पेशी का वक़्त भी हो रहा था लिहाज़ा एडवोकेट महेन्द्र सिंह मलखान सिंह को लेकर अदालत की तरफ़ चल पड़े। हाथों में हथकड़ियाँ, पैरों में कमर-कमर तक बेड़ियाँ पड़े होने के बावजूद शेर की चाल में कहीं से भी लड़खड़ाहट या थकन का एहसास नहीं हो रहा था। शाम को वकील साहब ने कोशिश करके मेरे मुक़दमे को भी ख़ारिज करवा कर उसके काग़ज़ात मेरे हवाले कर दिये थे।

दो बरस पहले भी नुमाइश के उसी मुशायरे में शरीक होने का मौक़ा मिला था। सदारत मरहूम साग़र ख़य्यामी साहब कर रहे थे और निज़ामत का फ़र्ज़ नय्यर जलालपुरी अंजाम दे रहे थे लेकिन वह मुशायरा एकाध मिज़ाहिया (हास्य रस) शायर के बेहूदा के कलाम और सीनियर शायर अरमान फ़ीरोज़ाबादी की

बेहूदा गुफ़्तगू की नज़्र हो गया। बेहूदगियों का दौर शुरू होते ही सबसे पहले ख़वातीन (महिलाएँ) उठ कर चलने के लिए खड़ी हो गयीं, शोरफ़ा-ए-शह्र (शहर के सम्भ्रान्त लोग) भी एक-एक करके मुशायरागाह से उठने लगे। सद्रे मुशायरा के कलाम पर भी हूटिंग और बदतमीज़ी वाले फ़िकरे (जुमले) आते रहे। मुशायरा इस लिहाज़ से बहुत अच्छा रहा कि उस वक़्त के कन्विनर सईद नक़वी ने अपने घर पर बहुत बेहतरीन नहारी खिलायी। नहारी के बाद ड्राईफ्रूट और अमरूद भी मौजूद थे लेकिन अब इसको क्या किया जाए कि जाड़े के दिनों में मुसलमान अपनी हर बीमारी का इलाज नहारी और पाये से करता है। इटावा मुद्दतों से डेरेदार तवायफ़ों का अहम पड़ाव रहा है बल्कि वहाँ की एकाध गाने-बजाने वालियों से मेरी भी मुलाक़ातें रही हैं लेकिन मुझे ज़्यादा तफ़्सील से कुछ भी नहीं मालूम था। साग़र भाई वापसी में हमारे साथ ही लखनऊ आये थे। रास्ते में बात इटावा की तारीख़ी हैसियत की छिड़ गयी। उन्होंने बताया कि इटावा मुग़लों का एक अहम पड़ाव था और उनकी फ़ौजी छावनी की भी हैसियत रखता था। लिहाज़ा फ़ौज को खुश रखने के लिए इस इलाक़े के छोटे-मोटे राजा, ज़मींदार और चम्बल के डाकू हर तरह से उनकी आसाइशों (ऐशो आराम) का एहतमाम रखते थे। मेहमान नवाज़ी का ये सिलसिला इस हद तक दराज़ (लम्बा) हुआ कि वहाँ अरबाबे निशात (नगर वधुओं) ने अपनी मुस्तक़िल (स्थायी) दुकानें ही खोल लीं। पूरे हिन्दुस्तान से गाने बजाने वालों की टोलियाँ वहाँ आकर महफ़िलें सजाने लगीं। बहुत-सी गाने-बजाने वालियाँ निसार इटावी और शाह बेदम वारसी का सारा कलाम अज़बर (कंठस्थ) किये हुए थीं। मध्य प्रदेश और चम्बल की घाटियों से मिले हुए इस शहर को हमेशा आसाइशों का शहर कहा जाता था। यहाँ के लोग मेहनतकश, यहाँ की ज़मीनें ज़रख़ेज़ (उपजाऊ), यहाँ के जानवर दुधारू हुआ करते थे लिहाज़ा इस इलाक़े में मशरिक़ी (पूर्वी) उत्तर प्रदेश की तरह भुखमरी का ज़माना कभी नहीं आया। चम्बल से क़रीब होने की वजह से यहाँ सियासत की काश्तकारी (खेतीबाड़ी) में ज़राएम (अपराधों) की खाद भी काफ़ी मिक़दार (मात्रा) में मौजूद रहती थी इसलिए यहाँ क़त्लो ख़ून का बाज़ार हमेशा आबाद रहता था। मग़रिबी (पश्चिमी) उत्तर प्रदेश और मध्य प्रदेश से क़रीब होने की वजह से इस इलाक़े के लोगों की ज़बान में भी एक अजीब क़िस्म का अक्खड़पन मौजूद रहता था जो बाहर से आने वालों को ख़ौफ़ ज़दा रखता था। मक़ामी लोगों में भी हमेशा तना तनी का माहौल रहता था। यहाँ हिन्दू, मुस्लिम झगड़ों का कोई सिलसिला नहीं था। इसकी सबसे बड़ी वजह तो यही थी कि यहाँ के मुसलमान कमज़ोर थे और बाअसर हिन्दुओं के ज़ेरे नगीं (मातहत) थे।

मेरे एक दोस्त सुभाष मिश्रा हैं, बहुत तजरुबेकार जर्नलिस्ट हैं, अपने काम

में बेइन्तिहा ईमानदार हैं। यूँ भी इण्डिया टुडे ग्रुप में प्रभु चावला ने अपने तमाम पत्रकारों को हिन्दू विधवा की तरह समाज से घुलने मिलने की इजाज़त नहीं दी है लिहाज़ा इण्डिया टुडे के लिखने वाले किसी भी तरह के दबाव में आये बग़ैर अपने फ़र्ज़ की तकमील (निर्वाह) में मसरूफ़ रहते हैं। उन्होंने चम्बल के सबसे बड़े डकैत निर्भय गूजर का एक तवील इंटरव्यू किया था। वह तक़रीबन 40 बरस से मध्य प्रदेश की पुलिस के साथ आँख मिचौली का खेल खेल रहा था लेकिन हमेशा उनकी पहुँच से बहुत दूर रहा। सुभाष मिश्रा और उनके देहली के फ़ोटोग्राफ़र साथी चम्बल की वादियों (घाटियों) में निर्भर गूजर से मिलने के लिए उतर गये। दो-तीन दिन तक भटकने के बाद उनकी मुलाक़ात निर्भर गूजर, उसके साथियों और उसकी दो बीवियों से भी हो गयी। बहुत ही बेतकल्लुफ़ माहौल में मुलाक़ात हुई, बहुत से छुए और अनछुए पहलुओं पर गुफ़्तगू हुई। गुफ़्तगू में कोई सियासी लीपापोती नहीं थी। मुझे संसद भवन और विधान सभाओं में बैठे हुए क़ौमी और सूबाई लीडरों के मुक़ाबले में ये ख़तरनाक डाकू हमेशा ज़्यादा अच्छे, सच्चे, ईमानदार और ग़ैर फ़िरक़ापरस्त (धर्म निरपेक्ष) लगते हैं। एक तो उनके क़ौल फ़ेल में कोई तज़ाद (टकराव) नहीं होता, उनके फ़ैसलों में कोई फ़िरक़ापरस्ती नहीं होती। ये सिर्फ़ अमीरों को लूटते हैं। ग़रीब लोग उनको अपने रिश्तेदार जैसे लगते हैं। पार्टी के नाम पर कोई ज़ुल्म और ज़्यादती नहीं करते। अपनी मुख़्तसर या तवील ज़िन्दगी में ये सौ-पचास से ज़्यादा लोगों का क़त्ल नहीं करते लेकिन एक मामूली फ़िरक़ापरस्त लीडर अपनी मुख़्तसर ज़िन्दगी में भी कई शहरों को जला देने का गुनहगार होता है। चम्बल के सौ डाकुओं ने पचास बरस में उतने क़त्ल नहीं करवाये होंगे जितने कुल हिन्दुस्तान की सालमीयत (सम्प्रभुता) का हलफ़ उठाने वाले नरेन्द्र मोदी ने गुजरात में पन्द्रह दिनों में करवा डाले। चम्बल कहाँ नहीं होता लेकिन हुकूमतें आँख बन्द किये रहती हैं। क्या बाल ठाकरे का घर मुम्बई शहर का चम्बल नहीं है... क्या राज ठाकरे जिस कछार में छुपे रहते हैं, वह चम्बल की घाटियों से कम ख़तरनाक है? अगर बहुत से क़ौमी रहबरों का नाम लिखना पड़ गया तो काग़ज़ और क़लम दोनों ही इस अज़ाब के तज़किरे से पनाह माँगने लगेंगे।

पत्रकारों से पूछे गये हर सवाल का निर्भर गूजर ने बड़ी ईमानदारी से जवाब दिया। उसने बहुत से उन मक़ामी और ग़ैर मक़ामी लीडरों के नाम भी बताये जो इलेक्शन के ज़माने में उसके दरबार में हाथ बाँधे खड़े रहते हैं...और शायद ये मुलाक़ात ही उसकी सबसे बड़ी ग़लती थी क्योंकि इस मुलाक़ात का इंटरव्यू छपने के महीने भर के अन्दर एक फ़र्ज़ी मुठभेड़ में निर्भर गूजर की कहानी का अन्त हो गया। एक दिलचस्प वाक़िया और बयान करना ज़रूरी है वो यह कि

जब इण्डिया टुडे के फ़ोटोग्राफर ने डाकू रानी से तस्वीर खिंचवाने की गुज़ारिश की तो पहले तो वो बहुत ख़ुश हुई फ़िर फ़ोटोग्राफ़र से पाँच मिनट का समय माँगा। अपने असलहे ज़मीन पर रख कर एक टूटे-फूटे बक्से से किसी देहाती मेले में ख़रीदी गयी लिपस्टिक निकाल कर होंठों पर लगायी, मटमैले से पाउडर से अपने सियाह चेहरे को सफ़ेद करने की कोशिश की। जितनी देर तक वह डाकू रानी नारीत्व की इस तैयारी में लगी रही उसके साथी बन्दूक लिए उसकी हिफ़ाज़त करते रहे। अपने हिसाब से बेपनाह तैयारी के बाद वह फ़ोटोग्राफ़र से मुस्कुराते हुए बोली कि अब मेरी तस्वीर उतारो। इतनी बेतरतीब, ख़तरनाक, तिल-तिल मौत की तरफ़ बढ़ती हुई ज़िन्दगी में भी निस्वानियत (नारित्व) का एहतराम (सम्मान) कितना मौजूद था। चलते वक़्त निर्भर डाकू ने पत्रकारों को ग्यारह सौ रुपये फ़ीकस के हिसाब से नज़राना पेश किया जो उनके दस्तूर में रुख़सती कहलाती है। मैंने आज तक किसी क़ौमी लीडर को किसी भी पढ़े-लिखे आदमी की तरह इस तरह पज़ीराई (सत्कार) करते नहीं देखा। डाकुओं और आतंकवादियों का एक पैमाना तो मुक़र्रर करना ही होगा। पैमाना मुक़र्रर करने के बाद ये भी हो सकता है कि जो लोग रहबर दिखाई देते हैं, वह अपने किरदार की बदौलत डाकुओं से भी बुरे साबित हों जायें और जो लोग बज़ाहिर चम्बल में छुपे डाकू दिखाई देते हैं, वही क़ौम और मुल्क के अस्ली हीरो साबित हों...लेकिन यह तफ़्तीश कभी मुकम्मल नहीं हो सकेगी—

समाजी बेबसी हर शहूर को मक़तल बनाती है
कभी नक्सल बनाती है, कभी चम्बल बनाती है

दुल्हन बनी शायर की बेटी

बड़े शहरों की सबसे बड़ी ट्रेजर्डी यह है कि लोग अगर एक दूसरे से मिलना चाहें तो आसानी से नहीं मिल सकते क्योंकि उन शहरों में ज़िन्दगी तो बहुत सुबह जागती है लेकिन लोग काफ़ी देर तक सोते रहते हैं। शहर की मस्जिदों में भी फ़ज्र की नमाज़ के मुक़ाबले में ज़ोहर और अस्र में ज़्यादा लोग रहते हैं। मिठाई की दुकानों पर नाश्ता ज़्यादा बिकने की वजह अस्ल में यह है कि ख़ातूनेख़ाना भी बिस्तर को मायके की चीज़ों की तरह सीने से लगाये रखना चाहती हैं। दूसरी तरफ़ शौहरों का ये हाल है कि जब घर से निकल जाते हैं तो पुलिस वाले भी उन्हें ढूँढने में नाकाम हो जाते हैं और ये मज़लूम जब रात ढले घर में दाख़िल होते हैं तो रात का खाना और बेगम की गालियाँ साथ-साथ खाते हैं। इसी बदपरहेज़ी का नतीजा है कि पेट मुस्तक़िल ख़राब रहता है। शौहरों की इस आदत की वजह से बेचारी बीवियों को भी रात गये तक आहटों के सहारे बैठा रहना पड़ता है—

सिगरेटें, चाय, धुआँ, रात गये तक बहसें
और कोई फूल-सा आँचल कहीं नम होता है

जब सूरज अपनी चुभती हुई किरनों को खिड़कियों के ज़रिये बिस्तर पर सोये हुए लोगों तक भेज देता है तब आँखें खुलती हैं क्योंकि शहर में न चिड़ियों की चहकार मयस्सर, न कलियों की चटक नसीब और न ही नसीमे सुब्ह (भोर की हवा) का सरगोशियों भरा पैग़ाम। वहाँ होटल की भट्ठियों से उठने वाला धुआँ हवा का लिबास पहन कर जगाने आता है। वह भी क्या दौर था जब—

हम उठते थे अज़ानों से भी पहले
सहर के राज़दानों से भी पहले
निगाहों से ज़बानों से भी पहले

इस जमाने में एत्तहादो इत्तिफ़ाक (एकता और सहमति) का ज़बरदस्त फ़िक़दान (कमी) है। मस्जिदें तक़सीम हो गयी हैं, क़ब्रिस्तान भी हिन्दुस्तान की तरह बटवारे की नज़्र हो गये हैं। ऐसी सूरत में अगर कुछ बिछड़े हुए किसी मक़ाम पर इकट्ठा हो जायें तो ग़नीमत जानिए। पिछले दिनों ऐसी ही एक तक़रीब

में मुझे भी शिरक़त का मौक़ा मिला। मुल्क के मुमताज़ शायर प्रोफ़ेसर एज़ाज़ अफ़ज़ल की लड़की का अक़्द था। अफ़ज़ल साहब चूँकि निरे शायर क़िस्म के ग़ैर घरेलू आदमी हैं लिहाज़ा पिछले दो माह से वह सख़्त परेशान थे। इस ज़माने में लड़की की शादी एक बहुत बड़ा मसला है। फिर एक शायर की लड़की का निकाह... उनके चेहरे से वही परेशानी झलक रही थी जो किसी मुशायरे में पहली बार ग़ज़ल पढ़ने वाले शायर के चेहरे से झलकती है। अफ़ज़ल साहब को देखकर यह अन्दाज़ा हुआ कि महात्मा गौतम बुद्ध अपना घरबार और बीवी-बच्चे छोड़कर क्यों चले गये थे।

एक शायर जो हमेशा अदब को अपनी हवेली, फ़न को अपना सरमाया और तख़लीक़ को अपना ज़ेवर समझता है, ज़िन्दगी की इस सच्ची कसौटी पर किस तरह पूरा उतरता है, यह सिर्फ़ एक फ़नकार ही समझ सकता है। वह शायर जो सारी ज़िन्दगी दूसरों को हौसलामन्द रहने का दर्स देता है, मुस्कुराते रहने की तालीम देता है, वही शायर या फ़नकार जब अपने गुंचये दिल (दिल का फूल) को गुलिस्ताँ से जुदा करता है तो कई ज़मानों का दुःख उसके चेहरे पर दिखाई देने लगता है। बेटी भी क़ुदरत का अजीबो ग़रीब तोहफ़ा है, जब तक घर में रहती है पराई अमानत का बोझ मालूम होती है लेकिन जब अपनी सुसराल की तरफ़ रवाना होती है तो सारी क़ायनात (सृष्टि) को रुला देती है। माँ-बाप की आँखें महीनों कमरे, दहलीज़ और आँगन में किसी को तलाश करती रहती हैं। अफ़ज़ल साहब को मैंने न तो कभी ज़्यादा हँसते देखा और न रोते हुए लेकिन पहली बार एक ऐसा शायर जो हमेशा दारो रसन और मक़तल (वधशाला) की कहानियों पर मुस्कुराता हुआ दिखाई देता था, अपनी आँखों में ऐसे आँसुओं को छुपाये था जिनमें बाप की शफ़क़त और माँ की ममता दोनों मौजूद थीं। अब हम ईरान सोसाइटी चलते हैं जहाँ एक पुरानी-सी इमारत... न रंग न रौग़न, न जाहो जलाल... माज़ी की इस हसीन इमारत के लान पर घास किसी क़ैदी के बालों की तरह बेतरतीबी से बढ़ी नज़र आयी। वीरान और उदास-उदास यह इमारत मुझे ईरान-इराक की सरहद पर बने हुए किसी घर की तरह लगी। फाटक पर एक मरियल-सा दरबान बिल्कुल अम्न के परचम की तरह सहमा-सहमा-सा अपनी आँखों से माज़ी की दास्तान सुना रहा था।

गेट पर ही हज़रत सालिक लखनवी बहुत ख़ूबसूरत सूट पहने हुए कम्युनिस्ट क़िस्म की ख़ुशबू लगाये हुए टहल रहे थे। उनको देखकर मार्क्सी कम्युनिस्ट पार्टी की निगाहे इन्तिख़ाब (चयन दृष्टि) को दाद देने को जी चाहा, एल्डर मैन (हण्टर वाले) के इन्तिख़ाब में कितनी दूर अन्देशी से काम लिया गया है। सालिक साहब मुझे देखकर मुस्कुराये मैंने उन्हें सलाम किया, उन्होंने नक़्क़ादों की तरह

दाद दी और दूसरों से मुख़ातिब हो गये। ख़िलाफ़े तवक़्क़ो (उम्मीद के ख़िलाफ़) बारात बिल्कुल सही वक़्त पर आ चुकी थी। बारात के सही वक़्त पर आ जाने की वजह ग़ालिबन यही थी कि डिप्टी कमिश्नर (ट्रैफिक) तय्यब खाँ ख़ुद इस तक़रीब में मौजूद थे वर्ना—

'जब तक सूरज चाँद रहेगा, कलकत्ते में जाम रहेगा'

इस तक़रीब में शरीक होकर यह एहसास हुआ कि वीराने में चुपके से बहार कैसे आती है और वह बोसीदा (जीर्ण शीर्ण)-सी इमारत जो अपने जिस्म के खोखलेपन को प्लास्टरों की चादर से ढाँपे हुए थी, किस तरह अचानक तितलियों के परों की तरह ख़ूबसूरत दिखाई देने लगी। इस ख़ूबसूरत-सी तक़रीब में शायर, अदीब, नक़्क़ाद, सहाफ़ी, दानिशवर, फ़लसफ़ी, हकीम, डॉक्टर, वकील सरकारी और ग़ैर सरकारी अफ़सरान शामिल थे। शहर के वह अदबी फूल जिन्हें हवा की झोंकों ने बड़े दुलार से पाला था वह सभी यहाँ मौजूद थे। इन हज़रात को देखने के बाद ये एहसास हुआ कि प्रोफ़ेसर साहब ने अपनी ज़िन्दगी में क्या कमाया है। अदब और कल्चर के वो चेहरे जिन्हें मुस्तक़बिल कभी माज़ी नहीं बनने देगा और जो किताबों के सफहात में नहीं बल्कि सीना ब सीना हमेशा ज़िन्दा रहेंगे। ऐसे तमाम ख़ुशरंग पैकर यहाँ मौजूद थे। शायरों और अदीबों का सरमायये हयात (ज़िन्दगी का सरमाया) यही चीज़ें होती हैं बल्कि क़ौमें भी इन्हीं चीज़ों पर फ़ख़्र करती हैं—

बाहर का धन आता जाता अस्ल ख़ज़ाना घर में है

मैंने फ़ीरोज़ आबिद से कहा, "इस सह्ने अदब में सबसे कम तालीमयाफ़्ता मैं हूँ।" फ़ीरोज़ आबिद ने मेरे एतराफ़े हक़ (सत्य की स्वीकारोक्ति) की ताईद में गर्दन हिलायी और मुस्कुराये। उनकी मुस्कुराहट न मोनालिज़ा की मुस्कुराहट थी, न ही महात्मा गौतम बुद्ध जैसी। बिल्कुल अजनबी मुस्कुराहट थी, उस मुस्कुराहट की शक्ल हमारे वतन से मुशाबिहत (समरूपता) रखती थी। मैंने फ़ीरोज़ आबिद को मशविरा दिया, 'आप अपनी किताबें यहाँ ले आते तो काफ़ी निकल जातीं' वह बड़ी संजीदगी से इस सिलसिले में सोचने लगे। उम्मीद है कि अगली बार वह ऐसी किसी तक़रीब में शामिल होंगे तो अपनी किताबों का बण्डल साथ लायेंगे।

अपने हकीम साहब हस्बे उम्मीद उस महफ़िल में भी मौजूद थे लेकिन बहुत ही उदास दिखाई दे रहे थे। वजह ये थी कि उस महफ़िल में हकीम साहब के हमपेशा बहुत बड़ी तादाद में मौजूद थे बल्कि मेरे ख़याल से हकीम मोमिन ख़ाँ मोमिन को छोड़कर तक़रीबन तमाम हकीम उस तक़रीब में नज़र आ रहे थे। डॉक्टरों की सूरते हाल भी यही थी। डॉक्टर जावेद निहाल से लेकर डॉक्टर मक़बूल तक सभी खाने की मेज़ पर दिखाई दिये। हकीम साहब मुझसे कहने

लगे, अफ़ज़ल साहब की सेहत की ख़राबी की वजह यही है कि वो डॉक्टर और हकीम दोनों का इलाज करते रहते हैं और याद रखो ग़ज़ल और नज़्म दोनों के चक्कर में पड़ने से उस्तादी बाक़ी रहती है लेकिन शायरी ख़त्म हो जाती है–

उस्ताद बन गया तो वो शायर नहीं रहा

हकीम साहब के लहजे से उनके पेशे की रक़ाबत (प्रतिद्वन्द्विता) झाँक रही थी। कलकत्ता के उर्दू अख़बारात एक दूसरे से सख़्त नाराज़ रहते हैं। बल्कि अगर इन तमाम एडीटरों को सरकार रिवाल्वर का लाइसेंस दे दे तो शायद यह लोग एक दूसरे को क़त्ल करने से भी गुरेज़ न करेंगे लेकिन इस तक़रीब में एक ही लय में खाने का नम्बर आने की दुआ माँग रहे थे–

आ गया ऐन लड़ाई में अगर वक़्ते तआम
एक ही सफ़ में नज़र आये रऊफ़ और निज़ाम
कोई हाकिम था वहाँ और न कोई शख़्स गुलाम
एक ही मेज़ पे बैठे थे मुदीरान तमाम
हो कमिश्नर कि सिपाही हो सभी एक हुए
जो अलग थे तेरी दावत में वही एक हुए

जिस वक़्त हम लोग शामियाने में दाख़िल हुए, तक़रीब निकाह के मरहले में दाख़िल हो चुकी थी। दूल्हा मक़सूद हसन ख़तरनाक क़िस्म के बुज़ुर्गों और गवाहों में घिरे हुए थे और बहुत ही ख़ौफ़ज़दा दिखाई दे रहे थे। ग़ालिबन यही एक ऐसा मौक़ा होता है जब आदमी बाप की मौजूदगी में भी यतीम दिखाई देता है। अफ़ज़ल साहब ने मेंहदी हसन साहब से मेरा तआरुफ़ (परिचय) कराया। मौसूफ़ शरीफ़ों की कमयाब (कम मिलने वाली) नस्ल से ताल्लुक़ रखते हैं। उनको देखकर यक़ीन हो गया कि उन्होंने जहेज़ नहीं माँगा होगा बल्कि लड़की भी उन्होंने बहुत शर्माते हुए माँगी होगी।

दूल्हा मियाँ एक प्रेस मालिक हैं और सारी ज़िन्दगी काग़ज़ात छापने और सफ़हात गिनने में गुज़ारी है। अब उन्हें बेगम की त्योरियों के बल और दिन में तारे भी गिनने पड़ेंगे। निकाह होते ही मुमताज़ अहमद छुहारों की तक़सीम के लिए आगे बढ़े। उनकी तक़सीम में सैलाब ज़दा इलाक़े की इमदाद वाला हुक्म मौजूद था और हमारा हाल ये कि–

हैं तो महफ़िल में मगर ऐसी जगह बैठे हैं
जामे मय हादिसा बन जाये तो हम तक पहुँचे

अफ़ज़ल साहब बहुत ही दुबले पतले जिस्म के मालिक हैं बल्कि छोटी बह्र की ग़ज़ल की तरह लेकिन दोस्ती हमेशा भारी भरकम और बड़ी बह्र की ग़ज़ल से करते हैं। चुनाँचे ख़्वाजा मोहम्मद यूसुफ, ख़्वाजा अबुल हमीद भी इस तक़रीब

में मौजूद थे। ये लोग नक़ाहत (कमज़ोरी) की वजह से अपनी कुर्सियों पर ही बैठे रहे। यूँ भी अगर ये तमाम लोग छुहारे हासिल करने पर ख़ुद आमादा हो जाते तो अफ़ज़ल साहब जैसे कई लोग छुहारा बन जाते।

इस कूद फ़ाँद के ख़त्म होते ही एक बुज़ुर्गवार सेहरा पढ़ने खड़े हुए। उनको देखते ही तमाम उस्तादाने फ़न उनके कलाम में ख़ामियाँ निकालने के लिए चौकन्ने हो गये। मैंने बुज़ुर्गवार से कहा कि "हज़रत, फ़न का ख़याल रखियेगा क्योंकि यहाँ बड़े-बड़े 'मुतफन्नी' मौजूद हैं।" कुछ शायरों को मेरा ये जुमला नागवार भी गुज़रा लेकिन–

भूख के वक़्त ये एहसास नहीं होता है

अल्हाज अब्दुर्रऊफ़ अंसारी मुझसे कहने लगे, "तुम लोग सेहरा क्यों नहीं पढ़ते?" मैंने अर्ज़ किया कि हज़रत हम लोग लड़की वालों की तरफ़ से शरीक हैं लिहाज़ा हम लोगों का सेहरा पढ़ना मुनासिब नहीं। चचा! आप लीडर लोग हैं, नाजायज़ को जायज़ कर सकते हैं लेकिन हम शायरों के यहाँ ग़लत को ग़लत ही कहा जाता है। मैंने अपनी बात की ताईद (समर्थन) के लिए ज़फ़र अहमद एडवोकेट की तरफ़ देखा। वह फ़ौरन छुहारा खाते हुए लोगों की तरफ़ देखने लगे बल्कि ख़लीकुर्रहमान ने एक क़हक़हा लगाया और मैं अकेला का अकेला ही रहा। हेड मास्टर अख़्तर हुसैन और जाफ़र हुसैन मेरे जवाब से ख़ुश तो हुए लेकिन उन लोगों से दाद मिलने की उम्मीद नहीं थी। उन लोगों ने मेरी तालिब इल्मी के ज़माने में मुझे कभी ज़्यादा नम्बर नहीं दिये तो दाद क्या देते। रहे मंसूर मलिक साहब, तो उनसे क्या शिकवा? वह दूसरे मोहल्ले के आदमी हैं। जनाबे कलीमुद्दीन शम्स की सबसे बड़ी ख़ूबी यह है कि उन्हें हर आदमी अपना समझता है बल्कि कई औरतें भी उन्हें अपना आदमी समझ कर ज़िन्दा हैं–

अगर न हो ये फ़रेबे पैहम तो दम निकल जाये आदमी का

अनीस रफ़ी भी अपने भाई के साथ मौजूद थे और कुछ बुझे-बुझे-से दिखाई दे रहे थे क्योंकि ऐसी तक़रीबों में कोई मेहमान V.I.P. नहीं होता। मौसूफ़ ने अपने सब भाइयों को कुछ इस तरह की तरबियत (प्रशिक्षण) दी है कि दूर से उनका हर भाई अनीस रफ़ी मालूम होता है।

अचानक शोर उठा कि खाना तैयार है। तमाम लोग खाने की मेज़ों की तरफ़ बढ़ने लगे। कई तो शामियाने की रस्सियों से टकरा गये और कई रस्सियाँ तुड़ा कर निकलने में कामयाब हो गये। ये मंज़र देखकर अमेरिका के इम्पीरियल हाउस से टकरा कर मर जाने वाली हज़ारों चिड़ियाँ याद आ गयीं। अफ़ज़ल साहब अपनी शायरी में हुनरमन्दी, सलीक़े के अल्फ़ाज़ और मज़मून के अछूते पन का ख़ास ख़याल रखते हैं। यही ख़ूबियाँ उनकी इस तक़रीब में भी मौजूद थीं। उनके

शागिर्दों की टोली 'ज़ख़्मे सदा' की ग़ज़लों की तरह मेहमानों से दाद तलब कर रही थी और उनकी कम ख़ुराकी महफ़िल के तमाम ख़ुशख़ूराकों को लज़्ज़त बख़्श रही थी। अफ़ज़ल साहब खाने से उसी तरह भागते हैं जैसे कौआ गुलेल से भागता है लेकिन उन्होंने जो खाना मेहमानों को खिलवाया उसका ज़ायक़ा बहुत दिनों तक ज़बानों पर रहेगा। कई मेहमानों को प्लेट में आलू छोड़ते और हकीम साहब को आलू पेश करने वाले मेज़बान पर हाथ छोड़ते देखा गया। खाने की ज़्यादती से जो शख़्स भी ज़रा बोझल-बोझल क़दमों से डायनिंग हाल से निकलता, मेरे दोस्त मुश्ताक़ (अप्सरा टेक्सटाइल्स) उससे हकीम साहब का तआरुफ़ करवाते, फिर हकीम साहब उन साहब से मुश्ताक़ का तआरुफ़ कराते और ये भी बताते कि इनकी कपड़े की दुकान खुली हुई है। हालाँकि आज इतवार है लेकिन मौत और गाहक वक़्त मुक़र्रर करके नहीं आते।

खाना ख़त्म होते ही फ़िज़ा बोझल, माहौल उदास और ज़बानें ख़ामोश हो गयीं लेकिन दिल की धड़कनें बढ़ने लगीं। महफ़िल में मौजूद हर आँख आँसू बहाने पर आमादा दिखाई देने लगी। घर से अगर चिड़िया भी जाने लगे तो आदमी तड़प जाता है। यहाँ तो बेटी रुख़्सत हो रही थी, जिसको सँवारने और जिसकी परवरिश के लिए प्रोफ़ेसर अफ़ज़ल साहब ने कलकत्ते की मज़बूत सड़कों पर बरसों इतना सफ़र किया है कि पैरों से उलझ कर उड़ने वाली गर्द ने बेगम अफ़ज़ल के बाल सफ़ेद कर दिये–

जहाँ भी जाओ उरूसे बहार बन के रहो
कभी न ख़त्म हो वो इन्तिज़ार बन के रहो
हर एक दिल का मुसलसल क़रार बन के रहो
दिलों पे राज करो, एतबार बन के रहो
जो माँ से तुमको मिलीं हैं वफ़ाएँ रख लेना
ग़रीब बाप की बूढ़ी दुवाएँ रख लेना
ग़रीब बाप का मसकन तुम्हें पुकारेगा
बिछड़ता छूटता बचपन तुम्हें पुकारेगा
बहन की आँखों का सावन तुम्हें पुकारेगा
तुम्हारे बाद ये आँगन तुम्हें पुकारेगा
बहुत हसीन-सी मंज़िल की सम्त जाती है
ये रहगुज़र जो किसी दिल की सम्त जाती है

ओमान का सफ़र

हिन्दुस्तान से निकलकर पहली बार मैंने जो दूसरा कोई मुल्क देखा था वो सल्तनते ओमान था। यह बात है 1990 की, महीना था दिसम्बर का और तारीख़ थी बारह। लालक़िले के एक मुशायरे में मोहतरम हुमायूँ ज़फ़र ज़ैदी मेरी अच्छी-बुरी शायरी से बहुत खुश हुए। उन्होंने मुशायरे के बाद भी मेरी बड़ी हौसल अफ़ज़ाई की। कुछ दिनों के बाद वह मस्क़त के किसी कालेज में प्रोफ़ेसर होकर चले गये। वहाँ हिन्दुस्तान और पाकिस्तान के उर्दू नवाज़ों और ख़ासतौर से साबिक़ अलीगेरियन्स ने एक मुशायरे की दाग़बेल डाली। थोड़े ही बरसों में इस दाग़बेल में बहुत फल-फूल आने लगे। 1990 में मुनअक़िद (आयोजित) होने वाले इस मुशायरे में मेरा नाम भी शामिल था। इस मुशायरे से दो दिन पहले कलकत्ता में सिराजुद्दीन कुरैशी का मुशायरा था जिसकी देख-रेख भी मेरे ज़िम्मे थी। लिहाज़ा मुशायरे के दूसरे दिन हम और मंज़र भोपाली कलकत्ता से मुम्बई के लिए हवाई जहाज़ के ज़रिये निकल पड़े। वहाँ से एयर इंडिया के जहाज़ से हम लोगों को मस्क़त जाना था। दिसम्बर का महीना था इसलिए हम दोनों ही स्वेटर और कोट से लदे-फँदे थे। शाम को तक़रीबन साढ़े पाँच बजे मुम्बई से मस्क़त के लिए जहाज़ ने अपना सफ़र शुरू किया। तक़रीबन ढाई घंटे के बाद हम लोग मस्क़त एयरपोर्ट पर थे। एमीग्रेशन और कस्टम की सऊबतों (परेशानियों) से गुज़रते हुए हम लोग एयरपोर्ट के बाहर आये तो इतनी सख़्त गर्मी का सामना करना पड़ा था कि कोट और स्वेटर की क़ैद से फ़ौरन जिस्म को आज़ाद करना पड़ा। हमारे मेज़बानों का दूर-दूर तक पता नहीं था। गर्मी और ग़रीबुलवतनी (वतन से दूरी) के एहसास ने ज़रा-सी देर में ही पसीने-पसीने कर दिया। तमाम मुसाफ़िर अपनी-अपनी मंज़िलों को रवाना हो चुके थे। अब एयरपोर्ट के बाहर मंज़र भोपाली, मैं और एक हिन्दुस्तानी ख़ातून अपने-अपने मेज़बानों की करम फ़रमाई के मुन्तज़िर थे। ज़रा-सी देर में हिन्दुस्तानी ख़ातून के मेज़बान कार ले कर आ गये, वह भी अपनी मंज़िले मक़सूद की तरफ़ रवाना हो गयी। अब मंज़र और हम खड़े हुए अपनी क़िस्मत को कोस रहे थे। मंज़र के पास मुन्तज़िमीन

(आयोजकों) का फ़ोन नम्बर था लेकिन मसला ये था कि हम लोगों के पास ओमानी करेंसी नहीं थी इसलिए फ़ोन करना भी दुश्वार था। कई ओमानियों को फ़ोन बूथ पर जमा देख कर मैंने मंज़र से कहा कि इन लोगों से फ़ोन के लिए ओमानी सिक्के माँग लो लेकिन उसने बेबसी से एक बोर्ड की तरफ़ इशारा किया जिस पर लिखा था कि भीख माँगने वालों को दो बरस तक जेल में रहना होगा। बोर्ड की तहरीर पढ़कर मैं भी काँप गया। फ़र्ज़ कीजिए कि अगर मंज़र उन लोगों से ओमानी सिक्के फ़ोन करने के लिए माँग लेता और पुलिस हम लोगों को माँगने के जुर्म में गिरफ़्तार कर लेती तो हम लोग किसी को भी मुँह दिखाने के लायक़ नहीं रह जाते। हिन्दुस्तानी अख़बार चीख़-चीख़ कर एलान करते कि हिन्दुस्तान के दो मशहूर शायर मस्क़त एयरपोर्ट पर भीख माँगते हुए गिरफ़्तार कर लिए गये। इस मुख़्तसर की ख़बर को आल इण्डिया पैमाने पर फैलाने का काम हमारी बिरादरी के शायर हज़रात बड़ी जंगी पैमाने पर करते। लेकिन हम लोगों के सब्र ने दुश्मनों को ख़ुश होने का कोई मौक़ा नहीं दिया। एक तो पहली बार मुल्क से बाहर का सफ़र, उस पर यह बेसरो सामानी... हमारे मेज़बानों की ज़रा-सी तसाहुली (लापरवाही) ने हमें इस इबरतकदे में थोड़ा-सा वक़्त गुज़ारने का मौक़ा दिया जहाँ अजनबियत और ग़रीबुलवतनी के काँधे पर अपना सर रखकर हिजरत नसीब लोग रोते हैं। बचपन में एक बार मैं अपने घर का रास्ता भूल गया था। हालाँकि उन दिनों रायबरेली था ही कितना बड़ा शहर लेकिन खोने के लिए फ़ासले की ज़रूरत कहाँ पड़ती है? भटक कर दूर निकल जाने वाले लोग तो अकसर वापस भी आ जाते हैं लेकिन अपने दरो दीवार में, अपनी आसाइशों में और अपनी खुदगर्जियों में खोये हुए लोग भी इतने बदनसीब होते हैं कि ज़रूरतमन्द लोग उनको ज़िन्दगी भर तलाश करते रह जाते हैं लेकिन वह सारी दुनिया से अलग अपने ड्राइंग रूम में अपनी बेफ़ैज़ ज़िन्दगी गुज़ार कर चुपके से एक दिन क़ब्रिस्तान और शमशान को रवाना हो जाते हैं और इस काम के ज़रिये ठुकराये हुए वही लोग उनको चार काँधों पर लादकर हमेशा-हमेशा के लिए क़ुदरत के बनाये हुए ड्राइंग रूम में दफ़्न कर देते हैं।

मैंने कई बार कुम्भ मेला देखा है बल्कि शायद कुम्भ मेला देखना मेरी कमज़ोरी है। मैंने अपने क़रम फ़रमा गिरीश वर्मा (रजिस्ट्रार, इलाहाबाद हाईकोर्ट) के साथ कुम्भ मेले में शिरकत की। मैंने अपने छोटे भाई समान प्रताप सोमवंशी (सीनियर पत्रकार) के साथ भी इलाहाबाद का कुम्भ मेला देखा। मैंने अपने दोस्त, बड़े भाई और बहुत ही अच्छे शायर पंडित बुद्धिसेन शर्मा के साथ भी कुम्भ का मेला देखा है। तीनों हज़रात से बेपनाह बेतकल्लुफ़ी के बावजूद मैं कभी उनको बता नहीं सका कि कुम्भ मेले की वह कौन-सी कशिश है जो मुझे बार-बार यहाँ

खींच लाती है। यूँ भी सब कुछ बताने के लिए नहीं होता है। कुछ बातें तो सिर्फ़ गूँगे की आरज़ुओं की तरह ख़ामोशी के साथ शुरू होती हैं और ख़ामोशी की ही क़ब्र में दफ़्न हो जाती हैं।

दरअस्ल मैंने कई बुज़ुर्गों से सुना भी था और किताबों में भी पढ़ा था कि कुम्भ मेले में सारे हिन्दुस्तान के नागा साधु आते हैं। नागा साधुओं से लोग डरते भी हैं और उनका बेहद एहतराम भी करते हैं। गौतम बुद्ध की चलायी हुई बुद्धिज़्म ने जब सारे हिन्दुस्तान को अपनी लपेट में लेना शुरू कर दिया था तो हिन्दुइज़्म ने इस मज़हब के पैरोकारों से निपटने और सज़ा देने के लिए नागा साधुओं की एक बहुत बड़ी फ़ौज़ तैयार की थी। यह लोग जिस्मानी तौर पर ही नहीं बल्कि ज़ेहनी तौर पर भी नंगे बना दिये जाते थे। हर क़िस्म का नशा करने के साथ ही हर तरह की ग़िज़ा के भी आदी हो जाते थे। लिहाज़ा इन लोगों ने बुद्ध मज़हब के मानने वालों पर इतने मज़ालिम किये कि गौतम बुद्ध के मानने वालों को या तो इधर-उधर छुपना पड़ा या हिन्दुस्तान से भागना पड़ा। नतीजा ये हुआ कि आज दुनिया के कई ममालिक में बुद्धिज़्म के मानने वाले बरसरे इक़्तिदार (सत्तासीन) हैं। लेकिन हिन्दुइज़्म जो अभी 6 वर्ष पहले तक नेपाल तक में फैला हुआ था, वह सिर्फ़ हिन्दुस्तान में सिमट कर रह गया है। एक ज़माने तक महामंडलेश्वरों के हुक्म के मुताबिक़ हिन्दू धर्म को बुद्धिस्टों से बचाने के लिए हर ख़ानदान को अपना एक कमसिन बच्चा नागाओं के हवाले करना पड़ता था। यूँ भी जब से दुनिया बनी है तभी से सबसे ज़्यादा ज़ुल्म मज़हबी आड़ लेकर किये गये हैं। माँ-बाप बिलखते रहते थे और बहन भाई आसुओं की नदी में अपने एक भाई को मज़हबी कश्ती में बिठाकर नागाओं के जंगली साहिल तक पहुँचा देते थे। रफ़्ता-रफ़्ता जब लोग पढ़े-लिखे होने लगे या एहतिजाज की आँच घर-घर पहुँच गयी तो ये सिलसिला तक़रीबन बन्द-सा होकर रह गया। लेकिन नागाओं की तादाद में आज भी कमी नहीं है। कुछ तो कमज़ोर अक़ीदा लोग अभी तक यह क़ुर्बानी देने को तैयार रहते हैं और कुछ बच्चे जो इधर-उधर भटककर खो जाते हैं, वह नागाओं की इस क़दीम तरीन फ़ौज के हवाले कर दिये जाते हैं।

मैंने ये भी पढ़ा है कि अक्सर औरतें अपने खोये हुए बच्चों की शबाहतें (शक़्ल सूरत) इन नागाओं में ढूँढ़ने आती हैं। कुम्भ मेले की तारीख़ ऐसे कई माँ बेटों के मिलन की गवाह भी है। फिर माँ और बेटे का रिश्ता इतना अजीबो ग़रीब होता है कि अन्धी औरत भी पेशानी पर हाथ रख कर अपने बेटे को एक लम्हे में पहचान लेती है। यह बात ग़लत बिल्कुल नहीं हो सकती क्योंकि जब एक भैंस चराने वाला चरवाहा एक रंग की सौ-डेढ़ सौ भैंसों के दरम्यान खड़े होकर बता सकता है कि कौन-सी भैंस गाँव के किस आदमी की है तो वो माँ जिसने

ख़ुदा की मर्ज़ी का एहतराम करते हुए नौ महीने तक अपनी कोख में रखा...वो अपने पाले-पोसे को पहचानने में कैसे ग़लती कर सकती है।

नागाओं के अखाड़े के पास हमेशा एक भीड़-सी लगी रहती है लेकिन वह भीड़ और हंगामे से बेख़बर होकर अपने-अपने कामों में मसरूफ़ रहते हैं। कुम्भ जाने पर मेरा भी ज़्यादा वक़्त नागाओं के अखाड़े के पास से गुज़रता है। कई हज़ार नागाओं की फ़ौज कुम्भ मेले में मौजूद होती है। तमाशबीनों में मुझे ऐसी आँखों की तलाश रहती है जो किसी खोये हुए बच्चों की माँ की होती हैं। ये आँखें कई-कई दिन वहाँ खड़ी रहकर अपनी कोख के लोथड़े को तलाश करती रहती हैं। खोये हुए बेटे की आँखों में बैठी हुई उदासी उस औरत को कभी चैन से बैठने नहीं देती। वह अपनी उम्र के जोड़-घटाव के ज़रिये अपनी खोयी हुई औलाद की उम्र का अन्दाज़ा लगाते हुए राह चलते आदमियों को दीवानों की तरह तका करती है। माँ का दूध सारी उम्र अपने क़र्ज़दार को तलाश करता रहता है। अगर इस बात का थोड़ा-सा अन्दाज़ा भी क़र्ज़दार को होने लगे तो दुनिया का कोई भी आदमी अपनी माँ को छोड़कर कभी कहीं के लिए हिजरत न करे। मैं तलाश और गुम होने की इस कहानी का किरदार बना हुआ कुम्भ मेले में बराबर नागाओं के अखाड़े के इर्द-गिर्द घूमता रहता हूँ। इसी कुम्भ मेले में भटकते हुए मुझे तरुण विजय जैसे छोटे भाई मिले जो अपनी माता जी को स्नान कराने के लिए देहरादून से इलाहाबाद आये थे। उनसे मेरे अटूट रिश्ते की सबसे ख़ूबसूरत मिसाल ये है कि मेरी सबसे छोटी बेटी अप्पो (हिबा राना) उनकी माँ को दादी कहती है और वह भी हमेशा अप्पो के बारे में तरुण विजय से पूछा करती हैं।

सबसे सच्चा प्यार का रिश्ता
बाक़ी जमुना पार का रिश्ता

ज़रा-सी देर में ही मस्क़त एयरपोर्ट के बाहर दिमाग़ में एक फ़िल्म चलनी शुरू हो गयी थी कि इतने में एक ख़ूबसूरत-सी कार आ कर रुकी। उसमें से कई लोग उतरे। हमें और मंज़र को टटोलती हुई निग़ाहों से देखते हुए मुझसे पूछा कि क्या आप मुनव्वर राना साहब हैं? मैंने थकी हुई मुस्कुराहट के साथ कहा, जी हाँ! वह लोग फ़ौरन ही गले मिलकर हम लोगों से माफ़ी माँगने लगे, साथ में यह भी बताया कि जहाज़ अपने वक़्त से 15 मिनट पहले ही लैण्ड कर गया लिहाज़ा हम लोगों को ताख़ीर (देर) हो गयी। फिर सामने ही एक स्टाल पर हम लोगों को ले गये और कोल्ड ड्रिंक वग़ैरह से हम लोगों की तवाज़ो (सत्कार) करने लगे। जिन साहब ने मुझे मेरी ग़रीबुल वतनी की वजह से पहचान लिया था, वह सल्तनते ओमान के सबसे बड़े हॉस्पिटल के हेड आफ द डिपार्टमेंट डॉक्टर आबिदीन थे। पटना के रहने वाले थे, शायरी के दिलदादा (आशिक़) और उर्दू के जा निसारों

में थे। आबिदीन साहब ने बताया कि वह जहाज़ भी लैण्ड कर गया है जिसके ज़रिये सरदार जाफ़री साहब तशरीफ़ ला रहे हैं। तक़रीबन 15 मिनट तक हम लोग वहीं स्टाल पर खड़े गुफ़्तगू करते रहे। इसी दौरान अन्दर से एक साहब तशरीफ़ लाये और उन्होंने बताया कि जाफ़री साहब को एयरपोर्ट पर रोक लिया गया है क्योंकि उनके पास एक ऐसा कैसेट मौजूद है जो उनके सिलसिलेवार सीरियल 'कहकशाँ' के अगले एपिसोड का है और इस एपिसोड में मख़दूम महियुद्दीन की हयात (ज़िन्दगी) पर फ़िल्माये गये मुख़्तलिफ़ मंज़र हैं। चूँकि मख़दूम महियुद्दीन मज़दूरों के हर दिल अज़ीज़ लीडर भी थे लिहाज़ा लाल झंडे और जलसे जुलूसों के कई मंज़र भी एपिसोड में हैं। उनके बयान के मुताबिक़ सल्तनते ओमान को कम्युनिस्टों ने बहुत दिनों तक अपना अड्डा बनाये रखा था और सुल्तान क़ाबूस को उन्हें ओमान से निकालने के लिए कई जंगें लड़नी पड़ी थीं। लिहाज़ा वहाँ कम्युनिस्टों का दाख़िला ममनूअ (निषिद्ध) है। हम लोगों को वहाँ से एक गाड़ी के ज़रिये एक गेस्ट हाउस पहुँचा दिया गया। बेचारे सरदार जाफ़री को कई घंटों तक एयरपोर्ट पर रोके रक्खा गया फिर हुकूमत के आला ओहदेदारों की ज़िम्मेदारी पर उन्हें एयरपोर्ट के बाहर आने दिया। इसके बावजूद एहतियात के तौर पर कहकशाँ सीरियल का कैसेट एयरपोर्ट पर ही जमा करना पड़ा था। एक बहुत ही आराम देह गेस्ट हाउस में हम लोगों का इन्तिज़ाम था। नसीम नकहत और उबैदुल्लाह अलीम के अलावा हिन्दुस्तान और पाकिस्तान से भी कई और शोअरा इस मुशायरे में शरीक हो रहे थे। मुशायरे में ज़बरदस्त भीड़ थी। हिन्दुस्तानी और पाकिस्तानी सफ़ीर (राजदूत) भी मुशायरागाह में मौजूद थे। इत्तिफ़ाक़ से हिन्दुस्तानी सफ़ीर जनाब रंजीत सिन्हा इलाहाबाद यूनिवर्सिटी के तालिब इल्म रह चुके थे और उर्दू से बेपनाह रग़बत (लगाव) रखते थे। इस मुशायरे का एहतमाम अलीगढ़ ओल्ड ब्वायज़ यूनियन की जानिब से किया गया था। पाकिस्तानी सफ़ीर ने पाकिस्तानी होते हुए भी अंग्रेज़ी में बहुत ख़ूबसूरत तक़रीर की। शायद ये वह एहसासे बरतरी (बड़प्पन का आभास) था जो पाकिस्तानियों का मुकद्दर बन चुका है क्योंकि हमारे मुल्क के सफ़ीर ने निहायत नफ़ीस उर्दू में माइक पर गुफ़्तगू की थी। सरदार जाफ़री ने आते ही यह बात वाज़ेह (साफ़) कर दी कि रंजीत सिन्हा साहब ने उर्दू में ख़ूबसूरत तक़रीर करके न सिर्फ़ अपने हिन्दुस्तानी होने का सुबूत दिया बल्कि हिन्दुस्तान की सेक्यूलर रवायत (परम्परा) को भी बरक़रार रखा है। लेकिन हमारे मोहतरम पाकिस्तान सफ़ीर ने बहुत ही ख़ूबसूरत अंग्रेज़ी में अपने भरपूर ख़यालात का इज़हार किया है। लिहाज़ा सद्रे महफ़िल की हैसियत से मेरी इख़लाकी ज़िम्मेदारी बनती है कि मैं भी उसी ज़बान में ख़यालात का इज़हार करूँ जो हमारे पाकिस्तान सफ़ीरे मोहतरम की पसन्दीदा ज़बान है।

दो-चार इफ़्तताही (शुरुआती) जुमलों के बाद सरदार जाफ़री साहब ने अंग्रेज़ी में इतनी ख़ूबसूरत तक़रीर की थी जो सुनने वाले हमेशा याद रखेंगे। अलीगढ़ की तारीख़, उर्दू का इब्तिदाई सफ़र और उर्दू की मौजूदा सूरते हाल पर इससे अच्छी तक़रीर मैंने उर्दू में भी कभी नहीं सुनी थी। स्टेज और हाल में बैठे हुए तमाम हिन्दुस्तानियों के सर फ़ख़्र से ऊँचे हो गये थे कि हम जिस ज़बान के क़रीब भी पहुँच जाते हैं, उसे मोहतरम बना देते हैं। काश कि सरदार जाफ़री की वह तारीख़ी तक़रीर महफ़ूज़ कर ली गयी होती तो आज उर्दू और अलीगढ़ की तारीफ़ के लिए किसी नयी तक़रीर की ज़रूरत ही न पड़ती। मुशायरा बेहद ख़ूबसूरत और यादगार हुआ। मंज़र भोपाली सबसे ज़्यादा क़ामयाब हुए। कम शायरों के होने की वजह से मुशायरे के दो दौर हुए लेकिन ईमानदारी की बात ये है कि मुशायरे में मेरा जी बिल्कुल नहीं लग रहा था। मैंने सफ़ीरे हिन्द (भारतीय राजदूत) के पास जाकर यह गुज़ारिश की कि सर! मेरी अहलिया की तबीयत अचानक बहुत ख़राब हो गयी है लिहाज़ा मुझे मुशायरे के फ़ौरन बाद मुम्बई जाने वाले जहाज़ से मुम्बई भिजवा दीजिए। उन्होंने फ़ौरन अपने ए.डी.सी. को बुलाकर उससे कहा कि मुशायरे के बाद राना साहब को फ़ौरन मुम्बई भिजवा दीजिए, इसमें कोई ताख़ीर नहीं होनी चाहिए। हालाँकि मुशायरा कमेटी वालों को मेरी यह बात ना गवार गुज़री कि वापसी के सफ़र में जल्दबाज़ी करके मैंने उनके आइन्दा प्रोग्राम में तरतीब ख़राब की है। मस्क़त से बम्बई और फिर बम्बई से सुबह 6 बजे के जहाज़ से मैं कलकत्ता के लिए रवाना हो गया। कलकत्ता एयरपोर्ट पर उतरते ही टैक्सी पकड़कर मैं अपने आफ़िस पहुँचा। आफ़िस के बाहर ही मेरे गोदाम मैनेजर शमशेर अली आराम से बैठे हुए गुल मंजन से दाँत माँझ रहे थे। मुझे देखते ही उछल कर खड़े हो गये और कहने लगे कि अरे आप इतनी जल्दी कैसे वापस आ गये, आपको तो दो-तीन दिनों बाद वापस आना था? मैंने उनकी बात सुनी अनसुनी करते हुए इशारे-इशारे में पूछा कि सब ख़ैरियत है ना? और बनारस वाले 'उस' माल का क्या हुआ? शमशेर ने हँसते हुए कहा कि 'वह' माल तो राहील ख़ान और मिश्रा जी ने रिक्शे पर रखकर उसी दिन उनके घर पर पहुँचा दिया था जिस दिन आप जा रहे थे। मैंने इत्मीनान की साँस ली और चाय पीने में मशगूल हो गया।

फ़िराक़

लोग ढूँढेंगे हमें भी हाँ मगर सदियों के बाद

जो शख़्स अपने क़द्रदान (प्रशंसक) से ये कहे कि जब आप अपने नाम के साथ दारू वाला भी लिखते हैं तो आप इलाहाबाद पहुँच कर जिसे भी अपना नाम बतायेंगे वह आपको मेरे ठिकाने पर ले आयेगा। जो शख़्स इन्श्योरेन्स एजेन्ट को डाँटते हुए बता रहा हो कि मैं कोई मच्छर या मक्खी नहीं हूँ जिसके इन्तिक़ाल पर नगर पालिकाएँ सनदे मर्ग (मृत्यु प्रमाण पत्र) जारी करती हैं, मैं फ़िराक़ हूँ! फ़िराक़! मैं जिस रोज़ इस दुनिया को ख़ैरबाद कहूँगा उस दिन चीख़ते-चीख़ते रेडियो और अख़बारात के गले बैठ जायेंगे।

जिस शख़्स ने सारी ज़िन्दगी दस्तख़त की जगह फ़िराक़ लिखा हो, सिर्फ़ फ़िराक़, न आगे कुछ न पीछे कुछ, न ये डिग्री न वो डिग्री, न ये एवार्ड न वो सम्मान! उसकी ख़ुदएतमादी (आत्मविश्वास) की क़सम तो ईमानदार दुश्मनों को भी फ़ौरन खा लेनी चाहिए।

जिस शख़्स ने चैम्बर ऑफ कॉमर्स की मीटिंग में ब बाँगे दुहल (एलानिया और ज़ोर देकर) कह दिया हो कि आप लोग उर्दू इसलिए पढ़ें कि अफ़सर बनने के बाद अफ़सर नज़र भी आयें। उस बेबाक़ शायर, क़लन्दर सिफ़त इंसान, साफ़ गोई के पैरोकार और दुर्वेशाना रविश के नुमाइन्दे को उर्दू वाले ही इतनी जल्दी फ़रामोश कर देंगे इसके बारे में किसी ने कभी सोचा भी नहीं होगा। शायद एवाने अदब में एख़लाक़ियात (नैतिकता) का जाने-अंजाने में एक बड़ा क़त्ल हो गया। शायद ओहदों और इक़्तिदार के बेशक़ीमती क़ालीन पर अपनी अना (Ego) की खड़ाऊँ पहन कर उसका बेनियाज़ाना (लापरवाही के साथ) गुज़र जाने का अमल उसके हम अस्र (समकालीन) शायरों, अदब के नाक़िदों और अरबाबे इक़्तिदार के नौनिहालों को भी पसन्द नहीं आया। अपनी पुर सेहर (जादू भरी) शख़्सियत और बेइन्तिहा तालिमी लियाक़त के ज़रिये कुछ भी हासिल कर लेने वाले फ़िराक़ साहब मीर तक़ी मीर के बाद दूसरे ऐसे शायर थे जिन्होंने अरबाबे इक़्तिदार और मसलहतों के दरबार में कभी सजदा करने की कोशिश नहीं की।

हक़ीक़त में फ़िराक़ साहब उर्दू वालों की तंग नज़री, हिन्दी वालों के मुतअस्सिबाना (साम्प्रदायिकता पूर्ण) रवैये और इक़्तिदार के मठाधीशों की चश्मपोशी का शिकार हो गये। वैसे तो फ़िराक़ साहब की इल्मी अदबी और शेरी सलाहियत पर तनक़ीद करने के लिए जितने इल्म और दानिशमन्दी (बुद्धिमत्ता) की ज़रूरत थी उतना इल्म ही फ़िराक़ साहब के अलावा पूरे बर्रे सग़ीर (उप महाद्वीप) में किसी दूसरे के पास नहीं था। यूँ भी फ़िराक़ साहब के इल्म के पंजे के नीचे कई अदबी उक़ाब फड़फड़ाया करते थे लिहाज़ा उनके दोस्त अहबाब तलाश करना एक कारे बेमसरफ (व्यर्थ का काम) ही था। फ़ैज़ अहमद फ़ैज़ अपनी कमगोई, (कम बोलने की आदत), तरक़्क़ी पसन्दी के मज़बूत हिसार (रक्षा पंक्ति) और पंजाबियों की पंजाब नवाज़ी के सबब हर तरह से बच गये, जिगर साहब, बेचारे अपने हुस्ने सुलूक (व्यवहार कुशलता) और ख़ाकसाराना रविश (विनम्र जीवन शैली) के सबब तनक़ीद को भी देहाती मुसलमान की तरह तबलीग़ (प्रचार प्रसार) के अन्दाज़ में चुपचाप सुनने की वजह से किसी हद तक महफ़ूज़ रहे लेकिन फ़िराक़ साहब किसी समझौते, किसी शरीफ़ाना मसलहत और किसी मुनाफ़िक़ाना (कपटपूर्ण) डिप्लोमेसी के क़ायल ही नहीं थे। बोलने से कभी चूकते नहीं थे, आदमबेज़ारी के साथ-साथ खुद सताई (अहं) जैसी मोहलक (घातक) बीमारी के शिकार थे। अपने बेबाक फ़िक़रों (जुमलों) और बेहंगम क़हक़हों से किसी भी महफ़िल के मुँह का मज़ा बिगाड़ देते थे। जिसके नतीजे में उनकी सारी उम्र अदबी अदालत के कटघरे में खड़े-खड़े ही गुज़र गयी। हालाँकि फ़िराक़ साहब की यह तमाम ग़ैर शायराना हरकतें, अक्खड़पन और चिड़चिड़ा लहजा उनकी उम्र भर की नामुरादियों और उदासियों के ख़ौफ़नाक चेहरे पर पड़े हुए दबीज़ पर्दे की तरह थीं, लेकिन तंग नज़र अहबाब, कम नज़र दुश्मन, अण्डर ट्रायल नाक़िदीने अदब और पॉकेट साइज़ शायरों और अदीबों ने उनके होंठों पर जमी हुई पान की पीक को भी किसी मज़लूम का लहू साबित करने में ताख़ीर (देरी) नहीं की। शबनम नक़वी और रमेश द्विवेदी जैसे कुछ क़द्रदानों ने अफवाहों का कोहरा साफ़ करने की बहुत कोशिश की लेकिन तब तक ज़माना तेज़ रफ़्तारी से आगे बढ़ चुका था।

यक़ीनन फ़िराक़ साहब की बहुत-सी कमज़ोरियाँ बहुत ताक़तवर थीं जिनसे वो सारी ज़िन्दगी पीछा नहीं छुड़ा सके। लेकिन अब इसको क्या कहा जाये कि अदब का बड़े से बड़ा पारखी भी उस मामूली लेकिन ईमानदार सुनार की बराबरी नहीं कर सकता जो इस्तेमाल शुदा ज़ेवर का मैल काटकर असली सोने की सूरत और क़ीमत निकाल लेता है। यूँ भी तनक़ीद के नाखुदाओं (मल्लाहों) ने अपने क़लम के चप्पुओं की मदद से बहुत सफ़ीने डुबोये हैं।

हरचन्द कि फ़िराक़ साहब की अज़दुवाजी (वैवाहिक) ज़िन्दगी की किताब ख़ालिस मायूसियों की रौशनाई से तहरीर थी इसके बावजूद फ़िराक़ साहब ने अपनी अदबी ज़िम्मेदारियों को निभाने में कोई कसर नहीं छोड़ी लेकिन क्या इसे फ़िराक़ जैसे हुस्न पसन्द और शृंगार रस के प्रचारक की बदनसीबी में शुमार नहीं किया जायेगा कि उनकी अहलिया (पत्नी) को उनका एक शेर भी याद नहीं था।

नाख़ुदाये सुख़न हज़रत मीर तक़ी मीर अत्तार (औषधीय जड़ी बूटी विक्रेता) के लौंडे से दवा लेने के बावजूद मीर बने रहे लेकिन फ़िराक़ बेचारे नयी-नयी सी रहगुज़र की तलाश में बहुत आसानी से मार लिए गये। हिन्दुस्तान के पहले वज़ीरे आज़म के बेतकल्लुफ़ दोस्त, हिन्दुस्तान की सबसे ताक़तवर वज़ीरे आज़म के तक़रीबन हक़ीक़ी चचा, ऑल इण्डिया कांग्रेस कमेटी के सबसे चहेते शायर और दानिशवर प्रोफ़ेसर रघुपति सहाय फ़िराक़ गोरखपुरी इलाहाबाद यूनिवर्सिटी के एलाटशुदा मामूली-से मकान में मर खप गयें। हालाँकि उनके एक अदना (छोटे) से इशारे पर इलाहाबाद से लेकर देहली तक में उनके नाम कोठियाँ एलाट हो सकती थीं लेकिन–

खरा शायर कभी अज़मत के चक्कर में नहीं रहता

फ़िराक़ साहब अपनी अलालत (बीमारी) के सिलसिले में काफ़ी दिनों तक देहली के ऑल इण्डिया इंस्टीट्यूट में ज़ेरे इलाज रहे। एक दिन जब उन्हें मालूम हुआ कि मोहतरमा इन्दिरा गाँधी उनकी मिज़ाजपुरसी के लिए आ रही हैं तो वो बेइन्तिहा ख़ुश हुए। बेतरतीब ज़िन्दगी और बेतरतीबी के साथ लिबास का इस्तेमाल करने वाले फ़िराक़ साहब ने रमेश जी को बुला कर कहा कि मुझे लिबास ठीक से पहना कर चादर भी सलीक़े से ओढ़ा दो, आज मुझसे इन्दू मिलने आ रही है। सख़्त बीमारी के आलम में और होशोहवास तितर बितर होने के बावजूद उर्दू तहज़ीब के इस सिपहसालार को मालूम था कि किसके सामने कितना बरहना (नंगा) होना चाहिए।

अगर दुनिया की किसी दूसरी ज़बान का इतना बड़ा शायर, मुफ़क्किर (चिन्तक), फ़लसफ़ी और आलिम इस दारे फ़ानी (नश्वर संसार) से कूच करता तो उसके नामेनामी से कोई छोटा-सा शहर बसा दिया जाता, उसके नाम पर शाहराहों, स्टेशनों और स्कूलों के नाम रखे जाते लेकिन महात्माओं से भरे इस मुल्क में फ़िराक़ साहब की यादगार क़ायम करने के बजाय उनकी गुर्बतज़दा यादों से यूनिवर्सिटी का मकान भी ख़ाली करा लिया गया, उनका तमाम अदबी सरमाया पहले तो खुर्द बुर्द होने दिया गया फिर बची खुची यादों को मकान ख़ाली कराने के बहाने सड़क पर बिखेर दिया गया। हैरत है कि मामूली और पॉकेट साइज़ लीडरों और धर्मगुरुओं के मरने के बाद उनकी सरकारी कोठियाँ हुकूमत

ख़ाली नहीं करा पाती लेकिन यह इन्तिहाई शर्म और अफ़सोस की बात है कि मुश्तरिका (संयुक्त) हिन्दुस्तान के अदब और उर्दू ज़बान में जमालियाती मसलक (श्रृंगार रस) का पहला इमाम निहायत कसमपुरसी के आलम में इस दुनिया से रुख़सत हो गया। ये इंसानी और अख़लाक़ी नाक़द्री भी उसी कांग्रेस पार्टी के ज़माने में हुई, फ़िराक़ साहब जिसके फ़ाउण्डर मेम्बर ही नहीं, सिपहसालार भी हुआ करते थे। हैरत है कि फ़िराक़ साहब की यादों के सरमाये से यूनिवर्सिटी का मकान ख़ाली करवा लिया गया और क़रीब ही खड़ी हुई हाईकोर्ट की पुरशिकोह (भव्य) इमारत इस नाइंसाफ़ी को हाथ बाँधे हुए देखती रही।

फ़िराक़ साहब ने कभी ख़्वाब में भी अपने साथ इस नाइंसाफ़ी और इतनी नाक़द्री के बारे में नहीं सोचा होगा वर्ना मुमकिन है वह भी ग़ज़लों के लिए नयी-नयी ज़मीनें तलाश करने के बजाय अपने लिए इलाहाबाद या देहली में हज़ार दो हज़ार ग़ज का प्लाट लेकर छोटी-मोटी कोठी बना लेते। फ़िराक़ साहब मिज़ाजन नागा साधु थे लेकिन रस्मे दुनिया का लिहाज़ रखने के लिए कभी-कभी बेहतरीन लिबास भी ज़ेबेतन कर लेते थे, मगर उनकी क़लन्दरी हमेशा उनके लिबास से दूर खड़ी मिलती थी वर्ना वो किसी भी वक़्त पैदल को वज़ीर से पिटवा कर किसी भी यूनिवर्सिटी में वाइस चांसलर बन सकते थे। फ़िराक़ साहब न मुशायरे में पढ़ते थे, न ही क्लास में तलबा (छात्रों) को पढ़ाते थे बल्कि वो लफ़्ज़ों की चलती फिरती कहकशाँ-सी अपने सुनने वालों की पेशानी पर टाँकते चले जाते थे। उनकी आँखें लफ़्ज़ों की कतरनों से शहज़ादिये ग़ज़ल के लिए ऐसा लिबास तैयार कर देती थीं कि ग़ज़ल भी बिलक़ीस की तरह सुलेमान के अदबी महल में दाख़िल होती थी।

फ़िराक़ साहब से अहमद मुशताक़ का तक़ाबुल (तुलना) वैसा ही है जैसे टकाहिनों (निम्न श्रेणी की वेश्याओं) का मुवाज़ना मुन्नी बाई हिजाब या उमराव जान से किया जाये। यहाँ मेरा मक़सद अहमद मुशताक़ को छोटा साबित करना क़तई नहीं है बल्कि यहाँ मैं सिर्फ़ इतना अर्ज़ करना चाहता हूँ कि बेईमान बनिया भी मोलतोल में इतनी बददियानती नहीं करता है जितनी बददियानती अब हमारे अदब में आ गयी है।

ज्ञानचन्द जैन की बेवफ़ाई को Issue बनाने से बेहतर तो यही था कि फ़िराक़ साहब की उर्दू ज़बान से जुनून की हद तक मोहब्बत पर बहस की जाती। मेरा ख़याल है कि ज्ञानचन्द जैन की नाशुक्री पर तब्सिरा करने के बजाय फ़िराक़ की उर्दू नवाज़ी पर नये सिरे से बहस की जाये ताकि पिछली कोताहियों का कुछ तो अज़ाला (भरपाई) हो सके क्योंकि आधी सदी से ज़्यादा गुज़र जाने के बाद भी

पूरी उर्दू दुनिया में बयक वक़्त कई ज़बानों पर यकसाँ उबूर (आधिपत्य) रखने वाला फ़िराक़ के अलावा दूसरा कोई शायर नज़र नहीं आता।

दस्तबस्ता (करबद्ध) ये भी गुज़ारिश करना चाहता हूँ कि फ़िराक़ साहब के बाद उर्दू ज़बान के पास अपना कोई भी सच्चा और दबंग वकील नहीं है। ये बेचारी मज़लूम ज़बान एक मुद्दत से अपने मुक़दमे की पैरवी ख़ुद कर रही है। आज भी ये बदनसीब ज़बान हज़रत नूह के कबूतरों की तरह ज़मीन की तलाश में भटक रही है और ज़मींदारी सौंपने के लिए किसी रघुपति सहाय को तलाश कर रही है।

ख़ुश रहो अह्ले वतन हम तो सफ़र करते हैं

उर्दू अदब में कुरअतुलऐन हैदर की आवाज़ जल तरंग की हैसियत रखती है। उत्तर प्रदेश के ज़िला बिजनौर और उसके क़स्बात ने हिन्दी, उर्दू, फ़ारसी और अरबी के हज़ारों सूरजमुखी पैदा किये लेकिन क़ुरअतुलऐन हैदर वाहिद (अकेली) अदीबा थीं जो अदब की चन्द्रमुखी का दर्जा रखती थीं। वो शायरी में नस्र (गद्य), नस्र में शायरी इतने भोलेपन से करती थीं कि उनकी दूधिया रंगत की तहरीरें भी शर्बती हो जाती थीं।

1927 ई. में पैदा होने वाली कुरअतुलऐन हैदर को उर्दू, हिन्दी, अंग्रेज़ी और फ़ारसी पर यकसाँ क़ुदरत (वर्चस्व) हासिल थी। उन्होंने बहुत शानदार ज़िन्दगी गुज़ारी। बक़ौल कुरअतुलऐन हैदर जब वह छः दिन की थीं तो उनका नाम नीलोफ़र रखा गया था लेकिन उनके ख़ालू ने ताज ताहिरा के नाम पर उनका नाम कुरअतुलऐन हैदर रखा। उनका ख़ानदानी सिलसिला हज़रत इमाम हुसैन तक पहुँचता है। उन्हें प्यार से तोता भी कहा जाता था लेकिन अदबी दुनिया में वो ऐनी आपा कहलायीं। उन्होंने उर्दू अदब को ख़ूब मालामाल किया। उनकी लिखी हुई कई किताबें निसाब (पाठ्यक्रम) में शामिल हैं। तक़रीबन दो दर्जन ज़बानों में उनके अफ़सानों और नाविलों का तर्जुमा हुआ। उन्होंने अपनी ज़िन्दगी का एक ख़ूबसूरत हिस्सा लखनऊ में गुज़ारा।

वो लखनऊ में आई.टी. कॉलेज की तालिबा (छात्रा) थीं। उनकी एक नज़दीकी सहेली दाराब बानो वफ़ा उर्दू की बेहतरीन शायरा थीं जिनका अभी पिछले दिनों इन्तिक़ाल हो गया। उनकी मौत पर ऐनी आपा ने बड़ा ख़ूबसूरत और पुरअसर (प्रभावी) मज़मून लिखा था जिसको पढ़ कर आँखें नम हो जाती हैं। उनकी पहली कहानी 'काठ गोदाम का स्टेशन' है जो उन्होंने छः बरस की उम्र में लिखी थी। उनके अफ़सानों के मजमूओं (संग्रहों) 'सितारों से आगे', 'शीशे का घर', 'पतझड़ की आवाज़' और 'रौशनी की रफ़्तार' ने उर्दू फ़िक्शन की दुनिया में हंगामा बरपा कर दिया। उनके नाविल 'मेरे भी सनम ख़ाने', 'आग का दरिया', 'आखिरे शब के हमसफ़र', 'कारे जहाँ दराज़ है', ने उर्दू अदब के आसमान पर उनके नाम की

कहकशाँ सजायी। 'गर्दिशे रंगे चमन' की चाँदनी बेगम, 'चाय के बाग़', 'अगले जनम मोहे बिटिया न कीजो', 'दिलरुबा', 'सीता हरन' और 'हाउसिंग सोसाइटी' वग़ैरा ने सारी दुनिया से उनकी अनोखी तहरीरों का लोहा मनवा लिया।

उनके वालिद सज्जाद हैदर यल्दरम उर्दू के बड़े अफसाना निगार थे। वो बड़े बड़े सरकारी ओहदों पर फ़ाएज़ (पदासीन) रहे। 1943 ई. में उनका इन्तिक़ाल लखनऊ में हुआ और वह ऐशबाग़ क़ब्रिस्तान में सिपुर्दे ख़ाक किये गये। ऐनी आपा लखनऊ के आई.टी. कालेज में अंग्रेज़ी की लेक्चरर भी रहीं। वो बी.बी.सी. से भी वाबस्ता (सम्बद्ध) रहीं। उन्होंने एक फ़िल्म 'एक मुसाफ़िर एक हसीना' भी लिखी लेकिन फ़िल्मी ज़िन्दगी उन्हें रास नहीं आयी और वह सहाफ़त (पत्रकारिता) की तरफ़ दोबारा लौट आयीं। उन्होंने लन्दन से जर्नलिज़्म का कोर्स भी किया। तीन बरस तक Imprint मुम्बई में मैनेजिंग एडीटर और एक साल बहैसियत एडीटर काम किया लेकिन जब गोवा के एक कारोबारी ने इस अंग्रेज़ी मैगज़ीन को ख़रीद लिया तो उन्होंने इस्तीफ़ा दे दिया और फिर Illustrated Weekly of India के एडीटोरियल बोर्ड में शामिल हो गयीं। वो जामिया मिल्लया इस्लामिया और अमेरिका में विजिटिंग प्रोफ़ेसर भी रहीं। ऐनी आपा को साहित्य एकेडमी एवार्ड, सोवियत लैण्ड नेहरू अवार्ड, ग़ालिब एवार्ड, ज्ञानपीठ एवार्ड और इक़बाल सम्मान के अलावा दीगर कई एवार्ड्स भी मिल चुके हैं। अगर वो एक हिन्दुस्तानी ज़बान की क़लमकार न होतीं तो अदब में नोबुल प्राइज़ की हक़दार होतीं। वो सुल्तान शाह मोहम्मद आरिफ़ (सज्जादानशीन, मझगवाँ शरीफ़) से बेपनाह अक़ीदत रखती थीं। अपने नाविल 'गर्दिशे रंगे चमन' में उन्होंने तक़रीबन पचास अवराक़ (पन्नों) पर सुल्तान शाह मोहम्मद आरिफ़ और उनके ख़ानवादे (घराने) को अपनी अक़ीदत और एहतराम से सजाया है। बज़ाहिर वो बहुत तुनक मिज़ाज और गुस्सेवर ख़ातून मशहूर थीं मगर अन्दर से रेशम जैसी मुलायम और खिरनी जैसी मीठी थीं। सुल्तान शाह मोहम्मद आरिफ़ उनकी ज़िन्दगी में जब भी देहली जाते तो उन्हीं के घर पर क़याम फ़रमाते थे।

अस्सी बरस की ऐनी आपा आरिफ़ मियाँ पर अक़ीदतों के फूल निछावर करते वक़्त दस बरस की मासूम बच्ची जैसी लगती थीं। बेहद ख़ूबसूरत होने के बावजूद वो ताउम्र (आजीवन) कुँवारी ही रहीं। एक वाक़िया मशहूर है कि उनके वालिद के ज़माने में एक आई.सी.एस. अफ़सर उनको देखने के लिए उनके घर तशरीफ़ लाये, मेज़ पर नाश्ता सजाया गया, ऐनी आपा भी बैठी थीं। जैसे ही उस आई.सी.एस. अफ़सर ने चाय में बिस्कुट डुबो कर खाना शुरू किया, ऐनी आपा फ़ौरन उठ कर अन्दर चली गयीं। वालिद साहब के पूछने पर उन्होंने कहा कि जिस शख़्स को चाय पीने की तमीज़ न हो उसके साथ ज़िन्दगी कैसे गुज़ारी जा सकती है।

उर्दू में फ़िक्शन निगारी की शहज़ादी ऐनी आपा मिज़ाजन बहुत सख़्त या बहुत ज़्यादा Choosy थीं। उनसे अपनी किताबों पर राय लिखवाने के लिए हिन्दुस्तान और पाकिस्तान के नामवर शायर और अदीब हज़रात उनके घर का चक्कर काटते रहते थे। सिफ़ारिशों और ताल्लुक़ात का बेजा इस्तेमाल करने से भी नहीं चूकते थे। एक बहुत मशहूर शायर जिनको पद्मश्री से भी नवाज़ा गया था, ऐनी आपा से अपनी किताब पर उनकी राय लिखवाने के लिए कई दिनों से देहली में मुक़ीम थे। मलिकज़ादा जावेद, ऐनी आपा के पसन्दीदा नवजवानों में शुमार किये जाते थे। उन शायर साहब ने मलिकज़ादा जावेद को बहला फुसला कर इस बात पर आमादा कर लिया कि ऐनी आपा के दस्ते मुबारक (शुभ हाथों) से उनके शेरी मजमुये पर एक मज़मून लिखवा दीजिए। मलिकज़ादा जावेद कई दिनों तक आदत के मुताबिक़ मीठी-मीठी बातों के ज़रिये ऐनी आपा को इस बात पर आमादा करने में मसरूफ़ रहे और एक दिन मुनासिब मौक़ा देखकर उन्होंने ऐनी आपा तक उन शायर साहब की गुज़ारिश पहुँचा दी। ऐनी आपा जंगल की आग की तरह भड़क उठीं। मलिकज़ादा जावेद ने ऐनी आपा से हाथ जोड़ कर अर्ज़ किया कि आपा! ये बेचारा शायर आपके क़लम से निकले हुए चन्द जुमलों के लिए कई दिनों से होटल का किराया अदा कर रहा है। ऐनी आपा ने झुँझलाते हुए कहा कि जावेद! मैं इस शायर के होटल का किराया तो अदा कर सकती हूँ लेकिन नमाज़े अदब क़ज़ा नहीं कर सकती।

ऐनी आपा के बारे में पूरे इलाक़े में ये मशहूर था कि वो लिपस्टिक के बग़ैर घर के एक कमरे से दूसरे कमरे में नहीं जाती थीं। ये और बात है कि दुनिया जिसे लिपस्टिक समझती थी वो उनके अन्दर की वीरानी को छुपाने के लिए एक ख़ुशरंग नक़ाब थी जो हमेशा उनके चेहरे पर पड़ी होती थी।

उनकी सब से क़रीबी सहेली दाराब बानो वफ़ा ने भी शादी नहीं की थी। मैं अकसर उनसे कहता था कि बाजी! जब औरत शादी नहीं करती है तो Abnormal हो जाती है और जब मर्द शादी कर लेता है तो Abnormal हो जाता है।

तुम्हारी याद खड़ी थी फ़सीले शहर के पास

डॉक्टर साग़र आज़मी दीनदार घराने से ताल्लुक़ रखते थे। मुशायरों की बेदीनी से पहले ख़ुद भी बहुत दीनदार थे। आज़मगढ़ की मज़हबी और इल्मी फ़ज़ा से परवाज़ करता हुआ एक नवजवान जब बी.यू.एम.एस. का कोर्स करने के लिए शेरो अदब के दारुस्सल्तनत (राजधानी) पहुँचा तो उसकी आँखों में क़स्बों की मासूमियत, चेहरे पर नये मौसमों की ताज़गी और गुफ़्तगू में शर्मीलापन मौजूद था। लेकिन लखनऊ की रंगीन आबो हवा, बादवो साग़र (शराब और पैमाना) में डूबे हुए अदबकदे और लड़खड़ाते हुए क़दमों से स्टेज पर चढ़ते और उतरते हुए शायरों की सोहबतों ने डॉक्टर साग़र आज़मी की दीनदारी और तौबा के परख़चे उड़ा दिये। खुमार बाराबंकवी, नाज़िर ख़य्यामी और कृष्ण बिहारी नूर जैसे हरदिल अज़ीज़ शायरों की सोहबत में पहुँचते ही साग़र भाई ने भी अपने आपको बोतलों में क़ैद कर लिया। साग़र भाई मुमकिन है कि बहुत बड़े शायर न रहे हों लेकिन तहज़ीब के एतबार से वह सचमुच के बड़े आदमी थे। बड़ों का एहतराम और छोटों से मोहब्बत करते थे। मुशायरे की दुनिया में एक ज़माने तक वह दिलों पर हुकूमत करते रहे। इस लिहाज़ से भी वो ख़ुशनसीब थे कि उम्र के आख़िरी पड़ाव तक उनकी मक़बूलियत (लोकप्रियता) की शाख़ें हरी भरी रहीं। एक मुद्दत तक उन्होंने दिल खोल कर शराबनोशी की, लाखों रुपये कमाये और उससे ज़्यादा दौलत शराबनोशी में उड़ा दी यानी सेहत की क़ीमती दौलत भी दोस्त नवाज़ी और मयनोशी की नज़्र (भेंट) हो गयी।

तीस बरस मुशायरे के सहरा (जंगल) में गुज़ारने के बाद अन्दाज़ा हुआ कि इस दुनिया के लोग जितने बुरे, बेवफ़ा, मौक़ापरस्त और कारोबारी हैं, उतने बुरे लोग दुनिया के उस घिनौने पेशे में भी नहीं होंगे जिसके बाज़ार सिर्फ़ रात के अँधेरे में लगते हैं। दुनिया के ख़राब से ख़राब पेशे के लोगों में भी आपसी एत्तहाद (एकता) बहुत होता है लेकिन मुशायरे के शोअरा तो अक्सर अपनी अदीमुलफुर्सती (व्यस्तता) और कारोबारी ज़ेहनियत की वजह से अपने तीस साल पुराने शायर दोस्त की बेटी के निकाह तक में शरीक़ नहीं होते हैं। ये ख़ुदगर्ज़ी की वो इन्तिहा है जहाँ पहुँच कर अपने अशरफ़ुलमख़्लूक़ात होने पर शर्मिन्दगी होती है।

यूँ तो दुनिया हमेशा उरूज वालों (ऊँचे लोगों) के साथ रहती आयी है लेकिन वह शायर जो शहरों-शहरों एख़लाक़ और किरदार की पाकीज़गी का इश्तिहार (विज्ञापन) बने रहते हैं, उरुजो ज़वाल (उत्थान और पतन) को एक ही सिक्के का दूसरा रुख़ बताते हैं, लेकिन किसी भी दोस्त की शोहरत का चाँद गहन (ग्रहण) में आते ही सबसे पहले साथ छोड़ देते हैं। लोग बताते हैं कि जिगर साहब जब पहली बार कलकत्ता आये थे तो कैनिंग स्ट्रीट में अपने किसी दोस्त की दुकान पर रात गुज़ारी थी। उसी कलकत्ता में जब उनके उरूज का वक़्त आया तो उन्होंने सब कुछ क़ुबूल कर लिया मगर दोस्त की दुकान का बिस्तर नहीं छोड़ा और जब भी कलकत्ता आये, रात हमेशा अपने दोस्त की दुकान में ही बसर की। इन तहज़ीबी कद्रों (मूल्यों) के लोग यूँ तो अब किसी भी शोबे (क्षेत्र) में नहीं रह गये हैं, फिर भी तलाश करने पर इक्का दुक्का सदाये ज़ंज़ीर की सूरत में मिल ही जाते हैं। लेकिन इस मुहावरे की सदाक़त देखने के लिए किसी डूबते हुए जहाज़ पर जाने की ज़रूरत नहीं है, मुशायरे के शायरों में इस मुहावरे की सच्चाई के सुबूत मिल जाते हैं।

साग़र भाई उम्र के आख़िरी पड़ाव में कमोबेश इस तजरुबे की भेंट चढ़ गये थे। मुशायरे में सबसे ज़्यादा ठाठ बाठ के साथ शरीक होते। मुशायरों की दुनिया में सचमुच अमीरज़ादों जैसी ज़िन्दगी गुज़ारी। कभी ऐसी घटिया हरकत नहीं की जिससे बिरादरी की आबरू पर हर्फ़ आता। हमेशा हवाई जहाज़, एयरकन्डीशन्ड डिब्बों और टैक्सियों से सफ़र किया। ख़ूब कमाया तो ख़ूब ख़र्च भी करते थे। मेज़बानी में राहत इन्दौरी का नाम दूसरे नम्बर पर आता है। कार ख़रीद ली तो बहुत से अहबाब उनके साथ ही सफ़र करते थे। उनका दस्तरख़्वान फ़क़ीरी और बादशाही का मिला जुला असर पेश करता था। उनके घर में शायद दोस्तों की हमेशा एकाध टीम मौजूद रहती थी। बाराबंकी या आसपास के हर मुशायरे के दिनों में उनका डायनिंग रूम रेलवे स्टेशन का वेटिंग रूम बन जाता था।

कई बरस पहले की बात है मैं अपने दोस्त को उनका इम्पोर्टेड वी.सी.आर. पहुँचाने के लिए रायबरेली से लखनऊ जा रहा था। रास्ते में एक पुलिस अफ़सर की कार से मेरी जीप टकरा गयी। कार को जीप के मुक़ाबले ज़्यादा नुक़सान पहुँचा था। हालाँकि ग़लती सरासर पुलिस कार की थी लेकिन इस मुल्क में ग़लती पर वही होता है जो कमज़ोर होता है और अगर मामला अक़लियत (अल्पसंख्यक) का हो तो कई ऐसे शवाहिद (गवाह) भी सामने आ जाते हैं कि आदमी काँप उठता है। मैंने इन हालात में रिस्क लेना मुनासिब नहीं समझा और गाड़ी बाराबंकी वाले रास्ते पर दौड़ा दी। दिल में ये डर भी बैठा हुआ था कि पुलिस अफ़सर का मामला है लिहाज़ा तमाम शहर की पुलिस मुझे तलाश करना शुरू कर देगी और अगर मैं पुलिस की गिरफ़्त में आ गया तो बीस हज़ार रुपये का वी.सी.आर. तो

ज़ब्त ही होगा, साथ में मुझ पर स्मगलिंग की दफ़ा भी लगायी जायेगी। लिहाज़ा मैंने पूरे होशोहवास और चालाकी के साथ बाराबंकी का रास्ता पकड़ लिया। दोपहर का वक़्त था, साग़र भाई ग़ालिबन आराम कर रहे थे। मुलाज़िम ने जब बताया कि 'मुनव्वर राना आये हैं' तो उन्होंने फ़ौरन ही डायनिंग रूम खुलवाया, मुझसे हाथ मुँह धोने को कहा, फिर फ़ौरन ही डायनिंग टेबिल की तरफ़ ले गये जहाँ भरा पुरा दस्तरख़्वान मेरा इन्तिज़ार कर रहा था। खाना खाने के दौरान मैंने उन्हें सारा माजरा सुनाया फिर साग़र भाई मुझे अपने ख़ूबसूरत कमरे में ले गये और कहा, "अभी धूप में तेज़ी बहुत ज़्यादा है, ज़रा तपिश कम होने दीजिए फिर सफ़र का इरादा कीजियेगा।" मैंने तक़रीबन पाँच बजे वहाँ से रायबरेली जाने के लिए दूसरा रास्ता अख़्तियार किया। अपने ड्राइवर के ज़रिये साग़र भाई ने मेरी गाड़ी को शहर से बाहर निकलवा दिया ताकि उन्हें इत्मीनान रहे कि मुनव्वर आराम से रायबरेली पहुँच जायें। बहरहाल मैं रायबरेली से दूसरे दिन लखनऊ पहुँचा मेरे लखनऊ पहुँचने के थोड़ी ही देर बाद अंजुम बाराबंकवी एक स्कूटर पर मेरा वी.सी.आर. रखे हुए मेरे दफ़्तर आये और वी.सी.आर. मेरे हवाले कर दिया।

ग़रज़ कि साग़र भाई दोस्तों के इश्क़ में ख़ुद भी बर्बाद रहते थे और मेहनत से कमायी हुई दौलत भी फूँकते रहते थे। उनकी शख़्सियत के हुस्न को निखारने में सबसे बड़ा हाथ हमारी भाभी साहिबा यानी उनकी बेगम डॉक्टर सुल्ताना का था। बाराबंकी ज़िले के छोटे-बड़े अफ़सरान में भी साग़र भाई बहुत मक़बूल थे। ज़िला जज की महफ़िल हो या पुलिस के आला अफ़सरान की पार्टी, साग़र भाई हर महफ़िल में ब नफ़्से नफ़ीस मौजूद रहते थे। एक बार मैं और रईस अंसारी, साग़र भाई के साथ इलाहाबाद के एक मुशायरे में शरीक होने जा रहे थे। शहर में दाख़िल होते ही साग़र भाई कहने लगे कि "मेरे एक दोस्त जस्टिस वाजपेयी जो इलाहाबाद हाइकोर्ट के सीनियर जज हैं, यहीं कहीं रहते हैं, मैं उनसे मिले बग़ैर मुशायरे में नहीं जाऊँगा।" ग़रज़ कि हम लोगों को लिए हुए वो जस्टिस साहब के बंगले में दाख़िल हो गये। हम लोगों के वालिहाना (पुरजोश) इस्तक़बाल के बाद जस्टिस वाजपेयी की बेगम साहिबा साग़र भाई से ग़ज़ल सुनने के लिए बज़िद थीं लेकिन साग़र भाई बार-बार यही कहते रहे कि आज मैं आपके दौलतखाने पर दो बहुत अहम शायरों को लाया हूँ लिहाज़ा सिर्फ़ मुनव्वर और रईस शेर सुनायेंगे। आख़िर हम लोगों के बेहद इसरार (ज़िद) पर उन्होंने ने भी एक ग़ज़ल तरन्नुम से सुनायी। उनके तरन्नुम में बेपनाह गुदाज़ और रेशम जैसी मुलायमियत थी। जवानी में जब उनके जिस्म में ताक़त थी, फेफड़ों में बेइन्तिहा जान थी, उस वक़्त साग़र भाई ने मुशायरों में एक ग़ज़ल पढ़ी और रातों रात पूरे हिन्दुस्तान में नवजवानों के सबसे चहेते शायर बन गये। उस ग़ज़ल का ये शेर आज भी बेहद मक़बूल है—

कश्मीर की वादी में बेपर्दा जो निकले हो
क्या आग लगाओगे बर्फ़ीली चटानों में

मुशायरा गाहों में ख़ास तौर पर इस शेर की गूँज में अच्छे-अच्छे शायरों की ग़ज़लें हवा में पत्तों की तरह उड़ जाती थीं। वो अपने भोजपुरी और अवधी गीतों की बदौलत कलकत्ता, मुम्बई और देहली के ग़रीबुल वतन (अपने वतन से दूर बसे) सामिईन (श्रोताओं) के हीरो बने रहते थे। हिन्दुस्तान के मुख़्तलिफ़ शहरों में उनका जश्न बड़े पैमाने पर मनाया गया। मुम्बई में तो उनके लिए एज़ाज़ो इकराम के ढेर लगा दिये गये। ईनाम के तौर पर उनको कई बार एक-एक लाख रुपयों की थैलियाँ पेश की गयीं।

उम्र के आख़िरी दिनों में वो शराब से ताएब हो गये थे (तौबा कर ली थी) बल्कि पंज वक़्ता नमाज़ी भी हो गये थे। पड़ोस की मस्जिद में कभी-कभी मुअज़्ज़िन (अज़ान देने वाला) के फ़रायज़ भी अदा करते थे। जब तक मयनोशी करते थे सुबह होते-होते होश में नहीं रह जाते थे लेकिन अल्लाह ने हिदायत दी तो हर वक़्त होश में रहने लगे। फ़ज्र की नमाज़ के बाद देर तक कलामे पाक की तिलावत करते रहते थे और अश्के निदामत (पश्चात्ताप के आँसू) से देर तक किरदार के दामन पर पड़े हुए धब्बों को धोया करते थे। बात-बात में तौबा करते और अपनी बशरी (मानवीय) कमज़ोरियों पर शर्मिन्दा होते थे। शुरू में कई और शायरों को भी दीन की तरफ़ राग़िब करने (मोड़ने) की कोशिश की। मेराज भाई (मेराज फ़ैज़ाबादी) को भी अकसर फ़ज्र के वक़्त फ़ोन करके नमाज़ पढ़ने का मशविरा देते और गुनाहों पर पशेमान (शर्मिन्दा) होने को कहते थे। मेराज भाई ख़ुद ही बेख़्वाबी (अनिद्रा) के मुस्तक़िल शिकार रहते थे। नींद भी उनके पास आने के लिए रात गुज़रने का इन्तिज़ार करती थी। एक दिन मेराज भाई ने अपनी बेख़्वाबी और साग़र भाई की तब्लीग़ से आजिज़ आकर साग़र भाई से ऊँघने के आलम में कह दिया कि "साग़र भाई! अगर आप इतनी सुबह-सुबह फ़ोन करना नहीं छोड़ेंगे तो मैं मजबूरन वही सब शुरू कर दूँगा जो आप छोड़ चुके हैं।" लेकिन साग़र भाई कहाँ बाज़ आने वाले थे। वो बराबर फ़ज्र के वक़्त उन्हें फ़ोन करते रहे लेकिन मेराज भाई ने एक दिन भी अपने दाहिने कन्धे पर बैठे हुए नेकी के फ़रिश्ते को ज़हमत नहीं दी।

ख़ुद की नुमाइश का शौक़ पैदा करने वाले इस ज़माने में भी साग़र साहब की मासूमियत और सादगी उनके चेहरे से फूटती थी। कोई जब उनकी तारीफ़ करने लगता था तो वह लड़कियों की तरह शर्माते थे और अकसर ये भी कहते थे कि "काहे की शोहरत, किस चीज़ का गुरूर, अरे हम तो ऐसे ही गा-बजा लेते हैं।" फिर दोस्तों की तरफ़ इशारा करके कहते थे, "शायर तो ये लोग हैं जिन्होंने अश्आर कहे हैं।" यह कह कर दोस्तों के कई शेर सुना देते थे। दरअस्ल शायरी

वो नहीं होती है जिसे आप मिसरों में क़ैद कर लेते हैं बल्कि अस्ल शायरी तो वो होती है जिसकी ख़ुशबू आपके क़िरदार से आती है, जिसकी चमक से आपकी पेशानी पर उभरी हुई पसीने की बूँदें हीरे जैसी मालूम होती हैं। जबकि एक मग़रूर इंसान की कलग़ी में जड़ा हुआ हीरा सिर्फ़ पसीने की एक बूँद मालूम होता है।

सागर भाई की सादगी और शराफ़त उनका सबसे क़ीमती सरमाया थी। सागर भाई डॉक्टर थे लेकिन वो किताबों वाले डॉक्टर नहीं थे जिनकी किताबें दीमक की ग़िज़ा बन जाती हैं। वो डिग्री के एतबार से जिस्मानी बीमारियों के मुआलिज (चिकित्सक) थे, शायर की हैसियत से ज़ेहन और दिल की पेवन्दकारी करते थे लेकिन अच्छे मसीहा की सबसे बड़ी ख़ूबी यही होती है कि उसे अपनी टूट फूट का पता ही नहीं चलता है और अगर पता चल भी जाये तो वह उस पर ज़्यादा ध्यान नहीं देता है। यही सूरते हाल सागर भाई के साथ भी थी। उन्हें इसका एहसास तक नहीं हुआ कि दिल की पेवन्दकारी में ताख़ीर (देरी) उनके लिए मुनासिब नहीं है और मौत का फ़रिश्ता तो ज़िन्दगी की इसी कोताही और छोटी-सी भूल की तलाश में रहता ही है। मैं सिर्फ़ चालीस घण्टे पहले जिस शख़्स के साथ भदोही के मुशायरागाह में बैठा हुआ था अचानक उसी शख़्स ने अपने जिस्म की मिट्टी को ज़मीन की मिट्टी के हवाले किया, आँखें बन्द कीं और हमेशा के लिए सो गया। बक़ौल कृष्ण बिहारी नूर—

मर भी जाओ तो नहीं मिलते हैं मरने वाले
मौत ले जा के ख़ुदा जाने कहाँ छोड़ती है

हमारी तनक़ीदी कसौटी का सबसे बड़ा मसला तो यही रहा है कि अपनी चौधराहट को क़ायम रखने के लिए मुशायरे को कभी अदब का हिस्सा तस्लीम ही नहीं किया गया। इस गुनाह में ऐसे-ऐसे तनक़ीद निगार (विवेचक) शायर हज़रात भी पेश-पेश रहे जो मुशायरे पाने के लिए सारी ज़िन्दगी खुशामद के कुएँ में आरज़ूओं का डोल डाले रहे हैं। ज़रूरत इस बात की है कि आज़ादी के बाद की अदबी तारीख़ फिर से तरतीब दी जाये, ताज़ा दम और सेहतमन्द अदब तहरीर करने वालों की ख़िदमात हासिल की जायें ताकि इस पचास बरस की अदबी नाइंसाफियों के चेहरे से पर्दा उठाया जा सके। ख़ास तौर से मुशायरे में पढ़ी जाने वाली शायरी का तजज़िया (विश्लेषण) ईमानदारी से किया जाना चाहिए, जिससे अदबी ख़जाने में ख़ातिर ख़्वाह इज़ाफ़ा हो सकेगा। इस तरह बददियानती की कालिख भी साफ़ हो सकेगी, हक़दार शायरों को उनका हक़ मिल सकेगा और नयी नस्ल मुशायरागाह में बैठकर अच्छे और बुरे शेर की शिनाख़्त करना सीख जायेगी।

इस शहूर को शहूद-सा दीवाना चाहिए

कलकत्ते की उर्दू दुनिया पर बुरा वक़्त है। यह बस्ती क़लन्दरों से ख़ाली हो रही है। अदब के नाज़बरदार उठते जा रहे हैं। शहूर की सड़कें जाने पहचाने शहरी सहरा नवर्दों के क़दमों के निशानात से महरूम (वंचित) होती जा रही हैं। क्या ये तमाम गलियाँ अँधेरी रातों के मुसाफ़िरों को ढूँढती रह जायेंगी? फ़क़ीरों और दुर्वेश सिफ़त शायरों की वह नस्ल नापेद (ग़ायब) होती जा रही है जिनकी जुरअते रिन्दाना के सामने अमीराने शहूर सर झुकाये रहते थे। कलकत्ता, ऐ कोलकता! तेरे दीवाने तेरी महफ़िल से उठते जा रहे हैं, तुझ पर अपना लड़कपन और जवानी निछावर करने वाले नायाब होते जा रहे हैं। तेरी तन्हाइयों के साथी मिट्टी के बिस्तरबन्द में लपेटे जा रहे हैं। तेरी उदास रातों की उम्मीद के जुगनुओं को हालात के कीड़े-मकोड़े खाये जा रहे हैं...लेकिन कलकत्ता, मेरे प्यारे कोलकता! तू भूले से भी उन्हें भूल न जाना। तू उनको भूलेगा भी नहीं क्योंकि तेरी यादों की पुरानी एलबम में तस्वीरों की एक दुनिया आबाद है। तेरी आँखों में अभी तक तुझसे रूठ कर जाने वालों के आँसू मौजूद हैं। अभी तेरी फ़ज़ाओं में उन आवाज़ों की हुक़्मरानी है जिन आवाज़ों पर तू अपने अलसाये हुए जिस्म के बावजूद आँखें खोल देता था। तेरे दरो दीवार पर अभी तक वो चेहरे रखे हैं जो तेरी शान के लिए मर मिटे। लेकिन प्यारे कलकत्ता! तू शहूर कहाँ है...तू तो दरिया है...वो दरिया जो मुँह ज़ोर नदियों को सीने से चिमटाये हुए समन्दर की तरफ़ सरकता रहता है। तू हज़ारों बरस से शहूर के गन्दे नालों को अपने पास बुला कर धोता माँजता और पाक करता है, फिर उस साफ़ सुथरे पानी को वापस शहूर की ओर भेजता है। तेरे इस पानी में इतनी पाकीज़गी है कि कई सौ बरस से नमाज़ी इसी पानी से वज़ू करते हैं। कलकत्ता! तेरी धुली धुलाई सड़कों को हम अपने सजदों के निशान से मुनव्वर करते आ रहे हैं। कलकत्ता! तेरी बड़ी-बड़ी आँखों में हमने वो आँसू देखे हैं जो इंसानियत के क़त्ल पर सैलाब बन जाते हैं। तेरे जिस्म से अभी तक क़लन्दरी के इत्र की ख़ुशबू आती है। तेरे होंठों पर अभी तक टैगोर और वहशत के तराने है। तेरे ज़ख़्मों से अभी तक नजरुल और सुखान्तो का

दर्द झलकता है। तेरी मासूमियत से अभी तक मदर टेरेसा के चेहरे का तक़द्दुस (पवित्रता) उभरता है। तेरे मेमारों (निर्माताओं) के झुर्री ज़दा हाथों में अभी तक बालू और मिट्टी लगी हुई है। तेरी मस्जिदें अब भी तुझको नींद की आग़ोश (गोद) से जगाती हैं। तेरी ख़ानक़ाहें अभी तक इन्सानियत और फ़क़ीरी का दर्स (शिक्षा) देती हैं। तेरे मन्दिरों की मुतरन्निम (सुरीली) घंटियाँ अभी तक अपने चाहने वालों को आवाज़ देती हैं। तेरे माथे पर अभी तक गंगा के पानी में घिसे हुए चन्दन का टीका मौजूद है। तेरे पंडालों में ज़ुल्म और नाइंसाफ़ी के ख़िलाफ़ दुर्गा और काली की मूरतें बात करती हैं लेकिन उनकी बाज़गश्त (प्रतिध्वनि) दिलों से सुनी और रूहों से महसूस की जाती है। मेरे प्यारे कोलकता! मैं जानता हूँ कि अब तू टूट रहा है... तू अब थोड़ा-थोड़ा थक भी रहा है लेकिन तेरी चाल में बुढ़ापे की लड़खड़ाहट नहीं है। तेरी चाल की लड़खड़ाहट से तो उस मुजाहिद (धर्म योद्धा) की शान टपकती है जो गुलामी की ज़ंजीरों को अपने ख़ून की हिद्दत (तपन) से पिघला कर वापस लौटता है। तेरी लड़खड़ाहट से तो उस सिपाही का गुरूर टपकता है जो मैदाने जंग में टाँगें गँवा कर बैसाखी के सहारे अपने गाँव की तरफ़ एतमाद (विश्वास) के साथ लौटता है। तेरी लड़खड़ाहट में उस मज़दूर का बाँकपन मचलता है जो अपने पसीने की ख़ुशबू से अपने बच्चों के मुस्तक़बिल (भविष्य) को मुअत्तर (सुगन्धित) करता है। ऐ मेरे बूढ़े कलकत्ता! मैं तेरा तीस बरस पुराना जवान दोस्त हूँ। तूने मुझे लड़कपन के ज़माने में हज़ारों मील दूर उत्तर प्रदेश के शहर रायबरेली के एक छोटे-से मोहल्ले से बुलाकर दोस्ती की थी। देख कलकत्ता! मुझसे कुछ मत छुपा। दोस्त तो हज़ारों मील दूर बैठ कर भी अपने आँसुओं की रंगत से दोस्त के उदास रंग चेहरे को पहचान लेता है और आज तो मैं तेरे आँसुओं में अपने ख़ून की रंगत महसूस कर रहा हूँ। मैं तेरे चेहरे की झुर्रियों को पहचानता हूँ। मैंने बहुत किताबें नहीं पढ़ी हैं, मैंने कालेज और यूनिवर्सिटी की सब सीढ़ियाँ नहीं चढ़ी हैं लेकिन मैंने तेरे चेहरे की किताब में तेरे ग़म पढ़े हैं, तेरी तारीख़ पढ़ी है। तेरी झुर्रियों में अपने मुस्तक़बिल का एक-एक लफ़्ज़ मैंने पढ़ा है। ख़ैर, छोड़ कलकत्ता इस अजनबीयत को और मेरे पास आकर थोड़ी देर के लिए बैठ जा। आज मैं तुझे तेरी उदासी का सबब बताऊँगा, तेरी ख़ामोश उदासी को अपनी ज़बान दूँगा, तेरे जज़्बे की सदाक़त (सच्चाई) को अपने आँसुओं से धोकर और भी आबदार (चमकीला) करूँगा। तेरी इस हद दर्जा उदासी को बोलने के लिए मैं अपनी उर्दू ज़बान दे रहा हूँ। तो सुन कलकत्ता, मेरे प्यारे कोलकता! आज तू इसलिए उदास है कि आज फिर तेरा एक चहेता बेटा जो तेरा दोस्त भी था, तेरी उदासियों का राज़दार भी था, ख़ामोशियों के सफ़र में तेरा हम ज़बान भी था, तेरा हम मिज़ाज भी था...वो आज

तुझसे रूठ कर, तुझे छोड़ कर एक तंगो तारीक क़ब्र में जाकर लेट गया है और मनों मिट्टी ने उसके ढीले ढाले पिंजर को इस तरह छुपा लिया है जैसे डरा हुआ बच्चा माँ की आग़ोश में छुप जाता है और माँ उस पर ममता की चादर डाल देती है। आज तू इसलिए उदास है कि शहूद आलम आफ़ाक़ी ने तुझसे बेवफ़ाई की है, बरसों पुराना अह्दे वफ़ा तोड़ा है। हाँ-हाँ, शहूद आलम आफ़ाक़ी...जिस क़लन्दर मिज़ाज फ़क़ीराना सिफ़त शायर और दानिशवर (बुद्धिजीवी) को उसके हज़ारहा चाहने वाले मेरी तरह 'शहूद भाई' कहते थे।

शहूद भाई से मेरी पहली मुलाक़ात तक़रीबन तीस बरस पहले वसीम भाई के फ़िल्म वीकली के दफ़्तर में हुई थी। वसीम भाई ने शहूद भाई से मेरा तआरुफ़ अपने छोटे भाई की हैसियत से कराया था और ये भी कहा था कि अनवर राना चचा के लड़के हैं, इन्हें शायरी करने और कहानियाँ लिखने का शौक़ है। मेरी कई कहानियाँ 'फ़िल्म' वीकली में शाया (प्रकाशित) भी हुई थीं। उन दिनों मैं सिर्फ़ मुनव्वर अली था लेकिन अपने मिज़ाज से मुताबिक़त (अनुकूलता) रखने वाला एक तख़ल्लुस भी नाम के साथ जोड़ कर रखता था यानी मुनव्वर अली के साथ 'आतिश'। शहूद भाई ने मुझसे शेर सुने फिर एक काग़ज़ पर मुझसे मेरे छः क़तआत (मुक्तक) लिखवाये और माहनामा 'शहूद' के अगले शुमारे में शाया कर दिया। उनकी इस बेग़रज़ (निःस्वार्थ) करम फ़रमाई से फ़ैज़याब (लाभान्वित) होने वाले हम अकेले नहीं थे बल्कि अगर पूरी ईमानदारी से तलाश किये जायें तो कम अज़ कम डेढ़ सौ ऐसे शायर व अदीब सारे हिन्दुस्तान में मौजूद हैं जिनकी अदबी उड़ान के पर माहनामा 'शहूद' के घोंसले में निकले। उनमें से कई के बाज़ुओं की मछलियों से शहूद भाई की मेहनत और ख़ून झलकता है, बहुत से उस वक़्त के नव मश्क़ शायर व अदीब तो आज अदब का हवाला बने हुए हैं लेकिन शहूद ने कभी अपनी ज़बान से किसी को शागिर्द नहीं कहा। सिर्फ़ यह कह कर टाल जाते थे कि मेरे दोस्त हैं, मेरे छोटे भाई हैं, फ़लाँ शहर के नवजवान शायर हैं। शहूद भाई अपने हर शागिर्द का बहुत ख़याल रखते थे। अगर किसी सीनियर शायर से उनका कोई शागिर्द बद कलामी कर लेता तो बहुत डाँटते थे, फिर उसे रिश्तों की ऊँच-नीच समझाते थे कि मेरे रिश्ते से यह तमाम लोग तुम्हारे चचा का दर्जा रखते हैं लिहाज़ा इनकी तौहीन हर तरह से मेरी तरबियत की तौहीन है।

शहूद भाई ने शेर कहना खुद सीखा लेकिन शेर की रूह तक पहुँचने का फ़न अपने उस्ताद अल्लामा अब्र अहसनी गुन्नौरी से हासिल किया। अपनी मेहनत और ख़ुदादाद सलाहियत के बिना पर उन्हें शायरी के फ़न पर बहुत क़ुदरत हासिल हो गयी थी। वो अपनी ज़िहानत और मुस्तनद (प्रमाणित) उस्ताद की तरबियत से ग़ज़ल के बड़े कारीगरों में शुमार होते थे। फ़न उन पर भरोसा

करता था और ग़ज़ल उन पर एतबार करती थी। अपने खुरदरे लहजे को ग़ज़ल बनाना उनका अपना फ़न था। नये क़ाफ़ियों और रदीफ़ों से उन्होंने ग़ज़ल को इस तरह आरास्ता किया कि ग़ज़ल ने मुजरा करती हुई तवायफ़ का लिबास उतार कर सड़क के पत्थर कूटने वाली औरत के फटे पुराने कपड़े पहन लिए। उन्होंने ग़ज़ल के हाथों से कासए गदाई (भिक्षापात्र) छीनकर उसके हाथों में एहतिजाज (विरोध) का असलहा दे दिया। मामूली लफ़्ज़ों की तरतीब और तहज़ीब से ग़ज़ल को सदियों पुराने पीक ज़दा जीनों वाले कोठे से उतार कर उसे झाँसी की रानी और रज़िया सुल्तान बना दिया। शहूद भाई फ़न के सिलसिले में बहुत हस्सास (भावुक) थे, किसी के नामौज़ूँ मिसरे पर उनके कान यूँ बजते थे जैसे बैंक में ख़तरे का एलार्म बजता है। फ़ौरन शायर के मिसरे को सीधा करके दोहराते कि शायद परिन्दा घर भूल गया है लेकिन जब शायर सँभाला लेने के बजाए फिर वही ग़लती करता तो मुस्कुरा कर इधर-उधर देखते और ख़ामोश हो जाते। शहूद भाई की मुस्कुराहट से अकसर कलाम पढ़ने वाले शायर के उस्ताद की आबरू ख़तरे में पड़ जाती थी। मैं तो मुशायरागाह के बाहर उन्हें पहले ही अपनी ग़ज़ल सुना कर उनकी मुस्कुराहट का सारा ज़हर निचोड़ लेता था। उनके मुख़ालिफ़ीन भी उनकी उक़ाबी नज़रों की चमक से अपनी इस्लाह कर लेते थे। शहूद भाई का हर ज़माने में एक ज़माना मुख़ालिफ़ रहा है। उनको नापसन्द करने वालों में मूँछ वाले और दाढ़ी वाले सभी थे। उनका हक़ छीनने में साहिबे ईमान भी थे और मसलके कुफ़्र के निगहबान भी–

दावरे हश्र मेरा नामए आमाल न देख
इसमें कुछ पर्दा नशीनों के भी नाम आते हैं।

लेकिन तीस बरस के मरासिम (मेल मिलाप) में शहूद भाई को मैंने किसी का हक़ मारते नहीं देखा, किसी की ग़ीबत (पीठ पीछे बुराई) करते नहीं सुना, कभी हक़ बात कहने या लिखने से भी नहीं चूके। माहनामा 'शहूद' पूरे मुल्क में अपनी दियानतदारी के लिए मशहूर था। शहूद भाई हमेशा सेहतमन्द तनक़ीद (समीक्षा) के हामी थे। कहीं पर शहूद भाई अगर अख़लाक़ी मसलहत (नैतिक मजबूरी) की बिना पर लब कुशाई नहीं करते थे तो ऐसे मक़ाम पर मुस्कुराते ज़रूर थे। यह और बात है कि उनकी मुस्कुराहट से भी ख़ुद साख़्ता (स्वयं भू) क़िस्म के नाखुदाए सुख़न की अदबी नय्या डगमगाने लगती थी। शहूद भाई उस वक़्त मुझे बहुत अच्छे लगते थे जब वो अपने ज़ईफ़ और नहीफ़ (कमज़ोर) वालिदे बुज़ुर्गवार को उनके गुर्बतज़दा लिबास के बावजूद ग्राण्ड होटल और ग्रेट ईस्टर्न होटल के मुशायरों में हाथ पकड़ कर लाते थे। शहूद भाई अपनी बातचीत और अपनी शायरी के चेहरे पर कोई कोल्ड क्रीम नहीं मलते थे। उनकी गुफ़्तगू, उनकी

ज़िन्दगी, उनके लिबास, की बेतरतीबी, उनकी चाल ढाल और उनकी बे नयाज़ी हमेशा उस मक़ाम पर रही जहाँ से होकर क़लन्दरी का रास्ता जाता है। वो अपने आपको कम और ग़म में ख़ुश रख कर हमेशा क़नाअत पसन्दी (सन्तोष प्रियता) का इश्तहार बने रहते थे। एक दिन बातों-बातों में कहने लगे कि रिटायरमेंट के बाद आदमी को फ़ौरन मर जाना चाहिए क्योंकि फिर आदमी की हैसियत हवा निकले गुब्बारे जैसी होकर रह जाती है। साथ में ये भी कहते कि... लेकिन इसमें बेचारे गुब्बारे का क्या क़ुसूर है। फिर ख़ुद ही हँस कर कहते कि ट्राम कम्पनी पेंशन नहीं देती, शायरी दाल-रोटी नहीं देती, उर्दू एकेडमी वज़ीफ़ा नहीं देती और अरबाबे अदब मुनासिब जगह नहीं देते—

बता ऐ ज़िन्दगी हम धूप से बचने कहाँ जायें
दरख़्तों पर ख़िज़ाँ ने एक भी पत्ता नहीं छोड़ा।

मुझे नाज़िमे मुशायरा (मुशायरा संचालक) बनाने में उनका बड़ा हाथ था। उन दिनों बेलगछिया में आये दिन मुशायरे और नशिस्तें (गोष्ठियाँ) हुआ करती थीं। मुझे वहाँ पर बुलाते और मुझसे निज़ामत कराते थे। बेलगछिया की मोहरे तस्दीक़ (सत्यापन की मोहर) के बग़ैर अदबी शख़्सियत अधूरी रहती है और शायद ये सच भी है क्योंकि पूरे हिन्दुस्तान के किसी एक छोटे से मोहल्ले या किसी एक बस्ती में इतने सुख़न फ़हम (साहित्य मर्मज्ञ) एक साथ नहीं मिल सकते हैं। शहूद भाई किसी न किसी बहाने बेलगछिया की सुनसान रातों को आबाद रखना चाहते थे। कलकत्ते के उर्दू शायरों और अदीबों में मिज़ाह (हास्य) की हिस (पुट) बहुत कम है या यूँ कहिए कि उमूमन (आमतौर पर) बेहिस (संवेदना विहीन) हैं और शहूद भाई के होठों पर हमेशा कोई दिलचस्प जुमला रक़्स करता रहता था। शहूद भाई ख़ूबसूरत जुमले ऐसे तराशते थे जैसे माली मेंहदी की बाढ़ तराशता है, जैसे पत्थरों से खेलने वाला संग तराश बुत तराशता है, जैसे स्कूली बच्चा पेंसिल तराशता है और जैसे रोज़ेदार मिसवाक (दातुन) तराशता है। ख़िज़्रपुर में मुशायरा था। शहूद भाई माइक पर अपना कलाम सुनाने आये। अभी उन्होंने ग़ज़ल का मतला ही पढ़ा था कि किसी गोशे से आवाज़ आयी... एज़ाज़ अफ़ज़ल की ज़मीन है। शहूद भाई एक लम्हे के लिए रुके, जिस सम्त (दिशा) से आवाज़ आयी थी उधर देखा, फिर बोले कि... अफ़ज़ल साहब के पास ज़मीन है कहाँ? वो बेचारे तो ख़ुद मस्जिद में रहते हैं।

हवड़ा में एक मुशायरा था। ग़ालिबन हामी गोरख़पुरी साहब या क़ैसर शमीम साहब की सदारत थी। उस मुशायरे में अज़ीज़ ग़व्वासी मरहूम भी मौजूद थे। बेहद ख़लीक़ (मिलनसार) इंसान थे। सचमुच के महान लोग थे। मुशायरे के बाद बेहतरीन क़िस्म के खाने का इन्तिज़ाम था। सब लोगों ने पेट भर कर खाया

बल्कि एक तरह से ज़्यादा खाना खाया गया। किसी तरफ़ से आवाज़ आयी कि अगर चाय का दौर चल जाता तो रात भर की थकन उतर जाती। शहूद भाई उन दिनों भी बीमार थे बल्कि नये-नये ब्लड शुगर के मरीज़ हुए थे। उन्होंने चाय के तकल्लुफ़ात से ये कह कर इंकार कर दिया कि अब पेट में दवा भी खाने की गुंजाइश नहीं है। इतने में साहिबे ख़ाना ने गुलाब जामुनों से भरी दो रक़ाबें मेज़ पर लाकर रख दीं। तमाम शोअरा गुलाब जामुन खाने में मसरूफ़ हो गये। सब की देखा देखी शहूद भाई ने भी गुलाब जामुन की क़ाब की तरफ़ हाथ बढ़ाया। मैंने फ़ौरन टोका कि शहूद भाई अभी तो आप कह रहे थे कि पेट इतना भर गया है कि दवा खाने की गुंजाइश नहीं है। शहूद भाई मासूमियत से बोले कि पेट तो भर गया है लेकिन नीयत नहीं भरी है। वही ज़िन्दा दिल शहूद भाई अपने आख़िरी दिनों में एक बार मेरे आफ़िस आये, थोड़ी देर कुर्सी पर बैठ कर साँसें दुरुस्त कीं फिर कहने लगे, यार! अब कुछ अच्छा नहीं लगता बल्कि कभी-कभी तो ऐसा लगता है कि शायद ज़िन्दगी से नीयत भर गयी हो। मैं उनकी बात सुन कर लरज़ गया। कल तक गुलाब जामुन जैसी हक़ीर (तुच्छ) शय से जिसकी नीयत नहीं भरी, वही शख़्स ज़िन्दगी से नीयत भर जाने की बात कह रहा है। मैंने मौज़ू (विषय) को बदलते हुए उनसे कहा कि दस नवम्बर को आप एक मुशायरे में सुल्तानपुर आ जाइयेगा। मुशायरे के कन्विनर छुट्टन ख़ाँ और जीलानी हैं। मेरे पुराने करम फ़रमा और दोस्त हैं। मैंने उनसे बात कर ली है। कहने लगे, पता लिखवा दो मैं ज़रूर आऊँगा। हालात बहुत ख़स्ता हैं। इन दिनों मैं दाने पानी से टूटा हुआ हूँ। घर चलाने के लिए कम अज़ कम एक मुशायरा तो पढ़ना ही पड़ेगा। मैंने कहा, आप पंजाब मेल से रायबरेली आ जाइयेगा, रात में हम लोग अपनी कार से सुल्तानपुर चलेंगे। थके-थके लहजे में बोले कि ठीक है... मैं रायबरेली ही आऊँगा क्योंकि रायबरेली भी देखे ज़माना हो गया है। यहिया राना अपने मुशायरे में बुलाते थे... अब तो वो भी नहीं रह गये और अनवर चचा भी नहीं रहे। अच्छा है, इसी बहाने इन लोगों की क़ब्रों पर फ़ातिहा भी पढ़ लेंगे। फिर थोड़ा ठहर कर बोले कि तुम मेरा रिज़र्वेशन मेरठ के लिए ग्यारह नवम्बर की तारीख़ का करा देना। वहाँ मेरी बेटी रहती है। पता नहीं आज कल उसे देखने को बहुत जी क्यों चाह रहा है। फिर न जाने क्या सोचा और बोले कि तुम्हारे पास मेरा बेलगछिया का नम्बर तो है ना! मैंने कहा, हाँ वो है। कहने लगे, अगर कोई तब्दीली हो तो मुझे ख़बर कर देना। मैंने कहा, इंशा अल्लाह कोई तब्दीली नहीं होगी और अगर ख़ुदा न ख़्वास्ता ऐसी-वैसी कोई बात हुई तो मैं आपको ख़बर कर दूँगा... आपको याद होगा, मैंने जौनपुर के उस मुशायरे की ख़बर भी शमीम भाई के फ़ोन पर दी थी, जिसके कन्विनर यू.पी. के बहुत तेज़ तर्रार मुस्लिम लीडर और एम.एल.सी.

सिराज़ मेहदी थे। वहाँ तो आप इतने कामयाब हुए थे कि दूसरे नामवर शोअरा आपके बाद ठीक से सुने ही नहीं गये। ख़फ़ीफ़-सा मुस्कुराये और बोले, चाय मँगाओ, मैं चाय पियूँगा फिर एक सिगरेट भी पियूँगा। मैंने पूछा, शकर वाली या बग़ैर शकर वाली। कहने लगे, ये जुमला मत बोला करो, मुझे बहुत तकलीफ़ होती है क्योंकि ये कानों में ऐसे उतरता है जैसे कोई पूछ रहा हो... घर वाली या बाज़ार वाली... और ऐसे में तुम्हारी भाभी मुझे बहुत याद आती हैं... अल्लाह उनको जन्नत नसीब करे। कहने लगे, कभी-कभी तो कानों में ऐसी सदायें आती हैं जैसे तुम्हारी भाभी आँखें निकाले खड़ी हों और पूछ रही हों कि ड्यूटी तो कब की ख़त्म हो चुकी है, तुम अब तक घर क्यों नहीं आये। फिर उन्होंने एक अजीबो ग़रीब जुमला कहा जो सिर्फ़ एक शायर ही कह सकता है क्योंकि वो खुद कहाँ कुछ लिखता है, उससे तो अल्लाह लिखवाता है। कहने लगे, अब मुझे जाना चाहिए... शरीफ़ लोग इतने दिन बीवी को तन्हा नहीं छोड़ते। फिर ख़ुद ही कहने लगे, चाय मँगाओ... शकर वाली ही मँगाना। मैं कुछ देर तुम्हारा साथ देना चाहता हूँ। मैंने कहा, शहूद भाई! कोई तकल्लुफ़ नहीं है... बग़ैर शकर वाली चाय मँगाते हैं, मैं आपका साथ दे दूँगा। शहूद भाई ने ज़िन्दगी की तमाम महरूमियों का कर्ब (पीड़ा) होंठों पर सजा लिया और बोले कि तुम अब मेरा साथ नहीं दे पाओगे क्योंकि मैं अब बहुत आगे निकल चुका हूँ और यूँ भी चराग़ों को तर्तीब से बुझना चाहिए वरना बहुत ज़्यादा अँधेरा हो जायेगा।

शहूद भाई जब तक ट्राम कंडक्टर रहे उन्होंने ऐसे किसी शख़्स से किराया नहीं लिया जिसने उनको सलाम कर लिया हो। कहते थे कि ट्राम के कण्डक्टर को सलाम कौन करता है। ये सलाम तो उर्दू ज़बान के एक ख़ादिम को किया जाता है लिहाज़ा मैं अकसर ऐसे आदमी का किराया अपने पास से तो भर देता हूँ लेकिन किराया लेकर उर्दू तहज़ीब का क़त्ल नहीं कर सकता। ख़वास से ख़ुदा समझे लेकिन अवामी तौर पर शहूद भाई की हमेशा पज़ीराई (कुबूलियत) हुई वो इतने दिनों तक सिर्फ़ अल्लाह की मर्ज़ी, अपनी कूव्वते इरादी (Self confidence) और मुख़लिस दोस्तों की मुहब्बत में चल रहे थे। मुबारकबाद के मुस्तहक़ (हक़दार) हैं वो लोग जिनकी नवाज़िशों और उर्दू दोस्ती की वजह से न माहनामा 'शहूद' बन्द हुआ और न शहूद भाई बिक सके। डॉ. मुज़फ़्फ़र हनफ़ी ने हमेशा शहूद भाई का बहुत ख़याल किया। उन्हें बराबर अपने साथ मुख़्तलिफ़ मुशायरों और सेमिनारों में बहैसियत मेहमान ले गये। फ़े.सीन. एजाज़ ने माहनामा 'इंशा' का एक ख़ूबसूरत गोशा शहूद भाई की शख़्सियत और फ़न पर निकाल कर तमाम सच्चे क़लमकारों और उर्दू से मुहब्बत करने वालों को अपना क़र्ज़दार बना लिया।

जैसे-जैसे शहूद भाई का फ़िक्री बेटा माहनामा 'शहूद' जवान होता जा रहा

था, बेचारे शहूद भाई बूढ़े हो रहे थे। फिर देखते ही देखते माहनामा शहूद के जिस्म पर तबाअत (छपाई) के तमाम कपड़े छोटे पड़ने लगे। उसकी निकलती क़द काठ अब ज़ख़ामत (मोटाई) चाहती थी लेकिन काग़ज़ का लिबास महँगाई की खींचातानी में मसक रहा था। छपाई के गुल बूटे और तहरीरों के ख़दो ख़ाल नये ज़माने का लिबास तलब कर रहे थे लेकिन बादशाहों के आँगन में खेल कूद कर बड़ी होने वाली उर्दू अरबाबे इक़्तिदार (सत्ताधारियों) के दलालों की रखैल बन चुकी थी। उसके सच्चे कद्रदाँ तो मिट्टी की चादरें ओढ़कर सो गये और यतीम व बेसहारा उर्दू ज़बान बर्दाफ़रोशों (दास विक्रेताओं) के गिरोह के क़ब्ज़े में आ गयी। शहूद भाई अपनी ग़रीबी, बिगड़ती हुई सेहत और बिखरते हुए जिस्म का बोझ उठाये उर्दू ज़बान के एक रिसाले (पत्रिका) के लिए दर-दर भीख माँग रहे थे। वो माहनामा शहूद को कैसे छोड़ सकते थे... वो तो उनका बेटा था। वो उर्दू को कैसे छोड़ सकते थे... वो तो उनकी बेटी थी जिसको मोहल्ले वाले पारो पुकारते थे और शहूद भाई पारो को उर्दू कह कर—

मेरे बच्चे ना मुरादी में जवाँ भी हो गये
मेरी ख़्वाहिश सिर्फ़ बाज़ारों को तकती रह गयी

शहूद भाई अपनी सरमस्तियों के ज़माने का एक वाक़िया बहुत मज़े लेकर सुनाते थे। ये वाक़िया यहाँ सिर्फ़ इसलिए दर्ज कर रहा हूँ कि सारे हिन्दो-पाक को बंगाल की अदब दोस्ती का अन्दाज़ा हो सके और ये भी मालूम हो जाए कि देहली, लाहौर, कराची, लखनऊ, रामपुर, अज़ीमाबाद और हैदराबाद उर्दू ज़बान के गहवारे हो सकते हैं लेकिन—

लगा के देख ले जो भी हिसाब आता हो
मुझे घटा के तू गिनती में रह नहीं सकता

अह्दे ग़ालिब में मुग़लिया हुकूमत के दारुस्सल्तनत (राजधानी) के एक दारोग़ा मुंशी सदरुद्दीन और कम्युनिस्टों की हुकूमत के एक बंगाली दारोग़ा के किरदारों (चरित्रों) का मुवाज़िना (तुलना) कर लीजिए तो आपको अदब दोस्तों के अस्ल इलाक़े की पहचान हो जाएगी। शहूद भाई किसी छोटे-से शराबख़ाने में शुग्ल फ़रमा रहे थे कि अचानक पुलिस वालों ने उस शराब के अड्डे पर छापा मारा। तमाम मयकश अपने सारे आलाते मयकशी के साथ गिरफ़्तार करके थाने लाये गये। दारोग़ा एक-एक से उसका नाम पूछता और लॉकअप के ज़िम्मेदारों के हवाले कर देता। शहूद भाई भी दारोग़ा के सामने लाये गये। दारोग़ा ने एक ही साँस में कई सवाल कर डाले., क्या नाम है? कहाँ रहते हो? डरे सहमे शहूद भाई 'हम भी खड़े हुए थे गुनहगार की तरह' लग रहे थे। उन्होंने अपना नाम-पता बताया और जैसे ही ये बताया कि शायर हूँ, दारोग़ा ख़ुद खड़ा हो गया और

उनको सामने की कुर्सी पर बिठाया, सिगरेट पेश की और पुलिस जीप के ड्राइवर को बुलाकर कहा कि ये शरीफ़ आदमी शायर है, ग़ज़ल लिखता है... इसको गाड़ी में बिठाओ और बेलगछिया में इसके घर पहुँचा कर आओ। रास्ते में इसे एक पैकेट सिगरेट भी दिलवा देना लेकिन रास्ते में इसे हर्गिज़ न उतारना वर्ना ये फिर लौट आएगा या किसी तेज़ रफ़्तार गाड़ी की ज़द में आ जाएगा। मैं हर्गिज़ ये नहीं चाहता कि कोई शायर जल्दी मर जाए क्योंकि जो काम हम पुलिस वाले लाठी और बन्दूक़ों से करते हैं, उससे ज़्यादा काम तो ये लोग अपने टूटे-फूटे क़लम से ले लेते हैं। काश! ऐसे किसी पुलिस अफ़सर को भी किसी बड़े ईनाम से नवाज़ा जाता। यक़ीनन अगर ऐसे आदमी को तलाश करके ख़िदमते अदब के नाम पर किसी बड़े एवार्ड से नवाज़ा जाए तो सहराए अदब में भटकने वाले प्यासे बे यारो मददगार नहीं रह सकते।

तक़रीबन चार बरस पहले मेरे दोस्त गुलाम जीलानी ने, जो मुग़लसराय के एक बहुत बड़े मुशायरे के कन्विनर हैं और तक़रीबन बीस बरसों से यह मुशायरा हिन्दुस्तान के अहम मुशायरों में अपनी जगह बनाये हुए है, मुझसे मुशायरे में कुछ खुशगवार तब्दीलियों के सिलसिले में मश्विरा माँगा। मैंने उनसे कहा कि आप तंज़ीम की तरफ़ से हर बरस दो एवार्ड बराए क़ौमी यकजेहती (क़ौमी एकता) दिया कीजिए। एक एवार्ड का नाम रखिये कबीर एवार्ड जो उर्दू के किसी सच्चे ख़ादिम को दीजिए और दूसरा एवार्ड नज़ीर बनारसी के नाम से शुरू कीजिए और उसका नाम नज़ीर एवार्ड रखिए। यह एवार्ड हिन्दी के किसी मुस्तनद (प्रमाणित) और मोहतरम शख़्सियत को दीजिए। कबीर एवार्ड के लिए मैंने उनको अदब के ख़ामोश ख़िदमतगार शहूद आलम आफ़ाक़ी का नाम बताया जिसे उन लोगों ने फ़ौरन क़ुबूल कर लिया और ग़ालिबन 1999 ई. में शहूद साहब को कबीर एवार्ड देकर उन लोगों ने अपने एवार्ड को मोहतरम और मोअतबर (विश्वस्त) बना लिया। इस बरस कलकत्ते की सरगर्म तंज़ीम मौलाना आज़ाद फ़ाउण्डेशन के सेक्रेट्री औरंगज़ेब खान को भी यह सिलसिला शुरू करने का मश्विरा दिया जिसके नतीजे में ख़िदमते अदब के 2001 ई. एवार्ड के लिए दो नाम सामने थे। एक नाम हज़रत वाली आसी का था और दूसरा नाम शहूद भाई का था। कमेटी वाले मुझसे बे पनाह अक़ीदत (श्रद्धा) रखते हैं, लिहाज़ा उन्होंने मुझे फ़ैसले के लिए मजबूर किया। मैंने कहा कि मजमुई ख़िदमात के एतबार से शहूद भाई को सरपास करने वाले हिन्दुस्तान भर में दो-चार होंगे लिहाज़ा ये अवामी एतराफ़ नामा भी अक्तूबर के आख़िरी हफ़्ते में एक कुल हिन्द मुशायरे में शहर के तमाम मुअज़्ज़िज़ीन (प्रतिष्ठित व्यक्तियों) और बैरूनी व मक़ामी शुअरा की मौजूदगी में हज़रत शहूद आलम आफ़ाक़ी की ख़िदमत में पेश करके कमेटी वालों ने अपनी

इल्म दोस्ती और हक़ शनासी का सुबूत दिया। ख़ुश क़िस्मत हैं वज़ीरे अक़लियती उमूर जनाब मुहम्मद सलीम कि उन्होंने अपने मुबारक हाथों से शहूद आलम आफ़ाक़ी को मरक़ज़ी (केन्द्रीय) कलकत्ता के एक बड़े प्रोग्राम में एवार्ड देकर अपनी इज़्ज़त में इज़ाफ़ा किया और शहूद भाई के आख़िरी सफ़र पर रवाना होने से पहले उनकी उदास आँखों में चमक पैदा कर दी। लेकिन बदनसीब हैं उर्दू एकेडमी के अरबाबे इक़्तिदार जिनको यह ख़याल तक न आया कि एकेडमी का एवार्ड कोई ज़कात नहीं है जिसे आप अपनी मर्ज़ी से तक़सीम करें। ख़ुदा के वास्ते ना इंसाफ़ियों का सिलसिला दराज़ न कीजिए वर्ना—

बेहिसी जब फ़रोग़ पा लेगी
ज़ुल्म की बोटियाँ चबा लेगी

शहूद भाई! मैं अपनी बुज़दिली पर नादिम (शर्मिन्दा) हूँ, आपकी रूह से मैं शर्मिन्दा भी हूँ कि आपके साथ की गयी बद दियानतियों के ख़िलाफ़ मैं अपनी आवाज़ को अंगारा नहीं बना सका। काश, उर्दू एकेडमी का एवार्ड मेरे अख़्तियार में होता तो मैं यह एवार्ड दस बरस पहले ही आपके क़दमों में ला कर डाल देता—

मैं आज तुझे क़िस्सए ग़म क्यों न सुना लूँ
अब तो तेरे माथे पे शिकन आ ही गयी है।

हम सरे दार भी बोलेंगे तो सच बोलेंगे

पज़ीराई (क़ुबूलियत) के बग़ैर तख़लीक़ (रचना) उस नवमौलूद (नवजात) बच्चे की तरह होती है जिसे माँ का दूध नहीं मिलता लेकिन जिस तरह अरबाबे इक़्तिदार की बद दियानती की वजह से हिन्दुस्तान सियासत का सबसे घटिया चकला बन कर रह गया है बिल्कुल उसी तरह उर्दू तनक़ीद (समीक्षा) भी उस हासिद (ईर्ष्यालु) सास जैसी हो कर रह गयी है जो अपनी बची हुई तमाम उम्र की पूँजी हुनरमन्द बहू की ऐबजोई और बद सलीक़ा बेटी की हुनरमन्दी की तारीफ़ में सर्फ़ कर देती है। उसकी बुनियादी वजह शायद यह है कि तख़लीक़ कार (रचनाकार) सारी ज़िन्दगी रोटी के लिए परेशान रहता है और तनक़ीद निगार (समीक्षक) अपनी पहली बे लगाम तनक़ीद के एवज़ बोटी पर बोटी रख कर खाने लगता है।

कभी-कभी मैं सोचता हूँ कि हमारे अह्द की दीवार से उतरती हुई उर्दू ज़बान की धूप पर उर्दू तनक़ीद निगारों की निगाहें क्यों नहीं पड़ती हैं। उन्हें यह क्यों नज़र नहीं आता कि बर्रे सग़ीर (उप महाद्वीप) की मुमताज़ (श्रेष्ठ) ज़बान के क़ब्ज़े में अब शहर नहीं बल्कि कुछ मोहल्ले रह गये हैं, मुल्क नहीं, कुछ चौकियाँ रह गयी हैं। काश! तनक़ीद का क़लम तलवार बन जाए और उर्दू की बक़ा (पाएदारी) के लिए पैदाने अमल में कूद पड़े क्योंकि एकेडमी के कोठों, हवाई जहाज़ की नशिस्तों (सीटों) और दिल्ली की तरफ़ मुँह करके इबादत करने से बहुत जल्द वो ज़माना भी आ सकता है जब उर्दू के लिए भी यह कहा जाने लगेगा कि 'पढ़े हैं उर्दू बेचें तेल'। बुरा मानने की बात नहीं है। किसी ज़माने में फ़ारसी के लिए भी यह जुमला निकालने वाले का सर क़लम हो सकता था।

मेरे इन आड़े-तिरछे जुमलों से कुछ लोग नाराज़ होंगे, कुछ इस तहरीर को दीवाने की बड़ कहेंगे। चलिए, मुझे सब तस्लीम है लेकिन आप अब मेरी जगह खड़े होकर सोचिए कि जब यही तनक़ीद निगार हज़रात राहत इन्दौरी को मुशायरे का शायर कह कर नज़र अन्दाज़ करते हैं तो आपको कैसा लगता है।

ज़िन्दगी के मसाएल, घर की मुँह ज़ोर ज़रूरतें, अहबाब की बेरुख़ी, रिश्तों की टूट-फूट, देहात की उजड़ी दोपहरें, शहर की कर्फ़्यू ज़ुदा रातें, सियासत की

बे एतदाली (असन्तुलन), फ़िरक़ा परस्ती की गर्म हवा, नुमाइश की तरह सजे हुए मज़हबी रहनुमा और मज़हबी रहनुमाओं के मुँह से निकलने वाले भोंडे नारों पर शायरी के हवाले से ज़िन्दा तनक़ीद करने को अगर मुशायरे की शायरी कहा जाता है तो मैं इस शायरी को सलाम करता हूँ और मुबारक बाद देता हूँ कि यार! तू और तेरे जैसे कई और जाँ निसाराने अदब शहीद ही नहीं, गाज़ी भी कहलाएँगे क्योंकि घुँघरू हमेशा पीतल के ही होते हैं लेकिन बाज़ार में होते हैं तो तवाएफ़ का मुजरा कहलाते हैं और महल में पहुँच जाते हैं तो नवाब वाजिद अली शाह की मुहब्बत कहलाते हैं।

आज राहत इन्दौरी शोहरत और इज़्ज़त के उस मक़ाम पर खड़े हैं जहाँ से तनक़ीद सर झुका कर गुज़रती है या बहुत तेज़ क़दम होकर गुज़र जाती है। लेकिन राहत को जो कुछ भी हासिल है उसमें उनकी मुहब्बत और नेकियाँ शामिल हैं। उनके होंठों की मुस्कुराहट से अभी तक लड़कपन की ख़ुशबू आती है। उनकी गुफ़्तगू में अभी तक एक ला उबाली नौजवान ज़िन्दा है। उनकी आँखों में अभी तक सच बोलते हुए बच्चे जैसी बेनियाज़ी शामिल है। उनके पसीने से अभी तक मशक़्क़त की कमाई की ख़ुशबू आती है। उनके हाथों में अभी तक वह तमाम कच्चे-पक्के रंग लगे हुए हैं, जो लकड़पन में ट्रकों के नम्बर लिखते वक़्त उनकी हथेलियों से मस हो गये थे। उनकी आँखों में अभी तक वह थकन है जिसे ग़रीबी और बेरोज़गारी की निशानी कहा जाता है। उनकी आँखों में उन कच्ची नींदों का रस अभी तक मौजूद है जो रोटी के लिए औरत को बाज़ार में और शायर को मुशायरे में ले आता है। उनकी सियाह रंगत में उस धूल और इंजन के कोयले का धुआँ भी शामिल है जो मुस्तक़बिल की तलाश में भटकने वाले चेहरों का नूर होता है लेकिन मुझे कहने दीजिए कि जिस तरह अय्याश आदमी को तवाएफ़ के जिस्म की ख़राशें नहीं दिखाई देती हैं, उसी तरह 'अकसर' नक़्क़ादों को शायर की बरतरी का अन्दाज़ा नहीं होता है और मुझे ये भी कह लेने दीजिए कि हमारे अहद में उर्दू तनक़ीद नूराकुश्ती होकर रह गयी है।

क्या शायरी में सच बोलना गुनाह है? क्या दरबारों में सर उठा कर चलना जुर्म है? क्या ख़ल्क़े ख़ुदा की आवाज़ से आवाज़ मिलाना बुरा है? क्या अरबाबे सियासत (राजनीतिज्ञों) की जूतियाँ सीधी न करना बे अदबी है? क्या अह्ले इक़्तिदार को आईना दिखाना आईन (संविधान) की ख़िलाफ़ वर्ज़ी है? क्या अपने अह्द की सच्चाई को क़लम बन्द करना ताज़ीराते हिन्द की दफ़ा की मुख़ालिफत करना है?... क्योंकि अगर क़लम इन ज़िम्मेदारियों का तर्जुमान (प्रवक्ता) नहीं है तो फिर बेहतर है कि उसे शलवारों और पाजामों में कमरबन्द डालने के लिए इस्तेमाल किया जाए। उससे दूसरा कोई भी काम नहीं लिया जा सकता।

राहत आज़ादी के फ़ौरन बाद की पैदावार हैं। उन्होंने 1947 ई. का फ़साद देखा तो नहीं लेकिन उसके बारे में काफ़ी कुछ सुना ज़रूर होगा। उन्होंने 1984 ई. के दंगों में राँझा को मरते हुए और हीर को बरहना (निर्वस्त्र) होते हुए भी देखा होगा। उन्होंने 1992 ई. में नफ़रतों के वह शोले ज़रूर देखे होंगे जिन्होंने हिन्दुस्तानी तहज़ीब के गंदुमी (गेहुवाँ) रंग को मटमैला कर दिया। क्या ये मुमकिन है कि ऐसे ख़ूनी मनाज़िर देखने के बाद भी शायर की आँखों में ख़ून के आँसू न आयें, ग़ज़ल मरसिए का रूप न धारे और शेर टूटे हुए शीशों की किर्चों की तरह दिलो दिमाग़ को ज़ख़्मी न करें।

अगर ये सब दिल दहला देने वाले मनाज़िर देखने के बाद भी ग़ज़ल के जिस्म पर ख़रोंच तक न आये तो फिर ग़ज़ल नहीं है, उक़ूबत ख़ाने (यातना गृह) का सुकूत (ख़ामोशी) है, क़हूत ज़दा इलाक़े की काग़ज़ी ख़ुशहाली है, वह गन्दा गीत है जो बूढ़े अय्याश अपनी जवान रखैलों को सुनाते हैं, वह मुजरा है जो राजे-महाराजे कभी महल से कोठे पर जा कर और महल में कोठे को बुलाकर सुना और देखा करते थे।

नक़्क़ाद क़लम की नोक से काग़ज़ का सीना चाक करते रहें, तनक़ीद गले फ़ाड़-फ़ाड़ कर चीख़ती रहे कि यह सतही शायरी है, यह शायरी नहीं है... अख़बार के तराशे हैं, यह शायरी नहीं है... ग़ज़ल के साथ एक मज़ाक है। तो फिर 'इस्मत लुटी' (Raped) औरत का बयान भी एक मज़ाक होगा, सूरत में सूरतों को लूटना और उन्हें जला देना भी मज़ाक होगा, मस्जिद गिरा देना भी मज़ाक होगा, मन्दिर को ढा देना भी मज़ाक होगा, सुहाग की चूड़ियों को तोड़ना भी मज़ाक होगा, मज़दूरों का हक़ मारना भी मज़ाक होगा, नक़ली दवाओं का बेचना भी मज़ाक होगा, रातों को घर से निकलना भी मज़ाक होगा, दिन में सड़क पर चलना भी मज़ाक होगा... अगर यह और ऐसे ही हज़ारों मनाज़िर देखने के बाद भी क़लम का ज़मीर नहीं जागता है तो फिर तनक़ीद से बेहतर और आसान काम कोठे की दलाली है जहाँ ज़मीर भी ना जाएज़ हमल (गर्भ) की तरह गिरा दिया जाता है।

सच बोलने के लिए अगर दार (सूली) ही ज़रूरी है तो फिर दुनिया की हर अदालत के कटघरे को जला कर वहाँ तख़्तए दार तामीर कर देना चाहिए। जब हम अपने बच्चों से सच बोलने में शर्मिन्दगी महसूस करते हैं तो फिर बारगाहे इलाही में सर ब सजदा होकर सच बोलने की तौफ़ीक़ (शक्ति) की दुआ क्यों नहीं माँगते हैं? शायरी बच्चों के सामने बोला हुआ झूठ नहीं है। शायरी तो वह सच है जो आईना अपना चेहरा देखने वालों से बोलता है। ऐसा सच नज़्अ (दम टूटना) के आलम में मुँह से निकलता है। यह अलग बात है कि सच की तलवार सबसे पहले अपने बोलने वाले को काटती है लेकिन ज़मीर को ज़िन्दा रखने के

लिए सच बोलना ज़रूरी है। हिम्मत साथ न दे तब भी ज़िन्दगी में कम से कम एक बार तो सच बोलना ही चाहिए।

राहत को पूरे होशो हवास से यह बात समझ लेना चाहिए कि अब वह मुशायरों की ज़रूरत नहीं हैं बल्कि मुशायरों का विक़ार (गरिमा) हैं। लिहाज़ा जब तक उर्दू ज़बान ज़िन्दा रहेगी मुशायरे होते रहेंगे और जब तक दुनिया में मुशायरे होंगे मुशायरों को विक़ार की ज़रूरत पड़ेगी। उन्हें यूँ भी अब बहुत मोहतात (सतर्क) होना चाहिए कि अब उनकी हैसियत उस संगे मील जैसी नहीं है जिसे तनक़ीद की लड़खड़ाती हुई ठोकर जान बूझ कर या हादिसाती तौर पर उखाड़ फेंके। अब तो वह संगे बुनियाद का रूप धार चुके हैं जिस पर तामीरें तो की जा सकती हैं लेकिन उसे उखाड़कर फेंका नहीं जा सकता है—

फिर एक बच्चे ने लाशों के ढेर पर चढ़ कर
ये कह दिया कि अभी ख़ानदान बाक़ी है।

ग़ज़ल का घर कराची है न दिल्ली

हिन्दुस्तान के मुख़्तलिफ़ शहरों में और हिन्दुस्तान के बाहर कई मुल्कों में मुझसे यह सवाल ज़रूर पूछा जाता है कि मग़रिबी बंगाल ख़ास तौर से कलकत्ते में उर्दू का क्या हाल है? मैं हमेशा एक ही जवाब देता हूँ कि आप हिन्दुस्तान के किसी भी शहर में मुसलमानों का एक मुहल्ला देख लीजिए और इत्मीनान कर लीजिए कि आपने हिन्दुस्तान के तक़रीबन सभी मुस्लिम मुहल्ले देख लिए हैं। बिल्कुल यही जवाब मेरा उर्दू के सिलसिले में भी है। मग़रिबी बंगाल को कुछ ज़्यादा नम्बर सिर्फ़ इसलिए मिल सकते हैं कि वह पुलिस अफ़सर जो हिन्दी में लिखी हुई गाड़ियों की नम्बर प्लेट देख कर गाड़ियों का चालान कर देते हैं, वह बंगाली अवाम जिनसे रेलवे स्टेशनों पर हिन्दी और अंग्रेज़ी में लिखे स्टेशन के नाम नहीं देखे जाते हैं और अकसर उन पर तारकोल या कालिख़ पोत देते हैं... उन्होंने उर्दू ज़बान के ख़िलाफ़ कभी एक ग़लत लफ़्ज़ भी अपनी ज़बान से नहीं निकाला। इसकी सबसे बड़ी वजह ये भी है कि उर्दू की तरह बंगला ज़बान ने भी दुनिया की बेशतर ज़बानों के ख़ूबसूरत लफ़्ज़ों की आमेज़िश (मिलावट) से ख़ुद को नीम का शहद बना लिया है। बंगला ज़बान की मिठास में फ़ारसी, अरबी और उर्दू के बेशुमार अल्फ़ाज़ राएज (प्रचलित) हैं। मसलन इलाक़ा लफ़्ज़ बंगला में भी इलाक़ा ही है। आईन (संविधान) आज तक बंगला ज़बान में आईन है। उन्होंने हिन्दी वालों की तरह उदू दुश्मनी में अपनी ज़बान को दुश्वार नहीं बनाया। दूसरे यह कि उर्दू ज़बान की शीरीं बयानी, ग़ज़ल का सलोनापन और लहजे की मिठास हर बंगाली को इस ज़बान का एहतराम करने पर मजबूर कर देती है। बंगाली अपने माज़ी (अतीत) को कभी फ़रामोश नहीं करता है। वह लन्दन के हीथ्रो एयर पोर्ट से मुस्तक़िल अंग्रेज़ी या किसी और ज़बान में गुफ़्तगू करता हुआ आता है लेकिन कलकत्ता के दमदम एयर पोर्ट पर उतरते ही वह सिर्फ़ बंगला ज़बान में बात करता है। शायद वो यह सोच कर भी उर्दू ज़बान का एहतराम करता है कि रवीन्द्र नाथ टैगोर के घराने को फ़ारसी ज़बान पर बहुत उबूर (महारत) हासिल था। वो यह भी महसूस करता है कि क़ाज़ी नज़रुल इस्लाम

ने अपने जिस क़लम से बंगला अदब को मालामाल किया है उसी क़लम से उर्दू की ग़ज़ल भी लिखी थी। एक अच्छी बात यह भी है कि बंगाल की हुकूमत का रवैया उर्दू के सिलसिले में कभी मुतअस्सिबाना (भेद-भाव पूर्ण) नहीं रहा। 1946 और 1964 के दंगों में दिलों के बीच जो थोड़ी बहुत दरारें पड़ गयी थीं, उन्हें भी वक़्त के मरहम ने आहिस्ता-आहिस्ता भर दिया। वक़्त के जर्राह (सर्जन) के हाथ में भी कितनी सफ़ाई है कि बड़े से बड़े ज़ख़्म का निशान तक नहीं रह जाता।

मज़हबी रवादारी (धार्मिक मेल जोल) की राजधानी मग़रिबी बंगाल में बुज़ुर्गाने दीन की ख़ानक़ाहों (मठों) और सूफ़ियाए किराम की करामतों के क़िस्सों के हर लफ़्ज़ ने अपने को तहज़ीब का चराग़ बना दिया और जब अक़ीदत (श्रद्धा) और एहतराम इस मंज़िल पर आ जाए जहाँ दुर्वेशों और फ़क़ीरों की ज़बान को फूलों का इत्र समझ लिया जाए तो वहाँ ज़बान सिर्फ़ मुहब्बत का वसीला बन जाती है। सूफ़ियाए किराम की ज़बानों से मस (स्पर्श) होकर आये हुए हर लफ़्ज़ को हू-ब-हू अदा करने की कोशिश और उसके एहतमाम (इन्तिज़ाम) ने बंगाल में उर्दू की बक़ा (पाएदारी) के लिए रास्ते हमवार (समतल) कर दिये। मशाइख़ ने अपनी-अपनी बातों को आसानी से दूसरों तक पहुँचाने के लिए उर्दू का सहारा लिया जो हिन्दुस्तानी ज़बानों का सिंगारदान कहलाती है। लिहाज़ा उर्दू अपनी लताफ़त, तहज़ीब और जाज़बीयत (आकर्षण) की बिना पर बंगाल की फ़ज़ा में इस तरह फैल गयी जैसे हिरन का नाफ़ा फूट जाने से सारा जंगल मुश्क की ख़ुशबू से महकने लगता है।

कलकत्ता तो ज़बान का वह जड़ाऊ कंगन है जिसमें उर्दू, फ़ारसी और अरबी के हज़ारों नादिर और नायाब नगीने जड़े हुए हैं। मैं पूरी ज़िम्मेदारी से यह बात अर्ज़ कर रहा हूँ कि 18वीं सदी में फ़ोर्ट विलियम कालेज उर्दू ज़बान और अदब का एक मज़बूत क़िला था और इस लश्करी ज़बान के क़िले की बुनियाद अपने वक़्त के माहिरे लिसानियात (भाषा विशेषज्ञ) जॉन गिल क्राइस्ट ने डाली थी जो तक़रीबन पच्चीस बरस तक उर्दू ज़बान और अदब के गुल-बूटों को काग़ज़ की ज़मीन में बो कर उसे हमेशा-हमेशा के लिए सरसब्ज़ और शादाब बनाने का तजरुबा कर रहा था। लेकिन जब फ़ुनूने लतीफ़ा (ललित कला) के आशिक़ों, गेसुए ग़ज़ल के फिदाइयों और क़ौमी यकजहती के क़द्रदानों ने देहली, लखनऊ और मैसूर रियासत के बेशबहा ख़ज़ाने को अपने आँगन में उतरते देखा तो एक वक़्त ऐसा भी आया कि मग़रिबी बंगाल का हर बंगाली इस ख़ज़ाने की हिफ़ाज़त के लिए सीसा पिलायी हुई दीवार बन गया। महाराजा राम नारायण मौज़ूँ, रामेश्वर भट्टाचार्य, भारत चन्द्र रॉय, अपूर्बो किशन देब, बहादुर कुँवर, जादिब कृष्णा, राजा कृष्णा देब, राजा काली कृष्णा देब और किशन चन्द्र घोष किशन ऐसे शायर और

अदीब गुज़रे हैं, जिनकी तसानीफ़ (पुस्तकों) पर अगर आज भी उर्दू के नक़्क़ाद (समीक्षक) ईमानदारी से थोड़ी मेहनत कर लें तो हमारे उर्दू अदब के ख़ज़ाने में गराँक़द्र इज़ाफ़ा हो सकता है। यह चन्द नाम तो सामने के थे जो फ़ौरन याद आ गये वर्ना एक अन्दाज़े के मुताबिक उस अहृद में तक़रीबन चार सौ बंगाली शायर और अदीब गुलशने उर्दू में अदब की आबयारी कर रहे थे।

उर्दू अदब की सिन्फ़ (विधा) ग़ज़ल का कोई भी हिस्सा बंगाल की शायरात (कवयित्रियों) के ज़िक्र के बग़ैर मुकम्मल नहीं कहा जा सकता। ग़ज़ल भी कैसी जादूगरनी है कि इसके सेहर (जादू) से यहाँ हुकूमत करने आये यूरोपियन भी उर्दू के शायर हुए। इनमें से कुछ तो साहिबे दीवान शायर गुज़रे हैं। जॉन गिलक्राइस्ट ख़ुद गेसुए ग़ज़ल के असीर हुए। यह तमाम बातें यहाँ लिखने की कोई ज़रूरत नहीं थी लेकिन मैं सिर्फ़ यह अर्ज़ करना चाहता था कि कल सिर्फ़ फ़ोर्ट विलियम कालेज उर्दू का क़िला था लेकिन आज पूरा बंगाल उर्दू की तरक़्क़ी से ख़ुश होता है। हुकूमत भी ख़ातिर ख़्वाह मदद करती है। हर तरफ़ ग़ज़ल का जादू सर चढ़ कर बोल रहा है। मुर्शिदाबाद, हुगली, टालीगंज, मटिया बुर्ज और फ़ोर्ट विलियम कालेज के कारनामों को ईमानदारी से देखा ही नहीं गया तो लिखा क्या जाता वर्ना क्या वजह है कि रामपुर और अज़ीमाबाद तक उर्दू के गहवारे कहलाये और मग़रिबी बंगाल की बेशबहा ख़िदमात को नज़र अन्दाज़ कर दिया गया। हमारे नाक़िदीन (आलोचकों) ने मीर अम्मन को देहली वाला तो लिखा लेकिन इंशा को मुर्शिदाबादी लिखते हुए हिचकिचाते रहे।

पिछले दिनों देहली यूनिवर्सिटी ने इफ़्फ़त ज़र्रीन को फ़ोर्ट विलियम कालेज की नस्री (गद्य की) दास्तानों पर एक मक़ाला (थीसिस) लिखने पर डॉक्ट्रेट की डिग्री से नवाज़ा है। यह काम जिस लिए किया गया था वो तो पूरा हो गया यानी इफ़्फ़त ज़र्रीन डॉक्टर इफ़्फ़त ज़र्रीन हो गयीं लेकिन काश, उन्होंने फ़ोर्ट विलियम के उन क़लमी नुस्ख़ों पर भी निगाहे इल्तिफ़ात (दयादृष्टि) डाली होती जो कलकत्ता की मुख़्तलिफ़ लाइब्रेरियों में धूल खा रहे हैं। इस थोड़ी-सी ईमानदाराना मेहनत से वह मग़रिबी बंगाल की अदबी ख़िदमात के सिलसिले में तहक़ीक (शोध) के नये दरवाज़े खुलवा सकती थीं। हर यूनिवर्सिटी के आईन में यह बात भी शामिल होनी चाहिए थी कि मक़ाला निगार (निबन्ध लेखक) के तहक़ीक़ी काम को उस वक़्त तक मुकम्मल न समझा जाए जब तक कि तहक़ीक़ का तालिबे इल्म बज़ाते ख़ुद उस शहर और उस क़स्बे की ख़ाक न छाने, जहाँ के शायर और अदीब पर मक़ाला लिखा जा रहा है।

फ़ोर्ट विलियम कालेज की नस्री ख़िदमात का इतना शोहरा हुआ कि उसकी गूँज में मग़रिबी बंगाल की शायरी शहर के शोर में पनघट का गीत बन कर रह

गयी और मग़रिबी बंगाल की अदबी ख़िदमात पर बाहर वालों ने जो भी काम किए वह ज़्यादातर सैलाब ज़दा इलाक़े के फ़ज़ाई दौरे की तरह किया। नतीजे के तौर पर मग़रिबी बंगाल का बेशतर अदब काई में छुपी झील होकर रह गया। ख़ास तौर से मग़रिबी बंगाल के शेरी अदब के चाँद को जानिब दाराना (पक्षपात पूर्ण) तंक़ीद (समीक्षा) और ग़ैर ज़िम्मेदाराना तहक़ीक (शोध) का गहन लग गया, जिसके नतीजे में ज़बानो अदब का एक बड़ा हिस्सा शोहरत और मक़बूलियत से महरूम रह गया। हालाँकि ग़ैर इरादी तौर पर हुए इस अमल में उर्दू अदब को बेपनाह नुक़सान पहुँचा लेकिन चूँकि अदब के पास कोई इंश्योरेन्स पालिसी नहीं होती इसलिए नुक़सान का सही अन्दाज़ा भी नहीं हो पाता। अदबी गिरोह बाज़ अलग-अलग मामलों में अहले ज़बान के क़िस्से को तूल दे कर जहाँ खड़े थे, वहीं से इस ज़बान के हरे भरे दरख़्त की जड़ों में मट्ठा डालने में मसरूफ़ रहे।

एक अच्छी बात यह हुई कि मग़रिबी बंगाल की ज़्यादातर शायरी किसी 'इज़्म' का शिकार नहीं हुई। हाँ, किसी-किसी ने कहीं-कहीं मौसम के एतबार से इसे ओढ़ लिया लेकिन बस उतनी ही देर के लिए जितनी देर तक औरतें अपने मुहल्लों से निकलने के लिए नक़ाब सर पर रख लेती हैं। फिर जिस सूबे का अपना मिज़ाज हो, अपना मौसम हो, अपना लाइफ़ स्टाइल हो, अपने सोचने का तरीका हो... जिस सूबे के बारे में एक आम बात मशहूर हो कि आज बंगाल जो सोचता है वह कल सारा हिन्दुस्तान सोचेगा। बंगाल के उर्दू अदब की सबसे बड़ी बदनसीबी यह रही है कि हाली पानीपत में पैदा हुए और मुहमद हुसैन आज़ाद के दिलो दिमाग़ पर शुमाली (उत्तरी) हिन्दुस्तान सवार था। मग़रिबी बंगाल के उर्दू अदब की आँखें हमेशा अपने किसी सच्चे क़द्रदान के इन्तिज़ार में पथरा गयीं। काश! ब्यूटी पार्लर फ़ौजियों के लिए भी बने होते। ख़ानक़ाहों में बैठे हुए सुर्ख़ और सफ़ेद रंगत वाले पीर साहब को क्या मालूम कि महाज़ (मोर्चे) पर डटे रहने वाले सिपाही अपने चेहरे की रंगत खो देते हैं, घोड़ों की पीठ पर बैठकर सुबह कर देने वाले सिपाही आशिक़ की तरह नहीं चल सकते।

मीर अम्मन देहली के थे और कलकत्ता में रह कर भी देहली वाले ही कहे गये। वाजिद अली शाह और नातिक़ लखनवी ने मटिया बुर्ज आबाद कर लिया और लखनऊ के ही कहे गये। नज़्म तबा तबाई कलकत्ता में रह कर भी कलकत्ता के नहीं रहे। इंशा मुर्शिदाबादी होकर भी लखनवी हो गये और नवाब सआदत अली खाँ की खुद परस्ती (महत्त्वाकांक्षा) की भेंट चढ़ गये। यह तो बिल्कुल ऐसा ही हो गया कि ज़मीन का एक हिस्सा इधर से और दूसरा हिस्सा दूसरी तरफ़ से... फिर बेशतर हीरों-मोतियों को चुन-चुन कर तक़सीम किये हुए हिस्से में मुन्तक़िल (ट्रांसफ़र) करके पड़ी पायी हुई ज़मीन पर एक साइन बोर्ड लगाकर उस

पर पाकिस्तान लिख दिया जाए। साथ में बेचारे हैदर तबा तबाई 'किताब नुमा' के हवाले से यह भी फ़रमाते हैं कि आज़ादी के बाद उर्दू ग़ज़ल का घर-आँगन पाकिस्तान है। अगर फ़रार (पलायन) को हिजरत (प्रवास) का लक़ब देकर सारी ज़िन्दगी हिजरत का नोहा पढ़ना अदब है तो हमें भी एतराफ़ (स्वीकार) है कि उर्दू अदब का राज महल अब पाकिस्तान है लेकिन बुनियाद से इतने फ़ासले पर की गयी तामीर की उम्र बहुत कम होती है क्योंकि ज़लज़ले तो आते ही रहते हैं, वह चाहे सियासी हों या लिसानी (भाषायी)–

बुलन्दी देर तक किस शख़्स के हिस्से में रहती है
बहुत ऊँची इमारत हर घड़ी ख़तरे में रहती है।

बुज़ुर्गों के मुँह से सुना था कि ख़ुदा जब भी किसी चीज़ को पैदा करना चाहता है तो उसकी ज़िन्दगी और हिफ़ाज़त का सामान पहले पैदा कर देता है। कभी-कभी मैं सोचता हूँ कि अगर हिन्दुस्तान में मदरसे न होते तो इस ज़बान के ज़िन्दा रहने में यक़ीनन बहुत दुश्वारी होती। लेकिन तमाम बैनुलअक़्वामी (अन्तर्राष्ट्रीय) साज़िशों के बावजूद रहती दुनिया तक मदरसों को इसलिए ज़िन्दा रहना है कि इस्लाम को ज़िन्दा रहना है और जब तक दीनी मदरसे ज़िन्दा रहेंगे, उर्दू को हर हाल में ज़िन्दा रहना है और जिस ज़बान में ख़ुदा और उसके रसूले पाक (सल.) की इतनी तारीफ़ की गयी हो, जिस ज़बान में इस्लाम को समझने वालों की करोड़ों की तादाद हो... भला वह ज़बान कैसे फ़ना हो सकती है। जिस ज़बान ने अपनी कम माएगी (कम हैसियती) के बावजूद क़ुरआने करीम के हर्फ़ को हमारे दिलो दिमाग़ में शहद की तरह घोल दिया हो, उस ज़बान के ज़िन्दा रहने पर शक करना भी पागलपन है। एक बात और अर्ज़ करता चलूँ कि ऐसे दीनी मदरसे जहाँ उर्दू पढ़ने वाले बच्चों की तादाद अच्छी ख़ासी हो, वहाँ उर्दू एकेडमी और तरक़्क़िए उर्दू बोर्ड की तरफ़ से एक लाइब्रेरी क़ायम की जानी चाहिए। ईनाम और इमदाद के लिए आयी हुई किताबों से हर माह मुख़्तलिफ़ मौज़ूआत (विषयों) की किताबें इन मदरसों को तोहफ़े में भेजनी चाहिए ताकि इन बच्चों में हर तरह की उर्दू किताबें पढ़ने का ज़ौक़ (शौक़) पैदा किया जा सके। अगर हम नये क़ारी (पाठक) की तलाश में वाकई सर गर्दां हैं, फ़िक्र मन्द और संजीदा हैं तो यह काम हमें ज़रूर करना होगा वर्ना हम सिर्फ़ उर्दू ज़बानो अदब के मज़ार पर बैठ कर ग्लिसरीन ज़दा आँसू बहाते रहेंगे।

ग़ौर कीजिए कि अगर बंगाल और ख़ुसूसी तौर पर कलकत्ता लाइब्रेरियों का शहर न होता तो उर्दू ज़बान के एक पूरे अह्द का असासा (सरमाया) या तो दरिया बुर्द हो चुका होता या बनियों की दुकानों के ज़रिये कूड़े ख़ाने की खाद बन गया होता। ख़ुदा का शुक्र है कि आज सिर्फ़ मग़रिबी बंगाल में सौ (100) से ज़्यादा

ऐसी लाइब्रेरियाँ हैं जिन्हें उर्दू एकेडमी ग्रान्ट से (ब क़द्रे अश्के बुलबुल ही सही) नवाज़ती है। उर्दू मुसव्विदों (अप्रकाशित रचनाओं), क़लमी नुस्खों और क़ीमती किताबों की खुश क़िस्मती है कि दुनिया की बड़ी लाइब्रेरियों में शुमार होने वाली नेशनल लाइब्रेरी भी कलकत्ता में है, जो इन क़ीमती शहपारों को अपने बच्चों की तरह हिफ़ाज़त से रखती है। एशियाटिक सोसाइटी लाइब्रेरी, राजा राममोहन राय लाइब्रेरी, मुर्शिदाबाद शाही कुतुबख़ाना, हुगली मोहसिन शाही कुतुबख़ाना, हुगली मोहसिन कालेज लाइब्रेरी, मेट्रोपोलिटिन लाइब्रेरी, मौलाना आज़ाद लाइब्रेरी, उत्तर पाड़ा लाइब्रेरी, मुस्लिम इंस्टीच्यूट लाइब्रेरी, मदरसए आलिया लाइब्रेरी, मुहम्मद अली लाइब्रेरी, उर्दू एकेडमी लाइब्रेरी और हज़रत सालिक लखनवी की ज़ाती (निजी) लाइब्रेरी में उर्दू और फ़ारसी का इतना ख़ज़ाना मौजूद है कि अगर ख़ुदा न ख़्वास्ता कभी नीलाम करना पड़ जाए तो निज़ाम हैदराबाद के हीरे-जवाहिरात का ख़ज़ाना आँखें चुराने लगे और शर्मिन्दगी से पसीने में शराबोर हो जाए। अफ़सोस नाक सूरते हाल यह है कि मग़रिबी बंगाल से बाहर के जितने भी तनक़ीद निगार (समीक्षक) और मुहक़्क़िक़ीने अदब (साहित्यिक शोधकर्ता) अगर भूले भटके मग़रिबी बंगाल के हवाले से कुछ लिखते-पढ़ते भी हैं तो वह शेरशाह सूरी की बनवायी हुई सड़क से गुज़रने के बजाय रज़ा अली आबिदी की जरनैली सड़क से गुज़र जाते हैं। हिन्दो-पाक में मग़रिबी बंगाल पर मक़ाले और किताबें लिख कर ऐसे-ऐसे लोग डॉक्टर और प्रोफ़ेसर हो गये हैं जिन्होंने न तो ख़्वाब में ही बंगाल देखा न कभी नक़्शे में कलकत्ता...!

सहाफ़त (पत्रकारिता), अदब का वह ख़तरनाक हिस्सा है जहाँ मुबालिग़े (अतिशयोक्ति) की गुंजाइश नहीं होती लेकिन सच को सच लिखना भी खड़ी तलवार पर नंगे पाँव चलने के मुतरादिफ़ (समान) है। फिर एक तरफ़ जहाँ झूठ बोल कर कार और बँगले का ईनाम मिल रहा हो, वहाँ अपने आपको सच की नाव के हवाले करके कौन अपना मुस्तक़बिल और अख़बार की ज़िन्दगी ख़तरे में डालता है। लेकिन मौलाना अबुल कलाम आज़ाद का 'अलहिलाल' हो या मौलाना मुहम्मद अली जौहर का 'हमदर्द', इन लोगों ने अपने आपको दुनियावी नुक़सानात और परेशानियों का ख़ूगर (आदी) बना लिया था और ईमान की बुनियाद पर सहाफ़त की थी।

बुनियाद का पहला पत्थर तो हरिहर दत्त की इदारत (सम्पादन) में 'जामे जहाँनुमा' के ज़रिये बहुत पहले रखा जा चुका था। जब बुनियादें मज़बूत हों तो इमारतें खँडहर तो हो जाती हैं लेकिन गिरती नहीं हैं। मग़रिबी बंगाल., जिसकी मिट्टी में बग़ावत है, जिसके लहजे में एहतिजाज (विरोध) है, जिसकी हवाओं में बे बाकी (बे ख़ौफ़ी) है, जिसकी क़िस्मत इंक़लाब ज़िन्दाबाद है... फिर जिस

ज़बान के सहाफ़ियों के क़लम की हल्की-सी जुम्बिश से ऐवाने हुकूमत (सत्ता भवन) लरज़ने लगते हों और बर्मिंघम में ज़लज़ले आने लगते हैं, उस ज़बान के सहाफ़ी दिलों में दुनिया की हवस और लुक़्मए तर (कोमल कौर) की ख़्वाहिश नहीं रखते। तारीख़ शाहिद (गवाह) है कि मग़रिबी बंगाल ने हमेशा सच्ची और सेहतमन्द सहाफ़त के नमूने पेश किये हैं। सहाफ़त ने यहाँ हमेशा क़लम से तलवार का काम लिया है। सहाफ़त आज भी मग़रिबी बंगाल में नंगे पाँव चलने की आदी है। यहाँ ज़ुल्म के ख़िलाफ़ क़लम से रोशनाई नहीं बल्कि आग निकलती है। मौलाना आज़ाद की तहरीरों से निकलने वाली आँच से गुलामी की ज़ंज़ीरें पिघलने लगी थीं। इंक़लाब ज़िन्दाबाद के अंगारा सिफ़त नारे ने फ़िरंगी हुकूमत को ख़्वाबों में भी परेशान करना शुरू कर दिया था। मौलाना अब्दुर्रज़्ज़ाक़ ने, जो सहाफ़त की दुनिया में मलीहाबादी के नाम से पहचाने जाते हैं, सहाफ़त के लिए ख़ूने दिल में उँगलियाँ डुबो कर लिखने का हुनर मौलाना आज़ाद से सीखा और बंगाल के नवजवानों में इस तरह तक़सीम कर दिया कि आज तक उस लहजे की सफ़्फ़ाकी (क्रूरता) बर क़रार है। आज तक यहाँ की सहाफ़त में शाख़े ज़ैतून का तक़द्दुस (पवित्रता) और शमशीरे बे नयाम की काट बाक़ी है। रईसुद्दीन फ़रीदी, अहमद सईद मलीहाबादी, सालिक लखनवी, इब्राहीम होश, अहसन मिफ़्ताही, इक़बाल इकरामी, नाज़िरुल हुसैनी, शम्सुज़्ज़माँ, वसीमुल हक़, रईस अहमद जाफ़री, वक़ार मश्रिक़ी, सय्यद मुनीर नियाज़ी, जावेद निहाल, ख़्वाजा मुहम्मद यूसुफ़, इक़बाल कृष्ण, शहज़ादा सलीम, करीम रज़ा मुँगेरी और फ़े. सीन. एजाज़ वग़ैरा ने अपने-अपने बुज़ुर्गों से सीखे हुए हुनर से ख़ुद भी उर्दू सहाफ़त को जिला (रोशनी) बख़्शी और इन्हीं में से कुछ नवजवान लिखने वालों की एक पूरी फ़ौज तैयार कर दी। बंगाल से बाहर भी उर्दू सहाफ़त के चराग़ की रौशनी बाँटने के लिए मुम्बई में महमूद अय्यूबी जैसी शख़्सियत मौजूद है तो वसीमुल हक़ 'अख़बारे मश्रिक़' के बेबाक क़लमी बेड़े के साथ देहली में मौजूद हैं। यू.एन.आई. उर्दू सर्विस के ज़रिये सारे हिन्दुस्तान के अख़बारात में अशहर हाशिमी, अब्दुस्सलाम आसिम और जनाबे आलमगीर अपनी सलाहियतों का लोहा मनवा रहे हैं। आज़ाद हिन्द, अख़बारे मश्रिक़, आबशार, रोज़ाना हिन्द और अक्कास यहाँ के रोज़नामे हैं। आज़ाद हिन्द अख़बारे मशरिक़ बिहार, उड़ीसा और असम तक सूरज की किरनों के साथ पहुँचते हैं। आबशार का हल्क़ा मरकज़ी कलकत्ता है, जबकि अक्कास और रोज़ाना हिन्द की इशाअत भी ख़ासी है। मजमुई तौर पर तक़रीबन पचास हज़ार अख़बार रोज़ उर्दू वालों से दादो तहसीन (प्रशंसा भाव) बटोरते रहते हैं। क़तआत निगारी (मुक्तक लेखन) में रईस अमरोहवी का बड़ा एहतराम था। मग़रिबी बंगाल के तक़रीबन तमाम अख़बारात में मौज़ूआती (विषय केन्द्रित)

क़तआत शाया होते हैं। प्रोफ़ेसर एज़ाज़ अफ़ज़ल के क़तआत हिन्दुस्तान ही नहीं, पाकिस्तान और अरब अमीरात में भी नक़्ल किये जाते हैं। ज़मीर यूसुफ, शब्बीर अब्रवी, हलीम साबिर और शहूद आलम आफ़ाक़ी भी क़तआत निगारी करते हैं और इन हज़रात के क़तआत दिलचस्पी से पढ़े भी जाते हैं। हुरमतुल इकराम क़तआत निगारी में एक अहम नाम हुआ करता था। उनकी नज़्म 'कलकत्ता इक रुबाब' अगर उर्दू के बजाय किसी दूसरी ज़बान में होती तो आज कलकत्ता के किसी अहम चौराहे पर उनका मुजस्समा नस्ब होता।

मग़रिबी बंगाल से रिसाले और हफ़्तावार अख़बारात बहुत से निकले लेकिन हमेशा की तरह उम्र कम पायी। हिन्दुस्तान का पहला उर्दू डाइजेस्ट भी कलकत्ता की देन था। फ़े.सीन.एजाज़ और उनके साथियों ने मिलकर फ़ानूस डाइजेस्ट की शुरुआत की थी। शबिस्ताँ, हुमा और दूसरे तमाम डाइजेस्ट बहुत बाद में निकले। अदबी रिसाले तो मंज़रे आम पर बेशुमार आये लेकिन मुआशी (आर्थिक) सूरते हाल ने उन्हें ज़्यादा दिन जीने नहीं दिया। हवड़ा से इंकिशाफ़ (कलीम हाज़िक़) और दस्तक (अम्बर शमीम) के बन्द होने का बहुत लोगों को दुख हुआ। कलकत्ता से बाहर भी लोगों ने जब सुना तो अफ़सोस का इज़हार किया। माहनामा शहूद मग़रिबी बंगाल से निकलने वाला सबसे पुराना अदबी रिसाला है। मशहूर शायर शहूद आलम आफ़ाक़ी तक़रीबन तीस बरस से इस पर्चे की इदारत (सम्पादन) कर रहे थे। कलकत्ता से निकलने वाला इंशा भी बहुत पुराना रिसाला है। बैनुल अक़वामी मंज़रनामा (स्क्रिप्ट) में यही एक रिसाला है जो कलकत्ता की अदबी पहचान बनाये हुए है। मग़रिबी बंगाल का अस्री अदब नम्बर निकाल कर इसने पूरे बर्रे सग़ीर (उप महाद्वीप) में बंगाल के अदब को मुतआरिफ़ (परिचित) कराया। यह इस रिसाले वालों का बड़ा कारनामा है। यह लोग उर्दू एकेडमी की तरफ़ से किसी ख़ुसूसी एवार्ड के हक़दार थे। तीसरा पुराना रिसाला मग़रिबी बंगाल उर्दू एकेडमी की जानिब से शाया होने वाला माहनामा रूहे अदब है। पहले ग़ालिबन माहनामा था फिर दो माही हुआ, कुछ बरसों बाद सेहमाही हो गया लेकिन अब माहिए बेआब (जल बिन मछली) है—

जब गले मिल जाओ आ कर तब ही रोज़े ईद है

वैसे इस रिसाले ने इतना बड़ा काम ज़रूर किया है कि मग़रिबी बंगाल के उर्दू अदब के सिलसिल में जितना मवाद (मैटीरियल) यकजा कर दिया है, वह सौ-पचास बरस में भी इकट्ठा न हो पाता लेकिन इसकी कोताहियों पर यह पर्दा छोटा पड़ता है। इसके एडीटर सालिक लखनवी हैं। रोज़नामा आबशार ने भी क़ाबिले ज़िक्र नम्बर निकाले लेकिन अगर कोशिश की जाती तो वह बहुत कारामद नम्बर बन सकते थे। हुकूमते मग़रिबी बंगाल का रिसाला मग़रिबी बंगाल

भी निकलता है जो बाज़ार में दिखाई नहीं पड़ता है और मुस्तफ़ा अकबर नाराज़ रहते हैं (हाय मैं क्या करूँ किधर जाऊँ)। एक पर्चा मिज़गाँ (एडीटर नौशाद मोमिन) भी इधर अपनी शिनाख़्त बनाने में लगा हुआ है। पिछले दिनों मिज़गाँ ने उर्दू ड्रामा नम्बर शाया करके और प्रोफ़ेसर एज़ाज़ अफ़ज़ल, अलक़मा शिबली, क़ैसर शमीम, ज़हीर अनवर और फ़ीरोज़ आबिद वग़ैरा के सिलसिले में मज़ामीन निकाल कर अपने कारामद होने की भरपूर गवाही दी है। कम्प्यूटर की वजह से इन दिनों हर जगह से बे तहाशा रिसाले निकल रहे हैं। ना इंसाफ़ी होगी अगर मैं 'अस्बात व नफ़ी' का तज़किरा न करता। इस रिसाले ने भी सारे हिन्दुस्तान के अदबी हल्क़ों को चौंकाया था लेकिन ग़ालिबन आसिम शाहनवाज़ शिबली की पारे जैसी शख़्सियत को दार्जिलिंग की आबो हवा रास न आ सकी और रिसाला कई बरसों से मंज़रे आम पर नहीं आ सका।

मग़रिबी बंगाल में इस वक़्त उर्दू के लिए माहौल बहुत साज़गार (अनुकूल) है। इसका अन्दाज़ा आप यूँ भी लगा सकते हैं कि क़लकत्ता यूनिवर्सिटी के साथ ही साथ अकसर कालेजों में उर्दू की तालीम का सिलसिला जारी है। मौलाना आज़ाद कालेज, कलकत्ता गर्ल्स कालेज, लेडी ब्राबोर्न कालेज, ख़िज़्रपुर कालेज, हुगली मोहसिन कालेज, टी.डी.बी. कालेज, भवानीपुर कालेज, सुरेन्द्र नाथ कालेज, बंगा बाशी कालेज, उमेश चन्द्रा कालेज, बिरला कालेज, विक्टोरिया गर्ल्स कालेज, सूरज मल जालान कालेज, हरि मोहन घोष कालेज और राम मोहन कालेज के अलावा पूरे मग़रिबी बंगाल में तक़रीबन पच्चीस ऐसे कालेज और भी हैं जहाँ आज भी उर्दू दूसरी ज़बानों से आँखें मिला कर खड़ी होती है। हुकूमत बर्दवान यूनिवर्सिटी में भी उर्दू शोबा शुरू करने वाली है। कलकत्ता को इसका भी फ़ख़्र हासिल है कि वहाँ सेन्ट ज़ेवियर्स जैसे कालेज में भी उर्दू तालीम का इन्तिज़ाम है। पन्द्रह बरस पहले उस वक़्त के वज़ीरे आला ने कलकत्ता यूनिवर्सिटी में इक़बाल चेयर भी क़ायम की थी, जिसके लिए फ़ैज़ अहमद फ़ैज़ से गुज़ारिश की गयी थी लेकिन उन्होंने अपनी ख़राब सेहत की वजह से मजबूरी ज़ाहिर कर दी थी लिहाज़ा दूसरी पसन्द के तौर पर मशहूर शायर और नाक़िद डॉक्टर मुजफ़्फ़र हनफ़ी को इस आला ओहदे के लिए चुना गया था। डॉक्टर हनफ़ी तक़रीबन बारह बरस इक़बाल चेयर के प्रोफ़ेसर की हैसियत से यूनिवर्सिटी में रहे। उनके आने से मग़रिबी बंगाल खुसूसन कलकत्ता में अदबी सरगर्मियाँ तेज़ हो गयीं और उर्दू के मुख़्तलिफ़ मसाइल पर ज़ोरदार मुबाहिसे (रचनात्मक बहसें) भी हुए लेकिन अब डॉक्टर साहब रिटायर्ड होकर देहली वापस जा चुके हैं और सरगर्मियाँ भी तक़रीबन ख़त्म हो चुकी हैं।

कलकत्ता में उर्दू के प्राइमरी स्कूल तक़रीबन सौ से ज़्यादा हैं जिनमें चालीस

स्कूल तो सिर्फ़ कलकत्ता कार्पोरेशन की निगरानी में चलते हैं, जबकि पूरे मग़रिबी बंगाल में ऐसे प्राइमरी स्कूलों की तादाद दो सौ से भी ज़्यादा है। जूनियर हाईस्कूल और हाईस्कूल भी मग़रिबी बंगाल में सौ से ऊपर हैं। मग़रिबी बंगाल के कालेजों का ज़िक्र ऊपर किया जा चुका है। कुल मिलाकर मग़रिबी बंगाल में उर्दू वालों की आबादी सिर्फ़ तीन फ़ीसदी है, जबकि कुल आबादी में मुसलमानों का हिस्सा तैंतीस फ़ीसदी है। कलकत्ता में उर्दू बोलने वालों की आबादी पन्द्रह फ़ीसदी है। चूँकि कलकत्ता में तालीम का इन्तिज़ाम ज़्यादा बेहतर है, लिहाज़ा कलकत्ता के मुज़ाफ़ात (मिले हुए इलाक़े) से भी बहुत बड़ी तादाद में तलबा रोज़ाना कलकत्ता आते हैं। आप मुसलमानों की कुल आबादी तैंतीस फ़ीसदी और उर्दू बोलने वालों की तादाद सिर्फ़ तीन फ़ीसदी देख कर चौंकेंगे। मुमकिन है कि ये भी ख़याल फ़रमायें कि कहीं बड़ी भूल हो गयी है लिहाज़ा इस बात की वजाहत (खुलासा) ज़रूरी है कि बंगाली मुसलमान मज़हब के मामले में तो बहुत सख़्त होता है लेकिन उर्दू के मामले में बंगाली मुसलमानों में कभी कोई जोशो ख़रोश नहीं रहा। अगर ईमानदारी से देखिए तो बंगाली मुसलमानों से ज़्यादा बंगाली हिन्दुओं को उर्दू ज़बान और कल्चर से लगाव है। बल्कि एक तरह से मुसलमान बंगाली ग़ैर बंगाली मुसलमान से राबता (सम्पर्क) नहीं रखता है। ज़िन्दगी के तक़रीबन बत्तीस बरस कलकत्ता में गुज़ार देने के बाद भी ये मुअम्मा मेरी समझ से बालातर रहा है। एक दिलचस्प बात और भी देखने में आयी है कि अगर ग़ैर बंगाली मुसलमानों से दस हज़ार बंगाली लड़कियों ने शादियाँ की होंगी तो उनमें नौ हज़ार बंगाली लड़कियाँ हिन्दू होंगी। यह बिल्कुल मुख़्तलिफ़ लेकिन ख़ासा दिलचस्प मौज़ू है, जिस पर तफ़सीली गुफ़्तगू की जा सकती है। यहाँ मैं सिर्फ़ यह अर्ज़ करना चाहता हूँ कि उर्दू मग़रिबी बंगाल में हुगली के किनारे बसे हुए मुहाजिरीन (शरणार्थियों) की ज़बान है लेकिन यह पाकिस्तान के मुहाजिर नहीं हैं बल्कि यू.पी. और बिहार से रोज़ी की तलाश में भटकते-भटकते आये हुए ग़रीबुल वतन हैं., हिजरत के वक़्त जिनकी आँखें हर तरह के ख़्वाबों से ख़ाली थीं। चूँकि तमाम जूट मिलें और कल कारखाने हुगली नदी के किनारे आबाद थे, इसलिए इन लोगों ने इन्हीं कारख़ानों के आसपास बसना शुरू कर दिया और यह बस्ती बसते-बसते मुहल्ले से क़स्बों में और फिर शहर में तब्दील हो गयी। जो ग़ैर मुस्लिम आये उनकी ज़बान हिन्दी थी और जितने भी मुसलमान आये वह या तो पढ़े-लिखे थे ही नहीं और जो थे भी तो उन्हें सिर्फ़ उर्दू आती थी। रफ़्ता-रफ़्ता जब उर्दू ज़बान अवामी बनती गयी तो इस आबादी ने भी शायर और अदीब पैदा करना शुरू कर दिये। लेकिन चूँकि वह ज़माना किसी हद तक मुसलमानों की ख़ुशहाली का था और हुगली के किनारे बसे हुए लोग भूखे तो नहीं रहते थे लेकिन ज़्यादा ख़ुशहाल भी

नहीं रहते थे लिहाज़ा बंगाल की शायरी पर कभी चूमा चाटी का इल्ज़ाम भी नहीं आया और बंगाल की ज़मीन से जुड़ी हुई शायरी को अपने मसाइल की थकन और ग़रीबी की मुसव्विरी (चित्रकारी) से दरबारों में जगह भी नहीं मिल सकी। जब नज़ीर अकबराबादी को उनके अहृद के फ़ारसी ज़दा शायरों और अदीबों ने तस्लीम (क़ुबूल) नहीं किया था तो अश्क अमृतसरी किस गिनती में आते। जहाँ उर्दू ग़ज़ल कूल्हे मटका रही हो, वहाँ मज़दूर की नंगी पीठ की जानिब कौन देखता है? मस्त कलकतवी अपने वक़्त का सबसे मक़बूल शायर था लेकिन ग़रीबी ने उसे कालू क़व्वाल और प्यारू क़व्वाल की सोहबत में बिठाना शुरू कर दिया। यहाँ मैं अपनी बात की मज़ीद (और अधिक) वजाहत (खुलासा) के लिए मस्त कलकतवी के चन्द अश्आर दर्ज करना चाहता हूँ कि ये अश्आर किसी न किसी तरह आपके ज़ेहन के गोशे में छुपे होंगे... और काश ऐसा ही हो ताकि मुझे मग़रिबी बंगाल की अवामी शायरी की ज़्यादा वक़ालत न करनी पड़े—

सुर्ख़ रू होता है इंसाँ ठोकरें खाने के बाद
रंग लाती है हिना पत्थर पे घिस जाने के बाद।

मिटा दे अपनी हस्ती को अगर कुछ मर्तबा चाहे
कि दाना ख़ाक में मिल कर गुलो गुलज़ार होता है।

मुद्दई लाख बुरा चाहे तो क्या होता है
वही होता है जो मंज़ूरे ख़ुदा होता है।

नहीं मालूम दुनिया जलवा गाहे नाज़ है किसकी
हज़ारों उठ गये लेकिन वही रौनक़ है महफ़िल की।

वह फूल सर चढ़ा जो चमन से निकल गया
इज़्ज़त उसे मिली जो वतन से निकल गया।

हक़ीक़त छुप नहीं सकती बनावट के उसूलों से
कि ख़ुशबू आ नहीं सकती कभी काग़ज़ के फूलों से।

जिस वक़्त शहर के दौलत मन्द कोठों पर बैठकर तहज़ीब सीख रहे थे और मस्त कलकतवी को क़व्वाली का शायर कह कर नज़र अन्दाज़ भी कर रहे थे, उन्हें यह ख़बर भी नहीं रही होगी कि अगर कभी मस्त कलकतवी का कलाम अवाम के सामने आ जाएगा तो वह ग़ज़ल का सबसे अहम जदीद (आधुनिकतम)

शायर मान लिया जाएगा लेकिन ज़माने की ना क़द्री के सताये हुए तो हज़ारों लोग हैं, एक मस्त कलकतवी का ज़िक्र ही क्या।

मैं आपको मौज़ू (विषय) से थोड़ा अलग ले गया था कि आप इस बात को समझ लें कि उर्दू हर दौर में मुसलमानों ही की नहीं बल्कि ग़रीब मुसलमानों की ज़बान थी। मुस्लिम जागीरदार और रईस कोठों पर तहज़ीब सीख रहे थे और हिन्दू रईस अपनी फ़ारसी दानी और उर्दू बयानी के एवज़ दरबारों में आला ओहदे हासिल कर रहे थे।

यूँ तो देखने में सब कुछ ठीक ठाक लगता है, मगर है नहीं क्योंकि इन प्राइमरी स्कूलों का सीधा मुक़ाबला उन नाम निहाद इंगलिश प्राइमरी स्कूलों से है जो हर गली, हर मुहल्ले में चल रहे हैं और ख़ूब फल-फूल रहे हैं। यह तमाम इंगलिश प्राइमरी और नर्सरी स्कूल सभी मुहल्लों में आबाद हैं और उनमें रोज़ ब रोज़ इज़ाफ़ा भी हो रहा है। इन प्राइमरी स्कूलों में जब तक उर्दू भी दाख़िल नहीं होगी या उर्दू को भी शामिल नहीं किया जाएगा, मग़रिबी बंगाल में भी उर्दू और उर्दू बोलने वालों के सरों पर तलवार लटकती रहेगी। चूँकि तमाम स्कूल कारोबारी मामलात को निगाह में रख कर शुरू किये जा रहे हैं लिहाज़ा उर्दू स्कूल के मालिकान के दिलों में उर्दू के लिए मुहब्बत तलाश करना ग़ैर ज़रूरी काम है।

चूँकि आज़ादी के बाद सरकारी अस्पतालों से लेकर सरकारी स्कूलों तक अवाम के दिलों से यक़ीन उठ गया है लिहाज़ा मुतवस्सित तबक़े (मध्यम वर्ग) के अलावा ग़रीब तबक़ा भी यही कोशिश करता है कि अपने बच्चों को कलकत्ता कार्पोरेशन के प्राइमरी स्कूलों के बजाय फ़ार्मी अण्डों की तरह फैले हुए अंग्रेज़ी स्कूलों में पढ़ाये। यह लोग हक़ ब जानिब हैं क्योंकि बच्चों के मुस्तक़बिल से माँ बाप कहीं खिलवाड़ करते हैं?

बिहार और बंगाल के मुक़ाबले में उत्तर प्रदेश का मुसलमान आला तालीम की दौड़ में सिर्फ़ इसलिए पिछड़ गया कि उसे हिन्दी और संस्कृत में ग़ैर मुस्लिम बच्चों से मुक़ाबला करना पड़ता है। एक तो हिन्दी...और संस्कृतनुमा हिन्दी उनकी मादरी ज़बान, दूसरे मज़हबी नुक़्तये नज़र से भी वह अपनी ज़बान से क़रीब, तीसरे सिफ़ारिश और ज़रिये भी उन्हीं के पास...लिहाज़ा हमारे बच्चे उत्तर प्रदेश में हिन्दी और संस्कृत के मैदान में बुरी तरह से हार जाते हैं। फिर आप जो ज़बान बोलते नहीं हैं, उसे आप पूरी ख़ूबी के साथ लिख भी नहीं सकते। लिहाज़ा मेरा ख़याल यही है कि पहले ही मरहले में बच्चों के मुस्तक़बिल को उर्दू ज़बान से आरास्ता (सुसज्जित) कर दिया जाए ताकि आगे चल कर कहीं से कुछ नम्बरों में कमज़ोर पड़ते हैं तो बाक़ी बोझ उर्दू सँभाल लेगी।

मैं तस्लीम करता हूँ कि वालिदैन की आँखों में बच्चों के लिए सुनहरे ख़्वाबों

की एक बहुत बड़ी दुनिया आबाद रहती है। इस दौर में डॉक्टर, इंजीनियर, आई.ए.एस. और आई.पी.एस. वग़ैरा ऐसे ख़्वाब हैं जिनसे किसी भी साहिबे औलाद की आँखें ख़ाली नहीं हैं। लेकिन अवामी तौर पर अगर इस पॉलिसी को उनके सामने रखा जाए और उन्हें बताया जाए कि इससे आइन्दा क्या फ़ायदे हो सकते हैं और उन्हें यह भी आगाह किया जाए कि ऐसे तमाम स्कूलों में उर्दू की बेहतर तालीम का भी इन्तिज़ाम होना ज़रूरी है तो हम यक़ीनन अपनी ज़बान के लिए बेलौस (निःस्वार्थ) ख़िदमत कर सकते हैं। शहर के तमाम उर्दू अख़बारात को बा क़ायदा एक मुहिम (अभियान) शुरू करनी चाहिए, अपने इदारियों (सम्पादकीय) के ज़रिये, अपने क़लम की भरपूर सलाहियत के ज़रिये, शहर के मुअज़्ज़िज़ (प्रतिष्ठित) लोगों से इस सिलसिले में मज़ामीन लिखवाना चाहिए। इस मौज़ू के लिए मुसलसल मुबाहिसे का एक कालम रखना चाहिए। मग़रिबी बंगाल के हर मुस्लिम मोहल्ले में सिक़ाफ़ती (सांस्कृतिक) और इस्लाही (सुधार) क्लब हैं...उन सबको सीना सिपर हो जाना चाहिए क्योंकि यह सिर्फ़ ज़बान का मसला नहीं है, बच्चों के मुस्तक़बिल का मसला भी है। लिहाज़ा क्लब के नवजवानों को उठ खड़ा होना चाहिए और बच्चों के वालिदैन और स्कूल के मालिकों या ज़िम्मेदारों से मिल कर उर्दू की बक़ा (स्थायित्व) की भीख माँगनी चाहिए और तमाम अंग्रेज़ी स्कूलों में उर्दू क्लासेज़ फ़ौरी तौर पर शुरू कराना चाहिए। उर्दू एकेडमी का फ़र्ज़ है कि वह मुस्तक़िल एक वर्कशाप चलाये जिसके ज़रिये बच्चों की इब्तिदाई (प्रारम्भिक) तालीम के दिनों में ही उनके दिलों में उर्दू का शौक़ और उससे मुहब्बत का उंजाला भर दे। हालाँकि यह काम दुश्वार है लेकिन अपनी ज़बान की हिफ़ाज़त फ़र्ज़ ही नहीं, एक जंग है और—

जंग है तो जंग का मंज़र भी होना चाहिए
नेज़े सबके हाथ में हैं सर भी होना चाहिए।

कभी रघुपति सहाय फ़िराक़ गोरखपुरी ने कहा था कि 'उर्दू इसलिए पढ़ लो कि अफ़सर बनने के बाद अफ़सर दिखाई भी दो'। इस जुमले की मानवीयत (भाव और गहराई) कई पुर मग़ज़ (बौद्धिकता पूर्ण) मक़ालों (लेखों) का दर्जा रखती है। इस जुमले से इस बात की वजाहत भी होती है कि उर्दू सिर्फ़ एक ज़बान ही नहीं है, तहज़ीब भी है। तो क्या हम अपने बच्चों को प्राइमरी स्टेज के ज़माने में ही उर्दू पढ़ा कर उन्हें अपनी सदियों पुरानी तहज़ीब, रवादारी और शराफ़त का सफ़ीर (दूत) नहीं बना सकते। मशहूर सहाफ़ी एम जे. अकबर कलकत्ता के मुज़ाफ़ात की ख़ाक से उठे और बगोला बनकर अंग्रेज़ी सहाफ़त पर छा गये। मशहूर शायर और मग़रिबी बंगाल पुलिस के आला ओहदे दार ऐन. रशीद जिन्हें अपनी डाकुमेन्टरी फ़िल्म 'सातवाँ आदमी' की वजह से बैनुलअक़वामी (अन्तर्राष्ट्रीय) शोहरत हासिल

थी, वह मिर्ज़ा ग़ालिब के कलाम का बंगला में तर्जुमा करके बंगाल के चहेते और हर दिल अज़ीज़ शख़्सियत बन गये थे। मुख़्तलिफ़ ज़बानों पर अहले ज़बान की तरह क़ुदरत (महारत) रखने की वजह से उन्हें बड़े-बड़े ज़बान दाँ (भाषा विद) रश्क की निगाह से देखते थे। इन दोनों शख़्सियतों को उर्दू ज़बान से कितना फ़ायदा पहुँचा होगा, आप ख़ुद अन्दाज़ा लगा सकते हैं। ये दो नाम बहुत सामने के थे लिहाज़ा बर सबीले तज़किरा (ज़िक्र के तौर पर) इस्तेमाल कर लिए गये वर्ना अगर तफ़सील में जायेंगे तो नामों की एक तवील फ़ेहरिस्त सामने आ जाएगी।

मग़रिबी बंगाल की मुआशी (आर्थिक) थकन का असर कहीं न कहीं से उर्दू ज़बानो अदब की सेहत पर भी पड़ रहा है। एक तो मरकज़ी हुकूमत की निगाह में हमेशा सौतेली औलाद की तरह खटकता हुआ यह ज़िद्दी और बाग़ी बच्चा तमाम मरकज़ी मुराआत (सहूलियतों) से कभी फ़ैज़याब (लाभान्वित) नहीं हो सका, दूसरे यहाँ की आबो हवा और मोहतात (सतर्क) सियासी रवैये ने मछलियों से तेज़ रफ़्तारी छीन कर उन्हें कछुवा बना दिया है। बंगला अदब तो इतना मुतास्सिर (प्रभावित) नहीं हुआ लेकिन हमारा उर्दू अदब एक तालाब बन गया और कुछ नाम निहाद (तथाकथित) शायर व अदीब तालाब पर क़ाबिज़ हो गये, जो ख़तरा देखते ही अपनी खाल में सिमट जाते हैं और उनकी खाल इतनी मोटी है कि उस पर एहतिजाज का कोड़ा फूल की झाड़ू से ज़्यादा असर अन्दाज़ नहीं हो पाता। यह सूरते हाल ज़बान और अदब के लिए तो ख़तरनाक है ही, साथ में नये शायरों और अदीबों की नस्ल को आगे बढ़ने में भी ज़बरदस्त नुक़सान पहुँचा सकती है। उत्तर प्रदेश और बिहार में जिस तरह सियासत में माफ़िया राज का कंट्रोल हो चुका है बिल्कुल उसी तरह मग़रिबी बंगाल के उर्दू अदब पर भी कुछ मख़सूस लोग क़ाबिज़ हो गये हैं। अवामी तौर पर यह सूरते और ये सूरतेहाल पसन्दीदगी की सनद न हासिल कर पाती लेकिन एक ज़माने तक इंक़लाब ज़िन्दाबाद के नारे लगाते-लगाते शायद अवाम के गले बैठ गये हैं या सियासी तौर पर किसी नुक़सान से ख़ुद को बचाने के लिए अपने-अपने कमरों में बैठ कर सूरते हाल पर तब्सिरा (Comments) कर लेते हैं, जो रूखी-सूखी हाथ लग जाती है, खा लेते हैं और मसलहत की चादर ओढ़ कर सो जाते हैं, साथ ही इन हालात से नाराज़ भी रहते हैं और बंगाल में तंक़ीद निगारों (समीक्षकों) की कमी का रोना रोते हैं।

इक़्तिदार और ओहदों पर बैठे हुए लोग भी मोतबर (विश्वस्त) मुनफ़रिद (पृथक) और मुस्तनद (प्रमाणित) क़लमकार कहलाते हैं। पिछले दिनों उवैस अहमद दौराँ कलकत्ता आये थे। उनसे अक़ीदत रखने वालों ने उनके एज़ाज़ (सम्मान) में एक जलसा किया। जलसागाह में ब मुश्किल तमाम दस-बीस सामिईन (श्रोता)

रहे होंगे। कलकत्ता से उनका देरीना तअल्लुक़, उनकी बेइन्तिहा क़द काठी निकालती शायरी और उनकी बेहद शरीफ़ाना शख़्सियत भी डेढ़ दर्जन से ज़्यादा ख़ुद साख़्ता (स्वयं भू) शायरों और अदीबों को जमा न कर सकी। अगर उनकी जगह रेडियो स्टेशन या दूरदर्शन के किसी ओहदेदार को यह सम्मान दिया जाता तो टी.वी. पर अपना चेहरा दिखाने और रेडियो पर अपनी बलग़मी आवाज़ सुनने के लिए अदब के तमाम सरदार इकट्ठा हो जाते। यह उस मग़रिबी बंगाल के उर्दू दानिशवरों (बुद्धिजीवियों) का हाल है जहाँ मशहूर बंगाली फ़िल्मी राइटर, डायरेटर ऋतिक घटक ने पद्मश्री एवार्ड कमेटी की तरफ़ से भेजे गये ख़त पर उनका मुकम्मल पता तहरीर न होने की वजह से यह लिख कर वापस भेज दिया कि जो हुकूमत हमारा सही पता-ठिकाना नहीं जानती, उसको हमारे फ़न का भी सही अन्दाज़ा नहीं हो सकता, लिहाज़ा यह सरकारी एज़ाज़ मुझे क़ुबूल नहीं है।

इन दिनों कलकत्ता में एक नयी वबा फूट पड़ी है। सदारत, इफ़्ताह करने और मेहमाने खुसूसी बनने की। अदब के कुछ बुज़ुर्ग सिर्फ़ अपनी सदारत में अपना कलाम पढ़ते हैं। नमाज़ भी इसलिए नहीं पढ़ते कि इमाम के पीछे खड़ा होना पड़ेगा। कुछ लोग सिर्फ़ मेहमाने खुसूसी और मेहमाने ज़ी विक़ार की हैसियत से ही तशरीफ़ लाते हैं वर्ना अच्छे से अच्छे प्रोग्राम का बायकाट कर देते हैं। लिहाज़ा एक-एक प्रोग्राम में दस-दस मेहमाने खुसूसी मौजूद होते हैं। अब सूरते हाल यह है कि कहीं-कहीं जलसागाह में बैठे हुए सामिईन से ज़्यादा तादाद स्टेज पर बैठे हुए मुअज़्ज़िज़ीन की होती है। शायद हुकूमत का बहुत ज़्यादा मुस्तहकम (मज़बूत) होना अदब के लिए नुक़सानदेह साबित होता है। हर शख़्स इन बातों को महसूस करता है लेकिन लब कुशाई (बोलना) से कतराता है। मरकज़ी कलकत्ता के कुछ शायर और अदीब उर्दू अदब के नाख़ुदाए सुख़न भी हैं और ख़ुदाए सुख़न भी—

यही मेआरे दियानत है तो कल का ताजिर
बर्फ़ के बाँट लिए धूप में बैठा होगा

मुज़ाफ़ात के शायर और अदीब बैकवर्ड कोटे में हैं। हालाँकि इन दिनों इन इलाक़ों के नवजवान शायर और अदीब बहुत मुतहर्रिक (सक्रिय) हैं और ख़ूब लिख-पढ़ रहे हैं। जहाँ मौक़ा मिलता है छपते भी हैं लेकिन उर्दू रिसालों की कमी और जानिबदारी की शिकायत भी करते हैं। उनकी शिकायतें जायज़ भी हैं। उर्दू एकेडमी का रिसाला रूहे अदब सिर्फ़ मोतबर लोगों को छापता है बल्कि जब तक उनके मोतबर लोग लिखते नहीं हैं, तब तक रिसाला छपता ही नहीं है। माहनामा 'इंशा' आलमी अदब के ज़ीने से नीचे नहीं उतरता। माहनामा 'शहूद' अपने मुदीर (सम्पादक) की तरह आये दिन बिस्तर पकड़े रहता था। बक़िया दूसरे रिसाले अपने मालिक को मुदीर बनाये रखने के लिए निकलते हैं। दो-चार

शुमारों (एडीशन्स) के बाद पर्चा बन्द हो जाता है तब भी मुदीर बने रहते हैं। इसलिए नवजवान नस्ल अच्छा लिखने के बावजूद हौसले की अधूरी अँगड़ाई से परेशान है। मैं अकसर कहता हूँ कि पज़ीराई (उत्साह वर्धन) के बग़ैर तख़लीक़ उस नव मौलूद (नवजात) बच्चे की तरह होती है, जिसे माँ का दूध नहीं मिलता। कलकत्ता में कामिल अख़्तर, ख़ालिक़ अब्दुल्लाह, हसन असर, इक़बाल कृष्ण, शमीम अनवर, अहसन शफ़ीक़ और सज्जाद नज़र बहुत तेज़ी से उभर कर सामने आये, उन्होंने अपनी तहरीरों से उर्दू अदब के हर ज़हीन (बुद्धिमान) क़ारी को चौंकाया, हिन्दुस्तान के अकसर रिसालों ने बग़ैर किसी सिफ़ारिश और ज़ोर ज़बरदस्ती के उन्हें छापा भी, पूरी उर्दू दुनिया में उनकी पज़ीराई भी हुई लेकिन रफ़्ता-रफ़्ता ये तमाम नाम बंगाल के मंज़रनामे से ग़ायब होते गये बल्कि अकसर के बारे में तो दूसरे शहरों में लोगों ने मुझसे यह भी जानना चाहा कि यह लोग ज़िन्दा हैं या मर-खप गये? और उनका सोचना बजा भी है। अचानक जब आप अदबी दुनिया से ग़ायब हो जायेंगे तो लोगों का फ़िक्र मन्द होना फ़ितरी (प्राकृतिक) अमल है लेकिन यहाँ सवाल यह है कि लोग अचानक मैदान से ग़ायब क्यों हो गये? क्या उनके तख़लीक़ी सोते (रचना के स्रोत) खुश्क हो गये? क्या उनकी उँगलियाँ क़लम से खेलना भूल गयीं? क्या उनके ज़ेहनों ने सोचना छोड़ दिया? नहीं, ऐसा कुछ भी नहीं हुआ। दरअस्ल यह लोग असली लोग थे। यह अदब के मज़दूर नहीं थे बल्कि जागीर के हिस्सेदार थे लिहाज़ा गुलामों को एज़ाज़ से नवाज़ कर इन शाहज़ादों को सिर्फ़ ज़ेहनी अज़ीयत ही नहीं दी गयी बल्कि उनकी आँखों को उनके ही क़लम से दाग़ कर उन्हें हमेशा के लिए हक़दार के सफ़ से बाहर कर दिया गया और उन लोगों ने भी अच्छी तरह ये समझ लिया कि फ़ाउल खेलने वालों के साथ फ़ेयर खेलकर जीता नहीं जा सकता। कुछ तो इतने हस्सास (भावुक) निकले कि 'गली तुमने कही थी हम तो दुनिया छोड़े जाते हैं' कहते हुए मनों मिट्टी के नीचे छुप कर सो गये।

ग़ज़ल के शेर में ये सादगी मुश्किल से आती है

ग़ज़ल के शेर मोतियों की तरह होते हैं और मोती पिरोने का शौक़ किसे नहीं होता। फिर जिसे मोती पिरोने का हुनर भी आ जाए, वह शख़्स तो कमाल ही कर देता है। परविन्दर शोख़ भी मेरी नज़र में उन फ़नकारों की तरह हैं जिन्होंने यह हुनर बड़ी मेहनत और ईमानदारी से सीखा है। क्योंकि एक तरफ़ तो इंजीनियरिंग जैसे ग़ैर शायराना पेशे से जुड़ा होना और फिर शब्दों की माला से ग़ज़ल के गुलदस्ते तैयार करना– दो अलग-अलग काम हैं लेकिन पंजाब की मिट्टी की ज़रख़ेज़ी (उर्वरता) का असर पंजाब वालों की शख़्सियत, शायरी और जीवन शैली पर भी पड़ता है। अगर एक तरफ़ यह मिट्टी शहीदों के ख़ून से गुलो गुलज़ार है तो दूसरी तरफ़ मुहब्बत करने वालों की गवाही के लिए भी हमेशा मुअतबर (विश्वसनीय) रही है। अदबी कारनामों में भी यहाँ की मिट्टी हमेशा सर उठाये हुए चलती है। उर्दू ज़बान, ख़ास तौर से ग़ज़ल में जो बाँकपन और जज़्बए सरशारी (मस्ती का जज़्बा) है, वह इसी मिट्टी की देन है।

परविन्दर शोख़ ने अपनी मसरूफ़ ज़िन्दगी से हमेशा कुछ न कुछ लम्हे चुराये हैं और वो लम्हे उन्होंने गेसुए ग़ज़ल को ख़मदार और दमदार बनाने में सर्फ़ कर दिये हैं। इस भागती हुई दुनिया में शायरी से मुहब्बत करना, उसके लिए वक़्त निकालना, उसकी नाज़बरदारी करना, उसकी आबयारी (सिंचाई) में अपना पसीना बहाना भी परविन्दर शोख़ जैसे लोगों का ही काम है। उनकी ग़ज़लें पढ़ते वक़्त कुछ देर के लिए उनके बनाये हुए ग़ज़ल के छोटे-छोटे घरौंदों के पास बैठ कर गुज़रे हुए माहो साल को आवाज़ देने को जी चाहता है और यही एक शायर और एक मुसव्विर (चित्रकार) की कामयाबी है कि वह अपने बनाये हुए शेरों और तस्वीरों को बोलना और बातें करना सिखा दे।

यूँ तो ग़ज़ल हमेशा ही आसान होते हुए भी मुश्किल तरीन फ़न है। कम लफ़्ज़ों में बड़ी से बड़ी बात कहना, थोड़े से मरहम की मदद से ज़िन्दगी के बड़े-बड़े ज़ख़्मों को भरना, थोड़े से आँसुओं से सारी धरती को सैराब (तृप्त) करना एक करिश्मा है और इसी करिश्मे और कमाल की इन्तिहा तक पहुँचने वाले ही

मीर और ग़ालिब के तरफ़दार कहलाते हैं। दरअस्ल ग़ज़ल गुंजाइश न होते हुए भी गुंजाइश निकालने का हुनर है। बंजर ज़मीनों से फूल उगाने और फिर उन्हें आँसुओं की माला में पिरोना ग़ज़ल लिखने जैसा ही है।

परविन्दर शोख़ ने अपनी ग़ज़ल के माध्यम से अपनी ज़िन्दगी की खट्टी-मीठी यादों को शायरी के एलबम में सजाया है। उन्होंने समाजी उथल-पुथल को भी अपनी ग़ज़लों में भी बयान करने की कोशिश की है, बदलती हुई दुनिया में ज़िन्दा रहने वाले पुराने रंगों का रोना भी रोया है लेकिन उनके आँसू उनकी मायूसी का प्रोपैगण्डा नहीं करते हैं। उनके आँसू तो सीप से निकले हुए नये-नये और ख़ुशबू देते हुए मोतियों का इश्तिहार दिखाई देते हैं। अपनी कम उम्री में भी उन्होंने शायरी को फ़िक्र के दरिया में तैरना सिखाया है। शायद यही वजह है कि वो अपने हम उम्र शायरों के बीच उनके बड़े भाई जैसे दिखाई देते हैं। वह मुशायरों से भागते हैं, कवि सम्मेलनों से दूर रहते हैं, रिसालों और मैगज़ीनों की सीढ़ियाँ नहीं चढ़ते हैं, रेडियो और टेलीविज़न के दफ़्तरों में दरबारी बन कर हाज़िर नहीं होते हैं। वह तो एक सच्चे सिक्ख की तरह दरबार साहब में माथा टेकते हैं, वहीं से ऊर्जा हासिल करते हैं, वहीं से अपनी शायरी के लिए नूर बटोरते हैं और वहीं से अपने शेरों को आँसुओं की तरह पाक और शफ़्फ़ाफ़ (निर्मल) करके लाते हैं।

ग़ज़ल में नये-नये मौज़ूआत (विषयों) का बे पनाह इज़ाफ़ा हो रहा है। मुझे ख़ुशी है कि परविन्दर शोख़ भी इस कारनामे में बराबर के हिस्सेदार हैं। उम्र से बड़ा कोई उस्ताद नहीं होता। उम्मीद है कि आने वाले दिनो में शोख़ के तख़लीक़ी (रचनात्मक) अमल से तमाम अहले इल्म भी वाक़िफ़ हो जायेंगे। ग़ज़ल को महबूब के पहलू से उठाकर उसे ज़िन्दगी की सच्ची तस्वीरें बनाने के लिए तैयार कर लेना कोई आसान काम नहीं है लेकिन शोख़ ने अपनी ग़ज़लों में ज़बानो बयान का ख़याल रखते हुए जिस तरह नये-नये इस्तेआरों (रूपकों) और अलामतों से काम लिया है, वह उनका तख़लीक़ी कमाल है। शायरी सारी ज़िन्दगी बनती-बिगड़ती तस्वीरों को सँवारती और सँभालती रहती है। यह सलीक़ा उम्र की कश्ती पर बैठकर बहुत दूर निकल आने के बाद आता है लेकिन मुबारकबाद के मुस्तहिक़ हैं परविन्दर शोख़ जिन्होंने बहुत कमउम्री में इस समन्दर का मन्थन किया और फ़िक्र के ख़ूबसूरत और आबदार (चमकदार) मोती निकाल लाये।

न जाने किस तमन्ना में ये चिड़िया घर बनाती है

शोहरत के चाँद की रौशनी से बहुत से हक़दार घराने भी महरूम (वंचित) रह जाते हैं। इसमें नसीब से ज़्यादा उन अदबी सुतूनों (खम्भों) का दख़ल होता है, जो हमेशा दीवार बने रहते हैं। क़नाअत और सब्र की दौलत से मालामाल शायर और अदीब इसकी परवाह भी नहीं करते। यूँ भी क़लम की नोक से काग़ज़ के साथ छेड़-छाड़ का अपना अनोखा मज़ा होता है, तब ही तो क़लम से महरूमी शायर और अदीब को उँगलियाँ ख़ून में डुबोने पर मजबूर करती रहती है। फिर यूँ भी सिले की शक्ल में फ़ायदे और नुक़सान का हिसाब किताब दुकानदार करता है। क़लमकारों का ये शेवा कभी नहीं रहा। दुनिया में किताबों की क़ीमतें होती हैं, रद्दी भी तराज़ू की मदद से बेची और ख़रीदी जाती है लेकिन हुनर को तोलने का कोई तराज़ू अभी तक ईजाद (आविष्कृत) नहीं हो सका। जिस तरह हवा का काम चलते रहना है, दरियाओं का काम बहते रहना है, उसी तरह शायर और अदीब की कोई मंज़िल नहीं होती... वह हर मंज़िल को रास्ता समझ कर गुज़रता चला जाता है।

लेकिन इस हक़ीक़त से आँखें चुराना भी सरासर बद दियानती होगी क्योंकि महरूमी का कर्ब (पीड़ा) उतना शदीद नहीं होता जितना घातक हक़ तलफ़ी (अधिकार मारना) का एहसास होता है। अदब ख़ास तौर से उर्दू में एहसासे बरतरी (Superiority Complex) और एहसासे कमतरी के वह मतलब नहीं निकलते जो फ़लसफ़ियाना अन्दाज़ में लोगों ने निकाल लिये हैं। अदब भी क़िस्से कहानियों की तरह सफ़र करता है। नाक़िदीने अदब (साहित्य समीक्षक) बड़े को छोटा और छोटे को बड़ा करने का जादुई हुनर बख़ूबी जानते हैं। कुछ शख़्सियतें खुद साख़्ता (स्वयं भू) अदब साज़ (साहित्य रचयिता) कहलाती हैं जो ISI की मुहर की तरह हर सामान पर अपनी मुहरे एतराफ़ (स्वीकृति की मोहर) लगा देती हैं। ख़रीदार भी बेचारा ज़्यादा उलझनों से बचने के लिए इसी फ़ैसले को हर्फ़े आख़िर मान लेता है। ज़ाहिर है कि ये सिलसिला सदियों से चला आ रहा है। मुहरें वही रहती हैं, सिर्फ़ मुहरें लगाने वाले बदलते रहते हैं। कमोबेश यही सूरते हाल दुनियाए

शेरो अदब की भी है जहाँ मुसाहिबी (ख़ुशामद) के तन्दूर के इर्द-गिर्द यही लोग हमेशा विराजमान रहते हैं और नव मश्क़ (नव अभ्यासी) शायरों के लाये हुए क़ौरमे से अपने पेट का तन्दूर भरते रहते हैं।

दुनिया के दूसरे मज़हबों और ज़बानो अदब में नये लोगों के आने पर उन्हें बराबरी का दर्जा ही नहीं दिया जाता बल्कि ऐसे लोगों को बहुत ज़्यादा एहतराम (सम्मान) की निगाह से देखा जाता है। यह तर्ज़े तहज़ीब इस्लामी रवादारी का एक अहम हिस्सा है। ऐसे लोगों पर मुहब्बतें निछावर की जाती हैं, उन्हें इश्क़े पेचाँ की बेलों की तरह सहारा दिया जाता है लेकिन यह अजीबो ग़रीब बात है कि उर्दू ज़बान की रवादारी, यकजेहती और दरिया दिली के दामन पर हर ज़माने में कुछ लोग दाग़ और धब्बों की तरह नमूदार (ज़ाहिर) हो जाते हैं। महफ़िल में उर्दू को सब की ज़बान कहा जाता है लेकिन ख़लवतगाह (तनहाई) में यह मुसलमानों की कनीज़ (सेविका) बन कर रह जाती है। हैरत है कि उर्दू वालों ने संस्कृत को पंडितों के चूल्हे-चौके तक सिमटते हुए देखने के बावजूद इससे कुछ सबक़ नहीं लिया।

ऐवाने ग़ज़ल में सरोज व्यास साहिबा भी नव वारिद (नवागन्तुक) की तरह दिखाई देती हैं। हालाँकि वह उम्र और इल्म दोनों के लिहाज़ से पक्की उम्र की ख़ातून हैं। ज़ाहिर है कि लहजे में पुख़्तगी एक उम्र के तजरुबे के बाद ही नसीब होती है। अव्वल तो वह विदर्भ के इलाक़े से तअल्लुक़ रखती हैं, दूसरे यह कि ज़माने में बड़ा शायर होने के लिए सनद याफ़्ता गहवारे में पैदा होना ज़रूरी है। हालाँकि सरोज़ व्यास का रिश्ता उस मराठी क़बीले से है, जिसने हमेशा फ़ारसी और उर्दू की दिलजूई की। आज भी मराठी ज़बान, तहज़ीब और खान-पान में उर्दू और उर्दू तहज़ीब दोनों कहीं न कहीं मौजूद हैं।

मुश्किल ज़मीनों का इन्तिख़ाब, रदीफ़ और क़ाफ़िले के साथ बेहतर सुलूक़, मज़ामीन तराशने और तलाशने में एहतियात और ग़ज़ल के बुनियादी उसूलों का एहतराम करते हुए आईनए ग़ज़ल में नया चेहरा उभार लेना आसान काम नहीं है लेकिन फ़िक्र (चिन्तन) की यह वुसअत (फैलाव) उनकी अपनी तहरीर का नसीब है, उनकी अपनी बरसों की मश्क़ का नतीजा है। उन्होंने अपनी अदबी उड़ान के लिए किसी से पर नहीं माँगे, किसी से हौसला नहीं माँगा और किसी का सहारा भी नहीं लिया। वह अपने क़ुदरती परों से बुलन्दी की तरफ़ परवाज़ में मशगूल रहीं। न उन्होंने वक़्त से मोहलत की भीख माँगी और न गुज़रते हुए पलों ने उनके साथ कोई मुरव्वत की। लेकिन उन्होंने अपने कमज़ोर परों से आसमाने शायरी के एक बड़े इलाक़े की सैर कर ली। मैंने सरोज़ व्यास साहिबा की शायरी का मुतालिआ (अध्ययन) पूरी ईमानदारी के साथ किया है। मुझे उनसे बस एक

शिकायत है कि वह शब्दों को चुनते समय फ़ारसी और अरबी से बहुत ज़्यादा मरऊब (रोब खाना) हो गयीं। यक़ीनन यह कोई बुरी बात हर्गिज़ नहीं है लेकिन चूँकि हम जिस ज़माने में ज़िन्दा हैं, वह ज़माना आसान तलबी का शिकार है लिहाज़ा हम शायरों और अदीबों की भी ज़िम्मेदारी है कि हम ज़बान के सिलसिले में ज़्यादा कठोर न बनें। सरलता के साथ सुख-दुख और धूप-छाँव से एक नयी कहानी या नया शेर लिखने वालों का मुस्तक़बिल ज़्यादा महफ़ूज़ है।

मेरा दिल तो चाहता है कि मैं अपने इस मामूली-से मज़मून के मुख़्तसर से आँचल पर सरोज़ साहिबा के कई दर्जन शेर टाँक दूँ लेकिन पढ़ने वालों पर अपनी पसन्द थोपना या क़ारिईन (पाठकों) को शेर की पसन्दीदगी का तरीक़ा बताना ग़ैर एख़लाक़ी (अनैतिक) तरीक़ेकार है। यूँ भी ग़ज़ल की एक अच्छी किताब से कुछ अच्छे शेर मज़मून की तज़ईन कारी (बनाव सिंगार) के लिए हासिल करना ख़राब अमल के मानिन्द (समान) है। पिछले 10-15 बरसों में किसी ख़ातून, ख़ास तौर पर ऐसी ख़ातून जिसकी मादरी ज़बान (मातृ भाषा) उर्दू न हो और जिसके खाने कमाने का ज़रिया भी मुशायरा न हो, की इतनी अच्छी मुकम्मल और जामेअ (हर दृष्टि से प्रशंसनीय) किताब मेरी नज़र से नहीं गुज़री। मैं उन्हें उनके इस अदबी कारनामे पर दिली मुबारक़बाद देता हूँ। उनकी तख़्लीक़ात का मुस्तक़बिल ताबनाक (चमकीला) है। उनकी ग़ज़लों को उर्दू के रिसालों में मुस्तक़िल शाया होना चाहिए क्योंकि उनकी शायरी में अब उनका हिस्सा बहुत कम हो चुका है, अब तो वह क़ौमी सरमाया है और क़ौमी सरमाये से हर ज़बान के लोगों को फ़ैज़याब होने का मौक़ा दिया जाना चाहिए। एक पढ़ी-लिखी घरेलू ख़ातून जब शेर कहती है तो वह घरेलू मसाइल को भी शेर बना लेती है। परेशानी के मौसम से फल-फूल हासिल कर लेती है। उसकी आँखें कैमरे की तरह ज़िन्दगी के अच्छे-बुरे मनाज़िर की तस्वीरें खींचती रहती हैं। ऐसी ही कुछ शेरी तस्वीरों वाली किताब का नाम है... 'मिज़राब'!

मुझे यक़ीन है कि शायरी से मुहब्बत करने वालों में यह किताब बेइन्तिहा पसन्दीदगी की निगाह से देखी जाएगी। उनकी इस अदबी कोशिश की पज़ीराई (क़ुबूलियत) से उन्हें एक नया हौसला और तवानाई (शक्ति) मिलेगी जिससे वह नयी ग़ज़ल के आँचल पर और भी नये-नये चाँद-सितारे टाँक सकेंगी। शायरी की एक अच्छी किताब एक नयी दुनिया बसाने में मददगार साबित होती है। सरोज व्यास मुझे अपने भाई की तरह अज़ीज़ रखती हैं लिहाज़ा मेरे लिए यह और भी फ़ख़्र की बात है कि यह किताब मेरे परिवार की किताब जैसी है।

लखनऊ से गुज़रते हुए

अदबी लोगों ने शायरों की चार क़िस्में बयान की हैं। सरापा शायर, शायर, मुतशायर और ना शायर। पूरे हिन्दुस्तान में इन क़िस्मों को तस्लीम कर लिया गया है। सलीम अहमद ने अपने मज़मून में लिखा है कि शायरी भी औरत की तरह मुकम्मल मर्द चाहती है। मेरे ख़याल से यह सरापा शायर की तारीफ़ है या यूँ कहिए कि सरापा शायर की इससे अच्छी तारीफ़ नहीं हो सकती। मीर, ग़ालिब, मजाज़, जिगर, फ़ैज़, फ़िराक़, जाँ निसार अख़्तर जैसे हमा ज़ेहृत (बहुमुखी) और रंगा रंग शख़्सियत के लोग अपने अहृद में सरापा शायर तस्लीम किये जाते थे। लखनऊ में हमेशा शायरों की बहुत बड़ी तादाद रही है लेकिन सरापा शायरी क़लन्दरी से इतना क़रीब होती है कि सज्जादा नशीनों (पीठाधीशों) के बग़ैर मुफ़लिस का मज़ार होकर रह जाती हैं। इस जुमले की बेबसी के आईने में आप जिस शहर में भी रहते हों, वहाँ के अदबी जुग़राफ़िया (भूगोल) और तारीख़ पर निगाह डाल लें तो आपको हैरत से दो-चार होना पड़ेगा। कश्फे करामात (चमत्कार) की दौलते बेपनाह अपनी जगह, मुज़ाविरों की हुवा हक़्क़ के ना मौजूँ शेर पर हाल आना या बेहाल होना, गुलफ़रोशों से लेकर अगरबत्ती और मोमबत्ती के दुकानदारों तक का शामिले हाल रहना, ना मुरादी के बंजर खेतों को झाड़ फूँक की आबयारी से ज़रख़ेज (उपजाऊ) बनाने के लिए सरापा आरज़ू बनी बेचारी औरतें पचास पैसे के मनीआर्डर फ़ार्म की लाटरी से सज्जादा नशीनों की तामीरशुदा कोठियों और शाह ख़र्चियों वाली शख़्सियत को इतना पुर असरार (रहस्यमय) बना देती हैं कि दीवाना भी अक़्ल की बातें करने लगता है और अक़्लमन्द दीवानगी को जायज़ करार दे देता है। ख़्वाजा अल्ताफ़ हुसैन हाली न होते तो शायद ग़ालिब की शायरी और शख़्सियत को इतनी जल्दी चार चाँद नहीं लगते। मुहम्मद हुसैन आज़ाद ने मोमिन ख़ाँ मोमिन को 'आबे हयात' का एक क़तरा भी नहीं पीने दिया। इनामुल्ला ख़ाँ यक़ीन की कमसिन दुकान को मीर तक़ी मीर के शोरूम ने खा लिया लेकिन कुछ मुहकमे अल्लाह सिर्फ़ अपने पास रखता है। अगर उर्दू से शुद बुद रखने वाला इस शेर के हवाले से कि–

पत्ता-पत्ता बूटा-बूटा हाल हमारा जाने है
जाने न जाने गुल ही न जाने बाग़ तो सारा जाने है।

सत्तर बरस ज़िन्दा रहने वाले मीर को जानता है तो सिर्फ़ सत्तरह (17) बरस में अपने बाप के हाथों क़त्ल हो जाने वाले इनामुल्ला ख़ाँ यक़ीन भी इस शेर के हवाले से कि–

दिल के फफोले जल उठे सीने के दाग़ से
इस घर को आग लग गयी घर के चराग़ से

हर ख़ासो आम के तज़किरे में मौजूद हैं लेकिन यह बात अपनी जगह मुसल्लम है कि चाहने वालों के बग़ैर सरापा शायर होना उस रंडी की तरह होता है जिसके पास कोई रईस न हो। जिसकी नाज़ बरदारी करने वाले नहीं होते, वह तवाएफ़ उमराव जान या मुन्नी बाई हिजाब के बजाय निकाही रंडी बन कर रह जाती है। सरापा शायरों की नस्ल लखनऊ में अभी तक बाक़ी है। हालाते अदब की गन्दी सियासत और ना क़द्रिए ज़माना ने उनके पर कतर दिये हैं लेकिन कबूतरों की आला नस्ल परों की गुलाम नहीं होती। उनके बाज़ुओं में हौसले की आग भरी होती है। मुहावरे दरअस्ल माज़ी के तजरुबात का आईना होते हैं। 'बे पर की उड़ान' उर्दू का एक मशहूर मुहावरा है लेकिन इसके पीछे कबूतर की अपने अड्डे और छतरी से सच्ची मुहब्बत का पता मिलता है। मुहावरों का इस्तेमाल करने वाले कबूतरबाज़ होते हैं न बटेरबाज़ वर्ना उन्हें भी इस हक़ीक़त से रू शनासी का मौक़ा मिल जाता–

कि ये परों से नहीं हौसलों से उड़ते हैं

लखनऊ में कभी मौलाना अबुल बारी आसी का चराग़ जलता था। अदब की तारीख़ में मौलाना अपनी बे पनाह सलाहियतों, क़ाबिले क़द्र और ना क़ाबिले फ़रामोश (न भूलने लायक़) तसनीफ़ात (रचनाओं) की वजह से आज भी ज़िन्दा हैं। लखनऊ की अदबी तारीख़ मौलाना के ज़िक्र के बग़ैर कभी मुकम्मल नहीं कही जा सकती। उनके शागिर्दों का हल्क़ा बहुत वसीअ (विस्तृत) था। मुमकिन है कि मौलाना अपने कुछ शागिर्दों को फ़ैज़याब (लाभान्वित) करने के लिए अपने फ़न की ज़क़ात (दान) धड़ल्ले से निकालते रहे हों तो कुछ उनके मुआसिरीन (समकालीनों) और मुख़ालिफ़ीन ने भी यह मशहूर कर रखा था कि मौलाना अपने शागिर्दों को ग़ज़लें तक़सीम करके मुशायरों को बर्बाद कर देते हैं। अपने इन्हीं मुआसिरीन की चश्मकों (छेड़-छाड़) से तंग आकर शायद मौलाना ने यह कहा होगा कि–

मेरे ख़िलाफ़ हैं आसी यहाँ के सब शायर
कि लखनऊ में अकेला हूँ बे दयार हूँ मैं

मुआसिरीन ने मौलाना के अज़ीज़ शागिर्द शौक़त थानवी के इस तर्जे बयान (बयान की शैली) से भी फ़ायदा उठाया होगा कि मौलाना ग़ज़ल की इस्लाह के वक़्त एकआध लफ़्ज़ जान बूझकर तब्दील नहीं करते थे, उसे छोड़ देते थे और छूटा हुआ लफ़्ज़ कभी-कभी शायरों का तख़ल्लुस ही होता था। मौलाना के शागिर्दों में मजरूह सुल्तानपुरी, शौकत थानवी, उमर अंसारी और अमीन सलोनवी जैसे तक़रीबन दस मुस्तनद (प्रमाणित) शायर थे जिनमें उमर अंसारी अभी पाँच-छः बरस पहले तक हयात थे और हर दो-तीन बरस में उनका एकआध मजमूआ (संग्रह) मंज़रे आम पर आता रहता था। लखनऊ के चौक का ताजमहल कही जाने वाली हिना बिल्डिंग से असग़र अली मुहम्मद अली के इत्र के मजमूओं की ख़ुशबुओं ने फ़ज़ा में फैलना बन्द कर दिया लेकिन मौलाना के सिखाए हुये अदब के कारीगर आज तक ग़ज़लों के ताजमहल तामीर कर रहे हैं—

रक्खेगी ज़ौक़ ज़िन्दा तुझे तेरी शायरी
औलाद से तो बस यही दो पुश्त चार पुश्त

मौलाना ने अपने शागिर्दों की फ़ौज तैयार न की होती तो उल्दन (ज़िला मेरठ) से आकर लखनऊ आबाद करने वाले बाहरी शायर उसी तरह मार लिए जाते जिस तरह बाँग्लादेश में मुहाजिरों को बिहारी कह कर मार लिया गया था। यगाना अपने बिहारिया अक्खड़पन या आदम बेज़ारी की वजह से अहले लखनऊ के हाथों आसानी से मार लिए गये वर्ना अगर वह ज़रा-सी ज़िहानत (बुद्धिमानी) से काम लेते तो अदबी अमरीकियों के लिए उसामा बिन लादेन बन गये होते। मुझे रईस अंसारी का कानपुर के मुशायरे में कहा गया एक जुमला बहुत अच्छा लगा था। जो शायर भी माइक पर आता, अपनी उम्र के गरेबान में झाँके बग़ैर पहला जुमला यही कहता था कि मैं अदब का अदना (तुच्छ)-सा तालिब इल्म हूँ लेकिन जब रईस अंसारी, जो अपनी ज़बान दराज़ी के लिए मशहूर भी हैं और बदनाम भी, माइक पर आये तो बड़े इत्मीनान और यक़ीन के साथ सामिईन (श्रोताओं) को मुख़ातिब करके कहा कि "हज़रात, मैं अदब का तालिब इल्म नहीं बल्कि तालिबान हूँ।" रईस अपनी ज़बान दराज़ी की वजह से लखनऊ वालों के शर (फ़साद) से महफ़ूज़ हैं लिहाज़ा वह अपने इस असलहे पर कभी तकल्लुफ़ (संकोच) और तहज़ीब का ज़ंग नहीं लगने देते।

मौलाना के शागिर्द मौलाना पर जान छिड़कते थे, मौलाना के साथ ऐसे चलते थे जैसे क़ौमी लीडर के साथ ज़ेड प्लस सिक्योरिटी चलती हो। मौलाना भी अपने शागिर्दों से बे पनाह मुहब्बत करते थे। शागिर्दों से उनका बर्ताव बिल्कुल दोस्तों जैसा था। वह वाली आसी साहब के वालिद होने के नाते मेरे दादा उस्ताद हुए। लोग अपने हर क़िस्म के दादा के चाल चलन पर दुआओं की चादर तान देते

हैं। शायरी में मुबालिग़ा (अतिशयोक्ति) न हो तो शायरी बिना पनघट का गाँव हो जाती है। शायरी जूठे बर्तन में खा तो सकती है लेकिन झूठ को बर्दाश्त नहीं कर पाती। जहाँ शायरी में झूठ की आमेज़िश (मिलावट) होती है, शायरी का ज़मीर ऐसे मर जाता है जैसे शराब में नशा बढ़ाने वाले केमिकल की ज़्यादती से पीने वाले मरने लगते हैं।

लखनऊ में खुशहाली का दौर दौरा था। यूँ भी लखनऊ वाले मौसम को अपना मुवाफ़िक़ बनाने का हुनर जानते हैं। बारिश आम खाने में गुज़ार देते हैं, सारी गर्मी ककड़ी, खीरा, तरबूज़, ख़रबूज़ा, फ़ालसे के शर्बत और चिकन के कुर्ते में गुज़ार देते हैं। जाड़ा आते ही मेथी की खिचड़ी से उसका इस्तक़बाल करते हैं, टुण्डे के कबाब से लेकर काकोरी तक के कबाब का पीछा करते हैं, गौरैया से लेकर नील गैया तक को नहीं छोड़ते। मुर्गों-मुर्गियों का खेल समझौतों की नज्र हो जाता है, कभी उनसे बच जाता है तो मोलवी खा जाते हैं और कभी मोलवी से बच जाते हैं तो इनके शिकार हो जाते हैं। मूँगफली को इतनी इज़्ज़त देते हैं कि वह बादाम की तरह अकड़ कर चलने लगती है। पालतू कबूतर तो अपने आपको सय्यद कह कर जान बचा लेते हैं लेकिन जंगली कबूतर फ़ालिज के असर की पेशगी दवा के तौर पर इस्तेमाल हो जाते हैं। मछलियाँ किसी हद तक महफ़ूज़ रहती हैं क्योंकि काँटों पर घसीटने का महावरा इतना हैबतनाक (ख़ौफ़नाक) है कि लखनऊ वाले मछली तो मछली., बंगालियों से भी ख़ौफ़ खाते हैं। नहारी, पाया, कुल्चा, कल्ला और ज़बान तो अपनी जवानी को दो आतिशा बनाने के लिए खाते हैं। लखनऊ वाले बूढ़े तो होते ही नहीं हैं। अपनी चाल ढाल से, अपने चाल चलन से और अपनी गर्मा गर्म शायरी से लखनऊ वाला बूढ़ा नहीं होता है। जैसे ही उस पर बुढ़ापे के आसार दिखाई देते हैं या आईना गवाही देने वालों की सफ़ में खड़ा हो जाता है... लखनऊ वाले किसी जवान से शादी कर लेते हैं। वह अपने शबाब (यौवन) की अँगीठी को हमेशा सुलगाये रखते हैं। जिस तरह ट्रक वाले पहले तो पुराने टायरों को आगे-पीछे करते रहते हैं लेकिन जब सफ़र में दुश्वारी बढ़ जाती है तो नये टायर निकाल लेते हैं। ट्रक के टायरों और मुसलमानों के निकाह में बड़ी मुमासिलत (समानता) है। ट्रक के क़ानून में यह भी शामिल है कि माल इस तरह लोड करना चाहिए कि उसका वज़न सब टायरों पर बराबर पड़े। ट्रक के टायरों को भी सड़क के पत्थरों और ख़राब रास्तों से बचाकर चलना पड़ता है और जवान बीवियों को भी मुहल्ले के लड़कों और ख़राब नज़र वालों से छुपाना पड़ता है क्योंकि ज़्यादा लापरवाही करने से ट्रक के टायर Excell तोड़कर खेत में कूद जाते हैं और जवान बीवियों पर भी शेर की निगाह रखने वाले मोहल्ले के लोग घरों में कूदने लगते हैं। मेरे एक दोस्त हैं फुन्नन भाई। उनके पास दो ट्रक

और दो ही बीवियाँ भी थीं। वह बंगाल से देसी मुर्ग़े ख़रीदते थे और कलकत्ता से इलाहाबाद तक के सफ़र पर रोज़ खाते थे। बंगाल में देसी मुर्ग़ों की इफ़रात (भरमार) है। एक तो वहाँ मोलवी कम हैं, दूसरे बंगाली या मछली देखकर ख़ुश होता है या मछली की कशिश उसे खींचती है। फुन्नन भाई की एक गाड़ी बिक गयी तो फ़ौरन ही उनकी एक बेगम भी अल्लाह के पास पहुँच गयी। अब वह एक बीवी और सात टायरों से काम चलाते हैं लेकिन मुर्ग़ खाना नहीं छोड़ा है। हाँ, अब वह कभी-कभी मुझे भी मुर्ग़ पेश कर देते हैं। बुढ़ापे की दहलीज़ पर मुर्ग़ों की मुस्तक़िल दस्तक मुझे भी इधर-उधर चोंच मारने पर उकसा रही है। अब मैं भी मुशायरे के स्टेज पर सजी धजी शायरात को उसी लगाव से देखने लगा हूँ जिस लगाव से मोलवी फ़र्ज़ी मदरसे के चन्दे की रसीदबुक देखता है। शायद लखनऊ में ज़िन्दगी के कुछ बरस गुज़ारने का यह ईनाम है कि जवानी साठ के लपेट में पहुँचने पर भी फूट रही है। बीवी भी मेरे रूमानी शेर सुनकर अपनी क़िस्मत फूटने के इम्कानात (सम्भावना) पर ग़ौर करने लगी हैं। बल्कि बातों-बातों में मुझे यह कह कर धमकाती भी हैं कि तुम्हारे कुर्ते-पाजामे लड़के को फिट आने लगे हैं, तुम्हारे दामाद मुशायरों को अदबी ब्लू फ़िल्म कहते हैं, तुम्हारे छोटे भाइयों से कोई मुशायरों में चलने को कहता है तो बुरा मान जाते हैं, मेरी आपा कह रही थीं कि मुनव्वर को रोज़ सुरमा नहीं लगाना चाहिए, तुम्हारी छोटी साली तुम्हारा मज़ाक उड़ा रही थी कि जिस कपड़े का मैंने ब्लाउज बनाना पसन्द किया था... मुनव्वर भाई ने उसका कुर्ता बनवा लिया है। फुन्नन भाई! आपका मुर्ग़ मुसल्लम अब मुझे बहुत ज़लील कर रहा है। ख़ुदा मुझे ज़िल्लत की इस खाई से निकाले क्योंकि न तो मैं ज़मींदार हूँ, न मलीहाबादी पठान और न ही जोश जो न तो नमाज़ पढ़ते थे, न रोज़ा रखते थे... अलबत्ता दुआएँ रोज़ माँगते थे कि—

मर्ज़ी हो तो सूली पे चढ़ाना या रब
सौ बार जहन्नम में जलाना या रब
माशूक़ कहें आप हमारे हैं बुज़ुर्ग
नाचीज़ को ये दिन न दिखाना या रब

और आख़िर तक उन्होंने बुढ़ापे से हार नहीं मानी। उम्र के आख़िरी दिनों में परवीन शाकिर (पाकिस्तानी शायरा) के घर पर एक नशिस्त (गोष्ठी) में शरीक हुए। परवीन शाकिर सबके लिए अपने हाथों से चाय बना रही थीं, शक्कर और दूध की मिक़दार (मात्रा) के बारे में भी मेहमानों से पूछती जा रही थीं। बार-बार की पूछ गछ के दौरान जोश से पूछा कि जोश साहब! शक्कर कितनी लेंगे? जोश साहब एक चमचा कहकर फिर गुफ़्तगू में मशग़ूल हो गये। परवीन शाकिर ने फिर पूछा कि दूध? जोश साहब ने कहा, सिर्फ़ दिखा दीजिए। जोश साहब के

इस बरजस्ता (अचानक) लेकिन ख़ूबसूरत जुमले पर उस्ताद रफ़ी अहमद ख़ाँ की याद ताज़ा हो गयी होगी जो बे लिबास शायरी के मीर और ग़ालिब कहलाते थे। अल्लामा इक़बाल जैसी संजीदा शख़्सियत ने भी उनका कलाम सुनकर फ़रमाया था कि रफ़ी अहमद ख़ाँ अगर संजीदा होते तो अपने अह्द के सबसे बड़े शायर होते लेकिन शायरी का संजीदगी से क्या तअल्लुक़? हर अह्द का सबसे बड़ा शायर ग़ालिब अपने अह्द का सबसे ज़्यादा ग़ैर संजीदा शख़्स था जो डोमनी के पास भी जाता था, शराब का भी आदी था और जिसके पास कई सरकारों से वज़ीफ़े भी आते थे...।

यह रुतबये बुलन्द मिला जिसको मिल गया

चल के देखें अब कुओं में कितना पानी रह गया

दौलत कमाने का शौक़ हर आदमी को होता है लेकिन यह शौक़ जब अपनी चरम सीमा तक पहुँचता है तो बे इन्तिहा ख़तरनाक हो जाता है। इसीलिए कहा जाता है कि बनिया बिरादरी आम हालात में मक्खी भी नहीं मार सकती है लेकिन अपने बही खाते की दुरुस्तगी के लिए आदमी को भी मार सकती है। हालाँकि सफ़र नामे (यात्रा कथाएँ) कारोबारियों को लिखने चाहिए क्योंकि वह सारी ज़िन्दगी मुसाफ़िरत (यात्रा) में गुज़ारने पर आमादा रहते हैं। बल्कि बहुत से लोग दौलत के हुसूल (प्राप्ति) के लिए सारी ज़िन्दगी सफ़र पर ही रहते हैं। दुनिया में दौलत के पीछे भागने वालों की एक भीड़ है। हालाँकि आदमी कितनी ही दौलत जमा कर ले, कितनी ही कोठियाँ बनवाता रहे और कितनी ही तिजोरियों को मुँह तक भर ले... उसका अंजाम उसके आग़ाज़ (शुरुआत) के बराबर ही रहता है। यानी पैदाइश के वक़्त माँ के पास जिस पलँग पर वह लिटाया जाता है क़ब्र तक उतनी ही चौड़ाई वाले स्ट्रेचर या चारपाई पर जाता है। ख़लीफ़ा हारून रशीद से किसी मर्दे क़लन्दर ने पूछा कि अगर तू प्यास से मरने के क़रीब पहुँच चुका हो तो एक कटोरे पानी की कितनी क़ीमत अदा कर सकता है? हारून रशीद ने कहा कि मैं इतने पानी के बदले अपनी आधी सल्तनत दे सकता हूँ। उस मर्दे क़लन्दर ने फ़ौरन ही दूसरा सवाल किया कि अगर तेरा पेशाब रुक जाए तो तू कितनी रक़म ख़र्च कर सकता है? खलीफ़ा ने कहा, इस तकलीफ़ से नजात पाने के लिए मैं अपनी पूरी सल्तनत कुर्बान कर सकता हूँ। मर्दे क़लन्दर ने मुस्कुराते हुए कहा कि सोच ले ख़लीफ़ा! तेरी सल्तनत की हैसियत एक कटोरे पानी या इतने ही पेशाब के बराबर है लिहाज़ा इस सल्तनत पर इतराना छोड़ दे।

पहले ज़माने के लोग इतने असली होते थे कि दौलत पर कभी ज़्यादा तवज्जो नहीं देते थे। उनका कहना था कि यह सिक्के तो हर जेब में जाते ही बजने लगते हैं। दौलत भी उस ताले की तरह है, जो हर चाभी से खुल जाता है। लिहाज़ा इस पर भरोसा नहीं करना चाहिए। बचपन में ऐसे कई पंडित मैंने भी अपनी इन्हीं आँखों से देखे हैं जो छूत-छात और ज़ात पात के इतने ज़्यादा क़ायल थे

कि दान में पैसे या रुपया कभी नहीं लेते थे। उनका कहना था कि पता नहीं कितने मलिच्छ हाथों से होता हुआ यह पैसा मेरे पास आ रहा है इसलिए पैसे या रुपये के बदले में खाने की चीज़ें मुझे ज़्यादा पाक साफ़ लगती हैं। सोचता हूँ तो मामूली से मन्दिर के पुजारी अब मुझे सन्त और महात्मा मालूम होते हैं। क्योंकि ज़ात पात और छूत-छात से परे हट कर भी सोचिए तो भी अन्दाज़ा हो जाता है कि पैसा हाथों में आते ही क्या-क्या गुल खिलाने लगता है, कैसे-कैसे रिश्तों का क़त्ल करता है, कैसे-कैसे लोगों को एहसान फ़रामोशी (कृतघ्नता) पर मजबूर करता है। भोले-भाले इंसान से कितने घिनौने जुर्म कराता है। यूँ सिक्कों पर हर ज़माने के बादशाहों और हुकूमतों की मुहर होती है लेकिन अगर तारीख़ का ग़ैर जानिबदाराना (पक्षपात रहित) मुतालिआ (अध्ययन) किया जाए तो पता चलता है कि हर सिक्के पर उसके अहद की ना इंसाफ़ियों की तस्वीर भी चस्पाँ होती है जो आम लोगों को दिखाई नहीं देती है। उसे देखने के लिए बरसों क़लन्दरों की कुटिया का चराग़ जलाना पड़ता है।

तैमूर लंग के दरबार में एक अन्धा दाख़िल हुआ और हिफ़ाज़ती दस्ते से मिन्नत समाजत करने लगा कि उसे बादशाह से मिलवा दिया जाए। कई दिनों की कोशिश के बाद उसे बादशाह के दरबार में बारयाबी (प्रवेश) का शरफ़ (गौरव) हासिल हुआ। तैमूर लंग ने उसे देखते ही बुलन्द आवाज़ में पूछा कि अन्धे! तेरा नाम क्या है? अन्धे ने मुस्कुराते हुए निडर लहजे में जवाब दिया कि मेरा नाम दौलत है। बादशाह ने ज़बरदस्त क़हक़हा लगाया और अन्धे से कहा कि दौलत और अन्धी? अन्धे ने पलट कर जवाब दिया कि मेरा नाम दौलत है। बादशाह ने फिर ज़बरदस्त क़हक़हा लगाया। अन्धे ने फिर पलट कर कहा कि सरकार, दौलत अगर अन्धी न होती तो लँगड़े के पास कैसे आती? कहने को तो यह एक वाक़िया हो सकता है लेकिन लफ़्ज़ों की फ़िज़ूल खर्ची के बावजूद यह मानना पड़ेगा कि दुनिया में हमेशा दौलत का दबदबा क़ायम रहता है। मैंने कभी ज़मीन पर गिरे हुए आदमी की तरफ़ किसी को इस तरह दौड़ते हुए नहीं देखा है जिस तरह दीवानावार वह अपने गिरे हुए सिक्कों को उठाने के लिए सिक्कों की तरफ़ दौड़ता है। यह माया लोभ, यह हवसे ज़र, यह सिक्कों की खनक पर नाचते हुए ब ज़ाहिर बा ज़मीर लोग हर ज़माने में मौजूद थे और शायद हमेशा मौजूद रहेंगे। इस कारोबारी अहद में दौलत की हवस ने फ़क़ीरी, क़लन्दरी और ख़ाकसारी (विनम्रता) को भी अपनी लपेट में ले लिया है। अब इबादतगाहें भी वही मुस्तनद (प्रमाणित) और मोअतबर (विश्वसनीय) मानी जाती हैं जिनकी तामीर और सजावट में दौलत की नदियाँ बहा दी गयी हों।

तो क्या अब ख़ुदा भी उन्हीं मन्दिरों और मस्जिदों में आना चाहता है जहाँ

संगेमरमर के फ़र्श पर ग़रीब आदमी के पाँव फिसल जाते हैं, जहाँ की बर्क़ी (विद्युतीय) सजावट ग़रीबों को जन्नत का धोखा देती हुई नज़र आती है, जहाँ दुनिया के बड़े से बड़े गुनहगार अपनी हाज़िरी से ऊपर वाले को आशना (परिचित) कराना चाहते हों। यह सब आने वाले वही लोग हैं, जिनकी वजह से दुनिया में ग़रीबों की तादाद बढ़ती जा रही है। यह सब वही लोग हैं, जो भगवान को भी अपना रिश्तेदार समझते हैं। यह सब वही लोग हैं, जो इबादतगाहों में मानों घी के चराग़ जलाने पर आमादा रहते हैं लेकिन अपने पड़ोस में भूख और ग़रीबी से मरते हुए लोगों की तरफ़ देखना भी गवारा नहीं करते। क्या दुनिया में अमीर और ग़रीब के अलावा किसी तीसरी ज़ात और क़ौम के लोग भी आबाद हैं? अगर आबाद हैं तो नज़र क्यों नहीं आते? अगर हैं तो एहतिजाज (विरोध) क्यों नहीं करते, कोई हंगामा क्यों नहीं करते, कोई इंक़लाब बरपा क्यों नहीं होता? क्या यह सब किसी और ख़ुदा या भगवान की बनायी हुई मख़लूक़ हैं? हर तरफ़ क़यामत के आने का शोर तो मचाया जाता है... क़यामत आती क्यों नहीं है? क्या क़यामत भी फ़साद ज़दा शहर में आने वाली सरकारी इमदाद की तरह है? क्या दुनिया आदम और हव्वा की ग़रीब औलाद के लिए उक़ूबत ख़ाने (यातना गृह) के तौर पर बनायी गयी है? क्या दुनिया का रिश्ता इंसान से घटता जा रहा है? क्या ख़ुदा आदम के बेटों से इतना नाराज़ है कि वह उनकी तरफ़ देखना भी नहीं चाहता? क्या अपने गुनाहों के बोझ से ज़मीन इतना ज़्यादा धँस गयी है कि अब वह आसमान से नज़र नहीं आती? क्या दुनिया भी हैण्ड पाइप में आने वाले पानी की तरह है, क्या जिस तरह हैण्ड पाइप से आने वाला पानी अपने लेविल से ज़्यादा नीचे की ओर चला जाता है फिर बोरिंग मशीन से उसमें पाइप का टुकड़ा जोड़ कर लेविल को बराबर किया जाता है तब कहीं पानी हैण्ड पम्प के दहाने से होता हुआ इंसान के होंठों तक पहुँचता है... तो क्या धँसती हुई ज़मीन को असली हालत में लाने के लिए ऊपर वाला अपने इंजीनियरिंग डिपार्टमेंट को हुक्म देने वाला है? कब तक वह अपना हुक्मनामा डिपार्टमेंट को रवाना करेगा? क्या यह सब मुझे नहीं सोचना चाहिए, क्या यह सब सोचना गुनाह है, क्या मैं धर्म के ख़िलाफ़ सोच रहा हूँ, क्या मैं नास्तिक हुआ जा रहा हूँ, क्या मैं ईमान की मंज़िल से फिसलता हुआ नीचे कुफ़्र के ग़ार (गुफा) में जा रहा हूँ... लेकिन जिस दिमाग़ की मशीन के सहारे मैं यह सब सोच रहा हूँ, वह मशीन भी तो उसी ऊपर वाले की बख़्शी हुई है। क्या वह मुझे यह सब सोचने की तौफ़ीक़ (शक्ति) दे रहा है? यह अमीर और ग़रीब क्यों होते हैं, अमीर और ग़रीब रहने की मुद्दत कितनी होती है, यह शहज़ादी और लकड़हारे की कहानियाँ बिल्कुल झूठी कैसे हो सकती हैं? यह झूठी हो ही नहीं सकती हैं क्योंकि यह कहानी तो मेरी दादी

सुनाती थीं और दादियाँ पोतों से झूठ तो नहीं बोलती रही होंगी।

एक दिन दादी ने एक बहुत छोटी-सी कहानी सुनाई थी... बहुत छोटी कहानी थी वह, लेकिन उसके किरदारों (चरित्रों) की उम्र बहुत ज़्यादा थी क्योंकि दादी को उसकी दादी ने भी यही कहानी सुनायी थी, उसको भी उसकी दादी ने सुनायी होगी और उसको भी उसकी दादी ने... लेकिन यह कहानी मेरे पोते को भी उसकी दादी रोज़ रात में सुनाती हैं। तो क्या कहानियों में नींद की गोली का नशा होता है या सुनाने वालों की आवाज़ में नशा होता है। कुछ न कुछ तो होता ही होगा वर्ना कहानियाँ याद कैसे रहती हैं... नींद आने के बाद भी... मुद्दतें हो जाने के बाद भी। मुझे भी तो वह कहानी याद है कि एक बादशाह जंगल में शिकार खेलने गया था। उसके साथ शहज़ादी भी थी। पता नहीं दादी शहज़ादी की तख़लीक़ में इन चीज़ों को क्यों जोड़ देती थीं, क्या ना मुरादी में सबसे ज़्यादा नशा होता होगा, तभी तो दादी मिठाई और दूध का ज़िक्र ज़रूर करती थीं... लेकिन इमली का ज़िक्र क्यों करती थीं? ओह! शायद दादी अपनी झुकी हुई कमर के दर्द के एहसास से नजात हासिल करना चाहती थीं। हाँ, तो बादशाह के साथ घूमते-घूमते शहज़ादी अचानक जंगल में कहीं खो गयी। हुकूमत के सिपाहियों ने सारा जंगल एक कर दिया लेकिन शहज़ादी का कहीं पता नहीं चला। कई दिन हो चुके थे, सारे महल में उदासी छायी हुई थी, हर आहट पर ऐसा लगता था कि शहज़ादी वापस आ गयी और एक दिन अचानक शहज़ादी महल के फाटक के सामने खड़ी थी। उसके साथ एक फटे हाल लकड़हारा भी था। सारे महल में खुशियों के शादियाने बजने लगे। शहज़ादी ने बाप को बताया कि इस लड़के ने अपनी जान पर खेल कर मुझे शेर, चीते और भेड़िये से बचाया और मेरा पूरा ख़याल रखा। कई दिनों तक महल का रास्ता ढूँढने के बाद यह लकड़हारा आपकी बेटी को आपके पास ले आया। इसे आपको ईनाम तो देना पड़ेगा बताइए आप इसे ईनाम में क्या दीजिएगा? बादशाह हँसते हुए बोला कि शहज़ादी जो कहेगी वह इसे ईनाम में दिया जाएगा। शहज़ादी ने कहा कि नहीं, यह जो कुछ माँगे इसको ईनाम में वह दे दिया जाए। बादशाह ने हैरतज़दा (अचम्भित) लकड़हारे से पूछा कि तूने शहज़ादी को हिफ़ाज़त के साथ महल तक पहुँचाया है, बता तुझे ईनाम में क्या दे दिया जाए? लकड़हारा शर्माते हुए बादशाह से बोला कि ईनाम पाने वाला कैसे बता सकता है कि उसे ईनाम में क्या मिलना चाहिए, यह तो ईनाम देने वाले की दरिया दिली और सख़ावत पर मुन्हसिर (निर्भर) होता है। मैं एक ग़रीब लकड़हारा, मेरे लिए तो वह फल भी बहुत बड़े ईनाम का दर्जा रखता है जिसे क़ुदरत की फ़य्याज़ी जंगल में मुझे किसी मेहनत के बग़ैर नवाज़ देती है। बादशाह ने वज़ीर से राय मशविरा किये बिना भी अक़्लमन्दी का सुबूत दिया और

लकड़हारे की शादी शहज़ादी से करके उसे अपना दामाद बनाकर सल्तनत के एक बड़े हिस्से की देख-रेख यह कह कर उसके सिपुर्द कर दी कि जो शख़्स घने जंगल से बादशाह की आबरू को निकाल कर उसके महल तक पहुँचा सकता है, वह सल्तनत को भी किसी परेशानी और मुसीबत में नहीं छोड़ सकता। दादी की सुनायी हुई इस कहानी में सब कुछ अच्छा था, कहानी का अंजाम उसके आग़ाज़ से अच्छा था... लेकिन क्या कहानी और हक़ीक़त में इतना ताल मेल हो सकता है, क्या कहानी हक़ीक़त के इतना पास पहुँच सकती है? फिर एक दिन अख़बार में एक ख़बर की सुर्ख़ी दिखाई दो। सुर्ख़ी के साथ एक कहानी थी... बिल्कुल शहज़ादी की कहानी जैसी। शहज़ादी से मिलती जुलती एक लड़की खो जाती है, कई दिनों बाद वह इज़्ज़त के साथ अपने घर पहुँच जाती है, घर के लोग पूरे इलाक़े में मिठाई तक़सीम करते हैं और सारे इलाक़े में चराग़ाँ भी किया जाता है लेकिन कहानी से हीरो ग़ायब था। हीरो की तलाश भी नहीं की गयी। ग़रीबी में पले बढ़े लोग अब हीरो नहीं होते, अब हीरो फुटपाथों पर पैदा नहीं होते, हीरो को अपोलो और स्कॉर्ट्स में पैदा होना पड़ता है। अब हीरो मामूली साइकिलों पर नहीं चलते, क़ीमती कारों में सफ़र करते हैं। म्युनिसिपल कार्पोरेशन के सीले हुए कमरों वाले स्कूलों में भला हीरो कहीं पढ़ते हैं। अब हीरो की तालीम में मिशनरी स्कूलों की तर्बियत शामिल होती है। शायद इसीलिए नये ज़माने की शहज़ादी को बचाकर घर पहुँचाने वाले नवजवान की लाश रेलवे लाइन से टुकड़ों में बटोर कर आलू वाले बोरे में भर कर पोस्ट मार्टम के लिए लायी गयी और अख़बारों ने दूसरे या तीसरे दिन रेल से कट कर मरने वाले एक गुमनाम शख़्स की ख़बर अपने ग़ैर मारूफ़ (महत्त्वहीन) सफ़हे के किसी कोने में छाप दी। इस कहानी में हीरो का मरना ज़रूरी था वर्ना हीरोइन बदनाम हो सकती थी।

दौलत ने हर ज़माने में क़ीमत और ईनाम में यकसानियत को क़ायम रखा है। कहा तो यही जाता है कि ईनाम तो ईनाम ही होता है। ईनाम की रक़्म नहीं, जज़्बा देखना चाहिए लेकिन दिल इस पुरानी कहावत को नहीं मानता है। अभी कुछ दिनों पहले तक लाटरी के ईनाम की ख़बर सुनकर लोग पागल हो जाते थे, ख़ुशी से मर जाते थे क्योंकि ईनाम उम्मीद से ज़्यादा मिलने वाले सिले को कहते हैं। यूँ भी ईनाम रोज़-रोज़ और हर एक को नहीं मिलता है। क़ीमत तो अच्छी-बुरी सभी लोगों की लग जाती हैं। एक सिपाही की जान की क़ीमत क्रिकेट के एक खिलाड़ी के छक्के से भी कम होने लगी है। ईनाम और क़ीमत में यही फ़र्क़ होता है। यह फ़र्क़ दिन ब दिन बढ़ता जा रहा है क्योंकि ईनाम देने वालों की सफ़ (पंक्ति) में वही लोग बैठने लगे हैं, जिन्होंने कभी ईनामदारी से किसी की क़ीमत नहीं चुकायी है। ईनाम में मशक वाले भिश्ती को एक दिन की

बादशाहत देने वाले कहानियों में ज़रूर मिल जाते हैं लेकिन क़ीमतें तक अदा न करने वाले लोग हर जगह दिखाई देते हैं।

एक सय्यद साहब निहायत परेशानी की हालत में एक राजा के दरबार में क़िस्मत आज़मायी के लिए पहुँचे। राजा ने सय्यद साहब का इम्तिहान लेते हुए सवाल किया कि आप क्या काम कर सकते हैं या आपसे क्या काम लिया जा सकता है? सय्यद साहब ने कहा कि जनाब! मुझे तीन कामों में महारत हासिल है। अव्वल तो मैं घोड़े पहचानता हूँ, दूसरे मुझे पत्थरों की बहुत अच्छी पहचान है और तीसरी खुसूसियत मुझमें यह है कि मैं आदमी पहचान लेता हूँ। राजा ने मुस्कुराते हुए कहा कि सय्यद साहब, जो भी नौकरी और काम की तलाश में आता है, वह यूँ ही आप की तरह लम्बी-लम्बी बातें करता है। बहरहाल मैंने एक तरीक़ा सोचा है कि वक़्ती तौर पर आपको एक वक़्त का खाना मिलेगा और जैसे-जैसे आप इम्तिहान में खरे साबित होते जायेंगे आपकी तरक़्क़ी होती जाएगी। सय्यद साहब ने दिल ही दिल में यह सोचकर कि भूखे मरने से तो एक वक़्त की रोटी हर हाल में ठीक है, राजा साहब की शर्त मान ली। अचानक एक दिन राजा को सय्यद साहब की याद आयी। उन्होंने वज़ीर के ज़रिये उन्हें बुलवाया और फिर मुख़ातिब (सम्बोधित) होकर कहा कि याद है सय्यद साहब! आपने फ़रमाया था कि आपको घोड़ों की अच्छी पहचान है। घोड़ों का यह ताजिर कुछ घोड़े लाया है जो बाहर मैदान में खड़े हैं। ज़रा उन्हें देखकर यह बताइए कि घोड़े अस्ल हैं या दोगली नस्ल वाले हैं। सय्यद साहब घोड़ों को देखने के लिए मैदान में तशरीफ़ ले गये। थोड़ी ही देर बाद वह दरबार में हाज़िर हुए और राजा को बताया कि यह अस्लन ताज़ी घोड़े नहीं हैं। इनकी शबाहतें (शक़्लो सूरत) तो अस्ल की तरह हैं लेकिन यह दोग़ली नस्ल वाले घोड़े हैं। राजा ने घोड़ों के ताजिर की तरफ़ देखा तो उसने फ़ौरन ही सय्यद साहब के तजरुबे का एतराफ़ (मान लेना) कर लिया। ताजिर के चले जाने के बाद राजा ने सय्यद साहब से पूछा कि ये तो बताइए कि आपने किस तरह ज़रा-सी देर में पहचान लिया कि घोड़े दोग़ली ज़ात के थे। सय्यद साहब ने हँसते हुए बताया कि मैंने उन घोड़ों में से कुछ घोड़े चुन लिए फिर उनको मैदान में दौड़ाने का हुक्म दिया। थोड़ी ही दूर दौड़ने के बाद एक घोड़ा खड़ा होकर लीद करने लगा और पीछे आने वाला घोड़ा रुक कर उस गन्दगी को सूँघने लगा जबकि असली घोड़ा तलवार के दसियों ज़ख़्म खाने के बावजूद मालिक के इशारे के बग़ैर रुकता ही नहीं है। राजा साहब तजरुबे की यह दास्तान सुनकर उछल पड़े और उन्होंने वज़ीर को हुक्म दिया कि आज से सय्यद साहब को दोनों वक़्त का खाना दिया जाए। सय्यद साहब बेहद खुश हो गये! ज़िन्दगी गुज़ारने के लिए दो वक़्त का खाना

बहुत होता है। दिन मौसमों की तरह बीत रहे थे कि अचानक एक दिन राजा को फिर सय्यद साहब की याद आयी। फ़ौरन ही दरबार में सय्यद साहब तलब कर लिए गये। राजा ने उन्हें देखकर कहा कि आप दो-दो वक़्त की रोटियाँ तोड़ रहे हैं, कुछ काम भी तो कीजिए। सय्यद साहब सर झुकाये खड़े रहे। राजा ने आगे कहा कि यह एक परदेसी जौहरी आये हैं। ज़रा इनके पत्थरों को अपने तजरुबे की कसौटी से गुज़ार कर मुझे बताइए कि इनमें कौन-से पत्थर सिर्फ़ पत्थर हैं और किन पत्थरों का नसीब ताजो तख़्त की ज़ीनत (शोभा) बनना है। सय्यद साहब ने जौहरी से तमाम पत्थर लिए और थोड़ी देर में पत्थरों और असली हीरों के अलग-अलग ढेर लगा दिये। जौहरी भी सय्यद साहब के इस कारनामे पर हैरत ज़दा रह गया। जौहरी के जाते ही राजा ने फिर अपना सवाल दाग़ दिया कि आपने कैसे हीरों और पत्थरों को अलग-अलग करके जौहरी को भी हैरत में डाल दिया। सय्यद साहब ने बड़ी शाने बे नयाज़ी के साथ फ़रमाया कि जनाब! हीरा गर्म होता है और पत्थरों को मौसम के साथ-साथ चलना पड़ता है। मैं अपनी हथेली की उल्टी जानिब पत्थरों को रखता गया और ज़रा-सी देर में पत्थरों और हीरों को उनकी तासीर (गुण) के मुताबिक़ अलग-अलग रख दिया। राजा की ख़ुशी की अब तो कोई इन्तिहा नहीं रही। उसने वज़ीरे ख़ूराक (खाद्य मन्त्री) को हुक्म दिया कि आज से सय्यद साहब को तीनों वक़्त बेहतरीन खाने से नवाज़ा जाए। सय्यद साहब भी बहुत ख़ुश हुए क्योंकि जन्नत में भी इससे अच्छा मिलने की उम्मीद कम थी। अब राजा साहब एक मुतमइन और शानदार ज़िन्दगी गुज़ार रहे थे। अचानक एक दिन फिर राजा का मिज़ाज ठनका और वह वज़ीर से बोला कि भई! यह सय्यद साहब तो अब तीन-तीन वक़्त खाना खा रहे हैं लेकिन उनसे काम कुछ लिया नहीं जाता। लिहाज़ा उन्हें हाज़िर होने को कहा जाए। ज़रा-सी देर में ही सय्यद साहब राजा के सामने हाज़िर थे। राजा ने सय्यद साहब को याद दिलाया कि आपने नौकरी हासिल करते वक़्त बताया था कि आपको आदमी की बहुत अच्छी पहचान है लिहाज़ा आप मेरे बारे में कुछ बताइए। सय्यद साहब ने बड़ी इन्किसारी (विनम्रता) के साथ कहा कि जनाब आप राजा हैं और राजा सिर्फ़ राजा होता है। राजा ने कहा कि सय्यद साहब इस जवाब से काम नहीं चलेगा, आप मेरे बारे में तफ़्सील से बताइए। सय्यद साहब ने फ़ौरन ही राजा के सामने काग़ज़ और क़लम रखते हुए कहा कि हुज़ूर पहले मेरी जान की अमान इस काग़ज़ पर लिख दीजिए। राजा ने हँसते हुए अमान लिख कर अपने दस्तख़त किये और सय्यद साहब से कहा कि अब बताइए कि आप मेरे बारे में क्या जानते हैं। सय्यद साहब ने कहा कि आप राजा के बेटे ही नहीं हैं। राजा यह सुनते ही सन्नाटे में आ गया फिर अचानक वह तलवार

निकालकर खड़ा हो गया। सय्यद साहब ने उसका दस्तख़त शुदा काग़ज़ उसके सामने कर दिया और साथ ही यह भी कहा कि आप महल में तशरीफ़ ले जाइए और अपनी वालिदा से मेरी बात की तस्दीक़ (पुष्टि) कर लीजिए। राजा नंगी तलवार लिए हुए महल के अन्दर पहुँचा और अपनी माँ से पूछा कि सच-सच बताइए— मैं राजा का बेटा हूँ या नहीं, अगर आप जवाब नहीं देंगी तो मैं इस तलवार से आपको और अपने आप को मार कर सारी कहानी यहीं ख़त्म कर लूँगा। माँ ने बेटे की आँखों में लहराते हुए जुनून को देख लिया था। उसने बेटे को मुख़ातिब करते हुए कहा कि हाँ, यह बात सच है कि तुम राजा के बेटे नहीं हो क्योंकि राजा को तो अपनी अय्याशियों, जंगों और सल्तनत को बढ़ाने से ही फुर्सत नहीं थी, फिर वह मेरी तरफ़ क्या तवज्जो देता। इसी दौरान मेरी तबीयत महल में रोटियाँ पकाने वाले एक नानबाई पर आ गयी जिसके नतीजे में तुम पैदा हुए। राजा ने गर्दन डाल दी और सर झुकाए हुए वहाँ से उठकर बाहर की तरफ़ चल दिया। बाहर आते ही उसने सय्यद साहब से पूछा कि यह बताइए कि आपको यह कैसे मालूम हुआ कि मैं राजा का बेटा नहीं हूँ। सय्यद साहब ने मुस्कुराते हुए बड़ी मतानत (संजीदगी) से जवाब दिया कि यह तो बहुत आसान बात थी। आपने हर बार ईनाम में जागीर या कोई दूसरा एज़ाज़ (सम्मान) देने के बजाय मेरी रोटियों और खाने की तादाद बढ़ायी लिहाज़ा मैं समझ गया था कि आप राजा के बेटे हो ही नहीं सकते। हो न हो आप किसी नानबाई के बेटे हैं इसीलिए ईनाम में सिर्फ़ रोटियाँ या खाना बढ़ा देते हैं।

अपनी छतरी से उड़कर जाने वाले कबूतर और परदेस जाते हुए आदमी की आँखों में झाँकते हुए डर लगता है। इन हिजरत नसीब आँखों में जैसे मुद्दतों से ख़ाली पड़ी हवेली, जैसे बेवगी के दिन गुज़ारती हुई औरत, जैसे छुट्टियों के दिनों में स्कूल की इमारत, जैसे आम दिनों में ईदगाहें, जैसे ताऊन की लपेट में आया हुआ गाँव नज़र आते हैं। मुझे बचपन में आसपास के कुओं में झाँकने का बहुत शौक़ था। दिन की रौशनी में कुएँ का पानी ऐसा मचलता हुआ दिखाई देता था जैसे खिलौनों की ज़िद करता हुआ बच्चा। लेकिन दो-चार बार इसी आदत ने मुझे ऐसे कुओं के पास भी जाने पर उकसाया जो मुद्दतों से वीरान पड़े हुए थे, जिन कुओं के पानियों का मुद्दतों से मिट्टी के किसी घड़े ने बोसा नहीं लिया था, जिन कुओं के पास अरसये दराज़ से कोई प्यासा नहीं आया था...। ऐसे कुओं की पुरअसरारियत (रहस्यमयिता), सुकूत (ख़ामोशी), उजाड़पन और सन्नाटे भरी सूरतें न जाने क्यों कबूतरों और परदेस जाने वालों की आँखों में दिखाई देती हैं। ऐसे कुओं में कंकड़ फेंकते वक़्त एक अजीब-सा शोर उठता है लेकिन इस शोर की आवाज़ ऊपर आते-आते थक जाती थी। जैसे छत पर दादी मुझे पकड़कर

पीटने की ग़रज़ से उठने की कोशिश करती थी लेकिन दो-चार ज़ीनों पर क़दम रखते ही वह हाँफते और लँगड़ाते हुए वापस चली जाती थी। यह सब मनाज़िर आँखों में ऐसे जम चुके हैं कि अब मुझे वीरान आँखों में झाँकने की हिम्मत ही नहीं होती है। शायद दुनिया में ऐसे बहुत से लोग हैं जो परदेस जाने वालों को पक्की सड़क तक पहुँचाने नहीं जाते हैं। ऐसे लोगों को बँधे-टके उसूलों वाला समाज ग़ैर मुहज़्ज़ब और आदम बेज़ार समझता है लेकिन ऐसे लोगों की दिली क़ैफ़ियत को नापने वाला कोई आला साइंस अभी तक ईजाद नहीं कर सकी है।

क्या हिजरत सिर्फ़ पाकिस्तान जाकर बस जाने को कहते हैं? मेरे अब्बू को लोग मुहाजिर क्यों नहीं कहते हैं? क्या मुहाजिर का लक़ब पाने के लिए सिर्फ़ पाकिस्तानी होना ज़रूरी है? एक-एक करके सारा ख़ानदान जब पाकिस्तान के लिए हिजरत कर गया तो मेरे अब्बू ने भी रायबरेली को ख़ैरबाद कहा और कलकत्ते की तरफ़ रवाना हो गये। उन दिनों पाकिस्तान का एक हिस्सा कलकत्ता से भी सिर्फ़ कुछ घंटों के फ़ासले पर था। मेरे अब्बू को परदेसी होना तो क़ुबूल था लेकिन मुहाजिर होना बिल्कुल पसन्द नहीं था। वह रायबरेली में अपने घर में रह कर भी क्या करते। परिन्दे भी उस पेड़ पर बनाये अपने घोंसलों को छोड़ देते हैं, जहाँ परिन्दों की आबादी कम हो जाती है। अपनी मिट्टी से मुहब्बत करना दुनिया की सबसे बड़ी इबादत है लेकिन इस इबादत की तौफ़ीक़ (शक्ति) अल्लाह सबको नहीं देता है। अरब के रेगिस्तानों में चन्द खजूरों पर ज़िन्दगी गुज़ारने वालों ने अगर अपनी खुशहाली के लिए हिजरत की होती तो शायद अल्लाह उनकी रेत से सोना और पेट्रोल की झीलें कभी न पैदा करता। अपनी ज़मीनें छोड़कर बादशाहत तक हासिल करने वाले ख़ानदाने तैमूरिया के हाथों में न हिन्दुस्तान रहा, न तुर्की और न यूनान।

एक मुशायरा क़तर का

कुछ शख़्सियतें, मौज़ूआत और मंज़रनामे ऐसे भी होते हैं जिन पर क़लम उठाते हुए ज़ेहन में यादों की इतनी बिजलियाँ-सी कौंधने लगती हैं कि शॉर्ट सर्किट का ख़ौफ़ सताने लगता है। कुछ ऐसा ही दोहा (क़तर) की यादों से छेड़-छाड़ करते हुए मेरे साथ भी होता है। कोई पच्चीस बरस पहले मैं दोहा के एक मुशायरे में पहली बार शरीक हुआ था। मुशायरे का एहतमाम सुलेमान देहलवी की बज़्मे उर्दू की तरफ़ से हुआ करता था। उन दिनों मुशायरे का स्टेज बड़ा बा विक़ार (गरिमा मयी) होता था। मजरूह, कैफ़ी, सरदार, ख़ुमार, शमीम जयपुरी, वाली आसी, कृष्ण बिहारी नूर, हफ़ीज मेरठी, साग़र ख़य्यामी, अमीर क़ज़्लबाश, क़ैसरुल जाफ़री, कुँवर महिन्दर सिंह बेदी सहर, बशीर बद्र, साग़र आज़मी, और शायर जमाली जैसे शायरों से स्टेज जगमगाता रहता था। उधर पाकिस्तान से अहमद नदीम क़ासिमी, ताबिश देहलवी, महशर बदायूनी, अहमद फ़राज़, उबैदुल्लाह अलीम, क़तील शिफ़ाई, जमाल अहसनी, हसन रिज़वी, परवीन शाकिर और उम्मीद फ़ाज़िली जैसी शख़्सियतें भी पाकिस्तान की अदबी फ़ज़ा में सितारों की तरह चमक रही थीं। मुशायरा बाज़ारे जिस्म की तरह मैला नहीं हुआ था। नव मश्क़ शोअरा जिनमें यह ख़ाकसार भी शामिल था, अपने बड़ों की जूतियाँ सीधी करने में फ़ख़्र महसूस करते थे। उर्दू मुशायरे का स्टेज उठाईगीरों के हाथों से महफ़ूज़ था। मुशायरे को ख़तो किताबत के इब्तिदाई (शुरुआती) मरहलों से गुज़रना पड़ता था। टेलीफ़ोन भी ख़ास-ख़ास शायरों के नसीब में था। मोबाइल का दूर-दूर तक कोई नामोनिशान नहीं था। अपने बचपन में पतंगबाज़ी के ज़माने में लखनवी ज़बान में शोहदे कहलाने वाले लग्गा लेकर पतंग लूटने में मसरूफ़ रहते थे। हमारे जैसे नव मश्क़े छतों पर ब ज़ाहिर तो पतंगे लूटने के लिए दौड़ भाग करते रहते थे लेकिन मौक़ा मिलते ही दूसरों की डोर लूटने और पतंग तोड़ने से बाज़ नहीं आते थे। जिन लोगों की पतंग की डोर को हम लोग निशाना बनाते थे, हफ़्तों उन लोगों के ख़ौफ़ से भागे-भागे फिरना पड़ता था कि कहीं पिटाई न हो जाए लेकिन दो-चार दिन में ही सब लोग हमारी शैतानियाँ भूल जाते थे

और हम लोग आइन्दा पतंग डोर लूटने की प्लानिंग बनाने लगते थे। शरीफ़ों में लग्गेबाज़ी का बिल्कुल दस्तूर नहीं था। ज़्यादा से ज़्यादा लंगड़बाज़ी तक हमारी कमीनगियाँ महदूद थीं।

एस.टी.डी. और आई.एस.डी. के फ़ौरन बाद ही मोबाइल फ़ोन का ज़माना आते ही उर्दू मुशायरा ऐसे ही उठाईगीरों के हाथ में आ गया और लग्गे का काम करना शुरू कर दिया गया। मेरे बचपन में कुएँ में बाल्टियाँ गिर जाती थीं जिनको तलाश करने के लिए कुएँ में बाल्टी ढूँढने वाले को बुलाया जाता था। वह एक ख़ास क़िस्म का काँटेदार लोहा कुएँ में डाल कर बाल्टी तलाश करता था और अपनी महारत और मेहनत के बल बूते पर बाल्टी निकाल लाता था। आज के ज़माने में मुशायरे फँसाने का काम मोबाइल से लिया जाता है। कुछ शोअरा तो इस काम में इतने माहिर हो गये हैं कि वह जहाँ काँटा डाल देते हैं, मुशायरे की बाल्टी उसी जगह मौजूद होती है। यह लोग अपने काम इतने माहिर हो गये हैं कि अपने मोबाइल के काँटे से अरब और अमरीका तक के मुशायरों की बाल्टियाँ निकाल लाते हैं। कुएँ से बाल्टी निकालने वाले अकसर रातों को कुएँ से बाल्टियाँ निकाल कर बेच दिया करते थे। ज़ाहिर है कि यह बाल्टियाँ दूसरों की होती थीं। शोअराए किराम यही काम अब मोबाइल से ले रहे हैं। हर वक़्त मोबाइल को चार्ज रखने के लिए जेबों में चार्जर रखना पड़ता है। कई शोअरा तो दो-तीन मोबाइल और अकसर बैट्री तक रखते हैं। शायरात अपनी नशीली आवाज़ के सहारे कन्विनर को तसव्वुराती शहवत (कामवेग) की रंगीन दुनिया में ले जाने की कोशिश करती हैं। शायर बेचारे इस नेमत से महरूम हैं लिहाज़ा वह गाहे-गाहे कन्विनर के बाल-बच्चों की ख़ैरियत दरयाफ़्त करते रहते हैं। एस.एम.एस. के ज़रिये साल भर तक कन्विनर से राबता क़ायम रखने का यह एक ख़ूबसूरत बहाना है।

मोबाइल फ़ोन का अवामी ज़माना आने तक शोअरा साइंस की नेमत से महरूम (वंचित) थे लिहाज़ा ख़तो किताबत, दुआ तावीज़, टोने टोटके और सलामो पयाम के सहारे ही अपनी अदबी दुकान चलाते थे। एक इनलैण्ड लेटर के ज़रिये सुलेमान देहलवी का दावतनामा मेरे पास भी आया। ख़त में बज़्म, उसकी कारकर्दगी, पिछले मुशायरों में शरीक होने वाले अहम शोअरा के नाम, नज़राना और Terms and Conditions दर्ज थे... मिसाल के तौर पर यह कि आप होटल में सिर्फ़ मख़सूस वक़्त में खाना मँगा सकते हैं, आप होटल से एस.टी.डी. नहीं कर सकते, आप शराब भी अपने ही पैसे की पी सकते हैं, आप सिगरेट वग़ैरा भी अपने पास से मँगा कर पी सकते हैं... यह और इन्हीं जैसी कई और शर्तें और बहुत मामूली यानी 500 रुपये के नज़राने पर अगर तशरीफ़ ला सकते हैं

तो अपना फ़ोटो, पासपोर्ट और मंजूरीनामा देहली में ख़लीलुर्रहमान को फ़ौरन भिजवा दीजिए। कोई साहब ओखला में रहते थे जिनका मुशायरे से सिर्फ़ इतना तअल्लुक़ था कि वह सुलेमान देहलवी के दोस्तनुमा लोकल एजेन्ट थे। मुशायरे की निज़ामत गुलज़ार देहलवी के सिपुर्द थी, सदारत ग़ालिबन मोहतरम गुलाम रब्बानी ताबाँ साहब की थी। तक़रीबन एक दर्जन शोअरा थे जिनमें वाली आसी साहब, मंज़र भोपाली, तस्नीम सिद्दीक़ी और राज़ इलाहाबादी भी शामिल थे। हम लोगों को देहली से रवाना हाना था और कुछ शायरों को मुम्बई से सवार होना था। एयर पोर्ट पर ख़लीलुर्रहमान ख़ुद हम लोगों को छोड़ने आते लेकिन यह उनकी मेहमान नवाज़ी न होती बल्कि फूलों के हार, गुलदस्तों के टोकरों और स्वेटर के बंडलों को भी हमें लाद कर क़तर तक पहुँचाना था। यह तजरुबा तल्ख़ (कड़ुवा) क़तई नहीं था क्योंकि इससे भी ज़्यादा बुरे-बुरे काम के बाद ग़ैर मुल्की सफ़र पर जाना नसीब होता है।

इसी ज़माने में अम्बाला में एक मुशायरा शामे बहार ट्रस्ट के ज़रिये होना था जिसके कर्ता-धर्ता राजेन्द्र मल्होत्रा हुआ करते थे। अम्बाला का मुशायरा भी डी.सी.एम. और लालक़िला के मुशायरे जैसी शान रखता था। उन दिनों ग़ैर मुल्कों में मुशायरे बहुत कम होते थे। वाली भाई की सिफ़ारिश पर मुझे भी अम्बाला के मुशायरे का दावतनामा मौसूल (प्राप्त) हुआ। ज़ाहिर है कि मेरे लिए बेहद ख़ुशी की बात थी क्योंकि इस मुशायरे में पाकिस्तान के भी आधा दर्जन से भी ज़्यादा शायर शरीक़ हो रहे थे। मुनीर नियाज़ी और तनवीर सपरा को मैंने पहली बार इसी मुशायरे में सुना था। दावतनामे में राजेन्द्र मल्होत्रा ने यह भी हुक्म किया था कि फ़लाँ-फ़लाँ दुकान से हमारा कुछ सामान भी लेते आइएगा। मैं ख़ुशी-ख़ुशी इस मुशायरे के लिए तैयार हो गया लेकिन जब दुकान से राजेन्द्र मल्होत्रा का सामान लेने पहुँचा तो मालूम हुआ कि मौसूफ़ कुत्तों की नर्सरी के मालिक हैं और कुत्तों के बच्चों की ग़िज़ा का सामान दुकान से लेकर मुझे अम्बाला पहुँचना है।

दुकानदार ने मुझे दूसरे दिन बुलाया ताकि वह सामान की पैकिंग वग़ैरा मुकम्मल करा दे। मैं दुकान के बाहर निकला तो मेरी समझ में नहीं आ रहा था कि मैं ज़ोर से हँसूँ या गालियाँ बकूँ। वापस आकर रात में मैंने वाली भाई को फ़ोन किया। उन दिनों उनके पास भी टेलीफ़ोन नहीं था। उनके घर के सामने ही बिटिया बाजी (आयशा सलाम सिद्दीक़ी) का फ़्लैट था। टेलीफ़ोन के लिए वाली भाई को उनके फ़्लैट पर सीढ़ियाँ चढ़ कर आना पड़ता था। बिटिया बाजी वाली भाई की छोटी बहन हैं... बहुत ही अच्छी अफ़साना निगार भी हैं। उनके अफ़सानों का एक मजमुआ (संग्रह) 'घूमते चाक की कील' आठवीं दहाई में मंज़रे आम पर आ चुका है। इसमें रतन सिंह का एक मज़मून भी शामिल है।

दादा उस्ताद यानी मौलाना अब्दुल बारी आसी बिटिया बाजी को प्यार से फूल पत्ती कह कर बुलाते थे लेकिन शायद क़ुदरत को यह मंजूर नहीं था कि बिटिया बाजी को एक घने दरख़्त के रूप में भी देख सकें। उसी निस्बत से वाली भाई उन्हें बिटिया कह कर पुकारते थे और वाली भाई के ज़्यादातर दोस्त अहबाब भी उन्हें बिटिया या बिटिया बाजी कहते हैं। मेरे फ़ोन की ख़बर सुनकर वाली भाई सीढ़ियाँ फलाँगते हुए टेलीफ़ोन तक पहुँचे। सलाम दुआ के बाद जैसे ही मैंने कुत्तों की ग़िज़ा के बारे में बताया तो उनका भी मूड ख़राब हो गया। मैंने कहा कि उस्ताद! मैं अपना रिज़र्वेशन कैन्सिल कराए देता हूँ। वह कहने लगे– नहीं, तुम ज़रूर अम्बाला आओ, मैं आज ही राजेन्द्र मल्होत्रा को एक सख़्त क़िस्म का ख़त रवाना करता हूँ। क़िस्सा मुख़्तसर यह कि मैं अम्बाला के इस मुशायरे में शरीक हुआ। स्टेज पर हिन्दो-पाक के बेशतर बड़े शोअरा तशरीफ़ फ़रमा थे। मैं बारी-बारी सबको देख कर सोच रहा था कि यह सब लोग भी कुत्ते की रातिब की बदौलत ही यहाँ तक पहुँचे होंगे। जी चाहा कि एक आध शायर को इशारे-इशारे में टटोला जाए लेकिन तकल्लुफ़ात की चिलमन (पर्दा) के उस पार झाँकना अच्छा नहीं लग रहा था सो मैं चुप चाप बैठा रहा लेकिन अपनी बेतुकी सोच के आगे भी मजबूर था। मुझे पूरा स्टेज कुत्तों के बिस्कुट बनाने वालों का हेड आफ़िस मालूम हो रहा था।

अल्ला-अल्ला करके मुशायरा ख़त्म हुआ और मैं वाली भाई के साथ देहली पहुँच गया। वहीं से हम लोग क़तर की फ़्लाइट पकड़ कर रवाना होने वाले थे। मुम्बई से हमें जहाज़ बदलना पड़ा जिसकी वजह से तक़रीबन साढ़े तीन घण्टे हम लोगों को ट्रान्ज़िट लाउंज में गुज़ारना पड़ा। ये वह सज़ा है जिसे शोहरत और दौलत कमाने वाले हर शख़्स को झेलना होता है और वह ख़ुशी-ख़ुशी इस सज़ा को काटता है। अमीरी का ख़्वाब देखने की सबसे बड़ी सज़ा यह है कि आदमी की आँखें ख़्वाब देखना ही भूल जाती हैं। ख़्वाब देखने के लिए सोना ज़रूरी होता है लेकिन दौलत और शोहरत की हवस की सज़ा में रात-रात भर बल्कि सारी उम्र जागना पड़ता है और जागती हुई आँखों में ख़्वाब अपने जाल नहीं बुनते। तब अमीर आदमी को इस बात का एहसास होता है कि नींद के लिए गुर्बत ज़दा घरानों में आँखों को ब्याहना पड़ता है। ख़ैर, मुम्बई एयर पोर्ट के लाउंज में वक़्त गुज़ारने का एक फ़ायदा तो हुआ कि मैंने और मेरे साथ बहुत से लोगों ने जीती जागती लेडी डायना को अपनी आँखों से देख लिया था। गुलज़ार देहलवी ने तो उससे भी रिश्तेदारी निकालने की काफ़ी कोशिश की लेकिन उस ज़माने तक डी.एन.ए. टेस्ट का कोई तरीक़ा राएज नहीं हुआ था वर्ना वह मलिका विक्टोरिया के सेटलाइट समधी साबित होते। लेडी डायना बांग्लादेश के

दौरे पर जा रही थीं। यहाँ उनके जहाज़ को थोड़ी देर ठहर कर आगे के सफ़र के लिए फिर उड़ना था। एक आम सी खातून की तरह लेडी डायना वी.आई. पी. लाउंज से निकल कर एयर क्राफ़्ट की तरफ़ बढ़ गयीं। गर्म जोशी से अपना इस्तक़बाल (स्वागत) करने वालों को उन्होंने हवा में हाथ लहरा कर ख़ुशी का इज़हार किया। हम हिन्दुस्तानी भी अजीब होते हैं। खुश होते वक़्त यह सोचते ही नहीं हैं कि हम उदास क्यों थे। लेडी डायना भी उसी आला अंग्रेज़ ख़ानदान की बहू हैं जिसने तक़रीबन ढाई सौ बरस तक हम हिन्दोस्तानियों के बुर्ज़ुर्गों के साथ कुत्ते और बिल्ली जैसा सुलूक किया लेकिन शायद हम अभी तक अंग्रेज़ी और अंग्रेज़ों के रोब और दबदबे से अपने आपको आज़ाद नहीं कर पाये हैं। अख़बारों की बड़ी सुर्ख़ी (शीर्षक) किस तरह दूसरी सुर्ख़ियों को खो जाती है इसका अन्दाज़ा मदर टेरेसा और लेडी डायना की मौत के साथ-साथ हुआ। लेडी डायना की ग्लैमरस मौत की बड़ी सुर्ख़ी ने हफ़्तों तक दुनिया में होने वाली हर मौत को मामूली ख़बरों में तब्दील कर दिया। मदर टेरेसा की पैंसठ बरस की इंसानी ख़िदमात के एहतराम को एक शहज़ादी की मौत ने अपनी जगमगाहट में छुपा लिया। दुनिया की हर मज़हबी तब्लीग़ और हर इंसानी रिश्ते के एहतराम को ज़िनाकारी (व्यभिचार) के जुर्म में मुलव्विस (लिपटी) एक शहज़ादी और एक अय्याश अमीर ज़ादे की दौलत ने छुपा लिया—

जुड़ी हैं उससे तहज़ीबें ये सब तस्लीम करते हैं
नुमाइश में मगर मिट्टी का बर्तन हार जाता है।

क़तर एयर पोर्ट पर सुलेमान देहलवी और उनकी बज़्म के दूसरे लोग भी मेज़बानी के फ़राएज़ निभाने के लिए मुस्तैद थे। हम लोगों को एयर पोर्ट से होटल शीज़ान की तरफ़ मुख़्तलिफ़ कारों में बिठा कर रवाना कर दिया गया। अरब के शहर अब इतने ख़ूबसूरत और हसीन हो गये हैं कि वह यूरोप के किसी भी शहर से आँख मिला कर बात कर सकते हैं। दौलत में इतनी ताक़त है कि दौलत मन्द बैसाखियों के बग़ैर चलने लगता है। क़तर के लोग मिज़ाजन (स्वभाव से) नर्म गुफ़्तार, बे इन्तिहा ख़ूबसूरत और दीनदार होते हैं। उन दिनों सात लाख की आबादी वाला यह मुल्क सिर्फ़ सत्तर हज़ार क़तरियों की शहरियत (शहरी आबादी) का गवाह था। तरक़्क़ी के रास्ते पर गामज़न (अग्रसर) यह छोटा-सा अरब मुल्क अपने आसपास मौजूद समन्दर की तरह पुर सुकूत (ख़ामोश) था। पेट्रोल और गैस की क़ुदरती दौलत से मालामाल यह ख़ूबसूरत मुल्क अपने शहरियों की ख़ुशहाली की नयी तारीख़ लिख रहा था।

होटल शीज़ान शहरी हंगामे से थोड़े फ़ासले पर अपनी नफ़ासत, आला ख़िदमात और बेहतरीन खानों की लज़्ज़त के हवाले से आने वालों को अपनी

तरफ़ खींचता महसूस होता है। यह दूर से एक होटल के बजाय एक बाग़ महल मालूम होता है। इसके मालिक पाकिस्तान के शहर लाहौर के रहने वाले हैं। शायरी से उनका बहुत ज़्यादा लगाव नहीं हैं लेकिन ब ज़ाहिर वह शेर फ़हम और अदब दोस्त दिखाई देते हैं। उनकी मुस्कुराहट में लाहौरी नमक के साथ कारोबारी मिठास भी शामिल रहती है। हम जैसे शक्कर ख़ोरों के लिए परदेस में इतनी मिठास भी गन्ने का खेत मालूम होती है। हम और वाली भाई हस्बे मामूल (पहले की तरह) रूम पार्टनर थे। होटल के कमरे मुख़्तलिफ़ शायरों से आबाद हो चुके थे। हम दोनों चाय और सिगरेट के रसिया थे। उन दिनों वाली भाई बिल्कुल सेहतमन्द थे। जुमा का दिन था, नमाज़ भी अदा करनी थी। वाली भाई नहाने धोने की तैयारी में मसरूफ़ हो गये। मैंने उठ कर सामने वाले कमरे की काल बेल बजायी जिसमें तस्नीम सिद्दीक़ी ठहरी हुई थीं। तस्नीम सिद्दीक़ी कभी तस्नीम फ़ैज़ी हुआ करती थीं लेकिन स्टेज अज़दुवाज़ी (वैवाहिक) ज़िन्दगी का दुश्मन होता है। सबसे बड़ी बात तो यह है कि शायरा के शौहर को मुशायरे का स्टेज हमेशा के लिए काम चोर, आराम तलब और हराम ख़ोर बना देता है। ज़ाहिर है इसके बाद अज़दुवाज़ी ज़िन्दगी के सब नट बोल्ट ढीले हो चुके होते हैं और फिर एक दिन कहानी वहीं पर पहुँच कर ख़त्म हो जाती है जहाँ से शुरू हुई थी। तस्नीम फ़ैज़ी कई शौहरों की परवरिश करने में अपने आपको हर तरह से तबाह करती गयीं। मुझसे काफ़ी बेतकल्लुफ़ी थी। मुझे देखते ही फूल की तरह खिल गयीं। मैंने बैठते ही अपनी गुफ़्तगू के गुल खिलाना शुरू कर दिये। गुफ़्तगू के किसी मोड़ पर अचानक वो जज़्बाती हो गयीं और ज़ोर-ज़ोर से रोने लगीं। मैं घबरा गया और उनको तसल्लियाँ देने की कोशिश करने लगा लेकिन वो बेतहाशा रोती चली जा रही थीं। रोते-रोते ही उन्होंने बताया कि मुझे छाती का कैंसर हो गया है, अब मैं ज़्यादा दिन की मेहमान नहीं हूँ लेकिन मुझे अपने मरने का बहुत ज़्यादा ग़म नहीं है। मुझे अस्ल ग़म यह है कि मैंने अपनी लड़की की शादी अपने दोस्त फ़ारेस्ट रेंजर कबीर अंजुम के बेटे से कर दी थी लेकिन मेरी लड़की वहाँ क़तई ख़ुश नहीं है। क्योंकि घर वालों का और उसके शौहर का सुलूक उसके साथ बहुत ख़राब है। मेरी लड़की बराबर मेरे लिए माली बोझ (आर्थिक) बनी हुई है। मैं कमा-कमा कर उसका बोझ हल्का कर रही हूँ लेकिन शायद मैं यह सब अब ज़्यादा दिनों तक न कर पाऊँगी क्योंकि जिस्म में पोशीदा ख़तरनाक बीमारी अब अपना ख़िराज (लगान) बुलन्द लहजे में माँगने लगी है। मैं तस्नीम को तसल्लियाँ देता रहा और दिल ही दिल में उसकी परेशानियाँ दूर होने की दुआ भी करता रहा लेकिन गुनहगार ज़बानें दुआ की कुबूलियत के लुत्फ़ से ना वाक़िफ़ होती हैं। अचानक किसी ने कमरे का दरवाज़ा ज़ोर से Knock किया

जो आटोमेटिक होने के सबब अपने आप बन्द हो गया था। मेंने बढ़कर दरवाज़ा खोला तो बाहर राज़ चचा (मरहूम) खड़े थे। मुझे मानी ख़ेज़ (अर्थपूर्ण) नज़रों से देखा फिर कमरे में दाख़िल होने लगे। मैंने ब आवाज़े बुलन्द तस्नीम सिद्दीक़ी से कहा कि बराहे करम अपने आँसू पोंछ कर यह रोना धोना बन्द कीजिए वर्ना राज़ साहब यहाँ से निकलते ही यह ख़बर फैलाने में देर नहीं लगायेंगे कि मैं मौक़े से फ़ायदा उठाकर आपकी इज़्ज़त लूटने की कोशिश कर रहा था। मेरे इस जुमले में इतनी बेचारगी और दर्द था कि तस्नीम सिद्दीक़ी खिलखिला कर हँसने लगीं। मैंने उनसे कहा कि चचा को बता दो कि तुम अपनी घरेलू उलझनों की बिना पर रो रही थीं। तुम्हारे रोने में दूर-दूर तक मेरा कोई क़ुसूर नहीं है। तब तक वाली भाई भी मुझे ढूँढते हुए तस्नीम के कमरे में आ गये और मुझसे बोले कि फ़ौरन नहा कर तैयार हो जाइए, जुमे की नमाज़ का वक़्त होने वाला है। मैं अकेली शायरा को दोनों बुज़ुर्गों के हवाले करके गुस्ल करने और कपड़े बदलने के लिए अपने कमरे में आ गया। वज़ू करने के बाद बाहर निकलने पर देखा कि वाली भाई मेरे मुन्तज़िर थे। मैंने पूछा कि राज़ साहब तैयार हो गये। वाली भाई बहुत अफ़सुर्दा (बुझे हुए) लहजे में बोले कि तैयार तो वह सुबह से हैं लेकिन नमाज़ अपने कमरे में अदा करेंगे, हम लोगों के साथ मस्जिद जाने पर आमादा नहीं हैं क्योंकि उनकी सोच के मुताबिक़ यहाँ अह्ले हदीस की मस्जिदें हैं और वह बरेलवी अक़ीदे के मानने वाले हैं लिहाज़ा उनको यही बेहतर महसूस हो रहा है कि वह अकेले ही नमाज़ पढ़ लें। मैंने भी चचा को समझाने की बहुत कोशिश की लेकिन मेरी इस तावील (तर्क) को भी उन्होंने रद्द कर दिया कि यह अरब इलाक़े की सर ज़मीन है इसलिए यहाँ किये गये सजदों की क़ीमत ही कुछ और होती है। राज़ साहब भी अपने अक़ीदे के पुख़्ता थे, न मानना था न माने। उन्हें उनके हाल पर छोड़कर हम और वाली भाई क़रीब की एक पुरानी मस्जिद में नमाज़े जुमा के लिए दाख़िल हो गये। नमाज़ियों में अरब से ज़्यादा हिन्दुस्तानी, पाकिस्तानी और दूसरे मुल्कों के लोग थे। इमामे मस्जिद अरबी में ख़ुत्बा उसी तरह फ़रमा रहे थे जैसे हमारे यहाँ के इमाम। नमाज़ से फ़ारिग होकर हम लोग बाहर निकले तो देखा कि वहाँ भी माँगने वालों की एक छोटी मोटी सफ़ मस्जिद के बाहर मौजूद थी। अव्वल तो हम लोगों के पास क़तरी करेंसी नहीं थी, दूसरे वहाँ भीख में भी पाँच और दस क़तरी रियाल चल रहे थे जो हिन्दुस्तानी दौलतमन्दों की सख़ावत (दानशीलता) का मज़ाक उड़ा रहे थे।

मस्जिद से वापस आकर हम लोगों ने बेहतरीन क़िस्म का खाना खाया। ज़ैतून, इंजीर और खजूर की बहुत-सी क़िस्में मौजूद थीं। पता नहीं इंसान की किन नेकियों के तुफ़ैल में परवरदिगार ने जन्नत के मेवे ज़मीन पर भेज दिये हैं।

खजूर की इतनी आला क़िस्में मुझे कहीं नसीब नहीं हुई थीं। अरब में मिठाई की दुकानें बहुत कम हैं। शायद इसकी अस्ल वजह यही है कि खजूर की इन आला क़िस्मों की मौजूदगी में कोई बेवकूफ ही मिठाई के डिब्बों की तरफ़ देखेगा। खजूर के दरख़्त अरब की शान ही नहीं हैं, इस्लाम की चौदह सौ बरस की क़नाअत पसन्दी (सन्तोष प्रियता) के गवाह भी हैं। अल्लाह अल्लाह, खजूर के साथ अगर ठण्डा पानी मिल जाए तो उसके आगे दुनिया की हर नेमत हक़ीर (तुच्छ) दिखाई देती है लेकिन यह अजीबो ग़रीब बात है कि खजूर दुनिया में शायद इकलौता फल है जिसे खाने वाले को पानी की ज़रूरत ही नहीं महसूस होती। क़नाअत और सब्र की रेत में उगे खजूर के पेड़ों की आबयारी (सिंचाई) शायद फ़रिश्ते करते हैं। खजूर और शहद खाने वाले को शुगर की बीमारी कभी नहीं होती लेकिन ऐसे मरीज़ों को खजूर और शहद से भी बचने के लिए कहा जाता है। यह तज़ाद (टकराव) भी ख़ूब है लेकिन इससे यह तो साबित हो जाता है कि खजूर और शहद खाकर ज़िन्दा रहने वाले लोग बीमारियों से महफ़ूज़ रहते हैं। चटाई पर सोने वाली क़ौमें बिस्तर पर नहीं मरती थीं। खजूर के पेड़ों की क़द काठी उमूमन (आम तौर पर) सुडौल होती है। भूख और प्यास से चकरा कर गिरता हुआ थका हारा मुसाफ़िर पेड़ पर चढ़ने की सकत (शक्ति) नहीं रखता है, शायद इसीलिए खजूर के दरख़्त बहुत ज़्यादा बुलन्द होने का शौक़ नहीं रखते। यूँ भी देखिए तो ऊँची-ऊँची इमारतों में रहने वालों के कानों तक फ़क़ीर और ज़रूरत मन्द की आवाज़ ही नहीं पहुँच पाती। शायद ज़्यादा बुलन्दी भी क़ुदरत की तरफ़ से दी गयी सज़ा की तरह होती है। ताड़ के पेड़ के नीचे कभी कोई नहीं सोता है क्योंकि बुलन्दी से फेंकी गयी इमदाद भी जानें ले सकती है।

मैंने कभी कोई रिसाला निकालने की अभी तक तो ग़लती नहीं की है, आइन्दा की गारंटी बिल्कुल नहीं ली जा सकती क्योंकि चाइना के बने हुए सामान और मेरे मूड में बड़ी मुताबिक़त (समरूपता) है। लिहाज़ा उर्दू के क़ारिईन (पाठकों) अपने आपको महफ़ूज़ समझने की ग़लती बिल्कुल न करें। अकसर मेरे क़रीबी 'दुश्मन' मुझे इस ग़ैर ज़रूरी काम के लिए आमाद करते रहे हैं लेकिन 'रज़िया गुण्डों के घेरे से निकलती आयी है। लोग उर्दू की इस ख़ुदसाख़्ता ख़िदमत से मेरे परहेज़ का सबब मालूम करते हैं लेकिन बीमारी के बारे में कोई जानना नहीं चाहता। हालाँकि बीमारी और परहेज़ का चोली दामन का साथ है। मुमकिन है चोली दामन का मुहावरा बहुत से क़ारिईन की समझ में न आये क्योंकि आनन्द बख़्शी ने चोली के पीछे इतनी ताक झाँक की थी कि उनका दामन दाग़दार हो गया था। शायरी में चोली और दामन का इस्तेमाल दूसरे मुहावरों से बचने के लिए किया जाता है, जैसे सियासत और झूठ, लीडर और चरित्रवान, सरकारी अफ़सर

और रिश्वत, वफ़ा और मोलवी, अमरीका और दहशत गर्दी, शराब और कबाब, शबाब और रुस्वाई, इश्क़ और मुश्क, पण्डित और मिठाई, हामिला (गर्भवती) और खटाई, मग़रिब और बेहयाई, दूध और मलाई, छत्तीस और नाई, ताहिर फ़राज़ और माई, झील और काई, बकरी और क़साई। बड़े-बूढ़ों से सुना है कि मदीना में अजवा नाम की एक खजूर होती है। उसके बारे में कहा जाता है कि दिल के मरीज़ को यह खजूर शिफ़ा (निरोगता) बख़्शती है। इस खजूर के बारे में यह भी बताया जाता है कि हज़रत मुहम्मद (सल.) के ज़माने में किसी दिन कोई सहाबी (पैग़म्बर के जाँ निसार साथी) कई दिनों से मस्जिदे नबवी में तशरीफ़ नहीं लाये थे। आपने उनके बारे में दरयाफ़्त किया तो मालूम हुआ कि वह कई दिनों से बहुत बीमार हैं, उनके दिल में तकलीफ़ है। आपने इरशाद फ़रमाया कि अजवा खजूर कूट कर उनको खिलाते रहो, इंशा अल्लाह सेहतयाब (स्वस्थ) हो जाएँगे। इस खजूर में यक़ीनन यह तासीर रही होगी। फिर हुज़ूर (सल.) की ज़माने मुबारक से निकले हुए अल्फ़ाज़ को अल्लाह शरफ़े कुबूलियत कैसे नहीं बख़्शता। नतीजे के तौर पर आज तक दुनिया के बड़े हिस्से में इस खजूर को दवा के तौर पर इस्तेमाल किया जाता है। जब मैं पहली बार मदीने गया था तो वहाँ से एक किलो असली अजवा खजूर लेकर आया था, बहुत से लोगों को मैंने तोहफ़े में भी पेश की थी। मयस्सर हो जाने पर अभी तक मैं यह खजूर खाता रहता हूँ। यह भी हैरत की बात है कि मुस्तक़िल तरह की बद परहेज़ियों के नतीजे में मुझे बहुत-सी बीमारियाँ हैं लेकिन दिल के मामले में आज तक मैं इतना सेहतमन्द हूँ कि डॉक्टर भी हैरत करते हैं।

शाम को क़तर के सबसे ख़ूबसूरत होटल में मुशायरा था। यह होटल समन्दर के अन्दर बनाया गया है। इसका हाल बहुत ही ख़ूबसूरत है। अरब मुल्कों की बड़ी-बड़ी मीटिंगें इसी होटल में होती हैं। अरब मुल्कों में मुशायरे तो बहुत पहले से होते आये हैं लेकिन तक़रीबन तमाम मुशायरे अमीरज़ादों के जौक़ के लिए छोटे पैमाने पर ही होते थे। इन मुशायरों में न कोई ख़ास ताम झाम होता था और न ही इन मुशायरों को अवामी ही कहा जा सकता था क्योंकि यह मुशायरे आम सामिईन की रसाई (पहुँच) से बाहर होते थे। अरब के रेगिस्तान में उर्दू ग़ज़ल के ढेर सारे खुशनुमा फूलों को यकजा करने का सेहरा सिर्फ़ और सिर्फ़ सलीम जाफ़री के सर जाता है। सलीम जाफ़री ने अरब के लोगों को मुशायरों से उसी तरह मुतआरिफ़ (परिचित) कराया जैसे क्रिकेटर आसिफ़ इक़बाल शारजह टूर्नामेंट के ज़रिये क्रिकेट के खेल को रेगिस्तानी पिच पर ले आये थे। सलीम जाफ़री पाकिस्तान के अली सिद्दीक़ी साबित हुए और मुशायरों के ज़रिये शायरों की पज़ीराई के एक नये दौर का आग़ाज़ हुआ। बेहतरीन जहाज़, बेहतरीन होटल,

बेहतरीन मुशायरा गाहें, शायरों के लिए ढेर सारे तोहफ़े तहाएफ़, अच्छा ख़ासा नज़राना, मुशायरे का ख़ूबसूरत और यादगार सोविनियर जिसे जाहिल रद्दी वाला भी अपने घर की ज़ीनत बना ले, मुशायरों के ख़ूबसूरत वीडियो कैसेट्स जिसकी फ़िल्मसाज़ी का मुक़ाबला दूरदर्शन वाले भी नहीं कर सकते थे, दूसरे चैनल्स का तो उस वक़्त वजूद (अस्तित्व) भी नहीं था। सारी दुनिया में अलमंसूर कैसेट ने मुशायरों को अवामी मक़बूलियत (लोक प्रियता) बख़्शने में अहम रोल अदा किया है। वैसे तो अलमंसूर वालों ने यह काम कारोबारी तौर पर किया था लेकिन मैं ऐसे हर कारोबार को जाएज़ समझता हूँ जिससे उर्दू ज़बान की बक़ा (स्थायित्व) जुड़ी होती है क्योंकि इन कारोबारियों ने तो बहरहाल दुकानें खोल रखी हैं, साइन बोर्ड लगा रखे हैं, इश्तिहार बाज़ी करते हैं लेकिन उन प्रोफ़ेसरों, डॉक्टरों और उर्दू की रोटी खाने वालों को क्या कहा जाएगा जिन्होंने उर्दू ज़बान की खाल से अपने लिए खुशहाली की जैकेटें और लिबास बनाये हैं।

अरब अमीरात (यू.ए.ई.) के दारुल ख़िलाफ़ा (राजधानी) की हैसियत रखने वाले दुबई में लगाये गये उर्दू शेरो अदब के इस ख़ुश रंग पेड़ में इतने फल-फूल आये कि आज दुनिया में जहाँ भी महफ़िलों की बहारें हर बरस और कहीं-कहीं तो हर चार-छः महीने में आती रहती हैं... उनके मुक़ाबले में दुबई एक मुमताज़ मक़ाम पर खड़ा दिखाई देता है। कभी हिन्दुस्तान में अवामी लोगों में आम तौर पर और ख़ास लोगों में ख़ास तौर पर किसी शायर के तआरुफ़ (परिचय) के साथ लाल क़िले के मुशायरे का नाम ज़रूर जोड़ा जाता था। लाल क़िले के मुशायरे से लौटा हुआ शायर हफ़्तों दोस्तों की दावतें खाता रहता था। इसके बाद रेडियो और टेलीविज़न अदब के status symbol क़रार पाये। जो हज़रात इन मुशायरों में शरीक होते थे उनके लिए ख़ुशतर गिरामी के बीसवीं सदी के वरक़ कमतर मालूम होते थे। अब न ख़ुशतर गिरामी रहे और न बीसवीं सदी। डिग्रियों का विक़ार भी जाता रहा। कई बरस तक तो अरब ममालिक के मुशायरों ने सारी दुनिया में हंगामा मचाये रखा लेकिन एक तो अच्छे और सीनियर शायरों में से ज़्यादातर मर खप गये, दूसरे मुशायरों को कामयाब बनाने के लिए ब्यूटी पार्लर से निकली हुई शायरात और उर्दू के ग़ैर एलान शुदा ट्रेनिंग इंस्टीट्यूट से कोर्स किये हुए शायरों और शायरात ने इस इंडस्ट्री पर पूरे तौर से क़ब्ज़ा कर लिया। हिन्दुस्तान में पच्चीस बरस पहले तीन से चार हज़ार का नज़राना बड़े नज़रानों में शुमार किया जाता था। उस वक़्त अरब ममालिक में शायरों को कम अज़ कम पन्द्रह हज़ार का नज़राना मिलता था। इसके अलावा नशिस्तों के ज़रिये भी दस-पाँच हज़ार रुपये की आमदनी हो जाती थी।

बिला उनवान (शीर्षक)

मस्क़त एयर पोर्ट पहुँचते ही डॉक्टर रईस अहमद (डायरेक्टर मेज़बान होटल) जो मुतवातिर (मुसलसल) कई बरस ओमान में रह चुके हैं, अभी तक उनके पास तक़रीबन शहरियत (नागरिकता) का इजाज़तनामा है, उन्होंने अपनी शनासाई (जान पहचान) और तजरुबे की बिना पर हम लोगों को एयर पोर्ट की थका देने वाली अजनबीयत और सऊबतों (परेशानी) से बचा लिया। अगर वह हम लोगों को एयर पोर्ट तक छोड़ने न आते तो मुमकिन है कि हम लोग सफ़र ही न कर पाते। वापसी में ताहिर फ़राज़ भी मेरे साथ देहली तक का सफ़र कर रहे थे। मुझे ज़्यादा सामान से बेहद उलझन होती है। बुज़ुर्गों ने सच कहा है, 'कम सामान सफ़र आसान... ज़्यादा सामान बे मक़सद परेशान'। मुशायरे में अब्दुल हमीद अदम साहब की कम्पनी की जानिब से और दो एक दूसरे मुअज़्ज़िज़ीन की तरफ़ से भी गिफ़्ट पैक मिले थे। मैंने नौशाद मोमिन से कहा कि तुम मेरा बक़िया सामान लखनऊ लेते जाना। ताहिर फ़राज़ के पास भी सामान मुख़्तसर ही था। गिफ़्ट के पैकेटों के बोझ ने परेशानी में इज़ाफ़ा किया था लेकिन शोअराए किराम इन कारामद परेशानियों के हमेशा मुन्तज़िर रहते हैं बल्कि ग़ैर मुल्की मुशायरों में जाने वाले शोअरा इतने कारोबारी होते हैं कि वहाँ से लौटते हुए ग़रीबुल वतन उर्दू नवाज़ों से जज़िये के तौर पर बहुत ज़्यादा वसूली करके लाते हैं। जो चीज़ें वह इस्तेमाल नहीं करते हैं, वह भी माले ग़नीमत के तौर पर वसूल करते हैं। मिसाल के तौर पर सिगरेटें नहीं पीते हैं लेकिन माले मुफ़्त को हाथ से निकलने नहीं देते। कई दीनदार क़िस्म में शोअरा ड्यूटी फ्री शाप से हमेशा शराब ख़रीद कर लाते हैं क्योंकि बड़े अफ़सरों और मुशायरों के कन्विनरों की इससे अच्छी कोई ख़िदमत हो ही नहीं सकती है। बड़े-बड़े मुशायरों में शायरों को रिश्वत ख़ोरों की तरह दायें बायें से तोहफ़े, नक़दी और इमदाद की वसूलयाबी करते देख कर उस वक़्त बड़ी हँसी आती है जब वह अपनी नक़ली शायरी के सहारे अपनी ख़ुददारी का इश्तिहार बनने की कोशिश करते हैं। जब वह अना (Ego) की तारीफ़ में पूरे फ़िल्मी ड्रामे के साथ शेर पढ़ते हैं तो यह समझना दुश्वार हो जाता है कि

शायर साहब अना देहलवी की तारीफ़ कर रहे हैं या अपनी ज़ंग ख़ुर्दा ख़ुददारी का बखान कर रहे हैं। कई शीया शोअरा तो ग़ैर ममालिक से खुम्स (धार्मिक टैक्स) का पैसा भी वसूल लाते हैं। ग़ैर ममालिक जाने वाले शोअरा फ़ितरी तौर पर भिखारी होते हैं। यूँ भी हिन्दुस्तान के मुशायरों में अब जितना नज़राना मिलने लगा है, उतना अब ग़ैर ममालिक में भी नहीं मिलता है। लेकिन मोलवियों, सियासी लीडरों और मुशायरे के शायरों की ख़ुशहाली ज़क़ात और इमदाद के कशकोल (दान पात्र) के सहारे क़ायम रहती है। जिस तरह तवायफ़ें सबसे ज़्यादा अपनी पारसाई (पवित्रता) का स्वांग भरती हैं, उसी तरह हमारे यह शायर और अदीब भी अपनी अना, मसरूफ़ियत, शोहरत और इल्मी लियाक़त का हर वक़्त एलान करते हुए दिखाई देते हैं। बक़ौल मरहूम हकीम साहब, तवायफ़ों के चेहरे और जिस्म को मत देखो, मामलात सब एक जैसे ही होते हैं। ख़ैर, इस अदबी बेराह रवी का तज़किरा करने का मक़सद किसी की बुराई करना हर्गिज़ नहीं था, क्योंकि इस कोढ़ का एकआध दाग़ मुमकिन है कि मेरे जिस्म पर भी हो, जो मेरी ख़ुशहाली में कहीं छुप गया हो। हाँ, यह दुआ ज़रूर करता हूँ कि अगर ख़ुदा न ख़्वास्ता ऐसा दाग़ हो तो ख़ुदा करे हमेशा पोशीदा ही रहे।

यह तज़क़िरा यहाँ काग़ज़ पर यूँ आ गया कि ताहिर फ़राज़ एक अदद सूट हैंगर के साथ लिए हुए मस्क़त से हिन्दुस्तान लौट रहे थे। वह सूट ज़दा हैंगर मुस्तक़िल उनके हाथों में ऐसे टँगा हुआ था जैसे चिड़ियों के शिकारी अपने हाथ के पंजे पर शिकरा लिए रहते हैं। ओमान एयर वेज के जहाज़ बहुत मामूली हैं। यह नयी एयर वेज़ है। ज़ाहिर है कि छोटे मुल्कों के पास बड़े जहाज़ होते तो अमरीका इराक़ और अफ़गानिस्तान से अपनी फ़ौजें ज़िन्दा निकाल कर नहीं ले जा सकता था। ईसाई और यहूदी पहले समन्दरों पर क़ाबिज़ रहते थे। इक्कीसवीं सदी में आसमान पर उनका पूरा अख़्तियार है। अगर हक़ीक़त में देखा जाए तो यह असलहों की जंग नहीं है, बल्कि अक़ीदों की जंग है। ईसाइयों के हिसाब से इब्ने मरियम (हज़रत ईसा) उनके साथ हैं जो ज़मीन पर हैं। हमारा अक़ीदा है कि ख़ुदा हमारे साथ है जो सारी क़ायनात का मालिक है और आसमान में रहता है। हमने पैग़म्बरे इस्लाम (सल.) की बदौलत चौदह सौ बरस पहले ही ख़ुदा को ढूँढ़ लिया था लेकिन यह क़ौमें अपनी ला दीनियत (धर्म विहीनता) की बदौलत आज तक ख़ुदा को ढूँढने में मसरूफ़ हैं।

यह बार-बार चाँद पर जाना, ख़लाओं (शून्य) में भटकना, सूरज के इर्द गिर्द चक्कर लगाना यह तमाम बेचैनियाँ इस बात की अलामत (लक्षण) हैं। यह पैग़म्बरे इस्लाम (सल.) का इंकार करने की सज़ा में आज तक ख़लाओं में भटक रहे हैं। जंग में जीत-हार जंग के खेल का एक बहुत मामूली हिस्सा है। फिर हमारी क़ौम

का सबसे बड़ा सानिहा (दुखद घटना) ख़ुदा की बख़्शी हुई चीज़ों पर क़नाअत न करना, ख़ुदा के बताये हुए रास्तों पर न चलना, ख़ुदा की बख़्शी हुई दौलत और नेमतों का जायज़ तरीन इस्तेमाल न करना है। शायद पूरे आलमे इस्लाम की परेशानियों का सबब यही ना फ़रमानी है कि हम ख़ुदा को मानते हैं, रसूल से इश्क़ करते हैं लेकिन उन रास्तों पर चलने से कतराते हैं जो हमारे लिए बनाये गये हैं। एक दिलचस्प वाक़िया बयान करने को जी चाह रहा है।

एक क़स्साब (क़साई) की दुकान में इंसानी मग़ज़ (भेजा) की रोख़्त होती थी। मुख़्तलिफ़ क़ौमों के इंसानों के सर दुकान में टँगे हुए थे। एक साहब दुकान में दाख़िल हुए और तफ़रीहन टँगे हुए सरों की क़ीमतें दरयाफ़्त करने लगे। उन्होंने एक यहूदी के सर की तरफ़ इशारा करके पूछा कि इस मग़ज़ की क्या क़ीमत है। क़स्साब ने पाँच हज़ार रुपये क़ीमत बतायी। फिर उन्होंने एक ईसाई के मग़ज़ की तरफ़ इशारा किया। क़स्साब ने उसकी क़ीमत तीन हज़ार रुपये बतायी। इसी तरह एक चीनी के सर की क़ीमत क़स्साब ने छः सौ रुपये बतायी। दुकान में दाख़िल होने वाले शख़्स ने एक सर की तरफ़ इशारा किया और पूछा कि यह मौलाना के सर की क्या क़ीमत है। क़स्साब ने उसकी क़ीमत सिर्फ़ सौ रुपये बतायी तो पूछने वाले साहब ने पूछा कि प्यारे दुकानदार भाई, मुसलमान के मग़ज़ की इतनी कम क़ीमत क्यों बता रहे हैं आप? क़स्साब ने एक तल्ख़ मुस्कुराहट से ख़रीदार की तरफ़ देखा, फ़िर ज़हरीले लहजे में बोला कि हर मुसलमान के सर में दिमाग़ ही दिमाग़ भरा है क्योंकि इस क़ौम ने चौदह सौ बरस पहले थोड़े-से दिमाग़ का इस्तेमाल कर लिया था तो आधी से ज़्यादा दुनिया पर कब्ज़ा कर लिया था। उसके बाद से आज तक इस क़ौम ने अपने दिमाग़ का इस्तेमाल नहीं किया है, इसलिए बाज़ार में इसकी क़ीमत में कोई उछाल ही नहीं आता। ब ज़ाहिर यह एक मामूली सा क़िस्सा है लेकिन इस क़िस्से की तह में जायें तो इस क़ौम की चौदह सौ बरस की कोताहियों, बेवकूफ़ियों और क़ुदरत की ना फ़रमानियों की एक पूरी दास्तान मौजूद होगी। एक और वाक़िया तहरीर करने की क़लम इजाज़त चाहता है।

एक मुसलमान से किसी ईसाई ने कुछ रक़्म उधार ले रखी थी और वादे के मुताबिक़ तय वक़्त पर वह रक्म लौटायी नहीं गयी थी। इस बात को लेकर बराबर उन लोगों में लड़ाई-झगड़ा और तकरारें होती रहती थीं। जब भी उस ईसाई से तक़ाज़ा किया जाता तो वह कहता कि मैंने क़र्ज़ अदा करने से इंकार तो नहीं किया है, मैं तुम्हारा क़र्ज़दार हूँ और एक न एक दिन उसे अदा भी करना है। मुसलमान इस बात पर बज़िद था कि तुम एक तारीख़ बता दो, मैं उससे पहले तक़ाज़े के लिए तुम्हारे घर नहीं आऊँगा। लेकिन वह ईसाई किसी

भी सूरत में कोई मुक़र्रर तारीख़ बताने पर अमादा नहीं था। एक दिन क़र्ज़ देने वाले मुसलमान ने अपने साथियों की मदद से क़र्ज़दार ईसाई को पकड़ा और उसे खींच खाँच कर बड़े गिरजाघर के पादरी के पास ले गया। पादरी के सामने मुसलमानों ने अपने साथी का पूरा मुक़द्दमा पेश किया। पादरी ने बहुत ग़ौर से पूरा मुक़द्दमा सुना, फिर उसने ईसाई नवजवान को मुख़ातिब करते हुए कहा कि तूने इस मुसलमान से जो क़र्ज़ ले रखा है, वह वापस क्यों नहीं करता है। ईसाई नवजवान ने पादरी से झुँझलाए हुए लहजे में कहा कि फ़ादर! ईसाई होने के नाते मैं आपका कोई हुक्म नहीं टालता हूँ लेकिन आप लेन-देन के इस मामले में बिल्कुल न पड़ें। यह मेरा और इस मुसलमान का ज़ाती मामला है और मैं इन लोगों से कह चुका हूँ कि तुम्हारा क़र्ज़दार हूँ और एक न एक दिन उसे वापस कर दूँगा। क़र्ज़ देने वाले मुसलमान ने ईसाई नवजवान की बात बीच में ही काट दी और पादरी से बोला कि फ़ादर! आप हम लोगों के बड़े हैं। आप इससे कहें कि ये क़र्ज़ की वापसी का एक दिन मुक़र्रर कर दे, ख्वाह वह वक़्त दस साल बाद का ही क्यों न हो लेकिन आज आपके सामने क़र्ज़ की वापसी का दिन हर हाल में मुक़र्रर होना चाहिए। इससे पहले कि फ़ादर कोई फ़ैसला सुनाते, ईसाई ने फिर वही एहतिजाज किया कि फ़ादर! दुनियावी मामलात में आपको फ़ैसला करने की कोई ज़रूरत नहीं है, मैं क़र्ज़ की वापसी का कोई दिन या तारीख़ मुक़र्रर नहीं कर सकता हूँ। दोनों तरफ़ से शदीद बहस ज़ारी थी। अचानक पादरी ने उस ईसाई से अपने ज़ाती हुजरे में चलने के लिए कहा। पादरी ख़ुद भी उस ईसाई के साथ अपने हुजरे में दाख़िल हुआ और हुजरे का दरवाज़ा अन्दर से बन्द कर लिया। थोड़ी देर में पादरी के हुजरे से वह ईसाई नवजवान बाहर आया और उसने क़र्ज़ देने वाले मुसलमान से कहा कि कल शाम होने से पहले-पहले तेरी रक़म तेरे घर पहुँच जाएगी। ईसाई नवजवान की इस अचानक यक़ीन दहानी को शक की निगाह से देखने के बावजूद मुसलमान उस ईसाई को गिरजाघर में ही छोड़ कर वापस चले आये। दूसरे दिन उम्मीद के ख़िलाफ़ वह ईसाई नवजवान तय वक़्त से बहुत पहले ही मुसलमान के घर गया और उसकी रक़म वापस कर आया। शाम को सब मुसलमान दोस्त इकट्ठा हुए और इस करिश्मे पर बहुत देर तक गुफ़्तगू करते रहे। फिर सब मिल कर पादरी से मिलने गिरजाघर गये। पादरी ने हस्बे रवायत (पहले की तरह) उन लोगों को बहुत इज़्ज़त से बिठाया, नाश्ता कराया और पूछा कि आप लोग कैसे तशरीफ़ लाये हैं, मैं आप लोगों की क्या ख़िदमत कर सकता हूँ? मुसलमान पहले तो एक दूसरे को देखते रहे, फिर एक नवजवान ने हिम्मत करके बड़ी आजिज़ी (विनम्रता) से पूछा कि मोहतरम पादरी! हम लोग यह जानना चाहते हैं कि आख़िर आज जोज़फ़ इतना पुराना

क़र्ज़ मेरे घर पर अचानक किसी हीलो हुज्जत के बग़ैर वापस कैसे कर गया। पादरी ने पहले तो इस मसले पर गुफ़्तगू से गुरेज़ किया लेकिन जब मुसलमानों ने बड़ी मिन्नत समाजत की और साथ में यह भी कहा कि फ़ादर! हमारे आपके बीच एक मज़हबी रिश्ता तो बहरहाल है क्योंकि हम दोनों ही अहले किताब हैं, इस लिहाज़ से आप भी मेरे लिए मोहतरम हुए, लिहाज़ा कम से कम तालीम के तौर पर ही इस वाक़ए पर कुछ रौशनी डाल कर हम लोगों के इल्म में इज़ाफ़ा फ़रमा दीजिए। फ़ादर ने बग़ैर किसी ताख़ीर (देरी), किसी संकोच और किसी तकल्लुफ़ के मुसलमान नवजवानों से कहा कि मैं उसे अपने हुजरे में ले गया और उससे पूछा कि जोज़फ़! क्या तू मुसलमान हो गया है, क्योंकि वादा ख़िलाफ़ी तो मुसलमानों की वतीरा है, ईसाइयों का नहीं? शायद उसने मेरे जुमले के कर्ब (पीड़ा) को महसूस कर लिया था इसीलिए वह तुम्हारी बक़ाया रक़्म तुम्हें लौटा आया।

मेरी तहरीर भी शायद ग़रीब आदमी की जेब के सिक्के की तरह लुढ़कती हुई दूर जा निकलती है लिहाज़ा मुझे इब्तिदाई (शुरुआती) मौज़ू की तरफ़ लौटना चाहिए। गुफ़्तगू मस्क़त से ओमान एयर वेज के जहाज़ के ज़रिये देहली के लिए वापसी की चल रही थी। अरब ममालिक की नयी नस्ल अब अपने आपको जदीद (आधुनिकतम) टेक्निक और मौजूदा बेहतरीन तालीम की तरफ़ राग़िब कर रही है जिसके नतीजे में अरब ममालिक में आमदनी का ज़रिया अब सिर्फ़ पेट्रोल या गैस ही नहीं रह गया है। वह अपने आपको हर तरह से ख़ुद कफ़ील (स्वावलम्बी) करने में मसरूफ़ है। मसलन सल्तनत ओमान भी मुल्की तिजारत को फ़रोग़ (तरक़्क़ी) देने में मसरूफ़ है। पेट्रोल के अलावा और भी कई मादनिआत (खनिज सम्पदा) से अपनी आमदनी बढ़ाने में मसरूफ़ छोटा सा यह इस्लामी मुल्क और भी बहुत से कारोबार में अपना सरमाया लगा रहा है। यूँ भी बढ़ते हुए शाही ख़ानदान के इख़राजात (ख़र्चे) और अख़्तियारात के लिए हर तरह से हाथ-पाँव मारना अक़्ल मन्दी है। हालाँकि सुल्तान क़ाबूस की नाकाम अज़्दुवाज़ी (वैवाहिक) ज़िन्दगी का दुख वहाँ के हर बाशिन्दे के चेहरे से झलकता है लेकिन क़ुदरत तो बादशाहों का भी इम्तिहान लेती है। लिहाज़ा हर ओमानी शहरी के चेहरे पर फ़िक्र का एक साया लहराता रहता है कि सल्तनते ओमान की इस आख़िरी बादशाहत के ख़ात्मे के बाद वहाँ के सियासी और मुआशी (आर्थिक) हालात में क्या-क्या तब्दीली आ सकती है। ख़ैर, यह सब मसाइल तो इंसान की ज़िन्दगी के साथ-साथ चलते हैं। कल की ख़बर आज हो जाए तो दुनिया एक ज़िन्दा क़ब्रिस्तान में तब्दील हो जाए। ओमान एयर वेज़ में ज़्यादातर काम करने वाले मुलाज़िम और एयर होस्टेस फ़िलीपाइन के दिखाई देते हैं। हालाँकि उनके अमले (स्टाफ़) में दुनिया के बहुत से मुल्कों के लोग मौजूद हैं। सिर्फ़ उर्दू

और हिन्दी बोलने वालों की कमी है, जिससे उन्हें थोड़ा बहुत कारोबारी नुक़सान पहुँचता होगा। क्योंकि बहरहाल सफ़र की ज़िन्दगी गुज़ारने वालों में उर्दू और हिन्दी बोलने वालों की एक बड़ी तादाद है लेकिन अरब ममालिक की सबसे बड़ी ग़लती और कमज़ोरी यह है कि वह यूरोप और अमेरिका के सामने मरऊब (रोब खाया हुआ) दिखाई देते हैं। इससे उनकी अख़लाक़ी ताक़त पर भी असर पड़ता है और मुआशी तौर पर फ़िज़ूल ख़र्ची का रेशियो भी बढ़ जाता है। जहाज़ पर खाना बहुत अच्छा नहीं था लेकिन हम लोग चूँकि मुशायरागाह से निकल कर सीधे एयर पोर्ट आ गये थे लिहाज़ा सब्र और शुक्र के साथ जो कुछ भी मिला खा पी लिया। ताहिर फ़राज़ और मुझे, दोनों को ही नींद नहीं आ रही थी इसलिए बातें करने में ही तीन घंटे गुज़र गये। हिन्दुस्तानी वक़्त के मुताबिक़ हम लोग सवा छः बजे इन्दिरा गाँधी हवाई अड्डे पहुँच गये। अपने मुल्क की बर्फ़ीली हवाओं में भी एक अजीब हिद्दत (आँच) सी होती है। एयरपोर्ट के बाहर निकलते-निकलते सात बज चुके थे। ताहिर फ़राज़ को ओखला जाना था और मुझे जामा मस्जिद जाना था। मैंने ताहिर फ़राज़ से कहा कि एक ही टैक्सी कर ली जाए और एयर पोर्ट से साथ-साथ चलते हैं। रास्ते में जहाँ से ओखला क़रीब पड़े तुम आटो रिक्शा पकड़ लेना, इस तरह तुम्हारे पैसे भी कम लगेंगे और हम लोगों का कुछ दूर तक और साथ रहेगा। आई.टी.ओ. चौराहे तक हम लोगों का साथ रहा। टैक्सी वाला थोड़ा-सा दिल जला था लिहाज़ा उसने हम लोगों को टैक्सी में सिगरेट नहीं पीने दी और इतने क़ानून उसने बता दिये कि सिगरेट हिरोइन से ज़्यादा ख़तरनाक महसूस होने लगी। जामा मस्जिद के पास टैक्सी वाले ने मुझे उतार दिया। मैं अख़बारों की एक दुकान पर रुक गया। दुकान पर बैठे हुए साहब ने हस्बे मामूल उर्दू के तमाम अख़बारात मुझे सौंप दिये। हम दोनों एक दूसरे की आदत से वाक़िफ़ हैं। यह मामूली ख़िदमत भी मज़लूम उर्दू ज़बान के लिए बड़ी ख़िदमत महसूस होने लगी। सामान बाम्बे ओरिएन्ट होटल के कमरा नं.-307 में रख कर मैं तो फ़ौरन होटल से बाहर आया क्योंकि सर्दी के दिनों में मुसलमान अपनी हर बीमारी का इलाज नल्ली और नहारी से करता है। जामा मस्जिद का तक़रीबन सारा ही इलाक़ा चटोरों का अड्डा है। देहली ही नहीं, हिन्दुस्तान के बड़े-बड़े चटोरों का जमघटा रात देर गये तक लगा रहता है। मुझे देहली में कहीं भी ठहराया जाए मैं जामा मस्जिद के इलाक़े में भाग आता हूँ। यूँ भी मेरे देरीना दोस्त हबीब हाशिमी ने बहुत पहले से कह रखा है कि 'जहाँ मिले खाना, वहाँ मुनव्वर राना'। एक हाथ रिक्शे पर बैठकर हवेली आज़म खाँ की तरफ़ चल दिया, जहाँ शुबराती की मशहूर नहारी की दुकान है। जी भर कर नहारी खायी और सूजी के लज़ीज हलवे से परहेज़ की क़सम तोड़ी। कुछ नहारी और हलवा पैक

भी करा लिया कि होटल के काउंटर पर सर्दी से ठिठुरते हुए स्टाफ़ के लोगों को भी हिद्दत पहुँच सके। इन कामों से गुज़रने के बाद मैं कमरे में दाख़िल होकर लेट गया। थोड़ी ही देर में आँख लग गयी क्योंकि कई रातें जागते हुए गुज़री थीं। चार बजे शाम को उठ कर एक दुकान पर आया और ओमान के दिरहम हिन्दुस्तानी करेन्सी में तब्दील कराये। कुछ किताबें ख़रीदीं और फिर होटल वापस आ गया। मलिक ज़ादा जावेद को फ़ोन किया हालाँकि जावेद ने कहा था कि मस्क़त से मुझे फ़ोन कर दीजिएगा तो मैं एयर पोर्ट आकर आपको रिसीव कर लूँगा लेकिन इतनी सुबह बिला वजह किसी को परेशान करना मुझे कभी अच्छा नहीं लगता। तक़रीबन छः बजे शाम को जावेद भी अपना सामान लेकर मेरे पास आ गये। मेरे साथ उन्हें भी फ़ीरोज़पुर के मुशायरे में जाना था। इधर जावेद शुगर के मरीज़ होकर थोड़ा ख़ामोश हो गये हैं वर्ना वह गुफ़्तगू बहुत तज़े की करते हैं। बल्कि मुझे उनका अन्दाज़े गुफ़्तगू बहुत अच्छा लगता है... बिल्कुल दास्तान सुनाने वाले की तरह। जावेद ने फ़ोन करके अख़बारे नव के मौजूदा एडीटर बल्कि आल इन आल जावेद क़मर को भी बुला लिया। अख़बारे नव वही अख़बार है जिससे मीम अफज़ल ने अपना सियासी और सहाफ़ती सफ़र शुरू किया था। वह देहली के तेज़ तर्रार सहाफ़ी (पत्रकार) भी हैं और उर्दू के सिलसिले में जज़्बाती हद तक उर्दू नवाज़ हैं। जावेद क़मर बुनियादी तौर पर बलरामपुर के रहने वाले हैं, जहाँ से मैंने 14 अप्रैल, 1974 को एक ज़िन्दा एटम बम ख़रीदा था जो आज तक मेरे घर में बीवी की शक्ल में मौजूद है और अब पहले से भी ज़्यादा धमकाने में लगा हुआ है। जहेज़ में एक ख़ूबसूरत घड़ी मिली थी जो हमेशा उल्टी चलती थी। घड़ी तो अल्लाह को प्यारी हो चुकी है लेकिन बेगम माशा अल्लाह आज तक हयात हैं, ख़ूबसूरत हैं और सेहतमन्द भी हैं। साथ ही घड़ी की तरह उल्टी भी चल रही हैं। शाम को ही शाहिद अंजुम अपने एक दोस्त आचार्या के साथ आ गये जो बहुत अच्छे ग़ज़ल गायक हैं। शाहिद अंजुम का तअल्लुक़ नूरपुर, बिजनौर से है लेकिन देहली में आबाद हैं। बहुत मुहज़्ज़ब (सभ्य) और मुहब्बती इंसान हैं, शायद इसीलिए हमेशा परेशान रहते हैं। एक बार राशिद अलवी एम.पी. से मेरा कुछ काम था। शाहिद अंजुम के तवस्सुत (माध्यम) से राशिद अलवी से मुलाक़ात हुई थी। हालाँकि शाहिद अंजुम एक तरह से उनके क़रीबी लोगों में थे लेकिन मेरी किसी तरह की मदद न करने की वजह से वह भी राशिद अलवी से बद दिल हो गये। फिर शायद उन्होंने कभी राशिद अलवी से तअल्लुक़ नहीं रखा। मिज़ाजन सैलानी (घुमक्कड़) हैं। कभी एक बात मैंने तफ़रीहन कही थी कि अगर मैं सियासी शोबदेबाजों (नज़रबन्दी करने वाले) की मदद से कभी गवर्नर या सफ़ीर (दूत) बन गया तो शाहिद अंजुम मेरे पर्सनल सेक्रेटरी रहेंगे।

मेरी इस पसन्द में उनकी क़ाबिलियत से ज़्यादा उनकी वफ़ादारियाँ शामिल हैं जो उन्हें आज तक बर्बाद किये रहती हैं। शाहिद अंजुम आज कल मुम्बई में फ़िल्मी गीत लिखने की कोशिश में लगे हुए हैं लेकिन मैं जानता हूँ कि उनकी सैलानी तबीयत इस कारे बे मसरफ़ से भी जल्द या देर में छुटकारा हासिल कर लेगी।

गुफ़्तगू में पौने नौ बज गये। हमारा पंजाब मेल से रिज़र्वेशन था। हमें और जावेद को दूसरे दिन तीन नवम्बर को फ़ीरोज़पुर के मुशायरे में शरीक होना था। जावेद ने जवाहर रेस्टोरेंट से रूमाली रोटियाँ और सीख़ कबाब बँधवा लिए थे। एक आटो रिक्शा के ज़रिये हम लोग अजमेरी गेट की जानिब से नयी देहली रेलवे स्टेशन के प्लेटफ़ार्म नं.-6 पर पहुँच गये। पंजाब मेल तक़रीबन एक घण्टा ताख़ीर (देरी) से आयी लेकिन यह इस लिहाज़ से खुश गवार महसूस हो रहा था कि मुँह अँधेरे फ़ीरोज़पुर स्टेशन के प्लेटफ़ार्म पर उतरना नहीं पड़ेगा। सर्दियों के ज़माने में मुँह अँधेरे प्लेटफ़ार्म पर उतरते हुए हर आदमी ऊनी कपड़ों की दुकान मालूम होता है। लोग टोपियाँ भी ऐसी-ऐसी इस्तेमाल करते हैं कि सर और मुँह के साथ-साथ उनका किरदार (चरित्र) तक छुप जाता है। लोग स्टेशन पर लेने किसी को आते हैं और पकड़ कर किसी और को ले जाते हैं। कई मज़ेदार क़िस्म के मुसाफ़िर तो मज़े लेने के बाद बताते हैं कि मेरा नाम राजू भाई काजू वाला है, मैं शर्मा जी नहीं हूँ और जब रिसीव करने के लिए आने वाले लोग झुँझलाये लहजे में कहते हैं कि फिर आप शर्मा जी के नाम पर मुस्कुराये क्यों थे, तो वह साहब बताते हैं कि साहब जी! जब आपने कहा कि शर्मा जी तो मैं एख़लाक़न शर्माने लग गया था। अब आप ही बताइए कि इसमें मेरा क्या क़ुसूर है। बाद में मालूम हुआ कि असली शर्मा जी को पुलिस वाले इब्तिदाई तफ़तीश के लिए थाने में बिठाये हुए हैं क्योंकि उनके पास एक किताब निकली थी जिसका नाम था जिहाद क्या है? बेचारे शर्मा जी जामा तलाशी और जिस्म तलाशी के मरहलों से गुज़र कर लोहे की ठण्डी सी बेंच पर बैठे हुए अगली कार्रवाई के मुन्तज़िर थे कि मेज़बानों ने उन्हें आकर बचा लिया वर्ना वह भी किसी फ़र्ज़ी मुठभेड़ में मारे गये कश्मीरी आतंकवादी के मोनोग्राम के साथ कहीं झाड़ियों में पड़े मिलते। झाड़ियों का मुक़द्दर भी अजीब होता है। कभी वह नेचुरल काल के मुतमन्नी (इच्छुक) हज़रात का हिजाब (पर्दा) बनी रहती हैं, कभी ज़िनाकारी और इस्मतदरी (बलात्कार) की आड़ बनी रहती हैं और कभी फ़र्ज़ी मुठभेड़ के नाम पर हुए गुनाहों की गवाह बनी रहती हैं लेकिन ग़रीब आदमी और झाड़ झंखाड़ की गवाही को अदालतें मोअतबर (विश्वसनीय) नहीं मानती हैं।

ख़ैर, पंजाब मेल किसी अल्हड़ हसीना की तरह बल खाती हुई प्लेटफ़ार्म नं.—6 पर आ गयी। हम लोग ए.सी. टू टियर के डिब्बे में दाख़िल हुए। भूख

और ज़्यादा इम्तिहान लेने के मूड में नहीं थी। लिहाज़ा हम लोगों ने कबाब और चपातियों से अपनी भूख के मसले का हल निकालना शुरू कर दिया। मलिकज़ादा जावेद भी मेरी तरह चटोरे हैं। उन्होंने एक वेज बिरयानी भी ख़रीद ली थी। मुसलमानों के घर की तहरी अवामी प्लेटफ़ार्म पर पहुँचते-पहुँचते बिरयानी का रूप धार चुकी थी जैसे बहुत से लोग दूसरे शहरों में दौलत कमाते ही ख़ानदानी भी हो जाया करते हैं। लिहाज़ा हम लोगों ने भी बिरयानी को उसी तरह बर्दाश्त किया जैसे नये-नये दौलतमन्दों को जान बूझकर भला मानुस तस्लीम करना पड़ता है। फ़ीरोज़पुर के साफ़-सुथरे स्टेशन पर मेरे करम फ़रमा गुप्ता साहब शहर के तक़रीबन एक दर्जन मुअज़्ज़िज़ीन के साथ मौजूद थे, जिनके नामों से फ़ौरी तौर पर आशनाई मुश्किल थी। उन लोगों की निगरानी में हम लोग शहर के बीचो बीच बने साफ़ सुथरे होटल के. सन्स के कमरा न.- 101 में पहुँचे। सर्दी से उलझने के लिए चाय के कई दौर चले, फिर तमाम लोग मुशायरे की दीगर तैयारियों के लिए इजाज़त लेकर चले गये। हम और जावेद नहा-धो कर फ़ारिग़ हुए तो नाश्ते का आर्डर दिया गया। मुशायरा कमेटी के लोगों ने यह भी बताया था कि तीन बजे आप लोग तैयार रहिएगा, हुसैनी वाला सरहद पर हिन्दुस्तान और पाकिस्तान की फ़ौजी परेड देखने चलेंगे, वहीं मुजाहिदे आज़ादी शहीद भगत सिंह की क़ब्र है, वहाँ भी हो लेंगे। मैंने कभी कोई पाकिस्तानी सरहद नहीं देखी थी। हालाँकि इसके मौक़े कई बार आये लेकिन किसी न किसी सबब से प्रोग्राम टल गये। एक बार मैं जोधपुर में अनुराधा अडवानी के प्रोग्राम में शामिल हुआ था। वहाँ की एक मख़सूस महफ़िल में सिर्फ़ मुझे शेर सुनाने थे। यह काफ़ी मशक़्क़त का काम है और किसी एक शायर का अकेले दो-ढाई घण्टे तक शेर सुनाना कोई बच्चों का खेल नहीं है लेकिन मुझे ऐसी सआदत (सौभाग्य) बराबर नसीब होती रहती है। मुझे मुरारी बापू को लगभग तीन घण्टे तक अकेले शेर सुनाने का मौक़ा हासिल रहा है। इससे पहले बल्कि सबसे पहले यह सम्मान मुझे वृन्दावन वासी बड़े ठाकुर के ज़रिये हासिल हुआ था, जिनका परिवार सोलह-सत्तरह पीढ़ियों से कृष्ण मण्डली का रूप धारण करता है। उनके तवस्सुत से मुझे एक घण्टे तक वृन्दावन के साधुओं और सन्तों को अपनी शायरी सुनाने का मौक़ा मिला है। दूसरे दिन वहाँ के कुछ लोगों ने एतराज़ किया कि सन्तों और साधुओं के इस मंच पर एक मुसलमान को बिठा कर शायरी सुनना ग़लत परम्परा क़ायम करना है, लेकिन बड़े ठाकुर के पिता श्री पं. राम स्वरूप शर्मा ने बहुत ही मुदल्लल (तर्कपूर्ण) जवाब देकर मुख़ालिफ़ीन (विरोधियों) के मुँह बन्द कर दिये थे। पं. जी ने अपने भाषण में कहा था कि जब रसखान, मुल्ला दाऊद और मलिक मुहम्मद जायसी की रचनाओं को साहित्य जगत सम्मान दे सकता

है और धार्मिक हिन्दू समाज भी गर्व के साथ उनका बखान कर सकता है तो यहाँ राना साहब को बिठा कर उनसे शेर सुनने में क्या समस्या हो सकती है। वृन्दावन के मन्दिरों में मुझे अकेले महफ़िल को अपनी शायरी से कई-कई घण्टे बाँधे रखने का एज़ाज़ (गौरव) हासिल है। एक ज़माने में जोधपुर में बी.एस.एफ. के बड़े अफ़सर श्री बी.डी. शर्मा साहब थे, जो बंगाल कैडर के आई.पी.एस. थे। उन्होंने भी मुझे सरहदी इलाक़ा दिखाने का मौक़ा फ़राहम किया था लेकिन मैंने कोई ख़ास दिलचस्पी नहीं ली थी। मुझसे यूँ भी तक़सीमशुदा घर या मुल्क देखे नहीं जाते हैं। परिन्दों का घोंसला एक होता है लेकिन वह पूरे बाग़ को अपने मुल्क में शामिल समझते हैं। एक हम इंसान हैं जो तालीम याफ़्ता होते हैं, बे पनाह मुहज़्ज़ब होते हैं, ख़ुदा और भगवान पर मुकम्मल यक़ीन रखते हैं लेकिन उसकी बनायी हुई ज़मीन को तक़सीम (विभाजित) करके ख़ुश होते हैं। ज़मीनों को बाँटना शायद ख़ुदा की सबसे बड़ी ना फ़रमानी करना है। ख़ुद को दीनदार कहलाने वाला कोई भी मुहज़्ज़ब इंसान इस तक़सीम (विभाजन) पर भरपूर ग़ैर सियासी एहतिजाज नहीं करता है। अगर ग़ौर किया जाए तो दुनिया का पहला दहशतगर्द इंसान वही रहा होगा जिसने खेत, ज़मीन या इंसानियत के मज़हब के बीच में लकीर खींची होगी। इंसान अपनी मुख़्तसर-सी ज़िन्दगी में नफ़रतों के कैसे-कैसे बीज बो कर दुनिया से रुख़्सत हो जाता है, मुल्कों के बीच दीवारें खड़ी करता है। हद तो यह है कि एक घर में कई-कई दीवारें उठा देता है। इंसान ग़लतियों का पुतला है लेकिन तक़सीम का खेल करने वाले इंसान कभी नहीं हो सकते क्योंकि दिलों, जज़्बों और रिश्तों की तक़सीम इंसान नहीं कर सकते। इस काम के लिए तो शैतानों को पैदा किया गया है।

सरहदी शहर होने की वजह से फ़ीरोज़पुर ख़ूबसूरत होने के बावजूद कुछ खोया-खोया-सा लगता है। 1971 की जंग में पाकिस्तानी फ़ौज फ़ीरोज़पुर में दाख़िल हो गयी थी और सरहद पर सोये हुए बीस हिन्दुस्तानी सिपाहियों का क़त्ल करके उसने हुसैनी वाला और भगत सिंह की मज़ार पर कब्ज़ा कर लिया था। हुसैनी वाला स्टेशन की तारीख़ी इमारत को भी उन लोगों ने गोले दाग़ कर काफ़ी नुक़सान पहुँचाया था लेकिन वह अपना कब्ज़ा ज़्यादा देर तक बरक़रार नहीं रख सके थे। हिन्दुस्तानी फ़ौज ने पेश क़दमी करते हुए पाकिस्तानी फ़ौज को उनके ही इलाक़े में बहुत दूर तक ढकेल दिया था। सरहद के पास बने हुए घर हों या शहर, उनमें हमेशा एक तरह का ख़ौफ़ मँडलाया करता है। फ़ीरोज़पुर की आबादी तक़रीबन तीन लाख है, अगर फ़ौजियों की आबादी का शुमार भी कर लिया जाए तो यह आबादी तक़रीबन साढ़े पाँच लाख तक पहुँचती है। ख़ौफ़ और दहशत के माहौल में ज़िन्दा रहना भी शायद क़ुदरत की सज़ा है।

सरहद के पास बने हुए घरों की उदासी कभी ख़त्म नहीं होती। दिन का उजाला भी वहाँ लालटेनों की रौशनी के बराबर होता है और फिर अचानक और बेसबब होने वाली सियासत के नतीजे में इंसानियत, दोस्ती, रवादारी और रिश्तों की बुनियादें हिल जाती हैं। सरकारों ने फ़ैसले किये और मुल्क तक़सीम हो गया।

तक़सीम के नुक़सान का मातम हर हिन्दुस्तानी करता है लेकिन इस नुक़सान का एलान फ़िरक़ा परस्त (साम्प्रदायिक) हिन्दू ज़्यादा करते हैं। फिर भी अगर ईमानदारी से जाएज़ा लिया जाए तो यह बात ज़ाहिर हो जाएगी कि नुक़सान मुसलमानों का ही ज़्यादा हुआ है क्योंकि ज़मीनों में तो हिन्दुस्तान में रहने वाले हर शहरी का बराबर का हिस्सा है लेकिन मुसलमानों की तो ज़मीनें भी गयीं और तेज़ तर्रार लोग भी। लिहाज़ा हिन्दुस्तान का हर मुसलमान हज़रते नूह की तरह चारों तरफ़ से तूफ़ानों में घिरा हुआ है और मुसलमान साठ बरस से अपनी ज़मीन की तलाश के लिए कबूतरों का एक जोड़ा तलाश कर रहा है।

जरा ग़ौर कीजिए कि सरहदी लकीर के एक तरफ़ का आदमी दवा की तलाश में दूसरी तरफ़ क्यों नहीं आ सकता। ज़रा सोचिए कि लकीर के इस तरफ़ खड़ा हुआ प्यासा आदमी आज तक पानी का चश्मा फूटने का इन्तिज़ार करता है... उसे दूसरी तरफ़ खड़ा हुआ उसका सदियों पुराना भाई पानी नहीं पेश कर सकता। इस्लाम के क़ानून में ज़ख़्मी और प्यासे का कोई मज़हब नहीं होता। हिन्दू धर्म में भी पनाह में आने वाले को अमान दे दी जाती है, तो फिर दुनिया के दो बड़े मज़हबों के ठेकेदार अपनी ही ज़मीन को और अपने ही लोगों को बाँटने का कारोबार कब तक करते रहेंगे। क्या दुनिया की दो उसूल पसन्द क़ौमें सरहदों की तरफ़ बढ़कर एक दूसरे के गले नहीं लग सकतीं, आख़िर क्यों? क्या हम मर्यादा पुरुषोत्तम राम के मानने वाले नहीं हैं? क्या हम महबूबे खुदा रसूले अकरम हज़रत मुहम्मद (सल.) के उम्मती नहीं हैं? मक्के और मदीने में कई सौ बरस से ग़ैर मुस्लिमों का दाख़िला ममनूअ (निषिद्ध) है लेकिन इस क़ानून का हिन्दुस्तानियों से कोई तअल्लुक़ नहीं है। यह क़ानून यहूदियों और ईसाइयों की इस्लाम दुश्मनी को सामने रख कर बनाया गया था। अब इसको क्या किया जाए कि बहुत से क़ानून ऐसे हैं जिन्हें तब्दील तो किया जा सकता है लेकिन कोई इसकी जुरअत (साहस) नहीं करता है। कोई इसकी ज़रूरत नहीं महसूस करता है।

1992 में मुझे एक मुशायरे के सिलसिले में सऊदी अरब जाने का मौक़ा मिला था। सऊदी अरब जाने में दोहरी ख़ुशी महसूस होती है। एक तो अरब जैसे क़दीम तरीन मुल्क को दुनिया की जदीद सहूलियतों से लैस देखने का मौक़ा मिलता है। दूसरे अपने सदियों पुराने अक़ीदे (आस्था) के मुताबिक़ हम अपने जिस्म और रूह की कसाफ़त (मैलापन) को दूर करने की कोशिश करते हैं।

शायद यही दो सबब थे कि मैं भी कई शोअरा के हमराह जद्दा के लिए रवाना हुआ। इलाहाबाद में जीप फ़्लैश लाइट कम्पनी के मेरे एक दोस्त अफ़सर ने बताया कि उनके साले साहब इण्डियन एम्बैसी के मक्का आफ़िस में बड़े अफ़सर हैं, मैं उनको फ़ोन कर दूँगा, आप उनसे ज़रूर मिलिएगा। अपने दिल में बरसों की आरज़ू लिए हम मक्का पहुँचे जहाँ हमें एम्बैसी की इमारत में ठहराया गया। मेरी आँखों में कुछ इन्फ़ेक्शन हो गया था जिसकी वजह से मैं काफ़ी तकलीफ़ में था। उसी इमारत में एक डिसपेंसरी भी थी। मैंने वहाँ जाकर कुरैशी साहब के बारे में दर्याफ़्त किया। पता चला कि वह दोपहर में ज़ोहर की नमाज़ के बाद आयेंगे। उनके स्टाफ़ के लोगों ने मुझे उनके आफ़िस में बिठा दिया और फ़ौरन ही मेरे चाय-पानी और दवा का इन्तिज़ाम भी कर दिया। थोड़ी ही देर में कुरैशी साहब तशरीफ़ ले आये। मुझे अपने आफ़िस में बड़ी बेतकल्लुफ़ी से विराजमान देख कर मुस्कुराते हुए मुझसे कहा कि हो न हो आप मुनव्वर राना साहब हैं। फिर गर्म जोशी से हाथ मिलाते हुए कहने लगे कि एक चाय आपके साथ पीना चाहता हूँ। मुझे वह दिलचस्प भी लगे और इलाहाबादी भी। इलाहाबाद के लोग बड़ी बेतकल्लुफ़ी से मिलते हैं। उनके यहाँ दोस्ती में लखनवी भूल भुलय्या का दख़्ल नहीं होता है। बहुत सादा दिली और बेअख़्तियारी से मिलते हैं। हालाँकि इस बेअख़्तियाराना मुलाक़ात में कुछ गालियों का ज़ायक़ा भी शामिल रहता है। मैंने भी बेतकल्लुफ़ी का मुज़ाहिरा करते हुए पूछा कि आप यहाँ भी हिन्दुस्तान के सरकारी दफ़्तर की तरह नौकरी कर रहे हैं... आपकी ड्यूटी यहाँ सुबह आठ बजे से शुरू होती है लेकिन आप सच्चे हिन्दुस्तानी की तरह डेढ़ बजे दिन में तशरीफ़ ला रहे हैं। उन्होंने मुस्कुराते हुए मेरी तरफ़ देखा फिर बताने लगे कि जनाब मैं ड्यूटी का हमेशा बहुत पाबन्द रहा हूँ। आज इत्तिफ़ाक़ से आफ़िस आने में ताख़ीर की वजह यह है कि हाई वे पर एक कार का ज़बरदस्त हादसा हो गया था। दो लोग तो वहीं ख़त्म हो गये और बचे हुए दो लोगों को अमेरिकन हास्पिटल ले जाना पड़ा था। इत्तिफ़ाक से चारों हिन्दुस्तानी थे और ग़ैर मुस्लिम भी थे। साउथ इण्डिया के रहने वाले थे। मैंने पूछा कि मक्का और मदीना में तो ग़ैर मुस्लिम दाख़िल नहीं हो सकते फिर उन ग़ैर मुस्लिमों को आप मक्का की हदों के अस्पताल में लेकर कैसे आ गये। वह मुस्कुराते हुए बोले कि राना साहब! इस्लाम सिर्फ़ मज़हब ही नहीं है बल्कि इंसानियत की आला क़द्रों (उच्च मूल्यों) का अमीन भी। जिस हाई वे पर यह जान लेवा हादसा हुआ है वह मक्के का बाई पास है जिससे तमाम गाड़ियाँ गुज़र सकती हैं। यहाँ से तक़रीबन चालीस किलोमीटर के फ़ासले पर है। वहाँ इन ज़ख़्मियों को कहीं और ले जाने से मुझे सज़ा भी हो सकती थी क्योंकि इस्लामी क़ानून के मुताबिक़ हलाक शुदा (मृत) या ज़ख़्मी शख़्स का कोई

मज़हब नहीं होता है, वह सिर्फ़ इंसानियत के मज़हब से मुतअल्लिक़ रह जाता है। लिहाज़ा उसकी फ़ौरी मदद के लिए उसे क़रीब तरीन अस्पताल में ले जाना यहाँ का क़ानून है और इस क़ानून का सब एहतराम करते हैं—

तमाम उम्र हम इक दूसरे से लड़ते रहे
मगर मरे तो बराबर में जा के लेट गये

अब आइए आपको एक और वाक़या सुनाता चलूँ। कलकत्ता के एक हास्पिटल में एक मौलाना को ख़ून चढ़ाया जा रहा था। उन दिनों ख़ून मिलना बहुत दुश्वार था। डॉक्टर मरीज़ के घर वालों से बार-बार ख़ून लाने के लिए कह रहा था और उसने यह भी बता दिया था कि चार-पाँच घण्टे के अन्दर अगर ख़ून नहीं मिलेगा तो हम इस मरीज़ को बचा नहीं सकेंगे। मरीज़ के घर वाले इधर-उधर परेशान घूम रहे थे लेकिन ख़ून का इन्तिज़ाम नहीं हो पा रहा था। मौलाना के बराबर वाले कमरे में कोई साधू महाराज भर्ती थे। उनके साथ उनकी ख़िदमत में उनके कई नवजवान शागिर्द साथी भी थे। किसी शागिर्द ने साधू महाराज को मौलाना का हाल बताया। हाल सुनते ही साधू महाराज अपनी बीमारी भूल कर सीधे मौलाना के कमरे में उन्हें देखने पहुँचे और फिर अपने कमरे में वापस आते ही उन्होंने अपने शागिर्दों को हुक्म दिया कि तुम लोग डॉक्टर के पास जाओ और ज़्यादा से ज़्यादा ख़ून देकर मौलाना की जान बचाओ। एक मुँह लगे शागिर्द ने साधू महाराज से कहा कि गुरुजी! आप जैसा कट्टर हिन्दू हमें इस म्लेच्छ मुसलमान को ख़ून देने के लिए कह रहा है? साधू महाराज ने भर्रायी हुई आवाज़ में अपने शागिर्दों से कहा कि, "इन्हें म्लेच्छ कहना हमारी सियासत है और इनको ख़ून देना हमारी इबादत। इसलिए हम तुम लोगों को दुनिया की सबसे क़ीमती इबादत का हुक्म दे रहे हैं।"

जब हम इन दो वाक़यात को आपस में मिलाते हैं तो हमें दुनिया की हर सरहद माँ की गालियों जैसी लगती है और जब हम एक ही ज़बान बोलने वालों के बीच में लहराते हुए साँप जैसी सरहदी लकीर को देखते हैं तो हमें एहसास होने लगता है कि हम ख़्वाह किसी मज़हब के मानने वाले हों... हम लोग इबादत करना भूल चुके हैं। हम सिर्फ़ सियासत बिछा रहे हैं, सियासत ओढ़ रहे हैं और सियासत खा रहें हैं।

अब मेरी लाश को कोड़ों से न मारा जाए
ऐ सियासत, मुझे सूली से उतारा जाए

बहरहाल सरहदी सफ़र से वापस आ कर हम लोगों को मुशायरे की तैयारी में मसरूफ़ हो जाना पड़ा। किसी रेस्टोरेंट में मयनोशी (मदिरा पान) का इन्तिज़ाम भी खुसूसी तौर पर मेरे लिए किया गया था जिसमें ज़्यादातर अफ़सरान शरीक थे।

लखनवी उर्दू में (जो अब लखनऊ में भी ग़ायब होती जा रही है) मुझसे बार-बार पूछा जा रहा था कि जनाब आप किस शराब को अपने होंठों तक पहुँचने की इजाज़त देंगे। मैं अपनी पारसाई पर इसलिए शर्मिन्दा हो रहा था कि इस दावत में सिर्फ़ उनका ख़ुलूस शामिल था... शराब नोशी का नशा बिल्कुल शामिल नहीं था। मेरे बार-बार इंकार पर वह ब्राण्ड बदल देते थे। एक मेज़बान ने मुझसे फ़रमाया कि सर! फ़ीरोज़पुर में सर्दी बहुत पड़ रही है... आपको थोड़ी-सी रम ले लेनी चाहिए। मैंने मुस्कुराते हुए कहा कि जनाब, ज़िन्दगी में इतने ग़म पी लिए हैं कि अन्दर सिर्फ़ आग ही आग है, इस आग को सिर्फ़ मौत ही ठण्डा कर सकती है। वह लोग मेरी गुफ़्तगू में भी नशे के पहलू तलाश कर रहे थे। रात के तक़रीबन आठ बजे तमाम शोअरा मुशायरागाह की तरफ़ रवाना हुए। मुशायरे का एहतमाम गौरव भास्कर के शानदार स्कूल में किया गया था। चूँकि मुशायरा गौरव के वालिद स्वर्गवासी मोहन लाल भास्कर की याद में किया गया था जो स्कूल टीचर भी थे और उर्दू के अच्छे शायर भी थे, लिहाज़ा आग़ाज़ में उनकी तस्वीर पर ढेर सारी मालाएँ चढ़ायी गयीं। मरहूम भास्कर साहब की पिसर ज़ादी (पोती) ने उनकी एक ग़ज़ल से मुशायरे की महफ़िल का आग़ाज़ किया। स्टेज पर उर्दू ग़ज़ल के मुस्तनद (प्रमाणित) शायर अर्श सहबाई, जीत सिंह हसरत और सरदार पंछी भी मौजूद थे। मेरी सदारत (अध्यक्षता) का एलान किया गया तो मुझे कुछ ज़्यादा अच्छा नहीं लगा। क्योंकि एज़ाज़ और इकराम भी उम्र के साथ भले लगते हैं। मेरे ख़ाकसाराना (विनम्र) इंकार को क़बूल नहीं किया गया क्योंकि मुझे सबसे आख़िर में पढ़ाने का इससे बेहतर कोई रास्ता नहीं था। मुशायरा सुनने वालों में पंजाब के मुख़्तलिफ़ महकमों के आला अफ़सरान शामिल थे जो हर शायर को भरपूर दाद दे रहे थे। स्टेज के ठीक पीछे एक मयकदा (मधुशाला) भी आबाद था जिसके लिए यक़ीनन किसी परमिट की ज़रूरत न रही होगी। बक़ौल हकीम साहब मरहूम पंजाब में शराब की इतनी इफ़रात है कि लोग पानी का मज़ा भूल गये हैं। सोडा मिलाने के इतने आदी हो गये हैं कि पानी को भी तुर्श (कड़वा) बनाने के लिए उसमें सोडा मिला देते हैं और अगर सोडा दस्तयाब (उपलब्ध) नहीं हो पाता है तो पानी में पानी मिलाकर पीते हैं। पंजाब में शराब आम होने के बावजूद सिगरेट पीने में बड़ा तकल्लुफ़ (संकोच) होता है, बल्कि एक तरह का ख़ौफ़-सा महसूस होता है। सामने से आता हुआ हर सरदार गुरुद्वारा दिखाई देता है। यह उन दिनों की बात है कि जब इण्डियन एयर लाइंस के जहाज़ों में सिगरेट पीने की आम इजाज़त थी। मेरे बराबर वाली सीट पर एक कड़क चाय जैसे सरदार जी तशरीफ़ फ़रमा थे। वह इतने कड़क थे कि जब एयर होस्टेस ने उनसे बहुत ही रेशमी लहजे में दरयाफ़्त किया कि आप वेज लेंगे या नान वेज तो

उन्होंने एयर होस्टेस को डाँटते हुए पूछा कि मैं तुझे वेज दिखाई दे रहा हूँ? नाश्ते के बाद मैंने जैसे ही सिगरेट होंठों में लगा कर सुलगाने की कोशिश की सरदार जी ने शोले की तरह भड़कते हुए मुझसे कहा कि आप पीछे जा कर अगरबत्ती सुलगायें। उस दिन के बाद से मैं और ज़्यादा मोहतात (सतर्क) हो गया कि पता नहीं किस दिन कोई सरदार जी मुझे मज़ार की अगरबत्ती की तरह बुझा दें।

सदारत से पीछा छुड़ाना बहुत मुश्किल काम है, चाहे वह मुशायरे की सदारत ही क्यों न हो बल्कि अब तो मुशायरों का सद्र बिल्कुल हिन्दुस्तान के सद्र की तरह मोम के गुड्डे की तरह सजा रहता है। उसका महफ़िल की हाव हू पर कोई क़ानूनी या तहज़ीबी अख़्तियार नहीं होता है। अव्वल तो मुशायरों में अब नयी नस्ल के शोअरा फ़ार्मी अण्डों की तरह एक जैसे ही दिखाई देते हैं। सूरत शक्ल तो मुनासिब होती है, डिकोरेशन भी ब्यूटी पार्लर के इश्तिहार जैसा होता है, अदाएँ भी स्टंट फ़िल्मों के हीरो-हीरोइन जैसी होती हैं, चेहरों पर ग़ुरूर भी बिल्कुल फ़िरऔन भाई जैसा होता है, चटक मटक भी बारह मसालों की चाट जैसी होती है। ग़रज़ कि इन शायरों के पास शायरी और तहज़ीब के अलावा सब कुछ मौजूद होता है। बक़ौल हज़रत माचिस लखनवी मरहूम—

शेख़ आये हैं महशर में तो आमाल नदारद
जिस माल के ताजिर थे वही माल नदारद

बाबरी मस्जिद हादिसे से पहले उर्दू शायरी तहज़ीबी रौशनी के सहारे सफ़र करती थी। मुशायरा हिन्दुस्तानी क़ौमी यकजहती (राष्ट्रीय एकता) का सबसे बड़ा त्यौहार माना जाता था। हफ़्तों पहले से शहर का शहर मुशायरा सुनने की तैयारी करता था। हिन्दू, मुसलमान सब मुशायरे के नाम पर ऐसे यकजा हो जाते थे जैसे ख़ुशबू के नाम पर हर छत्ते की मधुमक्खियाँ एक हो जाती हैं। कवि सम्मेलन का फूहड़पन अभी मुशायरों में दाख़िल नहीं हुआ था क्योंकि मुशायरों ने वह अच्छे और मुहज़्ज़ब शबो रोज़ भी देखे थे जब मिज़ाहिया शायर (हास्य कवि) सद्रे मुशायरा के बाद कलाम सुनाने के लिए बुलाया जाता था। सद्रे मुशायरा के कलाम के बाद दूसरा दौर नहीं होता था। हाँ, अगर सद्रे मुशायरा ख़ुद इजाज़त देता था तो एकआध शायर को कभी-कभार मौक़ा दे दिया जाता था। अब तो ड्रामों के Act-II की तरह मुशायरे का पहला दौर ख़त्म होते ही बग़ैर सद्रे मुशायरा की इजाज़त के दूसरा दौर शुरू हो जाता है। सात-आठ बरस पहले धनबाद के एक आलमी मुशायरे में मरहूम क़तील शिफ़ाई ने पहला दौर ख़त्म होने के बाद दूसरे दौर की इजाज़त देने से साफ़ इंकार कर दिया था। मुन्तज़िमीन (प्रबन्धकों) की ज़िद पर वह इतना बरहम (नाराज़) हुए थे कि तमाम शोअरा को उनसे माफ़ी की दरख़्वास्त करनी पड़ी थी। लेकिन वह सब ज़माने ख़्वाब होते जा रहे हैं। अब

तो तरन्नुम के शोअरा मुफ़्त में बदनाम हैं। तहत के शोअरा माइक पर ऐसे आते हैं जैसे कुश्ती जीता हुआ पहलवान आता है। सद्र से इजाज़त लेना तो दूर की बात है, वह सद्र की तरफ़ देखता भी नहीं है। माइक पर कभी-कभी उस क़स्साब की तरह दिखाई देता है जो बक़रीद के दिन बकरों के दरम्यान ताल ठोंकता है। शेर सुनाने से पहले और शेर सुनाने के दरम्यान ऐसी लफ़्फ़ाजी करता है कि मीर और ग़ालिब अगर ज़िन्दा होते तो हमेशा के लिए घर बैठ जाते। बहुत से शहरों में ग़ज़लों की दुकानें खुली हैं। अदब के गोश्त से भरे हुए Deep Freezer में हर तरह का माल मौजूद रहता है। शायरी कभी हुनर रही होगी लेकिन मुशायरों के तवस्सुत से यह सरापा पेशा बन चुकी है। हर मुशायरे में कमसिन और ख़ूबसूरत शायरात की एक नयी खेप और नवजवान शायरों की नयी सूरतें भी इस बुतकदे को आबाद करने में मसरूफ़ हैं। नब्बे फ़ीसद शायर उर्दू से ही ना वाक़िफ़ दिखाई देते हैं। कुछ तो हिन्दी में ग़ज़ल लिख कर लाते हैं और रटे रटाए बाज़ारी जुमलों से अदब की इस्लाह (सुधार) फ़रमाते हुए ख़्वाजा अल्ताफ़ हुसैन हाली बनने की कोशिश करते हैं। इसकी शायद सबसे बड़ी वजह यह है कि मुशायरों में नज़राने के नाम पर इतनी मोटी रक़में मिलने लगी हैं, जिसका तसव्वुर भी नहीं किया जा सकता। मेरे एक बे तकल्लुफ़ दोस्त के इस बयान से मुशायरों की बर्बादी और भी वाज़ेह हो जाती है कि तवायफ़ें रखने से अच्छा फ़ार्मूला तो यही है कि एक बद किरदार शायरा को दो-तीन मुशायरे पढ़वा दीजिए और कई महीनों तक उसके बदन सराय में क़याम कीजिए। मुशायरे के स्टेज पर, स्टेज के पीछे या मुशायरे के स्टेज के तवस्सुत से किसी भी दिन ख़ून ख़राबा होने वाला है। यह मेरी पेशीन गोई न समझी जाए बल्कि तैंतीस बरस का मुशायरों के स्टेज का खरा तजरुबा समझा जाए।

दस बरस पहले तक मुशायरों में मख़मूर सईदी, मुज़फ़्फ़र हनफ़ी, ज़ुबैर रिज़वी, ज़फ़र गोरख़पुरी, रिफ़अत सरोश, सिद्दीक़ मुजीबी जैसी शख़्सियतें मौजूद रहती थीं। सामिईन और शोअरा पर उनकी इल्मी लियाक़त का दबदबा भी छाया रहता था, लेकिन रफ़्ता-रफ़्ता हिन्दुस्तानी मुशायरों के स्टेज से ऐसे लोग ग़ायब होने लगे या मर-खप गये जिनकी मौजूदगी में उर्दू स्टेज जलालुद्दीन मुहम्मद अकबर का वह दरबार मालूम होता था जिसमें नौ रत्न मौजूद हुआ करते थे। ज़ाहिर है कि हुनर जब अपनी बोली लगवाने पर आमादा हो जाए तो अदब भी चकला घर बन कर रह जाता है। मुझे यह कहने की इजाज़त दी जाए कि इस वक़्त उर्दू मुशायरे के स्टेज का हाल भी कुछ ऐसा ही हो गया है। शाम होते ही सिंगार की मेज़ पर उभरती हुई जवान शायरात स्वांग भरने के लिए आ कर बैठ जाती हैं। अगले मुशायरों का भाव-ताव तय होने लगता है। शायर हज़रात भी अपनी रोज़

मर्रा वाली अदाकारी और रटे रटाए डायलॉग की रिहर्सल में मसरूफ़ हो जाते हैं।

फ़ीरोज़पुर में चूँकि बहुत दिनों के बाद कोई बड़ा मुशायरा हुआ था लिहाज़ा तक़रीबन रात भर खुशियों के जाम से शायरी की शराब छलकती रही। एकआध बार फ़ितरी ज़रूरत से मुझे भी स्टेज के पीछे जाना पड़ा। सिगरेट की लत भी इसी फ़ितरी ज़रूरत से जुड़ी हुई थी। पास-पड़ोस में बैठे मदहोश होते हुए शायरों ने वापसी पर मुझे मुस्कुरा कर देखा और दोबारा स्टेज के पीछे चले गये। मुशायरे की शमा धीरे-धीरे मेरी मसनदे सदारत तक आ गयी। मुझे पहली बार पंजाब के इल्मी और अदबी सामिईन के सामने अपने शेर सुनाने थे। तक़रीबन एक घण्टे तक मैं अपने टूटे-फूटे शेर सुनाता रहा। मुशायरा ख़त्म होते ही गर्मा गर्म खाना कभी-कभी नसीब होता है। असिस्टेंट कमाण्डेंट विजेन्द्र शर्मा ने अपनी तहज़ीबी रवादारी का सुबूत देते हुए हम लोगों का सामान होटल से बी.एस.एफ. के शानदार गेस्ट हाउस में शिफ़्ट करवा दिया था। लिहाज़ा खाना खा कर हम लोग उन्हीं के साथ उस गेस्ट हाउस पहुँच गये। सिर्फ़ चार-पाँच घण्टों का मुख़्तसर-सा क़याम था क्योंकि सुबह सात बजे गौरव भास्कर मुझे और जावेद को अमृतसर स्टेशन तक पहुँचाने के लिए आने वाले थे। हालाँकि गेस्ट हाउस इतना पुर तकल्लुफ़ और आरामदेह था कि उसे छोड़ते हुए दुख हो रहा था। लेकिन कहा जाता है कि घर और दुनिया से इतनी मुहब्बत न करो कि उसे छोड़ते वक़्त बहुत ज़्यादा तकलीफ़ हो। सात बजे गौरव भास्कर आ गये। उनके साथ उनके एक बहुत प्यारे दोस्त थे। गेस्ट हाउस में सुबह की चाय ने बहुत लुत्फ़ दिया। हालाँकि विजेन्द्र शर्मा ने नाश्ते का इन्तिज़ाम भी कर रखा था, लेकिन मेरा बरसों पुराना चटोरापन गेस्ट हाउस के ट्रेडीशनल नाश्ते पर आमादा नहीं हुआ लिहाज़ा यह तय पाया कि फ़ीरोज़पुर और अमृतसर के दरम्यान पड़ने वाले किसी बेहतर ढाबे में नाश्ता किया जाएगा। यूँ तो पहलवान ढाबा बहुत पुराना और मशहूर है लेकिन गौरव भास्कर ने राजा ढाबे की ज़्यादा तारीफ़ की। पंजाब का पराठा, वह भी देसी घी में तला हुआ और ख़ालिस दूध वाला दही जिसे भी नसीब हो जाए वही खुश क़िस्मत ठहरता है। नाश्ता बहुत जल्दबाज़ी में किया गया क्योंकि ट्रेन का वक़्त हो रहा था। गौरव को कार ज़्यादा रफ़्तार से चलानी पड़ी वर्ना ट्रेन छूटने के आसार पैदा हो गये थे। भागम भाग में हम और जावेद अमृतसर कटिहार एक्सप्रेस में सवार हो गये। गौरव भास्कर कई दिनों से मुशायरे की तैयारी के सबब सो नहीं सके थे लिहाज़ा मैंने उनसे कहा था कि आप मुझे गाड़ी और ड्राइवर दे दीजिएगा हम लोग आसानी से अमृतसर चले जायेंगे लेकिन वह नहीं माने थे और उन्हें मानना भी नहीं चाहिए था क्योंकि वह भारत के एक ऐसे सच्चे और जाँनिसार सपूत के चश्मो चराग़ हैं जिसने अपनी एक कविता पर एक फ़ौजी अफ़सर की बेजा

तंक़ीद के एवज़ में अपनी ज़िन्दगी के ख़ूबसूरत तेरह बरस पाकिस्तान की जेलों में सज़ा के तौर पर काट दिये थे—

झुक के मिलते हैं बुज़ुर्गों से हमारे बच्चे
फूल पर बाग़ की मिट्टी का असर आता है

हम लोग यही समझ रहे थे कि यह ट्रेन मुरादाबाद के रास्ते लखनऊ जाएगी लेकिन ट्रेन पर बैठने के बाद मालूम हुआ कि यह निज़ामुद्दीन होते हुए लखनऊ जाएगी। दिल्ली के भागों छींका टूटने का मुहावरा सच साबित हुआ क्योंकि मलिक ज़ादा जावेद 'उल्टे बाँस बरेली' वाले मुहावरे से बाल-बाल बच गये। हम लोग चूँकि कच्ची नींद से उठ कर अमृतसर आये थे लिहाज़ा दोनों ही ट्रेन में फ़ौरन सो गये। शाम होते-होते ट्रेन निज़ामुद्दीन पहुँच गयी। जावेद ने मेरे सामान को तरतीब से रखने की हड़बड़ाहट में मेरा मोबाइल एहतियातन अपने कोट की जेब में डाल लिया था। मुझे उनके जाने के बाद और उन्हें रास्ते में इस ग़लती का एहसास हुआ। मुझे एक ख़दशा ये था कि शायद मोबाइल किसी और के हाथ लग गया है। जदीद टेक्नॉलोजी आदमी को कितना कमज़ोर बना देती है, इसका अन्दाज़ा मुझे मोबाइल की गुमशुदगी के बाद बहुत ज़्यादा हुआ। मुझे रह-रह कर यह ख़याल आ रहा था कि अगर ख़ुदा न ख़्वास्ता मैं रास्ते में मर गया तो मेरे साथ लावारिसों जैसा सुलूक भी हो सकता है।

उम्र के साथ सेहत भी कैसे-कैसे खिलवाड़ करती है। जिनके इशारों पर कभी दुनिया नाचती है वही लोग उम्र की ढलान पर पहुँचते-पहुँचते ख़ुद चाबी वाले खिलौनों की तरह हो कर रह जाते हैं। डॉक्टर, अस्पताल, मज़हब से कुर्बत और मौसम पर इल्ज़ाम यह सब बढ़ती उम्र के बहाने होते हैं। दरियाओं के सीने पर मुसलसल हुक्मरानी करने वाले लोग तस्वीर में भी दरिया देख कर डरने लगते हैं। अखाड़े की मिट्टी में ज़लज़ला पैदा कर देने वाले पहलवान अखाड़े की उड़ती हुई मिट्टी देख कर ख़ौफ़ज़दा होने लगते हैं। जवानी अस्पताल जाने वाले रास्ते से कतरा कर गुज़रती है लेकिन ढलती हुई उम्र अपनी सेहत की ख़राबी के ख़ौफ़ से अस्पताल के आसपास ही रहना चाहती है। जवानी सिर्फ़ तनहाई और अकेलापन तलाश करती है लेकिन उम्र की ढलान से गुज़रते हुए आदमी को तनहाई और अकेलापन क़ब्रिस्तान की चहारदीवारी मालूम होता है। बहुत मशहूर क़िस्सा है कि एक शख़्स लोगों को रगड़-रगड़ कर मरते देख कर कहता था कि इस तरह मलकुल मौत से डरने और भागने की क्या ज़रूरत है, मैं तो मौत की आहट सुनते ही उसे आवाज़ देकर अपने पास बुलाऊँगा और उससे कहूँगा कि तू बाहर खड़ी क्या सोच रही थी, क्या तू यह सोच रही थी कि मैं तेरी सूरत देख कर डर जाऊँगा, तेरे क़दमों की आहट से मुझ पर कपकपी तारी हो जाएगी

और मैं तेरे पैरों पर गिर कर थोड़ी सी ज़िन्दगी की मोहलत मागूँगा लेकिन उस आदमी का आख़िरी वक़्त क़रीब पहुँचा तो घर वालों से उसकी तकलीफ़ न देखी गयी। डॉक्टर को बुलाया गया। वह शख़्स ग़शी की हालत में पड़ा हुआ था। घर के लोग सोच रहे थे कि कहीं वह डॉक्टर से कोई बदसुलूकी न कर बैठे लेकिन ग़शी में होने के बावजूद उस शख़्स ने डॉक्टर को देखते ही सिर्फ़ इतना कहा कि डॉक्टर! मैं अभी मरना नहीं चाहता–

किसी सूरत कोई सूरत निकालो
मुझे बे मौत मरने से बचा लो

शायद दुनिया का हर आदमी अपना जा नशीन (उत्तराधिकारी) अपना वारिस इसलिए चाहता है कि वह लावारिसों की तरह मरना नहीं चाहता। इंसानों की बेवफ़ाई से मायूस लोग तो अपने कुत्तों और बिल्लियों को अपनी विरासत सौंप जाते हैं। शायद मरता हुआ आदमी ख़ून के रिश्ते से ज़्यादा एक बेलौस (निःस्वार्थ) रिश्ते की आस में कई दिनों तक ज़िन्दा रहता है। मुहब्बत करने वाले पालतू जानवर भी अपने मालिक की मौत पर कई वक़्त भूखे रह कर गुज़ार देते हैं। शायद मुहब्बत वह बीज है जो अपने आस-पास भी नफ़रत को पनपने नहीं देना चाहती लेकिन मुहब्बत का एहसास होते-होते कभी-कभी इतनी ताख़ीर (देरी) हो चुकी होती है कि सब कुछ जल कर राख हो चुका होता है। शहद की मक्खी और तितली में कभी लड़ाई होते नहीं देखी गयी क्योंकि दोनों ही ख़ुशबू और मिठास के लिए जीती हैं। इतनी बड़ी दुनिया में नफ़रत करने वाले भी अकेले नहीं रह सकते क्योंकि उम्र और हालात के किसी न किसी मोड़ पर उन्हें भी मुहब्बत करने वालों की ज़रूरत पड़ती है। काश, दहशत गर्दी करने वालों से ज़्यादा दहशत गर्दी का प्रचार करने वाले भी कभी इस कड़वी हक़ीक़त को समझ सकते। समझना तो एक दिन सबको पड़ता है लेकिन खुदा करे ज़्यादा देर न होने पाये।

उम्र का एक दिलचस्प खेल यह भी है कि मुसाफ़िर पहले अपना शहर आने का इन्तिज़ार करता है फिर कुछ देर के बाद शहर से ज़्यादा प्लेटफ़ार्म आने का इन्तिज़ार करने लगता है। थोड़ी ही देर बाद एहतियात की वह मंज़िल आ जाती है जहाँ आदमी एक नम्बर प्लेटफ़ार्म पर ट्रेन रुकने की दुआएँ माँगने में मसरूफ़ हो जाता है लेकिन दुआ का रेलवे ट्रैक से कोई रिश्ता नहीं होता। अगर सब ट्रेनें एक नम्बर प्लेटफ़ार्म पर ही आने लगतीं तो यह अच्छे-बुरे मौसमों में मारे-मारे फिरते हुए बोझ ढोने वाले कुली क्या करते। क़ुदरत के खाते में सबका हिसाब बराबर रहता है।

रुदौली

ये वो क़स्बा है जिस पर लखनऊ भी नाज़ करता है

ख़्वाबों की आबयारी (सिंचाई) के लिए नींद की ज़रूरत होती है लेकिन नींद तो सूखे के मौसम में सैलाब की तमन्नाओं जैसी होती है...ग़रीबों के घरों में रिश्तों की आहट जैसी होती हैं...फ़सादज़दा शहर में बेख़ौफ़ मुस्कुराहट जैसी होती है...सियासी गलियारों में ईमानदारी के कासे की तरह होती है...बड़े शहरों में पूरब की मासूमियत की तरह होती है...माल कल्चर में सोहिनी के देश की अल्हड़ लड़की जैसी होती है। इन तमाम दुश्वारियों के बावजूद नींद के बग़ैर आँखें आबादी के जज़ीरे (टापू) की तरह होती हैं, उस सूने कुएँ की तरह होती हैं जिसमें बच्चे कंकड़ फेंकना और झाँकना छोड़ देते हैं, उस ख़ूने आँगन की तरह होती है जिसके नसीब में न खिलते फूल होते हैं और न खिलखिलाते बच्चे। शायद इसीलिए लोग ख़्वाबों के बेनाम जज़ीरे में बेमक़सद ही भटका करते हैं। ये जो दुनिया भर की दवाओं की दुकानों में लाल, पीली पन्नियों में लिपटी हुई नींद की गोलियाँ बेची जाती हैं, ये ख़्वाब देखने के लिए ख़रीदी और बेची जाती हैं। ये जो बेख़्वाब आँखें होती हैं ये सोना नहीं चाहतीं। ये सुन्दर और सुनहरे ख़्वाब देखने का शौक़ दीवानों को भी होता है। कभी-कभी ख़्वाब देखने का शौक़ दीवाना बना भी देता है लेकिन ख़्वाब देखने वालों में बहुत कम लोग ताबीरों की तितलियाँ तलाश करते हैं। ख़्वाब दरअस्ल इंसान के भूलने और याद रखने की क़ूव्वत को परखने की मशीन की तरह होते हैं।

कल रात रमज़ान की 19वीं तारीख़ थी, महीना अगस्त का था, अंग्रेज़ी कैलेंडर के मुताबिक़ 8 तारीख़ थी और बरस 21वीं सदी का बारहवाँ था। मैं भी नींद की गोली के सहारे ख़्वाबों की वादी में भटकना चाहता था। मेरे ख़्वाब भी मेरी ज़िन्दगी की तरह बहुत सीधे सादे होते हैं। लोग कहते हैं कि मेरी आँखें बहुत ख़ूबसूरत हैं...अजीबो ग़रीब हैं मेरी आँखें...कुछ पूछती हुई और कुछ बताती हुई महसूस होती हैं। मैंने कभी अपनी आँखों की तरफ़ ग़ौर से नहीं देखा। शायद मैं

अपनी आँखों में झाँकते हुए डरता हूँ। मेरा ख़याल है कि हर शख़्स अपनी आँखों से डरता है... इस बात का इक़रार कोई नहीं करता लेकिन इस हक़ीक़त से कोई इंकार भी नहीं कर सकता। तभी तो लोग अपनी आँखों को कभी काजल और कभी सुरमे से सजा कर परायी आँखों जैसी बना देते हैं। मैं भी अपनी आँखों को सुरमे की मदद से अजनबी बनाता रहता हूँ। शायद मैं अपनी आँखों से डरता हूँ कि ये मेरी कमज़ोर राज़दार हैं। ये बहुत देर तक सच्चाई का सामना नहीं कर सकतीं। कभी-कभी मैं ये भी सोचता हूँ कि अगर इंसान के चेहरे पर आँखें न होतीं तो शायद ज़िन्दगी में इतने अज़ाब भी न होते लेकिन फिर सोचता हूँ कि अगर ऐसा ही हुआ होता तो हमारे पास ख़्वाब भी तो नहीं होते। हम बेरूह ज़िन्दगी गुज़ार रहे होते।

ख़्वाब में उस्तादे मोहतरम हज़रत वाली आसी की किताबों वाली दुकान थी। मैं हस्बे मामूल हँसता-मुस्कुराता हुआ दुकान में दाख़िल होता हूँ और वहाँ मौजूद लोगों को सलाम करता हूँ। वाली भाई हस्बे आदत अपनी स्टूल नुमा कुर्सी पर बैठे हुए हैं। उनके सामने एक बुज़ुर्गवार तशरीफ़ फ़रमा हैं। उन बुज़ुर्ग के सर के ऊपर शेल्फ में क़ुरआने करीम के ढेर सारे नुस्ख़े सलीक़े से रखे हुए हैं। रमज़ान की वजह से दुकान का माहौल बहुत पाकीज़ा और नूरानी हो रहा था। किसी ख़ास मौज़ू (विषय) पर कोई दिलचस्प बहस छिड़ी हुई थी। मेरी मौजूदगी उस हालत में नाफ़रमानी की दलील जैसी थी। गुफ़्तगू किसी मोड़ पर आकर रुकी तो मैंने वाली भाई के रू-ब-रू बैठे हुए बुज़ुर्गवार को दुबारा सलाम किया। उन्होंने मेरे सलाम को बड़ी बेदिली से क़ुबूल तो कर लिया लेकिन थोड़ा तेज़ लहजे में यह भी समझा दिया कि मियाँ साहब ज़ादे! एक बार सलाम करना काफ़ी होता है। फ़रदन-फ़रदन (अलग-अलग) सबको सलाम करना अगर बदतमीज़ी न भी हो तो वक़्त की बर्बादी ज़रूर है। वाली भाई ने मेरी जवाब देती हिम्मत को सहारा देते हुए उन बुज़ुर्गवार से फ़रमाया कि परवाना भाई! ये मुनव्वर राना हैं, आपके भतीजे हैं, रायबरेली के रहने वाले हैं, आले रसूल भी हैं और सबसे बड़ी बात यह है कि मुनव्वर मियाँ दीवानगी की हद तक आपकी क़लन्दराना शख़्सियत के आशिक़ हैं। बुज़ुर्गवार ने हल्का-सा तबस्सुम करते हुए फ़रमाया कि "मैं इन्हें जानता हूँ... रुदौली में इनके क़द्रदानों की बहुत बड़ी तादाद है।" मैं सर झुका कर उनके क़रीब ही बैठ गया। वाली भाई ने अपनी बात जारी रखते हुए परवाना रुदौलवी साहब से अर्ज़ किया कि परवाना भाई! मुनव्वर मियाँ आपकी शख़्सियत और इल्मी लियाक़त से इतना मुतास्सिर (प्रभावित) हैं कि उसके एतराफ़ (स्वीकारोक्ति) के लिए आप पर एक तास्सुराती (भावपूर्ण) मज़मून तहरीर करना चाहते हैं, मेरी आपसे मुवद्दबाना (विनम्रतापूर्ण) दरख़्वास्त

है कि आप मुनव्वर मियाँ को इस सआदतमन्दी (ख़िदमत गुज़ारी) से फ़ैज़याब हो जाने दीजिए। परवाना साहब ने बड़ी मुहब्बत से मेरी तरफ़ देखा फिर अचानक उन्होंने एक अजीबो ग़रीब सवाल कर लिया। उन्होंने मुझसे पूछा कि मियाँ ये बताइए कि मेरे यारेग़ार ज़ुबैर रिज़वी आपको शाहज़ादे कह कर क्यों मुख़ातिब करते हैं। मैंने इंकिसारी (विनम्रता) के साथ कहा कि वाली भाई की निस्बत से ऐसा करते होंगे वर्ना बज़ाहिर तो और कोई सबब मेरी समझ में नहीं आता। परवाना साहब अचानक खड़े हुए और मेरे सर पर शफ़क़तों (स्नेहों) भरा हाथ रखते हुए कहा कि अपने वालिद और उस्ताद के लिए इतनी अक़ीदत (श्रद्धा) रखने वाले पर मौला हमेशा मेहरबान रहते हैं। जाइए मियाँ... ज़िन्दगी भर आप किसी भी शोबे (क्षेत्र) में नाकाम नहीं रहेंगे लेकिन बुज़ुर्गों की जूतियों की ख़ाक का निशान अपनी पेशानी से कभी मिटने मत देना। ख़ुदा हमेशा आपको दुनिया और आख़िरत (परलोक) में सुर्ख़रू (कामयाब) रखेगा।

अन्दाज़ हू-ब-हू तेरी आवाज़े पा का था
बाहर निकल के देखा तो झोंका हवा का था

दिन के चढ़ते सूरज के सफ़र में मेरी आँख खुली तो सब कुछ बदला हुआ था... सारा मंज़र धुआँ-धुआँ-सा था लेकिन मेरी लाइब्रेरी जिसे अपनी बीमारी के बाद मैंने अपनी ख़ानक़ाह (आश्रम) बना लिया है (शायद यह दुनिया की पहली ख़ुदसाख़्ता ख़ानक़ाह है जो फ़क़ीरी हासिल होने से पहले मेरे नसीब में लिख दी गयी है) के दरो दीवार और किताबों से एक शनासा (जानी पहचानी) सी ख़ुशबू आ रही थी। ग़ालिबन वही ख़ुशबू रुदौली शरीफ़ की मिट्टी से और वाली भाई की दुकान से रमज़ान के महीने में ख़ास तौर से आती थी।

हज़रत मीसम तम्मार परवाना रुदौलवी से मेरी मुलाक़ात 80 की दहाई (दशक) के इब्तिदाई बरसों में मकतब-ए-दीनो अदब, अमीनाबाद में हज़रत वाली आसी के ज़रिये हुई थी। उन दिनों रुदौली के शबीना क्लब के मुशायरे की फ़ेहरिस्त भी वाली भाई की दुकान पर तरतीब दी जाती थी। मरहूम शाह ख़लील उस मुशायरे के कर्ता धर्ता हुआ करते थे। मेरे उस्ताद भाई रईस अंसारी उस मुशायरे के खुफ़िया कन्विनर का काम सँभालते थे। फिर यूँ हुआ कि बरसों तक मैं उस मुशायरे का एक अटूट हिस्सा हुआ करता था। उन दिनों शायरों का नज़राना वही हुआ करता था जो आज कल राज मिस्त्रियों की एक दिन की मज़दूरी होती है। मुशायरों में शायर और दाल में असली घी की क़ैद होती थी। नाशायर और मुतशायर इक्का दुक्का ही सदा-ए-ज़ंज़ीर की तरह दिखाई और सुनाई पड़ते थे। सामिईन में अकसर ऐसे हज़रात भी तशरीफ़ फ़रमा हुआ करते थे जिनकी अदबी और इल्मी लियाक़त (शैक्षिक योग्यता) के सामने बहुत से शायर एहसासे कमतरी (Inferiority complex) के शिकार रहते थे। रुदौली तो उन दिनों ग़ज़ल की

कसौटी का दर्जा रखता था। जो ग़ज़ल रुदौली में कामयाब हो जाती थी वो पूरे बर्रे सग़ीर (उपमहाद्वीप) में अदब और एहतराम से सुनी जाती थी। कुर्सियाँ सिर्फ़ ख़वातीन (महिलाओं) के लिए होती थीं जिनके पर्दे और एहतराम का ख़ास ख़याल रखा जाता था। शायरात हिन्दू विधवाओं की तरह तो नहीं होती थीं लेकिन 'मुन्नी बदनाम हो गयी' वाली आईटम गर्ल्स भी नहीं होती थीं। शायर अपनी हैसियत के मुताबिक सफ़ों की ज़ीनत (शोभा) बनते थे। रुदौली का मुशायरा किसी भी बड़े से बड़े मुशायरे से आँखें मिला सकता था। किसी भी शायर का एक ख़राब या बेतरतीब जुमला उसको आसपास के मुशायरों की फ़ेहरिस्त से ग़ायब कर देता था। मुशायरे वाली शब में भेलसर तिराहे से रुदौली क़स्बे तक सामिईन की क़तारें मुख़्तलिफ़ सवारियों की मदद से दौड़ती फिरती थीं। दर्जनों ताँगे तक भेलसर में मौजूद रहते थे। हिन्दुस्तान के तक़रीबन हर बड़े शायर ने रुदौली को अपनी आमद से इज़्ज़त बख़्शी। कोई भी शायर तवायफ़ों की तरह रुदौली के मुशायरे में शिरकत के लिए रेट नहीं तय करता था क्योंकि ये मुशायरा मजाज़ की याद में होता था... नज़्म रुदौलवी के शहर में होता था... मीसम तम्मार परवाना रुदौलवी के दिल में होता था।

सय्यद सालार मसऊद ग़ाज़ी की नाकाम मुहब्बत का इन्तिज़ार करती हुई ज़ोहरा भी यहीं दफ़्न है। ज़ोहरा की आँखों में रौशनी तो आयी मगर नूर छिन गया क्योंकि उस सर ज़मीन की ख़ाक ओढ़े हुए इल्मो अदब के कई आसमान वहाँ सो रहे हैं। शैख़ अहमद अब्दुल हक़ जिस दिन उस क़स्बे की ख़ाक ओढ़ कर सोये, उसी दिन से यह क़स्बा सारी दुनिया में रुदौली शरीफ़ कहलाया जाने लगा। शैख़ मुहम्मद इस्माइल, शैख़ मुहम्मद स्वालेह, शैख़ समाउद्दीन और शैख़ सफ़ीउद्दीन की इल्मी बारिश के बादल उसी सर ज़मीन से उठ कर सारी दुनिया पर बरसे। शैख़ अब्दुल कुद्दूस गंगोही का अटूट रिश्ता भी इसी सर ज़मीन से था। शैख़ सबाह की दरगाह भी वहीं वीराने में आबाद है। कहते हैं, उनकी मज़ार पर पागल और दीवाने आकर होशमन्द हो जाते थे। काश... मजाज़ के अहबाब उन्हें एक बार रुदौली वापस ले आते काश...काश...

उठा के लाते हैं जिसको वो चल के जाता है

बेशुमार मस्जिदों, दरगाहों, इमामबाड़ों, ख़ानक़ाहों, मन्दिरों, सरायों और तालाबों से घिरा हुआ यह क़स्बा कहीं-कहीं पर तो हज़ारों बरस पुराने क़िस्से सुनाता हुआ मिल जाता है। सल्तनते अवध की रवादारी और हिन्दुस्तानी जम्हूरियत की बुनियादें यहाँ दो-चार ईंटें हटाते ही दिखाई देने लगती हैं। फ़ैज़ाबाद और लखनऊ को मंज़िल बनाने के शौक़ में रुदौली उम्र भर राह गुज़र ही बना रहा... उसे शहर में तब्दील होने की कभी फ़ुर्सत ही नहीं मिली।

रुदौली की मर्दुम ख़ेज़ (मर्द जनने वाली) मिट्टी ने हमेशा इल्मो अदब के

तनावर दरख़्तों से दुनिया को आबाद रखा। मुहम्मद यूसुफ 'असर', हसन नवाब 'फ़ौक़', मुर्तजा हुसैन 'मतीर', रज़्म रुदौलवी, असरारुल हक़ 'मजाज़', बाकर मेहदी, मसऊद अख़्तर जमाल, शाह इक़बाल अहमद इक़बाल, ज़ेबा रुदौलवी, जामी, वसीम अंसारी, नज़्म रुदौलवी और बद्री प्रसाद सेवक जैसी बा कमाल अदबी शख़्सियतें इसी सर ज़मीन की देन हैं। चौधरी मुहम्मद अली, शाह मुईन नदवी, आफ़ताब अहमद सिद्दीक़ी, डॉ. ख़ुर्शीद नोमानी, मसऊद हसन रिज़वी, अतीक़ अहमद सिद्दीक़ी, चौधरी सय्यद मुहम्मद अली ज़ैदी ने अदब के मुख़्तलिफ़ मौज़ूआत (विषयों) पर इतना भरपूर काम किया है कि उनके तज़किरों के बग़ैर उर्दू की अदबी और इल्मी तारीख़ मुकम्मल नहीं की जा सकती।

वैसे तो आम तौर पर क़स्बों के नसीब ज़िला हेडक्वार्टर्स से जोड़ दिये जाते हैं लेकिन बाज़ औक़ात ज़िला हेडक्वार्टर्स भी अपने क़स्बों की उँगली थामे हुए घूमते दिखाई देते हैं। अवध की सल्तनत में तो कई दर्जन ऐसे क़स्बे हैं जो अपनी कारगुज़ारी के बल पर दुनिया के नक़्शे में अपने लिए जगह मख़्सूस करा लेते हैं। मायावती सरकार और मरकज़ी हुकूमत की तमाम सियासी और सतही साज़िशों के बावजूद लखनऊ हवाई अड्डा न चौधरी चरण सिंह का क़द बढ़ाता है और न ही भीमराव अम्बेडकर की मूर्तियों से लखनवी तहज़ीब के माथे पर कोई शिकन उभरती है।

रुदौली जिसे क़स्बाती तहज़ीब की राजधानी भी कहा जा सकता है... मुमकिन ही नहीं, यक़ीन है मेरे इस एक जुमले से कई हज़रात की जबीनों (माथों) पर बल पड़ जायेंगे लेकिन अगर ईमानदारी से ग़ौर करके देखिए तो किसी दूसरे क़स्बे के नसीब को इतने तश्नगाने अदब (साहित्य के प्यासे) मयस्सर नहीं हैं। तक़रीबन 10 बरस तक मुसलसल रुदौली की मुख़्तलिफ़ तंज़ीमों के मुशायरों में शरीक़ होने के बाद मैंने दुनिया के कई मुल्कों में मीडिया से बातचीत के दौरान कहा है कि मुझे हिन्दुस्तान में शेर सुनाने का मज़ा या तो हैदराबाद में आता है या रुदौली में। आज भी हमारे क़स्बात हमारी तहज़ीब का आईना हैं। हम इन क़स्बों की मासूमियत और भोलेपन को महसूस करके ही अपने असलाफ़ (पूर्वजों) की ज़िन्दा दिली और सादा मिज़ाजी की क़सम खाते हैं। यूँ भी अगर ग़ौर से देखा जाए तो अन्दाज़ा होता है कि शहर तो सरकारें बसाती और बनाती हैं लेकिल क़स्बे अपनी तहज़ीब, इल्म दोस्ती और अदब परवरी के बल पर ज़िन्दा रहते हैं। क़स्बात हुकूमतों के पास कभी भी कासए गदाई (भिक्षा पात्र) लेकर नहीं जाते। वो क़नाअत (सन्तोष) की दौलत से इतने मालामाल रहते हैं कि उन्हें ओवर ब्रिज और मल्टी स्टोरी इमारतों की क़तई ज़रूरत नहीं पड़ती। वो मिनरल वाटर के रहमो करम पर ज़िन्दा रहना नहीं चाहते हैं। वहाँ आज भी पानी के ऐसे-ऐसे मीठे कुएँ मौजूद हैं जिनमें उतरने के लिए कूज़ागरों का हुनर भी घड़े की सूरत में

रस्सी का हाथ थामे हुए उतर जाता है। जब तक हम कुएँ के पानी से क़रीब थे, हमारी तहज़ीब अमीर खुसरव के चुल्लू की तरह क़ाबिले रश्क हुआ करती थी। क़स्बात के कुएँ दर असल चौपालों और पनघट का काम भी करते थे और इन्हीं कुओं के पानी से हम रिश्तों की फ़स्ल की आबयारी भी करते थे।

परवाना साहब ने अपने बच्चों को पाला नहीं है बल्कि उनकी परवरिश की है यानी उनको अपने साँचे में ढाल दिया। सब्रो क़नाअत के साथ जीने का हुनर सिखाया है, मेहनत और ईमानदारी घुट्टी में पिलायी है। उन्होंने फ़क़ीरी के कासे में बादशाही को एक कोने में सिमटे हुए पड़ा देखा था। उन्होंने फ़क़ीरों के बोरिये पर अकसर बादशाहों को बैठते हुए देखा था। मुतमव्विल (सम्पन्न) घराने से तअल्लुक़ करने के बाद भी वो आले रसूल (हज़रत मुहम्मद के वंशज) होने के नाते सिर्फ़ दो ग़ज ज़मीन की ज़मींदारी के तमन्नाई थे। उन्होंने बड़ी से बड़ी सल्तनतों और बादशाहतों को भी दो ग़ज ज़मीन के दायरे में सिमटे हुए देखा था। मिज़ाज का बाँकपन, लहजे की मड़क और अपनी शर्तों पर ज़िन्दा रहने की ज़िद से उन्होंने कभी समझौता नहीं किया था। एक उर्दू अख़बार के सहाफ़ी (पत्रकार) के पास अपने बच्चों के लिए दुलार का वक़्त बहुत कम होता है। उसकी ज़िन्दगी भी अधूरे कालम जैसी हो कर रह जाती है और यही आधा अधूरा कालम उर्दू के सहाफ़ी का मुक़द्दर है। परवाना साहब इस लिहाज़ से ख़ुशनसीब थे कि उनकी औलादों को अपने वालिद की बेबाकी, ईमानदारी और साफ़गोई पर हमेशा नाज़ रहा है। जब रुदौली की मिट्टी से वह अपने ख़्वाबों को कोई शक्ल नहीं दे सके तो उन्होंने दिल्ली और दूसरे शहरों के सफ़र किये। आज उनके आँगन से जो ख़ुशहाली और इत्मीनान की ख़ुशबू आ रही है, उसका सबब यही है कि उन्होंने अपने बच्चों को लुक़मए तर (स्वादिष्ट कौर) के बजाय रिज़्क़े हलाल के सहारे पाल पोस कर बड़ा किया। उन्हें रुदौली से दिल्ली तक के सफ़र में आराम का बहुत कम मौक़ा मिला। अगर वह अपने लिए आराम तलाश करने के काम में लग जाते तो उनके बच्चे (ख़ुदा न ख़्वास्ता) आज तकलीफ़ और परेशानी में होते लेकिन ऊँची उड़ान के कबूतरों को शहर की फ़सीलें (चहारदीवारी) नज़र नहीं आती हैं वर्ना मुजाहिदीने आज़ादी की तवील फ़ेहरिस्त में से कुछ सामने के नाम मास्टर लतीफ़ुर्रहमान, उवैस क़रनी, पं. बनवारी, कृष्णानन्द खरे, इस्लाम अख़्तर, अंसारुल हक़ हिरवानी और मोलवी अफ़ज़ाल हुसैन के हैं।

क़लम को तलवार बनाने के हुनर से भी यह ख़ुशनसीब क़स्बा ख़ूब वाक़िफ़ था। अंसार हिरवानी, अतीक़ अहमद, परवाना रुदौलवी, शकीलुर्रहमान नोमानी और शाह ख़लील अहमद ने अपने क़लम के जौहर से मैदाने सहाफ़त में नयी तारीख़ें रक़्म की हैं।

सलीक़े से बुज़ुर्गों की निशानी कौन रखता है

ख़ूबसूरत माज़ी (अतीत) की कतरनों को सँभाल कर रखना और वो भी 21वीं सदी में एक पागलपन ही कहलाएगा लेकिन इस पागलपन के बग़ैर ज़िन्दगी की कोई कहानी मुकम्मल भी तो नहीं होती। ये पागलपन मर्दों के हिस्से में आता है तो दस्तावेज़ बन जाता है और अगर औरत को नसीब हो जाये तो उसके गले का ज़ेवर बन जाता है। अमरोहा के दरो दीवार आज भी अपने बचे खुचे तहज़ीबी, इल्मी और अदबी सरमाए को अपनी लखौरियों और खपरैलों में छुपाये हुए हैं। वहाँ कितने ही जीते जागते किरदार अब क़िस्सों और कहानियों का हिस्सा बन चुके हैं लेकिन आज भी अमरोहा की गलियों से गुज़रते हुए लोगों के जिस्म और लिबासे जिस्म से वहाँ के ख़ूबसूरत माज़ी की यादें लिपट-लिपट जाती हैं। तारीख़ में अमरोहा के तज़किरे की कई वजहें हो सकती हैं लेकिन जैसे ही वहाँ अदबी तारीख़ के अवराक़ (पन्ने) उलटे जायेंगे तो उनमें अमीर हैदर, कमाल अमरोहवी और जॉन एलिया के ख़ानवादे (घराने) से मुअत्तर (सुगन्धित) अनगिनत अदबी अवराक़ अपने अह्द की कहानी सुनाते हुए मिल जायेंगे और उन अवराक़ से ये उम्मीद भी की जा सकती है कि वो हर मौसम और हर अह्द में महफ़ूज़ रहेंगे। उन्हें वक़्त की दीमक भी कोई नुक़सान नहीं पहुँचायेगी, क्योंकि क़ुदरत भी अपने बन्दों के बेमिसाल कारनामों को ज़ाया (नष्ट) नहीं होने देती।

हाथों में लगा तितली का रंग तो धुल जाता है लेकिन उसके लम्स (स्पर्श) के एहसास की ख़ुशबू हमेशा सलामत रहती है। अपने बुज़ुर्गों की तहरीरों, तक़रीरों और तज़किरों को मुकद्दस मान कर उनको सारी ज़िन्दगी सीने से लगाये रखना... दुख, सुख, ख़ुशी और ग़म, बारिश और गर्मी की शिद्दत में भी असलाफ़ (पूर्वजों) की तहरीरों और उनकी मेहनत व जफ़ाकशी (कठोर परिश्रम) के क़िस्सों को महफ़ूज़ रखना आसान काम क़तई नहीं है। ख़ानदान को कई सदियों तक फैलाने के लिए लोग औलादे नरीना (पुत्र रत्न) की तमन्ना रखते हैं लेकिन आले रसूल का ख़ानदान हज़रत फ़ातिमा और उनकी औलादों की क़ुर्बानी से चौदह सदियाँ गुज़र जाने के बाद भी तारीख़ के अवराक़ पर गुलाब के फूलों

की तरह महकता हुआ दिखाई देता है। कमाल अमरोहवी कितनी दौलत, कितनी ज़मीन और जायदाद छोड़ कर दुनिया से गये, इसका हिसाब रखने वाले तो घर और बाहर के बहुत से लोग थे लेकिन उनके कुछ महफ़ूज़ खुतूत (ख़तों) में उनकी ज़िन्दगी के ऐसे बहुत से क़िस्से मौजूद हैं जिनमें उनके क़िस्सए दर्द की तफ़सीर (व्याख्या) भी मिल जाती है। उनकी साहबज़ादी रुख़सार अमरोहवी के हिस्से में क्या आया, और क्या नहीं आया ये हिसाब-किताब तो वकील और ख़ानदान के लोग करते होंगे... हम ठहरे अदबी असासों (सम्पत्तियों) के क़द्रदान... इसलिए हम अपने तजरुबे की बिना पर ये कह सकते हैं कि रुख़सार अमरोहवी सिर्फ़ कमाल साहब की साहबज़ादी ही नहीं हैं बल्कि वो कमाल साहब की कारामद और बेमसरफ़ दोनों तरह की चीज़ों को अपनी ज़िन्दगी का सरमाया बनाये हुए हैं।

रुख़सार अमरोहवी की शायरी भी उनकी रौशन और तारीक ज़िन्दगी की खट्टी-मीठी कहानियों से शराबोर है। शायरी न उनका पेशा है, न हुनर बल्कि शायरी तो उनके दुख-सुख के इज़हार का एक वसीला (माध्यम) है। शायद लफ़्ज़ों की तराश-ख़राश के लिए उन्हें डिक्शनरी देखने की ज़रूरत भी नहीं पड़ती होगी क्योंकि जिन बुज़ुर्गों की गोद में वो खेली और पली-बढ़ी है, वो मामूली लोग नहीं थे। वो लोग तो चलती फिरती दर्सगाहें (पाठशालाएँ) थे। अपने लहजे को काटदार और पुरअसर (प्रभावी) बनाने के लिए भी उनको इधर-उधर देखने की ज़रूरत नहीं पड़ी होगी क्योंकि उनके ख़ानवादे ने इल्म से फ़िल्म तक ऐसे-ऐसे जौहर दिखाये हैं कि उर्दू ज़बानों अदब को उनके बुज़ुर्गों की नाज़ बरदारी में मज़ा आता है। साये को जिस्म ओर जिस्म को पैकर (आकृति) बनाने में इस ख़ानवादे ने अपनी उम्र की पूँजी का बेशतर हिस्सा सर्फ़ कर दिया। मुझे सिर्फ़ एक बार कलकत्ता के एक मुशायरे में हज़रत कमाल अमरोहवी को देखने और उन्हें सुनने का शरफ़ हासिल हुआ था। उनकी आँखें समन्दर में मोती तलाश करती नज़र आती थीं। उनकी आवाज़ के ज़ेरो बम (उतार-चढ़ाव) में हिन्दुस्तानी तहज़ीब का माज़ी और मुस्तक़बिल दोनों बोलते हुए दिखाई देते थे। पानी से लबालब कटोरे पर गुलाब के फूल की पत्तियों को हिचकोले खाने के लिए रख देने वाले बुज़ुर्गों से आबाद अमरोहा की सरज़मीन ने अरबाबे अदब को कई ज़िन्दा ताजमहल दिये हैं...ऐसे ताजमहल जिनकी उम्र के तअय्युन (तय करना) के लिए आरक्यालोजिकल सर्वे जैसा शोबा (विभाग) भी नाअह्‌ल साबित हो सकता है।

बज़ाहिर रुख़सार अमरोहवी का शेरी मजमुआ (काव्य संग्रह) जिसमें ग़ज़लें भी हैं और पाबन्द व आज़ाद नज़्में भी...इस मजमुए में उन्होंने पुरानी यादों को कुरेदने वाली कई तहरीरों को भी शामिल कर लिया है। यह एक तजरुबा ही कहलायेगा लेकिन इस किताब में एक सलीक़ेमन्द ख़ातून, बाप से बेपनाह मुहब्बत

करने वाली बेटी, ख़ानदानी रवायतों (परम्पराओं) का सम्मान करने वाली एक औरत भी अपने ख़ानदानी विक़ार (गरिमा) के साथ सर उठाये खड़ी दिखाई देती है। उन्होंने अपनी रवायती (Classical) शायरी को लफ़्ज़ों का दुशाला ओढ़ा रखा है, उसमें तरक़्क़ी पसन्दी और जदीदियत किसी 'इज़्म' के बजाय मोती की तरह जड़ी हुई दिखाई देती हैं। उन्होंने नज़्म और नस्र दोनों में अपनी ज़िन्दगी के किताब के चेहरे से सब्र, शुक्र और तहज़ीब का आँचल सरकने नहीं दिया है। ग़मे दौराँ हो या ग़मे जाना, किसी जगह भी उन्होंने अपने लहजे को मातमी नहीं होने दिया है। दुख के इज़हार का शरीफ़ाना तरीका भी यही है कि आँखों को सारी ज़िन्दगी क़र्बला के प्यासों की तरह तश्नालब (प्यासा) ही रखा जाये। उनके मजमुए को पढ़ते वक़्त बार-बार न जाने क्यों मेरा सर फ़ख्र से ऊँचा होने की कोशिश कर रहा था। शायद इसलिए कि मैं उर्दू का एक साठ साला तालिब इल्म हूँ या फिर इसलिए कि मैं भी मुहब्बत करने वाली कई अदद बेटियों का बाप हूँ लेकिन जज़्बाती कशमकश की अमर बेल में जकड़ जाने के बावजूद मेरे अन्दर का पारखी बिल्कुल आज़ाद और महफ़ूज़ रहता है। यूँ भी काग़ज़ और क़लम की दोस्ती में बद दियानती को जगह देने वालों की तहरीरों से अल्लाह नूर छीन लेता है। बहैसियत एक क़ारी (पाठक) के मैं ये शिकायत होंठों तक लाने के लिए आज़ाद हूँ कि उन्होंने अदब की ख़ानक़ाह में कम वक़्त गुज़ारा। इसका सबब ज़ाहिर है कि उनकी घरेलू और बेतरतीब ज़िन्दगी होगी लेकिन इस अदबी बेतवज्जुही और ताख़ीर से ऐवाने अदब में दाख़िल होने से उर्दू शेरो अदब अभी तक एक अच्छी शायरा से फ़ैज़याब नहीं हो सका। मुझे उम्मीद ही नहीं, पुख़्ता यक़ीन भी है कि उनका यह अदबी असासा 'दर्दे दिल लिखूँ कब तक' क़ारिईन (पाठकों) की तवज्जो का हक़दार भी बनेगा और उन्हें दादो तहसीन से भी नवाज़ा जाएगा।

हम फ़क़ीरों से जो चाहे दुआ ले जाये

फ़क़ीर, क़लन्दर या सूफ़ी-सन्त होने के लिए ज़रूरी नहीं है कि इंसान ख़ानक़ाहों में छुप कर बैठे, इबादत और पूजा के लिए वीराना तलाश करे और पहाड़ की चोटियों पर बैठ कर धूनी रमाये। सच्ची इबादत और इंसानियत यही है कि आदमी अपनी मसरूफ़ ज़िन्दगी से, अपनी महदूद (सीमित) या ला महदूद (असीमित) आमदनी से पैसा और वक़्त निकाल कर दूसरों की मदद करे, लोगों के काम आये, कला और साहित्य की ख़िदमत करे और अपने अन्दर छुपे हुए फ़नकार को दुनिया का सामना करने के लिए आमादा करे।

मुम्बई... जिसके बारे में आम तौर पर कहा जाता है कि यह भागता हुआ शहर है, यहाँ रिश्तों का क़त्ल होता रह जाता है और आदमी अपनी मसरूफ़ियत (व्यस्तता) का बहाना बना कर या अपनी तिजोरियाँ भरता रहता है या तरक़्क़ी की मंज़िलों तक पहुँचने के लिए ज़िन्दा लाशों जैसे लोगों पर पैर रखकर आगे बढ़ जाता है। लेकिन मेरे ख़याल में इसी मुम्बई में हेमन्त तॉत्या जैसे लोग अभी ज़िन्दा हैं जो इंसानियत और साहित्य की जोत जगाये जुगनुओं की तरह पास-पड़ोस की परेशानियों, दुखों और मुसीबत में उलझे हुए लोगों की मदद करने को हर वक़्त तैयार रहते हैं।

शायद हिन्दुस्तान को सोने की चिड़िया इसीलिए कहा जाता है कि ऐसे लोग सूफ़ियों और सन्तों की इस पवित्र सरज़मीन पर हर ज़माने में मौजूद रहते हैं जो दूसरों के ख़्वाबों को सुनहरी हक़ीक़त का रंगो रूप देने के लिए हर वक़्त तैयार रहते हैं। हेमन्त तॉत्या से मिलने के बाद होंठ फ़ौरन इन शब्दों को चूमने लगते हैं कि... 'हिन्दुस्तान ज़िन्दाबाद' या 'सारे जहाँ से अच्छा हिन्दोस्ताँ हमारा'।

पेशे से कस्टम के डिप्टी कमिश्नर लेकिन मिज़ाज, गुफ़्तगू और रख रखाव से सरापा क़लन्दर हेमन्त तॉत्या भी ऐसी ही एक शख़्सियत का नाम है। शायरी और कविता उनका ओढ़ना-बिछौना, संगीत उनका जीवन, बड़े लोगों की जीवनी को संजीवनी साबित करना उनका लक्ष्य है। कृष्ण की तरह होते हुए भी सुदामा की तरह अपने दोस्तों से पेश आना उनके संस्कारों की पूँजी है। उनकी इसी अदा की वजह से वो जहाँ होते हैं लोग उस जगह को शिखर मान लेते हैं। मुम्बई

की ख़ुश्क मिज़ाजी ने भी उनके चेहरे और किरदार (चरित्र) की मासूमियत को बरक़रार रखा है। हेमन्त तॉत्या हमेशा उस बच्चे की तरह नज़र आते हैं जिसके हाथों में खिलौने के बजाय मीर, कबीर, तुलसी और ग़ालिब की अमानतें होती हैं, और यह दुनिया का पुराना दस्तूर है कि अमानतें उन्हीं हाथों में सौंपी जाती हैं जो उनकी हिफ़ाज़त करने की तौफ़ीक़ (सामर्थ्य) रखते हैं। हेमन्त तॉत्या की शख़्सियत भी उन्हीं क़लन्दरों जैसी है, जो दूसरों पर एहसान करके भी अपनी निगाहें नीची किये रहते हैं।

संगीत का शौक़ आदमी को ज़िन्दगी से प्यार करना सिखा देता है। संगीत वह शब्दकोष है जिसमें चिड़ियों की चहकार और जंगली फूलों की मदमाती ख़ुशबू के मतलब लिखे होते हैं और उन शब्दों को समझने के लिए गिटार के धारदार तारों से ज़िन्दगी भर उलझना पड़ता है। गिटार के तारों से उलझ कर ज़ख़्मी होने वाली उँगलियों को चूमना पड़ता है। हेमन्त तॉत्या भी अपने लड़कपन के ज़माने से ही गिटार के उन्हीं तारों को अपना क़ीमती ख़ून पिलाते रहे हैं। संगीत के लिए अपने लहू का बलिदान देना मुश्किल है लेकिन गायकी की एक तान से होकर तानसेन बनने तक हमेशा संगीत के फ़न को अपना लहू पिलाना पड़ता है। दीपक राग पहले पहल गाने वाले ने अपने फेफड़ों के ख़ून से पहले अपने अन्दर आग जलायी थी, तब मौसीक़ी (संगीत) की दुनिया में दीपक राग से रोशनी हुई थी।

हालाँकि मुम्बई एक शहर नहीं... एक अलग दुनिया है जहाँ बसने वालों को अपने दुख-दर्द पर भी आँसू बहाने का मौक़ा नसीब नहीं होता है। यहाँ हर शख़्स परछाइयों की तरह दौड़ता और भागता दिखाई देता है। मुम्बई की आँखों से नींद का बहुत दूर का रिश्ता है और दूर के रिश्तेदार कभी-कभी मिलने आते हैं, तभी तो यहाँ के लोग ख़्वाबों के क़ीमती दोशालों से महरूम (वंचित) हैं। यहाँ गुड़िया-गुड्डों के ब्याह का चलन नहीं है। यह शहर हर आने वाले की आँखों से उसके गाँव और देहात का ग़िलाफ़ उतार लेता है। यहाँ आने वाले हर शख़्स के मुलायम और मीठे लहजे को समन्दर का खारापन खा जाता है। यहाँ अगर मन्दिर, मस्जिद, ख़ानक़ाहें, आश्रम और हाजी अली की दरगाह न होती तो मल्टीस्टोरी इमारतों, चमचमाती सड़कों और फ़्लाई ओवर के बिछे हुए जालों के बावजूद यह शहर एक ऐसा जंगल कहलाता जहाँ सिर्फ़ इंसान आबाद हैं। मुझे यह लिखते हुए फ़ख़्र महसूस हो रहा है कि हेमन्त तॉत्या भी इस शहर में एक ऐसे घने पेड़ की हैसियत रखते हैं जिसके नीचे बैठ कर कुछ देर आराम किया जा सकता है।

लोग ढूँढेंगे हमें भी हाँ मगर सदियों के बाद।
खँडहरों से जब कभी पत्थर निकाले जायेंगे ॥

ऐ मेरे वतन...मेरी मिट्टी!

बहुत से शहर भी दरख़्तों की तरह होते हैं जो अपनी शोहरत का सबब शाख़ों की तरह फैली हुई तहसीलों और क़स्बों में तक़सीम कर देते हैं। अवध की राजधानी लखनऊ से सिर्फ़ 48 मील के फ़ासले पर आबाद शहर रायबरेली की कहानी कुछ ऐसी ही है। ऐसी दास्तानों में दो दास्तानें पोशीदा (छुपी) होती हैं। अव्वल तो यह कि तहसीलें और क़स्बे शहर बसने से पहले वजूद (अस्तित्व) में आ चुके होते हैं, दूसरा सबब शहर की फ़राख़दिली से जुड़ा हुआ होता है। रायबरेली की कहानी भी कमोबेश ऐसे ही क़स्बों की डोर से बुनी हुई है। तारीख़ तो यही बताती है कि यह इलाक़ा राजा भर और राजा डल नाम के दो भाइयों की मिल्कियत था। फिर कुछ दिनों तक यानी अंग्रेज़ी हुकूमत से पहले रायबरेली का बहुत-सा इलाक़ा बैसवाड़ा के नाम से सरकारी गज़ट में दर्ज रहा। उन्नाव, रायबरेली और फ़तेहपुर के सरहदी हिस्सों ने अपनी शिनाख़्त (पहचान) को बैसवाड़ा का नाम दे दिया था। यह सारा इलाक़ा ठाकुरों की रियासतों और ज़मींदारों का नसीब था और आज भी यह कहानी तक़रीबन उसी जगह ठहरी हुई है। रायबरेली शहर और तहसीलों में मुसलमानों की आबादी भी अच्छी ख़ासी है, तक़रीबन 22 फ़ीसदी आबादी मर्दुम शुमारी के मुताबिक़ है लेकिन हिन्दुस्तान की मर्दुम शुमारी आज़ादी के बाद से बिल्कुल क़ाबिले एतबार नहीं हैं। जब सरकारी अफ़सरों को अपनी ही नाजाएज़ आमदनी और औलाद का सही हिसाब मालूम नहीं होता तो फिर उनके ज़रिये की गयी मर्दुम शुमारी पर कैसे भरोसा किया जा सकता है। बहर हाल, रायबरेली ज़िले की तक़दीर में कोई मुस्लिम रियासत तो कभी नहीं थी लेकिन ज़मींदारों की तादाद अच्छी ख़ासी थी। सलोन, नसीराबाद, जायस, मुस्तफ़ाबाद और डलमऊ के इलाक़ों में बहुत से मुस्लिम ज़मींदार हुआ करते थे। पाकिस्तान की तामीर ने उत्तर प्रदेश के दूसरे शहरों की तरह इस शहर के क़स्बों और तहसीलों से भी मुसलमानों के इक़्तिदार (सत्ता), तमकनत (अभिमान) और रवादारी को निगल लिया। रायबरेली की तारीख़ तो यही बताती है कि राही नाम का एक तहसीलनुमा क़स्बा हुआ करता था जिसके कुछ निशान यादों के साथ अभी तक

जुड़े हुए हैं। इस इलाक़े के जिस हिस्से पर राजा भर की हुकूमत थी उसे भरौली कहा जाता था और जिस हिस्से पर उसके भाई राजा डल का कब्ज़ा था उसे डलमऊ कहा जाता था। शहरों और तहसीलों के नाम की तब्दीली के ज़माने में भी डलमऊ के साथ हुकूमत ने कभी कोई छेड़-छाड़ नहीं की। चूँकि राजा भर की रियासत तक पहुँचने के लिए राही के इलाक़े से गुज़रना पड़ता था लिहाज़ा रायबरेली का असली नाम राही भरौली हुआ करता था जो कि बनते-बनते या बिगड़ते-बिगड़ते रायबरेली हो गया। रायबरेली से सिर्फ़ 30 कि.मी. के फ़ासले पर राजा डल वाली रियासत डलमऊ अब ज़िले की एक तहसील में बदल चुकी है। तारीख़ यह बताने से क़ासिर (विवश) है कि राजा डल की रियासत बड़ी थी या अंग्रेज़ों की तराश ख़राश करके बनायी गयी यह तहसील डलमऊ। राजा डल की रियासत इस लिहाज से ख़ुशनसीब है कि पवित्र गंगा डलमऊ के अपने किनारे वाले हिस्सों का मुँह धुलाती हुई गुज़रती है। बरसात के दिनों में तो कभी-कभी गंगा जी अपना सिर उठा कर डलमऊ के दरो-दीवार और उसके रास्तों को भी देख लेती हैं। कहा जाता है कि गंगा अपने पास बसने वालों का जिस्म जो जिस्म याददाश्त भी मैला नहीं होने देती। यह कहावत चाहे जिस तनाज़ुर (परिप्रेक्ष्य) में कही गयी हो लेकिन राजा डल की रियासत के सिलसिले में इस कहावत के ज़ेरो ज़बर में भी फ़र्क़ नहीं आया है।

कहा जाता है कि रियासत डलमऊ के राजा डल की फ़ौज पर इब्राहीम शर्क़ी की फ़ौज ने ऐन होली के दिन हमला किया। होली के रंग के जश्न में डूबी हुई रियासत पर किया गया यह अचानक हमला डलमऊ के माथे पर शिकस्त (पराजय) की एक ऐसी तारीख़ लिख गया जिसे सदियों की धूल भी मिटा नहीं सकी। इस जंग का सबसे बड़ा नुक़सान यह हुआ कि राजा डल को इब्राहीम शर्क़ी की फ़ौज ने उसके महल में घेर कर ऐन होली के दिन बेदर्दी के साथ क़त्ल कर दिया था। सात-आठ सौ बरस की तारीख़ ने न जाने कितने नुक़ूश (चिह्न) मिटा डाले, न जाने कितने ही ज़ख़्म भर डाले, न जाने कितनी हुकूमतों का वजूद मिटा दिया, कितने दरियाओं ने अपने रास्ते बदल दिये लेकिन अपने राजा से बेपनाह मुहब्बत करने वाले डलमऊ की रियासत के लोगों ने होली के दिन के इस ज़ख़्म को अपनी पेशानी पर ऐसे सजा लिया कि मरते वक़्त वहाँ के लोग अपने इस ज़ख़्म को अपनी औलाद की आँखों में चिपका कर चले जाते हैं। सैकड़ों बरस गुज़र जाने के बाद भी आज तक डलमऊ के लोग होली के दिन अपने राजा की मौत का ग़म शिद्दत के साथ मनाते हैं। होली के दिन आज भी पूरा शहर एक बेक़ुसूर क़त्लगाह मालूम होता है। डलमऊ वाले इस दिलदोज़ सानिहा (हृदय

विदारक घटना) के बाद से आज तक होली का त्योहार होली के गुज़र जाने के सात दिनों बाद रस्मी तौर पर मनाते हैं। बज़ाहिर यह एक मामूली वाक़या है लेकिन शायद इस ज़िले की मिट्टी में इंकार, ज़िद, अना (Ego) और ख़ुददारी का ख़मीर बहुत ज़्यादा है—

पराये ग़म में अपने आप को बर्बाद कर लेना
ये ज़ज्बा अच्छे-अच्छे ख़ानदानों में नहीं मिलता ॥

इस शहर की उड़ती हुई ख़ाक क़लन्दरी की चादर है जिसे सारे शहर ने ओढ़ रखा है। यह शहर ख़ुदनुमाई (आत्म प्रदर्शन) और शोहरत की चाह जैसी बीमारियों से अभी तक महफ़ूज़ है। यह शहर अपने घरों के दरवाज़े पर तख़्ती लगाने से अभी तक परहेज़ करता है। इस शहर में जवान और बूढ़े सभी सर झुका कर चलने के आदी हैं। इस शहर के दबंगों और अवामी ज़बान में माफ़ियाओं को भी ऊपर वाले की ज़मीन पर अकड़ कर चलने की आदत नहीं है। यहाँ बेशतर लोग हर ज़माने से दौलत सिर्फ़ ज़रूरत भर कमाने के आदी हैं। इस शहर में आज भी न बड़ी-बड़ी इमारतें हैं और न बड़े-बड़े मन्दिर और मस्जिदें। यहाँ के लोगों को यह बात अच्छी तरह मालूम है कि ख़ुदा को उसके ग़रीब बन्दे ज़्यादा प्यारे होते हैं और वह उन्हीं के छोटे-छोटे घरों, मन्दिरों और मस्जिदों में फ़ुर्सत के वक़्त आ कर क़याम करता है। इस शहर को मज़हबी सियासत से कभी कोई दिलचस्पी नहीं रही है। हज़ारों बरस पुराने इस शहर ने नफ़रतों वाली सियासत को शहर में दाख़िल नहीं होने दिया है। सच्ची इबादत और पवित्र पूजा यहाँ के लोगों की घुट्टी में है। आज़ादी की जंग ख़त्म होने के बावजूद आज तक इस शहर के मिज़ाज में एक ज़िन्दा छटपटाहट है। आज़ादी के लिए बेइन्तिहा रक्तदान करने वाले इस शहर ने कभी हुकूमत से इसका सिला तक नहीं माँगा। इस शहर ने जब सियासत के गेसू (केश) सँवारना शुरू किये तो फ़िरोज़ गाँधी और इन्दिरा गाँधी के ख़ानदान को अपना सियासी रहनुमा मान लिया। जब इल्म और अदब की तरफ़ रुख़ किया तो मलिक मुहम्मद जायसी, आचार्य महावीर प्रसाद द्विवेदी, मुल्ला दाऊद और शिव मंगल सिंह 'सुमन' जैसे ख़ूबसूरत नामों को चादरे अदब के किनारों पर टाँक दिया। मौसीक़ी (संगीत) की तरफ़ निगाह उठायी तो नौशाद के उस्ताद मास्टर मुरव्वत हुसैन की उँगलियाँ हारमोनियम और सितार से छेड़ख़ानी करने लगीं। मज़हब को एतबार बख़्शने पर आया तो कलीद बरदारे काबा मौलाना सैय्यद अबुल हसन नदवी (अली मियाँ) को सऊदी अरब के फ़रमाँ रवा (शासक) शाह फ़हद से ख़ानए काबा की चाबी लेने के लिए रवाना कर दिया। ऐसे सैकड़ों ज़िन्दा तारीख़ी सफ़हों से मालामाल होने के बावजूद यह

शहर शेरशाह सूरी के दरबार में मलिक मुहम्मद जायसी के उस इंकार से पहचाना जाता है, जब एक ग़रीब कवि ने बादशाहे वक़्त के बख़्शे हुए ईनाम को क़ुबूल करने से इंकार कर दिया था। आज तक इस शहर की ख़ाक अपने हर शहरी के चेहरे पर उसी इंकार की ख़ाक मल देती है, रायबरेली ज़िन्दाबाद...

कुछ तो तेरे मौसम ही मुझे रास न आये
और कुछ मेरी मिट्टी में बग़ावत भी बहुत है ॥

पुरानी यादों के मंज़र सुहाने लगते हैं

रायबरेली में उम्र का हमने बहुत कम हिस्सा गुज़ारा लेकिन रायबरेली हमेशा दिलो जान पर पहले इश्क़ की तरह छाया रहा। अच्छे दिन आ जायें तो बुरे दिन भी याद आते हैं...जो अच्छा लगता है। रायबरेली से जुड़ी यादों की भी मुख़्तसर कहानी यही है। घर की कच्ची-पक्की दीवारें, उन्हीं दीवारों पर कई छप्पर, उन छप्परों पर सब्ज़ियों की बेलें। फूलों की बेलें तो अमीर और ख़ुशहाल घरानों में होती हैं क्योंकि इनसे सब्ज़ी नहीं बनायी जा सकती। लिहाज़ा मेरे घर में भी मुख़्तलिफ़ सब्ज़ियों की बेतरतीब बेलें, जैसे किसी अफ़्रीक़ी औरत की उल्झी हुई ज़ुल्फ़ें, उसी छप्पर में कई चिड़ियों के घोंसले, घोंसले में रखे चिड़ियों के अण्डों की ताक़ में निडर क़िस्म के कौए और छिपकलियाँ, कच्चा-सा आँगन, आँगन में एक अमरूद का पेड़, घर के कोने वाले हिस्से में एक बेरी का पेड़ लेकिन पत्थर कभी नहीं आते थे। इसकी वजह शायद यही रही होगी कि अब्बू का सारे इलाक़े में दबदबा था। तमाम इलाक़े के अच्छे ख़ासे फ़ैसले अब्बू की अदालत में तय पाते थे। चूँकि अब्बू उन दिनों हिन्दुस्तान ट्रांसपोर्ट वालों का ट्रक कानपुर से सुल्तानपुर तक ले कर चलते थे लिहाज़ा उनको वक़्त भी मिल जाता था और आये दिन घर पर मुक़दमें तय होते थे। वह ज़माना आपस में बैठ कर मामलात तय कर लेने का था। हमारे इलाक़े के बेशतर लोग ऐसे थे जिन्होंने पुलिस चौकी या कोतवाली देखी ही नहीं थी। पुलिस के पास जाने वाले को लोग या तो मुख़बिर समझते थे या बदमाश। हिन्दू मुस्लिम वाला कोई गोरखधन्धा नहीं था। मस्जिद और मन्दिर की इमारतें मामूली होती थीं लेकिन ईमान और संस्कारों से लबरेज़ हुआ करती थी। मस्जिद की इमामत कभी अरबाबे इक़्तिदार (सत्ताधीशों) के दरवाज़ों पर उठ कर नहीं जाती थीं बल्कि ब वक़्ते ज़रूरत अरबाबे इक़्तिदार ख़ुद मन्दिर और मस्जिद की जूतियों में बैठे हुए दिखाई देते थे। यह रुतबा तो मौलाना अली मियाँ की ख़ानक़ाह का भी था जो तकिया कहलाती है। इन्दिरा गाँधी मर कर चली गयीं लेकिन मौलाना ने उन्हें कभी अपनी ख़ानक़ाह में दाख़िले की इजाज़त नहीं दी। कमोबेश यही हाल मन्दिरों, गिरजाघरों और दूसरी ख़ानक़ाहों

का था। ईमानदारी अंग्रेज़ों की तरह पॉलिसी के तौर पर नहीं अपनायी जाती थी बल्कि जीवन घुट्टी में घोल कर पिला दी जाती थी। उन दिनों न तो मुसलमान आतंकवादी होते थे और न हिन्दू फ़सादी होते थे। अपनाइयत का यह आलम था कि लोग अपने बल्कि दूसरे इलाक़ों के बच्चों तक को ही नहीं बल्कि गाय-भैंस तक को पहचानते थे। बड़े-बूढ़े बड़ी शान से कहते थे कि अगर सजदे में जाने के बाद भी पेशानी थोड़ी बहुत ख़ाक आलूद न हो तो आदमी नमाज़ी मालूम ही नहीं होता। कच्ची मिट्टी से बनी इबादतगाहों में कभी-कभी ख़ुदा ख़ुद आ जाता था। इन संगेमरमर से बनी हुई जाएज़ और नाजाएज़ इबादतगाहों में ख़ुदा तो दूर की बात है, मुमकिन है फ़रिश्ते भी न आते हों। कुर्बतों का यह आलम था कि पास-पड़ोस की हाँडियों की एक दूसरे को ख़बर रहती थी। बेतकल्लुफ़ी उस मक़ाम पर थी कि एक दूसरे के घरों से खाना मँगवा लेने में फ़ख़्र महसूस किया जाता था। मस्जिद के इमाम साहब का खाना मुख़्तलिफ़ घरों से जाता था। इमाम साहब की हैसियत शहर कोतवाल से ज़्यादा होती थी क्योंकि उसमें एहतराम का दर्जा भी शामिल होता था। बाक़ायदा मुअज़्ज़िन (अज़ान देने वाला) कम ही मस्जिदों में होते थे, मुस्तक़िल नमाज़ियों में कोई भी अज़ान दे सकता था बल्कि हम कम उम्र लड़कों को भी कभी-कभार यह सआदत (गौरव) बतौरे ईनाम बख़्श दी जाती थी, जिसका एक ख़ास फ़ायदा तो यह होता था कि कमसिनी में ही हम लड़कों में ईमानदारी, शराफ़त और ख़िदमत का जज़्बा घर बना लेता था। घरों में नौकर नहीं होते थे बल्कि सारा मुहल्ला एक दूसरे का हर काम बे झिझक कर देता था। हम जैसे लड़के तो काम ढूँढते फिरते थे क्योंकि इस काम के एवज़ हम लोग बेधड़क सब घरों में घुसकर पतंग और डोर लूट सकते थे। छत पर बैठे कबूतर भी हम लोग पकड़ लाते थे बल्कि अकसर घरों की बड़ी लड़कियाँ जिनको हम आपा, बाजी या दीदी कहते थे, वह लोग कट के आयी हुई पतंगों को छुपा कर हम लोगों के लिए रख लेती थीं। यूँ भी छोटे शहरों में घूमने की जगहें बहुत कम होती हैं, फिर छोटी उम्र में तो हर तरफ़ इतने पहरे लगे होते हैं कि मोहल्ले से बाहर निकलते ही जो भी बड़ा-बूढ़ा मिल जाता था ठोंक-पीट कर वापस भेज देता था। गुलेल बाज़ी के चक्कर में अकसर हम लोग दूर निकल जाते थे लेकिन वह आबादी के बाहर का इलाक़ा होता था। बचपन में गुलेलबाज़ी का हमें भी बड़ा शौक़ था। हम दोस्तों का निशाना पुलिस वालों की बन्दूकों से ज़्यादा कारगर होता था। हम दो-तीन लड़के गुलेल के ज़रिये दर्जनों फ़ाख़्ताएँ, मैनाएँ और हरियल शिकार करके ले आते थे। यह और बात है कि घर में चिड़ियाँ और पिटाई दोनों से ख़ातिर होती थी। अपने मोहल्ले से बाहर निकलने की इतनी सख़्त पाबन्दी होती थी कि मैंने बारह बरस की उम्र तक

रेलवे स्टेशन ही नहीं देखा था। रेल गाड़ी तो ख़ैर गाहे माहे छत से दिखाई पड़ जाती थी। हालाँकि छोटे शहरों में स्टेशन भी मुम्बई की चौपाटी और कराची के क्लिफ़्टन के बराबर का दर्जा रखता है। छोटे शहरों में एक-से चेहरे देखते-देखते लोग इतने आजिज़ आ जाते हैं कि दिन में एक आध चक्कर स्टेशन का लगा लेते हैं। यह बात भी मैं बड़े तजरुबे के बाद लिख रहा हूँ कि स्टेशन, प्लेट फ़ार्म और रेलगाड़ी के मुक़ाबले में हवाई जहाज़ एक जिन्नाती सफ़र से ज़्यादा की हक़ीक़त नहीं रखता। फिर एक और ख़ास बात मैं अपने तजरुबे की रौशनी में अर्ज़ करना चाहता हूँ कि अगर एक नज़र में मुकम्मल हिन्दुस्तान देखना चाहते हैं तो किसी रेलगाड़ी को देख सकते हैं। एक ही ट्रेन में जहाँ हिन्दुस्तान की वह अमीरी सफ़र कर रही होती है जिनके जूतों में बूट पालिश करने वाला बच्चा अपना मुँह देख लेता है तो उसी ट्रेन में हिन्दुस्तान की हज़ारों बरस पुरानी वह ग़रीबी भी देखने को मिल जाती है जिसके पैरों में चप्पलों के बजाय फटी हुई एड़ियों के वह डिजाइन देखने को मिल जाते हैं, जो बुन्देलखण्ड की ज़मीनों पर क़हत (अकाल) के ज़माने में दिखाई पड़ते हैं। हालाँकि एयर कंडीशण्ड डिब्बे में बैठे हुए लोगों को धूप बड़ी रंगीन और पुरकशिश (आकर्षक) दिखाई देती है लेकिन जनरल डिब्बों में भरे हुए जानवरनुमा इंसानों को देख कर इस मुल्क के खोखले क़ानून से नफ़रत हो जाती है और बग़ावत करने का जी चाहता है क्योंकि हिन्दुस्तान में एक तंज़ीम (संस्था) जिसका नाम Special Prevention Cruelty of Animal (SPCA) है, जिसके क़ानून के तहत एक बड़े ट्रक पर यानी 20 x 6 के रक़बे में सिर्फ़ साठ बकरियाँ ले जाने की इजाज़त है। ऐसा न करने वाले पकड़े जाते हैं या रिश्वतों के सहारे पर गुज़र बसर कर रहे होते हैं। लेकिन इतने ही रक़बे में ट्रेन में दो सौ से ज़्यादा लोग सफ़र करते हैं और हमारी हुकूमतें प्राइवेट जहाज़ों से सैलाबज़दा इलाक़ों का दौरा कर रही होती हैं। एक पुरानी कहावत है कि इस मुल्क का सबसे बड़ा ज़मींदार महकमा रेलवे है। इसीलिए यह महकमा आज तक अपने मुसाफ़िरों से वही सुलूक करता है जो ज़मींदार अपने गुलामों के साथ करते थे। ये भी कहा जाता है कि अगर अंग्रेज़ी हुकूमत हिन्दुस्तान में सौ-दो सौ बरस और रह जाती तो रेल की पटरियाँ फ़ौलाद के बजाय सोने की हो जातीं। इन दोनों ही कहावतों से यह बात वाज़ेह (स्पष्ट) हो जाती है कि इस मुल्क की तक़दीर में न सोना है और न लोहा क्योंकि रेल की पटरियाँ और पहिये आज भी दूसरे मुल्कों से आते हैं। हमारे मुल्क का लोहा सिर्फ़ नक़ली कट्टा बनाने के ही काम आ सकता है। लेकिन यह भी हक़ीक़त है कि मुल्क के दूसरे सरकारी शोबों (विभाग) के मुक़ाबले में रेलवे में अभी तक मेहनत और ईमानदारी के शेयर ज़्यादा हैं वर्ना हालात तो यहाँ तक ख़राब हो चुके हैं कि

ठेकेदार अल्युमिनियम की पटरियों से रेल गुज़ार देते।

आम क़स्बाती लड़कों की तरह मुझे भी कबूतरबाज़ी, बटेरबाज़ी और पतंग बाज़ी का बेइन्तिहा शौक़ था। अव्वल तो यह अवध के रईसों के पुश्तैनी (पैतृक) शौक़ थे, दूसरी और असली वजह शायद यही रही हो कि इन तीनों तरह के शौक़ों को पूरा करने के लिए बहुत कम पैसों की ज़रूरत पड़ती थी। ज़्यादातर तो माँग जाँच कर काम चल जाता था। पतंग डोर तो लूट कर भी हासिल हो जाती थी बल्कि कुछ पतंगबाज़ तो इतने शरीफ़ थे कि पतंग कटने के बाद वह डोर खींचने के बजाय लुटने के लिए छोड़ देते थे। इस तरह के लोगों में एक चुन्ने लाला थे। कायस्थ थे... उनके वालिद वकील थे... बाद में वह भी वकील हो गये। वह अपनी छत पर खड़े हँसते रहते थे और हम आठ-दस बरस के तमाम लड़के डोर लूटने में मशगूल रहते थे। ऐसे ही एक सलीम भाई थे, मस्जिद दरवाज़े रहते थे। उन लोगों का तम्बाकू का ख़ासा बड़ा काम था। कमाल भाई भी हुआ करते थे लेकिन वह बहुत कंजूस थे। उनकी डोर कोई इस डर से नहीं लूटता था कि बाद में कहीं मिल जाने पर वह उसकी पिटाई कर देते थे। मोहल्ले के पास क़िला बाज़ार में आग़ाई मियाँ की दुकान थी। वहीं से हम लोग आम तौर पर पतंग डोर ख़रीदते थे लेकिन कभी-कभार अगर ज़्यादा पैसे हाथ में होते थे तो हम शुबराती पतंग साज़ की दुकान से पतंग, डोर और चर्ख़ी ख़रीदते थे। वह शहर के सबसे बड़े पतंग साज़ थे। मुट्ठी में ज़्यादा पैसे उसी वक़्त आते थे जब घर में कोई मेहमान आता था या मोहल्ले में किसी के यहाँ बच्चा पैदा होता था। बचपन में ही मुझे क़ुरआने करीम की बहुत-सी आयतें दादा (सय्यद सादिक़ अली) और चचा (मुशर्रफ़ अली) ने अज़बर (याद) करा दी थीं और छः बरस की उम्र में ही मैंने क़ुरआन ख़त्म कर लिया था। इसलिए नौ मौलूद (नवजात) बच्चे के कान में अज़ान देने के लिए मुझे ख़ास तौर से बुलाया जाता था और वहाँ से चलते वक़्त घर वाले मिठाई और कुछ पैसे भी मेरे हाथ पर रख देते थे। आमदनी का सबसे आसान ज़रिया हम लोगों ने मुर्गी के अण्डे चुरा कर उन्हें बेचने का बना रखा था। हालाँकि अकसर पकड़े भी जाते थे और पीटे भी जाते थे लेकिन शौक़ या नशा अगर इन्तिहा पर हो तो चोट कहाँ लगती है। बचपन के दोस्तों में मो. अय्यूब (खुल्लन), जुनेद, क़मर अली (मेरे फुफ़ी ज़ाद भाई) और फ़ारूक़ भाई मरहूम थे। यूँ तो बचपन में सभी दोस्त होते हैं लेकिन इन लोगों से बहुत कुर्बत (आत्मीयता) थी। यह लोग मेरे घर में आ जा सकते थे और हम भी इनके घरों में आते-जाते और भूख लगे तो खाना भी खाते थे। दिलचस्प बात यह थी कि हमारे तमाम शौक़ मौसम के एतबार से होते थे। मसलन बरसात शुरू होते ही पतंगबाज़ी का शौक़ बारिश के पानी में भीग कर ख़त्म हो जाता था लेकिन

ऐन बारिश के शुरू होते ही बटेरबाज़ी का शौक़ पर पुर्ज़े निकालने लगता था। यही वह मौसम होता था जब बटेरें पहाड़ों से उड़ कर आबादी के आसपास के जंगल झाड़ियों में पनाह लेती थीं। शहर के बहुत से शिकारी जाल की मदद से बटेरों का शिकार करने निकल पड़ते थे। यह बड़ा मेहनत तलब शिकार होता है क्योंकि रात में जाल बिछा दिया जाता था और वहीं जंगल झाड़ी में या सई नदी के किनारे बालू पर लेट कर रात गुज़ारनी पड़ती थी। इस शिकार में मेहनत के अलावा जान का भी ख़तरा रहता था क्योंकि बरसात की वजह से ख़तरनाक सापों से भी सामना हो जाता था। मेरे मोहल्ले में मेरे वालिद के दोस्त और हमदर्द यूनुस ख़ाँ दफ़्तरी रहते थे। वह कई फ़न में यकता (निपुण) थे। उन्हें आम तौर पर तमाम शहर उस्ताद कह कर पुकारता था। मेरे वालिद जो बेहतरीन लाठी के फ़न से वाक़िफ़ थे और उसका मुज़ाहिरा (प्रदर्शन) भी एक बार घण्टा घर के पास सात-आठ लठबन्दों के मुक़ाबले में कर चुके थे, उनको भी लाठी का फ़न उस्ताद यूनुस ख़ाँ ने ही सिखाया था। कबूतरबाज़ी और बटेरबाज़ी उनके पुश्तैनी शौक़ थे। हम लोग उनको बड़े अब्बा कहते थे। मछली का जाल वह ख़ुद बुनते थे। बटेर का पिंजड़ा भी ख़ुद बहुत अच्छा तैयार करते थे। टूटी हुई हड्डी भी बिठा लेते थे और कुश्ती के दाँव-पेंच भी हम लोगों को बचपन में वही सिखाते थे। शायद ऐसे ही लोगों के लिए हर फ़न मौला का लफ़्ज़ बनाया गया है। मेरी बारात जाने से तीन-चार दिन पहले वहीं मोहल्ले में फुटबाल खेलते हुए मेरे पाँव में ज़बरदस्त मोच आ गयी। मुझे फ़ौरन बड़े अब्बा उस्ताद के पास यह कहला कर भेजा गया कि अगर दूल्हा लँगड़ाता हुआ दुल्हन ब्याहने जायेगा तो बड़ी बे इज़्ज़ती होगी। बड़े अब्बा ने पता नहीं कौन-कौन-सी चिड़ियों का तेल निकाल कर मोच वाले पैर पर इतना मला कि तीन दिनों में पाँव पहले से भी ज़्यादा ठीक हो गया। हमारी बच्चा पार्टी बड़े अब्बा की बटेर शिकार की टीम में रहती थी और रात भर बटेरों को हुश्काने और हाँकने का काम करती थी। नतीजे के तौर पर सुबह लौटते वक़्त हम लोगों को भी कम अज कम दो-दो बटेरे दी जाती थीं। मेरा चूँकि उनके घर में बेतकल्लुफ़ी से आना जाना था क्योंकि खुल्लन मेरा दोस्त था, इसलिए एक दो बटेरें मुझे ज़्यादा हासिल हो जाती थीं। कबूतरबाज़ी में हम लोग ख़ुद बालिश्तिये उस्ताद थे। इसकी सबसे बड़ी वजह यह थी कि हम लोग छोटे होने के सबब सारे मोहल्ले के घरों और छतों पर दनदनाते फिरते थे। क्या ज़माना था कि हमारे मोहल्ले में हिन्दू-मुसलमान नहीं रहते थे। तमाम छतें या मेरी बुआ की होती थीं या मौसी की। सुबह से शाम तक हम लोग कबूतरबाज़ी और पतंगबाज़ी के लिए तमाम मुश्तरका (संयुक्त) छतों पर दनदनाते फिरते थे। गर्मियों की धूप में या सर्दियों की शाम को थका हारा कबूतर अपनी मंज़िल तक

पहुँचने के लायक़ ही नहीं रह जाता था। बाज़ और बहरी से बचा हुआ कबूतर किसी मन्दिर, मस्जिद, पानी की टंकी या ऊँचे मकान के छज्जे पर बैठ जाता था। हम लोग अपनी ज़िन्दगी को बेहद ख़तरे में डाल कर ऐसे कबूतर पकड़ लाते थे। ऐसे कबूतरों को छुपा कर रखना पड़ता था। फ़ौरन हम लोग उनके पर कतर के अपनी ढाबली में बन्द कर देते थे। किसी अच्छी नस्ल की कबूतरी से उसका जोड़ा लगाकर उनके बच्चे निकलवाते थे और अगले मौसम में हमारे कबूतर भी शहर के कबूतरबाजों की महफ़िल में मौजूए गुफ़्तगू (चर्चा का विषय) होते थे। कबूतरबाज़ों के लिए यह मुहावरा जो शेर के मिसरे की तरह भी है, हर कबूतर बाज़ के लिए मौजूँ (उपयुक्त) होता था–

कबूतर पाले चोट्टा जो तके पराया माल

ऐ मेरे बेटे जवाँ तू भी नहीं रह जायेगा

दुनिया के तमाम बटवारे बहुत मामूली-सी बातों पर हुए हैं, चाहे दिलों के बटवारे हों, घरों के बटवारे हों या मुल्कों के बटवारे। हमारे घर में भी खानदारी तौर पर दौलत और जायदाद की हवस न हमने देखी, न सुनी। हमारे घर में जितनी भी ख़राबियाँ उभरीं वह अक्खड़ मिज़ाजी, डायलॉग की अदायगी, ख़ुदसरी (हठधर्मी) और बड़े-छोटे का लिहाज़ न होने की वजह से हुईं बल्कि इस तनाज़ुर (परिप्रेक्ष्य) में अगर आप देखना चाहें तो कोई भी घर हो या मुल्क उसकी बदनसीबी की तारीख़ यही बुराइयाँ मिल कर लिखती हैं। इसीलिए मैं कभी-कभी सोचता हूँ कि आदमी के ख़ून में बनियापन बहुत ज़रूरी है। अपने मफ़ाद (लाभ) की ख़ातिर सबका नुक़सान करने वाला मैंने कोई भी बनिया घराना नहीं देखा है। अब्बू की ज़िन्दगी में ही घर में जवान होते हुए भाइयों में एक दूसरे का एहतराम न करने की बुनियाद पड़ चुकी थी और बुनियाद इस बात की गवाह बन जाती है कि देर सवेर यहाँ इमारत भी तामीर होगी। अगर तफ़सीली तौर पर ख़ुददारी का डी.एन.ए. टेस्ट हो जाये तो यही नतीजा निकल कर सामने आयेगा कि यह एक ख़तरनाक बीमारी है और जिसका शजरा (वंशावली) कहीं न कहीं से जा कर या कहीं न कहीं पहुँच कर गुरूर, तमकनत और एहसासे बरतरी Superiority Complex से मिल जाता है। इस एक जुमले के पेश नज़र इस्लामी ममालिक ख़ास तौर से अरब ममालिक की तारीख़ पढ़ी जाये तो यह बात खुल कर सामने आती है कि मुसलमानों ने अपना वक़्त, पैसा और ताक़त ख़ुद को बनाने के बजाय दूसरों को बर्बाद करने में सर्फ़ किया है। मैं इस हक़ीक़त से इंकार हर्गिज़ नहीं कर सकता कि सैकड़ों बरस के सियासी, समाजी और मज़हबी मन्थन के बाद भी हमारा ख़ून भी बुरी तहर गडमड हो चुका है। लेकिन जिस तरह मेडिकल साइंस ब्लड रिपोर्ट में मुख़्तलिफ़ (विभिन्न) चीज़ों की मिक़दार (मात्रा) देख कर बीमारी का अन्दाज़ा लगाती है, उसी तरह इस बात को भी मान लेना चाहिए कि सैकड़ों बरस के रक्त मन्थन के बाद भी हमारे ख़ून में हमारे अज़दाद (पूर्वजों) के ख़ून का एक बड़ा हिस्सा आज तक मौजूद है। मौत के ख़ौफ़ और मर जाने

में वही फ़र्क़ है जो अमेरिकन फ़ौजियों और अफ़ग़ानिस्तान, इराक़ और ईरान की जंगी हिकमते अमली (Strategy) में होता है। अमेरिकन ख़ास तौर से यहूदी जंग करना नहीं चाहते हैं बल्कि वह अपने कम से कम नुक़सान के एवज़ अपने हरीफ़ (प्रतिद्वन्द्वी) को ज़्यादा नुक़सान पहुँचाने की तदबीर सोचा करते हैं।

मेरे बड़े अब्बा (सय्यद हकीम अब्दुल जब्बार) भी बहुत तुनक मिज़ाज लेकिन निहायत मुहज़्ज़ब (सभ्य) और महफ़िल साज़ इंसान थे। गर्मियों की शाम को उनके दरवाज़े पर पानी का छिड़काव होता था। मोंढे, कुर्सियाँ और चारपाइयाँ बिछ जाती थीं। मोहल्ले के तमाम बुजुर्ग हज़रात वहाँ जमा हो जाते थे। मुख़्तलिफ़ मौज़ूआत (विषयों) पर ज़बरदस्त बहस मुबाहिसा होता था जो मेरी समझ से परे होता था। हम इस्माईल और छोटा भाई यहया राना, जिसको वह बहुत चाहते थे, हम लोग उनको सलाम करने जाते थे। बड़े अब्बा घर के तमाम लोगों की ख़ैरियत पूछते थे फिर हम लोगों को एक आना फ़ी भाई के हिसाब से डेली एलाउन्स देते थे। वालिद साहब से मुहब्बत भी बेपनाह करते थे लेकिन उनकी दबंगई से नाराज़ रहते थे क्योंकि अब्बू की तमाम शिकायतें उन्हीं के पास आती थीं लेकिन अब्बू की दबंगई का एक फ़ायदा तो था कि शहर भर में ख़ानदान की धौंस बनी हुई थी वर्ना हर ज़माने में शरीफ़ ख़ानदानों को सर झुका कर ही चलना पड़ता है। इंसाफ़ करने के लिए भी ताक़त की ज़रूरत होती है। यह अदालतों में बैठे हुए मुंसिफ़ (जज) अपने मोहल्ले का कोई भी फ़ैसला नहीं कर सकते हैं लेकिन हुकूमत के बल पर यह अदालत में बैठ कर ग़लत और सही तमाम फ़ैसले करते रहते हैं।

आलमगीरी मस्जिद, ईदगाह और मदरसा कभी हमारे ख़ानदान का ज़रियए मुआश (जीवन यापन का ज़रिया) नहीं रहा। शायद हमारे ख़ानदान के जिस्म में हलाल ख़ून की मिक़दार इतनी ज़्यादा है कि हराम चीज़ खाते ही क़य (उल्टी) हो जाती है वर्ना तआरुफ़ी कार्ड (परिचय पत्र) पर नाम के साथ सिर्फ़ शाही इमाम मस्जिदे आलमगीरी ही तो लिखवाना था...इतना करके रातों रात हम लोग भी शाही इमाम हो जाते, सियासी फ़तवे और क़ौम की तिजारत करके सब कुछ हासिल कर सकते थे। लेकिन दादा को बाइस रुपये माहाना की नौकरी करते कचेहरी में देखा, बाप के हाथों में सारी ज़िन्दगी ट्रक का स्टियरिंग देखा। अब इसके बाद हलाल रिज़्क़ के लिए जंगल-जंगल, झाड़ी-झाड़ी फिरना हमारा मुक़द्दर बन चुका था। बहरहाल ज़िन्दगी गुज़ारने का सबका अलग-अलग फ़लसफ़ा और नज़रिया होता है और यह कमबख़्त ज़िन्दगी हर फलसफ़े और हर नज़रिये के साथ गुज़र बसर भी कर लेती है। शायद इसलिए कि इसे मालूम रहता है कि सराय में ठहरने वाले को हमेशा तो रहना नहीं है...थोड़े दिनों की बात है...और फिर कहानी ख़त्म हो भी जाती है—

देर तक क़ायम रहे दाता तेरी ऊँची सराय
सब मुसाफ़िर हैं यहाँ कोई नहीं रह जायेगा।

(वाली आसी)

चूँकि मैं भाइयों में सबसे बड़ा था और दादा के आगे-पीछे भी लगा रहता था। सबब वही था जो हर ज़माने में रहा होगा, मुझसे पहले भी और मेरे बाद के ज़माने में भी। यह बात मैं इस तजरुबे की बिना पर अर्ज़ कर रहा हूँ कि उस वक़्त मैं पोता था और अब मैं दादा हूँ। मेरा पोता भी मेरे आगे-पीछे लगा रहता है। इसकी जहाँ बहुत-सी वजहें होंगी, वहीं एक वजह यह भी है कि बचपन को क़ुदरती तौर पर यह बात मालूम हो जाती है कि दादा का यह बुढ़ापा बहुत देर तक मेरे हिस्से में नहीं रहेगा, इसे मुझे छोड़ कर चला जाना है। बुढ़ापा यानी दादा तो यह बात जानता ही है कि यह खिलौने क़ुदरत ने मुझे दिये तो हैं लेकिन थोड़ी देर खेलने के लिए... क्योंकि हमारी ज़िन्दगी की शाम तेज़ी से हमारी तरफ़ बढ़ने लगती है।

एक दिन जुमा की नमाज़ में हम अपने दादा के साथ मस्जिद गये। सर्दियों के दिन थे। दादा मस्जिद के सहन में एक कोने पर धूप में बैठे हुए थे। अब्बू भी इत्तिफ़ाक से उस दिन रायबरेली में ही थे। थोड़ी देर बाद वह भी मस्जिद में दाख़िल हुए और वज़ू करने के बाद जहाँ जगह मिली वहाँ बैठ गये। अचानक अब्बू ने हमें अपने पास बुलाया और हमारे कान में कहा कि दादा से जा कर कहो कि वो पाजामा उल्टा पहन कर आये हैं। मैं भागा-भागा दादा के पास आया और उनको यह बता दिया कि दादा! आप पाजामा उल्टा पहने हुए हैं। वो बच्चों की तरह बेसाख़्ता हँस पड़े फिर कहने लगे की बेटा, क्या किया जाये... अब तो ज़माना ही उल्टा हुआ जा रहा है। वक़्त को पर लगा कर उड़ने की ऐसी आदत है कि बरस दिनों की तरह मालूम होते हैं। तीस बरस बाद मेरे अब्बू जो उन दिनों बहुत बीमार रहने लगे थे, जुमा के दिन उसी आलमगीरी मस्जिद में उल्टा पाजामा पहने बैठे हुए थे। अब चेहरे मोहरे से वह भी दादा की तरह होते चले जा रहे थे। उनको यह ग़लती याद दिलाने की हिम्मत मुझ में पैदा न हो सकी। दादा वाला क़िस्सा मुझे दो-चार महीने जैसा लगने लगा। वक़्त की तेज़ रफ़्तार साइकिलिंग का अन्दाज़ा इस बात से लगाया जा सकता है कि अब मैं अकसर उल्टा पाजामा पहने रहता हूँ। घर वालों के टोकने के बावजूद मेरी पेशानी पर शिकन तक नहीं आती है और न मुझे शर्मिन्दगी महसूस होती है, क्योंकि मस्जिद के सहन में बैठा हुआ यह शख़्स मुनव्वर राना है ही नहीं, यह तो बिलाल राना के दादा हैं जो अब बूढ़े हो चुके हैं, जो बिलाल राना के बाप तबरेज़ राना के बग़ैर अब कहीं आते-जाते हुए डरने लगे हैं। वह मुनव्वर राना तो उसी दिन मर

गया था जिस दिन उसके दादा सय्यद सादिक़ अली का इन्तिक़ाल हुआ था। उस मुनव्वर राना की मौत पर लोग उस वक़्त रोये थे जब मुनव्वर राना के बाप अनवर अली राना का इन्तिक़ाल हुआ था। अब मुनव्वर राना ज़िन्दा नहीं हैं बल्कि एक लाश की सूरत घर पर रखे हुए हैं और घर वाले उनकी लाश पर रोने की तैयारी कर रहे हैं। हालाँकि यह लाश मुनव्वर राना की नहीं है... उनके दादा सय्यद सादिक़ अली की है जो अभी तक दफ़्न होने के लिए रखी है। क्योंकि दादा तो पाकिस्तान जा कर मरे थे हालाँकि वह मरना हिन्दुस्तान में चाहते थे, उस हिन्दुस्तान के शहर रायबरेली में जहाँ के क़ब्रिस्तान में उनके शजरे का बेशतर हिस्सा सो रहा है–

मैं उसके जिस्म ये काफ़ूर मल के आया था
मगर गुलाब की ख़ुशबू कफ़न से आती है।

(मुनव्वर राना)

ज़िन्दगी की कहानी भी बड़ी अजीब होती है। कभी तो इतनी मुख़्तसर लगती है कि अमृता प्रीतम के रसीदी टिकट में समा जाती है, कभी इतना तवील मालूम होती है कि आदमी बार-बार सर उठा कर ख़लाओं (शून्य) में घूरने लगता है और कहानी मुख़्तसर होती चली जाती है। तवील कहानी भी तवील उम्र की तरह सिर्फ़ दुख देने के लिए होती है। शायद इसीलिए तवील उम्र की दुआ और बददुआ में कोई फ़र्क़ नहीं होता। बहरहाल, ज़िन्दगी छोटे घरौंदों में बसी हुई आरज़ुओं की तरह ख़ुश और मुत्मइन थी। घर में एक घोड़ी पली थी जिस पर दादा अकसर सफ़र करते थे। दादी का मैं चहेता था जैसे सब बड़े पोते होते हैं। वह मुझे अकसर घोड़ी की पीठ पर बिठा देती थीं। एक दिन अचानक घोड़ी ने दादी को इतनी ज़बरदस्त लात मारी कि वह बेचारी ज़मीन पर गिर गयीं। उनके कई हिलते हुए दाँत भी टूट गये, चेहरा भी लहू लुहान हो गया लेकिन वह मुझे अपने सीने से चिमटाए हुए कराह रही थीं। दादी की हमसे मुहब्बत का यह आलम था कि जब वह हमारी फुफियों के इश्क़ में कराची जाने को तैयार हुईं तो चलते-चलते मेरी अम्मी से वादा लिया था कि मुझे कभी मारेंगी नहीं बल्कि उन्होंने अम्मी को गले लगाकर रोते हुए यह भी कहा कि देखो दुल्हन! अगर तुमने मुनव्वर को मारा तो मैं यही समझूँगी कि तुमने मुझ पर हाथ उठाया है और मैं अल्लाह के यहाँ मैदाने हश्र में तुमको पकड़ूँगी। और हुआ भी कुछ ऐसा ही कि अम्मी ने कभी मुझे नहीं मारा। शरारती तो मैं बहुत था लेकिन जैसे ही वह मुझे मारने के लिए दौड़तीं उन्हें बेसाख़्ता हँसी आने लगती और मैं भी हँसते-हँसते ज़मीन पर लोटने लगता। अभी पिछले दिनों मेरे चार बरस के पोते बिलाल राना को उनके बाप ने मारा पीटा था। बिलाल की दादी तक़रीबन भागती हुई लाइब्रेरी में मेरे पास

आयीं और कहने लगीं कि फ़ौरन ऊपर फ़्लैट में चलिए, तबरेज़ पर कुत्ता सवार है, उसने बिलाल की बहुत बुरी तरह पिटाई की है। कहीं तीन-चार साल के बच्चे को इस बेदर्दी से मारा जाता है। मैं अपने पैरों की माज़ूरी (मजबूरी) के बावजूद फ़ौरन सीढ़ियाँ चढ़ कर हाँपता हुआ तबरेज़ के कमरे में पहुँचा और तबरेज़ से मुख़ातिब होते हुए मैंने कहा कि भई देखो तबरेज़ मियाँ! घर से माँ-बाप को निकालने के और भी कई मुहज़्ज़ब तरीक़े हैं बल्कि हम लोग ख़ुद ही चले जायेंगे लेकिन बिलाल को इस तरह मारना बहुत बुरी बात है। मेरे जुमले की लम्बाई कम थी मगर बात कभी-कभी तलवार से ज़्यादा घातक साबित होती है। थोड़ी ही देर बाद तबरेज़ मियाँ लाइब्रेरी में आये, मेरे और अपनी वालिदा के पैर पकड़ कर माफ़ी माँगी और साथ में ये भी कहा कि पापा! जब आपने दुलार के सबब मुझे कभी ज़्यादा ज़ोर से नहीं मारा तो फिर आज ऐसी बात कह कर मेरा क़त्ल क्यों करना चाह रहे थे—

झुक के मिलते हैं बुज़ुर्गों से हमारे बच्चे
फूल पर बाग़ की मिट्टी का असर आता है।

(मुनव्वर राना)

रायबरेली में असासे (सम्पत्ति) के नाम पर हमारे पास सिर्फ़ हमारे बुज़ुर्गों की क़ब्रे हैं। कुछ क़ब्रें अभी तक नुमायाँ हैं। कुछ को मौसम और हालात ने निगल लिया। शजरा रिश्ते तो बता सकता है लेकिन क़ब्रों का सही पता नहीं बता सकता। शजरा किरदार (चरित्र) के बारे में भी हमेशा ख़ामोश रहता है लेकिन उन दिनों किरदार ख़ामोश रहते हुए भी अपनी बे गुनाही की गवाही दे देता था। मेरे मोहल्ले में औरंगज़ेब की बनवायी हुई आलमगीरी मस्जिद है। यह मस्जिद हमारे ख़ानदान के बारे में सब जानती है। जब तक ख़ानदान में सिर्फ़ अल्लाह वाले होते थे तो इमामत भी हमारे ख़ानदान का ज़िम्मा थी लेकिन जब दुनियादारी, ज़रूरतों और तक़सीमे मुल्क ने शजरे के कई टुकड़े कर दिये तो हम लोग इल्मी तौर पर भी क़ल्लाश (कंगाल) होने लगे थे। हमारा ख़ानदान सिर्फ़ दीनदार था, ख़ालिस दीनदार। दुनिया की आसाइशों (ऐशो आराम) का न तो उसे पता था, न ही शौक़ था। हमारा इल्मी घराना शिद्दत पसन्द (कट्टर) मुस्लिम घराना नहीं था। हमारे बुज़ुर्ग नियाज़ फ़ातिहा के लिए आने वालों की भी ख़ातिर मुदारात (सत्कार) करते थे और ग़ैर मुस्लिम बच्चों को हिन्दी और संस्कृत भी पढ़ाते थे। उन दिनों किसी के पास नफ़रतों का कोई जवाज़ (जाएज़ होने की दलील) नहीं था लेकिन मुहब्बत के बे शुमार रास्ते थे। चाय की दुकान उस वक़्त तक हिन्दू और मुसलमानों के ग़ीबत कदों में तब्दील नहीं हुई थी। मेरे दादा के मदरसे में हिन्दू और मुसलमान दोनों के बच्चे पढ़ते थे। ग्यारहवीं शरीफ़ और बारह वफ़ात में

फ़ातिहा भी मेरे दादा के ज़रिये दी जाती थी। बच्चों को तालीम के साथ ही साथ इस बात से भी आगाह किया जाता था कि इस मुल्क में मुख़्तलिफ़ मज़हबों के लोग आबाद हैं इसीलिए इंसानियत और रवादारी के सबक़ के साथ-साथ मज़हब की तालीम भी दी जाती थी। हमारे मौजूदा अह्द की सबसे बड़ी बुराई यही है कि जो लोग भी स्कूलों, मदरसों और पाठशालाओं में पढ़ाने के लिए आते हैं वह सिर्फ़ दरसी (शैक्षिक) किताबों के सबक़ रटे होते हैं। यूँ भी इंसानियत और रवादारी की किताबें बाज़ार में नहीं मिलती हैं। यह इल्म तो माँ के दूध और आग़ोश (गोद) में सिखाये जाते हैं। इसके लिए मकतब या पाठशाला तो होती नहीं है। यह इल्म तो बुज़ुर्गों की जूतियों के पास बैठ कर सीखा और सिखाया जाता है। ये सजे सजाये बाज़ारी स्कूल, कालेज और यूनिवर्सिटियाँ तो इसलिए क़ायम की जाती हैं कि बच्चे इतने ज़्यादा तालीम याफ़्ता हो जायें कि अमेरिका और दूसरे ममालिक इन बच्चों को डिग्रियों समेत ख़रीद लें। इन बच्चों के वालिदैन को क़ब्रिस्तान या शमशान घाट ले जाने के लिए नगर निगम की गाड़ियों या पड़ोसियों के कन्धों की ज़रूरत पड़ती रहे। कम्प्यूटर के ज़रिये नव उम्र बच्चे तक ब्लू फ़िल्म भी देख सकते हैं लेकिन कम्प्यूटर की मदद से मन्दिर और मस्जिद में बैठ कर दुआएँ नहीं माँगी जा सकतीं। आम पत्थर और देवताओं में वही फ़र्क़ होता है जो रास्ते में पड़े हुए पत्थर और तराशे हुए देवताओं में होता है। अक़ीदत ख़ुदा बनाती है लेकिन दुनिया का सबसे ताक़तवर कम्प्यूटर भी ख़ुदा की तस्वीर तक नहीं बना सकता है। बारह वफ़ात और ग्यारहवीं शरीफ़ में दादा के पास तबर्रुक और तोहफ़े वाले लड्डुओं के ढेर लग जाते थे। मैं भी सारा दिन दादा के कमरे में च्यूँटी की तरह चिपका रहता था और मौक़ा मिलते ही एकआध लड्डू मुँह या जेब में भर लेता था। वह दिन हमारी ज़िन्दगी के शायद सबसे अच्छे दिन रहे होंगे। भरा पूरा घर, चहार जानिब नज़दीक और दूर के रिश्तेदार और क़राबतदार मौजूद थे। लोग आम तौर पर फ़राख़ दिल (विशाल हृदय) होते थे लिहाज़ा रिश्तेदार होना ज़रूरी नहीं था। कहावत पुरानी है मगर मुझे अच्छी लगती है कि अगर पड़ोसी अच्छे हों तो रिश्तेदारों की ज़रूरत नहीं पड़ती।

शिया, सुन्नी, बरेलवी और देवबन्दी तो दूर की बात है, हम लोग तो घोड़ों की तरह बड़े हो जाने के बाद भी हिन्दू मुसलमान का फ़र्क़ नहीं जानते थे। हमारी कलाई बड़े हो जाने के बाद भी मुद्दतों घड़ी से महरूम (वंचित) रही है लेकिन राखी से हमेशा सजी रहती थी। मज़हब की बहुत ज़्यादा वकालत करने वालों को समाज अच्छी निगाह से नहीं देखता था। इंसानियत की अलमबरदारी हर मज़हब के मानने वाले के सिरों पर दस्तार (पगड़ी) की तरह सजी रहती थी। मन्दिर और मस्जिद पर बैठने वाले कबूतर तक आपस में रिश्तेदार लगते थे।

यूँ भी अगर ग़ौर कीजिए तो इस मुल्क की हर मज़हबी और तारीख़ी इमारत हिन्दुओं और मुसलमानों ने मिलकर बनायी है। कहीं न कहीं से एक दूसरे की मदद और मेहनत इन इबादतगाहों में शामिल है। शायद इसी वजह से इस मुल्क की मिट्टी से हमेशा क़ौमी यकजहती (भाईचारगी) और रवादारी की ख़ुशबू आती है। हिन्दुस्तानी जम्हूरियत (लोकतन्त्र) के पेड़ में पानी नहीं, इस मुल्क के रहने वालों का ख़ून शामिल है। शायद इसीलिए हज़ार आँधी और तूफ़ान के बावजूद यह खुशनसीब पेड़ हमेशा सरसब्ज़ और शादाब दिखाई देता है। जिस तरह इंसान के ख़ून में जानवर का ख़ून मिलाने से वह ज़िन्दा नहीं रह सकता है, वैसे ही इस मुल्क की मुहब्बत में नफ़रतों को मिला कर इस मुल्क का सिर्फ़ नक़्शा बदला जा सकता है, इसे ताक़तवर या अज़ीम हिन्दुस्तान नहीं बनाया जा सकता। शायद यह क़ुदरत का फ़ैसला है और इंसान को क़ुदरत का फ़ैसला बदलना नहीं चाहिए। जब हम दरियाओं, नदियों और समन्दरों के किनारों पर क़ब्ज़ा करके अपनी इमारतें खड़ी करते हैं तो इसे इंसानी तरक़्क़ी कहते हैं लेकिन जब यही दरिया और समन्दर हम से अपनी थोड़ी-सी ज़मीन वापस लेते हैं तो इसे अपना क़ुसूर मानने के बजाय हम इसे क़ुदरत का क़हर कहते हैं। हम तो अपने बचपन में अपने मदरसे से लेकर शुएब विद्यालय तक यही सबक़ पढ़ते और सुनते आये हैं। यूँ ही रायबरेली की सरज़मीन पर मलिक मुहम्मद जायसी और मुल्ला दाऊद पैदा नहीं हो गये हैं। क़ुदरत जब किसी मुल्क या किसी शहर को अपने हाथों से सम्मान देना चाहती है तो उसमें शायर, सूफ़ी, सन्त और क़लन्दर पैदा कर देती है। राजा दशरथ जो एक बहुत छोटी-सी रियासत के मालिक थे, उनके बेटे राजा रामचन्द्र जी को भी हज़ारों बरस तक कवि तुलसीदास का इन्तिज़ार करना पड़ा जिसने अपने क़लम के ज़रिये यह साबित कर दिया कि जिसे दुनिया सिर्फ़ एक छोटी-सी रियासत का राजा जानती है, वह एक मामूली राजा नहीं है बल्कि यह भगवान श्री रामचन्द्र जी हैं जिनको अपने ज़माने के महान आलिम और क़ुरआन के मर्मज्ञ मौलाना अबुल कलाम आज़ाद ने इमामुल हिन्द के लक़ब से पुकारा था। यहाँ हम वह तारीख़ लिख रहे हैं जिसे तहरीर करने के लिए किसी हवाले की ज़रूरत नहीं है। तारीख़ के हवाले की ज़रूरत उस वक़्त बिल्कुल नहीं पड़ती जब अदब सच्चाई बयान कर रहा होता है—

इक सहीफ़े की तरह इसको नज़र में रखना
मैंने तारीख़ लिखी है इसे घर में रखना।

शायरी का शौक़ मुझे अपने दादा से विरासत में मिला है। मेरे ख़ानदान में रेगुलर क़िस्म का कोई शायर नहीं था लेकिन शायरी का शौक़, उसकी सूझबूझ और मिज़ाज तो हमारे घराने का शायराना इम्तियाज़ (निशान) था। जब मैं

चार-पाँच बरस का था तभी से दादा के पास ज़्यादा रहता था। इसका एक सबब तो यह था कि घर के बक़िया लोगों से महफ़ूज़ रहता था, दूसरे दादा खाने-पीने के बहुत शौक़ीन थे। घर की तरफ़ से जो भी ख़ोनचे वाला गुज़र जाता वह दादा को सलाम के ज़रिये मुख़ातिब (सम्बोधित) ज़रूर करता। दादा हमें उस ज़माने में अश्आर याद कराया करते थे। एक दिन वह मुझे 'मुद्दई लाख बुरा चाहे तो क्या होता है' याद करा रहे थे लेकिन शेर दोहराने पर हमसे एकआध लफ़्ज़ छूट जाता था। दादा कहते, नहीं बेटा! जैसे मैं कह रहा हूँ तुम बिल्कुल उसी तरह दोहराओ। मैंने हुक्म के मुताबिक़ हर्फ़ ब हर्फ़ दोहरा दिया कि 'बेटा कहो... मुद्दई लाख बुरा चाहे तो क्या होता है'। ज़ाहिर है कि हू-ब-हू मिसरा ही नहीं साथ में 'बेटा कहो' दोहराने के बाद मेरी पिटाई होनी थी, ईनाम तो मिला नहीं होगा लेकिन मैं दादा से मार खाने के बावजूद उनका साथ छोड़ने को तैयार नहीं था। सारा दिन घर में मेरे मिसरा दोहराने पर क़हक़हे लगते रहे। गर्मियों में एक बुढ्ढा जो मिज़ाजन चिड़चिड़ा भी था, हमारे मोहल्ले में आइसक्रीम बेचने आता था। वह बच्चों और बूढ़ों तक ख़बर पहुँचाने के लिए आवाज़ लगाता था, 'आइस्कीम बरफ़'। दादा मुझे आवाज़ दे कर घर के अन्दर से बाहरी कमरे में बुला कर पूछते थे, आइसक्रीम खाना है। मेरे हाँ कहने पर कहते थे कि ठीक है तुम्हें आइसक्रीम मिलेगी लेकिन जब यह आइसक्रीम वाला आवाज़ लगाये, 'आइसक्रीम बरफ़' तो तुम फ़ौरन ज़ोर से आवाज़ लगाना कि तुम्हारी बीवी हमारी तरफ़। नतीजे के तौर पर वह आइसक्रीम वाला मुझे मारने के लिए दौड़ा लेता। मुझे ईनाम के तौर पर आइसक्रीम मिल जाती। शायद तुकबन्दी की हद तक तो हम सात-आठ बरस की उम्र में ही शायर हो गये थे लेकिन हमें शायरी की बिल्कुल इजाज़त नहीं थी। सिर्फ़ तबीअत की तफ़रीह की ख़ातिर यह चुहल बाज़ियाँ होती थीं। दादा बज़ाते ख़ुद बहुत हाज़िर जवाब और बज़लासंज (हँसमुख) थे। हम छोटी उम्र से ही नमाज़ पढ़ने के लिए उनके साथ मस्जिद जाते थे। मेरे मोहल्ले की यह मस्जिद बहुत तारीख़ी मस्जिद मशहूर है। इसे बादशाह औरंगज़ेब ने बनवाया था इसीलिए इस मस्जिद का नाम आज तक आलमगीरी मस्जिद है। इस मस्जिद की तामीर के साथ ही इसमें इमामत और देखभाल के लिए हमारे ख़ानदान के बुज़ुर्गों को मुक़र्रर किया गया। उस वक़्त का एक शाही हुक्मनामा जो फ़ारसी में है, अभी तक हमारे घर में मौजूद है जिसके मुताबिक़ आलमगीरी मस्जिद, ईदगाह और मस्जिद से मिला हुआ मदरसा, इन तमाम इदारों की देखभाल अभी तक हमारा ख़ानदान करता आया है। बड़े अब्बा के ज़माने तक इसकी इमामत वही करते थे। पाकिस्तान बन जाने के सबब ख़ानदान का बेशतर हिस्सा पाकिस्तान के लिए हिजरत कर गया, घरेलू परेशानियों के सबब अब्बू भी कलकत्ते में आबाद हो

गये इसलिए ईदगाह और मस्जिद का इन्तिज़ामी हिस्सा काफ़ी गड़बड़ा गया था लेकिन वालिद साहब जब कलकत्ते से आकर दोबारा रायबरेली में आबाद हुए तब से इमामत के लायक़ तो घर में कोई रह नहीं गया लेकिन मुतवल्ली (प्रबन्धक) के तौर पर आज भी मेरे छोटे भाई राफ़े राना ईदगाह और मस्जिद की देखभाल करते हैं। रायबरेली से हमारे ख़ानदान का रिश्ता बहुत पुराना है। हमारे जद्दे आला (पूर्वज) जो इब्राहीम शर्क़ी की फ़ौज के साथ रायबरेली फ़तेह करने आये थे, बज़ाहिर तो वह फ़ौज में थे लेकिन बहुत अल्लाह वाले थे। बताया जाता है क़िले का फ़ाटक रोज़ तामीर होता था लेकिन रात में उसका बेशतर हिस्सा गिर जाता था। इस काम में लगे तमाम लोग बहुत परेशान थे। पता चला कि वहाँ एक जादूगर नट रहता था जो अपनी करिश्माई ताक़त से रोज़ाना इस फ़ाटक को गिरा देता है। उन्हीं फ़ौजियों में से किसी ने कमाण्डर को बताया कि फ़ौज में फ़लाँ फ़लाँ एक फ़ौजी है, वह रात में चराग़ जला कर उसी टीले पर कलामे पाक की तिलावत करता रहता है। तेज़ से तेज़ चलने वाली हवाएँ भी उस चराग़ से नज़रें बचा कर गुज़र जाती हैं। हम लोगों को उनसे मदद लेनी चाहिए। ग़रज़ कि इस तरह तमाम फ़ौज को उनकी फ़क़ीराना करामत का पता चल गया। उन्होंने फाटक की तामीर में तो हुकूमत की पूरी मदद कर दी लेकिन उसके बाद उन्होंने बादशाह से फ़ौज छोड़ने की इजाज़त चाही। बादशाह ने सबब पूछा तो उन्होंने बताया कि मेरे बारे में फ़ौज को पता चल गया है। अब यह लोग मुझसे काम लेने के बजाय मेरे एहतराम और ख़िदमत में लगे रहेंगे और मैं ऐसी तनख़्वाह और आमदनी से अपने बच्चों की परवरिश करना मुनासिब नहीं समझता हूँ। बादशाह ने उन्हें रायबरेली आबाद करने का हुक्म दे दिया और साथ में दीन की जोत जगाए रहने की गुज़ारिश भी की। इस तरह हमारे अजदाद ने अपनी बाक़ायदा आमद का पत्थर रायबरेली की सरज़मीन के सीने पर रख दिया।

शोहरत और नामवरी से हमारा ख़ानदान हमेशा दूर रहा। सिर्फ़ अल्लाह अल्लाह करना, अल्लाह के बन्दों की ख़िदमत करना और आसपास के लोगों को बिना किसी भेद भाव के अरबी, फ़ारसी और हिन्दी पढ़ाने का बीड़ा हमारे बुज़ुर्गों ने उठाया। इलाक़े की लड़कियों को हमारे घरों में पढ़ाया जाता था। उन्हें दूसरे हुनर भी सिखाये जाते थे। मदरसे के बच्चों को इल्म के साथ-साथ कुश्ती और पहलवानी की तालीम भी दी जाती थी। शायद बुज़ुर्गों का फ़ौज से तअल्लुक़ होने के सबब अभी तक हमारे ख़ानदान में मुतवाज़िन (सन्तुलित) अक्खड़पन, अना और ख़ुददारी के लिए कुछ भी कर गुज़रने का जज़्बा और हलाल रिज़्क़ से मुहब्बत के साथ ही परवर दिगार से मदद की माँग का सिलसिला चला आ रहा है। हमारे घर में आज तक सुबूत और गवाह रखने का दस्तूर नहीं है बल्कि

हमारे ख़ानवादे (ख़ानदान) में सय्यद लिखने से भी, जहाँ तक मुमकिन हो, परहेज़ किया जाता है। दादा अकसर हँसते हुए कहते थे कि जो लोग सय्यद होते हैं उन्हें सय्यद लिखने की कोई ज़रूरत नहीं पड़ती। तक़रीबन छः साढ़े छः सौ बरस पुरानी तारीख़ में हमारे यहाँ ख़ुद नुमाई (आत्म प्रदर्शन) का कोई पौधा पनपने नहीं पाया। दादा अकसर मुल्ला जीवन का ज़िक्र ख़ास तौर से करते थे। मुल्ला जीवन अमेठी बन्दगी मियाँ (ज़िला-लखनऊ) के रहने वाले थे। उनका मज़ार भी वहीं है। वह औरंगज़ेब के उस्ताद हुआ करते थे। बादशाहत के तख़्त पर जलवा अफ़रोज़ होते ही औरंगज़ेब ने कई बार उन्हें अपने दारुल सल्तनत (राजधानी) बुलाने की कोशिश की लेकिन मुल्ला जीवन हमेशा इस तवील और बेकार सफ़र से गुरेज़ करते रहे। बादशाह औरंगज़ेब की मुसलसल गुज़ारिशों और मिन्नतों के सबब मुल्ला जीवन को बादशाह औरंगज़ेब से मिलने के लिए रवाना होना पड़ा। रवाना होने से पहले मुल्ला जीवन ने अपने इस सफ़र के सिलसिले में अपनी अहलिया (पत्नी) को भी बता दिया कि वह औरंगज़ेब की बेइन्तिहा गुज़ारिश पर उससे मिलने जा रहे हैं। उनकी अहलिया ने बादशाह के लिए ख़ुद अपने हाथों से कुछ पका कर एक हाँडी में रख कर उनके साथ भिजवाया। बादशाह ने अपने उस्तादे मोहतरम का एक शागिर्द की तरह इस्तक़बाल (स्वागत) किया। मुल्ला जीवन ने अहलिया की बनायी हुई चीज़ उसे पेश की और औरंगज़ेब ने भी अक़ीदत (श्रद्धा) और ख़ुसूस के साथ उस्तानी के हाथों पकायी गयी हाँडी से कुछ निकाल कर खाया। लेकिन न जाने किस वजह से उसे बड़े ज़ोर की उबकाई आयी और उसने बुरा-सा मुँह बनाया। मुल्ला जीवन जो सिर्फ़ बादशाहे वक़्त का उस्ताद ही नहीं था बल्कि अपने ज़माने का एक बड़ा सूफ़ी और आलिम भी था, उसने हाँडी फ़ौरन बादशाह के आगे से हटा ली और बादशाह से तीखे लहजे में यह भी कहा कि बादशाह बनने के बाद तेरे जिस्म में हराम इतना ज़्यादा दाख़िल हो चुका है कि तेरा जिस्म हलाल खाने के लिए तैयार ही नहीं होता। बादशाह ने उस्ताद और अपने ज़माने के बहुत बड़े सूफ़ी की इस्लाह (सदुपदेश) का सारी ज़िन्दगी एहतराम किया। उसके बाद से हमेशा उसकी पसन्दीदा ग़िज़ा खिचड़ी रही। हिन्दुस्तान के मुग़ल बादशाहों में वह अकेला बादशाह था जिसने टोपियाँ सिलकर और क़ुरआने क़रीम लिख कर सबसे अफ़ज़ल (श्रेष्ठ) हलाल रिज़्क़ खाया। हालाँकि तारीख़ में औरंगज़ेब की शख़्सियत को इतना कम करके और मस्ख़ (बिगाड़) करके दिखाया गया है कि हक़ीक़त पर पर्दा डालने की इस कोशिश पर अफ़सोस होता है। फ़ारसी में शाहजहाँ की एक रुबाई (मुक्तक) है जो उसने क़ैदखाने से अपने बेटे और हिन्दुस्तान के बादशाह को लिख कर भेजी थी। जिसके मफ़हूम (सार) यूँ निकलते हैं कि ऐ सल्तनते हिन्द के बादशाह तू

कैसा इंसाफ़ पसन्द है कि तूने अपने ज़िन्दा बाप पर मुसीबतों के अलावा पीने का पानी भी इतना कम मुहय्या करवाया है कि मैं प्यासा ही रह जाता हूँ। तू खुदा को मुँह कैसे दिखाएगा क्योंकि तूने अपने ज़िन्दा बाप पर पीने का पानी बन्द कर रखा है और एक इस मुल्क के हिन्दू हैं जो अपने मरे हुए माँ-बाप और बुज़ुर्गों को पानी देने के लिए हज़ारों मुसीबतें झेलते हुए बोध गया जाते हैं और वहाँ से गुज़रती हुई फलगू नदी के पानी की पूजा करते हैं। तारीख़ ही यह भी बयान करती है कि जब औरंगज़ेब को अपने बाप शाहजहाँ का ख़त मिला तो वह फूट-फूट कर रो दिया और उस पूरे अमले को सख़्त सजाएँ दीं जो कैदियों में शामिल उसके बाप और हिन्दुस्तान के साबिक (पूर्व) बादशाह का ख़याल नहीं रख सके थे। इसके बाद तारीख़ आगे बढ़ते हुए यह इन्किशाफ़ (उजागर) करती है और सुबूत के तौर पर औरंगज़ेब का वह ख़त जो बोध गया के गवर्नर को लिखा गया था, पेश करती है, कि अपने बुज़ुर्गों पर फलगू नदी का पानी चढ़ाने के लिए मुल्क से जो भी हिन्दू जाते हैं उनकी देख रेख और मेहमान नवाज़ी इस साल के बाद मुग़लिया सल्तनत की ज़िम्मेदारी में शामिल की जाती है। मुग़ल बादशाहों, खुसूसन औरंगज़ेब से लेकर एक मामूली अल्लाह वाले के इंसाफ़ से इस मुल्क की तारीख़ अटी पड़ी है लेकिल अब इस फ़िरक़ा परस्ती को क्या कहिए कि मुल्क की तक़सीम का पूरा गुनाह मुहम्मद अली जिनाह पर थोप कर हिन्दुस्तान की तारीख़ को फ़िल्मी कहानी बना दिया गया। मुल्क की मौजूदा सूरते हाल के पेशे नज़र मैं यह पेशीन गोई किये देता हूँ कि आइन्दा लिखी जाने वाली तारीख़ में औरंगज़ेब और दाऊद इब्राहीम को हिन्दुस्तान का सबसे बड़ा दुश्मन बना कर पेश किया जायेगा क्योंकि जब तारीख़ क़िस्सा-कहानियों और फ़िल्मी डायलॉग्स के पेशे नज़र लिखी जायेगी तो इस नाइंसाफ़ी से हिन्दुस्तान की तारीख़ को बचाया नहीं जा सकता। मैं पूरी ईमानदारी और मुकम्मल एहतिजाज (विरोध) के साथ यह तहरीर कर रहा हूँ कि मुल्क की जेलों में दहशत गर्दों के नाम पर यह जो हज़ारों मुसलमान ज़िन्दगी के बदतरीन दिन गुज़ार रहे हैं, यह लोग जो कैमरों और सहाफ़ियों के सामने इस्लामी अँगौछे से मुँह छिपा कर लाये जाते हैं, इनमें से निन्यानवे फ़ीसद मुल्ज़िमों के पास से बरामद किया हुआ सारा सामान फ़िरक़ा परस्त पुलिस अफ़सरों का सप्लाई किया होता है बल्कि वह बदनसीब अँगौछा भी सरकारी पैसे से ख़रीदा हुआ होता है जिसे दिखा कर मुल्ज़िम को दहशत गर्द साबित किया जाता है। आज़ादी के बाद कई बरसों तक हर थाने में गाँजे की बोरियाँ खुले आम रखी रहती थीं। फिर मुल्क की तरक़्क़ी के साथ देसी कट्टों का इस्तेमाल होने लगा। उनमें से बेशतर कट्टे उन लोहारों के बनाये होते हैं जिनको हुकूमत तनख़्वाह, ईनाम और पनाह देती है। बीसवीं सदी में दाख़िल

होते ही हिन्दुस्तान ने इतनी तरक़्क़ी कर ली कि कहीं भी हमला होने से पहले पुलिस दहशत गर्दों को गिरफ़्तार कर लेती है। सबसे पहले सत्तरह-अठारह बरस का लड़का मास्टर माइण्ड के टाइटिल के साथ गिरफ़्तार किया जाता है। मेरी यह बात एक तबक़े (वर्ग) को बहुत कड़वी लगेगी...अदबी माफ़ियाओं को ग़ैर अदबी लगेगी, सरकारी उलेमा की बे हयाई उनके चेहरे से और अयाँ (स्पष्ट) हो जायेगी...जब उन्हें यह बात मालूम होगी कि मुनव्वर राना रायबरेली पुलिस की निगाह में एक ऐसा ख़तरनाक मुजरिम है जो मुजरिमों को पनाह देता है। हैरत है कि जब रायबरेली शहर हमें पनाह नहीं दे सका तो हम मुजरिमों को कैसे पनाह दे सकते थे।

जिस शहर की अज़मत है मेरे नाम से मंसूब
उस शहर में मेरे लिए इक घर भी नहीं है॥

(हबीब हाशिमी)

फिर तेरा फ़साना याद आया

तआक़ुब, तआरुफ़, तकल्लुफ़, तअश्शुक़
मगर उसकी शादी हुई दूसरे से।

वैसे तो यह शेर मेरे एक मरहूम दोस्त ख़लिश इम्तियाज़ी का है, लेकिन शेर ने मेरी मुहब्बत और उसकी नाकामी का पूरा अहाता कर रखा है। आज बहुत मुद्दत के बाद एक पुराने ज़ख़्म से पपड़ी नोच रहा हूँ। तक़लीफ़ के साथ-साथ कुछ ख़ुशगवार यादें भी जुड़ी हुई हैं। पुरानी यादों के ज़ख़्म की महक में एक अजीबो ग़रीब जादू होता है। आदमी न चाहते हुए भी अपने माज़ी (अतीत) की तरफ़ खिंचता चला जाता है। यह और बात है कि यादों के इस जादुई सफ़र से वापसी में बहुत तकलीफ़ होती है। हफ़्तों आदमी बीमार न होते हुए भी बीमार-बीमार सा लगता है लेकिन इस बीमारी के बग़ैर आदमी ज़िन्दगी भर दूसरी बीमारियों में घिरा रहता है जो इस बात का एहसास दिलाती हैं कि हमारे पास एक गुदाज़ (नर्म) दिले दर्दमन्द भी है। रफ़्ता-रफ़्ता इस दिले दर्दमन्द का रक़बा सल्तनते इस्लामिया की तरह बढ़ता जाता है (जिसके बारे में सुल्तान सलाहुद्दीन अय्यूबी ने किसी फ़ौजी मश्क़ के दौरान अपने सिपाहियों से कहा था कि सल्तनते इस्लामिया की कोई हद नहीं होती) और फिर इस दिले दर्दमन्द की वुसअत (फैलाव) इतनी बढ़ जाती है कि हम सारी क़ायनात (ब्रह्माण्ड) के दुख-दर्द को अपना मेहमान बना लेते हैं। यही वह मक़ाम है जहाँ से क़लन्दरी और विलायत (आत्म शक्ति) की मंज़िल का रास्ता शुरू होता है लेकिन इस रास्ते में इतने मोड़ आते हैं, इतनी मजबूरियाँ आती हैं, इतनी ज़रूरतें सर उठाती हैं, इतने रिश्ते पैरों की ज़ंज़ीर बन जाते हैं कि आदमी सिद्धार्थ तो बन जाता है लेकिन उसे गौतम बनना नसीब नहीं होता। गौतम नाम के दुनिया में हज़ारों लोग होते आये हैं लेकिन निर्वाण सिर्फ़ एक ही गौतम को हासिल हुआ था, जिसे दुनिया महात्मा गौतम बुद्ध के नाम से जानती है। हम... चन्द साँसों में फूल जाने वाले कम ज़र्फ़ (तुच्छ) गुब्बारे अपने फेफड़ों की मदद से अपनी साँसें दुरुस्त करने में ही उम्र गुज़ार कर वापसी के लिए सामाने सफ़र बाँध लेते हैं। कहीं दूर क़ब्रिस्तान में दो ग़ज़ ज़मीन के नीचे

दबे हुए कीड़े हमारे जिस्म को अपनी खूराक बनाने के लिए शायद उसी दिन से हमारा इन्तिज़ार कर रहे होते हैं, जिस दिन हम पैदा हुए थे।

मेरी मुहब्बत भी सदियों पुरानी अमीरी और ग़रीबी के बीच में खिंची हुई दीवार से सर पटक कर लहू लूहान होती रही और समाज गूँगों के अस्पताल में हमेशा की तरह एक मैले बिस्तर पर लेटा रह गया। कहानी को मुख़्तसर (संक्षिप्त) करते हुए वही दुख होता है जो बरगद के पेड़ को बोनज़ाई बनाने के लिए उसे गमले में मुन्तक़िल (स्थानान्तरित) करते वक़्त होता है। मैं भी अपनी मुहब्बत के बरगद की फैलती हुई जड़ों को गमले में मुन्तक़िल करने में मसरूफ़ रहा क्योंकि यह अस्पताल के बिस्तर पर लेटे हुए गूँगे समाज का बोलता हुआ हुक्म होता है। अपनी आवाज़ को अचानक दबाने में कितनी तकलीफ़ होती है, यह सिर्फ़ मुहब्बत के खेल में हारा हुआ कोई जुआरी ही बता सकता है—

कहाँ आसान है पहली मुहब्बत को भुला देना
बहुत मैंने लहू थूका है घरदारी बचाने में ॥

मुहब्बत में चोट खाये हुए दूसरे लोगों के मुक़ाबले में शायद मैं जल्दी पुरसुकून हो गया था और यही मेरे हक़ में मुनासिब भी था और शायद यही हमारा मिज़ाज भी है कि हम शिकस्त (पराजय) के आसार (लक्षण) के साथ ही शिकस्त क़ुबूल कर लेते हैं। बे सबब तवक़्क़ुआत (आशाओं) के झूले पर सवार नहीं होता हूँ और यूँ भी यह मुहब्बत है...आबगीने से भी नाज़ुक, दिल से भी ज़्यादा नर्म और दूध से ज़्यादा सफ़ेद। यह नैपोलियन बोनापार्ट का दुनिया जीतने का अज़्म (महत्त्वाकांक्षा) नहीं है, फिर तारीख़ जब नैपोलियन के अज़ाएम (महत्त्वाकांक्षाओं) के आसपास पहुँचती है तो उसे नैपोलियन बोनापार्ट की बीवी भी दिखाई पड़ जाती है जो नैपोलियन की फ़ौज के ही एक अदना सिपाही को दादे ऐश देने (भोग विलास करने) में मशग़ूल दिखाई देती है।

मुहब्बत की इस बुरी तरह नाकामी के बाद आम आशिक़ की तरह मुझे भी खुदकुशी करने के शौक़ ने काफ़ी परेशान किया लेकिन मैंने इस शौक़ को जुनून में नहीं बदलने दिया। इसकी शायद सबसे बड़ी वजह यह थी कि तालिब इल्मी के ज़माने से ही नक्सल मूवमेंट से जुड़ जाने की वजह से दुनिया से लड़ कर मरने का शौक़ ज़्यादा पैदा हो चुका था। मुझे अपने इस फ़ैसले पर आज तक गुरूर की हद तक फ़ख्र है और अपने इस फ़ैसले के गुरूर में इस अह्द के हर नवजवान को शामिल करना चाहता हूँ। यह कितनी अजीब-सी बात है कि चौदह बरस का बनवास करने वाले भगवान राम को उम्र के आख़िरी पड़ाव पर सरजू नदी में जल समाधि लेनी पड़ी थी लेकिन कैकेयी की सियासत और बाप

दशरथ के हुक्म पर राज पाट छोड़ कर बनवास के लिए निकल पड़ने वाले का जल समाधि लेना भी ज़रूरी हो जाता है।

ख़ुद ही मिल बैठे हो, ये कैसी शनासाई हुई
दश्त में भटके, न घर छोड़ा, न रुसवाई हुई

(शहज़ाद अहमद)

मेरी ज़िन्दगी में शायद 27 जनवरी, 1973 का दिन एक ऐसा दिन था जब मुझे सूरज के डूबने का सबसे ज़्यादा दुख हुआ था। बल्कि अगर मेरे अख़्तियार में होता तो शायद उस दिन मैं सूरज को गुरूब होने ही नहीं देता। बज़ाहिर यह एक मामूली और बे रब्त (क्रम विहीन) सा जुमला मुझे अपने मज़हब से मुनकिर (नकारने वाला) कर रहा है लेकिन मैं क्या करूँ कि मुझे आज तक कोई यही न बता सका कि मज़हब पहले आया था या मुहब्बत! समाज ने बेड़ियाँ पहले बनवायी थीं या इंसान ने एहतिजाज और बग़ावत पहले की थी! ब ज़ाहिर तो सूरज अपने गुरूब होने के साथ-साथ दुनिया को रात भर के लिए अँधेरों के हवाले करता है लेकिन न जाने कितनी ही उम्मीदों के चराग़ हमेशा-हमेशा के लिए सिर्फ़ रात के एक मुख़्तसर से हिस्से में दम तोड़ देते हैं।

ऐसी ही एक रात मेरी ज़िन्दगी में भी आयी थी जब लाखों बार की दोहरायी हुई कहानी में मुहब्बत हमेशा की तरह अमीरी के मुक़ाबले में हार गयी। यहाँ तक तो मेरी कहानी भी आम कहानियों से तक़रीबन मिलती जुलती थी लेकिन कहानी का अगला हिस्सा तकलीफ़ के एहसास से भी काँप उठता है। आम तौर पर मुहब्बत में शर्तों और मिन्नतो गुज़ारिश का लिहाज़ रखा जाता है लेकिन यहाँ तो बिछड़ने वाले ने यह शर्त भी लगा दी थी कि तुम्हें हमारे निकाह में ख़ुशदिली के साथ शरीक भी होना है। लिहाज़ा सूरज जैसे-जैसे रुख़्सती के लिए सामाने सफ़र बाँध रहा था, मैं मजनूँ होते हुए भी रेगिस्तान की सख़्तियों से डर रहा था...जी कड़ा करके और दिल पर हज़ारों मन का पत्थर रख कर मैंने रस्मे मुहब्बत भी निभाने का इरादा कर लिया था। मेरी मुहब्बत की दास्तान को क़ैस और फ़रहाद जैसा नसीब तो नहीं मिल सका लेकिन उस ज़माने में हमारे इलाक़े के बेशतर लोग हमारी दीवानगी से वाक़िफ़ थे। मेरे वालिद का दबदबा इतना था कि उनके एक इशारे पर ज़बरदस्ती बन्दूकों के साये में भी मेरा निकाह हो सकता था लेकिन यह तो शाने सय्यदी के ख़िलाफ़ था। शादी में शामिल ज़्यादातर लोगों को मेरी दास्तान का पता था और लोगों को दिलचस्पी के साथ-साथ हमारे लिए हमदर्दी भी थी लेकिन हमदर्दी वह भीख है जिससे किसी का भी कासा (भिक्षा पात्र) नहीं भर सकता। बिल्डिंग के बरामदों में सैकड़ों लड़कियाँ और औरतें खड़ी थीं। उनकी गुफ़्तगू उनके क़हक़हों और इशारों ने मेरे मज़बूत इरादे के टुकड़े-टुकड़े

कर दिये। मैं थोड़ी देर तक अपने ऑफिस में बैठा रहा। मेरी सोचने-समझने की सलाहियत तक़रीबन ख़त्म हो चुकी थी। दिमाग़ी तौर से मैं तक़रीबन फ़ालिज ज़दा हो चुका था। रफ़्ता-रफ़्ता क़ूव्वते बर्दाश्त जवाब देने लगी और मैं अपने आप से भी अजनबी होता चला जा रहा था। इलाक़े की हर आँख एक सवालिया निशान थी। मेरी जवाब देने की ताक़त भी तक़रीबन ख़त्म हो चुकी थी बल्कि मैं तो किसी से आँख मिला कर कुछ देर तक खड़े रहने की हालत में भी नहीं था। चूँकि सर्दियों की रात थी लिहाज़ा सड़क जल्द सुनसान हो जाती है। मैं ऑफिस से निकल कर शहर की ख़ास शाहराह सेंट्रल एवेन्यू पर आ गया। उस वक़्त रात के तक़रीबन साढ़े ग्यारह बज रहे होंगे। ख़ुदकुशी का बार-बार ख़याल आ रहा था। मानिक तल्ला के पास बहुत दूर तक रेलवे लाइन पर चलता रहा लेकिन शायद ज़िन्दगी ने कुछ और सोच रखा था। फिर मैं एयर पोर्ट वाले रास्ते पर पागलों की तरह पैदल चलता रहा। अकसर गाड़ी वाले मेरी चाल-ढाल और लड़खड़ाहट से मुझे गया गुज़रा शराबी समझ कर मुझसे ख़ुद बच कर चल रहे थे। अचानक एक टैक्सी मेरे बराबर में आकर रुकी। उसमें से उस वक़्त की बंगाल की मशहूर स्टेज सिंगर पुष्पी रॉय चौधरी और उनका छोटा भाई जो ड्रम बजाता था, दोनों उतरे। पुष्पी रॉय चौधरी मुझसे बहुत सीनियर थीं। उनकी और मेरी उम्र में भी तक़रीबन दस-बारह बरस का फ़र्क़ था। मैं उनके साथ भी उन दिनों स्टेज पर प्रोग्राम किया करता था। वह मुझे बहुत चाहती थीं बिल्कुल छोटे भाइयों की तरह। इसकी दो वजहें थीं, अव्वल तो मेरा हुस्ने एख़लाक बंगालियों को बहुत मुतास्सिर (प्रभावित) करता था, दूसरे मैं उनसे प्रोग्राम के पैसों के लिए कभी हुज्जत या तकरार नहीं करता था। वह मुझे जो भी पैसे दे देती थीं, मैं रख लेता था। यूँ भी ख़ुदा न ख़्वास्ता पैसा किसी ज़माने में भी मेरा मसला नहीं था। पुष्पी जी को मेरी मुहब्बत और उसकी नाकामी के बारे में काफ़ी ख़बर थी। वह दोनों बहन-भाई मुझे अपने साथ मानिक तल्ला में अपने फ़्लैट पर ले गये। पुष्पी जी ने मुझे एक कमरे में बन्द कर दिया। सुबह उन्होंने मुझे नहाने के लिए कहा और अपने भाई के कपड़े पहनने को दिये और साथ ही यह भी ताक़ीद करना नहीं भूलीं कि जिस कमरे में तुम सोये थे वह बिल्कुल साफ़ सुथरा है... वहाँ या तो मेरी माँ रहती हैं या माँ दुर्गा रहती हैं। उन्होंने मुझे एक धुली हुई चादर निकाल कर दी और कहा कि पहले तुम नमाज़ पढ़ो और अपने ख़ुदा से अच्छी-अच्छी दुआएँ माँगो। नमाज़ के बाद मैंने उन लोगों के साथ डायनिंग टेबिल पर बैठ कर नाश्ता किया। नहाने-धोने और नमाज़ पढ़ने से मुझे काफ़ी तक़वियत (शक्ति) मिली। शायद मैं आहिस्ता-आहिस्ता अपने जुनून के हिसार (बन्धन) से निकल रहा था। नाश्ता करके मैं उनके घर से निकलने लगा तो पुष्पी

जी ने पूछा कि यहाँ से कहाँ जाओगे। मैंने हँसते हुए कहा कि आप परेशान मत हों...ख़ुदकुशी करने तो हर्गिज़ नहीं जाऊँगा। पुष्पी जी ने हँसते हुए Good Boy कहा और साथ ही अपने पर्स से तीन सौ रुपये निकाल कर दिये। मेरे इंकार करने पर हँसते हुए बोलीं कि यह तुम्हारे ही पैसे हैं जो हमने पिछले प्रोग्राम के बाद तुम्हें कम दिये थे। उनका मेरे एहसासे निदामत (शर्मिन्दगी का एहसास) को मिटाने का यह तरीक़ा मुझे आज भी बहुत याद आता है। उन दिनों कलकत्ते के स्टेज पर मशहूर फ़िल्म गायिका अलका यागनिक और मुहम्मद अज़ीज़ भी अपनी शिनाख़्त (पहचान) को पुख़्ता करने में मसरूफ़ थे। स्टेज पर मेरी मक़बूलियत और ख़ुदसरी का वही ज़माना था जो आज मुशायरों के स्टेज पर है। अकसर मुझसे मुहब्बत करने वालों को यह शिकायत है कि मुनव्वर अगर संजीदा होते तो बे पनाह कामयाब इंसान होते लेकिन मैं सोचता हूँ कि संजीदगी से मुहब्बत करने का अंजाम इतना भयानक हुआ कि मुझे ग़ैर संजीदा रह कर भी ज़िन्दगी को जीतना चाहिए। कम से कम इस तरह से न कोई मुझे तकलीफ़ देता है और न मैं किसी को परेशान करने की ग़लती करता हूँ।

उगते हुए नये सूरज के साथ-साथ मैं भी बदल रहा था क्योंकि घर से ग़ायब रहने की वजह से अम्मी रात भर छाती पीटती रहीं कि मेरा बेटा अब इस दुनिया में नहीं है। अब्बू ने रात भर मेरी तलाश में शहर का कोई अस्पताल, कोई पुलिस स्टेशन और कोई भी जाए हादिसा (घटना स्थल) नहीं छोड़ा। सुबह होते ही पुष्पी रॉय चौधरी के घर से निकल कर मैं अपने सबसे चहेते और जाँ निसार दोस्त मुज्जन से मिलने मानिक तल्ला से पार्क सर्कस की तरफ़ रवाना हुआ। उसके घर से क़रीब ही टैक्सी से उतर कर मैं एक दुकान से सिगरेट लेकर जूट की रस्सी से उसे सुलगा ही रहा था कि अचानक मुज्जन ने मुझे आवाज़ दी। मैंने उसे पलट कर देखा तो वह मेरे अब्बू के साथ कार में बैठा हुआ था। कार सें उतर कर फ़ौरन ही मुज्जन मुझसे और मैं अपने अब्बू से लिपट कर दहाड़ें मार-मार कर रोने लग गया। हम लोगों के चारों तरफ़ भीड़ लग गयी। स्टेज की दुनिया से मुंसलिक (जुड़ा) होने की वजह से बहुत से लोग मुझे पहचानते थे और मुज्जन तो ख़ैर उसी मोहल्ले का रहने वाला था और मेरे वालिद मुहम्मडन स्पोर्टिंग क्लब के जनरल सेक्रेटरी होने की वजह से हर जगह जाने-पहचाने जाते थे लेकिन शायद आँसू बड़े बेशर्म होते हैं। यह कुछ भी नहीं देखते... किसी को भी नहीं देखते... इन्हें जब आँखों से बग़ावत (विद्रोह) करनी होती है तो कर बैठते हैं। किसी भी अंजाम से बे परवाह और किसी भी नतीजे की फ़िक्र किये बग़ैर। मुज्जन मेरा जिगरी दोस्त था। अब्बू तो ख़ैर मेरे अब्बू ही थे और मैं उनका ना लाएक़ बेटा। ऐन बीच सड़क पर रिश्तों को इस तरह फूट-फूट कर रोते देखकर

शायद क़ायनात (ब्रह्माण्ड) की आँखों में भी आँसू आ गये होंगे क्योंकि दुनिया तो हमारे आसपास खड़ी अपने रुमाल और नंगे हाथों से अपने आँसू पोंछ रही थी...रहे नाम अल्लाह का।

बुज़ुर्ग़ों से सुना था कि आदमी को ज़्यादा हँसना या ज़्यादा रोना नहीं चाहिए क्योंकि ख़ून की तरह जिस्म में हँसी और आँसुओं की एक ख़ास मिक़दार (मात्रा) होती है। ज़्यादा हँसने की वजह से जिस्म के हिस्से की हँसी ख़त्म हो जाती है और ज़्यादा रोने से जिस्म की रियासत के आँसू भी ख़त्म हो जाते हैं और आँसुओं के ख़त्म होने का मतलब तो यही होता है कि अब आँसू आपको उधार के तौर पर माँगना होगा और यही वह वक़्त होता है जब आपकी आँखें तो ख़ुश्क हो चुकी होती हैं लेकिन बहुत से लोग आपके लिए रो रहे होते हैं। लेकिन उधार लिए हुए इन आँसुओं का क़र्ज़ आपकी औलादों को दूसरों के लिए रो-रो कर अदा करना पड़ता है। आँख में आये हुए आँसू और आँख से टपके हुए आँसुओं में इतना फ़ासला होता है कि कई सदियाँ मिल कर भी इस फ़ासले को ख़त्म नहीं कर पाती हैं। इसीलिए कहा जाता है कि अपने आँसुओं और हँसी को हमेशा बचा कर रखिए। ये आपका सरमाया हैं। इन्हें फ़िज़ूल खर्ची में जाया मत कीजिए। कभी आपके बचाये हुए यही आँसू और हँसी आपकी औलादों बल्कि नस्लों के काम आयेंगे। लिहाज़ा मुहब्बत, जुदाई, मिलने और बिछड़ने पर शायद मैं आख़िरी बार रोया था और जी भर के रोया था। पार्क सर्कस मार्केट के चौराहे पर हज़ारों तमाशाइयों के सामने रोया था। मेरे आँसुओं की देखा देखी सैकड़ों परायी आँखें भी रोयी थीं जो अभी कुछ देर पहले तक तमाशाइयों की तरह मुझे देख रही थीं। हँसी से ज़्यादा आँसुओं में ताक़त होती है। एक दूसरे के लिए आँसू बहाने का मतलब भी यही होता है कि ख़ुदा कहीं बैठा हुआ यह सोच-सोच कर मुस्कुरा रहा होगा कि औरत की कोख से पैदा हुए इस लोथड़े में अभी इंसानियत बाक़ी है। अब्बू मुझे बहला-फुसला कर मुज्जन की मदद से घर वापस लाने में कामयाब हो गये थे। मैं घर, बाहर हर जगह एक तमाशा बन कर रह गया था। दुनिया शायद बहुत दिनों के बाद मुहब्बत की जंग हारे हुए किसी नवजवान को देख रही थी। हालाँकि घर और बाहर तमाशाइयों की हमदर्दियाँ हमारे साथ थीं लेकिन शमशान घाट की जली हुई राख से हमदर्दी का न तो उन्हें कोई फ़ायदा था और न मेरे ही किसी काम की थी। घर में भी बिल्डिंग और मोहल्ले की औरतों की काफ़ी भीड़ थी। वालिद साहब ने तमाम लोगों से दस्त बस्ता (करबद्ध) गुज़ारिश करके उन्हें रुख़्सत किया। छोटे भाइयों को भी स्कूल और दूसरे कमरे में चले जाने का हुक्म दिया गया। अब कमरे में सिर्फ़ मेरी अम्मी, अब्बू और मेरी नानी रह गयी थीं। नानी तो शुरू से हम लोगों के साथ

रहती थीं। उन बेचारी का काम दिन-रात अपनी बेटी, दामाद और दुख़्तरज़ादों (नातियों) के अच्छे नसीब के लिए दुआ करना था।

वालिद साहब ने गुफ़्तगू शुरू की। इस गुफ़्तगू में अम्मी शामिल थीं। हालाँकि वह हमेशा से ख़ामोश तबीयत थीं। वालिद साहब ने मुझे समझाते हुए एक अजीबो ग़रीब बात अम्मी की गवाही के साथ बतायी। मेरे वालिद जो सियासी, समाजी और कारोबारी एतबार से इस हैसियत के हामिल थे कि किसी भी लड़की की शादी मेरे साथ वह ज़बरदस्ती करवा सकते थे लेकिन जब उन्होंने यह बताया कि बेटा तुम अपनी माँ से पूछ लो, मैंने उस लड़की की वालिदा के पैरों पर अपनी टोपी उतार कर रख दी और उनसे अर्ज़ किया कि बहन, यह मेरे बेटे की ज़िन्दगी का सवाल है लेकिन उन्होंने यह मजबूरी बयान की कि अब तो मँगनी ही नहीं, शादी की तारीख़ भी रखी जा चुकी है। मेरे वालिद ने उनको यह भी समझाया कि मेरी बहन, बारातें वापस चली जाती है... आप सिर्फ़ थोड़ी-सी हमदर्दी के साथ हमारा मुक़दमा सुन लें। लेकिन ऐसा कुछ नहीं हुआ और आख़िरकार वही सब हो गया जो क़ुदरत को शायद पहले से मंजूर था। यह तमाम बातें सुनने के बाद मेरी निगाह में मेरे वालिद का क़द इतना बढ़ गया कि मैं उस मक़ाम तक पहुँचना तो दूर की बात है, उस मक़ाम तक पहुँचने के बारे में सोच भी नहीं सकता था। उसी पल मैंने अब्बू को अपना आइडियल बना लिया। उनकी ख़ुददारी, उनकी नर्म दिली और मुश्किल वक़्तों में साबित क़दम रहने का हुनर सारी ज़िन्दगी मैं उनसे सीखता रहा। मुझे यह भी बताते हुए बेइन्तिहा फ़ख़्र महसूस हो रहा है कि मैं तीन बेटियों का बाप बन चुका था इसके बावजूद सुल्तानपुर से रायबरेली आते वक़्त एक जगह ग़लत स्टियरिंग काट देने से नाराज़ हो कर उन्होंने मुझे थप्पड़ मारे लेकिन बुज़ुर्गों की शख़्सियत से नयी नस्ल ने अपने मुस्तक़बिल (भविष्य) की ज़मीन पर अंकुर फूटने ही नहीं दिये। माँओं की छातियाँ ख़ुश्क होने लगी हैं, गंगा का पानी प्रदूषित होता जा रहा है। मैंने, बजाय इसके कि बहस मुबाहिसे के नये-नये ज़ाविये (कोण) तलाश करता फिरूँ... ज़िन्दगी में हर तरह की शिकस्त को फ़राख़ दिली के साथ बहुत ही Sportingly क़ुबूल करने की आदत डाल ली। तावीलों (बचाव की दलीलों) के घोड़े पर सवार हो कर अपना दिफ़ाअ (Defence) करने वाले सारी उम्र ज़लील होते हैं। मैं यूँ तो रेगुलर क़िस्म का जुआरी नहीं था लेकिन सालियों और सुसरालियों में बैठ कर जुआ खेलने का हमेशा शौक़ीन रहा। वहाँ भी मेरा मक़सद जुआ खेलने के साथ किसी दिन अचानक किसी द्रोपदी को जीतने का था लेकिन इस इन्तिज़ार की भूल भुलैया में भटकते-भटकते मैं ख़ुद ताश का तिरपनवाँ पत्ता बन कर रह गया।

मैंने वालिद साहब से कहा कि अब मैं कलकत्ते में नहीं रहना चाहता। इस

बात को शायद वह भी अपने तजरुबे की धूप में महसूस करते रहे होंगे। मेरे कहने पर वह बिल्कुल राज़ी हो गये। उन्होंने मुझसे पूछा कि तुम कहाँ रहना चाहते हो। मैंने कहा कि इलाहाबाद में ट्रांसपोर्ट का काम शुरू करना चाहता हूँ। वालिद साहब इस बात पर भी रज़ामन्द हो गये। इसकी शायद सबसे बड़ी वजह यह थी कि उनके पास खोने के लिए अब कुछ नहीं था लेकिन अगर लड़का राहे रास्त (सीधी राह) पर आ गया तो उनकी मेहनत रंग लायेगी। मैंने इलाहाबाद जाने की तैयारी शुरू कर दी। ग़रीब आदमी और मुहब्बत में नाकाम नवजवान की तैयारी ही क्या होती है। वही दो-चार जोड़े कपड़े, जूते-चप्पल, कुछ किताबें यही सरमायए जाँ (जीवन सम्पत्ति) थीं। मेरी रवानगी से एक दिन पहले मेरी नाकाम मुहब्बत की हीरोइन साहिबा अपनी बड़ी बहन सुरय्या बाजी के साथ मेरे घर पर मुझसे मिलने आयीं। अभी हफ़्ते भर पहले का तूफ़ान था। घर के लोग उन लोगों से मिलते हुए कतरा रहे थे। मेरे छोटे भाइयों में उन लोगों के लिए एक अजीब की नाराज़गी थी। मैं दूसरे कमरे में ख़ुद अपने आप को और अपना सामान समेट रहा था। अचानक वह मेरे कमरे में आ गयीं। आते ही उन्होंने फ़ौरन यह भी पूछा कि सुना है, आप कलकत्ता छोड़ कर जा रहे हैं। मैंने कहा, कलकत्ते से हमारे ख़ानदान का कोई रिश्ता नहीं है, आप से एक रिश्ता था वह भी मेरी ग़रीबी के सबब मर चुका है। अब ज़िल्लत और रुसवाई से अपने आपको बचाने के लिए हिजरत (प्रवास) मुझ पर फ़र्ज़ हो चुकी है। अचानक मैं अपनी जगह से उठा और एक भारी सा लिफ़ाफ़ा उनके हवाले करते हुए उन्हें बताया कि ये आपके लिखे हुए ख़ुतूत हैं। मेरे लिए इन्हें ज़ाया (नष्ट) करना बहुत दुश्वार है लेकिन आप इन्हें आसानी से ज़ाया कर देंगी क्योंकि आपको जब मुझे ज़ाया करने में ज़रा सी भी तकलीफ़ नहीं हुई तो यह सब तो काग़ज़ के तुड़े-मुड़े बेजान टुकड़े हैं। इन्हें ज़ाया करने में आपको कोई दुश्वारी नहीं होगी। वह अचानक मेरी इस बेकसी और शराफ़त पर फूट-फूट कर रोने लगीं क्योंकि मैंने उनसे यह भी कहं दिया था कि देखिए, ज़िन्दगी और मौत का कोई भरोसा नहीं है। मैं नहीं चाहता कि मेरी मौत के बाद यह ख़ुतूत आपकी रुसवाई का सबब बनें।

एक टूटे-से मक़बरे के क़रीब
इक हसीं जूए बार बहती है
मौत कितना भी एतराज़ करे
ज़िन्दगी बे क़रार रहती है।

मैंने अपने दुख देते हुए माज़ी पर मुस्तक़बिल का भारी पत्थर रख कर कलकत्ते को अलविदा कहा और अपनी तक़दीर की बुनियाद का पत्थर इलाहाबाद की ज़मीन पर रख दिया। यह अजीबो ग़रीब बात है कि हर थका-हारा हुआ

शख़्स अपने ख़ुदा की तरफ़ भागता है। यह मन्दिर, मस्जिद, ख़ानक़ाहें (आश्रम), शिवालय, कलीसा और गुरुद्वारे न होते तो आधी से ज़्यादा दुनिया ख़ुदकुशी कर चुकी होती। फिर तो हर शहर में इबादतगाहों की जगह पागल खानों की बुनियाद रखनी पड़ती। इलाहाबाद मेरे लिए नया शहर था लेकिन पुराने ज़ख़्मों को भुलाने के लिए नयी ज़मीन को आबाद करना ही पड़ता है। यही वह मोड़ है जहाँ कुछ ज़्यादा फ़ासला बढ़ जाने से हिजरत (प्रवास) का कर्ब (पीड़ा) शुरू हो जाता है। इलाहाबाद में अब्बू के दोस्त नेमतउल्लाह साहब का ट्रकों का बहुत बड़ा करोबार था। हम लोग उनको नेमत चचा कहते थे। वह लोग कई भाई थे। सबसे बड़े ईदू चचा, फिर बरकत चचा उनके बाद नेमत चचा और हशमत चचा थे। मेरे वालिद के उन लोगों से काफ़ी पुराने मरासिम थे। यह ख़ानदान भी कड़ी मशक़्क़त (परिश्रम) और हलाल रिज़्क़ की बदौलत इलाहाबाद के मुतमव्विल (दौलत मन्द) घरानों में शुमार किया जाता था। नेमत चचा के वालिद सुलेमान मिस्त्री थे। उनका शुमार शहर के सबसे बड़े मैकेनिक में होता था। अंग्रेज़ों के ज़माने में भी उनके हुनर के हज़ारों कद्रदान थे इसीलिए उनके नाम के साथ हमेशा मिस्त्री लगाया जाता था। वह मेरे अब्बू को अपने बेटों की तरह अज़ीज़ (प्रिय) रखते थे। इसी रिश्ते से हम लोग हमेशा उनको सुलेमान दादा कहते थे। मेरे वालिद ने मुद्दतों उनके ट्रक की ड्रायवरी की थी। सुलेमान दादा अब्बू को हमेशा अपने साथ बिठा कर खाना खिलाते थे। अब्बू ने सबसे पहले हाफ़िज़ सिद्दीक़ (हिन्दुस्तान ट्रांसपोर्ट, उन्नाव) की गाड़ी चलाना शुरू की थी। कम अज़ कम दस बरस वह उन्हीं की गाड़ी चलाते रहे लेकिन फिर अचानक उन्होंने इस बिना पर हाफ़िज़ जी की नौकरी छोड़ दी क्योंकि उन्होंने घर में एक रंडी बिठा ली थी। हाफ़िज़ जी ने अब्बू को मनाने की बहुत कोशिश की और यहाँ तक लालच दी कि ट्रक के छः पहियों में आज से तीन तुम्हारे और तीन हमारे लेकिन वालिद साहब ने हाफ़िज़ सिद्दीक़ से हाथ जोड़ लिए कि मैं अपने बच्चों को हरामकारी के पैसे से पालना पसन्द नहीं करता। नौकरी छोड़ कर बहुत दिनों तक वह बेकार रहे। ज़ाहिर है कि बेकारी घर में बड़ी मुसीबतें लेकर आती है लेकिन उन्होंने भी सोच रखा था कि जब आले रसूल (हज़रत मुहम्मद के वंशज) हैं तो परेशानियाँ हमेशा साथ-साथ चलेंगी। कुछ दिनों बाद अब्बू ने अरखा रियासत के राजा साहब के ट्रक पर नौकरी कर ली। अरखा के कुँवर साहब को मैंने बचपन में देखा है। अकसर मैं अब्बू के साथ उनके महल में गया हूँ। आम के मौसम में वह मेरी आँखों में आमों का इश्तियाक़ (शौक़) देख कर मुझसे कहते थे कि जाओ, तुम जितने आम तोड़ सकते हो, तोड़ लाओ। चलते वक़्त वह तक़रीबन एक बोरा आम मुझे देते थे। सच कहा जाता है कि राजा का बेटा राजा ही होता है। कुँवर

अरखा तो अब दुनिया में नहीं रहे लेकिन उनके बेटे कुँवर अजय पाल सिंह हैं जो उत्तर प्रदेश की विधान परिषद के एम.एल.सी. भी हैं। कभी-कभार उनसे किसी-किसी महफ़िल में मुलाक़ात हो जाती है। चूँकि कुँवर अरखा के तअल्लुक़ात नेमत चचा के ख़ानदान से थे और अब्बू की ईमानदारी और बहादुरी के क़िस्से सुलेमान दादा ने उन्हें भी सुना रखे थे, लिहाज़ा सुलेमान दादा ने कुँवर अरखा से कह कर अब्बू को उनके ट्रकों की फ़्लीट का इंचार्ज बनवा दिया। इन्हीं लोगों की मदद से कलकत्ते में हिन्द फ़ॉरवर्डिंग एजेंसी के नाम से एक छोटे-से ट्रांसपोर्ट की बुनियाद रखी। इस तरह जोड़ घटा कर नेमत चचा के ख़ानदान से हम लोगों के तक़रीबन पचास बरस से ज़्यादा पुराने मरासिम हैं। अब तो वह घर भी बुज़ुर्गों से तक़रीबन ख़ाली हो चुका है लेकिन नयी नस्ल तक दोस्ती की बेलें फैली हुई हैं। मेरी दोस्ती उस घराने के हबीब एडवोकेट से थी। वह कम उम्र में ही किडनी फ़ेल होने की वजह से मालिके हक़ीक़ी से जा मिले थे।

इलाहाबाद में नेमत चचा के घर पर ही हम बड़े हुए थे और उनकी देख रेख और सरपरस्ती के आज तक एहसान मन्द हैं। हटिया, मुट्ठीगंज वाले मकान के बाहरी हिस्से के एक कमरे में मेरा कब्ज़ा था। नाश्ता-खाना सब वहीं से आता था। चूँकि मेरा घर में आना-जाना था लिहाज़ा कभी-कभार घर के अन्दर भी खाना पीना हो जाता था। अगर पैसों की ज़रूरत पड़ती थी तो नेमत चचा से माँग लेता था। कभी-कभी वह मूड में होते तो ख़ुद ही पूछते अबे! पैसे वैसे हैं कि ऐसे ही मोटर साइकिल लहरा रहे हो। फिर अपनी जेब से सौ-पचास रुपये निकाल कर मेरे हवाले कर देते थे। अपने मुंशी जी को भी उन्होंने ताकीद कर रखी थी कि मुनव्वर को कुछ भी ज़रूरत हो तो तुम उसका ख़याल रखना। बड़ी बात यह है कि नेमत चचा ने मुझे दिये हुए पैसों का तक़ाज़ा न कभी मेरी कम्पनी से किया और न मेरे वालिद से। कभी-कभार कोई नया आदमी अगर नेमत चचा से मेरे बारे में पूछ लेता तो हँसते हुए कहते कि अरे! आप इनको नहीं जानते, यह मेरे बाप हैं। सब लोग बे साख़्ता हँस पड़ते और मैं ज़मीन में गड़ जाने की हद तक शर्मिन्दा होने लगता। तभी वह हँसते हुए कहते कि यह अनवर का बड़ा लड़का है मुनव्वर, इसको हमने गोद ले लिया है और साथ ही हँसते हुए यह भी कह जाते कि यह औलाद मेरी ही है, चाहे तो अपनी माँ से पूछ आये मगर यह अनवर भाई को अपना बाप कहता है। अल्लाह उन्हें करवट-करवट जन्नत नसीब करे। क्या खिले ढले आदमी थे, पंजवक़्ता नमाज़ी, हर वक़्त ग़रीबों की मदद के लिए तैयार। ख़ुदा उनके ख़ानदान का उरूज (उत्कर्ष) रहती दुनिया तक क़ायम रखे। हमारे ख़ानदान में ख़ुशी हो या ग़म मय अपने ख़ानदान के शरीक होते। मैंने उन्हें पहली बार अब्बू की मौत पर फूट-फूट कर रोते देखा था वर्ना नेमत चचा

बहुत सख़्त जान थे। मेरे छोटे भाई यहिया से नेमत चचा के तमाम घर वाले बहुत मुहब्बत करते थे। वह बरकत चचा के कारख़ाने में काम भी सीखता था। अपनी ख़ुशमिज़ाजी और लतीफ़ेबाज़ी की वजह से वह उनके पूरे घर में बहुत अज़ीज़ था। कार हादिसे में उसकी मौत के वक़्त नेमत चचा, बरकत चचा और घर के बहुत से लोग भी आये थे। नेमत चचा अपने आपको जितना सँभाले हुए थे, यह उन्हीं का हुनर था। दो दिनों तक रायबरेली में हमारे घर पर रहे और सिर्फ़ इस कोशिश में लगे हुए थे कि अब्बू कहीं से टूटने न पायें। लेकिन वही नेमत चचा अब्बू की मौत पर रायबरेली आये तो इतना फूट-फूट कर रोये कि उनके साथ पूरा इलाक़ा रो दिया।

पत्थर जिसे कहते थे सब लोग ज़माने में
इक रोज़ न जाने क्यों रोया तो बहुत रोया

मैं इसीलिए अपनी यादों की डोर खोलने से बहुत डरता हूँ क्योंकि नतीजे के तौर पर मैं ख़ुद उलझता चला जाता हूँ। ब ज़ाहिर तो अस्ल मौज़ू (विषय) से हट जाता हूँ, लेकिन ऐसा बिल्कुल नहीं है बल्कि जिस तरह चूल्हे की आँच कम करने के लिए लकड़ियों को आगे पीछे करना पड़ता है, वैसे ही मैं यादों की तपिश (आँच) से बचने के लिए मौज़ू की पटरियाँ बदलता रहता हूँ। अब यह मेरा हुनर है कि मौज़ू से हटने के बाद भी भटकता हुआ महसूस नहीं होता हूँ। अप्रैल 1973 के आख़िरी हफ़्ते में मैं रिज़्क़ की तलाश और मुस्तक़बिल के बे रंग चेहरे को एक नयी रंगत देने के लिए इलाहाबाद आया था। अपनी जावा मोटर साइकिल मैं कलकत्ते से लेकर आया था। अब ज़िन्दगी का मामूल (दस्तुर) कुछ इस तरह था कि सुबह फ़ज्र की नमाज़ पढ़ना, फिर आधे घण्टे तक कलामे पाक की तिलावत करना, नाश्ता करना और तक़रीबन साढ़े आठ बजे सुबह फैक्ट्री वाले इलाक़े में निकल जाना था। दोपहर की गर्मी, धूप और लू... वह भी इलाहाबाद की, मैं तक़रीबन दो बजे उस तरफ़ से वापस होता, नेमत चचा के घर में खाना खाता और ऊपर अपने तपते हुए कमरे में सो जाता। उस ज़माने तक मेरा पसीना ज़दा जिस्म कूलर और एयर कण्डीशन से बाक़ायदा वाक़िफ़ नहीं हुआ था। शाम को पाँच बजे के बाद नहा-धो कर मैं शहर की उन दुकानों के चक्कर लगाता जिनका माल कलकत्ते से इलाहाबाद दूसरे ट्रांसपोर्टरों के ज़रिये आता था। तक़रीबन छः महीने की कड़ी मशक़्क़त ने मेरे नसीब को भी अपना हम नवा बना लिया था। मेरी भरपूर मुहब्बत, ख़ुश एख़लाकी, शायराना मिज़ाज और कम उम्री ने कम्पनियों के बड़े अफ़सरों के दिलों में मेरे लिए गुंजाइशों के दरवाजे खोल दिये। डेज़ मेडिकल स्टोर्स, जीप फ़्लैश लाइट इण्डस्ट्रीज, इण्डियन टेलीफ़ोन इण्डस्ट्रीज, ई.एम.सी. स्टील लिमिटेड, त्रिवेणी इंजीनियरिंग लिमिटेड,

सायमंड मैन्यूफ़ैक्चरिंग कम्पनी, ए.एच. व्हीलर एण्ड कम्पनी और टाटा टी लिमिटेड जैसी कम्पनियों से मैं ट्रांसपोर्ट का काम हासिल करने में कामयाब हो गया। शहर के छोटे दुकानदारों का भी तक़रीबन सत्तर फ़ीसदी माल मेरे ही ट्रांसपोर्ट के ज़रिये कलकत्ता से आने और जाने लगा। अपनी स्टेज प्रोग्राम की दुनिया, ड्रामों की दुनिया, फ़िल्म डायरेक्टर बी.आर. इशारा की फ़िल्म में काम करने की दावत और अपने अन्दर के शायर को मैंने एक-एक करके अपनी और घरेलू ज़रूरतों के पत्थर के नीचे दबा दिया। रीवाँ रोड पर एक छोटी-सी जगह लेकर अपना गोदाम और आफ़िस बनाया और वहीं की ख़ाक पर उँगलियों से अपने लिए ख़्वाब बुनना शुरू कर दिया।

ज़िन्दगी का चेहरा गर्दे ग़म से अट कर रह गया
हाल, माज़ी और मुस्तक़बिल से कट कर रह गया।

अपने आप को मसरूफ़ियत और मशग़ूलियत के जाल में पूरी तरह लपेट लेने के बाद मैंने दोबारा कलकत्ते का रुख़ किया लेकिन अब यह कलकत्ता मेरे लिए एक ऐसा शहर था जहाँ से मुझे अपने रिज़्क़ को बा इज़्ज़त तरीक़े से तलाश करना था। सुबह से शाम तक कलकत्ते में भी सिर्फ़ मुस्तक़बिल की तलाश में भटकता रहता। अपनी आदत के मुताबिक़ मैंने सब कुछ एक ख़्वाब की तरह भुला दिया था।

कबिरा खड़ा बज़ार में माँगै सब की ख़ैर
ना काहू से दोस्ती ना काहू से बैर

मुझे क़ुदरत ने कुछ अजीबो ग़रीब ख़ूबियाँ अता की हैं। मैं कभी ख़ुशी और ग़म के चक्कर में अपना ज़्यादा वक़्त बर्बाद नहीं करता हूँ। मैं अपनी ज़िन्दगी के तराज़ू को किसी भी तरफ़ ज़्यादा झुकने नहीं देता। अगर एक तरफ़ ख़ुशियाँ ज़्यादा होती हैं तो दूसरे पलड़े में मैं अपने और ज़माने के ग़म रख देता हूँ और अगर कभी ग़म ज़्यादा हो जाते हैं तो मैं दूसरे पलड़े पर अपनी मैली कुचैली खुशियाँ ही रख कर पलड़े बराबर कर लेता हूँ। मेरी एक और बुरी आदत है जो मुझे भी अच्छी नहीं लगती है तो ज़ाहिर है कि दूसरों को कैसे अच्छी लगती होगी। वह आदत यह है कि या तो मैं ख़ूब चहकता बोलता हूँ या बिल्कुल ख़ामोश रहता हूँ। ख़ामोशी के दौरे के दरम्यान मिलने वाले अकसर लोग मुझे मग़रूर और बदतमीज़ समझ लेते हैं लेकिन यह तो शायद मेरी पैदाइशी बीमारी होगी। आज तक यह बीमारी मेरे साथ-साथ रहती है। मेरे ख़ामोश होते ही घर के तमाम लोग मुझे किसी परेशानी में मुब्तिला (ग्रस्त) समझ लेते हैं। हालाँकि होता बिल्कुल इसके बर अक्स (विपरीत) है। मैं परेशानी के मौसम में इतना

नॉर्मल, मुतमइन और ख़ुश दिखाई देता हूँ कि अकसर मेरे मिलने वाले या मेरे स्टाफ के लोग मुझे पागल समझ लेते हैं लेकिन—

मुनव्वर माँ के आगे यूँ कभी खुल कर नहीं रोना
जहाँ बुनियाद हो इतनी नमी अच्छी नहीं होती

मेरी चुहलबाज़ी और छेड़ खानियों की जगह मेरी ख़ामोशी से घर के लोग फ़िक्रमन्द हो जाते थे। हालाँकि मैं किसी को इसका एहसास दिलाना भी नहीं चाहता था लेकिन माँ-बाप की आँखों में हम पूरे तौर पर क़ैद रहते हैं। वो कहीं से भी कोई ब्लू प्रिंट निकाल कर मेरी परेशानी समझ सकते थे। एक दिन अम्मी मेरे कमरे में आयीं। हालाँकि वह ख़ुद बहुत कमगो (कम बोलने वाली) हैं लेकिन इतना भी नहीं कि बेटा ख़ामोश हो और वह कुछ न बोलें। थोड़ी देर तक मेरे पास ख़ामोश बैठी रहीं या मेरा भरपूर जायज़ा ले रही थीं। फिर थोड़ा और क़रीब खिसक आयीं। बहुत देर तक मेरे उलझे हुए बालों में उँगलियाँ फेरती रहीं फिर बहुत आहिस्ता से कहने लगीं कि हम और तुम्हारे अब्बू लखनऊ जा रहे हैं। वहाँ से ददा अम्मी को भी साथ में ले लेंगे (ददा अम्मी मेरी दादी की छोटी बहन थीं)। हम लोग तुम्हारे लिए कोई अच्छी-सी लड़की देखने जा रहे हैं... तुम्हें कोई एतराज़ तो नहीं है? मैंने कहा, जुआ हार जाने वाले को किसी से कोई शिकायत नहीं होती है, अब मैं पूरे तौर पर आप लोगों की सर परस्ती और रहमो करम पर हूँ लेकिन अभी मैं शादी करना नहीं चाहता हूँ। वालिदा ने तावील यह पेश की कि बेटा, तुम्हारे घर में आख़िरी शादी तुम्हारे बाप की हुई थी, बक़िया तुम्हारे चचा वग़ैरा की शादियाँ पाकिस्तान में हुई हैं। लिहाज़ा ख़ानदान के सभी लोगों की ख़ुशी है कि तुम्हारे बाप के घर में अब एक अदद अच्छी सी बहू आनी चाहिए। मैंने किसी हीलो हुज्जत के बग़ैर हर फ़ैसला उन लोगों को करने की पूरी आज़ादी दे दी—

मैं किसी और का हो जाऊँ तो हैरत कैसी
तूने जो ज़ख़्म दिये हैं उन्हें भरना भी तो है

(चरन सिंह बशर)

अब मैं कलकत्ते के हंगामों में मशगूल हो चुका था या यूँ कहिए कि मैंने अपने आप को अब इतना महदूद (सीमित) कर लिया था कि कभी-कभी आईना भी मुझे पहचानने में हिचकिचाने लगा था। ज़िन्दगी को एक ढर्रे पर लाने में दिक़्क़त भी बहुत हुई और वक़्त भी काफ़ी लगा लेकिन अपने आपको बिल्कुल बदल लेने में बड़ा मज़ा आता है। कहाँ तो ज़िन्दगी इतनी ला उबाली थी कि पार्क स्ट्रीट के तक़रीबन सभी शराब ख़ानों में रोज़ घूमना फिरना या स्टेज पर प्रोग्राम करना। शराब ख़ानों में तमाम स्टेज आर्टिस्ट गाते थे। मैं एनाउंसर भी

था और बड़े-बड़े लोगों के प्रोग्राम मैं अटेंड भी करता था। मोहम्मद अज़ीज़, पी. राज, एम. शकूर, अमरीक सिंह अरोरा, डी. पुरोहित, सुलक्षणा पंडित (फ़िल्म हीरोइन) और उसका भाई विनोद पंडित, श्यामली बोस, काजल बोस, पुष्पी रॉय चौधरी, असद भाई और क़ादिर भाई, बुलबुल चक्रवर्ती और मौसमी चटर्जी वग़ैरा उस ज़माने के स्टेज के बड़े आर्टिस्ट थे। अलका यागनिक (मशहूर फ़िल्म सिंगर) किसी बार में नहीं गाती थीं लेकिन स्टेज की बहुत मक़बूल सिंगर थीं। उनके चचा रवि यागनिक से मेरी बहुत दोस्ती थी। हालाँकि वह मुझसे उम्र में काफ़ी बड़े थे और किसी बैंक में अच्छी नौकरी करते थे। शराब ख़ानों में बे इन्तिहा घूमने का एक सबसे बड़ा फ़ायदा तो यही हुआ कि शराबियों को इतने बुरे हाल में देखा कि कभी शराब पीने की न हिम्मत हुई और न ज़रूरत ही पड़ी। हालाँकि ट्रांसपोर्ट के कारोबार से जुड़ा होना, स्टेज प्रोग्राम करना और शायर होना यह तमाम शौक़ शराब का बहाना चाहते हैं, लेकिन अगर मैं आम रविश पर चलता तो मुनव्वर राना कभी नहीं हो सकता था। अल्लाह माफ़ करे... अपने ट्रांसपोर्ट के कारोबार के पेशे नज़र अफ़सरों को लाखों रुपये की शराब शहर के बेहतरीन शराब ख़ानों में पिलायी और लाखों रुपये की शराब ख़रीद कर उन लोगों को तोहफ़े में दी। कभी-कभी कुछ अफ़सर जब बहुत नशे में हो जाते थे तो वह मुझसे शराब पीने की बे इन्तिहा ज़िद करने लगते थे। बल्कि यहाँ तक कहते थे कि तुम्हारी एक बरस की आमदनी से मेरी एक महीने की आमदनी ज़्यादा है, तुम हम लोगों को अपने पैसे की शराब पिलाओगे? लेकिन उनमें से एकआध अफ़सर मेरा तरफ़दार हो कर मामले को बराबर कर देता था। कभी-कभी तो मुझे यह तक कहना पड़ता था कि ख़ानदान में फ़लाँ-फ़लाँ का इन्तिक़ाल हो गया है इसलिए भी हफ़्ते पन्द्रह दिन हम शराब नहीं छू सकते। हालाँकि सुबह तक इन लोगों का नशा उतर जाता तो मुझसे उम्र में काफ़ी बड़े होने के बावजूद शर्मिन्दा हो जाते और माफ़ी माँगते। कभी-कभी तो किसी अफ़सर ने इतनी ज़्यादा पी ली होती थी कि उसे एक तरह से गोद में उठा कर उसके फ़्लैट तक पहुँचाना पड़ता था। ऐसे ही एक बड़े अफ़सर थे मिस्टर निमाई घोष, जो एच.एम.वी. कम्पनी में ट्रांसपोर्ट मैनेजर थे। उनको अकसर उनके फ़्लैट तक, जो दमदम एयर पोर्ट के पास था, पहुँचाना पड़ता था। लुत्फ़ की बात तो यह थी कि उनकी अहलिया (पत्नी) मुझे बे हद शुक्रिये की निगाह से देखती थीं और मेरे फ़्लैट से बाहर निकलते ही उनकी पिटाई शुरू कर देती थीं। ऐसा कई अफ़सरों के साथ होता था। होशो हवास के साथ शराब का इतना भयानक अंजाम देख लेने के बाद कोई ग़ैरत मन्द आदमी शराब पीने का रिस्क नहीं ले सकता। स्टेज प्रोग्राम से एक फ़ायदा ज़रूर हुआ कि मुझे तक़रीबन सारा शहर पहचानता था, इस बिना

पर मुझे अपने ट्रांसपोर्ट के कारोबार को बढ़ाने में ज़्यादा दुशवारी नहीं हुई। शहर में इतनी मक़बूलियत के कई दिलचस्प वाक़यात भी हैं। मसलन एक बार मैं अपने अब्बू के साथ तपस्या के इलाक़े में एक रबर शीट कम्पनी में ट्रांसपोर्ट के काम से गया। वापसी में अब्बू की पुरानी धुरानी मोरिस माइनर कार ख़राब हो गयी। काफ़ी कोशिशों के बावजूद जब कार स्टार्ट नहीं हुई तो हम और अब्बू पैदल ही घर की तरफ़ रवाना हो गये। आसपास कोई रिक्शा भी नहीं था। हम अब्बू के साथ पैदल ही चल रहे थे। अचानक अब्बू ने कहा कि चलो आओ इस गली से निकल चलें... कहीं तो निकलेगी। मेरी तो जान ही निकल गयी लेकिन मैं कुछ भी कहने की पोज़ीशन में नहीं था। वह तवायफ़ों की एक तवील गली थी। उसका नाम हर कट्टा गली था। वह गली 'आज़ाद हिन्द' के दफ़्तर के पास ईडन हास्पिटल रोड पर आ कर निकलती थी। अभी एक हफ़्ते पहले ही हमने उस इलाक़े में दुर्गा पूजा का एक प्रोग्राम किया था। ज़ाहिर है कि उस प्रोग्राम में वहाँ की बेशतर तवायफ़ें मौजूद रही होंगी। उस गली से गुज़रने का नतीजा वही हुआ जो होना चाहिए था। कोई मुझे नमस्ते कर रही थी, कोई हाथ हिला रही थी और कोई फ़ज़ा में बोसा उछाल रही थी। चूँकि मैं कलकत्ते का शत्रुघ्न सिन्हा था लिहाज़ा बहुत-सी तवायफ़ें ब आवाज़े बुलन्द शॉट गन कह कर मुझे मुख़ातिब कर रही थीं। मैं अपनी बे गुनाही के बावजूद ज़मीन में गड़ा जा रहा था। वही शोहरत जिसके बल पर मैं शहर में इतरा कर चलता था आज वही मेरे मुँह पर कालिख मल रही थी। अब्बू ने इस सिलसिले में कभी एक लफ़्ज़ भी मुझसे नहीं पूछा लेकिन एक दिन उन्होंने घर में अम्मी के साथ बैठ कर मुझे सेहत और इज़्ज़त के सिलसिले में बहुत तवील लेक्चर दिया लेकिन पूरे लेक्चर के दौरान वह भूल कर भी उस गली के आसपास से भी नहीं गुज़रे। ख़ैर, मेरे लिए तो इतना ही काफ़ी था। ब क़ौल डॉ. मुज़फ़्फ़र हनफ़ी–

घूर कर उसने मुझे देख लिया काफ़ी है
एक हस्सास को बस इतनी सज़ा काफ़ी है।

चूँकि जवानी की इब्तिदा (शुरुआत) के दिन तो किसी की मुहब्बत में ख़त्म हो गये उसके बाद के दिन उसी नाकाम मुहब्बत के ज़ख़्म चाटने में गुज़ारने पड़े। लिहाज़ा कम उम्री की बहुत-सी ख़ता कारियों का मौक़ा ही नहीं मिल सका। यूँ भी चूँकि मैं घर में सबसे बड़ा था लिहाज़ा हमेशा यह एहसास रहा कि मेरी ग़लतियों का नतीजा यही निकलेगा कि घर, ख़ानदान और मोहल्ला यही कहता फिरेगा कि जब बड़ा भाई ही शराबी और आवारा निकल गया तो छोटों को कौन रोकता। एक सबब शायद यह भी था कि मुझे रायबरेली से लेकर कलकत्ते तक के अपने घरेलू हालात अभी तक याद थे। कहाँ पोस्ट मैन जो चिट्ठी ले कर

आता था उस पर या तो मौलवी सय्यद सादिक़ अली (मेरे दादा) लिखा होता था या फिर पते की जगह पर हकीम सय्यद अब्दुल जब्बार (मेरे बड़े अब्बा) लिखा होता था, लेकिन पाकिस्तान बनने के बाद हालात ने मेरे ख़ानदान के सब अल्क़ाब और आदाब छीन लिए थे। अब जो भी ख़त आता था उस पर अनवर ड्राइवर, क़िला बाज़ार, रायबरेली लिखा होता था। मैं इस एहसासे कमतरी (हीन भावना) से हर हाल में निकलना चाहता था। मेरी निगाह अर्जुन की तरह चिड़िया की आँख पर तो नहीं थी बल्कि मेरा हाल तो उस चिड़िया जैसा था जो अपना घोंसला अपनी जान दे कर भी बचाना चाहती है। उम्र के इस आख़िरी पड़ाव पर ये गुनहगार शुक्र गुज़ार है अपने मालिके हक़ीक़ी का, ये एहसान फ़रामोश तहे दिल से एहसान मन्द है हर उस शख़्स का जिसने मेरी किसी तरह की मदद की हो, चाहे दोस्ती के ज़रिये या दुश्मनी कर के। शर्मिन्दा हूँ उन लोगों से जिन्होंने मज़हब और ज़ात से ऊपर उठ कर मुझे अपने साथ अपनी थाली में खिलाया क्योंकि यह बात मैं अच्छी तरह जानता हूँ कि मुझ जैसे कम इल्म की तालीमो तरबियत में बहुत लोगों ने दामे, दिरमे, सुख़ने और क़दमे मदद की। मैं उनका शुक्रिया अदा करना यूँ भी ज़रूरी समझता हूँ कि साँसों के कारोबार पर मेरा एतबार कभी भी ज़्यादा नहीं रहा और क़यामत के क़रीब के मौसम में यह सोच लेना कि मेरा क़र्ज़ मेरी औलादें अदा करेंगी, एक दीवाने के ख़्वाब जैसा है। लिहाज़ा मेरा ज़मीर अपने बोझ को हल्का करने के लिए यह सब कुछ कर रहा है। एक दिलचस्प वाक़या भी उसी ज़माने का और याद आ गया जो क़ारिईन (पाठकों) के लिए दिलचस्पी का बाएस (वजह) भी होगा और तबीइत को ख़ुशगवार करने में भी मददगार साबित होगा। जैसा कि मैं पहले भी अर्ज़ कर चुका हूँ कि उस ज़माने में मेरी हर शाम पार्क स्ट्रीट से ही शुरू होती थी। एक शाम मैं हस्बे मामूल Molin Rough और Bar Barrel के पास अपनी मोटर साइकिल पर बैठा हुआ था। मुहम्मद अज़ीज़ उन दिनों Bar Barrel में ही स्टेज प्रोग्राम करता था। वह उन दिनों भी मुझे प्यार से बाबा कहता था। उम्र में मुझसे काफ़ी छोटा भी था। बहुत मिलनसार और ख़ुश एख़लाक़ था। उसे मैं हमेशा दिलो जान से चाहता था बल्कि अकसर प्रोग्रामों में उसका नाम हमेशा सरे फेहरिस्त (सर्वोपरि) रखता था। जिन दिनों वह मुम्बई जाने की कोशिश में लगा हुआ था उसने मुझसे रेडियो और टेलीविज़न के प्रोग्रामों के लिए कहा। इस तरह उसे रेडियो और टेलीविज़न का सर्टीफ़िकेट भी मिल जाता। उन दिनों ऑल इण्डिया रेडियो कलकत्ता में स्टेशन डायरेक्टर की हैसियत से क़ैसर क़लन्दर साहब ने कुर्सी सँभाल रखी थी। बहुत अच्छे शायर थे। उनके ज़माने में कलकत्ता रेडियो स्टेशन की हालत बिल्कुल सुधर गयी थी। वह कश्मीरी थे और बहुत सख़्त मिज़ाज अफ़सर थे। मुझे बहुत चाहते

थे। बल्कि कभी-कभी यह भी होता था कि अपनी सरकारी गाड़ी छोड़ कर मेरे साथ मोटर साइकिल पर घूमते थे। उनसे मुहम्मद अज़ीज़ के सिलसिले में जितनी गुज़ारिश कर सकता था, मैंने की। उन दिनों रेडियो पर एक ड्रामा वाजिद अली शाह क़िस्तों में चल रहा था। उसी ड्रामे में उन्होंने मुहम्मद अज़ीज़ को एक ग़ज़ल गाने का मौक़ा दिया और सर्टीफ़िकेट भी। खुदा उन्हें और उनकी औलादों को हमेशा ख़ुश रखे। इस मरहले के बाद मैंने दूरदर्शन पर मोहम्मद अज़ीज़ के लिए कटिया डालने की कोशिश शुरू कर दी। उन दिनों वहाँ पर सुशीला गुप्ता साहिबा प्रोग्राम इंचार्ज थीं। उस वक़्त तक कलकत्ता दूरदर्शन पर उर्दू के लिए कोई जगह नहीं थी लेकिन सुशीला गुप्ता उर्दू नवाज़ भी थीं और ख़ुद भी अच्छी ख़ासी उर्दू जानती थीं। वह बहुत पढ़ी-लिखी ख़ातून (महिला) थीं। तक़रीबन पच्चीस-तीस किताबों की मुसन्निफ़ा (लेखिका) और मुतरजिमा (अनुवादक) थीं। ब यक वक़्त बंगला, हिन्दी, उर्दू और अंग्रेज़ी पर दस्तरस (Command) रखती थीं। बड़ी अड़ियल ख़ातून थीं। उम्र में मुझसे दस-बारह बरस बड़ी रही होंगी। शादी ब्याह नहीं की थी। बहुत बड़े बाप की बेटी थीं। उनका ख़ानदान बनारस का था। कलकत्ता में ही गिरीश पार्क के कोने पर उनके वालिद की पाँच मंज़िला इमारत थी लेकिन उनकी वालिदा के इन्तिक़ाल के बाद उनके वालिद ने दूसरी शादी कर ली थी जिसकी वजह से घर में सगे-सौतेले की कहानी हर वक़्त चलती रहती थी। लिहाज़ा इस कुत्ता घसीटी से तंग आ कर उन्होंने घर छोड़ दिया और तालीम के दौरान ही रेडियो स्टेशन पर छोटे-मोटे प्रोग्राम करने लगीं। बाद में रेडियो पर ही वह प्रोग्राम इंचार्ज हो गयीं। जब कलकत्ता दूरदर्शन शुरू हुआ तो वह दूरदर्शन केन्द्र की अफ़सर बन कर वहाँ आ गयीं। उनकी ज़िन्दगी पर एक पूरा नॉवेल लिखा जा सकता है लेकिन मुख़्तसर (संक्षिप्त) यह है कि उर्दू नवाज़ी की बदौलत उनसे मेरी दोस्ती हो गयी। मैंने कलकत्ता के बेशतर शायरों, अदीबों, गायकों और उलमा को उनके ज़रिये दूरदर्शन पर मदऊ (आमन्त्रित) कराया। उनके बस दो शौक़ थे। एक तो बेतहाशा सिगरेट पीना, दूसरे मेरे साथ मोटर साइकिल पर घूमना। ग़रीब परवरी (दीन सेवा) के सबक़ मैंने उनसे भी बहुत सीखे। सर्दियों की रात में अकसर वह मेरी मोटर साइकिल पर बैठ कर शहर में घूमा करती थीं। अचानक वह कभी-कभी मोटर साइकिल रोकने को कहतीं फिर उतर कर मुझे फुटपाथ पर अपने पास बुलातीं और मुझसे कहतीं कि देखो, यह औरत अपने छोटे-छोटे बच्चों के साथ एक छोटे-से कम्बल के टुकड़े में ठिठुर रही है। इसके बाद फिर वह मोटर साइकिल पर आ कर बैठ जातीं। घर पहुँच कर मुझे कभी सौ और कभी दो सौ रुपये निकाल कर देतीं और ताकीद करतीं कि इन रुपयों में जितने भी कम्बल मिलें उस औरत और उसके आसपास ठिठुरते हुए दूसरे लोगों को कल

रात में दे दीजिएगा। उन दिनों मामूली क़िस्म के कम्बल तीस से चालीस रुपये में आ जाते थे। यह वह ज़माना था जब पैसा भी ग़रीबों का एहतराम करता था। अब तो वह ज़माना आ गया है कि पैसे वाले भी ग़रीबों का ख़याल नहीं करते। हिन्दुस्तान में ग़रीबी बढ़ने की वजह वह अमीर हैं जिन्होंने अपने-अपने महलों में दौलत की इबादत गाहें बना रखी हैं। काश स्विटजरलैण्ड के बैंकों से काला धन वापस लाने का एलान करने वाले अपने मुल्क के उस सफ़ेद धन का ही पता लगा लें जो तिजोरियों में रखे-रखे काला हो गया है। ग़रज़ यह कि सुशीला बहन बड़ी मोअतदिल (सन्तुलित) और क़नाअत पसन्द (सन्तोष प्रिय) ज़िन्दगी गुज़ारती थीं। अपने माज़ी और हाल दोनों पर अपनी बद मिज़ाजी का पर्दा डाले रहती थीं। उन दिनों चूँकि दूरदर्शन के अलावा किसी दूसरे चैनल का जन्म नहीं हुआ था इसलिए दूरदर्शन के स्टैण्डर्ड और दूरदर्शन में काम करने वालों की तमकनत (अभिमान) का अन्दाज़ा भी नहीं लगाया जा सकता। प्रोग्रामों से मुंसलिक अफ़सरान कोठियाँ खड़ी कर रहे थे लेकिन सुशीला जी महीने के आख़िरी दिनों में अपने बनिये के यहाँ से सामान उधार लाती थीं। एकआध बार मैं भी उनके साथ इस दिल आज़ार (दिल दुखाने वाले) काम में साथ था। मैं पैसे देने की कोशिश करता तो वह ब यक वक़्त डाँटते और हँसते हुए मुझे मना कर देतीं और मुस्कुराते हुए यह भी कहतीं कि उधार ख़रीदने से आदमी सारी ज़िन्दगी अपनी औक़ात में रहता है और ग़रीबी का नशा सर से कभी नहीं उतरता। मुझे सुशीला बहन की पिछली कहानी के बारे में कुछ ज़्यादा मालूम नहीं था। न उन्होंने ही मुझे कभी कुछ बताया और न मैंने ही उनकी कोई ज़ाती गिरह खोलने की कोशिश की लेकिन एक दिन अचानक सुबह तक़रीबन पाँच बजे उनका फ़ोन आया। उन्होंने मुझसे कहा कि भाई! आप आधे घण्टे में मेरे फ़्लैट पर आ जाइए। मैंने उनसे पूछा कि इतनी सुबह-सुबह! उधर से उन्होंने सिर्फ़ इतना कह कर फ़ोन रख दिया कि ज़िन्दगी में कुछ लम्हे ही ऐसे आते हैं जब इंसान अपने सबसे क़रीबी शख़्स को फ़ोन करता है ताकि ज़रूरत पड़े तो उसके कन्धे पर सर रख कर रो भी सके। मैं जल्दी-जल्दी मुँह हाथ धो कर मोटर साइकिल से उनके फ़्लैट की तरफ़ रवाना हो गया। मैं दिल ही दिल में सोच रहा था कि उनके दोस्तों का सर्किल इतना बड़ा है लेकिन फ़ोन उन्होंने मुझे किया है। उत्तर प्रदेश के साबिक़ (पूर्व) गवर्नर सी.पी.एन. सिंह की बहू राजश्री सिंह की बड़ी बहन माधवी सिंह जो बहुत दौलत मन्द भी थीं, वह सुशीला जी की दोस्त थीं। कलकत्ता के सबसे बड़े हलवाई गंगू राम की लड़की ख़ास सहेली थी। उत्तर प्रदेश के साबिक़ गवर्नर विष्णु कान्त शास्त्री की बेटी भी उनकी बे तकल्लुफ़ दोस्त थीं। यह दो-तीन नाम मुझे याद आ गये वर्ना उस शहर के बेशतर सरमायादारों की लड़कियाँ या बीवियाँ

उनकी दोस्त थीं। ज़ाहिर है कि वह सारी ज़िन्दगी ऐसी चार्मिंग पोस्ट पर रही थीं। मैं उनके घर पहुँचा तो वह गेट पर ही मेरा इन्तिज़ार कर रही थीं। फ़ौरन मोटर साइकिल पर मेरे साथ बैठ गयीं और गिरीश पार्क चलने के लिए कहा। इससे पहले मैं गिरीश पार्क वाले उनके घर या ख़ानदान की कहानी से क़तई ना वाक़िफ़ था। उन्होंने पहले काली घाट मन्दिर के पास से कुछ ख़रीदा और फिर मेरी मोटर साइकिल गिरीश पार्क के लिए दौड़ने लगी जो उनके फ़्लैट से तक़रीबन दस-बारह किलोमीटर के फ़ासले पर था। रास्ते में उन्होंने मुख़्तसर तौर पर कहानी बतायी और यह भी बताया कि इक्कीस बरस बाद उस घर में जा रही हूँ जहाँ से मैं निकाली गयी थी या ख़ुद अपनी ज़िद के हाथों मजबूर होकर निकल गयी थी। आज वहाँ सिर्फ़ इसलिए जाना है कि मेरे पिता जी गुज़र गये हैं। मैं उनकी सबसे बड़ी बेटी होने के नाते उनके मुँह में गंगा जल दूँगी। वहाँ पहुँच कर मेरे हिचकिचाने के बावजूद वह मुझे दूसरी मंज़िल में उस कमरे तक ले गयीं जहाँ उनके वालिद बुज़ुर्गवार की लाश रखी थी। लाश के पास उनकी सौतेली माँ और उनके दोनों बच्चे लव और कुश भी बैठे हुए बिलक रहे थे। उन्होंने कमरे में दाख़िल हो कर पहले बाप की लाश के पाँव छुए, फिर उनके सरहाने बैठ गयीं... थोड़ी देर तक रोती रहीं फिर बाप के मुँह में काली घाट से लाया हुआ गंगा जल टपकाया। इसके बाद उठ कर सौतेली माँ के पाँव छुए, दोनों सौतेले छोटे भाइयों के सरों पर हाथ रखा और कमरे से बाहर निकल आयीं। मैं उनके पीछे-पीछे चल रहा था। वह पहले कमरे से बाहर निकलीं, फिर घर से बाहर क़दम रखा और उसके बाद सड़क पर आ कर ज़िन्दगी की भीड़ में गुम हो जाने के लिए मेरी मोटर साइकिल पर बैठ कर वापसी के सफ़र पर निकल पड़ीं। रास्ते भर न वो कुछ बोलीं और न मेरे पास किसी सवाल की ज़रूरत थी। घर के बाहर उतरते वक़्त मुझसे बोलीं कि भाई! आइए, चाय पी कर चले जाइएगा लेकिन मैंने एक बार अपने सोगवार चेहरे और डबडबाती हुई आँखों को उनकी तरफ़ किया और मोटर साइकिल आगे बढ़ा दी—

बचपन में किसी बात पे हम रूठ गये थे
उस दिन से इसी शहर में है, घर नहीं जाते

सुबह छः बजे से बारह बजे दिन तक देखी और सुनी इस कहानी में इतना दर्द और इतने मोड़ थे कि फिर सारी ज़िन्दगी न सुशीला बहन ने कुछ बताया और न मैंने इस राख को दुबारा कुरेदने की कोशिश की। आप अन्दाज़ा लगा सकते हैं कि मुहम्मद अज़ीज़ के लिए सुशीला बहन से कुछ हासिल करना मेरे लिए कितना आसान रहा होगा लेकिन इसको क्या कहिए कि मैं सारी ज़िन्दगी मुख़ालिफ़त और मुनाफ़िक़त (कपट) के बीच घिरा रहा। यह और बात है कि कभी

भी मेरे मुख़ालिफ़ किसी भी महाज़ (मोर्चा) पर ज़िन्दगी के चालीस-बयालिस बरस में मेरा कुछ नहीं बिगाड़ सके। आज भी जब मैं किसी मसले में बुरी तरह घिर जाता हूँ, निकलने के लिए सारे रास्ते मसदूद (बन्द) हो जाते हैं तो मैं भिखारी की तरह गिड़गिड़ा कर अल्लाह पाक से सिर्फ़ यही कहता हूँ कि ऐ मेरे परवर दिगार! तू तो दिलों के हाल से वाक़िफ़ है, तू यह भी जानता है कि अपने जानते भर आज तक मैंने किसी का कुछ नहीं बिगाड़ा है। लिहाज़ा ऐ मालिके दो जहाँ! मेरा खेल भी बिगड़ने मत दीजिएगा। मेरी यह रोने और गिड़गिड़ाने की आवाज़ सुनते ही मेरा अक़ीदा है कि अल्लाह मेरी मदद के लिए फ़रिश्तों की एक फ़ौज उतार देता है और मेरा जो भी बिगड़ा हुआ काम या मामले होते हैं, सब बेहतर होते चले जाते हैं। ग़रज़ कि मैंने सुशीला जी को बहला फुसला कर मोहम्मद अज़ीज़ से दूरदर्शन पर ग़ज़ल गवाने के लिए अमादा कर लिया। सुशीला जी कहने लगीं कि Pair होना चाहिए... कोई ग़ज़ल गाने वाली लड़की भी बताइए। पिछले ही दिनों आरज़ू मजलिस के ताबिश देहलवी ने ग्रेट ईस्टर्न होटल में ग़ज़ल का एक प्रोग्राम रखा था। उसमें एक लड़की, जिसका नाम रमोना प्रियदर्शिनी था, उसने कई ग़ज़लें गायी थीं... ख़ास तौर से मिर्ज़ा ग़ालिब की ग़ज़ल—

ठहरने दे ज़रा ऐ ना उमीदी क्या क़यामत है
कि दामाने ख़यालें यार छूटा जाय है मुझसे

गा कर तो क़यामत ही कर दी थी। उस प्रोग्राम में हबीब हाशिमी, अहमद रईस और मैं, तीनों मौजूद थे। यूँ भी मस्जिद के अलावा हम तीनों दोस्त एक ही जगह पाये जाते थे। मस्जिद में एक जगह न पाये जाने का सबब हबीब साहब का कट्टर बरेलवी होना था। हालाँकि बाद में वह अपनी शिद्दत पसन्दी से बचते हुए देव बन्दियों की मस्जिद में आने-जाने लगे थे।

सुशीला जी की फ़रमाइश पर मैंने फ़ौरन उस लड़की रमोना प्रियदर्शी का नाम Propose कर दिया। उन्होंने पूछा कि इस लड़की से आपका क्या तअल्लुक़ है? मैंने साफ़-साफ़ बता दिया कि अभी पिछले हफ़्ते आरज़ू मजलिस के एक ग़ज़ल गायकी के प्रोग्राम में इसे सुना था। यह बहुत अच्छा गाती है। उन्होंने वकीलों की तरह सवाल किया, और कोई वजह? मैंने कहा जी हाँ, उसके वालिद बाटा इण्डिया में एक बड़े ओहदे पर हैं और मुझे वहाँ से अपने ट्रांसपोर्ट के लिए काम हासिल करना है। सुशीला जी पहले तो दिल खोल कर मुस्कुरायीं, फिर सिगरेट सुलगायी इसके बाद कहने लगीं कि भाई! मुझे आपकी यही अदा बहुत अच्छी लगती है कि एक तो आप झूठ नहीं बोलते, दूसरे जो भी दन्द फन्द आप करते रहते हैं, वह आप भाभी और अपने बच्चों के मुस्तक़बिल के लिए करते हैं। मैं चलने लगा तो उन्होंने कहा कि अच्छा, कल ग्यारह बजे उन लोगों को ऑडीशन

के लिए भेज दीजिएगा। उन दिनों दूरदर्शन की कलकत्ते में अपनी बिल्डिंग नहीं थी। वह पुराने राधा स्टूडियो की इमारत में हुआ करता था। चलते-चलते उन्होंने पूछा कि कोई अच्छा सा एनाउंसर बताइए? मैंने हँसते हुए कहा, इस वक़्त दुनिया का सबसे बड़ा एनाउंसर आपके सामने खड़ा है। वह भी मूड में थीं, कहने लगीं, नहीं-नहीं भई, मुझे इतना बड़ा एनाउंसर नहीं चाहिए, आप ज़रा नीचे आ जाइए। मैंने कहा कि सुशीला बहन! एक लड़का है जावेद दानिश। अलीगढ़ का पढ़ा-लिखा है, आवाज़ में भी बहुत बेस है और सबसे बड़ी बात यह है कि उसके वालिद नहीं हैं। वह अपनी मेहनत से अपनी पाँच बहनों की परवरिश कर रहा है। इरशाद हुआ कि उसे भी कल ग्यारह बजे भेज दीजिए। उन दिनों जावेद दानिश कामर्स हाउस में गुलाबी चाय के दफ़्तर में काम करता था। मैं दूरदर्शन से निकल कर कामर्स हाउस पहुँचा। वह मेरे घर के रास्ते में था। वहाँ जावेद दानिश मिल गया। मैंने उसके क़दमों में अपनी ख़ाकसारी (विनम्रता) बिछाते हुए कहा कि यार, कल ग्यारह बजे तुम्हें दूरदर्शन पर सुशीला गुप्ता साहिबा ने बुलाया है, वह तुमसे किसी प्रोग्राम में निज़ामत (संचालन) करवाना चाहती हैं। शाम को मैं हबीब हाशिमी और अहमद रईस के साथ रमोना प्रियदर्शी के घर पहुँच गया। उसके घर वालों ने बड़ी ख़ातिर की। उसे भी दूरदर्शन का पैग़ाम देकर हम लोग वापस आ गये। रात में मौसम के उतार-चढ़ाव की वजह से मुझे सख़्त बुख़ार आ गया। सुबह उठा तो बुख़ार ने तब तक पीछा नहीं छोड़ा था और बारिश भी हो रही थी। अब मुझे मुहम्मद अज़ीज़ को पैग़ाम पहुँचाना था। उन दिनों कलकत्ता के टेलीफ़ोन आम तौर पर बरसात के दिनों में तक़रीबन नाकारा हो जाते थे। बहरहाल मैंने हिम्मत करके मोटर साइकिल निकाली और भीगते भागते मुहम्मद अज़ीज़ को ख़बर दी कि तुम ग्यारह बजे अपने साज़िन्दों के साथ दूरदर्शन पहुँच जाना। वापसी में बुख़ार और तेज़ हो गया और मैं कई दिनों तक घर में ही पड़ा रहा।

दूसरे दिन शाम को सुशीला जी का फ़ोन आया। पहले तो मेरा हाल चाल पूछती रहीं, फिर कहने लगीं कि भाई! यह मुहम्मद अज़ीज़ नहीं चलेगा। मेरे तो पैरों तले से ज़मीन ही निकल गयी क्योंकि सारी भाग दौड़ और ख़ुशामद तो मुहम्मद अज़ीज़ को सर्टीफ़िकेट दिलाने के लिए हो रही थी। मैंने पूछा कि आपने उसे क्यों रिजेक्ट कर दिया? कहने लगीं, भाई! वह तो किसी बार में फ़िल्मी गाने गाता है जहाँ लड़कियाँ शराब सर्व करती हैं और फ़ोह्श (भद्दे) डॉन्स करती हैं। मैंने पूछा कि इतनी तफ़्सील आप कहाँ से ले आयीं। वह हँस कर बोलीं कि जावेद दानिश ने यह सब बताया है बल्कि कल वह कोई उस्ताद ग़ज़ल गाने वाले को ले कर भी आने का वादा कर गये हैं। ज़ाहिर है कि मेरी नेकी के सिले की

यह पहली क़िस्त थी लिहाज़ा मैंने ख़ुशी-ख़ुशी क़ुबूल की और सुशीला जी से कोई भी बात किये बग़ैर फ़ोन काट दिया। दूसरे दिन तक़रीबन शाम को उसी वक़्त सुशीला जी का फ़ोन आया। मैंने सलाम-दुआ के बाद पूछा कि अब क्या परेशानी है। कहने लगीं कि भाई! यह जावेद दानिश कैसा लड़का है? मैंने कहा, आपसे तो मुलाक़ात हो गयी है, अब मुझसे क्या कहलवाना चाहती हैं। दूसरी तरफ़ से नाराज़गी के लहजे में पूछा गया कि नाराज़ हैं क्या भाई? मैंने कहा, आप दूरदर्शन की सीनियर प्रोड्यूसर और मैं एक सड़क छाप शायर! मैं आपसे नाराज़ हो कर भी आपका क्या बिगाड़ सकता हूँ। कहने लगीं, अब मुझे भी कुछ कहने दीजिएगा, आपको मालूम है., जावेद दानिश एक किसी सलाम नाम के ग़ज़ल सिंगर को ले कर आया था। उसका गाना बजाना तो ख़ैर गनीमत था लेकिन भाई! उसके चेहरे पर चेचक के बे पनाह दाग़ हैं। कैमरा या टेलीविज़न के प्रोग्राम में बहुत दुश्वारी आती है। मैंने कहा सुशीला बहन, यह तो अल्लाह की देन है वर्ना अपना चेहरा तो हर आदमी अच्छा दिखाना चाहता है। उधर से सुशीला जी बोलीं कि भाई, उस पर तमाशा यह कि जब मैंने उससे कोई अच्छी ग़ज़ल सुनने की फ़रमाइश की तो वह जावेद दानिश का कलाम सुनाने लगा। मैंने उसको उसी वक़्त भगा दिया। अब आप से गुज़ारिश है कि आप मुहम्मद अज़ीज़ को कल शाम को पाँच बजे फ़ाइनल रिकार्डिंग के लिए भेज दीजिए। ख़ैर, मैंने या सुशीला बहन ने मुहम्मद अज़ीज़ को मना नहीं किया था इसलिए दूसरे दिन मुहम्मद अज़ीज़ की रिकार्डिंग हो गयी और उसे कलकत्ता दूरदर्शन का भी एक सर्टीफ़िकेट हासिल हो गया।

उधर जावेद दानिश ने आ कर मोहल्ले में लोगों को बताया कि मुझे दूरदर्शन पर रिकार्डिंग के लिए बुलाया गया था और सुशीला गुप्ता जी ने मुझे बुलाने के लिए मुनव्वर राना को भेजा था। हफ़्ते दस रोज़ बाद अख़बार में इस प्रोग्राम के टेलिकास्ट का वक़्त और तारीख़ शाया हुई। हमारी रेगुलर टीम के मेम्बरान हमारे कमरे में आ गये। हम लोग रमोना की ग़ज़ल में ज़्यादा दिलचस्पी रखते थे। प्रोग्राम का वक़्त शायद सात बजे का था लेकिन साढ़े आठ बज गये और प्रोग्राम आया ही नहीं। हम लोगों को यह शक था कि बंगला दूरदर्शन और बांग्लादेश दूरदर्शन के प्रोग्राम आपस में टकरा जाते हैं इसलिए मुमकिन है कि हम लोग न देख सके हों। उन दिनों 'अख़बारे मशरिक़' नया-नया शाया हुआ था। 'आज़ाद हिन्द' और 'अख़बारे मशरिक़' दोनों ही इस प्रोग्राम की कामयाबी, जावेद दानिश की दिल कश और जादुई निज़ामत की तारीफ़ के मुरासिलों से भरे हुए थे। मुझे और दुख हुआ कि मैं इतना अच्छा प्रोग्राम देखने से महरूम (वंचित) रह गया। सुबह के तक़रीबन साढ़े दस बजे थे। अभी मैं अपने ऑफिस में आ कर बैठा

ही था कि आपरेटर ने बताया कि सर! दूरदर्शन से आपका फ़ोन है। मेरे हेलो कहते ही दूसरी तरफ़ से सुशीला बहन के रोने की आवाज़ें आने लगीं। मैंने घबरा कर पूछा, क्या हुआ सुशीला जी? उन्होंने तक़रीबन चीख़ते हुए मुझसे पूछा कि यह बताइए कि मैंने आपका क्या बिगाड़ा था जो आप मेरी नौकरी लेने पर आमादा हो गये। मेरी तो कुछ समझ में ही नहीं आया। मैंने पूछा कि आख़िर मैंने आपका कौन-सा नुक़सान कर दिया है जो आप मुझ पर इतना नाराज़ हो रही हैं। उधर से वह तक़रीबन दाँत पीसते हुए बोलीं कि यह कमीना जावेद दानिश कौन है, यह कुत्ता कहाँ मिलेगा? मैंने कहा, मसला भी तो पता चले कि आप सिर्फ़ चीख़ पुकार ही करती रहेंगी? वह रुहाँसे लहजे में कहने लगीं कि आप तो जानते ही हैं कि हमारी स्टेशन डायरेक्टर मीरा मजुमदार हैं, बड़ी कट्टर बंगालन हैं। वो बंगला ज़बान के अलावा दूसरी किसी ज़बान को दूरदर्शन पर देखना या सुनना ही नहीं चाहतीं। मैं उनकी दुश्मनी झेलते हुए भी उर्दू और हिन्दी के ज़्यादा से ज़्यादा प्रोग्राम दूरदर्शन पर दिखाती रहती हूँ। हालाँकि उर्दू प्रोग्राम तो अभी यहाँ Approved भी नहीं है लेकिन मैं किसी न किसी तरह उर्दू प्रोग्राम भी दिखाती हूँ। मेरी इस हरकत से हिन्दी वाले भी नाराज़ होते हैं कि हमारा वक़्त काट कर उर्दू वालों को दे दिया जाता है लेकिन आज तो ग़ज़ब ही हो गया। कल मुहम्मद अज़ीज़, रमोना प्रियदर्शिनी और जावेद दानिश का प्रोग्राम आना था लेकिन ऐन उसी वक़्त दिल्ली से हुक्म आया कि सात बजे इन्दिरा गाँधी की गोल मेज़ कान्फ्रेन्स की तक़रीर दिखानी है लिहाज़ा ऐसे मौक़ों पर जो होता है, वही हुआ। ग़ज़ल वाला प्रोग्राम रोक लिया गया लेकिन जावेद दानिश ने अपने हाली मवालियों से डायरेक्टर को इस प्रोग्राम की कामयाबी के दस-पन्द्रह टेलीग्राम भिजवा दिये हैं जबकि ग़ज़ल का प्रोग्राम तो दूरदर्शन पर दिखाया ही नहीं गया। अब वह इन तमाम टेलीग्राम्स को दिखा-दिखा कर तमाम स्टाफ़ के सामने मुझे ज़लील कर रही हैं कि यह है सुशीला गुप्ता की हिन्दी दोस्ती और बंगला दुश्मनी का नमूना! कमीनगी जावेद दानिश ने की थी और शर्मिन्दगी मुनव्वर राना को उठानी पड़ रही थी क्योंकि उसका नाम भी तो मैंने ही सुशीला जी को सुझाया था। वह टेलीफ़ोन पर बड़बड़ाती रहीं और मैं एक क़ुसूरवार की तरह सुनता रहा—

भला यह हद भी कोई है निज़ामे आदमीयत की
बदी करता है दुश्मन और हम शर्माये जाते हैं

(ज़ोश मलीहाबादी)

मैं जावेद दानिश की इन घटिया हरकतों से बख़ूबी वाक़िफ़ था। एक बार तो मोहल्ले के एक मुशायरे में उसने भोपाल के किसी मिज़ाहिया (हास्य रस) शायर का पूरा कलाम अपना तख़ल्लुस लगा कर पढ़ दिया था और मैं अपनी

शराफ़त और दिले दर्दमन्द की वजह से ज़लील हो गया था। फिर मैंने उसी दिन उसके घर जा कर उसको बड़ी गालियाँ दी थीं। उसकी हद दर्जा चालाकी ने उसे दूरदर्शन से ब्लैक लिस्ट करवा दिया। यूँ तो ऐसे लोग दुनिया के हर कोने में आबाद हैं लेकिन कम उम्री में ऐसे कई तजरुबात ने मुझे 'एहसान करो, शर से मत डरो' का आदी बना दिया। आज की तारीख़ तक यह सिलसिला मेरी ज़िन्दगी के साथ हमेशा जुड़ा रहता है लेकिन शायद मेरी नेकियों का शजर (पेड़) इतना तन्दुरुस्त और तवाना हो गया है कि छोटी-मोटी कुल्हाड़ियों के मुँह मुझे काटते हुए अपने आप टेढ़े हो जाते हैं। इन दिनों जावेद दानिश बद नसीब उर्दू ज़बान के बड़े ड्रामा निगार और सफ़रनामों के सिलसिले में बहुत दूर-दूर तक मशहूर हैं लेकिन ख़ुदा का शुक्र है कि अभी तक उनकी शोहरत कासए गदाई (भिक्षा पात्र) की मोहताज है। इस वाक़ए को मैं लिखना नहीं चाहता था लेकिन चूँकि आज अपनी आप बीती का हिस्सा लिखते वक़्त उर्दू की बे लौस ख़ादिम (निःस्वार्थ सेवक) और अपनी स्व. बहन सुशीला गुप्ता की रुसवाई का सारा मंज़र आँखों के सामने घूम गया, इसलिए यह अफ़सोस नाक वाक़या क़लम बन्द करना पड़ा।

मैं दुनिया के तार मिलाता रहता हूँ
दुनिया मेरा फ़्यूज़ उड़ाती रहती है।

इन तमाम हंगामों के बीच यह फ़ायदा तो हुआ कि मुहम्मद अज़ीज़ को कलकत्ता दूरदर्शन से एक सर्टीफ़िकेट हासिल हो गया। उसने मुम्बई के लिए रख़्ते सफ़र (सफ़र का सामान) बाँधा और कलकत्ता उसकी आँखों से ओझल होता गया। मुहम्मद अज़ीज़ की अपनी मेहनत और उनकी क़िस्मत ने उन्हें मुम्बई का बड़ा गुलूकार (गायक) बना दिया। दस-पन्द्रह बरस तो उनकी शोहरत का मुम्बई में डंका बजता रहा। इन दस-पन्द्रह बरसों में मुम्बई तो मैं सैकड़ों बार गया, वहाँ साक़ी नाका में मेरा ट्रांसपोर्ट का ऑफिस भी था लेकिन मैंने कभी मुहम्मद अज़ीज़ से अपनी कुर्बत का किसी से भी इज़हार नहीं किया। क्योंकि अब तो बारी मुहम्मद अज़ीज़ की थी लेकिन मुम्बई की मिट्टी में ख़ुद फ़रामोशी (ख़ुद को भूलना) की तासीर बहुत ज़्यादा है। मुहम्मद अज़ीज़ भी अपनी दुनिया में मस्त हो गये और मैं तो क़लन्दरी के हाथों आज तक बर्बाद हूँ। अकसर सुशीला जी मुझसे कहती थीं कि वह लड़का जिसे आप मेरे पास ले कर आये थे, अब तो वह मुम्बई का सबसे बड़ा सिंगर बन गया है और मैं सिर्फ़ अपने उस्ताद वाली आसी का शेर गुनगुना कर ख़ुश हो जाता था—

लोग प्यास अपनी बुझाते हैं चले जाते हैं
और दरिया है कि चुपचाप रवाँ रहता है।

कलकत्ता रेडियो से क़ैसर क़लन्दर साहब प्रोमोशन पा कर देहली वापस लौट

गये लेकिन जाते-जाते भी वह ऑल इण्डिया रेडियो, कलकत्ता में उर्दू के रोज़ाना प्रोग्राम की बुनियाद डाल कर गये। मैं वहाँ उर्दू प्रोग्रामों का पार्ट टाइम एनाउंसर था। कुछ दिनों बाद वहाँ अनीस रफ़ी (अफ़साना निगार) गोरखपुर से अपना तबादला ले कर ऑल इण्डिया रेडियो, कलकत्ता आ गये। उनका ओहदा प्रोग्राम अफ़सर का था। उर्दू और हिन्दी दोनों वही देखते थे। उनकी पहली प्राब्लम तो यह थी कि वह नस्र निगार (गद्यकार) थे, लिहाज़ा शायरों की शोहरत और मक़बूलियत से बहुत इलर्जिक थे। दूसरे उनमें बिहारी अक्खड़पन और बे सबब गुरूर भी काफ़ी था। ख़ुशामद पसन्दी उनकी महबूब तरीन ग़िज़ा (आहार) थी। ज़ाहिर है कि मुझसे बहुत ज़्यादा देर तक उनके मरासिम नहीं रह सकते थे। उन्होंने आते ही अपना एक गिरोह बना लिया, जिसका सरदार मदन सूदन को मुक़र्रर किया। मदन सूदन भी हम लोगों की तरह पार्ट टाइम आर्टिस्ट थे लेकिन चूँकि वह दूसरा कोई काम नहीं करते थे इसलिए अपनी रोज़ी-रोटी और आसाइश का सारा ख़र्च रेडियो स्टेशन से निकालते थे। अनीस रफ़ी चूँकि बे इन्तिहा आशिक़ मिज़ाज थे लिहाज़ा वह बयक वक़्त कई पार्ट टाइम ख़ातून आर्टिस्टों की नाज़ बरदारी बल्कि बार बरदारी (बोझ उठाना) में मसरूफ़ रहते थे। एक ख़ातून साजिदा रहमान थीं जो अण्डमान की रहने वाली थीं। साफ़ सुथरी और शरीफ़ ख़ातून थीं। उनके बड़े भाई इण्डियन नेवी में कैप्टन थे। फ़िल्म स्टार नाज़िमा उनकी बीवी थीं। साजिदा भी पार्ट टाइम आर्टिस्ट थीं। एक लड़की, जिसका नाम इस वक़्त मुझे याद नहीं आ रहा है, वह भी अनीस रफ़ी की मंजूरे नज़र (अतिप्रिय) थी। एक दिन उनके केबिन में पता नहीं क्या हुआ या किसने क्या देख लिया कि साजिदा और उस लड़की में ख़ूब उठा पटक हुई, ख़ूब हंगामा हुआ लेकिन अनीस रफ़ी के इस कारनामे को मदन सूदन और उनके साथियों ने मिल कर दबा दिया। अदबी दुनिया में भी यह ख़बर किसी न किसी बहाने से पहुँच गयी लेकिन यहाँ ख़ुद ही हर मगरमच्छ रेडियो स्टेशन के दावत नामे पर निगाहें गाड़े रहता था इसलिए बात आयी गयी हो गयी। साजिदा रहमान उस वाक़ए के बाद फिर कभी रेडियो स्टेशन पर नज़र नहीं आयीं। ये जो ख़ुशामदों के दबीज़ ही नहीं बल्कि स्याह पर्दे हैं, ये हर ज़माने में गुनाहों को छुपाने में बहुत मददगार साबित होते रहे हैं। अनीस रफ़ी के ज़माने से ही मैंने रेडियो स्टेशन जाना तर्क कर दिया था और फिर रफ़्ता-रफ़्ता मेरा नाम ही वहाँ के रजिस्टर से ग़ायब हो गया। अनीस रफ़ी क्योंकि मुझसे उम्र में बड़े थे लिहाज़ा आज तक मैं उनका लिहाज़ करता हूँ। उनके अच्छे-बुरे में ख़ास तौर से ट्रांसफ़र के वक़्त हमेशा मैंने अपना नुक़सान उठा कर भी उनकी मदद की लेकिन रेडियो स्टेशन को ख़ैरबाद (Good Bye) कहे अब तो तक़रीबन पच्चीस बरस हो चुके हैं।

दूरदर्शन पर मेरा आना-जाना बरक़रार था लेकिन वो जो कहा जाता है कि अच्छे दिनों को ज़माने की नज़र लग जाती है, वही बात हो कर रही। अनीस रफ़ी और मदन सूदन दोनों मिल कर दूरदर्शन के माहौल को भी परागन्दा (तितर बितर) करने में मसरूफ़ हो गये। यूँ बेशतर उर्दू शायरों और अदीबों की नज़र में मेरे और सुशीला जी के मरासिम काँटे की तरह खटकते थे। एक शाम सुशीला जी ने मुझे फ़ोन करके अपने घर पर बुलाया। सब कुछ नार्मल था। उन्होंने मासी नाम की काम करने वाली ख़ातून को आवाज़ देकर हमारे लिए चाय लाने के लिए कहा, फिर अपने बंगला इन्टेलेक्चुअल झोले से दूरदर्शन का कन्ट्रैक्ट फ़ार्म निकाल कर मेरे सामने रखते हुए फ़रमाया कि यहाँ दस्तख़त कर दीजिए। मैं पूछता ही रह गया लेकिन उन्होंने कुछ भी बताये बग़ैर मुझसे फ़ार्म पर दस्तख़त करवा के उसे मेज़ पर रख दिया। चाय पीने के बाद उन्होंने हस्बे मामूल सिगरेट सुलगायी फिर मुझसे मुख़ातिब हो कर कहने लगीं कि भाई! नेशनल प्रोग्राम के लिए एक मुशायरा रिकार्ड करके देहली भेजना है। मैंने पूछा, शायरों की फेहरिस्त (सूची) क्या है? उन्होंने, कहा कि सब बंगाल के शोअरा हैं। मैंने कहा बिल्कुल ठीक, हमारे बंगाल में ख़ुद ही ऐसे-ऐसे शोअरा पड़े हुए हैं कि हमें अपनी महफ़िल सजाने के लिए किसी दूसरी जगह से शायर बुलाने की ज़रूरत नहीं है। उन्होंने पूरी लिस्ट मुझे सुनायी। मैंने रेहाना नवाब के नाम पर एतराज़ किया। वो कहने लगीं कि आपने ही तो रेहाना नवाब को हमसे मुतआरिफ़ (परिचित) कराया था। मैंने कहा कि लोकल मुशायरे की हद तक तो ठीक है लेकिन यह नेशनल हुक अप का मुशायरा है... आप ख़ुद ही सोचिए सुशीला जी, कि एक तरफ़ तो डॉ. मुजफ़्फ़र हनफ़ी, प्रो. एज़ाज़ अफ़ज़ल, सालिक लखनवी, ऐन रशीद, रौनक़ नईम, नस्र ग़िज़ाली, हबीब हाशिमी, शहूद आलम आफ़ाक़ी और अहमद रईस स्टेज पर रौनक़ अफ़रोज़ (सुशोभित) होंगे और दरम्यान में रेहाना नवाब साहिबा जो सिरे से शायर ही नहीं हैं, अच्छी नहीं लगेंगी। यह मुनासिब भी नहीं होगा। कलकत्ता दूरदर्शन का जो स्टैन्डर्ड आपने बनाया है, उसे मेनटेन रखें। लेकिन उन्होंने बहुत बेरुख़ी से कहा कि इसका जवाब हम दे लेंगे। मैं चुप हो गया। उन्होंने ख़ुद ही सुकूत (ख़ामोशी) की चादर को चाक करते हुए कहा कि भाई, मग़रिबी बंगाल और कलकत्ते पर एक छोटा-सा राइट-अप लिख दीजिए जिसे हम शुरू में दिखायेंगे। मैंने पूछा, निज़ामत कौन करेगा? वो फ़ौरन बोलीं की मदन सूदन। मैंने कहा, बिल्कुल ग़लत... मदन सूदन से इस मुशायरे की निज़ामत मुशायरे पर एक धब्बा होगी। वो झट से बोलीं कि भाई, मदन सूदन को उर्दू आती है। मैंने भी फ़ौरन पलट कर जवाब दिया कि यूँ तो प्रो. हीरा लाल चोपड़ा को अरबी भी आती है, लेकिन हम उनसे नमाज़ की इमामत नहीं करवा सकते। वो ज़ुज़बुज़ (खिन्न)

होकर बोलीं कि आप चाहते क्या हैं? मैंने कहा, मेरी प्यारी बहन सुशीला गुप्ता! इस मुशायरे की निज़ामत आप डॉ. हनफ़ी, अल्क़मा शिबली या डॉ. शमीम अनवर से कराइए, जिनका एक जुमला भी शायर को सनद याफ़्ता (प्रमाणित) बनाने में मददगार साबित होगा। वो शायद बहस पर ही आमादा थीं... कहने लगीं कि मदन सूदन में क्या बुराई है? मैंने कहा कि वह ड्रामों के आदमी हैं, उन्हें शायरी की ए.बी.सी.डी. भी नहीं मालूम है। क्या आप किसी उर्दू वाले से हिन्दी कवि सम्मेलन की निज़ामत करवाने की हिम्मत रखती हैं? अचानक उन्होंने एक अजीबो ग़रीब बात कह दी। बोलीं कि भाई, आपके मुँह से ये हिन्दू, मुसलमान वाली बात अच्छी नहीं लगती। एक लम्हे को तो मैं सन्नाटे में आ गया क्योंकि मैंने ऐसी तो कोई बात कही नहीं थी। फिर मैंने थोड़ा सँभलते हुए कहा कि माफ़ कीजिएगा सुशीला बहन! हिन्दू, मुसलमान तो आप देखती हैं... अभी दो-तीन दिन पहले ही इसी कमरे में, इसी टेलीविज़न पर वी.सी.आर. की मदद से आप अयोध्या वाला एपिसोड देख रही थीं। जैसे ही मुलायम सिंह और शहाबुद्दीन की तस्वीरें सामने आयीं आप उन्हें Son of Bitch कह रही थीं और साध्वी ऋतम्भरा की तक़रीर पर नारे लगा रही थीं। न जाने मैं भी कौन-सी मिर्च खाये हुए था जो इतना सख़्त बोल गया वर्ना आम तौर पर मैं अपनी कूव्वते बरदाश्त पर बहुत भरोसा करता था। दोनों तरफ़ देर तक ख़ामोशी रही। सुशीला जी ने (अब वो इस दुनिया में नहीं हैं) मुझे मनाते हुए कहा कि छोड़िए भाई, अच्छा ये बताइए कि आप मुशायरे में आ रहे हैं? मैंने मअज़िरत (क्षमा याचना) करते हुए कहा कि मुझे माफ़ कर दीजिए। हँसते हुए कहने लगीं कि भाई समझ लीजिए, नेशनल हुक अप का मुशायरा है, पूरे मुल्क में देखा जाता है। मैंने उनकी मेज़ से अपना दस्तख़त शुदा (हस्ताक्षरित) फ़ार्म उठाया और उसके कई टुकड़े करते हुए कहा कि माफ़ कीजिएगा, आपकी इत्तिला के लिए अब हम इंटर नेशनल शायर हैं, नेशनल मुशायरों में मेरी कोई दिलचस्पी नहीं है। यह कह कर मैं उठने लगा। सुशीला जी ने फिर मुझे नार्मल करने की कोशिश करते हुए पूछा कि गुस्सा ठण्डा हो जाने के बाद आइएगा ना? मैंने कहा कि अब तो इंशा अल्लाह उसी वक़्त आऊँगा जब आप रिटायर हो चुकी होंगी और ख़ुदा का करना भी ऐसा ही हुआ कि वो रिटायर हो कर दुनिया से भी गुज़र गयीं लेकिन मैंने कभी कलकत्ता दूरदर्शन पर क़दम नहीं रखा।

आख़िरी बार उनसे मुलाक़ात कई बरस पहले कलकत्ता बुक फ़ेयर में अख़बारे मशरिक़ की जानिब से किये गये एक मुशायरे में हुई थी। मैं निज़ामत कर रहा था कि किसी ने मुझसे कान में आ कर कहा कि टी.वी. वाली सुशीला गुप्ता बेगम वसीमुल हक़ (एडीटर अख़बारे मशरिक़) के बराबर में बैठी हुई हैं। मैं

फ़ौरन स्टेज से उतर कर उनके पास पहुँचा और बड़े एहतराम से उन्हें आदाब किया, उनकी ख़ैरियत पूछी और बहुत ही नमदीदा आँखों से कहा कि सुशीला जी, मुझे मुनव्वर राना बनाने में आपका बहुत बड़ा हाथ है। वह अपनी आँखों के कोनों को साफ़ करते हुए मुझसे मेरी अहलिया और मेरे बेटे तबरेज़ का हाल चाल पूछने लगीं, फिर उन्होंने हँसते हुए कहा कि अब तो आप मेरे घर आइएगा? मैं तो अब रिटायर हो चुकी हूँ। मेरी शर्मिन्दगी कुछ और बढ़ गयी और वो मुस्कुराते हुए कहने लगीं कि ये आपके उर्दू शायर भी बड़े ख़राब हैं। मुझसे अकसर दूरदर्शन पर आते तो पूछते थे कि मुनव्वर राना क्या अब दूरदर्शन नहीं आते हैं। मैं उन्हें हमेशा सिर्फ़ एक ही जवाब देती थी कि वह मिज़ाज और खुददारी में मेरा सगा भाई है। उसे दूरदर्शन पर आना भी नहीं चाहिए था और अगर भाई दूरदर्शन पर मेरी मौजूदगी में आ जाते तो मैं उन्हें अपना भाई कहने पर उम्र भर शर्मिन्दा रहती।

पराये ग़म में अपने आपको बर्बाद कर लेना
ये जज़्बा अच्छे-अच्छे ख़ानदानों में नहीं मिलता।

एक दिलचस्प वाक़या और लिखने को जी चाह रहा है। मेहनत और क़िस्मत के सहारे कलकत्ते के स्टेज प्रोग्राम भी हमारी शमूलियत (शामिल होना) से और ज़्यादा भारी भरकम हो जाते थे और रफ़्ता-रफ़्ता वहाँ भी वही सूरते हाल होती गयी जो आज मुशायरे के स्टेज पर अल्लाह पाक ने मुझे बख़्शी है। मुशायरों की तरह वहाँ भी हमारे दुश्मनों की तादाद बहुत बड़ी हो गयी लेकिन ऊपर वाले की मेहरबानी से सब पीठ पीछे वाले दुश्मन थे, जिस तरह आजकल उर्दू दुनिया में हमारे बहुत दुश्मन हैं, लेकिन उनमें से तक़रीबन सभी ख़्वाजासरा (ज़नाने) हैं। मर्दाना वजाहत (व्यक्तित्व) वाला एक भी नहीं है। हमारी बेबाकी, ख़ुदसरी, साफ़ गोई (स्पष्ट बोलना) और लोगों के दुख-दर्द में शामिल होने की आदत को हर ज़माने में बहुत अच्छी निगाह से देखा गया है और फिर रफ़्ता-रफ़्ता मैं उसी तर्ज़े ज़िन्दगी (जीवन शैली) का आदी होता चला गया। अकसर अहबाब (दोस्तों) का ख़याल है कि इस तर्ज़े हयात से हमने अपना बहुत ख़सारा किया लेकिन अभी तक हमने ख़ुद ज़िन्दगी की बैलेंसशीट का जोड़-घटाव नहीं किया है, फिर यूँ भी नफ़ा-नुक़सान का हिसाब बनिये बक़्क़ाल करते हैं। हम शायरों को न इसकी फ़ुर्सत होती है और न ज़रूरत। हम ख़ुद भी नहीं चाहते कि शहर के किसी वीरान चौराहे पर हमारा बुत लगाया जाये और आते-जाते लोग बेज़ार निगाहों से हमारे उस बुत को देखें। हम तो यह चाहते हैं कि आने वाली नस्लें यह सवाल करें कि इस शख़्स के बुत शहरों के चौराहों पर नस्ब (स्थापित) क्यों नहीं किये गये?

बहरहाल, मैं तो एक दिलचस्प वाक़ये की तरफ़ लौट रहा था। क़लम की रौ

बहक जाने से मैं इस रास्ते पर आ निकला। जिन दिनों मैं स्टेज प्रोग्राम में बहुत मसरूफ़ था और हर शाम पार्क स्ट्रीट में गुज़रती थी, वहीं एक शाम क़ादिर भाई ने मेरे कन्धे पर हाथ रखा, मुझे अलग ले गये और कहने लगे मुनव्वर भाई! यह लड़की जो मेरे पास खड़ी थी, एक ग़रीब घर की है... फ़िल्मी गीत गाती है... अभी बिल्कुल नयी है और इसके तलफ़्फ़ुज़ (उच्चारण) भी इतने दुरुस्त नहीं हैं। इसका नाम दीपा दास है। इसको कह सुन कर कुछ प्रोग्रामों में चान्स दिलवा दीजिए, नेक काम है। आप अच्छे आदमी हैं, मेरी बहुत इज़्ज़त करते हैं इसीलिए मैं आपसे यह बात कह रहा हूँ। मैंने कहा, कोई बात नहीं क़ादिर भाई, आपने कह दिया इतना ही मेरे लिए काफ़ी है। क़ादिर भाई ने फ़ौरन ही उस लड़की को बुला कर मुझसे तआरुफ़ कराया। मामूली सूरत शक़्ल की लड़की थी... बहुत मामूली-सी लेकिन अपनी गुर्बत के हिसाब से बेहतरीन साड़ी पहने हुई थी। पैरों में मामूली प्लास्टिक की चप्पलें थीं। उसकी उम्र मुश्किल से 16 बरस रही होगी हालाँकि हम खुद उस वक़्त 19 बरस से ज़्यादा के नहीं रहे होंगे। बहरहाल थोड़ी देर वहाँ रुकने के बाद हमने मोटर साइकिल स्टार्ट की, उस लड़की को पीछे बिठाया और जहाँ मेरा प्रोग्राम चल रहा था, वहाँ के लिए निकल पड़े। वह लड़की दोनों पैर एक ही तरफ़ लटका कर बैठी हुई थी। मैं प्रोग्राम में उस लड़की के साथ पहुँचा। वह प्रोग्राम मेरे एक दोस्त बजाज ने अरेंज किया था। बजाज उन दिनों लक्ष्मी कामर्शियल बैंक में ऑफ़िसर था। मुझसे पाँच-छः बरस बड़ा था और मेरा बहुत ख़याल रखता था। मैंने दीपा दास का उससे तआरुफ़ कराया, उसके घरेलू हालात भी बताये और उसे भी टीम में उसी वक़्त फ़िल्मी गाने सुनाने के लिए मुन्तख़िब कर लिया गया। मैं उस प्रोग्राम की निज़ामत कर रहा था। दीपा दास को मैंने बड़ी मेहनत और बेहतरीन तआरुफ़ के साथ माइक पर आने की दावत दी, साथ ही म्यूज़ीशियन टीम से भी उसे सपोर्ट करने के लिए ख़ास तौर पर कह दिया। दीपा दास ने उस महफ़िल में दो या तीन फ़िल्मी गाने सुनाये जिन्हें लोगों ने ठीक ठाक तौर पर सुना भी और स्टेज के चलन के मुताबिक़ सुनने वालों ने उसे नकद ईनाम भी दिया। बजाज ने तो उसके एक दिन के नज़राने में सिर्फ़ इक्यावन रुपये दिये लेकिन सुनने वालों की तरफ़ से वह सौ रुपये से ज़्यादा ईनाम हासिल करने में कामयाब हुई। उन दिनों यह रक़्म कम नहीं समझी जाती थी। मैं एक तरह से सुपर स्टार होने के बावजूद तीन दिन के प्रोग्राम में एक हज़ार के ऐग्रीमेंट पर शरीक था। अगर मैं सिर्फ़ शत्रुघ्न सिन्हा के डायलॉग सुनाने के लिए मदऊ (आमन्त्रित) होता तो मेरा नज़राना एक सौ एक रुपये ही होता था। यह और बात है कि कभी-कभी ख़ास तौर से दुर्गा पूजा और काली पूजा के मौक़ों पर मैं एक-एक रात में आधा दर्जन से भी ज़्यादा प्रोग्रामों में शरीक हो

जाता था। ख़ैर, प्रोग्राम ख़त्म होने के बाद मैं भी खुश था कि मेरी मदद से उस लड़की का फ़ायदा हो गया। ज़ाहिर है कि उसकी खुशी का तो ठिकाना ही न रहा होगा क्योंकि एक तो उसकी बिसात से ज़्यादा रुपये मिल गये थे, दूसरे बहुत बड़े बैनर के प्रोग्राम में उसे गाने का मौक़ा भी मिल गया था। प्रोग्राम ख़त्म होने के बाद मैंने उससे पूछा कि तुम रहती कहाँ हो? उसने बताया कि खर्दा नेशनल टुबैको फैक्ट्री के पास। यह कलकत्ते का बाहरी इलाक़ा था और वहाँ जाने के लिए आम तौर पर एक जगह बस बदलनी पड़ती थी। मैंने उससे पूछा कि तुम कैसे जाओगी, तो उसने बहुत आसानी से बताया कि यहाँ से बस पकड़ कर हम श्याम बाज़ार जायेंगे फिर वहाँ से दूसरी बस हमें खर्दा पहुँचा देगी। लेकिन जितनी आसानी से गुर्बत अपना सफ़र बता देती है, वह उतना आसान नहीं होता क्योंकि हिन्दुस्तान इंटर नेशनल होटल से खर्दा की दूरी तक़रीबन अठारह-बीस किलोमीटर रही होगी। रात के तक़रीबन ग्यारह बज रहे थे। मैंने उससे कहा कि ऐसा करते हैं, हम तुमको मोटर साइकिल से श्याम बाज़ार पहुँचा देते हैं, तुम वहाँ से बस के ज़रिये खर्दा चली जाना और साथ ही उसे यह भी ताकीद कर दी कि कल साढ़े आठ बजे प्रोग्राम में पहुँच जाना... मैंने तुम्हारा नाम इस प्रोग्राम में तीनों दिन के लिए फेहरिस्त में शामिल करवा दिया है। वह शुक्रगुज़ार (कृतज्ञ) निगाहों से मुझे देखती रही। लतीफ़ा यह था कि उसे हिन्दी बिल्कुल नहीं आती थी और मेरी बंगला भी मद्रासियों की उर्दू की तरह थी। दिलचस्प बात यह है कि मैंने अव्वल तो समाज के डर से और उससे भी ज़्यादा अब्बू के डर से कभी किसी लड़की को अपनी मोटर साइकिल पर नहीं बिठाया था। कलकत्ते में अब्बू के तअल्लुक़ात बहुत थे। एक तो ट्रांसपोर्ट की वजह से, दूसरे वह अकसर मुस्लिम इदारों (संस्था) से जुड़े हुए थे जैसे मुहम्मडन स्पोर्टिंग क्लब, इस्लामिया हास्पिटल, कलकत्ता यतीम ख़ाना और ऐसी ही दर्जनों तंज़ीमों से अब्बू वाबस्ता थे। उनका ख़ौफ़ लाज़िम था क्योंकि अल्लाह जन्नत बख़्शे, वह इतने सख़्त मिज़ाज थे कि मैं तीन लड़कियों का बाप हो गया था तब तक उन्होंने मुझे मारा था लेकिन ज़िन्दगी गुज़ारने, हालात से लड़ने, हमेशा उसूलों पर क़ायम रहने और हलाल (वैध) रिज़्क़ से शिकम (पेट) की दोज़ख़ भरने का सबक़ हमें वही पढ़ा कर गये हैं। अल्लाह का शुक्र है कि हज़ारों मन मिट्टी के नीचे दब जाने के बाद भी हर मुश्किल वक़्त में वह अपने पढ़ाये हुए सबक़ की तरह सामने आ जाते हैं। उनके न रहने के बावजूद आज तक हम किसी अकेली ख़ातून के साथ अपनी कार पर सफ़र नहीं करते। मैंने भी उनके यक़ीन के आबगीने को उनकी ज़िन्दगी में ही नहीं उनके इन्तिक़ाल के बाद भी कहीं से दरकने नहीं दिया। आज एक बहुत बड़ी दुनिया जो मुझसे मुहब्बत करती है, मुझपे भरोसा करती है, उसका सबब

भी मेरे वालिद हैं। अब्बू तो दस बरस पहले अल्लाह को प्यारे हो गये लेकिन परवरदिगार का लाख-लाख शुक्र है कि आज भी अम्मी मौजूद हैं और मैं उनके साथ रहता हूँ। उनके साथ रहने का अलग मज़ा है। यह बात मैं ख़ास तौर से आने वाली नस्लों के लिए लिख कर दुनिया से जाना चाहता हूँ। अम्मी अस्सी बरस के लपेटे में हैं। बुज़ुर्गी खुद बीमारी है। अकसर जब वह अपनी सेहत और बीमारी से परेशान होने लगती हैं या दवाएँ खाना कम कर देती हैं तो मैं उनसे सिर्फ़ इतना कहता हूँ कि देखिए! आप दुनिया से जाने की जल्दी मत कीजिएगा वर्ना मैं आपकी पिलौठी की औलाद हूँ... आपके पीछे ही पीछे क़ब्रिस्तान आ कर आपके पैरों के पास हमेशा-हमेशा के लिए सो जाऊँगा। औरत, ख़ास तौर से माँ, सब कुछ सुन सकती है लेकिन औलाद की वापसी के सफ़र के बारे में सोच कर काँप जाती है। फिर यही होता है कि अम्मी दूसरे दिन से दवा और खाना ठीक वक़्त पर खाने लगती हैं। काश! मेरी अम्मी दुनिया से कभी न जायें बल्कि किसी की भी अम्मी दुनिया से कभी न जायें।

बहुत देर तक इधर-उधर भटकने के बाद फिर मौज़ू (विषय) की तरफ़ लौटते हैं। दीपा दास जब पार्क स्ट्रीट से हिन्दुस्तान इंटर नेशनल होटल तक मेरी मोटर साइकिल पर बैठ कर आयी थी तो उसके दोनों पाँव एक तरफ़ होने की वजह से मुझे मोटर साइकिल चलाने में दिक्कत आ रही थी बल्कि आम ज़बान में यूँ कहिए कि गाड़ी कहीं-कहीं झोल खा जाती थी जिससे मोटर साइकिल के पलटने का ख़तरा बना रहता था। मैं पहले ही अर्ज़ कर चुका हूँ कि एक तो मैं तेज़ मोटर साइकिल चलाने का आदी था, दूसरे ऐसी कोई सवारी मेरी मोटर साइकिल पर कभी नहीं बैठी थी जिसके दोनों पैर एक तरफ़ रहे हों लिहाज़ा वापसी के वक़्त मैंने उससे पूछा कि तुम लड़कों की तरह मोटर साइकिल पर बैठ सकती हो जैसे मैं बैठा हुआ हूँ? उसने कहा, हाँ बोश्ते पारी (बैठ सकती हूँ)। मैंने कहा तब तुम उसी तरह दोनों तरफ़ पाँव करके बैठो ताकि मुझे गाड़ी चलाने में दुश्वारी न हो। मैंने उसे हमदर्दी के जोश में बिठा तो लिया लेकिन अब्बू के जूतों का ख़तरा भी सर पे मंडला रहा था। मैंने अपनी कोशिश भर ऐसा रास्ता चुना जो अब्बू के दायरों और अख़्तियार से बाहर था। अन्टाली के इलाक़े से गुज़रते हुए मैंने उससे पूछा कि खाना कहाँ खाओगी? उसने कहा, घर जा कर खाऊँगी। मैंने कहा, होटल में खाना चाहो तो तुम मेरे साथ खाना खा सकती हो। वह फ़ौरन राज़ी हो गयी। रास्ते में अन्टाली मोड़ पर एक सरदार जी का बड़ा-सा रेस्टोरेंट था। हम लोग मोटर साइकिल किनारे खड़ी करके उसी होटल के एक केबिन की तरफ़ बढ़ गये। होटल का मालिक बिल्लू मुझे पहचानता था। मैंने केबिन में उसको सामने वाली सीट पर बिठाया और हाथ धोने के लिए वाश

बेसिन के पास आ गया। वाश बेसिन से केबिन में वापस आ कर मैंने उससे भी कहा, दीपा! मुँह हाथ धो लो। वह उठ कर वाश बेसिन की तरफ़ चली गयी और वापसी पर केबिन में दाख़िल होते ही उसने सामने बैठने के बजाय मेरे पास बैठने की इजाज़त चाही। ज़ाहिर है कि मुझे कोई एतराज़ नहीं था। मैंने उससे पूछा चिकेन खाओगी? वह राज़ी हो गयी। मैंने अपने लिए ड्राइवरों वाला तड़का और रोटियाँ मँगायी जो ट्रांसपोर्टर होने की वजह से मेरी मरगूब (रुचिकर) ग़िज़ा है। उसने तकल्लुफ़ करते हुए कहा कि हम भी तड़का खायेंगे। मैंने उसे समझाया कि चिकेन तो मैं भी खाता हूँ लेकिन मेरे मज़हब में झटके का गोश्त खाना मना है। उसे झटके का मतलब समझाने में ख़ुद मुझे कई झटके लग गये लेकिन उर्दू से बंगला और फिर इस्लाम से कुफ़्र तक का रास्ता इतना आसान थोड़े ही होता है, जिहाज़ा थोड़ी दूर तक इस शरई (क़ानूनी) और इस्लामी रहगुज़र पर चलने के बाद मैं अपने 'दीने इलाही' की तरफ़ लौट आया। खाने के दौरान दीपा मुझे मुस्तक़िल लगावट भरी नज़रों से देखती रही। बात करते-करते उसने अपनी ज़बान में यह भी पूछ लिया कि आप किसी से मुहब्बत करते हैं? मैंने हाँ कह कर अपना पीछा छुड़ाना चाहा लेकिन शायद वह मेरा पीछा छोड़ने पर आमादा नहीं थी। उसने मुझसे बंगला में बड़ी मासूमियत के साथ इज़हारे इश्क़ भी कर दिया लेकिन मैं तो इंगेज टैक्सी की तरह था...'अल्लाह एक और महबूबा भी एक' के फ़ार्मूले पर अमल करने वाला। खाना खाने के बाद हमारा अगला सफ़र श्याम बाज़ार के लिए शुरू हुआ, जहाँ से दीपा दास को बस पकड़नी थी। शायद मेरी बेढंगी ड्राइविंग से डर कर उसने मुझसे मेरा कन्धा पकड़ने की इजाज़त चाही जो मेरी तरफ़ से किसी भी जज़्बे के बग़ैर दे दी गयी। अकसर रास्ते की ख़राबी या यूँ ही...उसका पूरा बोझ मेरी पीठ पर आ जाता था। मैं इस लम्स (स्पर्श) की लज़्ज़त से पहली बार आशना हो रहा था। मुझे अच्छा तो बहुत लग रहा था लेकिन बेवकूफ़ी की हद तक। शरीफ़ और देहाती होने की वजह से मैं इस लज़्ज़ते शबाब (यौवन का स्वाद) से क़तई ना आशना रहा। बहरहाल, इसी धूप-छाँव की लज़्ज़त में श्याम बाज़ार आ गया। मैंने उसे उसकी बस के पास उतारा और अपने घर की तरफ़ वापस चल दिया। जिस बिल्डिंग में हम लोग रहते थे उसमें दो छोटे-छोटे फ़्लैटनुमा कमरे थे। एक में बहन शाहीन, छोटे भाई शकील और जमील अब्बू अम्मी के साथ सोते थे। छोटे-से इसी फ़्लैट के कमरे में मेरी नानी भी सोती थीं जो अम्मी की सेहत की ख़राबी और नाना के कई अदद निकाहों से परेशान हो कर हम लोगों के साथ ही रहती थीं। लोगों ने अपने वालिदैन की शादियाँ अपनी आँखों से देखी होंगी लेकिन मैं तो उन ख़ुशनसीबों में हूँ कि नाना के निकाह के छुहारे भी लूटने का मुझे शरफ़ हासिल है। ख़ैर,

दूसरे वाले फ़्लैटनुमा कमरे में हम, इस्माईल, यहिया मरहूम, राफ़े और एकआध मेहमान जो कभी-कभार आ जाया करते थे, रहते थे इनमें मेरे मामूँ ज़ाद ज़ुबैर भाई या मेरे मामू तय्यब और उनकी अहलिया वग़ैरा हुआ करती थीं। अब तो ज़ुबैर भाई और तय्यब मामू दोनों का इन्तिक़ाल हो चुका है। चूँकि मेरी जेब में हमेशा अच्छे ख़ासे पैसे रहते थे इसलिए मेरे छोटे भाई मेरी जेबें तके रहते थे और मेरे जागने से पहले ही वो लोग मेरी रक़्म का काम तमाम कर चुके होते थे। लिहाज़ा मैं भी हमेशा एहतियात के पेशे नज़र थोड़े-से रुपये छोड़ कर बाक़ी पैसों को किताबों, कपड़ों और कार्पेट के नीचे छुपा देता था। आज भी इसी मसले को हल करने की ग़रज़ से मैंने अपने कोट की जेब में हाथ डाला तो उसमें से दो अदद रोल्ड गोल्ड की ख़ूबसूरत सी चूड़ियाँ निकल आयीं। मैं फ़ौरन समझ गया कि दीपा दास ने मेरे बराबर में बैठने की गुज़ारिश क्यों की थी। चूड़ियाँ देख कर मैं अन्दर तक लरज़ गया था क्योंकि मुझे बंगाल के जादू की झूठी-सच्ची हज़ारों कहानियाँ याद थीं। लोग बताते थे कि बंगालनें जिस पर जादू कर देती हैं, उसे मक्खी या मच्छर बना कर कलकत्ता वापस बुला लेती हैं। ऐसे-ऐसे क़िस्से लोगों से सुन रखे थे कि महसूस तो यही होता था कि मैं सुबह मक्खी बन कर दीपा दास के दरवाज़े पर भिनभिनाता हुआ दिखाई दूँगा। दिसम्बर की आख़िरी शबों (रातों) के बावजूद मैं पसीने से नहा गया। रात के एक-डेढ़ का अमल रहा होगा, मैं जल्दी से बाथरूम में घुस गया, नहा धो कर निकला, जा नमाज़ बिछाई और नमाज़ पढ़ कर क़ुरआने करीम ले कर बैठ गया। बहुत देर तक सूरए नूह, सूरए जिन्न और सूरए फ़त्ह पढ़ी और अपने ऊपर ख़ूब झाड़-फूँक की। फिर मैंने वो दोनों रोल्ड गोल्ड की चूड़ियाँ निकालीं। चारो कुल कई बार पढ़ कर उन चूड़ियों पर फूँका और कमरे से बाहर निकल कर बरामदे में आ गया। अचानक मैंने दोनों चूड़ियाँ पड़ोस की छत पर उछाल दीं और इसके साथ ही मैं बिल्कुल नार्मल हो गया लेकिन उस मकान के मालिक बेचारे मन्नान रशीद की ज़िन्दगी भर शादी नहीं हुई और कुँवारे ही मर के अल्लाह के घर सिधार गये। पता नहीं अब इसमें कितना सच है और कितना मेरा वहम लेकिन मैं सोचता हूँ कि उस दिन अल्लाह ने शायद मुझे बंगाल के जादू से बचा लिया। दूसरे दिन मैं बजाज के प्रोग्राम में गया ही नहीं। तबीअत की ख़राबी का बहाना बना कर इधर-उधर वक़्त गुज़ारता रहा लेकिन उधर का रुख़ ही नहीं किया क्योंकि वहाँ दीपा दास का होना यक़ीनी था। तक़रीबन बीस बरस बाद कला मन्दिर में एक मुशायरा था जिसमें मैं भी शरीक था। मुशायरे में अभी ताख़ीर (देरी) थी। कला मन्दिर के बेसमेंट में एक वैराइटी प्रोग्राम चल रहा था। मैं टहलते हुए कला मन्दिर के उस हाल में दाख़िल हो गया। मुझे प्रोग्राम वालों ने सामने की कुर्सी पर बिठा दिया। स्टेज पर एक

भरे-भरे बदन की साँवली-सी ख़ातून गाने गा रही थी। मैं उसे माज़ी (अतीत) के आईना खाने तक ले जा कर पहचानने की कोशिश कर रहा था लेकिन शायद उसने मुझे पहचान लिया था। उसने गाते-गाते मुझे हाथ जोड़ कर नमस्ते किया ...मैंने उसको उसके नमस्ते का जवाब दिया। अपना टर्न ख़त्म करने के बाद वो स्टेज से उतर कर मेरे पास आयी और मुस्कुराते हुए बोली कि दादा! हम दीपा दास हैं। फिर उसने मेरा हाल चाल पूछा। मैंने भी एख़लाक़न उसका हाल अहवाल पूछा। उसने बताया कि उसने कई बंगला फ़िल्मों में गाने गाये हैं और बांग्लादेश की फ़िल्मों में भी मेरे फ़िल्मी नग़मे मक़बूल हैं। दादा! आपकी कृपा से आज मेरे पास इज़्ज़त और शोहरत सब कुछ है लेकिन हम इस सब के लिए सदा आपके आभारी रहेंगे। थोड़ी देर बाद मैं वहाँ से उठ कर मुशायरा गाह में दाख़िल हो गया जहाँ मेरी नयी दुनिया मेरा इन्तिज़ार कर रही थी।

मैं अकसर कलकत्ते के जादू के बारे में बहुत लोगों से सुनता रहा हूँ। इस शौक़ के चलते कलकत्ते के बहुत-से तान्त्रिकों, झाड़-फूँक करने वालों और जादू-टोने के माहिरों से मेरी बड़ी दोस्ती हो गयी। मैंने उन लोगों से इस हक़ीक़त को जानने की भरपूर कोशिश की। उन लोगों ने लाग-लपेट के बग़ैर बहुत-से जादुई क़िस्से भी सुनाये और ज़िन्दगी की हक़ीक़तों से जुड़ी दास्तानें भी लेकिन सिरे से ऐसी तमाम बातों को ख़ारिज अज़ इमकान (असम्भव) क़रार दिया कि मक्खी या मच्छर बना कर बंगालनें अपने शौहरों या आशिक़ों को वापस कलकत्ता बुला लेती हैं या कोई कील चारपाई या पेड़ में गाड़ देने से चारपाई समेत आशिक़ या वह पेड़ जिसमें कील गड़ी है, वहाँ से उखड़ कर कलकत्ता रवाना हो जाता है। उन लोगों ने यह तक बताया कि जादू-टोने पर यक़ीन करना एक बीमारी है जो ना उम्मीदी, मायूसी और ना मुरादी की कोख से जन्म लेती है। इसका इलाज डॉक्टरों, हकीमों या वैद्यों के पास तो होता नहीं है और यहीं से अक़ीदे (आस्था) की कमज़ोरी दर-दर भटकना शुरू कर देती है। इसी दर-दर भटकने के सबब ख़ास तौर से हिन्दुस्तान में लाखों की तादाद में तान्त्रिक, साधू, ओझा, झाड़-फूँक करने वाले और बाबा लोग पैदा होते जा रहे हैं।

फिर उन्होंने बहुत ही मज़बूत बात दलीलों के हवाले से हमारे गोश गुज़ार (बताना) की। उन लोगों ने बताया कि दरअस्ल बंगाली औरतों के साँवलेपन में एक अजीबो ग़रीब कशिश होती है। उनकी गुफ़्तगू में बे इन्तिहा मासूमियत और भोलापन होता है। वह अपने चाहने वालों का दुख-सुख में कभी साथ नहीं छोड़ती हैं। ख़ास तौर से दुख के दिनों में उनसे अच्छा साथी दुनिया के किसी हिस्से में नहीं मिल सकता। उनकी ख़ातिर मुदारात (सत्कार) का यह आलम होता है कि वह अपने शौहर के खाने पीने से ले कर दवा दारू, सिगरेट, शेविंग और दूसरी

ज़रूरतों की ज़िम्मेदारियाँ खुद ओढ़ लेती हैं। अपने बच्चों के मुस्तक़बिल के लिए देखे हुए हर ख़्वाब को हक़ीक़त में बदलने के लिए वह अपने आपको मिटा देती हैं। दूसरे सूबों की औरतों के मुक़ाबले में किफ़ायत शिआर (मितव्ययी) होती हैं और इसी किफ़ायत शिआरी वाले पैसों से वह अपने बच्चों को आई.ए.एस., आई.पी.एस. और इंजीनियर तक बना कर दम लेती हैं। उनकी खुद सिपुर्दगी (आत्म समर्पण) में एक ऐसा नशा होता है कि आदमी अपने तमाम ग़म भूल जाता है। उनके मुक़ाबले में दूसरे इलाक़ों की औरतें आम तौर पर शौहर से लड़ने-झगड़ने, बड़ी-बड़ी फ़रमाइशें करने और सबब बेसबब बाज़ारों में घूमने में सारा वक़्त गुज़ार देती हैं जबकि बंगाली औरतें लफ़्ज़ 'जीवन साथी' की सरापा तफ़सीर (व्याख्या) और तस्वीर बन जाती हैं। ज़्यादातर लोग लौट कर कलकत्ते या बंगाल की तरफ़ दोबारा इसीलिए कूच कर जाते हैं कि वह ज़िन्दगी के हंगामों से तंग आ कर किसी की ज़ुल्फ़ की छाँव में अपना वक़्त गुज़ारना चाहते हैं। ज़ाहिर है कि औरत के मुक़ाबले में मर्द सारी ज़िन्दगी एक अनजाने से सुकून की तलाश में रहता है। ख़ास तौर से इस भागती दौड़ती ज़िन्दगी में हर आदमी बीवी से ज़्यादा एक अच्छे दोस्त की तलाश में रहता है।

जिनको दराज़िए शबे ग़म का गिला है कुछ
बंगालनों के आ के ज़रा बाल देख लें।

है कोई आज मेरी बात समझने वाला

हमारे बचपन और खुशी के दिनों की मुद्दत बहुत कम थी क्योंकि पाकिस्तान नाम की आँधी रोज़ो शब रिश्तों के चराग़ों को गुल करने पर आमादा थी। शरीफ़ों के घरानों में ख़रीदो फ़रोख़्त हो या बटवारा... इतनी ख़ामोशी से हो जाता है कि क़रीबी रिश्तेदारों को भी काफ़ी दिनों बाद पता चलता है। उन दिनों हर ख़ानदान के रिश्तों की ढाबली से रोज़ाना दो-चार कबूतर उड़ कर पाकिस्तान की तरफ़ चले जाते थे लेकिन कस्टूडियन के डर से यह बात भी बहुत दिनों बाद लोगों तक पहुँचती थी। बेशर्म पड़ोसी हर वक़्त अपने-अपने फ़ायदे के हिसाब से मकान, दुकान, बर्तन-भाण्डे और खेत-खलियान का सौदा करने के लिए घूमते रहते थे। पाकिस्तान बनने की अहमक़ाना (मूर्खतापूर्ण) सियासत से हिन्दुस्तान को क्या और कितना नुक़सान पहुँचा ये तो नहीं पता है लेकिन हाँ बड़े-बड़े ज़मींदार भी दीवालिया होने के कगार पर आ गये। हमारा ख़ानदान यूँ तो हमेशा अपनी ग़रीबी और आबरू पर क़नाअत (सन्तोष) का दबीज़ पर्दा डाले रहता था इसलिए बाहर से हम लोग भी खुशहाल दिखाई देते थे, जब कि ऐसा बिल्कुल नहीं था। ग़ैरत मन्द बड़े-बूढ़े तो अपनी पुश्तैनी (पैतृक) ज़मीनें और खेत खलियान की फरोख़्त के बाद हवेलियों से मरने के बाद ही बाहर निकले। जो ज़िन्दा रह गये थे वो बेचारे अपने माज़ी (अतीत) के सुनहरे दिनों के मटमैले से ग़िलाफ़ में लिपटे हुए माज़ी के हुक़्क़े में हाल के कोयले भरते रहते थे। बड़ी अजीब हिज़रतों (प्रवासों) का मौसम था। मेरे घर में भी आये दिन बिस्तर बँधने लगे थे। दादा, जिन्हें आख़िरी दिनों में जिहाद पर जाने का शौक़ पैदा हो गया था, अकसर बग़ैर बताये अपने पुश्तैनी गाँव जिसका नाम भाँव है, पैदल पाँच कोस चले जाते थे। आये दिन उनकी तलाश होती रहती थी। शाम तक उन्हें कोई अल्लाह का बन्दा ला कर घर छोड़ जाता। अब्बू जब उनसे पूछते कि अब्बा! आप बग़ैर बताये इस उम्र में इतनी दूर, वो भी अकेले क्यों चले जाते हैं? तो दादा बच्चों की तरह मुस्कुराते हुए लेकिन राज़दाराना तरीक़े से बताते कि मैं अपने पुश्तैनी लोहार से तलवार बनवा रहा हूँ... मुझे अरब जाना है, जिहाद करने के लिए। अब्बू हँसते

हुए कहते कि अब्बा अब आपकी उम्र जिहाद करने की नहीं है। अब आप घर में या ज़्यादा से ज़्यादा मस्जिद में जा कर अल्लाह-अल्लाह किया कीजिए। अब्बू की ये बात सुनकर दादा थोड़ा उदास हो जाते लेकिन फिर फ़ौरन ही तमाम बन्दिशों को तोड़कर कहते कि भय्या, जिहाद और नमाज़ की कोई उम्र नहीं होती। ये दोनों फ़र्ज़ हैं और फ़र्ज़ से बचने का कोई रास्ता नहीं है और फिर जिहाद में तो हमसे भी ज़्यादा बूढ़े लोग मैदाने जंग में अल्लाह के नाम पर अपना-अपना फ़र्ज़ निभाते रहे हैं। दादी के साथ अम्मी और दूसरे तमाम लोग अब्बू और दादा की बातें सुनकर ख़ूब हँसते थे। तमाशबीनों में कहीं न कहीं से मैं भी गर्दन निकाले रहता था। उस वक़्त तो यह तमाम बातें मेरी समझ से बालातर थीं लेकिन बड़े होने के बाद जब दुनिया और दुनियादारी समझ में आने लगी तो अन्दाज़ा हुआ कि पुश्तों से उनकी रगों में गर्दिश करता हुआ फ़ौजी ख़ून अभी तक जोश मारता रहता है। उन दिनों तक हिन्दुस्तान में जिहाद के मतलब वही थे जो डिक्शनरी में दर्ज हैं लेकिन अब तो फ़िरक़ा परस्ती ने जिहाद के मानी और मतलब ही बदल दिये हैं। फ़िरक़ा परस्तों के हिसाब से हिन्दुओं को मारना और हिन्दुस्तान को बर्बाद करने का नाम जिहाद है। जिहाद के इस नये मानी को सुन कर हँसने के साथ अफ़सोस भी होता है कि ये हमारे मुल्क को क्या होता जा रहा है। हम जहाँ की मिट्टी से पहले मस्जिद बनाते हैं, फिर उस मिट्टी पर सजदे के लिए सारी ज़िन्दगी अपनी पेशानी रगड़ते हैं, जहाँ का चाँद देख कर ही हम ईद और बक़रीद मनाते हैं (इस मसले पर हम अरब के चाँद पर भी भरोसा नहीं करते), जिस मुल्क की तरफ़ इशारा करके रसूल (सल.) ने फ़रमाया था कि मशरिक़ से हमें ठण्डी हवाएँ आती हुई महसूस होती हैं, जिस सरज़मीन के लिए हज़रत हुसैन ने यज़ीदी फ़ौज के कमाण्डर से कहा हो कि हम सुलह पर इस शर्त के साथ आमादा हो सकते हैं कि हमें हिन्दुस्तान चला जाने दिया जाये, जहाँ के मन्दिर और मस्जिद दोनों की तामीर में हमारे बुज़ुर्गों की मेहनत शामिल हो, जिस मुल्क की सलामती के लिए हम ग़िलाफ़े काबा पकड़ कर दुआ माँगते हैं, जहाँ की गंगा और जमुना ने हमें इतना वज़ू कराया हो कि हमें तयम्मुम करना ही याद न रह गया, जहाँ की ख़ाक ओढ़े हुए हमारी बे शुमार नस्लें और ला तादाद रिश्तेदार सो रहे हों, जहाँ के मन्दिरों की पनाह में हमारी ज्ञान वापी मस्जिद हो, जहाँ की हिन्दू रियासत में हमारे ख़्वाजा मुईनुद्दीन चिश्ती सो रहे हों, जहाँ की फ़ज़ाओं में हमेशा अल्लामा इक़बाल के लिखे तराने की ख़ुशबू रक़्स करती हो, जहाँ हम शिवा जी के सिपहसालार बन कर औरंगज़ेब की फ़ौज से जंग करते रहे हों, जहाँ की लक्ष्मीबाई की क़यादत (नेतृत्व) में हम ग़ुलाम ग़ौस बन कर तोपें और तलवारें चलाते रहे हों, जहाँ मुहर्रम में हमारे ग़मों में हिन्दू भी हमारे साथ नमदीदा होकर

मातम करते नज़र आते हों, जहाँ हज़रत हुसैन और उनके ख़ानदान की प्यास को याद करके हर मज़हब के लोग सबील का इन्तिज़ाम करते हैं, जहाँ हरियाणा की सरहद पर दो इस्लामी मुल्कों के जहाज़ों के टकरा कर गिर जाने से लाशों को हिन्दू ही नहीं, राष्ट्रीय स्वयं सेवक संघ के कैडर भी मिल जुल कर बटोरने में मसरूफ़ रहते हैं...हम उस मुल्क के ख़िलाफ़ जिहाद या उस मुल्क की बर्बादी के बारे में कैसे सोच सकते हैं? कहीं न कहीं सियासी ग़लतियों, इन्टेलिजेंस के फ़िरक़ा परस्त अफ़सरों और रिश्वतख़ोर पुलिस अफ़सरों की वजह से इस सोने की चिड़िया जैसे शाकाहारी मुल्क में इंसानों को हलाल किया जा रहा है। हमारा समाज, अन्धा क़ानून, गूँगा इंसाफ़, जिस्म फ़रोश सियासत और पेशवर मज़हबी मज़दूर सब चुप चाप खड़े तमाशा देख रहे हैं। पूरे मुल्क को नपुंसक और नामर्द होते हुए देखना हो तो सय्याहों (पर्यटकों) को हिन्दुस्तान का रुख़ ज़रूर करना चाहिए।

यहीं पे अम्न की तब्लीग़ रोज़ होती है
यहीं पे रोज़ कबूतर हलाल होते हैं ॥

गुज़रे दिनों की ख़ाक भी चेहरों का नूर है

लफ़्ज़ 'ख़ुशहाली' के मानी व मतलब उम्र और वक़्त के साथ-साथ बदलते रहते हैं। मसलन दूध पीते बच्चे के लिए माँ की छाती और उसकी आग़ोश (गोद) में बीते हुए दिन ख़ुशहाली के दिन होते हैं। कमसिनी में अच्छा-बुरा जो भी खाने और पहनने को मिल जाये उन्हें ख़ुशहाली के दिनों में शुमार किया जाता है। नवजवानी में भर पेट खाना और नींद पूरी करने के लिए पैर फैलाने भर की जगह मिल जाये तो यह भी ख़ुशहाली के दिन कहलाते हैं। बस, इसके बाद ख़ुशहाली अपने मानी व मतलब बदल देने पर आमादा हो जाती है, क्योंकि आदमी फिर सब कुछ चाहता है., वो भी जो दूसरों के पास है और वो भी जो दूसरों को भी मयस्सर नहीं है। छोटी-छोटी हथेलियाँ तितली के परों के बराबर होती हैं इसलिए उनकी ज़रूरतें और आरज़ूएँ भी बचे हुए आटे के सिक्के बराबर रोटी की तरह होती हैं। अब ख़ुशहाली अपने नाम के पर्दे के पीछे हवस का पूरा काम करना चाहती है। ज़मीन और आसमान दोनों में अपना ज़्यादा से ज़्यादा हिस्सा माँगना शुरू कर देती है। रिज़्क़ के नाम पर गल्ले के पूरे गोदाम माँगती है, फलों के नाम पर हज़ारों एकड़ का बाग़ चाहती है, ज़मीन के नाम पर ख़ाक और ख़ून में लुथड़ी हुई पूरी रियासत चाहती है। नतीजे के तौर पर नींद के कासे (प्याले) में उसे मेडिकल स्टोर से सारी ज़िन्दगी नींद की दवा माँगनी पड़ती है। मस्जिदों और मन्दिरों में अपनी दौलत के सहारे सब की हथेलियों से अपने लिए दुआ मँगवानी पड़ती है लेकिन तब तक देर हो चुकी होती है क्योंकि ख़ुशहाली तो अब उस मक़ाम पर आ कर खड़ी हो चुकी होती है जहाँ दो वक़्त की रोटी और एक टूटी-फूटी चारपाई किसी भी रियासत से बड़ी मालूम होती है। जो लोग अपनी ख़ुशहाली को हमेशा क़नाअत (सन्तोष) के छोटे-छोटे कपड़े पहनाते हैं उनकी ख़ुशहाली हमेशा बरक़रार रहती है और वही लोग क़लन्दर और फ़क़ीर कहलाते हैं। उनकी क़नाअत के जिस्म पर ख़ुशहाली के कपड़े कभी छोटे नहीं पड़ते लेकिन उनकी रियासत बड़ी होती जाती है जैसे वलियों और अल्लाह वालों के दरबार... और जिनकी ख़ुशहाली के कपड़े उनकी क़नाअत के जिस्म पर छोटे

पढ़ने लगते हैं वो बादशाह तो हो जाते हैं लेकिन वक़्त के साथ उनकी सल्तनत सिर्फ़ उनकी क़ब्र के बराबर रह जाती है।

जिस आलमगीरी मस्जिद और ईदगाह के हम लोग इमाम और मुतवल्ली (केयर टेकर) हुआ करते थे, उससे मिली हुई ज़मीन और दुकानें वहाँ के दबंग लोगों ने क़ब्ज़ा करके बेच खायीं। हमारा ख़ानदान जैसा कि हम अर्ज़ कर चुके हैं, दौलतमन्द कभी नहीं रहा लेकिन खुदा के फ़ज़्ल से उसके हाथों में कभी कासा भी नहीं रहा। बहुत छोटेपन से घर में एक बात हमेशा किसी न किसी तरह कानों में पड़ती रही कि हराम और ग़लत तरीक़े से कमाये हुए पैसों से पाली गयी औलादें दुनिया में आमाल (कर्मों) की सज़ा बन कर रहेंगी। दादा को अब्बू से कहते सुना, अब्बू सारी ज़िन्दगी हम लोगों को यही एक बात थी जो बजाय गुस्से के आजिज़ी (नर्मी) के साथ सुनाते रहे बल्कि जब वो किसी शादी ब्याह में जहेज़ के लेन-देन के सिलसिले में तकलीफ़ देह (कष्टदायी) तमाशे देख कर आते थे तो हम तमाम भाइयों को ख़ास तौर से सुना कर यह जुमला अकसर कहा करते थे कि अगर मेरे लड़कों ने शादी में जहेज़ माँग लिया तो मैं यही समझूँगा कि ये मेरी औलादें ही नहीं हैं, इनकी माँ कहीं और से ले कर आयी होगी। ज़ाहिर है कि यह हर हाल में माँ की गाली थी लेकिन इसे माँ की गाली कैसे कहा जाये, इस कहानी के किरदार तो बाप और बेटे थे... माँ बेचारी तो बे क़ुसूर ज़द में आ रही थी।

उन दिनों मेरी उम्र ग़ालिबन नौ-दस बरस रही होगी। पाकिस्तान जाने वाले पाकिस्तान जा चुके थे। कुछ दिन तो बहुत रोना-धोना रहा फिर बहुत दिनों तक भरे पुरे घर के अचानक ख़ाली हो जाने से जो वीरानी दर आती है, वह आ के घर में बैठ गयी। घर में आबादी के नाम पर अब्बू, अम्मी, हम, इस्माईल और यहिया मरहूम थे। बाक़ी भाई-बहन बाद की पैदावार हैं। अब्बू के हाथ में ट्रक का स्टेयरिंग रहता था। उन दिनों वह उन्नाव वाले हाफ़िज़ सिद्दीक़ का ट्रक चलाते थे। आम तौर से उनका रूट कानपुर से सुल्तानपुर हुआ करता था। कभी-कभी यह सफ़र लखनऊ के बाद बछरावाँ और रायबरेली हो कर भी तय होता था। अब्बू अपनी नौकरी की वजह से बाहर रहते थे लेकिन आना-जाना बराबर रहता था। ज़माने के सर्दो गर्म ने उन्हें और ज़्यादा अक्खड़ और गर्म मिज़ाज बना दिया था। अम्मी बताती हैं कि दबंग तो हमेशा से थे। अब्बू के मिज़ाज और ड्राइविंग जैसे ख़तरनाक पेशे की वजह से हमने अम्मी को रात-रात भर जा नमाज़ पर उठते-बैठते देखा था। हम घर में बड़े भी थे और पैदाइशी तौर पर हस्सास (भावुक) भी। हालाँकि हस्सास होना वो भी इस बे हयाई के दौर में शायद अच्छी बात नहीं है। जो सुन लेते वो याद हो जाता था, जो देख लेते थे वह आँखों से

हमेशा के लिए चिपक जाता था। घर की दीवारें छोटी-छोटी हुआ करती थीं... उन पर छप्पर पड़े होते थे। दरवाज़े हौसलों की तरह कमज़ोर, लकड़बग्घों और भेड़ियों का अकसर रात गये मोहल्ले में चक्कर लगाना। अम्मी हम तीनों भाइयों को ऐसे समेटे रहती थीं जैसे मुसीबत के वक़्त मुर्ग़ी अपने चूज़ों को परों में छुपा लेती है। सर्दी में चोरियों का डर, गर्मियों में लू झक्कड़ और आँधियों का आना, बरसात में फ़र्श पर रात बिरात पाँव रखते हुए भी महसूस होता जैसे साँप से लिपट गये हों। एक-एक लड़के को पेशाब पाख़ाने के लिए ले जाना, हम लोथड़ों को पालना ही बहुत दुश्वार था। फिर घर में आहिस्ता-आहिस्ता दस्तक देती ग़रीबी, शोर मचाती ज़रूरतें, ग़ज़ भर का घूँघट काढ़े ख़ुददारी, पर्दे की दीवार के बावजूद बे हिजाबी (बे पर्दगी) से बचने के लिए एक टाट का पर्दा। इतनी मुश्किलों, परेशानियों और इम्तिहानात से गुज़रने के लिए ख़ुदा का आसरा ज़रूरी है और ग़रीबों के पास इस आसरे और यक़ीन के अलावा कुछ नहीं होता है। कच्चे फ़र्श पर मामूली कपड़े की जा नमाज़ पर रात गुज़ार देना कभी ज़ाया नहीं जाता है और अम्मी की इबादत को भी अल्लाह ने हर तरह से बल्कि तरह-तरह से कुबूलियत का दर्जा अता किया—

मुफ़लिसी में भी सलामत रहा पिन्दार मेरा
किसी बिगड़े हुए सुल्तान के तेवर की तरह

सर्दियों के दिन थे। अब्बू कानपुर गये हुए थे, वहाँ से सुल्तानपुर होते हुए उनको रायबरेली आना था, जहाँ वो दो-चार घण्टे गुज़ारने के बाद फिर कानपुर चले जाते। रात का तीसरा पहर रहा होगा। अम्मी हस्बे मामूल जा नमाज़ पर दीवार से टेक लगाए सो रही थीं। मैं एकआध बार अगर जागता भी तो अपनी निंदासी आँखों से उनको देखता और फिर सो जाता। रात के उसी पिछले पहर में अब्बू जब कानपुर से रायबरेली के रास्ते पर ट्रक ले कर चल रहे थे तो उन्होंने बछरावाँ (ज़िला रायबरेली) के चौराहे पर काफ़ी भीड़ देखी। चूँकि अब्बू को मरासिम निभाने का बड़ा शौक़ था लिहाज़ा भीड़ देख कर उन्होंने ट्रक रोक दिया। भीड़ में बहुत से लोग अब्बू को पहचानते भी थे और जवाँ मर्दी और दबंगई के क़िस्से भी सुन रखे थे। पता करने पर यह बात मालूम हुई कि बछरावाँ के सबसे बड़े व्यापारी अशर्फ़ी लाल जैन के घर पर डकैती पड़ गयी और डाकू काफ़ी माल असबाब ले कर फ़रार हो गये। अब्बू वहाँ थोड़ी देर ठहर कर रायबरेली होते हुए सुल्तानपुर के लिए रवाना होने लगे तो वही व्यापारी और उनके दो एक साथियों ने अब्बू से कहा कि अनवर भय्या, अगर डकैत मिल जायें तो जाने मत देना। अब्बू हँस कर बोले कि क्या वो रास्ते में रुक कर हमारा इन्तिज़ार कर रहे होंगे। ट्रक उन्होंने रायबरेली के लिए आगे बढ़ा दी। पाँच-सात किलोमीटर का सफ़र तय

करते ही कुन्दनगंज से पहले इत्तिफ़ाक़ से वह तीनों डाकू अब्बू को ट्रक रोकने का इशारा कर रहे थे। अब्बू ने गाड़ी रोक दी, उन लोगों को ड्राइवर सीट की तरफ़ आने के लिए कहा। अब्बू के साथ उस वक़्त मोहल्ले के ही एक साहब रज़्ज़ाक़ ख़ाँ ख़लासी का काम करते थे, वह मेरे मोहल्ले के ही रहने वाले थे और उनके वालिद को हम लोग बड़े अब्बा कहते थे। रज़्ज़ाक भाई जवान आदमी तो थे ही, अब्बू के साथ रह कर काफ़ी निडर भी हो गये थे। अब्बू ने रज़्ज़ाक़ भाई को इशारों में कुछ समझाया और फिर उन्होंने अचानक एक झटके में ट्रक से कूद कर दो बदमाशों को पटका और अपने क़ब्ज़े में कर लिया। रज़्ज़ाक़ ख़ाँ के साथ मिल कर उन्होंने दोनों को रस्सी से बाँधा लेकिन एक डाकू, जिसके पास माल की पोटली भी थी, वह भाग निकला। अब्बू ने उसे भी दौड़ा कर पकड़ा हालाँकि उसने अपनी दुनाली बन्दूक़ से फ़ायर भी किये लेकिन यक़ीनन रास्ते में वो जा नमाज़ आ गयी होगी जिस पर अम्मी वक़्त बे वक़्त बैठी रहती थीं। गुज़रती हुई गाड़ियाँ इस तमाशे को देखते गुज़रती जा रही थीं लेकिन कोई भी मदद के लिए रुकने को तैयार नहीं था। वो डाकू अब्बू को तरह-तरह की लालच दे रहे थे। पहले तो कहा कि आधा माल ले लो और हम लोगों को छोड़ दो। फिर बोले कि भय्या, सारा माल ले लो लेकिन हम लोगों को छोड़ दो। अब्बू ने गाड़ी बछरावाँ की तरफ़ वापस मोड़ दी। आख़िर में वो डकैत धमकियाँ देने पर उतर आये। उनमें से एक ने जो शायद उनका सरग़ना (सरदार) था, उसने कहा कि याद रखना! सात से दस बरस की सज़ा होगी और दस बरस में हम लोग मर नहीं जायेंगे। अब्बू ने हँसते हुए कहा कि अबे, उस वक़्त हमारे दो लड़के हमारे कन्धे से उतर कर हमारे साथ चलने लगेंगे। चूँकि रात का वक़्त था लिहाज़ा डाकुओं की फ़ायरिंग की आवाज़ बछरावाँ तक सुनी गयी थी। नतीजा यह हुआ कि बछरावाँ चौराहे पर अब एक जम्मे ग़फ़ीर (बड़ा मजमा) था। मिठाई की दुकानें खुलवा कर सैकड़ों डिब्बे लोगों ने अब्बू को ईनाम के तौर पर दिया। अशर्फ़ी लाल जैन जिनका माल लुटा था वो तो इतने जोश में थे कि उन्होंने अब्बू से कहा कि तुम अभी हमसे नये ट्रक का पैसा ले कर जाओ। अब्बू ने रक़्म लेने से इंकार कर दिया। उन लोगों ने कहा कि अनवर भय्या, इस वक़्त जो कह दो वह तुम्हारा। अब्बू कहने लगे अशर्फ़ी लाल! हमें सिर्फ़ एक बन्दूक़ की ज़रूरत है क्योंकि इन तीनों ने रास्ते भर हमें धमकियाँ दी हैं। इधर तो यह कहानी चल रही थी और उधर गुज़रने वाले ट्रकों में से किसी ने रायबरेली में ये ख़बर दे दी कि (ख़ुदा न ख्वास्ता) अनवर भाई को बछरावाँ के पास डाकुओं ने गोलियों से भून दिया है। ख़बरों के हाथ-पैर या टायर-ट्यूब नहीं होते लेकिन ख़बरें बहुत तेज़ चलती हैं। पहले हमारे मोहल्ले में यह ख़बर पहुँची फिर मोहल्ले

के संजीदा लोगों ने इसकी तस्दीक़ (पुष्टि) के लिए लोग दौड़ाये। अम्मी को भी यह ख़बर मिल गयी। वो सारे घर में घूम-घूम कर रो रही थीं। हम लोगों को तो अभी कुछ मालूम ही नहीं था। कुछ ही देर में मोहल्ले की बहुत-सी औरतें अम्मी को सँभालने के लिए घर में आ गयीं और सब मिल कर उन्हें तसल्लियाँ देने लगीं। अम्मी को यह भी समझाया जा रहा था कि एक ड्राइवर ने यह ख़बर दी है बछरावाँ में भय्या के ट्रक के पास गोलियाँ चल रही थीं... दुल्हन! तुम अल्लाह पर भरोसा रखो... अल्लाह तुम्हारी माँग उजाड़ेगा नहीं। अब्बू अब बछरावाँ से निकल रहे थे। आधे घण्टे के बाद गंगागंज के आगे आ कर अब्बू ने अपनी गाड़ी का वह हार्न बजाया जो उस वक़्त तक सिर्फ़ हाफ़िज़ सिद्दीक़ की एक गाड़ी में लगा हुआ था और वह गाड़ी अब्बू के पास थी। वो हार्न क्या था... एक ऐसा म्यूज़िक़ उसमें था कि आसपास का इलाक़ा तक उस हार्न से अब्बू की गाड़ी को पहचान लेता था। जैसे ही हार्न की आवाज़ हम लोगों ने सुनी तो उस वक़्त की ख़ुशी का आलम न तो याद है और न ही बयान किया जा सकता है। दूसरे हार्न का मतलब था कि अब्बू की गाड़ी कहारों के अड्डे के पास आ गयी है। हम और इस्माईल ज़रा बड़े थे, यहिया गोद में था लिहाज़ा हम लोग बाज़ार की तरफ़ उधर भागे जहाँ अब्बू की गाड़ी खड़ी होती थी। यहिया को कभी इस्माईल गोद में लेते और जब वो थक जाते तो वह हमारी गोद में आ जाता। ग़रज़ कि हम लोग जब वहाँ पहुँचे तो अब्बू की गाड़ी आ चुकी थी। चूँकि फ़ज्र की नमाज़ ख़त्म हुई थी और यूँ भी यह ख़बर सुन कर लोग जाग गये थे। लिहाज़ा ट्रक पर रखी हुई तक़रीबन सारी मिठाई लोगों में तक़सीम कर दी गयी। थोड़ी बहुत मिठाई रज़्ज़ाक भाई घर की तरफ़ ले कर चले। सबसे दिलचस्प बात यह थी कि बछरावाँ में किसी दिलवाले ने अब्बू को अपनी बकरी चार बच्चों समेत दे दी थी जो उसी वक़्त पैदा हुए थे। यह हम लोगों के लिए सबसे बड़ा तोहफ़ा था। अब्बू ने अशर्फ़ी लाल जैन से बन्दूक भी नहीं ली। अगर कोई कहता कि अनवर भाई, बन्दूक़ तो अशर्फ़ी लाल से वसूल ही कर लो तो अब्बू हँसते हुए कहते कि यार! उस सूद ख़ोर बनिये के पैसों से क्या बन्दूक ख़रीदना। जब अल्लाह हमें पैसा देगा तो अपने पैसे से ख़रीदेंगे और हुआ भी ऐसा कि जब अब्बू के हालात थोड़े बहुत सुधरे तो उन्होंने अपने पैसों से बन्दूक़ ख़रीदी। हालाँकि उन दिनों मैं बहुत छोटा था... आठ-दस बरस की उम्र होती ही क्या है लेकिन जाने अनजाने में मुझे अब्बू की अदा बहुत अच्छी लगी। मुझे उस वक़्त ख़ुददारी और अना (Ego) जैसे भारी भरकम अल्फ़ाज़ समझ से परे मालूम होते थे।

यह उस वक़्त की बात है जब मैं तक़रीबन चौदह बरस का हो रहा था और कलकत्ते के मुहम्मद जान हायर सेकेण्डरी स्कूल में मेरा दाख़िला दर्जा आठ में हो

चुका था। एक दिन रायबरेली से ख़बर आयी कि मेरे बड़े अब्बा (हकीम अब्दुल जब्बार) बहुत बीमार हैं और बीमारी के जिस मक़ाम पर पहुँच चुके हैं वहाँ से वापसी एक मोजिज़ा (चमत्कार) कहलायेगी (और अब मोजिज़े होना बन्द हो गये हैं)। हम सभी लोगों को ले कर अब्बू कार से रायबरेली के लिए चल पड़े। रास्ते भर तमाम लोग बड़े अब्बा को याद करते रहे। पूरे ख़ानदान के पाकिस्तान चले जाने के बाद उन्होंने हम लोगों की हर तरह से सरपरस्ती की और हमेशा हम लोगों की ख़बरगीरी करते रहते थे बल्कि अकसर घर आ के अम्मी से भी हाल अहवाल पूछ जाते थे। बड़े अब्बा के कोई बेटा नहीं था। उनकी दो बेटियाँ थीं– नसीमा बाज़ी और सकीना बाजी। नसीमा बाजी बहुत कम उम्री में ही बेवा हो गयी थीं। उनके शौहर सी.आई.डी. में थे। किसी ग़लत फ़हमी की बिना पर पुलिस वालों ने उनको पकड़ लिया और इतना टार्चर किया कि वह अल्लाह को प्यारे हो गये। नसीमा बाजी घर और ख़ानदान के तमाम लोगों की कोशिश के बा वजूद दूसरी शादी पर आमादा नहीं हुईं। उन्होंने पहाड़-सी ज़िन्दगी तन्हा गुज़ार दी। उनसे छोटी बहन सकीना बाजी थीं। सब लोग प्यार से उन्हें बज्जी कहते थे। उनकी शादी सय्यद अहमद साहब से हुई जो फ़तेहपुर के आलिम फ़ाज़िल और हकीम ख़ानदान के चश्मो चराग़ थे। हकीम मजीद और हकीम वहीद के नाम से उनका ख़ानदान सारे फतेहपुर में इज़्ज़त की निगाह से देखा जाता था। सय्यद भाई हम लोगों के चहेते और हमारे ख़ानदान में पहले दामाद और बहनोई थे। वो हॉकी और क्रिकेट बहुत अच्छा खेलते थे। महकमए सेहत में मुलाज़िम भी थे। बड़े अब्बा के माली (आर्थिक) हालात हम लोगों के मुक़ाबले में बहुत अच्छे थे। एक ज़माने में वह शहर में ठेकेदारी भी करते थे। उनके पास खेत-खलियान और रिहाइशी इलाक़े में काफ़ी ज़मीनें थीं। बड़ी अम्माँ की तरफ़ से सुसराली ज़मीन भी अच्छी ख़ासी थी। क़िस्सा मुख़्तसर यह कि रायबरेली पहुँच कर हम लोग सीधे सय्यद राजा गये जो हमारे पुश्तैनी मोहल्ले से तक़रीबन एक हज़ार क़दम के फ़ासले पर है। हम लोगों का पुश्तैनी मकान मोहल्ला शेख़वाड़ा में है। बड़े अब्बा की सख़्त बीमारी की वजह से ख़ानदान के ज़्यादातर लोग वहाँ जमा थे, क्योंकि डॉक्टरों ने भी उनकी बीमारी के सिलसिले में माज़ूरी (मजबूरी) ज़ाहिर कर दी थी। बड़ी अम्माँ एक पलँग पर ख़ामोश बैठी थीं। यूँ भी बड़े अब्बा के तअल्लुक़ात बड़ी अम्माँ से कभी ज़्यादा अच्छे नहीं रहे। घर के अन्दर और बाहर भाग दौड़ लगी हुई थी। जो शख़्स भी जैसी देसी दवा या दुआ बताता उस पर अमल करने के लिए घर और बाहर सभी तरफ़ लोग दौड़ पड़ते थे। एकआध दिन की ज़िन्दगी शायद और रह गयी थी। थोड़ा वक़्त वहाँ गुज़ार कर हम लोग अपने घर में आ गये। आम तौर पर यह घर ख़ाली पड़ा रहता था या कभी-कभार

कोई पास पड़ोस वाला इसे आबाद किये रहता था। दूसरे दिन बड़े अब्बा की तबीयत ज़्यादा बिगड़ गयी। चूँकि अब्बू आ गये थे लिहाज़ा शहर के बड़े डॉक्टर जैसे, डॉ. मेहरोत्रा, डॉ. सारंगी और डॉ. सक्सेना आ कर बड़े अब्बा को देख गये थे लेकिन सभी का एक मशविरा था कि अब दवा का वक़्त गुज़र गया है, अब सिर्फ़ दुआ का मक़ाम है। ढलती दोपहर का वक़्त रहा होगा। घर के अन्दर से ख़बर आयी कि हकीम साहब आलमे जाँ कनी (अतिकष्टपूर्ण दशा) में मुब्तिला हैं लेकिन उनका दम नहीं निकल रहा है और इस वक़्त बेहद तकलीफ़ में हैं। अब्बू और ख़ानदान के दूसरे बेशतर मर्द हज़रात बाहरी कमरे में बैठे हुए थे। अन्दर से फिर ख़बर आयी कि हकीमन (बड़ी अम्माँ) मह्र नहीं माफ़ कर रही हैं और हकीम साहब ज़िन्दगी और मौत के बीच में चक्की की तरह पिस रहे हैं। मैं चूँकि छोटा भी था लिहाज़ा घर के अन्दर और बाहर दौड़ लगाए हुए था। फिर यह ख़बर निकल कर सामने आयी कि चूँकि हकीम साहब के कोई बेटा नहीं है, इस तरह अनवर मियाँ और उनके बच्चों का बहुत ज़्यादा हक़ और हिस्सा निकलता है इसलिए बड़ी अम्माँ और उनके क़रीबी लोगों को शक था कि अनवर पूरी ज़मीन जायदाद हड़प कर लेंगे। मेरे फुफ़ी ज़ाद भाई और मेरे दोस्त क़मर अली जिनके घर में ग़रीबी के दिनों में अकसर हम और हमारे भाइयों ने खाना खाया है, उनकी अम्माँ अब्बू की मामूँ ज़ाद बहन लगती थीं। बेशतर लोगों के पाकिस्तान चले जाने के बाद अब्बू उनका बहुत लिहाज़ करते थे और अच्छे-बुरे में वह अब्बू को डाँट फटकार भी लेती थीं। अब्बू उन्हें छोटी बाजी कहा करते थे। अचानक वह दरवाज़े की ओट में आयीं और अब्बू को बुलाकर सारी कहानी बताकर रोने लगीं कि अनवर! हमारे हकीम जी बहुत तकलीफ़ में हैं। भाभी जान ने तो हम लोगों की बात रद्द कर दी है, अब तुम्हीं एक बार उनसे कहो कि लिल्लाह, वो हकीम जी का मह्र माफ़ कर दें। अब्बू ने फ़ौरन आवाज़ लगायी कि जो पर्देदार हों वह हट जायें, मैं अन्दर भाभी जान के पास जाना चाहता हूँ। अब्बू अन्दर गये। बड़ी अम्माँ ख़ामोशी से एक चारपाई पर बैठी थीं। अब्बू उनके पास पहुँच कर सीधे उनके पैरों पर गिर गये और गिड़गिड़ाते हुए कहने लगे कि भाभी जान! हमें भाईजान की जायदाद नहीं चाहिए। हम अपनी औलादों की क़सम खाते हैं कि हकीम जी की जायदाद से एक इंच ज़मीन या गेहूँ की एक बाली भी मेरे और मेरे बच्चों के लिए हराम है, आप मेरे भाईजान का मह्र माफ़ कर दीजिए। बड़ी अम्माँ उठीं, बड़े अब्बा की चारपाई के पास जाकर बैठ गयीं और बहुत ही सपाट लहजे में उन्होंने कहा कि जाओ हकीम जी! जाओ, हम अपना मह्र माफ़ करते हैं, हमें तुमसे कोई शिकवा शिकायत नहीं है और तुम भी हमारे सब गुनाहों को माफ़ कर देना। दूसरे ही पल हकीम जी (बड़े अब्बा)

का सर एक तरफ़ लुढ़क गया और ख़ानदानी क़ब्रिस्तान में एक क़ब्र का और इज़ाफ़ा हो गया। अब्बू ने सारी ज़िन्दगी पलट कर उन लोगों की दौलत और जायदाद की तरफ़ देखा भी नहीं। हाँ, वक़्त ज़रूरत उन्होंने सय्यद भाई की हर तरह से मदद की। बाद में मेरे बहनोई सय्यद भाई तमाम ज़मीन कौड़ियों के भाव बेचकर खा गये। ये दूसरा सबक़ था जो अब्बू की शख़्सियत से मैंने जवान होने से पहले सीखा था। दौलत और जायदाद से इस तरह बेगाना रहना शायद हमारा ख़ानदानी मिज़ाज है वर्ना लोग तो 10x10 के कमरे पर ईमान ख़राब कर लेते हैं। उसी ज़माने से मैं अपने आप को अब्बू की तरह ज़िन्दगी गुज़ारने के लिए तैयार कर चुका था और यूँ भी इंसान का सबसे बड़ा उस्ताद उसका बाप होता है जिसकी ख़ुशी और ग़म बेटे की कामयाबी और नाकामी में छुपी होती है। कुछ दिनों बाद हम लोग कलकत्ता वापस चले गये। हम तो ख़ैर छुट्टियों में रायबरेली घूमने आते रहते थे लेकिन अब्बू ने रायबरेली आना-जाना बिल्कुल कम़ कर दिया था। एक तो बड़े अब्बा के इन्तिक़ाल के बाद वहाँ जाने पर उनकी यादों की चिनगारियाँ बहुत परेशान करती थीं, दूसरे हमारे बहनोई साहब पूरे तौर पर बाग़ी शहज़ादे की तरह ज़िन्दगी गुज़ार रहे थे। मिलने जुलने वाले अब्बू को उनके हालात बताते तो उन्हें कोफ़्त और तकलीफ़ होती थी। ख़ैर, ज़िन्दगी का क्या है... वो तो रेल की पटरी पर दौड़ती हुई रेल की तरह गुज़रती ही रहती है।

अब्बू अपनी ग़रीबी में भी जिस तमकनत (अभिमान) और शाने बे नियाज़ी से ज़िन्दगी गुज़ारते थे, वह उन्हीं का हिस्सा था। हम तो शायद अच्छी तरह उसकी नक़्ल भी न कर पायें। कलकत्ते में उनका जितना दबदबा था, जितने अच्छे-बुरे लोगों से मरासिम थे, शहर के जितने बड़े-बड़े बदमाश उनका लिहाज़ करते थे और पुलिस महकमे में उनके जितने मरासिम थे, उसका अन्दाज़ा इससे लगाया जा सकता है कि कलकत्ते के बेशतर इलाक़ों में हमारे ट्रकों से इत्तिफ़ाक से जब एक्सीडेंट हो जाता था तो ट्रक ड्राइवर कमाल होशियारी से ट्रक लाकर हमारे ऑफ़िस के पास पार्क कर देता था और क़ानूनी कार्रवाई थाने और कोर्ट में चलती रहती थी।

यह वाक़यात जो हमने ऊपर तहरीर किये हैं वो हमने दादो तहसीन (तारीफ़) या नेकनामी की सनद के लिए नहीं तहरीर किये हैं। यह तो आने वाली नस्लों के नवजवानों को मैं यह बात समझा कर दुनिया से जाना चाहता हूँ कि साबित क़दम रहने से इंशा अल्लाह आप कभी हराम मौत नहीं मरेंगे और आपके ख़ानदान पर हमेशा अल्लाह की रहमतों का साया भी रहेगा। बाक़ी सुख और दुख का तो चोली दामन का साथ है, जो हमेशा रहा है और हमेशा रहेगा।

हाय! क्या लोग मेरे हल्क़ए अहबाब में थे

झूठ बोला है तो फिर क़ायम रहो उस पर ज़फ़र
आदमी को साहिबे किरदार होना चाहिए

कलकत्ते में हमारे एक दोस्त हुआ करते थे मुईद अहमद...मेकलॉड स्ट्रीट में रहते थे। हालाँकि उम्र में वह हमसे बड़े थे लेकिन दोस्ती का बुनियादी सबब यह था कि वह सुख़न फ़ह्म (साहित्य ज्ञाता) थे और हम ग़ालिब के तरफ़दार। दोस्ती का दूसरा सबब यह था कि मुईद भाई कबूतरबाज़ भी थे। चमड़े का अच्छा ख़ासा कारोबार भी था। सबसे बड़ी बात यह थी कि उनके पास छत भी थी जहाँ से वह अपनी कबूतरबाज़ी का शौक़ पूरा करते थे। लखनऊ के रहने वाले थे लिहाज़ा झूठ भी इतने सलीक़े से बोलते थे कि सच शर्मिन्दा हो कर बग़लें झाँकने लगता था। मेरे उस्ताद वाली आसी साहब से भी उनके क़रीबी मरासिम थे। मुईद भाई कारोबारी सिलसिले में अकसर लखनऊ आते रहते थे। एक बार वह लखनऊ आये हुए थे, घूमते फिरते वाली भाई की दुकान पर पहुँच गये। इधर-उधर की बातचीत के बाद हस्बे आदत वाली भाई ने उनसे हमारे बारे में पूछा। मुईद भाई ने हमारी ख़ैरियत बताते हुए उन्हें बा ख़बर किया कि माफ़ कीजिएगा वाली भाई! आज कल मुनव्वर बे तहाशा शराब पीने लगे हैं। वाली भाई ने फ़ौरन कहा कि नहीं-नहीं मुईद भाई, मुनव्वर शराब नहीं पीते हैं। मुईद भाई ने कहा कि अरे वाली भाई! अब आपको हम क्या बतायें, अभी पिछले दिनों ग्रेट ईस्टर्न होटल के एक मुशायरे में जिसकी सदारत कमाल अमरोहवी कर रहे थे, मुनव्वर इतनी ज़्यादा पिये हुए थे कि चार-पाँच आदमी उनको उठा कर स्टेज पर लाये थे। वाली भाई मानने को तैयार नहीं थे। उन्होंने फ़ौरन कहा कि मुईद भाई! आपको ज़बरदस्त ग़लत फ़हमी हुई है। मुनव्वर से मेरे तअल्लुक़ात को तीन बरस से ज़्यादा हो गये हैं, मैं उन्हें अच्छी तरह जानता हूँ। मुईद भाई हँसते हुए बोले कि वाली भाई! अब आप बहस करने या मुनव्वर का बचाव करने पर तुले हैं तो अलग बात है वर्ना हक़ीक़त तो यह है कि वो हमारे साथ बैठ कर दर्जनों बार पी चुके हैं। अब आप उनके उस्ताद हैं लेकिन क्या ज़रूरी है कि मुनव्वर इस सिलसिले में

आपसे खुल जायें। भई, उस्तादी शागिर्दी का रिश्ता अलग है और आदमी का अपनी कमज़ोरियों से रिश्ता अलग है। वाली भाई ने गुफ़्तगू का मौज़ू बदलना चाहा लेकिन मुईद भाई तो अपने दावे को दलील की इन्तिहा तक पहुँचाने पर तुले हुए थे। उन्होंने वाली भाई के सामने एक ऐसा पत्थर फेंका कि बेचारे वाली भाई के यक़ीन का फ़ुल साइज़ आईना चूर-चूर हो कर चारों तरफ़ बिखर गया। मुईद भाई सरगोशी के अन्दाज़ में उस्ताद से कहने लगे कि अरे वाली भाई, आप तो अपने हैं., अब आपसे क्या छुपाना और आपको क्या बताना। अभी पिछले हफ़्ते मुनव्वर घर पे आ गया और शराब की ज़िद करने लगा। हमने पीछा छुड़ाने के लिए उससे कहा कि घर पर मेहमान बैठे हैं इसलिए हम इस वक़्त मअज़िरत ख़्वाह (क्षमा प्रार्थी) हैं, लेकिन वह तो शराब के लिए पागल हो रहा था और वाली भाई! नशा चीज़ ही ऐसी है कि आदमी को सौदाई बना कर छोड़ती है। उसने कहा कि मुईद भाई! फिर ऐसा कर लीजिए कि आप पैसे निकालिए...हम लोग किसी बार में बैठ कर पी लेंगे। वो अकेले नहीं था...उसके साथ हबीब हाशिमी और रईस आँवलवी भी थे।

कुछ दिनों बाद जब हमारे अपने कारोबारी सिलसिले में मेरा लखनऊ आना हुआ तो हाज़िरी की ग़रज़ से उस्ताद से मिलने उनके मकतबे भी गया। वाली भाई ने कुछ देर इधर-उधर की बात करने के बाद हमसे शिकायती लहजे में मुईद भाई की लगायी हुई आग के बारे में पूछा। हमने उस्ताद से पूछा कि क्या आप इस बात को सच समझते हैं? वाली भाई बोले कि यार, यक़ीन तो हमें आख़िर-आख़िर तक नहीं आया था लेकिन मुईद जिस तरह बता रहे थे, उसमें शक की गुंजाइश कहाँ रह जाती है? बहुत देर तक हम और उस्ताद मुईद भाई की इस हरकत पर तब्सिरा करते रहे। उस्ताद का थोड़ा-सा मूड भी ख़राब हुआ लेकिन हमें तो मज़ा आ रहा था क्योंकि हम तो खुद ही रुसवाई के पत्थरों की तलाश में मारे-मारे फिरते हैं...फिर यह पत्थर तो खुद ब खुद हमारे सर की तरफ़ आ रहा था—

पहले पहल का इश्क़ अभी याद है फ़राज
दिल खुद ये चाहता था कि रुसवाइयाँ भी हों।

(अहमद फ़राज)

कुछ महीनों के बाद वाली भाई किसी मुशायरे में कलकत्ता आये। हमने उनको हस्बे मामूल दो-चार दिनों तक कलकत्ते में रोके रखा। हमें भी ऐसे फ़ुर्सत कहाँ नसीब होती थी क्योंकि ट्रांसपोर्ट के कारोबार में फ़ुर्सत के अलावा हर चीज़ आपके अख़्तियार और क़ब्ज़े में होती है। जवानी का वो ज़माना जब सावन और भादों की झमाझम बारिश में सिर्फ़ इश्क़ और विसाल (मिलन) की

शायरी अच्छी लगती है...वो दिन भी हम अपने फ़्लैट के बरामदे में इस फ़िक्र में गुज़ार देते थे कि ब्रुक बॉण्ड और लिप्टन की चाय से लदे हुए हमारे दसियों ट्रक उस शेरशाह सूरी की बनवायी हुई सड़क पर दौड़ रहे हैं जिसको उसके ही अपने बारूदख़ाने ने निगल लिया था। एक शाम हम लोगों ने मुईद भाई की उस क़ादिरुल कलामी (बातचीत में महारत) से लुत्फ़ लेने के लिए मुक़र्रर की, जिसकी बुनियाद में दफ़्न झूठ किसी की भी इज़्ज़त ख़ाक में मिलाने के लिए काफ़ी था। वाली भाई, रईस अंसारी, हबीब हाशिमी, रईस आवलवी और हम एक टैक्सी के ज़रिये उनके फ़्लैट पर पहुँचे। कॉल बेल से हमने उस वक़्त तक उँगली नहीं हटायी जब तक मुईद भाई गालियाँ बकते हुए ख़ुद बाहर नहीं आ गये। दरवाज़े पर हम लोगों को देख कर मुईद भाई बज़ाहिर तो बे इन्तिहा ख़ुश हुए (दिलों का हाल तो सिर्फ़ अल्लाह जानता है)। फ़ौरन हम लोगों के लिए ड्राइंग रूम खुल गया। बैठने के थोड़ी देर बाद ही चाय और बिस्कुट वग़ैरा भी मेज़ पर क़रीने से सज गये। हमने मुईद भाई से बहुत बे तकल्लुफ़ी से कह दिया कि चाय से काम नहीं चलेगा...दारू और झींगा मछली का इन्तिज़ाम कीजिए। उन्होंने शर्माते हुए कहा कि यार! कुछ तो शर्म करो, तुम्हारे उस्ताद भी हमारे साथ हैं। इससे पहले कि हम कुछ बोलते... वाली भाई ने कहा कि यार! इशा (रात की नमाज) के बाद तो हम ख़ुद पीते हैं। बेचारे मुईद भाई खिसियानी बिल्ली की तरह सहारे के लिए इधर-उधर खम्भा ढूँढ़ रहे थे। मुस्कुराते हुए लेकिन शर्मीले अन्दाज़ में बोले कि आज मुमकिन नहीं है क्योंकि ख़ानदान के कुछ लोग रिश्ते के सिलसिले में आने वाले हैं। हम तो तफ़रीह के मूड में आये थे। हमने फ़ौरन कहा कि कोई बात नहीं...पिछली बार की तरह आज भी नज़राना पेश कर दीजिए, हम लोग ग़ालिब बार में अपनी तश्नगी (प्यास) दूर कर लेंगे। उन्होंने कुछ कहे बिना ही पाँच सौ रुपये निकाल कर हमारे हाथ पर रख दिये। यह उस ज़माने की बात है जब सोना साढ़े तीन सौ रुपये तोला था। इस हिसाब से यह रक़्म आज 15.07.2014 की तारीख़ में तक़रीबन चालीस हज़ार रुपये के बराबर होती है। ग़रज़ कि उनके पाँच सौ रुपयों से हम लोगों ने दो दिन तक दिल खोल कर ऐश किये। मुईद भाई तो ख़ैर हमारी आँखों में जूतियों समेत दाख़िल हुए जा रहे थे लेकिन आज तक बहुत से लोगों में मेरे शराब पीने और न पीने पर शर्त लगती रहती है। इसमें कुछ तो मेरी आँखों का क़ुसूर है और कुछ घुटनों के आपरेशन के पहले तक सड़क पर मेरे झूम कर चलने की आदत का। उस पर लुत्फ़ यह कि रात गये तक सड़क पर मारे-मारे फिरने से भी लोगों का शक यक़ीन में बदलता रहता था। जब हम पहली बार 1985 में लालक़िले के यौमे जम्हूरिया

के मुशायरे में माइक पर सिर्फ़ कुर्ता पायजामा और फैशन वाले एक मामूली-से मफ़लर के बराबर वाली शाल पहन कर आये तो सर्दी से काँपते और 'स्वेटर की दुकान' बने हुए सामिईन (श्रोताओं) में से बेशतर ने यह समझा कि शायद मैं इतने नशे में हूँ कि मुझे मौसम के बदलने की ख़बर ही नहीं है। अल्लाह ज़िन्दा रखे मेरे यार राहत इन्दौरी को...उसकी मौजूदगी में मुझे गवाही के लिए कोई आदमी ढूँढने की ज़रूरत नहीं पड़ेगी—

तुम्हारी आँखों की तौहीन है ज़रा देखो
तुम्हारा चाहने वाला शराब पीता है।

लोग अच्छे हैं बहुत दिल में उतर जाते हैं

बहादुरी और क़लन्दरी में कहीं दूर का नहीं बल्कि इतना नज़दीक का रिश्ता है कि दोनों को अगर इंसानी जिस्म दे दिया जाये तो दोनों का ब्लड ग्रुप एक निकलेगा लेकिन इसके लिए बहुत ज़रख़ेज़ (उपजाऊ) ज़मीन की ज़रूरत पड़ती है जो हिन्दुस्तान में सिर्फ़ पंजाब का नसीब है। बंगाल का जादू यक़ीनन बहुत मशहूर है लेकिन पंजाब के इश्क़ की सरकशी के सामने बंगाल का जादू भी बे असर हो जाता है। यक़ीनन यहाँ की आँखें शराब जैसी होती हैं लेकिन इन्हीं आँखों में आँसू भी उबलते रहते हैं। वह आँसू जिनकी ज़द में आ कर हुकूमतें भी ग़र्क़ हो सकती हैं। यह सरज़मीन अपनी ज़रखेज़ी के सबब अपने दानए गंदुम (गेहूँ का बीज) से सारे हिन्दुस्तान की शिकम सेरी (पेट भरना) के लिए तैयार रहती है तो यहाँ की फ़ज़ा में हज़रत वारिस शाह, बुल्ले शाह और बाबा फ़रीदे का पाकीज़ा और सूफ़ियाना क़लाम खुश्बुएँ लुटाता फिरता है। यहाँ की बहादुर औरत सरहद पर शौहर की शहादत के बाद रोने और आँसू बहाने में वक़्त ज़ाया करने के बजाय अपने जवान होते हुए बेटे को सरहद पर जाने के लिए तैयार करती है। रोज़ो शब उसके जवान होने का इन्तिज़ार करती रहती है। यहाँ सरहद पर शहीद होने वाले बेटे की माँ रोने धोने के बजाय अपनी कोख को कोसती रहती है कि तूने मेरा साथ दिया होता तो मैं सरहद की फ़सीलों (दीवारों) को अपने बेटों के सरों से सजा देती।

उसी पंजाब की ख़ाक से एक शख़्स उठा और उर्दू ज़बानो अदब की ऐसी वक़ालत की जिसकी कोई नज़ीर (मिसाल) नहीं मिलती। उर्दू नवाज़ी ने उसके हाथों को दस्ते सख़ी (दानी का हाथ) बना दिया था। उर्दू की मुहब्बत में वो शख़्स इतना दीवाना था कि हमेशा उर्दू ओढ़ कर जीना और उर्दू ही को बिछा कर हमेशा के लिए आँखें बन्द कर लेना चाहता था। शख़्स से शख़्सियत बनने वाले गुरु गोविन्द सिंह के ख़ानदान के इस चश्मो चराग़ का नामे नामी था कुँवर महिन्दर सिंह बेदी 'सहर'। उर्दू अदब के पास ये वह वाहिद सिक्का था जो बयक वक़्त हिन्दुस्तान और पाकिस्तान दोनों में चलता था। यूँ तो हिन्दुस्तान की राजधानी

देहली में उसका घर था लेकिन ड्राइंग रूम का दरवाज़ा हमेशा पाकिस्तानी एम्बैसी के लॉन में खुलता था। उनकी शख़्सियत इतनी बुलन्दो बाला (महान) थी कि हमारे जैसे तो इस डर से टोपी नहीं लगाते थे कि उन्हें सर उठा कर देखने में टोपी गिर जाने का ख़तरा रहता था—

ये अलग बात कि चुप चाप खड़े रहते हैं
फिर भी जो लोग बड़े हैं वो बड़े रहते हैं

(राहत इन्दौरी)

ये तो हमें याद नहीं कि कुँवर साहब को बराहे रास्त सलाम करने का मौक़ा हमें कब मयस्सर हुआ लेकिन हाँ, एक ऐसी मुलाक़ात आज तक दिलो दिमाग़ में ख़ुशबू की तरह बसी हुई है जिसे अगर हम भुलाना भी चाहें तो शायद भुला नहीं सकते हैं। ग़ालिबन 1986 के लालक़िले के मुशायरे की बात है जिसकी सदारत कुँवर साहब कर रहे थे। उनके बराबर में देहली के लेफ्टीनेंट गवर्नर एच.एल. कपूर साहब तशरीफ़ फ़रमा थे। डॉ. मलिक ज़ादा साहब हस्बे मामूल उस मुशायरे की निज़ामत कर रहे थे। उन्होंने हमें आवाज़ देने से पहले हमारे सिलसिले में हमेशा की तरह फ़राख़ दिली के साथ चन्द तारीफ़ी जुमले कहे। हम स्टेज के मरकज़ी (केन्द्रीय) हिस्से की तरफ़ रखे हुए माइक की तरफ़ बढ़े। माइक पर पहुँच कर हमने सद्रे मुशायरा से इजाज़त के बाद बुज़ुर्गों से सीखी हुई तहज़ीब के तुफ़ैल पहली सफ़ में बैठे हुए तक़रीबन तमाम बुज़ुर्ग शख़्सियतों से भी इजाज़त चाही। इजाज़त लेकर अभी हम माइक की तरफ़ पलटे ही थे कि बेदी साहब की सरगोशीनुमा लेकिन भारी भरकम आवाज़ उभरी जो वह लेफ्टीनेंट गवर्नर से गुरुमुखी ज़बान में कह रहे थे और जिसका मतलब यह था कि इस लड़के को सुनना... क्या-क्या गोशे निकालता है! आप यक़ीन करें, मुशायरों की दुनिया में आये हमें तक़रीबन चालीस बरस गुज़र गये लेकिन फिर उसके बाद हमें ऐसी दाद कभी नहीं मिली। उन दिनों तक शायरों में इस बात की कोशिश रहती थी कि स्टेज पर बैठे क़लन्दराने सुख़न (साहित्य मनीषियों) की आँखों में उनके किसी शेर पर अगर थोड़ी-सी भी चमक आ जाये तो ग़ज़ल की क़ीमत वसूल हो जायेगी। उस ज़माने तक मुशायरा फ़िराक़ गोरखपुरी के उस कड़वे तब्सिरे से बाहर नहीं निकल सका था जो उन्होंने भरे मुशायरे में कलाम सुनाते हुए अपने एक शेर पर सामिईन (श्रोताओं) में दाद का हंगामा बरपा होते देख कर कहा था कि "क्या मैंने कोई ख़राब शेर पढ़ दिया है क्योंकि अच्छा शेर तो इतने लोगों की समझ में ब यक वक़्त नहीं आ सकता।" उन दिनों तक कासए गदाई (भिक्षा पात्र) लिए हुए दाद की भीख माँगने, सामिईन की ख़ुशामद करने और तालियों की गड़गड़ाहट ढूँढने वाले बे ग़ैरत शायरों का स्टेज पर क़ब्ज़ा नहीं

हुआ था। ना शायर और मुतशायर पहले भी होते रहे होंगे, उन दिनों भी थे लेकिन वह पिछली सफ़ों में दुबके हुए बैठे रहते थे। स्टेज की पहली सफ़ इस ग़िलाज़त (गन्दगी) से महफ़ूज़ थी। आजकल तो ब क़ौल शख़्से अगर स्टेज पर ना शायर और मुतशायर तलाश करना हो तो पहली सफ़ में बैठे हुए शायरों को शुमार कर लीजिए—

मुशायरा भी तमाशा मदार शाह का है
यहाँ पे शेर को बकरी से डरना पड़ता है

कुँवर साहब से हमारी तफ़सीली मुलाक़ात उस वक़्त हुई जब हमें कलकत्ते के अपने मुशायरे में अहमद फ़राज़ को मदऊ करने के लिए अतहर नबी के साथ देहली जाना पड़ा। अतहर नबी हमें साथ ले कर कुँवर साहब के घर ग्रेटर कैलाश गये। हमने उनसे अपने मुशायरे की निज़ामत (संचालन) की गुज़ारिश की। कुँवर साहब ने अतहर भाई की पुरज़ोर सिफ़ारिश पर हमारी दावत क़ुबूल कर ली। उन्होंने अपने उसूल और मिज़ाज के मुताबिक़ हमसे सिर्फ़ जहाज़ के टिकट लिए। उन दिनों कलकत्ते से देहली का किराया छः सौ पचास रुपये हुआ करता था। उनका एक मुलाज़िम हम लोगों को एक भरे पुरे डाइनिंग टेबिल पर ले गया। हमें हाथ धोने के लिए वह कुँवर साहब के बेड रूम से मुलहिक़ (अटैच्ड) वाशरूम में ले गया। हमने उनके वाशरूम में कई किताबें रखी हुई देखीं। उन्हीं किताबों में जगन्नाथ आज़ाद का ताज़ा उर्दू मजमुआ (संग्रह) भी था। हमारे लिए यह ज़िन्दगी का पहला इत्तिफ़ाक़ था जब हमने किताबों को, ख़ास तौर से उर्दू किताबों को किसी शख़्स के बाथरूम में रखा देखा। उस वक़्त तक हम अपनी क़स्बाती ज़ेहनियत (विचार शैली) से ऊपर नहीं उठ पाये थे लिहाज़ा यह अफ़सोसनाक मंज़र मुद्दतों हमारी आँखों में क़ैद रहा। हालाँकि उसके बाद ज़िन्दगी में उर्दू ज़बानो अदब को बाथरूम से भी ज़्यादा ख़राब लोगों के क़ब्ज़े में देखा लेकिन तब तक हमारी आँखों का पानी मर चुका था—

मैंने फूलों को वहाँ देखा है
आप देखेंगे तो इबरत होगी

(शाद आरिफ़ी)

उन्हीं दिनों माहनामा (मासिक) सुहेल के एडीटर ज़मील मंज़र और सय्यद अहमद क़ादिरी अपने किसी काम के सिलसिले में कलीमुद्दीन शम्स (स्पीकर, वेस्ट बंगाल असेम्बली) से मिलने कलकत्ता आये। सय्यद अहमद क़ादिरी हमारे देरीना दोस्त और करम फ़रमा थे। हमारी उनसे बड़ी बे तकल्लुफ़ी थी, यहाँ तक कि कभी-कभार हमारी इस बे तकल्लुफ़ी में मीठी-मीठी गालियाँ भी शामिल हो जाती थीं। हम बक़ौल वाली भाई 'हम जो कुछ हैं जैसे भी हैं, वैसे ही दिखाई देते हैं।' जमील मंज़र भी हमारे ही मिज़ाज के थे, उन्होंने वहीं बैठे-बैठे हमारे

सिलसिले में माहनामा सुहेल का एक गोशा (विशेषांक जैसा) तरतीब देने का फ़ैसला कर लिया। माशा अल्लाह हर ज़माने में हमारे चाहने वालों की तादाद हमारे दोस्तों की नज़र में खटकती रही है। माहनामा सुहेल के एलान और सय्यद अहमद क़ादिरी और वाली भाई की कोशिशों से मज़ामीन (Articles) के ढेर लग गये जो माहनामा सुहेल के गोशे से तरक़्क़ी करके मुनव्वर राना नम्बर में शामिल कर लिए गये। इसमें हमारा एक तफ़्सीली इण्टरव्यू भी था। जमील मंज़र और उनके एक दोस्त ने यह इण्टरव्यू लिया था। कड़वे शायद हम हमेशा से थे, दिलाज़ारी (दिल दुखाना) हमारा शेवा (दस्तूर) आज तक नहीं है लेकिन बक़ौल इरफ़ान सिद्दीक़ी—

उसको क़ातिल न कहो यार, ख़ता मेरी थी
मैं अगर ज़िद पे न आता तो वो जाने देता

उस तवील इण्टरव्यू में एक सवाल यह भी था कि आपने उर्दू का शायर होते हुए अपना मजमुआ हिन्दी में क्यों शाया (प्रकाशित) किया। हमने बरजस्ता (तपाक से) अर्ज़ किया, पिछले दिनों हम देहली गये थे, वहाँ जब से कुँवर महिन्दर सिंह बेदी सहर के बाथरूम में जगन्नाथ आज़ाद का मजमुआ रखा हुआ देखा है उसी वक़्त से उर्दू में किताब छापने की हिम्मत नहीं पड़ रही है। वह शुरफ़ा (शरीफ़ों) का ज़माना था...उर्दू के भी अच्छे दिन थे...रातों रात यह बात पूरे मुल्क में पहुँच गयी। कुँवर साहब हमसे सख़्त नाराज़ थे और हम भी देहली के मुशायरों से बच रहे थे कि कहीं हम मुठभेड़ में मारे न जायें। लतीफ़ा यह है कि निशाना हमारा ख़ता हो रहा था और गुस्सा चिड़िया को आ रहा था। उधर जगन्नाथ आज़ाद ने कुँवर साहब से उनकी किताब को बाथरूम में रखे जाने पर एतराज़ जताया। तारा चरन रस्तोगी और ज्ञान चन्द्र जैन समेत उर्दू दुनिया के कई बड़ों ने जमील मंज़र को नाराज़गी के ख़त लिखे। चूँकि यह लोग माहनामा सुहेल के बहुत पुराने सरपरस्तों (संरक्षकों) में थे लिहाज़ा हमारे इस एक ख़राब जुमले ने माहनामा सुहेल की बुनियादें हिला दीं। अच्छा ही हुआ वर्ना आज भी जमील मंज़र अपने उर्दू रिसाले के लिए इश्तिहारों की भीख माँगते फिर रहे होते। कम से कम उर्दू से पीछा छुड़ा कर वह इस पोज़ीशन में तो आ गये कि माहनामा सुहेल जैसे सौ रसाएल (पत्रिकाएँ) की परवरिश और नाज़ बरदारी कर सकते हैं।

इस वाक़ये को काफ़ी दिन गुज़र गये। एकआध मुशायरे में कुँवर साहब से सामना हुआ। मैंने उन्हें आदाब किया और उन्होंने मेरे आदाब का जवाब दिया लेकिन मेरे दिल में तो उनका ख़ौफ़ ज्यों का त्यों बैठा रहा। कलकत्ते में हमारे एक मुँह बोले चचा थे यूनुस मेघानी। उन लोगों से हमारी क़राबतदारी तो नहीं थी लेकिन मरासिम रिश्तेदारों से ज़्यादा हो गये थे। उन्हें अपनी अहलिया के साथ पाकिस्तान जाना था। एक दिन उन्होंने हमसे पूछा कि पाकिस्तान एम्बैसी

में तुम्हारी कुछ जान पहचान है? हमने हँसते हुए कहा कि कभी थे लेकिन वो शाख़ ही न रही जो थी आशियाँ के लिए। हमने उन्हें अपना और कुँवर साहब का गुज़रा हुआ क़िस्सा सुनाया और यह भी बताया कि कुँवर साहब की हरदिलअज़ीज़ी और एहतराम का यह आलम है कि वह पाकिस्तान एम्बैसी में ऐसे दाख़िल होते हैं जैसे लोग अपने ड्राइंगरूम में आते हैं। चचा कहने लगे कि तुम उन्हें एक सिफ़ारिशी ख़त लिख दो, एक बार हम उनसे मिलेंगे ज़रूर...अब सुलूक चाहे वो जैसा भी करें। हम ख़त लिखने से क़तरा रहे थे लेकिन उनकी मुसलसल ज़िद के आगे शिकस्त तस्लीम करते हुए हमने कुँवर साहब को एक सिफ़ारिशी ख़त लिख दिया और बात आयी गयी हो गयी। मैं अपनी ज़िन्दगी की उलझनों को सुलझाने में लग गया। यूनुस मेघानी चचा से तफ़्सीली मुलाक़ात हुई तो हमने अपने उस सिफ़ारिशी ख़त का अंजाम पूछा। वो कहने लगे कि हम तो यह बताना ही भूल गये कि हम और तुम्हारी चची तुम्हारा ख़त ले कर उनके घर ग्रेटर कैलाश पहुँच गये थे। उन्होंने बे पनाह इज़्ज़त और ख़ुलूस से हमें नवाज़ा। हमने उन्हें अपनी ज़रूरत के ज़ख़्म दिखाये। उन्होंने बड़ी अपनाइयत से फ़रमाया कि कल सुबह घड़ी देख कर ठीक साढ़े नौ बजे आप लोग हमें पाकिस्तान एम्बैसी के मरकज़ी गेट पर मिल जाइएगा... वक़्त का ख़ास ख़याल रखिएगा वर्ना फिर आप परेशान होंगे क्योंकि हम तो सीधे एम्बेसी के अन्दर दाख़िल हो जायेंगे और हमें तलाश करने में आपको बहुत दुश्वारी होगी। हस्बे वादा कुँवर साहब साढ़े नौ बजे अपनी कार से मेन गेट के पास आये। हमने लपक कर उन्हें सलाम किया। उनके शोफ़र ने फ़ौरन उतर कर कार का पिछला दरवाज़ा खोला और हम लोग एम्बैसी की इमारत में दाख़िल हो गये। पाकिस्तान के सफ़ीर (राजदूत) और वहाँ का तमाम अमला (स्टाफ़) कुँवर साहब की बहुत इज़्ज़त करता है। कुँवर साहब हम लोगों को सीधे सफ़ीरे पाकिस्तान के पास ले गये। वहाँ पुर तकल्लुफ़ माहौल और चाय नाश्ते के दौरान हमारे वीज़े भी लग कर आ गये। कुँवर साहब सफ़ीरे पाकिस्तान का शुक्रिया अदा करते हुए हम लोगों को ले कर बाहर आये। शोफ़र ने फ़ौरन उनकी कार का गेट खोला, हम लोग कुँवर साहब के साथ ही बैठ गये। उन्होंने हम लोगों को दरियागंज में ला कर उतार दिया और शर्मिन्दगी के साथ कहने लगे कि हम आपको जामा मस्जिद तक पहुँचा देते लेकिन उस इलाक़े में हमारा ड्राइवर ही नहीं, हम भी जाते हुए घबराते हैं। उस वाक़ए के बाद से कुँवर साहब की शख़्सियत हमारे लिए Ultimate हो कर रह गयी–

लोग अच्छे हैं बहुत दिल में उतर जाते हैं
बस यही एक ख़राबी है कि मर जाते हैं

(रईस फ़रोग़)

मसीहा भी न जाने कैसे-कैसे रूप भरता है

बुज़ुर्गों से हमेशा यही सुन रखा था कि दुनिया से दिल मत लगाओ, इसे हमेशा एक सराय समझो ताकि कल इसे छोड़ते वक़्त तुम्हें बहुत ज़्यादा दुख न हो। ज़िन्दगी को एक तवाएफ समझो...इससे लुत्फ़ उठाओ, मज़े लो लेकिन इससे इश्क़ कभी न करना क्योंकि ये बेवफ़ा होती है। जिस तरह सफ़र में कम सामान लेकर चलते हो ताकि सफ़र में ज़्यादा तकलीफ़ न हो, उसी तरह दुनिया में भी अगर ज़मींदारी का शौक़ सताये तो बस दो ग़ज ज़मीन की दावेदारी करना। तुम्हें हर तरह से आराम रहेगा और हर तरह से फ़ायदे में रहोगे। ज़िन्दगी से ज़्यादा मुहब्बत तुम्हें ख़ुदा की ज़ात से दूर कर देती है। ये तमाम बातें एक मुद्दत तक तो समझ में नहीं आती थीं। जब आने लगीं तो सोचने की फुर्सत नहीं थी और सोचने की फुर्सत मिली तब तक बहुत देर हो चुकी थी यानी तब तक हम छतरी, छतनार और छत तीनों के आदी हो चुके थे। ज़िन्दगी का इश्क़ रगे जाँ में पेवस्त हो चुका था।

हज़रत मूसा के पास एक औरत अपने दो कमसिन बच्चों के साथ आयी और उनसे मुख़ातिब (सम्बोधित) होकर बोली कि ऐ मूसा! मेरे दोनों बच्चों को लम्बी उम्र की दुआएँ दे दीजिए। हज़रत मूसा ने मुस्कुराते हुए उस ख़ातून से कहा कि माई, डेढ़ दो सौ बरस की उम्र तो वैसे ही बहुत होती है। तू फिर भी इन बच्चों की लम्बी उम्र की दुआ माँग रही है। क्या तुझे मालूम है कि एक ऐसी उम्मत (क़ौम) भी आने वाली है, जिसकी उम्र सिर्फ़ पचास या साठ बरस होगी। वो औरत हैरतज़दा होती हुई बोली कि अरे मूसा, मैं तो अगर उस दौर में पैदा होती तो इतनी सी उम्र किसी पेड़ के नीचे खड़ी हो कर गुज़ार देती। हक़ीक़त भी यही है कि जैसे-जैसे जिस्म की झोली से उम्र के सिक्के कम होने लगते हैं आदमी फ़िक्रमन्द होता चला जाता है। तक़रीबन हर आदमी को ज़िन्दगी से प्यार उसी वक़्त बढ़ता है जब उसे अन्दाज़ा होता है कि चराग़े ज़िन्दगी में उम्र का तेल अब बहुत ज़्यादा नहीं रह गया। एक दिन मुझे इस बात पर हैरत हुई कि मेरा जी कंघा ख़रीदने को चाह रहा था। जवानी में जब हमारी ख़ुशदामन

(सास) हमें बड़े बालों की वजह से भालू कहती थीं तब तो कभी कंघा रखा नहीं और जब सर पर गिनती के बाल रह गये तो बालों से इश्क़ निभाने के लिए कंघा ख़रीदने को जी चाह रहा था। ज़िन्दगी से इश्क़ का मामला भी ऐसा ही है। आदमी सोचता है कि बेटी-बेटे जवान होते देख लें, फिर कहता है कि बेटियों की रुख़्सती और बेटों के सेहरों के फूल खिलते देख लें...लेकिन दुनिया की हवस कहीं मानने वाली है। अब कहता है कि पोते-पोतियों से न खेले तो क्या दुनिया में आये, क्या दुनिया से गये। पोते-पोतियों, नवासे नवासियों के बच्चों की तमन्ना लिए अब इंसान मुस्तक़िल डॉक्टरों के दवाख़ानों पर बैठा दिखाई देता है। आख़िर मलकुलमौत (मौत का फ़रिश्ता) के सब्र के इम्तिहान का एक पैमाना होता होगा। दुनिया के सिस्टम से क़ुदरत का सिस्टम इतना भी अलग नहीं होगा। भई, अशरफुल मख़्लूक़ात (जीवो में श्रेष्ठ) हैं हम लोग। दुनिया में भी भेजे गये हैं तो दुनिया का चेहरा सँवारने के लिए...इसे मज़ीद (और ज़्यादा) जंगल बनाने के लिए नहीं। जैसे आपकी गिरफ़्तारी में लोकल थाने से एकआध बार ग़लती हो सकती है लेकिन ज़रूरी नहीं कि ये ग़लती बार-बार हो। ग़रज़ कि ज़्यादा जीने की नाकाम हवस लिए आदमी दुनिया से रुख़्सत हो जाता है और रुख़्सती के वक़्त दुनिया के एक बहुत मामूली हिस्से में कभी-कभी सिर्फ़ एक शहर में, कभी सिर्फ़ एक मोहल्ले में और कभी सिर्फ़ एक घर में कंकड़ गिरने से तालाब में होने वाली हलचल के बराबर कुछ होता है और कभी-कभी तो कुछ भी नहीं मालूम होता और दुनिया के साथ-साथ दुनिया का कारोबार भी अपने मामूल पर आ जाता है।

हम नहीं थे तो क्या कमी थी यहाँ
हम न होंगे तो क्या कमी होगी

(मुनव्वर राना)

बात फिर वहीं से शुरू करनी पड़ रही है कि जिस तरह ज़िन्दगी की एक मुद्दत होती है, उसी तरह उम्र का भी एक पैमाना होता होगा। तो फिर परहेज़ के सिलसिले में भी आख़िर कुछ फ़ैसला किया जाये। सख़्त हकीम का बताया हुआ परहेज़ कमज़ोर मोलवी के फ़तवे की तरह होता है जिहाज़ा दोनों की ना फ़रमानी इंसानी मुक़द्दर है। कहाँ तो हमारा यह हाल था कि हम डॉक्टर के पास इसलिए जाते थे कि हमें भी ज़िन्दा रहना है। नुस्ख़ा लेकर दवा की दुकान में भी चले जाते थे कि उसे भी ज़िन्दा रहना है और दवा की दुकान से निकलते ही हम दवा को नालियों में फेंक देते थे कि हमें कुछ और ज़्यादा भी ज़िन्दा रहना है। अब हमें यह कहने में शर्म महसूस नहीं होती कि जवानी में नर्सें अच्छी लगती थीं और अब बुढ़ापे में सिर्फ़ डॉक्टर अच्छे लगते हैं। डॉक्टर, अस्पताल, दवा और

नर्सों का इतना ज़्यादा तजरुबा हो गया है कि अब हर दुआ के साथ हम यह दुआ भी माँगते हैं कि या अल्लाह! अब घर और क़ब्रिस्तान के रास्ते में अस्पताल न पड़े। एक बेजा और बेहद महँगी ज़हमत का नाम है अस्पताल। इसके चक्कर में बड़े घर छोटे हो जाते हैं... कभी कोई प्लाट बिक जाता है, कभी ज़मीन का कोई टुकड़ा, कभी जीवन साथी के गले और कलाई को सूना करना पड़ता है, कभी देरीना ख़ुशफ़हमी की बुनियाद पर होंठों को ख़ुशरंग इमदाद का लफ़्ज़ छूना पड़ता है। ज़िन्दगी कितनी मुश्किल शय है, यह अस्पताल के बिस्तर पर लेटने के बाद पता चलता है। हम नहीं जानते थे कि हमारे जिस्म में बीमारियाँ ज़्यादा थीं या हमने डॉक्टरों के यहाँ चक्कर ज़्यादा लगाये लेकिन ईमानदारी की बात तो यही है कि हम आये दिन डॉक्टर बदलने के क़तई क़ायल नहीं हैं। हालाँकि पहले ज़माने में ऐसा ही था कि एक ही डॉक्टर पूरे जिस्म की छानबीन के लिए काफ़ी होता था। अब तो जिस्म के हर हिस्से के अलग-अलग डॉक्टर हो गये हैं। डॉक्टर न हुए ज़िले के पुलिस थाने हो गये कि एक के पास पहुँचो तो वह पूरा अहवाल सुन कर दूसरे थाने का केस बता देता है। शहर में ऐसे भी कई हमारे अहबाब हैं जिन्हें नये-नये डॉक्टरों को अपने ज़ख़्म दिखाने की बीमारी है बल्कि उनका बस चले तो वह किसी लेडी डॉक्टर को अपनी कोख भी दिखा सकते हैं। हमें तो अगर हमारे मिज़ाज का डॉक्टर न मिले तो इलाज कराने में ही मज़ा नहीं आता है। भई, दुनिया का कोई भी डॉक्टर मौत से तो बचा नहीं सकता है। वो तो सिर्फ़ इस बात का इलाज करता है कि मरते वक़्त मरीज़ को कम से कम तकलीफ़ उठानी पड़े। अगर यह बात दुरुस्त है तो फिर रोज़ोशब नये-नये डॉक्टरों की तलाश में उम्र गँवाने से क्या फ़ायदा।

अब रुलाया है तो हँसने पे न मजबूर करो
रोज़ बीमार का नुस्ख़ा नहीं बदला जाता।

मेरा एक सबसे बड़ा मसला तो यह है कि दो-चार बार की मुलाक़ात के बाद डॉक्टरों को मुझसे इश्क़ हो जाता है और इस पेशे में यही सबसे बड़ा गुनाह है। शायद इसलिए दुनिया का बड़े से बड़ा डॉक्टर भी अपने क़रीबी रिश्तेदार का आपरेशन ख़ुद नहीं करता। ज़ाहिर है कि डॉक्टर इंसान ही होते हैं। इंसान तो क़साई भी होता है लेकिन डॉक्टर और क़साई में यही फ़र्क़ होता है कि एक ज़िन्दगी बचाने के लिए जंग करता है और दूसरा ज़िन्दगी की उलझनों से आज़ाद कराने का काम करता है। कुछ डॉक्टरों से यूँ भी मुलाक़ात हुई कि वह कहानियों की तरह दिलचस्प, क़लन्दरों की तरह मस्त और मिज़ाजन बादशाहों की तरह होते हैं। तमाम लोग डॉक्टरों से लिपट कर रोने, अपना अहवाल बयान करने और आँसू बहाने के लिए आते हैं लेकिन डॉक्टर से ख़ुद उसका मिज़ाज

पूछने के लिए कभी नहीं जाते। मेरा ख़याल है कि दिल के किसी न किसी गोशे में डॉक्टर भी इस दर्द को छुपाए रखते होंगे कि काश! उनसे भी उनका हाल कभी उनके बीमार पूछते—

मैं चारागर तेरी अपनाइयत की क़द्र करता हूँ
यहाँ तक ज़िन्दगी तेरे भरोसे में चली आयी

(मुनव्वर राना)

मेरे एक देरीना करम फ़रमा हैं मिस्टर गौतम डे...वह डेज़ मेडिकल स्टोर्स के एम.डी. हैं। यह कम्पनी हिन्दुस्तान की एक बड़ी दवा और कॉस्मेटिक कम्पनी है। KEO KARPIN HAIR OIL इसी कम्पनी का मशहूर तरीन तेल है। डेज़ मेडिकल के ट्रांसपोर्ट का काम तक़रीबन चालीस बरस से मेरी ट्रांसपोर्ट कम्पनी के पास है। गौतम डे उम्र में मुझसे दो-चार बरस छोटे हैं। एक दिन मैं उनसे मिलने गया तो उन्होंने एख़लाक़न मेरा हाल पूछा। मैंने उन्हें सेहत की ख़राबी के बारे में थोड़ा बहुत बताया तो उन्होंने फ़ौरन कहा कि मेरे एक दोस्त हैं डॉ. आशीष कुमार...शहर के बड़े डॉक्टर हैं...वह मदर टेरेसा के भी डॉक्टर रह चुके हैं। यह कह कर गौतम डेज़ साहब ने फ़ौरन उन्हें फ़ोन मिलाया। देर तक दोनों बंगला ज़बान के शहद से मेरा कान मीठा कराते रहे फिर उन्होंने मेरे सिलसिले में बात करके फ़ोन रख दिया और मुझसे बोले कि आप कल शाम को साढ़े सात बजे डॉ. आशीष के चैम्बर में चले जाइएगा...साथ में अपनी ब्लड रिपोर्ट ले कर जाइएगा। गौतम डे साहब ने डॉ. आशीष का पता लिख कर मेरे हवाले कर दिया। दूसरे दिन मारे-बाँधे शुगर रिपोर्ट ले कर मैं डॉ. आशीष के चैम्बर में दाख़िल हो गया। उनकी सेक्रेटरी को अपना नाम लिखवाया। जो टोकेन मुझे दिया गया उसके मुताबिक़ मैं इक्कीसवाँ मरीज़ था। डॉक्टरों के चैम्बर में दो-चार रसाएल (पत्रिकाएँ) रखे रहते हैं लेकिन जहाँ इतने चेहरे मरीज़ों की शक्ल में बैठे हुए हों, वहाँ रसाएल पढ़ना उन चेहरों की बे अदबी है क्योंकि दवाख़ानों में बैठे हुए मरीज़ तक़रीबन एक जैसी कहानियाँ लिए बैठे रहते हैं। तक़रीबन सारी कहानी उनकी आँखें और उनका चेहरा ख़ुद सुनाता रहता है। वो लोग जिन्हें किताबों की तरह चेहरे पढ़ने का शौक़ है, उन्हें इन तहरीरों से बार-बार नज़रें हटानी पड़ती हैं क्योंकि यह ज़िन्दा कहानियाँ आपसे इतनी तवज्जो चाहतीं है कि आप दुनिया से बेगाना होने लगते हैं। मुझे तो ऐसी कहानियाँ पढ़ने का इतना शौक़ है कि मैं भूल ही गया था कि मेरा टोकन नम्बर मुझे मुँह चिढ़ा रहा है और नम्बरों का क़ाफ़िला आगे बढ़ चुका है। मेरे पूछने पर सेक्रेटरी ने अपने मुख़्तसर लिबास की तरह मुख़्तसर-सा एक जवाब दिया कि अन्दर से जिसको बुलाया जाता है हम उसी को डॉक्टर साहब के पास भेजते हैं। मैं एहतिजाज

(विरोध) की लौ कम किये बग़ैर बोला कि अगर हर काम अन्दर से होता है तो आप यहाँ किसलिए बिठाई गयी हैं। मेरी बातों से आजिज़ आ कर वह दूसरे काम में मसरूफ़ हो गयी। मैंने भी मीर की तरह ज़बान बन्द कर लेना मुनासिब समझा। हालाँकि मीर की तरह मुझे ज़बान ख़राब होने का ख़तरा नहीं था लेकिन ज़बान दराज़ी के जुर्म में वह मुझे बाहर का रास्ता दिखा सकती थी। मेरे बाद आने वाले मरीज़ भी डॉक्टर को दिखा कर जा चुके थे। एकआध शायद मेरे ही जैसा बच रहा था। मैंने सोचा कि कहीं गौतम डे के फ़ोन की वजह से डॉक्टर साहब मुझे चन्दे की रसीद तो ख़याल नहीं कर रहे हैं। लेकिन मुझे इस ख़याल को फ़ौरन ज़ेह्न से झटक देना पड़ा क्योंकि उनकी सेक्रेटरी साहिबा मुझे डॉक्टर साहब के चैम्बर में जाने का इशारा कर रही थीं। मैंने उनका रस्मी शुक्रिया अदा किया तो वह ऐसे मुस्कुरायीं जैसे मेरी अहलिया मुशायरे से लौटने के बाद रक़्म का कमज़ोर लिफ़ाफ़ा देख कर मुस्कुराती हैं। मैंने नुमाइशी खुशमिज़ाजी का भरपूर मज़ाहिरा करते हुए डॉक्टर साहब को आदाब किया। गिला-शिकवा करने की नौबत ही नहीं आ सकी क्योंकि डॉक्टर साहब ने फ़रमाया कि मेरे दोस्त गौतम डे ने मुझे कभी किसी मरीज़ के लिए फ़ोन नहीं किया। आपके बारे में उन्होंने बहुत तफ़सील से मुझे बताया कि आपके पिता जी और उनके पिता जी में बहुत दोस्ती थी। मैंने सोचा कि आपसे तफ़सील से गुफ़्तगू की जाए। इसीलिए मैंने आपको सबसे आख़िर में बुलाया। गुफ़्तगू के दौरान डॉक्टर साहब के मुलाज़िमे ख़ास ने चाय की ट्रे मेज़ पर ला कर रख दी। डॉक्टर साहब ने मुझसे चाय के लिए पूछा...मैंने फ़ौरन हाँ कर दी। उन्होंने अपने हाथों से मेरे लिए चाय बनायी फिर शक्कर के बारे में पूछा कि आप चाय में शक्कर कितनी लेते हैं। मैंने बड़ी सआदतमन्दी से कहा कि सिर्फ़ एक चम्मच। उन्होंने एक चम्मच शक्कर कप में डाल कर कप मेरी तरफ़ बढ़ा दिया। चाय ख़त्म होते ही उन्होंने अपनी जेब से मेरे ही ब्रॉण्ड वाली सिगरेट निकाली और खुला हुआ पैकेट मेरी तरफ़ बढ़ाया। मैंने आदाब करते हुए एक सिगरेट उनके पैकेट से निकाल कर होंठों पर लगा ली। मैं दिल ही दिल में खुश हो रहा था कि डॉक्टर साहब भी अपनी पार्टी के आदमी हैं। यह दौर ख़त्म होते ही उन्होंने काग़ज़ क़लम सँभाला और मुझसे गुफ़्तगू करते हुए पूछा कि क्या आप ब्लड रिपोर्ट लाये हैं? मैंने रिपोर्ट उनके सामने रख दी। उन्होंने रिपोर्ट पर एक उचटती-सी निगाह डाली फिर मुझसे ढेर सारे सवालात शुरू किये। मसलन...आप दिन भर में कितनी चाय पीते हैं? दिन भर में मिठाई कितनी खाते हैं? दिन भर में कितनी सिगरटें पी जाते हैं, वग़ैरा। मैंने तमाम सवालों के जवाब बड़ी ईमानदारी और सलीक़े से दिये। मैंने उन्हें यह भी बताया कि मीठी चीज़ मेरी कमज़ोरी है। अगर मिठाई बहुत अच्छी हो तो मैं

कम से कम ढाई सौ ग्राम ज़रूर खाता हूँ बल्कि सौ पचास ग्राम ज़्यादा ही हो जाती है...लेकिन कम नहीं होती। मैंने उन्हें ईमानदारी से यह भी बता दिया कि आम से मुझे बहुत रग़बत (लगाव) है। मैं बयक वक़्त तीन-चार किलो आम खा सकता हूँ। डॉक्टर साहब अपनी रफ़ कापी पर तमाम बातें लिखते जा रहे थे। उन्होंने मेरे ख़ानदानी हालात की तरफ़ रुख़ करते हुए मुझसे सवाल किया कि आपके पिता जी को शुगर थी? मैंने कहा कि बिल्कुल नहीं सर, वो तो इतने कड़वे थे कि गन्ने के खेत वाले उन्हें अपनी फ़स्ल के पास से भी गुज़रने नहीं देते थे। डॉक्टर साहब ने फिर एक सवाल पूछा कि क्या आपके दादा शुगर के मरीज़ थे? मैंने शर्माते हुए कहा कि दादा की तो एक छोटी मोटी शक्कर बनाने की फ़ैक्ट्री थी। डॉक्टर साहब मेरी चर्ब ज़बानी से इसलिए लुत्फ़ अन्दोज़ हो रहे थे कि उनके वालिद इलाहाबाद में रेलवे के अफ़सर थे इसलिए उनकी इब्तिदाई (प्रारम्भिक) उम्र इलाहाबाद में गुज़री थी। इलाहाबाद वाले लखनऊ वालों की तरह ज़बानदानी का दावा तो नहीं करते लेकिन उनके यहाँ ज़बान में शाइस्तगी और मिज़ाज में फक्कड़ पन बराबर से मौजूद है। इसीलिए उनमें मिज़ाह (हास्य) की हिस (आभास शक्ति) क़यामत की होती है। डॉक्टर साहब बहुत देर तक मेरी तरफ़ देखे बग़ैर मेरे बयानात की रौशनी में मुझे और मेरे मरज़ दोनों को देखने की कोशिश कर रहे थे। वैसे मुझे डॉक्टर आशीष पसन्द आये। एक तो उनकी शगुफ़्ता मिज़ाजी... दूसरे उनकी हम मिज़ाजी कि वह हमें चाय में शक्कर भी पीने के लिए दे रहे थे और सिगरेट से लुत्फ़ अन्दोज़ होने का मौक़ा भी। थोड़ी देर की ख़ामोशी और सुकूत को तोड़ते हुए डॉक्टर साहब ने कहा कि राना साहब! मैंने हर तरह जायज़ा ले लिया है, आप शुगर के मरीज़ नहीं हैं। मैंने दस्तबस्ता अर्ज़ किया कि डॉक्टर साहब, मेरी ब्लड रिपोर्ट में तो शुगर बढ़ी हुई दर्ज है। डॉक्टर साहब ने बुर्दबारी (गम्भीरता) और पूरी मतानत के साथ फ़रमाया कि आपको सिर्फ़ एक बात हमेशा और हर वक़्त याद रखनी चाहिए कि आप अपने हिस्से की शक्कर खा चुके हैं और जब आप शायर भी हैं तो यह बात भी भली भाँति समझते होंगे कि शरीफ़ लोग दूसरों का हक़ और हिस्सा नहीं खाते हैं। अगर बिलफ़र्ज़ कभी आप कोई भी मीठी चीज़ खाना ही चाहें तो यह बात आपको अपने ज़ेहन के स्क्रीन पर रौशन रखनी होगी कि आप किसी दूसरे का हिस्सा खाने जा रहे हैं। डॉक्टर आशीष की यह बात मैं आज तक गिरह में बाँधे हुए हूँ लेकिन इंसानी फ़ितरत के मुताबिक़ जब तक हम दूसरे का हक़ न खायें न हमारी नीयत भरती है न जी भरता है। इस बात को गिरह से बाँधे रखने का एक फ़ायदा तो हुआ कि हम ज़मींदार नहीं हो सके तो क्या...हमारे पास हमारी क़ब्र भर की ज़मीन तो है।

कोई बड़ा नशा न करने की एक सज़ा तो यही है कि ज़िन्दगी भर छोटे-छोटे नशों का सहारा लेना पड़ता है। सिगरेट तो ख़ैर अपने बुज़ुर्गों की तरह हमने भी पाख़ाने में छुप के पीनी शुरू की थी और यह भी हक़ीक़त है कि दुनिया का कोई भी नशा उसी वक़्त तक मज़ा देता है जब तक बुज़ुर्ग ज़िन्दा रहें, डाँटने और फटकारने वाले घर और ख़ानदान में चलते फिरते रहें। नवजवानी में और उसके बाद भी बरसों तक सिगरेट का एक कश हमारे लिए शराब के एक जाम के बराबर था। तालिब इल्मी के ज़माने में तो और ज़्यादा परेशानी थी। अपने सीनियर्स से लेकर एक पूरी ख़िलक़त थी जिससे बच बचा कर सिगरेट पीनी पड़ती थी। इसके बावजूद 'जान न पहचान मैं तेरी ख़ाला जान'... जिसकी भी नज़र पड़ जाती, वह बस एक ही धमकी देता था कि लगता है अनवर साहब से तुम्हारी शिकायत करनी पड़ेगी। वह दिन भी क्या दिन थे। अब्बू की धमकी लोग इस तरह देते थे जैसे अब्बू न हों अमेरिका हों और हम अब्बू से सारी ज़िन्दगी उसी तरह डरते रहे जैसे अरब ममालिक अमेरिका से डरते हैं। सिगरेट हमने सारी ज़िन्दगी एक ही ब्राण्ड की इस्तेमाल की। इसमें भी शायद हमारी क़लन्दरी और छटी हिस छुपी हुई थी। जिन दिनों हमने काफ़ी रुपये कमा लिए थे और नव दौलतियों जैसी कई हरकतें करने का जी चाहता था, उन दिनों भी हम कोशिश के बावजूद कभी ऐसा कुछ भी नहीं कर पाये। कलकत्ते में फ़ाइव स्टार मार्केट और फ़ैन्सी मार्केट नाम के दो बाज़ार थे जिनमें हर तरह का ग़ैर मुल्की सामान दस्तयाब (उपलब्ध) रहता था। उन दिनों कलकत्ता ग़ैर मुल्की सामान के सिलसिले में हिन्दुस्तान का सबसे बड़ा बाज़ार था। बन्दरगाह के अलावा बांग्लादेश, नेपाल और चाइना के सरहदी (सीमावर्ती) इलाक़े बंगाल की सरहद से मिलते थे इसलिए हर तरह का ग़ैर मुल्की सामान भी वहाँ मिल जाता था। ब्रुक बाण्ड और लिप्टन के ट्रांसपोर्ट के काम की वजह से तक़रीबन रोज़ाना ही हम उस मार्केट में अपने ख़ाली वक़्त का एकआध घण्टा गुज़ारते थे। बहुत से लोग तो यह भी समझते थे कि शायद वहाँ हमारी कुछ दुकानें हैं।

एक दिन फ़ैन्सी मार्केट में टहलते हुए न जाने कहीं से दिल में यह ख़याल आया कि हमें अब अपनी सिगरेट का ब्राण्ड बदल देना चाहिए। इस ख़याल के आने की बुनियादी वजह यह थी कि हमारे कारोबारी हालात अच्छे होने के बाद हमारे हालात भी बदल चुके थे। हमें ख़ुद भी नहीं मालूम कि यह ख़याल हमारे ज़ेहन में कैसे आया क्योंकि हम हमेशा बल्कि आज तक अपने स्टाइल से ज़िन्दगी गुज़ारते हैं जिसमें ख़ुदनुमाई (आत्म प्रदर्शन), बे सबब असराफ़े बेजा (फ़िज़ूल ख़र्ची, झूठी शानो शौकत और गुरूर जैसी बीमारियों का कोई दख़ल नहीं है लेकिन बहरहाल हम भी इंसान हैं और फ़रिश्तों की तरह ज़िन्दगी गुज़ारने में

हमारी कोई दिलचस्पी नहीं रही है। बक़ौल मेरे उस्ताद वाली आसी—

आदमी हो तो ख़ताएँ भी करो मेरी तरह
यार! मुझको यह फ़रिश्ते नहीं अच्छे लगते

मैंने इसी बेहूदा ख़याल के चलते सिगरेट का ब्राण्ड बदलते हुए वहीं एक दुकान से 555 सिगरेट के आधा दर्जन पैकेट ख़रीदे। उस ज़माने में विल्स फ़िल्टर सिगरेट का पैकेट बारह रुपये में आता था और 555 सिगरेट जो उस ज़माने में ख़ुशहाली और अमीरी का एलान करने का सबसे आसान ज़रिया थी, उसका एक पैकेट पचपन रुपयों में आता था। काफ़ी देर तक हस्बे आदत हम फ़ाइव स्टार मार्केट और फ़ैंसी मार्केट में घूमते रहे। इस बे सबब चहल क़दमी के दौरान हमें यह ख़याल भी आया कि आज हमारे दिल में यह बेहूदा क़िस्म की ख़ुदनुमाई और फ़िज़ूल ख़र्ची का ख़याल कैसे आ गया? इस सिलसिले में हम जितना ज़्यादा सोचते, हमें अपने ऊपर उतना ही गुस्सा आता कि यार! हम तो खुद स्टाइल बदलने वाले कहलाते हैं... यह नव दौलतियों की आ़दत हमारे दिल में कहाँ से दाख़िल होना चाह रही है। इस बेवकूफ़ी पर इतनी निदामत (शर्मिन्दगी) होने लगी कि हम अपने आप से ही परेशान होने लगे। हमने सोचा कि जब हमारा काम बारह रुपये वाली सिगरेट में शान से चल रहा है तो इस फ़िज़ूल ख़र्ची के क्या मतलब हुए। यह पैसे तो किसी की इमदाद में या किसी दूसरे की ज़रूरत के लिए भी ख़र्च किये जा सकते हैं। अपने इसी ज़ाविये (शैली) से हम ज़िन्दगी गुज़ारते आये थे और ख़ुदा का शुक्र है उसने हमेशा हमें बेवकूफ़ी के इख़राजात (खर्चों) से हर जगह बचाया है। हमारी वहशत ने उस वक़्त तक हमारा कहना नहीं माना जब तक हम वह 555 जैसी महँगी सिगरेट दुकानदार को वापस नहीं कर आये। वैसे भी अगर ईमानदारी से ग़ौर किया जाये तो नशे की अगर कोई क़ीमत होती तो ख़ानदानी नशेबाज़ बाज़ारों में ब्राण्ड नहीं तलाश किया करते। शराब के मौज़ू पर सबसे ख़ूबसूरत और नफ़सियाती (मनोवैज्ञानिक) शेर कहने वाले उर्दू के मशहूर शायर रियाज़ ख़ैराबादी के बक़ौल—

अच्छी पी ली ख़राब पी ली
जैसी पायी शराब पी ली।

यह उन दिनों की बात है जब कलकत्ते में नक्सलवाद का ज़बरदस्त ज़ोर था। हमने कहीं तहरीर भी किया है कि मेरे वालिद साहब ने जब यह सुना कि शहर के उन सत्रह ख़तरनाक नक्सलियों में मेरा भी नाम शामिल है जिनको देखते ही गोली मार देने का हुक्म है तो उन्होंने हमें मार पीट कर घर से ही निकाल दिया था। फिर शफ़क़ते पिदरी (पित्र स्नेह) के तुफ़ैल हमें ट्रकों का काम देखने का हुक्मनामा जारी हो गया लेकिन कलकत्ते में दाख़िला बन्द कर दिया

गया। हमने भी सोचा कि अब्बू के उक़ूबतख़ाने (यातनागृह) से कुछ दिनों के लिए भाग लिया जाए... इस बहाने दुनिया को अपने तौर पर देखने का भरपूर मौक़ा मिलेगा। हमारी कम्पनी में एक ड्राइवर थे दूधनाथ शुक्ला। उम्र में हमसे अच्छे ख़ासे बड़े थे लेकिन वह हर महफ़िल में अपने आपको एडजस्ट कर लेते थे। बरसात की शाम थी। अँधेरे ने तेज़ी से दुनिया को अपनी लपेट में लेने के लिए सूरज को बहला फुसला कर पहाड़ी के पीछे रवाना कर दिया। दूधनाथ ने एक ढाबे पर चाय के लिए गाड़ी रोकी और हमसे बोले कि मैदान (लैट्रिन वग़ैरा) जाना है तो अभी हो लो नहीं तो अँधेरे में कीड़ों-मकोड़ों का ख़तरा बढ़ जाता है। हमने इस मशविरे को ग़नीमत जाना और मोबिल आयल के एक छोटे वाले डिब्बे में पानी ले कर मैदान की तरफ़ निकल लिया। एक साफ़ सुथरी जगह जहाँ जंगल झाड़ी भी कम थी, वहीं पर फ़राग़त की ग़रज़ से सिगरेट सुलगा कर बैठ गया। अँधेरा हो चला था। आसपास की चीज़ भी बहुत ग़ौर से देखने के बाद दिखाई पड़ती थी। मामलात से निपटने के लिए मैंने सोचा कि अब सिगरेट बुझा दी जाए। अभी हम सिगरेट उछालने के लिए उसे कैरमबोर्ड की गोट की तरह तैयार कर ही रहे थे कि मेरे बहुत ही क़रीब से आवाज़ आयी कि भय्या! सिगरेट फेंको मत, हमको दे दो। एक बार तो मैं डर गया फिर हमने उससे यह कहते हुए कि यार, तूने तो अभी डरा ही दिया था... सिगरेट और माचिस उसकी तरफ़ उछाल दी। यह है नशे की इन्तिहा। आदमी ब्राण्ड तो ब्राण्ड अपनी इज़्ज़त तक को दाँव पर लगा कर नशा करने के लिए आमादा हो जाता है। सिगरेट से मुताल्लिक़ हमारे साथ बहुत दिलचस्प वाक़यात गुज़रे हैं और ज़्यादातर वाक़यात ज़िल्लत का सबब ही बने हैं—

सजदा अगर करूँगी तो काफ़िर कहेंगे लोग
ये कौन सोचता है तुझे देखने के बाद

(हिना तैमूरी)

मुम्बई के एक मुशायरे से हम और हमारे उस्ताद भाई रईस अंसारी लखनऊ आ रहे थे। उस रूट की सबसे इज़्ज़तदार ट्रेन पुष्पक एक्सप्रेस है लेकिन हिन्दुस्तान का सबसे बोरिंग सफ़र लखनऊ से मुम्बई का है। ज़्यादातर साहिबे हैसियत लोग इस ट्रेन में सफ़र करते हैं लिहाज़ा एक दूसरे की दुनिया से बे ख़बर और बेज़ार रहते हैं। सामान बहुत ज़्यादा लेकर चलते हैं। वही चेहरे जो लखनऊ से सवार होते हैं मुम्बई तक उन्हीं अच्छे-बुरे चेहरों को देख-देख कर मुसाफ़िरत (यात्रा) लफ़्ज़ से वहशत होने लगती है। उन्हीं दिनों ट्रेन में सिगरेट पीने पर दो सौ रुपये जुर्माना का क़ानून बना था। अव्वल तो क़ानून इसीलिए बनाये जाते हैं कि वह टूटे या तोड़े जाएँ वर्ना फिर अदालतों का वजूद (अस्तित्व) ख़तरे में पड़ जाएगा।

बल्कि यह कहना ज़्यादा बेहतर होगा कि हिन्दुस्तान में तक़रीबन हर क़ानून पुलिस वालों की आमदनी के पेशे नज़र बनाये जाते हैं—

ये मेरा क़ौल नहीं हज़रते क़ानून का है

हम जैसे बे सब्रे बाथरूम में या दो डिब्बों को मिलाने वाले रास्ते में सिगरेट का शौक़ पूरा कर लेते थे। उस वक़्त भी हम अपने नशे की ज़िद में जुर्माने के ख़तरे से खेल रहे थे कि अचानक एक इन्सपेक्टर आ ही गया। हम उसको देख कर बेबसी से मुस्कुरा रहे थे। मुस्कुरा तो वह भी रहा था लेकिन हमारी और उसकी मुस्कुराहट में वही फ़र्क़ था जो सिकन्दर और पोरस की मुस्कुराहटों में था। उसने शरीफ़ाना लेकिन अफ़सराना लहजे में हमसे पूछा कि क्या आपको मालूम नहीं है कि ट्रेन में सिगरेट पीने पर दो सौ रुपयों का जुर्माना है। हमने कहा कि सर, आप दो सौ रुपयों की रसीद काट दें लेकिन हम अपने इस नशे की बेताबी से छुटकारा नहीं पा सकते। यह कह कर मैं कुर्ते की जेब में हाथ डाल कर दो सौ रुपये निकालने लगा। इन्सपेक्टर ने हमें हाथ के इशारे से रोका और मुस्कुराते हुए कहने लगा कि कोई बात नहीं...इस वक़्त हम रसीद काटने के मूड में नहीं हैं...आप ऐसा कीजिए कि एक सिगरेट हमें भी इनायत कर दीजिए ताकि हम भी अपने सुरूर को दोबाला कर सकें। ज़रा ही सी देर में क़ानून और जुर्म एक साथ ट्रेन में सिगरेट पी रहे थे।

जो बुरे वक़्त में काम आये वो दाता ठहरे

इत्तिफ़ाक से हमें फ़ैन्सी मार्केट से हमारी एक दोस्त अरुणा कुन्दनानी के फ़्लैट पर जाना था। वह ब्रुक बाण्ड कम्पनी में आफ़िसर थीं और उन्हें ग़ज़लें गाने का शौक़ था। हमारे बुरे वक़्तों में उन्होंने हमारी बहुत मदद भी की है। एक बार कारोबार में ज़बरदस्त ख़सारे की वजह से हमने उनसे दो लाख रुपये उधार माँगे और एहतियातन अपनी अहलिया (पत्नी) के तमाम ज़ेवरात उनके सामने रख दिये। वो मुस्कुराते हुए अपने बैडरूम में गयीं और दो लाख रुपये एक पैकेट में रख कर मेरे हवाले कर दिये। साथ में यह भी कहा कि मुनव्वर भाई! वापसी में जल्दबाज़ी मत कीजिएगा। जब आपके पास फ़ाज़िल पैसे हो जायें तब आप हमारी रक़्म वापस कीजिएगा। चलते वक़्त वो हमें अपने सद्र (मुख्य) दरवाज़े से निकल कर लिफ़्ट तक पहुँचाने आयीं और जैसे ही लिफ़्ट उनके फ़्लैट वाले फ़्लोर पर आ कर रुकी उन्होंने लिफ़्ट का गेट खोला और लिफ़्ट में हमारे दाख़िल होते ही ज़ेवरों वाला थैला हमें देकर कहने लगीं कि अब इस वक़्त कोई बात नहीं होगी... आप हमारे भाई हैं, हमेशा हँसते रहा कीजिए। आपका उतरा हुआ चेहरा अच्छा नहीं लगता।

उनके शौहर मोती कुन्दनानी के इन्तिक़ाल के बाद उन्होंने सिंगापुर के एक बड़े कारोबारी मिस्टर साहनी से शादी कर ली थी। अरुणा जी का यह तआरुफ़ (परिचय) मुख़्तसर है लेकिन यहाँ तो हम उनके एहसानात का मामूली-सा ज़िक्र करके अपने दिल का बोझ हल्का करना चाह रहे थे। ख़ैर, हम फ़ैन्सी मार्केट से निकल कर उनके फ़्लैट पहुँच गये। हमें देखते ही उनका मूड ख़राब भी हो तो ठीक हो जाता था। जिन दिनों वह मिस्टर साहनी से शादी का इरादा कर रही थीं तो उन्होंने हमसे भी मशविरा किया था। एक दिन कहने लगीं कि हमें किसी मौलाना के पास ले चलिए। हमने पूछा, ख़ैरियत, क्या मुसलमान होने का इरादा है? हँसते हुए बोलीं हाँ, आपको कोई एतराज़ है? हमने दस्तबस्ता (करबद्ध) अर्ज़ किया कि इस ग़रीब को क्या एतराज़ हो सकता है लेकिन आपको मुसलमान होने की क्या ज़रूरत है, हम ख़ुद काफ़िर हुए जाते हैं। बड़े-बड़े दीदे निकाल कर हमें

घूरती रहीं फिर कहने लगीं कि साहनी तो दीवाने हो रहे हैं। वो इस्लामी क़ानून के मुताबिक़ हमसे निकाह करना चाहते हैं क्योंकि हिन्दू ऐक्ट के मुताबिक़ उनकी दूसरी शादी नहीं हो सकती है। हमने हँसते हुए कहा कि मौलाना लोग ख़ुद बड़े शौक़ीन होते हैं... वो भी यही मशविरा देंगे कि आपको सिंगापुर जाने की क्या ज़रूरत है, हम अपनी ख़िदमात पेश करने के लिए हाज़िर हैं। अरुणा जी कहने लगीं कि ज़रा संजीदा हो जाइए। हमें दरअस्ल यह पता करना है कि उनकी एक बीवी के रहते हुए हमारी हैसियत क्या होगी। हमने कहा कि सीधी-सी बात है कि मज़हब की तब्दीली के बाद आप बीवी हो जायेंगी वर्ना हिन्दू मैरिज ऐक्ट के तहत आप एक तरह की रखैल रहेंगी। हमने उन्हें यह भी बताया कि इस्लाम मज़हब की ऐसी तब्दीली को जाएज़ क़रार नहीं देता... Islam never allows colourful changing of religion. वह हँसते हुए बोलीं, अच्छा, तो आप अच्छी ख़ासी अंग्रेज़ी भी जानते हैं। हमने कहा कि जानते तो हम निकाह पढ़ाना भी हैं लेकिन हम दूसरों की रोज़ी रोटी या कारोबार में दख़्ल नहीं देते। क़िस्सा मुख़्तसर यह कि अरुणा जी ने साहनी साहब से निकाह कर लिया। मेरे काल बेल बजाने के देहाती तरीक़े से ही वह नौकरानी से कहती थीं कि जाओ, दरवाज़ा खोलो... भाई आये होंगे। थोड़ी देर तक इधर-उधर की बातों के बाद वह उठकर अपने बेडरूम में गयीं और जब वापस आई तो उनके हाथों में एक पैकेट था। हमसे बोलीं कि मिस्टर साहनी ने यह पैकेट आपके लिए सिंगापुर से भिजवाया है।

सिंगापुर से साहनी साहब के भिजवाये तोहफ़ों में दो कार्टन, यानी 555 ब्राण्ड सिगरेट के 20 पैकेट देख कर हम सन्नाटे में आ गये। अभी एक घण्टा पहले तो हमने इस ब्राण्ड की सिगरेटें ख़रीद कर दुकानदार को वापस कर दी थीं। क़ुदरत का यह करिश्मा आज तक हमें याद है। हमारी ज़िन्दगी में नेकी का ख़याल करने पर भी हमेशा हमें सिला मिलता रहा है। हम अरुणा जी के घर से निकल कर फ़ैन्सी मार्केट की तरफ़ वापस चल दिये। उस सिगरेट वाले को बताना भी था कि आदमी अपने दिल में सिर्फ़ नेकी करने का ख़याल भी ले आये तो अल्लाह नवाज़ने में देर नहीं करता। इस काग़ज़ पर तो यह वाक़या एक कहानी जैसा ही मालूम होगा लेकिन उस दुकानदार का क्या हाल हुआ होगा जो हमारे छोटे भाई की तरह भी था और यह दोनों कार्टन हम उसी के हाथों में दे कर उससे ज़रूरत की दूसरी चीज़ें ख़रीद लाये। आज ख़ुदा का शुक्र है कि अगर हमारे हाथ में बीड़ी भी होती है तो सरकारी पाबन्दियों के बावजूद हमारे इस लाइफ़ स्टाइल को भी इलेक्ट्रानिक और प्रिंट मीडिया वाले अपने-अपने कैमरों में क़ैद करने की कोशिश करते हैं। हमारी सारी ज़िन्दगी ऐसे क़ुदरती ईनामात से भरी पड़ी है। अभी पिछले दिनों जब सिर्फ़ चन्द महीनों के अन्दर ही हमने

उत्तर प्रदेश उर्दू एकेडमी की सदारत से एक नाइंसाफ़ी की बिना पर इस्तीफ़ा दिया तो कुछ लोगों ने यह सोचा कि शायद कोई दूसरा बड़ा ओहदा पेशे नज़र है। हमसे मीडिया वालों ने कुछ ऐसे ही सवालात किये। हमने जवाब में ख़ुदा को हाज़िर नाज़िर (सर्व व्यापी) करके सिर्फ़ इतना कहा कि एक ज़माने से उर्दू वालों ने इस्तीफ़ा देखा ही नहीं था, सिर्फ़ ख़ुशामद देखते आ रहे थे। हमें यह बताना था कि इस्तीफ़ा भी एक चीज़ है। सिर्फ़ ख़ुशामद से उर्दू या अक़लियतों (अल्पसंख्यकों) का काम नहीं चल सकता।

हम यूँ भी ख़ुदा पर बल्कि सिर्फ़ ख़ुदा पर भरोसा करने वालों में हैं। आज भी जब हम किसी गहरी परेशानी या मुसीबत में फँस जाते हैं तो हमारी आदत है कि सुबह उठ कर नमाज़ पढ़ने के फ़ौरन बाद क़ुरआन शरीफ़ ले कर बैठ जाते हैं, दो सूरतें सूरए नूह और सूरए फ़त्ह मिलाकर पढ़ते हैं फिर दीवार से सर टेक कर बहुत देर तक रोते रहते हैं और अल्लाह के दरबार में गिड़गिड़ा कर हम सिर्फ़ यह कहते हैं कि या अल्लाह! दिलों का हाल तू जानता है। तुझे मालूम है कि सारी ज़िन्दगी तेरे अलावा हमने किसी से न कुछ माँगा है और न तेरे अलावा हम किसी से डरे हैं। हम बहुत मुसीबत में आ गये हैं... अब तुझे ही रास्ता निकालना है। इतनी दुआ के बाद हमें इतना क़ल्बी (हार्दिक) सुकून मिलता है कि हम बयान नहीं कर सकते। आज तक जब भी हम अल्लाह से कुछ माँग लेते हैं तो हमारी झोली भरने में देर नहीं लगती और जो भी माँगते हैं वह हमें मिल जाता है। हमारी इस अक़ीदत (श्रद्धा) के एहतराम में बहुत से लोग हमें बाबा कह कर बुलाने लगे हैं लेकिन हम जानते हैं कि हमारी हैसियत बाबा ज़र्दा जितनी भी नहीं है। बात सिर्फ़ हज़रत मौलाना अहमद रज़ा ख़ाँ के बेपनाह अक़ीदत जैसी है कि–

ये सब तुम्हारा करम है आक़ा कि बात अब तक बनी हुई है

सिगरेट के साथ-साथ पान मसाले के शौक़ ने भी हमारी सेहत को काफ़ी नुक़सान पहुँचाया लेकिन नशाख़ोरी की लत तो ऐसा तूफ़ान है जो इंसान की सेहत के साथ उसके घरेलू तिनकों को भी तितर बितर कर देता है। इब्तिदा में हमें भी पान का शौक़ पैदा हुआ था लेकिन जब से यह गुटका बाज़ार में आ गया तो यह पान के तयम्मुम का काम करता है। बेतहाशा बद परहेज़ियों ने मेरे गाल और गले में इतनी तकलीफ़ें पैदा कर दीं कि मुख़्तलिफ़ डॉक्टरों की गिरफ़्त से आज़ाद होते हुए हम कैंसर के डॉक्टर ए.पी.मजुमदार के पास पहुँच गये। पहली बार जब डॉक्टर जे.आर. डोकानिया ने हमें डॉक्टर मजुमदार से मिलने के लिए कहा तो हमारी तो जान ही निकल गयी लेकिन वो जो कहावत है कि जब आदमी मौत की आहट सुन लेता है तो बुख़ार पर राज़ी हो जाता है। वही हमारे

साथ भी हुआ। डॉक्टर मजुमदार उन दिनों कलकत्ते के पार्क स्ट्रीट में लाइफ़ लाइन हास्पिटल में बैठते थे। हमने अस्पताल के इस्तक़बालिया (स्वागत कक्ष) से मुलाक़ात का वक़्त पता किया तो मालूम हुआ कि उनके चैम्बर में वक़्त लेकर जाना ही मुनासिब है क्योंकि वह वहाँ इतने तनाव में रहते हैं कि पता नहीं कब मुलाक़ात हो सके। इस्तक़बालिया में बैठी ख़ातून ने डॉक्टर मजुमदार के ज़ाती (निजी) चैम्बर का फ़ोन नम्बर दे दिया। हमने उनको फ़ोन करके उनसे वक़्त माँगा। उन्होंने दूसरे दिन शाम के साढ़े छः बजे का वक़्त दे दिया। हम डॉक्टर के दिये हुए वक़्त पर उनके चैम्बर पहुँच गये और उनके पी.ए. को अपना नाम लिखवा दिया। डॉक्टर साहब तक़रीबन नौ बजे रात में अपने चैम्बर में दाख़िल हुए। उनके पी.ए. ने बताया कि ये तो डॉक्टर साहब का रोज़ाना का मामूल (शेड्यूल) है। हाँ, कभी-कभार तो वो छः बजे ही आ जाते हैं। अपना नम्बर आने पर हम डॉक्टर साहब के केबिन में दाख़िल हुए। उनकी उम्र अस्सी के आसपास थी। उनकी शख़्सियत में वजाहत (दबदबा) और कशिश बेपनाह थी। दिन भर की थकन के बावजूद उनके चेहरे पर मुस्कुराहट थी लेकिन वो भी थकन का इज़हार कर रही थी। मैं पहली बार किसी कैंसर के डॉक्टर के पास गया था। ख़ुदा किसी को भी कैंसर के डॉक्टर के चैम्बर में न भेजे। कमरा खचाखच भरा होने के बावजूद इतनी वीरानी और ख़ामोशी थी जो मैंने कभी किसी क़ब्रिस्तान में भी नहीं देखी। ऐसा भी नहीं था कि वहाँ बैठे हुए तमाम लोग मरीज़ हों क्योंकि लोगों से भरे हुए उस कमरे में अगर तीस मरीज़ रहे होंगे तो कम से कम चालीस लोग वो भी थे जो मरीज़ों के साथ आये थे। वो जो कहावत है कि मौत का नाम बुरा है... वह जुमला डॉक्टर मजुमदार के चैम्बर में रह-रह कर याद आ रहा था। हर शख़्स डॉक्टर साहब के केबिन में ऐसे दाख़िल हो रहा था जैसे वह सज़ाए मौत की तारीख़ पूछने जा रहा हो। मरीज़ों की क़तार में कई बांग्लादेशी मरीज़ भी थे। 1971 की जंग में हिन्दुस्तान ने रूस की इमदाद और अमेरिका की बेवफ़ाई की मदद से बांग्लादेश तो बनवा दिया लेकिन वहाँ एक कैंसर का अस्पताल नहीं बनवा सका। ईमानदारी से देखा जाए तो आज़ादी जब हिन्दुस्तान को रास नहीं आयी तो बांग्लादेश को क्या रास आती। अमेरिका और बरतानिया (इंग्लैण्ड) की फ़ेहरिस्त में उसके असलहे के ख़रीदार तीन एशियाई मुल्क हैं लेकिन सच्चाई तो यही है कि वह एक ही मुल्क को एक ही वक़्त में तीन बार फ़ौजी साज़ो सामान बेच रहे हैं। ख़ैर, हमारा नम्बर आया तो उनके पी.ए. ने हमारा नाम पुकारा। यूँ तो हमारे साथ हमारे दोस्त जज़्ब आँवलवी भी थे लेकिन वह केबिन के बाहर ही छूट गये, जैसे सारे अहबाब और रिश्तेदार क़ब्र के बाहर ही रह जाते हैं। डॉक्टर साहब ने पहले हमारे पुराने नुस्ख़े देखे, अहवाल पूछा फिर दूसरे कमरे में बिठा

कर मेरे मुँह, गले और हलक़ का तफ़सीली मुआयना करते रहे—

न बोला जाए है उससे न पूछा जाए है मुझसे

डॉक्टर साहब वापस आकर अपनी कुर्सी पर बैठे। थकन के बावजूद उनके मिज़ाज की शगुफ़्तगी (प्रफुल्लता) पूरी तरह बरक़रार थी। डॉक्टरों की ज़िन्दादिली और ख़ुश मिज़ाजी के सहारे बहुत से मरीज़ बेचारे एक्सपाएरी डेट ख़त्म हो जाने के बाद भी बहुत दिन चल जाते हैं। डॉक्टरों के बारे में हमारे तीस बरस के तफ़सीली जायज़े के मुताबिक़ कोई डॉक्टर अपनी फ़ीस या डिग्री से बड़ा हर्गिज़ नहीं होता। वह अपनी शराफ़त, रहमदिली और मुरव्वतों से बड़ा डॉक्टर कहलाता है। डॉक्टर साहब ने हमारे नुस्ख़े में दवा तो कोई ख़ास नहीं लिखी, परहेज़ भी नहीं लिखा लेकिन दूसरे दिन नौ बजे सुबह ख़ाली पेट अस्पताल में एक छोटे-से आपरेशन के लिए बुलाया जिसे मेडिकल साइंस की ज़बान में Biopsy कहा जाता है। यानी जिस्म के मख़दूश (दुष्प्रभावित) हिस्से से थोड़ा-सा गोश्त निकाल कर लैब में जाँच की ग़रज़ से भेजने के लिए यह काम किया जाता है। चूँकि हम नये-नये असीरे क़फ़स (क़ैदी) थे लिहाज़ा हमें न तो जाल की रंगत का पता था और न ही जिस्म के मख़दूश इलाक़े का। ज़ाहिर है कि घर से बाहर तक सभी लोग परेशान हो गये। हाँ यह ज़रूर हुआ कि डॉक्टर साहब के कई बार Biopsy कराने के बावजूद दुआओं ने बीमारी को पनपने नहीं दिया और कई मुलाक़ातों की वजह से हम डॉक्टर साहब को अच्छे लगने लगे और जहाँ तक हमारा हाल है तो हम अकसर बरसरे मुशायरा भी इक़रार कर लेते हैं कि जवानी में हमें नर्सें अच्छी लगती थीं और अब बुढापे में सिर्फ़ डॉक्टर अच्छे लगते हैं। पता नहीं जिस्म के किस इलाक़े की वारदात के बाद किस डॉक्टर से मिलने की ज़रूरत पड़ जाए। डॉक्टर मजुमदार हमें देखकर ख़ुश हो जाते थे। हर शख़्स अपनी बेपनाह मसरूफ़ (व्यस्त) और तनाव में जकड़ी ज़िन्दगी से थोड़ी देर के लिए आज़ाद होना चाहता है। शायरी और मौसीक़ी (संगीत) की यही ख़ूबी है कि यह जानवरों को भी अच्छी लगती है। इस सिलसिले में जब शायरी को मैं ज़्यादा नम्बर देता हूँ तो मौसीक़ी के तरफ़दार बुरा मानते हैं। मेरी दलील होती है कि इज़हार के लिए लफ़्ज़ों की और लफ़्ज़ों के लिए आवाज़ की ज़रूरत पड़ती है, लेकिन दूसरे फ़रीक़ैन (पक्षकार) ये कह कर हमारी काट करना चाहते हैं कि मौसीक़ी को अपने इज़हार के लिए ज़बान की ज़रूरत नहीं होती। हम कहते हैं कि अगर ऐसा होता तो हर ख़ुशरंग और ख़ुश लह्न (सुरीला) परिन्दा बग़ैर ज़बान का होता और अल्लाह को आदम के बेटों को भी ज़बान देने की कोई ज़रूरत नहीं होती। बहरहाल, ये लतीफ़ और नाज़ुक विधाओं की बहस है और इसमें मर्दों को बिल्कुल नहीं पड़ना चाहिए। चूँकि डॉक्टर साहब ने हमसे फ़ीस

लेनी बन्द कर दी थी लिहाज़ा हम भी गाहे-गाहे उनके पास हाज़िरी लगाते रहते थे। डॉक्टर साहब कलकत्ते के कई बड़े क्लबों के मेम्बर होने के सबब हमसे कुछ ऐसे शेरों की फ़रमाइश करते रहते थे जो होली, दीवाली या क्रिसमस के मौक़ों पर काम आ सकें। हालाँकि इन क्लबों में इन मौक़ों पर ऐसी शायरी सुनी जाती थी जिसमें शराब बे तहाशा बहती हो या शराब का ज़िक्र हो। ज़ाहिर है कि डॉक्टर साहब और उनके अहबाब शराब और शायरी में डूब जाते थे और हम तश्ना लब (प्यासे लोग) ज़िन्दगी भर बड़े-बड़े क्लबों के गेट पर खड़े-खड़े तसव्वुर में सैराब (तृप्त) होते रहते थे। किसी भी पेशे में एक उम्र के बाद मेहनत पैसा कमाने के लिए नहीं की जाती। इस उम्र में तो अपने आपको मरने के बाद भी मुद्दतों ज़िन्दा रखने का शौक़ पैदा हो जाता है। आदमी किसी भी पेशे में हो, किसी भी मज़हब से तअल्लुक़ रखता हो, किसी भी मकतबए फ़िक्र (विचार शाला) से जुड़ा हुआ हो... उम्र के आख़िरी दिनों में वह आइन्दा भी ज़िन्दा रहने की सबील (जुगत) में मसरूफ़ रहता है। वर्ना ये सायादार शजर, ये सरायें, ये कुएँ, ये तालाब,ये अस्पताल, ये स्कूल और कालेज हज़ारों बरस पहले ही Big Bazar बन गये होते।

डॉक्टर मजुमदार की सोहबत से फ़ैज़याब (लाभान्वित) होने के बाद हमें डॉक्टरों से मिलने में दिलचस्पी बढ़ गयी। एक दिन हमने डॉक्टर साहब से कहा कि आपको अल्लाह ने बे पनाह इज़्ज़त से नवाज़ा है और इसके साथ आपके हाथों में शिफ़ा (नीरोगता) भी दे रखी है। आप अगर किसी केस के सिलसिले में मायूसी का इज़हार कर देते हैं तो टाटा कैंसर हास्पिटल, मुम्बई के डॉक्टर भी मरीज़ के घर वालों को यही सलाह देना बेहतर समझते हैं कि उसके घर वाले मरीज़ को घर ले जा कर उसकी आख़िरी ख़िदमत कर लें...लेकिन डॉक्टर साहब एक अजीबो ग़रीब बात आपकी शख़्सियत से जुड़ी हुई है, अगर मरीज़ की हालत ज़्यादा ख़राब होती है तो आप मरीज़ के सामने ही इसका सफ़्फ़ाकाना (क्रूरतापूर्ण) इज़हार कर देते हैं। डॉक्टर साहब हमारे सवाल सुन कर पहले तो जैसे माज़ी (अतीत) में कहीं खो गये और जब इस हिसार (बन्धन) से बाहर निकले तो बहुत संजीदगी से इस तरह गुफ़्तगू की जैसे वो माज़ी के आईनाख़ाने पर लिखे हुए अल्फ़ाज़ दोहरा रहे हों। कहने लगे, हमारे बारे में यह बात बहुत मशहूर हो गयी है...लेकिन हम क्या करें, हम अस्सी बरस के होने वाले हैं, तक़रीबन चालीस बरस से हम कैंसर के मरीज़ ही देखते हैं। इस पेशे में रहते-रहते हम दिल के तो कमज़ोर हो गये लेकिन मिज़ाज का सख़्त होना पड़ा। क्योंकि कैंसर का मरीज़ जब हमारे पास आता है तो हम उस शख़्स को बिल्कुल नहीं जानते जो उसे लेकर आता है लेकिन मरीज़ की हालत देख कर यह अन्दाज़ा फ़ौरन हो जाता है कि

मरज़ ख़राब स्टेज पर पहुँच चुका है लिहाज़ा आम तौर पर मरीज़ के साथ आने वाले को हम पूरी कैफ़ियत बता दिया करते हैं। लेकिन सैकड़ों ऐसे मामले सामने आये कि मरीज़ के साथ आने वाले शख़्स ने मरीज़ से कुछ काग़ज़ात पर उसके दस्तख़त करा लिए और फिर नतीजे के तौर पर मरने वाले की कुल जायदाद पर उसी आदमी ने क़ब्ज़ा कर लिया जो मरीज़ के साथ हमारे पास आता था। कभी-कभी तो कम्पनियों के मैनेजरों या चालाक क़िस्म में ड्राइवरों ने भी मरीज़ की सारी जायदाद हड़प कर ली। क्योंकि वही मरीज़ के साथ हमारे चैम्बर में आये थे और अस्ल हक़दारों के हाथों में कटोरा आ गया। लिहाज़ा इन वाक़यात के बाद से हमने दिल पर पत्थर रख कर मरीज़ को इशारों से ही सही, उसकी ख़राब हालत से आगाह करना शुरू कर दिया। जिस वक़्त हम किसी भी मरीज़ को उसकी ख़राब होती हुई हालत की ख़बर देते हैं तो उसे यक़ीनन ज़बरदस्त धक्का लगता होगा। मौत के आने की ख़बर सुन कर हर इंसान का यही हाल होता है, लेकिन फिर आदमी अपने आपको इसके लिए तैयार करना शुरू कर देता है और अपने अधूरे काम या विरासत वग़ैरा के मामलों को ईमानदारी से निपटा कर दुनिया से रुख़्सत होता है। ज़ाहिर है कि डॉक्टर साहब का यह अमल कर्बनाक (पीड़ादायक) तो होता है लेकिन इसमें इंसानियत की बक़ा और मरने वाले को धोखे में न रखने का अमल मौजूद होता है।

मैं वसीयत कर सका कोई न वादा ले सका
मैंने सोचा भी नहीं था हादिसा हो जाएगा।

हमारे इलाज के दौरान एक दिन डॉक्टर साहब ने हमसे हमारी अहलिया के बारे में पूछा। हमारे यह बताने पर कि वो यहीं कलकत्ते में हैं, डॉक्टर साहब कहने लगे कि अगली बार उसको ले कर आइएगा। वह अन्दर-अन्दर परेशान होगा कि तुम उसको क्यों डॉक्टर के पास नहीं ले जाता है। लिहाज़ा हम अगली बार जब डॉक्टर मजुमदार साहब को दिखाने गये तो हमारी अहलिया भी हमारे साथ थीं। हमने अहलिया का तआरुफ़ कराया। डॉक्टर साहब ने बंगला में हमारी अहलिया से कहा कि परेशानी का कोई बात नहीं है...तुम्हारा स्वामी ठीक है...इसको कैंसर नहीं है। अहलिया ने शिकायतन उनसे कहा कि डॉक्टर साहब, ये मसाला तो अब नहीं खाते हैं लेकिन सिगरेट बहुत पीते हैं। डॉक्टर साहब ने मुस्कुराते हुए हमारी अहलिया से पूछा कि शराब पीता है? वो जल्दी से बोलीं कि नहीं, शराब तो यह नहीं पीते हैं। डॉक्टर साहब हँसते हुए हमारी अहलिया से बोले कि बाबा, कुछ तो इसको खाने पीने देगा, नहीं तो ये कविता कैसे लिखेगा। हमने कभी डॉक्टर साहब को किसी ऐसे कमज़ोर आदमी के आपरेशन का पैसा लेते नहीं देखा जिसके बच्चे छोटे हों या वो बेरोज़गार हो। डॉक्टर साहब कहने

लगे कि जब हम किसी मरीज़ की Biopsy करते हैं तो सबसे पहले यही दुआ माँगते हैं कि भगवान करे कैंसर न निकले क्योंकि आपरेशन थिएटर में दाख़िल होते वक़्त मरीज़ के रिश्तेदारों की जो क़तार बाहर खड़ी रहती है, उनमें से कोई ज़बान से मेरी ख़ुशामद करता रहता है, कोई सिर्फ़ अपने चेहरे से अपने जज़्बात बयान करने की कोशिश करता है और कुछ लोगों की आँखें चीख़-चीख़ कर हमसे जैसे ये भीख माँगती हुई महसूस होती हैं कि हमारे मरीज़ का ख़याल रखिएगा–

मलकुल मौत को ज़िद है कि वो जाँ ले के टले
सर ब सजदा है मसीहा कि मेरी बात रहे

वैसे ईमानदारी से हम यह कह सकते है कि बंगाली डॉक्टर अपने पेशे को अभी तक इबादत ही समझते हैं। सबसे बड़ी हैरतनाक और हिन्दुस्तान के दूसरे इलाक़ों के लिए सबक़ आमोज़ (शिक्षा प्रद) बात यही है कि कई लाख बंगाली डॉक्टर होने के बाद भी वहाँ नर्सिंग होम और अस्पताल ज़्यादातर मारवाड़ियों और दूसरी क़ौमों के हैं। बंगाली डॉक्टर अपनी क़नाअत पसन्दी (सन्तोष प्रियता) के साथ ज़िन्दगी गुज़ारते हैं। डॉक्टर साहब ने एक और दिलचस्प बात बतायी कि जिस वक़्त हमने मेडिकल के लिए फ़ार्म भरा था, उस वक़्त हमारा ख़ानदान दार्जिलिंग में रहता था क्योंकि हमारे वालिद वहाँ सरकारी मोहकमे में मुलाज़िम थे। बंगाली होने के बावजूद मेडिकल में हमारा दाख़िला दार्जिलिंग कोटे से पहाड़ी तालिब इल्म की हैसियत से हुआ। पढ़ाई ख़त्म होते ही हम सरकारी नौकरी में लग गये और फिर कभी दार्जिलिंग जाने और वहाँ रहने का इत्तिफ़ाक नहीं हुआ। जबकि क़ानूनी तौर पर हमें तीन बरस तक पहाड़ी इलाक़े में अपने फ़राएज़ की अदायगी के लिए रहना ज़रूरी था। बहरहाल, चालीस बरसों से हमने यह आदत बना रखी है कि हम किसी भी पहाड़ी इलाक़े के मरीज़ से न पैसे लेते हैं और न आपरेशन की कोई फ़ीस लेते हैं। जब हमने डॉक्टर साहब को बताया कि एक तरह से आप अपने गुनाह का कफ़्फ़ारा (प्रायश्चित) अदा करते हैं तो उन्होंने फ़ौरन कफ़्फ़ारा के माने पूछे जिसे समझाने में हमें दातों पसीना आ गया। हालाँकि अगर हमारी जगह कोई रोज़ मर्रा वाला आलिम होता तो वो बड़ी आसानी से डॉक्टर मजुमदार को कफ़्फ़ारा के मतलब बता देता लेकिन ऐसा करते वक़्त अपने गुनाहों को फ़ौरन नज़र अन्दाज़ कर देता या उस पर एहतियात का पर्दा डाले रहता–

ना मुरादाने मुहब्बत को हिक़ारत से न देख
ये बड़े लोग हैं जीने का हुनर जानते हैं

(सलीम अहमद)

इक बार तुझे अक़्ल ने चाहा था भुलाना

यूँ तो शेरो अदब से हमारी दिलचस्पी बचपन से थी लेकिन कुछ तो हमारी तलव्वुन मिज़ाजी (स्वभाव का चंचलपन), कुछ घरेलू मसाएल और सबसे ज़्यादा ट्रान्सपोर्ट जैसे दुश्वार काम की बाग़डोर ने हमें दिलजम्ई (लगन के साथ) से कुछ भी करने नहीं दिया। अकसर इण्टरव्यू में हमसे एक सवाल पूछा जाता है कि आप ट्रांसपोर्ट जैसे ग़ैर शायराना काम के बावजूद शायरी जैसे नाज़ुक काम के लिए वक़्त कैसे निकाल लेते हैं। हम हमेशा एक ही जवाब देते आये हैं कि हमारी ज़िन्दगी रेल की पटरियों की तरह है। हमारा कारोबार उस पटरी पर भागता हुआ एक रेल का इंजन है और हमारी शायरी पटरियों को पार करता हुआ एक मासूम-सा बच्चा! हमने हमेशा ज्पउपदह का ख़याल रखा है कि जब बच्चा पटरियाँ पार कर रहा हो तो इंजन को वहाँ से नहीं गुज़रना चाहिए और अगर इंजन गुज़रने वाला है तो बच्चे को हर हाल में उस वक़्त पटरी से दूर होना चाहिए और ख़ुदा का शुक्र है कि चालीस पैंतालीस बरस के सफ़र में कभी भी ऐसा कोई लम्हा नहीं आया जब हादिसे का ख़तरा पैदा हुआ हो। यह अलग बात है कि इस हिफ़ाज़ती रख रखाव के लिए कभी-कभी तो दिल पर इतना जब्र करना पड़ा है कि बयान से बाहर है। अकसर ऐसा भी हुआ है कि लालक़िला के मुशायरे में शिरकत के लिए जिस रोज़ घर से निकलना है उसी रोज़ ब्रुक बाण्ड के ट्रांसपोर्ट कन्ट्रैक्ट की मीटिंग तय हो गयी लेकिन हम शोहरत के शौक़ पर हमेशा अपनी ज़रूरतों का पत्थर रखते आये हैं। हाँ, ये ज़रूर हुआ कि मुशायरों में वादा करके न जाने के सबब हमें अकसर बड़ी शर्मिन्दगी से गुज़रना पड़ा। हमअस्र (समकालीन) शायरों को ग़ीबत (पीठ पीछे बुराई करना) का मौक़ा भी बराबर मिलता रहता था लेकिन कारोबार में अपने फ़ायदे से ज़्यादा यह बात हमारे पेशे नज़र रहती थी कि हमारे ट्रांसपोर्ट में तक़रीबन सवा सौ आदमी काम करते हैं...उनकी रोज़ी-रोटी का इन्तिज़ाम भी अल्लाह हमारे हाथों करवाता है लिहाज़ा हमारा काम हमारी ऐसी इबादत भी है जिसे दुनियावी तौर पर इबादत में शुमार नहीं किया जाता।

जैसा कि हम अर्ज़ कर चुके हैं कि इब्तिदाई (शुरुआती) दिनों में हमने

कहानियाँ भी लिखीं और ड्रामे भी, बल्कि ड्रामों में बाक़ायदा काम भी किया... यानी अदाकारी से ले कर हिदायतकारी (निर्देशन) तक का काम बड़ी ख़ामोशी से सीखा। हमारा उर्दू ड्रामा 'जय बंगलादेश' कलकत्ता नेशनल होम्योपैथिक कालेज में मुख़्तलिफ़ ज़बानों के ड्रामों के मुक़ाबले में भी पेश किया गया था जिसके हीरो होम्योपैथिक के डॉक्टर एल.एम. खान थे, लेकिन सच्ची बात यही है कि हमारा दिल हमेशा शायरी करने में लगा। हमें इब्तिदा से मुशायरे सुनने का शौक़ था। कम उम्री के ज़माने में अब्बू के साथ मुशायरों में शायरों का कलाम सुनने का मौक़ा मिलता था। शायरों की ख़िदमत का मौक़ा भी इस बहाने हमें हासिल हो जाता था। चूँकि अब्बू ख़ुद भी साहिबे ज़ौक़ (शौक़ीन) थे इसलिए इस निस्बत से भी कई मोहतरम शायरों की जूतियाँ सीधी करने का मौक़ा हाथ लगता रहता था।

अगरचे ट्रांसपोर्ट के कारोबार से मुंसलिक हो जाने (जुड़ जाने) के बाद हमारी उमंगें और आरज़ूएँ भी अधूरी अँगड़ाई हो कर रह गयी थीं लेकिन शायद यह इंसान का नसीब है कि वो मसरूफ़ियत के जिस कटघरे में क़ैद होता है उसी में अपने लिए खेल का लम्बा चौड़ा मैदान भी निकाल लेता है। लिहाज़ा हम भी ट्रांसपोर्ट के कारोबार में उलझे तो अपने लिए तफ़रीह का सिरा भी इसी उलझी हुई ज़िन्दगी की डोर में तलाश कर लिया। कहाँ तो आम लोगों की तरह हम भी ट्रक ही नहीं, ट्रक वालों से भी डरते और भागते थे और कहाँ यही पहाड़ जैसे ट्रक हमें खिलौनों की दुकानों पर मिलने वाले खिलौनों की तरह दिखाई देने लगे और हम उनसे बच्चों की तरह खेलने भी लगे। ट्रक ड्राइवरों के करख़्त (कठोर) और भद्दे लहजे में शायरी के पहलू नज़र आने लगे। वही ग्राण्ड ट्रंक रोड जो शेर शाह सूरी का देखा हुआ ताबीरनुमा ख़्वाब था, वही ग्राण्ड ट्रंक रोड जिस पर ट्रक और ज़िन्दगी साथ-साथ दौड़ते हैं, वही बदनसीब ग्राण्ड ट्रंक रोड जिस पर ख़्वाब देखते-देखते ही बहुत-सी आँखें हमेशा के लिए ख़्वाब हो जाती हैं, वही ग्राण्ड ट्रंक रोड जिस पर से गुज़रते हुए साँप को भी ट्रक का ड्राइवर इसलिए बचाना चाहता है कि उसका साथी सारी ज़िन्दगी उसका इन्तिज़ार ही करता रह जाएगा। ग्राण्ड ट्रंक रोड भी दिन से ज़्यादा रात में चमकदार और तरोताज़ा दिखाई देता है। इस सड़क पर देखे हुए हर ख़्वाब की दीवार पर मीर और ग़ालिब हज़ारों की तस्वीरें आवेज़ाँ रहती हैं। रात के सन्नाटे में ट्रक की हेड लाइट से कूद पड़ने वाली रौशनी जंगल में भी इंसानी ज़िन्दगी के आसार नुमायाँ कर देती है। शायरी के लिए ज़िन्दगी की अलामतों (लक्षणों) से भरपूर मज़ामीन (लेख) के ढेर हमने इसी जी.टी. रोड पर लगे देखे हैं। एयर कण्डीशन कमरों में बैठ कर अदब (साहित्य) तख़लीक़ (सृजित) करने वाले क्या जानें कि करौंदे के काँटे और ब्लड शुगर चेक करने वाली मशीन की चुभने वाली सुई में कोई फ़र्क़ नहीं होता है। फ़र्क़ अगर

होता भी है तो उस एहसास का जो ग़रीबी और अमीरी अपने-अपने तौर पर महसूस करती हैं। कुर्बतें (नज़दीकियाँ) तो मुहब्बत के फूटते हुए अंकुर के लिए खाद का काम करती हैं। कहीं तो हम ट्रांसपोर्ट, ट्रक और ट्रक ड्राइवरों से भागते थे, कहाँ उनकी ज़िन्दगी, मशगूलियत, उनके छोटे-छोटे ख़्वाब, उनकी सस्ती मद्दी ख़्वाहिशों और उनकी जागती आँखों में ज़िन्दगी भर की नींद का ख़ौफ़ देख-देख कर उनसे इतनी अपनाइयत-सी होती चली गयी कि रफ़्ता-रफ़्ता उनके करख़्त चेहरों में हम अपना चेहरा भी तलाश करने लगे। अब तो एहसास के ढेर सारे जुगनुओं की चमक में हर ट्रक वाले के चेहरे में हमें अपने अब्बू का चेहरा नज़र आने लगता है। शायद अपनों को याद करने का यह सबसे आसान तरीका है कि आप दूसरों के चेहरों में अपनों का चेहरा तलाश कर लीजिए।

ये जो शायराना मिज़ाज होता है...जिसको अय्याश अमीरज़ादों ने अपने तौर पर देखा है, ये शायराना मिज़ाज अच्छे और हस्सास (भावुक) आदमी से बादशाहत छीन कर उसे क़लन्दरी सौंप देता है। ये जो दुनिया के हज़ारों शहरों में लाखों ख़ानक़ाहें (आश्रम) और दरगाहें हैं, यहाँ दरअस्ल वो बादशाह आराम कर रहे हैं जिन्होंने मिट्टी की बुनी हुई जा नमाज़ के नीचे अपनी सल्तनत को दफ़्न कर के उसी पर नमाज़ की नीयत बाँध कर खड़े हो गये थे। ये वही अल्लाह वाले हैं जिनकी आँखों के आँसू उन्हें हर वक़्त बा वज़ू और तरोताज़ा रखते हैं। दर हक़ीक़त शायराना मिज़ाज में उस दर्दमन्द दिल की शगुफ़्तगी (प्रफुल्लता) छुपी होती है जिसका इन्तिज़ार चमन में फूल, सदफ़ (सीप) में गुहर (मोती) और फ़लक पर चाँद करता रहता है। ट्रांसपोर्ट के दफ़्तर और गोदाम का सारी ज़िन्दगी चक्कर लगाने के बाद हम तो बस इतनी-सी हक़ीक़त से आशना (परिचित) हो सके कि यह दुनिया दो तरह के लोगों से आबाद है। एक तो वो लोग हैं जो एक बोरा गेहूँ उठा तो नहीं सकते हैं लेकिन ख़रीद सकते हैं, दूसरे वो लोग हैं जो एक बोरा गेहूँ उठा तो सकते हैं लेकिन खरीद नहीं सकते। ये क़ूव्वते इरादी (इच्छा शक्ति) या ऐसी तक़दीरें बाज़ारों में नहीं मिलती हैं। इसके लिए बहुत तपस्या करनी पड़ती है...ज़मीन को सजदा गुज़ारना पड़ता है—

जब शहंशाह भी हो इश्क़ भी हो दौलत भी
तब कहीं जा के कोई ताजमहल बनता है।

मगर हमने परायी आग में जलना नहीं छोड़ा

कलकत्ते में हमारे ट्रांसपोर्ट का एकाउण्ट बनारस स्टटे बैंक लिमिटेड में हुआ करता था। बुनियादी तौर पर ये महाराजा बनारस का क़ायम किया हुआ बैंक था। यूँ तो कम्पनी का बैंक एकाउण्ट विजया बैंक में था। हमारी एक दोस्त माधवी सिंह थीं...हम दोनों दूरदर्शन में हिन्दी प्रोग्राम की निज़ामत भी करते थे। माधवी सिंह की छोटी बहन राजश्री सिंह थीं जो उत्तर प्रदेश के किसी ज़माने के गवर्नर सी.पी.एन. सिंह की बहू थीं। हमको रायबरेली से रिवाल्वर का लाइसेंस उन्होंने ही दिलवाया था। यह ग़ालिबन 1983 की बात है। उन दिनों रायबरेली के डी.एम. पुलक चटर्जी हुआ करते थे। आजकल वो दिल्ली के बड़े डिप्लोमेट आफ़िसर्स में शुमार किये जाते हैं। बनारस स्टेट बैंक चूँकि हमारे इलाक़े में खुला था इसलिए माधवी सिंह बैंक के मैनेजर कान्ति मोहन पराशर को ले कर हमारे आफ़िस आयी थीं। माधवी जी का फ़रमान था कि हमें न सिर्फ़ अपना एकाउण्ट खोलना है कि बल्कि इलाक़े के कुछ अच्छे कारोबारियों से पराशर साहब को मुतआरिफ़ (परिचित) भी कराना था यानी एक तरह से माधवी सिंह ने बैंक मैनेजर पराशर को मेरी सरपरस्ती में दे दिया था। पराशर बे इन्तिहा शरीफ़, तमीज़दार और बा मुरब्बत नवजवान थे। वो नवजवान थे और हम बैंक के मामलों में क़तई ना तजरुबेकार। ये तो बाद में पता चला कि बैंक के कारोबार में मुरव्वत बारूद से ज़्यादा ख़तरनाक साबित होती है। इस बात का पता इससे भी चलता है कि दुनिया के बहुत से अमीर आदमियों की कोठी किसी बैंक मैनेजर की लाश पर तामीर होती है। पराशर से हमारे घरेलू तअल्लुक़ात हो गये थे। वो अकसर हमारे घर पर अपनी अहलिया को छोड़ देते थे और हमें बर्बाद करने के लिए क़र्ज़ की सहूलियत भी दे देते थे। नतीजे के तौर पर हमारी अहलिया भी बेगम पराशर के साथ आये दिन बाज़ार की ख़ाक छानती रहती थीं और हमारे लिए दर-दर की ख़ाक छानने का रास्ता भी हमवार (समतल) करती चलती थीं। अजीबो ग़रीब बात है कि गर्मी के बहाने कर के शौहर के लिए दो गर्म रोटियाँ बनाने से इंकार करने वाली बीवियाँ मई-जून की सड़ी गर्मी में बाज़ारों के चक्कर लगाती

रहती हैं लेकिन घर में दाख़िल होते ही पर्स मेज़ पर फेंकती हैं और ख़ुद बेड पर धड़ाम होती हुई कहती हैं कि, "भई, बहुत रश था बाज़ार में...हम तो बिल्कुल थक गये।" ज़रा ग़ौर कीजिए कि पन्द्रह-बीस हज़ार रुपये बेदर्दी से ख़र्च करने में उन्हें थकन का एहसास होता है लेकिन क्या बीवियाँ कभी यह भी ग़ौर करती हैं कि इतना ही पैसा कमाने के लिए शौहरों को किन-किन मशक़्क़तों (परिश्रमों) से गुज़रना पड़ता है—

सुना है अर्श तक मज़लूम की फ़रियाद जाती है
मदद मौला! मेरी बीवी अमीनाबाद जाती है।

(राकेट आसमानी)

हमारे ट्रांसपोर्ट की तरक़्क़ी में पराशर साहब की मदद बे इन्तिहा शामिल रही। वो एक बहुत मामूली घराने से तअल्लुक़ रखते थे। उनके वालिद दिल्ली के किसी सरकारी मोहकमे में प्रूफ़ रीडर थे लेकिन उन्होंने अपनी अनथक मेहनत और मशक़्क़त से अपनी औलादों को तालीम की दौलत से मालामाल कर दिया था। ये उसी ज़माने की बात है, जब अचानक कलकत्ते में ट्रांसपोर्ट के मज़दूरों की ज़बरदस्त हड़ताल हो गयी थी। हमारे लिए यह सूरते हाल यूँ फ़ायदेमन्द साबित हुई कि हमारे वालिद ने कलकत्ता ट्रांसपोर्ट यूनियन से सिर्फ़ इस बात पर इस्तीफ़ा दे दिया था कि यूनियन की मीटिंग ऐन उसी दिन रखी गयी थी जिस दिन मस्जिदे अक़्सा (यरूशलम की मस्जिद) की शहादत के ग़म में पूरा बंगाल बन्द था। हमारे वालिद साहब ने प्रभु दयाल अग्रवाल (मालिक, ट्रांसपोर्ट कारपोशन ऑफ़ इण्डिया) से मीटिंग की तारीख़ बदलने के लिए कहा। उन दिनों प्रभु दयाल जी ट्रांसपोर्ट यूनियन के सद्र (अध्यक्ष) थे लेकिन उन्होंने तारीख़ बदलने से यह कह कर इंकार कर दिया कि भई राना साहब! हम लोग कारोबारी हैं, लिहाज़ा मीटिंग की तारीख़ तब्दील नहीं हो सकती। वालिद साहब ने बड़ी साफ़गोई से कह दिया कि प्रभु दयाल जी, ये बात आप इसलिए कह रहे हैं कि आपकी नौ सौ ट्रांसपोर्ट कम्पनियों में हम चन्द मुसलमान हैं...अगर यही हादिसा आपकी किसी इबादतगाह के साथ होता तो आपका फ़ैसला दूसरा होता। वालिद साहब ने उसी वक़्त ट्रांसपोर्ट यूनियन को जो उन दिनों ज़करिया स्ट्रीट के सन्थाल्स हाउस में हुआ करता था अपना इस्तीफ़ा लिख कर भेज दिया। तक़रीबन बारह बरस बाद ट्रांसपोर्ट यूनियन से हमारी अलाहिदगी (अलगाव) के सबब हम लोग अकेले ट्रांसपोर्ट वाले थे जो खुल्लम खुल्ला अपना काम कर रहे थे। हमारी ट्रांसपोर्ट कम्पनी की एक ख़ूबी शुरू से आज तक यह भी है कि हमारा कोई मज़दूर या मुलाज़िम कम्युनिस्ट पार्टी या किसी भी सियासी पार्टी की यूनियन का मेम्बर नहीं है। उन दिनों हमारे इलाक़े की मज़दूर यूनियन के लीडर भट्टाचार्य थे। उनसे

हम लोगों के बे तकल्लुफ़ी वाले मरासिम थे। वो अकसर हमसे कहते कि हमें सारी ज़िन्दगी इसका अफ़सोस रहेगा कि हम तुम्हारे आदमियों को अपनी यूनियन से नहीं जोड़ सके। हम भी उन्हें हँसते हुए जवाब देते थे कि दादा! कम्युनिज़्म इस्लाम के बदन से झड़ कर गिरने वाली मैल के बराबर है। अकसर रात में लोडिंग करते हुए जब हमारा कोई मज़दूर ज़ख़्मी हो कर बेहोशी की हालत में अस्पताल ले जाया जाता है और फिर जैसे ही वो होश में आता है तो उसे अपने पैरों के पास हम बैठे हुए दिखाई देते हैं। आपकी पार्टी का कोई नेता वहाँ नहीं आता क्योंकि उस वक़्त तो आपके बड़े लीडर कहीं बैठ कर अंग्रेज़ी शराब से अपना दिल बहला रहे होते हैं। और ये हक़ीक़त भी है कि हमारे वालिद साहब के ज़माने से हमारी कम्पनी में ज़ात-पात या मालिक-नौकर का कोई भेद भाव नहीं था। ख़ुदा का शुक्र है कि अपने साहबज़ादे को इंसानियत की इस ख़ूबी से हमने भी लैस कर दिया है कि अगर हमारे मज़दूर और मुलाज़िम अपनी जान जोखिम में डाल कर काम न करें तो हमारी सारी ऐशपरस्ती एक दिन में ख़त्म हो जाएगी। उन्हीं दिनों हमारे किसी ट्रक से कोई आदमी दब कर मर गया था। ड्राइवर और खलासी तो ट्रक से कूद कर भाग लिए लेकिन उस ट्रक पर बैठे हुए हमारे दो मज़दूरों गुलाब और लालबाबू को भीड़ में जमा लोगों ने बहुत मारा। कोई भी नर्सिंग होम या अस्पताल पुलिस केस के सबब उन्हें भर्ती करने पर राज़ी नहीं था। हम दोनों ज़ख़्मी मज़दूरों को अपने फ़्लैट में लाये और अपने कमरे में उनके सेहतमन्द होने तक रहने का इन्तिज़ाम कर दिया और बहुत सख़्ती से अपनी मुँह बनाती हुई अहलिया से कह दिया कि इन लोगों की मेहनत के सबब आप पर्स लटका कर कलकत्ते के महँगे बाज़ारों में घूमती हैं। आप इन लोगों का वैसे ही ख़याल रखेंगी जैसे अपने सगे भाइयों का ख़याल रखती हैं—

दुश्मनी ज़रदार से मुझको विरासत में मिली
मैं भी हूँ मज़दूर मेरा बाप भी मज़दूर था।

(तनवीर सपरा)

पहाड़ी नदी की तरह बात कहीं से कहीं निकल गयी। उसी ज़माने में कान्ति मोहन पराशर मैनेजर—बनारस स्टेट बैंक लिमिटेड से हमारी नयी-नयी दोस्ती हुई थी। उनसे तक़रीबन रोज़ाना ही हमारी मुलाक़ात होती थी। चूँकि भीड़-भाड़ से बचने के लिए वो अपनी कार हमारे आफ़िस के पास ही खड़ी करते थे लिहाज़ा शाम को भी एक मुख़्तसर मुलाक़ात का सिलसिला रहता था। अचानक हड़ताल की वजह से हमारी मसरूफ़ियत बढ़ जाने पर जब उनसे कई दिनों की ग़ैर हाज़िरी के बाद मुलाक़ात हुई तो उन्होंने शिकायतन कहा कि आज कल तो आप पैसे कमाने में लगे हुए हैं। हमने मुस्कुराते हुए कहा कि पराशर साहब, पैसे तो वाकई

हम कमा लेते लेकिन नंगी क्या ओढ़े क्या निचोड़े? हम पैसे से टूटे हुए लोग हैं। हाँ, अगर हमारे पास पैसे होते तो वाक़ई हम इन दिनों काफ़ी पैसे कमा लेते। उन्होंने मुस्कुराते हुए पूछा कि अच्छा बताइए, कम से कम कितने फण्ड से आपका काम आसानी से चल जाएगा। मैंने कहा, कम से कम पाँच से सात लाख रुपयों से हम अपनी हसरत निकाल सकते थे। पराशर साहब ने हमसे मुस्कुराते हुए पूछा कि रक़्म आप कितने दिनों में हमें वापस कर देंगे? हमने रक़्म की वापसी के लिए उनसे तीन महीनों की मोहलत की बात कही। वो बेचारे शर्मीली मगर ज़िन्दा मुस्कुराहट के साथ कहने लगे कि चलिए, आपकी दोस्ती में हम अपनी नौकरी दाँव पर लगाते हैं। उनकी इस दरिया दिली का नतीजा यह हुआ कि हमने उस ज़माने में जब सोना एक हज़ार रुपये तोला हुआ करता था, एक बरस में तक़रीबन साठ लाख रुपये कमाये और यहीं से हमारी ट्रांसपोर्ट कम्पनी कलकत्ते की बड़ी ट्रांसपोर्ट कम्पनियों में शुमार की जाने लगी।

जब ट्रांसपोर्ट का कारोबार बढ़ा तो हमारी मसरूफ़ियत भी बढ़ती चली गयी। पराशर साहब से गाहे माहे सरसरी मुलाक़ातें होती रहीं। इस दरम्यान दयाशंकर गुप्ता नामी एक शख़्स तक़रीबन दिन भर पराशर के साथ बैंक में बैठा रहता था। हालाँकि हम उनको बराबर टोकते रहते थे कि यार पराशर साहब! ये आदमी हमें अच्छा नहीं लगता...इससे होशियार रहिएगा, मगर पराशर साहब ख़ुशगवार मुस्कुराहट के साथ हमारी ये कड़वी बात पी जाते थे। हिन्दुस्तान में जितने भी बड़े फ्राड करने वाले गुज़रे हैं या मौजूद हैं, सब में एक बात मुश्तरक (संयुक्त) है कि वह किसी को भी हलाल करते वक़्त उसी की पसन्दीदा छुरी का इस्तेमाल करते हैं। मसलन कुछ लोग शराब के आशिक़ होते हैं तो कुछ लोग आरिज़ो रुख़सार (सौन्दर्य) से खेलने के लिए कोठे या पार्ट टाइम पेशेवर औरतों के गेसुओं (केशों) में गिरफ़्तार होना चाहते हैं। ऐसी ही मुख़्तलिफ़ कमज़ोरियों में गिरफ़्तार लोगों में कुछ ऐसे होते हैं जो ज़बरदस्त ग़लतियों के बावजूद अपने मज़हब के आसपास रहना चाहते हैं। पराशर साहब का मामला भी यही था कि वह सूफ़ी मिज़ाज आदमी थे। पुरसुकून माहौल में अपने बीवी-बच्चों के साथ ज़िन्दगी गुज़ारने के शौक़ीन थे लेकिन उनकी कमज़ोरी ये थी कि मज़हब से उनका बे पनाह लगाव था। शायद अपने फ़राएज़ (कर्तव्यों) से फ़रार (भागने) के लिए मज़हब से बेपनाह लगाव भी एक ख़राब नशा है। पराशर साहब ने पिछले कई महीनों से काली मन्दिर जाने की आदत डाल ली थी। दयाशंकर गुप्ता ने इस काम के लिए अपने साले को पराशर साहब की ख़िदमत पर मामूर (तैनात) कर रखा था। अकसर जब वह काली मन्दिर जाते हुए मिल जाते थे तो मैं उनसे हँसते हुए कहता था कि आप हमारी गाड़ी ले लिया कीजिए, यूँ भी हमारी FIAT तो आप ही ने अपने

बैंक से दिलवायी है। अकसर हँसते हुए हम यह भी कह देते थे कि छोटी गाड़ी से दबा हुआ बच भी जाता है लेकिन बड़ी गाड़ी से दबने वाला नहीं बचता है। वो हमारी इस बात पर मुस्कुराते थे लेकिन उनकी मुस्कुराहट में वह शगुफ़्तगी और शादाबी नहीं होती थी जो हमारे इस तरह के जुमलों से उनकी मुस्कुराहट में शामिल हो जाती थी।

उसी ज़माने में हमसे भी ज़िन्दगी की सबसे बड़ी ग़लती हुई जिसका ग़म शायद हमारे साथ-साथ जाएगा क्योंकि पच्चीस-तीस बरस गुज़र जाने के बाद भी आज तक वो ज़ख़्म ताज़ा है। वक़्त ने उस पर अभी तक पपड़ी नहीं जमने दी है। दौलत की रेल पेल में अचानक हमने पन्द्रह-बीस ट्रक एक साथ ख़रीद लिए। ज़ाहिर है कि लाखों रुपये महीने की क़िस्तें, उनकी देखभाल और उनके लड़ने भिड़ने पर भाग दौड़ करना, यह सब हमारे लिए दर्दे सर बनता गया क्योंकि ट्रांसपोर्ट तो ख़ुद ही एक मुश्किल काम है और फिर उस पर ट्रकबाज़ी के शौक़ ने हमें दीवाना जैसा बना दिया। मैं ये अर्ज़ करता चलूँ कि ट्रांसपोर्ट के कारोबार और ट्रक के कारोबार में वही फ़र्क़ है जो दूध बेचने और गाय-भैंस पालने में है। मसलन अनिक घी भी लिपटन वालों की एक यूनिट है, जहाँ वो दस ट्रक से ज़्यादा घी और दूध रोज़ पैदा करते हैं लेकिन उस कम्पनी के मैनेजरों ने तस्वीर में ही गायें और भैंसें देखी होंगी। अब उम्र की ढलान पर आ कर सोचता हूँ कि अगर ट्रक ख़रीदने के चक्कर में पड़ने के बजाय हमने कुछ शहरों में ज़मीनें ख़रीद ली होतीं तो हमारी कई पुश्तों (नस्लों) को काम करना ही नहीं पड़ता। बहरहाल, दौलत तो सैलाब के पानी की तरह होती है...जितनी महफ़ूज़ रह गयी उसी के लिए ख़ुदा का शुक्र अदा करना चाहिए। रोने से भी आँसू निकलते हैं लेकिन वापस नहीं आते हैं।

हमें कान्ति मोहन पराशर से मिले हुए भी तक़रीबन छः सात महीने हो गये थे। एक ट्रक के एक्सीडेंट के सिलसिले में एक इंश्योरेन्स कम्पनी के मैनेजर से काम पड़ गया जो इत्तिफ़ाक से पराशर साहब का दोस्त भी था और पराशर साहब ने उसे कई फैक्ट्रियों के इंश्योरेन्स का काम भी दिलवाया था। हमने ट्रक गैरेज से निकल कर मोटर साइकिल पराशर साहब के घर वाले रास्ते पर डाल दी। हम जब उनके फ़्लैट पर पहुँचे, उस वक़्त रात के तक़रीबन साढ़े नौ बज रहे थे। काल बेल बजाने पर अन्दर से भाभी साहिबा निकलीं। हमने उन्हें आदाब किया और ख़ुशगवार लेकिन तंज़िया (व्यंग्यात्मक) लहजे में पूछा कि कहाँ हैं आपके बैंक मैनेजर? भाभी ने बहुत सपाट से लहजे में बताया कि आफ़िस में हैं, अभी आये नहीं हैं। हमने भाभी से हँसते हुए कहा कि भाभी साहिबा इतनी-इतनी रात तक बैंक मैनेजर का घर से ग़ायब रहना अच्छी अलामत (लक्षण) नहीं है। पराशर

साहब एक तो जवान आदमी...फिर ख़ूबसूरत और उस पर बैंक मैनेजर भी...माफ़ कीजिएगा भाभी ये कलकत्ता है...ऐसे लोगों को ज़िन्दा निगल जाता है। हमारी बात अभी मुकम्मल भी नहीं हुई थी कि भाभी बच्चों की तरह फूट-फूट कर रोने लगीं। हम अपनी बात पर शर्मिन्दा भी हुए और परेशान भी। हमने फ़ौरन उनसे दस्तबस्ता (करबद्ध) माफ़ी माँगनी चाही तो वो ख़ुद हाथ जोड़ कर खड़ी हो गयीं। उन्होंने हमें बैठने के लिए कहा और दूसरे कमरे में चली गयीं। थोड़ी देर बाद वो चाय बना कर लायीं और सामने वाली कुर्सी पर ख़ामोशी से बैठ गयीं। हमारे पूछने पर उन्होंने बताया कि फ़र्ज़ी चेक के ज़रिये दयाशंकर गुप्ता ने बैंक से एक करोड़ से ज़्यादा की रक़्म निकाल ली है, आपके भाई जब तक़ाज़ा करते हैं तो कहता है कि मैं इन्तिज़ाम कर रहा हूँ...अगर आपके भाई सख़्त होते हैं तो वो धमकी देता है कि बैंक के चेयरमैन को सारी बात बता दूँगा...मेरा तो जो अंजाम होना है वो होगा लेकिन बैंक मैनेजर होने के नाते आप तो जेल ही जाएँगे। आज भी वो अभी तक बैंक में बैठे हुए है क्योंकि उसने कुछ रक़्म जमा कराने का वादा कर रखा है। एक पल में सारी कहानी हमारी समझ में आ चुकी थी। दयाशंकर गुप्ता पराशर साहब को कोई बड़ा नुक़सान पहुँचाने के लिए इतनी रात गये तक बैंक में तनहा रोके रखता था। वह तो उनका नसीब अच्छा था कि बैंक ख़ालिस मुस्लिम इलाक़े में था और उस इलाक़े में कलकत्ते के बड़े मुसलमान माफ़ियाओं का अड्डा था। उस इलाक़े में आसानी से बाहर का कोई बदमाश आ कर वारदात अंजाम नहीं दे सकता था। हमने भाभी से कहा कि इतना सब कुछ हो गया लेकिन पराशर साहब ने हमें कभी कुछ नहीं बताया। भाभी ने शर्मिन्दा लहजे में कहा कि भाई साहब! दयाशंकर इतना मक्कार है कि उसने काली मन्दिर के एक महन्त से पराशर साहब को यह कहलवा दिया था कि तुम्हारा एक दोस्त है जो गऊ माता का मांस खाता है...उससे होशियार रहो वर्ना तुम्हारे साथ तुम्हारा वंश बर्बाद हो जाएगा। उन दिनों तक मेरे अन्दर के शायर पर मेरे अन्दर का नक्सली और बदमाश पूरे तौर पर हावी था। हमने पूछा कि भाभी, दयाशंकर तो यहीं कहीं आसपास रहता भी है? उन्होंने बताया कि हाँ... यहाँ से क़रीब ही वो लोग रहते हैं। हमने कहा कि आप ज़रा मेरे साथ उनके घर चलिए। वो फ़्लैट बन्द करके बाहर निकल आयीं। मेरे साथ मोटर साइकिल पर जाने में उन्हें तकल्लुफ़ था क्योंकि एकआध महीने में वो माँ बनने की पोज़ीशन में थीं। उनके घर के सामने एक सफ़ेद एम्बैसडर कार खड़ी थी उसकी चाभी उन्होंने हमारे हाथ पर रख दी। ज़ाहिर है कि यह गाड़ी भी दयाशंकर गुप्ता की रही होगी। हम भाभी के साथ उसके फ़्लैट में बे रोक-टोक दाख़िल हो गये। एक बेडरूम में दो-दो ए.सी. चल रहे थे और बेड पर शान से उसकी बीवी लेटी हुई शहजादियों

की तरह अंगूर खा रही थी। भाभी के साथ हमें देख कर वो उठ कर बैठी। हमें नमस्ते किया लेकिन उसके नमस्ते के चक्कर में पड़े बग़ैर हमने उससे पूछा कि दयाशंकर कहाँ हैं? उसने इधर-उधर की बातों में हमें बहकाने की कोशिश की। हमने निहायत ग़ैर शायराना बल्कि बदमाशों की तरह पेश आते हुए उससे कहा कि हम कल सुबह आयेंगे... दयाशंकर को रोक कर रखना वर्ना विधवा होने के लिए तैयार रहना। दयाशंकर की बीवी थर-थर काँपने लगी और सिसकियों के साथ रोने भी लगी। उसे रोते देख कर हमें क़दरे सुकून हुआ क्योंकि अभी थोड़ी देर पहले हमने भाभी को ऐसे ही फूट-फूट कर रोते देखा था।

दूसरे दिन सवेरे ही हम पराशर साहब के घर पहुँचे। काल बेल पर भाभी बाहर निकल आयीं। उन्होंने बताया कि यहाँ से चार बिल्डिंगें छोड़ कर एक बिल्डिंग में ग्राउण्ड फ़्लोर पर पद्मनाभन का फ़्लैट है। वो भारत ओवरसीज़ बैंक में मैनेजर था। ग़बन के सिलसिले में निकाल दिया गया है। उन्होंने यह भी बता दिया कि दयाशंकर की इस काली करतूत में वह भी शामिल है। सब लोग वहीं बैठे हैं... आपके भाई भी। हम वहाँ पहुँच कर पद्मनाभन के ड्राइंग रूम में दाख़िल हुए। सामने ही दयाशंकर गुप्ता अकड़ा हुआ बैठा था। हमने दाख़िल होते ही उसके बाल पकड़ कर एक थप्पड़ मारा। वो ज़मीन पर बैठ गया। हमने उससे कहा वि चोर है तो चोरों की जगह बैठ। हमारे इस आतंकी रवैये पर पद्मनाभन अंग्रे बोलने लगा। मैंने रिवाल्वर निकाल कर उसकी कनपटी पर लगाया और एक ल. मार कर उसे भी कुर्सी पर बैठे रहने पर मजबूर कर दिया। बेचारे पराशर साहब सहमे सहमे खड़े हुए थे। मुक़दमा देर तक चलाने का मौक़ा देना मुनासिब नहीं था क्योंकि हम जो कर रहे थे वह ग़ैर क़ानूनी भी था और हम पराये इलाक़े में भी थे। हमने पन्द्रह मिनट के अन्दर दयाशंकर गुप्ता को रक़्म जमा करने का फ़ैसला सुना दिया और उसको दूसरे दिन बैंक आने का हुक्म दिया। चलते वक़्त उससे यह भी कहा कि कल ग्यारह बजे हम बैंक में तुम्हारा इन्तिज़ार करेंगे।

दूसरे दिन पराशर साहब हमारे आफ़िस आये और मुस्कुराते हुए कहने लगे कि आज उसने तीन लाख रुपये जमा करवा दिये हैं लेकिन अब कुछ मत बोलिएगा क्योंकि वह कह रहा था कि हम बच्चों के साथ ज़हर खा लेंगे। हमने पराशर साहब से कहा कि आप जैसा बताइए...हमारा आपरेशन तो शुरू हो चुका है...कल तक हमारे आदमी उसकी रिहायशी इमारत की रजिस्ट्री उससे हासिल कर लेंगे। पराशर साहब कहने लगे कि मेरे कहने से एक आध हफ़्ते का वक़्त दे दीजिए। हमने भी सोचा कि अगर शक्कर से मर जाता है तो ज़हर देने की क्या ज़रूरत। लेकिन दूसरे या तीसरे दिन ही बैंक के चेयरमैन श्री एस.सी. दुग्गल और रिकवरी मैनेजर मिस्टर दुबे (जो मिलिट्री से रिटायर्ड मेजर थे) बनारस से

कलकत्ता आ गये थे। दुग्गल साहब हमारे भी करम फ़र्मा थे। उन्होंने हमें फ़ोन करके सिर्फ़ इतना कहा कि अरे राना साहब! आपके होते हुए यह सब क्या हो गया? ज़ाहिर है कि हमारी ख़ामोशी ही हमारा जवाब थी। हम फ़ौरन बैंक पहुँच गये। दयाशंकर गुप्ता को बुलवाया गया तो वो घर से फ़रार हो चुका था। हमने दुग्गल साहब से कहा कि सर! उसको तलाश किया जा रहा है, बहुत जल्द हम लोग उसको ढूँढ निकालेंगे। चेयरमैन साहब तो दूसरे दिन वापस चले गये लेकिन बक़िया कार्रवायी के लिए वो मिस्टर दुबे को छोड़ गये थे। उन दिनों हमारे छोटे भाई इस्माईल राना जो शहर के दबंगों में शुमार किये जाते थे, शहर में मौजूद थे। उन्होंने फ़ौरन अपनी हिकमते अमली (कूटनीति) के मुताबिक़ मोहरे बिछा दिये। उनका एक ख़ास आदमी मदन हुआ करता था। उसकी ड्यूटी रात भर दयाशंकर गुप्ता के घर की निगरानी थी। दूसरे या तीसरे दिन जब उसकी बीवी ग्यारह बजे रात के आसपास टहलती हुई वी.आई.पी. रोड की तरफ़ जा रही थी तो उसका पीछा करते हुए दयाशंकर को रिवाल्वर की नोक पर राजस्थान गेस्ट हाउस ले आया गया जिसके एक कमरे में उसके लिए मार पिटाई का ख़ासा बन्दोबस्त था। चेयरमैन साहब के आने की ख़बर सुनते ही वह पुलिस से बचने के लिए एक फ़ाइव स्टार होटल में ठहर गया था। रात में उसकी बीवी खाना ले कर उसके पास चली जाती थी। वहीं से वह दिन भर अपना कारोबार चलाता था। परेशान तो छोटा-मोटा पूरा बनारस बैंक था जो इस वाक़ये से जड़ से हिलने लगा था। थोड़ा सख़्ती करने पर दयाशंकर ने एक दिलचस्प बात बतायी कि उस रक़्म में से एक बड़ा हिस्सा उसने उस वक़्त के एक मरकज़ी वज़ीर को रिश्वत के तौर पर एक बड़े टेण्डर को पास करने के लिए दिया है। क़िस्सा मुख़्तसर यह है कि जब हम राजस्थान गेस्ट हाउस के उस टार्चर रूम में दाख़िल हुए तो दयाशंकर बाथरूम में नंगा छत के कड़े से लटका हुआ था और उसकी मुसलसल पिटाई हो रही थी। प्रोग्राम यह बनाया गया था कि उसे किसी कार से बनारस भिजवा दिया जाए, वहाँ उससे तमाम काग़ज़ात पर दस्तख़त करवा लिए जायें और जितनी ज़्यादा से ज़्यादा रक़्म वसूल की जा सके वो वसूल कर ली जाए। इसी हिकमते अमली के मुताबिक़ काम किया जा रहा था। टार्चर रूम में हमारे साथ बैंक के रिकवरी मैनेजर दुबे साहब भी मौजूद थे। हमारे छोटे भाई इस्माईल हमें बाहर ले गये और उन्होंने सत्रह हज़ार रुपये नकद, सोने की छः सात तोले की चेन, तीन-चार अँगूठियाँ और एक तावीज़ हमारे हवाले किया। यह तमाम सामान एक रुमाल में बँधा हुआ था। हमें सामान देते हुए इस्माईल ने हमसे कहा कि भाई! ये सब सामान पराशर साहब की बीवी को दे दीजिएगा...अच्छे-बुरे वक़्त में बेचारी के काम आएगा। बनारस के लिए दो कारों का इन्तिज़ाम किया गया।

मेजर दुबे की कमान में फ़त्ह की हुई चौकी उनके हवाले कर दी गयी लेकिन वो उसे बनारस ले जाने के बजाय किसी मसलहत के पेशे नज़र अपने एक रिश्तेदार की गद्दी पर ठहर गये। चूँकि हमारा काम ख़त्म हो चुका था लिहाज़ा हम फिर अपने हंगामों में मसरूफ़ हो गये। तीसरे ही दिन पुलिस ने उसकी बीवी की तरफ़ से गुमशुदगी की एफ.आई.आर. पर उसे मेजर दुबे के रिश्तेदार की गद्दी से अपने क़ब्ज़े में ले लिया। बाद में मालूम हुआ कि मेजर दुबे दयाशंकर गुप्ता से मोटी रक़म ले कर उससे मिल गये और जुर्मो सज़ा का पूरा फन्दा कान्ति मोहन पराशर के गले में इस बयान के साथ यूँ डाला कि उन्हें मेजर दुबे कार पर बिठा कर ले गये और लाल बाज़ार पुलिस हेड क्वार्टर में उनकी गिरफ़्तारी दिखा दी गयी और पराशर साहब को भी ला कर पुलिस कस्टडी में ले लिया गया। वो तो अल्लाह की मेहरबानी थी कि हमारे वालिद के पुलिस अफ़सरान में इतने मरासिम थे कि हम पर कोई आँच नहीं आयी वर्ना उस रिटायर्ड फ़ौजी ने तो हमारा भी काम लगा दिया था। अफ़सोस की बात यह थी कि प्राइवेट सर्किल में हमारे अलावा उन लोगों का वहाँ कोई था भी नहीं। हमीं दोस्त भी थे, ग़मगुसार भी और रिश्तेदार भी। उन दिनों लाल बाज़ार के डी.डी. सेक्शन में एक आफ़िसर इंचार्ज मिस्टर देवनाथ हुआ करते थे, जिनसे हमारे बहुत नज़दीकी मरासिम थे। हम पुलिस हेड क्वार्टर में फ़ौरन उनके पास पहुँचे और उन्हें पूरी तफ़्सील बतायी। हमने उन्हें पराशर साहब की मासूम बे गुनाही और उनके घरेलू हालात भी बता दिये। उन्होंने हमारे सामने उन्हें लाकअप से निकलवाया और दिखावा करने के लिए उनसे पूछताछ करते रहे। इस दौरान पराशर साहब की पुश्त (पीठ) पर दो-तीन डंडे भी जड़ दिये, साथ में यह दिलचस्प जुमला भी कहा कि साला! जब दो करोड़ का हेर फेर किया था तो कुछ अपने लिए भी निकाल कर रख लेता लेकिन राना साहब बता रहा हैं कि तुम एक दम बोका (मूर्ख) है। हम आज तक देवनाथ साहब के शुक्रगुज़ार हैं कि उन्होंने हमारी गुज़ारिश का इतना भरम रखा कि पराशर साहब पुलिस के ज़ालिमाना टार्चर से बच गये। दूसरे ही दिन पराशर साहब के ख़ानदान के कई अफ़राद दिल्ली से कलकत्ता आ गये। उनके वालिद, भाई और भाभी वग़ैरा के आ जाने से पराशर साहब की अहलिया को भी रोने के लिए लोगों के कन्धे मिल गये और हमारी भी ज़िम्मेदारी का बोझ बहुत कम हो गया।

पराशर साहब के वालिद ख़ालिस देहलवी रख रखाव वाले... निहायत शाइस्ता और मुहज़्ज़ब (सभ्य) गुफ़्तगू करने वाले थे। उन्होंने इस पूरे हादिसे के पसमंज़र (पृष्ठभूमि) में एक दिलचस्प वाक़या सुनाया जो आज तक हम गिरह में बाँधे हुए हैं और अपने साथ हुई किसी ना इंसाफ़ी या इंसाफ़ पर ख़ुदा का शुक्र अदा करते हैं।

वाक़या कुछ यूँ था कि एक पंडित और एक क़साई में बहुत दोस्ती थी। दोनों हर सुबह साथ-साथ घर से निकलते थे। पंडित जी गंगा के किनारे बैठ कर पूजा पाठ में लग जाते थे और क़साई दरिया पार करके अपनी गोश्त की दुकान खोल कर बैठ जाता था। अगर पंडित जी की पूजा पहले ख़त्म हो जाती थी तो वह अपने क़साई दोस्त का इन्तिज़ार करते थे और अगर क़साई गोश्त बेच कर पहले फ़ारिग़ (फ़ुर्सत पाना) हो जाता था तो वह पंडित के इन्तिज़ार में वहीं बैठा रहता था। पंडित जी अकसर दिल ही दिल में सोचते रहते थे कि भगवान! हम सिर्फ़ तुझे याद करने और तेरी पूजा करने में लगे रहते हैं लेकिन हमें अकसर भूखा भी सोना पड़ता है और एक यह मेरा क़साई दोस्त है जो जानवरों को काट कर उनका मांस बेचता है, कभी पूजा पाठ भी नहीं करता लेकिन तूने उसे हर तरह से ख़ुशहाल बना रखा है। पंडित जी और क़साई अपने-अपने मामूलात (नित्यकर्म) में मसरूफ़ रहते थे और ज़िन्दगी का दरिया अपनी रफ़्तार से बहता चला जाता था। एक दिन हस्बे मामूल पंडित जी और क़साई दरिया किनारे पहुँचे। पंडित जी अपने पूजा पाठ में मसरूफ़ हो गये और क़साई भी दरिया पार अपनी गोश्त की दुकान खोलने के लिए चल दिया लेकिन रोज़ाना के ख़िलाफ़ फ़ौरन ही वापस लौट आया और पंडित जी की पूजा के ख़त्म होने का इन्तिज़ार करने लगा। पंडित जी ने पूजा ख़त्म की और क़साई के साथ वापसी के लिए तैयार हो गये। रास्ते में पंडित जी ने क़साई से फ़ौरन ही वापस लौट आने का सबब पूछा। क़साई ने हँसते हुए बताया कि पंडित जी! आज मैं जैसे ही उस पार पहुँचा तो झाड़ी में मुझे रुपयों और ज़ेवरों से भरी एक गठरी पड़ी मिल गयी। मैं चुपचाप वह गठरी ले कर वापस आ गया क्योंकि मैंने सोचा कि अब कुछ करने की क्या ज़रूरत है। पंडित जी बेचारे जो हर वक़्त माली (आर्थिक) परेशानी में मुब्तिला रहते थे, अन्दर ही अन्दर ऊपर वाले की इस ना इंसाफ़ी पर खौल उठे और दिल ही दिल में भगवान को बुरा भला कहने लगे। अचानक पंडित जी को ज़बरदस्त ठोकर लगी और वह मुँह के बल एक पत्थर पर गिर पड़े। नतीजे में उनके चेहरे पर काफ़ी चोट भी आयी और उनके कई दाँत भी टूट गये। अब तो पंडित जी के ज़ब्त (धैर्य) का बाँध टूट कर बिखर चुका था। वो हाथ उठा-उठा कर भगवान को बुरा भला कहने लगे बल्कि उन्होंने गुस्से में यह भी कह दिया कि भगवान! तू है ही नहीं और अगर है तो ढोंगी और झूठा है, तू पत्थर है सिर्फ़ पत्थर और पत्थर भगवान नहीं हो सकता। अचानक बादलों की गरज के साथ फ़ज़ा (वातावरण) में एक आवाज़ गूँजी कि पंडित! तुझे मालूम है आज मैंने तेरे मरने का दिन मुक़र्रर किया था लेकिन तेरे पिछले कर्मों की वजह से मैंने सिर्फ़ तेरे दाँत तोड़ कर तुझे छोड़ दिया है और ये जो तेरा क़साई दोस्त है मुझे आज

इसे बादशाहत से सरफ़राज़ (प्रतिष्ठित) करना था लेकिन इसके ख़राब कर्मों की वजह से मैंने इसे थोड़ी-सी अशर्फियाँ दे कर टरखा दिया है।

ये क़िस्सा सुना कर पराशर साहब के वालिद फूट-फूट कर रोने लगे और रुँधी हुई आवाज़ में बोले कि इसके पिछले जनम की नेकियाँ हैं जो इसकी जान बच गयी वर्ना दयाशंकर गुप्ता इसको बैंक में देर तक इसीलिए रोके रखता था कि वह किसी भी दिन मौक़ा लगते ही अपने आपको साफ़ शफ़्फ़ाफ़ (निर्दोष) निकालने के लिए इसका क़त्ल करवा देता। पराशर साहब के साथ जो हुआ उसमें उनकी आँखों की मुरव्वत का क़ुसूर है। वह अव्वल तो बैंक की नौकरी के लायक़ ही नहीं थे और अगर बैंक की नौकरी में ही होना था तो उन्हें ऐसी जगह होना चाहिए था जहाँ वह साहिबे अख़्तियार न होते। आज तक मैं उस दिलदोज़ (हृदय विदारक) वाक़ये को सोच लेता हूँ तो दिल काँप उठता है कि कैसे देखते ही देखते एक छोटी सी भूल के सबब एक हँसता खेलता ख़ानदान बर्बाद हो जाता है। इस केस का अंजाम यह था कि अपनी मुरव्वत और शराफ़त की वजह से पराशर साहब को अदालत से दस साल की सज़ा हुई थी और अपनी मुलाज़िमत से भी हाथ धोना पड़ा था।

बस इक क़दम उठा था ग़लत राहे शौक़ में
मंज़िल तमाम उम्र हमें ढूँढ़ती रही

□□